epixtech
The iLibrary Company
Horizon
epixtech
SunRise

U0922780

宁波万保金融保管设备实业有限公司

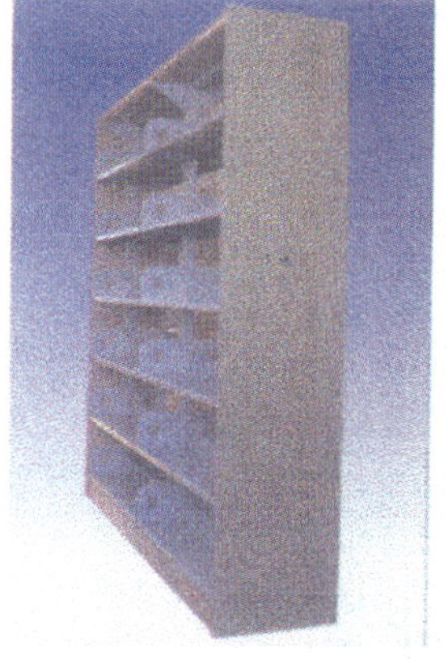

WB-A型移动密集架

WB-B型移动密集架

WB-C型移动密集架

WB-D型移动密集架

宁波万保金融保管设备实业有限公司是一家集科、工、贸一体的专业生产档案装具、图书装具和银行保管箱为主的企业，系中国图书馆学会企业团体会员、浙江省档案局、河南省档案局和青海省档案局装具定点生产企业。

公司一直秉奉“以质量求生存，以效益求发展”的创业宗旨，崇尚“一流质量、一流服务、一流信誉”的经营理念，竭诚为社会各界提供高品质的产品和全方位的服务。

“万保”牌移动密集架、图书期刊架、代保管箱等系列产品，均通过了市技术监督局、市公安局等有关部门的质量检测，取得了产品质量合格证书和准产证书。技术性能指标符合国家档案局DA/T7-92档案密集架行业标准GB/T13667.3图书密集架国家标准。

欢迎广大用户光临惠顾、敬请垂询！

地址:宁波大嵩滨海区咸兴路888号
电话:0574-8301218 传真:0574-8303251 邮编:315141
http://www.nb-wanbao.com

1902
百年书城
PEKING UNIVERSITY LIBRARY
李大钊曾任北京大学图书馆主任
毛泽东在这里工作期间迅速地朝着马克思主义者的方向成长
邓小平题写馆名
江泽民题词：几代英烈 百年书城
地址：中国北京 邮政编码：100871 网址：http://www.lib.pku.edu.cn

北京大學圖書館
亚洲规模最大的大学图书馆
中国高等教育文献保障体系（CALIS）全国管理中心、文理中心
研究型、开放式、数字化的新型大学图书馆
欢迎订阅北京大学图书馆系列出版物：
《中文核心期刊要目总览》
《国外人文社会科学核心期刊总览》
《大学图书馆学报》
(010)62751051 传真：(010)62761008 电子信箱：office@lib.pku.edu.cn

首都图书馆

简介

首都图书馆是北京市属大型公共图书馆，是北京市重要的知识型信息枢纽和精神文明建设基地，也是为各级党政机关、企事业团体的科学决策提供服务的公益性、学术性服务机构。

首都图书馆的前身是1913年鲁迅先生亲自参与筹建的京师通俗图书馆。1957年,在周恩来总理的亲切关怀下，首都图书馆迁入国子监，并由郭沫若先生题写了馆名。

首都图书馆藏书约270万册。其中线装古籍42 万余册；书画珍品1842种；碑帖拓片1969种；报纸期刊约10万册；地方文献2万余种，4.5万册（件）；民国出版物30余万册；声像资料3万余种；外文书刊30余万册。

随着时代的发展，国子监旧馆的设施已远远不能满足社会发展的需要。为此，北京市政府投巨资兴建了首都图书馆新馆，并于2001年5月1日正式对外开放。新馆建筑面积3.7万平方米，地下一层，地上八层，两翼七层，外形象一部打开的书，意喻蕴藏丰富的知识，被北京市委、市政府确定为北京市四大文化标志性建筑之一。

首都图书馆新馆是一座现代化的智能大厦，具有先进的楼宇管理系统、办公自动化系统及通讯系统。新馆的楼宇管理系统包括有综合布线系统、楼宇自控系统、消防系统、安防监控系统、背景音乐系统、卫星电视及共用天线系统、音乐喷泉系统、夜晚城市风景灯光照明系统等。办公自动化系统具有个人事务、办公事务处理的功能，并支持用户专用信息处理。通讯系统支持各种形式的通讯业务，能够集成不同类型的办公自动化系统和楼宇管理系统，形成统一的网络，进行统一的管理。由于最新的高科技成果被广泛应用于各系统中，使新馆的智能化程度在国内的图书馆中居于领先地位。

新馆设有古籍善本阅览室、古籍金石舆图阅览室、文献数字化生产车间、文献采编中心、视听阅览室、办证处、康复文献阅览室、会议展览服务中心、检索目录厅 、图书快借处、中文期刊阅览室、文献咨询服务中心、中文图书阅览室、历史文献部、计算机网络与信息管理中心、外文阅览室、综合教育培训中心、北京市图书馆学会、研究辅导部、都市文献中心、都市文献阅览室、北京地方文献部、电子阅览室、专家研究室区、艺术与收藏阅览室、北京市艺术档案馆、参考阅览室等。

新馆目前开放的范围包括近20个厅室及活动区域，阅览座位达1000余个，先期可为读者提供的文献达100余万册（件）。我们的服务理念是“以人为本，服务至上”，书刊阅览以开架为主，采取开放式的服务方式。在深化传统服务方式的基础上，开设了不少特色服务区域和服务项目，包括：康复文献阅览室、少年儿童阅览室、视听阅览室、电子阅览室、北京地方文献阅览室、读者共享大厅、多功能厅、报告厅等。全年365天开馆，向社会提供全方位的优质服务。

首都图书馆历史悠久，享誉海内外。新馆的建成开放，是首图发展的又一个重要里程碑。新的首都图书馆必将以一个全新的姿态，伴新世纪远航。

首都图书馆领导（从左至右，夏祖凤副馆长、张晓光书记兼副馆长、倪晓健馆长、常林副馆长）

读者共享大厅（读者休息、交流及获取即时信息的场所，可举办各种展览会、展示会）

电子阅览室（通过计算机终端进行文献检索、多媒体阅览及互联网等服务）

展览厅

视听阅览室（包括多媒体阅览、个人阅览、家庭阅览三个阅览区，提供音频、视频等声像资料的多方位服务）

中文期刊阅览室

报告厅（设400多个固定座椅，具有同声传译系统，可举办大型国际学术会议，并可放映多声道环绕立体声电影）

早晨踊跃而来的读者

中国图书馆年鉴

2001

主　编　肖东发
副主编　谢新洲　丘东江
　　　　　刘　荣　宋安莉

北京图书馆出版社

图书在版编目(CIP)数据

中国图书馆年鉴　2001/肖东发主编.—北京:北京图书馆出版社,2001.9
ISBN 7-5013-1828-X

Ⅰ.中…　Ⅱ.肖…　Ⅲ.图书馆事业-中国-2001-年鉴　Ⅳ.G259.2-54

中国版本图书馆 CIP 数据核字(2001)第 060297 号

书名　中国图书馆年鉴(2001)
著者　肖东发　主编

出版　北京图书馆出版社(原书目文献出版社)
发行　(100034　北京西城区文津街 7 号)
经销　新华书店
印刷　北京飞达印刷厂

开本　787×1092 毫米　1/16
印张　41.5
字数　1500(千字)
版次　2001 年 9 月第 1 版　2001 年 9 月第 1 次印刷

书号　ISBN 7-5013-1828-X/G·495
京工商广临字 200107014 号
定价　198.00 元

《中国图书馆年鉴》编辑工作委员会

专文作者　（按姓氏笔划排列）

王余光　冯　英　冯项云　任继愈　刘　刚　刘洪权　孙承鉴
吴慰慈　张琪玉　李国新　杨文祥　沈迪飞　肖　珑　陈　凌
黄宗忠　彭斐章

撰　稿　人

（按姓氏笔划排列）

马费成　马海群　马德筠　毛　军　牛红亮　王子舟　王宁远
王民锁　王　伟　王　波　王彦祥　王　珏　王海娟　王绪芳
王　辉　邓小昭　包冬梅　厉　厉　石晓华　龙梅宁　刘文格
刘　珊　刘　荣　刘　荣　刘家坤　刘　颖　刘　燕　曲　红
朱赛虹　朱俊薇　纪　弘　余晓寒　初向庆　吴礼志　宋学清
张小娴　张玉珍　张伏源　张晋蓉　张雪苹　张喜年　李小冰
李后卿　李　纲　李金池　李晓梅　李海虹　李维华　李道苹
李静霞　杨沛超　杨昌俊　杨临明　汪淑梅　肖怀志　邹曼莉
陈传夫　陈学芬　陈　敏　陈锦钊　陈耀盛　周　军　周庆山
杭　园　林平忠　林　曦　罗　平　郑一仙　郑笑笑　金胜勇
俞君立　柯　平　胡京波　胡昌平　胡　英　胡秋玲　赵玲玲
香翠珍　徐建华　徐跃权　郭丽芳　常　林　梁守素　黄　明
黄海燕　黄　葵　彭俊玲　董　慧　谢灼华　詹德优　燕金武
戴维民

编辑说明

一、《中国图书馆年鉴》是反映我国图书馆事业基本情况的大型资料性、专业性工具书，其宗旨是为各级领导对中国图书馆事业宏观管理和科学决策提供参考，为图书馆工作人员和教学科研工作者提供中国图书馆事业的基本文献、基本数据、科研成果和最新工作经验，为广大社会用户提供有关图书馆的各种信息资源。因为至今尚未有情报学年鉴编辑出版，所以，本卷的有关栏目也把情报学的内容适量收录进来。

二、本年鉴创刊于1996年，首卷收录1990年至1995年的资料。1999年刊为第二卷，收录的内容以1996年至1998年的文献信息为主。本卷为第三卷，收录1999年至2000年的新情况、新资料。

三、本年鉴由中国图书馆学会编译出版委员会年鉴编辑研究委员会组织编写，全国各省、市、自治区、各系统图书馆学会或专业刊物的负责同志担任撰稿人，条目和资料由专业研究人员和工作人员撰写和提供。

四、本年鉴由“特载”、“专文”、“图书馆事业”、“图书馆工作与研究”、“图书馆学教育”、“国际交流”、“海峡两岸学术交流”、“专业文献”、“统计资料”、“大事记”、“优秀与特色图书馆选介”、“优秀专业期刊和图书馆自动化系统选介”、“图书馆名录”、“附录”及“索引”十五部分组成。

特载 党和国家领导人关心视察图书馆，1999年是中国图书馆学会成立20周年，将这两方面报道列于卷端，以便查检。

专文 聘请有关学科领域专家学者撰写，本卷内容以数字图书馆建设和50年新中国图书馆事业发展历程的回顾为重点，以突出年度特色。

图书馆事业 按各省市自治区和各系统全面介绍全国图书馆事业发展近况，其中台湾省条目参考了该地区2000年卷图书馆年鉴的有关内容。

图书馆工作与研究 对于学科研究而言，由于本卷是“九五”和“十五”交界之年，所以重点收录了由彭斐章教授主持撰写的有关“九五”期间图书馆学情报学研究概况的总结及“十五”期间学科研究的重点课题。在反映各分支学科研究进展和各地图书馆工作新经验后，介绍各系统各地区图书馆学会的活动。

图书馆学教育 既有全面的图书馆学情报学教育的综述，也有部分院系的介绍。从名称到内涵，原有的专业教育点正在发生不小的变化。

国际交流 以国际图联(IFLA)为重点，包括在中国召开的国际学术会议。

海峡两岸学术交流 交往日益频繁，重点介绍几次学术研讨会。

专业文献 除列出1999至2000年专业新书外，继续收录图书馆学及情报学的硕士论文题录和博士论文摘要。

统计资料 来自文化部及国家统计部门，遗憾的是至本卷发排之时，未能得到2000年数据。

大事记 分年度介绍1999年1月至2000年12月的大事要闻。

优秀与特色图书馆选介 本卷新增栏目，在此对北京大学图书馆、首都图书馆等单位对本年鉴的大力支持和帮助表示衷心感谢。

优秀专业期刊和图书馆自动化系统选介 本卷新增栏目，所列的基本上都是本学科领域久负盛名的核心期刊，图书馆自动化系统也是研制多年，效益显著的。

图书馆名录 按公共、高校、党校、科学研究和医院图书馆系统收录部分图书馆的地址、邮编、电话。尽可能收录本卷发排前的最新号码数据。

附录 内容较多，首先列出的是文化部1999年关于命名一、二、三级图书馆的决定及名单。为加强图书馆法规建设，介绍几部国外的图书馆宣言和章程，并列出国内外常用的图书馆网址。

索引 为内容分析主题索引，按汉语拼音排列。

目　录
CONTENTS

特　载
Features

专　文
Special Articles

图书馆事业
Librarianship

图书馆工作与研究
Library Work and Research

图书馆学教育
Library Education

国际交流
International Exchange

海峡两岸学术交流
Academic Exchange between Two Sides

专业文献
Professional Literature

统计资料
Statistical Data

大事记
Library Events

优秀与特色图书馆选介
Selected Introduction to Libraries of Excellnce and Features

优秀专业期刊和图书馆自动化系统选介
Selected Introduction to Professional Periodicals and Automation Systems of Excellence

名　　录
Library Directory

附录
Appendix

索　　引
Index

特载

面向读者
服务四化

李瑞环
庚辰年正月廿三日

全国政协主席李瑞环为浙江图书馆
百年馆庆题词

全国政协主席李瑞环视察浙江图书馆

2000 年 2 月 23 日上午，中共中央政治局常委、全国政协主席李瑞环视察了浙江图书馆。上午 10 时 35 分，李瑞环同志在浙江省委书记张德江，省委副书记、省长柴松岳，省政协主席刘枫，杭州市委书记李金明，杭州市长仇保兴，浙江省文化厅长沈才土等人的陪同下，来到浙江图书馆新馆。在新馆大厅，浙江图书馆馆长程小澜向李瑞环同志介绍说："省委、省政府十分重视文化事业，投资近 2 亿元建设新馆，取得了良好的社会效益"。李瑞环同志问："浙江图书馆有多少藏书？"回答说："400 万册。"李瑞环同志又问："在全国排第几位？"程小澜回答："第四位。"并说："新馆试开馆以来，已接待读者 130 多万人次。"

李瑞环边走边仔细听取汇报，来到目录大厅总服务台前，李瑞环问工作人员："借书证怎么个办法？"工作人员回答说："凭身份证人人都可以办。"程小澜接着说："目前，已办理 8 万多张借书证，平均每 25 名杭州市民中就有 1 名持有浙江图书馆的借书证。"

走过大厅，李瑞环来到自修室和中文现刊阅览室，省委书记张德江说："李瑞环同志来看大家了！"在场读者都站起来热烈鼓掌。李瑞环同志与读者亲切交谈，他问一位男青年："你是哪个单位的？""我是工商银行的。""经常来吗？""是的，因为在日常工作的拓展中需要看些资料。""你今天看什么资料？""看党建的，还有反假币的，在临柜中要用。"他又问一位女青年："你是哪个单位的？""商业学校的。我是课余学习，要写论文，来查点资料。"李瑞环同志问："图书馆怎么样？"回答："服务挺好的，挺方便的。"柴松岳省长问："资料全不全？"女青年回答说"挺全的。"程小澜在一旁介绍说，全馆订购了 5000 多种中文期刊，几乎囊括了国内出版的所有期刊，这个阅览室陈列了 2500 种。

李瑞环同志问："一年的费用有多少？"

程小澜回答说："省委省政府很重视图书馆建设，很支持我们的工作，投入经费每年都有增长，今年是 1150 万元。"

李瑞环同志连声说："应该的，应该的。许多伟大人物都是从图书馆出来的。马克思、毛泽东、李大钊等人都曾充分利用图书馆。""我到过英国。他们图书馆事业很发达，在一个乡镇的图书馆里我看到很多中文书。"

接着，李瑞环同志一行来到二楼，参观了中文社科图书借阅室、中文自科图书借阅室等。在中文文学图书借阅室，程小澜介绍了开架借阅、藏阅结合的新格局。李瑞环同志问："书拿下来看后要不要再放回去？"程小澜回答："不用，可以直接放在桌子上，工作人员会整理上架。"

接着，李瑞环同志仔细地翻看了浙江图书馆馆藏珍品《四库全书》。这套书编于 1773 年，当时乾隆命缮写 4 份，分藏于北四阁；后又缮写 3 份，分藏于南三阁。浙江图书馆收藏的这套书，是南三阁中尚存的唯一一套。这套书曾在战乱中散失，后由杭州藏书家尽力补抄齐全。李瑞环同志兴致勃勃地阅评了书中有关内容，并说："这字写得真好，写的人多么平心静气。"随后他又仔细翻看了《古今图书集成》、林则徐、左宗棠等人信稿以及《杭州藏书楼书目》、《文澜学报》等馆藏珍品，他说："《古今图书集成》可以再版，你们有版权嘛。"李瑞环同志还饶有兴趣地翻阅了《孙子兵法》、《万寿典》丝绸版以及《至尊国宝》、《中华佛经》等现代馆藏珍品。

在采编部，李瑞环同志翻阅了书架上、书桌上待分编的新书，并关切地问："经费都买完了么？新书怎么个买法？"程小澜回答说："图书馆通过各出版社预订新书，也通过新华书店，现在还可以进行网上查询、电子订购。"李瑞环同志问："现在有哪些大学设有图书馆专业？"程小澜回答说："武汉大学、北京大学、南京大学、华东师范大学等。"随后李瑞环同志等来到多媒体视听室，工作人员演示了《人民日报》光盘，当键入作者名李瑞环时，即刻显示出 163 条条目，又进一步显示了一篇李瑞环同志出访的全文资料。李瑞环同志看后说，这是我访问缅甸的报道，点头表示满意。最后，李瑞环同志、省市领导、省文化厅领导和浙江图书馆领导班子及中层干部合影留念。

国务院副总理李岚清视察辽宁省图书馆

1999年4月23日是辽宁省图书馆的一个喜庆日子，也是值得纪念的日子。省图书馆主楼楼梯两侧摆满了鲜花，红色的地毯沿梯而上，院中的喷泉不时地变换着各种图形，五颜六色的彩旗在春风中飘扬，图书馆工作人员穿着整齐的馆服工作在各自的岗位上，在夕阳的照耀下，省图书馆显得格外优雅、清新，充满生机。

下午5时37分，李岚清副总理在省委书记闻世震、省长张国光、副省长郭廷彪、张榕明等中央、省领导的陪同下乘车来到了辽宁省图书馆。早已等候在这里的辽宁省文化厅厅长杜铁、副厅长刘效炎、辽宁省图书馆馆长王荣国同志迎上前去同李岚清副总理亲切握手，并表示热烈的欢迎。李岚清副总理非常高兴地指着辽宁省图书馆的新馆舍说："这个馆是新建的吧，在知识经济时代图书馆就是资源、资产"。

李岚清副总理在省图书馆多功能厅听取了王荣国馆长关于省馆的历史、现状以及读者服务工作、图书馆自动化建设等情况的简要汇报。省图书馆副馆长李东来同志向李岚清副总理等国家领导人汇报了辽宁省图书馆自动化建设情况，并重点介绍了DL(数字图书馆)的特点，馆长助理武亚民同志进行了现场演示。李岚清副总理以及中央、省领导在听取汇报和观看演示中不时地点头称赞，李岚清副总理还不时地提出问题。汇报演示结束后，李岚清副总理以及中央、省领导热烈鼓掌，不停地称赞辽宁省图书馆的数字化图书馆建设很好。李岚清副总理在视察图书馆主楼大厅时，王馆长向李副总理介绍了读者触摸式导读系统、多媒体阅览室、视听资料外借处、多功能报告厅等服务窗口，当李岚清副总理看到有这么多读者在利用图书馆，尤其是看到图书馆的多媒体等现代化设施时，非常关切地询问了读者如何上网以及上机使用是否交费等情况。

李岚清副总理又视察了省图书馆为文溯阁《四库全书》回归准备的现代化管理书库。观看了库房的环境、书架、各种防范设施等，并询问了《四库全书》国内的收藏情况、辽宁省图书馆《四库全书》书库能装多少等问题，张榕明副省长、杜铁厅长、王荣国馆长分别向李岚清副总理进行了汇报。韩锡铎副馆长向李岚清副总理详细介绍了省图书馆馆藏精品展览。

李岚清副总理来辽宁省图书馆视察的消息在省馆读者中很快就传开了，很多读者自觉列队等候在李岚清副总理经过的各个地方，并报以长时间的热烈掌声，李岚清副总理看到省图书馆有这么多读者在这里学习也非常高兴，不时地挥手向读者问好。

应辽宁省图书馆的要求，李岚清副总理为辽宁省图书馆签名留念，并与全体职工合影留念。

国务院副总理李岚清视察浙江图书馆

2000年6月19日下午2时40分，中共中央政治局常委、国务院副总理李岚清在浙江省委书记张德江，省委副书记、省长柴松岳，省委常委、杭州市委书记王国平，副省长鲁松庭，杭州市市长仇保兴，省委秘书长、办公厅主任张曦，省府办公厅副秘书长蒋泰维等人的陪同下，来到浙江图书馆新馆视察。省文化厅厅长沈才土、副厅长沈敏、浙江图书馆馆长程小澜、总支书记侯晓玉在主楼前迎接，欢迎李岚清副总理前来视察。

在陈列的新馆模型前，李岚清副总理询问新馆是何时建造的，有多少面积，又是何时建成对外开放的。程小澜介绍说："新馆于1994年奠基，1998年底建成并向读者开放的。新馆的建设得到省委省政府的高度重视，投资了近2亿元。浙江图书馆新馆地处文教区和风景区，建筑面积3.2万平方米，引入现代设计理念，现已成为杭州市颇具吸引力的文化景点和浙江省两个文明建设的重要基地。"程小澜还向李岚清副总理介绍说，我国数字图书馆工程在李副总理亲自关心支持下已经启动，浙江图书馆已加入由国家图书馆牵头组织的数字图书馆联盟，准备投入更多精力参予建设工作，现已与浙江大学图书馆、浙江省科技情报所签订了资源共建共享协议，实现馆际互阅。李岚清副总理详细询问了浙江图书馆与浙江大学图书馆联网的情况。

在读者检索区，工作人员作了检索演示，当键入作者“李岚清”时，屏幕上出现书名等馆藏情况的详细记录；经过读者自修室，看到里面坐满了读者时，李岚清副总理问：“都是学生吗？”程小澜回答：以学生居多，还有教师、机关干部、公司职员等；在现刊阅览室，李岚清副总理与读者亲切交谈，并与读者握手告别；在电子阅览室和多媒体视听室，工作人员演示了清华学术期刊光盘的检索，上网浏览了李岚清副总理视察国家图书馆和辽宁省图书馆的图片资料，以及在国务院学位委员会会议上的影视讲话，并在《人民日报》栏目下检索出有关李岚清副总理的信息 319 条；进入文学书借阅室，应李副总理的要求，工作人员检索徐訏著的《风萧萧》，当屏幕上出现该书的情况，李岚清副总理说：“这是个很有名的海派作家！”在外文书借阅室，李岚清副总理浏览了馆藏精品，了解文澜阁《四库全书》的补抄情况，当看到《林则徐泥金稿本》时，盛赞字写得好；在采编部，当李副总理看到馆藏不仅有纸质文献，还有多种介质的出版物时指出：“现在是传统图书馆与现代图书馆如何很好结合的问题。”他详细询问了光盘出版物的购置比例和带书光盘的比例；在报告厅，当程小澜介绍省委省政府中心理论组《中国浙江论坛》定期在这里举行，许多著名学者如北大的厉以宁教授都来此作过报告的情况后，李副总理高兴地说：“报告厅不错，可以举办各种报告会。”李副总理途经展厅，观看了正在举办的浙江工程学院毕业生作品展。最后，李岚清副总理高兴地与大家合影留念，并声音洪亮地勉励大家要搞好网络化、数字化图书馆的建设。

中国图书馆学会 1999 年会暨成立 20 周年纪念活动在大连隆重举行

中国图书馆学会 1999 年 7 月 8～13 日在大连举办了“中国图书馆学会 1999 年会暨成立 20 周年纪念活动”。来自全国各地、各系统、各行业的代表近 1100 人参加了会议。代表人数之多、范围之广、会议规模之大、影响之深，在中国图书馆学会发展史上尚属首次。代表中既有图书馆界代表，也有参展单位代表，还有日本图书馆协会代表团和澳门图书馆暨咨询管理协会代表。

文化部副部长艾青春，中国图书馆学会理事长徐文伯，大连市副市长贺旻，大连市委常委、宣传部长王会金，宣传部副部长王永林，辽宁省文化厅副厅长刘效炎，中国图书馆学会常务副理事长、国家图书馆党委书记、副馆长周和平，文化部社文图司副司长周小璞，中国图书馆学会副理事长、国家图书馆副馆长孙蓓欣，中国图书馆学会副理事长、上海图书馆馆长马远良，中国图书馆学会副理事长、中山大学信息管理系教授谭祥金，中国图书馆学会副理事长、北京大学信息管理系主任吴慰慈，国家图书馆原党委书记、副馆长谢道渊，以及中国科协学会部，大连市文化局、社科联、民政局，教育部高教司等单位的领导也出席了开幕式。徐文伯作了讲话，艾青春、贺旻、刘效炎向大会致辞。日本图书馆协会代表团团长酒川玲子女士向大会书面致辞。周和平同志代表学会第五届理事会作了题为《总结经验、迎接挑战，开创我国图书馆学会工作新局面》的工作报告。

年会组委会共收到论文 750 余篇。数量仅次于第 62 届 IFLA 大会的征文数量。经年会论文评选委员会的评选，共评出交流论文 341 篇，优秀论文 70 篇。大会向获奖论文作者颁发了证书。学会将优秀论文中的 66 篇结集出版。出版的论文集由周和平同志作序，其书名为《世纪之交图书馆事业回顾与展望》。会议期间，代表们分为四个分会场围绕年会主题、6 个分主题进行了学术研讨和交流，学术气氛活跃而浓厚，形成了畅所欲言、自由提问、不同观点相互争论的热烈场面。为促进学术交流，会议还组织了大会专题发言。周和平副馆长作了题为《建设数字图书馆、迎接新世纪挑战》的发言。国家图书馆研制的数字图书馆实验系统向与会代表作了演示。年会期间，还组织代表参观了大连地区公共、高校系统 9 个图书馆。

年会期间，举办了“1999 年图书馆专业设备展览”。艾青春、徐文伯、贺旻、刘效炎、周和平等领导同志为展览会开幕剪彩。有 40 家从事图书贸易、图书馆家具设备、图书馆管理软件开发的厂家或单位参展，占满 51 个展位。

年会期间，中国图书馆学会召开了五届二次理事会。学会秘书处、学术研究委员会、编译出版委员会和图书馆交流与合作委员会负责人分别向理事会报告了 1997 年 8 月在昆明召开的五次会员代表大会闭幕以来的工作情况。理事们听取了学会副秘书长胡京波关于本届年会经费收支预算的报告。理事会研究决定 2000 年学术年会在内蒙召开。

专 文

建设中国数字图书馆工程

任继愈

中国的图书馆事业在我国两个文明建设中发挥着重要作用。现在的国家图书馆藏书位居亚洲首位，世界第五。随着信息技术和网络技术的发展，中国图书馆事业正逐步迈入数字图书馆的发展阶段。图书馆内的文献资源经过数字化加工，可以通过网络传输到世界各地，使图书馆发挥出前所未有的社会效益。

数字图书馆是一个国家进入信息时代的“快速通道”

近年来，世界各国竞相投入数字图书馆的研制，国内许多单位也开始了这方面的研究工作。国家图书馆从1995年开始进行跟踪调研，在大量吸收当代技术成果，结合我国实际，经过专家反复论证的基础上，于1998年7月正式向国家提出立项申请，实施“中国数字图书馆工程”。工程立项一经提出，引起了社会各界的瞩目和各级领导的高度重视。最近，由国图注册的中国数字图书馆有限责任公司正式投入运营，它标志着中国数字图书馆工程已开始进入实质性操作阶段。

数字图书馆是采用现代高新技术的数字信息资源系统，是下一代因特网信息资源的管理模式，将从根本上改变目前因特网上信息分散不便使用的现状。通俗地说，数字图书馆是没有时空限制的、便于使用的、超大规模的知识中心。

我国数字图书馆的研发起步较晚，因此，建设数字图书馆更加具有必要性和紧迫性。其重要意义在于：

首先，数字图书馆将改变文化信息的存储、加工、管理、使用的传统方式，借助网络环境实现信息资源的有效利用和共享。它的建设不仅使我国拥有了迎接信息时代参与国际竞争的坚实文化保障系统，而且为21世纪技术创新体系的建立提供了充足的信息流通环境。

其次，中国数字图书馆的建设核心是中文信息资源库群，它的建成并投入使用将极大改变目前互联网上中文信息匮乏的状况，对于弘扬中华文化，抢占因特网上的中文信息资源基地具有重要意义。目前，在因特网上的信息中，90%以上是英文，中文信息只占千分之几。这种状况与我们几千年文明古国的地位极不相称，我们有责任把我们优秀文化宝库打开，向全世界展示，为人类文明做出应有的贡献。

第三，以数字图书馆为核心的文化资源的开发和利用，将能比以往任何时候提高收集和使用知识的效率，带动以大文化为基础的文化经济产业的快速发展，加快我国现代化事业的进程。

第四，数字图书馆收藏的丰富信息资源是科教兴国战略的源泉和动力，也是实现公民终身教育的大课堂。科技取得突破的关键在于信息的及时获取和有效利用，数字图书馆以其对信息资源的整理加工和有序组织，为科教兴国战略提供了最为便捷、有效的发展环境。同时，数字图书馆以其四通八达的网络支持，最大限度地突破时间、空间限制，营造出全民共享、共同进步的良好教育环境，对于我国国民素质教育将起到巨大的提升作用。

中国数字图书馆工程已进入实质性操作阶段

1998年10月，国务院副总理李岚清考察国家图书馆时指出“未来图书馆的模式，就是数字图书馆”，同时提出国家图书馆“二期工程要结合数字图书馆去研究”。之后，国图与国家有关部委、科研院校、北京市有关单位大力合作，在网络、计算机、软件、数据加工等各个方面组织攻关，为研建中国数字图书馆工程做了大量的基础性工作。国家图书馆开通了千兆位馆域网，并与CHINANET(中国公用计算机网)、CERNET(中国教育科研网)、CSTNET(中国科技网)、CNCNET(中国网通公用互联网)等四大骨干网络以及有线电视网实现互联、信息基础设施逐步完善。

在中国数字图书馆技术研建方面，国图先后与有关单位合作完成了“基于特征的多媒体信息检索系统的研究开发项目”、“SGML的图书馆应用”，开发完成了“数字图书馆试验环境及演示系统”。正在进行着国家科技项目“中国试验型数字式图书馆”、国家863项目“知识网络——数字图书馆系统工程项目”等。此外，中科院、北大、清华、国家“863”、“S863”等相继开发的各种应用系统和检索软件可供选择引进。这些项目的研发，使国图在数字图书馆的总体结构、标准规范、技术路线等方面积累了一定经验。

与此同时，国家图书馆加快文献数字化进程，于1999年3月成立“国家图书馆文献数字化中心”，年生产规模已达到5000万～6000万页全文影像数据。目前，国家图书馆网络可为读者提供1000 G存储量的网上信息服务，已初步成为网上信息资源的中心枢纽。

中国数字图书馆工程是跨部门、跨行业的宏大系统工程，应由多方合作、协调共进。目前，由国务院正式批准成立的中国数字图书馆有限责任公司已投入运营，该公司为国家投资的控股公司。它将依托于国家图书馆，开展文献资料的数字化加工、数字文献资源深层次开发、数字图书馆网上信息服务、数字图书馆技术研发、计算机网络系统集成、网上广告等工作。它坚持社会效益第一，公益性为主的原则，通过将网络经济与知识经济有机结合，从而获取最大的社会效益和经济效益，推动中国数字图书馆工程全面发展。

我们期望在社会各界的大力支持和积极配合下，早日实现中国数字图书馆工程的宏伟目标，整体推动我国信息化进程，使中华民族在21世纪真正自立于世界民族文化之林，为人类文明的进步做出应有的贡献。

中国数字图书馆建设的起步与发展

孙承鉴　刘　刚

伴随着现代高新技术的飞速发展，以计算机技术、网络通信技术为代表的因特网迅速崛起，推动人类社会在经历了农业社会和工业社会后，开始进入信息社会。与此相适应，图书馆在走过传统图书馆阶段、自动化图书馆阶段后，已开始步入数字图书馆阶段。这将是图书馆历史上的一次革命。

一、数字图书馆的基本概念

数字化革命和因特网的大发展，带来了经济、贸易、信息传播的全球化，深刻影响着社会的各个层面。巨量信息涌入因特网，使其信息极为丰富，也使信息查询、检索十分困难，尤其是对于上网漫游的新手更是如此。这主要是由于因特网上的信息资源很大程度上处于混乱无序的状态，大大影响了信息利用效率。这一重大弊端，清楚地表明了因特网这种全球信息服务网络，急需一个组织管理信息资源的新模式，上网的资源应按这个模式组织管理。这就是提出数字图书馆的主要背景。

目前，数字图书馆正处于发展之中，国内外对数字图书馆还没有一个明确、完整的定义。但一般认为，数字图书馆是未来图书馆的发展模式，是采用现代高新技术所支持的数字信息资源系统，是下一代因特网网上信息资源的管理模式，它将从根本上改变目前因特网上信息分散不便使用的现状。简而言之，数字图书馆是没有时空限制的、便于使用的、超大规模的知识中心。

数字图书馆建设是以统一的标准和规范为基础，以数字化的各种信息为底层，以分布式海量资源库群为支撑，以智能检索技术为手段，以电子商务为管理方式，以宽带高速网络为传输通道，将丰富多彩的多媒体信息传递到千家万户。它涉及数字信息资源的生产、加工、存储、检索、传递、保护、利用、归档、剔除等全过程。它不是个别图书馆所能完成的任务，需要全国范围的图书馆、博物馆、美术馆、档案馆等信息提供单位携手共同完成。

在数字图书馆概念出现之前，人们从电子图书馆、无围墙图书馆和数字化图书馆等不同侧面讨论了图书馆的未来发展。电子图书馆主要是指以电子形式（媒介）存贮、传递并提供服务的图书馆，如各个图书馆建立的电子阅览室、OPAC检索等,它重点强调个别图书馆借助于计算机技术在一定范围内提供读者服务。无围墙图书馆是指读者通过网络通信系统检索多个图书馆的数字化馆藏,强调用户获取信息的广泛性和网络传输的重要性。而数字化图书馆则主要侧重于馆藏的数字化,将数字化的书刊文献上网提供读者使用。可以看出,电子图书馆主要侧重在个别图书馆的电子化检索,无围墙图书馆主要强调通过网络检索多个图书馆的馆藏,而数字化图书馆的重点则在馆藏的数字化。电子图书馆、无围墙图书馆和数字化图书馆的建设难度、使用的方便程度都远远不如数字图书馆,但它们是数字图书馆的基础,是建设数字图书馆必不可少的前期准备工作。

数字图书馆与传统图书馆、自动化图书馆的比较

	传统图书馆	自动化图书馆	数字图书馆
工作中心	馆藏	馆藏	用户
馆藏形式	印刷型	印刷型及少量电子出版物	数字信息资源
工作方式	手工作业	自动化加工书目数据及专题数据库	自动化加工文献内容
检索手段	手工检索卡片	对书目数据及专题数据库进行自动化检索	对文献内容进行智能检索
服务对象	为到馆读者服务	以到馆读者服务为主,在一定范围内提供文献传递服务	面向全球读者提供网上服务
馆藏加工	不加工	基本不加工	加工,并使之增值

二、国外数字图书馆的发展概况

数字图书馆的研究起始于80年代末的西方发达国家,随后向全球扩展。国际上数字图书馆的主要项目有:

1. 美国:美国数字图书馆建设走在世界各国的前列。并且对于建设数字图书馆的意义也日益重视。

美国政府“国家计算、信息、通信指导办公室”(NCO for CIC),自1994年以来每年发表一本“蓝皮书”,这是一种正式的重要研究与发展的官方报告,近年来,报告对数字图书馆战略意义的描述越来越重视。

1995年的蓝皮书“用于国家信息基础设施的技术”列出了九项NII应用的国家级挑战,依次为:数字图书馆、危机及应急管理、教育及终身学习、电子商务、能源管理、环境控制和废品最小化、保健、加工处理和产品、公众存取政府信息。蓝皮书指出,数字图书馆是无墙的知识中心的基础,并强调数字图书馆技术将被用于所有其他的国家级挑战应用之中。

1996年蓝皮书“高性能计算和通信:用于未来美国信息的基础”介绍了18个在美国进行的数字图书馆项目状况及IP地址。

1997年蓝皮书“推进信息技术的前沿”明确将数字图书馆列入有效技术之中。

1998年蓝皮书“用于21世纪的技术”则又将数字图书馆在CIC(计算、信息、通信)的六个研究发展重点项目中名列第一位。

现在,美国数字图书馆项目中的“美国NSF/DARPA/NASA数字图书馆倡议”已全部完成,该项目共六个子项目,涵盖大规模文献库,空间影像库、地理图像库、声像资源库;另外“美国国家数字图书馆项目”于1999年完成,它包括美国历史及文化科技成就,有15个研究图书馆与档案馆参加。其他项目也进展较快。

2. G8全球信息社会电子图书馆项目:由法、日、美、英、加、德、意、俄八个国家的国家图书馆组成,其内含各国文化历史精华,计划2000年前后完成。

3. 法国:法国国家图书馆数字化工程。数字资源已达3000 GB以上,书目数据830万条。

4. 英国:英国国家图书馆存储创新倡议。共20个项目,大部分已完成,并在因特网或馆域网上提供服务。

5. 日本:日本小规模试验型数字图书馆项目。包括国家联合目录880万条数据的网络试验;数字图书馆实践试验和日本国会图书馆1000万页馆藏的数字化。

日本国会图书馆关西馆工程。该馆将成为日本最大的数字图书馆及亚洲地区的文献提供中心,日本政府投资4亿美元,预定2002年完成一期工程。

从国外发展看，数字图书馆建设必须使用高新技术做支撑。如在资源库建设中需要使用高效联机解析处理、数据仓库、数据挖掘等技术，研究将数据仓库和数据挖掘应用于数字图书馆的体系结构，研究元数据的界定与自动抽取、多媒体对象数据的压缩与还原等，实现数字图书馆的快速海量存取；要实现数字图书馆分布式资源库的可互操作性，研究在不同层次上（语句、语义等）为具有多个分布式资源库的大型数字图书馆提供快速横向跨库的查询技术；要实现基于并行处理的高速查询引擎，用于超大规模分布式资源库的快速存取；要实现多语种的实时翻译，并将其应用在因特网上的双向检索环境中；实现基于内容多媒体特征的检索，包括概要查询、分类、检索以及自动摘要、自动转换和匹配等；要实现数字图书馆系统的可缩放性，要求系统既能应用在全国范围、全球范围，也能适用于个人使用，因此，无论数据量、内容覆盖面和内容深度、用户数等都有极大的伸缩性。

三、我国数字图书馆的研发情况

国际上数字图书馆及相关概念出现后，即引起国内有关单位的重视，并开展了相应的技术研究与开发工作。

1. 数字式图书馆试验项目

1996年初，国家图书馆在文化部申请立项“数字式图书馆试验项目”。

项目以中国博士论文影像数据库为切入点，采用客户/服务器模式，利用书目数据服务器管理数据的索引和查询，用影像数据服务器管理数字化的信息；扫描影像采用300dpi的分辨率，按CCITT的Group4标准进行压缩和解压，将图像存贮到JukeBox上；通过建立多级索引和多库连接实现检索；并能够在网上提供服务。该项目是后面各个数字图书馆项目的预研课题。

2. 基于特征的多媒体信息检索系统的研究开发项目

此项目是1996年国家“863”攻关项目，由中科院计算技术研究所与国家图书馆合作进行，现已通过技术鉴定。

项目主要研究基于特征的图像信息检索，实现按照图像的纹理、颜色、形状等特征对图像信息进行检索；研究中文信息全文检索，利用相关检索机制，提高检索效率；研究信息存储管理方法，实现跨平台的客户端检索。它是跟踪国际上数字图书馆检索系统所使用的高新技术自行研究开发的项目，其成果可用在面向影像内容的数字图书馆检索系统中。

3. 标准通用置标语言（SGML）的图书馆应用

该项目是1997年文化部立项的科研项目，由国家图书馆现代文津信息技术研究中心与北京大学计算机研究所合作开发。SGML是国际标准化组织ISO于1986年10月发布的信息处理标准，目前已发展成为具有12个国际标准的系列。我国在1994年将其定为国家标准，主要应用在新闻出版的信息处理领域。现在互联网上使用的HTML是它的一个应用实例，而XML是它的子集。

目前，国内图书馆在读者服务方面一般提供MARC（机读目录）数据，使读者可以通过检索书刊文献的题名、作者、分类、主题等获取书目的基本信息，而对文献内容则无法进行检索。但是，随着网上信息，特别是多媒体信息的日益增多，仅仅通过书目进行检索已不能满足读者的需求，必须寻找能够对信息内容进行检索的方法。采用国际标准，研究并试验将SGML标准应用于我国的图书馆信息处理系统，可以满足在网络环境下对图书馆提出的新要求。同时，SGML标准已经应用在国外许多数字图书馆的建设中。所以，该项目的另一层意义还在于通过该项目的研究与试验，可以了解SGML的整体情况，为数字图书馆建设积累经验。该项目是数字图书馆资源数字化生产系统的关键技术之一，是数字图书馆资源库数据生产加工的必备条件。

为此，国家图书馆现代文津信息技术研究中心参照国外利用SGML的情况，开发了基于SGML的图书馆应用系统，使用户可以通过因特网的WWW浏览器直接存取SGML应用系统的数据。

该系统于1998年2月开始在国家图书馆提供用户使用。1999年7月通过文化部组织的鉴定，与会专家高度评价了该项目，认为该项目在我国首创了图书馆基于SGML的WEB公共查询通道，具有90年代末国际先进水平，为21世纪我国建设数字图书馆的宏伟工程做了前瞻性技术储备。

4. 中国试验型数字式图书馆项目

1996年5月，国家图书馆提出了中国试验型数字式图书馆项目，经文化部组织与协调，上报国家计委，并于1997年获得批准立项，成为国家重点科技项目。项目以国家图书馆为组长单位，有上海图书馆、辽宁省图书馆、南京图书馆、广东省中山图书馆和深圳图书馆等参加。

中国试验型数字式图书馆项目拟建立一个多馆协作、互为补充、联合一致的，实现由多类型、分布式、规范化资源库组成的试验型数字图书馆，为我国建设规范化数字图书馆提交一份初步成形的、实用的实现技术。

按照计划，该项目要组织建设若干个整体性好、符号统一技术要求、具有一定规模的资源库。六个图书馆要联合建设文化旅游资源库、名人资源库和法律法规资源库等。

项目计划开发完成一套与国际接轨的数字式图书馆实现技术，包括：建立以 SGML/XML 为基础的对象描述和编辑系统；建立统一的元数据；组织开放体系结构的数字式对象库，建立通用的库访问协议；试验建立分布式不同源数字式对象的调度系统；设计并实现方便的网络用户界面与实用的系统管理界面；数字式对象的描述方法要支持不同源的分布式查询和检索；初步实现对超大容量数据库的快速检索；试验建立多种类型的规范化信息库等，以使该项目在互联网上提供试用性的服务。

同时，该项目还要完成"数字图书馆概念与发展研究"的报告，要对数字图书馆从理论到实践，从技术到应用进行全面的调研，对数字图书馆的概念、涉及的主要技术、各国动向、应用发展前景、对社会的作用和影响、经济效益等内容进行全面分析，了解现状，跟踪趋势，掌握相关技术，并针对我国图书馆的现状和资源特点，提出建设我国数字图书馆的战略规划建议等。

1999 年 10 月，项目组召开会议，根据情况调整了研究内容和实现目标，计划在 2000 年底前实现预定任务。

5. 知识网络——数字图书馆系统工程项目

它是 1998 年国家"863"攻关项目，由国家图书馆与中科院计算机研究所合作完成。

该项目要实现一类数字图书馆体系结构的设计与开发，初步建立一个中国试验型数字图书馆系统。该系统要构筑在因特网环境上，其体系结构包含多个分布式数字资源库。系统将采用人工智能技术，实现横跨多个资源库的快速查询。数字资源建设要符合当前数字图书馆研究和实践的相关规范，以便为在互联网上建设一批中文资源库提供一种有效的实施方案。通过该项目，可以大大缩短我国与发达国家在数字图书馆研究和实践领域的差距。

在技术水平方面，该项目要达到具有网络管理、多媒体信息查询与检索、海量信息的存贮与检索、知识产权的权限管理等功能，要实现在因特网上有一定的互操作性，数字式对象的描述方法要支持不同源的分布式查询和检索，支持法律规定的知识产权保护和纳税义务，提供对超大容量数字式对象的快速检索子系统，提供方便的网络用户接口等目标。

此项目将参照国际上主流的数字图书馆研究方法和成果，结合中文数字资源特点，在系统总体框架及开发技术上与国际接轨；开发的主体工作将围绕基于 SGML/XML 的以中文资源为主的系统的建立、维护和发布；对在知识挖掘、知识聚集等方面将通过智能代理方式予以集成；对国外已有比较成熟和定型的技术，将引进并消化吸收；系统将重点考虑应用于下一代因特网的实用性。

数字图书馆系统工程项目的成果将直接应用于中国数字图书馆工程的建设中。

6. 中关村科技园区数字图书馆群软课题研究

1999 年 6 月，国家图书馆牵头，联合北京市有关单位和北大、清华、中科院等单位联合进行。

中关村是我国科技人员和智力资源最密集的地区，具有人才、科技和知识优势。加快中关村科技园区建设，通过科技成果和创新知识的产业化，将丰富的智力资源转化为强大的生产力，对北京市调整产业结构，加快经济和社会的发展具有重大意义；对实施科教兴国，增强我国创新能力具有重要作用，也是增强综合国力的重大措施。

中关村科技园区数字图书馆群是科技园区的重要组成部分，是实现该地区信息化的基础性工程，是保证该地区智力资源充分发挥作用、并可持续发展的必要手段，是充分发挥该地区各单位资源优势不可缺少的条件，是中国数字图书馆建设的重要组成部分。

该课题将通过各种方式对该地区现有资源进行调研，结合该地区的特点，探讨建设数字图书馆群的方法和路线，最终提出一份切实可行的实施方案，为把中关村科技园区数字图书馆群建设成为中国数字图书馆工程的示范性地区奠定基础。

经过一段时间的调研，项目组完成了《中关村科技园区数字图书馆群建设整体架构报告》，目前正在制定其实施方案，以实现北京市信息化办公室提出的“软课题，硬启动”要求。

7. 辽宁省图书馆的数字化图书馆项目

该项目是辽宁省图书馆在 IBM 数字图书馆系统的基础上，由东北大学阿尔派软件公司做系统集成和二次开发。IBM 数字图书馆在推出其产品后，就将其定位在网络环境下多媒体信息的综合管理解决方案。该方案有 5 个功能：内容的创建与获取，存储与管理，权限管理，访问查询和信息发布。

辽宁省图书馆在该系统上计划实现古籍图书的数字处理、因特网信息发布、多媒体阅览室和 VOD 点播。在古籍处理方面，该馆计划利用 IBM 的 Time Delay and Integration（TDI）数字相机对古籍进行数字化加工。

为使该系统的多媒体平台特性得以充分发挥，辽宁省图书馆搭建了一个集成的、多媒体信息工作环境。该馆在前期选择制作信息时，有意识地选择一些多媒体信息，主要有：古籍精选（连续的图像）、历史存照（单幅图像）、名人留鸿（图像与全文）、影视剪辑（视频和音频）等。

通过一段时间的实践，该馆有关工作取得相应的进展，制作了张学良和辽宁名胜两个动态专题，获得了宝贵的经验。

8. 教育部的数字化图书馆攻关计划

由清华大学、北京大学、上海交大等单位承担的攻关计划，主要包括：数字化图书馆的结构和检索机制及应用标准和规范的研究，图文信息联合导读学习系统，数字化音乐图书馆的雏形及一个小型的数字化视频数据库的示范系统等。

9. 中国数字图书馆发展战略研究

国家“863”项目。该项目拟从数字图书馆所涉及的整体、技术、运行和知识产权等方面进行研究，并将成果应用在实际工作中。目前该项目正在进行中。

另外，中科院文献信息中心等单位也在积极着手进行数字图书馆的研制与开发。

在开展数字图书馆技术研究与开发过程中，国家有关部门也将其列入国家社会科学规划等国家级的研究项目中，国内不少单位和个人也相继开展了数字图书馆软课题的研究，迄今已发表数百篇论文和报告，介绍了国外数字图书馆的进展情况，论述了数字图书馆的概念、体系结构、对社会的影响，讨论了建设数字图书馆过程中所涉及的知识产权问题、社会学问题，探讨了数字图书馆对工作人员的要求等，并对我国建设数字图书馆提出了若干建议和意见。反映了我国图书情报界和教育界对数字图书馆建设的关注。

四、中国数字图书馆试验演示系统

为探讨建设中国数字图书馆的基本途径和方法，为中国数字图书馆工程开展前期试验研究并得到一些实践经验，同时，也使各级领导和社会各界对数字图书馆有一个感性认识，国家图书馆于 1998 年底开始集中人力、物力和财力，利用三个多月时间，开发完成了试验环境及演示系统。

演示系统在多媒体数字资源的创意、设计和加工，元数据抽取和元数据库的生成，对象数据库建设，调度系统的选用，以及实现多库的跨库检索和用户界面等方面进行了探讨、取得了初步的实践经验。开发了数据加工、置标、管理方面的软件，开发了元数据和对象数据装入和管理方面的软件，开发了包括多媒体对象在内的动态页面生成软件，开发了支持 SGML 和分布式数据库检索、查询软件以及元数据和对象数据连接的接口软件等。

整个系统运行在国家图书馆的千兆位馆域网上，运行稳定，达到实时传送，没有丢帧和断帧现象。

该系统建设了“千家诗”、中国古代建筑、北京故宫、海洋世界和宇宙的结构五个多媒体资源库，信息量约 5 GB。在这五个资源库，有两个资源库的部分数据安置在距总馆 10 公里之外的国家图书馆分馆。

“千家诗”资源库是将国家图书馆收藏的明代彩绘珍本进行了数字化处理，为保护知识产权，采用了水印技术。对 36 首诗歌都配有图片、题解、注释、白话文解释和配乐朗诵，有些诗还配有吟唱。

中国古代建筑资源库反映了我国历史上各个时期的宫殿、寺院、楼阁、石窟和长城等内容，每个栏目都配有图片、解说，有的还有影像资料。

北京故宫资源库主要展现了其宏伟、壮观的场景，展示了它所收藏的各种艺术珍品，配有图片和解说。

海洋世界资源库选用了大量的影像资料，以生动的影像资料提高人们认识海洋、了解海洋的兴趣。

宇宙的结构资源库以普及宇宙基本知识为主，配有图片和解说。

按照数字图书馆的建设要求，这五个资源库与国家书目数据库和部分大百科术语数据库进行了SGML 标引,各库实现了互联,实现了跨库检索功能。

演示系统制作完毕后,先后请人大常委会、国务院、文化部以及有关部委的领导观看,接待了社会各界人士数千人次,并多次在图书馆界举办的各种会议上播放,达到了预期目的,为中国数字图书馆工程的建设创造了条件。另外,该系统曾两次在国际数字图书馆研讨会上演示,向国外同行展示了我国数字图书馆的研发水平,得到他们的高度评价。

五、中国数字图书馆工程

国家图书馆于 1995 年安排专人负责跟踪国际上数字图书馆的发展动向,了解相关标准、规范和技术,并及时将有关技术引入到相关的研究项目中,取得了第一手的试验和对数字图书馆总体框架的认识。

国家图书馆根据所承担有关数字图书馆科研课题的情况,考虑到国际上数字图书馆发展迅速,如果我们再不行动,就会错过时机,拉大与国际先进水平的差距,同时,国家图书馆的书库已近饱和,需要立即着手进行二期工程的建设,而二期工程按何种思路进行设计是首先要论证的关键问题。国家图书馆认为必须加大对数字图书馆的投入力度,尽快实施全国范围内的数字图书馆建设,以避免重复建设。

1998 年 7 月 20 日,国家图书馆向文化部递交报告,申请在国家立项"中国数字图书馆工程"。经过一年多的酝酿准备,条件基本成熟。

2000 年 4 月 5 日,由 21 个部委单位参加的"中国数字图书馆工程建设联席会议"第一次会议在国家图书馆召开,标志着中国数字图书馆工程开始启动。

中国数字图书馆工程是一项跨地区、跨部门、跨行业的宏大系统工程,是各项高新技术所支持的创新工程。其整体目标是:在互联网上形成超大规模的、高质量的中文数字资源库群,并通过国家骨干通信网向全国及全球提供服务;总体技术与国际主流技术接轨。

工程指导思想是:统筹规划,需求牵引,科技创新、滚动发展。工程建设原则为:公益性为主、资源建设为核心、统一标准规范、避免重复建设和实现工程建设民族化,保证工程的顺利进行。

工程任务是:计划到 2005 年,建设十余个,总容量不低于 20TB 的中文数字资源库;联合引进若干国内需要的国外专题数据库;实现全国大部分地区图书馆文献资源的联机采编及馆际互借;完成开发具有中国特色的数字图书馆应用系统;培养一批高水平的专业人才队伍,持续发展中国数字图书馆工程。

工程建设内容多,涉及范围广,其主要内容有数字资源建设、系统开发、标准规范和人才培养等。

工程特点:具有虚拟网络特点,是一个超大规模的、开放的、分布式的数字信息资源网络体系结构,能提供复杂信息加工存取功能;海量信息的生成与存贮;以中文为基础,包括外文和民族语言的信息资源;网络系统具有兼容性,良好的互操作性,开放式的可扩充性及快速反应能力;网络系统、信息资源和信息系统应符合国际标准和规范。

工程技术路线:在技术途径上采用与国际同类主流技术有接轨前景的方案,如标准通用置标语言/可扩展的置标语言(SGML/XML),统一资源名称(URN),公共对象请求代理体系结构(Common Object,Request Broker Architecture,CORBA)等;严格遵循电子信息处理与电子信息交换的相关国际标准及工业标准;统一的总体框架与灵活的子项目实施相结合;采用适用于网络环境的分布式面向对象的软件技术;立足国内自行开发与引进国外先进成熟技术相结合。

通过近几年工作,国内数字图书馆研究与开发已取得一定的进展,但与国际先进水平相比差距仍很大。我们必须认清形势,抓住机遇,迎头赶上,以中国数字图书馆工程启动为契机,全面实施数字图书馆建设,改变因特网上中文信息极度匮乏的状况,通过网络向全球弘扬我国悠久的历史和灿烂的文化,展现改革开放以来的巨大成就,使数字图书馆在我国两个文明的建设中发挥应有的作用。

论当前我国图书馆自动化的发展路向

沈迪飞

1　当前我国图书馆自动化发展的 2 个路向

在全球网络化和数字化图书馆大潮涌动下，我国图书馆也在激流中勇进，出现了 2 个动向：数字图书馆“热”和信息资源共享“潮”。

国家计委、科技部、教育部、文化部纷纷立项研制数字图书馆，进而于 2000 年 4 月 5 日正式宣布“中国数字图书馆工程启动”。

首先，1997 年文化部报国家计委批准设立国家重点科技项目“中国试验型数字式图书馆”。继而，863 计划确定“中国数字图书馆为重大攻关项目”，成立国家 863 计划中国数字图书馆发展战略研究组。文化部的中国数字图书馆工程列为“国家科技创新的重点工程之一”，1999 年 11 月“进入试验性实施阶段”，同首都图书馆和中国国际广播电台签订了示范单位协议。对此人们还没有来得及仔细思考，工程已于 4 月 5 日宣布正式启动。北京市信息化工作办公室进行了中关村科技园区数字图书馆群软课题研究。国家图书馆目前以日扫描 20 万页进行超大规模的馆藏文献数字化，并确定其基建二期工程就要建成数字图书馆。在中央和北京的带动下，各地亦行动起来，有的省成立了以副省长为首的数字图书馆建设领导小组，许多图书馆购买了扫描仪，有的县图书馆也动用极少而难得的资金购进扫描仪以进行文献数字化；有的公司进行了一些研究试验，就匆忙宣布为中国第一家数字图书馆。本文发稿的前两天，即 4 月 18 日，在北京举行了中国数字图书馆有限责任公司开业暨数字图书馆网开通仪式。

另一方面，国家领导人号召全国图书馆要实现信息资源共享。1999 年 1 月 14 日在北京召开了 100 多个各类型图书馆参加的“全国文献资源共享会议”，124 个图书馆签字发出“全国文献信息资源共建共享倡议书”。4 月 16 日，有关图书馆召开了“为中央国家机关立法决策服务座谈会”，研究协作开展服务问题。5 月召开了西文图书编目和古籍工作协调会，7 月召开了“北京地区外文期刊共建共享协调会”，共同商议合作问题。10 月 14 日召开的第 6 届全国公共图书馆馆长联席会，以文献资源共建共享为主题。在中央号召下，各地也开展了地区联机编目、地区文献资源联合目录、同城互借、馆际互借、全城借书证“一卡通”等相应的工作，许多图书馆实际已在进行网上信息发布、网上信息咨询和网络化信息传递等服务。资源共享深入人心，激励人心，正在形成一股潮流。

上面叙述的是我国图书馆自动化当前出现的两种动向。怎样认识这两种动向，怎样看待这个问题？我个人深深感到，这两种动向的现实影响和长远发展是极为不同的。这是对全国图书馆工作的重大导向问题，事关我国图书馆事业发展的全局，事关我国图书馆事业的发展战略，事关全国每个图书馆的发展方向。需要图书情报界认真讨论、对待。

2　现实的借鉴和历史的教训

实践是最有说服力的。放眼国外当前的实践，引为借鉴；回首国内曾经走过的弯路，吸取教训。

国外先进国家的图书馆，在 80 年代已经完成了图书馆内部业务的自动化建设，此后他们在怎样继续前进呢？当前是否正在进行数字图书馆“工程建设”呢？为了了解这个问题，我们举 OCLC 所在地美国俄亥俄州的图书馆为例。

OCLC 是世界上最大的以联机编目起家的图书馆网络中心。按常规的推理，在 OCLC 鼻子底下的俄亥俄州的所有图书馆，完全可以依托 OCLC 开展工作，不必在本州再建立图书馆网络，而该大力开展数字图书馆工程建设；但是恰恰相反，他们于 1994 年建成了俄亥俄州的图书馆网络 OhioLINK。该网的宗旨是“尽快地建立一个覆盖俄州的电子目录系统”，“为了俄亥俄州的明天连接起读者、图书馆和信息”。该网发展很快，到 1999 年已从建网初期的 18 个馆增长为 74 个馆，实现了协调采购、联合编目、网上图书流通服务、馆际互借、开发馆藏资源与利用网上电子信息资源等方面的合作。1999 年，OhioLINK 已拥有成员馆 2100 万条联合书目记录，向46万学生和5万教职员提供书目查询服务，网上图书流通量超过1900万册次，馆际互借60多万册次，提供28万篇网上全文文献服务，每周从因特网下载1万篇文献(其中70%是印刷品中找不到的)[1,2]。这样的服务效益在我国是望尘莫及的。

从OhioLINK的实践中我们可以借鉴到什么呢？我感到至少有3点：(1)一切以读者服务为宗旨，从实际应用出发，从读者利益出发，从办馆效益出发，图书馆是一个实实在在的服务单位，任何时候决不能将“先进”、“第一”等作为考虑问题的基点。(2)图书馆网络建设的最高原则是采用先进的技术手段实现最大限度的、最广泛程度的资源共享。先进技术是手段，手段为目的服务，应该以实现资源共享的程度作为检验先进技术应用水平的标准。(3)资源共享的基础是“共知”。共知的最简单而有效、传统而现代的方法，就是建立馆藏资源的联合目录。我想，这3点不仅是OhioLINK，而且是所有成功的图书馆或图书馆网络系统的共同道路和经验。

历史的经验值得注意，看看我国图书情报界现代化进程中的教训。80年代，国际上情报检索系统实现了跨国、欧洲检索，DIALOG，ORBIT等大系统的高新技术和先进设备吸引和激动了我国同行。一时间上百个国际联机终端和几十个情报检索系统如雨后春笋般在中国刚刚开放的大地上出现，蔚为壮观。但是，出现了两个大问题：一是读者太少，一是系统生存危机。中国读者花不起钱，宁愿多花点时间查书本文摘，结果是检索用户廖廖无几，国际先进设备在中国却起不了大作用。更为致命的是，由于硬件、软件和文献数据库全靠从国外进口，一遇国家财政紧缩，完全靠政府拨款的这些系统和国际终端，90年代初又同它出现时一样快地从中国大地上消失了。难以统计的成百上千万美元，为我国情报事业现代化建设交了学费，爱国的良好愿望和赶超的急切心情换来的是惨痛的教训。在我国图书馆界，这类的例子很多很多。

损失是重大的，教训是深刻的。回顾这段历史的目的是为了现在和未来，特别是现在正在作决策的领导者们受到启发，获得教益。以下3点值得深思：(1)一切从实际出发，一切从国情出发，不符合国情的“盲目抄袭”、“冒进式赶超”、“超前先进”是不可能在中国大地上生根的。(2)检验是否符合实际、符合国情的试金石是读者和用户的利益，对他们是否有用，是否有利。广大读者和用户代表了国情，也代表了国家的利益。这是最实际的检验，也是对效益最容易的验证。(3)我国图书情报事业的现代化也同样需要自力更生，需要走自己的路。

上面提到的两个实例，是感性认识，可能有其特殊性和不完全性，下面我们从理性角度进行更深入探讨。

3　国际、国内图书馆自动化的发展进程

首先，我们从国际、国内图书馆自动化的发展进程来讨论我国图书馆自动化的发展路向问题。

关于图书馆自动化的发展进程，国际和国内专家的看法大体一致，一般将其划分为4个阶段：第1阶段是以图书馆内部业务处理为核心的图书馆管理自动化；第2阶段是面向用户的文献信息服务自动化；第3阶段是以网络为基础的文献信息服务自动化；第4阶段是图书馆自动化的高级发展阶段——数字图书馆阶段[3]。

国际上先进国家的图书馆，其网络化信息服务正方兴未艾，但其“数字图书馆的基本技术已趋于成熟”，可以讲，现在正从第3阶段向第4阶段迈进，总体上还处在第3阶段。

我国图书馆自动化的发展处在什么位置呢？从公共图书馆的角度看，目前大多数地市级以上图书馆，均程度不同地实现了图书馆业务管理自动化，少数发达省份的半数以上县图书馆实现了采编流业务自动化。高校和科学院系统图书馆比公共图书馆要先进一些。在总体上，我国图书馆自动化仍处在第1阶段即初级阶段，少数图书馆已进入第2阶段。

可以认定，我国图书馆自动化的发展进程，从常规来讲，仍处在比较初级的图书馆内部业务处理自动化阶段。如果这个结论能够得到认同，那么，这就是现实，这就是实际，这就是国情。按照一切从实际出发的马克思主义原则，这也就是我们探讨我国图书馆自动化发展路向的立脚点和出发点。按此结论，我国图书馆自动化在总体上应该踏踏实实地发展第2阶段的业务，补第1阶段的课。如果现在就全国性、大规模地进行数字图书馆建设，那将要处于条件不具备、地基不牢靠、国情不适合的境地。用一句不客气的话来讲，将有“冒进”的危险，将要犯“迟发展效应”中“急于求成”、“以过高的预期值

来代替切实可行值”的错误[4]。对此，应该记取我国图书情报界80年代的教训。

可不可以“跳跃式发展”？对于数字图书馆来讲，人们希望尽早到达图书馆自动化发展的高级阶段，这种愿望和心情是完全可以理解的，是我们每个人都愿意为之奋斗的，但是，跳跃式发展是需要有基础和条件的。就我国目前的国情来讲，技术、业务、经济、法律和社会等方面均不具备一下子进入数字图书馆阶段，即从图书馆自动化初级阶段一跃而到达高级阶段的基础和条件。但这并不意味着不可以跳跃，如果从第1阶段跨跃过第2阶段而直接进入第3阶段，即网络化文献信息服务阶段，在技术可行和效益优先原则下，经过相当大的努力，应该是可以达到的。这也是跳跃式发展，只是跨越的幅度小一些。近年，我国图书馆界已经出现了跳跃式发展到网络化信息服务阶段的可喜现象。上海高校图工委的国外教材中心图书馆在自动化进程中，实践了这种“跳跃式发展”。

首先，该馆在网络化环境下对自己进行了恰当的定位：读者与信息资源之间的桥梁。其次，在这种正确理念指导下，开展了一系列工作：在本馆建立馆外信息资源数据库的镜像点；阅览室配置扫描仪，为远程读者提供网上全文传递服务；在网络上开展信息咨询、动态信息发布、教材查询、知识导航和定题等服务；建立包括前言、目次和使用大学等内容的教材书目检索系统等等。该馆巧妙地将新的成熟的网络技术及扫描技术、数据库技术、检索技术同广大读者的现实需要密切结合起来，开展跨地域的网络化服务以最少的投入，发挥了最大的效益。“跳跃式发展”对发展中国家的现代化建设是一个相当重要的理论和实践问题，在这里不可能展开讨论，但却值得我国图书情报界的同行们认真探讨。

4 资源共享是目的，数字图书馆是手段

这个标题的提法可能令人犯思量，我们不妨举1996年在北京召开的国际图联第62届大会的一条著名标语：“数字图书馆—人类信息资源共享的美梦成真”。这是悬挂在会议主楼外的两条最醒目的标语之一，令全世界的同行们激动、振奋，深入人心。很明显，标语中的“人类信息资源共享”是“美梦”，是理想，是全世界图书情报界多少代人为之奋斗的目标；也很明显，是数字图书馆使理想和目标得以实现。由此可以得出的必然结论是：资源共享是目的，数字图书馆是手段。

图书馆自动化是利用现代信息技术提高图书馆服务水平的综合手段的总称。其发展的多个阶段是技术手段不断提高的表现，使图书馆资源共享实现到越来越高的程度。数字图书馆是图书馆自动化发展的高级阶段，它汇集了各种最先进的现代信息技术手段，使资源共享达到了“美梦成真”的理想水平。IBM中国总部的一位负责数字图书馆的经理说，数字图书馆的原意是指“多媒体信息管理系统”，指的是能够处理多媒体信息的软件，而不是指图书馆实体。如果我们查一下图书馆的英文library，还可译为“库”、“程序库”、“软件包”，那么将数字图书馆理解为软件系统就是站得住脚的一种说法。这样，作为软件系统的数字图书馆当然是实现图书馆资源共享目的的一种先进的手段。手段为目的服务，这是天经地义的道理，但在实践中却往往反其道而行之。究其原因，“手段”、“技术”是有形的，是看得见摸得着的，是可以用钱买来的，是能够出成果、容易得第一的；而“目的”、“效益”是软的，是看不见摸不着的，是不能用钱买来的，是难以出成果、得第一的，甚至是容易虚报或作假的。这在世界现代化进程中的后进国家是司空见惯的现象，是现代化水平低的表现，是发展中国家普遍存在且难以解决的问题，我国也不例外。看看这些年重硬件轻软件、重设备轻效益、重系统轻内容、重成果轻实用、重手段轻目的等等弊端及其对我国现代化建设造成的严重损失，应该是猛醒的时候了。现在，也应该是图书情报界避免这种错误的时候了。

近两年到美国图书馆参观考察的同行们有一个共同的感觉：美国许多图书馆的计算机设备并没有我们的先进，包括上述OhioLINK的主要图书馆，有些我们认为应该淘汰的设备仍在使用，但图书馆的服务效益之高却是我国图书馆不可比拟的。OhioLINK的74个图书馆1999年的馆际互借量高达60多万册次。而我国全国图书馆的馆际互借量，没有看到统计材料，往高估计也不会超过几万册次。手段相差无几，效益却天地之别。现代化不是体现在设备和手段上，而应体现在为国家为人民创造的效益上。这一点，在探讨我国图书馆自动化发展路向时，应作为判别路向正确与否的主要标准。

5 数字图书馆是一项需要长期发展的系统工程

有关数字图书馆的定义，国内外有太多的说法，对此本文不予讨论。为了有利于对文章内容的探讨，读者和作者对数字图书馆需要的一个大体一致的认识。为此，特别用中国数字图书馆发展战略组主要领导人的说法。徐文伯将数字图书馆概括为："所谓数字图书馆就是对有高度价值的图像、文本、语音、音响、影像、影视、软件和科学数据等多媒体信息进行收集，组织规范性的加工，进行高质量保存和管理，实施知识增值，并提供在广域网上高速横向跨库连接的电子存取服务。同时还包括知识产权、存取权限、数据安全管理等范畴。因此，准确地说，数字图书馆是超大规模的、可以跨库检索的海量数字化信息资源库。"[5]可见，这是一项涉及面很广的工程，他也认为，该工程涉及到"技术、管理、运营、法律等问题"。实际上，数字图书馆踏足的领域还要多得多。例如，上述 4 项之外还有，公益事业和商业运作之间牵涉到两种截然不同的体制问题，多种信息特别是多媒体信息加工的标准化问题，海量信息加工和存取的信息安全问题，面对的广大用户是否有能力(经济、技术、文化等)接受的社会问题，传统影响与阅读习惯、喜好的人文问题，以及服务收益与维持数字图书馆持续发展的资金问题等等。

可见，数字图书馆是一项系统工程，它涉及多个技术领域，也牵涉体制、经济、法律、管理、运营、信息安全等问题，又面对纷繁的社会和复杂的文化背景，尤其特别容易被忽略的后两项，即社会问题与人文问题，是关系到数字图书馆的应用、效益，关系到数字图书馆有没有用、能否生存下去的大问题。数字图书馆是一项多么复杂的系统工程，而且是面向全社会开放的社会系统工程。

面对这样复杂的社会系统工程，我们的基础是否夯实、条件是否具备了呢？回答是，还差得很远很远。

我们且不说处在社会主义初级阶段我国的社会环境和几千年形成的文化背景，仅就技术问题，条件也不成熟。国家 863 计划中国数字图书馆发展战略组第一副组长、国家 863 计划智能计算机主题首席科学家高文同志认为，中国数字图书馆工程建设正面临信息资源建设、多媒体信息标准、存储与压缩、分类与检索、传输与保护、交互界面、输出与信息表现、多语言问题、工具与平台以及高层信息服务协议等"十大技术瓶颈"的挑战[6]。关于法律问题，中国数字图书馆发展战略组法律组组长、北京大学法学所所长饶戈平同志撰文提到，知识产权问题贯穿数字图书馆建设和利用的全过程，涉及数据库、软件与用户服务等多方面，这在国外也是没有很好解决的困难问题[7]。技术、法律、标准(高文同志已将其归入技术中)和经济等将决定数字图书馆能不能(有没有条件)建设的问题，而管理、运营、体制和信息安全等将决定数字图书馆怎样建设的问题，社会、人文和持续发展等将决定数字图书馆能不能有效益即当前对国家和人民有没有用的根本问题。

作为社会系统工程的数字图书馆，它不可能在社会上单独存在，为实现资源共享，必须同其他图书馆、单位以及广大的读者和用户建立广泛的联系。这同电子商务一样，单个公司不可能建成电子商务，总会有公司同相关公司(或单位)、公司同广大客户之间的各种关系，即电子商务中的 B to B 和 B to C 问题。同样道理，数字图书馆也应该存在图书馆和图书馆、图书馆和读者的关系，即 L to L 和 L to R 问题。1999 年 11 月，在香港中文大学召开的"21 世纪中文图书馆学术会议"上，上海复旦大学图书馆秦曾复馆长宣称，"数字图书馆不可能在一个图书馆单独实现"。我是非常赞同这个观点的。据此，仅有一个"海量数字化信息资源库"中心，也不可能建成数字图书馆。

通过以上论述，是否可以得出另一个结论：数字图书馆是一个长期的发展过程。这个长期发展过程有下面几个含义：(1) 图书馆自动化发展的各个阶段都在为数字图书馆的实现奠定基础、创造条件、数字图书馆不可能"横空出世"，业务管理自动化、读者服务自动化、网络化和因特网等每项技术进步和广泛应用都使整个人类向数字图书馆迈进了一步，它们都成为数字图书馆前进路上的一个个里程碑，每个的功绩都是不可磨灭的。(2) 同样道理，书目数据库、文献数据库，全文数据库、电子文献以及因特网上的电子信息等，都为数字图书馆准备了丰富成品、半成品和原材料，成为"海量数字化信息资源库"的不可缺少的成员。(3) 发展数字图书馆不是目的，而是为实现全人类信息资源共享大目标的手段，因此实现数字图书馆不能急，不能"揠苗助长”。从新中国建设的历史教训上应切记一点：中国的很多事情是急坏的。(4) 经过全人类的长期的不间断的奋斗和积累，经过技术上持续的创新和改造，通过不止一代人的试验、使用和不断的磨合，特别是通过对社会和人文环境的适应与改造，包括对人们生活方式和阅读习惯的适应与转变，在整个社会经济和文化达到相应发展水平的基础上，数字图书馆的时代就会到来。

6　结论

(1) 形势空前好但要清醒估计：我国图书馆自动化经过 20 多年的发展，当前在网络化、数字化的迅猛推动下，特别是受到国家和各级领导人的空前重视，出现了绝无仅有的好形势。但我国图书馆自动化的发展在总体上仍处在初级阶段，这个估计是同我国国情和全国图书馆的发展状况相适应的。

(2) 走资源共享之路：发展图书馆自动化不是目的，而是为实现全人类信息资源共享大目标的手段。图书馆自动化每前进一步，都要以资源共享为前提，以资源共享为目标，以资源共享作为检验发展状况的试金石。从当前国情和图书馆实际出发，采用现代信息技术，走资源共享之路，使图书馆为国家和人民创造最大的效益，这就是结论。

(3) 抓住大好机遇，发展图书馆自动化：当前是发展图书馆自动化的最佳时机，一定要抓住机遇，尽快推动我国图书馆自动化大步向前迈进。但积极性要同科学理性结合，应既不失去机遇，又不脱离实际冒进。现在是可以在搞好第 1 阶段的基础上，跨越到第 3 阶段，利用因特网逐步开展图书馆信息服务，从而实现我国图书馆自动化的跳跃式发展。

(4) 创造条件为数字图书馆建设打好基础：数字图书馆一定要建设，而且要建成世界一流的、具有中国特色的数字图书馆。但是，现在不是大张旗鼓在全国开展数字图书馆工程建设的时候，而是少数图书馆先进行研究、开发、试验、试用的时候，是中国数字图书馆尖兵出动的时候。我们应该脚踏实地，搞好现阶段的现实的图书馆自动化建设，积极创造条件，使全国数字图书馆全面建设之时早日到来。

参考文献

〔1〕王大可. OhioLINK 的网络建设与信息资源共享. 现代图书情报技术，1996(6)：39～41.

〔2〕周子荣，艾国祥. OhioLINK 及其对我国省级图书馆网络建设的启示. 现代图书情报技术，1996(6)：17～21.

〔3〕张晓林. 图书馆技术体系的发展趋势及对我们的意义. 跨世纪的思考—中国图书馆事业高层论坛. 北京：北京图书馆出版社，1999.

〔4〕罗荣渠. 现代化新论—世界和中国的现代化进程. 北京：北京大学出版社，1993.

〔5〕徐文伯. 建设中国数字图书馆意义重大. 光明日报，2000-03-08.

〔6〕高文，突破十大技术瓶颈. 光明日报，2000-03-08.

〔7〕饶戈平. 知识产权问题不容忽视. 光明日报，2000-03-08.

中国古籍资源数字化的进展与任务

李国新

中国的古籍资源数字化工作早在 20 世纪 80 年代初就开始起步了，不过，那时并没有出现“数字化”的概念，一般是称为“计算机化”或“电子化”。古籍数字化在中国真正的迅速发展，是 90 年代中期以后的事情。标志主要是一些大规模、基础性的古籍著作被开发成了真正意义上的数字化产品并走向市场。在这一过程中，人们对数字化古籍资源的特征、古籍实现数字化的原则、形式等基本问题的认识有了明显的升华，过去长期制约古籍数字化实现的一些关键性技术经过持续的研究和试验，取得了明显进展。

一、数字化古籍资源的基本特征

数字化古籍资源必须在计算机环境下实现其

利用功能，但计算机环境下可利用的古籍资源并不一定都可以称为数字化古籍资源。例如，现在我们常常可以看到一些以键盘输入或电子扫描形式形成的网络版、光盘版的古籍作品，还有一些使用阅读器仅供阅读的古籍资源，这类产品充其量只能说是实现了古籍资源的浏览阅读计算机化，并不能称为是真正意义上的数字化古籍产品。为什么？因为它们不具备数字化古籍资源的基本特征。

那么，数字化古籍资源的基本特征是什么？

首先，必须实现文本字符的数字化，即汉字是以编码而不是以图形的形式储存在计算机中。如果是通过扫描技术将古籍原文转化为数字图形，则必须有一个进一步的将数字图形映射为数字字符的环节，这就是一般所说的OCR（光学字符识别）技术。只有实现了汉字由图形向编码的转变，最终才能实现对汉字的编辑修改，对文本的深度加工才有可能进行。

第二，具有基于超链接设计的浏览阅读环境。不论任何载体形式的图书，能够浏览阅读都是最基本的要求，所以，仅仅是能够浏览阅读，并不能显示出电子版图书比印刷版图书有什么优势，而且，若从纯粹意义的浏览阅读的习惯和舒适、便携程度来看，电子版恐怕还不如印刷版。就浏览阅读来说，数字化以后的真正优势在于对典籍内容的超链接设计。比如，正文相关内容之间的链接，正文与注释之间的链接，不同注释之间的链接，正文与相关知识、资料之间的链接，原文与在线词典的链接，甚至典籍内容与相关网站的链接等等。有了这样一些超链接设计，人们在浏览阅读古籍时就可以改变传统印刷版的线性顺序，就可以以语词点、知识点为中心，发散性地、即时性地、有选择性地寻找需要的内容。对于今天的人利用古籍作品来说，这种浏览阅读环境至关重要。

第三，具有强大的检索功能。印刷版古籍也可以具有一定的检索功能，但在印刷版阶段，限于编制工作的浩繁与书籍的规模部头，索引总是粗疏的、有限的。计算机有海量的存贮空间，从根本上解决了原来“规模部头”限制的问题；有自动生成索引的功能，从根本上解决了原来“编制工作浩繁”限制的问题，而从实际需要看，今天一般人利用古籍，恐怕是查找检索多于系统阅读，因此，强大的检索系统对于古籍整理作品绝不是可有可无，而是必须的。

所谓“强大的检索系统”是指以全文检索为基础构造的检索系统，主要包括关键词（主题词）检索、条件检索、逻辑检索、模糊检索、组配检索、属性检索。其中属性检索对于古籍的利用与研究有特别的意义。如以“体裁”作为属性，可以汇聚同体裁的作品；以“写作时间”作为属性，可以汇聚相同时间写作的作品；以“事件”作为属性，可以汇聚古籍中记述的所有事件；以“图像”作为属性，可以汇聚古籍中收载的所有图像资料，等等。属性检索是一种智能化检索，属性设置体现了原书的内容特点，往往可以满足利用者特定的需要，因此，在数字化古籍的检索系统中，属性检索应该是不可或缺的。

第四，具有研究支持功能。所谓“研究支持功能”是指能够提供有关古籍内容本身科学、准确的统计与计量信息，提供与古籍内容相关的参考资料、辅助工具。这些信息、资料或工具都是古籍内容的增值或补充。比如古籍字数、字频、词频的统计数据，异体字的汇聚显示，读音的自动标注和朗读，行文风格特点的概率统计，必要的背景知识、参考资料的汇聚，在线标点断句工具的配备，不同版本比勘校对界面的设置，字典词典、历史年表、历史地图等研究工具的加载，等等。有了这些研究支持功能，不仅可以极大地改善研究者的研究条件，而且还会带来研究思路、研究方法的变革。

上述4点，第1点是基础。没有古籍文本字符的数字化，其他一切犹如无本之木。在文本字符数字化基础上进行的超链接设计、检索功能设计、研究支持功能设计，是充分利用计算机的优势对古籍资源所做的深度揭示和开发。由此我们可以得出这样的结论：数字化古籍必须对古籍原典作出具有计算机浏览、检索、利用特点的深度开发。

强调这一点对目前中国正在进行的古籍数字化工作具有现实意义。古籍数字化不等于对古籍进行扫描而后在计算机上浏览，用“一扫而就”的办法进行古籍数字化，不仅造成了资源的浪费，而且使古籍数字化走向歧途。

二、20世纪90年代中期以来中国古籍资源数字化理论与实践的若干进展

1. 关于汉字字符集问题

字符集的问题曾经长期困扰着中国的古籍数字化工作。因为采用什么样的字符集事关古籍文字能否在电脑上正确地表达和显示，所以它是古籍

数字化首先碰到并必须解决的问题。

解决这一问题需要考虑两个因素:一是字符集包含汉字的数量是否能满足古籍作品的需要,二是字符集的编码体系能否满足资源共享的需要。如果仅考虑汉字的数量,就一般古籍而言,虽说GB2312(收简化汉字6763个)不行,GBK(收汉字21886个)已经基本上够用了。[1]但GBK的编码体系是非国际标准的,这就引发了另外一个问题:如果采用它作为古籍数字化的字符集,会导致由于字符集的壁垒而使数字化古籍产品无法走向世界。

经过探索和实践,目前国内学术界在字符集的采用上已有主流看法:坚定不移地采用国际标准ISO/IEC 10646。为什么采用这一国际标准字符集呢?首先是因为它的结构体系能够同时处理多国文字,可以实现跨平台展现内容,从而使数字化古籍产品能够超越语言限制,在不同的视窗平台上运行,解决了古籍资源全球共享的问题;其次是因为它包含了较为充足的汉字数量。[2]ISO/IEC 10646出现后,经过一个阶段的探索和实践,国内有学者认为这是“古籍数字化的唯一之选”。[3]

2.关于古籍原文的输入问题

在古籍数字化过程中,如何把纸上信息转化为数字信息——即如何把古籍原文输入计算机,是又一个必须解决的重要问题。这一问题的重要性是由古籍输入的特殊性决定的:一般的录入员大都不具备录入古籍的水平,具备这样水平的人又大都不能当录入员使用。况且,当对大规模的古籍进行输入时,即便是有称职的录入人员,键盘输入也无法在时效、质量等方面满足基本的要求。因此,要使大规模的古籍实现数字化,要使古籍数字化形成工程规模,就必须解决古籍原文的高速自动输入问题。

20世纪90年代以后,我国的汉字识别技术(汉字OCR)进入了实用化阶段,标志是几种流行的印刷体汉字识别系统可以做到识别各种形体、各种型号的印刷体汉字4000多个,识别率达到95%～99%。流行的联机手写体汉字识别系统可以实时识别10000个以上的规整书写汉字,识别率在90%以上。[4]汉字识别技术的实用化,为解决古籍原文的高速自动输入提供了基本的技术路线。90年代中期以后,专门针对古籍输入的OCR系统开发研究不时出现,而且也有了将OCR运用于大规模古籍输入的较为成功的范例。如文渊阁《四库全书》电子版在研制过程中开发的“非特定人准规范手写OCR系统”一次正确识别率平均已达92%,OCR引擎标识符典已拥有7000多汉字的多种笔迹,涵盖了古籍语料的99%。在此基础上,“木版印刷宋体OCR系统”、“铅字印刷宋体OCR系统”也已开发成功,并经历了相当流量的考验。[5]目前,解决古籍原文输入问题的思路和方法已经明确:OCR技术是最佳方案。

一个OCR系统包括以版面分析为主的前处理、单字识别和以文字、版面校对为主的后处理3大部分。目前,单字识别技术已经基本过关,薄弱环节是缺乏通用的、功能较强的前、后处理软件,对古籍来说,尤其是这样。文渊阁《四库全书》电子版在研制开发过程中对用于古籍的OCR前、后处理系统作出了有益的探索。在前处理方面,它构造了一个通用的古籍版面分析软件(UniSegmentation),主要功能是对扫描图像进行切分,将扫描图像上的每一个字符标记出来,以便于OCR识别。古籍的版面有其特殊性,如从右向左竖排,有边框标志,有书口标志,页面的行数、字数可能有出入,标点本的专名号、书名号形成了“字旁边线”等。这些特征,有的可以形成特征参数,有助于版面分析和字符标记;有的则形成严重噪音,给字符的正确标记带来障碍。通用的古籍版面分析软件的构造,无疑为OCR技术在古籍输入中的大规模运用奠定了基础。

利用版面分析系统记录的信息开发出校对工具,用于扫描图像和识别结果的校对,以便纠正系统在识别过程中发生的错误,这实际上就是OCR的后处理。文渊阁《四库全书》电子版开发出了对照校对、类聚校对、版面校对三种后处理校对工具,不仅使校对工作可以在计算机环境下进行,而且拓展了传统的校对方法和途径。对照校对工具用于字迹扫描图像与识别结果的逐一校对,据介绍十选识别率可达98%。类聚校对工具用于一定范围内编码相同汉字的图像与文字的对比校对。这种校对工具可以将不大容易出错的字筛去,而将那些难以辨识或容易致误的字类聚起来,在同一屏幕上加以显示,达到使错误“鹤立鸡群”的效果。据介绍,类聚校对对校对人员的古汉语水平要求低,而校对速度是对校的5倍以上。版面校对是将原文版面扫描图像与识别后复原的版面加以对照,主要解决缺字、字属性错误、字位置错误、字切分错误等问题。[6]与传统的方法比较,这三种校对并不属于理校和他校的范畴，还处在对校、本校的层次，但它与“一人读书，校其上下”、“一人持本，一人读书，若怨家相对”式的传统校雠相比，[7]更具立体色彩。

到目前为止，虽然文渊阁《四库全书》电子版所构造的OCR前处理、后处理技术是否具有更为广泛的通用性还有待进一步验证，但这一技术在大规模古籍数字化工程中的运用，已经使我们看到了较好地解决古籍“输入”这一瓶颈问题的前景。

3.关于数字化古籍的“保真原则”和“整理原则”

古籍数字化，从本质上说也是对传世古籍的一种整理，不过是整理的手段、成果的形式与传统有别而已。古籍在数字化的“整理”过程中应该贯彻什么样的原则？这是一个事关古籍数字化指导思想的问题。20世纪末，国内有学者提出了“保真原则”和“整理原则”相辅而行的思想。[8]它是在总结我国古籍数字化实践经验基础上形成的一个重要理论原则，对数字化古籍如何形成最终产品有理论指导意义。

所谓“保真原则”，是说数字化古籍产品应该具有“文物存储性”，具有重现作为历史文物的古籍原貌的功能，具体表现是数字化古籍产品应该形成数字图形版。数字图形版主要满足版本研究、文物鉴赏、书史研究、文字校勘、原件对照等特殊需要，可以认为是印刷版阶段“影印本”的数字化。在今天，实现数字图形版不存在技术上的障碍，只要对纸质信息进行照相或扫描并有足够的存储空间即可。

所谓“整理原则”，是说数字化古籍产品应该具有“资料应用性”，具有超文本浏览阅读、全文检索、研究支持等功能，具体表现是数字化古籍产品应该形成数字文本版。数字文本版是数字化古籍产品的主要形式，古籍数字化过程中的“整理”工作，主要就是围绕着形成数字文本版而展开的。

所谓“保真原则”与“整理原则”相辅而行，主要包括以下几层意思：首先，以形式保真为主要任务的数字图形版不排斥适当的整理加工。比如检索工具和辅助阅读工具的添加，对原件的放大或缩小，页面颜色或背景的灵活改变等等。这种整理加工，正是数字化古籍之优势。不过，它应该被限定在“非内容性”的范围之内。其次，以内容整理为主要任务的数字文本版追求内容上的保真，而不是形式上的保真。这里涉及到的一个重要问题是对古籍用字的整理。为什么古籍用字数量庞大？重要的原因是异体字、古今字、通假字、避讳字等现象的大量存在。如果追求对所有这类字形的保真，汉字字库恐怕永远难以满足需要，同时对一般的利用者来说，实际意义也不大。其实，字形整理原本就是古籍整理的题中应有之义。“由于古籍用字的非规范性，决定了现代古籍整理在字形转换上的非完全保真性。”[9]所以，改正错别字、恢复避讳字、整理异体字等工作，本来就是现代古籍整理应做的工作。这样做，从形式上看没有保真，但从内容上看，却保留了原作的“语言事实”，消除的只是“文字障碍”。所以，古籍的数字文本版应该用“整理原则”指导保真，让保真服从整理，而不是以牺牲整理为代价去追求形式上的保真。第三，作为数字化古籍的最终产品，应该在数字图形版和数字文本版之间建立紧密的联系，使文本显示和和图形显示能够灵活切换，并且能够迅速准确地定位转换，以便于利用者作文本间的比勘对照。

如果和印刷版阶段的古籍整理成果相类比，贯彻“保真”和“整理”相辅而行原则的数字化古籍产品，实际上是将“影印本”和“整理排印本”合一，这是充分张扬数字化产品优势的举措，它不仅给不同需求的人带来了利用上的方便，而且为古籍保存、善本留真开辟了新途径。目前，国内已经出现的数字化古籍产品真正全面体现“保真”和“整理”相辅而行原则的并不多，有代表性的是文渊阁《四库全书》电子版，其他大多还停留在单纯数字文本版或单纯数字图形版的地步。唯其如此，明确这一原则才更具现实意义，它为今后的数字化古籍产品指明了发展方向。

4.关于古籍研究支持系统的开发

90年代中期以后出现的数字化古籍产品大多在研究支持系统的开发方面作出了有益的探索，比如字频词频统计、相关资料库（人物、事件等）的加载、研究辅助工具（年表、联机字典等）的配置、相关汉字库（异体、通假、正讹、古今等）的建立、实用工具（标点工具等）的引入等，表明人们对数字化古籍产品基本特点认识的深化。

智能化研究支持系统的开发和实现，是这一时期值得特别关注的事情。北京大学计算语言研究所和北京大学古文献研究所合作开发的以《全宋诗》为对象的古诗研究计算机支持系统取得的阶段性成果，令人鼓舞。该系统利用计算语言学的方法，通过计算相邻字的“互信息”等方法进行语料的自动抽词和建词典，据介绍正确率达到了 95%；通过选取任一诗作的第一句和偶句的尾字与系统中储存的韵书和押韵规则相匹配，自动判断诗作的押韵状况与韵脚，为古诗格律研究提供支持；[10]通过条件概率计算、互信息计算、规则匹配、信息库（如注音字典库、多音字发音频率库、多音字组合库）信息匹配等方法，实现对诗文的自动注音。据介绍，40万字规模的语料读音标注正确率达到了 94.7%[11] 这类研究已经不仅仅是基于全文检索的简单数量统计，而是在统计基础上的智能决策，部分地替代了人的思维，发展前景诱人。比如，以古籍自动抽词和建词典的工作为基础，就可以进一步实现古籍的机器自动翻译和多层面的古代语言研究；以古籍自动注音为基础，利用多媒体技术，很容易地就可以实现古代诗文的即时自动朗读。智能化应该是古籍研究支持系统的一个发展方向。

目前已经出现的古籍研究支持系统大都包含了并非唯一的支持工具。但是，如果这些支持工具处在一种各自为政、相互分离的状态，就会削弱支持工具作为一个"系统"的整体效能。因此，支持工具之间建立相互的关联是必要的。比如，如果把按年代顺序统计出来的诗文作品放入事件资料库中加以对比分析，就可以看到作品与事件之间的关系；放入作者生平资料库中加以分析，就可以描绘作者的创作历程；把按作品创作地点统计的结果放入地图资料库中加以分析，就可以对地域文化作出有根据的阐释；包括联机字典，理想的状态也应该具有字典释文与特定字词间智能对应的功能。这些，实际上就是不同的研究支持工具相互关联所产生的效果。如果再辅之以一些图形、图表、多媒体表现工具，对研究结果的表达形式、表达手段将会更加多样化，更具吸引力。数字化古籍的研究支持系统应该在支持工具的关联以及关联分析结果的表现方面，给利用者提供更大的空间。目前，这方面做得还远不够。

三、古籍资源数字化面临的主要任务

古籍资源数字化既是今天经济文化建设、学术研究的需要，也是时代对古籍整理工作的必然要求，同时，还可以有效地改变网络环境下中文信息稀少、信息流动失衡的现状。不过，类似于已经出现过的多家齐上图形版《四库全书》的低水平重复现象应该避免，特别是在古籍资源数字化刚刚起步的今天，更应该区分轻重缓急，考虑如何做才能较为迅速、合理地构建我国数字化古籍资源的体系架构。纵观我国古籍资源的构成要素与古籍资源数字化的现状，在新世纪初期，下面一些任务显得较为紧迫。

1. 大规模总结性古籍检索工具的数字化

建国以来，特别是改革开放以来，我国已经编纂出版了一批总结性的、权威性较高的古籍工具书，如《辞源》、《中国丛书综录》、《中国古籍善本书目》、《中国版刻图录》、《中国地方志联合目录》、《中国地方志总目提要》、《中国历史地图集》、《中医图书联合目录》等等。这些工具书本身或许并不能称为古籍，但却是人们充分地利用古籍资源、打开古籍资源宝库的有效的参考工具、引导工具，所以，古籍数字化实际上首先应该考虑这类检索工具的数字化。从内容上看，这类工具书一般都有较好的印刷版基础，进行具有计算机检索特点的深度开发的难度相对较低，也是一件很适合在古籍数字化初期做的工作。大约主要是由于牵涉到了著作权问题，截止目前，这方面还是空白，亟须填补。

2. 总结性古籍书目数据库的建立

这是一件摸清现存传世古籍家底的工作。自从《中国古籍善本书目》的编纂工作基本完成后，有许多学者呼吁启动类似的工程。1993 年，国务院古籍整理出版规划领导小组立项启动了《中国古籍总目》项目，[12]此后，有些收藏单位做过一些局部性的古籍书目数据计算机化的试验。到今天，发挥技术优势，从建立计算机古籍书目数据库入手完成摸清家底的任务，时机和条件已经基本具备。

目前，建立总结性古籍书目数据库的难点不在技术实现层面，而在建库规范和协调机制层面。就建库规范来说，需要有统一的古籍分类法，统一的古籍著录标准和格式，统一的系统软件等，但这些规范或标准的制定目前仍处在研究探索阶段。总结性书目数据库的建立必须以所有收藏单位的协作为基础，但在今天，灵敏而有效的协调机制的建立，恐怕并不比规范和标准的制定容易。李致忠先生曾经多次撰文论述过这类问题。[13]不过，总结性古籍书目数据库的建立是古籍资源数字化的基础性工程，也是实现真正的资源共享的基础，它的必要性和紧迫性已经表现得越来越明显。

3. 类书资源的数字化

类书是中国古代百科全书式的资料汇编，是最具中国特色,也最具世界影响的中国传统文献资源之一。它的内容,涉及了自然界和人类社会的各个方面;它的表达方法,是直接抄录典籍中的原始资料而加以陈列;它的编排形式,是通过极具中华民族思维特点的类化思维方式——分门别类来对知识和资料进行整合与规范。所谓"区分胪列,靡所不载"——用今天的话说叫做"分类与陈列",是类书最突出的特点。分类,"是思想的秩序",展现出来的是"那个时代人所能够想象到和把握到的知识与思想世界的秩序、范围和边界";[14]而陈列,则是信息的复制,展现出来的是一种容纳在"新秩序"中的不加改易的既有文本的原始信息。类书内容的"靡所不载",决定了它在今天的经济文化建设、学术研究中有广泛而重要的开发利用价值,而一般人对类书体例、表现方式的陌生,再加上类书本身"非工具书化"因素的制约,又导致了人们利用的困难。怎样解决这一对矛盾?在今天,最好办法就是实现类书资源数字化。可以说,在传世的古籍资源中,类书是最需要也最适宜实现数字化的品种之一。

在现存的类书中,规模最大的《古今图书集成》已经有了电子版。[15]除此而外,规模大者千余卷,小者十几卷。鉴于此,今天谈类书资源数字化,基本方向应该是构建容纳一定数量类书的大规模类书资源数据库,而不能再局限于或满足于单种类书的数字化。为什么?因为类书的最大优势,在于汇集资料的丰富与系统。不同类书所容纳的资料,有继承也有超越,有雷同也有区别,如果能把它们集合起来,实际上就是实现了不同类书所汇集的资料的溶为一炉,原始信息的陈列显然更丰富了;不同类书容纳资料的分类体系的比较,又可以使我们看到不同时代的人们整合、规范知识与资料的思想体系的区别。而计算机这一现代工具,提供了前所未有的海量存储空间和快速检索方法,使不同类书的集合与集合以后的快速查考成为可能。所以,从类书的特点、利用价值与数字化产品具有的优势的结合点上来考虑,类书的数字化应走构建集合多种类书的大规模类书资源数据库的道路。

并不是所有现存类书都有必要数字化。一般地说,宋末以前的现存综合性类书普遍具有实现数字化的价值。这是因为流传至今的宋末以前的古籍数量较少,类书中辑存的资料尽管是零散的,但往往是唯一的。元代至清末出现的综合性类书需要审慎选择。这是因为此间出现了为数不少的展转抄袭、内容重复、对今天来说资料价值和使用价值并不大的类书。另一方面,过去人们重视不够、流传也不广的一些中小型专门性类书,如果从资料价值、开发利用价值、获得难易程度等方面综合考虑,应该成为数字化关注的一个重点。比如敦煌遗书中的写本类书(多为残卷),具有日用百科性质的民间通俗性类书,反映事物起源流变的"镜源"性类书,佛教类书,图像资料较为丰富的类书,和刻本汉文类书等。

大规模类书资源数据库不是多种类书的简单地、相互独立地集合,而应是在集合基础上的"融合",融合以后还应能迅速准确地查考。因此,解决不同类书的分类体系整合与内容外化的问题,是类书数字化的前提性、基础性工作。分类体系的整合既包括不同类书自身分类体系的"兼容"对应,又包括古代类书分类体系与现代科学分类体系的对应,还包括类书类目术语概念的归并集中、古今转换和相关揭示。没有不同类书分类体系的整合,就没有不同类书内容的"融合"。根据类书的特点与现实利用需要,类书的内容外化必须突破单纯的分类模式,走向对资料主题的揭示外化,或者是对资料中包含的观点、史实、数据、结论等"精粹信息"的揭示与外化。[16]在分类体系整合与内容标引揭示的基础上最终建立起综合检索系统。这个检索系统不仅应满足一般性的检索需求,还应体现类书的特点,具有引书检索、辑佚检索、校勘考证检索等特殊的检索功能。

如果这样一个大规模的类书资源数据库建立起来了,人们对古代类书资源的开发利用将进入一个新天地。

4. 普及性作品的多媒体化

古籍资源数字化,并不仅仅是服务于学术研究,计算机环境下的多媒体技术的发展,为历史知识、传统文化的普及提供了前所未有、极具吸引力的表现手段。比如,在物质文明史、科技史、文化史、战争史等具象历史方面,如果把文本、图像、声音、地图、动画、三维立体模拟等结合起来,表现的生动性、趣味性、吸引力将是另一番光景。依据古代战争、历史传说、科技发明等创作出具有互动性的游戏软件,对少年儿童而来说,实在是"寓教于乐"的好方式。通过计算机三维成像技术,完全可以让静态的古代文物"活"起来,并可以对其进行任意的解剖分析。

古籍是历史的记录，历史是人的活动的记录，人的活动是形象的，形象是丰富多彩的。所以，历史"其实是一个十分适合以多媒体技术来表现的对象"。[17]从这个角度看，把传统上主要靠文本阐述的古籍资源转化为多媒体普及性作品，不仅是古籍资源数字化的一个重要方面，而且是古籍资源走向大众、走向普及的前所未有的时机。

5.计算机古籍整理通用系统的研制开发

古籍资源数字化一旦进入大规模实施阶段，必须依托于一系列开放、兼容、通用的计算机处理软件，如OCR软件、校对软件、标引软件、检索软件、研究支持软件等。目前，数字化古籍产品虽然出现了一些，但处理软件基本上还是各自封闭的，诚如有学者指出的那样："大都为就某一古籍文本进行整理，表现为整理的结果，而不是为整理工作提供的工具"。[18]由于古籍资源数字化处理软件的通用程度低，导致的结果是重复研制开发屡见不鲜，不仅延缓了古籍资源数字化的进程，还造成了资源的浪费。因此，计算机环境下古籍整理通用软件系统的开发研制已经变得十分紧迫。据介绍，文渊阁《四库全书》电子版研制过程中形成的OCR系统、校对系统具备了一定的通用性，书同文数字化技术公司正在整合文渊阁《四库全书》电子版开发过程中的有关工具软件，以期形成通用的"书同文数码大师"软件系统。[19]国内还有学者提出了编纂以数据库形式储存、主要供计算机使用的古籍整理通用字典的设想，以期为通用系统功能的实现奠定基础。[20]如果较为配套的通用软件系统开发成功，将会大大加快古籍资源数字化的进程。

参考文献

〔1〕有人作过实验，即便是《四库全书》这样的大规模古籍，GBK的汉字满足程度也可以达到99.9%。参：张轴材、朱岩.大规模文献数字化的实践与数字图书馆建设.见：

http://www.unihan.com.cn/digital/lt-construction.htm(2000年9月18日)

不过，若是字书、韵书、佛典等特殊古籍，GBK的汉字满足程度就大为降低了。小范围的试验表明，缺字率高达34%。参：于亭.计算机与古籍整理研究手段现代化.载：古汉语研究，2000(3)

〔2〕对古籍用字来说，ISO/IEC 10646的已通过部分仍然存在域外字，但和GB2312相比，数量下降了将近10倍(以约720万字的《续资治通鉴长编》的录入为统计范围)。正在开发的CJK Extension B将包括4万多汉字。参：张彩录等.古籍自动录入及电子版本的形成.情报学报，第16卷(增刊)，1997年12月

〔3〕参：王晓波.大规模古籍电子化关键技术及其实现.

http://www.unihan.com.cn/digital/lt-construction.htm(2000年9月18日)

〔4〕张中.汉字识别技术综述.语言文字应用，1997(2)

〔5〕张轴材.《四库全书》电子版工程与中文信息处理.

http://www.sikuquanshu.com(2001年3月1日)

〔6〕关于文渊阁《四库全书》电子版的OCR前处理、后处理技术的概述，参考资料同注3。

〔7〕文选·魏都赋·李善注引刘向·别录

〔8,9〕李运富.谈电子版古籍的保真原则和整理原则.古籍整理研究学刊，2000(1)

〔10〕刘岩斌、俞士汶、孙钦善.古诗研究的计算机支持环境的实现.中文信息学报，V11(1)

〔11〕穗志方、俞士汶、罗凤珠.宋代名家诗自动注音研究及系统实现.中文信息学报，V12(2)

〔12〕按照该项目的计划，《中国古籍总目》是利用现有的若干图书馆馆藏古籍目录依品种按类加以合成，然后选择若干大型图书馆依实际馆藏加以核对。李致忠先生在《再论建立中国古籍书目数据库》(出处见注13)一文中说，"这种编法本身就带有先天的不足，非但收录不可能全，著录也未脱离中国传统目录的窠臼，因而仍难以借此达到资源共享。"

〔13〕参：李致忠.略谈建立中国古籍书目数据库.

再论建立中国古籍书目数据库.

http://www.d-library.com.cn(2000年10月8日)

〔14〕葛兆光.七世纪前中国的知识、思想与信仰世界·中国思想史 第1卷.复旦大学出版社，1998:599、604

〔15〕参：唐建设.古今合璧《古今图书集成》电子版.中国电子出版，1999(4)

〔16〕参:倪晓建.精粹信息鉴选研究.载:21世纪图书馆发展与变革.北京图书馆出版社,2000:67～71

〔17〕包伟民.论当前计算机信息技术对传统历史学的影响.杭州大学学报(哲社版),1998(2)

〔18,20〕朱小健.古籍整理通用系统及其中字典的编纂.语言文字应用,2000(3)

〔19〕参:张轴材.《四库全书》电子版工程与中文信息技术.出处同注5

〔20〕张轴材、朱岩.大规模文献数字化的实践与数字图书馆建设.出处同注1

国内数字图书馆研究与发展综述

北京大学数字图书馆研究所 肖珑 冯项云 冯英 陈凌

前言

自从90年代初美国科学家首次提出数字图书馆(digital library)这一概念以来,全球开展数字图书馆研究与实践已近10来个年头。

我国图书情报界、计算机技术界从95年左右开始这一领域的跟踪研究,98年全面升温,到现在无论是在对数字图书馆的认识,还是其理论研究、关键技术准备方面,都取得了很大的进展。

本文将从基础研究、数字图书馆实践与信息技术(IT)界三个方面概括这几年国内数字图书馆发展的情况,最后对目前的主要动向作一简单归纳。

一、基础研究

围绕数字图书馆的理论与实践,图书情报界和计算机技术界(包括一些企业)都在开展大量的研究工作。

一般而言,图书情报界的研究工作一开始大多侧重于对国外(主要是美国)数字图书馆项目和研究的介绍、对数字图书馆的认识、数字图书馆与传统图书馆的结合、元数据等。较少涉及数字图书馆的技术和运作模式(或称机制)方面的内容。这些研究工作大多由关注数字图书馆发展的研究人员根据各自的兴趣自发地开展。

96年后,一些图书馆陆续开始数字图书馆的实践工作,研究人员开始研究实际操作中的一些问题,如数字化加工、数字资源的组织、分类和服务等。而98年底教育部"211工程"公共服务体系之一的中国高等教育文献保障系统(简称CALIS)项目启动以后,大量数字资源涌入高校图书馆,以北京大学、清华大学、南京大学、上海交通大学为代表的一些高校图书馆,日益关注传统图书馆资源和数字资源及其服务的整合。

但这些方面的研究随意性较大,不够系统化。开展系统化研究并较有实力的单位主要有国家图书馆、北京大学数字图书馆研究所和上海图书馆。

• 国家图书馆:从97年开始主要围绕着实施"中国试验型数字式图书馆项目"中的一些问题开展研究,包括数字图书馆的概念与发展、SGML应用、分布式查询与调度等。近年来加强了元数据和系统结构的研究。

• 北京大学数字图书馆研究所:由CALIS管理中心、北京大学图书馆、北大信息科学中心为主成立的研究机构,2000年9月正式开展工作,主要在数字图书馆模式、元数据和数字图书馆的体系结构等方面开展系统化的研究。

• 上海图书馆:是国内较早开始数字图书馆研究与实践的机构,研究工作以跟踪引进国外成果为主,以及Dublin Core元数据标准应用研究。

根据国家图书馆的统计,国内已在数字图书馆方面发表了100多篇论文和报告。

计算机技术界的研究工作则侧重各类专门的技术和计算机实现的体系结构,这些研究成果并不是专门围绕着数字图书馆来开展,而是把数字图书馆作为这些技术的一个应用领域来看待。这些工作主要由《国家高技术研究发展计划》(即"863计划")的信息领域智能计算机(306)主题和中国高速信息示范网(300)专项,以及《国家重点基础研究发展规划》(即"973")"网络环境下海量信息组织与处理的理论与方法研究"等项目带动。

例如"863计划"306主题的研究内容为高性能计算机与高性能计算环境建设、基于Internet的关键软件技术和包括了智能化中文平台、语音技术研究、文字识别、机器翻译、国际 MPEG 标准化工作、中英文文摘、分词规范等内容的智能接口技术等三大技术。可以看出,这些都是数字图书馆建设中的关键技术。

由"863 计划"306 小组部署的"中国数字图书馆示范系统"项目于 1999 年底启动,中科院计算所是此项目的主要承担单位之一,该所所做的研究工作有:与数字图书馆相关的海量数据管理、多媒体、人工智能和 XML 等关键技术。

以上这些研究总结起来包括以下一些方面:

软课题研究

数字图书馆的软课题研究内容有很多,从数字图书馆的服务模式到版权保护等都在此研究范围内。主要有以下方面:

· 模式研究

该方向的研究试图从数字图书馆的类型及运行管理(例如是以典藏为主还是服务为主)、服务模式和评估体系等方面为数字图书馆建设提供宏观指导。

· 资源建设

包括资源的结构与布局、数字资源与传统型资源、资源的整体发展模式、资源的共享等方面的研究。

· 相关的标准规范

包括数字图书馆各个过程中涉及到的标准规范,如元数据标准、不同资源形式的数字化标准、资源命名规则等。

· 版权保护

数字图书馆目前面临的法律问题主要是版权问题。这方面的研究包括在现行法律的环境下怎么做,以及相关问题的立法研究。

数字图书馆实现技术研究

数字图书馆结合了目前 IT 界和通信界的高新技术,其实现技术的研究主要有以下方向:

1) 数字信息加工:主要指各类非数字型资源的数字化技术。

2) 自动标引技术:包括自动标引、自动文摘生成、自动篇名生成技术、自动分类等。

3) XML 相关技术:XML 将成为数字图书馆的最重要的基础性语言。XML 技术应用在元数据标引、搜索引擎以及数字化对象加工等方面。

4) 知识网络/词表/分类法:包括传统的词表和分类法在数字图书馆的应用,以及允许用户自行对自己领域内的知识做自定义组织的新"分类"体系——基于人工智能技术的知识网络等。

5) 多媒体技术:在数字图书馆组织管理利用图形、图像、语音、视频等多媒体资源的相关技术。

6) 信息表示:各类信息在网上的直观可视化表示,如利用虚拟现实等技术表现各种各样的知识及其关联等。

7) 海量数据存储与管理:对数字图书馆中海量信息的存储方式、体系结构、数据仓库和检索利用等技术。

8) 体系结构:构建数字图书馆系统的体系结构。如 863 计划 306 主题研究成果,数字图书馆高层协议中间件体系等。

9) 智能代理与人工智能技术:为在数字图书馆中实现人人合作、人机合作和机机合作式的服务,相关的智能代理(Agent)与人工智能技术。

10) 快速检索机制:数字图书馆中需要多种先进的检索技术,象中文检索、图像检索、语音检索、智能检索,其中同样涉及到大量人工智能技术的支持。

11) 智能用户界面:先进的人机交互界面技术,如用户通过用鼠标、键盘、手写、语音等各种方式实现与计算机系统的交流,充分利用图形、语音等融为一体的多媒体技术,设计出友好、直观、方便、个性化的用户界面。

12) 语言:自然语言理解、机器翻译、多语言浏览等技术。

13) 安全技术:通过使用水印技术和密钥技术,来保护数字资源的知识产权。

二、数字图书馆实践

96 年初,国家图书馆在文化部申请立项"数字式图书馆试验项目",可说是国内最早开始进行的数字图书馆实践。

随着这几年数字图书馆的不断升温,许多图书馆,尤其是一些条件好的高校图书馆都不同程度地开展数字图书馆的实践,逐步把一些本馆有特色的资源数字化或将各类数字资源整理上网并提供服务。

我国现阶段图书情报界的数字图书馆实践活动大致可分为以下几种类型,一个具体机构本身的数字图书馆建设在不同阶段会呈现不同的形式,或多种形式的结合。

下面简述之：

1. 资源服务型

这种类型的特征是强调尽快地开展网上信息服务。一般是通过对某类传统资源进行数字化，或把现有电子资源进行归并整理，采用实用的 Web 超链接和数据库技术构建服务平台。这些平台大多有一个通用的关系/全文型数据库作为后台支持，完成对资源的管理和检索。也有一些多媒体的资源服务。

这种类型几乎各馆都有，大量活跃在互联网上。不同于普通网站的是这些资源大多作过更为精细的加工和标引，是现阶段我国图书情报界提供网上数字服务的主要形式。典型的例子如国家科技图书文献中心、中国期刊网、CALIS 专题特色数据库、超星数字图书馆等。

从严格的意义上来说，这些尚不能被称为数字图书馆。

2. 服务研究型

这种类型的实践往往是兼有研究和提供服务的双重目的。特征是以本馆的某些特定类型资源的数字化服务为目的，以数字图书馆的理念来组织资源和选择技术，构建一个相对完整的系统。这些实践，在完成服务目的的同时，也完成了对某些技术或数字图书馆模式的研究，购买或建立的系统是未来数字图书馆系统的雏形或一个子系统。对开展大规模数字图书馆建设意义重大。

典型的例子有：

(1) 国家图书馆

国家图书馆从 1996 年开始跟踪数字图书馆技术的发展并进行此方面的实践，其中独立完成的项目有：

· 数字式图书馆试验项目：1996 年在文化部立项。项目以中国博士论文影像数据库为切入点，探索了从论文的数字化加工、组织和管理以及服务的模式。

· SGML 的图书馆应用：该项目为 1997 年文化部立项的科研项目。该项目以 SGML 标准取代传统图书馆的 MARC 格式，进行了 SGML 标准在图书馆应用的实践，为数字图书馆建设积累了经验。

· 数字图书馆演示系统：该系统由国家图书馆自行开发，于 1999 年 3 月底完成。项目通过中国古代建筑、千家诗、宇宙、动物四个资源库的建设，主要研究了数字图书馆的系统框架，涉及了数字化加工、存储、组织、跨库检索到存取服务的各个方面。

此外，国家图书馆还参加了中关村数字图书馆群软课题、数字图书馆系统工程、中国试验型数字图书馆以及中国数字图书馆工程等合作研究项目。

(2) 北京大学图书馆

北京大学图书馆很早就开始数字图书馆研究，真正开展系统化有组织的研究和实践活动开始于 2000 年初。目前正以建设一个“学术型、研究型的数字图书馆”为目标，围绕北京大学数字图书馆和 CALIS 二期工程建设，全面开展研究与实践工作。

主要研究与建设内容包括北京大学古籍数字图书馆、元数据标准体系、数字图书馆总体模式、系统层次结构、数字化标准、数字资源建设及其整体化研究等。其中北京大学古籍数字图书馆以本馆收藏善本、拓片、舆图、敦煌卷子为对象，已完成元数据标准、实验系统的设计，正进入数据加工、数字化加工的资源建设阶段，即将在网上开展服务。元数据标准体系研究也已完成“中文元数据标准框架”以及古籍、拓片、舆图等具体的元数据标准设计工作。

本着“边建设、边服务”的原则，北京大学图书馆主页上同时还提供了以服务为主的应用项目，如：电子资源、学位论文、视频点播、北大名师、网络课程、学科导航、核心期刊要目等。

(3) 清华大学图书馆

清华大学建筑数字图书馆（THADL）于 1999 年立项，目的是通过建立一个原型示范系统，作为研究和建立数字图书馆的突破口。项目以中国营造学社与梁思成生平为主线构建 THADL，收集了“营造学社”花 15 年实地测绘 2783 处古建筑的图纸资料，同时提供古建动画。技术上采用了分布对象技术和智能代理技术构建分层的系统服务体系，并建立了面向对象的分布式多媒体数据库。元数据则在 Dublin Core 的基础上进行了扩充。

清华大学图书馆还在主页开设了“清华数字图书馆园地”栏目，包括了清华大学已有的数字图书馆项目和数字图书馆研究等内容。

(4) 上海图书馆

上海图书馆的数字图书馆研究工作起步很早，正在维护一个包括了多种研究资源的数字图书馆研究网站。

上图还参加和发展了一些数字图书馆方面的

项目。1997年7月,国家实施“中国试验型数字式图书馆项目”,项目的成员单位中就有上海图书馆。上海图书馆制作了上海周边的旅游资源库。上海图书馆同时还是OCLC的合作单位,积极致力于元数据著录系统CORC的推广,是OCLC的授权培训中心。

(5) 辽宁省图书馆

辽宁省图书馆的数字化图书馆项目是在IBM数字图书馆系统的基础上,由东大阿尔派软件公司作系统集成和二次开发。

该项目计划实现古籍图书的数字处理、Internet上信息发布、多媒体阅览室和视频点播。为使该系统的多媒体平台特性得以发挥,辽宁省图书馆搭建了一个集成的多媒体信息工作环境。在前期选择制作信息时,有意识地选择一些多媒体信息,主要有:古籍精选(图像)、历史存照(单幅图像)、名人留鸿(图像与全文)和影视剪辑(视频和音频)等

通过一段时间的实践,辽宁省图书馆制作了张学良和辽宁名胜两个专题数据库,获得了宝贵的经验。

3. 联合建设型

与前两种以本馆建设为核心的类型不同,联合建设类型的特征是多馆合作,共同争取经费支持,统一标准规范,强调资源的合理布局与共享。通过合作的方式,实行优势互补,充分利用资金和人力资源。

它们多以政府投资的项目方式进行,影响较大的有:

(1) 中国试验型数字式图书馆

该项目是1997年度由国家计委批准立项的国家重点科技项目。项目目标是建立多馆协作、护卫补充、联合一致的中国试验型数字图书馆。项目实施包括两大部分:首先是研制一套初步成形的数字图书馆实现技术;其次,是要建立一个逐步规范化的分布式数字资源库。项目要求实现对超大容量数字式对象库的快速查询与检索,以及中英文屏幕的内容显示。

该项目以文化旅游、中国名人、法律法规等分布式数字资源库的建设为入口,自行开发了一套基于XML语言的数字资源加工系统、调度系统和用户服务系统。目前,有7个公共图书馆参加了该项目,可互操作的分布式数字资源库群的总容量超过900GB。

2001年5月,该项目通过专家技术鉴定。

(2) 中国高等教育文献保障系统

中国高等教育文献保障体系是教育部“211工程”的重点项目,其目标是通过共享信息资源的建设和共享环境平台的建设,将全国高校图书馆资源融合成一个整体,形成包括多种资源类型、多种服务方式的学术资源保障能力。目前工程分两个阶段分别在“九五”和“十五”期间,由国家投资实施。第一期工程已通过国家“211工程”验收,第二期将围绕着数字资源建设和数字图书馆系统及公共服务平台的建立两个重点开展,目前已开始制订相关标准规范,选择或开发集成适用技术对各成员馆提供支持,以建立多层次的数字图书馆体系。

该项目由设在北京大学的管理中心实施管理。在全国设有4个全国学科中心和7个地区文献中心,还在东北建立了国防文献信息服务中心。

(3) 中国数字图书馆工程

中国数字图书馆工程是运用现代高新技术所支持的国家级数字资源系统工程。其建设目标是在互联网上形成超大规模的、高质量的中文数字资源库群,并通过国家骨干通信网向全国及全球提供高效服务。1998年7月,国家图书馆正式向文化部提出立项申请,实施“中国数字图书馆工程”。

工程建设内容包括:数字资源建设、数字图书馆软/硬件基础设施建设、应用系统开发、标准规范与法规的制定和推行、知识产权问题的处理、服务体系的建立及人才建设等。

2000年3月起,由中宣部出版局、国家计委社会发展司等21个相关部门组成了“中国数字图书馆工程建设联席会议”,作为工程建设的决策机构,负责宏观规划工程的建设方向,协调资源建设等。而“中国数字图书馆工程建设专家顾问委员会”则协助联席会议对工程所涉及的规划及实施方案、资源建设、技术路线、标准规范和知识产权等关系到全局性的重大问题给予咨询和指导。

目前,中国数字图书馆国家中心设立在国家图书馆,在国家中心中设立多功能的试验基地。同时,根据数字图书馆需要及我国图书馆等信息提供单位现状及发展趋势,组建若干个分中心和地区中心。

三、IT业界

在我国的数字图书馆发展进程中,不容忽视的

是IT行业的一些专业公司的推动与促进作用。这些公司有些是在国家科研项目成果转化的基础上形成,有的是在掌握的相关技术上逐渐发展起来的。这些公司通过和图书情报界的合作,在我国信息数字化进程中确立了各自的角色,并将成为我国数字图书馆建设中的一支重要力量。

下面简单介绍几个有代表性的公司:

1. 数据加工服务

这类公司一般提供整套的数据加工服务,将非数字化资源加工成数字化资源。代表有:超星公司、数字方舟、书生之家等。

2. 数据提供

此类公司注重的不是原始资源的数据加工,而是提供加工好的数据,作为数字图书馆资源建设的数据来源。此类公司往往也兼顾数据加工服务的角色,代表公司有:书同文、超星公司等。

3. 技术服务

此类公司主要是从技术角度,为数字图书馆提供系统解决方案或专门技术服务。

典型的如:

IBM 公司,其软件产品 Content Manager(是IBM Digital Library 的后继产品),提供多媒体的管理、存储和信息发布的解决方案。

中国数字图书馆有限责任公司,为配合中国数字图书馆工程而专门成立,提供数字图书馆相关技术和解决方案。

四、目前动向

1. 合作

数字图书馆建设不仅仅局限于一个机构一个行业,因此与数字图书馆相关的各界人士越来越强调合作,且逐步从一般的交流、聘请专家的方式向大的机构间的实质性合作发展,以实现强强合作,优势互补的局面。合作内容也从一般性项目合作,向更全面的、更深入的基础研究、系统建设、资源共建的方向发展。国内外交流日益频繁,一些具体的大项目,如中美百万册图书计划等,也在策划和开展中。一个跨国界、跨行业、跨系统的合作局面逐渐成熟。

2. 数字图书馆系统

目前数字图书馆的研究已从刚开始的跟踪国外技术,发展到了实践数字图书馆系统的总体结构和建立数字图书馆的服务体系。通过多年的实践积累,为数字图书馆系统的出现打下了基础。一个较为全面、实用的数字图书馆系统即将出现。目前相对无序的数字图书馆建设将随着合作的深入,系统的出现,朝规范化、系统化的方向有计划、有步骤的方向发展。

3. 出版界

目前出版界在电子书籍、电子刊的出版方面取得一些进展,这对数字图书馆资源建设有着很重要的意义。

4. 投资与电子商务

国家在数字图书馆工程方面的投入越来越大,具体体现在各大部委、各地方政府都加大了投资的力度。如党校系统、科学院系统等。一些企业也从单纯的技术服务向资源建设方面投入资金,推动了数字信息资源的商业化操作。电子商务在数字图书馆实践中也日渐重要。

5. 标准与规范

各界从独立的研究和实践中认识到标准和规范的重要性,共同建立同一的标准与规范的呼声日益高涨,并被广泛认同。一些联盟性质组织开始出现,协调相关标准的建立和推广。

参考文献:

〔1〕中国高等教育文献保障系统,http://www.calis.edu.cn

〔2〕北京大学数字图书馆研究所,http://www.idl.pku.edu.cn/

〔3〕清华数字图书馆园地,http://www.lib.tsinghua.edu.cn/digitallib/digital.html

〔4〕上图数字图书馆,http://www.digilib.sh.cn

〔5〕辽宁图书馆,http://www.lnlib.com

〔6〕The 12th International Conference on New Information Technology,2001 新信息技术会议,http://www.lib.tsinghua.edu.cn/NIT/

〔7〕Ching-chin Chen, Global digital library development in the new millennium. Tsinghua University Press, Beijing. 2001

〔8〕中国数字图书馆论坛,http://www.ccnt.com/library/luntan

新中国图书馆事业50年

黄宗忠

今年是中华人民共和国成立50周年。为了表示对新中国50华诞的祝贺，我想就50年来图书馆事业所发生的变化、取得的主要成绩与不足、发展历程、基本经验及未来走向等谈些个人不成熟的意见。

1　新中国图书馆事业50年的巨变

1949年10月1日以前的中国图书馆事业，虽然在20年代末至30年代中获得过一个短时期的发展，并形成初步规模，但仍是相当薄弱的。据上海申报年鉴社1936年的调查统计，当时全国有图书馆、民众教育馆共2520所（东北三省因被日本侵占，未计入），其中公立图书馆2005所，私立图书馆515所。1937年以后，由于日本帝国主义的侵略和国内战争等原因，到1949年10月，据不完全统计，全国各类型图书馆仅有392所。

经过50年的艰辛努力，新中国图书馆事业获得了巨大的发展。据推算，目前全国有各类型图书馆约35万所，为1949年的893倍；藏书约40亿册，图书馆专职工作人员40万名以上。50年来，中国图书馆事业在诸多方面发生了巨大变化，取得了令人瞩目的进步与成就，下面分几个方面加以论述。

1.1　建立了一个类型比较全齐、结构比较完整、分布比较合理并具有相当规模的中国图书馆体系

所谓体系，是指由若干事物或某些意识相互联系、相互制约而构成的整体。新中国图书馆事业经过50年的发展，已初步建立起一个由多种类型、多个层次相互联系、相互制约的整体，形成了一个类型比较齐全，结构比较合理，基本符合国际标准化组织1974年颁布的《ISO2789—1974(E)国际图书馆统计标准》要求的，能满足各类不同读者需要的图书馆网。目前，已有了国家图书馆、公共图书馆、高等学校图书馆、学校图书馆、科学和专业图书馆、少年儿童图书馆、社区图书馆、工会图书馆及军队图书馆等。

1.2　不断改善图书馆办馆条件，扩建和新建大批图书馆馆舍

1949年10月以前，中国图书馆不仅数量少，而且馆舍面积很小。新中国成立后，经过50年的发展，图书馆馆舍状况发生了重大变化，新馆舍大批建立，图书馆外部形象更加完美壮观。据1995年的统计，全国图书馆建筑面积已超过4000万平方米。这是新中国图书馆事业50年的最大成就。

新中国图书馆馆舍的扩建和新建，可分为两个阶段，即前30年和后20年。

第一阶段是1949～1979年，即前30年。在这30年中，由于诸多原因，图书馆馆舍虽有一定的扩展，但很缓慢，数量不多，据1978年的统计，北京图书馆有馆舍面积5万平方米，县以上公共图书馆有馆舍面积652221平方米，若以1978年的1218所县以上公共图书馆平均计算，每馆有馆舍面积535.48平方米。在这30年中，新建了不少新馆舍。如在公共图书馆系统中，新建了山西、吉林、黑龙江、安徽、贵州、云南、内蒙古、新疆、广西等省、市、自治区图书馆；在高等院校中，新建了北京大学、北京师范大学、南开大学、中国科学技术大学、华中工学院、西安交通大学等图书馆。

第二阶段是1980～1999年，即后20年。在这20年中，随着国民经济的发展和图书馆数量的迅速增多，图书馆馆舍扩展很快，新增建筑面积为前30年的几倍。如北京图书馆，1987年建成的新馆面积为17万平方米，是1978年的3.4倍；县以上公共图书馆馆舍面积1997年为471万平方米，是1978年的7.22倍，每馆平均拥有馆舍面积1730.98平方米。在这20年中，全国有20多个省、市、自治区图书馆新建或扩建了馆舍，平均在2万平方米以上。上海图书馆新馆于1995年建成，建筑面积达8万平方米，为中国第二、亚洲第三、世界第十，现代化程度很高。北京、天津、四川、湖南、河南、浙江、山东等省、市的新建省、市图书馆，建筑面积都在3万平方米以上。1996年正式开馆的西藏自治区图书馆，建筑面积为10500平方米，是一座多

功能的现代化图书馆。全国还有一批计划单列市和省辖市新建和扩建市图书馆，如大连、深圳、哈尔滨、南京、沈阳、武汉、宁波、青岛、长春、桂林、厦门、佛山、郑州、中山等市均新建或扩建了市图书馆。

高等学校图书馆的馆舍面积，1980年为132.33万平方米，1997年增至627万平方米，平均每馆建筑面积为5700平方米。1987～1994年，新建和扩建高校图书馆达300所，增加建筑面积达261万平方米。1989年，军事院校图书馆建筑面积达37.19万平方米。

科学和专业图书馆馆舍面积，1995年已达2667万平方米。据1989年的统计，中国社会科学院系统图书馆拥有馆舍面积21645平方米；中国农业科学院系统图书馆拥有馆舍面积22933平方米；中国医学科学院系统图书馆拥有馆舍面积8626平方米。

1.3 广泛吸收和应用当代先进技术方法，图书馆的工作方法、手段、内容与服务质量发生了质的变化

新中国成立50年来，图书馆技术方法与服务手段的发展变化，大致也可分为两个阶段：第一阶段是1949～1979年的30年，基本上是以手工操作的传统技术方法与服务手段为主。50年代后期和60年代初期，在全国“技术革命”浪潮的影响下，图书馆工作中的某些环节实现了半机械化或机械化，如图书传送带、索书条升降器等，但只是局部的，影响不大。70年代，缩微技术被引进图书馆，也只在极少数图书馆得到应用。第二阶段是1980～1999年的20年，这是诸多新技术在图书馆试验、应用、推广的20年，也是图书馆技术方法、服务手段真正进行变革的20年。归纳起来，新技术的应用主要表现在以下三个方面：

第一，缩微技术的应用。1982年我国制定了国产缩微设备与科研发展规划，到1986年已有9类55种缩微设备通过鉴定并投入生产。1984年7月文化部成立了全国公共图书馆文献缩微复制中心，到1994年全国已有北京图书馆和14个省、市、自治区图书馆先后成立了缩微复制点，装备了成套的缩微设备；1994年底，已拍成的缩微品并经检验合格的母片有报纸2149种、期刊5751种、古籍善本书20163种，共有3153.9万个画幅。1990年，据对978所高校图书馆的统计，有缩微复印机191台，缩微阅读机771台。1989年，军事院校系统缩微资料制作中心在国防大学成立。

第二，声像技术的应用。截至1995年，全国有310所公共图书馆拥有不同类型的视听设备，高校图书馆普遍购置了视听设备和视听资料，一般都设立了视听阅览室，如清华大学图书馆1994年9月正式建成多媒体光盘阅览室。1988年以来，解放军总参军训部投入巨资，为军事院校统一制作并陆续发放了全套视听设备；中国科学院专门建立了全院科技声像情报网。据统计，1995年全国公共、高校、科研三大系统的3139所主要图书馆共有视听资料1926355件。

第三，计算机技术、网络技术与数字技术的应用。据统计，1995年全国公共图书馆、高校图书馆、科研图书馆系统的3139所主要图书馆共有计算机6521台，终端机2296台，各种文献数据库1067个。1998年，全国大约有三分之一的大中型图书馆的计算机已与因特网联网。此外，还有一批中等专业学校、技校、中学及乡镇图书馆，也在某些方面实现了计算机管理。

图书馆实现计算机自动化管理，经过20年的努力，取得了重大进展。1991年2月，北京图书馆的中文MARC研制成功并向国内外发行；1994年4月，北京图书馆电子阅览室建成；1999年2月，北京图书馆全馆计算机网络系统——千兆馆域网正式开通。在公共图书馆系统，1995年已有120多所开展了计算机自动化管理与应用工作，其中省级馆18所，配有微型机近1000台、中小型机10台及大型机2台，建有各种书目数据库66个，书目数据记录650多万条，其中引进数占90%。深圳图书馆开发的微机多用户集成系统，已在全国24个省、市、自治区的160个图书馆中推广应用。据估计，目前全国有三分之一左右的县以上公共图书馆实现了计算机自动化管理或部分应用。80年代以来，高校图书馆计算机自动化管理进展很快。据统计，1993年全国682所高校图书馆拥有计算机3300台(其中小型机64套)，约150所高校图书馆开通了微机网络系统，其中深圳大学图书馆开发的微机局域网系统在国内影响较大。1997年底，全国已有200多所高校图书馆的计算机与因特网联网。中国科学院文献情报工作计算机自动化管理在90年代步伐加快，1991年中科院文献情报中心承担研制的“分布式图书馆自动化集成系统(DILAS)”通过鉴定，上海、兰州、成都、武汉等文献情报中心和院属各研

究所的图书馆情报室也分别建成了计算机管理系统。截至1993年底，全院引进和自建文献数据近200个，其中引进36个，文献数据库中含1000条记录以上的在建库68个，其数据记录达586.2万条，其中自建库为119.4万条，占总记录的20.4%。

网络技术应用于图书馆，主要是在90年代，一些基础较好技术力量较强的大中型图书馆先后建成了局域网或馆域网。90年代以来，我国政府十分重视信息基础建设和计算机网络化建设，一些校园网、系统网、地区网和国家网相继建成，这为图书馆网络化的延伸与扩展提供了良好的条件，图书馆积极参加并与中国Internet骨干网、中国教育科研网、中科院百所网联网。1998年，中国图书馆在因特网上设立站点的省市级图书馆与高校图书馆已超过100所。北京图书馆在自己主页上建立了可供全文阅览100万页重要资料的在线电子图书馆，能提供计算机、文史哲、世界名著、新华文摘四个部分的资料。

数字技术的应用，目前我国还处于实验阶段。1996年数字图书馆规划、研究、实验开始启动；同年9月，国家教委科技司将数字图书馆关键技术研究列为“九五”攻关课题。1997年7月，由文化部提出、国家计委批准的“中国试验型数字式图书馆”立项并启动。1997年国家科委把“数字图书馆系统”，列为国家教委“九五”攻关项目。1999年初，文化部提出“中国数字图书馆工程”，并成立“中国数字图书馆有限责任公司”，此项工程已报请国务院正式批准，正在启动之中。

1.4　图书馆管理由任意管理、放任管理到重视管理，不断改善管理方法与手段，提高管理质量与水平

新中国成立后的50年，图书馆管理经历了三个阶段：第一阶段是1949～1966年的任意管理阶段。由于旧中国图书馆管理基础薄弱，且主要采用西方图书馆管理模式，新中国成立后又引进苏联图书馆管理体制与模式，两种模式在很长时间里并存；图书馆领导者大多数由其他行业调入的人充任，任凭自己的经验进行管理；政府主管部门对图书馆虽有一定的组织与指导，但由于种种原因，显得比较软弱。因此，导致图书馆在10多年间处于爱怎么就怎么管的任意管理阶段。第二阶段是1966～1976年的放任管理阶段。“文化大革命”10年，全国处于动乱时期，图书馆以政治任务为中心，业务工作基本停顿，大多数图书馆关闭或半关闭达五六年之久，图书馆管理实质上被取消，处于任其自然的状态。第三阶段是1976～1999年的重视管理阶段。经过1976～1979年的拨乱反正和调整、改革之后，图书馆管理的重要性被重新认识，从此进入了自觉加强图书馆管理阶段。

新中国成立50年来，图书馆管理主要做了5个方面的工作。

(1) 制定和颁布了一些基本的图书馆行政法规，为依法办馆提供了依据。

(2) 改革图书馆管理体制，不断适应社会与图书馆事业发展的需要。

(3) 制定图书馆工作标准，推动图书馆工作标准化。

(4) 不断加强图书馆业务基础建设，为图书馆事业继续发展打下良好基础。

(5) 创建文明图书馆，开展图书馆评估定级活动，改善图书馆形象。

1.5　深化图书馆服务工作，提高服务质量，尽力满足社会对图书馆的需求

新中国成立50年来，图书馆服务工作的进展大体上可分为四个阶段：第一阶段是1949～1955年，这是旧图书馆转变为新图书馆的时期。主要强调图书馆为人民服务，向广大人民群众敞开大门，满足他们读书学习的需要。为此，废除了一些不合理的规章制度，学习了苏联图书馆服务的经验，扩大了服务面，改进了服务方式，主动送书到工厂、农村、学校、部队，从而吸引了广大读者，提高了图书流通率。据对公共图书馆的不完全统计，1954年，馆内阅览全年共接待读者1680万人次，比1953年增加1倍以上；借出图书1065万册次，比1953年增加4倍以上。第二阶段是1956～1966年，在图书馆为大众服务的同时，强调为科学研究服务。1956年党中央发出“向科学进军”的号召。周恩来总理在《关于知识分子问题的报告》中指出：“为了实现向科学进军的计划，我们必须为发展科学研究准备一切必要的条件。在这里，具有首要意义的是要使科学家得到必要的图书、档案资料、技术资料和其他工作条件。”随后，文化部、高等教育部分别召开了全国公共图书馆和高等学校图书馆工作会议，部署图书馆为科研服务的工作。1957年，国务院颁布了《全国图书协调方案》，组织全国图书馆为科研服

务。1962年,国家科学技术委员会、文化部在《1963～1972年科学技术发展规划(草案)》的"图书"部分中,又对图书馆为科学研究服务作了全面安排。第三阶段是1966～1976年。"文化大革命"期间,图书馆的服务工作基本上停顿,大多数图书馆闭馆,借阅工作停止。第四阶段是1977年至今。改革开放20年来,图书馆服务工作由粗放型逐步向深化内容、形式多样、提高质量型发展;由封闭到半开架、全开架再到网上服务;由以藏为主到藏用兼顾;由被动服务到主动服务。

1.6 图书馆学教育规模不断扩大,层次提高,办学形式多样化

新中国图书馆学教育50年,经历了一个由少到多、由低到高、由单一到多样化的发展过程,大致可以分为四个阶段:第一阶段是1949～1955年,它以专科教育为主,辅之以短训班。1949年全国只有北京大学图书馆学专修科和私立武昌文华图书馆学专科学校。1953年,文华图专并入武汉大学成为图书馆学专修科。1955年,北大、武大图书馆学专修科由二年制改为三年制。此外,西南师范学院于1951年设立图书馆学博物馆学专修科,1954年停办。文化部于1951年和1954年分别在沈阳、北京举办过短训班。第二阶段是1956～1966年,它以本科教育为主,辅之以专科、函授专修科、研究班及进修班。1956年,北京大学、武汉大学的图书馆学专修科改为四年制本科,并成立图书馆学系。1958年,文化部文化学院开设图书馆学研究班,中国科技大学科技情报学系设立图书馆学专修科,东北师范大学和河北文化艺术干部学校分别开设图书馆学专修科,这几个新办专业没有维持多久就停办或合并。1956年和1960年,北京大学、武汉大学图书馆学系开办函授图书馆学专修科,武汉大学于1960年和1964年两次招生。1964年北京大学图书馆学系开始招收研究生。另外,1956年中国科学院图书馆开始举办训练班,培训本系统干部;1957年文化部和有关单位在南京联合举办全国省、市图书馆人员进修班,高等教育部在北京举办高等学校图书馆人员进修班。第三阶段是1966～1976年,因全国动乱,北京大学、武汉大学图书馆学系于1966～1971年停止招生;1972年,两系恢复招生,共招收了5届工农兵学员。第四阶段是1977年至今,图书馆学教育形成了多个层次、多种形式的综合办学模式。其主要成就表现在以下几个方面:

(1) 办学规模不断扩大。1977年全国只有两所大学设有图书馆学专业,1995年发展到58所,其中本科教育点53个,在校学生4000人以上。1981年设立硕士研究生点,1998年达13个;1991年设立博士研究生点,1998年达3个,在校研究生200人以上。另据统计,全国有图书馆学中专班和职业高中50多个,在校学生有1000多人;有图书馆学成人教育点33个;有大学本科、专科、中专图书馆学函授教育点14个。

(2) 办学层次不断提高,体系比较完善,结构比较合理。22年来,我国图书馆学教育已形成一个由中专、大学专科、本科、硕士研究生、博士研究生教育组成的体系,两头小中间大,目前还能适应需要。

(3) 办学形式多种多样。除学校教育外,还有在职人员教育的训练班、进修班、研究班、助教班、函授教育、广播电视大学、业余大学及成人自学考试等。

(4) 培养了一批图书馆学专业人才。据估算,本科毕业生每年有1500名左右,22年共约3万人;研究生每年毕业约80名,截至1998年已有1237名硕士生、20多名博士生毕业;高等函授教育毕业生在15000人以上;电大生有10769人毕业;自学考试约有500人获得专科毕业证书。

80年代以来,我国图书馆学教育出现了两次易名,第一次易名取得了共识,大家的看法比较一致;第二次易名至今仍有很大的争议,人们的看法不一致。第一次易名是在80年代,将图书馆学系改名为图书情报学系,1984年武汉大学建立图书情报学院。第二次易名从1992年开始,将图书情报学系改名为信息管理系、信息资源管理系、文献信息管理系、知识信息管理系、信息产业系、信息技术与决策科学系等。

1.7 开展图书馆学研究,推动图书馆学发展

据统计,从20世纪初至1949年,国内报刊上发表的图书馆学论文约有5300篇,平均每年有100篇以上,其中1928～1937年刊发的论文约4000篇。新中国成立50年来,特别是1979年7月中国图书馆学会成立后,图书馆学研究取得重大进展,研究成果不断增多,专著和论文数量都远远超过了20世纪的前50年。从图书馆学专著看,1949～1989年共出版1000余种,其中1949～1956年共出版80余种,1979～1988年共出版400多种。

从图书馆学论文看,1949～1998年共发表论文6万篇以上,为前50年的10倍多,其中约5万篇是在1978年以后的20年中发表的。从各个分支学科来看,1949～1998年共发表图书馆学基础理论研究方面的论文2696篇,其中1978～1998年共发表2411篇;1949～1994年共出版图书馆学基础理论专著94种,其中1978～1994年共出版63种;1949～1994年共发表文献资源建设研究方面的论文2453篇,其中1979～1994年共发表2087篇;读者服务工作方面的研究论文,1949～1994年共发表3874篇,其中1978～1994年共发表2996篇;图书馆管理研究方面的论文,1978～1994年共发表2635篇。

80年代以来,全国组织编写和出版了《中国大百科全书·图书馆学情报学档案学卷》、《当代中国图书馆事业》、《中国图书馆学情报学论文选丛(1949～1989)》、《中国图书馆事业20年》等重要著作,同时还组织编写和出版了大学、中专、电大、岗位培训的配套教材。

随着图书馆学研究的发展,图书馆学期刊也在50年中出现空前的繁荣。

1915年,我国创办了第一种图书馆学期刊——《浙江公立图书馆年报》。从这一年到1949年的30多年里,露过面的图书馆学期刊100多种,但只有少数几种期刊办的时间长一点,有一定的社会影响,多数期刊只出过一二期。

新中国成立50年来,前30年出版的图书馆学期刊约七八种,长年公开发行过的有《图书馆工作》、《图书馆学通讯》、《图书馆》、《图书馆工作参考资料》,在"文化大革命"中全部停刊。80年代初恢复和新创办的期刊有15种左右,90年代多达90多种,1998年降至56种。目前,除西藏、海南、重庆外,其他省、市、自治区都有1～2种,北京有17种。其中29种经国家新闻出版署批准登记,国内外公开发行。自1989年以来,共开展了四次全国图书馆学优秀期刊评比活动,被评为全国优秀期刊的,1989年为11种,1993年为9种,1995年和1998年各为12种。四次共评出优秀期刊14种,其中有8种连续四次被评为优秀期刊。评出的14种优秀期刊全部被定为中国图书馆学核心期刊。

2　中国图书馆事业目前存在的主要问题

新中国图书馆事业50年取得了巨大成就,但也存在一些亟待解决的问题。

2.1　图书馆普及程度不够,满足人们看书学习的要求仍有相当长的路要走

1998年12月22日,江泽民总书记在视察北京图书馆时指出:"社会的发展,人类的进步,都离不开知识。我们要在全社会倡导人们多读书,大兴勤奋学习之风。如果12亿人民中,读书的人越来越多,大家的知识水平提高了,就会变成强大的物质力量,我们国家的富强和民族的振兴就大有希望。"办图书馆的目的,就是要为全社会服务,满足人们对信息和知识的需求,为提高12亿人民的科学文化素质服务。要实现这一目标,除了办好城市里的大、中型图书馆外,还必须大力发展社区图书馆,形成城乡图书馆网络。从目前的情况来看,这方面还存在问题。有关资料显示,截至1998年,全国仍有227个县没有图书馆。按12亿人口计算,1998年平均每442789人才有一所县以上公共图书馆,人均占有藏书量为0.31册。在广大农村乡镇、城市街道和中小学,还有相当一部分没有图书馆。如果要达到乡乡有图书馆、人平均一本书的最低标准,仍有很长的路要走。

2.2　新书入藏量减少,造成馆藏文献资料贫乏

新中国图书馆事业50年,出现过两次文献资源贫乏期:一是1966～1976年,由于"文化大革命",导致国内出版工作基本停顿,除政治书籍外,其他图书很少出版,书源十分有限。对国外图书的订购,除极少数图书馆坚持没停外,绝大多数都停止订购。二是1985年以后至今。第二个文献资源贫乏期的产生背景、表现形式及影响等都不同于第一个贫乏期。

(1)产生背景:中国处于改革开放时期,社会稳定,经济快速发展,国内外出版业兴旺发达,出版的图书报刊量年年增长。中国1978年出版图书14987种,杂志930种;1996年出版图书112813种,杂志7916种;1997年全世界出版具有学术价值的图书约25万种、期刊约20万种。

(2)表现形式:主要表现为图书馆中外文新书入藏量年年减少,有的馆只订刊不购书,恰恰与新书出版量的增长形式反差。据统计,全国县以上公共图书馆1985年入藏新书1343万册,1990年为895万册,1993年为631万册,1994年为556万册,1995年为551万册,1997年稍有回升为680万

册。1997年,有592所公共图书馆没有购书费。全国高校图书馆1991年的购书量比1986年减少60.04%,按学生人均计算,新书入藏量由1986年的人均15.23册降到4.38册,减少71.24%。据1997年12月4日《中国信息报》报道:进入90年代以来,高校图书馆购书量按学生人均计算已从80年代10多册减至2册,减少80%。目前高校图书馆的全部馆藏中,最近5年购置的新书只占5%~10%。从图书的文种来看,外文书刊入藏量年年减少。北京图书馆80年代中期每年购进外文原版图书约50000种,外文原版期刊9000种;1996年外文原版图书减至26000种,外文原版期刊减至5000种。中国科学院图书馆在80年代中期每年购入外文图书、期刊各约5000种,1996年外文图书减至1500种,外文期刊减至900种。清华大学1986年购进外文图书30000册,1991年减至5210册。另据1997年7月15日《工人日报》报道:目前我国几个国家级的文献收藏单位每年引进外国文献数量的总和是:外文图书约32600种,外文期刊约8100种,若与80年代中期相比,所购外文图书下降45%,外文期刊下降80%。

(3) 原因:一是书价上涨。据公共图书馆测算,所购中文图书每册的平均价,1988年为6.24元,1993年为16.95元,书价上涨171.63%;外文图书的平均价格,1993年比1988年上涨114.77%。二是新书新刊购置费的增长幅度赶不上新书新刊价格上涨幅度。以全国公共图书馆为例,1988年图书购置费为6560万元,1993年为10697.5万元,增长63.22%,但低于同期中文图书价格上涨幅度,这必然要导致新书入藏量的减少。三是图书馆管理措施不够强有力。

(4) 影响:一是破坏了图书馆藏书的系统性与完整性;二是影响读者对图书馆的兴趣和图书馆对读者的吸引力;三是影响图书馆基本职能的发挥;四是给现代图书馆的形象蒙上阴影。

2.3 图书馆经费短缺,影响图书馆事业全面发展

图书馆事业是一种社会公益性事业,古今中外的图书馆主要是由国家或社会团体投资兴建和维持的,真正自求生存的,主要是一些私人图书馆。新中国图书馆事业50年,大部分时间处于计划经济时期,在计划经济几十年的时间里,图书馆经费由国家全额拨给。改革开放以来,我国由计划经济向市场经济转轨,图书馆仍由国家和所属单位拨款。从总体上看,所拨经费年年增加,特别是投资新建了一大批图书馆。从图书馆的日常维持费来看,20年增长了10多倍。据统计,全国公共图书馆1978年的经费总额为5000万元,1997年增至93200万元,增长18.64倍。

国家的经费投入增长这么快,为什么图书馆的经费还严重短缺呢?主要有以下原因:一是图书馆规模不断扩大,仅公共图书馆1997年就比1978年增加1053所,增长1.23倍。二是书价大幅度上涨。三是人员增加多,工资大幅度增长。如公共图书馆1978年为13484人,1995年增至45323人,当年总经费为65829万元,人员经费为29987.9万元,占总经费的45.55%。四是80年代以来图书馆进入信息化、网络化时代,购置大批现代化设备要花去大笔经费。

图书馆经费的短缺,必然给图书馆的发展带来诸多问题:一是造成图书馆文献资源贫乏陈旧,破坏图书馆藏书的系统性与完整性。二是图书馆人员待遇偏低,留不住优秀人才。三是影响图书馆信息化、网络化建设,并影响图书馆职能的充分发挥。

2.4 图书馆法制建设滞后,管理体制分散

新中国成立50年来,国务院和中央有关部委先后制定和颁布了一些图书馆行政法规与标准,有力地推动了图书馆事业的有序发展。然而,50年来,没有出台一部全国性的《图书馆法》。由于没有《图书馆法》,在解决图书馆管理中的一些重大问题时(如图书馆性质与职能、管理体制、经费来源、文献资源保障、读者的权利与义务、文献资源共享等),都找不到法律依据。同时,由于没有《图书馆法》,50年来一直存在的条块分割管理体制无法得到解决。

2.5 图书馆学专业教育内容脱离实际与未来发展的需要

近年来,一些教学单位片面求新,赶时髦,开设了许多与图书馆需要无关或关系不大的课程,而对图书馆急需的专业知识与技能(如未来图书馆数字化、网络化所需要的技能),又往往重视不够。同时,教学中长期存在着忽视学生专业思想教育的倾向,许多学生毕业后不愿去图书馆工作。

3 新中国图书馆事业50年的发展历程

从整体上看,新中国图书馆事业50年经历了

四个阶段、五个时期和三个春天。

(1) 四个阶段。这是从图书馆技术方法的变化来划分的。第一阶段是传统图书馆时代,从 1949 年至 1979 年,其主要特点是手工操作,速度慢、效率低。在这个阶段也掺入了机械化或半机械化、缩微技术等,虽对图书馆产生了一定的影响,但并没有改变图书馆工作的操作过程和运行程序。第二阶段是计算机自动化管理阶段,从 1980 年至 1989 年,主要是将计算机技术应用于图书馆,经过研究、试验、应用推广,使部分图书馆的采访、编目、流通、检索、咨询与行政管理实现计算机自动化管理,从而大大提高了图书馆工作的速度与效率,使传统图书馆的手工操作过程发生了根本性的变化。这一阶段的成果在 90 年代得到进一步拓展与深化,应用面逐步扩大。第三阶段是图书馆网络化时代,从 1990 年开始研究、试验,90 年代中期已有一些网络投入使用。第四阶段是数字化图书馆时代,我国从 1996 年开始启动数字化图书馆的研究与试验。这四个阶段的划分,都以某种新技术的研究、实验及应用为起点。上述四种技术相互交织,目前都具有很强的生命力,当代图书馆就是将四者揉合于一体。

(2) 五个时期。五个时期的划分,主要依据社会政治、经济的发展及对图书馆的影响和图书馆自身发展的速度与规模。第一时期是对旧中国图书馆进行接收、改造和创建新中国图书馆事业的时期(1949～1957 年),也是我国国民经济恢复和第一个五年计划时期,1949～1952 年,政府对旧中国图书馆进行了接管与改造,建立了新的管理体制和干部队伍,废除了不合理的规章制度,调整和充实了馆藏。1953～1957 年,是我国第一个五年计划时期。在这一时期,一方面对原有图书馆进行了整顿、巩固和提高,另一方面新建了一批图书馆,特别是工会图书馆和农村图书馆得到较快的发展。图书馆在搞好为大众服务工作的同时,为科研服务得到加强,藏书建设、馆际互借、馆际协作协调都受到重视。第二个时期是新中国图书馆事业曲折前进时期(1958～1966 年)。当时,我国经历了大跃进、人民公社及三年自然灾害的困难时期,1961 年春进入国民经济调整时期。1958 年,图书馆事业有所发展,但受“左”的思想的影响,高指标、浮夸风在图书馆界不同程度存在,使图书馆事业受到一定挫折,出现了大起大落的现象。例如,超越人力、物力、财务等客观条件的可能性,盲目进行高指标的图书馆事业建设,结果不能巩固。又如,盲目追求图书流通量的高指标,忽视图书馆内部基础建设,片面强调“开门办馆”、“送书上门”,造成图书丢失、书库混乱。经过三年自然灾害后,全国县以上公共图书馆从 1960 年的 1093 所,减少到 1962 年的 541 所。1962 年以后,通过“调整、巩固、充实、提高”,图书馆事业又逐步恢复并向前发展。第三个时期是“文化大革命”对图书馆事业的严重破坏时期(1966～1976 年)。“文化大革命”10 年中,前五六年许多图书馆工作停顿,图书馆处于关闭或半关闭状态;图书馆事业的规模大大缩减,全国县以上公共图书馆由 1965 年的 573 所减少到 1970 年的 323 所,高校图书馆由 1965 年的 434 所减少到 1971 年的 328 所;图书馆学刊物全部停办,研究工作停止;北大、武大图书馆学系 1966～1971 年停止招生。1971 年后,图书馆逐步开馆,恢复借阅工作;北大、武大图书馆学系从 1972 年起恢复招生。第四个时期是图书馆事业的全面恢复时期(1976～1978 年)。这一时期主要是拨乱反正,正本清源,批判“四人帮”的极左路线,分清路线是非,端正办馆思想路线;同时调整图书馆领导班子,重新组织图书馆队伍;整顿内部工作,清理馆藏,健全目录体系,为新的发展作准备。第五个时期是图书馆事业全面发展的新时期(1978～1999 年)。这一时期又分为两段,1985 年前是图书馆事业全面高速发展时期,1985 年后是图书馆事业在经费困难中不断前进的时期。

(3)三个春天。新中国图书馆事业 50 年,经历了三个春天,也就是图书馆事业发展的三个高峰期。这三个春天分别出现在我们党的三代领导人的三个不同时期。第一个春天出现在 50 年代的中期,也就是以毛泽东同志为核心的党的第一代领导人的时期。1956 年,毛泽东主席在最高国务会议上发出了“向科学进军”的号召,周恩来总理作了《关于知识分子问题的报告》。周总理在报告中指出:“为了实现向科学进军的计划,……具有首要意义的是要使科学家得到必要的图书、档案资料、技术资料和其他工作条件。”周总理在主持制定十二年科学规划时,提议把图书馆作为第 57 项列入了这个规划。1955 年和 1956 年秋,周总理视察云南大学图书馆和云南省图书馆,在云南省召集的两次座谈会上他又指出:“实现党中央的十二年规划,图书馆要及时准备充足的粮草,为科研提供资料。”1957

年6月18日，周总理在国务院召集的回国人员座谈会上说："图书馆不只是为科研服务，也要为工农兵服务。"1957年9月6日，周总理亲自主持国务院全体会议第57次会议，审查批准了《全国图书协调方案》。在我国第一代领导人的亲自指导和关怀下，中国图书馆事业从1955年至1958年获得快速发展，并形成一定规模。1955年全国县以上公共图书馆96所，藏书2890万册；1958年发展到922所，藏书6300万册。高等学校图书馆1949年为132所，藏书794万册；1957年发展到229所，藏书4000万册。中国科学院系统图书馆由1949年的17所、藏书63万册，发展到1958年的113所、藏书599万册。工会图书馆1949年44所，1957年增至3.5万所，藏书2000万册。农村图书室1956年达18万多所。第二个春天出现在80年代初期至中期，也就是以邓小平同志为核心的党的第二代领导人的时期。1980年5月26日，在中共中央书记处第23次会议上，通过了国家文物事业管理局提出的《图书馆工作汇报提纲》，并就图书馆事业管理体制、新建北京图书馆等问题作出了相应的决定。会议决定在文化部设立图书馆事业管理局，管理全国图书馆事业。1980年6月1日，中共中央办公厅秘书局以"通字第42号"印发了《中央会议决定事项通知》。《通知》发出之后，各级党和政府认真贯彻中央会议决定事项，解决《图书馆工作汇报提纲》中的有关问题。文化部于1980年7月7日决定成立图书馆事业管理局筹备小组。北京图书馆新馆于1983年动工，1987年建成开馆，邓小平同志为新馆题写馆名。这一时期，各类型图书馆获得快速发展，我国图书馆事业进入又一个黄金时期。1980年县以上公共图书馆1732所，藏书19900万册，经费4860万元，馆舍面积91.9万平方米；1984年，增至2217所，藏书24855万册，经费11849万元，馆舍面积145万平方米。高等学校图书馆1980年为670所，藏书19362万册，购书经费5216万元，馆舍面积132万平方米；1987年，增至1053所，藏书34500万册，馆舍面积290万平方米，购书经费14708万元。第三个春天已经来临，90年代的后期充满春意。以江泽民同志为核心的党的第三代领导人非常重视图书馆事业，早在1989年7月18日，江泽民同志视察了北京第二外国语学院图书馆。1997年，江泽民同志给北京图书馆题词："保护文化遗产，开发信息资源，服务改革开放，发挥北京图书馆在两个文明建设中的作用。"1998年12月22日，江泽民同志视察了北京图书馆并发表重要讲话。陪同江泽民同志视察北京图书馆的李岚清同志在一年之内两次视察北京图书馆。他在第一次视察时，对北京图书馆和全国图书馆事业的发展作了一系列指示。这些指示不仅对北京图书馆，而且对全国图书馆事业的发展将产生重大影响。

4 新中国图书馆事业的主要经验与未来

新中国图书馆事业50年有哪些主要经验呢？归纳起来为：第一，社会的稳定和经济的发展，是图书馆事业发展的社会基础。第二，党和政府及社会对图书馆事业的组织领导、支持与经费投入，是图书馆事业发展的基本保证。第三，充分认识图书馆是人类社会的一种永恒现象，坚定信心办好图书馆，是图书馆事业发展的根本。第四，广泛吸收、引进、应用当代最新科学技术，是推动图书馆事业由量变到质变、跨入新时代的动力。第五，不断加强图书馆队伍建设，提高人员素质，是图书馆事业发展的重要条件。第六，改善图书馆办馆条件，扩大图书馆空间，不断充实图书馆人力、物力与财力，是发展图书馆事业的重要保证。第七，保护人类文化遗产，充实馆藏，开发信息资源，服务社会，实现文献信息资源共享，是发展图书馆事业的基本目标。第八，加强图书馆宏观与微观管理，健全图书馆法规，依法治馆，是发展图书馆事业不可缺少的重要措施。

新中国图书馆事业50年取得了辉煌成就，随着我国经济和科学技术的发展，综合国力的提高，特别是信息化、网络化在我国的快速发展，未来的中国图书馆事业将是一派大好形势。纸质图书与非纸质图书并存，传统图书馆与数字图书馆并存，是未来图书馆的发展模式。一个数字化、网络化的图书馆时代即将出现在我们面前。

为了使未来的中国图书馆事业健康发展，以下几点是必须注意的：第一，给图书馆正确定位。图书馆是一种社会公益性事业单位，应以国家投资、社会集资兴办为主，自筹资金为辅，不能断奶。图书馆要面向市场，为社会大众服务，但不能摆入市场，更不是市场。图书馆是信息服务业的一个组成部分，但不是商业、企业。图书馆可以搞些有偿服务，但不能以赢利为目的。第二，普及与提高相结合。鉴于目前我国图书馆事业的普及程度比较低，在搞好为科研、经济建设和领导决策层服务的同时，要特别重视为社会大众服务，努力提高全民的科学文化素质。第三，图书馆现代化的推进与文献资源建设并举，加速图书馆现代化是人们的共识，实现图书馆现代化可以获得许多信息资源，但不能满足所有人的需要。因此，重视各馆文献资源建设仍是重要的，我们不能把“现代化的先进技术，贫乏的馆藏文献信息资源”这一模式带给未来图书馆。第四，数字图书馆与传统图书馆揉为一体。数字图书馆是未来发展的方向，传统图书馆至今充满活力，在未来相当长时间里仍是基本的、主要的，因此，应将二者有机结合，共同发展。第五，管理体制实行政府与协会联合管理。政府对图书馆的管理是必不可少的，但仅有政府的管理还是不够的。1998年国务院机构改革以来，政府主管图书馆的部门有所减少。为了使我国图书馆事业健康发展，有必要学习发达国家的图书馆管理模式，成立图书馆协会，把政府主管部门的部分职能划给图书馆协会，实行共同管理。第六，改革图书馆学教学内容，使之贴近或符合图书馆实际需要及未来发展需要。

1996～2000年的中国图书馆学基础理论研究

吴慰慈　杨文祥

从图书馆学的学术思想史角度看，国际图书馆学界在20世纪60年代，中国图书馆学界在20世纪80年代便开始了从传统图书馆学向现代图书馆学转型与过渡的历史进程。而1996～2000年的中国图书馆学理论研究，则将这一进程的历史性特征呈现得更加明显。

1. 综述性、总结性研究现象

综述性、总结性文章的大量涌现是90年代以来中国图书馆学研究的一大特色。进入90年代中期，这种综述性总结研究逐渐走向成熟，出现了一批具有一定理论深度和学术影响的研究成果。

吴慰慈、罗志勇的《中国图书馆学理论研究现状》一文，从基础理论研究、图书馆事业发展战略研究、文献资源建设研究、用户服务研究、图书馆改革研究、图书馆信息服务研究、图书馆网络化研究和图书馆学教育研究8个方面，对80年代至90年代中期的中国图书馆学理论研究进行了系统概述。在此基础上，总结了这一阶段中国图书馆学理论研究所取得的4大成就：“逐渐摆脱了仅对图书馆具体工作进行经验描述的局限，注意深入探讨学科的内涵概念及其理论体系；突破了只在图书馆内部进行微观考察的界限，着眼图书馆的外部环境，并将其置于整个社会系统之中，注意研究图书馆界的宏观现实问题；引进了国外图书馆学的研究成果，大量借鉴其他学科的理论和方法；逐渐克服了理论脱离实际的不足，密切结合图书馆工作实践和图书馆事业发展的需要，不断扩大研究领域。”吴慰慈、张广钦的《1990年以来的中国图书馆学基础理论研究》一文，通过对全国12种图书馆学重要期刊1990年以来在图书馆学理论研究方面的发文调查，从理论基础研究、学科要素研究、比较图书馆学、图书馆网络化问题研究、一体化问题研究、人文图书馆学、发展战略研究、理论研究历程的全新视角考察、研究者研究和关于图书馆学名称的讨论这10个方面，对这一阶段中国图书馆学基础理论研究的进展状况进行了描述，并从理论研究与实践的关系、理论研究与发展战略的关系、理论研究与新技术发展的关系三个角度，对这一阶段图书馆学理论研究发展进程进行了反思与评价，指出了理论研究的重要意义。吴慰慈、许桂菊的《中国图书馆学研究的成果及展望》一文，在总结了80年代以来中国图书馆学研究所取得的成就的基础上，提出了开展图书馆学研究的新的思路。特别值得提及的是黄宗忠的《20世纪100年图书馆学基础理论的研究与进展及其评价（上、下）》一文，对整整一个世纪以来图书馆学学术思想和理论研究的发展作了全面的总结和历史性的回顾。

近年来的综述性研究，其研究对象不仅有近期的内容，而且有跨度为整整一个世纪的内容。这样，以近期和阶段性内容为对象的综述性研究和以百年来几乎是传统图书馆学理论研究整体为对象的总结性研究共同构成了颇为壮观的综述性总结性研究现象。近期研究和阶段性研究为整体性学术总结奠定了研究基础，而关于传统图书馆学的整体性学术总结，则为从传统图书馆学向现代图书馆学的整体转型与过渡奠定了学术基础。因此我们说，这种综述总结性研究现象不仅仅是当前中国图书馆学研究的一大特色，也是当代图书馆学研究从传统图书馆学向现代图书馆学转型与过渡时期所必然呈现的历史性特性。

2. 关于理论与实践关系的学术反思

理论与实践的关系问题，长期以来一直是中国图书馆学界所热衷于讨论甚至是激烈争论的理论热点。可以说，对这一问题的把握不准和二者关系的纠缠不清是导致我国图书馆学研究和学科建设左右摇摆的大起大落的重要原因之一，成为制约我国图书馆学研究和图书馆事业建设的重大理论问题。甚至可以说，理论与实践的关系问题在某些特定的情况下和特定的范围内往往成为束缚图书馆学研究和图书馆事业建设的思想禁锢和精神枷锁。近年来中国图书馆学界对这一问题进行了深刻的学术反思。

理论的本质在于对实践的理性把握。而实践的本质在于将这一理性把握反过来在具体的社会活动中加以社会实现的过程。二者之间是知与行的关系。这一关系建立在一种相互相成相互促进不可分割的内在联系之上。与实践没有任何联系的“理论”如同无源之水一样不可思议，与理性毫无关系的“实践”作为一种非理性行为也决非正常人的正常的社会实践。

任何一门综合性学科其科学理论都包括基础理论和应用理论两个层次。这两个层次的理论系统共同构成了这门学科完整的理论体系。在这一理论体系中，基础理论为应用理论提供科学基础和理论基础；应用理论则是基础理论在社会实践层面的延伸和应用。图书馆学作为一门综合性应用性实践性学科，尽管应用理论是其理论体系的主体，但作为学科科学基础和理论基础的基础理论系统，仍是其理论体系不可缺少的有机组成部分。

一门学科的基础理论，往往称为这门学科的“哲学”理论，如教育哲学、管理哲学、数学哲学、图书馆哲学等。也有人将某门学科的基础理论称为这门学科的理论体系或元理论体系。80年代以来，我国图书馆界不断有人提出建立理念图书馆的建议。而刘迅等人则致力于图书馆学元理论体系的建立，并试图以此“作为图书馆学的学科支撑点及其理论前提。”为了便于讨论，本文仍将关于图书馆学的这一层次的理论研究称为图书馆学基础理论研究。

图书馆学基础理论研究是一种超脱于图书馆具体工作和具体行为的思辨之学。它不是对图书馆具体工作和具体社会行为的直接描述，而是对决定这些具体工作和具体社会行为的内在规律的揭示。图书馆学基础理论研究的主要内容包括图书馆学的学科性质、科学目的和历史任务、图书馆学的体系结构及其与相关学科的结构关系以及在整个人类科学体系结构中的地位、图书馆学学科建设的科学思想和学科发展方向、图书馆与图书馆事业的社会性质、社会职能、社会形态、图书馆与图书馆事业作为现代社会的有机构成与社会系统其他构成要素的关系、图书馆与图书馆事业的历史、现状和未来以及决定其历史、现状和未来的内在规律等。根据这些内容可以看出，图书馆学基础理论研究所要解决的问题都是关于图书馆学和图书馆事业最为基础的问题，它所要揭示的规律也都是关于图书馆学和图书馆事业最为本质的规律。这些基本问题的解决，这些本质规律的揭示，不仅能够对图书馆与图书馆事业的历史和现状作出理论上的解释，而且能够对其未来作出具有科学根据的预测。因此说，基础理论研究既是基础的，又是前沿的。图书馆学基础理论研究虽然不直接作用于图书馆事业具体的社会实践，却在基础理论的高度上，对图书馆事业的社会实践具有高屋建瓴的理论指导作用。当然，并不是所有的人都能够意识到这种高层次理论对实践的指导作用的。只有具有相当的科学文化素养和理论造诣才有可能对此加以真正的理解和把握。这样说来，就其本质意义而言，基础理论研究不存在理论脱离实践的问题。

一门学科的应用理论研究，其与社会实践的联系比基础论研究更为紧密，更为直接。这是针对社会实践中所出现的具体问题而开展的理论研究工作。如图书馆有偿服务问题研究；信息用户与信息服务研究；现代产业观与图书馆“产业化”研究；数字图书馆研究；图书馆网络化问题研究以及前几年笔者所阐述的“当代中国图书馆事业发展研究”，即发展战略研究等。由于应用理论研究立足于社会实践，不仅与社会实践具有直接的联系，而且对社会实践中的具体问题具有很强的实践针对性，因此，真正意义上的应用理论研究也不会存在理论脱离实践的问题。

既然无论是基础研究还是应用研究都不存在理论脱离实践的问题，那么究竟是怎样的理论原因和社会原因导致了这一问题的提出呢？对此，中国图书馆学界通过深刻的学术反思感到这其中的原因颇为复杂，主要得出了以下认识：

(1) 图书馆学的学科建设尚不成熟更不完善，尚未建立起由基础理论体系、应用理论体系和应用工程技术构成的相对完整的学科建设体系。这种不成熟不完善主要表现为基础研究和应用研究长期混为一体。这就导致了无论是图书馆事业界还是图书馆学研究界，都极度缺乏基础研究意识。这样，人们往往用应用研究取代基础研究，用应用理论取代图书馆学的整体理论体系，用应用研究的评价标准来评价基础研究。在这一情况下，一旦有纯思辨性基础性研究出现，人们便不可理解，纷纷发出"理论脱离实践的"惊呼。

(2) 毋庸讳言，由于历史的和现实的诸方面原因，我国图书馆事业从业人员的整体素质偏低，相当数量的人员由于科学文化和理论素养的不足，不具备把握基础理论和应用理论与实践关系的质的区别的能力。他们往往将基础研究与应用研究混为一谈，习惯于用应用理论的价值判断来评价基础理论研究。他们意识不到也无法理解基础研究对实践的超然性及其对实践进行理性指导的间接性。这样，面对不具备直接应用价值的基础理论研究，根据自身的理解能力，他们必然得出，也只能得出"理论脱离实践"这一结论。这种情况即使在图书馆学研究界也并非少见。这一状况与第一条学科建设现状具有内在的联系，二者是相对应相统一的。

(3) 基础研究发展的初期，一般是形成观点纷呈百花齐放的局面。这些观点不同的学术思想需要一个百家争鸣和系统完善的过程。只有完成了这一过程，形成成熟系统的学术思想和理论体系后才有可能真正具有某种指导实践的学术功能。而那些在争鸣中退出学术舞台的思想和观点，除了具有某种学术启迪功能外，更不可能具有什么具体的指导实践的功能。那些在基础研究开展之初就要求其具有具体的实践指导功能的意见，即使其出发点不失善意，也犯了"功利急躁症"的毛病，因为这一要求违背了学术发展和学科建设的基本规律。

(4) 基础研究自身的某些弱点也是引起这一问题的原因之一。在学术研究中，国外学术思想的引进和其他学科其他领域的理论、原则和方法的移植是必要的。然而，这种学术引进和移植必须伴随严肃认真的科学态度和严谨的学术作风，必须建立在对相关理论和思想深入研究的基础之上。那种浮光掠影望文生义之作，不是由于生吞活剥而犯了食古不化和食洋不化的学术浮躁症，就是染上了赶浪逐潮猎奇哗众将学术当作新闻来炒作的学术绝症。显然，此类"研究"没有任何科学价值，不可能形成成熟系统具有实践指导价值的理论体系，更不可能具有什么学术生命力。既然形成不了科学的理论，也就不存在"理论联系实际"的问题了。如果要求此类"研究"具有什么实践指导价值，那不过是缘木求鱼。这种问题并非理论本身的问题，而是当事者不懂学术，不辩真伪，混淆是非的问题。

(5) 应用理论与应用领域的借位是引起这一问题的另一学术上的原因。严格意义上的应用理论应分为一般性应用理论和专门性应用理论两部分。一般性应用理论对具有相同性质的各个不同的应用领域具有普遍的理论指导意义。而专门性应用理论研究是针对某一具体应用领域所产生的具体问题深入研究而形成解决这一问题的理论和方法。如果将不具备普遍指导意义的专门性应用理论成果不加分析地应用到并不适合的领域和问题上去，必然形成应用理论与应用领域的错位问题。这是理论与实践相脱节相背离的典型实例。真正的"理论不联系实际"问题应指的就是这种情况。

(6) 否定理论的极左思潮的作祟在特定的情况下，是引起这一问题的重要原因之一。由于特定的历史原因，极左思潮曾长期占据我国意识形态的主导地位。"理论脱离实践"这一意识形态命题长期以来曾是极左思潮拿在手里否定理论的大棒。在科技是第一生产力的观念深入人心的今天，尽管极左思潮早已丧失其在我国意识形态领域的主导地位，但在图书馆学界严肃而认真地致力于基础理论建设过程中，"理论脱离实践"的批评和指责犹不绝于耳。尤为发人深省的是，当"严肃而认真的"批评者并未意识到自己的"左"的意识时，同样严肃而认真的理论工作者却已经感到躲在这一批评背后的极左幽灵的影子了。

中国图书馆学界在对理论与实践的关系进行上述深刻反思的基础上，近年来出现了一批有影响的理论成果。如袁昱明的《我国宏观图书馆学研究的发展趋势》，戴煜滨的《论中国图书馆学的形成与发展》，张德芳、钟昌义的《近代图书馆的终结和现代图书馆的崛起》，吴慰慈、罗志勇的《中国图书馆事业发展战略研究》，徐引篪、霍国庆的《图书馆学研究对象的认识过程——兼论资源说》，彭斐章的《迈向21世纪的我国图书馆学情报学研究生教育》、孟广均、徐引篪的《西方图书馆学流派论评》，杨文祥的《走向21世纪的图书馆文献信息服务》，叶鹰的《图书馆学基础理论的抽象建构》，于鸣镝的《关于图书馆学几个问题的再认识》，吕斌、李国秋的《关于"图书馆哲学"的思考》和张沙丽的《21世纪图书馆的展望、预测与现实》等。这些成果在不同的研究领域和不同的研究层次为面向21世纪的图书馆学学科体系建设，为实现从传统图书馆学向现代图书馆学的转型与过渡奠定了理论基础。可以说，没有中国图书馆学界对理论与实践关系问题的深刻反思，便不可能实现学术思想和理论上的"拨乱反正"，也很难完成为图书馆学从传统图书馆学向现代图书馆学的转型与过渡所进行的理论基础的奠基。

3. 21世纪图书馆学的学科建设方向、学科性质与学科定位

3.1 对建设面向21世纪图书馆学学科体系的时代呼唤

90年代以来，中国图书馆学学术研究发生了三个方面的新变化。变化之一是把图书馆学的研究空间从文献信息管理和知识交流拓展到了信息、信息产业和信息服务业的领域，并由此带来了一系列理论和观念上的新变化。变化之二是把信息技术、主要是把计算机技术、远程通信技术、多媒体技术、高密度存储技术应用于图书馆的实践，开展了电子图书馆学的研究，使得图书馆学现代化技术研究从自动化管理领域向数字化、网络化、虚拟化方向推进了一步。变化之三是在研究图书馆事业宏观现实方面着重研究了图书馆如何深化改革，适应信息化社会和社会主义市场经济的需要等问题。上述这些变化在一定程度上回应了面临诸多挑战的中国图书馆事业建设实践所发出的对建设面向21世纪图书馆学学科体系的时代呼唤。

建设面向21世纪的图书馆学学科体系，不仅要建立全新视角的图书馆学基础理论系统和图书馆学方法论系统，还要以基础理论研究指导图书馆学学科建设的全局。这一全局不仅包括21世纪图书馆学的应用理论体系，而且包括未来世纪图书馆的现代化技术系统。除此以外，面向世界，深入开展比较图书馆学研究也是建设面向21世纪的图书馆学学科体系的重要内容。通过研究不同国家和地区图书馆事业的管理体制和运行机制，特别要关注其中的法制建设，深入挖掘不同国情条件下图书馆事业发展水平不同的内在原因，从而揭示图书馆事业发展的内在规律，为我国图书馆事业在信息时代和知识经济历史条件下的建设与发展提供具有前瞻性的理论指导。

3.2 21世纪图书馆学的学科建设方向

研究对象、理论基础和科学方法是科学研究活动中与科研主体紧密联系的三大基本要素。其中研究对象是决定因素，这一决定因素不仅决定着理论基础和科学方法，也决定着研究内容和学科体系的展开。因此，把握了研究对象的本质，便把握了学科建设的方向。

通过对国外图书馆学界先后提出的关于图书馆学研究对象和研究内容的几种具有代表性的观点的研究，我们得知，国外图书馆学科建设的历史发展经历了一个从注重图书馆的实际技术到关注图书馆的事业建设，最后发展到关注图书馆事业的社会功能这样一个历史过程。

中国图书馆学学者关于图书馆学研究对象和研究内容的认识及图书馆学学科建设的历史发展，经历了一个从关注图书馆的构成要素和图书馆事业的发展规律到关注图书馆和图书馆事业的社会功能这样一个历史过程。这一历史过程与国外图书馆学的历史发展过程大体是一致的。特别是经过80年代关于图书馆与社会的讨论，中国图书馆学者在图书馆的性质与职能、图书馆在社会信息系统中的地位与作用、图书馆与信息时代的社会发展、图书馆与信息资源建设等不同的层次上进行了深入的探讨，不断将图书馆和图书馆事业的社会功能推向了十分突出的地位。就是说，在当今时代，图书馆学必须致力于对图书馆和图书馆事业作为人类社会文献信息的社会载体和传媒介的作用的研究，致力于对图书馆和图书馆事业在社会信息化进程中作为社会文献信息资源建设中心和文献信息资源开发利用中心的社会功能的研究。这就是21世纪图书馆学的学科建设方向。

3.3 21世纪图书馆学的学科性质

一门学科在其不同的历史发展阶段，往往呈现

出不同的学科性质。关于图书馆学的学科性质，目前国内图书馆学界尚无一致的看法。较有代表性的观点有“社会科学”、“综合性科学”、“应用科学”和“管理科学”。我们认为，“社会科学”的观点能够反映传统图书馆学的性质，但反映不了走向21世纪的图书馆学的学科性质。而“综合性科学”、“应用科学”和“管理科学”这些观点，对于当今图书馆学学科性质的判定还不够清晰，将这些不同层次不同角度的学科并行罗列的区分方法也不够合适。要准确清楚地判定一门学科的学科性质，关键要具备两项条件。一是判定工具要科学；二是判定方法要科学。就是说，无论是判定工具还是判定方法，都要反映当代人类社会的最高科学水平。

当代科学分类一般从两个角度进行。一是以科学研究的对象和研究领域为基础，区分为“思维科学”、“社会科学”、“自然科学”和“交叉科学”四大学科群。其中“交叉科学”又分为“边缘学科”、“横断学科”、“综合学科”、“软科学”、“比较学科”和“其他新兴学科”六种较小的学科群。二是以科学研究的层次为基础，区分为基础科学与应用科学两大类型。这四大学科群和两大类型相互对应，构成了具有一定的横向结构关系和纵向层次关系的科学分类体系的总体结构框架。这一体系结构便构成了判定各门学科学科性质的工具系统。这一工具系统内部的结构关系和层次关系不可混淆。以往的研究对图书馆学的学科性质把握不准定性不确，这一工具系统内部的结构和层次关系未能厘清是一重要原因。

判定一门学科学科性质的方法，目前一般从其研究对象、客观对象的运动形式、这门学科的研究方法及其研究内容四个方面加以考察。

利用上述工具系统和学科判定方法对当今图书馆学的各相关方面加以严格考察，对走向21世纪的图书馆学的学科性质我们可以得出明确的结论：从学科整体而言，21世纪的图书馆学应是一门综合性、应用性交叉学科。

3.4　21世纪图书馆学的学科定位

20世纪中后期，随着现代信息技术在社会各领域的广泛应用，西方发达国家逐渐进入了信息经济时代。由于社会信息化进程的深化，对信息经济的基础资源——信息资源的社会建设与社会管理日益成为这些国家十分现实的问题。80年代首先在美国提出了信息管理的思想。伴随信息和信息资源管理思想的深化，一门新的学科——信息管理科学诞生了。

信息管理科学是现代信息技术高度发达的科学成果，而近现代图书馆是近代信息技术直接的社会产物。这样，以图书馆与图书馆事业为研究对象的图书馆学与信息管理学在技术基础上是同源的。信息管理科学的诞生对人类的科学体系而言，不是简单的数量上的增加，而是在一定程度上改变了人类的科学体系结构。科学体系结构的改变不仅有助于一系列相关的新兴科学的形成，而且对旧有学科间的结构关系也进行了重新的调整和改组。这样，信息管理科学的诞生，必然给图书馆、图书馆事业和图书馆学事业根本性的冲击。这一冲击集中表现在两件大事上。一是今天的图书馆学家无论其对图书馆学与信息管理学的关系具有怎样的认识与理解，几乎无一例外地不能回避对信息与信息管理学的研究。二是20世纪80年代末90年代初，国内外相当一部分大学的图书馆学院系改为信息管理类的名称。这两件大事十分生动地反映了信息管理科学的诞生对图书馆、图书馆事业和图书馆学的冲击之猛，震撼之烈，足以证明了二者在内在联系上的紧密性和结构关系上的牢固性。

通过对国内外具有代表性的信息管理理论的比较研究，我们认为，信息管理学是信息科学、管理科学和社会学交叉研究的科学成果，是社会管理学的一个分支学科。信息管理学的科学目的在于通过对信息的社会运动规律的探讨和对社会信息系统的结构和功能的优化，实现社会信息资源的合理开发和有效利用。

正如上文所述，随着图书馆学研究的深入，人们日益关注图书馆的社会功能，日益认识到图书馆的本质就是人类社会文献信息的社会载体和传通媒介。而信息管理学中的社会信息系统其核心部分是信息资源系统，信息资源系统的主体就是文献信息资源系统，即信息资源系统中稳定的可重复利用的部分。图书馆的社会功能正与这一文献信息资源系统相联系，是这一系统的重要组成部分。因此，从信息管理学的角度看，信息时代的图书馆学应该是信息管理学的分支学科，是信息管理学的有机组成部分。

4. 21世纪图书馆学的学科发展与新的学科知识生长点

现代信息技术的飞速发展和广泛应用，特别是知识经济和信息时代的来临,给图书馆学和图书馆事业带来了前所未有的挑战与冲击。这一始料不及的挑战与冲击,一时使图书馆事业建设和图书馆学研究陷入了困境与困惑之中。然而,正是这一困境与困惑引发了图书馆学界的深刻反思。这一反思的成果之一就是对21世纪图书馆学的学科发展与新的学科知识生长点的思考。这一思考预示着当代图书馆学在新的历史条件下,其学术思想即将发生历史性的整体飞跃与升华。

知识经济和信息时代的冲击与挑战,给图书馆学研究提出了许多新的课题。这些新课题的提出一方面要求传统图书馆学的某些研究领域要有新的拓展;另一方面激发了一系列图书馆学在21世纪的历史条件下新的研究领域。这两方面内容从不同的角度和方面为图书馆学提供了新的学科知识生长点。这些新的学科知识生长点向人们展示了图书馆学和图书馆事业在21世纪前所未有的发展空间。

21世纪图书馆学新的学科知识生长点表现为三个层次:基础理论层次,应用理论层次和图书馆实用技术层次。

4.1 基础理论层次

21世纪图书馆学在基础理论层次上新的学科知识生长点目前可以考虑有这样几方面内容:

4.1.1 21世纪人类的科学体系结构与图书馆学在这一体系结构中的地位研究。科学体系是人类对世界的认知形式。在人类学术思想史上,由于不同历史阶段的认知方式、认知角度与认知内容和深度各有不同,不同历史阶段科学体系的结构形态也各有不同。研究某一特定学科在科学体系结构中与相关学科的内在联系和结构关系以及这些联系和关系在科学发展史上的历史演化规律,以确定其在科学体系结构中的地位,是确定这门学科的学科性质和这门学科的学科建设方向的科学基础。21世纪是社会信息化和知识经济走向深化的时代,同时也必将是人类的科学体系结构发生整体变革的时代。因此,21世纪人类的科学体系结构与图书馆学在这一体系结构中的地位研究是21世纪图书馆学研究与学科体系建设的奠基性课题。这一课题是21世纪图书馆学研究的历史新起点。

4.1.2 21世纪图书馆学的学科体系结构、学科性质、研究对象和学科建设方向研究。如果说上一项研究是图书馆学的科学基础、学科外部结构以及学科定位研究的话,那么本项研究则是图书馆学的科学内容、学科内部结构、学科定性和学科定向研究。

4.1.3 21世纪图书馆学的方法论研究。在传统图书馆学向现代图书馆学发展和变革的过程中,不仅图书馆学的体系结构、研究内容、学科性质和学科的建设和发展方向要发生一系列的发展和变革,其研究方法也要发生重大的变革。科学技术的整体进步和社会的发展是图书馆学发展的根本原因,而研究方法的发展与变革则是图书馆学发展与变革的直接原因。正是研究方法的发展与变革直接引发了图书馆学的体系结构、研究内容、学科性质和学科的建设和发展方向的一系列的发展和变革。因此方法论研究是21世纪图书馆学学科知识生长点的重要领域。

4.1.4 在知识经济和信息时代的历史条件下,图书馆和图书馆事业的社会形态、社会属性和社会职能研究。以网络技术为代表的现代信息技术,为信息时代和知识经济提供了技术平台和信息环境。在这一环境下,传统的图书馆学和图书馆事业必将在组织结构、社会形态、社会属性和社会职能诸方面发生一系列根本性的变化。对这些变化的预测与研究并在这一研究的基础上建立现代图书馆学,不仅是21世纪图书馆学的学科知识生长点,而且是21世纪图书馆学的重大研究课题。

4.2 应用理论与应用技术层次

21世纪图书馆学在应用理论和应用技术层次上新的学科知识生长点目前可以考虑有这样几方面内容:

4.2.1 文献资源建设研究。传统的文献资源建设研究是在现实环境的背景下进行的,而在电子信息网络技术所提供的虚拟环境下,文献资源建设的概念正逐步演化为信息资源建设。这一概念的转移引起了图书情报机构信息保障机制的变化。在网络空间里,图书情报事业不再是一个封闭的自我满足的文献资源系统,而是一个开放的社会满足的信息系统。这样,图书情报机构的信息保障能力取决于两个方面。一方面是本单位的信息存储、整序、开发利用和提供服务的能力,另一方面是对网络信息资源的获取能力。于是,关于对网络信息资源的组织管理和开发利用的理论与技术便构成了21世纪图书馆学关于资源建设的一个新的发展空间。在此,资源共享理论以及与此相关的信息管理

技术的研究将是这一领域的核心问题。

4.2.2　检索语言与检索系统研究。情报检索语言经过情报界的长期研究与开发已经成为一种相当成熟的人工检索语言。然而现有的网络搜索引擎是以自然语言为基础的，虽然时效性较高，但查全率和查准率都很低。要解决这一问题，有必要将情报检索语言的成果引入到网络搜索引擎的开发中去。这一研究既与资源建设研究相联系，又有自己相对的独立性。

4.2.3　图书情报事业网络化的资源共享研究。图书情报事业网络化的资源共享是现代图书情报事业的两大特征。而这两大特征具有不可分割的内在联系。在图书情报网络体系内的资源共享，存在这样一种发展趋势。即从馆际互借发展到电子文献传递和文献提供，再发展到联合馆藏和共享存取的趋势。这一趋势既含有技术的进步也含有共享机制的不断突破。图书情报事业网络化和资源共享不但是20世纪图书馆事业和图书馆学的两大历史课题，还将继续是21世纪图书馆事业和图书馆学的两大历史任务。这一研究同样与资源建设研究具有不可分割的内在联系。

4.2.4　图书馆事业的社会组织与社会管理研究。中国图书馆学者长期以来始终十分关注对图书馆事业的社会组织与社会管理研究。作为知识经济和信息时代的21世纪，这一领域必将伴随人类生存方式和社会组织结构的改变而出现许多新情况新课题，这些新情况和新课题的核心问题是在新的历史条件下，传统图书馆向现代图书馆的转型问题。这将形成一个十分广阔的学科知识内容发展空间。

4.2.5　图书馆事业发展战略研究。80年代中期至90年代中期，事业发展战略研究曾是中国图书馆学研究的理论热点。面临知识经济和信息时代的到来，这一领域具有更为广阔的发展空间。图书馆事业的社会定位问题，即图书馆事业在全民终身教育体系和国家创新体系中的地位问题：作为公益性的公共图书馆事业在新时代的社会职能及其社会实现形式问题；伴随数字图书馆的建设与发展，中小型图书馆的生存空间问题；大型图书馆以及整个图书馆事业的社会组织结构转型问题等，都是事业发展战略研究的重要课题。

4.2.6　图书馆学专业教育研究

在信息时代和知识经济的历史条件下，图书馆学专业教育面临来自两个方面的压力。一方面是现代信息技术迅速而持续的发展，另一方面是在这一技术基础的历史条件的支撑下，图书馆事业社会职能的空前强化。为适应这一形势，必须建设一支高素质的专家队伍从事图书馆事业的各个方面建设。图书馆学专业教育在这一形势下的培养目标问题；图书馆事业专家队伍的整体素质结构和个体知识结构的规划与设计问题；为适应这一专家队伍教育培训工作的需要，相应的教育培训的教学体系、教学方法和教学模式的建设问题等一系列问题构成了图书馆学专业教育研究领域的新的发展空间。

4.2.7　数字图书馆研究。数字图书馆以数字技术和数字化信息资源为基础，是社会信息化的历史产物。数字图书馆研究不仅涉及诸如图书馆和图书馆事业的社会形态、社会属性和社会职能等方面的基础理论研究内容，涉及图书馆事业的社会组织与社会管理、图书馆事业发展战略研究、图书馆学专业教育等应用理论研究方面的内容，而且涉及资源库建设的统筹规划、多媒体信息标准、信息存储与压缩技术、信息的搜索速度与效率、信息的传输与安全、交互界面、信息的输出与再现、多语种支持、高层信息服务协议等应用技术层面的问题。因此，数字图书馆研究是一项以应用理论和应用技术为主体涉及图书馆学各个层面的综合性研究。21世纪图书馆学各层次各领域的新的学科知识生长点在这一综合性研究中得到了相对集中的体现。

4.2.8　信息组织与知识管理理论与技术研究。信息组织和知识管理是近几年伴随信息经济的深化与知识经济的兴起而出现在图书馆学、情报学、信息管理科学以及经济学领域的新概念，目前关于这两个概念内涵还有不尽相同的理解。可以说，信息组织与知识管理理论与技术研究是21世纪图书馆学应用理论与应用技术研究的基点，是21世纪图书馆和图书馆事业适应社会信息化进程发挥其信息服务职能的理论基础和技术前提。这一研究领域蕴含着不可计数的学科生长点。目前，文献建构研究和元数据研究已经引起了国内外图书馆学和情报学界的关注。从信息组织与知识管理的角度，上文关于信息存储与整序理论与技术的研究以及检索语言与检索系统的研究也纳入这一研究领域。

4.2.9　图书馆产业观与信息服务研究。根据现代产业观对图书馆的产业属性加以科学分析，图书馆无疑是信息产业的有机组成部分。作为21世纪图书馆学新的学科知识生长点，问题已不在于对图书馆的产业属性如何加以重新分析，而在于如何在坚持图书馆的公益性原则的基础上，适应社会需要，充分发挥图书馆的信息服务职能。这样，关于这一领域的理论研究和建立在这一基础之上的图书馆信息服务方式方法研究便构成了21世纪图书馆学很有发展前景的新的学科知识生长点。

21世纪是图书馆学发生深刻的、根本性变革的时代，是图书馆学的学术思想和学科体系从传统图书馆学向现代图书馆学转型与过渡、飞跃和升华的时代，是图书馆和图书馆事业在知识经济和信息时代的历史背景下，社会职能空前增强，为人类文明的历史进步作出空前贡献的时代。

新中国图书馆学教育的回眸与思考

彭斐章

我国现代高等图书馆学教育从1920年3月武昌文化大学图书科创办起，迄今已有80年的历史。新中国成立之前，图书馆学教育落后。中华人民共和国成立后，特别是改革开放以来，图书馆学教育迅速发展。

1 新中国图书馆学教育的发展历程

新中国成立初期，我国高等图书馆学教育单位主要有：原私立武昌文华图书馆学专科学校于1951年8月由文化部接管，委托中南军政委员会教育部领导，成为武昌文华图书馆学专科学校，1953年随院系调整并入武汉大学成立图书馆学专修科，后逐步发展成为新中国图书馆学教育的重要基地；1949年8月北京大学将原附属于文学院中文系的图书馆学专修科独立出来，成立北京大学图书馆学专修科，开始招收高中毕业生，后逐步发展成为新中国图书馆学教育的又一个重要基地。这两个专修科由于扩大了招生规模，补充了新的师资队伍，调整了教学内容，扩大了文化科学知识范围，改革了教学方法，在一定程度上提高了教学质量。1951年西南师范学院设立了图书馆学博物馆学专修科，遗憾的是到1954年停办了。因此，在新中国成立初期，坚持办学的仍然是武大和北大两个图书馆学专修科。

1956年，党中央发出“向科学进军”的伟大号召，极大地推动了图书馆为科学研究服务活动的开展，图书馆事业得到社会的重视。当年，文化部在北京召开了全国图书馆工作会议，明确提出“保证图书馆事业发展的最主要问题是干部问题”，对办好图书馆学教育和提高图书馆工作者的业务素质提出了更高的要求。1956年，北京大学、武汉大学分别将图书馆学专修科改为四年制本科，并正式建立图书馆学系。在教育部、文化部的领导下，两系为适应从图书馆学专科升为本科制订了新的教学方案，并确定了培养目标是：培养具有社会主义觉悟，拥护社会主义革命和建设，有扎实的图书馆学专业知识和文化知识，能从事各系统大中型图书馆工作和图书馆学教学与研究的人才。执行新的教学计划后，教学质量有所提高。

这一时期，文化部和教育部把图书馆学教育列入议事日程，选派了一批干部赴苏联莫斯科图书馆学院学习或攻读博士学位。1958年，文化部文化学院开设图书馆学研究班，中国科技大学科技情报学系设立图书馆学专修科，河北文化艺术干部学校和东北师范大学分别开办了图书馆学专修科。这些系科办学时间非常短暂，有的停办，有的合并。

1958年的“大跃进”给图书馆学教育带来了消极影响。当时采用革命大批判、打擂台、群众编教材、青年占领课堂等措施、打破了教学体系，按照图书馆类型设立课程，强调在干中学，以具体任务代替教学内容，其结果是严重挫伤了教师的积极性，破坏了教学秩序，削弱了基本理论、基本知识与基本技能的教学，破坏了教材的系统性和完整性，违背了教育规律与教学原则，影响了教学质量。

1961年以后，我国进入调整巩固时期，在党中央“调整、巩固、充实、提高”的方针指引下，图书馆学教育事业在认真贯彻《高教六十条》的过程中，取

得了显著成绩。主要表现为：明确了学生以学为主，理论联系实际，加强了基本理论、基本知识、基本技能的教学，密切与社会实践的联系。统一编写教材，由于没有列入高等学校文科统一编写教材规划，由北大、武大和文化学院三单位的教师集体编写了《图书馆学引论》、《图书馆藏书与目录》、《目录学》、《读者工作》和《中国图书馆事业史》等教材，这些教材虽未正式出版，但认真贯彻了文科教材编写会议精神，强调加强"三基"，成为新中国成立后质量较高的教材，在这段时间里，由于贯彻了"百花齐放，百家争鸣"的双百方针，紧密结合教学，开展了有关图书馆学基础、目录学基本理论问题的大讨论，活跃了学术空气，充实了教学内容，教学质量有了较大提高，图书馆教育开始走上正常化。

1966年开始的"文化大革命"，使图书馆学教育遭到了严重的冲击和破坏。全国仅有的北京大学和武汉大学图书馆学系停止招生，相继停课；专业教师下放到工厂、农村、部队进行"斗批改"，教师队伍受到摧残；教学设备严重被破坏，图书资料大量散失，图书馆学专业教育处于停顿状态。1972年，北京大学、武汉大学图书馆学系在停顿6年之后恢复招生，在十分困难的条件下办学。当时，北京大学采取"馆办专业"的体制，武汉大学则采取"系办馆"的体制。由于极左思潮的严重干扰，在办学中，不适当地缩短学制，招生起点悬殊过大，采取以大批判开路、以战斗任务组织教学及以干代学等一系列违背教育规律的作法，导致图书馆学教育严重滑坡。

结束了"文化大革命"的10年动乱之后，迎来了我国科学的春天。图书馆学教育进入了新的发展阶段，呈现出蓬勃发展的景象。主要表现在以下几方面：

(1) 专业办学点增多，多层次、多类型、多形式的办学体系初步形成。1978年恢复高校统一招生后，图书馆学情报学办学点迅速增加。目前，设置图书馆学情报学系科、专业的普通高校已达55所。1978年，中央作出了恢复研究生教育的决定。同年，武汉大学图书馆学系和南京大学图书馆率先招收了首届"目录学研究"方向硕士研究生；随后，武大、北大、华东师大等相继招收硕士生。1981年1月1日，正式实施《中华人民共和国学位条例》；同年11月3日，北京大学和武汉大学首批获得国务院学位委员会批准，建立图书馆学专业硕士学位授权点。经过国务院学位委员会七次学位授权审核，我国现有北京大学、武汉大学、中国科学院文献情报中心等三个单位设立了图书馆学专业博士学位授权点；同时，在武汉大学、南京大学(与中国科学院文献情报中心联合)、北京大学(与中国科学技术信息研究所、中国国防科技信息中心联合)三个单位设立了情报学专业博士学位授权点；此外，还先后建立了13个图书馆学专业硕士学位授权点、18个情报学专业硕士学位授权点。据统计，截至1998年底，依靠我们自己的力量培养了图书馆学情报学硕士生1465名，博士生43名，他们已经或正在成长为各个部门的业务骨干力量，其中有的已成为所在学科的学术带头人。总之，学位条例的贯彻实施，研究生教育制度的不断完善，大大改变了我国高等图书馆学情报学教育的层次结构，为立足国内培养图书馆学情报学高层次人才奠定了良好的基础。图书馆学专业教育的形式是多样的，除了全日制正规教育外，为适应图书情报单位在职人员业务素质提高和调整知识结构的要求，在坚持图书馆学函授教育的同时，还采用广播、电视等多媒体进行远距离教学，开办高等图书馆学自学考试，举办专业证书班、各种专业短训班、研讨班、进修班等。自80年代以来，武汉大学、北京大学开始接收国内外访问学者进修，例如武汉大学从1988年起就接收了加拿大、日本、韩国的访问学者进修。目前，我国图书馆学教育已经初步形成了由博士学位、硕士学位、学士学位教育及专科教育与成人继续教育组成的比较完整、多层次、多类型的教育体系。

(2) 图书馆学在专业教育体系中的地位基本确立。80年代至90年代中期，图书馆学在《授予博士、硕士学位和培养研究生学科专业目录》中授予学位学科门类的归属一直是不确定的，最早是属于文学门类，后来又归属于理学门类，作为"系统科学、图书馆学和情报学"一级学科下的二级学科，所授学位为理学博士或理学硕士学位。1997年公布的《授予博士、硕士学位和培养研究生学科专业目录》，新增加了"管理学"门类，"图书馆、情报与档案管理"作为一级学科，图书馆学、情报学、档案学是三个并列的二级学科，应该说学科门类的归属已经确立，是适得其所。一般来说，研究生培养是按一级学科打基础，按二级学科培养提高，按三级学科确定研究生的主攻方向。因此，新的研究生学科专业目录有利于拓宽专业培养口径，也有利于按一级学科进行学位授权审核。图书馆学和情报学在国家社会科学基金资助项目课题指南中均单独立类，从而确立了图书馆学情报学在哲学社会科学研究领域的独立学科地位。

(3) 紧密结合教学开展科学研究，积极进行教材建设，保证了教学内容的深化和教学质量的提高。教学与科研相辅相成。紧密结合教学开展科学研究，可以深化教学内容，这主要表现在教材建设上。1978年以前，公开出版的图书馆学专业教材只有几种。1978年，教育部在武汉召开全国高等学校文科教学工作座谈会，此后，图书情报专业列入高等学校文科教材规划(1978～1983年)的有8种，列入高等学校文科教材编选计划(1985～1990年)的有60余种。此外，还有中国科学院文献情报中心和各高等院校自编的教材和教学资料。这批教材和教学资料的特点是：第一，教材学科齐全并形成了系列，如图书馆学系列、情报学系列、文献学系列、图书情报自动化系列等。第二，教材层次分明，教材品种配套。按照教育层次，编写了专科、本科和研究生用的教材；同时，还出版了电大、自学考试用的系列教材；许多课程编出了教科书、教育指导书、教学参考书及教学大纲等配套品种。第三，教材形式多样。既有教育部的选编教材，也有非选编教材；既有翻译国外的教材，还有声像教材，可以说形式多样。总之，教材数量增加，质量也在不断提高，如《图书馆学基础》、《目录学概论》、《中文工具书使用法》、《科技文献检索》等被评为1988年国家教委优秀教材。

(4) 调整培养目标，建立和完善层次分明的图书馆学教育体系。多层次办学是从我国实际出发，发展高等教育的一条重要方针。新中国成立以来，特别是1978年以来，图书馆学专业教学计划进行了多次修订。按照1998年教育部公布的《普通高等学校本科专业目录及专业介绍》，图书馆学本科生教育的培养目标为："本专业培养具备系统的图书馆学基础理论知识，有熟练地运用现代化技术手段收集、整理和开发利用文献信息的能力，能在图书情报机构和各类企事业单位的信息部门从事信息服务及管理工作的应用型、复合型图书馆学高级专门人才。"按照《授予博士、硕士学位和培养研究生的学科专业简介》的规定，图书馆学硕士学位获得者应当德智体全面发展并具有坚实、宽广的图书馆学基础知识，较系统深入的专门知识和较强的综合素质与能力，熟练掌握一门外国语和计算机应用知识，全面了解所从事的研究领域的现状和发展趋势，能独立进行科学研究，能胜任大中型文献情报机构的中、高层管理工作。博士学位获得者应当德智体全面发展，并具有坚实而宽广的图书馆学基础理论知识，系统深入的专门知识和优秀的综合素质与能力，对所从事的研究领域的历史、现状及前沿有全面深入的了解，熟练掌握一门外国语并能用第二外语阅读专业文献，能独立从事创新性的科学研究，能胜任高等学校教学和研究工作或大型文献信息机构的高层次管理工作。我们认为，专业目录的修订不可能一劳永逸，每修订一次必然向前跨进一步。今后，随着科学技术的进步，社会、经济的发展和人们认识的深化，科学专业目录会逐步调整得更加完善。但是，各个层次的培养目标都会有一个核心。例如，图书馆学专业本科生教育应培养复合型、应用型人才。硕士学位在我国学位体系中是一级独立学位，我们认为图书馆学硕士学位应当按照应用型的专业硕士学位要求，强调其实践取向，紧密结合图书情报机构的现实需求，按宽口径培养硕士生，增强其适应能力，使图书馆学硕士学位具有面向实践单位的从业导向作用。图书馆学博士学位授权时间比较晚，按照博士学位的要求，属于学术型学位。因此，对图书馆学博士生教育的核心要求是创新，要将创新意识贯穿到博士生培养的每一个环节。

总之，新中国成立以来，图书馆学教育从单一的教学体系发展到比较完整的、多层次、多类型的教育体系，教学内容经历了由不完善到逐步完善，从不丰富到比较丰富的改革发展过程。回顾50年来的发展，图书馆学教育取得令人瞩目的成就。面向21世纪，有许多问题值得进一步思考。

2　21世纪图书馆学教育发展的思考

(1) 转变教育观念，积极进行图书馆学教育改革。随着科学技术的飞速发展，高科技对经济的影响越来越大，知识更新的速度越来越快，信息传播手段越来越先进。为了适应新的形势，迎接新的挑战，必须深化图书馆学教育改革。图书馆学教育改革必须以社会对人才的需求和图书馆学教育的客观规律为依据。在图书馆学教育改革中，要以教育思想和教育观念的转变为先导。1996年3月，江泽民主席在接见四所交通大学负责人时，就明确提出了教育的两个转变：一是教育要全面适应现代化建设对各类人才培养的需要，二是要全面提高教育质量与效益。质量是图书馆学教育的生命线。我们要把一个布局结构合理、高质量和高效益的图书馆学教育带入21世纪，必须坚定不移地将工作重心转移到优化结构，提高质量，走内涵发展的道路上来，这是时代发展的需要，也是图书馆学教育发展的必然规律。目前，图书馆学办学点的数量增长趋于稳定，但专业办学点的布局不尽合理，同一地区同一层次的办学点过分集中，专科和中专层次越来越少；有的办学点办学条件较差，师资水平不高，学历层次较低，盲目追求上学位点。一个学科是否具有硕士学位、博士学位授予权，是衡量该学科水平的重要标志。但是，研究生培养条件，特别是高质量学位课程的开设和高水平导师队伍的建设，需要长期积累。图书馆学已经有3个博士学位授权点和13个硕士学位授权点，布局基本合理。因此，图书馆学教育当前不应当追求外延和规模的扩大，也不应当把注意力放在争取上博士点和硕士点上，而应当将教育思路从根本上转到注重学科建设，重视提高质量和办学效益，走内涵发展的轨道上来。要教育学生，树立全面的质量观，强调德智体全面发展，将教书育人贯穿到教学的全过程。提高教学质量的核心是培养学生的创新能力。江泽民主席指出："创新是一个民族进步的灵魂，是国家兴旺发达的不竭动力。"培养学生的创新能力，首先要处理好继承与创新的关系，只有在继承的基础上，才能有所创新。其次，要营造一个有利于培养学生创新能力的学术环境，如开设学科前沿专题讲座，聘请国内外知名专家学者讲学，发扬教学民主，唤起学生的主体意识，加强学术交流，活跃学生的学术思想等。

(2) 加强学科建设，促进学术水平与教育质量的同步提高。学科建设是图书馆学教育水平和层次的集中体现。只有以高水平的学科建设为基础、为支撑，图书馆学教育才能提高质量，上水平、上档次，跻身于世界一流的图书馆学教育行列。学科建设的成效主要体现在科学研究的成果和高层次人才的培养上。学位点建设是图书馆学学科建设水平的最重要标志，其本身既是学科建设的产物，又是推动学科发展的主要动力。通过学位授权点的建设，既可以培养出高水平的人才，又可以出高水平的成果。高水平的学位点能承担重大的科研课题，高水平的科研工作能为研究生提供前沿研究课题，研究生正是在科学前沿探索和在参加科研课题的活动中得到培养，增长才干的。因此，学位授权点的建立与学科建设有着互动的效应。

(3) 建设一支高水平的教师队伍，是提高图书馆学教育质量的根本保证。德国教育家第斯多惠说过："教师是学校里最重要的师表，是直观的最有教益的模范，是学生最活生生的榜样。"在教学中，学生通过与教师的频繁接触，通过各种形式的教学活动获得系统的知识，培养创新意识，掌握思维方法，养成高尚的品德。因此，教师的学术水平和素质直接关系到学生的培养质量。一般来说，导师水平高，对指导工作尽心尽力，其指导的博士生、硕士生的质量就要好一些。导师为人师表，应当是教人先教己，严己后严人，以身作则，身体力行。导师是研究生学术生涯的引路人，其治学态度、科研道德及为人的品德都对研究生产生潜移默化的影响。俄罗斯著名教育家乌申斯基说过："教育者的人格是教育事业中的一切。"研究生应在"严字当头"氛围中接受导师的教育和引导。"严"首先要求导师严于律己，严谨治学；其次是对研究生严格要求。导师要在"指导"二字上下功夫，"指"是指点迷津，避免走弯路，误入歧途；"导"是循循善诱，因势利导，鼓励研究生勇于创新，勇于开拓。因此，建设一支高水平高素质的导师队伍，是培养高质量研究生的根本保证。

新中国图书馆学教育已经走过了50年的历程，当前正处于发展的关键时候。我们深信，只要明确图书馆学教育必须在不断改革中求生存，在迎接挑战中求发展，坚持质量第一，遵循教育规律，坚定不移地走内涵发展的道路，迈向新世纪的我国图书馆学教育就一定会有更加光明灿烂的前景。

参考文献

〔1〕倪波，郑建明. 图书馆学信息学教育发展与成就. 中国图书馆年鉴(1996). 北京：北京图书馆出版社，1997.

〔2〕董小英. 我国图书馆学情报学教育的转型及其问题. 中国图书馆学报，1996(1).

〔3〕彭斐章，谢灼华. 评建国四十年来的图书馆学教育. 武汉大学学报(社会科学版)，1989(3).

〔4〕国务院学位委员会办公室. 中国授予博士、硕士学位和培养研究生的学科、专业总览. 北京：高等教育出版社，1996.

我国情报语言 20 年来的进步与向 21 世纪前进的目标

张琪玉

1 20 年来的长足进步

20 年前党的十一届三中全会确定实行改革开放政策,使我国经济的发展突飞猛进。随之,教育科学文化卫生及其他事业也都飞速发展起来。

20 年来,我国图书情报事业的发展速度是前所未有的。由于图书情报事业发展的需要,情报语言也获得了长足的进步,在图书情报服务中发挥了很大的作用,我主要在这方面进行概略的回顾。

1.1 分类法

1.1.1 体系分类法的编制、修订和发展。体系分类法在我国一直是情报语言的主流。我国图书情报领域原有的三部综合性分类法,跟随科学技术的进步和社会的发展,在这 20 年中都进行了全面修订和增补。《中国图书馆图书分类法》出版了第二版和第三版,第四版的编辑工作也已完成,于本月内可出版。此外,还增编了索引、期刊分类表、儿童图书馆和中小学图书馆版以及教育、公安等专业分类表。该分类法于 1985 年获国家科学技术进步奖一等奖。《中国科学院图书馆图书分类法》出版了第三版。《中国人民大学图书馆图书分类法》出版了第五版社会科学类目增订本和第六版。新编的综合性体系分类法有《中国档案分类法》,该分类法实际上包括"中国档案分类法"、"清代档案分类表"和"民国档案分类表"三部分类法。在这 20 年间,还编制了一批专业的和专用的体系分类法,如《中医图书分类法》(1980)、《上海戏剧学院专用图书分类法》(1980)、《建筑工程资料分类表》(1981)、《计量学与测试技术图书资料分类表》(1983)、《外交部图书分类法》(1984)、《社会科学资料分类法》(1985)、《新华社国内资料组分类法》(1985)、《中央人民广播电台资料室分类法》(1985)、《军事图书资料分类法》(1987)、《非书资料分类法(征求意见本)》(1989)等,在此无法全部列举。

1.1.2 组配分类法的编制。阮冈纳赞的《冒号分类法》第六版由宋克强和许培基译成中文于 1986 年出版。我国编制的组配分类法有张琪玉编的《情报语言学文献分类表》(武汉大学出版社出版的电子图书《情报语言学文献库》使用该分类表)。组配分类法还以分面叙词表的形式出现,如《社会科学检索词表》和《教育主题词表》等。这些分类法的出现,结束了我国无组配分类法的历史。

1.2 主题法

1.2.1 《汉语主题词表》的编成出版。《汉语主题词表》于 1979～1980 年编成出版。这是一部大型的综合性叙词表,分 3 卷 10 个分册,共收词 11 万条。该词表主要供计算机检索系统使用,但也可用来组织卡片式和书本式的主题目录。该表的出版,为我国推广应用叙词法奠定了基础。该表于 1985 年获国家科学技术进步奖二等奖。

1.2.2 专业主题词表的大批涌现。综合性词表虽然容量很大,但对于建立专业数据库来说,还是词量不够。而数据库的绝大部分都是专业性的。为了适应建立专业数据库的需要,各系统纷纷编制专业词表。20 年来,我国编制的专业词表超过 100 部,几乎覆盖了所有各个专业领域。这样就为我国的文献数据库建设,创造了良好的条件。

1.2.3 分面叙词表的出现。分面叙词表有一个相当于传统叙词表的范畴表和词族表功能的分面分类表。在分面分类表中,叙词词间关系的显示比在范畴表和词族表中具有更高度的系统性、明确性和完备性。因此,分面叙词表比传统叙词表质量更高,检索性能更好,但是其编制难度也要大一些。我国的词表绝大多数不采用分面叙词表模式,但这并不能说明这种模式不可取。在一些情报语言学者的积极提倡和亲自参与下,我国终于编制出了几种分面叙词表,如《社会科学检索词表》和《教育主题词表》等。这些词表的出现为我国词表向分面化发展树立了榜样。

1.3 分类法主题法一体化和分类表词表标准化系列化

1.3.1 分类主题词表的编制。我国是传统使用分类法的国家,图书馆工作者习惯于用分类法来标引和组织文献,而对于用主题词表来标引文献,感到有些困难,成为推广主题法的一种障碍。因此,希望有一种由分类表过渡到主题词表的简易方法;希望有一种知识组织工具,能把分类号和主题词联系起来,从而降低主题标引的难度。"分类法主题法一体化",即编制一种分类号与主题词的双向对应表,是解决这一问题的一种方案。这是受"分面叙词表"的启发,但又不同于分面叙词表。因为最适合中国国情的,只能是把两种最主要的知识组织工具——《中国图书馆图书分类法》和《汉语主题词表》结合起来。1986年末,在北京图书馆图书馆学研究部和武汉大学图书馆学情报学研究所的共同倡议下,以北京图书馆为首的全国40个单位协作,开始了《中国分类主题词表》的编制工作。这是一项巨大而又复杂的工程,到1994年才告完成并正式出版。全表分2卷6册1400万字。《中国分类主题词表》是一种多功能的标引工具,它既是一部完整的《中国图书馆图书分类法》和《中国图书资料分类法》,又是一部《汉语主题词表》的增订版。通过分类号与主题词的双向对应,其分类表部分可作为主题词表部分的范畴索引和词族索引,主题词表部分可作为分类表部分的类目索引,而且比两表原来的功能更强,大大方便了分类标引和检索以及主题标引和检索。该表还有机读版。该表的出版,在图书馆系统普及主题法方面,特别在藏书的回溯主题标引方面,起了显著的作用。这种类型的分类主题词表,目前还有《中国图书馆图书分类法(R类)与医学主题词表(MeSH)、中医药学主题词表对应表》和《中国图书馆图书分类法教育专业分类表》两种已经出版。

1.3.2 分类表词表的标准化和系列化。我国在分类法主题法标准化方面作了不少努力,取得了一些成绩。如《汉语叙词表编制规则》、《文献主题标引规则》等的制订和颁布,起了较好的作用。在分类法方面,也发表了《文献分类标引规则》的草案,编制并出版了《通用汉语著者号码表》等。《中图法》曾被批准为国家试用标准草案,《汉语主题词表》也曾得到标准化主管部门的推荐。但《中国图书馆图书分类法》和《汉语主题词表》均未能成为正式标准。分类表词表的系列化相当于在一个系统范围内的标准化和兼容化,比较容易实行。我国的《中国图书馆图书分类法》、《中国档案分类法》都是系列化的,《中国档案主题词表》按其规划也是系列化的。最突出的是《军用主题词表》,它由约20部词表组成系列化叙词表,相当严密,并有释义词典,质量很高。

1.4 情报语言计算机化

1.4.1 分类表词表的机编化和机读化。分类表词表的机编化出现在80年代末,那时仅仅用于排版。到90年代,才进入真正意义上的机编化,如《教育主题词表》、《军用主题词表》、《中国分类主题词表》、《军队档案常用主题词表》、《军用公文主题词表》等,均由软件控制其编制过程。分类表词表的机读化(机读版)则是最近几年的事,如《中国分类主题词表》的机读版,《军用主题词表》的机读版等。

1.4.2 文献标引对照系统。文化部立项,由山西省图书馆等联合研制的《计算机文献标引对照系统》于1997年完成并通过鉴定,已正式发行。该系统不仅可在《中图法》、《科图法》和《人大法》三种分类法的号码之间进行自由转换,而且三者还与《汉语主题词表》的主题词相对应(因为它是以《中国分类主题词表》为基础的),具有联机标引功能,也可用于检索选词选号。

1.4.3 机助标引系统。不久前通过鉴定的《〈军用主题词表〉应用管理系统》,就其主要方面而言,是一个优秀的叙词机助标引系统,值得予以详细介绍。该系统的突出特点在于:

(1)叙词表各部分的单屏多窗口网状互联显示。《军用主题词表》的机读词表有六个表组成,这六个表可在同一屏幕上开设多至六个窗口同时显示(也可少于六个窗口,视需要而定),用鼠标在任一表中点一下某个词,其他五个表均可联动指向该词。就是说,任一表均可进行浏览,如果要从某一表转查其他表,只要在该表中点一下某词,即可在其他五个表进行快速定位显示。也可以首先打开某一部分,通过快速定位选择某个词后,再进入六表同屏显示状态。在任一表的浏览过程中一经选定某个词作为标引用词,只要点一下该词即可将其登录入标引结果字段。这种超文本漫游方式,可一次为用户提供所查叙词的全方位语义信息,不仅可大大加快标引(或检索)选词的速度,并可提高选词的准确性。

(2)在自然语言接口中采用词素相似性匹配

原理。该系统具有自然语言入口功能。文献主题概念可全部用自然语言词自由表达。若表达文献主题概念的自然语言词与词表中正式叙词或入口词(同义词和被组代词)一致,则立即自动转换成叙词,自动将叙词登录入标引结果字段;若表达文献主题的自然语言词在词表中没有对应的叙词或入口词,该系统便会对自然语言词进行词素分析,利用词素相似性匹配原理,自动推荐一批含有相同词素的叙词供选择,通过人工判别,选定合适的叙词(包括若干叙词的组配)进行标引;若所推荐的词均不合适,则可将自然语言词作为自由词进行标引并同时作增补记录。这种词素相似性匹配方法,可大大方便标引选词,并在无形中提高了词表的入口率。词素相似性匹配原理的应用,也为自然语言与叙词语言的有机结合进一步提供了可能性。叙词词素库(知识库)采用在叙词表自身词汇和语义关系的基础上,进行自动、滚动切分,辅以少量人工干预的方法,切分效率较高。

该系统具有可移植性。例如,我国其他的叙词系统都能利用该项技术成果,并进一步发展该项技术的研究,无疑可促进叙词语言的易用化,大大减少其在普及中的障碍,使我国叙词语言的应用跨上一个新的台阶。

1.5 情报语言使用

1.5.1 分类法的使用走向统一。20年来,情报语言使用方面的一个可喜现象是走向统一。目前,全国图书馆使用《中图法》的已占95%,事实上起了国家标准分类法的作用。《汉语主题词表》在图书馆界的使用率也相当高。在档案系统,档案的分类检索工具大多依据《中国档案分类法》,也具有标准分类法的作用。

1.5.2 在版标引。1984年,北京图书馆在印刷卡片上增加主题词;1989年开始,北京图书馆提供标有分类号和主题词的编目数据;90年代,全国几个主要图书馆分工完成建国以来出版的所有图书的书目数据回溯工作;最近,新闻出版署信息中心(即国家版本图书馆)主办的《中国图书在版编目快报》周刊创刊,以书本式和机读式两种版本出版,书本式每周提供数据1000条,机读版每月提供数据4000多条,全年可提供数据50000条以上,并赠送阅读检索软件。此外,全国出版的图书,到目前估计一半已有在版编目数据,其中包括分类号和主题词。这些措施,促进了情报检索语言的统一和主题检索语言的普及。

1.6 自然语言检索

我国的自然语言检索是从80年代初开始的。这是情报检索计算机化的一个不可忽视的方面。随着计算机在我国普及,它的应用将越来越广泛。

1.6.1 汉语自动分词与自动标引。汉语自动分词是实现汉语自动标引的前提。所以,汉语自动分词的研究是汉语自动标引的"开路先锋"。80年代以来,曾有众多的研究者致力于解决这个问题,提出过许多分词方案。到目前,有一些方案在软件方面已达到或接近可以实用的水平,其主要障碍是缺少抽词词典。

1.6.2 文本检索与全文检索。所谓文本,可以是文献题名,或文摘,或文献正文。所谓"文本检索",是用关键性字词在文本中进行区配查找,这是自然语言检索中使用最普遍的方法。这种方法不需进行任何标引,检索时则可用检索者认为合适的关键性字词(字、词、词的片段或若干词的组配)在文本中进行匹配查找,十分简单。文本检索包括字符串匹配、截词检索、位置逻辑检索等。这些方法已普遍为人所熟知,所以应用广泛。对贮存文献正文的数据库的检索,称为全文检索,其应用目前也比较广泛。

1.6.3 单汉字检索。汉语的词是由汉字组成的,汉字具有意义,组成某个词或词组的若干汉字中必定有一个或两个具有关键性,它们是关键字,表达一个词或词组的核心意义,而且它们还具有字面成族的作用,因为它们往往是许多词的共同关键字。有的字虽不是关键字,但很少在词中出现,因而在特定的文本集合中具有很强的标识性。所以,单个汉字用于检索也是可以的。单汉字检索与文本检索性质基本相同,不同点仅在于对文本中的每个汉字以字为单位全部做倒排索引。所以,也称"全标引"。因单个汉字绝大多数不能独立表达文献主题概念或作为索引项,等于不标引,故也属"无标引系统"。由于单汉字检索回避了汉语分词问题,所以,目前有不少系统使用。

1.6.4 自由标引。自由标引是不依据词表的一种主题标引法,标引人员在对文献的情报内容进行分析之后,按一定规则自拟标引用词来表达文献主题。这种标引方法的优点在于:由于不使用词表控制,标引速度要比使用词表的主题标引快许多倍,这还意味着标引成本的降低;可用与文献主题专指度一致的词进行标引，保证较高的检准率；标引过程是通过标引人员主题分析的，如果标引人员具有一定的业务水平，则其标引质量可大大高于自动抽词标引。自由标引主要适用于报纸文献、期刊文献的大型篇名数据库的标引，因为这类文献内容庞杂，新概念多，数量大，很难编制适用的词表，而且使用词表标引用工多，速度慢，建库单位实际条件往往不许可。自由标引方法在一些单位常有所见，但自由标引这个词较少见。有些数据库称自己的标引方法是关键词标引，其实是自由标引。

1.6.5 后控制词表。后控制词表是提高自然语言检索效率的有效措施，但通用性很差。我国在一些自然语言检索系统中已有使用，但一般只作同义词控制。

1.7 情报语言教学和高校文献课

1.7.1 情报语言教学。高等学校情报语言的教学20年来有了很大变化。教学内容扩大了，过去只讲分类法或主要讲分类法，目前至少是分类法主题法并重。许多学校开设了情报检索语言课程，有的学校还增加了自然语言检索的内容。情报语言学作为一个研究方向，开展研究生教育也已有近20年的历史。至于教学质量，更是20年前所无法相比的。

1.7.2 高校文献课。我国高等学校对大学生和研究生普遍开设文献检索与利用课程，是一件有深远意义的大事，其规模是其他国家所没有的。它对情报语言知识在社会上的普及，起了很大的作用。

1.8 情报语言研究

1.8.1 情报语言研究概况。20年来，情报语言研究可以说是在一个新的起点上前进的。它有下列四个特点：其一，改变了研究方向。我们终于跳出了争论不休的“三性”(思想性、科学性、实用性)的怪圈，把提高检索效率作为情报语言研究的根本目的和核心问题。研究的问题注重于改进情报语言的检索性能和正确使用，不再热衷于不着边际的“三性”关系的讨论。其二，扩大了研究范围。象主题法的各种语言，以及组配分类法、分类主题词表、自然语言检索法等，可以说都是20年来研究的新内容。特别是对叙词法进行了较为深入的研究。其三，改进了研究方法。过去，以哲学方法为主要的研究方法。20年来，结构功能分析法以及与结构功能分析法密切联系的各种研究方法，如比较研究法、历史演进研究法、调查整理法，归纳法和演绎法、原理或方法的移植法、理想语言设计法、现用语言改进法、数学方法和统计方法、实验方法、计算机方法等，成为普遍使用的方法。过去主要使用的哲学方法，由于太抽象，已很少被采用。其四，对于国外的研究成果，我们打开了窗户，认真地考察和注意吸取，不再进行一概排斥的批判。并注意中国的国情，而不是盲目的照抄照搬。

20年来，进行了多次情报语言的学术讨论，如主题法是否能取代分类法(或主题目录是否能取代分类目录)问题的讨论、自然语言是否能取代情报检索语言问题的讨论、体系分类法增加组配成分问题的讨论、体系分类法增设综合科学和横断科学大类问题的讨论、体系分类法主要职能问题的讨论、分类法类目索引能否作分类目录主题索引代用品问题的讨论、手检系统采用叙词法问题的讨论、叙词标引中能否采用字面组配问题的讨论，等等。这些学术讨论，促进了对情报语言的深入研究。这20年间，也开展了对新型情报语言的探索，如分类法主题法一体化情报检索语言(分类主题词表)、学科—事物概念组配型检索语言等。特别是，分类主题词表已从理论研究走向实际使用。20年来发表的情报语言研究著作的数量十分庞大，1996年武汉大学出版社出版的《情报语言学文献库》收录了9千多篇文献；其中8千多篇是在这个时期发表的，这说明这一学科领域具有人数众多的研究者。

1.8.2 情报语言学学科建设。情报语言学学科理论体系的建立是这一时期情报语言研究方面具有标志性的成果。这门学科的建立，犹如在植物学和动物学的基础上建立生物学，把各种类型的情报检索语言以及自然语言在情报检索中的应用问题进行统一研究，概括出它们影响检索系统效率的共同规律，从而把这个领域的研究推进到一个与过去的研究广度和深度以及角度不同的新水平。20年来，这门学科得到了不断充实和完善。这门学科被确认为基本上是中国学者自己建立的，与图书情报学的其他新学科相比，有更多的中国特色。这门学科的建立，使我国在世界关于“知识组织”的知识领域占有一席之地，使中国在这一领域的研究迅速接近世界水平。

2 向21世纪前进的目标

可以说，如果没有改革开放政策所造就的经济和文化蓬勃发展的环境，我国的情报语言研究和实践是不可能进步到目前这个水平的。我想，继续前进是对改革开放20年最好的纪念。下面就我个人的认识，对向21世纪前进的近期目标提出几点看法。

2.1 21世纪我们将面临什么

2.1.1 21世纪是知识经济时代，经济和社会的发展将更加依赖知识，获取知识和信息将是国家和个人争取发展的重要手段。而且，获取知识的途径，将更要依靠互联网络。

2.1.2 21世纪是社会信息化时代，图书馆在人们获取知识中仍将占有重要地位，但图书情报服务将向网上拓展(是“拓展”而不是“变为”或“被取代”)，这是必然的趋势，这个趋势现在已经显露。

2.1.3 网上资源虽不能完全取代图书馆藏书，但要比任何一个图书馆的收藏更为丰富。所以，网上资源的检索和利用占有极重要地位。可以说，情报检索的发展经历了三个阶段：手工检索—计算机检索—网络检索。现在是三种检索并存，手工检索还不能放弃，计算机检索需要完善，网络检索要大力开拓。

2.1.4 数据库的开发将成为新兴事业。为知识经济的发展服务、网上资源的建设和利用、图书情报服务向网上拓展、情报检索的计算机化、资源共享等等，都离不开数据库。所以，开发数据库对图书情报部门来说，已成为头等重要的问题之一。

2.1.5 图书馆的卡片目录将逐步淘汰，由数据库取代已为期不远，当然这种取代过程是逐步的，但比预期的要快、要早。因为现在卡片目录无论在功能方面，还是在成本方面以及编制人力方面都已不及用计算机编制书目数据库。何况，书目数据库仍可生产书本式目录。

2.2 近期有待我们去做些什么

2.2.1 完成分类表词表的机读化。计算机已普及到一般图书馆。例如，上海有些街道图书馆，也使用了计算机管理。情报检索计算机化在不远的将来会普遍实现。情报语言要在计算机检索中充分发挥作用，必须有分类表词表的机读版。

2.2.2 大量编制抽词词典。从10多年的研究看，汉语自动标引必须利用抽词词典，不利用抽词词典的自动标引法的实际应用还比较遥远。至今已研究出的自动分词和自动标引软件成果，只因为缺乏抽词词典而不能实际应用，缺乏抽词词典是自动抽词标引难以普及的主要原因。所以，应当用大力气来发展抽词词典，兴起一个编制抽词词典的热潮。

2.2.3 推进情报语言的自然语言化。情报语言改进的主要方向是易用化，这里很重要的一个方面是自然语言化。情报语言与自然语言的对应转换是其走向自动化的必由之路。配备自然语言接口是情报语言实现自然语言化的重要措施，采用这种措施并不需要改动原有的分类表和词表，也不需要对文献作重行标引。使用自然语言接口只会使检索系统“增值”，不会使它“贬值”，可以说是有利无弊的。但关键在于需要有自然语言与情报语言的对应转换词典，有待我们去编制。这种对应转换词典除应用于自然语言接口外，也可用于自动赋词、自动赋号、机助标引等方面，具有广泛用途。国家如能在这方面进行一些投入，将会得到较大的社会效益。

2.2.4 编制网上资源检索工具。即网上资源数据库。这是一种不以具体文献为对象的特殊数据库。这种数据库是充分利用网上资源的重要手段。所谓搜索引擎，就是这类网上资源检索工具。我们一方面需要大力发展这种网上资源检索工具，另一方面也需要对现有的这类工具加以改进。为了更好地利用网上资源，还需要编制一些中外主要情报语言之间对应转换工具和中外主要自然语言之间的对应转换工具。

2.3 近期有待我们去研究些什么

2.3.1 情报检索语言研究课题。至少在近期内，这一代的情报检索语言将仍然是检索系统的主要语言工具。情报检索语言当前改进的主要方向，是它的易用化。

(1) 体系分类表和词表分面化改造的研究

综合性体系分类法将仍然是图书馆使用的主要情报检索语言，因为它是我国读者习惯使用的检索途径，特别是它的组织藏书排架的功能不可取代。在互联网络上，由于它具有组织包罗万象的信息资源的能力，对网络信息的组织有可能成为它的一种新的重要用途。

但体系分类法缺乏检索的灵活性，特别是不大能满足象学术论文、科技报告之类科学技术文献资料的检索，较好的办法是作分面化改造。过去在手工检索条件下，由于分面化改造涉及藏书改编等问题，阻碍较大，故众多研究者虽一致认为分面组配化是一条改进体系分类法的出路，但迟迟无法实行。随着手工检索向计算机检索发展，有可能通过对应转换技术克服障碍而得以实现。

我国只有少量词表是分面化词表。在分面化词表中，词间关系的显示比在范畴表和词族表中具有更高度的系统性、明确性和完备性，具有更好的易用性，同时，词表的分面化改造并不象体系分类表的分面化改造那样困难，故是今后的一个发展方向。今后编制专业词表，则以采取分面化词表形式为宜。

在书本式的叙词表中，采用分面叙词表形式，叙词的系统显示部分与字顺显示部分总是要有一个转查过程的，这或许是分面叙词表的优越性不易被人觉察的原因。上面提到的《军用主题词表应用管理系统》的特点之一——叙词表各部分的单屏多窗口网状互联显示、用鼠标在词表任一部分的某个词上点一下，其他部分均联动指向该词。分面叙词表的机读版如果也采用这项技术，那末，系统显示与字顺显示两个部分的转查过程就简化为点一下鼠标的操作，它的优越性就可以明显看出来了。传统叙词表作分面化改造＋机读化是较易做到的，所以这应是一个发展方向。具体实现技术，则还需研究。

(2) 自然语言接口及对应转换词典的研究

情报语言的自然语言化可通过两种途径实现，即或者对叙词表增补大量入口词，或者用自然语言接口置于叙词表之前。这样，标引和检索都可使用自然语言，而检索系统却仍然是由严密的叙词语言控制的，就可兼取两者之长。

自然语言接口在技术上并不复杂，目前的主要问题是缺乏自然语言与情报检索语言的对应转换词典，包括汉语的对应转换词典和外语与汉语的对应转换词典。这种对应转换词典以专业性的比较适用，综合性的对应转换词典不但编制困难，使用效果也不会理想。所以，我们需要的是上百部甚至几百部对应转换词典。如何编制这种对应转换词典，特别是如何使这种词典的编制过程达到某种程度的自动化，是一个有待研究的课题。

2.3.2　自然语言检索研究课题。自然语言正在越来越广泛地应用于情报检索，这特别是在互联网络的检索环境中一种必然的优先选择。但是应该看到，自然语言检索目前还处于其发展的初级阶段，尚有许多地方有待改进。自然语言检索应当由计算机软件专业人员、情报语言学专业人员、术语学及语言学专业人员等共同来进行研究，才能较快地取得完满的成果。情报语言学研究者应当积极参与自然语言检索的研究，当前亟需从情报语言学角度深入自然语言检索方法，把情报语言学的原理和方法引进自然语言检索的研究。

(1) 自动抽词及抽词词典的研究

我国自动标引和自然语言检索 10 多年来主要是在汉语自动分词即自动抽词方面攻关，已取得了很大进展。但如何从自然语言文本中自动抽出最能准确、充分地表达文献有价值内容的词，以及这些词与检索课题的有效匹配问题，仍然是其难点，还需要作艰苦的研究。同时，抽词词典的编制能否实现某种程度的自动化，也是一个需要研究的课题。

(2) 改进全文检索系统的研究

全文检索系统已有较广泛的使用，其完善程度有很大区别。有的全文检索系统是纯文本数据库的，有的则是文本数据库与文献目录数据库的结合；有的对文本作过不完全的词索引，大多数则未作索引。过去一些论述认为，全文系统的优点是检准率高，实际上，只有当某些词很关键而且又较少使用，用那些词在全文系统中进行检索，检准率才相当高，而在大多数情况下，其检准率并不高，有时甚至低到不能容忍的地步；同时，虽然输出量庞大，但常常并不能保证较高的检全率。所以，实有必要从情报语言学的角度去加以深入研究，使之完善。

(3) 改进单汉字检索系统的研究

由于自动分词的复杂性特别是缺乏抽词词典，单汉字检索系统应运而生。它回避了自动分词问题，对每个汉字进行自动索引(也可排除没有实质意义的汉字)。由于单个汉字的独立检索意义不大，故其实质是一种无标引系统。单汉字系统的检索过程是进行关键性的字或词的任意匹配，与全文检索性质类似。存在的问题是如何优化检索策略以及如何进行后控制。

(4) 后控制词表编制自动化的研究

对于一切自然语言检索系统来说，配备后控制词表对提高检索效率都是有作用的。最理想的后控制词表应在系统实有的标引用词的基础上编制，但对于全文系统则难于做到这一点。后控制词表的编制达到一定程度的自动化(即机助)，是一个需要解决的课题。

2.3.3 网上资源检索研究课题。互联网上的信息犹如汪洋大海,并以惊人的速度增长,如何能使用户花较少的时间检索到自己所需要的信息,有效地利用网上资源,既是一个新课题,也是一个迫切而重要的研究课题。

(1) 适用于组织和检索网上资源的检索语言的研究

搜索引擎和主题指南是伴随互联网出现的检索网上信息资源的新工具,数量很多,目前仅中文的已有40多个。搜索引擎和主题指南实质上是一种网页网址检索系统,其数据库中收录有几十万乃至几百万个网页网址,大多有网页的全文,有的提供分类(等级式主题类目,比较粗略)和关键词两种检索途径,有的仅提供关键词检索途径。主题指南用人工编制,搜索引擎一般是自动编制。搜索引擎检索结果往往会输出几千个网址,虽可按相关性排序输出,但检准率还是较低。关键问题是标引用语和标引方法,大有改进的必要和余地。对于网上资源的检索来说,可能需要一种特殊的情报语言,有待于人们去探索。

(2) 与国际接轨问题的研究

这是一个亟待加强研究的问题。我国已加入国际互联网络,一方面,网络上的丰富信息资源我们应充分利用,另一方面,我国的信息资源也要通过网络向国外传递交流,这不仅要求我国数据库的数据交换格式与国际通用格式取得基本一致,也要求我国的情报检索语言与国际流行的情报检索语言兼容。在这方面,我们已做了一些工作。例如,我国的专利说明书采用《国际专利分类法》标引,我国的标准文献采用《国际十进分类法》标引,我国一些单位医学文献的现代医学部分采用国际上广泛使用的《MeSH》词表标引,我国的国防科研部门曾编制一种《国防科学技术主题词典》,该叙词表主表为英汉对照,词汇完全取自国外相关的词表。北京图书馆中文编目部分类法词表组最近与《杜威十进分类法》编辑部正在协商,准备将该分类法21版翻译成中文版。以上这些工作,在与国际接轨方面,只能解决一部分问题,还有大量的问题需要我们去研究解决。

2.3.4 情报语言学基础研究课题。情报语言学领域还有许多属于基础性的研究课题,也十分重要。例如:

(1) 知识分类微观立体网络化的研究

即分类表词表显示概念关系的立体化。上面提到叙词表各部分的单屏多窗口网状互联显示,是加强分类表词表显示概念关系立体化的一种方法,但由于现有分类表词表本身的局限,尚不能达到充分的立体化。充分的立体化应是"全向聚类"的,能够在同一标识下集中显示一个事物概念的全部联系的。只有这样,才能达到知识的微观系统组织,以保证高度的检全率和检准率。这是一个理想,超文本技术或许可实现这个理想。

(2) 具体知识分类和术语方面的研究

从某种角度看,情报检索语言是知识组织的工具。知识分类(包括学科分类和事物分类)是从概念的层次来研究知识的组织,术语学是从语词的层次来研究知识的组织,所以,要提高情报检索语言的质量,必须利用知识分类和术语学的研究成果。在过去,文献分类学者虽也研究科学分类(学科分类)问题,但一般只限于宏观的层次(如部类的划分、大类的序列),这是很不够的,还需要深入到学科之间和事物之间关系的微观方面,进行具体的研究。可以预见,在知识分类和术语学原理指导下建立起来的众多学科和事物概念的分面结构,将是未来情报检索语言的基本构造材料。此外,新学科新主题文献的处理是一个永恒的研究课题,应当系统积累。

(3) 未来情报语言的研究

不采用控制措施的单纯自然语言检索法肯定不会是未来检索系统语言的最佳选择。情报语言学的现有原理和方法对未来的情报检索系统肯定还会具有重要价值。我们应该对未来情报语言的结构模式积极地进行探索。

我认为,理想的情报语言应是:学科聚类系统与事物聚类系统的结合(事物聚类也应当有系统性,字顺序列可作为进入事物聚类系统的手段),先组式语言与后组式语言的结合,体系分类法与组配分类法的结合,人工语言与自然语言的结合,号码标识与语词标识的结合,系统序列与字顺序列的结合,不变概念代码(用它标引文献)与可变概念体系的结合。

这种情报语言应是:分类法与主题法彻底一体化的,充分发挥情报语言对知识进行系统组织和对自然语言进行规范控制功能的,用户可十分方便地进行标引和检索的,概念可不断增补及概念的代表词可进行更换的,用户区别不出是自然语言还是人工语言而其实是由严密的人工语言控制的,修订不受已标引文献所牵制，故分类体系可逐步完善的，并可以挂接英文索引、分子式索引等以及可用于机助标引的。

我经过10多年求索，曾提出一种学科—事物概念组配型检索语言模式〔1〕〔2〕，包括了以上对情报语言提出的多种要求。当然，那只是初步的探索，只是抛砖引玉而已，将来必定会有更多更好的方案出现的。

可以预见，未来的情报语言，是人工语言与自然语言的融合，是两者一体化的高级阶段。它仍然是一种在检索系统中对知识或主题概念进行控制的工具，是情报语言学现有理论和方法在网络条件下的利用和发展。但那种模式与现有的模式将会有较大的差别。

(4) 用户对各种语言使用过程的研究

一种情报检索语言或自然语言检索法是否能被用户(标引和检索人员)接受，用户能否正确使用，从而充分发挥其固有的功能，使标引达到较高的质量或使检索达到较满意的效果，是一个很重要的问题。

为此，必须进行用户对各种语言使用过程的研究。随着网络检索的发展，用户队伍将日益扩大。各类用户的素养不同，了解他们对某种语言的掌握接受程度，了解他们的检索行为，了解他们在使用中怎样造成检索误差，以便针对用户的情况选用合适的语言类型，以及纠正某种语言的缺点，这也就是贯彻用户保证原则。国外比较重视这方面的研究，但我国在这方面的研究很少，是今后必须加强的。

参考文献：

〔1〕张琪玉. 学科—事物概念组配型检索语言——关于情报检索语言的遐想与求索. 图书馆杂志，1997(1)

〔2〕张琪玉. 探索21世纪的情报检索语言. 北京大学学报·北京大学信息管理系建系50周年专号，1997

1999～2000年文献学研究综述

王余光　刘洪权

综观1999至2000年的文献学研究，有以下三个主要特点：1. 对古典文献学和二十世纪文献学理论的总结，如文献辨伪、辑佚、编撰、收藏，文献学家、历史文献学史等诸多方面进行了总结，成绩显著。综述性的文章有王余光、汪涛、陈幼华的《中国文献学理论百年概述》，刘重来的《中国二十世纪文献辨伪学述略》，谢灼华、朱宁的《20年来我国文献学理论研究综述(1978～1998)》，吕桂珍的《民族文献研究述评》。2. 新理论的运用。周少川在其著作的绪论里谈到，从文化视角来研究私家藏书文化，可以有更广阔的视野和更深入的路径来认识私家藏书的丰富内容极其深刻意义，而不是仅仅停留在对于私家藏书基本史实的阐述和考订上。并且介绍了20世纪60年代以来法国年鉴学派研究书籍史的方法。李瑞良在著作前言里也说，本书试图把中国图书流通史放在中国文化史的总体中来考察，把它看成文化史的组成部分。强调从文化学的视角来研究文献学，近年得到越来越多的学者认同，理论的更新提升了文献学的整体研究水平。3. 文献学研究的深入和研究领域的扩张。文献学作为一门基础学科，越来越受到其他学科研究者的重视，并在各学科得到认同和应用。分科文献学著作和理论不断出现，扩大了文献学的研究领域，这是文献学的生命力之所在。本文将这两年的文献学理论研究分为古典文献学、分科文献学、综合文献学三部分来加以概述，并介绍一些主要观点。

一、古典文献学

中国文献历史悠久，著作宏富，对古典文献的研究和整理一直受到学者的重视，古典文献学研究代有人出。世纪末的两年，古典文献学的研究在诸多领域可与前人相颉颃。尤其值得一提的是郑伟章的《文献家通考》(中华书局本)。本书网罗清初至现代的文献家1500余人，比叶昌炽的《藏书记事诗》的清代部分多1200余人。作者说："通读全书，三百余年文献活动史自当了然于胸"。书后编有《引用书籍分类目录》和《文献家地区分布表》，尤便读者利用。本书对于全面总结清以来文献家对中国学术文化所做的特殊贡献,深入研究浩瀚的中国文献史,具有极其重要的学术价值。

此外,雄笃,许廷桂编著的《中国古典文献学》(重庆出版社本),是一部关于我国古典文献学的专著。全书除结论外,分为文献的载体形态、古籍编纂的体类、古籍文献目录学等6章,全面而系统地阐释了文献和文献学的概念、内涵、外延,文献的载体形态等。

对伪书、伪史、伪说的考辨,不仅是学术研究的基本工作,由辨伪而思考前人学说的真伪,也是促进学术发展前进的动力。约在20世纪30年代中叶,顾颉刚曾计划写一部辨伪学史,但未能完成。杨绪敏的《中国辨伪学史》将中国辨伪学分为四个时期:一、疑古思想的萌芽及辨伪学初起时期(先秦汉魏南北朝);二、辨伪学的发展时期(唐宋);三、辨伪学的成熟时期(明清近代);四、辨伪学的再发展时期(现当代)。书中全面系统的叙述了从战国到现当代在考辨伪书、伪史、伪说等方面取得的成就,深入分析总结了历代辨伪学家的辨伪思想和辨伪方法,并作了客观、公允的评价,具有很高的学术价值。辨伪学史的论文有刘重来的《中国二十世纪文献辨伪学述略》(《历史研究》1999年6期)。作者认为,中国文献辨伪学在20世纪走过了一条由构建学科体系到多元发展的道路。该文将二十世纪中国文献辨伪学的发展历程,大致分为三个时期,第一个时期,从本世纪初至30年代末,是中国辨伪学的构建时期;第二个时期,从40年代到70年代中期,是中国文献辨伪学缓慢发展时期;第三个时期,从70年代中期至本世纪末,是中国辨伪学多元发展,成就突出的时期。回顾和反思中国文献辨伪学在本世纪的历史轨迹,对文献辨伪学今后的发展具有十分重要的意义。

辑佚是古籍整理中重要的一部分。曹书杰曾于1998年出版《中国古籍辑佚学论稿》,此后又发表《辑佚学的性质对象任务内容和意义》(《古籍整理研究学刊》1999年4期)对辑佚学研究的性质、对象、任务、内容和意义作了有益的探讨,构建了中国辑佚学的理论框架。

二、分科文献学

从总体看,分科文献学的发展势头强劲,除原有的历史、文学、档案文献学著作,两年来又有新学科的文献学著作、工具书问世。

1. 历史文献学

历史文献学是文献学的重要分支,此前已有多种同名著作出版。1999年又有谢玉杰、王继光《中国历史文献学》(民族出版社本)问世。全书10章,为导论:历史文献学的范围、任务与相关学科,载体类别文献,典籍类别文献,历史学文献类别概述(上),历史学文献类别概述(下),古今原始资料文献,整理历史文献的基础知识,历史文献的实证,历史文献的注释,当代的古籍整理,中国历史文献学的发展与成就。

历史文献学日益成熟,对历史文献学史的总结已经为研究者所留意。除上书辟专章描述中国历史文献学史外,曾贻芬、崔文印的《中国历史文献学史述要》(商务印书馆本)虽是论文集,但按照《中国历史文献学史》的框架写作,论述了从孔子到清初的历史文献学。该书概括介绍了先秦、汉代、魏晋南北朝、五代、辽金元历史文献学的成就,具体研究了隋唐、宋、明在历史文献的收藏、分类、校勘、注释、辨伪等方面的成就,按朝代顺序介绍了著名文献学家如郑樵、朱熹、胡三省、胡应麟、钱大昕等在历史文献学上的贡献。

2. 文学文献学

文学文献学有孙立的《中国文学批评文献学》(广东人民出版社本)。全书体例大致以时代为序,由上古至晚清,断代分章叙录;又每章各撰概说一节,叙各代文献分布与现状,文学批评及文学批评文献的特点。概说以下,分单篇文献、诗话文话、词话曲话、选本评点、笔记杂著及书信序跋等文献形式。书中对主要文献作简要题解,方便读者利用。潘树广和邢惠玲则分别论述了文学文献学在文学研究中的作用。

3. 音乐文献学

早在1988年,黄翔鹏就撰文提出建设"中国乐律学史"的设想。2000年发表的黄钟的《关于音乐文献学学科体系的初步构想》(《武汉音乐学院学报》2000年第2期)则进一步完善了这一设想,具体阐述了构建音乐文献学学科体系的意义和逻辑过程,并对音乐文献学的学科体系基本框架、研究方法作了论述。黄钟的音乐文献学学科体系包括:(一)音乐文献实体研究。具体研究,抽象研究,发展史。(二)音乐文献工作研究(实质是对文献实体及其活动的组织、管理和利用)。(三)音乐文献学基础理论研究。黄钟的构想对创建中国音乐文献学无疑是有益的。王小盾，喻意志总结了20世纪中国音乐文献学的成就，以及杨荫浏先生的文献考据工作的经验，认为发展中国音乐文献学学科，建立相关的学术规范，是造就新世纪音乐学高峰的基本条件。(王小盾、喻意志《中国音乐文献学：以杨荫浏为枢纽的两个时期》，刊《中国音乐学》2000年第3期)

4. 民族文献学

当代文化的重要现象是多元文化平等共存。体现民族文化的民族文献具备多样的研究价值，因而民族文献学拥有广阔的发展空间。吕桂珍的《民族文献研究述评》(《西藏民族学院学报(哲学社会科学版)》2000年第3期)从民族文献概念的界定、划分、特点、价值、开发利用、民族文献学的建立、民族古籍、民族文献资源、民族文献的分类和目录研究等多方面对民族文献学理论研究进行了综合分析与述评，对今后民族文献研究提出了几点看法，认为民族文献理论研究虽取得了可贵的成果，但基础理论还很薄弱，在许多重大理论问题上存在着较大分歧，有待于深入、系统的探讨与研究。纳勇的《试论民族文献》(《云南民族学院学报(哲学社会科学版)》2000年第1期)认为：民族文献的本质特征是民族性与资料性，非本质特征是时代性与多样性，范围标准是以本质特征决定的，划分标准依序为形式划分与内容划分所组成，讨论了民族文献的范围，从而为构建民族文献学提出了一定的说法，在一定程度上标志着民族学科正趋于成熟化的发展道路中。

宾秀英的《藏文文献学刍论》(《西南民族学院学报·哲学社会科学版》2000年第4期)认为藏文文献应与汉文文献一样受到重视，并从多方面论述了建立藏文文献学的依据。吕桂珍的《藏学文献史述略》(《西藏研究》1999年第4期)把藏学文献分为三个时期：吐蕃时期的藏学文献，产生和形成；分裂割据时期的藏学文献，创伤与挫折；元朝至1949年前的藏学文献，藏学文献事业得到迅速发展和繁荣。

5. 地方文献学

1999年第一期的《中国图书馆学报》发表了一组地方文献学的文章，显示了地方文献学研究的力量和水平。黄俊贵论述了地方文献的主要特点和作用、地方文献工作的定位及其开发利用。邹华享对地方文献的概念、地方文献的作用、地方文献的特征、地方文献的收集范围等问题作了思考。漆身起、陈红涛则讨论了地方文献的界定、地方文献的收藏与征集、地方文献特藏体系的建立的问题。

6. 军事文献学

温卫东、刘福玲从文献学的角度，将中国古代军事文献的重大发展梳理为成熟期(春秋战国)、大发展大整理期(汉、唐、宋)、转型期(明、清)三大阶段，并对每一阶段的代表文献作了简要评介(《中国古代军事文献发展三大重要史期及其代表作》，刊《图书馆理论与实践》2000年第4期)。

7. 专题研究

在专题研究方面，曹之的《中国古籍编撰史》客观翔实，富有特色，对编撰史进行了独到而全新的探索。1997年12月，杭州大学历史系主办了“中国古代藏书楼国际学术研讨会”，黄建国、高跃新主编《中国古代藏书楼研究》(中华书局本)即是该次会议的论文集，共收35篇论文。周少川的《藏书与文化：古代私家藏书文化研究》(北京师范大学出版社)从文化视角，多层面研究私家藏书文化，是私家藏书研究的一部力作。李雪梅的《中国近代藏书文化》(现代出版社)是我国第一部系统分析和研讨中国近代藏书文化的专著。作者善于在近代东、西方的思想背景、文化观念和学术风气这种多维空间中，探讨我国近代藏书文化的形成、发展、嬗变，以及近代中国藏书所曾经走过的尴尬道路，为学术界勾勒出了我国近代藏书事业的基本风貌，以及对中国近代现代学术文化事业的固有贡献。来新夏等著的《中国近代图书事业史》(上海人民出版社)，把书史、目录学史、图书馆史合写为一书，尝试了一种撰写图书事业的新体例。文献交流是世界文明发展的重要因素，潘玉田、陈永刚所著的《中西文献交流史》(北京图书馆出版社)对中西双方的文献交流进行了详细研究，揭示了中西文明之间的相互影响。李瑞良撰著的《中国古代图书流通史》(陕西人民出版社)一书，详细讲述了上自周秦时期，下至明清数千年的中国古代图书状况，包括图书的编纂、传播形式、收藏与整理、文化效应、社会影响、对外交流以及图书流通对促进我国古代科技、经济、社会文化发展等方面的作用。

此外尚有张伯元的《法律文献学》(浙江人民出版社本)、赵法新等的《中医文献学辞典》(中医古籍出版社本)等书的出版。

三、综合文献学

1964年袁翰青发表《现代文献工作基本概念》一文，现代文献学研究初见端倪。此后，单柳溪、桑榆、倪波、张欣毅等分别对现代文献学研究的各方面问题作了讨论。1999年出版的陈界、张玉刚《新编文献学》(军事医学科学出版社本)，体现了作者对现代文献学的认识。他们认为，文献就是将知识、信息用文字、符号、图像、音频等记录在一定载体上的结合体。文献学是研究文献产生发展的历史、文献的性质、特点、种类、功能及人们利用文献为认识和改造世界服务的规律的科学。

20世纪80年代末期以来，文献学研究者对文献学研究领域中存在的问题，诸如古典文献学和现代文献学的长期分隔，缺少沟通，在学科归属上的游移不定，不利于建立完整的学科体系感到不满。综合文献学理论的提出是促进古典文献学和现代文献学的交融，解决文献学研究中存在的问题，把文献学作为一门独立的学科进行研究的积极尝试。早在1988年，王余光就强调必须在历史过程和社会文化背景中把文献作为有自己独特性的文化实体全面系统地加以研究，而不能以偏概全。对综合文献学的探讨成为近十余年文献学界关注的一个问题 2000年，于鸣镝在《图书馆工作与研究》2000年1期上发表《试论大文献学》一文，提出了"大文献学"概念，其含义有二：一是区别于传统的"文献学"概念；二是试图寻求一个适合于图书馆学、文献信息、"信息管理"、书刊出版发行等学科的上位概念，并给出该学科的结构体系。潘树广的《大文献学散论》和《古典文献学和现代文献学的交融》(分别刊载于《图书馆工作与研究》2000年第3期、《苏州大学学报(哲学社会科学版)》2000年第4期)两文，是对于文的回应。作者以为，"大文献学"的提出，不仅是区别于古典文献学，也区别于现代文献学。其根本目的，是为了改变古典文献学和现代文献学两支学术队伍划疆而治的局面，建立兼容古今的完整的文献体系，促进学科的健全和发展。所谓大文献学，是将古典文献学与现代文献学融为一体的广义的文献学。它以古今文献和文献工作为对象，研究文献的产生、发展、整理、传播、利用及其一般规律。它的研究内容，有理论研究、应用研究和历史研究三个方面：(1)理论研究，包括文献的本质属性、类型、发展规律与社会功能的研究，文献学的性质、研究对象、学科体系、基本任务与文献学方法论的研究等。(2)应用研究，包括文献的搜集、整理、加工、传播技术、计量方法的研究，文献工作标准化与自动化的研究等。(3)历史研究，包括中外文献与文献工作发展历史的研究，文献学史的研究，历代文献学家及其研究成果的研究等。大文献学，有纵、横两方面的意义。纵向看，古今兼容，将古典文献学与现代文献学有机结合；横向看，整体把握，拓展文献学的学术空间。作者并表述了自己的大文献学思路。冯浩菲的《我国文献学的现状及历史文献学的定位》(《学术界》2000年第4期)认为，改革开放以来，我国文献学发展较快，盛况空前，但也存在不少问题，影响了学科建设、教学、科研和学术交流。改变这种状况的当务之急是做好文献学的分级分类和定位工作。

文献学能否在现代知识体系中找到自己的位置，发展为一门独立的成熟学科，依赖于微观的具体问题研究和宏观的学科理论体系建设。从这两个方向努力，21世纪的文献学将会呈现一个崭新的面貌。

图书馆事业

各省、市、自治区图书馆事业

北京市

〔**北京市公共图书馆事业概况**〕 北京市公共图书馆，截止到2000年底共有25所，即首都图书馆、北京市少年儿童图书馆、东城、西城、崇文、宣武、朝阳、海淀、丰台、石景山、门头沟、房山、通州、顺义、昌平、大兴14个区图书馆，怀柔、平谷、密云、延庆4个县图书馆和房山区燕山图书馆，另外，还有石景山、西城、丰台、朝阳4个少年儿童图书馆。另外，还有257个乡镇图书馆(室)。

据有关部门统计，截止到2000年底，北京市25个公共图书馆总藏书量是7,731,196册，馆舍面积是105,737平方米，全年购书经费是11,271,587元，全年采购新书378,202册，有职工1062人。其中，19个区县图书馆全年经费是20,530,000元，购书经费是4,932,000元，书刊流通总册次为3,972,396册次，流通总人次为2,638,668人次。

北京市公共图书馆在社会信息化和信息社会化潮流的合力推动下，正发生着深刻的变革。现代技术的运用，使得公共图书馆正朝着电子化、网络化、数字化的方向发展。围绕"读者第一、服务至上"的服务理念，在深化传统服务方式的同时，开设具有服务特色的区域和服务项目。并且始终围绕为两个文明建设服务的重点任务，为领导机构决策机关服务、为社会大众服务，特别是在办馆方向上，突出办馆特色，不断改进服务，提高信息资源的利用率。

北京作为全国政治文化中心，公共图书馆事业的兴旺与发达是体现文化中心地位的重要组成部分，因此它的建设和管理，具有举足轻重的战略地位。

第一、设施规模扩大，办馆条件改善。全市公共图书馆的馆舍改观始于1984年，2000年底以前，全市共有19家区县图书馆进行了新馆建设，馆舍面积是80年代的9倍，3.7万平方米的首都图书馆新馆已建设完成对外开放。少儿图书馆加快了建设的步伐，在石景山区少儿图书馆之后，又有西城区、丰台区、朝阳区少儿图书馆相继落成。

随着馆舍面积的增加和办馆条件的好转，图书馆业务工作不断引进现代化技术手段。根据读者的阅读需要，全市公共图书馆根据社会需求发挥自身优势，逐步建立了东城区服装、西城区旅游、崇文区包装、朝阳区法律、海淀区装饰装潢等特色藏书体系，以适应读者的社会需求。丰台区图书馆开辟了由科技研究人员优化购书的"绿色通道"使馆内的科技图书更加优化，服务更有针对性。

第二、服务为本，吸引各界读者。为了吸引更多的公众认识走进利用图书馆，各馆在服务思想、服务方式、服务质量都发生了很大的变化。为树立图书馆良好的社会形象，各馆以服务为本，增加服务窗口及服务流通点，延长开馆时间。区县图书馆已没有双休日并在节假日期间积极安排开馆，区县馆全年平均开馆327.6天，首都图书馆、朝阳区、通州区图书馆已经做到365天全年开馆。各馆扩大图书开架范围，崇文区图书馆为方便读者更好地利用图书馆，改进了办证方法，由过去的一馆多证改为现在的一证多用，增加老年读者借书册数，为重残读者提供代借代还送书上门服务。东城区图书馆新馆开放以来，读者络绎不绝，两年的办证数超过旧馆20年办证数的总和。朝阳区图书馆的老年阅览室环境舒适，服务热情，已成为老年人文化休闲的好去处。石景山区图书馆经常和住区部队的官兵联合举办读书活动，开辟流动服务点，定期上门服务。

第三、开发文献资源，深化服务水平。各区县馆在保持自身特色服务的同时，积极努力开发文献资源，提高服务质量。东城区图书馆1997年完成服务课题20余项，为充分开发馆藏古籍资源，与人事出版社合作，共同撰写了《中国历代状元传略》。崇文区图书馆通过馆际互借得到第一手资源，经过加工分析，及时为北京兰星公司完成了“哈尔滨市社会经济和投资环境”课题，为香港贸发局完成了“我国北京地区百家大中型包装企业及产品信息”课题。各馆开辟的课题服务，提高了图书馆工作人员的情报加工能力，同时也扩大了图书馆的知名度和声誉。一些远郊区县馆紧密围绕本地区工农业经济发展的实际需要，编制推荐书目，编印科技文摘，促进了本地区的经济发展。

第四、组织各类型读者活动，社会效益显著。各图书馆坚持开门办馆原则，举办多种读书活动，丰富百姓的生活，每年一周的图书馆服务宣传周、科技周已作为固定活动。主要内容有专题讲座、主题报告会、知识竞赛、咨询服务、联合办证、图片展览、作家与读者见面会、新书展览、编制专题书目、征文、送书上门等活动。2000年底，市少儿图书馆共组织少儿读者活动133次，参与人数达194,291人次，收到良好的社会效果。

各馆在积极组织活动的同时，坚持下基层开放办馆的方针，并各自形成自己的优势。东城区图书馆利用馆藏服装资料的优势，经常举办中外服饰交流展览会和服装图书展评活动。朝阳区图书馆成立老年书法会，并在60多个街道居委会建立读书分会。该馆热情为残疾人服务，几年来累计送书近172,800册；为11个乡镇送书，并在楼梓庄开辟了科技分馆，举办活动多，图书流通量大，深受广大农民欢迎。石景山区图书馆连续三年进行读者征文活动，结合改革开放和本区的建设发展，收集征文，汇编成册，带动了全区的读书热潮。海淀区图书馆为扩展服务空间，在多元化办馆之路与中国农业大学东校区联合建立了海淀农业图书馆，促进了本地区科技咨询服务。丰台区图书馆目前已建立了23家基层图书馆，平均面积47.4平方米，平均馆藏2,800册。昌平区图书馆坚持每月编制科技资料，常年开展跟踪服务，扶植农业科技图书户68个，为33个图书流动站送书。延庆县图书馆为100个村的300多个专业户建立档案，促进经济发展。近年来，各图书馆不断扩大服务领域，丰富活动内涵，提高了社会知名度，满足了不同层次读者的需求，效果较为显著。

第五、更新知识，提高人员素质。为了适应现代化图书馆工作的要求，市文化主管部门对全市公共图书馆在岗人员进行业务培训。截止2000年底，已为具备中级职称以上资格及从事图书馆学、情报学、信息学大专以上的367人员核发了上岗证书。有381人经过培训考试取得了上岗证书。

第六、扩大服务面，加强基层图书馆建设。在建立基层图书馆(室)方面，截止到2000年底，有街道、乡镇图书馆(室)257个，藏书759,317册，全年购书经费466,000元，馆舍面积20,373平方米，借阅人次315,823人次，借阅册次524,550册次，阅览座位3,430个。基层图书馆(室)的建立是组成图书馆网的必备条件，在建立这部分图书馆(室)的过程中，地方政府和区县图书馆发挥了积极的指导和推动作用。

公共图书馆在向公众传播人类创造的文明成果，提高人们的文明程度和素质，推动社会进步和发展发挥出重要作用。社会的文明和进步，给公共图书馆的建设和发展提供了广域的空间。21世纪要求人民必须终生学习，图书馆是终生学习的基础设施，图书馆要为人民提供优质的服务。北京作为全国政治、文化中心，公共图书馆事业的兴旺与发达，必然会促进全国图书馆事业的发展。本市公共图书馆要用实际行动回报社会、服务社会。

〔**首都图书馆新馆**〕 首都图书馆新馆是在市委、市政府的领导和关怀下，投巨资兴建的一座大型公共文化设施。新馆工程于1997年12月开工，2000年9月竣工。在新馆建设期间，市委、市政府领导同志多次视察施工现场，为新馆工程建设及未来发展提出了指导意见及具体要求，强调要将首都图书馆新馆建成一座智能化、现代化的图书馆，使之成为北京市重要的知识型信息枢纽和精神文明建设基地。

首都图书馆新馆位于朝阳区东南三环华威桥东侧，占地面积3.8万平方米，建筑面积3.7万平方米，绿化面积6千多平方米，建筑格局为地下一层，地上八层，两翼七层，建筑高度49.5米。其设计思想体现出科技、人文、绿色三大理念。布局设计充分考虑到公共设施的服务功能，其中读者活动区域占总面积的40%，书库面积占总面积的25%，办公区与读者区动静分离，为读者提供了良好舒适的环境。设计风格上表现出现代建筑与民族建筑的完美结合，其外形象一部打开的书，意喻蕴藏着丰富的知识，散发出浓郁的书香之气。该建筑被市委、市政府确定为北京市四大文化标志性建筑之一。

经过几个月紧张的搬迁工作，新馆各对外服务部门准备工作已基本就绪，于2001年“五·一”国际劳动节正式对外开放服务。

首都图书馆新馆是一座现代化的智能大厦，具有先进的楼宇管理系统、办公自动化系统及通讯系统。新馆的楼宇管理系统包括有综合布线系统、楼宇自控系统、消防系统、安防监控系统、背景音乐系统、卫星电视及共用天线系统、音乐喷泉系统、夜晚城市风景灯光照明系统等。办公自动化系统具有个人事务、办公事务处理的功能，并支持用户专用信息处理。通讯系统支持各种形式的通讯业务，能够集成不同类型的办公自动化系统和楼宇管理系统，形成统一的网络，进行统一的管理。由于最新的高科技成果被广泛应用于各系统中，使新馆的智能化程度在国内的图书馆中居于领先地位。

新馆设有古籍善本阅览室、古籍金石舆图阅览室、文献数字化生产车间、文献采编中心、视听阅览室、办证处、康复文献阅览室、会议展览服务中心、检索目录厅、图书快借处、中文期刊阅览室、文献咨询服务中心、中文图书阅览室、历史文献部、计算机网络与信息管理中心、外文阅览室、综合教育培训中心、北京市图书馆学会、研究辅导部、都市文献中心、都市文献阅览室、北京地方文献部、电子阅览室、专家研究室区、艺术与收藏阅览室、北京市艺术档案馆、参考阅览室等。

首都图书馆新馆为适应未来信息社会的发展，充分发挥现代图书馆的服务功能，向读者提供方便快捷的服务，采用了计算机综合信息管理系统。

新馆的计算机综合信息管理系统是一个集图书馆业务管理、办公自动化、信息加工与服务为一体的大型计算机综合系统。该系统利用成熟的数据库技术对各种数据实施统一管理，从根本上实现馆内与馆外读者查询的一致性，使读者通过INTERNET便能享受首都图书馆的信息服务。该系统能够同时处理文字型和非文字型的信息，成为全信息的管理与利用系统，实现数据制作与数据利用的一致性和高效管理。通过“数字化文献生产及管理子系统”，我们可以将馆藏图书资料、珍贵古籍、音频与视频等进行数字化的加工，其中采用了先进的视频采集、编辑技术，能够做到实时地提供给读者，即在数据加工车间完成数字化处理的同时，读者就可以从网上欣赏这一部分内容。

系统由11个子系统组成，包括中西文献管理子系统、古籍文献管理子系统、北京地方文献管理子系统、视听文献管理子系统、二次文献及全文管理子系统、数字化文献生产及管理子系统、读者管理子系统、公共检索与查询子系统、办公自动化管理子系统、“网上首图”管理子系统、多媒体导读子系统。其范围涵盖了图书馆日常的文献采集、编目、典藏、流通、连续出版物管理、加工工作，并采用通用的文献和信息处理标准，对馆藏文献进行分类、标引、数字化、存贮，形成馆藏书目数据库与对象数据库，以利于读者进行网上查询利用。该系统为首都图书馆的信息服务提供了技术与设备方面的充分保障。

新馆开放的阅览室，总阅览座位达1000余个，先期可为读者提供的文献达100余万册(件)，并将采用一流的服务、现代化的技术手段，方便快捷的借阅方法满足读者多种形式的需求。

首都图书馆新馆的读者工作，本着“读者第一、服务至上”的原则，对传统的服务方式做了大胆的变革和创新，即针对不同类型读者群的不同需要，在深化传统服务方式的基础上，开设了不少具有新馆特色的服务区域和服务项目。立足于创新，是新馆读者服务工作的一大特色，其具体表现为：

——图书阅览以开架为主，采取开放式的服务方式，凡可以开架的文献，读者都可以直接取阅，增加了读者和文献直接接触的机会，在国内外图书馆中的开架率将达到较高程度。

——康复文献阅览室。这是首都图书馆专门为残疾人这一读者群体设立的阅览室。开馆后，将与北京市残疾人联合会合作，共同做好残疾人服务工作。在阅览室中提供了盲人文献，并配有盲人专用电脑软件。此外为方便残疾人行动，还备有轮椅等设备。

——少年儿童阅览室。国内省市级公共图书馆通常为成年人服务，很少注意到少年儿童这一读者群体。考虑到首都图书馆所处人文地理环境的特点，更考虑到公共图书馆的性质，首图新馆专门设立了少年儿童阅览室。为照顾不同年龄段小读者的需要，开设了幼儿、少儿两个阅览区，根据幼儿、少儿的生理和心理特点专门配备了玩具等娱乐用品，既为少儿读者提供了一个寓教于乐的学习娱乐场地，同时也为携儿童来馆的读者提供了便利。

——读者共享大厅。这是一个集获取信息与休闲、娱乐为一体的场所，配有高清晰度电子投影屏幕，可即时获取各种时事及专题信息，也可自由交流，是读者利用图书馆的中间站、休息处。

——视听阅览室。该阅览室是一个以音频、视频资料为主体的综合性特色阅览室,可为读者提供多元化、现代化、全方位的阅览服务。为满足不同类型读者的需要,分为三个阅览区域:一是个人阅览区,包括多媒体阅览、传统设备阅览、家庭阅览三种阅览形式,其中以家庭为单位的小型阅览充分体现了"以人为本"的服务理念;二是集体阅览区,配有世界先进的三枪投影仪及音响系统,读者在这里可以获得高档次的视听享受;三是书刊资料阅览区,可提供与音频、视频相关的各种文字资料,以备查询研究、开拓视野。在该室既可欣赏到清末及民国时期灌制的老唱片,也可以欣赏到国内外最新的影音资料,是北京市重要的视听资料典藏、服务中心之一。

——电子阅览室。为读者提供多种数字化文献服务,包括浏览互联网、数据库检索、多媒体光盘阅读、电子信息咨询等。也可浏览"网上首图"。

——北京地方文献阅览室。利用北京地方文献专藏,为北京市政治、经济、文化及社会生活各方面的发展提供专题文献检索和参考咨询等深层次的服务。

——重点建设与发展数字化文献网络信息服务,由于采用了楼宇综合布线系统和宽带高速网络系统,在各个阅览区域内,读者都能通过电脑进行电子阅览和电子检索。

——利用多功能厅、报告厅及共享大厅的先进设备,开展多种形式的文化活动。既可举行多种形式的会议,召开大型学术报告会,也可放映立体声电影,举办文艺演出、各种展览及商务活动,是综合性的读者活动中心。

〔**北京地区高校图书馆文献资源共享系统项目小组第一次工作会议**〕 于1999年5月19日上午在中国人民大学图书馆召开。出席会议的有首批15个成员馆的代表和北京高校图工委的有关同志。北京市教委高教处副处长徐宝力也出席了会议。会上,由承欢代表图工委作项目情况介绍。该项目是在北京市教育委员会高等教育处领导下,由北京地区高校图工委具体管理并负责组织实施。项目的建设思路与目标是:在北京地区各高校图书馆近年来自动化网络化建设和书目文献数据库的基础上,进一步推动图书馆之间的区域性合作,依托中国教育和科研计算机网(CERNET)和中国高等教育文献保障体系(CALIS)实现地区范围内文献与信息资源广泛的共建、共知、共享。项目实施的三项原则:1. 与CALIS充分融合的原则;2. 共建共享与互惠互利的原则;3. 当年建设当年受益与分步实施滚动发展的原则。1999年三项建设内容与承担馆:1. 系统网页的设计、制作和试运行,由人大图书馆和北京邮电大学图书馆承担;2. 中外文期刊联合目录数据库的建设和相关检索软件的设计、安装与试运行,由北大图书馆承担;3. 馆际互借与文献传递服务系统的组建和电子化资源联合目录数据库的建设和相关检索软件的设计、安装与试运行,由清华大学图书馆承担。与会同志就启动该项目的及时性和必要性作了充分肯定,并对三个子项目的实施方案进行了热烈的讨论,提出了很多合理化建议。大家一致认为,在自动化发展到一定程度的基础上,在北京一部分有条件的馆先搞起来,依托CALIS实现共建共享、实惠互利,以推动北京地区自动化、网络化建设的发展,从而带动华北地区网络化建设更上一个新台阶。

〔**北京地区高校图书馆文献资源共享系统项目小组第二次工作会议**〕 于1999年7月21日上午在北京邮电大学图书馆召开。各项目小组的负责人北京大学图书馆谢琴芳,清华大学图书馆刘属仁、林佳,北京邮电大学图书馆郑智学,中国人民大学图书馆沈德来以及北京高校图工委承欢等共10人参加了会议。与会者参观了网页设计情况,会议就BALIS子项目进展程度、工作进展中的问题和下一步工作进展情况作了汇报和讨论。为保证10月份华北会议时整个项目能够运转,对其他省市起促进的作用,会议对BALIS域名、服务器的安装、期刊库、电子化资源和馆际互借等做了结论。

〔**北京化工大学荣茂图书馆开馆剪彩仪式隆重举行**〕 2000年9月22日,北京化工大学荣茂图书馆开馆仪式在北京化工大学西校区隆重举行。全国政协副主席张克辉、前人大副委员长雷洁琼发来了贺信。北京化工大学西区图书馆于1998年9月28日奠基,1999年7月25日落成,著名企业家许荣茂先生出资500万元为落成的新馆配备了先进的设备和图书,经教育部同意将该馆命名为"荣茂图书馆",并铭文以纪念。新落成的图书馆位于西校区中心,地上6层,地下1层,总建筑面积8000 m^2。阅览座位1000余席,馆内设有期刊、流通、外文书刊阅览室以及多媒体、语言、光盘检索阅览室、自习室并配有计算机房、会议室、学术报告厅、多功能厅等学术活动场所。荣茂图书馆现有馆藏24万余册,已形成以文管、财经文献为特色的文献收藏体系，馆内已建成自己的局域网。全国政协、中央统战部、教育部、各民主党派及北京市政府的代表和全国高校图工委秘书长朱强，北京高校图工委秘书长杨东梁、副主任胡越、马自卫，北京大学图书馆副馆长武振江等北京高校图书馆界的代表共200余人出席仪式。

〔**北京地区高校图书馆自动化网络化评估工作总结暨新世纪高校图书馆发展研讨会**〕 于2000年12月22～23日在北京石油管理干部学院举行。北京地区部分高校的院校长、图书馆馆长、北京地区高校图书馆自动化网络化评估委员会的全体委员、各馆自动化部主任出席了会议。华北五省市自治区图工委的负责同志应邀出席了会议。会议听取了北京高校图工委副主任胡越代表北京高校图工委和北京高校图书馆学会所作的北京地区高校图书馆自动化网络化评估工作总结："全国推动北京地区高校图书馆的现代化建设"和北京高校图工委副主任兼秘书长杨东梁作的"关于北京地区高校图书馆自动化网络化建设下一步发展设想"的报告。大会还邀请了全国高校图工委秘书长、CALIS中心副主任朱强和CALIS中心副主任陈凌作了有关CALIS的专题报告。会上北京大学图书馆、北京航空航天大学图书馆、北京联大应用文理学院图书馆、北京广播学院图书馆、北京理工大学图书馆交流了这次评估工作的经验和体会。会议认为："九五"期间，北京地区高校图书馆的自动化网络化建设有了很大的发展，在自动化集成系统应用、网络建设、信息服务等方面取得了很大成绩，这次评估直到了很好的促进作用。会议指出：图书馆现代化建设是一个随着信息技术的发展而不断发展的长期的过程，自动化、网络化只是漫长发展过程中的一个阶段。图书馆现代化建设的根本目的，是要利用新的信息技术，不断地改进图书馆的管理和服务，让读者、用户更方便、更快捷地获取他们学习、研究及其他活动所需的文献信息。因此，读者是否受益，用户是否满意，应是评价我们系统建设成败的最终标准。在新世纪来临之际，要有新的认识，树立新的目标：即大力开展网络环境下的文献信息服务，实现广泛的资源共享。会议还提出今后几年北京地区高校图书馆自动化网络化建设的具体任务：1. 继续加强以"书刊资料与非书刊资料"、"馆藏资源与网上资源"相结合的完整的馆藏文献资料建设；逐渐形成馆藏特色，作为资源共享和文献服务的基础；2. 进一步加强书目数据库和文献数据库建设，进行二次文献数据库和专业、学科导航数据库的建设，为馆际互借和信息服务奠定基础；3. 进一步提高自动化系统的使用效益；4. 充分利用现代化手段开展文献信息服务，逐渐地把面向读者的服务项目都转移到网上来，开展网上文献服务；5. 加强北京地区高校图书馆的整体建设，真正发挥北京地区高校的整体优势，实行全北京地区广泛的资源共享；6. 发挥CALIS的作用；7. 参与其他跨部门、跨系统的共建共享活动。

天 津 市

〔**天津市少年儿童图书馆系统服务宣传周活动**〕 于1999年5月30日至6月5日开展。为搞好服务宣传周活动，市文化局与和平区政府联合于5月30日在和平区抗震纪念碑广场前举行了第十二届图书馆服务宣传周中心会场宣传日活动。天津市委、市政府、天津市文化局、和平区政府有关领导出席了开幕式。这届宣传周活动主题是"响应江泽民总书记号召，大兴勤奋学习之风"。抗震纪念碑广场彩旗飘舞、人头攒动。市内6区少儿图书馆纷纷参加了开幕式活动，各馆活动丰富多彩，内容新颖，如：谜语竞猜、书法绘画、阵地阅读、读者咨询、发放借书证，参观者络绎不绝，呈现出一派热闹非凡的喜人景象。市少年儿童图书馆也参加了在这次活动，他们在中心会场设立新书展读台。为搞好此次宣传周活动，该馆投入6万余元购书经费，采购一批新书，共计1000余种、4000余册。他们还设立家庭教育心理咨询台，邀请小学特级教师、中学高级教师就儿童教育，青少年心理健康等热点话题，现场为学前儿童、中小学生、家长提供咨询服务，受到了大家的好评。还利用汽车图书馆现场发放借书证百余个。宣传周期间该馆在馆内还举办了"走进图书馆"电脑知识、作文知识讲座；在5月30日下许该馆还邀请儿童艺术剧院等艺术团体为广大少年儿童小读者演出，举行联欢大会，此外还进行珠算表演，送书下校，播放"三维画欣赏"等活动。

〔**天津外国语学院图书馆建馆35周年庆祝活动**〕 于1999年10月16日在天津外国语学院图书馆举行。《津图学刊》编辑部、各高校兄弟馆送了贺礼，图书馆离退休老同志及调到外单位的原馆同志10余人到会祝贺。来新夏教授、阎英链副主任、高校各馆馆长近30人应邀出席。新老朋友相聚，大家畅谈友情。茶话会后与会同志参观了外院图书馆新馆，对新馆的落成和发展表示祝贺。在六楼学术报告厅由旅美学者、在美国高校图书馆工作30余年的刘美丽教授作了题为《廿一世纪图书馆》的学术报告。刘教授与各馆馆长不时交谈，有问有答，气氛活跃。报告会后天津外国语学院图书馆馆长向兄弟馆转送了日本千叶市民赠送的《国语辞典》。

〔**南开大学图书馆80周年纪念**〕 1999年10月17日，是南开大学图书馆成立80周年纪念日。为此，举行了一系统庆祝活动。馆庆当天下午，分别在校行政楼大会议室和东方艺术系举行中国工商银行天津分行捐赠20万购书专款仪式和季羡林先生赠书仪式；于10月13日和19日分别在新馆和数学分馆举行了"陈省身文库"，"肖盖文库"和"王克昌文库"、"冯文潜文库"命名仪式，并在新赠图书阅览室设立了杨石先、吴大任、萧采瑜、王赣愚、鲍觉民、来新夏、段开龄、周叔、周仲铮等人赠书专架。同时，在新馆大厅还举办了"庆祝南开大学图书馆建馆八十周年名人校友赠书展览"专柜展示近年来赠书珍品；其中展示的图书馆老馆长来新夏教授个人著述专著30余种，尤为引人瞩目。此外，图书馆还在老图书馆大门两侧橱窗举办了"南开大学图书馆八十周年"图片展。在新馆召开了"庆祝南开大学图书馆八十周年暨学术报告会"。

〔**天津市高校图书馆馆长、部主任学术研讨会**〕 于1999年11月5至8日在蓟县举办。会上，南开大学图书馆副馆长李培，师范大学图书馆副馆长殷玉洁，商学院副馆长刘小军分别做了题为"自动标引技术述评"、"图书馆自动化和网上资源共享"、"INTEL网发展的历程与前景"的报告，介绍了当年图书馆工作的新技术和发展趋势，同时，与会代表还对高校图书馆工作中的有关问题进行了研讨。出席会议的有天津市各高校图书馆馆长和部分技术部主任共40余人。

〔**天津市第二次公共图书馆评估工作总结会**〕 于2000年3月10日在天津图书馆召开。会上宣读了《文化部关于命名一、二、三级图书馆的决定》，宣布了天津市文化局对七个"一级图书馆"表彰决定，同时还宣布了天津市文化局命名上等级乡镇图书馆的决定。并为上等级的图书馆颁发了标牌。会上，天津图书馆，河东区图书馆、北辰区文化局分别介绍了评估工作经验以及该市乡镇图书馆建设的发展。全国图书馆评估定级工作是贯彻落实党中央关于加强社会主义精神文明建设，进一步加强对图书馆事业的管理，提高图书馆工作的质量和服务水平，促进图书馆事业的改革与发展的一项重要举措。天津25所公共图书馆参加全国评估全部达标，并与北京、上海一起成为全国仅有的3个参评图书馆全部上等级的城市之一。第二次评估总结报告中指出此次评估工作促进了区县图书馆的自身建设，提高了区县图书馆的办馆水平、基础建设和现代化水平，使区县图书馆的各项工作又迈向一个新的台阶。同时对全市公共图书馆提出了更高的要求并根据市委"全面上水平的工作基调以及文化局的总体工作规划，对天津市公共图书馆2000年的工作作了具体部署，为迎接全国第三次公共图书馆评估工作做好各图书馆主要业务项目的中期预评检查工作，为提高图书馆管理人员的请教意识，组织评选"读者最满意的图书馆"及"最爱欢迎的图书馆员"活动；举办各类读书活动，建立天津图书馆"科普教育基地"，完成"天津市科普文献资源活化工作"一期示范工程等等。参加这次会议的有天津市文化局、各区县文化局的领导、各区县图书馆、少儿馆的馆长、天津图书馆、天津市少年儿童图书馆的负责同志。

河 北 省

〔**张家口市图书馆建馆50周年纪念大会**〕 于1999年4月1日上午在该馆隆重举行。50年来，特别是在党的十一届三中全会以后即改革开放以来，张家口市图书馆进入了历史上发展最快的阶段。到目前，该馆馆藏已达51万册（件）、工作人员48名、馆舍总面积4934 m^2，现代化设备，诸如电子计算机、放像机、录音机、缩微阅读机、复印机和电脑打字机等，基本具备。目前已建成具有7万多条的书目数据库，开通了编目与流通管理两个子系统，图书馆的服务工作由传统管理正向着现代化管理的方向过渡。该馆曾被文化部、省文化厅及张家口市委、市政府授予"文明图书馆"、"全国文化工作先进集体"等光荣称号，在全国公共图书馆评估定级中被定为"国家二级图书馆"。这次会议由张家口市文化局副局长王建国主持，局长李鸿昌同志致开幕词。张家口市图书馆党支部副书记武静萍同志宣读了河北省图书馆为大会发来的贺信与各级领导的题词。馆长蒋存山同志向与会领导和与会同志汇报了该馆50年来的发展历程和主要工作。读者代表、驻张高校图书馆代表及来宾在会上分别发言,中共张家口市委副书记张懋兰,张家口市委常委、宣传部长乔登贵也亲临大会并讲话表示祝贺。

〔**中国期刊网开放式镜像站点石家庄铁道学院开通仪式及河北省高校联采统编协作会议**〕 于1999年9月21～22日在石家庄铁道学院图书馆举行。河北省教委高教处处长、河北省高校图工委副主任李仲文,石家庄铁道学院副院长陈欣诚先后致开幕词和讲话,河北省高校图工委副主任兼秘书长杨华因公外出发来了贺电。会议宣布了中国期刊网石家庄铁道学院开放式镜像站点开通,中国学术期刊(光盘版)电子杂志社常务副社长王明亮作了《CNKI工程五年规划》及《示范工程——CNKI企业创新信息网》的学术报告;演示了"中国期刊网"和"全国技术创新与高新技术产业化文库"。河北省高校文献联采统编协作网筹备会议由石家庄铁道学院图书馆王春田馆长主持,会上宣读了《关于加入河北省高等学校文献联采统编协作网的倡议书》。代表们对《河北省高等学校文献联采统编协作网章程(草案)》及其实施过程中的有关问题进行了认真而充分的讨论,并提出了许多积极而有益的建议。王春田馆长作了会议总结。出席以上两会的该省教育、科技、医疗卫生、企业界的代表近百人、其中出席河北省高校文献联采统编协作网筹备会议的院校图书馆的代表共22人。

〔**河北省2000年市级图书馆馆长联席会**〕 于2000年9月20～23日在古城保定召开。来自全省各市级图书馆的馆长、书记以及省馆的馆长出席会议。会议由省图书馆副馆长顾玉青同志主持,保定市图书馆张新民馆长向与会代表致词,保定市文化局谢美生副局长出席开幕式并讲了话。省图书馆赵同安馆长致词并首先作了大会发言。他结合省馆的工作有针对性地谈了几方面的问题;他谈了关于聘用制中有关岗位问题的解决方案。强调要逐步建立起既有竞争激励,又有责任约束的高效、灵活、有利于人才脱颖而出的内部运行机制。在数字化图书馆工作方面,省馆今年对多媒体电子阅览室进行扩建,面积增加到600平方米,计算机总量近200台,2兆的光缆接入,水平大大提高。关于图书馆深化改革问题,他强调,面向新世纪公共图书馆需着力解决好四个问题:"无市场不富,无特色不名,不改革人事制度不活,无数字图书馆不强"。最后,他向与会代表传达了全省文化发展规划工作会议精神。随后,各馆进行了交流汇报发言。大家结合自己馆的实际工作围绕着图书馆的管理与改革、人员素质、岗位设置、数字化图书馆建设、图书馆的形象、图书馆的经费、馆舍等基础设施问题,进行了交流汇报和探讨。各馆从不同的角度谈了自己具有特色的工作。保定市图书馆在很困难的情况下,经过多方努力,争取政府的支持,社会上的捐助,在自动化、网络化方面做了很多努力。在会议闭幕式上,河北省文化厅副厅长张希有,社会文化处副处长王一,保定市文化局局长杨学德等领导出席并讲了话。

〔**台湾著名学者胡述兆到河北大学进行学术交流**〕

1999年10月5日,著名图书馆学家、台湾大学名誉教授、博士生导师胡述兆和夫人吴祖善教授,应河北大学信息管理系的邀请,在北京大学信息管理系主任、博士生导师吴慰慈教授的陪同下,到河北大学进行学术交流。胡教授作了题为《台湾地区图书咨讯学教育发展现状》的学术报告并与河北大学信息管理系的师生探讨了图书馆专业的办学方针、发展思路。

〔**21世纪网络化数字图书馆发展方向研讨会**〕 于2000年9月21～22日在河北大学举办。会议开幕式和报告会由河北省高校图工委副主任兼秘书长杨华同志主持。在开幕式上,河北大学副校长孙汉文教授首先致欢迎词,北京传技信息系统有限公司总经理王一中博士讲了话。杨华同志在讲话中着重指出了河北省高校图书馆万维网站点建设中存在的问题,并为今后的发展提出了一些参考性建议。开幕式后,北京师范大学著名教授袁铭敦先生作了"关于软件平台建设"的专题报告,其报告深入浅出,使与会者开拓了思路,提高了认识,学到了知识。出席会议代表共有58人。

〔**美国依阿华州得梅因代表团访问省图**〕 代表团于2000年9月27日上午访问了省馆。该团在省图书馆参观了文学图书外借处、少儿部、古籍与地方文献部、外文部、非书资料中心、工具书阅览室、中文报纸阅览室、中文期刊阅览室、采编部。第一、第二电子阅览室。代表团对省馆保存的传统文化遗产表示赞叹,说"这些在美国只有国会图书馆才有"。在电子阅览室,工作人员分别演示了得梅因图书馆主页和河北省图书馆主页,播放了代表团在省馆的数码影像。代表团对少儿部陈列的少儿报刊深感兴趣，希望通过交换图书让美国孩子也能看到。代表团与省馆领导进行了热情友好的交谈，并表达了对该馆的良好印象和建立姐妹图书馆的愿望，依阿华州立图书馆代表 Hclcn Daglcy 和赵同安馆长草签了合作协议书。该协议内容主要包括：建立双方馆员通过 E-mail 互相交流学习的机制；交换馆员、工作人员互访；交换图书资料；为对方开辟展览场所；在当地举办的专业人员会议中，为来自对方的人员提供帮助等。

〔**"万方数据资源系统演示介绍会"暨"CNKI 技术培训会"**〕　于 2000 年 10 月 26～27 日在石家庄铁道学院图书馆举办。会议特邀请中国科技信息研究所万方数据股份有限公司前来做演示报告，介绍"万方数据资源系统"，这在河北省范围内推广使用万方数据资源系统起到积极的促进作用。会议进行"CNKI 技术培训"，面对面地和用户交流，可以解决用户的实际问题。这种培训的内容是：(1) 中国学术期刊(光盘版)CAJR 3.01 软件的安装使用；(2) 中国学术期刊(光盘版)a 索引盘的安装使用；(3) 镜像站点数据更新及日常维护；(4) 其他有关问题。

〔**河北省高师图协第三次会议**〕　于 2000 年 11 月 22～24 日在石家庄师范专科学校召开。除会议开幕式由河北省高校图工委副主任兼秘书长杨华同志主持外，均由石家庄师专图书馆馆长傅伟宣同志主持。在会议开幕式上，石家庄师专副校长朱茂韫同志首先致了欢迎词。河北省教育厅高教处高明同志到会并讲了话。此次会议的召开，正处于世纪之交，总结和检阅 20 世纪 90 年代以来河北省高师图书馆工作，共商下一世纪的发展大计，在河北省高师院校图书馆发展史上将起到重要作用。廊坊师院图书馆馆长邱维德同志代表考察组详细汇报了赴绵阳师专、乐山师院、宜昌师专等校图书馆考察学习情况。会议还讨论了《普通高等学校图书馆规程(修订草案)征求意见稿》。代表们对照原国家教委 1987 年颁发的《普通高等学校图书馆规程》，本着认真负责的态度，逐条进行了研究。大家认为，修改《规程》是必要的，是事物发展的必然，是时代的要求，早就应该修订。认为总的来说是可以的，确实体现了指导性、时代性、科学性、可行性、条件性的原则，对图书馆本身的工作要求高了。但也有不足之处，即对如何保证图书馆本身更好地完成工作任务的条件却不够有力，比较模糊，弹性也较大。会议总结了高师图协成立以来的工作，各馆交流了经验，进行了学术研讨。会议还修改了《河北省高等师范院校图书馆协作委员会章程》。根据修改后的《章程》，经过协商选举河北师大图书馆馆长焦芝兰同志为主任委员，石家庄师专图书馆馆长傅伟宣同志，邯郸师专图书馆馆长杜良贤同志为副主任委员。与会同志对 21 世纪第一年即 2001 年图协的工作及协作项目提出了很好的建议。

山　西　省

〔**中央电视台《读书时间》栏目等向沁水县图书馆赠书**〕　1999 年 3 月 21 日，由中央电视台《读书时间》栏目、国家关心下一代工作委员会、希望出版社等单位联合向沁水县图书馆赠送了价值 20 万元的图书。此次所赠图书包括文学、经济、历史、文化科学、教育等种类。21 日下午，县委、县政府、文化局全体工作人员在县城举行了隆重的接书仪式。当代中国研究所所长、全国党建研究会顾问、原中顾委秘书长李力安，中央电视台社教中心负责人及《读书时间》栏目的制片人、主持人等参加赠书活动。

〔**省委书记胡富国等视察省图书馆**〕　1999 年 5 月 20 日下午，省委书记胡富国在省委常委、省委秘书长武正国，省委副秘书长兼省委办公厅主任李才旺，省委副秘书长乔炳林及省文化厅副厅长曲连模等人陪同下来到省图视察工作。胡富国书记一行认真听取了李小强馆长、郭彦新书记的介绍，深入地了解了省图目前的业务开展、远景规划、发展的可持续性因素、实在的困难与问题，并实地考察了规划中拟建的新阅览楼的地理条件。考察中，胡书记还与读者进行了交谈。

〔**读书活动获奖读者颁奖仪式**〕　于 1999 年 5 月 29 日在山西省图书馆举行。李小强馆长首先总结了省图"知识工程"1998 年读书活动有奖征文与有奖征集读者读书成果活动的开展情况，省文化厅社文处处长、省图读书活动评审委员会主任委员程德俭宣布评奖结果，文化厅成葆德厅长与省图领导一起为获奖读者颁奖。获奖读者代表、省政协副主席刘波，山西大学副教授李豫分别在会上发言，对省图多年来为山西的经济建设，科学研究与社会文化建设做出贡献给予了很高的评价，并结合自身的经历畅谈了图书馆的作用与重要意义。会议还为获及山西省图书馆红领巾读书奖的小读者们发了奖。

〔**1999年度山西省“图书馆服务宣传周”**〕 1999年4月16日山西省图书馆第八届图书节正式开幕，从而率先拉开了省城1999年度图书馆服务宣传周活动的帷幕。图书节期间，共展销各类特价图书2000余种，数万册，吸引了大批读者。围绕宣传周的主题：“响应江总书记号召，大兴勤奋学习之风”，省图制作了大型宣传版面，对省图新风貌、新设施、新服务项目等作了详尽的介绍，公布了“我与图书馆”知识工程有奖征文及“山西省图书馆读者读书成果奖”获奖名单，举办了“自然与世界”科普影片展播。5月29日，省图“知识工程”1999年读书活动读者座谈会在省馆自然科学期刊阅览室举行。来自山西大学、山西医科大学、太原理工大学、煤科院太原分院、《党史文汇》编辑部等10余个单位的30余名热心读者参加了座谈会。5月30日，太原市各级、各类图书馆统一在宣传点展开图书馆服务宣传周活动。全市共设立宣传点13个，有105家单位参加。推出宣传版面198块，散发宣传资料4000余份。太原市图书馆、太原市委党校图书馆、山西财税专科学校图书馆、太原理工大学图书馆等单位通过宣传大造声势，举办了特价书优惠销售活动，提供免费书刊阅览，解答咨询。山西省贸易学校组织了学生军乐队走上街头进行宣传。中学图委会举办了学生书法作品展和优秀作品读书笔记展等。山西大学图书馆举办了《曹操与文学》专题讲座，太原理工大学图书馆举办了《国际形势与我国外交政策》专题报告会。太原市委党校图书馆在宣传点向过往群众推荐爱国主义教育图书。清徐县图书馆利用宣传周展出近百篇中小学生读书笔记、书法作品及“多读书、多用书”宣传版面；阳曲县宣传点与金融单位合作，推荐科普读物。古交区和小店区也分别举办了藏书家藏书和读书致富图片展览等。市图书馆学会积极组织各单位捐赠书刊，积极参加文化扶贫工作。服务宣传周期间，省图书馆学会向全省社会各界发出了开展“知识工程”读书活动的《倡议书》，并公布了《山西省1999年知识工程读书活动推荐书目(100种)》。省图书馆举办了“知识工程”1998年读书活动征文和读书成果获奖读者颁奖仪式，同时对20余名“优秀小读者”颁发了奖品和证书。为了积极配合服务宣传周活动，省图还先后在《山西日报》、《中国文化报》、《山西青年报》、《学习方法报》上刊登有关文章，取得了显著的社会效益。

〔**杜德建同志事迹报告会**〕 于1999年4月21日上午，在山西省图书馆举行。来自省城各系统的图书馆工作者及省图部分职工参加了报告会。杜德建，这位普通的青年农民，十八年来在自己的家乡永济市董村乡张坊村创办颇具特色的家庭图书馆，坚持把诚心献给党的教育事业，把热心献给农民群众，把爱心献给少年儿童，把科学技术与文化知识传播于故乡的土地，感人的事迹和坚韧不拔的执着追求精神，令人肃然起敬。杜建德同志的事迹使与会人员深受教育。大家表示要以他为楷模，自觉献身图书馆事业，为社会主义现代化建设做出新贡献。

〔**《中图法》(第四版)培训班**〕 于1999年7月12～14日在山西省图书馆举办。特邀北京大学信息管理系教授、《中图法》(第四版)编辑张涵讲课。学员来自15个县市级图书馆和太原市6所大专院校及工会图书馆，共42人。张涵教授就《中图法》(第四版)和《中图法》(第三版)中各大类进行了比较，认真讲授了各版类目编排的细微区别及在实际分类工作中应特别注意的问题。全体学员认真听讲，并针对具体问题展开讨论。

〔**1999年全省基础业务培训班**〕 于1999年7月19～24日举办。报名学员47名，分别来自18个市县级图书馆。开设课程有：《图书馆工作引论》、《图书馆藏书建设》、《图书分类》、《图书编目》、《报刊管理》、《读者工作》、《图书馆自动化》七门基础课，教师由省馆部分业务骨干担任。省馆李小强馆长、邓景华、石焕发副馆长参加了学员结业典礼，为学员颁发了证书并分别讲话，鼓励学员在工作岗位上再接再厉，认真学习，为省图书馆的规范化、标准化建设做出贡献。

〔**山西省图书馆又推出改革新举措**〕 山西省图书馆于1999年8月16日正式实施了修订后的《山西省图书馆文明服务规范》、《关于工作人员挂牌服务制暨读者投诉制的暂行规定》、《关于执行(文明服务规范)的补充规定》。这些规章制度的出台，将使省图的管理日趋规范、严格与合理，对进一步挖掘内部潜力，调动广大职工的工作积极性，贯彻好“读者第一，服务至上”的宗旨，加快省图书馆自身发展有着重大的意义。

〔**省图建馆80周年纪念活动**〕 省馆领导在年初制定了工作计划，确定了“节俭、务实”的馆庆方针，并围绕这一方针筹备了一系列纪念活动：编辑出版了《山西省图书馆收藏与利用指南》、《开馆第一天》等图书，举办了馆史展览及职工书法、摄影、美术作品展览，组织了广播体操、排球、篮球、跳绳、棋类比赛等一系列职工文体活动。1999 年 10 月 9 日，山西省图书馆 80 周年馆史展览在主楼二楼大厅正式展出。展览从各个不同时期的馆藏、馆貌、人员、具体业务情况等方面进行了介绍，用文字与图片相结合的手法全面、翔实地记录了山西省图书馆建馆 80 年来所走过的风雨历程。

〔**“十大藏书家”评选活动**〕 于 1999 年 11 月 1 日在全省拉开帷幕。这次活动由省级有关领导、社会知名人士担任藏书家评选委员会领导组成员，聘请社会各界专家学者组成评选委员会。12 月 9 日、12 月 17 日在省图书馆分别召开了省直高校、中专系统及省直机关藏书家评选活动动员会。在省直机关藏书家评选活动动员会上省文化厅副厅长孔繁灼、省直工委副书记郑根堂分别作了动员讲话。本次活动采取地、省三级层层评选，逐级推荐，最后经省评选委员会严格筛选的办法，客观、公正、真实地评选出全省“十大藏书家”。这次评选活动是由山西省“知识工程”领导发起，省图书馆、省图书馆学会具体组织实施。

〔**汾阳市图书馆新馆开馆**〕 于 2000 年 1 月 10 日上午举行，汾阳市委、市政府投资 278 万元建设新馆，新馆占地面积 1020 平方米(约 1.5 亩)，建筑面积 2500 平方米，内设 300 个阅览座位，其中 70 个少儿阅览座位；书库面积 460 平方米，可藏书 40 万册。馆内设少儿部、借阅部、辅导部、综合办四个工作机构。汾阳市新馆分两期开放以下服务窗口：第一期开放的有少儿图书馆、报纸阅览厅(全国各类报纸 134 种)、期刊阅览厅(全国各类期刊 343 种)、文献阅览厅、信息阅览厅、展厅、图书外借处七个服务窗口。可同时为 360 名读者提供优质的服务；第二期计划开设多功能厅、图书协会、文献查询三个服务窗口。汾阳市图书馆配有联想万全 1300 型服务器 1 台(奔腾三代 500 MHZ 主频，可贮存 500 万册图书信息)、联想激光打印机、佳能复印机 1 台，山特在线式 300 WUPS1 台，通过局域网的方式，实现了图书编目，流通等工作的计算机管理，为实现与国图、省图联网奠定了基础。

〔**纪馨芳副书记视察省图书馆**〕 2000 年 3 月 13 日上午省委副书记纪馨芳在省文化厅领导的陪同下，视察了山西省图书馆。纪馨芳同志在实地考察了省图业务部门的同时，还听取了李小强馆长、郭彦新书记对全馆目前工作情况的汇报及远景规划的介绍，深入了解制约省图发展的因素，并对省图的工作给予充分肯定。

〔**山西省农村图书室建设现场会**〕 于 2000 年 5 月 14 日在运城市召开。这次会议旨在通过对农村图书室典型的展示，以科学的观察与分析，研究其特点和发展规律，探索农村图书室的运作模式，为山西省的农村文化建设提供示范与导向。省文化厅社文处处长程德俭同志对山西省的群众文化工作及图书馆现状做了实事求是的评价，对今后的发展提出对策，尤其对图书馆寄予期望。运城行署文化局介绍了“面向基层，搞好农村书刊服务：明确目标，强化‘知识工程’建设”所做出的努力与实践。运城市图书馆馆长做了题为“突出辅导重点，做好服务工作，促进农村图书事业蓬勃发展”的发言。各行署文化局文化科科长分别介绍了本地区农村图书室的建设情况。会议期间与会人员就《山西省农民书屋标准(讨论稿)》进行了热烈的讨论，畅谈了今后各地区农村图书室的发展规划。代表们还考察了运城市三路里图书室、乔阳王德荣图书室、岳坛村解新民图书室，并出席了“三路里图书室成立 50 周年庆祝大会”及为王德荣图书室捐书仪式，省图书馆分别为三个农村图书室捐书 1000 余册。

〔**山西省医院图书馆管理现代化培训班**〕 于 2000 年 6 月 19～23 日举办。参加培训的学员共有 23 人，分别来自山西省部分地区的基层医院图书馆。学员们参观了山西医科大学图书馆，培训班还邀请中国医学科学院情报研究所王汝宽教授主讲了“生命科学发展趋势和生物医学发展战略”，学员们不仅学到了基础知识，又拓宽了视野，培训班达到了预期效果。

〔**《晋图学刊》创刊十五周年纪念座谈会**〕 于 2000 年 11 月 8 日在山西大学图书馆举行。省高校图工委副主任兼秘书长高仲章以及省图书馆学会理事长、山西省图书馆馆长李小强分别代表省高校图工委、省图书馆学会致词。《晋图学刊》编辑部历届主编、编委、省图书馆学会、山西大学信息管理学系及有关图书馆负责人三十余人参加了座谈会。会上大家对《晋图学刊》所取得的成就用对山西省图书馆事业做出的贡献给予了高度评价，同时就如何办好《晋图学刊》发表了意见。

〔**实施“家庭读书工程”会议**〕 于 2000 年 11 月 10

日在绛县召开。卫庄镇党委副书记、镇长任蚕红作了题为《抓知识工程,促科技兴镇》的发言;睢村党支部书记李攀童作了题为《实施“家庭读书工程”的基础做法》的发言;睢村李效勇、西吴村党支部书记郜耀武、柳泉村种植大户张宜勤分别作了题为《读者看报学科技,特养行里创佳绩》、《靠科学技术,使鹿场兴旺》、《勤读书善钻研,年收入六万元》的发言。县委常委、宣传部长李服役代表县委作了题为《围绕科技兴县战略,实施“知识工程”,提高全民素质》的主题报告。会议期间,由政府副县长马建萍宣读了“中共绛县委员会关于表彰实施“知识工程”先进集体、先进个人的决定”,并对卫庄镇、陈村镇、中场乡 3 个乡镇党委,对睢村、任村、东荆下、郭家庄等 10 个村党支部以及秦承嘉、梁国柱、宁云泽等 15 名先进工作者和郜耀武、李效勇、张宜勤等 30 名实施“家庭读书工程”先进代表进行了表彰和奖励。参加这次会议的有各乡镇分管副书记,宣传委员、文化站长、县直属党委、县有关部、委、局、办负责人,实施“知识工程”先进党支部和全县实施“家庭读书工程”先进个人共计 110 余人。

〔**纪念“一二·九”主题读书演讲赛**〕 于 2000 年 12 月 9 日在长子县图书馆举办。演讲赛以“胸怀祖国、不辱使命”为主题,吸引了 180 余人前来参与。该馆还在演讲现场发放读者调查问卷 100 余份,征求读者意见卡 100 余份,办理借书证 50 余个。通过这次演讲活动,提高了图书馆的知名度,推动了图书馆各项工作的开展,促进更多的读者了解图书馆,认识图书馆,走进图书馆,利用图书馆。

〔**国家图书馆与山西省图书馆资源共享合作协议签字仪式**〕 于 2000 年 12 月 24 日上午,在山西省图书馆举行。国家图书馆党委书记、常务副馆长周和平专程赶来并参加签字仪式。山西省副省长王昕、省委宣传部副部长薛俊华、省文化厅副厅长李金海、孔繁灼、文化厅社文处副处长康文萍、王义华、省图书馆馆长李小强、党总支书记郭彦新、副馆长石焕发,以及来自省城各系统图书馆、情报所的负责人、省图职工 100 余人出席、列席了签字仪式。签字仪式由郭彦新主持。李小强馆长首先发言,他指出:我们与国家图书馆资源共享合作协议的签定,必将对山西省图书馆事业的发展产生深远的影响。馆际合作、资源共享,是现代图书馆发展的必然趋势,也是最大限度地满足日益增长的信息需求的有效途径。山西省馆与国家图书馆本着“资源共享,优势互补,互利互惠,共同发展”的原则,在文献信息提供服务、数字图书馆及网络建设、人员培训等方面展开广泛的合作。国家图书馆与山西馆的合作,必将极大地丰富山西馆的馆藏资源,为山西馆的发展提供更为广阔的空间。国家图书馆党委书记、常务副馆长周和平同志在签字仪式上发表了热情洋溢的讲话。李小强馆长、周和平常务副馆长分别就双方在协议上签字。省文化厅副厅长孔繁灼同志发表讲话,他强调指出:山西省图书馆与国家图书馆合作协议的签定,标志着山西省图书馆事业在馆际协作、资源共享方面迈出了重要的一步。山西的图书馆事业发展比起兄弟省份,尤其是东部发达省份来,还存在很大的差距,还需我们埋头苦干,奋起直追。

内蒙古自治区

〔**云布龙主席考察内蒙古图书馆**〕 1999 年 4 月 9 日,内蒙古自治区党委副书记、政府主席云布龙亲临内蒙古图书馆考察,要求内蒙古图书馆要为“科技兴区”发挥独特作用。云布龙主席参观了图书馆的建筑设施,蒙、汉文线装古籍馆藏书库和正在开放的阅览室、外借处。向工作人员了解读者利用文献的情况。并与正在研修的中、青年读者亲切交谈,鼓励他们勤奋读书、刻苦钻研、努力掌握国内外最新科技知识。云主席希望图书馆多订购一些最新的中外科技期刊、软盘,把内蒙古图书馆建成自治区最先进的国内外前沿信息汇集中心,努力为内蒙古自治区经济腾飞多做贡献。最后,云主席还亲笔为内蒙古图书馆题词:“书籍是人类进步的阶梯”。

〔**内蒙古自治区图书馆界蒙古文工作者第二届学术研讨会**〕 于 1999 年 6 月 17～18 日在锡林浩特市召开。研讨会共收到论文 38 篇,经过会议交流和专家评审,有 8 篇论文被授予优秀论文奖。

研讨会结束时,学会副理事长乌林西拉研究馆员作了《我区图书馆学蒙古语研究工作的回顾与展望》的主旨发言,对二十一世纪图书馆事业的发展提出了对策与研究,要求进一步宣传全区图书馆事业的成就,弘扬蒙古民族的优秀文化,扩大全区图书馆在国内外的影响,促进图书馆学术优秀成果的大量涌现,推动图书馆事业迈向新的台阶。

来自全区公共、高校、科研系统、党校、医院、中专及锡盟所属旗县市图书馆的馆长约 50 人参加了研讨会。

〔**文化部孙家正部长考察内蒙古图书馆**〕 1999年11月10日上午，文化部孙家正部长、潘震宙副部长一行在内蒙党委、政府办公厅负责同志和文化厅焦雪岱厅长等有关领导的陪同下，考察了内蒙古图书馆。

孙部长一行在考察中，首先听取了内蒙古图书馆党总支书记、副馆长王佩章同志介绍新馆开馆一年来的工作情况，参观了电子阅览室、蒙文经卷阅览室、古籍善本书库等。在自学室，孙部长同正在学习的读者进行交谈；在热门书借阅室，询问了获诺贝尔文学奖作品的收藏情况；在报刊阅览室，当他得知读者免证阅览时，非常高兴，肯定了内蒙古图书馆坚持公益办馆的方针；在蒙文经卷库，认真听取了珍贵古籍的保存、利用情况，并详细询问了《甘珠尔》经的内容；在古籍书库，认真翻阅了馆珍藏古籍。

〔**全区公共图书馆发展建设理论研讨暨为经济建设服务成果表彰会议**〕 于2000年1月20～22日在呼和浩特市召开。自治区文化厅厅长焦雪岱致开幕词，他回顾了内蒙古自治区公共图书馆的发展历史，对建国以来内蒙古自治区公共图书馆的发展状况给予充分的肯定。同时指出，自治区图书馆事业发展还存在着的许多问题，如仍有一部分旗县没有建立图书馆或有馆无舍；有一部分图书馆常年没有购书费；图书馆自动化水平还很落后；工作人员素质还不适应现代化发展的需要；为经济建设和社会发展的服务水平还比较低等进行了阐述。他号召大家要进一步转变观念，解放思想，不懈努力，争取改变落后局面，逐步缩小与全国其他省区特别是发达地区的差距。文化部社会文化图书馆司刘小琴处长也发表了热情洋溢的讲话，她对内蒙古自治区图书馆工作给予了肯定，提出了要求和希望。她说：图书馆事业正处在一个较好的发展环境之中。一是江总书记发出了“在全社会大兴勤奋学习之风”的号召，进一步肯定了图书馆的重要作用，为图书馆事业发展提供了理论依据。二是现代信息技术的发展给社会各个方面带来了新的机遇和挑战。会议还传达了全国第二次评估定级工作总结会议精神，举行了上等级图书馆授匾仪式。呼盟、通辽市、巴盟等介绍了评估工作经验。

在全区公共图书馆为经济建设服务成果表彰会议上，焦雪岱厅长讲了话，他强调指出：各级文化主管部门要积极协调科技、农牧业、工业等部门和单位，把为经济建设服务作为提高当地图书馆整体服务水平的突破口，指导图书馆开展深入扎实的服务工作。各图书馆要转变观念，提高认识，强化信息意识和服务意识，拓宽服务领域，提高服务质量，努力满足社会不同层次读者的不同需求。自治区科委副主任王吉祥也在会上讲了话，他分析了内蒙古自治区科技发展形势后指出：要适应形势发展需要，树立科学态度、掌握科学知识，要努力抓好科技创新、科技体制改革和科技成果的转化工作，积极推进“科教兴国”战略。会议还表彰了全区为经济建设服务工作中取得突出成绩的团体读者3个，个人读者6名，公共图书馆13个，乌盟新技术应用研究所李士亮教授作为读者代表发了言，呼市、伊盟、呼盟牙克石市图书馆介绍了服务工作经验。

〔**《通用蒙古文著者号码表》**〕 于2000年4月，通过文化部鉴定。这是内蒙古自治区图书馆继“蒙古文机读目录数据库”科研项目之后，在少数民族语言文字文献信息处理的一项突破。

鉴定委员会认为：

《通用蒙古文著者号码表》结构完整，编制技术良好，配号科学，容量大，为蒙古文同类书的有序排列提供了比较科学的方法，便于业务人员掌握和读者借阅，具有较强的科学性和实用性。该表的编制具有首创意识，填补了蒙古文文献检索领域的一项空白。

〔**呼市地区公共图书馆工作交流暨呼市图书馆学会换届大会**〕 于2000年10月在呼和浩特市举行。这次会议旨在进一步促进呼市地区各公共图书馆之间交流和馆际协作，谋求资源共享；加强公共图书馆之间的学术研究与交流。自治区文化厅副厅长明锐、内蒙古图书馆副馆长银志刚就公共图书馆的重要作用分别做了回顾与展望，并对首府图书馆工作寄予了厚望。市文化局副局长徐翔同志针对呼市地区公共图书馆事业建设做了专题讲话，武川县文化领导代表市属9个旗、县、区的图书馆也向大会致了热情洋溢的贺词。会上，各馆的负责同志分别做了工作总结，内容详实全面，富有创意。13名同志宣读了自己撰写的各有见地的学术论文，互相交流工作经验和心得，然后与会人员进行分组讨论，就公共图书馆今后的发展方向进行了广泛探讨。内蒙古图书馆学会到理事长常作然就图书馆学会工作做了重要的指导性发言。学会聘请内蒙古文化厅社会文化处处长潘力、内蒙古图书馆党总支书记、副馆长王佩璋、呼市文化局党委书记郭教庭、呼市文化局局长王绥林四位同志为学会名誉理事长，并向他们颁发了聘书。最后大会以等额选举的形式选出了以徐翔同志和市图书馆馆长高保才为首的学会领导机构。

〔**全区第三届公共图书馆业务竞赛**〕 于2000年11月12～14日在自治区图书馆举行。经过三天紧张的初赛、复赛和决赛，赤峰市代表队、乌盟代表队、呼市代表队包揽了团体总分前三名；鞠红耘、李丽芳、宋春梅分别获得分类单项赛、编目单项赛和计算机编目表演赛第一名；通辽市、兴安盟、伊盟、包头市、巴盟、锡盟获得竞赛优秀组织奖。11月14日下午举行了竞赛颁奖仪式，自治区政府副秘书长周廷芳、国家图书馆副书记张雅芳、自治区文化厅副厅长刘兆和出席仪式并为获奖团体和个人颁发了奖杯和证书。这次业务竞赛是由自治区文化厅主办。

〔**国家图书馆与内蒙古图书馆签订合作协议书**〕 于2000年11月14日在内蒙古自治区图书馆举行。

签订合作内容主要包括：国家图书馆以其宏富馆藏作为内蒙古图书馆查找原始文献的基地，内蒙古图书馆以其特色馆藏作为国家图书馆的必要补充；两馆相互开放全部馆藏，以优惠价格互相提供中外文普通图书，过刊合订本；根据西部开发的需要，两馆在馆藏文献的开发利用方面进行有益合作。合作协议还有国家图书馆支持内蒙古图书馆参与中国数字图书馆工程的有关合作项目与网络建设及人员培训等。

国家图书馆党委副书记张雅芳，内蒙古图书馆党总支书记、副馆长王佩章分别在合作协议书上签书。内蒙古自治区人民政府、文化厅等有关部门的领导出席了签字仪式。

辽 宁 省

〔**中共中央政治局常委、国务院副总理李岚清视察辽宁省图书馆**〕 1999年4月23日下午，李岚清副总理在省委书记闻世震、省长张国光、副省长郭廷彪、张榕明等中央、省领导的陪同下乘车来到辽宁省图书馆。李岚清副总理非常高兴地指着辽宁省图书馆的新馆舍说：“这个馆是新建的吧，在知识经济时代图书馆就是资源、资产”。他在省馆多功能厅听取了王荣国馆长关于省馆的历史、现状以及读者服务工作、图书馆自动化建设等情况的简要汇报。省图书馆副馆长李东来同志向李岚清副总理等国家领导人汇报了辽宁省图书馆自动化建设情况，并重点介绍了DL(数字图书馆)的特点，馆长助理武亚民同志进行了现场演示。李岚清副总理以及中央、省领导在听取汇报和观看演示中不时地点头称赞，李岚清副总理还不时地提出问题。汇报演示结束后，领导们热烈鼓掌，不停地称赞辽宁省图书馆的数字化图书馆建设很好。李岚清副总理在视察图书馆主楼大厅时，王馆长向李副总理介绍了读者触摸式导读系统、多媒体阅览室、视听资料外借处、多功能报告厅等服务窗口，当李岚清副总理看到有这么多读者在利用图书馆，尤其是看到图书馆的多媒体等现代化设施时，非常关切地询问了读者如何上网以及上机使用是否交费等情况。李岚清副总理又视察了省图书馆为文溯阁《四库全书》回归准备的现代化管理书库。观看了库房的环境、书架、各种防范设施等，并询问了《四库全书》国内的收藏情况、辽宁省图书馆《四库全书》书库能装多少等问题。张榕明副省长、杜铁厅长、王荣国馆长分别向李岚清副总理进行了汇报。韩锡铎副馆长向李岚清副总理详细介绍了省图书馆馆藏精品展览。应辽宁省图书馆的要求，李岚清副总理为辽宁省图书馆签名留念，并与全体职工合影留念。

〔**部分图书馆馆长座谈会**〕 于1999年7月20日在辽宁省图书馆召开。与会馆长普遍认为，这次会议开得非常及时。图书馆目前正面临发展的新阶段，发掘图书馆的“产业性”内涵，发展文化产业是今后图书馆发展的趋势。信息本身具有商品属性，它蕴含在图书馆的文献资源中，因而使图书馆具有“产业性”。发掘图书馆的“产业性”内涵，开发文化产业，其核心应是对馆藏文献信息资源的开发，重点应放在如何深化服务上。目前辽宁省公共图书馆中普遍存在着大量馆藏文献信息得不到有效开发利用的问题，这种状况不仅制约了图书馆作用的发挥，也制约了图书馆自身发展。认清图书馆的“产业性”，开发文化产业，就是要改变这种状况。因此，要有紧迫感，使命感。省文化厅社文处处长康尔平、省馆馆长王荣国、沈阳市馆长罗也平、鞍山市副馆长马华、抚顺市馆长李贯、本溪市馆长魏海波、辽宁市馆长邢爱文、辽宁市和平区馆长王青等参加了座谈会。

〔**辽阳地区第二届图书馆业务知识竞赛**〕 于1999

年11月15日在辽阳市图书馆举行。来自市、县、区公共图书馆及大专院校图书馆的选手参加了竞赛。最后市图书馆一队和辽大外国语学院图书馆代表队分别获公共图书馆组和高校图书馆组第一名。市文化局副局长李维滋、刘振伟及宏伟区文化局郑德忱局长到会并讲了话。

〔辽西五市第十三届图书馆学理论研讨会〕 于1999年9月14日在盘锦市举行。盘锦市副市长、市委宣传部副部长、市文化局局长等有关领导均到会讲话。省图书馆辅导部主任高贤、省学会秘书赵彻专程由沈阳前来赴会,并代表省图书馆馆长对会议的召开表示热烈祝贺。会议由盘锦图书馆馆长魏宪军主持。锦州、朝阳、阜新、葫芦岛、盘锦五市图书馆的领导、辅导部主任和论文作者共40余人参加了会议。会议共入选论文56篇,其中5篇在大会上进行了交流。

〔"沈阳地区公共图书馆事业发展成就展"〕 于1999年12月14～28日在沈阳市图书馆举行。展览由三部分组成:全市公共图书馆基本情况;市级图书馆;县、区图书馆。展厅内,全市18所公共图书馆的53块展板图文并茂,全面展示了沈阳地区公共图书馆事业的辉煌成就。在展览期间,沈阳各界共有2万余人前来参观。这次展览是由沈阳市文化局主办、沈阳市图书馆承办的。

〔辽宁省图书馆荣获"全国文化工作先进集体"称号〕 2000年2月,在文化部召开的全国第三届文化工作"三先"表彰大会上,辽宁省图书馆被人事部、文化部授予"全国文化工作先进集体"荣誉称号,这是辽宁省图书馆历史上荣获的最高荣誉。

〔《东北地区古籍线装书联合目录》主编馆副主编馆协商会议〕 于2000年3月28日在辽宁省图书馆召开。会议由辽宁省图书馆馆长王荣国主持。辽宁省图书馆副馆长、该联合目录的牵头人韩锡铎向与会者汇报了联合目录的整个情况及怎样解决所遇到问题的办法。汇报共分六个部分:(一)联合目录的源起和进展情况;(二)三省汇总情况;(三)关于编委会;(四)关于经费;(五)关于出版;(六)今后工作安排。参加会议的有东北三省各系统13所图书馆共19人。

〔沈阳首家图书馆读者协会——和平区读者协会〕 于2000年4月1日宣告成立。省、市、区图书馆领导和200余名读者出席了成立大会。和平区图书馆读者协会,是由省、市、区专业图书研究者和各界读者组成,其宗旨是推动全民读书学习活动的深入开展,为四个现代化建设服务。凡在该馆持有两个以上借书证,或年借书册数超过100册次,并积极参与该馆活动的读者,均可成为会员。会员可获得该馆发放的会员证,每证可借阅图书5册,各书库特为会员开设会员图书专架,会员有权参与该馆举办的各种活动,每年不少于4次。会员享有监督、督促该馆各项工作的实施与开展,并提出意见或合理化建议的权利。

〔锦州市图书馆建馆50周年活动〕 于2000年4月26日隆重举行。辽宁省文化厅、锦州市委、市政府、市人大、市政协、辽宁省图书馆以及省内各兄弟馆、锦州市各界人士150余人前来祝贺。庆祝活动上,锦州市图书馆馆长王香春作了题为"留给历史的记忆,再创图书馆的辉煌"的报告。报告回顾了锦州市图书馆50年的发展历程,展望了今后的发展方向,并从各级领导的关怀和重视、图书馆管理、藏书组织建设、职工队伍素质、服务工作及补文创收工作等几方面对锦州市图书馆所取得的成绩进行了总结。省文化厅向锦州市图书馆发了贺信。辽宁省图书馆副馆长黄丽华代表省图书馆向锦州市图书馆建馆50周年表示祝贺,对锦州市图书馆50年的发展及取得的成绩给予了充分的肯定。纪念大会上,锦州市文化局局长赵振新和市委常委、宣传部长郑志国先后讲了话。

〔中共中央办公厅督查室主任于宁视察辽宁省图书馆中小学生借阅室〕 2000年4月27日上午,中共中央办公厅督查室主任于宁同志一行10余人,在中共辽宁省委办公厅副主任刘金树、中共沈阳市委常委、秘书长多静如等省市领导的陪同下来到辽宁省图书馆,专程视察省图书馆为中小学生减负所开办的"中小学生借阅室"。省文化厅巡视员李启云同志、省图书馆巡视员韩锡铎同志、黄丽华副馆长参加了接待工作。

〔全省公共图书馆馆长培训班〕 于2000年8月12～18日在省委党校举行,来自全省14个市的80余名省、市、县、区图书馆、少儿图书馆馆长参加了培训班。文化部社会文化图书馆司副司长周小璞到会并作了《我国公共图书馆事业现状与发展》的专题报告;有关专家及学者作了《迎接知识经济时代,为建设国家和区域创新体系服务》,《中国特色的社会主义文化》,《科学管理学》,《图书馆自动化发展趋势》,《国内外图书馆服务》,《高校图书馆事业发展》等专题报告及讲座；学员们听取了沈阳市和平区图书馆和瓦房店市图书馆馆长的经验介绍；观看了数字化图书馆、图书馆自动化管理系统演示；参观了省图书馆、和平区图书馆、“九·一八”纪念馆。省文化厅副厅长刘文艳出席了开班仪式，并就培训的目的、意义及今后的工作作了重要讲话；省文化厅社文处处长康尔平作了总结，同时通报了辽宁省公共图书馆事业“十五”规则设想。

〔**2000年大连地区公共图书馆业务竞赛**〕 于2000年9月21日在大连图书馆报告厅举办。竞赛由大连市文化局主办，大连图书馆业务辅导培训部承办，参赛选手49人，竞赛设“图书分类、图书编目、读者服务工作”三个项目。对于这次竞赛各区市县文化局、图书馆非常重视，做了认真准备、精心组织，对参赛选手在复习时间上给予大力支持。各区市县图书馆由馆长亲自带队参赛，经过比赛，最后有8名选手脱颖而出，他们将代表大连市参加全省比赛。市文化局领导及大连图书馆领导向获奖选手颁发了荣誉证书，同时勉励各位选手再接再励。

〔**辽宁省图书馆东陵农业分馆**〕 于2000年12月28日在东陵区图书馆隆重举行开馆仪式。辽宁省图书馆东陵农业分馆，是经辽宁省图书馆、东陵区文化体育委员会双方协商，在东陵区图书馆的基础上组建的。农业分馆现有农业科技图书两万多册，农业科技期刊、报纸260多种。这些馆藏农业文献包括农业管理科学、农业工程、农学、农艺学、植物保护、农作物、园艺、林业、畜牧、兽医、水产等。

吉林省

〔**吉林省公共图书馆馆长会议**〕 于2000年4月24～27日召开。会议传达了中央领导对文化工作的重要指示和文化部有关领导对图书馆工作的讲话精神。与会代表认真观看了江泽民总书记视察国家图书馆的录像。文化厅周维杰厅长到会并作了重要讲话。会上陈景东副厅长作了工作报告，东北师大信息管理系主任杨沛超教授就现代化图书馆的发展方向做了专题发言。会议表彰了1998～1999年度全省先进图书馆和图书馆先进工作者，同时公布了全省知识工程领导小组组织开展的“科普知识竞赛”活动和“祖国颂、社会主义颂、改革开放颂”读书征文活动的获奖读者名单和先进组织者名单。全省各市(州)文化局负责人、各公共图书馆馆长、部分高校图书馆馆长80余人参加了会议。

〔**《中国机读目录格式》培训班**〕 于2000年5月16日～19日举办。培训班聘请了吉林省图书馆采编部主任李博昭、信息网络部孙秀萍为主讲教师。来自全省各市区县公共图书馆及高校图书馆的40余名学员参加了学习。这次培训班是由吉林省图书馆举办。

〔**2000年吉林省图书馆服务宣传周**〕 于5月29日至6月4日举办。宣传周期间共举办10项大型活动，主题为：“传播科学知识、宣传科学思想、倡导科学方法、弘扬科学精神”。

吉林省图书馆举办了一系列社会各界支持、参与科普活动，连续3周在每周六下午举办科普知识系列讲座，同时，为青少年举办了心理咨询讲座。

5月28日，省委宣传部、团省委、省关工委、省教委、省科协等单位在省图书馆举行了隆重的挂牌仪式。“青少年科普教育基地”、“吉林省青少年新世纪读书计划示范俱尔部”、“吉林省少先队雏鹰争章基地”、“吉林省青少年读书活动指导中心”等4块牌匾同时挂在省图书馆门前。同时，特别聘请离退休的老首长，老干部、教育工作者，为吉林省青少年素质教育特邀辅导员。全省青少年科技创新与科技艺术作品展也于当日开展。

〔**全哲洙副省长到吉林省图书馆检查指导工作**〕 2000年，11月24日，全哲洙副省长在省政府副秘书长王富远、省财政厅副厅长于子游、省文化厅厅长周维杰、副厅长陈景东的陪同下到吉林省图书馆检查指导工作。

全哲洙副省长首先对吉林省图书馆的工作给予了充分肯定，一是领导班子好；二是服务意识强；三是业务建设方面克服了很多困难，效果也不错。全副省长对我馆今后的工作做了重要指示。

省政府王富远副秘书长、财政厅副厅长于子游也就图书馆的发展和建设作了重要讲话。文化厅厅长周维杰同志对吉林省图书馆工作给予肯定的同时，又提出了新的要求，要求争创“四个一流”即一流的设备、一流的管理、一流的服务、一流的效益。

黑龙江省

〔**黑龙江省高校图书馆馆长会议**〕 于1999年1月18～19日在哈尔滨市召开。省教委高教处李高贵处长主持了会议。省教委董浩副主任莅会，并就全国高等教育界存在的问题及如何充分挖掘高校文献信息资源等问题发表重要讲话。黑龙江大学副校长陈震教授参加了会议，并就知识经济时代高校图书馆的社会功能及作用等一系列问题做了较全面的阐述。大会听取了省高校图工委前任秘书长李继凡教授所做的工作总结报告。与会者在学术研究和工作研究两大方面，就新环境下高校图书馆文献资源保障体系的建构、资讯开发、人才培养、服务模式变革、新技术应用等诸多具体问题进行了广泛的探讨。哈尔滨工程大学图书馆赵凤廉馆长传达了中国高等教育文献信息保障体系工作会议精神。会议期间黑龙江大学信息管理系马海群教授做了题为“适应与创新——新环境下图书馆事业的发展道路”的讲座。哈尔滨工业大学图书馆副馆长赵满华副研究员做了“信息时代数字化图书馆”的专题发言。会议宣布了省教委的决定：省第四届高校图工委秘书处设在黑龙江大学图书馆，秘书长由黑大图书馆馆长霍灿如同志担任。来自全省36所高校图书馆的55位馆长或副馆长参加了会议。

〔**全省公共图书馆工作座谈会**〕 于1999年3月23～24日召开。省文化厅刘经宇副厅长、文化部社会文化图书馆司图书馆处张小平副处长到会，并分别做了重要讲话。会议由省文化厅图书馆处罗葆森处长主持。会上，学习了江泽民总书记、李岚清副总理视察北京图书馆时所作重要指示。会议要求各级文化行政主管部门、图书馆领导要认真组织学习，将其作为今后一个时期的工作任务抓好抓实；加强组织领导，成立相应的组织领导机构，制定各地区工作实施方案；广泛开展各项读书学习活动。首先是加大读书宣传力度，开展“大兴勤奋学习之风”为主题的图书馆宣传周活动，其次是举办各种读书活动。会上，对全省1998年公共图书馆工作情况进行了总结，重点部署了1999年全省工作任务。会议要求全省各级公共馆在学习江总书记讲话精神的基础上组织全民开展读书活动，制定开展活动的工作方案，并保证做到敞开办证，延长开馆时间，继续加大开放服务程度，提高接待读者的人次、册次，保证购书费额度，发展自助外借工作，组织迎国庆征文活动，召开“全社会读书活动”现场会。会议还就加快法制建设步伐做出了具体部署，省出台的条例办法有：《公共图书馆条例及实施细则（草案）》及《黑龙江省公共图书馆购书管理办法》。会议就整顿业务基础建设工作、加强自动化建设、加强为经济建设服务工作的力度、继续开展“十佳项目”评选活动、加强农村图书馆工作、开展专业人员培训工作等问题进行了广泛的讨论和交流。省、地市图书馆馆长、绥化地区文管站站长、黑河市文管会负责同志参加了会议。

〔**全省公共图书馆系统自动化、网络化培训班**〕 于1999年4月6～23日在哈尔滨市黑龙江省文化艺术干部学校举办。来自省内地市、县区级图书馆馆长及专业人员42人参加了培训。省文艺干校的讲师和省图书馆的计算机工作人员讲授了计算机基本知识与操作实践，自动化集成系统ILAS(5.0)6个应用子系统和ILASⅡ的有关知识。培训班还分专题开设了讲座。图书馆处处长罗葆森讲授了“国内外图书馆自动化、网络化工作发展与现状”；省图书馆党委书记、常务副馆长董绍杰讲授了“网络知识原理”；哈尔滨工业大学图书馆副馆长赵满华讲授了“图书馆应用系统比较与选择”。哈尔滨工程大学图书馆也介绍了本馆开发的图书馆自动化集成系统。黑龙江省文化厅厅长贾宏图、副厅长刘经宇出席了开幕式并发表了重要讲话。科教处处长耿晓搬、图书馆处处长罗葆森和省文艺干校郑秀山校长也出席了培训班开学式。

〔**全省公共图书馆计算机应用工作会议**〕 于1999年4月24～25日在省文化艺术干部学校召开。针对黑龙江省图书馆自动化的现状与未来发展进行了深入研讨。会议由省文化厅图书馆处长罗葆森主持会议，与会代表各抒己见，气氛异常热烈。会议结束时，刘经宇副厅长就大家共同关心的ILAS技术推广、机器购置、软件选择、集成系统的应用、电子出版物、数据库建设及电子阅览室组建等七个方面的问题进行了认真总结。

〔**林口县读者协会成立暨首届读书研讨会**〕 于1999年8月27日上午在林口县图书馆召开。会上县委副书记杜乃新同志做了重要讲话，对图书馆成立读者协会和开展理论调研工作给予高度评价和充分的肯定，并对今后一个时期如何发挥读者协会的作用，以点带面，带动社会各界人士积极参与读书活动提出了好的建议，要求读者协会的全体成员充分发挥宣传引荐的作用，在全国范围内掀起读书活动的热潮。县委宣传部长王永德同志做了题为“努力办好读者协会，积极倡导读书活动”的发言。县委副书记杜乃新、副县长崔国贵，以及宣传部文体局和人大政协、妇联、共青团、教委等部门的领导出席了会议。

〔**省直文化系统举行“城对乡赠书工程”赠书仪式**〕于1999年12月23日上午9时在省图书馆主楼大厅举行。省政协副主席沈根荣、省文化厅厅长贾宏图、副厅长刘经宇出席了赠书仪式。省文化厅机关及直属的25个赠书单位的领导出席了赠书仪式。省文化厅图书馆处处长罗葆森主持了赠书仪式。贾厅长在赠书仪式上发表了即席讲话，号召全省文化战线积极行动起来，以此为契机，再掀文化下乡新高潮，为尽快提高黑龙江省农村广大人民群众的科学文化素质做出新的贡献。省图书馆作为省直单位的赠书接收站，十分重视这项工作，成立了由馆长王海泉、党委书记董绍杰任组长的领导小组，召开有关部门参加的会议，研究落实接收赠书及建站等工作，制定出开展该项活动的实施方案，确定了长期负责接受赠书的部门和工作程序，使支持农民读书，开展城对乡赠书工程工作走上持久、规范化的轨道。这次接受的有省图书馆、省歌舞剧院、革命领袖纪念馆等25家单位职工捐赠的3800册图书。这次活动对提高农民的科学文化素质，促进黑龙江省农村的两个文明建设具有特殊的意义。

〔**黑龙江省地市图书馆馆长暨图书馆学会秘书长、辅导部主任工作会议**〕　于2000年3月21～23日在大庆市召开。会议中心议题是：根据全省文化局长工作会议精神，围绕“图书馆年”、“城对乡赠书工程”、布置落实2000年全省图书馆工作及图书馆学会、辅导工作任务，总结交流工作经验。会议由省文化厅图书馆处罗葆森处长主持，刘经宇副厅长到会讲话，大庆市有关领导出席了会议。罗葆森处长代表省文化厅做了1999年全省公共图书馆工作总结及2000年全省工作安排；大庆市图书馆、绥化地区文管站分别代表本地区做了开展“城对乡赠书工程”的经验发言；哈尔滨市图书馆作为该省公共图书馆唯一的全国先进集体，在会上做了经验介绍。各地市图书馆代表在会上交流了各自过去一年的工作情况并为2000年设计了新的蓝图。由罗葆森处长代表省文化厅作的《关于开展‘图书馆年’做好工作的几点意见》（以下简称《意见》），将会议推向高潮。《意见》成为“图书馆年”、“城对乡赠书工程”可操作性的依据，深受代表好评。会上，省图书馆学会常务理事董绍杰同志代表省学会做了：“解放思想、实事求是，做好新世纪的学会工作”的讲话。省图书馆辅导部主任王丽云针对全省辅导工作，做了“配合事业发展中心任务，全面开展业务辅导工作”的讲话，并对全省2000年辅导工作进行了部署。与会代表分别就全省图书馆工作，学会、辅导工作进行了广泛的座谈与交流。刘经宇副厅长在闭幕会上作了总结讲话。他指出：中心馆工作有待加强，而辅导工作是中心馆工作任务之一，各馆要重视起来。在谈到学会工作时他强调：学会今后的重要任务是要加强学术研究，激发研究的活力，研究的课题要有很强的实践性。最后他谈到公共图书馆的经费问题时认为：总经费数量不少，但用于购书的经费十分有限，全年购书不足千册的单位有67个，书报费一分钱没有的单位有6个。形势严峻，办法是多种多样的，但积极争取购书费单列、专款专用，按程序申报争取政府的支持是十分重要的途径。

〔**黑龙江省图书馆新馆工程奠基仪式**〕　于2000年5月10日在哈尔滨市经济开发区长江路、华山路交汇处隆重举行。省委副书记省长宋法棠、省委常委宣传部部长刘东辉、省政府副省长王佐书、省政协副主席王谦、省人大科教文卫主任靳国军、省委宣传部副部长赵长青、市委副书记王华放等省市领导出席了奠基仪式。省委、省政府、省政协有关部门负责同志，省计委、省建委和哈尔滨市各有关主管部门的负责同志，设计、施工、监理单位的代表，省文化厅党组成员，省文化厅机关及直属各单位的代表和文化界知名人士，十余家新闻单位的代表，省图书馆学会常务理事，哈尔滨市及部分在哈高等院校图书馆馆长及省图书馆新老职工出席了奠基仪式。省图书馆新馆建设领导小组组长、副省长王佐书同志讲了话。宋法棠省长欣然为新馆奠基基石揭幕，出席仪式的省、市领导挥锹为新馆奠基。

〔**尚志市少儿图书馆**〕　于2000年6月1日正式开馆。尚志市市长何信在欢庆的鼓乐声中为少儿图书馆剪彩。开馆仪式由市文化局局长李盛发主持，市委副书记柳兴做重要讲话，哈尔滨市图书馆孙威副馆长到会祝贺。开馆仪式后，由少儿馆馆长隋惠珉陪同市委、市政府及各界领导参观了少儿图书馆。尚志市少儿图书馆建馆过程中，得到市财政投资15万元，同时吸收社会各界捐款共4万余元。目前，尚志市少儿图书馆馆舍面积为226平方米，藏书4.1万册，阅览座位48个实行全开架借阅，全年365天开馆，是哈尔滨市第一家县级少儿图书馆。

〔**黑龙江省全省图书馆文献分类编目业务培训班**〕于2000年9月11～26日在哈尔滨举行。来自省各基层公共图书馆、大专院校图书馆、企业图书馆的73名学员,经过14天认真紧张的学习,收到了较好的效果,取得了良好的成绩。省文化厅厅长贾宏图、副厅长刘经宇、社会文化图书馆处处长任艳芳等同志参加了开班式和结业式,并作了重要讲话。

上海市

〔**“长江口民俗文化信息网”会议**〕 于1999年1月11～12日在宝山区图书馆召开。参加会议的成员馆有上海的宝山区图书馆、崇明县图书馆,江苏的江阴市图书馆、靖江市图书馆、张家港市图书馆、南通市图书馆、常熟市图书馆、海门市图书馆、太仓市图书馆和启东市图书馆。这次会议的主要议题是长江口民俗文化数据库的建立及跨省市的十市(区、县)公共图书馆间的协作。与会的各馆馆长就组建长江口民俗文化数据库的重大意义与基本模式及实现文献资源共享与加紧实质性操作等问题展开了热烈的讨论,并取得了共识。会上由宝山区文化局局长朱芸芳向上海图书馆副馆长吴建中博士,复旦大学历史系主任顾晓鸣,上海市民俗协会秘书长仲富来颁发了顾问聘书。

〔**OCLC总裁访问上海图书馆**〕 OCLC新任总裁Jay Jordan于1999年3月31日访问上海图书馆。Jay Jordan在上海图书馆访问5个小时,参观了新馆的采编和读者服务部门,与馆领导进行了业务合作的会谈。尽管日程安排很紧凑,他仍然挤出2个小时为上海图书馆界作关于OCLC发展状况的专题报告。Jay Jordan说,OCLC是一个由成员馆共同管理的非赢利性机构,现9000多家成员馆选出60名代表组成成员馆委员会,成员馆委员会选举和聘任OCLC的董事。在历任的10位董事长中有8位担任过图书馆馆长。OCLC的目标是增进世界图书馆的合作,提高图书馆服务能力,降低信息服务的成本。OCLC于1978年成立了信息服务部门,10年多来,在如何开展信息服务的研究方面共投入1亿美元。1979年4月,OCLC开始馆际互借服务,平均每年进行馆际互借800多万次,10年累计互借文献8800万册(篇)。近年来,又开发了第一检索服务(FirstSearch Service)可通过Internet和联机检索80多个常用数据库,有多种全文文献的索取方式(联机全文数据库、电子期刊、复印传真)。Jay Jordan还介绍了OCLC最新开发的信息服务项目,电子图书馆系统软件包(SitcScarch)和网络信息资源合作编辑项目(CORC)。

〔**上海市“读书与再就业”研讨会**〕 于1999年6月2日下午在长宁区华阳街道办事处会议厅举办。市文化局党委书记郭开荣,中共长宁区委宣传部长王雅萍,长宁区副区长陈志林和全市公共图书馆界的代表、部分读者和专家学者出席了会议。市文明办、市总工会、市劳动局有关领导也应邀出席了研讨会。长宁区华阳街道党工委副书记陈雅华首先发言,就政府部门重视和支持社区图书馆,不断拓宽为再就业工程服务的活动领域作了介绍,并提出社区图书馆要发挥硬件与软件优势,关心、指导择业者,这既是再就业工作的重要组成部分,也是发展图书馆事业自身的需要。著名社会学家、上海大学教授邓伟志和市政府决策咨询专家、复旦大学教授顾晓鸣在研讨会上阐述了读书与再就业密不可分的关系,指出掌握现代化科学文化知识是实现自我价值、再筑人生之路的关键。市文化局党委书记郭开荣在研讨会上讲了话。他指出,贯彻落实江总书记关于“大兴勤奋学习之风”的号召,公共图书馆要充分发挥主阵地作用,在为社会为大众服务的过程中,要密切关心社会的热点问题和读者的需求。

〔**上海市公共图书馆行业规范服务达标活动评估汇报会**〕 于1999年7月12日在上海图书馆召开。市文化局党委副书记刘建在会上介绍了开展规范服务达标活动一年来的情况:全市177家图书馆先后投资2000余万元改善设施、美化环境;推出便民服务项目900余项;增设馆外服务点556个;图书馆服务的读者较上一年增加700余万人次。上海图书馆、杨浦区文化局、长宁区新泾镇图书馆在会上分别汇报了本单位、本地区开展规范服务达标活动的情况;社会督察员代表介绍了对部分图书馆明查暗访的情况;规范服务达标领导小组副组长吴建中宣布了社会督察员对图书馆达标工作的抽查结果和上海市城乡经济调查队的调查结果。会议由市文明办副主任陈振民主持,市委宣传部副部长、市文明办主任许德明和规范服务达标领导小组组长、市文化局党委书记郭开荣在会上讲了话,要求大家进一步提高对达标工作意义的认识,总结经验,形成长效管理机制,进一步强化社会监督,落实“读者第一”的服务规范,树立行业新风。会议要求读者满意率低于85%的少数图书馆制定限期整改措施。出席会议代表有近300人。

〔**上海市振兴中华读书活动经验交流会**〕 于1999

年8月10日在上海图书馆报告厅举行。会议表彰了1997至1998年度的读书活动先进集体和个人，会议由市委宣传部副部长尹继佐主持，市委常委、宣传部长金炳华等领导同志出席会议。市委副书记，市读书指导委员会主任龚学平同志在会上作了重要讲话。他号召全市人民高举邓小平理论伟大旗帜，站在揭批法轮功的最前列，深入开展读书活动。要加强领导和指导，工会配合，加大投入，提高宣传力度。把读书活动与提高市民素质结合起来，与再就业工作结合起来。

〔**上海'99电子出版物展示会**〕 于1999年12月15～18日在上海图书馆目录大厅开展。来自全国各地的31家出版单位展示了1000多种最新的电子出版物，通过现场演示，电子出版物成为广大读者的新宠。上海市新闻出版局局长孙颙、上海图书馆党委书记王鹤鸣为展示会开幕剪彩。图书馆电子文献资源建设研讨会在上图多功能厅举行，京、沪两地的专家就电子出版物的编目、知识产权、开发利用及发展前景等问题作了精彩发言并接受听众现场提问，场面气氛热烈，听众得益匪浅。展示会还举行了"我最喜爱的电子出版物"有奖评选活动。

〔**区县图书馆馆长会议**〕 于2000年3月16日在上海图书馆召开。会议研究贯彻落实市文化局2000年公共图书馆工作计划及由上图业务处负责区县馆业务辅导工作事宜。会议商讨人员培训、新书联合目录数据库建设、数字化图书馆建设等工作。3月29日区县馆长及技术人员观看了已上网图书馆的网页和上海市文献资源共建共享协作网网页，对互相利用网络资源取得共识并探讨了某些技术问题。

〔**数字图书馆建设学术研讨会**〕 于2000年4月6～8日在上海同济大学举行。研讨会有8位代表作了大会发言。与会代表在讨论中指出，数字图书馆为中国图书馆提供了更为广阔的生存空间，它不仅改变了图书馆文献信息的存储形式，而且也改变了图书馆的服务方式，数字图书馆建设已经成为关系到我国图书情报事业发展方向的重大课题，各馆应结合本馆的实际情况，积极参与到我国数字图书馆整体建设中去。会议期间，代表们参观了上海图书馆、同济大学图书馆和上海第二医科大学图书馆。代表们还饶有兴趣地观看了数字图书馆模型及产品演示会。来自北京、广东、山东、陕西、山西、河北、浙江、云南、海南和上海等地的100多位代表出席了研讨会。

〔**2000年上海市文献资源共建共享工作会议**〕 于2000年6月21日在上海图书馆隆重举行。上海市副市长周慕尧、市政府副秘书长殷一璀和市委宣传部副部长方全林等领导参加了会议，来自本市高校图书馆、科学院系统图书馆、区县公共图书馆和情报（信息）所等70多个单位共180余人出席会议。会议由市政府副秘书长殷一璀主持。首先，上海图书馆马远良馆长介绍了上海市文献资源共建共享工作1999年总结和2000年计划；接着，上海市副市长周慕尧开通了"上海市文献资源共建共享协作网"网页并为协作网"开放研究室"揭牌，上海图书馆吴建中副馆长演示了新开通的"上海市文献资源共建共享协作网"网页，上海交通大学图书馆陈兆能馆长和上海市文化广播影视管理局刘建副局长分别在大会上发言；最后，上海市副市长周慕尧对上海市文献资源共建共享作了重要讲话。

〔**国内首次Doblin Core研讨会**〕 于2000年6月23～25日在上海图书馆举行。OCLC学院执行院长Erik Jul博士和OCLC研究员、美国俄亥俄大学图书馆名誉馆长李华伟博士专程来沪，为研讨会作了学术讲演。国家图书馆、南京图书馆和浙江、福建、湖南、山西、陕西等公共图书馆，北大、清华、复旦、上海交大、华东师大、四川大学等十余所高校的图书馆或图书馆学系、计算机系，中国社科院、上海、福建等社科文献情报中心，以及东道主上海图书馆与上海地区文献资源协作网举办的首届"图书情报高级研修班"的28名学员也参加了这次研讨活动。作为数字图书馆基础建设重要内容之一的Dublin Core，是研讨会的另一热点。Erik Jul详细介绍了Metadata（元数据）的产生、原理、特点、类别及共性等，并阐明了OCLC在资源组织整序领域引入元数据的意义。上海图书馆副馆长吴建中博士进一步解释了元数据的描述格式和都柏林核心的基本原则。并着重介绍了文献组织与整序活动中的MARC与Mctadata的差异和联系等，引起到会者的极大兴趣。作为CORC（合作联机资源目录）实验室在中国大陆的唯一参与单位上海图书馆的代表，在研讨会上作了元数据编制应用的实例演示；清华大学计算机系和图书馆的代表在交流中分别介绍了该校应用元数据于数字建筑图书馆设计与工作的过程，并以动画形式行动地演示了古建筑结构；国家图书馆的代表介绍了在数字化图书馆和都柏林核心等领域的研究进展；南京图书馆、中欧工商学院图书馆等多个单位的代表也分别介绍了各自在数字化图书馆建设、OCRC 应用等方面的实践与体会。

〔**文献资源建设研讨会**〕 于 2000 年 9 月 13 日召开。文献资源是图书馆为读者服务和开展信息研究最基本的要素，是图书情报工作的基础和生命线，正确认识、准确把握上海馆的定位和发展方向，是搞好文献资源建设，优化文献资源配置的重要环节。上海图书馆文献资源建设的总体要求是：统一规划、统一实施、统一协调、统一规范，在现有的资金、设备和人力资源基础上，努力收集数量多、质量好、针对性强、利用率高、深受用户欢迎的文献资源，并需具有广泛性、完整性、系统性和实用性，形成独有的馆藏文献信息特色。

〔**HORIZON 中国用户协作网成立大会暨第一届年会**〕 于 2000 年 9 月 21～22 日在上海图书馆举行。这次会议由上海图书馆、上海交通大学图书馆和复旦大学图书馆共同组织发起，来自 Horizon 系统的国内用户、代理商、国外开发商、用户协会等 12 个单位的 42 名正式代表参加了本次会议。参加会议的单位还有太原理工大学图书馆、华南理工大学图书馆、南大—霍普金斯大学中美研究中心图书馆、浙江大学图书馆、上海大学图书馆、上海市委党校图书馆、长江集团金鑫公司、澳大利亚用户协会、Epixtech 公司。

〔**把‘我的图书馆’送入千家万户共建协议**〕 于 2000 年 12 月 26 日在上海图书馆隆重签约，上海市委副书记龚学平、市委宣传部部长殷一璀、副市长周慕尧等领导出席了签约仪式。“互动电视把‘我的图书馆’送入千家万户”由上海图书馆与上海有线电视台合作建设，是提高上海城市信息化水平、促进计算机网和有线电视网融合的重要举措。它以互动电视的形式，通过大容量的有线电视网，把上海图书馆丰富多彩的数字化信息资源，直接送入居民家中，为全市居民提供个性化的服务。这个项目符合信息产业和文化产业发展的方向和要求，能大大提高江苏省图书馆的服务水平。

江 苏 省

〔**连云港市图书馆召开高层读者座谈会**〕 1999 年 2 月 12 日，连云港市图书馆邀请了部分大专院校老师、企事业单位工程师、经济师及机关公务员等高层读者召开座谈会，就加快连云港市发展，应如何熔铸连云港精神，图书馆人微言轻，如何成为宣传思想工作的重要阵地，在全市两个文明建设中应如何发挥应有的作用等议题展开了热烈的讨论。与会高层读者一致认为，要加快连云港的发展，必须进一步解放思想，抢抓机遇，百折不挠，努力赶超，人人为树立连云港形象增光添彩，图书馆作为市宣传思想工作的主要阵地之一，尽管馆舍狭小，但在发展先进文化，开展科学知识、科学思想、科学方法、科学精神教育方面所发挥的作用是不可低估的。

〔**“图书馆自动化建设”培训班**〕 于 1999 年 3 月中、下旬在南京市举办。主要内容有：计算机软、硬件基础知识、Internet 基础知识及上网指导，Windows95，Office97 等常用软件介绍，图书馆自动化系统构建及电子图书馆展望等。来自全市各基层图书馆的近 80 名工作人员参加了学习。

〔**江苏省高校图书馆馆长会议**〕 于 1999 年 3 月 25～27 日在南大图书馆召开。会议的中心议题是：总结 1998 年全省高校图书馆工作；研讨 1999 年全省高校图书馆工作计划；表彰全省优质文明服务先进集体和先进个人。会议围绕省教委主持的《江苏省高校文献信息保障系统建设》工程，推动全省高校图书馆的整体化建设，力争在年内基本建成江苏高校共知、共建、共享的文献保障网络进行了讨论。江苏省教委副主任葛锁网、南京大学校长助理兼图书馆馆长张异宾教授、中国科学院文献情报中心主任徐引篪、江苏省图书馆学会秘书长王学熙、南京金陵图书馆名誉馆长周志华等出席会议并讲了话。葛锁网主任在会上向全省高校文献信息保障系统所属 8 个学科文献中心和采编中心授牌；宣读了对全省高校图书馆优质文明服务评比的先进集体和先进个人名单；并针对目前全省教学改革和图书馆的发展形势作了重要讲话。来自全省 78 所高校、公共、部队和成人管理院校的图书馆参加了会议。

〔**美国加州洛杉矶郡立地方图书馆馆长沈心康女士在盐城讲学**〕 1999 年 6 月 24 日晚，来自大洋彼岸美国加州洛杉矶郡立地方图书馆馆长沈心康女士应邀主讲美国图书馆的概况及其特色。市图书馆、驻盐城高校、中专校图书馆界的领导和同行 80 余人听取了沈心康女士演讲。

〔**镇江市乡镇图书馆经验交流暨学术报告会**〕 于 1999 年 11 月 25 日在丹阳图书馆召开。丹阳市窦庄、里庄文化站以及扬中兴隆、西来文化站的代表在会上交流了各自的办馆经验。会议特邀江苏省图书馆学会秘书长王学熙研究馆员到会做学术报告。来自一市四县的部分文化局领导、部分文化站长和图书管理员代表及市(县)馆馆长等40人出席了会议。

〔**2000年省高校图书馆馆长年会**〕 于2000年3月27～28日在南大召开。代表们听取了省高校图工委及其所属各专业委员会所作的1999年工作小结和2000年工作计划(提纲)的报告;听取了东南大学图书馆馆长计国君作的"关于图书馆服务模式和改革"的报告。会议研究确定了2000年主要任务:在文献资源和硬件设备基本配置到位,并经过1999年调试和运行的基础上,进一步抓好技术创新和体制创新,全面推动全省高校文献资源的共知、共建和共享,实行较大范围的联机联合目录工作,大力开展网上互借服务,在全省初步形成整体化建设目标中的虚拟图书馆网,为全省高校21世纪现代化图书馆的宏伟目标打下坚实基础。60多所高校图书馆馆长参加了会议。

〔**连云港市首届全民读书节**〕 于2000年4月14日拉开了帷幕。历时两个月的连云港市首届全民读书节,旨在进一步贯彻落实江泽民总书记"关于在全社会倡导人们多读书,大兴勤奋学习之风"的指示精神,提高全体市民的思想道德和科学文化素质,增强对愚昧迷信和伪科学的识别和抵制能力,推动"科教兴市"战略的顺利实施。读书节的主要活动内容有:在全市开展"好书伴我行"活动,倡导每个人读一本好书;举办全市征文活动;举办读书演讲、朗诵、故事会,并评选出全市"读书状元"和"十大藏书状元"等。副市长、市读书节领导小组组长冯义出席了会议,并就深入开展群众性读书活动提出了要求。

〔**省辖市图书馆馆长暨辅导工作会议**〕 于2000年4月12～13日在盐城射阳县召开。会议由南京图书馆研究辅导部主持。这次会议的主要内容是:通报南京图书馆2000年工作要点及各省辖市馆交流2000年工作计划。南京图书馆党总支书记、常务副馆长马宁同志在会上作了发言。会上,各市馆就今年的工作计划进行了充分的交流。扬州、连云港、宿迁等馆还就如何克服经费困难,深化读者服务工作,开展特色展览和各种读书活动交流了各自的做法。南京图书馆研究辅导部和省图书馆学会在会上分别通报了2000年辅导工作的思路、计划和省学会2000年的活动安排,南图文献信息部就重点抓好江苏省公共信息网建设工作、数据库开发和远程信息服务等工作在会上作了交流;南图技术部吴政同志就全省图书馆自动化建设、图书馆自动化硬件软件的选择、数字图书馆的发展及自动化技术人才等问题作了发言。南京图书馆馆长助理许建业同志在会上组织与会代表讨论了由南京图书馆提出的《关于共同建设江苏地方文献数据库的建设》和《关于建立江苏省公共图书馆信息交流和〈江苏图书馆学报〉发行办法的意见》。来自全省12个省辖市馆(除淮阴市馆外)的馆长及辅导部主任共33人参加了会议。

〔**淮阴市公共图书馆馆长工作会议**〕 于2000年4月20日在淮阴市召开。市局、市馆负责同志及市属各县(市)公共图书馆馆长出席了会议。会议传达了全省地级市图书馆馆长会议的精神。各县、市图书馆馆长汇报了1999年度工作,提出2000年工作计划,交流了工作中的难题和经验,对现阶段图书馆工作的特点,手段进行了讨论。最后,市文化局马庆伦局长就淮阴市公共图书馆的总体发展发了言。

〔**泰州市公共图书馆馆长会议**〕 于2000年5月11～12日在市图书馆召开。会上传达了省图书馆馆长暨辅导部主任会议精神,各馆交流了上半年工作情况并就自动化管理、资源共享和征集有特色的地方文献等问题进行了讨论和研究,提出了可行性意见。市文化局领导出席了会议并讲了话。

〔**靖江市少儿图书馆落成开放**〕 2000年6月10日上午,靖江市少儿图书馆落成开放。它是苏北第一家多功能县级少儿图书馆,总面积为1480平方米,内设游艺部、借阅部、电子部、培训部。靖江市领导为少儿图书馆揭牌。靖江市常委、宣传部长苏增跃在典礼上发表了热情洋溢的讲话,他希望少儿馆的全体同志要大兴学习之风,强化服务意识,拓宽活动内容,以一流的环境、一流的设施、一流的服务,争创一流的社会效益和经济效益。文化部社文司、省文化厅社文处、上海市少儿图书馆、南京图书馆等省内外200多个单位向靖江市少儿图书馆发来贺电和贺信。南京图书馆、泰州市文化局、泰州市图书馆等100多个单位代表参加了落成典礼。

〔**盐城公共图书馆馆长会议**〕 于2000年7月27日在盐城市图书馆召开。文化局社文科陈培琪科长首先传达了《关于印发〈盐城市2000年实施"知识工程”工作计划〉的通知》精神，他就今年下半年重要读书活动“家庭读书征文”、“读者喜爱的图书馆”评选，十二月份“全民读书月”以及图书馆系列业务考评工作等作了具体部署。市图书馆副馆长管家龙、孔梅芳同志分别组织讨论了江苏省文化厅《关于下发〈江苏省公共图书馆事业“十五”发展纲要(征求意见稿)〉的通知》和盐城市文化局《关于印发〈盐城市文化事业“十五”发展计划(征求意见稿)〉的通知》。黄兴港同志传达了7月初南京图书馆在吴江召开的省辖市馆辅导部主任会议精神。之后，市、县图书馆馆长分别进行了特色工作的经验交流。盐城市馆副馆长管家龙同志在会上作了题为《在创新思想指引下，努力抓好各项工作》的书面发言，介绍了盐城市馆在江总书记“创新”思想的指引下，坚持“创新”思想，突出“创新”意识，实施“创新”策略，所走出的一条适合盐城市实际情况的“创新”之路。最后，市图书馆副书记、副馆长管家龙作了小结。

〔**江苏省高校文献信息保障系统文献资源建设专家组及馆长联席会**〕 于2000年9月25～26日在南京大学图书馆举行。会议主要内容是小结JALIS一期工程的工作，研讨二期工程建设的总体思路。会议期间，JALIS建设领导小组成员、项目建设管理中心副主任杨克义同志介绍了中国高等教育文献保障系统(CALIS)专家组4月份考察美国图书情报界的有关情况。JALIS管理中心及8个文献中心的代表汇报了一期工程的工作。专家组成员及各位馆长对二期工程的建设方案，主要对是否再扩大建立几个学科，怎样抓好服务工作，以及是否建立熔化图书馆基地或示范系统及如何加强对务中心的管理，经费预算等问题进行了认真热烈的讨论，并取得了共识。

〔**文化部部长孙家正视察苏州市图书馆新馆**〕 文化部部长孙家正于2000年10月1日下午，在苏州市委书记梁保华陪同下，视察了正在建设中的苏州市图书馆新馆，苏州市文化局局长高福民和苏州市图书馆馆长张欣分别汇报了新馆建设总体情况和工程进展及功能、布局等情况。孙家正部长实地视察了新馆设施。孙部长充分肯定了苏州市委、市政府高度造福文化设施，腾出最好地段，建设一流的现代化图书馆，为市民服务的做法。孙部长希望把苏州市图书馆新馆建设成为一流水准、一流环境、一流设施的现代化多功能的图书馆。

〔**2000年南京市第四次公共图书馆馆长例会**〕 于2000年12月22日在鼓楼区图书馆召开。南京市文化局文化处周新民调研员、金陵图书馆马恒东馆长、严峰副馆长及15所区县馆长参加了会议。会议主题是区县公共图书馆特色文献信息资源的建设。严峰就会议的议题首先发言。随后各区县馆长就此交流了各自的做法及想法。

〔**姜堰市图书馆新馆落成开放**〕 2000年12月28日，新落成的姜堰市图书馆正式对外开放。姜堰市地处苏北老区，属经济欠发达地区，近年来，市委、市政府的领导注重精神文明建设，于1996年立项建设新图书馆大楼。根据文化部县级一级馆2500平方米的要求，新馆总面积3845平方米，框架结构局部六层，由上海复旦大学设计，造型别致，风格独特，结构合理。市财政克服重重困难，投资三百四十万元，历经四年。

浙　江　省

〔**浙江图书馆送文化下乡**〕 1999年2月5～6日，浙江图书馆组织文化下乡小组到淳安县赋溪乡开展文化下乡活动。浙江图书馆共送去图书2000册，计算机两台，并在贫困山区赋溪乡举行了图片展览，受到该乡人民的热情欢迎。这次活动是根据省文化厅的安排进行的。

〔**文化部部长孙家正视察浙江图书馆**〕 1999年3月19日，文化部部长孙家正和副部长孟晓驷在浙江省文化厅厅长沈才土等陪同下参观视察浙江图书馆曙光路新馆。

〔**公共图书馆信息化建设讲习会**〕 于1999年4月19～23日在杭州举办。由全国知名学者袁明敦、朱强、沈迪飞、张森讲课。全省公共系统图书馆及地市级(县)馆馆长、技术部负责人共90人参加听讲。这次会议是由浙江省文化厅举办。

〔**全省高校图书馆工作会议**〕 于1999年4月25～26日在金华召开。41所院校的50多位馆长出席会议。会议总结了1998年的工作，部署了1999年的计划，并为获一二三等奖的85位优秀论文作者颁奖。上海图书馆副馆长吴建中应邀到会作报告。

〔**国际图联主席访问浙江图书馆**〕 1999年5月11～12日，国际图联主席克丽斯廷·钱斯伯斯女士在上海图书馆副馆长吴建中的陪同下参观访问了浙江图书馆曙光路新馆和孤山古籍部。

〔**杭州少年儿童图书馆新馆试开馆**〕 1999年6月

1 日，杭州少年儿童图书馆新馆试开馆。毛昭晰、沈敏、马时雍、陈重华、徐兆骥、程炜等领导同志和少年儿童读者代表百人参加了隆重的试开馆仪式。杭州少年儿童图书馆新馆的建设，从 1997 年 12 月 31 日奠基日起，历时 2 年，作为杭州市重点工程，作为杭州市精神文明建设的重要工程，新馆建设始终得到市委、市府及社会各界的关心和支持。杭州少儿图书馆的历史可追溯到 1928 年。当时它是浙江省图书馆的儿童阅览室。几经变迁，于 1982 年 1 月独立建制，正式成立杭州少年儿童图书馆。新馆的建成开放，标志着现代化的少儿图书馆从这里开始。它在杭州市少儿图书事业发展的历史上写下了浓重的一笔。新馆建筑面积 5482 平方米，北依宝石山，东邻浙江图书馆。新馆藏书 30 万册，采用借阅一体的方式，有各类图书借阅室、报刊借阅室、连环画、小册子借阅室、玩具天地、多媒体阅览室，自修室、报告厅、少儿文化交流展示厅、多功能厅等。新馆采用智能化综合布线，先进的电子设备和自动化系统以及藏阅结合的服务方式，体现了 21 世纪少儿图书馆的发展水平。

〔省作协副主席汪浙成向浙图捐赠手稿〕 1999 年 6 月 18 日，浙江省作家协会副主席、一级作家汪浙成和浙江省作家协会秘书长、一级作家陈军向省市图书馆界和读者代表分别作学术报告。汪浙成还向浙江图书馆捐赠了获奖作品《苦夏》的手稿。此手稿将作为珍品由浙图永久性收藏。

〔浙江省省委书记张德江视察浙江图书馆〕 1999 年 8 月 8 日，省委书记张德江在省文化厅厅长沈才土、省文物局局长鲍贤伦等陪同下，视察了浙江图书馆。在听取馆领导的汇报后对浙江图书馆的工作给予充分的肯定，并为浙江图书馆题词："浙江文明窗口，群众自修大学。"

〔省委省政府领导周国富、吕祖善视察浙江图书馆〕 1999 年 9 月 10 日，常务副省长吕祖善在文化厅连晓鸣副厅长的陪同下视察浙江图书馆，浙江图书馆党总支书记侯晓玉、副馆长王效良陪同参观。9 月 17 日，省委副书记周国富视察浙江图书馆。周副书记、吕副省长先后视察了浙图新馆目录大厅、总出纳台、检索区域、自修室、中文报纸阅览室、中文现刊阅览室和中文文学阅览室。程小澜馆长、侯晓玉总支书记陪同周副书记参观。在程馆长作了详尽汇报后，周副书记对浙图现代化的服务模式和布局、工作人员的工作状况以及具有社会效益的展览与活动表示赞赏。

〔现代图书馆管理与服务讲习班〕 于 1999 年 9 月 13～15 日在浙江大学图书馆举行。前来讲学的专家有：国家图书馆副馆长、中国图书馆学会副理事长孙蓓欣研究馆员，美国俄亥俄大学图书馆馆长李华伟教授，台湾政治大学图书馆馆长胡欧兰教授，香港岭南大学图书馆馆长冼丽环教授，美国罗格斯大学工程情报专家吴康妮副教授，台湾政治大学图书资讯学研究所所长杨美华教授。参加讲习者约 70 余人。

〔浙江大学图书馆五校区集成管理系统正式开通〕 1999 年 10 月 20 日，浙江大学图书馆五校区集成管理系统正式开通，这一由引进 Horizon 系统和国产一卡通系统共同构成的系统采用当前国际上网络—计算机技术通行的 Client/Server 体系结构，能支持多校区多分馆运行、多种条码兼容和二次开发，具有良好的用户界面。浙江大学图书馆五校区集成管理系统开通后，该馆可以实现五校区图书的通借通还和图书馆业务的统一管理，全校师生只要持 IC 卡入馆，即可获得图书馆提供的各种服务。

〔浙江图书馆新馆试开馆一周年座谈会暨资源共享协议签字仪式〕 于 1999 年 12 月 24 日召开了读者座谈会。省文化厅领导郑永富、尤炳秋以及 60 多位读者代表出席了座谈会，他们当中有数十年如一日关心和利用浙江图书馆的老读者，也有风华正茂的年轻人，有德高望重的老专家老教授，也有普通的劳动人民。他们对新馆试开馆一年来的成绩给予了充分的肯定，同时也提出恳切的希望与建议。12 月 26 日，浙江图书馆召开新馆试开馆一周年座谈会暨资源共享协议签订仪式。省委宣传部副部长何福清、省文化厅厅长沈才土、省作协主席叶文玲、浙江大学校长潘云鹤以及省科委、省作协领导、部分两院院士、省市作家协会的作家代表、新闻界的代表、读者代表。会议由省文化厅副厅长沈敏主持。程小澜馆长汇报了试开馆一年来的工作。浙江图书馆向两院院士颁发顾问证书。然后，浙江图书馆、浙江大学图书馆、浙江省科技情报研究所签订资源共享协议书，规定凡在三方之一的单位办理借书证的副高以上职称或博士研究生的人员可凭借书证与身份证至三方任何一方面的阅览室进行阅览。

〔全国政协主席李瑞环同志视察浙江图书馆〕

2000年2月23日上午,中共中央政治局常委、全国政协主席李瑞环在浙江省委书记张德江,省委副书记、省长柴松岳,省政协主席刘枫,杭州市委书记李金明,杭州市长仇保兴,浙江省文化厅长沈才土等人的陪同下,视察了浙江图书馆新馆。

〔**中共中央宣传部部长丁关根同志视察浙江图书馆**〕 2000年4月21日下午2时10分,中共中央政治局常委、中央书记处书记、宣传部部长、全国精神文明建设委员会主任丁关根同志、宣传部副部长徐光春同志在浙江省委书记张德江,省委常委、宣传部部长李从军,副部长何福清,省委办公厅副主任、副秘书长张曦,省文化厅厅长沈才土等人的陪同下,驱车来到浙江图书馆新馆视察。

〔**绍兴图书馆新馆开馆**〕 2000年5月8日新落成的绍兴图书馆新馆开馆。全国人大常务委员毛昭晰、文化部社文图书馆司图书馆事业管理处处长刘小琴、浙江省文化厅副厅长沈敏、浙江图书馆、各地市图书馆负责人,各界来宾共100多人出席了开幕式。新馆面积12000平方米,投资5500万元,可藏书100万册。

〔**庆祝百年馆庆学术报告会**〕 于2000年5月22日在浙江图书馆召开。由获奖作者报告研究成果,省文化厅社文图处尤炳秋处长和馆领导向获奖作者颁发了奖励证书。为庆祝百年馆庆,1999年8月起浙江图书馆在全馆开展了馆庆征文活动,共收到征文29篇,经馆学术委员会评定,有12篇论文分别获一、二、三等奖。

〔**宁波市首届农民读书节**〕 于2000年8月15日在慈溪市桥头镇开幕。这次农民读书节开展了评选"宁波市十佳农民读书之星"、开展"农家书语"征文比赛、拍摄了电视专题片"书写人生"和举办了阅览广场等多项活动,得到了农民群众热忱响应和积极参与。参与这次读书节各项活动的群众达20万人次。

〔**浙江省第九届市级公共图书馆馆长联席会议**〕于2000年10月9~12日在丽水召开。会上馆长们就图书馆管理与改革及乡镇图书馆工作两个主题进行了热烈的讨论。省文化厅副厅长沈敏、浙江图书馆馆长程小澜及全省各市级馆馆长共三十多人参加了会议。

〔**浙江图书馆百年馆庆暨新馆正式开馆和21世纪公共馆馆长论坛活动**〕 于2000年11月18~21日举行。内容包括百年馆庆典礼、百年馆史展览等。同时,文化部社会文化图书馆司和省文化厅在浙江图书馆举办了"21世纪公共图书馆馆长论坛"活动。中共浙江省委书记张德江,浙江省省长柴松岳,浙江省人大常委会主任李泽民,浙江省政协主席刘枫,副省长鲁松庭,全国人大常委毛昭晰,全国政协常委沈祖伦,全国政协委员孙家贤等出席了庆典仪式。中国图书馆学会理事长徐文伯,中国图书馆学会常务副理事长、国家图书馆副馆长周和平,文化部社会文化图书馆司司长陈琪林、副司长周小璞,国际图联执行委员、德国柏林地区中央图书馆总馆长克劳迪亚·卢克斯女士,新加坡国家图书馆管理局总裁谢德谦先生,澳门中央图书馆馆长邓美莲,台湾汉学研究中心前主任王振鹄,美国华人图书馆员协会理事长曾程双修女士,还有在杭院士,省市有关部门的领导,公共、高校、科研系统图书馆界的同行及读者代表等一千余人出席典礼。中国图书馆学会,国家图书馆,上海、天津等省市公共图书馆,北大、清华、香港大学等高校图书馆,联合国教科文组织,美国、英国、俄罗斯、瑞典、古巴、奥地利、加拿大等国国家图书馆和专业团体发来贺信、贺电。庆典仪式由浙江省文化厅厅长沈才土主持。浙江图书馆馆长程小澜介绍了浙江图书馆百年历史和成就以及新馆试开馆以来的工作情况。省委副书记李金明代表省委、省政府发表热情洋溢的讲话。徐文伯和克劳迪亚·卢克斯分别代表文化部、中国图书馆学会和国际图联致贺词。读者代表中科院院士沈之荃讲了话。省委副书记李金明对浙江图书馆给予高度评价。浙江图书馆创建至今,在几代图书馆工作人员的艰苦努力下,履行了文明窗口、知识宝库、信息枢纽、智力源泉和终身学校的职能,作出了保存文献、传承文明、启迪民智的重要贡献,为科教兴省,推动浙江两个文明建设,发挥了重要作用。百年馆史展览图文并茂,实物陈列较多,充分展示了浙江图书馆走过一个世纪的风雨历程,也由此昭示了中国公共图书馆艰辛的发展史。文化部社会文化图书馆司和省文化厅在浙江图书馆举办了本世纪我国公共图书馆最后一次重要联欢会——"21世纪公共图书馆论坛",邀请国内外图书馆馆长、专家、学者共同研讨图书馆事业的改革与发展,二十余位学者专家发表了演讲。

〔**浙江省三大图书情报机构共建共享数字化文献资源**〕 2000年12月26日上午,浙江图书馆、浙江大学图书馆、浙江省科技情报研究所在浙江图书馆展览厅签订“数字化文献资源共建共享合作协议书”，并开通“数字化文献资源共享网”。出席签约和开通仪式的有：浙江省副省长鲁松庭，浙江省文化厅、浙江大学、浙江省科技厅、浙江省教育厅的领导，在杭两院院士，有关图书情报机构的领导及读者代表等150余人。三方通过合作，共同建设有特色的数字化资源数据库，建立数字化资源的联合目录，合作引进浙江省急需的大型数据库，三方的读者在规定的范围内可以利用对方的数字化资源，建立联合信息咨询网络。通过三方的合作，将为全省文献资源共建共享积累经验，为数字图书馆的建设创造条件。文献资源的共建共享将为信息高速公路提供更多更丰富的信息资源，为广大读者提供更好的信息服务。

安 徽 省

〔**安徽省公共图书馆馆长再教育培训班**〕 于1999年6月16～20日在合肥举办。由沈阳东北大学阿尔派软件股份有限公司工程师薛松主讲了辽宁省图书馆向数字化图书馆发展的现状，并做了系统演示及介绍；听取了上海图书馆副馆长、上海市图书馆学会秘书长吴建中博士关于《21世纪图书馆新论》的学术演讲；以及中国科技大学图书馆馆长黎难秋研究馆员关于《未来图书馆信息工作预测》的报告。会议还传达了国家图书馆关于在全国图书馆开展文献资源共享的工作等有关文件精神。来自全省公共图书馆馆长、副馆长五十余位参加了培训。

〔**安庆市图书馆纪念建馆50周年活动**〕 于2000年3月10～11日举办。在“纪念安庆市图书馆建馆五十周年大会”上，汪新文代表市图书馆作了工作报告，回顾了安庆市图书馆建图书馆五十年来的发展历程。五十年来，安庆市图书馆的馆藏建设不断丰富，服务手段日趋现代化。安庆市图书馆锐意进取，开拓创新，已成为安徽省规模较大的省辖市公共馆之一。安庆市市委副书记张世云在大会讲了话。“未来图书馆的发展和变革”专题学术研讨会上，代表们就未来图书馆的发展趋势，进行了热烈讨论。大家畅所欲言，学术气氛浓厚。谢阳群博士还向与会代表介绍了国外图书馆的发展动态，梁垣祥秘书长作了总结发言。最后，市文化局副局长、市图书馆学会会长罗旺盛宣布了市学会改选情况，并对今年的学会工作作了具体布置。与会代表还聆听了北京大学信息管理系主任吴慰慈教授作的题为《网络和信息资源共享》的专题学术报告。他向与会同志介绍了网络对图书馆的发展的巨大促进作用，提出了“网络图书馆”这一新概念，分析了数据库建设、信息资源管理的现状和存在问题。来自北京、全省各地、全市8县及各系统图书馆的专家、学者100多人参加了纪念活动。

〔**中专图书馆计算机管理培训班**〕 于2000年6月12～22日举办。此次办班得到了省图书馆的大力支持。授课内容有：《中图法》第四版使用说明、中国机读目录格式著录说明、计算机网络化知识、图书馆应用软件的使用说明与维护等4门课程。学员们认真听课，共同研讨、提高了自身的业务素质。省图书馆由阚华、武巍泓两位老师授课，省计算机函授学院、北京息洋软件公司的老师也前来讲学。来自全省中专图书馆的管理人员30余人参加了培训学习。

〔**“21世纪图书情报与知识经济”研讨班**〕 于2000年6月27～30日在合肥举行。此次研讨班特邀了华东师大信息学系主任范并思教授，东南大学图书馆馆长计国君教授，安徽大学图书情报管理学院副院长谢阳群教授以及省图书馆学会秘书长梁垣祥研究馆员就知识经济、世纪之交图书馆学的热点、图书馆事业发展与改革思路进行了专题讲座。通过研讨学习，使全体学员开阔了眼界，转变了观念，促进了业务素质的提高。

〔**蚌埠地区图书馆专业技术人员继续教育培训班**〕 于2000年8月7～11日在蚌埠市举办。这期培训班特聘请省图书馆武巍泓同志主讲《图书分类》，市图书馆馆长孟庆杰、飞行学院图书馆馆员陆璐分别作了《21世纪图书馆发展趋势》和《图书馆现代化技术》的专题讲座，并进行考试、考核，均取得了省文化厅颁发的《安徽省图书馆专业技术人员继续教育证书》。学习结束后组织部分学员去上海图书馆参观考察，每位学员受益匪浅。来自市属三县及各高校、军校、科研、教育等系统图书馆专业技术人员97人参加了这期培训班。这次培训班是由省图书馆和蚌埠市图书馆联合举办的。

〔**安徽省首家县级图书馆多媒体阅览室**〕 于2000年11月8日在五河县图书馆正式开放。五河图书馆是1994年被文化部首批命名的三级公共图书馆，在为读者服务、为社会服务、为全县两个文明建设服务方面做出显著成绩，先后被文化部、省文化厅、市文化局和县委、县政府多次评为先进集体。围绕如何更好地为读者服务、为全县两个文明建设服务动脑筋、想办法。为适应读者和社会发展的需求，为跟上知识经济和信息化发展的步伐，馆领导班子发动全馆 9 名职工，自筹资金 6 万余元，购置了 12 台电脑开办了多媒体阅览室，经过近一个月试运行，接待读者 1500 人次，提供了大量的科技信息，受到领导和社会的广泛赞赏。五河县委书记朱勇、县人大主任孙发干和专程赶赴五河指导工作的蚌埠市图书馆领导及读者代表 100 多人参加了多媒体阅览室的剪彩开放仪式。

〔**黄宗忠教授应邀来皖作学术报告**〕 2000 年 11 月 17 日，应阜阳师范学院邀请，前武汉大学情报学院副院长、《图书情报知识》主编黄宗忠教授来皖作了“今日的中国图书馆”为主题的学术报告会。黄宗忠教授结合国内外图书馆界发展情况，重点从三个方面谈了我国图书馆现状和未来趋势。首先，从怎样看待我们的图书馆问题出发，既指出传统图书馆弊端与不足，又指出现代图书馆在网络化、数字化发展上的制约因素。其次，客观地指出未来图书馆走向应是多种结构并存的混合型图书馆模式，具体表现为：传统图书馆与数字图书馆相互并存；传统文献与新型载体并存互利；传统技术与新技术共存互补。最后就面临迅速发展的信息时代，对图书馆员应具备的素质和能力提出了具体要求，并就馆员继续教育问题谈了自己的思路。来自阜阳市 100 多名图书馆员参加了报告会。

福 建 省

〔**福建省公共图书馆自动化、网络化建设工作会议**〕 于 1999 年 7 月 19～21 日在厦门市召开。文化部社文图书馆司刘小琴处长专程莅会指导。省文化厅吴凤章厅长、庄晏成巡视员和厦门市委宣传部、省厅社文处、厦门市文化局的领导以及省、市图书馆馆长、自动化专业人员、部分县馆馆长出席了会议。省文化厅吴凤章厅长在会议开幕讲话中强调，全省图书馆工作者要进一步认清形势，明确职责，抓住机遇，使自身发展和功能发挥都上一个新台阶。他要求大家要充分认识图书馆自动化、网络化建设的重要意义，统一协调，真抓实干，力争早日进入全国先进行列。要以自动化、网络化建设为突破口，全面推进全省公共图书馆的基础建设和服务优化。文化部社文图书馆司刘小琴处长也在开幕式上作了热情洋溢的讲话，她充分肯定了改革开发以来福建省公共图书馆事业所发生的可喜变化，并详细介绍了全国公共图书馆自动化、网络化建设的现状，对福建省公共图书馆今后的自动化、网络化、数字化建设提出了重要的建设性意见。庄晏成巡视员代表省厅对全省公共图书馆自动化、网络化建设作了工作部署。省馆、县市馆的同志也在会上发了言。会议围绕全省公共图书馆电子信息资源共建共享议题，就联合编目中心的运作、电子信息的共建共享、专题数据库的协作开发等项工作进行了协商，并就现阶段全省公共图书馆自动化、网络化建设的组织与实施进行了具体部署。

〔**图书馆自动化、网络化系列学术讲座**〕 1999 年 10 月 6～25 日，美国俄勒冈州莫诺玛郡图书馆自动化部主任布莱恩·威廉姆斯到福建省图书馆进行工作访问。威廉姆斯先生为福州地区图书馆工作者举办“图书馆自动化、网络化”系列学术讲座。

〔**福州地区公共图书馆馆长会议**〕 于 2000 年 4 月 25～26 日在连江县图书馆召开。福州市文化局群文处赵民尔处长，福州市图书馆周青馆长，何华坤书记以及福州五区八县(市)图书馆馆长参加了会议。会议由福州市图书馆周青馆长主持并传达了省文化厅关于开展 2000 年图书馆服务宣传周活动的通知。各馆馆长互相交流了 1999 年业务工作经验，活动开展情况，探讨了 2000 年业务工作计划及活动计划。会后，参观了连江县图书馆(全国先进馆)，考察了畲族乡文化景点。

〔**陈明义书记到福建省图书馆考察**〕 2000 年 5 月 17 日上午，中共福建省委书记陈明义等领导到省文化系统进行调研，在省文化厅黄启章厅长陪同下考察了省图书馆。他认真听取了省图郑一仙馆长的汇报，兴致勃勃地观看了省图自动化部主机房及因特网检索服务，并就省图书馆的自动化建设作了重要指示。

〔**2000 年图书馆信息网络建设及应用培训班**〕 2000 年 10 月 8～20 日在省图书馆举办。此次培训课程有图书馆自动化组织与建设，网络环境下的图书馆信息咨询服务，中文搜索引擎概况及其在信息收集中的应用，书目数据库建设，计算机编目等，还安排学员上机学习，加深认识。此次培训内容新且实用，紧扣当前图书馆发展趋势，及时对各地市公共馆、外系统图书管理员就树立网络时代新图书馆意识及开展新形式下的咨询服务，从宏观至微观进

行了广泛的讲解和探讨。来自全省各地60余名学员参加了学习。

〔福建省省长习近平等省市领导到省图书馆考察〕 2000年11月3日上午,福建省省长习近平等省市领导在省文化厅黄启章厅长陪同下考察了省图书馆。习省长重点视察并听取了省图书馆自动化建设和农村知识网络建设的有关情况与汇报,饶有兴趣地观看了省图专题数据库与因特网检索以及视频点播服务,并就省图书馆的自动化建设与全省农村知识网络建设作了重要指示。

〔福州地区少儿图书馆工作经验交流会〕 于2000年11月29～30日在福州市少年儿童图书馆召开。福州市文化局的领导和11个公共图书馆、少年儿童图书馆(室)的负责同志参加了会议。会上,大家共同回顾了近年来所做的少儿图书馆(室)工作,畅谈了2001年的工作计划,与会者表示:在迎面而来的新的世纪里,要更加努力工作,为素质教育服务,促进青少年儿童健康成长,竭尽所能,把全市少儿图书馆工作推向一个新的高潮。

〔三明公共图书馆馆长工作会议〕 于2000年11月30日在明溪召开。会议回顾与总结了文化部开展第二次评估定级以来三明图书馆事业的发展状况,交流了各馆的工作经验。会议一致认为,公共图书馆事业要上新台阶,各级政府必须要加大对图书馆的投入,同时也需要图书馆工作者树立创新的意识,创新的观念。三明市文化局分管领导陈维彰副局长在会上作了总结讲话,他首先充分肯定了全市公共图书馆事业近年来所取得的成绩,广大图书馆工作者辛勤工作,默默奉献,体现了良好的职业道德素质。陈副局长认为,要加快图书馆自动化建设进程,朝现代化、网络化方面发展,从而使公共图书馆事业在新世纪再创辉煌。来自三明各县(市)的公共图书馆馆长,市文化局分管领导、社文科、市图书馆、市少儿图书馆及明溪县文体局有关人员共20余人参加了会议。

江　西　省

〔全省第五届地市馆长联席会议〕 于1999年4月8～9日在新余市图书馆召开。省文化厅副厅长徐月良、冯桃莲和群文处副处长南辉出席了会议。会议传达了全国文献资源共建共享会议精神,交流了各馆工作的好经验。来自省图书馆和12个地市图书馆及分宜县、渝水区图书馆领导20多人参加了会议。

〔文化部评估小组来赣考察省图书馆〕 由文化部原图书馆司司长杜克率领的一行五人文化部评估小组于1999年12月1日由福州抵达南昌,对江西省图书馆进行评估考察。评估小组领导和专家听取了省文化厅文化处处长孙雪琴关于全省县、市图书馆评估情况汇报和省图书馆党总支书记、副馆长漆身起关于江西省图书馆自评情况的汇报,汇报时省文化厅副厅长徐月良在座。评估小组的同志还视察了省图书馆各业务部门、阅览室。书库等。评估小组对江西省图书馆的工作作了基本肯定并指出了努力方向。

〔石景宜、梁健先生及深圳图书馆分别向井冈山捐赠图书和自动化设备〕 香港汉荣书局董事长、著名爱国人士石景宜先生,继1996年向井冈山市捐赠价值44万余元台币的3800册科技书籍后,日前再次向井冈山捐赠价值20万元台币的图书2000余册。韶关市政协委员、韶关文化艺术学校校长梁健先生将一套价值一万余元的多媒体计算机、打印机及一台VCD机无偿捐赠给井冈山市图书馆,以表达他对井冈山人民的一片爱心。深圳图书馆向井冈山市图书馆赠送了价值近万元的长城牌计算机终端两台,这是自1997年11月井冈山市图书馆与深圳图书馆结为友好馆后,深圳图书馆第二次向该馆赠送计算机设备。

〔江西省副省长胡振鹏视察省图书馆〕 2000年2月5日,江西省副省长胡振鹏一行亲切看望、慰问了春节期间坚守岗位的江西省图书馆的干部职工,同时听取了江西省图书馆关于二期工程的情况汇报,了解了省馆及全国有关省级馆购书经费情况,视察了省馆缩微和电子阅览及各部室的服务工作。

〔台胞王茂永先生捐助遂川县图书馆事业〕 2000年4月6日,台胞王茂永夫妇为了支持家乡的图书馆事业,来到县图书馆参观,当即捐赠3700元添置书架。同时为老家枚江乡“遂东小学”捐资5万多元,在校内兴建一座图书馆。

〔省馆调整领导班子〕 2000年6月28日,江西图书馆召开职工大会,省文化厅冯桃莲副厅长到会宣布党组决定,任命章伏源同志为省馆馆长主持全馆工作。至此,省馆结束了几年来没有馆长的局面,健全了领导班子,为省馆进一步向前发展奠定了基础。

山 东 省

〔地委书记王宗廉视察滨州图书馆〕 1999年1月14日，滨州地委书记王宗廉、地委副书记安世银、地委委员宣传部长苏将忠、行署副专员吴金娃在地区文化局长孟宪平、副局长董泽忠的陪同下，视察地区图书馆。地委、行署的领导仔细察看了地区图书馆的外借室、阅览室、畅销书借书室、书库等基础设施，听取了馆长的工作汇报。王宗廉书记对地区图书馆的工作给予充分肯定，并对地区图书馆今后的发展作了重要指示。

〔省委书记吴官正视察省图书馆〕 1999年2月16日(即农历正月初一)上午8点多钟，中共中央政治局委员、省委书记吴官正来到省图书馆。吴书记视察了省图书馆的借书室、阅览室、报刊室等对外开放部门，亲切地向坚持值班的工作人员表示节日的问候，并与来省图借书、阅览的工人、学生亲切交谈，勉励青少年要勤奋学习，早日成长。他高兴地说，在图书馆里看到了希望，看到了明天。视察过程中，吴书记还详细询问了省图的藏书、经费以及省图新馆建设、老馆使用等有关情况。

〔山东省图书馆九十周年纪念大会〕 于1999年12月29日召开。庆祝大会由文化厅副厅长王承典主持。山东省图书馆馆长王运堂就省馆情况向大会作简要汇报。他回顾了省图书馆九十年的风雨历程，历数改革开放以来取得的丰硕成果，明确提出今后的工作任务。邵桂芳副省长作重要讲话。他代表山东省委、省人民政府对省图书馆建馆九十周年表示热烈的祝贺，向山东省图书馆全体干部职工和全省图书馆工作者表示亲切的慰问。随后他高度评价山东省图书馆，他说："建国以来特别是改革开放以来，山东省图书馆在省委、省政府的领导下，在有关部门的管理指导下，坚持全心全意为人民服务的根本宗旨，团结奋斗、勇于进取，在保存文化遗产、普及文化知识、服务科技教育和经济建设方面做出了突出贡献，成为我省重要的文化宝库和精神文明建设的窗口"。经文化厅批准，聘请省内八位在自然科学和社会科学方面的著名学者专家作为山东省图书馆顾问，章永顺副厅长向受聘专家学者颁发证书，戚其章研究员代表受聘专家发表了热情洋溢的讲话，并就自己在治学过程中的经验谈了自己的感想，他预祝省馆在新世纪中办馆条件更好，服务成果更显著。庆祝大会在全体代表的热烈掌声中宣布结束，领导同志和全体代表兴致勃勃地参加山东省少年儿童图书馆的揭牌仪式并参观《山左遗珍——山东省图书馆建馆九十周年馆藏珍品展》。

〔全省市地图书馆馆长联席会〕 于1999年12月29～30日在济南召开。会议认为，在全国第二次县以上公共图书馆评估定级工作中，取得显著成绩。有89家图书馆荣获等级图书馆称号。会上各馆交流了1998年工作情况，全省半数以上的市均重视人事制度改革，纷纷实行竞争上岗、聘任、考核等新的专业技术人员管理办法；青岛馆、潍坊馆继续搞好信息服务工作，扩大服务效果；滨州馆、日照馆、莱芜馆坚持农村图书馆建设，济宁馆坚持文化下乡，积极开展知识工程活动；烟台馆凭借新馆一流设施实现上网，计算机应用上了一个台阶；淄博馆抓优质服务，开展"读者在我心中"活动。省馆王运堂馆长也介绍了省馆工作情况：近年来省馆坚持深化改革，通过推行人事、分配、业务制度等改革措施，加强管理、严明奖惩，调动各种积极因素，开展优质服务，实行365天全开放，扩大开架借阅范围，拓宽服务领域，提高服务层次；在实现业务工作计算机管理的基础上，抓紧了数据库建设，建立了电子阅览室，向读者提供网上浏览、远程访问等服务。在做好业务工作取得良好社会效益逐步提高职工福利待遇得到明显改善，为图书馆事业发展增添了活力。张玉柱处长在总结时讲到：从省馆九十年馆庆活动看，省领导对图书馆事业非常重视。近年来山东省图书馆事业处于稳步发展的态势，山东省在第二次图书馆评估定级工作中上等级馆的数量名列全国第三。与第一次评估相比有了很大的进步。张处长要求大学增强责任感、时代感、危机感；振奋精神，拓展工作思路，调整思维方式；挖掘潜力，扩大服务领域，增强服务效益；积极努力改善办馆条件，以全新的姿态迎接第三次评估。文化厅副厅长王承典也讲了话。

〔山东省图书馆优秀读者座谈会〕 于2000年1月在山东省图书馆举办。会议围绕着您是如何利用图书馆的；图书馆对您的事业有哪些帮助和您对现在图书馆还有什么要求；未来图书馆将如何发展等主题进行座谈。座谈会由山东省图书馆赵炳武副馆长主持，图书馆相关业务部门的负责人到会听取了读者们的发言，并回答了读者提出的有关问题。参加座谈会的读者，根据自己多年来利用图书馆的情况做了认真的发言,叙述了自己通过利用图书馆的文献资料,在工作学习和科研等方面所取得的成果,并对图书馆未来的发展提出许多宝贵的建议。最后山东省图书馆王运堂馆长谈了对本次读者座谈会的感想。他首先对到会的读者能够抽时间来参加读者座谈会表示欢迎,对各位读者为图书馆事业建设和发展提出的建议表示感谢,并就读者提出的有关问题做了认真的解答。

河 南 省

〔**河南省高校图书情报工作委员会换届暨 2000 年馆长会议**〕 于 2000 年 4 月 17～19 日在郑州大学图书馆召开。省教委副主任蒋笃运、李文成、郑州大学副校长李玉振、崔慕岳、孙新雷和省教委高教处的负责同志出席了会议。李文成副主任代表省教委宣读了河南省教育委员会教高字[2000]216 号《关于河南省高校图书情报工作委员会新一届委员会组成的通知》,并发表了重要讲话。经省教委聘任,崔慕岳任新一届图工委的主任委员,张光明、王星麟、柯平、张怀涛任副主任委员,并组建了新的常委会和秘书处。省教委副主任蒋笃运代表教委对会议召开表示祝贺,并发表了重要讲话。崔慕岳副校长代表郑州大学发表了热情洋溢的讲话。代表们充分讨论了领导讲话,王星麟秘书长作的《省高校图工委的工作总结报告》、张怀涛的《河南普通高等本科院校图书馆现代化技术应用专项评估总结报告》、柯平作的《河南省高等教育文献保障体系规划草案》等。出席会议有 55 所高校 62 位馆长。

〔**河南省高校“21 世纪图书馆发展与变革学术研讨会”会议**〕 于 2000 年 6 月 18～20 日在郑州航院召开。郑州大学副校长、河南省高校图工委主任崔慕岳教授作了重要讲话。省教育厅高教处张华同志代表省教育厅对高校图工委的工作给予了充分肯定。对河南省文献资源保障体系建设的重要性及进展情况作了详细说明。张怀涛研究馆员作了“图书馆在新世纪的追求:新环境、新观念、新举措”的学术报告。与会代表就 21 世纪图书馆的发展趋势、知识经济与图书馆、馆员的继续教育、数字化图书馆、网络环境下的文献资源共建共享、新世纪网络环境下的信息服务以及图书馆管理改革等方面进行了广泛交流和探讨。与会代表共提交论文 118 篇,入选大会宣读及获得优秀论文 86 篇。参加此次会议的有全省 30 多所高校图书馆的 76 名代表。

〔**河南省县级图书馆馆长培训班**〕 于 2000 年 9 月 11～17 日在郑州举办。省文化厅人事科技教育处处长王云善、副处长李永标、社文处正处调研员魏周兴、省馆馆长陶善耕、书记李和邦、副馆长冯南星和郑州大学副校长崔慕岳、郑州大学图书馆馆长柯平等领导和专家对新时期图书馆的发展、国内外图书馆发展概况、图书馆改革及职称评聘政策讲了课。培训班期间,郑州市图书馆馆长张惠民、偃师市图书馆馆长王振东、林州市图书馆馆长曲健康分别介绍了本馆的工作业绩、文化产业及远景目标。来自 55 个图书馆 58 位馆长参加了培训。

湖 北 省

〔**湖北省公共图书馆馆长会议**〕 于 1999 年 2 月 3～4 日在荆州市召开。省文化厅副厅长周济洋、社会文化处副处长汤旭岩、荆州市委宣传部副部长蒋仁舜、市文化局局长陈志超、副局长商时林等出席了开幕式。会议由省图书馆副馆长胡银仿主持。与会代表认真学习了文化部、省文化厅《关于学习江泽民总书记视察北京图书馆时所作重要指示的通知》的文件精神,周济洋副厅长在会上作了重要讲话。来自武汉、黄石、荆州、十堰等地、市、州 21 个公共图书馆的 30 名代表参加了会议。

〔**全省市、州图书馆馆长会议**〕 于 2000 年 1 月 12～15 日在宜昌召开。省文化厅副厅长周济洋出席会议并作了重要讲话。省文化厅社文处汤旭岩副处长、省图书馆陈永芳书记等有关领导也出席了会议。会议全面交流了湖北省各市、州馆 1999 年的工作情况,部署了今年的工作,充分讨论了在市场经济条件下如何更好发展图书馆事业的问题。来自各市、州、县的 34 位馆长及荆州、襄樊、宜昌等分管文化局长参加了会议。

〔**第 12 届图书馆服务宣传周活动**〕 于 2000 年 5 月底开始在武汉市举办。武汉图书馆和少儿图书馆、江汉、江岸、桥口、汉阳等区图书馆一起,围绕“传播科学知识、宣传科学思想、创导科学方法、弘扬科学精神”的活动主题联合开展了上街宣传、下乡服务等一系列活动。

〔**大冶市图书馆新馆落成开放**〕 大冶市图书馆是国家二级图书馆,该新馆于 2000 年 6 月 1 日正式落成开馆。大冶市图书馆新馆占地面积 8 亩,建筑面积 4100 平方米,总投资 650 万元,可藏书 50 万册，能同时接待读者1000人。新馆外形新颖美观，室内宽敞明亮，是大冶市的形象工程之一。1998年，为提高城市文化品位，加强城市文化基础设施建设，大冶市委、市政府决定建设一座一流的新图书馆，并对新馆建设给予了极大的重视和支持。从筹备到正式动工仅用了半年时间。新馆实行全周开放，设七个服务部门，全部采取开架借阅，前来办证、借阅的读者络绎不绝。

〔**省第八届少儿图书馆业务建设联席会**〕 于2000年8月6～9日在荆州隆重召开。全省有39名代表参加会议，并特邀了新儒文化传播公司叶总经理参加了大会。会议收到论文60余篇，经过专家评审，共有42篇论文入选，10篇论文被推荐参加9月11日在重庆召开的中西南地区少儿图书馆业务理论研讨会。会议期间，湖北省图书馆副馆长胡银仿传达了省文化厅2000年对少儿图书馆工作的几点要求，武汉市少儿图书馆馆长向长林介绍了全国少儿图书馆现状与发展趋势。省图书馆辅导部主任李刚针对与会论文作了综述。与会代表对少年儿童图书馆"如何迎接新世纪"的主题进行了深入探讨，有9名代表就如何对少年儿童进行素质教育，如何发挥信息优势扩展服务领域，适应21世纪对少年儿童图书馆的需要深化管理模式、人才流动及人事制度的改革等问题在大会上作了交流，图书馆馆长也就此问题进行了大会工作交流。这次会议是由湖北省图书馆、武汉市少年儿童图书馆主办，荆州市少年儿童图书馆承办的。

〔**武汉市"知识工程"少儿读书活动决赛**〕 于2000年10月28日在武汉市少儿图书馆大厅举行。为丰富中小学生"减负"后的课余生活，配合学校全力推进素质教育，读书活动围绕"学科学、讲文明、热爱美好家园"的主题进行。市少儿图书馆向全市少年儿童推荐了《少年趣味百科知识》、《环境知识丛书》、《金房子科普丛书》等热门图书。这些图书装帧精美，内容新颖，适合儿童的阅读特点，因此，很受参加活动孩子们的欢迎。从5月底的图书馆服务宣传周开始，各区图书馆都已经将这项活动全面铺开。在组织好图书供应并让中小学生充分阅读之后，各区都开展了形式多样的比赛活动，并由此产生了处自的代表队。值得一提的是，在市少儿图书馆参加主持人培训班的孩子们也是"四大赛"(故事大王、诗歌朗诵、书评演讲、知识竞赛)的热心参与者，培训班首次派出了6名小学生组织的代表队。比赛结果，有育才二小操亦恒等31名同学获一等奖，有大兴路潘杨旸等35名同学获二等奖，还有60多名同学获三等奖，知识竞赛的团体一等奖由黄陂区代表队和江汉区代表队获得。

〔**湖北省第四届特色图书馆联席会议**〕 于2000年11月6～9日在赤壁市开幕、洪湖市闭幕。会议采取专题讨论与现场参观相结合的方式，交流了近两年来特色图书馆的工作情况，特色图书馆研究课题组报告了特色图书馆理论研究的进展情况。通过会议，与会者进一步明确了特色图书馆建设的现状和今后工作的指导思想、任务和具体措施，增强了搞好特色图书馆建设、开创特色图书馆工作新局面的信心。

〔**文华图专80周年纪念学术活动**〕 于2000年11月9日在武汉大学举行。纪念大会由武汉大学大众传播与信息管理学院院长马费成教授主持，武汉大学副校长胡德坤教授、武汉大学大众传播与信息管理学院博士生导师彭斐章教授、四川大学信息管理系党跃武副教授、天津图书馆康军研究员、中山大学图书馆程焕文教授分别在纪念大会上演讲，颂扬文华精神及其在中国图书馆教育史上的卓越贡献。纪念大会收到北京大学信息管理系、国家图书馆、上海图书馆等单位发来的贺信贺电。正在武汉大学参加首届中美数字时代图书馆与情报学教育发展国际研讨会的百余位中外专家、学者和武汉大学大众传播与信息管理学院的师生参加了纪念活动。

湖 南 省

〔**日本滋贺县八日市市长参观常德市图书馆**〕 1999年10月26日，八日市市长中村功一先生一行三人到常德市图书馆参观访问。中村先生听取了该馆胡乐平馆长的介绍，并热切期望两市图书馆同行加强友好往来。双方达成共识，拟定由政府部门牵头，两市图书馆互赠书籍，各设专室专柜陈列展示。常德市与日本滋贺县八日市结为友好城市。

〔**计算机知识与技能竞赛等系列活动**〕 于1999年11月8～10日在湖南图书馆举办。竞赛分笔试、上机操作、预赛和决赛。参加这次竞赛的有来自省图书馆和各地市的15支代表队。经过比赛，湖南图书馆代表队、省少儿图书馆代表队、株洲市代表队、常德市代表队获团体一等奖。何儒云、周丽丽、胡从启、欧红、邓慈武、姜纯获个人一等奖。这次系列活动是由省文化厅主办。

〔**刘大年教授捐书仪式**〕 于2000年5月22日在岳阳市图书馆举行。专程从北京赴湘的刘大年教授的长女——北京故宫博物院研究馆员刘潞代表其父亲向岳阳市图书馆捐赠图书3000余册，刘大年的亲属和岳阳市党政宣传文化部门有关负责同志共百余人出席了捐赠仪式。岳阳市人民政府向刘潞女士颁赠了荣誉证书。

〔**新湖南大学图书馆组成**〕 2000年4月20日，湖南大学、湖南财经学院合并大会在湖南大学礼堂隆重举行。新的湖南大学是由原教育部的湖南大学和原属中国人民银行总行的湖南财经学院合并而成，直属教育部。新湖南大学图书馆拥有南北校区两座馆舍，建筑面积23000平方米，藏书共有220多万册，现有工作人员131人。现在是教育部高校图书情报工作指导委员会委员、湖南省高校图书情报工作委员会秘书处所在单位，也是湖南省图书馆学会、省中心图书馆委员会等协作机构的主要成员，自1981年起一直主编和承办《高校图书馆工作》杂志，公开出版，国内外发行。

〔**湖南省委副书记吴向东视察湖南图书馆**〕 2000年8月16日下午，湖南省委副书记吴向东、省委宣传部副部长丁来文在省文化厅厅长刘健民、副厅长金则恭等陪同下视察了湖南图书馆。吴书记参观了该馆的综合外借处、多媒体阅览室、中文期刊室、第一参考阅览室和地方文献室。湖南图书馆党委书记、馆长常书智就近年来坚持创建文明图书馆的情况进行了汇报，吴书记对该馆在经费相对较少的情况下狠抓管理，获得全国一级图书馆称号，并在全国图书馆界能够名列前茅表示赞赏。

〔**湖南省公共图书馆馆长研讨会**〕 于2000年10月26～29日在长沙市召开。会议聘请国家图书馆党委书记、常务副馆长周和平、武汉大学大众传播与信息管理学院信息管理系主任、博士生导师董慧教授分别作“管理、改革与数字图书馆”、“网络环境与信息技术”的报告会。研讨会上省馆邹华享副馆长、张勇副馆长和省少儿图书馆熊钟琪馆长还分别就“台湾地区公共图书馆事业概况和公共图书馆地方文献建设”、“湖南省图书馆现代化管理的回顾与前瞻”和“少儿图书馆事业的现状与发展”等专题作了中心发言。

广 东 省

〔**深圳图书馆两项目通过部级技术鉴定**〕 由深圳图书馆研制的“联合采编网络系统(UACN)”和“图书馆自动化网络系统(ILASⅡ)系统”，分别于1999年7月31日和8月1日，通过了文化部技术鉴定。UACN系统是在全国推广800余用户的ILAS系统基础上，采用系统集成设计方法，C/S模式，成功地将图书馆自动化系统、采编中心管理系统、联合编目系统集成为一个网络系统，软件设计采用先进的、面向对象数据库的设计方法、分布式数据库技术、Z39.50技术、全屏与双屏编辑技术、数据选择界面生成器、数据质量控制技术，参数化程度高，能适应多种MARC格式。鉴定委员会一致认为，UACN系统的规模和实用性、技术先进性、功能完备性和Z39.50互联协议的应用等方面属国内领先地位，接近国际同类系统先进水平。

〔**广州石牌地区高校图书馆协作组2000年馆长工作会议**〕 于2000年3月9日下午在华南理工大学图书馆举行。会议由协作组组长、华南理工大学图书馆楼宏青馆长主持。她就六校开展馆际互借资源共享、协调订购外文期刊、联合建设馆藏期刊数据库、加强六校馆员素质教育、促进馆际交流以及协作经费使用情况等方面作了总结汇报。会上，省教育厅教学处韩世枢处长作了发言，他首先肯定了六校协作办馆在探索区域合作模式、资源共享方面作出的成绩，并对2000年六校协作办馆工作提出要求：① 继续做好六校师生跨校借阅文献资源及协调订购、联合建库工作；② 合作开展科研工作；③ 不断提高馆员业务水平，有计划举办各类培训班；④ 积极参加CALIS华南地区中心建设工作。会上，馆长们结合上级领导的要求及六校图书馆的工作实际，认真讨论修订了《石牌地区高校图书馆通用借阅证、通用阅览证管理规定》，并就2000年拟开展的协作工作展开热烈讨论。参加会议的有广东省职业技术师范大学、暨南大学、华南师范大学、华南农业大学、广东工业大学及华南理工大学等六所高校图书馆的馆长。

〔**珠海市委领导到珠海市图书馆检查工作**〕 2000年4月5日，珠海市委副书记、市纪委书记魏宏广、市委副书记彭冠、市委宣传部副部长周根盛、市文化局局长姚俊等领导到市图书馆检查工作。在林坤明馆长的陪同下，他们参观了各业务部门以及新馆建设工地，详细询问了业务开展情况以及新馆建设进展，林坤明馆长一一作了汇报。

〔**“数据库知识”培训班**〕 于2000年5月31日、6

月5月在广州图书馆举办。培训班由文化厅信息中心、原省馆技术部主任叶根平高级工程师主讲“数据库基础知识”。内容有关数据库基础知识、功能、结构设计、检索途径及数据库建设在图书馆工作中的地位作用等。原中山大学图书馆馆长赵燕群教授主讲“检索语言知识”。内容有关检索语言发展历史、趋势及检索词如何标引。来自广州地区的大学、中专、中学、科研所及公共图书馆业务骨干107人参加了培训。

〔**中山图书馆“首届读者读书成果奖”颁奖**〕 2000年6月2日上午在广州中山图书馆报告厅举行。中山图书馆馆长李昭淳在讲话中强调：举办“读书成果奖”评选活动，不仅通过宣传读书成材典型事例，可以更好地推动全社会形成浓厚的学习风气，而且强化了中山图书馆的文化品牌效应。座谈会上，各位获奖者发表了热情洋溢的讲话。最后，省文联主席、省委宣传部副部长刘斯奋高度评价了中山图书馆组织的“读书成果奖”评选活动，他指出：这是一项非常有意义的活动，通过这样一种形式，可以检阅图书馆工作成效，检验中山图书馆工作的社会效益。各位代表的发言从一个侧面反映了中山图书馆这些年来在努力为广大读者服务，为社会服务方面是有成效的，是受到社会肯定的。参加获奖座谈会有32位获奖读者，其中包括年逾八旬的老教授陈耀祥。

〔**新广州大学图书馆组成**〕 原广州大学、广州师范学院、华南建设学院(西院)等9所市属高校，于2000年7月12日组建成新的广州大学。该校作为广州唯一综合性大学，肩负着为广州市社会发展提供科技人才支持的重要任务。新广州大学图书馆目前馆舍面积32174平方米，藏书150万册，订购中文期刊4737种，外文期刊533种，为目前在校的1.7万名全日制学生和2600余名教职工提供文献资料服务。新广大图书馆拥有较为先进的自动化管理系统，其业务与检索用电脑近250台(套)；设置有3间电子阅览室为师生提供文献查阅和网络服务。该馆拥有一支科学文化与专业知识水平较高的职工队伍，目前在职员工147名，正、副高级职称6人，硕士生3人，大专以上文化程度者占86.4%，馆长由张白影教授担任。

〔**文献资源共建共享工作座谈会**〕 于2000年8月10～11日在中山图书馆举行。中山图书馆馆长李照淳首先向与会代表通报了4月5日在北京召开的中国数字图书馆工程联席会议的精神，接着，佛山、汕头、湛江图书馆介绍了各自建立特色数据库和网站建设的经验。中山图书馆副馆长莫少强介绍了中山图书馆与北京世纪超星公司合作建立“超星数字图书馆华南站”的情况，并向与会代表建议在全省各地图书馆代理发行“超星读书卡”，为广大读者提供网上图书馆服务。深圳南山区图书馆馆长程亚男研究员认为：不要把“超星读书卡”作为一种商品来考虑、而应把它作为一种获取知识的工具来看待。广州图书馆馆长惠德毅说：“从这次与会代表的人数以及各位代表发言的踊跃程度来看，说明中山图书馆有很强的号召力。我相信，在各兄弟馆之间的团结协作，共同建立全省数字化图书馆网络将指日可待。这次会议应该是揭开了建立数字图书馆网络的序幕，不会是光打雷不下雨了。”中山图书馆采编部主任李宏荣向与会代表介绍了广东省文献编目中心业务开展情况和联机编目系统，希望图书馆界在倡导和推动文献资源共建共享的同时，首先从自身做起实现书目数据的共建共享。最后，会议讨论并通过了《会议纪要》，确立了下列数字化资源建设合作项目。一、中文新书数字化制作和上网服务。二、特藏文献和地方文献的回溯建库。广州、深圳等全省各地级以上城市和珠江三角洲部分县级市图书馆馆长约40人参加了座谈会。

〔**广东省中山图书馆成为全国图书馆联合编目中心广东省分中心**〕 2000年9月7日下午，国家图书馆全国联合编目中心与广东省中山图书馆合作协议签字仪式在广东省中山图书馆隆重举行。广东省中山图书馆正式成为全国联合编目中心广东省分中心。国家图书馆全国图书馆联合编目中心选择广东省中山图书馆作为广东省分中心，是因为广东省中山图书馆是广东省的省馆，具有地位优势；二是因为广东省中山图书馆和国家图书馆在众多项目上具有长期友好合作的基础，特别是广东省中山图书馆与国家图书馆等4馆合作承担国家重点科研项目“中国国家回溯书目数据库”培养、锻炼了一支高素质的专业队伍，具有人才优势；三是因为广东省中山图书馆积极的联机编目实践，具有现成的可借鉴经验，二者的合作属于强强联合。根据协议，广东省中山图书馆是全国联合编目中心广东省分中心，在广东省范围内独家拥有全国联合编目中心的全部中文图书即对数据的独立经营权，全国中心将对广东省分中心在业务运作、市场拓展、人员培训、技术服务以及广东省分中心的组织管理等方面提供必要的指导和帮助。

〔**中共中央政治局委员、广东省委书记李长春视察广东省中山图书馆**〕 2000年9月16日上午，中共中央政治局委员、中共广东省委书记李长春在省委组织部副部长罗东凯、省文化厅厅长阎宪奇、副厅长林迪夫等的陪同下来到广东省中山图书馆视察。李长春书记兴致勃勃地先后视察了该馆中文图书阅览室、中文外借书库、网络资讯部、海外中文报刊信息中心和特藏部。视察结束时，李长春书记对陪同视察的李昭淳馆长指出："图书馆是公益事业，是社会的重要文化基础设施，是向广大群众传播知识的一个重要渠道。所以，一定要有无私奉献的精神。在当前我们经济条件还不能够彻底有很大变化的情况下，要靠我们广大工作人员忠实于党的图书馆事业，无私奉献，做好工作。随着经济的增长以及党委和政府对这方面重视的不断加强，图书馆的条件一定会得到改善的。"10月12日，省委、省政府特批增拨中山图书馆购书费150万元。

〔**华南师范大学图书馆新馆开馆典礼**〕 于2000年9月28日隆重举行。来自省内外图书馆的80多位领导和嘉宾、华南师大图书馆全体职工以及400多名学生共同参加了揭幕仪式。揭幕仪式由华南师大图书馆朱建亮馆长主持。华南师大党委副书记吴梅兴同志向来宾们介绍了华南师大新图书馆的建设过程和现有规模，并对新图书馆的未来建设和发展提出了殷切希望。最后由华南师大党委书记杨文轩教授和澳门特别行政区行政委员、立法会议员唐志坚先生为新馆揭幕。下午，华南师大新图书馆开馆典礼大会在新馆国际学术会议厅举行，来自省内外30多所大、中专院校图书馆、公共图书馆60多位馆领导、嘉宾、全体在职职工和部分学生代表参加了典礼。朱建亮馆长向与会者介绍了华南师大图书馆的建设现状、服务内容和发展方向。新广州大学图书馆馆长张白影教授代表嘉宾致贺词。朱建亮馆长代表华南师大图书馆接受了由唐志坚先生转交的澳门校友捐赠的35万元港币，并代表学校先后向捐款代表唐志坚先生、华南师大劳动服务公司、华南师大中文系回赠纪念品，以表示对有关团体和个人的感谢。

广西壮族自治区

〔**广西图书馆多媒体导读系统**〕 广西图书馆多媒体导读系统，是广西图书馆计算机室采用先进方法把计算机技术、通信技术和声像技术、触摸屏技术有机地融为一体，将使用图书馆的一般性的文字、声音、图形等介绍内容集成存贮在计算机中，所建成的图书馆多媒体指南系统。可由读者自行检索查阅，作为咨询人员的口头咨询的补充，让不熟悉图书馆的读者在图文并茂、声形逼真的氛围中轻轻松松地了解图书馆，从而更好地利用图书馆。

多媒体导读系统开发平台及采用技术

1. 硬件开发平台：

(1) 主机。采用高档586多媒体计算机、主频为MMX200兆，内存64兆，硬盘1600兆，Winfalt(4兆显存)显卡等配置，以适应声音、图形、动画等文件存贮空间和内贮占用开销大，刷新速度快和分辨率高等的需求。

(2) 触摸屏。触摸屏是一种最为直观、自然、简单、方便的信息查询输入设备。它能够在人机交互控制下简单方便地进行查询，以获取各种信息。其优点是，无论是控制还是查询信息，完全不懂计算机的人也能轻而易举地操作。用户可以看着屏幕上显示出来的内容，只需简单地用手触摸有关部位，就能选择到自已所希望的东西。本系统选用了具有清晰度好、透光率达92%、分辨率4096×4096(本系统只用1024×768)、响应速度最快仅10毫秒(ms)、防刮擦好、无漂移、无防尘问题、触摸寿命最长大于5000万次而价格适中的21英寸表面声波触摸屏。

(3) 其它。包括扫描仪、录音机和照相机等。

2. 软件开发平台

(1) 平面图形处理软件Photoshop4.0。主要用来对扫描仪扫入的图像进行剪切、修饰，并将其以256色或真彩格式存盘。

(2) 多媒体制作软件Authoware 3.5(32位)。该软件支持文本的输入及字体变化；支持PCM、WAV、MiDi等多种声音文件，故可用以输入、编辑声音文件；支持动画，用以重新设定和调整输入的动画。另外Authorwate提供了多种控制逻辑结构，如跳转、分支、条件、判断、循环等，可把整个程序分成若干模块。

多媒体导读系统构成

广西图书馆多媒体导读系统由本馆简介、本馆布局、文献类型和读者指南四个模块构成。

1. 本馆简介。本馆简介分为两大部分：一、

“广西图书馆概况”,即本馆有关的历史沿革、馆藏情况和读者服务项目的介绍;二、“组织机构”,即有关馆长办公室、人教科、财务科、行政科、老干科、保卫科、读者服务部、馆藏发展部、采编中心、借阅部、信息服务部、地方文献部、自动化发展部和研究辅导部等各部门的介绍。

2. 本馆布局。本馆布局从各对外服务口的分布位置的角度来对全馆(含广西少年儿童图书馆)的二十五个外借处、阅览室等的“地点”、“收藏文献”、“服务项目”、“接待时间”、“借阅方法”、“检索途径”等逐一介绍,并提供到达各服务口的行走路线的引导模拟示意。

3. 文献类型。图书(含中文文艺书、中文社科书、中文自科书、广西地方版图书、解放前旧平装书、古籍和外文图书);报刊(含外文报刊、解放前报刊、中文期刊、中文报纸、广西报刊);特种文献(含技术标准和专利文献);缩微文献(含缩微胶卷、缩微平片);视听资料(含录音带、录像带);电子文献(含CD、VCD和光盘)。

4. 读者指南。读者指南包括“读者入馆须知”及链接以上三个模块的按钮。 (黄明)

〔广西图书馆古籍读者现状与读者服务分析〕

1. 馆藏古籍读者借阅情况分析

广西图书馆收藏古籍近万种12万册。其中善本418种6千册。我们将1996～1998三年间古籍的借阅情况列成表。从表中看到,古籍的读者量也是逐年增长的,1997年比1996年增长106%,1998年又比1997年增长38.7%,增幅较大。然而欣喜之余却不能忽视另一个问题,三年里,古籍库接待读者日均不足1人次,即使读者最多的1998年,全年365天,(节假日照常开放)就有82天读者人次数为零。与平均日到馆1707人次比较,相去甚远,令人尴尬。究其原因有以下几点。

(1)“古”的特殊性。古籍对一些读者,尤其青年读者,有时代隔阂或者说存在代沟,致使对古籍敬而远之。而看书消遣的人对古书没有兴趣,读者量打了折。

(2) 阅读障碍。古籍多用文言文写就,无断句,没有一定的语言文字基础,较难通读理解,这就阻碍了部分读者的借阅。

(3) 借阅制度的限制。古籍目前尚不能像其他书库开架借阅,让读者自由自在随意选择所需的图书,无形中限制了读者。另外,古籍仅供室内查阅而不能借出,一些上班族无暇在开馆时间到馆阅读,深感不便。

(4) 收费偏高。根据有关规定,读者借阅古籍须交纳文献维护费,每册收费0.3元,对于学生而言,仍感偏高,也影响了读者人数。

(5) 馆藏揭示欠缺。古籍书目虽有卡片、电脑可查,但还应给予一定的宣传展示,使人有所了解。读者似不相识,也就谈不上借阅了。

2. 从统计数字看,读者的文化程度较高,大专以上文化程度占总人数的89%以上。无庸置疑,由于古籍的特殊性,决定了它的读者的文化程度相对高,这是理所当然的。

3. 读者群体及读者服务

(1) 从职业看,读者中干部职业人数较多,数量也逐年增长。以1998年为例,干部占总借阅人数的57.3%,从读者填写的情况得知,他们多数供职于机关、事业单位。分三种情况:

① 学者型干部。如社会科学院的学者,工作性质是进行社会研究。学科涉及历史、政治、经济、文学、东南亚等多个领域。如研究某边境地区经济发展状况及前景等。他们通过著述,进行分析、论证、旁征博引,谈古论今,以雄辩和事实提供领导层决策参考。

② 行政机关干部读者。由于晋升、职称评定等需要撰写论文或发表文章需查阅史料。

③ 离退休干部。这部分干部相对时间多,不少人不改看书学习习惯,有的趁机充电补课。例如一位离休干部1998年每月至少4天以上到古籍阅览室看书,长年不辍。

对于干部读者,尤其是学者型的读者,应根据他们所列提纲,准确快捷地找出有关资料、史料及有关论述、著述供其参考,或成立课题服务小组,专题查找资料,以节省他们查找书籍的时间,将更多精力投入研究、著述之中。对于缺藏的古书,应与其他省市公共或大专院校图书馆联系,尽快补缺,促进课题早日完成并发挥作用。

(2) 学生读者占总人数的27.2%,多为在读研究生,应届大学毕业生。历史、文科专业最多,为写毕业论文,前来查阅古籍。他们借阅数量大、时间比较短。对于学生读者,除提供快捷服务外,让他们有选择地借阅很有必要,这样可减少他们的费用开支,又能完成他们的课题。这些学生因离校舍远,一般中午不回去,而古籍库中午关闭,他们只好外面消磨，宜采取中午留人值班的办法，解决这些学子借阅连续性的问题。

(3) 古籍读者中也有一些国外学者。如来自美国华盛顿大学、日本国立民族博物馆、台湾清华大学的学者。他们不远万里，远涉重洋来广西，亲临壮族集居地实地考察、研究壮族史、地方志。究源壮民族的形成、壮语言等。他们认真严谨的精神令人钦佩。对于境外读者，读者服务工作应努力做到不卑不亢、有礼有节，同时在咨询方面主要介绍一些壮民族的风土人情和风俗习惯，展现出民族地区图书馆人良好的精神风貌。

4. 读者需求

(1) 从统计数字看，借史、志古籍最热门。以三年时间统计，占借阅总册数的35%以上。60年代各地市有关部门曾组建班子修志，后因国力困难而中断。80年代，修史编志热潮又起。一时间到古籍库垂查的人络绎不绝。从借阅登记表知，他们借阅侧重于民族起源、民族形成、方言、壮民族与周边国家关系研究及民国期间的选举制度，经济工业状况等，古籍发挥了不可或缺的作用。

(2) 借阅族谱、家谱的占一定比例。近年，随着人们生活逐渐富裕，一些同宗族人民热心于族谱修考，目前更是方兴未艾。目的是留下“传族宝”让后人不忘宗族本根，明了渊源所自，并为祖先的功名仕途歌功颂德，树碑立传。由于五百年前是一家，人士遍及社会各阶层。同族们共商族是，举荐成立族谱编委或编纂小组。本姓大款及殷实人家慷慨解囊筹集资金，使查访、考察、编纂、排印等开支有足够的资金保证。海外侨胞、港澳同胞也乐此不疲。如日本的菊池先生，千里迢迢来到广西图书馆，用了近月时间查考陈氏族谱。计前来查访的有李、陈、黄、莫、廖、吴、覃、韦、雷、梁、僻姓弄、厓等。而古籍阅览室工作人员，尽其所能，为他们提供历代族谱、地方志等，竭诚服务。有例广西横县籍李姓修考族谱，从世传的旧族谱中，记载有该先祖李师颜为山东诸城人氏。曾任“翰林”但尚有质疑，他们抱着试试看的心情来到古籍库询查，热切盼望能找到相关的资料，面对一屉屉的卡片，他们无从着手，也说不出书名，老馆员为他们到其他部门找来《山东通志》，经认真翻查未果，又找出《二十四史传记》史料亦未载，再而搬出《二十五史补编——南宋制抚年表》，查得“绍兴三十二年至隆兴二年，李师颜曾任利州路安抚使兼马步军都总管知兴无府领兴元一府(山南西首节度)剑利(宁武节度)阆(安德节度)金洋(武康节度)巴蓬七州大安一军。”此史记令查者十分高兴，而老馆员提醒，书中李师颜是否山东诸城人氏该书无记载，故此李师颜是否彼李师颜尚需进一步考证，需再查诸城志(宋代)。然而广西图书馆欠藏该志，无法查考。老馆员进而又拿来《中国地方志联合目录》将收藏有该志的馆名一一抄给他们。老馆员认真严谨、满腔热情的工作作风，令李姓读者深受感动，他们表示将循此线索继续查考，他们是带着希望走的。

(3) 读者中也有一些民国旧军政人员或其子女及各地耆旧。他们翻查老报旧刊，从中寻觅当年踪迹，缅怀逝去的亲人。1998年末，一位政协委员风尘仆仆从外地赶来，要求帮助查找其父亲——一位民国时期的飞行中尉的资料。他是遗腹子，对其父亲知之甚少，馆员急之所急，很快从旧刊上找到其生父照片、资料，并为他翻拍、复印。他感慨万千，激动不已，说：几十年了，真是踏破铁鞋无处觅，想不到在区馆竟然找到了。感谢图书馆保存了这些珍贵的资料。可见平凡的读者服务工作中也有不平凡。

(4) 借阅宗教古籍的读者为数不少，部分读者受到高等教育。工作之余有兴趣研究儒、佛、道、五经四书、程朱理学、阴阳学说等。一匡姓青年，读孔孟学说已有时日，锲而不舍。他说：孔孟儒学万人推崇，必有其理，而过去所学、所闻的只是只言片语，未免片面和局限，只想从原著中去探求。以正确的人生观去引导读者，要从古书中吸取精华弃之糟粕是图书馆人服务读者的一个内容。

5. 古籍利用

近年来，一些单位和个人利用广西图书馆古籍文献整理、编纂出版了许多书刊及资料如《南宁史话》、《南宁史料》等，以通俗、集中、简明的文笔使许多已经湮没的史料、古迹得以发掘，反之这些书刊又为读者的阅读、学习、研究提供方便。“西粤观诸郡，南宁亦首风。”从书中我们可窥见古南宁的风貌。又如最近南宁市委有关部门，为迎接国庆50周年，制作题为“南宁通”的光盘。其中的一些资料、照片就是从古籍库提取的。光盘一问世即得到自治领导和各届人士的好评。并获得广西电子出版物一等奖，为广西争了光添了彩。

6. 古籍与电脑网络

广西图书馆经过努力，1998年底实现了电脑检索古籍,使古籍读者服务工作向前迈进一步,为读者迅速、准确地查找古籍提供了方便。1999年广西图书馆还打算将地方志、太平天国史建立全文数据库并上网运行。然而要将丰富的古籍上网绝非易事,各图书馆需联手协作、分工负责,篩选上网。避免浪费人力、物力、财力。在国家对图书馆愈加重视、投入日趋加大之际,读者在电脑上查阅古籍已为时不远。如前面提到的李师颜是否诸城人氏,如果古籍上网运行,那么在南宁就可以从电脑屏幕上直接获取他馆有关资料。目前虽没有上网,读者仍可通过电子信箱与有藏书的图书馆直接联系,或采取写信请该馆代为复印拷贝等。由此,知识的载体也不限于纸张;读者服务工作也不只囿于本馆了。

电子化无墙图书馆,是图书馆今后发展的方向。届时,人们只要拥有一台电脑,就相当于拥有了一个无墙图书馆,就拥有了一把开启知识宝库的钥匙。就可以在办公室、在家里,足不出户地获取各种信息,学到更多的知识、博览群书、漫游世界。而古籍,这一珍贵的文化遗产也将走出国门、走上世界,而那时的读者服务工作将产生质的飞跃,读者量不只是几万、几十万而是全人类。(李小冰　陈锦钊)

重庆市

〔**概况**〕　重庆市各级、各系统图书馆在1999～2000年两年间,在各级政府的关心、支持下得到长足的发展,现全市有公共图书馆43所,高校图书馆23所,工矿企业图书馆157所。其中,重庆图书馆是重庆市最大的综合性公共图书馆。藏书360万册,并以古籍善本书,民国时期出版物,联合国资料为该馆的三大馆藏特色,重庆图书馆是重庆市图书馆学会的挂靠单位,高校图工委挂靠重庆大学内。

〔**三下乡活动**〕　重庆图书馆在1999年和2000年"文化、科技、卫生"三下乡活动中,为各区县专题开发了一批适合重庆农村的农科资料,两年共计编印农科资料37种,免费向农民朋友发放农科资料7万余份,现该馆的农科资料已成为每年"三下乡"活动中最受农民朋友欢迎的项目之一。

〔**承办"重庆市歌颂伟大祖国,迎接21世纪系列读书活动"**〕　1999年3～10月,重庆市图书馆承办了由重庆市委宣传部,市文化局主办的全市性的"歌颂伟大祖国,迎接21世纪"系列读书活动,共有全市20多个区县的近300名选手参加了读书演讲比赛,近30篇文章参加了读书征文比赛。这次活动的成功举办不但向社会介绍了图书馆,同时还使人们进一步认识图书馆在知识经济中的重要作用,推动了"知识工程"在重庆市的深入开展。

〔**重庆图书馆成为联合国资料全托寄存馆**〕　1999年,重庆图书馆成为继北京、上海、香港之后我国第四个联合国资料全部托存馆,成为全托寄存馆后,该馆每年收到的联合国文献将比以前的多3～4倍,极大地强化了该馆的馆藏特色。

〔**重庆图书馆新馆的建设**〕　由于全社会十分关心和支持图书馆事业的发展,在1999年重庆市人代会上,关于重庆图书馆新馆建设的提案达六件之多,是历年来关于图书馆建设提案最多的一次。市财政局、市规划局、市文化局、市图书馆共同参加的新馆选址会已召开。市计委已确定建设前期调研资金。目前具体的选址工作正在积极进行之中。

〔**开办重庆图书馆史迪威阅览室**〕　经半年多的积极筹备,2000年4月,重庆图书馆史迪威阅览室正式对外开放,该阅览室由美国纽约国际人寿公司和美国驻成都总领事馆提供资助,主要提供各类原版外文书刊和美国政府提供版权的中文图书的阅览,这次资助也是该馆自建馆以来得到的最大的一次资助,该阅览室的对外开放弥补了该馆对外业务中外文书刊严重不足的缺陷。

〔**重庆图书馆自动化建设**〕　1999年4月,重庆图书馆馆内局域网正式建成,1999年5月重庆图书馆电子阅览室正式对外开放,读者可通过电子阅览室查阅馆内和国际互联网上的各类文献。2000年2月,重庆图书馆网上主页建成,目前上网的数据库有六个,该馆编印的《西部大开发信息稿编》和《图书馆信息与交流》也已全文上网。经过数十次修改和重庆市有关计算机专家的反复论证,《重庆图书馆文献信息网络系统规划》于2000年6月完成并通过。这一规划明确了该馆"十五"期间现代化建设的总体思路和所需投入资金,同时该馆受市文化局委托,还完成了《重庆市公共文化信息网建设规划》。

〔**"图书馆现代化技术研讨会"**〕　于1999年12月22日,在重庆大学图书馆召开。与会代表就建立联合目录、电子订单、定题服务等专题问题进行了热烈的讨论,部分馆在会后建立起了共享联合目录,为建立全市高校图书馆资源共享模式进行了有益的探索。

〔**积极参与CALIS项目建设**〕　根据市教委王开达

副主任对教高司函[1999]34号《关于CALIS各地中心应尽快落实组织机构函》的批示。为了有效地推动CALIS项目的建设,实现重庆地区高校文献资源的共知、共建与共享,经图工委第一次常委会讨论,成立了CALIS重庆地区领导小组。1999年10月20～22日,在CALIS西南地区文献资源共享工作会议上,签订了《西南地区高校文献传递服务协议》和《西南地区高校光盘和网络数据资源共享协议》。会后,根据CALIS项目建设的需要,向市教委提出建立CALIS重庆地区中心的立项申请。重庆大学图书馆向CALIS中心提交了馆藏书目数据和博士论文数据。

〔**中文图书联采统编启动**〕 1999年9月28日,图工委召开了第二次常委会,会议传达了“高等教育文献保障建设现场会”的有关精神,文献资源建设专业委员会副主任李光矩同志介绍了“中文图书联采统编”会议的有关情况,常委们对中文图书联采统编的可行性等问题进行了深入的讨论,责成专委会充分调研,提出具体方案,以便组织实施。该工作得到各图书馆的大力支持,已有21个馆返回了调查数据,多达4家书商单位愿意成为合作伙伴。2000年5月中文图书联采联编工作正式启动。目前,运作流程流畅,各项工作开展正常。

〔**重庆市高校图工委成立**〕 1999年4月15日,重庆直辖后的重庆市高校图工委成立大会召开,会议修改了《重庆市高等学校图书情报工作委员会章程》,图工委下设基础理论、自动化及信息服务、文献资源建设、教育与培训四个专业委员会。

〔**重庆市资源共建共享协作协调委员会**〕 于2000年3月成立。成员馆包括重庆图书馆、重庆大学图书馆、中国科学院西南信息中心、涪陵区图书馆、重庆少儿图书馆、重庆市委党校图书馆、重庆建筑大学图书馆、重庆师范学院图书馆、第三军医大学图书馆、渝中区图书馆。该委员会办公室设在重庆图书馆,重庆图书馆代馆长邵康庆担任资源共建共享协作协调委员会主任。

〔**第二届图工委联席会议召开**〕 2000年6月,西南地区第二届图工委联席会议在重庆大学召开,有来自云、贵、川、渝和宁夏图工委的代表40余人参加本次会议,会议主要商讨西部大开发中图书馆文献信息服务的作用和地位,以及西南地区各高校图书馆之间文献的协作协调和资源的共建共享。

〔**文化部副部长艾青春视察重庆图书馆**〕 2000年10月30日上午,文化部副部长艾青春和司长陈琪林在重庆市文化局副局长张根发,社图处处长王明凯、副处长郭晓泉的陪同下,视察了重庆图书馆。

重庆图书馆邵康庆代馆长和秦建中书记向艾副部长和陈司长详细介绍了重庆图书馆的有关情况。之后,艾副部长视察了重庆图书馆阅览大楼、电子阅览室、原罗斯福图书馆旧址、历史文献中心等。视察中,他对重庆图书馆丰富的馆藏文献表示满意,特别对珍贵的善本图书和字画、地图等表现出了浓厚的兴趣,并不断向工作人员询问有关情况。艾副部长指出,图书馆不要求大而全,任何一个图书馆都不可能把文献收齐,关键是要有特色。他在视察原罗斯福图书馆时也表示了极大的关注,他说,罗斯福图书馆不要变,要把周围的环境整治好,把罗斯福图书馆保留下来,重庆图书馆可以另外找地方建。

同时,艾副部长对重庆图书馆作为一个省级图书馆的硬件条件不太满意,例如阅览座位太少、现代化设备陈旧落后等,认为与直辖市图书馆的要求相距较大。

〔**《重庆社科文汇》1999～2000年出版25期**〕 重庆市委党校图书馆出版的《重庆社科文汇》围绕现代理论研究的重点,做好热点信息文摘,不断发表高质量的文章,办出了特色,受到读者欢迎。1999～2000年共出版25期。

〔**市委党校图书馆自动化建设**〕 1999年7月1日,重庆市委党校图书馆电子阅览室和网站开通,在该校网页上开辟了《探索》、《重庆行政》、《重庆社科文汇》、《当代党员》、《党员文摘》、《重庆“三讲”》等三十多个栏目。2000年图书馆还参与全国党校远程教学暨信息化建设现场会的筹备,11月参加了全国党校图书馆建设会议,并作大会经验交流发言,得到中央党校领导的肯定和全国党校系统的关注,重庆市委党校图书馆已成为西部地区党校图书馆自动化建设方面的代表。

〔**市委党校图书馆学术研究成果丰硕**〕 党校图书馆参与制定了重庆市信息化建设“十五”规划,为加快全市干部教育信息化建设作了大量工作。此外,党校图书馆2000年共有40多篇文章公开发表,十多个同志获奖12项,获全国党校图书馆学会奖5个,获本市图书馆学会首届学术研讨会奖6个,市级部门二等奖1个。

四 川 省

〔**四川公共图书馆达标率 56.6%**〕 1999 年，在全国公共图书馆第二次评估定级工作中，文化部经对四川上报的公共图书馆评估结果进行审核，评出一级图书馆 2 个、二级馆 31 个、三级馆 39 个、达标馆共 72 个，占全省公共图书馆总数的 56.6%。

〔**“四川省图书馆数字化工程方案”领导小组**〕 于 1999 年成立，组长由徐世群副省长担任，副组长由省文化厅党组书记兼厅长张仲炎、省图书馆馆长李忠昊等同志担任。领导小组下设课题组，负责研究、草拟工作计划，课题组主任由省馆馆长李忠昊兼任。

〔**成都地区文献情报机构举行新年恳谈会**〕 1999 年 2 月 5 日，由中国科学院成都文献情报中心邀请成都地区的文献情报单位，召开主题为“知识经济时代的信息事业”的新年恳谈会，与会者包括四川省图书馆、省科技情报研究所、省医学情报研究所、省技术监督情报研究所、省农科院情报所、省冶金情报所、成都市科技情报所、省科协、四川大学图书馆、华西医科大学图书馆、电子科技大学图书馆、四川大学信息管理系、四川科学技术出版社、省中心图书馆委员会办公室、省图书馆学会、省情报学会、省期刊学会、省科青联等单位，共有三十多人参加了这次会议。

会议围绕着“知识经济时代的信息事业”这一主题，大家畅所欲言，会议气氛热烈而融洽。

〔**第五届“川滇边区文献信息协作网”年会**〕 于 1999 年 4 月 12～19 日在攀枝花市图书馆召开。年会既对十年历程简要回顾，更担负迎接新挑战，推动协作网迈向新世纪的重任，会上宣读论文 12 篇，先后有 23 名代表作大会发言。

〔**四川缩微学术协会'99 年会暨第 11 次学术讨论会**〕 于 1999 年 5 月 11 日至 13 日在四川省德阳市召开。原国家档案局档案馆司丁文进司长和四川省档案局、四川省图书馆、四川省中心图书馆委员会办公室、东方汽轮机厂档案馆等领导同志出席会议并讲了话。来自协会 22 个会员单位的代表共 40 人参加了会议。

会议由协会理事长刘元奎教授主持，对 1998 年工作做了总结，提出了 1999 年度工作计划。

中国档案学会会副理事长丁文进研究员做了题为《二十一世纪档案理论发展》的学术报告，共交流学术论文近十篇，评出一等奖五篇、二等奖四篇，会议给获奖论文作者颁了奖。

〔**四川省图书馆成立文献建设委员会**〕 于 1999 年 5 月成立，该委员会以研究、确定本馆的文献建设大政方针，年度经费宏观安排和其他业务工作中的有关问题。

主任由厅党组书记兼厅长张仲炎同志担任，副主任由省图书馆馆长李忠昊担任，并聘请四川大学图情系主任张晓林教授，省馆离休干部张德芳研究馆员，省文化厅计财处处长杨茂成，社文处处长方国年为顾问。

〔**成都地区文献情报机构举行专题报告会**〕 于 1999 年 6 月 22～25 日在广汉市举行。四川省图书馆馆长李忠昊，在简要回顾省中心图书馆委员会办公室十年来的工作之后强调，只要图书情报工作存在，协作协调工作就存在。要大力开展书刊文献网上联合编目，共建联合目录数据库，共享书目资源，最大程度地节省人力、物力资源，合作进行馆藏文献数字化，研究制定统一的技术规范与标准，集中技术优势，开展强强联合，合作研制二次文献数据库、专题数据库、全文数据库等数字化文献资源，为建设数字图书馆奠定基础。公共图书馆要拓展生存空间，他介绍了省馆正在与省旅游局联合建旅游资源数据库的情况。

电子科大图书馆廖昌林以该馆多媒体电子阅览室的建设情况为主线，介绍图书馆网络化、数字化资源及开发与利用，介绍了使用新颖的磁盘整列器优于光盘塔的情况。华西医大图书馆李秉严馆长即席对省中心图书馆委员会办公室历年编印的“协调预订进口报刊联合目录”、“外文图书通报”的作用进行肯定后，着重讲解西南地区医学联合目录网上查询、图书馆自动化网络管理以及教育部 CALIS 西南中心等方面的建设情况。西南财大图书馆刘方健馆长讲解该馆自动化的发展概况，编写的《经济信息利用学》受到好评；

出席会议的有四川省和重庆、贵州的代表 65 人。

〔**全国党校文献信息学会四川分会，四川省图书馆学会党校工作委员 99 年会暨理论讨论会**〕 于 1999 年 6 月 29 日至 7 月 1 日在省委党校召开。全省 22 所地市党校及大型企业党校代表共 38 人到会，省委党校，省图书馆学会，省高校图工委领导及四川大学、西南财大的有关专家教授到会指导。

会议传达了全国党校图书馆工作会议精神，围绕“党校图书馆如何进入21世纪”这一主题，就党校图书馆的现代化建设，文献资源开发、图书馆管理及队伍建设等专题进行了热烈的讨论与交流，并达成共识。大会共收到论文30多篇，其中评出一等奖5篇，二等奖10篇，三等奖若干。

〔**川图举办“图书馆读者流通系统IC卡”演示会**〕 1999年7月6日，由四川省图书馆，成都理工学院网络中心联合开发的“图书馆读者流通系统IC卡”演示会在四川省图书馆会议室举行。

省文化厅党组书记兼厅长张仲炎，省文化厅计财处、产业处，文科站的有关领导和省图书馆李忠昊馆长，钟昌式、欧君国副馆长参加了演示会。

在演示会上，省馆钟昌式副馆长介绍了IC卡在全国图书馆的应用情况，通报了四川省图书馆读者流通系统IC卡开发在全国的领先位置。来自我省公共图书馆、大专院校、科研机构图书馆的专业人员，饶有举趣地对系统进行了观摩和技术性能了解。

〔**四川省有关领导视察图书馆**〕 1999年7月18日，四川省文化厅党组书记，厅长张仲炎和计财处副处长焦入川在凉山州文化局局长阿勒郁惹、副局长沙玛瓦特、贾晋军的陪同下，专程到凉山州图书馆视察了工作。

1999年7月22日，省文化厅党组书记，厅长张仲炎在广元市文化局秦光泉局长陪同下，视察了广元市图书馆，视察中，张厅长对该馆工作给予了充分肯定，他鼓励该馆要为“知识工程”和“科教兴国”积极作出应有的贡献。

1999年8月24日，省文化厅副厅长周国良，社文处副处长林雪在绵阳市文化局副局长马赴先等领导陪同下视察了绵阳市图书馆，在听取了市图书馆馆长张尔君的专题工作汇报后，周副厅长对该馆工作成绩给予了充分的肯定和好评。

〔**邹广严副省长视察四川省图书馆**〕 1999年9月15日，四川省副省长邹广严在省文化厅党组书记，厅长张仲炎的陪同下，视察四川省图书馆工作。

邹副省长先后察看了修复后的总府路旧馆书库大楼，新辟的具有特色服务性质的阅览室，了解了省图书馆的情况。

〔**川北片区图书情报协作网99学术研讨会**〕 于1999年11月17～18日在遂宁隆重召开，川北片区五地市公共图书馆、大中专院校图书馆及厂矿企业事业单位图书馆界的近100名代表参加了会议。

四川省文化厅社文处处长方国年、省中心图书馆委员会办公室副主任徐建华、省图书馆副馆长钟昌式、遂宁市委、市府分管领导出席了会议。王本杰局长作了题为《抓住机遇，迎接挑战，肩负起公共图书馆在网络时代的历史使命》的报告。

这次年会以“网络时代的图书馆”为主题，征集了论文。来自绵阳、广元、德阳、南充、遂宁五地市代表，围绕“网络时代的图书馆”这一主题，结合各馆实际，畅谈图书馆现代化建设的经验与设想。

〔**面向21世纪的高校图书馆学术研讨会**〕 于1999年12月15～17日在乐山师范专科学校召开。会议收到论文113篇。有15位论文作者在会上宣读了论文。大家就信息社会、信息市场、信息用户管理、经济环境、藏书建设、书目资源、网络资源利用、电子阅览室、读者服务、队伍建设等高校图书馆面临的若干理论和实践问题进行了交流和研讨。

〔**全省高校图书馆工作会新任馆长研讨会**〕 于1999年12月15～17日在乐山师范专科党校召开。其中有近两年来新担任图书馆馆级领导职务的13位同志。会议特邀一些经验丰富的老馆长与新馆长们围绕高校图书馆管理、信息资源建设、自动化建设问题进行了研讨交流。

〔**“迈向新世纪”读书演讲大赛**〕 于1999年12月27日在四川师范学院学术一厅隆重举行。来自南充市所辖二市三区五县的28名选手参加了此次演讲大赛。

参赛的28名选手中，年龄最大的25岁，最小16岁。他们分别是来自大专院校、中等专业学校和中学的学生、机关干部、中小学教师等。选手们通过一天紧张激烈的演讲，最后评选出一等奖三名、二等奖7名、三等奖8名和优秀奖若干名。这次大赛由南充市委宣传部、市文化局、市教委、川北片区高校图情协作组和南充市图书馆共同主办。

〔**1999年川渝高校情报年会**〕 在四川新津县举行，四川省和重庆市的33所高校图书馆共59位代表出席了会议。会上交流论文45篇，内容涉及信息服务及文献检索等大家共同关心的各个方面。

〔**四川省公共图书馆改革与发展工作会**〕 于2000年3月3日召开。来自全省各地，市、州81个图书馆的104位馆长出席了会议。四川省文化厅党组书记，厅长张仲炎，副厅长胡继先等，出席会议并在会上作了发言。

会上,四川省图书馆党总支书记,馆长李忠昊作了“利用文献信息资源,服务国家西部开发,迎接知识经济时代的挑战”的主题发言。

〔**西部大开发信息服务研讨会**〕 于2000年3月17日在四川大学隆重举行。四川省信息化领导小组办公室、四川省文化厅社会文化处、四川省科学技术委员会情报局及有关学会和机构的领导和专家三十余人参加了会议。与会同志一致认为:四川省作为西部大开发的重要地区,发展信息服务业具有积极的、关键的作用。如何遵循邓小平同志“开发信息资源,服务四化建设”的科学论断,如何通过有效开发信息资源,切实发展知识服务,为西部大开发作好“侦察兵”和“发动机”,这是四川信息服务业必须认真思考和积极探索的现实问题。在热烈的讨论中,各位专家教授为西部大开发中的四川信息服务业的现实地位和功能、发展思路和策略提出了许多有益的观点和建议,这次研讨会不仅是关于西部大开发与信息服务的学术研讨会,更是四川信息服务业投身西部大开发动员会和誓师会。这次会议由四川省中心图书馆委员会、四川图书馆学会、四川图书馆和四川大学信息与档案管理系联合召开。

〔**四川省、重庆市高校《文献检索》课教学研讨会**〕 于2000年4月11～13日在四川农业大学举行。来自川、渝21所高校34名代表到会。会议就《文献检索》课的教学体系、教学模式、教学内容、教学方式和教学手段问题,教学大纲和教材建设问题,多媒体课件的制作和多媒体教学效果问题等进行了充分的交流和讨论。

〔**四川省缩微技术协会第二次会员代表大会暨2000年学术研讨会**〕 2000年4月18～20日四川省缩微技术协会第二次会员代表大会暨2000年学术研讨会在四川省双流县琪鹤庄召开。会员代表及来宾共50人,中国缩微摄影技术协会发来了贺信。李忠昊馆长出席会议,四川省档案局陈代荣副局长作了书面讲话。

刘元奎理事长代表第一届理事会作了《工作报告》。

新产生的理事会刘元奎为理事长,徐建华、何先进、何润成、冯宁、邬齐荣、柴德玉、王锡安为副理事长,何先进兼秘书长。

学术研讨会宣读了8篇论文。3位作者的论文获得一等奖。

〔**绵阳市领导视察图书馆**〕 2000年5月6日,绵阳市委副书记宋全安、市委副秘书长李长明等领导在市文化局长马赴先的陪同下到市图书馆视察。专题研究市图书馆与市科技情报所合并座谈会上,宋副书记就电子网络的作用,提高档次,争创国家一级图书馆作了讲话。

〔**四川省公共图书馆文献资源共建共享网络建设领导小组第一次会议**〕 于2000年6月29～30日在四川省文化厅会议厅隆重举行。参加和出席此次会议的人员有:省文化厅党组书记、厅长张仲炎、副厅长窦维平、厅计财处处长杨茂成、社文处处长方国年、省图书馆党总支书记兼馆长李忠昊、副馆长钟昌式、总支副书记兼副馆长彭本诚、副馆长欧君国、蔡正祥、晏利宗、省中心图书馆委员会办公室常务副主任徐建华、四川省公共图书馆文献资源共建共享网络建设领导小组成员(各地、市、州文化局局长)、领导小组办公室成员(各地、市、州图书馆长等)以及省图书馆中层干部等。会议特邀中国数字图书馆工程联席会议办公室主任,国家图书馆党委书记,常务副馆长周和平参会。本次会议的主要内容:省文化厅布置共建共享有关工作;中国数字图书馆工程联席会议办公室主任,国家图书馆党委书记,常务副馆长周和平作《建设中国数字图书馆工程,促进我国知识经济的发展》的专题报告;国家图书馆与四川省图书馆签订合作协议。在本次会议上举行了四川省图书馆网站开通仪式。

〔**“西部地区图书馆民族文献信息建设研讨会”**〕 2000年9月10日,由甘孜州图书馆承办、经过近一年的筹备,在四川省康定县召开。出席这次会议的有云南、四川西部部分图书馆和相关单位的代表42人。

研讨会由调任州文化局的前甘孜州图书馆钟路德馆长主持、新到任的扎西斑鸠馆长致欢迎词。甘孜州人大阿都泽呷副主任、甘孜州委宣传部贺先枣常务副部长、甘孜州文化局仁真旺杰副局长、四川省中心图书馆委员会办公室徐建华常务副主任先后在会上讲了话。

楚雄州图书馆张卫平馆长代表云南与会各图书馆向甘孜州委、州人大政府和东道主致谢词。

会议还邀请了格桑曲批、噶玛降村两位专家就藏文化和藏文献作了精采的学术报告。

甘孜州图书馆向与会代表赠送了《甘孜州图书馆地方文献目录》。

中国民族图书馆、中国图书馆学会致函祝贺这次会议的顺利召开,"衷心祝贺川滇边地区的各图书馆、借此西部大开发的强劲东风,抓住机遇,共谋变革,以促进我国的民族图书馆事业有一个更新、更大的发展"。会议交流学术论文16篇。

〔**西南地区高等农业院校图书馆第12届协作研讨会**〕 2000年10月17～20日在绵阳经济技术高等专科学校召开。

参加这次会议的有云南农业大学图书馆和贵州大学,会议共收到论文27篇,会议的中心议题是:图书馆电子阅览室的建立;管理和信息资源的开发利用;高校图书馆在西部大开发中的地位与作用。

〔**文献影像数字化网络化技术培训班**〕 于2000年11月12日～25日在四川大学举行。重庆、四川等15个单位派员参加了此次培训班。内容主要有:因特网基础知识、网络化信息资源检索与利用、数字图书馆、缩微影像数字化处理技术及缩微品的开发与利用。这次培训班是由四川省中心图书馆委员会办公室和四川省宿微技术协会联合举办。

〔**川北片区图书情报协作网2000年年会暨学术研讨会**〕 会议以"21世纪对图书馆员素质要求"为主题,举办了"在改革中前进的川北片区图书情报事业"摄影图片展览。

11月18日,年会暨学术论文交流会与摄影图片展览如期举行。与会人员分别来自绵阳、德阳、遂宁、广元、达州、巴中、南充七地、市及期所属县、区公共图书馆及部分高等院校、工矿企业、中小学图书馆(室),共计70余人。大会紧紧围绕图书馆面向21世纪如何开展好自身工作,为西部建设服好务展开了积极讨论。大会组委会共收到论文70篇,评出了一、二、三等奖,并为获奖者颁发证书和奖金。

〔**泸州市图书馆新馆落成**〕 2000年12月19日,泸州市图书馆举行了新馆建设竣工仪式。该市四大班子领导及政府职能部门领导,西南建筑设计院领导和四川省图书馆领导出席了竣工典礼。

泸州市图书馆总建筑面积16000平方米,采用内井式建设辅以采光天棚,融合现代与民族风格于一体;读者服务阅览区与办公区既相互分离又能随时联系;完善的功能服务与严格的消防、防盗系统为新馆的运作提供了有力的保障。

〔**党校系统图书馆信息化建设新进展**〕 1999年下半年开始至2000年3月,省委党校图书馆建成电子阅览室正式开放。电子阅览室配有多媒体电脑10台,交换机一台,光盘服务器一套,备有《人大报刊复印资料》、《中国学术期刊》等光盘数据库若干。并连接互联网,利用党校校园网提供各种网上信息,光盘信息查询及图书馆参考咨询服务。基本能满足教学科研的需要。

地市州21所党校逐步将电脑管理引入图书馆:7所党校拥有1台以上电脑,并用于书目查询、采编管理;两所党校建成电子阅览室,其中最多的拥有7台电脑,并连入互联网;五所党校处于拟建阶段;其余党校针对各自情况,正积极创造条件。

贵 州 省

〔**《中图法》(四版)及主题标引培训班**〕 于1999年6月24～26日在贵州师大图书馆举办。培训班特邀请北京大学图书馆学系张涵教授担任主讲。学习内容主要包括《中图法》(第四版)对三版的几个方面的修改,(1) F, TN, TP三个重点大类进行了系统的扩充和局部调整;(2) 对近年来出现的新学科、新事物、新主题运用多种手段全面增补;(3) 在A大类为邓小平理论及其著作研究立类;(4) 扩大了使用功能,既可类分图书,又可类分资料。并对分类主题标引的方法及标引主题时应注意的问题进行了介绍。来自全省图书馆界的110名专业人员参加。

〔**"文献信息开发与数字图书馆"专题报告会**〕 于1999年10月在贵州省图书馆举办。报告会特邀国家图书馆副馆长孙承鉴研究员主讲。孙馆长首先介绍了数字图书馆在我国的发展情况,然后以"统筹规划,分步实施,建设现代化的国家图书馆"为题,详细介绍了国家图书馆进行的数字化图书馆系统建设工作,从图书馆的计算机网络系统和数字化现状,到数字图书馆的研究与开发情况,以及正在积极规划中的"中国数字图书馆工程"概况。来自全省各系统的图书馆同仁及省内的在校图书馆专业大学生参加了报告会。

云 南 省

〔**昆明市官渡区第一座乡镇图书馆成立**〕 1999年1月29日,昆明市官渡区第一座乡镇图书馆——双龙乡图书馆正式挂牌成立。该馆的成立受到区、乡两级政府的重视和支持。区政府补助经费10,000元,乡政府拨款8,000元。官渡区图书馆在书架、目录柜、沙发等藏书设备、办公用品以及人力上也给予了无偿支援。

〔**图书馆继续教育培训班**〕　于1999年7月和9月在思茅地区先后举办两期。这两期培训班是思茅地区行署文化局根据国家人事部、省人事厅、行署人事局关于实施专业人员继续教育的有关文件精神，下文到各县文化局统一组织实施，委托思茅地区图书馆承办的。继续教育培训班结合思茅地区的实际，开设了"文化经济学"和"《中图法》四版制定特点"两门课程。结业时文化局领导给学员颁发了《继续教育培训证书》。全区共有85名图书馆人员参加了培训。

〔**建国50周年云南省公共图书馆事业发展展览**〕于1999年9月26日在云南省图书馆报告厅开幕。有关领导和正在出席"云南省图书馆学会成立20周年纪念会暨第六次学术研讨会"的250多名代表率先参观了展览。这次展览旨在体现建国50年来，在党和各级政府的领导、支持下，通过广大图书馆工作者的辛勤努力，云南省公共图书馆事业取得的巨大成就与发展，以及图书馆在云南省两个文明建设中作出的贡献和发挥的积极作用。展览以各地、州、市为单位，通过大量精美的照片、翔实的图表和众多科研成果的实物——著作、奖状、奖品等，生动地反映了建国50年来，特别是党的十一届三中全会以来，云南省各地图书馆在基础设施建设、藏书、人员、开展的具有各地特色的各种形式的业务活动等方面取得的巨大发展和辉煌成就。这个展览由省文化厅主办，云南省图书馆承办。

〔**保山地区图书馆新馆落成开馆**〕　1999年10月，保山地区图书馆新馆舍落成开馆。新馆座落在保山地区文化中心广场。建筑面积2700平方米。投资500多万元。馆舍在云南省少数民族风格建筑的基础上结合汉代古典式和现代开放园林式的建筑风格，整体形象充满了浓郁的文化色彩和艺术魅力。

〔**玉溪市图书馆与上海长宁区图书馆签订合作协议**〕　1999年11月11日，玉溪市图书馆与上海长宁区图书馆在玉溪签订了《共建馆际协议》。协议的签订，旨在进一步加强图书馆馆际之间的合作交流，共同发展公共图书馆事业，发挥社会教育、信息服务等功能，共同探索图书馆自动化、现代化管理建设经验，以推进图书馆发展。

〔**白族学者张建中教授向大理师专图书馆捐书捐款**〕　杭州大学白族张建中教授，他退休不忘家乡建设、心系家乡教育事业，多次捐款支持家乡的教育事业。1998年他将自己珍藏多年的1200多册藏书捐赠大理师专图书馆。2000年年初，张建中教授再次给大理师专图书馆捐赠藏书100多册，并汇稿费5000余元，用于订购大型外语工具书。张建中教授将藏书捐赠给大理师专图书馆，是对大理教育事业的关心和支持。他用实际行动支持家乡的教育事业的善举，为全社会关心支持西部教育作出了榜样。

西藏自治区

〔**1999年度西藏图书馆主要工作**〕　1999年度，西藏图书馆共接待读者3万多人次，借阅图书9万余册，新购藏汉文图书近3000册，征集藏文古籍图书1000余册，外借图书比1998年增加了1万余册。在开展读者服务工作和业务基础工作的前提下，完成了以下主要工作：

一、5月30日在布达拉宫广场隆重举行了"99图书馆服务宣传周"活动。此次活动利用藏汉两种文字的横幅、图片、展板和宣传车，大力宣传江泽民总书记于1998年12月22日视察北京图书馆时所作的"要在全社会大兴勤奋读书之风"的重要指示。

二、7月20日至8月2日举办了"全区第二期图书馆管理员培训班"，培训班增设了《藏文文献介绍》、《计算机在图书馆的应用》等课程，来自全区各地（县）农牧区的31名图书资料管理员参加了培训。

三、为加快全区文献信息资源的共建共享，实现图书馆网络化和数字化，提高文献信息资源获取的准确性和可靠性，在完成图书编目自动化和办公自动化的基础上，西藏图书馆建成了电子阅览室。

四、1999年度在作好读者服务工作的同时，进一步拓宽对外服务的范围，主动上门到驻地各部队、机关、企事业单位和学校办理借书证，共办理借书证1000多个。并向基层单位、武警和部队等捐赠图书1000余册，价值3000多元。

〔**2000年度西藏图书馆主要工作**〕　2000年度，西藏图书馆共接待读者近4万人次，全年借阅图书、期刊11万余册，全年办理借书证5891个，全年新购图书2730册。全年在完成正常工作的前提下，主要完成了以下工作：

一、馆内制定了《计算机编目培训计划》，并对馆内业务人员进行了轮流培训。通过培训，馆内

90%以上的业务人员掌握了计算机基础知识,并能独立完成计算机编目工作。

二、建设西藏图书馆分馆。共投入了60万元的设备,调拨了近3万册图书,与拉萨市城关区联合建成了西藏图书馆分馆。同时选派了10名思想好、业务精、作风过硬的工作人员到分馆工作。主要目的是:利用西藏图书馆的人才优势和基础设施,最大限度地发挥图书馆的作用,吸引更多的读者利用图书馆,培养大家的读书习惯,为全区的两个文明建设服务。此外,明确文化扶持任务,有目的地扶持城关区下属的文化馆(站),为各基层文化馆(站)提供人才培训,图书支援等服务。在建设分馆的过程中,得到了区内各图书馆的积极支持,尤其是得到了上海图书馆的大力支持,当上海图书馆得知西藏图书馆要建分馆的消息后,立即动员全馆员工捐款购买了10台计算机,并无偿赠送给西藏图书馆。

三、为配合"全民读书月"活动的开展,落实国家文化部主办的"我喜爱的图书馆评选活动"。对400多名读者发放了调查表,读者普遍反映:西藏图书馆的硬件设施好,工作人员积极性高,解答问题耐心细致,服务周到。

四、积极配合自治区人民政府和自治区党委宣传部完成了"西藏自治区(香港)投资经贸洽谈会"期间的文化展览工作。在90平方米的展台上,展出了反映西藏概况的精品图书600余种、期刊30余种、音像制品80余种,展出图书涉及西藏的政治、法律、经济、历史、哲学、宗教、教育、文化、卫生、军事等方面的内容。其中汉文图书400余种,藏文图书约200余种。这次展览还展出了20函具有很高历史价值的藏文古籍长条书均属珍本,同时展出了4幅图表。

五、召开"2000年度读者服务工作座谈会"。12月份,召开了2000年度读者服务工作座谈会。在座谈会上,西藏军区一名技术军官诚恳地说:"我们在承担一项国家级科研课题时,得到了西藏图书馆的大力支持和帮助,这个科研课题获得了国家级奖项。这是与西藏图书馆员工优质的服务分不开的。"

六、主动与中宣部取得了联系,以争取中宣部领导对西藏图书馆的支持。并同中宣部达成了向西藏图书馆赠建"全国百家期刊阅览室"的协议。从2001年1月起,中国期刊协会免费向西藏图书馆提供全国各地公开出版的各类期刊。

七、本年度西藏图书馆共向基层图书馆(室)捐赠各类图书3520册,折合人民币11338元,支持了各基层图书馆(室)的建设。

〔**2000年度图书馆服务宣传周**〕 2000年6月3日,在拉萨市宇拓路举办了"传播科学知识,宣传科学思想,倡导科学方法,弘扬科学精神"为主题的图书馆服务宣传周活动。此次活动是为了贯彻落实《中共中央国务院关于加强科学技术普及工作的若干意见》的重要指示精神,响应全国"知识工程"领导小组《关于开展2000年度图书馆服务宣传周活动的通知》而举办的。本次宣传周活动由西藏图书馆组织牵头,西藏大学图书馆、藏医学院图书馆、自治区党校图书馆、自治区社科院图书馆、西藏人民出版社、区市两级新华书店等12家单位参加了这次活动。本次宣传周活动展出的图书共有4000余种,包括科学技术、文化教育、农牧业和科学普及等方面的图书。为方便广大读者,西藏图书馆、西藏大学图书馆还在现场为读者办理了借书证。自治区党委副书记丹增,自治区党委常委、宣传部长肖怀远,自治区政协副主席拉敏索朗伦珠,以及自治区党委宣传部、自治区文化厅等有关部门负责同志参加了图书馆服务宣传周的活动。自治区党委副书记丹增详细询问了宣传周活动的有关情况,并作重要讲话。

〔**国家民委向西藏图书馆赠书**〕 2000年6月28日上午,国家民委向西藏图书馆捐赠图书仪式在拉萨举行,西藏自治区有关部门领导和国家民委党组副书记、副主任江家福带领的国家民委赴藏调研组一行9人参加了赠书仪式。价值48万元的大型历史文献《四库全书存目丛书》成为西藏图书馆珍贵的馆藏图书。

〔**西藏藏医学院图书馆收藏的藏医"唐卡"揭开了人体奥秘**〕 2000年9月16日,参加2000国际藏医药学术会议的中外专家在西藏藏医学院图书馆里看到了一幅数百年以前绘制的描述人体胚胎发育的藏医"唐卡"。据介绍,这是古代藏医为解说2000多年前的藏医药经典著作《四部医典》而绘制的80幅彩色挂图之一。它形象地描述了人体受孕、妊娠反应、胎儿发育过程中出现的"鱼期、龟期、猪期"的顺序,与脊椎动物、鱼纲、爬行纲、哺乳纲和人类的进化顺序相一致。根据藏医专家考证:古藏医对胚胎学的认识,比达尔文的生物进化论还要早1000多年。印度藏医学专家达师博士在观看了这幅绘制精美的"唐卡"后,不由得感叹:"12世纪就用图画形式介绍藏医药理论体系和实践技术，不但在中国医学史上绝无仅有，而且在世界医药史上亦属罕见。”对于青藏高原独特的藏医藏药，早在2000多年前就有了“有毒就有药”的防病治病知识和用酥油治疗外伤的临床实践。在此基础上，公元8世纪藏医鼻祖宇妥·云登贡布在总结藏族本土医疗经验时，广泛吸取和借鉴了当时中医、古阿拉伯医和印度医的发展成果，编著了较为完整的藏医藏药理论巨著《四部医典》。《四部医典》分《总则本》、《论述本》、《秘诀本》、《后续本》，共156章，系统地论述了藏医药学的理论基础、人体构造生理功能、病因、病理、诊断治疗、药物种类、服用方法以及饮食起居、卫生保健、行医道德等，首次揭开了雪域高原人体的奥秘和防病治病方法。

〔**全国统战系统出版社向西藏图书馆等单位捐赠图书**〕 2000年6月5日，全国统战系统13家出版社日前向西藏图书馆等单位捐赠图书仪式在西藏自治区统战部举行，中央统战部副部长朱维群，西藏自治区政协副主席、自治区统战部部长桑珠，赠书单位代表及受赠单位的领导出席了赠书仪式。这次赠书活动是由中央统战部组织实施，共捐赠各类图书16万册，包括政治、经济、文化、科技等各类书籍，价值225万元。中央统战部副部长朱维群讲了话。

〔**中宣部向西藏图书馆和阿里地区捐赠图书**〕 2000年9月14日上午，中宣部援藏图书捐赠仪式在西藏图书馆举行。自治区领导肖怀远、曲加、次仁卓嘎、拉敏·索朗伦珠及有关部门负责同志出席图书捐赠仪式。受中宣部领导和部机关同志们的委托，中宣部出版局局长邬书林一行专程来藏参加图书捐赠仪式。捐赠仪式上，自治区党委常委、宣传部部长肖怀远代表自治区党委、政府向中宣部表示衷心感谢。肖怀远希望西藏图书馆和阿里地区要按照江泽民总书记提出的“三个代表”的要求，把切实用好管好这批图书，认真建好图书馆（室），作为加强政治思想文化阵地建设的一项重要内容，使这批图书在提高人民群众的科学文化素质方面发挥出更大的作用。为了解决西藏阿里地区文化建设滞后，6万多干部群众文化生活匮乏的问题，在中宣部丁关根部长和刘云山常务副部长的亲切关怀下，由中宣部出版局亲自组织实施，在全国各大出版单位开展了援藏图书捐赠活动。这项活动得到了全国各大出版单位的积极响应，仅半年时间，就筹集到图书3万余册，总价值近70万元。这批图书门类齐全，涉及自然和社会科学领域，品种包括大型工具书、文学名著等。为了把这批图书妥善运抵拉萨，中宣部租用专车，行驶5千多公里，途径十多个省市，将图书从首都北京安全运到了拉萨。与此同时，考虑到阿里各县财政收入低、经费紧张的问题，中宣部还专门拨付10万元专项配套资金，用以帮助阿里地区各县建设图书室。

〔**西藏大学图书馆**〕 始建于1951年的“藏文干部培训班”资料室、历经西藏军区干部学校图书室、西藏地方干部学校图书室、西藏师范学院图书室，于1995年正式建成西藏大学图书馆。图书馆创建四十多年来，经过几代人的辛勤耕耘，现已发展成为藏书种类齐全，装祯形式多样的大学图书馆。到目前为止，馆藏各类图书共22万册，包括汉文图书16万册，藏文图书2万多册（含木刻本、手抄本3800函），古籍图书1.6万册，西文图书5千余册，报刊合定本3万多册。在馆藏图书上，重视图书的采选质量，严格控制复本数量。在珍藏上既有距今三百多年前的大学者五世达赖喇嘛的第司·桑杰嘉措《医学概论》手抄孤本，也有宋元刻本的古籍图书，还收藏大量民国时期的报刊资料。图书馆现有的工作人员24名，有毕业于华东师范大学、西南师范大学、南开大学、陕西师范大学等内地高校图书馆学情报学专业的大学生，也有毕业于藏文、数学、英语、中文、地理等专业的大中专毕业生，他们在此基础上，又到内地高校进修图书馆学情报学专业一年以上，全馆大专以上学历的达16人。目前图书馆对工作人员进行岗位在培训，实行轮岗、送出去、请进来等办法，已实现真正意义上的一专多能，全馆工作人员都能操作微机。为了弥补馆藏的不足，实现西藏地区文献信息资源的共建、共享，更好的为广大教师和学生服务，该馆与区内各主要图书馆（室）建立了馆际合作关系，以加强馆际互借、学术交流等。

〔**西藏图书馆员工索朗顿珠一家成为“优秀读书家庭”**〕 索朗顿珠，男，藏族，现年57岁，大专文化程度，西藏图书馆副研究馆员。妻子索那拉姆，儿子旦增，女儿德吉群宗，一家四口，团结和睦，除了在各自的岗位上勤奋工作、努力学习，都养成了良好的读书看报的习惯，并收藏了大量的书籍和多种资料图片。索朗顿珠一家从1978年至今，每月都从微薄的家庭收入中提取15%作为家庭购书费，现已开支近8万元,共计收藏各种藏、汉书籍1.55万多册(函),各种杂志500余种,图片资料1万余张,各种教学音像磁带25盒,在此基层上,平均每年新购各种书籍50种。全家订阅了《西藏研究》、《藏学研究》、《读者》、《人民日报》、《参考消息》等报刊。为便于阅读、管理和收藏这些图书,索郎顿珠自制5个书架,并为部分古籍和有较高收藏价值的图书专门订购了7个书架,全家购买了一台电脑。索郎顿珠自1980年从事藏学工作以来,先后为西藏社科院资料情报研究所、《拉萨尔》办公室和藏文古籍出版社搜集各种藏文真本和孤本几十种,他帮助西藏古籍出版社和四川民族出版社校勘《隆钦教史》和《智者入门论》(真本集)供两家出版社出版,并同一些藏学专家共同搜集、整理、出版了《宁玛嘎玛丛书》(111函)。他先后在《西藏研究》上发表了《〈隆钦教史〉的作者考》、《洛容教史》补校和《谈西藏目录学》等文章,西藏人民出版社为他出版了《西藏史学书目》的专著。在索郎顿珠的熏陶下,全家人坚持每天观看电视新闻和阅读当日报纸,努力学习党的基本理论、方针和政策。索朗顿珠全家为了让所收藏的图书发挥更大的作用,造福边远地区的农牧民,他在那曲闻思菩提院创办了寺院图书室,并为该图书室购买了藏文古籍书1000余函,其他书籍200多册。索郎顿珠一家被大家亲切地冠以"优秀读书家庭"的美名。

〔**藏文古籍编目启动工作会议**〕 于2000年12月6日召开,自治区副主席、区藏文古籍领导小组副组长次仁卓嘎到会并讲话,她说:"编目工作要切实反映藏文古籍特点,在认真登录的同时,狠抓编目的完整性、科学性、权威性。搞好藏文古籍整理工作是社会主义精神文明建设的需要,也是反对分裂、维护祖国统一的需要。从战略的高度看,整理、抢救、挖掘藏文古籍是对民族优秀文化的继承与发展"。次仁卓嘎指出,区直各有关部门要切实做好本单位古籍编目工作。要正确对待每一部文献的精华与糟粕,并在登录卡的提要中作出精确客观的叙述。在普查、汇总的整个过程中,一定要认真负责,做到无一缺漏,圆满完成历史赋予我们的神圣职责。会上,次仁卓嘎副主席还代表自治区藏文古籍领导小组同区有关单位签订了《委任书》。

〔**阿里边防支队建起基层图书室**〕 1999年12月,在西藏总队的关心和支持下,阿里支队共投入2万余元,解决了兴建图书室的问题。由于阿里地处偏远,交通不便,购书难成了一大问题。如何利用有限的资金,购买到更多的图书,也是支队所关心的问题。2000年春天,正遇去拉萨出差的汽车,支队派专人随车前往拉萨选购图书,从狮泉河到拉萨往返3400公里,支队官兵总算读到了各类书籍。阿里支队这次共建图书室6个,购买图书3000余册,书籍包括政治、文化、地理、历史、文学、军事和科技等内容。现在,图书已全部下发的各基层图书室。

陕 西 省

〔**图书馆事业概况**〕 公共图书馆:省、地、县三级公共图书馆有114所,其中省级公共图书馆1所,地市级公共图书馆7所,县(市)级图书馆106所(含少儿馆3所)。由中国建筑西北设计研究院设计,陕西省建筑总公司八公司承建,从1996年5月1日动工兴建了五年的陕西省图书馆新馆工程现已全部竣工,已交付陕西省图书馆,省政府统建办抓紧为新馆配置书架、阅览桌椅、办公设备及高性能的计算机管理系统、安全监测系统和防盗系统。

陕西省图书馆新馆位于西安市南郊,在城市干道长安路与二环路交口的西北角,是陕西省文化、体育、科技中心建筑群的重要组成部分,工程占地2.03公顷,建筑面积4.7万平方米,主楼11层,裙楼5层,地下1层,设计藏书容量500万册,阅览座位2500个,工程预算1.2亿元。

两年来,全省新建馆方面还有1.3万平方米的西安市图书馆工程已全部竣工,4月份已向社会公开招聘专业人才,2000年10月26日开馆;1.1万平方米的铜川市新馆工程已经立项动工;造价34万元,544平方米的麟游县仿古二层图书馆楼已建成开馆;1200平方米长安县图书馆大楼于5月份正式使用。富平县筹资兴建图书馆大楼已于2000年11月竣工;洛南县图书馆新馆经过多年努力已于2000年底动工修建;安塞县馆筹措资金5万元,对馆内门窗、阅览室地面进行更换、改善了工作环境。旅居香港的榆林籍爱国人士胡星元先生1983年曾捐资70万元,建成榆林"星元图书楼"。1993年胡星元先生病逝之前曾立下遗嘱,要将上亿元资产捐赠桑梓,造福人民,1999年3月29日,"榆林市星元图书馆胡星元慈善基金会"正式成立,负责管理全部遗赠款。3月26日,首批遗赠款65.49万美元到位,分配给星元图书楼9.8万美元,用于馆舍维修和购置图书、设备,从1999年以来,榆林市图书馆用该款对星元图书楼进行了内外改造装新、购置图书5万元,改善了办馆条件。从1999～2000年,陕西省文化厅还向全省10个地市馆20多个地县馆拨款191万元用于馆舍的维修。

全省公共图书馆从业人员1572人,其中在编职工1476人,省馆148人,地市馆189人;县市(区)馆1139人(含少儿馆);全省公共图书馆书刊采购人员克服种种困难,不断扩大品种、减少复本,采取多种方式和途径,使文献累计总量达到836.5万册。其中:中外文图书641.1万册,报刊118.1万册,古籍71.1万册,缩微制品、视听文献3000件,其他文献5.8万册(件)。两年来图书总流通人次5733.2万人次,书刊外借5429.5万人次,书刊外借达到了18638.8万册次,举办各种读者活动388次,参加人员25.1万人次,解答咨询2415.6万条,代检索课题905项,编制二、三次文献134种,开展馆外流通服务点787个。为了方便读者借阅,省、地、县三级公共图书馆在国家法定的节假日"五一"、"十一"、"元旦"、"春节"也照常开馆,为广大读者服务。

高校图书馆:1999～2000年,陕西全日制普通高校图书馆经整顿、缩减与合并,从1998年41所缩减到2000年的37所,馆舍建筑总面积3057.6万平方米,在建面积5.4万平方米,阅览座位220.5万个,电子阅览室座位1391个。全省高校图书馆在职正式职工1808人,其中大专以上文化程度的1343个,占职工总人数的72%,中级专业技术职务的人员743人,占总人数的41%;高级专业技术职务的人员197人,占总人数的11%,2000年比1999年增加1%,全省37所高校图书馆馆藏各类文献总量为22611574册,2000年高校图书馆的年度总经费4037.97万元,2000年比1999年增加24%,另外,有7所图书馆,还从其他途径得到文献购置费123.55万元,37所高校图书馆当年购置中文图书421602册,外文图书10662册,中文报刊47549种(册),外文报刊12039种(册),音像资料5083件,缩微资料49193件。另外,还购置了国内外著名的网络数据库,图书馆为校内固定读者407128人服务,每周开馆阅览时数2738小时,平均每馆每周开馆阅览时间70.2小时,达到《普通高等学校图书馆规程》规定的70小时以上的27所,占73%。实行开架借阅的书刊858万余册,占总馆藏文献的35%,全年文献外借530万多册,约占总馆藏的24%,馆际互借图书17190册(包括借入、借出)。

科技信息研究所:

省、地、县三级科技信息研究所,经过数十年艰苦努力,积累了丰富的图书、期刊、专利、文献、产品样本、会议资料、科技报告等科技文献。收藏量已达到1100万册(件),其中省科技信息研究所收藏文1000万册(件),2000年在省科技厅和所内自己投资134.6万元,增购微机20台(套)、打印机7台、交换机、远程访问服务器、扫描仪、摄像机、单色胶印机等现代化设备。除订购国内外书本式检索工具和科技文献期刊、资料1332种外,还订购中文非专利光盘数据库13种,中外文专利光盘数据库12种。全省十个地、市科技信息研究所累计收藏文献近100万册(件),同时拥有缩微静电复印、专利阅读、光盘检索、电子阅览、电子彩色排版、电脑彩色照像、电脑广告设计等先进设备。

省科技信息研究所已成为中国西北地区综合科技信息中心,是国家一级科技查新咨询单位,是国家科委指定的国家发明奖,科技立题和科技成果申报科技查新咨询机构,陕西省科技信息网络管理控制中心,已与国际Internet连通,该中心除拥有国际联机、计算机检索、电子阅读等多种先进设备外,还集中了一批具有高、中级专业技术职称的专家、学者及业务人员。采用了国内外联机检索、光盘数据库检索、手工检索等多种手段相结合的方式,可与DIALOG(美)、ORBIT(美)、ESA(欧洲航天局)、STN(德、日、美)等各类国外专业数据库系统联机检索;开通了中国科技信息所、国家图书馆、国防科工委(749)、重庆国家信息中心等国内联机系统,通过国际互联网可全方位提供地矿、生物、医药、畜牧、冶金、农业、仪器仪表、机械、电工电子、化工、轻纺、建筑、水利、电力、交通运输、环保、武器装备以及数理科学、化学、商业、经济等各种学科和专业的科技信息服务。

甘肃省

〔**甘肃省公共图书馆事业概况**〕　近年来,在党和政府的关怀和支持下,甘肃省公共图书馆事业有了长足的发展。截止2000年底,全省有公共图书馆91个,其中省级馆1个,地级馆8个,县级馆82个。其中少数民族图书馆20个,少儿图书馆2个。工作人员1049人,馆舍面积11.2万平方米,其中书库2.

8万平方米，阅览2.9万平方米。藏书总量达745.4万余册(件)。设阅览座位8000多个，少儿阅览座位3000多个。年事业经费1779.8万元。全省拥有持证读者9.3万人。年接待读者184.9万人次。为读者举办各种活动707次，参加人数达37万人次。目前全省共设服务网点773个。此外，全省共建有乡镇文化站1311个，内均设有图书馆(室)，其中达二级乡镇图书馆标准的3个，三级乡镇图书馆标准的8个，已基本形成了遍及全省地、县、乡镇的公共图书馆系统。在1998年第二次公共图书馆评估定级中，全省有26个图书馆分别获得了一、二、三级馆称号。上等级图书馆数量在西北五省名列前茅。通过评估，使地县图书馆的基础建设，规范化管理和读者服务等方面的工作，得到了进一步加强和提高。目前各级图书馆都在抢抓机遇，积极为西部大开发服务，并在提供优质服务中发展壮大自己。

〔**“祖国颂、社会主义颂、改革开放颂”读书征文活动**〕 由甘肃省“知识工程”领导小组于1999年5～10月组织举办。此次征文，共收到全省各地市推荐的征文140篇，分为老年组，成年组和少年组三个组进行了评选，并成立了由专家组成的征文评审委员会，评委会经过认真细致的评议，全省共评出一、二、三等奖征文51篇。其中20篇一、二等奖征文推荐参加全国“知识工程”征文评选活动，还评选出酒泉地区等四个地区获组织奖，予以表彰鼓励。

在推荐参加全国“知识工程”读书征文评选中，甘肃省有4篇征文荣获一、二、三等奖。分别是：定西县西关小学康芬的《读〈可爱的祖国〉有感》获少年组一等奖；省工商银行陇西县支行师啸的《使命》获成年组二等奖；正宁县干休所冯汉亭的《选拔、使用人才——读〈邓小平文选〉的一点体会》获老年组三等奖；阿克塞小学张奇鹏的《我最喜爱的图书》获少年组三等奖。同时，甘肃省“知识工程”领导小组获组织奖，受到表彰。

〔**甘肃省公共图书馆评估定级情况**〕 根据文化部《关于1998年对县以上公共图书馆进行评估定级工作的通知》精神，甘肃省公共图书馆评估工作自1997年12月开始，历时9个月，全省88个地县图书馆自下而上进行了评前准备、自评和检查验收工作，并将评估结果上报文化部审批。1999年10月在辽宁省沈阳市召开的全国公共图书馆评估定级总结会上，文化部宣布了关于命名一、二、三级图书馆的决定并颁发了一级馆标牌和证书，甘肃省有26个图书馆分别获得了一、二、三级馆称号。

一级图书馆：甘肃省图书馆。

二级图书馆：兰州市图书馆、天水市图书馆、白银市图书馆、嘉峪关市图书馆、张掖市图书馆、武威市图书馆、敦煌市图书馆、武都县图书馆、酒泉市图书馆、定西县图书馆、天水市北道区图书馆。

三级图书馆：庆阳地区图书馆、临洮县图书馆、合水县图书馆、通谓县图书馆、清水县图书馆、庆阳县图书馆、康县图书馆、会宁县图书馆、徽县图书馆、山丹县图书馆、宁县图书馆、高台县图书馆、临夏市图书馆、白银市白银区少年儿童图书馆。

从此次评估结果看，近几年来，本省公共图书馆事业有了长足的发展，一级馆实现了本省零的突破，二级馆总数从1994年评估时的2个上升为11个，上等级馆总数也由20个上升为26个，居西北五省首位。通过评估，引起了当地政府对图书馆事业建设的重视和支持，有力地促进了各地图书馆工作、推动了甘肃图书馆事业的发展。

〔**迎接澳门回归馆藏书画珍品展**〕 为弘扬中华民族优秀传统文化艺术，迎接澳门回归祖国，甘肃省图书馆于1999年11月23～28日举办了此次展览。展出的作品，多为首次展出的珍品，除明清大家董其昌、杨继盛、蓝瑛、恽本初、朗世宁、丁观鹏的作品外，还有晚清名宦翁同和、张之洞、李鸿章等的书法，近代书画家吴昌硕、于右任、张大千的墨宝，甘肃地方名家王了望、唐琏、范振绪、赵西岩、裴建准等的书画，以及不易见到的敦煌写经和清化弘昨、刘墉、朱彝尊、王文治、左宗棠等名人尺牍。参观者近1500人次。

〔**释净空先生向甘肃省图书馆捐赠《乾隆大藏经》**〕

澳洲净宗学会会长释净空先生为庆祝中华人民共和国五十华诞，给甘肃省图书馆捐赠了一部《乾隆大藏经》。1999年12月中旬，甘肃省图书馆接受了澳洲宗教人士通过国家宗教局的转赠。《乾隆大藏经》作为一种较好的官修版本，是汉传佛教经典的总汇，集佛教文化之大成。是中国传统文化的组成部分，具有较高的文化和学术价值。

〔**北道区图书馆读者协会**〕 于1999年12月21日成立，来自北道城乡的30多名读者代表和天水市图书馆、北道区文体局有关领导参加了成立仪式，15名读者成为读者协会的首批会员。并选举产生了协会会长、副会长、秘书长。协会会员将代表广大读者的利益，经常参与并指导图书馆的各种活动，并不定期进行读书交流，带动更多的读者参与读书学习活动，广泛传播文化科学知识，为本地区经济建设和社会各项事业的发展服务。

〔**甘肃省表彰"图书馆服务宣传周"活动先进单位**〕

"宣传周"活动，在甘肃已举办了十一届。全省各地图书馆和"知识工程"领导小组利用"宣传周"这一形式，组织开展了内容丰富、形式多样的宣传活动，以优质的服务和声势浩大的宣传活动，受到社会各界的关注和好评，提高了社会公众的学习热情和自觉性，有力地推动了全民读书活动的深入和发展，取得了良好的社会效益。为了鼓励先进、加快全省图书馆事业的进一步发展，2000 年 3 月甘肃省"知识工程"领导小组和省文化厅决定对 1999 年"图书馆服务宣传周"活动中做出突出成绩的 2 个地区和 15 个图书馆进行了表彰，颁发了荣誉证书。这次受表彰的有：酒泉地区"知识工程"领导小组、庆阳地区"知识工程"领导小组、兰州市图书馆、庆阳地区图书馆、武都县图书馆、定西县图书馆、天水市北道区图书馆、敦煌市图书馆、张掖市图书馆、武威市图书馆、白银市图书馆、庆阳县图书馆、康县图书馆、陇西县图书馆、清水县图书馆、玉门市图书馆、临泽县图书馆。

〔**甘肃首家少儿流动图书馆**〕　由宋庆龄基金会、联合国儿童基金会与白银市白银区合作建立的甘肃省首家少儿流动图书馆，于 2000 年 4 月，在白银区建成并投入使用，并先后收到宋庆龄基金会、联合国儿童基金会捐赠的面包车、电视机、录音机、少儿图书等款物，价值41万元。该馆是甘肃省第一家全方位面向少年儿童服务的公共图书馆，深受广大少年儿童的欢迎。

〔**甘肃省图书馆与中国国家图书馆签定合作协议**〕

2000 年 6 月 9 日，《国家图书馆与甘肃省图书馆合作协议书》在北京正式签定。此举是为了贯彻文化部提出的加强西部文化建设的十五条意见，东西部地区对口文化支援工作的一次积极探索。两馆将本着"资源共享，优势互补，互利互惠，共同发展"的原则，在文献资源建设、信息服务、数字图书馆与网络建设以及人员培训等方面开展具体合作，谋求事业共同进步。

在签字仪式上，国家图书馆副馆长周和平与甘肃省图书馆馆长潘寅生分别代表两馆在协议书上签了字。中央电视台、北京电视台、中央人民广播电台、北京人民广播电台等分别于当日或次日的新闻中作了报道；《人民日报》、《光明日报》、《中国文化报》、《科技日报》、《甘肃日报》、《北京青年报》等也先后进行了报道。按照协议规定，国家图书馆将协助甘肃省图书馆搞好西北地区图书馆资源的共建共享协调工作，协助其制定本省乃至西北地区外文书刊订购协作协调的规划和计划。针对甘肃省图书馆经费紧张，文献缺藏的实际情况，国家图书馆将每年向甘肃省图书馆调拨下架书刊。在文献与信息服务方面，国家图书馆通过馆际互借渠道以优惠价格向甘肃省图书馆提供中外文普通图书以及稀有西北地方文献的复制件。并应甘肃省图书馆的要求利用国际互借方式，提供外文书刊的原件和复制件，甘肃省图书馆通过网络优惠获得所需书目数据。根据西部开发需要，两馆将合作建设有关专题文献数据库，在数字图书馆与网络建设方面，两馆将与其他成员单位一起共建中国数字图书馆工程。国家图书馆则发挥本馆优势，优惠向甘肃省图书馆提供各类网上资源和信息服务，为甘肃省图书馆提供服务器与数字化内容的托管业务。

这是国家图书馆继去年与人事部、清华大学、北京大学、中科院达成合作协议后的又一项重要合作项目。它开创了国家图书馆与各省图书馆馆际合作的先例，也是落实国家图书馆为西部开发作贡献的具体行动。

合作协议签定后，甘肃省图书馆即着手开始进行具体合作项目的准备工作。为了进一步落实两馆合作协议，2000 年 7 月 10 日～12 日由国家图书馆党委副书记张雅芳等一行四人组成的考察团，在甘肃省图书馆进行了为期三天的考察指导工作，与甘肃省图书馆各级干部进行了不同层次、不同范围的座谈交流。在充分磋商的基础上，就协议中涉及的一些具体问题达成了共识。在此期间，国家图书馆领导专家应甘肃省图书馆学会的邀请，为兰州地区作了题为"深化管理机制改革，稳步推进国家图书馆事业发展"和"数字图书馆的现状与发展"学术报告会，在兰州地区图书馆界引起了强烈的反响，对甘肃图书馆工作的改革与发展起到了很好的借鉴与推动作用。为了进一步学习国家图书馆的改革经验，甘肃省图书馆也派部分中层干部和业务骨干先后去国家图书馆考察学习和业务培训。通过注重实效的合作，必将促进两馆图书馆事业携手并进，发展繁荣。

〔**孙家正部长视察甘肃省图书馆**〕　2000 年 7 月 25

日上午，文化部部长孙家正，在甘肃省副省长李重庵、甘肃省文化厅厅长李文衡、副厅长苏国庆等人的陪同下，来到甘肃省图书馆视察工作。期间，听取了甘肃省图书馆馆长潘寅生的工作汇报，并参观了省图书馆的特藏书库。孙部长还就图书馆事业的发展作了重要指示。

〔**读者喜爱的图书馆**〕 2000年6月，由文化部社会文化图书馆司在全国范围内组织评选“读者喜爱的图书馆”的活动中，共有31个省、自治区、直辖市的10余万名读者参加了此项活动。甘肃省共有5家图书馆当选：甘肃省图书馆、白银市图书馆、武威市图书馆、天水市北道区图书馆和兰州市图书馆。

〔**甘肃省公共图书馆自动化业务培训班**〕 受甘肃省“知识工程”领导小组办公室的委托，甘肃省图书馆学会和甘肃省中心图书馆委员会于2000年6月15～21日在兰州举办了一期全省公共图书馆自动化业务培训班。培训内容有：计算机基础知识、计算机在图书馆中的应用、图书馆自动化建设的前期准备等。来自全省各地州市县图书馆的60多名学员参加了学习。

〔**“优秀读书家庭”评选活动**〕 为了深入贯彻落实江总书记“大兴勤奋学习之风”的重要指示，推动群众性读书活动的深入开展，由全省“知识工程”领导小组组织开展的“优秀读书家庭”评选活动于2000年7月开始，12月圆满结束。经省“知识工程”领导小组成员单位根据《甘肃省“优秀读书家庭”评选活动方案》进行认真评选，分别评出“优秀读书家庭”500户，“示范读书家庭”88户。庆阳地区文化出版处、定西地区文化出版处、酒泉地区文化出版处、金昌市文化出版处获组织奖。省“知识工程”领导小组对入选家庭和获奖单位进行了表彰。

在全国“优秀读书家庭”评选中，甘肃省有10个家庭榜上有名，被评为城市“优秀读书家庭”的有：铁穆尔家庭、宁瑞栋家庭、龙学孝家庭、甄玉琨家庭、李子伟家庭。当选“农村科技读书示范户”的家庭有：白菊秀家庭、王建霞家庭、石娥香家庭、王国英家庭、马金凤家庭。以上家庭受到文化部和全国妇联的表彰。

〔**白银市“红领巾”读书基地**〕 是白银市图书馆和白银公司八校联合成立的全市第一家“红领巾”读书基地。2000年6月1日揭牌仪式在市图书馆隆重举行，白银公司八校600多名师生和市图书馆全体人员参加了仪式。市文化出版局和白银公司教育培训中心的领导为“红领巾”读书基地揭牌。“红领巾”读书基地的建立，是馆校联合、素质教育、进一步推动“知识工程”、倡导全民读书活动的一个重要举措。

〔**高台县图书馆开展“开发西部，多读好书”系列活动**〕 该馆立足现有馆藏文献信息资源，积极组织开展多种形式的读书活动，为西部大开发加油鼓劲，受到社会各界的好评。为了向各行各业广大读者提供良好的精神动力和智力支持，1999年初，该馆克服困难，筹资12万元，扩大服务窗口，兴建了全省第一家县级公共图书馆电子阅览室，开通了国际互联网。截止目前，共培训计算机操作人员60多人。为全县企事业单位及读者提供网上科技和产品供求信息2870条，为激发广大读者的读书热情，在全县范围内形成良好的读书氛围，抽调专业人员帮助建起了7个示范书库和1个学校图书馆，并赠送书刊33000多册。同时，针对不同层次的读者群，与有关部门联合组织开展演讲、故事会、征文、展览等各种形式的读书活动。2000年3月5日，该馆联合全县11个单位组织开展了以“开发西部，多读好书”为主题的大型群众读书学习竞赛活动，内容丰富多彩，形式多样，为今后定期开展寓教于乐的群众性读书文化活动探索出了一条好的途径。

〔**中国文联给武都县图书馆捐赠图书及电脑**〕 自1998年以来，中国文联给武都县图书馆赠送图书6600余册，捐赠电脑一台。并为该馆连续两年按期赠阅文联所属各协会刊物、报纸14种。

1998年8月，中国文联党组成员、书记处书记董良翚一行四人，带着党中央、国务院对贫困山区人民的深切关怀，来到国列贫困县武都县开展帮扶工作。在武都县委领导同志的陪同下，来到武都县图书馆，听完汇报董书记对该馆在艰苦条件下积极开展各项读者服务工作，坚持为地方脱贫，为农村科技致富服务的作法表示称赞，当即表示武都县图书馆连年订购的国家文联所属各协会刊物，将由各协会按期免费赠阅，并将动员各协会开展为武都县图书馆捐赠图书的活动。

近期，中国文联党组书记胡珍同志带领其他成员又一次来到武都，在检查全县帮扶工作的同时，与武都县图书馆进行了座谈，对县图书馆工作开展情况进行检查指导，表示除继续为武都县图书馆捐赠各协会刊物外，再赠送电脑一台，并鼓励武都县图书馆发扬成绩，百尺竿头，再立新功。随行的天津市文联赵桂英主任也为该馆赠送了天津市文联主办的两种2000年全年刊物。

〔**文化部团委向酒泉市图书馆捐赠图书及电脑**〕2000年5月,国家文化部团委在开展"心手相连,情系西部"青年志愿者活动中,以"捐赠一本科技图书,奉献西部一份真情"的一片深情,向酒泉市图书馆捐赠了5800多册图书和8台电脑。

〔**"上海大众交通"向敦煌市图书馆捐赠图书**〕2000年9月3日上午,敦煌市副市长陆兴蓉在上海广播大厦代表敦煌市图书馆,接受了"上海大众交通"赠送的《俄藏敦煌文献》、《俄藏敦煌艺术品》等书籍。

上海人民广播电台在2000年8月与西部10家省级电台联手举办《东西部手拉手早新闻联播》活动,闻知敦煌市图书馆在收集敦煌有关书籍资料,存在经费上的困难,即在《990早新闻》中播出这一消息,立即得到了社会的响应,不少上海市民打电话到电台,表示愿意用各种方式,帮助敦煌市图书馆的资料收集工作。"上海大众交通"当即决定捐赠这套由上海古籍出版社和俄罗斯科学出版社东方文学部联合出版的《俄藏敦煌文献》、《俄藏敦煌艺术品》。

"上海大众交通"总经理杨国平在捐赠图书后说,现在我们赠送的只是俄罗斯藏敦煌文献、艺术品的印刷品,原件还在国外收藏。这些书籍可以给青少年以爱国主义教育,让他们知道,中国只有强大了,才能保护好自己民族的遗产。

〔**国家质量技术监督局向礼县图书馆赠送图书**〕2000年10月20日,国家质量技术监督局驻礼县扶贫工作组向礼县图书馆赠送农业科技图书《蔬菜反季节栽培》、《果树栽培》、《家禽饲养》、《塑料大棚的使用》、《病虫害防治》、《食用菌生产技术》、《肥料实用手册》、《电脑基本操作与应用入门》、《美国儿童文学》等书籍共790册,价值6700多元。这批农业科技图书不仅充实了礼县图书馆农业科技藏书,也为实施西部大开发,开展送科技图书、科技信息下乡创造了良好的条件。

〔**甘肃省图书馆为西部大开发提供信息服务**〕 为加快西部地区的发展,配合西部大开发战略的实施,甘肃省图书馆积极开发馆藏文献资源,举办了《西北开发史》文献展览,编印了《西部大开发论文索引》、《西部大开发论文摘要》、《西部大开发信息资源汇编》等文献资料,供有关部门决策和科研人员参考。《索引》、《文摘》收录了近三年来国内数百种期刊中发表的有关西部基础设施建设、生态环境、地域性经济、资源开发及东西部经济差异等内容的论文篇目和文摘近2500条(篇)。整理编印的《西部大开发信息资源汇编》,收集了2000年1～7月全国数百种报刊和其他媒体上发表的有关中央及西部各省市区实施西部大开发信息资料近千篇,约61万字。《汇编》共分六个专题:(1)中央领导讲话;(2)西部开发新思路;(3)西部开发政策信息;(4)西部领导访谈;(5)西部开发评点;(6)西部开发动态。《汇编》收集范围广、内容新颖,是有关领导部门决策和科研人员研究参考的一本实用性资料。

〔**甘肃省图书馆开展"全民读书月"活动**〕 2000年12月,为响应全国"知识工程"领导小组关于开展"全民读书月"活动的号召,甘肃省图书馆积极开展了一系列形式多样的宣传活动。悬挂了"提供科技信息服务,营造全民读书氛围"的横幅;推出了新书陈展;邀请社科联副主席、知名学者王凤显作了一场全民读书月专题报告会;为读者举办了两期终端检索培训班和一期全省图书馆业务培训班;为了更好地为领导决策服务,还为"两会"代表发放了特别借书证,提供专项咨询等多种信息服务;为支援贫困地区图书馆,向全馆员工和广大读者发出"捐一本好书,献一片爱心"的倡议,收到了良好的效果。

〔**甘肃省图书馆为贫困地区捐书**〕 为了贯彻落实甘肃省文化厅"关于开展向贫困地区图书馆捐赠图书活动的通知"精神,深入开展"全民读书月"活动,2000年12月底,甘肃省图书馆向本馆职工和广大读者发出"捐一本好书、献一片爱心"的倡仪,得到广泛响应,陆续收到各类捐书1057册。这批图书将送往贫困地区图书馆。

〔**甘肃省图书馆开展"两会"服务**〕 2001年1月,甘肃省九届四次政协会议和七届四次人大会议分别在宁卧庄宾馆、金城宾馆、兰州饭店等会场隆重召开。两会期间,为了使人大、政协代表方便快捷查阅会议所需的信息资料,发挥图书馆为政府决策服务的职能,甘肃省图书馆从各部门抽调了10名骨干力量,组成特别服务小组,起草了《致人大代表、政协委员的一封信》,在会场专门设置了特别借书证办证处,现场为代表们办证和及时提供专题信息咨询服务。会议期间为省政协主席杨振杰,省纪委书记李虎林等省市领导及代表和委员共128人办理了借书证并提供咨询服务,受到代表们的普遍好评。

〔**中国西部爱心书苑**〕 是由高台县图书馆积极动员社会力量筹建的。2000年4月，高台县图书馆向全国发出倡议"伸出热情双手，共建西部精神家园"，得到全国各地的大力支持和热情援助。目前，已收到来自全国各地捐赠的图书3.5万册，书画作品250多幅，价值约40多万元。7月28日，文化部部长孙家正在高台县检查工作时，对筹建"中国西部爱心书苑"这一举措给予了充分的肯定，并欣然题词"爱心书苑"。曾担任甘肃省省长，现任湖北省省委书记的贾志杰为"爱心书苑"捐赠了近3000元的《资政史鉴》等个人藏书珍品。截止2001年元月31日，全省共有32个省、市、自治区的2650名作家、书画家、省地领导和210多家出版社、报社、杂志社、图书馆参与了该项活动，为"爱心书苑"捐书捐款。香港、台湾的一些作家、书画家、艺术家等也捐赠了作品。一些捐赠者还就活动本身提供了一些中肯的意见和建议。为感谢社会各界人士、单位的支持和帮助，高台县图书馆于2000年10月1日自行设计面向全国发行了"中国西部爱心书苑"筹建纪念封，首批发行数量达5万枚。《甘肃日报》、《兰州晚报》、甘肃省人民广播电台等新闻媒体对"爱心书苑"活动进行了宣传报道。"中国西部爱心书苑"的筹建，将为西部大开发和创造中国西部新文化作出更大贡献。

〔**甘肃省图书馆与消防盐场中队开展警民共建活动**〕 甘肃省图书馆是省一级防火单位，为确保这座知识殿堂的防火安全，加强警民之间的联系，丰富消防官兵的业余文化生活，省图与消防盐场中队开展了警民共建活动，有力地促进了军地两个文明建设。

地处兰州市黄河以北的消防盐场中队，由于训练艰苦，常年处于紧张作战之中，官兵文化生活十分单调。省图保卫科得知此情况后，主动与盐场中队联系，协调各方面工作，共同签定了《警民共建协议书》。2000年3月份，省图保卫科在馆领导及辅导部的大力支持协助下，将新购买的100余册新书分编、整理，并挑选出适合官兵阅读的下架期刊258册，价值3000多元的图书送到警营，以提高官兵思想政治素质，丰富消防战士的业余文化生活，为培养军地两用人才提供服务。

兰州市消防大队的领导对此举表示衷心感谢，并要求盐场中队定期对省图的消防工作进行检查、指导，协助省图在近期成立业余消防队，同时派出优秀教员为业务消防队员讲课，传播消防知识，讲解各类灭火器的使用操作方法，每年举办一次消防演习。通过警民共建，相互之间加深了了解，密切了警民关系，共同确保省图书馆消防安全工作的万无一失。

〔**甘肃人民出版社向全省贫困图书馆捐赠图书**〕 2001年5月"图书馆服务宣传周"期间，甘肃人民出版社为进一步实施"知识工程"，送文化下乡，大力支持贫困地区图书馆事业的发展，向全省41个贫困县图书馆捐赠了40余万册图书，价值4000万元。这批捐赠的图书，全部由该社及所辖6个专业社编辑出版。内容包括社会科学、自然科学、文化教育、民族宗教、文学艺术等知识门类。有成人读物、青少年读物、儿童读物等多种类型。省委宣传部副部长石星光对甘肃人民出版社的这一行动给予了充分肯定，并要求各贫困县图书馆在实施"知识工程"中，推荐宣传甘版图书，使之发挥更大的作用。

青 海 省

〔**青海省图书馆概况**〕 1999年以来，随着图书馆自动化和网络化的发展，作为中型馆的青海省图书馆计算机得以应用，使图书馆的读者服务、读者教育、图书馆继续教育和现代化管理等不断提高到新的水平。

青海省图书馆现有工作人员110人，其中具有高级专业技术职务的4名，中级33人，初级31人，其中大学专科以上学历占60%，省图书馆重视队伍建设，先后举办计算机、图书馆学专业的培训班、组织参加劳人厅举办的专业技术人员继续教育公修课培训班等。

1999～2000年，省图书馆共接待读者284600人次，外借册次168000册次。

1999年网络中心完成了ILAS系统在流通期刊、采访、编目的全面开通，基本实现网络化，并在充分保障图书馆计算机系统的正常运行的前提下，进一步完善了信息咨询检索部计算机设备的配套设备，使信息咨询检索实现了计算机的管理，1999年开辟了电子阅览室，提供多媒体阅览服务，为读者提供上网浏览查询服务。

2000年，省图书馆成立了"上海图书馆、青海图书馆参考咨询信息站"，在坚持搞好馆内阵地服务工作的同时，还面向全社会、面向基层了解社会需求，为社会提供信息咨询、课题查新、情报检索服务。根据本地实际情况，积极组织有地方特色的文献资料，编摘印制科技文化信息，送至农村、厂矿、部队、学校，先后办了《领导参考》48 期，《再就业信息》18 期。《适用技术信息》(蔬菜种植、饲料加工、养殖、食品加工)4 辑，并配合西部大开发，编辑《西部大开发》信息，共 12 期。

〔**全省公共图书馆工作研讨会**〕 2000 年 8 月 24 日～25 日由青海省图书馆牵头，来自全省 15 个州县的 18 位图书馆馆长聚集在省图书馆，针对本省图书馆事业的发展进行研讨交流。会上省馆的四位主要业务部门主任就本部门工作做了专题汇报，同时，各州县馆馆长也谈了几年来的工作状况及设想，最后与会代表就“深化图书馆改革，抓住地方文献及历史资料性特点，加强文献信息开发的力度，为全省图书馆工作开创新局面”进行了广泛交流和深入的探讨。省图书馆党委书记、常务副馆长苏明说：“图书馆工作要体现在‘文献是基础、改革是根本、人才是关键、形象是效益、网络是方向、管理是科学’”。

〔**孙家正部长视察青海省图书馆**〕 2000 年 8 月 25 日下午，文化部部长孙家正等出席“全面西部文化工作座谈会”的全国各省市文化局局长近 150 名代表在青海省副省长白琦、青海省文化厅厅长陈秉智等人的陪同下，到青海省图书馆视察。孙部长逐一参观了各阅览室，并详细询问读者利用图书馆的情况，强调指出，要适应时代要求，加强自动化建设，实现跨越式发展在西部文化、经济建设中充分发挥图书馆职能。

〔**青海省图书馆与上海图书馆建立友好姐妹馆**〕 2000 年 6 月 2 日青海省图书馆与上海图书馆签订合作协议书，正式建立友好姐妹馆。这一举措本着缩小东西部差距，促进东西部文化的交流与合作，更好地发展图书馆服务社会、服务经济、服务读者的文化、信息功能的原则，对青海省图书馆人才培养，技术、基础设施实现现代化提供大力帮助，加快向网络化图书馆的发展步伐。同时，通过实施网络联接，可以充分利用外部网络信息资源，结合西部大开发这个历史机遇，使青海传统特色的文化尽快走出西部，在广采博取中得以丰富和发展。

宁夏回族自治区

〔**国家文化部评估组对宁夏图书馆进行评估**〕 1998 年 10 月 27 日至 30 日，由文化部社会文化图书馆司副司长周晓璞率领的图书馆评估组一行 5 人，按《省级图书馆评估标准》对宁夏图书馆的各项工作进行了评估。对该馆地方文献工作、传统业务建设、《图书馆理论与实践》及学术研究活动给予了充分肯定，对硬件的改善提出了建议。宁夏回族自治区人民政府副主席刘仲及有关方面负责人听取了评估组的评估意见，11 月上旬，宁夏电视台分别在“宁夏新闻”和“特别报道”中对此做了专题报道，并报中央电视台在“新闻联播”播出。

〔**加强西部地区信息资源开发与建设的必要性**〕 西部地区的经济和社会发展与沿海发达地区相比，近年来出现了差距进一步扩大的趋势。以宁夏为例，1998 年宁夏国土面积占全国的 5.4%，人口为全国的 4.25%，但国内生产总值仅为全国的 3.17%，人均国内生产总值仅为全国的 69%。1978 年至 1998 年宁夏人均国内生产总值相当于全国人均国内生产总值的比例由 97%下降到 69%，下降了 28 个百分点。我们认为西部经济发展水平和经济增长速度落后于东南沿海地区，除了交通、科技、人才及能源转化等“瓶颈”问题的制约外，未能很好地开发和利用信息资源这一事关社会和经济发展全局的战略性资源，亦是一个关键性的因素。从研究欧美发达国家及国内沿海发达地区的经济中不难发现，增加信息资源，扩大信息技术应用及推行信息化发展策略，是其经济快速发展的关键。尤其是在国内外经济大流通、大循环的今天，这种带动作用更具重大的战略意义，谁的信息化发展落后，就意味着其在经济竞争中的落伍。故此，西部大开发不能只盯在能源与农业这两个圈子内，必须看到信息资源这一现代化社会的战略性资源。并将信息资源的开发和利用与西部的传统优势资源、主导产业有机结合，制定出符合当今社会发展的战略决策，充分发挥科技信息的增值作用，提高科技信息对工农业的贡献率。西部地区应将信息化作为整个经济发展大系统中的重要一环，予以重点建设。而信息化建设最主要的内容是信息网络建设和信息资源建设及开发利用。信息网络建设为信息资源的建设及开关利用提供必要的条件和特质基础，信息资源的建设及开发利用是信息网络建设的根本目的。近年来西部地区网络建设取得了一定成效，作为国务院批准的可以与 Internet 直接相联的邮电网、金桥网、教研网、科学院网都已在西部建成并开通。信息的传播、储存、处理的“硬件”设施已居全国中游水平，而信息资源的建设及开发的“软件”方面则处于落后地位。重硬轻软，重网络建设，轻信息资源的开发利用，导致现有的信息网络“硬件”设施未能发挥出最佳效益。以宁夏为例，各种公益性共享网络已在宁夏建成并开通，使宁夏实现了与世界的接轨，拉近了宁夏与世界的距离，但宁夏的特色网站太少，网上资源大多是普通的本地区和本部门基本情况介绍，并且内容更新速度太慢，网页界面粗糙，缺乏深度和广度，使国家花巨资建设的各种公益性共享网络成为索取网络，失去了网络建设的意义。因此要使信息资源在西部经济发展中真正发挥出战略性推动作用，必须在逐步解决网络扩容和升级、建设宽网的同时，加强信息资源的建设及开发。自建各种数据库并上网运行，是提供上网资源的有力保证。使共享网络真正成为让西部人了解世界，让世界了解西部的窗口。（张玉珍）

〔**加强西部图书馆信息资源建设，为地区经济及社会发展提供信息保障**〕 在现代信息社会中，图书馆作为信息资源的主要集散中介和知识分配中心，作为信息资源的提供者和信息的传递机构，应成为信息服务的汇集点和辐射源，并通过一切可能的途径为西部经济和社会发展提供各种形式的信息。如何深层次地综合开发自己所拥有的各种信息，并稳、准、快地传递适用信息，为西部经济发展增强信息保障，是西部图书馆信息化建设的新任务；也是提高西部图书馆参与经济建设的意识和能力，把自己推向社会、推向市场经济的“接口”。

1. 利用馆藏文献优势，加强信息资源建设

图书馆的信息资源建设，以数据建设为重点，既包括馆藏文献信息资源建设，也包括对馆外信息资源的开发与利用。西部地区图书馆在目前缺乏统一协调、共享政策和相应法律保障的情况下，各省、区图书馆在信息化建设过程中，应成立本省区信息化建设协调小组，制定适用本地区实际情况的信息资源共建共享战略，对本省、区图书馆在信息化建设方面进行统一规划，分工协作、共同建设，走联合发展的规模化生产道路，避免重复建设，避免信息资源的相互封锁。以网络化条件较好的图书馆为中心，按照统一标准与规范格式进行数据库生产，并使生产的数据库成为网上资源的重要组成部分。图书馆在数据库生产时，从馆藏文献的书目数据库、各种全文数据库、不同类型的专题数据库三方面入手，下大力开发出各种具有地方特色的文献资源数据库，并努力开发拳头产品、名牌产品，占领市场，为地区经济及社会发展提供信息保障。

(1) 优先开展馆藏书目数据库建设

西部地区图书馆网络化建设大多处在局域网阶段。目前其信息资源建设的核心是本馆现实馆藏书目数字化。各省、区图书馆在协调小组的领导下，根据集成管理系统的要求，按照MARC格式建立各馆馆藏书目数据库。在具体建设时，就自建、购买标准书目数据库套录、套录和自建相结合三种方法中选择一种，为广域网条件下联合书目数据库的建立打下基础。馆藏书目数据库通过网络接受来自各方面用户的访问，使单馆的馆藏信息扩展为一种社会化的信息资源，为地区经济及社会发展提供文献信息服务。

(2) 各种全文数据库建设

西部地区少数民族众多，风俗各异，曾创造和传承了丰富多彩的民族文化，因此西部图书馆全文数据库建设的重点是馆藏地方文献、民族文献、古籍善本、特色馆藏文献等。各省、区分别在协调小组的领导下，完成文献资源调查，在此基础上筛选、确立一批具有一定规模的文献收藏单位，组建省级文献保障中心，有目的、有计划地搜集地方文献、民族文献等（包括收集符合本地区历史发展特点的文献和满足本地区现实形势和任务需要的文献），形成有地方特色、符合本地区读者需要、能充分为本地区社会发展及经济建设服务的地方文献藏书体系，有计划地对其进行数字化转换，并突出重点建库。以名人、名胜、名景、名产、民族宗教、民风民俗、民族传统文化、地方志、年鉴、重要的报刊等为专题，建成具有地方特色的、稳定的、实用的全文数据库，并将其推入国际互联网络，以弘扬当地文化，弘扬民族精神，提高西部地区的知名度，促进西部的对外开放，招商引资，更好地为本地区社会及经济发展服务。

2. 针对地区资源优势，加强地区性信息资源开发

西部地区具有“原生”的资源优势，蕴藏着丰富信息，但由于缺乏必要的信息获取、处理、传输、应用技术，有用的信息未能有效地组织起来、开发出来。而东南沿海地区及国外发达地区市场发育程度较高，急需扩大对西部了解的信息渠道，以扩大市场份额，进一步发展壮大自己。东西部之间、国内

外之间这种强烈的相互信息需求，一旦通过西部图书馆人的努力工作，使之能为畅通的信息获取渠道，这种强烈的信息需求便会转化为强大的动能而释放潜能，促进西部地区经济快速发展。因此在西部大开发的环境下，西部图书馆的信息资源建设在挖掘馆藏优势的基础上，更新观念，开发思路，把自身融入社会，将数据库建设的深度和广度深入到社会经济发展领域，向纵深方向发展。围绕地区经济建设、科技发展，确定好若干专题，开发出具有地方特色的专题数据库。专题数据库的建设应与本省、区的主导产业、优势资源相结合。如宁夏可在煤炭、有色金属、电力机械、农业产业化中的粮食、肉奶、皮毛绒、生物制药、葡萄酿酒、水产、果菜、药材种植等主导产业方面进行系统开发，并围绕这些主导产业数据库开发系列化的子系统，使之形成适应市场经济运作的集资源、科技、生产、流通、人才、投资等领域为一体的数据库网络。通过互联网络，使西部人了解世界，东南沿海地区了解西部，世界了解西部，从而对西部的扩大开放、资源配置起到良好的推动及牵引作用，并帮助西部地区吸引外资，促进资金、劳动力等资源的合理流动，实现地区间的生产分工与专业协作，提高整体经济效益，缩小与东部发达地区的差距。

3. 立足互联网络，加强网上信息资源的组织与管理

图书馆局域网络通过电话拨号或光纤专线接入 Internet。Internet 最大的优势是拥有十分丰富的信息资源，为信息共享提供了便利，但 Internet 上的信息是广泛的、无序的、分散的、动态的。网上数据类型多种多样，随机变化。网上信息资源大多数以一次信息为主，没有进行加工整理，网上的检索方法也不尽相同，而且网上信息 70%以上是以英文出现的，给用户查询和利用带来了困难。因此作为信息化建设重点的西部图书馆，必须针对本地区社会发展及经济建设的重点、热点加强对网络信息的综合处理，进行二次、三次的深度加工和组织，将网上各种分散的、稍纵即逝的信息收集起来，加以分类鉴别，使得大量随机无序的动态信息资源转变为有序的、稳定的、高速的可进行专递的信息，通过不同的方式满足本地区用户的信息查询及利用，从而达到为本地区经济和社会发展服务的总体目标，在用户与网络之间架起一座桥梁。 （张玉珍）

新疆维吾尔自治区

〔甘肃省图书馆馆长视察指导自治区图书馆工作〕

1999 年 2 月 22～26 日，甘肃省图书馆馆长潘寅生视察了自治区图书馆。潘馆长参观了该馆的外文书库，古籍书库和其他业务部门并与自治区图书馆工作人员进行座谈。

〔隆重庆祝江总书记为自治区图书馆题写馆名〕

1999 年 4 月 10 日，自治区召开会议，隆重庆祝江泽民总书记为自治区图书馆题写馆名。自治区人民政府王怀玉副主席到会并作了重要讲话。他说：江泽民总书记视察国家图书馆并为新疆图书馆题写馆名，充分体现了党和国家领导对文化事业高度重视与亲切关怀。自治区文化厅党组书记徐华田作了题为“时代呼唤图书馆”的讲话，自治区图书馆孙志立馆长作了关于新疆自治区图书馆的发展情况的汇报。部分地州的文化局长及读者代表发言表达了庆贺之情和良好祝愿。

〔新疆专家专藏室征集专家著作〕 1999 年 6 月 28 日，新疆维吾尔自治区图书馆发出关于向全区各民族征集专家著作的通告。通告说，这是为了最大可能地收集、保存和利用自治区各民族专家、学者、作家、艺术家的科研和创作成果，展示有史以来自治区各民族专家、学者、作家、艺术家在各自的领域里所取得的成就，以使这些成果不因历史的久远佚散和湮没，使这些成果能得以用图书馆所具备的最现代化的、最科学的珍藏手段和管理措施妥善保存，提供给当代及以后历代得以利用或进行研究。

〔自治区图书馆开馆仪式〕 于 1999 年 10 月 23 日隆重举行。自治区党委书记王乐泉、人民政府主席阿不来提·阿不都热西提为图书馆揭幕。王书记发表了重要讲话，他首先代表自治区党委和人民政府向自治区图书馆开馆表示热烈的祝贺，他说，自治区图书馆是一座重要的文化设施，它将大大提高城市的品位，优化经济和社会发展环境，在社会主义现代化建设和精神文明建设中发挥重要作用。文化部和 150 多个单位和个人发来了贺电，全国 15 个省(市)、自治区及中央有关部委所属近 400 家出版社向新疆图书馆捐赠了 17 万多册，总价值 400 余万元的图书。

〔新疆图书馆馆长研讨会〕 于 2000 年 4 月召开。自治区文化厅党组书记、副厅长徐华田到会发表了重要讲话，自治区信息中心办公室主任苏国平也发

了言。会议期间，与会代表参观了吉瑞祥集团有限公司。

香港特别行政区

〔**香港公共图书馆事业发展概述**〕 香港是举世闻名的国际化大都市，经过近20年来的经济腾飞，它已发展成为国际贸易、金融、航运和信息中心，并且一跃而为世界四大印刷贸易中心和书报印刷中心之一。发达的经济加上新科技的大量输入和教育的普及都促使香港的图书馆事业得到飞速的发展。香港的图书馆已跻身于世界现代化图书馆的先进行列。

1. 历史

1869年11月2日，大会堂图书博物馆向公众开放。其藏书主要来自摩利臣教育学会图书馆(3000册)和英国皇家亚洲学会中国分会图书馆(2000册)。1871年，维多利亚图书馆把它的3000册藏书捐赠给大会堂图书馆。至19世纪末，大会堂图书馆共有藏书12839册，登记读者约500人，每月借阅约为2000册次。1914年，大会堂图书馆将摩利臣教育学会的3000册藏书赠给香港大学图书馆。之后，由于是私营的关系，它一直受到经费不足的困扰。1932年，香港政府决定收回大会堂图书博物馆的地权，将它清拆重建。由政府新建的大会堂图书馆30年后才向公众开放，这是由于这30年间香港的经济一直处于低迷的状态，政府无余财兼顾公共图书馆事业的建设，因而导致断层的出现。

1962年3月5日，新的大会堂图书馆正式向公众开放。第一个月便有1万名读者申领借书证，该年的每月平均借书量为15000册次。1962年底该馆的藏书量为106000册。1965年，大会堂图书馆拨归市政局管理，成为市政局公共图书馆。它于1965年8月在九龙半岛成立第一所分馆，1970年12月在香港岛华富设立第二所分馆。其后分别于1971年和1972年在九龙的油地和坪石设立第三和第四所分馆。至1979年底，又有9所分馆陆续投入服务，而且还增设了2辆流动图书车。七十年代是市政局公共图书馆的建设时期。

八十年代是公共图书馆的发展时期。新界地区的公共图书馆于1978年开始脱离市政局公共图书馆而自成体系，关于1985年4月开始归区域市政局管理。至1989年底，市政局属下的公共图书馆有27所，流动图书车2辆，总藏书量233万册、视听资料13万件；区域市政局属下的公共图书馆有21所、流动图书车2辆，共有藏书120万册、视听资料7万件。

2. 现状

目前香港的公共图书馆根据行政区划，分为市政局和区域市政局两个系统。这两个系统是平行的，互不隶属。市政局的管理范围包括香港岛及九龙地区，区域市政局管辖新界地区。

市政局设有图书馆委员会来指导公共图书馆的工作。市政局公共图书馆设立的原则是为每20万人设一所区级图书馆，市内每区最少有一所；在人口稠密地区设置小型图书馆，作为区级图书馆的补充；在人口稀少又不便设置小型图书馆的地区提供流动图书车服务。目前市政局辖区内已有公共图书馆41所，这其中包括了一所中央图书馆，每个行政区至少已有2个区级公共图书馆、总馆藏已达到每个市民拥有二至三册书刊，达到先进国家的图书人物拥有水平。图书馆的分布非常合理，使每个市民都有机会到近在咫尺的图书馆去借阅书刊。

区域市政局下设图书馆发展专责委员会负责公共图书馆事务。区域市政局辖区广阔，人口密度相对较小，居民较为分散。根据这些特点，全辖区分别在沙田、屯门和荃湾设立了三所中央图书馆，另外还有地区级和小型图书馆及流动图书车分布在各行政区内。全系统的藏书量也已达到为每个居民提供一项资料的目标。

九龙中央图书馆是市政局中央图书馆。位于九龙何文田培正道，于1985年开放，是香港第一幢特为公共图书馆用途而设计的建筑物，楼高12层，总面积达4000平方米，设备现代化。该馆重视收藏科学技术类书籍、报刊及资料，所以科技方面馆藏的质与量都比其他馆强。作为一所中央图书馆，该馆除了为市民提供全面的图书馆服务之外，还要支援九龙各区级及小型图书馆的服务，并负责统筹市政局辖下各馆的馆际合作事务。

大会堂图书馆位于港岛中环爱丁堡广场的大会堂内，总面积共3650平方米。它自1962年重新开馆后至今已成为港岛最具规模的一所公共图书馆，藏书量是全港最多的，它所登记的读者也是全港第一。该馆的馆藏主要是人文和社会科学类图书。目前它已成为联合国、世界银行、联合国教科文组织、世界粮食组织等多个国际性组织出版物的专门收藏馆，显示了它已成为国际公认的一所大型图书馆。

沙田中央图书馆于1987年初开馆，总面积3250平方米，藏书量居区域市政局系统之首。该馆的主要特色是它的参考图书馆，面积500平方米，藏有大量参考图书，还藏有1000多卷有关香港的中、英文报章的缩微胶卷，是研究香港历史的重要资料。

荃湾中央图书馆于1993年落成，面积达3800平方米。它是区域市政局系统内首家提供全面自动化服务的新型图书馆。区域市政局公共图书馆总馆办事处即驻于此。

中山图书馆位于九龙界限街。该馆的前身是孟氏教育基金会属下的孟氏图书馆，它创办于1953年，1965年停办。之后中国文化协会与该基金会在原址合办中山图书馆。该馆以收藏线装书为主，并且重视收集有关孙中山先生的资料。

艺术图书馆位于九龙尖沙明香港文化中心，1990年开放，面积1000余平方米，主要收藏美术、装饰艺术及表演艺术方面的资料，还有艺术珍品实物，为艺术学生、教师、研究员、艺术家及艺术管理人员提供服务。

3. 建设

香港的社会图书馆意识较强，政府非常重视发展图书馆事业。图书馆实行科学的管理机制，保证了工作人员的高素质，实现了业务工作的规范化。图书馆有计划，有重点地进行藏书建设，并注重自动化、网络化的发展，为读者提供了现代化的、周到优质的服务。

市政局对本区域内的公共图书馆实行集中统一管理，把全系统图书馆的所有活动看成一个整体，其规章制度也是统一制定的，包括开、闭馆时间及借阅手续等。市民只需进入其中的一个图书馆就可全面了解本地区公共图书馆的服务内容和开展各种活动的信息。整个市政局系统设一名总馆长，下设六名副馆长分管电脑部、行政部、香港地区图书馆、九龙地区图书馆、采编部、推广活动部。香港图书馆制定了图书馆法和图书馆工作条例确定规范和标准，然后通过图书馆评估工作来促进实施和完善，使业务工作有章可循，有法可依，实现了业务工作规范化。

图书馆内部实行科学的管理机制，对工作人员进行动态管理，保证了高素质的员工队伍。

香港公共图书馆的工作人员属政府公务员待遇，学历高，素质好。员工每年接受考核一次，由上司填写考核表并写出考核评语，作为升级时参考。一般工作人员的考核由部主任负责，而管理层的考核则分级进行，下一级由上一级负责。图书馆职员经常接受业务训练，课程包括入职训练及图书馆新科技讲座。每年有一名馆长或助理馆长被派往海外图书馆作为期6周的实地学习或修读短期课程，以开阔管理人员的视野，提高管理水平。助理馆长还须修读由香港大学校外课程部及香港图书馆协会合办的图书馆学文凭课程。图书馆对员工实行动态管理，运用竞争、激励、经济手段，实行择优上网、优胜劣汰。这样有利于发挥员工的潜在动力和整个干部队伍素质的提高。

公共图书馆坚持以用为藏，购置读者最喜爱的书刊，且做到珍贵书籍多藏、科技图书广购、娱乐性读物选购，有重点有选择地建设藏书。各馆还定期召读者座谈会，欢迎读者提出采购书刊或视听资料的建议，使馆藏与读者的需求相适应。香港公共图书馆的藏书是中英文兼收并蓄。根据居民的具体情况，市政局公共图书馆收藏的中英文图书分别占馆藏的70％和30％，而它的目标是中英文图书比例为8：2。

香港公共图书馆的宗旨是：为市民免费提供公共图书馆服务，以满足社会各界人士对资讯、业务进修的需求，并使市民能利用空暇增长见闻，作有益于身心的消遣。各馆均为读者提供了周到、优质的服务，推行藏、借、阅、咨、复、译多功能综合化服务模式。他们树立现代化的服务观念："服务第一"，"读者至上"，图书馆一切工作都围绕如何占有读者来开展。一项调查结果表明，对图书馆整体服务感到十分满意或满意的占被调查者的86.1％，10％的市民认为服务还可以，只有少于2％的人感到不满意。

香港图书馆平均分散的布局方便了市民就近取阅书刊资料，体现了图书馆充分服务社会的职能。而每所图书馆都为读者提供了优美、舒适的环境，各馆的馆会都很美观、现代化，馆外种植花草树木，塑造一些小品，馆内清静幽雅，宽敞明亮，人们自觉地遵守公德和纪律。在这样的氛围中，读者可以全身心投入到学习研究活动中。

香港图书馆一般都在首层大厅备有电脑和图文并茂的说明，读者通过它们可详细了解全馆的布局、各类书刊的位置和本馆开展的各项服务。以活页或小册子形式出版的图书馆服务指南和光盘资料库使用说明等材料言简意明，印刷精美，公开摆放，供读者自由索取。各馆均在适当位置安装终端机供读者查阅图书馆系统的线上目录，每层都备有投币复印机，使用方便。如果读者还需要得到具体和直接的指导，图书馆员会提供耐心细致的帮助。

香港的公共图书馆一般设有成人图书馆、儿童图书馆、参考图书馆、视听资料室、报刊阅览室、推广活动室和学生自修室几个部分。

以沙田中央图书馆为例：在该馆的成人图书馆中，有中文书籍9万册，英文书籍3万册，另有乐谱1500册及盒式录音带5500盒，藏品既可阅读也可外借；儿童图书馆有中英文图书6万册，适合13岁以下的儿童借阅，另有低幼读物，包括中英文期刊、图书等；参考图书馆主要供读者做研究工作，室内开架陈列一般资料性的参考书，大多数特藏参考书收在闭架书库，由工作人员提书；视听资料室有各种视听资料5500余种，包括普通唱片、激光唱片、录音带及录像带等，有6间音响聆听室和6间录像收视室。读者只要填写有关表格并出示身份证便可免费使用这些视听资料，但均不外借；报刊阅览室藏有香港、大陆及世界各地的中英文报刊550多种，当日报纸及现刊均开架陈列，逾期的报刊收藏在库内，读者填写借阅单后凭身份证借阅；推广活动室装有隔音设备，并设有幻灯机、放映机、立体声音响、电视机、录音机及钢琴等器材，以供图书馆举办各种活动之用；学生自修室设有180个座位，专供学生复习功课。

香港的图书馆普遍设立学生自修室，开放时间与图书馆相同，每年三月中旬至六月下旬还延长开放时间，从早七点半至晚八点半，星期日也照常开放，以方便学生复习。图书馆还与香港公开进修学院紧密合作，将该学院的教学参考书及资料存放在市政局公共图书馆内，供市民使用。这样的图书馆已扩展至9所。

公共图书馆实行读者最佳时间开放制度，星期节假日照常开馆，使读者能在业余课余时间充分利用图书馆；推行读者人人平等制度，改变一般读者不得入特藏室的规定，扩大读者范围，提高馆藏利用率。香港的流动图书车定时定点到居民点服务，车上的图书和盒式磁带根据所到地点居民的具体情况随时进行调整，这些送书上门的服务极大地便利了市民，受到热烈欢迎。香港公共图书馆的供阅服务基本上是免费的，收费项目主要包括预约图书、逾期归还、遗失借书证补办、遗失或损坏图书的赔款等。对于那些珍贵的报刊资料及不易供阅的图书资料，图书馆往往购置制作了缩微胶卷/片，设有缩微资料库，配有缩微阅读机供读者阅读。

香港的图书馆在为伤残人士服务方面做得比较好。在馆内设置无障碍通道，以方便残疾人行动。在图书资料收藏方面，也专门为残疾人收藏特种文献，如为弱视人提供各类大字体书籍，配备具有调校颜色功能的影像扩大器；为盲目人提供盲文书籍和设置阅读机；为弱能人士专设查询热线。为了向不便外出的老人和伤残人提供服务，图书馆为香港盲人辅导会、老人宿舍及中心和伤残人士工场提供整批图书外借服务。图书馆的这些措施使伤残人也能和正常人一样利用图书馆的文献。

公共图书馆还全面参与社会文化活动。各馆都设有推广活动室，活动内容主要包括书展、艺术展、专题讲座、电影欣赏、音乐会、儿童时间等。市政局公共图书馆还积极扶持香港中文文学创作与评论活动。如他们主办了香港市政局年度中文文学创作奖、市政局年度中文戏剧评论比赛等大型连续性活动。为培养青少年经常阅读的习惯，图书馆推出课外阅读计划，定期举办课外阅读比赛、专题讲座等活动。公共图书馆的外展推广活动使馆藏得到最大限度的利用，使公共图书馆成为社区文化中心。

香港的图书馆多年来一直重视采用先进的科学技术，重视自动化和网络化的发展。1993年市政局决定全面推行图书馆电脑化，整个系统已于1995年完成，形成了一个兼具中英文功能的图书馆电脑化系统。另外区域市政局图书馆服务电脑化计划也已完成。自动化的实现使采购、编目、图书流通及检索等工作均以电脑进行，大大提高了图书馆服务的效率。目前各图书馆已形成网络，读者使用全市公共图书馆统一的通用借书证可在任一家图书馆借阅图书或还书，还可以使用联机公共检索目录查找系统内各馆的馆藏及其流动变化情况。系统网络中的部分图书馆已联网到读者家中，读者不出家门便可查询各种馆藏文献。自动化、网络化的发展促进了资源共建共享的实现，各馆在分工入藏、形成各馆藏书特色的基础上，联合采编、建立文献信息协作网，通过馆际互借和资源共享满足读者的文献信息需求。香港图书馆普遍重视光盘的使用，而且更重网上信息交换，市政局公共图书馆已建立了一套光盘网络系统，内容包括科技、教育、艺术、商业、体育、时事及书目、统计等资料，十分广泛。公共馆几乎都与海外计算机联网，从1994年2月起，读者可以利用Internet查询本地及海外图书馆藏目录、Dialog及其他资料库。

4. 展望

香港的公共图书馆还计划进一步扩大和完善。市政局已开始在港岛铜锣湾摩顿台兴建香港中央图书馆，建筑面积33800平方米，落成后将成为市政局公共图书馆系统的行政总部及总图书馆，也将成为香港最大的公共图书馆。新馆将全面实行自动化管理和服务，总馆藏量可达200万项，读者座位共2000个。工程已于1996年8月开工，计划耗资5.3亿港币，预计1999年内竣工。香港中央图书馆将成为全港公共图书馆的网络中心、参考咨询服务中心、香港的文学活动和研究中心、市民的业余活动和学习中心。（周庆山）

〔**香港学校图书馆事业发展概述**〕 香港政府非常重视发展教育事业。70年代后期开始，香港经济迅速发展，香港政府为了适应社会发展的需要，在原有的香港大学和香港中文大学的基础上又先后建立了香港理工大学、香港城市大学、香港浸会大学、岭南学院、香港科技大学。各校对图书馆的建设都十分投入，他们不仅将图书馆作为学生、教员求知、研究的基地，而且把图书馆的完善程度看作衡量学校发展水平的重要标志之一。各校图书馆都得到人、财、物的充足投入，使文献信息资源得到很大发展，服务手段跟上了高科技发展的潮流，现在都成为藏书丰富、设备先进的现代化图书馆。

香港大学图书馆成立于1911年，是香港历史最悠久的学术图书馆。除了总馆以外，还有6个分馆：冯平山图书馆、医科图书馆、牙科图书馆、法律图书馆、教育图书馆及音乐图书馆。该馆藏书100余万册。各分馆都有丰富的专业藏书，如冯平山图书馆主要收藏中文图书，有善本400多种，并对香港、广东等地的地方文献收藏极为重视。

香港中文大学图书馆由总馆和分馆形成庞大的图书馆网，它们是：1965年建立的大学中心图书馆，1951年建立的崇基学院牟路思怡图书馆，1949年建立的新亚书院钱穆图书馆，1956年建立的联合书院胡忠图书馆，另外还有李炳医学图书馆、建筑学图书馆、逸夫书院图书馆、美国研究图书馆、电子资源中心等。共有藏书100余万册。大学中心图书馆广泛收藏自然科学、社会科学和工商管理方面的书籍，而各分馆的藏书则各有特色。如崇基、新亚、联合三家分馆便有区别：崇基收大量教育、音乐、宗教类图书；新亚主要收中国文学、艺术及哲学类图书；联合则着重有关香港的文献，另外还有“中国现代戏剧特藏”。

香港高校十分重视选聘得力的图书馆馆长。馆长属教务人员，相当于教授级待遇，其任免经由以校长为主席的教务委员会提出，最后由校董会决定。高校馆长大都有博士头衔且经验丰富。图书馆工作人员必须德才兼备，专业馆员须取得图书馆学或资讯科学硕士学位，是图书馆的业务骨干。图书馆各类人员都经过公开招聘，择优录用，保证了工作人员的应有素质。

1. 图书馆藏书

高校图书馆藏书的特点是：(1) 文献质量高。入藏文献注重学科完整性，讲求信息涵盖的广度和深度，权威著作、代表著作必藏，及时、有计划地进行剔旧，以优化馆藏。(2) 现刊订阅量大。科学期刊信息密度大、时效强，能为教学、科研及时提供学科前沿信息。(3) 西文藏书为主。除香港中文大学图书馆藏书中、西文各半外，其他各馆均以西文藏书为主。(4) 馆藏资源向多元化发展。近年来非书媒体入藏呈上升势头。

香港的图书馆为了充分利用空间，在藏书上多采用密集书库，是向读者全开架的外借书库。高密度的藏书组织可以大大节省空间和管理人员。

2. 图书馆服务

香港的图书馆具有全面的开放性。对社会上的读者基本没有居住区域、从事职业、隶属部门等限制，成年读者凭本人身份证即可免费申请办理借书证，借书证发放总数达300余万个，其次文献资源也具有开放性，图书馆不论规模大小，一律采用开架借阅，文献利用率很高。另外馆舍设计上也具有开放性，一般都是大开间布局。这便容易实现借阅一体化，如在高校馆除特藏文献辟专室实行闭架管理外，其余所有馆藏按图书、期刊、非书媒体三大块，实行大开架的藏、借、阅合一的服务模式。学科文献按分类实行多文种混合排架，读者在一个区域里可以检阅到同一学科的多文种的文献资料，可阅读，可复印，也可借出。

高校图书馆对教师指定的教学参考书十分认真地予以收集和管理，在利用方面也有较一般图书更为细致严密的规定。一般将这部分书收入特别书库,有借期和数量的限制,借期短、周转快,利用率高。香港大学图书馆还收集本校及外校各种试题,精装成册,供师生参考;中文大学图书馆则收藏自1967年以来所有该校毕业生的硕士及博士论文,馆内阅览;理工大学收有本港制作的1万多套中英文电视时事节目,还为读者提供图像信息检索职务;浸会大学收有1949～1976年间有关当代中国大陆的研究资料;中文大学还有一个香港政府文件托存处,收有旧时香港政府各部门出版的2000多种文件资料。这些都成为辅助教学的重要文献资料。

高校图书馆很重视读者教育工作。每当新读者入校后首先要接受图书馆的读者教育和培训,包括图书馆指南、文献检索、计算机上机操作、光盘和联机检索操作等培训课程。另外图书馆重视开展参考服务工作,由专业馆员解答读者的咨询、推荐适当的馆藏资料、提供使用图书馆设备的指引以及给予必要的研究指导。

3. 图书馆自动化与网络化的发展

香港高校图书馆在80年代初普遍开始实施电脑管理计划。他们自己组织人力,建立了馆藏书目数据库并开发了相应的检索软件。这些系统在80年代中后期逐渐被从国外引入的图书馆自动化系统所取代。其中香港科技大学图书馆在1991年建馆开始就领先安装了美国 Innovative 公司的 INNOPAC 图书馆自动化系统,之后许多大学馆也相继安装了此系统。这种系统能够承担图书采访、编目、流通、期刊管理、公共目录检索等任务。各校图书馆都设有开放式的 CD—ROM 中心,读者可以免费按照自己的需要任意挑选 CD—ROM,亲自上机检索并打印出检索结果。

目前香港高校图书馆已进入多层次网络,网络结构分四个层次:馆内局域网、校园网、地区网和国际互联网。馆内局域网的发展开始于1991年,新建的香港科技大学图书馆第一个在馆内安装局域网并通过网络为读者提供光盘数据库检索。能储存大量信息的光盘数据库安装在网络环境中,可以允许多个读者同时检索。随着网络技术的不断发展,各大学馆都相继安装了局域网,普遍开始注重向读者提供电子化的信息。各校都建立了完善的校园网,图书馆的局域网和图书馆自动化系统均经过 FDDI 光纤网与校园网连通,在总馆或任一分馆的检索系统中读者都可查得所需文献资料的信息,并且可以在图书馆以外的办公室或家中通过校园网查阅 CD—ROM 光盘数据库和图书馆馆藏目录。各大学的校园网则通过香港学术及研究网 HARNET 连通。HARNET 是1991年由大学教育资助委员会拨款建立起来的、专门用来支持香港地区高等院校和学术机构从事教育和研究工作的非盈利性网络,网络运行费用由政府支持,各大学均免费使用。通过它可检索各高校图书馆书目以及其他上网信息资源。HARNET 的网络信息中心设在香港中文大学,经过专线及卫星通讯接到美国加州的航空航天局的主干网上,与国际互联网 Internet 连通。各馆不仅可以通过 Internet 检索世界各地的信息和资源,而且可以将本馆馆藏目录和各种类型的数字化资源连入 Internet。为了帮助那些想通过 Internet 及时、有效地找出某一学科、某一领域相关文献的读者,香港的高校图书馆普遍开展了文献资源引导服务。图书馆的专业人员对网络上的文献资源按学科或按主题进行分类索引,建立起资源引导目录并连接在各馆的主页下。各校资源引导目录的侧重面不同,一般都以各自学校的相关学科和相关专业为资源收集的重点。网上大量的书目信息不仅方便读者查找文献,而且也是图书馆开展馆际互借的基础。各高校馆在网络环境下开展了地区间的馆际互借和国际间的馆际互借,实现资源共享。政府办的7所大学的图书馆使用统一的借书证,在各馆享受同等待遇。

香港高校图书馆在自动化和网络化发展都已进入实用阶段的基础上,近年开始了一些数字图书馆的实践,主要涉及的几个方面有:(1)提供 Image 全文数据库服务,用户可以直接从光盘上获得原文内容和原文版面。香港科技大学图书馆在1991年最先安装了美国 UMI 公司的 Image 全文数据库。近年其他馆也普遍安装了 Image 全文数据库,主要是收集期刊文章、会议论文以及标准,并能以原始版面的格式显示和打印。(2)通过 Internet 阅览电子期刊。目前,许多期刊既出印刷版,又在网络上发行电子版,这是一种由传统图书馆向电子图书馆过渡的模式。香港的一些大学图书馆近几年已开始逐步地向读者提供电子期刊阅览服务。(3)建设各种类型的全文数据库。比较典型的是:① 教师指定参考书数据库。收集与课程相关的资料,包括专题文章、讲义、教学指导书以及用过的考题。② 香港报纸资料库。香港中文大学图书馆1994年开始建立的Image报纸全文数据库主要收录香港地区出版的五种报纸,通过Internet在全球范围内免费使用,可以查阅当天的政治、经济和社会消息等信息。③ 剪报全文数据库。香港理工大学图书馆1995年建立Image剪报全文数据库,主要收录香港地区出版的七种报纸中主题与香港有关的文章。目前已收录1976年以来的20多万篇报纸上的文章,仅提供香港理工大学校园网的用户使用。(4) 香港公开学院的电子图书馆计划。香港公开学院主要是提供在职学习和继续教育的学校,该院决定建立一个电子图书馆,资源建设的重点是与教学相关的全文参考资料。

香港图书馆紧跟欧美发达国家图书馆的发展趋势,不断采用先进的科学技术,注重馆际之间的整体规划和共同发展,使图书馆的自动化和网络化的发展水平与国际先进水平保持同步,其做法和经验值得我们学习和借鉴。

4. 香港与内地图书馆合作的前景

1997年香港回归祖国,香港的图书馆会对内地图书馆现代化建设发挥“窗口”作用。通过这个“窗口”,可以具体掌握发达国家或地区图书馆现代化建设的方法和经验。同时两地图书馆的合作也会更加密切,尤其是高校图书馆之间的合作。香港高校图书馆以其丰富馆藏的优势、现代化设备的优势、专业人才济济的优势和地缘的优势,将会发挥其独特的作用:

① 发展成为一个全球性中文书目中心。由于香港的地缘优势,又由于香港经济、科技、文化、教育的高度发达,再加上香港意识形态上的兼容性,香港高校图书馆在公共图书馆系统的辅助下,将可吸纳中文出版物的大部分,经过联机编目,建立机读中文书目数据库。

② 形成一个为内地高校图书馆培养现代化专业人才的中心。香港高校图书馆专业人才济济,有本地和来自世界各地的图书馆专家,同时又拥有世界一流的设备,可以访问馆员和交流馆员的形式,有计划地接受内地高校图书馆专业技术人员赴港研究或进修。

③ 建成研究大中国的资料中心。香港大学冯平山图书馆、香港中文大学中国研究中心等单位正为建设大中国研究资料中心而努力。今后要研究中国大陆、台湾、香港和澳门,都可查阅到丰富完整的资料。

由以上几点可以看出,两地图书馆的合作有着广阔而美好的前景。双方应加强交流,取长补短,使两地图书馆事业共同进步。

5. 中小学图书馆事业发展

中学图书馆,70年代并无任何发展。然而,在80年代以后却得到较大的突破。因为教育司署规定,从1979年9月开始,每所设有18班或以上的中学可增加一名教师。因此,学校当局可委派一位教师全职管理校内图书馆,为学生及教师提供更充实、更完善的校内图书馆服务。直至1989年底为止,设有1个全职或兼职图书馆管理人员职位的学校达346所。图书馆津贴亦有所增加。

中学图书馆在90年代得到了更大的发展。首先是中学图书馆在1994年底已增至440所。但由于经费所限,每所图书馆只获分配2万至5万元作为购书的费用,因此多数图书馆并无多余款项购置电脑和有关软件。然而仍有部分中学校长愿意自掏腰包,购置1至2部电脑提供给本校图书馆应用,务使其图书馆逐步电脑化。此外教育署除了积极申请款项给予各中学图书馆购置电脑及有关软件外,并已积极在学校图书馆长在职训练课程及复修课程中,讲授图书馆使用电脑的办法。尽管如此,港府一向不大重视学校图书馆工作,因而在资源上亦不大愿意作出承担,以致使中学图书馆电脑化进展缓慢。香港学校图书馆长协会在多方面努力下,终于邀请林纪达和薛春明两人为中学图书馆自动化而设计“SLS学校图书馆系统1.5版”的电脑软件,使中学图书馆的电脑化进程得以迈进一大步,而剩下来的最大问题是每所图书馆均需添置电脑1至2部,以便应用该已开发的电脑软件系统。

至于小学方面,长期以来因为受到经费不足的困扰,大部分小学只能在高小的教室内设置书柜,虽然被美其名为“教室图书室”,但其实只是作为补充阅读资料之用。至于真正拥有图书馆的小学,仅属极少数,而且多为非常简陋,因此并无足轻重。然而,正因为小学图书馆的发展极度缓慢,因而被人们诟病为导致小学生的中英语文水平不断下降的重要因素之一,而港府亦应重视这一个重要的问题,在每1所小学中设置图书馆,增加拨款购置图书及培训图书馆管理人员等均是刻不容缓的解决方法。

(周庆山)

〔香港专门系统图书馆及教育研究事业发展概述〕

1. 专门系统图书馆事业

香港早期专业图书馆并不发达，据1962年的调查，当时的专业图书馆仅有14所。其中一半为宗教图书馆，其他则包括报馆、医院、社会服务及研究图书馆等。其中以星岛报业及社会服务联会的图书馆较具代表性。前者为报社的图书馆，主要为编辑和记者提供资料查寻服务。因此除了约有2,000册中外文图书外，尚有23万份剪报资料，亦为该馆的珍贵财富。而后者则为社会服务机构的图书馆，主要为社会工作者提供参考及借阅服务。该馆的500册藏书主要覆盖社会福利、精神健康和幼儿护理等范围。至于宗教图书馆，均规模极小，并无足观。

至于1975年的调查则显示专业图书馆已有两倍的大幅度增加，与医院相关的图书馆约占三分之一。然而医院图书馆大多规模极小，而且服务对象亦仅限于医护人员，病人的阅读服务则未能照顾，其中较具代表性的是伊利莎白医院图书馆。该馆有英文医书约1,000册，英文医学报刊44份，全部书刊只限馆内阅读，不得外借，而服务对象亦仅限医生，这样不仅病人无法接触该馆图书，甚至护士亦被拒诸门外，因而引起护士们的不满。

及至1986年的调查，比1975年时再增加一倍，而且是百花齐放，除医院及宗教图书馆外，还有工商各业的图书馆，亦可见图书馆对经济发展的重要性。其中以亚洲通讯有限公司研究图书馆和万国商业机器公司(IBM World Trade Corporation Marketing Library)为代表。前者拥有藏书3,000册，报刊260份，主要集中于亚太区的政治和经济的资料。一般只供该机构的工作人员在馆内阅读及复印资料，而不准外借。后者则拥有英文藏书8,000册，另有一些缩微胶卷及其他视听资料。馆内资料除了供给该机构工作人员借阅内，并能提供馆际互借，亦为专业系统图书馆所少见，因为大部分专业图书馆仍然相对地孤立。

跨入90年代，专业图书馆员仍然在沟通上非常困难，存在各自为政的现象，有鉴于此，香港图书馆协会专业图书馆组特别编制一份《专业图书馆名录》，以期协助各专业图书馆缩短彼此之间的距离，促进沟通。

政府机构的图书馆，亦属较具代表性的专业图书馆。如前文所述，最高法院图书馆、农林处(现已改称“渔农处”)图书馆和皇家天文台图书馆等早于19世纪便已相继成立。据1962年调查所得，当时共有32所政府机构图书馆，至1986年时虽已增至53所，然而一直以来却发展得相当缓慢。虽然各政府机构图书馆曾在80年代倡议全面电脑化，但要到90年代才能逐渐发展起来。因为自1989年起，资讯科技署发展一个名为“图书馆管理系统”的电脑系统，特别适合各政府机构的小型图书馆使用。但其弱点为不能作网络化或馆际互换资料之系统，因此只限于本机构图书馆自身资料的应用。然而，直至1994年底，共有75个政府机构或其所属机构图书馆应用这一系统。此外，政府机构图书馆一般只限公务员才能使用，而不向公众开放。政府机构图书馆中，可以最高法院图书馆及土木工程署图书馆为代表。最高法院图书馆拥有藏书达10万册，报刊亦有330种，内容以法律为主，其中包括《香港政府宪报》和《香港法例》等。至于土木工程署图书馆则有藏书1.8万册，报刊98种、另有2.5万份其他资料，内容涉及电脑、工程及城市规划等，其中包括工地视察报告。

至于会所图书馆，亦在专业图书馆中占一很重要的地位。早于1845年便已成立的香港会图书馆，是至今历史最悠久的图书馆之一，亦是会所图书馆唯一存在时间最长的一所。该馆拥有英文藏书1.5万册，但只限于该会会员在馆内阅览之用，外人均不得使用该馆的任何设施。

2. 图书馆学教育和图书馆学研究

在60年代，香港图书馆协会分别于1964及1967年与香港大学校外课程部及香港中文大学校外课程部联合举办图书馆管理文凭课程。此外，香港大学校外课程部亦开设投考英国图书馆协会(Library Association)的专业考试课程，然而该课程终于因英国图书馆协会于1975年取消香港的考试点而告终。

有鉴于此，1975年8月，当时的香港图书馆协会副会长简丽冰博士乘着参加澳洲图书馆协会(Library Association of Australia)周年大会之便，趁机说服该会批准香港学生于1975年至1980年间投考该会所举办的专业考试。

80年代的期间，香港图书馆协会与香港大学校外课程部合办图书馆专业文凭课程。

跨入90年代，英国文化协会(The British Council)和英国威尔斯大学(University of Wales)合办图书及信息管理3年制硕士课程。并且，香港中文大学延续进修学院(前为“校外课程部”)与美国威斯康星大学(University of Wisconsin)合办图书及信息科学硕士课程。至于香港大学的专业及延续进修学院则与西澳洲大学(University of Western Australia)合办应用科学(信息研究)硕士课程。

从表面来看,香港的图书馆学教育似乎有长足的进步,其实它的发展并不如想像中的简单和顺利,否则便不会导致现在200多名的图书馆专业人员需要负笈海外才能获得专业资格,然后再回香港的图书馆工作。

香港图书馆协会出版会讯及年刊(现已改称“学报”)。会讯多为季刊,一般刊登有关该会各有关活动的情况。至于年刊及学报,则是该会会员所发表的一些文章。然而,正如现在任职香港城市大学图书馆长潘华栋博士于1984年所说:“大部分文章还没有达到科学研究的水平”。在香港图书馆事业方面的研究,早期有吕丁斯(H. Rydings),稍后则有简丽冰。吕丁斯在《图书馆学与情报学百科全书》中发表《香港的图书馆事业》一文,将香港图书馆事业的历史,从1842年到1972年,扼要地加以描述,这是至今所发表的最重要的一篇关于香港图书馆事业的文章。至于简丽冰虽曾出版《香港图书馆名录》、《香港图书馆新名录》和《香港图书馆及资讯服务机构》等3册有关香港图书馆事业的书籍,但均为名录形式的作品,并只在“概论”中约略介绍香港图书馆事业的概况,因此流于简略。

在图书馆学情报学理论方面的研究,虽然有香港图书馆协会所出版的《香港图书馆协会年报》(后改名为《香港图书馆协会学报》),但多只谈图书馆的现代化技术,其他则很少提到。例如斯博德(Edward Spodick)在他所发表的《欢迎使用国际电脑网络:图书馆员使用指南》中介绍国际电脑网络,以及各种辅助使用者从网络上取用资料的工具和方法。另外还有一篇名为《回忆在图书馆的日子》,作者沃尔芬度(Stuart Wolfendale)把他在英国的一些地区图书馆中找资料和遇到的一些趣闻写出来。类似的文章在《香港图书馆协会年报/学报》中经常能够看到,这当然也和工作繁重,无暇兼顾理论的研究不无关系。 (周庆山)

澳门特别行政区

〔澳门图书馆事业与研究状况综述〕 澳门位于珠江口西南,东隔伶仃洋与香港相望,相距约60公里。澳门自古以来就是中国的领土,至1553年(明嘉靖32年)葡人居澳开埠。澳门地区,现包括澳门半岛、凼仔岛和路环岛三个部分,三地之间有跨海大桥及公路相连接。总面积约21平方公里。澳门已于1999年12月20日,由中国恢复行使主权。

澳门人口约40几万,其主体为华人。据有关方面近年的统计,在3岁以上常住人口中,具有大专以上学历的人仅占4.41%,大学预科及高中三学历的人也只占8.53%,初中毕业及高中程度的有22.43%,小学毕业及初中肄业的有26.73%,小学未毕业的有20.96%,而无任何学历的却占16.85%。这就是说,差不多一半的澳门人口只有基本教育水平。文化素质较低与经济发展高速,形成很大的反差。这样就给教育(包括学校教育与社会教育)的普及、提高全民文化素质和促进经济繁荣及科技的发展,带来了十分繁重的任务和赋予崇高的历史使命。

图书馆肩负着保存文化遗产、进行社会教育、丰富群众文化生活、传播各种信息等社会职能。图书馆收集各种文献(包括印刷型和电子版型书刊)、文物,其目的在于利用。澳门的图书馆,包括四大类型图书馆(室),总计约74所,澳门四大类型图书馆(室),包括公共图书馆,计19所;高等学校图书馆,计11所;中等学校图书馆,计24间;专门图书馆,计20所。 (周庆山)

〔澳门公共图书馆〕 澳门公共图书馆的设立时间是1895年,远远落后于高校图书馆和私立图书馆。1594年有远东第一所高等学府圣保禄学院的创建,附设图书馆。1870年有澳门军人俱乐部图书馆(CLUBE MILITAR de MACAU)的成立,1873年有澳门人图书馆(BIBLIOTECA MACAENSE)的创办等。

直至1893年7月27日葡萄牙国王卡洛斯(D. CARLOS)宣布创办澳门国立中学,以及一起建立一所国立图书馆,澳门的公共图书馆事业就此萌芽,1895年9月澳门总督高士德(HORTA ECOSTA)任命几位教师组成的委员会负责编写澳门国立图书馆的规章,于是澳门第一所公共图书馆正式成立了,附设于澳门中学内。1929年国立图书馆获准迁入澳门市政厅楼上;1931年更名为公共图书馆(BIBLIOTECA PUBLICA);1952年奉令更名为澳门国立图书馆(BIBLIOTECA

NACIONAL de MACAU)。1994年采用澳门中央图书馆(BIBLIOTECA CENTRAL de MACAU)名字,沿用至今。最早的澳门私立公共图书馆是"八角亭图书馆"(澳门中华总商会附设阅书报室),成立于1948年,开放给澳门居民阅览。其后有1962年开馆的高德华主教纪念图书馆,也是不收费用的。80年代起,公、私立公共图书馆逐渐增多了。澳门公共图书馆(室)共计19所。 (周庆山)

〔**公立公共图书馆**〕 公立公共图书馆计有13所:澳门中央图书馆,和该馆管辖的市政厅图书馆、何东图书馆、流动图书馆、望厦图书馆、青洲图书馆、氹仔图书馆、路环图书馆等七所分馆,以及行政暨公职司图书馆、统计暨普查司图书资料室、教育暨青年司成人教育中心图书室、澳门市政厅香山公园图书馆、澳门市政厅黄营均图书馆。现主要介绍澳门中央图书馆,而市政厅图书馆将专文论述。

(1) 历史

澳门中央图书馆创办于1895年。1893年7月27日葡萄牙国王卡洛斯(D. CARLOS)发布命令,创办澳门国立中学及一所国立图书馆。因此1895年9月设立一所国立图书馆,附设于澳门国立中学(利宵)内;其后超过30年,国立图书馆与"利宵"一样,遭遇设施不够和资金短缺的困难。1917年至1923年,国立图书馆位于峰景酒店的大楼内;1924年至1929年,图书馆搬迁至塔石球场对面曾经是卫生司所在的大楼,仍在继续办公。直至1929年国立图书馆才可以脱离澳门国立中学的附庸地位,迁入澳门市场厅楼上。1931年国立图书馆更名为"公共图书馆"。1941年政府第697法规,规定所有澳门出版社或机构必须缴交2册刊物给"公共图书馆"。1945年政府公布了图书馆的新的规章。1952年6月28日发布了第8号法规,"公共图书馆"奉令更名为"澳门国立图书馆",并且可以按照葡国国立图书馆的规章,拥有书刊的"法定储存"权,接收葡国和各海外省的书刊。这样的法定权使该馆的藏书量到了1962年有四万三千余册,到1964年达六万册左右。1966年12月3日,在澳门发生了"一二三"事件,大批民众入了澳门市政厅大楼,破坏了市政厅的档案及图书馆藏书,国立图书馆的馆藏和书库都经历了一次灾难。

1979年9月28日澳门政府公布了澳门教育暨文化司负责监管博物馆、图书馆等文化机构,1983年10月28日澳门总督高斯达(A. E. COSTA)为已重新装修位于荷兰园大马路的澳门国立图书馆的总馆举行开幕典礼。1986年2月1日澳门第10/86/M号法令规定,澳门国立图书馆改隶澳门文化学会监管。1989年9月25日澳门文化学会更名为澳门文化司署,而澳门国立图书馆改为"中央图书馆"。1994年12月19日中央图书馆更改名字为"澳门中央图书馆",名字沿用至今。

1895年9月,国立图书馆成立后第一位管理员是罗德礼(DAMIAOM. RODRIGUES)先生,1962年至1967年接任国立图书馆馆长一职为著名的土生葡人高美士(LUIS GONZAGA GOMES,1907～1976)。在高美士任职国立图书馆馆长期间,也兼任贾梅士博物院院长;许多资料得到整理、书刊分别装订成册。他是一位汉学家,曾翻译了中国《三字经》等为葡文,又与张翼之合译《葡国魂释义》,对中、葡文化的沟通贡献良多。1968至1981年间为飞历奇(HENRIQUE de SENA FERNANDES)律师继任国立图书馆馆长。他喜爱文学与写作,作品有长篇小说《辮子的诱惑》等被拍摄成电影。1983年葡国派来了泽邝娟(MARIA da GRACA JACOME,1952～1995)女士,筹办澳门国立图书馆新馆事宜。泽邝娟在馆长任期内拓展图书馆业务。其中尤为占人口绝大多数的华人读者所称道的是开办流动图书馆,方便全澳各区市民借书,以及打开了日后政府图书馆多设分馆的先河。1987年,澳门中央图书馆馆长为区卓志(JORGEM. de ABREU ARRIMAR),获大学的历史及文献学学士学位后于1985年到达澳门后,曾任澳门政府历史档案室(馆)高级技术员等。

(2) 现况

澳门中央图书馆由一名馆长领导,不设副馆长。中央图书馆设有总书库暨澳门资料组及中文图书馆组两组。因此,两组各设组长一人,协助馆长。

中央图书馆的权限为:(a) 接收、取得、处理、保存及推广因法定存档而接收之文件,或因购置、赠与或交换而获得之文件;(b) 编制图书馆目录,并保持其最新资料;(c) 在图书馆组织技术及类似科学之技术问题上,以及在其他图书馆要求之技术辅助上,发挥模范图书馆之作用;(d) 在其特定权限范围内组织并推展研究活动;(e) 与具备书目提要资料库之机构合作,以便交换有关资料;(f) 就澳门历史及葡萄牙文化在东方存在之事宜方面,辅助研究计划、搜集书目摘要及编制书目摘要;(g)促进《澳门书目提要简报》之出版及交换。

澳门中央图书馆的总书库暨澳门资料组这一部分包括欧洲语言的两个图书馆:中央图书馆及市政厅图书馆。另一部分中文图书馆组,包括何东图书馆、流动图书馆、望厦图书馆、青洲图书馆、凼仔图书馆、路环图书馆,此六所图书馆馆藏大部分为中文文献,中央图书馆总馆馆藏约15万册书,现期期刊(杂志)约50种,报纸27种,其中的10万册为图书,5万册上下为期刊,加上市政厅图书馆大约三万余册书刊,以及六所中文分馆的馆藏计六万余册,以上八馆总数约在25万册。另外,八馆的员工70人左右。

自1993年开始,中央图书馆推行以电脑编制目录,采用国际机读格式,并以国际十进分类法(UDC)进行图书文献分类。图书馆采用"中央资讯系统"(LIBMAN)软件,实行中央图书馆及其七所分馆联网,组成澳门公众阅览资讯网络。目前除了路环图书馆外,澳门中央图书馆及其分馆均已纳入此网络内。

澳门中央图书馆现有座位140个上下,设有澳门室、儿童阅览室、成人阅览室、多媒体资料室各一间,四间书库及两间期刊室,面积4000平方公尺上下。1990年中央图书馆开始进行缩微工作,预算对1822年至1960年间澳门各种葡文报纸,1960年至1980年间各种中文报纸,和澳门政府公报、早期的书刊都在缩微摄影室中拍照。澳门室主要入藏葡文的澳门书刊、葡国在亚洲的文献,图书3656册,期刊343种,已输入电脑逾八千项书刊资料;澳门中央图书馆馆藏以西文为主,中文图书不足四千册。 (周庆山)

〔**私立公共图书馆**〕 私立公共图书馆计有6所:八角亭图书馆、高德华图书馆、教区青年牧民中心图书室、黑沙环天主教牧民中心图书室、华夏文化中心图书馆、澳门街坊总会右汉社区中心图书室。

澳门居民惯称中总阅书报室为"八角亭图书馆"。1948年11月1日成立。这座南湾八角亭形状的图书馆建于1926年,八角亭曾经作为餐厅、桌球室,1947年由中华总商会副理事长何贤购得,并在次年捐赠给中总;同时出资8000元修葺,另3000元购置杂志,其目的"于公则为提高社会文化水准,于私则为纪念其先慈邓太夫人,暨继慈梁太夫人。"两层楼的八角亭图书馆的实用面积约有105平方公尺。由于馆舍地方小,现藏14000册图书,还有约15000册书及报刊合订本放在中华总商会内。藏有50年代以后的华桥报、澳门日报的合订本,颇具研究参考价值。图书馆馆藏本来有39000余册,四十多年来迁馆两次,经清点后因虫蛀、气候等坏影响而淘汰了藏书达万册上下。 (周庆山)

〔**澳门高等学校图书馆**〕 澳门高等学校起源甚早。在澳门的圣保禄学院(1594~1835)是澳门最早也是远东最早的欧洲中世纪式的高等教育机构;比中国大陆最早设立的上海圣约翰大学(1879年)还早285年。1594年天主教耶稣会将澳门原来只有小学规模的圣保禄学院扩大和升格为大学,设置中文、拉丁文、修辞学、音乐、神学、哲学、数学、天文学、医学等课程,是耶稣会在远东建立的第一所大学,成为在中国宣传西方文化和西方传播中国文化的桥梁。1597年,圣保禄学院正式设置了可以授予学位的艺术和神学高等课程;从历史角度上讲,它是远东第一所西方大学。

圣保禄学院附设有图书馆,1746年图书馆拥有4200册书籍,1727年,耶稣会士又创办圣约瑟修院。创办之初,只可算是圣保禄学院的分院,专为培植中国传教士用,以别于学院为"大三巴"。圣保禄学院1835年焚毁后,修院便成为澳门唯一的高等学府,也设有修院图书馆,现为澳门专门图书馆之一。

私立东亚大学于1981年在澳门创办,1991年改名为澳门大学,由澳门政府透过基金会经营。澳门的专科学校成立远比澳门大学早,镜湖护士助产学校创建于1919年,学校附设了图书馆。澳门的高等学校共有11所。这里所指的高等学校,包括大学、学院、及专科学校。澳门的大学、学院共有5所:澳门大学、澳门理工学院、澳门保安部队高校、澳门圣经学院、旅游培训学院。

1. 澳门大学图书馆:成立于1981年的东亚大学1991年改名为澳门大学,接受了澳门政府大量的财政资助和监管。大学图书馆1982年开馆之初,馆藏图书22,000册、期刊100种,阅览座位约100席。1986年大学图书馆迁入现址后有普通阅览座位200席、独立阅览桌座位30席。1990年图书馆设立小型视厅资料中心,1993年成立出版中心、文献中心两部;同年9月图书馆成为全澳首座图书馆业务自动化图书馆,采用了澳洲的DYNIX电脑软件。该软件共有五个子系统:编目、采购、流通(借还书)、期刊、公用目录等;整个自动化的总投资158万澳门元。

澳大图书馆1995～1996年度馆藏,图书约十一万册,其中中文书约4500册、葡文书约7000册、英及外文书约58000册、参考书(工具书)约4500册;流通的期刊约800种:视厅资料2500件、缩微片800种、唯读光碟40种。图书馆资料的分类采用《美国国会图书馆分类法》,编目用第二版英美编目规则(AACR2),著者码不论中西文,均以姓的头三个英文字母为准。主题编目亦采用美国国会图书馆主题表为依据。

大学图书馆分为八部:行政、采录、编目、流通、期刊、参考、文献中心、出版中心等。依照澳门大学章程,图书馆的职责如下:(a)促进大学文献库的建立、组织及更新,确保文献库与大学的学术和教学需要相适应;(b)保证图书馆的运作,确保大学教师、研究人员和学生使用图书馆的条件;(c)定期组织、修订和公布大学书目简报;(d)推动研究著作、专题著作、教材以及其他对大学有利的作品的出版。

2. 澳门理工学院图书馆:理工学院成立于1991年9月,负责在澳门推行高等理工教育。事实上,澳门理工学院在成立之前已是澳门东亚大学(澳门大学前身)一个学院。目前,澳门理工学院有五所专科学校及一个培训中心:语言暨翻译学校、贸易暨旅游学校、行政暨应用科学学校、体育暨运动学校、视觉艺术学校,及成人教育及特别计划中心。学院图书馆的总馆面积约160平方公尺。经过不断添购书刊,现今理工学院馆藏的分类采用国际十进分类法(U.D.C),藏书约一万册,中文书约占一成,期刊200余种。学院图书馆全部职员10人,总馆有阅览桌10张、椅40席。 (周庆山)

〔澳门中等学校图书馆〕 数百年来澳门华洋杂处。中等学校教育脱离不了澳门教育史发展的基本轨迹,那就是澳门的教育形成了一个土、洋并峙,中西两式教育双轨平行发展的局面。在抗战前,澳门的中小学校仅约30所。二次大战期间,中国内地相继沦陷,而澳门地处中立,各地逃难来澳者日多,由内地迁校来澳者亦复不少,学校约有百所。中日战争结束后,迁移来澳各校大多返回内地,当时在澳门的中学仅得十余校。目前全澳门中学原有31所,除了四所初级中学、两所外侨的中学,澳门具有初中及高中的六年制和五年一贯制的完全制中学共24所。

澳门官立中学共两所:澳门中学(利宵)、高美士中葡中学。澳门中学为一所完全制葡文的日中学及夜中学,创办于1894年。有座位60及10张阅览桌的图书室,由一位老师及两位职员负责。图书馆约占三间课室的面积,其中一间为职员工作室及书库。馆藏约17000册,其中中文书800多册书;期刊约10种,多为英文杂志;报纸放在教师休息室,约10种。分类法是国际十进分类法。

澳门私立中学图书室共有22所:浸信、蔡高、商业、圣约瑟、海星、濠江、教业、岭南、利玛宝、劳校、永援、培正、培华、培道、圣心、慈幼、圣罗撒、庇道、圣保禄、商训、同善堂、粤华。 (周庆山)

〔澳门专业图书馆及资料室(文献中心)〕 澳门的专门图书馆一般附属于各政府机关、宗教团体、社会文化教育及科技机构等部门,较为零散,规模大小不一,共计20多间,其有可分为四大类,即:1. 哲学宗教类图书馆,包括主教公署(主教府)图书室,圣若瑟修院图书馆,澳门基督教青年中心图书室;2. 政府机关,包括澳督府文献中心、劳工暨就业司图书室,经济司图书室,财政司图书室、旅游司图书室、法律翻译办公室图书室等;3. 文化教育类包括澳门基金会文献中心、教育资源中心图书馆、澳门中华教育会图书馆、联合国大学国际软件技术研究所图书室、艺穗图书室、澳门大学文献中心等;4. 经济类,包括世界贸易中心(澳门)图书资料室、澳门消费者委员会图书室、生产力暨科技转移中心图书馆等;5. 医疗服务机构类,包括镜湖医院图书馆、仁伯爵综合医院图书室等。 (周庆山)

〔澳门图书馆暨资讯管理协会的建立与发展〕 早于1992年初秋,以澳门大学图书馆为首的本澳图书馆负责人,曾先后多次于何东图书馆及望厦迎宾馆餐厅召开成立图书馆暨文件及档案学会筹备会议,由于种种因素学会未能成立,但这个概念依然存在于图书馆界的心间,1994年5月,几位本澳图书馆的同业,应广东省图书馆协会的邀请,参观省内多间图书馆,也就在此时,我们决定尝试再组织本澳图书馆界及资讯管理同业,经一年的时间筹备,于1995年5月4日成立澳门图书馆暨资讯管理协会筹备会,7月2日协会正式成立,并即场选举第一届理监事。

协会成立除了标志着图书馆界的团结与醒觉以外,我们认为还有下列的意义及使命。

(1) 在过渡期间,可作为一个中介团体,协调各资讯服务单位的技术及政策过渡角色。

(2) 协助相关的单位培训专业人材。

(3) 向会员及资讯服务从业员提供各种讯息,促进交流与合作,加强地区与国际间之联系。

(4) 向社会大众推广图书馆功能的重要性,从而推展澳门的图书馆事业,提高图书馆及资讯管理人员的专业地位。

(5) 制订各种图书馆法规及标准,以作为大众参考的指引。

本会现有会员 41 人,分别来自公共、大专、专门及学校等图书馆,曾接受或正接受图书馆学训练计有 16 人,资讯管理人材 4 人。本会正向各界推广,希望能吸纳更多的从业员加入。本会组织,现设有理事会及监事会,理事会下设理事长一人,副理事长一人,及秘书、财务、学术等。监事会设监事长一人,监事二人,理事会下更设有学术委员会、出版委员会及青年委员会等。

本会由于人力、资金的不足,发展虽有一定限制,但是我们坚信本会的会员能奉献出无比的魄力与信心,发展会务,我们希望未来能有下列的发展:

(1) 开展会务,招致更多的会员。(2) 成立专题小组,推广学术研究风气,如学校图书馆小组。(3) 进行学术研究与调查,如澳门权威档的建立、全澳图书馆调查。(4) 举办学术活动及专题讲座。(5) 开设专业培训文凭课程。(6) 致力参与国际性的活动,将讯息传回及推广。

澳门的图书馆事业虽然比邻近地区落后,市民大众对图书馆的认知仍然有待我们的宣传与推广,大家身为书的传人,实必克尽所能,努力改变人们在心中的旧有形象,争取更多的支持及社会的认同,提高我们的专业地位,服务社会,建设澳门。

(周庆山)

〔**中西合璧的澳门市政厅图书馆**〕 澳门在中西文化交流史上占有极为重要的地位,它不仅是我国最早对外开放的一个贸易港口,也是基督教在中国最早的传教基地。同时,经过这一桥梁中国文化也逐渐西传。在中西文化交流互动发展过程中,文献典籍作为人类文化的载体也在交流中不断积淀,成为中西文化交流的历史见证。对于保存这类典籍极富特色的澳门图书馆来说,澳门市政厅图书馆无疑是最具中西合璧特色的图书馆之一。

澳门虽然是一个弹丸之地,人口也仅四十万左右,但它却以其独特的历史人文景观和优越的经济贸易地位而散发出无穷魅力。这里名胜古迹繁多,如大三巴牌坊、大炮台城堡、妈阁庙、普济禅院以及海事博物馆、国文纪念馆等。在众多的名胜古迹中,澳门市政厅以其建筑古雅,历史悠久同样是一处重要的文化政治景观。

市政厅(Leal Senado)也称"议事亭",其历史可追溯到澳门开埠初期,当时议事亭建立的原意是提供一个允许市民讨论重要事项的场所,其时的权力和影响范围很大,曾经免除数任无能澳督的职务。1784 年,市政厅由昔日红墙绿瓦、中式亭园的议事亭改建为一座葡萄牙式建筑。市政厅也变为一个负责管理市政事务的机构。澳门市政厅建筑独特,保留着葡萄牙历史文化特色,在市政厅的后花园里,有葡萄牙诗人贾梅士和澳门总督亚马留的两座半身石像,花园的铁闸是葡国五金制品的代表作,手工极为精细。墙壁上有一石刻浮雕,是李安罗尼(Leonor)女皇像,该女皇是十五世纪葡国亚维士皇朝的一位皇后,她于 1568 在澳门建立仁慈堂,成为亚洲历史上最悠久的医疗福利机构。

澳门市政厅图书馆位于市政厅的楼上,是典型的葡式图书馆,墙壁和天花板的装饰均为传统葡国色彩,天花板呈金白两色并且悬挂有分叉的灯架,非常优雅。这座内置路易十五时期款式家俱,仿效葡萄牙玛弗拉修道院图书馆建造的图书馆曾一度成为澳门国立中央图书馆的馆址,后来则成为澳门中央图书馆的一个分馆。

澳门近代图书馆的发展步履维艰,如今的中央图书馆几经辗转,曾一度设立于澳门国立利宵中学。1927 年,澳门市政厅根据建议腾出了市政厅大楼内的两个豪华房间将澳门国立图书馆藏书安置在此。工程于 1928 年开工,由工务司长度阿尔特·维依加(Duarte Veiga)工程师负责技术指导,并且于第二年 2 月完工,根据雷梅蒂奥和米罗建筑师设计师商行的意见,聘请 Ao Chio 承包商负责室内装修,1929 年 3 月,组建中的图书馆接受了第一批来自毕业于牛津大学语言学院并任教于伦敦大学葡萄牙语言和文化专业的埃德加·布雷斯提芝(Edgar Prestage)博士的珍贵赠书。

澳门国立图书馆在市政厅落户时期,是澳门公共图书馆发展的重要时期。正如澳门中央图书馆馆长区卓志(Jorge de Abreu Arrimar)指出的那样,"从那时候开始,澳门主要图书馆的结构和法律状况已经明朗化，一切事务也开始以不同的方式运作，这些都可以从当时的澳门报纸上得到证实。”事实上，这个时期是澳门图书馆事业发展的重要转折点。1930 年 9 月 30 日发布的第 2703 号训令中公布了图书馆方面的第一套规章。1931 年第 29 期宪报上公布的第 691 号训令中确定与澳门公共图书馆有关的一切事务由公共教育监督官负责，1931 年第 39 期宪报上公布法规中规定了公共图书馆和同样设在市政厅大楼里的“贾梅士”商务及人种博物馆的人员编制。正是从这时候起，澳门国立图书馆改为澳门公共图书馆。1952 年 6 月 28 日，澳门公共图书馆又改为澳门国立图书馆。

设在市政厅的澳门公共图书馆在不同的时期有不同的评价，从而印证了图书馆发展中的曲曲折折。1949 年 5 月 7 日，《澳门新闻》报(Noticias de Macau)转载了《南华早报》中发表的一篇赞扬澳门公共图书馆的文章。作者称赞道：“在市政厅大楼内，设有一个漂亮的图书馆，……，据说是著名的葡萄牙马夫拉修道院图书馆的小型翻版。澳门图书馆最迷人的是那些雕刻艺术品，精雕细刻，令人赏心悦目。图书馆安置在下面两层的房间内，书架分别竖立在房间中央。”1951 年 12 月 2 日《澳门新闻》报又一次发表评论，称该图书馆是东方最豪华的图书馆之一，是澳门的骄傲。称设在市中心议事会大楼内的图书馆，阅览室漂亮宽敞，整洁明亮，整整齐齐的书架上摆满了各类经典著作。1950 年时，澳门公共图书馆接待了总共 4078 位读者，接受赠书 1,715 册，可供借阅的书籍达 5,455 册。图书馆除了 39,700 册一般书籍外，其他有宝贵价值的各类图书资料的属于已故的罗伦索·马格斯博士私人图书馆的 14000 册图书的“藏书群”。

虽然澳门公共图书馆在 1964 年增加了一个大的房间，以满足图书馆馆舍不足的问题，然而，由于市政厅职能和条件的局限，建立独立的公共图书馆设施成了迫切需要。1966 年 12 月，受内地“文化大革命”的影响，澳门发生了“12·3”事件，捣毁了大量的市政厅档案和图书馆的藏书。《澳门新闻》报在 1972 年 10 月 26 日发表了一篇署名拉马略(S. Ramalho)的文章，批评了“澳门市政厅图书馆”，称它“确实是一座书库，或许只能称为书堆”。1983 年 10 月 28 日，澳门国立图书馆终于有了独立完整的楼房新址，它设在荷兰园大街上，而澳门市政厅图书馆则成为澳门中央图书馆的核心分馆之一。从此，1950 年以前出版的文献均存放在市政厅大楼的原设施内，在此之后出版的文献都将存放到新馆内。澳门国立图书馆迁出后，澳门市政厅图书馆经过三年的整修，配备了内部监视和防盗系统的市政厅大楼内的馆舍及重新于 1986 年 3 月 25 日开放。

澳门市政厅图书馆藏书体系大致可分为两大部分。一部分使用现代化的收藏设备存放澳门及海外的各类报刊、法律，也包括前葡属地区的法令、宪报；葡萄牙古代法律以及其他一些参考书籍。另一部分，分为两室收藏有葡国、英国、法国文学、葡国历史、东方文化和历史、哲学；中国文化、艺术等书籍，多为古籍。这些书籍大部分是由私人和公关机构赠送，约 3 万册左右。这些典籍的汇集体现了中西文化交流的特色和渊源。澳门市政厅图书馆的典籍不仅中西交汇，而且有很多典籍具有宝贵的文化和档案价值，是研究澳门历史和中西文化及社会沟通与交流的珍贵遗产。

澳门市政厅图书馆内设有一个由澳门以及香港、广州、上海和澳门社团的 88 种报纸组成的报刊陈列室，其中 79 种为葡文版报纸，8 种为英、法文版报纸。其中最早的五份是《中国蜜蜂》(1822～1823 年)、《澳门报》(1824～1826 年)、《澳门志》(1834～1836 年)、《贸易记录》(1836～1838 年)及《中国的葡萄牙人》(1839～1843 年)。《中国蜜蜂》(也译作《蜜蜂华报》是中国境内首份外文报刊。这份外文周刊如许多旧报刊一样，没有完整地收藏保存下来，澳门大学和澳门基金会在重印该报时，虽竭尽全力收罗，仍缺 1823 年 3 月 20 日那期其中 4 页。尽管如此，该报作为中国境内第一份近代报纸，除了刊登政论和读者来信外，又是当时的政府公报，保存了大量的第一手材料，对了解研究当时的社会政治状况很有帮助。除了报刊，澳门市政厅图书馆还收藏了许多珍贵文献典籍。其中包括十七、十八世纪的文献典籍，这些典籍对研究中西文化和澳门历史具有重要价值，葡萄牙人菲雷·若些(Frei J. Maria)利用 1740 年至 1745 年的大部分资料，撰写了一本名为《中国和日本》的书，此书后来失传，后 1889 年被若奥·佩雷拉(J. Pereira)重新发现；澳门市政厅文献也为撰写《澳门名城历史事件汇集》提供档案资料，这是一本从 1553 年至 1748 年有关澳门历史的编年目录，发表于 1964 年《澳门教区教会报告》之中。

研究澳门历史以及葡萄牙人占据澳门的史料

是澳门研究的一个重要部分，然而有关这方面研究因文献不足遇到一定的困难。市政厅图书馆的一批资料则对这一研究提供了重要条件。如拜克(J. Biker)的《十八世纪末葡萄牙印度国家所订和约文件之汇集》(里斯本，1881)，苏萨(Manuel Sousa)的《葡萄牙人在亚洲》(里斯本，1666～1675年)，尼古拉斯(Nicolaus)的《中华王国之描述》(1639年)等等。为了便于利用市政厅图书馆的文献资料，图书馆编写了《书目》，该书目按葡萄牙文学、美国文学、葡萄牙历史和中国等专题编写，同时备有葡语、中文和英文摘要。由于市政厅图书馆内藏有很多有价值文献，因此，这里安装了闭路电视监视系统等来妥善保护文献。

澳门市政厅图书馆资料中的古籍中有来自于各政府机构的资料室，以及来自原澳门俱尔部罗伦索·马尔格斯私人图书馆的捐赠。为了丰富馆藏，澳门政府为图书馆收进了意大利籍人士恩尼奥·贝尔萨托(Enio Belsito)的藏书遗产。后来又有旅居香港的澳门史学家杰克·布拉格(J. Maria Braga)的一批藏书充实馆藏。此外，还有一些原来是属于卫生委员会、政府印刷局、民政厅和澳门利宵中学图书馆的书籍。总之，这些典籍交汇于此；如涓涓细流汇成江河，丰富了图书馆的馆藏。

澳门也同香港一样，即将回到祖国怀抱，成为中国的一个特别行政区。澳门图书馆事业曾为沟通，积累和推动中西文化方面发挥过独特作用，也必将会在未来发展中发挥更大作用。澳门市政厅图书馆作为澳门图书馆事业的一个重要组成部分，不仅形式上具有独特的建筑风格和人文景观，而且其丰富珍贵的典籍资料作为人类社会文化财富，具有可资发掘的文化潜力，充分重视、研究和开发利用这一资源，发挥其东西方文化交流桥梁作用将会对澳门乃至内地的发展起到应有的承前启后的作用。 (周庆山)

台湾省

〔**综述**〕 近两年来，台湾图书馆事业经历了剧烈的变化。首当其冲的事件就是台湾中部地区遭遇了百年一遇的“921集集大地震”，有不少图书馆严重受损，无法正常开馆服务。但是，台湾图书馆界同仁能够齐心合力，共谋发展，在这两年的时间里，各类型图书馆继续发展，图书资讯学教育与研究、图书馆法规规章建设、图书馆馆际合作、典藏文献数位化(即数字化)与网路化(即网络化)、文献资料库(即数据库)资源整合、图书馆隶属关系调整等方面，都取得了不少成绩，显示出台湾图书馆事业正在进入一个崭新的关键性阶段。

据1998年底对图书馆的全面调查统计，台湾地区图书馆的基本数据是：全省共有图书馆4830所，其中公共图书馆436所，大专院校图书馆158所，中小学校图书馆3699所，专门图书馆537所。图书馆工作人员共8837名，全部图书馆的总藏书量已经达到91036856册(件)，1998年会计年度的购书经费为237405万元。

〔**公共图书馆**〕 目前台湾地区共有435所公私立公共图书馆，另外还有113所分馆。其主要分布情况是台湾省398所，台北市22所，高雄市10所，金马地区5所。各级公共图书馆的资源与服务统计是，基本资料：公共图书馆建筑总面积2054643平方米，阅览座位66991个，工作人员1905人，1999年决算经费总额为新台币1837908190元，图书资料费总计新台币143622790元。馆藏资料：图书总册数是15602955册，连续出版物种数为21255种(其中期刊18910种，报纸2345种)，地图资料总计9098幅。服务与资源使用：登记读者人数总计16906969人，年度图书资料借阅量总计8224644人次、20461747册，年度复印总计11915331件/张，年度馆际合作服务总计667人次、2504册/张/件，平均每年每人次借阅图书2.48册。

〔**大专院校图书馆**〕 台湾大专院校图书馆总数为158所，藏书量是36392587册/件，工作人员2637人，1988会计年度购书经费达到137918万元。两年来，大学院校图书馆变化情况比较大，仅数量上就从1998年的87所，增加到2000年106所，净增了19所。从增加幅度上分析，主要是私立大学图书馆增加了5所，私立学院图书馆增加了12所，公立学院图书馆增加了2所。相比之下，专科学校图书馆数量却大幅度减少，从1998年75所，锐减至2000年的33所。究其原因，是这两年来有14所专科学校升格为学院，并有相当多的专科学校进行了改组和裁撤。与之相对应，在组织编制、人力资源、馆藏发展、图书馆服务、自动化与网路系统、推广服务与馆际合作等各个方面，大专院校图书馆正在发生着剧烈的变化。

〔**中小学图书馆**〕 中小学校现有图书馆3699所，包括高中高职及特殊学校图书馆440所，国中图书馆719所，国小图书馆2540所。总藏书量为28293067册/件，有工作人员3082人，1988会计年度购书费33503万元。在各项工作均取得新进展的背景下，中小学图书馆将自动化经营与资讯化校园作为工作重点，图书馆资讯系统的建置，以及实施图书馆资讯的利用教育、网路学习的利用教育等，列为中小学校图书馆的重要服务内容，而教学资源虚拟图书馆的开发，则成为中小学图书馆的未来发展方向。

〔**专门图书馆**〕 据1988年底的统计数据，台湾专门图书馆现有537所，将近图书馆总数的11%；到1999年7月，则增长到573所，占到图书馆总数的11.5%。一年半时间增加了36所，足以说明专门图书馆事业发展之迅速。目前专门图书馆的具体分布情况是，议会机关图书馆205所，研究机构图书馆33所，公营事业机构图书馆35所，民营事业机构图书馆52所，军事机构图书馆31所，大众传播机构图书馆21所，医院图书馆113所，民众团体图书馆26所，宗教团体图书馆45所，其他专门图书馆12所。近期专门图书馆开展的重要活动有：1998年1月开始，“医药卫生研究资讯网(HINT)”正式启用；在原电子期刊全文资料库联盟基础上，荣民总医院与阳明大学合作，共同建成“荣阳数位化图书馆(Health InfoShare)”；1999年由科资中心、中央研究院、交通大学等单位共同组建完成“学术电子资讯资源共享联盟”，简称CONCERT；1999年9月成立并开放“台湾期刊联合目录暨馆际合作系统”；1999年10月，“大陆资料馆际合作组织”并入“中华图书资讯馆际合作协会”。

〔**图书资讯学教育**〕 目前台湾地区共有9所图书资讯学系所，计台湾大学图书资讯学系、台湾师范大学社会教育学系、辅仁大学图书资讯学系、淡江大学教育资料科学系、世新大学图书资讯学系、玄奘人文社会学院图书资讯学系、政治大学图书资讯学研究所、中兴大学图书资讯学研究所、文化大学史学研究所图书文物组，其中文化大学1998年后已停止招生。以上系所开设学士班课程者6所，硕士班课程者8所，博士班课程者1所，1998学年度在校大学部学生为1315人，硕士班学生161人，博士班学生10人。近期台湾图书资讯学教育的重要事件有：1. 玄奘大学人文社会学院图书资讯学系开始招生，2. 政治大学图书资讯学研究所发展档案学课程。3. 中华图书资讯学教育学会召开“图书资讯核心课程座谈会”，4. 台湾图书馆学会举办奖助论文发表活动，5. 中兴大学图书资讯学研究所开始招生，6. 交通大学开设数位图书资讯学程，7. 人文社会科学第三期中程教育改进计划：图书资讯学门规划实施，8. 政治大学与台湾中央图书馆合作开办图书资讯学硕士学分班，9. 世新大学筹备图书资讯学研究所硕士班。

〔**图书资讯学研究**〕 近期的台湾图书资讯学研究，有了一个突飞猛进的发展，体现在成果数量则是自1998年7月到1999年底的一年半时间里，出版专书、会议论文集、研究报告106种，发表学位论文62篇，期刊文献586篇，国科会研究报告及论文83篇，合计837种(篇)。通过与前些年研究成果的出版情况进行比较，可以得到以下结果，1987年7月至1998年6月平均每年出版成果量是470种(篇)，而近一年半达到的每年出版成果量是558种(篇)，增幅非常之大。再对成果的内容进行比较后发现，近期文献学研究成果在明显下降，只有44种(篇)，与前11年的统计每年减少11.4种(篇)；图书馆学研究成果有一定增加，为383.3种(篇)，与前11年的统计每年增加了55.4种(篇)；而资讯科学研究成果却有显著增加，达到130.7种(篇)，与前11年的统计比较每年增加了43.9种(篇)，提高幅度达到50.6%。这说明图书资讯学的传统研究已经失去了中心与重点的地位，人们把目光越来越集中在新兴的资讯科学研究方面，致使其学科成长迅速，成果层出不穷。究其原因，这是迎合了当今科学社会数位化、网路化的发展趋势，和人们求新求变的思想心态。

〔**馆际合作组织的整合**〕 2000年之前，台湾省的馆际合作组织有三，即1975年成立、1999重新定名的“中华图书资讯馆际合作协会”，1981年成立、1994年更为现名的“中华人文社会科学图书馆合作组织”，以及1996年成立的“大陆资料馆际合作组织”。以上三个馆际合作组织的会员重复性极高，业务活动也存在很大的重叠性。故此，为了避免人力、财力、物力的浪费，发挥更高的合作功能，三大合作组织在世纪末开始进行必要的整合。

1999年3月在“大陆资料馆际合作组织”第二次年会上，决议将该组织纳入“中华图书资讯馆际合作协会”，并在合并后的协会下增设“大陆资料合作发展委员会”。其后，1999年9月“中华人文社会科学图书馆合作组织”召开第18届会员大会，该组织的执行小组提案建议与“中华图书资讯馆际合作协会”合并，经会员大会同意后，决议自2000年起合并生效。因此，新世纪来临时台湾三大图书馆合作组织已经整合为一个整体，英文名称为Interlibrary Cooperation Association，简称ILCA。该协会目前有会员427个，下设会务设计、学术活动、财务、馆际合作促进、出版、海峡两岸资讯交流、大陆资料合作发展等委员会，及其台湾北、中、南、东四个地区委员会，组织机构较前更趋健全与合理。

〔**电子资料库的整合**〕 随着世界范围的各种电子资料库不断发展壮大，台湾省内各图书馆都在纷纷购买国外电子资料库。为整合资源，顺利引进国外最新资讯，提高电子资料库的采购质量和使用效率，共享电子资讯资源，获得更高价值的产品及服务，台湾国科会科学技术资料中心于1998年9月成立国外资源组，并邀集相关单位，共同组建了“台湾学术电子资讯资源共享联盟”英文名称为Consortium on Core Electronic Resources in Taiwan，简称CONCERT。

该联盟的具体工作目标是：协助改善整体基础建设，提升资讯获得之普遍性与方便性；藉由集体采购或共同使用授权协定，提高资讯资源引进之成本效益达成资源共享目的；建立长期、稳定使用国外电子资料资源所需之机制，保障国内使用者得以持续使用；掌握学术研究资讯需求，迅速评估、引进所需资源。联盟成立后，通过“台湾科技资讯网路”引进了BIOSOS、Previews、Ei Compendex Plus、INSPEC、NTIS等参考资料库。协助、整合各图书馆以联盟方式共同引进了EBSCOhost、ASE & BSP、Ei Village、IDEAL、IEL Online、OCLC First Search、SDOS、Swets Net、Web of Science……等多个资料库，起到了联盟的应有作用，并通过研讨会、使用者座谈会、检索教育培训等活动，对电子资源的整合及其共建作出了自己的贡献。

〔**中文书目资料库的整合**〕 近年来，图书馆等机构纷纷建立各种类型的中文书目资料库，或上网传播或制成光盘，供人们查询利用。但这些书目资料库所使用的软件不尽相同，而且内码、分类法、编目法、机读格式、拼音系统等也形式各异，互不兼容，致使中文文献不能及时地、有效地建档利用，书目资讯也无法充分交流。

有鉴于此，两岸三地图书馆界多次召开研讨会，共同研究中文书目资料库的整合统一问题。如1995年2月，大陆中山大学与美国OCLC公司在广州举办了“中文文献数据库国际研讨会”，并以建立中文文献数据库的技术、标准及数据库共享和网络建设为其研讨主题。1998年6月，香港岭南大学图书馆与大陆中山大学信息管理学系在香港合办“区域合作新纪元——海峡两岸图书馆与资讯服务研讨会”，共同研讨建立各种资讯互通和编目的规范，以加强中文资讯的交流与共享，同时还成立了“华文资源共享工作小组”。

1999年8月30日至9月1日，海峡两岸图书馆界又在台北召开了“华文书目资料库合作发展研讨会”，对中文书目资料库建置的技术与标准，以及各图书馆的合作与发展，进行了深入研讨，这是近两年来国内图书馆界具有前瞻性的一次重要研讨会。

研讨会共有200余位国内外学者参加，研讨议题包括中文书目资料库的区域合作、整合与发展、建置与开发、相关资讯技术与标准等。会议确认中文书目资料库的范围大致为：图书文献书目联合目录资料库、中文善本古籍联合目录、期刊联合目录、引文资料库、博士硕士论文资料库、各国中文出版品总目资料库、专题文献索引书目资料库等。中文资料库的整合与合作包括合作目标、合作范围、合作模式及推动合作组织与行政管理、合作计划的短中长期进度。关于资料库的技术与标准，则探讨了资料著录规范、机读编目格式、分类法、标题法、索引典、权威控制、资料登录原则、资料管理与维护等内容。研讨会并建议参与合作地区推选代表共同组成“华文资料工作推动小组”，以分工方式进行合作，要求大陆、台湾、香港、澳门、新加坡、北美等地区的图书馆界共同努力，将中文书目资料库的整合与合作工作，推进到新的水平上去，为未来图书馆事业的合作与发展奠定坚实的基础。

〔**图书馆法规建设**〕 近两年来，台湾省有三个法规直接影响了图书馆事业的发展或图书馆业务工作的执行。一是台湾省的出版法于1999年1月25日废除，使得书籍出版机构向图书馆呈缴样本的制度失去了法源依据。而出版法废止的同时，也并未订立“落日条款”，即替代法案完成立法后才中止执行旧法案，这对图书馆中文文献的征集和典藏是相当不利的，尤其是1999年后，台湾省图书馆呈缴本制度受到了无法可依的困扰。

其二,台湾省图书馆法即将出台。其基本要旨是为了促进台湾省图书馆事业的健全发展,构建图书馆的管理制度,提供完善的图书馆资讯服务,倡导终身学习,培养资讯素养,提升国民品质。该法对图书馆的定义及各级主管机关、服务对象、图书馆技术规范的订立,图书馆的服务理念、业务项目、组织运作、辅导体系的建立等,均有明确而具体的规定。其中对执行呈缴本制度的单位,详细列举为政府机构、学校、个人、法人、团体等,而不仅限于出版社。对出版品的定义,包括了图书、期刊、报纸、视听资料、电子媒体及网路资源,范围进一步扩大和规范。

其三,对图书馆业务工作稍有影响的是政府采购法于1999年5月的正式实施。该法规定"采购图书之作业方式,每一种图书之需求,可视为一个采购,得视需求分别办理;其将数种图书汇整后,向同一供应商一次采购者,视为一个采购。"从中可以看出,图书采购稍有别于一般物品,只有大部头丛书、大批期刊及资料库的采购,还是依据采购法办理,因此,图书馆也必须学习和适应这些新的规定,完善图书采购工作。

〔**921大地震对图书馆的影响**〕 1999年9月21日凌晨,台湾省发生里氏7.3级地震,这也是台湾百年来最为强烈的一次地震。地震造成上千人死亡,8700余人受伤;台湾中部地区地貌剧变,10余个县市的基础设施遭到重创;地震灾区的图书馆大部分损失严重,至少有24个乡镇图书馆馆舍及200余个读书会团体成员之家园受到破坏,一些图书馆还被列为"危险建筑物",作暂时封闭不对外开放处理。据台中图书馆《921地震灾区各级公共图书馆受损情况报告》统计,台湾中部地区有"馆员平安,公告危险建筑物请勿进入者"10所,"馆员平安,公告需注意建筑物者"11所,"馆员平安,建筑物安全,家具或书架倾斜,并已恢复开馆者"30所,"一切平安或灾情轻微,已恢复开馆者"7所。从这个统计数据可以看出,县市文化中心及乡镇图书馆大都遭到破坏,90%左右的图书馆不能正常开馆。各级大中小学校和专门图书馆的受损情况,也和公共图书馆大抵相当,很多图书馆的日常工作无法开展。

921地震后,台湾省各界积极开展灾区图书馆的恢复和支援工作。其中台湾图书馆学会于10月9日成立了"921公共图书馆赈灾重建支援小组",主要是为该学会会员单位、出版界与社会各界募捐图书资料和经费,以最快速度重新建立馆藏。台中图书馆还规划出"921震灾支援灾区图书馆行动方案",除了配合台湾文建会的心灵重建计划外,还开展了多项实际工作,如组建"灾区图书馆技术服务团"、创建"921震灾快报网站"、办理"灾区居民心灵重建巡回讲座"、编印《心灵重建丛书》等。民间团体也参与了地震灾区重建工作,如联合报、东森新闻台、张老师基金会等组织,开展了"挥别921心灵重建工程"系列活动,除募集图书外,还陆续在大里、东势、南投、埔里、竹山等地建立"希望图书馆",期望灾民通过阅读书刊,净化心灵,唤起生活的信心与希望。

大地震后图书馆界最有特色的赈灾项目,是台湾文建会筹划并实施的"欢乐书香列车——行动图书馆"活动。此次活动整合了民间与官方的文献资源,并获得民生报、长荣集团、VISA国际组织等单位的赞助,将集装箱车改装成图书巡回车,亦即行动图书馆,开到灾区已经复课的学校和已完工的组合屋社区,提供定点及巡回的图书借阅服务。此项活动持续一年,主要目的是希望在临时校舍上课的学生以及家园损毁的社区民众,仍然享有阅读的机会,这在台湾省引起了积极而广泛的反响。

〔**图书馆与终身学习活动**〕 1998年台湾发布的《迈向学习社会白皮书》之方案五"结合图书馆推动读书会活动方案",是与图书馆直接相关的终身学习活动,其内容包括:1. 先由公共图书馆体系带头,各级公共图书馆依其服务辖区推动读书会;2. 再由学校图书馆配合,依其学区辅导成立读书会;3. 奖励民间团体全面投入读书会活动。

该方案分三年进行,自1999至2001会计年度为止,其计划内容包括两大方面,其一是有关读书会的活动项目,其二是有关图书馆与资讯利用教育的项目。以上活动和业务,均已顺利开展,如洪建全教育文化基金会举办的"图书馆读书会承办人员研习班",在台湾北部、中部、南部分别举办过5次,每次招收学员60人,课程包括成人学习与读书会、读书经验交流、读书会的种类及形态、图书馆可以成立什么样的读书会、读书会运作方案设计等。

与此同时,图书馆界编印了一套以一般民众为阅读对象,内容短小精悍,印制精美的小型丛书——《图书馆与资讯素养丛书》。该丛书共10册,每册约64页,用浅显易懂的笔触,大篇幅的照片,介绍了图书馆与读书方面的知识,包括《图书馆的利用——国民小学篇》、《图书馆的利用——国民中学篇》、《图书馆的利用——高中高职篇》、《图书馆的利用——大专院校篇》、《公共图书馆的利用——生活资讯的好帮手》、《网路资源的利用》、《视听资源的利用》、《参考工具书的利用》、《期刊资源的利用》、《阅读的愉悦》。另外，自1999年1月起，《新书资讯月刊》开始发行，其目的是收集、编印台湾地区所出版新书的完整信息，刊载新书介绍与书评，以此提升出版品质，提供图书出版发行信息，促进图书馆行销，提高读者利用图书资讯的素养，推展社会读书活动及终身学习计划。

在推展终身学习活动中，社会教育机构还举办了各种研习班，或与各大学合作开办硕士学分班，以增加民众和在职人员的进修机会，如1999年12月台湾图书馆举办的“终身学习与图书馆资源利用研习班”，和与政治大学图书资讯学研究所合办的“图书资讯学硕士学分班”等，不仅提供了社会大众进修学习的机会，也促进了图书馆学知识的普及，以及终身学习活动的持续开展。

各系统图书馆事业

国家图书馆

〔北京图书馆更名国家图书馆〕 经国务院批准，北京图书馆更名为国家图书馆，对外称中国国家图书馆，经1999年第5次馆长办公会议决定，1999年2月10日起正式启用“国家图书馆”和“中国国家图书馆”称谓。

〔首套珍藏版藏书票公开发行〕 为纪念北京图书馆建馆90周年，首套珍藏版《北京图书馆藏书票》原票集，于1999年1月22日在北京图书馆和上海图书馆两地同时向社会公开限量发行。北京图书馆副馆长孙蓓欣、北京图书馆出版社社长曹鹤龙、北京图书馆办公室主任刘惠平等出席了藏书票首发式，藏书票的设计者、中国工艺美术学院教授、中国版协藏书票研究会秘书长陈雅丹女士及有关协作单位的代表应邀出席了首发式。首发式由善本部主任黄润华主持。孙蓓欣同志向来宾介绍：由北京图书馆出版社出版的这套珍藏版藏书票，精选了历代皇家藏书印鉴29枚和馆藏的16种珍贵善本真迹为内容，其中诸多为著名珍品，首次系统地展现在读者面前，它对于研究中国古代典藉、鉴赏古代篆刻艺术和书法艺术都具有较高的史料价值。在艺术上，这套藏书票具有浓郁的东方文化神韵，又将东方藏书印的艺术魅力与西方藏书票的艺术形式巧妙地结合，构成了东西方艺术交融的一道美丽风景。书票同时又采用了书与票结合的艺术形式，互为烘托，相得益彰，尽显中国传统藏书印与西方藏书票异曲同工之妙。北京图书馆出版社社长曹鹤龙、中国版协藏书票研究会秘书长陈雅丹教授分别在首发式上讲话，共同祝贺藏书票发行取得圆满成功。海淀区第二公证处的王博宇同志为藏书票的限量毁版发行作了公证。随后，当众毁版发行。

〔国家图书馆千兆馆域网开通仪式正式举行〕 1999年2月11日，国家图书馆千兆馆域网开通仪式正式举行。国务院办公厅秘书局副局长陈拂晓、北京电信管理局副局长林融，文化部社会文化图书馆司、教科司综合处的有关领导，3COM公司中国地区总经理谈建中、北京蓝深计算机网络总公司副总经理严志武、北京宇信电子公司总经理吴平原，国家图书馆党委书记、副馆长周和平，副馆长孙承鉴、孙蓓欣等参加了开通仪式。开幕式由副馆长孙蓓欣主持。孙承鉴在开通仪式上讲话：国家图书馆的自动化建设始于70年代中期。1989年引进安装了国外大型机系统，开始进行图书馆集成化管理系统的开发。但由于种种原因，该系统没有发挥其全部功能。自1994年起，国家图书馆在经费十分紧张的情况下，本着统一规划、分步实施的原则，开始采用微机局域网方式逐步实现业务加工、读者服务的自动化和网络化，先后组建了13个子网，使其自动化、网络化建设水平有了明显的提高。但是随着社会的发展，人们对图书馆的要求已不满足于一般的书目检索服务，希望得到更多、更新、更便捷的信息服务。自动化、网络化建设水平已经成为衡量一个图书馆现代化的重要标志。近年来，国家图书馆在广泛进行调研，征求专家意见的基础上，制定了“北京图书馆网络建设发展规划”和网络建设发展规划的“实施方案”，并于1998年开始筹建全馆的计算机网络系统，即馆域网。经过多方论证，结合国家馆的实际情况，决定全馆计算机网络系统选用千兆位以太网络技术。目前，国家图书馆是国内图书馆界使用千兆位以太网络技术的第一家，标志着国家图书馆采用的计算机网络技术已达到国内领先、国际先进的水平，为资源共建共享和今后的发展奠定了坚实基础。

〔**彭珮云副委员长视察国家图书馆**〕 1999年2月26日下午，全国人大常委会副委员长彭珮云到国家图书馆视察工作。陪同视察的有全国人大教科文卫委员会副主任范敬宜、全国人大教科文卫委员会委员宋木文、文化部副部长徐文伯等。彭珮云副委员长视察了中文社科图书阅览室和第二电子阅览室，观看了网上读书和多媒体演示。随后，她来到《四库全书》书库、馆藏珍品展示室和善本地库，在这里彭珮云同志观看了文津阁藏《四库全书》、司马光《资治通鉴》手稿、《明解增和千家诗注》和马克思致女儿燕妮的书信等馆藏珍品，全国政协委员、研究馆员李致忠，善本部主任、研究馆员黄润华分别向彭副委员长介绍了馆藏珍品的收藏和保护情况。最后，彭珮云副委员长为国家图书馆题词：“发展图书馆事业，为两个文明建设服务”。

〔**国家图书馆竭诚为“两会”提供服务，取得可喜成果**〕 国家图书馆从1999年3月1日至20日为出席九届全国人大二次会议、全国政协九届二次会议的代表和委员们专门设立“两会”咨询服务处，提供24小时“全天候”服务。服务的主要形式有：有关提案和议案的专题咨询服务；免费办理中外文外借证；通过国家图书馆网址查询与利用网络资源；书刊资料阅览外借；文献委托查询与复制以及接待“两会”代表和委员个人或集体参观等项服务。该馆在“两会”期间承接人大代表咨询4人4次，政协委员咨询56人61次，提供复制文献3544页，检索760条目，网上下载125份文件，办理借书证196个。

该馆认真对待“两会”代表、委员的每一项咨询，做到了查询答复不过夜，咨询结果送上门，力求高质量、高时效地完成政协委员们交办的各项咨询任务。

〔**国务院副秘书长刘奇葆参观中国数字图书馆实验演示系统**〕 1999年4月8日上午，国务院副秘书长刘奇葆、国家科教领导小组办公室副主任李主其，国务院秘书三局局长袁隐等领导在原文化部副部长、中国数字图书馆工程筹备领导小组组长徐文伯的陪同下，参观了中国数字图书馆试验环境演示系统，国家图书馆党委书记、副馆长周和平，副馆长孙承鉴、党副委书记张彦博及有关方面的负责同志参加了演示会。周和平同志汇报了关于落实岚清同志关于加强国图与北大、清华、中科院联网指示的进展情况。

〔**国家图书馆召开中央国家机关立法决策服务座谈会**〕 于1999年4月16日召开。全国政协常委、教科文卫体委员会主任刘忠德、全国人大法制工作委员会副主任张春生，原文化部副部长、中国图书馆学会理事长徐文伯、国家版权局副局长沈仁千以及中央国家机关各部委、全国人大、全国政协、解放军等65个单位的80多名部门负责同志应邀参加。文化部办公厅副主任李景和、政策法规司司长贾明如也出席了会议。

〔**首届“中文古籍开发利用研讨会”在中国国家图书馆召开**〕 于1999年5月12～14日在北京召开。国家图书馆、上海图书馆、南京图书馆、浙江图书馆、辽宁省图书馆、山东省图书馆、首都图书馆、北大图书馆、科学院图书馆等公共、高校、科研系统的9个图书馆主管领导和古籍部的负责同志参加了会议。研讨会共有三个议题：1. 中文古籍数据库建设；2. 中文古籍的阅览和典藏工作；3. 古籍的开发和利用。会议着重围绕国图1999年1月编印的《古籍机读目录格式字段表(试用稿)》，结合与会各馆古籍数据库建设实践进行了认真讨论。与会者认为，该《表》可以作为待报国家标准的《古籍机读目录格式字段表》试用稿。并建议将该《表》作为国家标准试用文本下发公共、高校、科研等各系统图书馆推广使用，广泛征求意见；在此基础上由国家图书馆负责，与会各馆参与研究，对“试用稿”进行修订、完善，形成国家标准《古籍机读格式字段表》的申报本。会议认为，各馆编制古籍数据库时应加强沟通和交流，尽量在字段、著录、分类、用字等方面形成标准，保持一致。大家还探讨了在四部分类法的基础上制订统一的古籍分类法的可能性。在古籍保护方面，与会各馆就库房温湿度达标、空气流通、投药灭鼠、防虫防酸、防紫外线以及古籍修复等广泛交换了意见。在古籍修复问题上，各馆建议推广国家馆发明的“纸浆补书机”。在读者服务的指导思想上，会议强调了“利用图书馆是每个人的权力”的观念。倡导进行更为积极、全面的服务。在具体作法上,各馆在开架阅览影印书、减少对古籍阅览的限制、对文物级善本采取复制品阅览降低收费标准等达成了共识。古籍的开发和利用是各个图书馆都十分关心的话题。在会上,各馆都介绍了自己进行古籍开发的艰苦历程,就如何解放思想、转变观念,如何创造有得于古籍开发利用的新机制,从何种角度开发古籍等方面进行了广泛的交流。

〔**西文图书编目工作研讨会**〕 于1999年5月27日至28日在国家图书馆采编部召开,北京地区各大图书馆及上海图书馆、南开大学图书馆、浙江大学图书馆等外埠部分地区图书馆共有18个单位40余名代表出席。与会代表围绕国内西文编目工作现状,西文图书联合编目,书目数据资料共享,国外商业数据的比较,西文图书编目条例的修订,西文编目的规范化、标准化及国内外编目软件的特点等议题展开讨论。

〔**国家图书馆首次在中央国家机关建立分馆**〕 1999年7月6日,在国家人事部举行了国家图书馆人事部分馆仪式。文化部部长孙家正,国家人事部部长宋德福、副部长张学思、步正发、戴光前,中宣部办公厅副主任张延平,国家图书馆党委书记、副馆长周和平,中央国家部委局及其直属机构,事业单位办公厅(室)负责人以及有关代表150余人出席了开馆仪式。国家图书馆人事部分馆由人事部和国家图书馆联合创办,以资源共享、优势互利、互利互惠、共同发展为原则,采用新型的运作模式和现代化手段,利用计算机网络技术开展多种形式的服务。该馆的机构设置、人员配备、财务和业务管理方面归人事部管理,国家图书馆对其进行业务指导和文献支持。人事部在立法决策过程中的各种信息需求,通过分馆及时地传递到国家图书馆;国家图书馆则利用丰富的馆藏以及住处网络技术把文献住处有针对性地、及时地提供给人事部。同时,国家图书馆还对分馆提供住处咨询、专题文献借阅、代为采访编目、代为加工数据和数据库、代藏文献以及为培训人员等服务。

〔**《不列颠百科全书》赠送仪式**〕 1999年8月4日上午,中国大百科全书出版社等单位向国家图书馆赠送《不列颠百科全书》仪式在国家图书馆外宾接待室红厅举行。中国大百科全书出版社社长首先代表该社赠送《不列颠百科全书》国际中文版两套,《不列颠百科全书》国际中文版主编徐慰曾先生代表不列颠百科全书公司向该馆赠送《不列颠百科全书》98年英文版和光盘版各一套。单基夫和徐慰曾先生向大家介绍:《不列颠百科全书》国际中文版是在《简明不列颠百科全书》中文版的基础上修订而成,条目由50,000多条增至81,000多条,卷数由11卷增至20卷,具有资料新颖、内容丰富、立论翔实、功能齐全的特点。他们表示,愿意将最新最好的百科全书赠送国家图书馆,提供读者使用,为实施科教兴国战略、响应江泽民总书记“大兴勤奋学习之风”的号召作出贡献。孙蓓欣副馆长对中国大百科全书出版社和不列颠百科全书公司表示感谢。她说:《不列颠百科全书》是国际公认的权威参考工具书,历来是各国图书馆基本馆藏的重要组成部分和使用率最高的工具书之一。我们将把它作为国家总书库的一部分妥善保存、完好无损地传给我们的子孙后代。同时,也将把它作为重要的文献资料提供给读者充分利用。

〔**国家图书馆首套甲骨文藏书票发行**〕 为庆祝国家图书馆九十周年华诞,纪念甲骨文发现百年,一套精选自国家图书馆珍藏的殷商时期甲骨文原件的藏书票——《中国国家图书馆藏书票——甲骨文发现百年纪念专辑》(珍藏版、原票集)于1999年8月28日上午公开向社会限量发行,并当众毁版。其中珍藏版限量1999套,原票集限量300套。藏书票素有纸上宝石、版画珍珠等美称,其文字、绘画相结合的艺术形式,在对藏书起到装饰美化作用的同时,也增加了人们对读书、爱书和藏书的热情,此次发行的甲骨文藏书票(珍藏版、原票集)是藏文明源头于方寸、集欣赏收藏于一身,是北京图书馆更名为中国国家图书馆后发行的第一套藏书票,其意义可见一斑。

〔**国家图书馆聘请10位著名专家学者担任顾问**〕 为充分发挥国家图书馆的职能,进一步服务于国家技术创新体系建设,国家图书馆在庆祝建馆90周年之际,特别邀请10位国内外享有盛誉的著名专家学者担任国家图书馆顾问。他们是:中国科学院技术科学部院士、中国工程院信息与电子工程学部院士、中国科学院高技术研究与发展局研究员王大珩;中国工程院信息与电子工程学部院士、北京大学教授王选;中国工程院信息与电子工程学部院士、中国人民解放军总装备部研究员汪成为;中国科学院技术科学部院士、清华大学计算机系教授张钹;中国工程院院士、中国科学院计算机所研究员李国杰;中国科学院院士、中国工程院院士、中国航天工业第一集团公司科学技术委员会主任顾诵芬;中国科学院技术科学部院士、中国航天科技集团顾问梁思礼;中国社会科学院近代史所研究员、历史学家刘大年;中国社会科学院历史所研究员、历史学家、考古学家李学勤;美国俄亥俄州立大学教授、终身院长、图书馆原馆长李华伟博士。

〔**国家图书馆发展战略研讨会召开**〕 1999年9月7～9日召开了"国家图书馆发展战略研讨会",邀请兄弟图书馆前来献计献策并参加国家图书馆馆庆活动。来自全国省、自治区、直辖市、副省级市图书馆以及在京部分科研单位、重点高校图书馆和情报信息单位52家55人参加了会议。美国俄亥俄大学图书馆前馆长李华伟先生也应邀出席了会议。

〔**"图书馆为实施科教兴国战略、建设国家技术创新体系服务"座谈会**〕 于1999年9月8日上午在国家图书馆多功能厅举行。文化部社图司副司长陈琪林同志主持会议。文化部副部长艾青春参加了会议。参加座谈会的还有科技、教育、文化界的专家学者,各省、自治区、直辖市、副省级市以及中央各大系统图书馆馆长、专家和国家图书馆处级干部代表。国家图书馆副馆长孙承鉴,中国科学院图书馆馆长徐引篪、上海图书馆副馆长吴建中、清华大学图书馆馆长刘桂林、甘肃省图书馆馆长潘寅生、中国科学院院士、中国工程院院士、中国航空工业第一集团公司科学技术委员会副主任顾诵芬同志分别在座谈会上发言。会上,大家共同探讨如何抓住新科技革命提供的良好机遇,努力发挥图书馆参与和支持国家技术创新体系建设的作用,主动为实施"科教兴国"战略作贡献。座谈会提出了许多可行性的建议和工作设想,进一步把为技术创新体系服务落实到实处。

〔**薄一波同志赠书仪式在国家图书馆举行**〕 1999年9月8日上午,国家图书馆在多功能厅举行了薄一波同志赠书仪式。副馆长孙蓓欣主持了赠书仪式,党委书记、副馆长周和平宣读了薄老的贺信。该书是薄老费时五年撰写的一部研究性专著,他以自己的亲身经历,深入研究和分析了1949年至1966年"文化大革命"前,党和国家有关经济和社会发展的一些重大决策形成过程,以及一些重大事件的来龙去脉,是我们今天研究国史的重要资料。薄老《若干重大决策与事件的回顾》著作的平装本,在国家图书馆和许多图书馆都已收藏并提供给读者广泛使用。现在,薄老又把修订后的线装珍藏本赠给国家图书馆。国家图书馆和所有受赠单位,将把它作为珍品妥善保存,完好无损地留给子孙后代;并把它作为重要的文献资源,提供给读者利用。上海图书馆副馆长吴建中、广东省中山图书馆常务副馆长李昭淳、中国科学院文献情报中心主任徐引篪、山西省图书馆馆长李小强四位同志代表全体受赠单位接受赠书。山西省图书馆馆长李小强代表受赠单位讲了话。

〔**国家图书馆建馆90周年庆典**〕 于1999年9月9日隆重举行。首先举行升旗仪式。文化部副部长艾青春以及正在参加国家图书馆发展战略研讨会的各馆馆长参加了仪式。接着,由中共中央总书记、国家主席江泽民题写馆名的"中国国家图书馆"揭牌仪式又在文津广场隆重举行。上午9时整,中共中央政治局常委、全国人大常委会委员长李鹏同志来到了国家图书馆。他在一片欢迎的掌声中走到揭牌现场,至此国家图书馆的庆典活动达到了高潮。李鹏委员长站在盈盈绿草中微笑着向人们挥手致意,并亲自将盖在新馆牌上的饱含国家图书馆全体员工深情祝福和美好期盼的红绸揭下,体现了党和国家对中国图书馆事业的重视和关怀。揭牌之后,李鹏委员长发表了热情洋溢的讲话。他首先代表党和政策向国家图书馆全体员工和专家学者表示祝贺。他说,人类即将进入二十一世纪。二十一世纪是科技高度发达的世纪,也是高度信息化的世纪。他希望国家图书馆能够适应时代的变化,加强自身的改革和建设,特别是要重视图书馆的信息化建设。他要求各级政府充分认识图书馆对社会发展的重要作用,从"科教兴国"的战略高度认识图书馆在二十一世纪的重要作用,积极支持图书馆的现代化建设。出席揭牌仪式的其他贵宾还有:全国人大常委会副委员长许嘉璐、全国政协副主席罗豪才,有关方面负责人孙家正、范敬宜、刘奇葆,以及全国人大、全国政协及中央有关部门负责人,部分科研院所,高等院校,各省、直辖市、自治区图书馆代表,一些国家驻华使节、文化官员和国家图书馆员工代表近千人。上午9:30,庆祝国家图书馆建馆90周年大会在国家图书馆嘉言堂隆重举行。此时的嘉言堂,鲜花满座、宾朋荟萃,充满了喜气洋洋的节日气氛。出席庆祝大会的党和国家领导人有:原中共中央政治局常委、军委副主席刘华清,全国政协副主席罗豪才,原全国政协副主席吕正操,全国人大教科文卫委员会副主任范敬宜，文化部副部长艾青春，国家图书馆馆长任继愈，以及中共中央国务院有关部委的领导同志，重要科研院所、高等院校的领导同志，全国各省市、自治区、直辖市图书馆、在京大型图书馆的馆长和一些著名专家学者、社会各界来宾、一些国家驻华使节和文化官员以及国家图书馆员工代表约1200余人参加了大会。国家图书馆党委书记、副馆长周和平主持庆祝大会。国家图书馆馆长任继愈同志首先致辞。任馆长回顾了国家图书馆九十年的历程和取得的成就，提出了国家图书馆今后发展的基本方针。上海图书馆副馆长吴建中代表来宾向国家图书馆 90 华诞表示祝贺。薄一波同志也为大会发来了贺信。随后，周和平同志代表国家图书馆宣读了国家图书馆特邀顾问名单，10 名在国内外享有盛誉的著名专家学者成为国家图书馆的特邀顾问。任继愈馆长代表国家图书馆向顾问代表王大珩、汪成为、李学勤、李华伟颁发了证书。文化部副部长艾青春同志在大会上讲了话。他首先对国家图书馆的 90 周年华诞表示热烈祝贺，对国家图书馆创建以来对提高人民素质、推动社会进步的重要作用给予了充分肯定，特别是建国以来，在党和政府的重视和关怀下，已逐步成为引导和带动中国图书馆现代化建设和实施科教兴国战略，推动知识经济发展和科技创新的重要力量。他要求国图工作者要继续发扬“甘为人梯、默默奉献、服务第一、读者至上”的敬业精神，发挥自身优势，为把国家图书馆建设成为我国重要的信息本枢纽和精神文明建设基地而努力奋斗。

〔**国家图书馆馆庆九十周年征文颁奖暨第六届科学讨论会举行**〕 国家图书馆馆庆九十周年征文颁奖暨第六届科学讨论会于 1999 年 10 月 6 日在该馆多功能厅举行。全馆科组以上干部和论文作者共二百余人参加了会议。任继愈馆长、孙承鉴副馆长出席会议并讲话。征文组委员会主任、副馆长孙蓓欣主持了会议。征文组委员会副主任、发展研究委员会主任李致忠同志首先作了论文评选说明。此次征文活动旨在提高全体员工的学术水平和整体素质，鼓励和调动全体员工积极参与国家图书馆建设，促进图书馆事业发展。自 1999 年 4 月起，在全馆范围内开展的征文活动引起很大反响。大家围绕“面向 21 世纪的国家图书馆”的征文主题，各抒已见，为国家图书馆未来的发展献计献策。论文内容广泛，共收到论文 94 篇。经过三级评审，评选出获奖论文 31 篇，其中一等奖 3 篇，二等奖 8 篇，三等奖 18 篇，提名奖 2 篇。同时根据各部门征集论文的数量和质量，典阅部、参考部、采编部分别获得一、二、三等集体奖。会上宣布了论文个人奖及集体奖获奖者名单，并向获奖者颁发了荣誉证书。

〔**国家图书馆与中国甲午战争博物馆共建“甲午战争研究资料中心”**〕 1999 年 10 月 19 日，国家图书馆与中国甲午战争博物馆共建“甲午战争研究资料中心”协议签字、挂牌揭彩仪式在山东威海举行。馆党委书记、副馆长周和平、中国甲午战争博物馆馆长戚俊杰，分别代表两馆在合作协议上签字。周和平同志与威海市人大常委会副主任戚遵烈共同为“甲午战争研究资料中心”挂牌揭彩。著名学者、国家图书馆馆长任继愈先生为“甲午战争资料中心”题匾。出席签字、挂牌揭彩仪式的领导和嘉宾还有：山东省文化厅副厅长王承典、国家图书馆典阅部副主任苏爱荣、威海市副市长董天祥、威海市文化局局长田峰泉、威海市旅游局局长石日众以及威海市档案馆、驻威高校、三市一区的博物馆、图书馆工作者等40多人。国家图书馆与地方博物馆合作，共建研究资料中心，既是两馆解放思想，发展优势，开展多领域的合作，创建大文化的一次创新和尝试，也体现了两馆为传播知识信息、弘扬爱国主义、更有效地发挥社会教育职能的高度责任感。两馆共建“资料中心”协议签定后，在藏书建设方面，国馆将每年拨复本图书 1～2 万册，并据中国甲午战争博物馆研究与收藏的需求，为资料中心提供查找、复制国馆馆藏。

〔**日本国立国会图书馆到国家图书馆参观访问**〕 应国家图书馆邀请，以伊滕尚武副馆长为团长的日本国立国会图书馆代表一行五人，于 1999 年 10 月 26 日至 11 月 4 日对国家图书馆进行了参观访问，这是中日国家馆之间进行的第 19 次业务交流。此次交流的主题是“面向 21 世纪国家图书馆的服务”，双方就如何为本国政府立法机关提供咨询服务，为大众服务进行了广泛交流。交流会由孙蓓欣副馆长主持，党委书记、副馆长周和平作了主题发言，他指出，图书馆必须引用最先进的信息技术进行管理并组织各项业务，只有在“服务”两字上狠下功夫，才能使图书馆真正成为信息采集、生产、存取和传播的基地，才能成为吸引读者的知识殿堂。随后，参考辅导部副主任卢海燕作了“中国国家图书馆为国家立法决策服务的职能和业务发展情况”的专题报告。日本国立国会图书馆副馆长伊滕尚武先生作了“面向新时代的国立国会图书馆的服务工作”的主题报告，他在报告中对日本国立国会图书馆近年来的发展情况和针对电子出版物的相应政策作了介绍，并就如何开展为国家立法和读者服务作了重点阐述。之后日本代表团副团长、国立国会图书馆调查及立法考察局主管土屋惠司先生徐了有关调查及立法考察局的职能及现状的专题报告。报告之后两馆同行就某些问题自由问答，会场气氛十分热烈。

〔**中国青少年发展基金会、浙江人民出版社向国家图书馆赠书**〕 1999年11月27日，中国青少年发展基金会和浙江人民出版社向国家图书馆赠书仪式在该馆红厅举行。此次捐赠书籍为30套《第三部门研究丛书》。中国青少年发展基金会常务副理事长兼秘书长徐永光、国家图书馆副馆长孙蓓欣、浙江人民出版社总编辑楼贤俊出席了赠书仪式。

〔**薄一波同志参观“善本特藏五十年”展览**〕 1999年12月1日，老一辈无产阶级革命家薄一波同志来到国家图书馆，参观了“善本特藏五十年”精品展。国馆馆长任继愈、党委书记、副馆长周和平，副馆长孙蓓欣、党委副书记张彦博等陪同参观。薄一波同志是我党著名的理论家，一向关怀和重视文化教育事业，并且长期支持国家图书馆的建设。该馆善本四大专藏之一的《赵城金藏》就是建国初在薄老的协调下调拨国家馆的。前不久，他又把自己所著的线装珍藏本《若干重大决策与事件的回顾》(修订版)共50套赠送给国家馆。这次到期馆参观，再次体现了老一辈无产阶级革命家对国家图书馆的关怀。薄老对国家馆所做的保护修补工作所取得的成就给予了充分肯定，并一再指示要保护好这些中华文明的瑰宝，传之子孙，才能无愧于曾为保护这些古籍献身的先烈们。最后，薄老欣然签字留念，以示鼓励。

〔**《中国国家图书馆善本特藏珍品展》在美国纽约开展**〕 1999年12月9日，《中国国家图书馆善本特藏珍品展》在美国纽约皇后图书馆正式开展，中国国家图书馆副馆长孙蓓欣、业务发展研究委员会主任李致忠先生、国际交流处处长孙利平一行三人参加了开幕式。此次展览共选出69种81件展品，分别从善本图书、金石拓片、古代舆图和少数民族文献四个方面展示该馆的善本特藏，展示了中华文明的东方神韵。孙蓓欣副馆长和皇后图书馆总裁石瑞格先生在开幕式上发表了热情洋溢的讲话。中国驻纽约总领馆副总领事、文化领事等应邀参加开幕式，还有来自纽约公共图书馆、纽约大都会博物馆、华盛顿国家博物馆及哥伦比亚、普林斯顿、哈佛等著名大学的专家学者200多人以及十多家新闻媒体的记者也出席了开幕式。很多人从不同的城市专程赶来参加活动，有的甚至来自遥远的西海岸。大家兴致勃勃地观看展品，为中国文化的源远流长、博大精深而感叹不已。

〔**“1999国家图书馆读书周”成功举办**〕 为纪念江泽民总书记视察国家图书馆一周年，进一步贯彻落实总书记关于在全社会“大兴勤奋学习之风”的重要指示，推动“全民读书活动”的深入开展，积极发挥图书馆在全社会读书学习活动中的倡导、组织、服务的独特作用和优势，1999年12月19～25日，国家图书馆成功举办了“1999国家图书馆首届读书周”。这次读书周内容丰富，活动众多。持续一周的活动有：“迎接澳门回归馆藏文献图片展”、“出版社新书展示厅特卖周”、“中国书史展”。自读书周拉开帷幕，读者反映热烈并积极参与，同时吸引了多家新闻媒体的跟踪报导。“读书周”期间国家图书馆还开展了一系列丰富多彩的活动，包括“1999国家图书馆读书周系列学术讲座”、“畅销书作家签名售书活动”、“馆庆90周年读者征文发奖及报告会”、“1999年度读书标兵评选及报告会”、“部分出版社向青年读书俱乐部赠书暨座谈会”和“网络环境下图书馆服务工作研讨会”等活动。同时，在全馆范围内开展“新世纪梦想”英语演讲比赛、推出“新世纪员工读书计划”(1999～2000)，在馆内率先形成大兴勤奋学习之风。

〔**国家图书馆“馆庆90周年读者征文颁奖暨报告会”“1999年度读书标兵颁奖暨报告会”**〕 于1999年12月22日下午，在多功能厅举行。出席颁奖会的有国家图书馆馆长任继愈，党委书记、副馆长周和平，副馆长孙承鉴、孙蓓欣，应邀出席颁奖会的嘉宾有文化部社会文化图书馆司副司长周小璞，清华大学图书馆馆长刘桂林，北京大学图书馆馆长戴龙基，来自全国图资系列评审会的上海图书馆副馆长王世伟，湖南省图书馆馆长常书智，长春图书馆副馆长刘惠娟等，馆庆征文获奖读者和1999年度读书标兵应邀出席了颁奖会，部分参与征文投稿读者和读书标兵提名读者也应邀出席。

〔**张海迪同志向国家图书馆赠书并与青年座谈**〕

2000年3月10日，国家图书馆迎来了一位特殊的客人——“中国的保尔”张海迪。在参加今年“两会”的间隙，身为全国政协委员的她专程到国家馆，将自己的近作《革命的追问》和《轮椅上的梦》两种六册图书赠予国家图书馆收藏，并与文化部及国家馆青年读书组织的代表和当代大学生座谈。80年代初，张海迪以其自强不息的精神成为鼓舞青年投身事业、无私奉献的巨大动力，她本人也成为展示改革开放以来中国青年精神风貌的代表。时间已过去了十余年，这些年中，张海迪没有陶醉于所获得的巨大荣誉之中，而是继续着她的笔之路。除攻读哲学硕士学位外，先后翻译并创作了8部作品，成为一位当代文坛颇有声誉的后起之秀，荣任中国作家协会全国委员会委员。同时，她还一直积极投身于中国残疾人事业，现任全国肢残人协会主席，九届全国政协委员。在座谈会之前，张海迪在国家图书馆紫竹厅与读者见面并举行签名售书活动。她的出现在读者中引起轰动，人们闻讯赶来，排起长队等候签名，表现出对这位当代青年楷模的敬仰和热爱。

〔**中国数字图书馆有限责任公司开业庆典暨中国数图网开通仪式**〕 于2000年4月18上午，在国家图书馆隆重举行。全国人大常委会副委员长许嘉璐、文化部副部长艾青春、中国数字图书馆工程建设联席会议成员单位及专家顾问委员会成员、图书馆界同行、各驻华使馆文化官员、IT行业的公司、商社代表以及新闻单位记者等300多人出席。全国人大常委会副委员长许嘉璐、文化部副部长艾青春共同为中国数字图书馆有限责任公司揭牌，国家图书馆馆长、中国数字图书馆有限责任公司董事长任继愈先生开通中国数图网。国家图书馆党委书记、副馆长、中国数字图书馆有限责任公司副董事长兼总经理周和平首先致辞；文化部社会文化图书馆司、广电总局网络中心、中国图书进出口总公司、沈阳东大阿尔派软件股份有限公司等分别代表同贺单位在会上祝辞。

〔**2000年图书馆服务周**〕 2000年5月28日至6月3日，国家图书馆隆重推出2000年图书馆服务宣传周。这届图书馆服务宣传周按照全国“知识工程”领导小组的统一部署，以“传播科学知识、宣传科学思想、倡导科学方法、弘扬科学精神”为主题，通过一系列丰富多彩的活动，倡导全民读书，向全社会宣传掌握科学技术知识的重要性；宣传唯物论、无神论，反对愚昧迷信和伪科学，进一步贯彻落实江泽民等党和国家领导人关于加强科普工作，提高国民素质的重要指示精神。

〔**线装书局向国家图书馆赠送《毛泽东评点二十四史》线装本暨毁版仪式**〕 于2000年6月13日上午隆重举行。全国人大常委会副委员长、民进中央主席许嘉璐同志，《毛泽东评点二十四史》线装本编辑出版委员会主任、中国出版工作者协会名誉主席宋木文，中央文献研究室、国家新闻出版署、中宣部、文化部、中央档案馆等部门的领导及有关专家学者出席了这次活动。国家图书馆馆长任继愈接受了赠书，国家图书馆副馆长孙蓓欣向线装书局颁发了荣誉证书。与会专家学者一致认为，《毛泽东评点二十四史》影印线装本，最大限度地展示了毛泽东对中国历史的思考和审视，是毛泽东的思想、学识和感情同中国辉煌的历史著作的结合，为认识中国的历史和吸取历史经验，留下了丰富的思想遗产。该书具有珍贵的文献、版本和学术价值，将作为新善本妥善保存于国家图书馆，成为优秀文化遗产宝库中的精品。

〔**“数字图书馆应用技术交流会”**〕 于2000年7月4～5日在国家图书馆召开。中国数字图书馆工程建设专家顾问委员会委员、专家工作组成员，中国数字图书馆联盟成员及部分图书馆和信息单位代表，数字图书馆课题组成员，国家863有关课题组成员，研究所(院)、高校及国内外有关公司等相关技术开发单位代表近二百人参加会议。国家图书馆馆长任继愈先生、中国数字图书馆工程建设专家顾问委员会首席专家胡启恒院士分别在开幕式上发表讲话。

〔**国家图书馆与国家发展计划委员会合作建立国家图书馆宏观经济分馆签字揭牌仪式**〕 于2000年7月7日，在国家计委举行。文化部副部长艾青春、国家计委党组成员罗植龄、国家粮食储备局调节中心主任吕嘉范、国家计委宏观经济研究院院长白和金、国家计委宏观经济研究院副院长宋孚瀛、宋绍乐，文化部社会文化图书馆司副司长周小璞，国家图书馆党委书记、副馆长周和平、国家图书馆党委副书记张雅芳，以及国家计委和国图的有关代表近百人出席了仪式。国家图书馆国家计委宏观经济分馆，是继去年国家图书馆与人事部合作成功建立国家图书馆人事部分馆之后第二个揭牌开馆的国家图书馆部委分馆。双方以资源共享、优势互补、互惠互利、共同发展为原则，采用新型的运作模式和传统与现代化的检索手段，利用信息网络开展多种形式的文献信息资源的开发与合作。

〔**首届中文石刻拓片数据库建设研讨会**〕　于2000年7月12～14日，在国家图书馆召开。国家图书馆、北京大学图书馆、中国科学院图书馆、上海图书馆、南京图书馆、辽宁省图书馆、山东省图书馆、首都图书馆、故宫博物院、中山大学图书馆、中国历史博物馆等单位的22位专业人员参加了会议。我国石刻文献的出现比纸质文献早了许多年，其内容十分丰富，具有极高的学术价值、文物价值和艺术价值，一向为国内外学者所看重。中文石刻拓片数据库的建立将实现石刻拓片内容的数字化和石刻拓片检索手段的现代化，对石刻拓片研究的发展具有重要意义。

〔**国家图书馆为中央国家机关立法决策服务暨国家图书馆人事部分馆成立一周年座谈会**〕　于2000年7月25日，在京举行。全国人大、中央军委、最高人民检察院、最高人民法院、中央国家机关各部委、文化部等40家单位的50多位负责同志应邀参加。为了更好地服务于中央国家机关立法决策，国家图书馆在实践中摸索出设立分馆这种新型服务模式。1999年，国家图书馆与人事部合作，成立国家图书馆人事部分馆。一年来，分馆为人事部各级领导提供了8000万字的文献信息，确保了人事部领导在国家人事决策过程中的信息需求。

〔**秘籍重光　百年敦煌　国家图书馆举办纪念敦煌藏经洞发现一百周年专题文献展览**〕　于2000年8月16日在国馆馆藏珍品展示室开幕，向社会各界开放。敦煌遗书是国家图书馆的基础藏品，也是镇馆之宝。从它发现至今，国家图书馆收藏的敦煌遗书已达到16000号，其长度占目前世存敦煌遗书的三分之一。此外，国家馆在中国敦煌学的研究发展历程中功勋卓著，不但为学术研究提供了重要的文献资料，而且该馆的早期学者陈垣、陈寅恪、胡鸣盛、许中霖，以及新中国敦煌学的奠基者向达、王重民等，都为敦煌学研究做出过突出贡献。目前正在陆续出版的国家图书馆编著的《中国国家图书馆藏敦煌遗书》，则是迄今为止馆藏敦煌遗书的全面揭示。设在国家图书馆的敦煌吐鲁番学资料研究中心，是目前世界最大的敦煌吐鲁番学资料中心。

〔**李尔重同志向国家图书馆及全国大型图书馆赠书仪式**〕　于2000年9月19日，在国家图书馆红厅隆重举行。全国政协副主席钱正英和邓立群、郑天翔、李力安、吴冷西、刘建章、袁木、有林等老同志，以及在京文化界的知名人士魏巍、朱了奇、陈明、郑伯农等出席赠书仪式。文化部副部长李源潮、国家图书馆馆长任继愈先生及全国地质图书馆、首都图书馆、农科院图书馆、北京大学图书馆、清华大学图书馆、人事部分馆9家在京图书馆代表参加仪式。李尔重同志早年参加革命，原任中共河北省委书记兼省长。在漫长的革命战争年代，他一直没有放弃文学创作，被毛泽东同志赞誉为“我们的作家和才子”。李老戎马一生，古稀之年仍笔耕不辍。此次由作家出版社出版的二十卷本、一千万字的《李尔重文集》收集了他自1932年以来发表的文章和著作，从一个参加革命多年的老同志和老作家的视角，真实反映了我党我军的历史，表现了强烈的时代精神。李尔重同志最重要的作品是长达500万字的《新战争与和平》。作家站在世界反法西斯战争和共产主义运动的高度，全过程、全方位地再现了中国人民在中国共产党领导下艰苦卓绝的抗日战争，艺术上独具一格，曾于1998年获上海《解放日报》霞飞奖、1991年获第五届全国图书二等奖（无一等奖）等多项奖项。李先念、宋平、张爱萍和李瑞环等同志对此书给予了高度评价，称赞它“是一部值得一读的爱国主义的好教材”。

〔**国家图书馆接受澳门特区文化局赠书并与澳门中央图书馆签署两馆合作交流备忘录**〕　2000年9月5日上午，澳门文化局向国家图书馆赠书暨国家图书馆与澳门中央图书馆签署合作交流备忘录仪式在国家图书馆隆重举行。国家图书馆副馆长孙蓓欣、澳门文化局副局长麦洁群女士、文化局澳门中央图书馆馆长邓美莲女士出席赠书仪式并讲话。赠书仪式上，国家图书馆与澳门中央图书馆同时签署两馆合作交流备忘录，为两馆今后合作的原则、范围作了相关说明。此次赠书200余册，均是经澳门文化局精心挑选入围第八届北京国际博览会的参展书籍，跨越各个领域，集中反映出澳门历史文化的独特风韵，一度成为北京国际展览中心书展上瞩目的焦点。随着国际图书博览会的落幕，澳门文化局将参展书籍全部赠送给国家图书馆收藏。这批澳门版图书落户国家图书馆，不仅极大丰富了国家馆的馆藏，而且为社会各界了解澳门提供了丰富的信息来源，进一步加强了中国内地与澳门的文化交流与合作。

〔英国大卫·纽璧坚先生向国家图书馆赠书仪式〕 于2000年10月20日，在该馆红厅举行。英国驻华大使高德年先生、纽璧坚先生和副馆长孙蓓欣等出席了赠书仪式。副馆长孙蓓欣代表国家馆接受了英国前怡和集团主席大卫·纽璧坚先生赠送的《中国珍禽》画集。该画集是在中国鸟类学专家郑作新教授和许维枢教授的建议和协助下，选收了32种中国珍濒危鸟类，由香港出生的加拿大著名雀鸟画派画家芬域·兰士登先生历经八年创作，由维也纳谢菲珂罗版印刷公司印制。画集限量发行100套。《中国珍禽》描绘生动、精细，在绘画、制版等方面也极具欣赏价值，是一部难得的艺术珍品。

〔国家图书馆分馆重新开馆试运行仪式〕 于2000年12月18日，在该馆学术活动西厅隆重举行。国家图书馆馆长任继愈、副馆长孙蓓欣、党委副书记张雅芳、中办图书馆馆长郭绍兰、国办图书馆负责人毛晓蓉、盲人出版社副社长、盲协副主席李伟洪和黄城根小学教导主任王学英出席会议。国家图书馆老馆员代表和部分干部员工以及小学生代表参加会议。袁同礼先生的儿子、美藉华人袁清先生专程赶来祝贺。国家图书馆副馆长、分馆馆长张彦博主持仪式。国家图书馆分馆馆舍主楼建于1931年，是当时条件较优越、国内规模最大的图书馆。历经60多年的风雨，年久失修，破损严重。为此，1997年，中央财政划拨专款，对原有建筑进行全面维修和改造。同年7月1日，分馆全面闭馆。三年来，许多读者及各方人士对分馆的维修改造予以热情关注，并热切期盼分馆早日重新开馆。国家图书馆分馆将于2001年1月1日举行重新开馆仪式。

〔国家图书馆举行专家咨询委员聘书颁发仪式〕 于2000年12月21日，在该馆多功能厅举行。馆长任继愈，党委书记、副馆长周和平，副馆长孙蓓欣、党委副书记张雅芳和50多位来自各个领域的专家学者出席仪式。为提高国图服务的科技含量、加强国家馆业务建设、促进业务发展和加大社会监督力度，国家图书馆日前成立了“国家图书馆专家咨询委员会”，将聘请100位热心图书馆事业，在政治、经济、文化、法律、军事、医学、生物、通讯、信息产业及其他应用技术等学科领域中具有较高学术造诣，并能及时跟踪国内外本学科研究动态与最新进展的专家为“国家图书馆专家咨询委员会”委员，聘期一年。据悉，国家图书馆专家咨询委员会委员将主要从事以下几方面的工作：一、对国家图书馆的业务规则、业务管理、业务工作提出意见和建议；二、对国家图书馆书刊文献的采选工作进行咨询。国图希望开辟专家们推荐本学科领域的核心书刊和国图采选人员向专家们请教咨询的双向交流渠道，从而更好地进行馆藏建设；三、为国家图书馆读者服务工作献计献策；四、为国图业务人员进行普及性的专业培训。国家图书馆将邀请专家以授课或讲座等形式，对国图业务人员进行培训，介绍本学科领域最新动态与进展，拓宽业务售货员知识领域，使员工能够跟踪学科前沿的文献信息动态，提高为重点科研、教育、生产单位的服务能力。

公共图书馆系统

〔全国文献信息资源共建共享协作会议〕 于1999年1月14至15日在北京召开，来自全国公共图书馆、高校图书馆、党校图书馆、国家行政机关图书馆、情报信息院(所)以及军事院校和科研院(所)等系统105个图书情报单位的近200位代表参加会议。

文化部部长孙家正、国务院副秘书长刘奇葆、文化部副部长徐文伯等领导同志出席了会议，孙家正部长、徐文伯副部长分别在会上发表了讲话。出席会议及签字仪式的还有文化部、教育部、科技部、中国科学院、中国社科院有关司局和部室领导。

会议传达学习了江泽民总书记1998年12月22日视察北京图书馆时关于“在全社会大兴勤奋学习之风”的重要讲话，李岚清副总理1998年10月2日视察北京图书馆时的重要讲话以及关于“图书馆信息资源共享”的两次批示。会议对如何贯彻江总书记的指示精神，发挥图书馆的社会教育和文化传播职能，推动全社会大兴勤奋学习之风的形成，开展全国文献信息资源共建共享等问题展开了讨论、达成了共识。会上签署了由124个图书情报单位共同发起的《全国文献信息资源共建共享倡议书》。

文化部部长孙家正提出在全社会大兴读书之风中，“图书馆应倡导读书，组织读书，服务读书，利用现代信息网络技术，推进文献信息资源共建共享”的讲话精神，以及对“全国文献信息资源共建共享协作”所作的概括，即“民间行为，政府推动”，认为这是协作网今后开展工作的主要形式。

会议一致认为，江泽民总书记、李岚清副总理先后视察北京图书馆并作重要讲话，这是党中央、国务院对我国图书情报工作的重视与关怀，表明图书情报单位是实施“科教兴国”战略的重要组成部分。图书情报界应迅速行动起来，积极响应江泽民总书记的号召，为推动全社会勤奋学习之风的形成，实现文献信息资源共建共享作出我们的贡献。文献信息资源是国家的宝贵资源，开发和利用好文献信息资源，是推动国民经济发展与提高全民文化素质的当务之急，也是图书情报界义不容辞的责任。社会对文献信息需求的迅猛增长、公众对文献信息需求的多样化与传统图书馆封闭的藏书、被动的服务和各自为政的格局不相适应，只有通过各系统、各地区乃至全国图书情报单位的携手合作、取长补短，发挥整体优势，才能从根本上扭转这种局面。1957 年“全国图书协调方案”的形成与实施，为当前开展文献信息资源的共建共享提供了宝贵经验，现代信息技术与计算机网络技术的发展，为实施文献信息资源的共建共享提供了技术保证，使我们更有条件来解决这个问题。

为了使全国文献信息资源共建共享的工作落到实处，必须建立相应的协调机构，以保证协作网络各项工作的正常开展。会议明确了组建全国文献信息资源共建共享网络的三级协调机构，即在北京设立全国协调委员会，在各省(市、自治区)设立省区协调委员会，在地市设立地区协调委员会。全国协调委员会成员由北京图书馆、北京大学图书馆、中国科学院文献情报中心、中国科技信息研究所、首都图书馆、上海图书馆、广东中山图书馆、四川省图书馆、辽宁省图书馆、甘肃省图书馆等单位组成，北京图书馆作为召集单位和联络处；其他成员单位同时承担相关系统和大区的联络工作。各省(市、自治区)图书馆原则作为本省区协调委员会的召集单位和联络处；各地市图书馆原则上应作为本地区协调委员会的召集单位和联络处；会议明确了全国文献信息资源共建共享协作网与各系统、各地区已有协作网的关系，即相互促进，取长补短，有机结合，并逐步纳入统一的网络体系。

〔**全国文献信息资源共建共享倡议书**〕 1999 年 1 月 15 日，国家图书馆向全国图书情报单位发出倡议：按照“资源共享，优势互补，互利互惠，自愿参加”的原则，建立以国家级文献信息资源网络为主导，地区级文献信息资源网络为基础的全国图书馆文献信息资源共建共享网络，开展以下方面的文献信息资源共建共享工作。倡议书的内容是：

一、建立各具特色的馆藏体系。各协作单位按学科专业、文献类型、出版国别及文献语种，实行分工购藏，从而建立分布合理、保障有效的全国文献资源体系。

二、协调外文书刊文献的订购。每年定期地召开全国或地区性的外文书刊文献订购协调会，开展代订、补订、文献委托国际交换等业务，实现外文文献多品种、少复本，使有限资金合理利用。

三、实施全国网上联合编目。开展全国性与区域性的书刊文献网上联合编目，共建馆藏联合目录数据库，共享书目数据资源，最大程度节省人力资源。

四、合作开发数字化资源。集中技术优势，合作开发二次文献数据库、专题数据库、全文数据库和多媒体数据库等数字化文献资源，为建设中国数字图书馆奠定基础。

五、充分利用网络开展服务。各单位通过网络及时发布本单位资源信息，相互提供网上预约外借、传送全文和参考咨询等服务，协作馆之间使用网上资源相互优惠。

六、加强并完善馆际互借。制定全国图书馆馆际互借公约，协作馆之间提供馆际互借优先、优惠、便捷的服务。

七、扩大业务交流和培训。利用联席会、培训班、研讨班等多种形式互通情况、研讨业务、交流经验，培训人员，在具体实施中相互提供便利。

八、建立协调机构。为了使上述协作项目得到有效实施，成立文献信息资源共建共享网络协调机构，在北京设立全国中心，在各大区设立分中心。

〔**全国公共图书馆技术部主任工作会议**〕 于 1999 年 4 月 5～7 日在湖南省常德市召开。会议由全国图书馆文献缩微复制中心主任李健主持。会议听取了 23 个成员馆 1998 年文献抢救工作总结和 1999 年工作计划；通报了各成员馆开展地方志和革命文献调研的进展情况；研讨了当前文献抢救工作中存在的技术问题及解决的办法。会议要求各成员馆力争在 1999 年上半年完成对地方志和革命文献的调研工作，为下半年下达拍摄计划创造条件。会议还对 1998 年缩微母片优质品率超过 70% 的馆予以通报表扬。

〔**第三届全国文献影像技术标准化技术委员会换届暨 1999 年年会**〕 于 1999 年 4 月 19～22 日举行。技术委员会主任委员、国家图书馆副馆长孙承鉴出席并主持了会议。为适应国际上高新技术、信息技术发展的需要,扩展技术委员会的工作领域,与国际标准化组织 ISO/TC171 技术委员会接轨,经国家质量技术监督局批准,该技术委员会正式更名为:全国文献影像技术标准化技术委员会。技术委员会的工作范围包括文献和影像的记录、保存和使用的缩微照像与光学存储;与文献和影像处理有关的缩微印刷品和其他光学媒体的标准化。这次换届会上,国家图书馆副馆长孙承鉴被聘任为技术委员会主任委员;技术服务部主任索奎桓为技术委员会秘书处秘书长;缩微中心主任李健、技术服务部主任工程师分别担任第四分会、第七分会主任委员。

〔**1999 年度华北图协工作会议**〕 于 1999 年 4 月 22～23 日在河北省图书馆召开。会议就巩固评估成果、促进图书馆建设,协商召开"如何发挥公共图书馆在本省、本地区的作用"学术讨论会和华北图协今后的发展问题展开了交流、讨论。首都图书馆原馆长金沛霖同志首先作了简短的讲话。会议推选天津图书馆馆长陆行素为华北图协牵头人,在他的主持下,各馆馆长分别谈了各自馆的情况。河北省图书馆赵同安馆长围绕会议议题"巩固评估成果,促进图书馆建设"谈了河北省领导、省文化厅领导较重视省馆的工作,逐步改善办馆条件增加购书经费,加强基础业务工作,重视科学管理,提高人员素质的情况。天津图书馆陆行素馆长介绍了如何加大开放力度,搞好自动化建设,坚持读者第一,尽量方便读者的一些措施和经验,以及为"环渤海"区域经济服务,发挥公共图书馆的网络功能方面所做的工作。山西图书馆李小强馆长谈了科学办馆的一些做法和科学管理的经验及取得的成绩。特别是抓业务规范化、计算机管理及因地制宜的加大为读者开放力度的好的做法。来自首都图书馆、天津图书馆、山西图书馆、内蒙古图书馆共 15 位馆长、主任出席了会议。

〔**全国少年儿童图书馆工作研讨会**〕 于 1999 年 5 月 5～8 日在深圳召开。文化部社会文化图书馆司司长陈琪林、副司长周小璞以及来自 17 个省、自治区、直辖市文化厅(局)主管处的领导和少年儿童图书馆代表 99 人出席了会议。文化部社会文化图书馆司副司长周小璞做了《建设面向 21 世纪的现代化少年儿童图书馆》的报告。报告主要回顾了改革开放 20 年来少年儿童图书馆事业建设的主要成绩和工作经验,并针对当前的形势和存在的问题,就建设面向 21 世纪的现代化少年儿童图书馆提出了几点意见。广东省文化厅助理巡视员孙强、深圳市文化局局长苏伟光出席开幕式并讲了话;中国图书馆学会少年儿童图书馆专业委员会主任孟绂还代表本次会议论文评审委员会作了《关于本次会议优秀论文评选和选集编辑工作》的报告。本次会议收到 168 篇论文,由论文评审委员会评选出 60 篇优秀论文,其中 48 篇被汇编成《全国少年儿童图书馆工作研讨会优秀论文选集》。会议向优秀论文作者颁发了获奖证书。陈峰、杨信、段启堂、万行明等 14 位代表在大会上进行了论文宣讲。

〔**东北地区第八届图书馆科学讨论会**〕 于 1999 年 9 月 1～3 日在伊春市举行。黑龙江文化厅副厅长刘经宇、伊春市副市长耿意志、辽宁省图书馆馆长王荣国、黑龙江省文化厅图书馆处处长罗葆森、伊春市文化局局长尹维岭、副局长陆登、黑龙江省图书馆副馆长夏国栋、吉林省图书馆学会秘书长张国治、黑龙江省图书馆学会常务副秘书长王丽云等同志参加了开幕式。开幕式由罗葆森同志主持,刘经宇副厅长致开幕词,伊春市副市长耿意志同志讲话。这次会议为"世纪之交:图书馆回顾与展望"为中心议题,围绕知识经济与图书馆;数字图书馆与网上图书馆;网络环境下的文献资源建设与共享;如何当好世纪之交的图书馆馆长;新世纪图书馆管理与改革;走向 21 世纪文献信息服务;文献标引与编目工作发展趋势等 7 个主题进行了广泛深入的探讨。共收到论文 80 篇,有 6 篇论文在大会宣读,其余在分组讨论会中进行了广泛交流。

〔**全国公共图书馆第二次评估定级工作总结会议**〕 于 1999 年 10 月 8 日在沈阳召开。会上,对全国 1551 所公共图书馆分别命名为一、二、三级图书馆,并颁发了标牌和证书。艾青春副部长在会上做了关于第二次公共图书馆评估定级工作总结报告。

〔**第六届全国各省、自治区、直辖市和较大城市图书馆馆长联席会议**〕 由国家图书馆主办、山东省图书馆承办,于 1999 年 10 月 14～18 日在济南市召开。国家图书馆党委书记、副馆长周和平,文化部社会文化图书馆司周小璞、山东省文化厅张长森厅长出席会议并讲了话。会议以"21 世纪的文献资源共建共享"为主题,与会代表通过大会发言、分组讨论、会下交流等多种形式,探讨了在即将到来的 21 世纪,我国图书馆界如何树立文献资源共建共享的观念、创造文献资源共建共享的条件、建立文献资源共建共享的模式、完善文献资源共建共享的协调机构、筹措文献资源共建共享的运作经费,从而实现我国图书馆之间文献资源的共建共享问题。通过研讨,代表们一致认为,当前我国图书馆的文献资源共建共享应该从理论探讨真正转入实践探索,并取得实质性进展,通过全国图书馆的携手合作、群策群力,取长补短,发挥群体优势,从根本上扭转进展缓慢的局面;文献资源共建共享应本着"资源共享,优势互补,互利互惠,自愿参加"的原则,分轻重缓急,先易后难,突出重点,力争这项工作每年都有新的发展;在文献资源共建共享中应树立现代、开放、合作的观念,应树立"图书馆财产为全社会共同所有"的观念;在文献资源共建共享中,既要合理使用各馆的资源,又要确定均衡的利益关系,基础条件较好的大馆应扶持中小型图书馆的发展,东部发展较快的地区应扶持中西部地区的发展;在文献资源共建共享中,要充分重视和采用现代信息技术与网络技术,充分利用网络,发挥文献资源效益。来自39个省(市)、自治区及较大城市图书馆馆长50余名出席了会议。

〔第十三届全国十五城市公共图书馆工作研讨会〕

于1999年10月17~20日在济南召开。研讨会共收到提交学术论文41篇,经论文评审委员会认真讨论,评选出优秀论文奖9篇,论文奖32篇。会议紧紧围绕"新世纪图书馆网络化建设与资源共享"和"21世纪的文献信息服务"两大主题,采用专家报告、论文研讨、实地考察等多种方式进行。开幕式期间,文化部社会文化图书馆司副司长周小璞同志介绍了在沈阳召开的全国图书馆工作会议情况,传达了文化部副部长艾青春同志的讲话精神,通报了全国公共图书馆事业发展的现状与概况,充分肯定了十五城市图书馆在改革与发展中的尖兵作用,并对全国十五城市图书馆工作研讨会寄予很大的希望,使全体与会代表深受鼓舞和启发。中国图书馆学会学术委员会主任、北京大学吴慰慈教授作了题为"信息资源管理与信息资源网络"的学术报告,系统地阐述了信息资源的内涵与特征,深刻地揭示了信息资源管理中的基本矛盾,全面地分析了信息资源管理与信息资源网络的关系,并对国内外信息资源管理与网络建设的基本形式作了深刻的描述。文化部原图书馆司司长杜克同志作了"图书馆改革与发展"的报告,从理论和实践上全面回顾了我国图书馆事业的发展历程,充分肯定了改革开放以来公共图书馆取得的丰硕成果;总结了图书馆事业管理局自80年代成立以来所采取的一系列重要举措。会议期间,深圳、广州、长春、沈阳、武汉、金陵、杭州等7个图书馆在会上介绍了各馆在人事制度改革、现代化建设、读者服务工作以及专业队伍建设等方面即得的经验和做法。参加研讨会的有来自全国14城市公共图书馆的馆长和论文作者代表32名。

〔全国文献资源共建共享协调委员会办公室成立〕

为了落实全国文献资源共建共享协作会议及第六届全国图书馆馆长联席会议精神,推动文献资源共建共享的进程,国家图书馆于2000年3月成立了文献资源共建共享办公室。该办公室挂靠在中国图书馆学会,以"完成全国文献资源共建共享协调委员会交办的各项任务,协调日常的文献资源共建共享工作"为职责。办公室的工作重点是:敦促全国各省、自治区、直辖市图书馆成立文献资源共建共享协调机构;加强与其他系统图书情报单位的横向交流与沟通;同有关部门共同组织、策划文献资源共建共享项目,以项目的开展来推动文献资源共建共享的进程。

〔中国数字图书馆工程建设联席会议第一次会议〕

于2000年4月5日在国家图书馆隆重召开。来自中宣部、国家计委、教育部、科技部、财政部、信息产业部、外经贸部、文化部、国家广电总局、国家新闻出版署、国家质量技术监督局、国务院法制办、北京市人民政府、中共中央党校、国防大学、中国科学院、中国社会科学院、北京大学、清华大学以及国家图书馆等21个成员单位的代表出席了联席会议的第一次会议。此外,来自计算机技术、网络技术、通讯技术和多媒体技术等高科技领域的一些著名专家、学者作为中国数字图书馆工程专家顾问委员会委员应邀参加,他们是胡启桓、李国杰、汪成为、侯朝焕、张钹、李未等资深院士。文化部部长孙家正、副部长艾青春,中宣部副部长刘鹏、国务院教科领导小组组长李主其、中国科协副主席胡启桓、北京市副市长刘敬民、中国社会科学院秘书长郭永才、中国科学院党组副书记郭传杰、国家图书馆馆长任继愈等领导同志出席会议。会上,中国数字图书馆工程建设联席会议办公室主任、国家图书馆党委书记、副馆长周和平首先作了工作汇报,简要介绍了工程建设的有关情况,随后,出席会议的各部委领导向专家顾问委员会委员及专家工作组成员颁发聘书。中国科学院副院长、中国科协副主席、资深院士胡启桓代表专家顾问委员会发言。最后，文化部部长孙家正发表了重要讲话，阐明我国建设数字图书馆的重要意义。

〔**全国“图书馆管理与改革”研讨会**〕 于2000年4月25～27日在福建省厦门市召开。来自全国各省、自治区、直辖市、副省级以上城市图书馆、中央在京部分大型图书馆等46家图书馆馆长以及国务院办公厅、财政部、文化部、中央机构编制委员会办公室、国务院法制办等相关司局领导同志80余人出席了会议。文化部副部长艾青春出席了会议并在开幕式上发表重要讲话。在研讨会上，来自辽宁、天津、上海、四川、福建、长春和国家图书馆等8个图书馆的馆长作了大会发言，介绍本馆深化改革的一些经验、体会和思路。会议期间，文化部人事司、国务院法制办、中央机构编制委员会办公室的同志就行政管理体制改革作了专题发言，受到与会代表的热烈欢迎。会议在下列主要问题上达成共识：1. 图书馆界的改革势在必行；2. 图书馆改革的核心问题是行政管理体制的改革；3. 发展文化信息产业是图书馆改革的重要组成部分。受文化部领导委托，国家图书馆就中国数字图书馆建设做了专题介绍，并提出成立中国数字图书馆联盟的建议，受到与会代表的积极响应。

〔**全国图书馆联合编目中心工作会议**〕 于2000年5月23～24日在国家图书馆召开。出席会议的有国家图书馆党委书记、副馆长周和平，国家图书馆副馆长孙蓓欣，国家图书馆业务处处长汪东波，国家图书馆图书采选编目部主任景鸿达，中国图书馆学会秘书长李桂兰，北京邮电大学图书馆馆长马自卫，北京大学图书馆副馆长谢琴芳。全国图书馆联合编目中心部分成员馆代表、国内各图书馆软件开发公司的经理和技术人员共60多人参加了会议。与会代表围绕“中文图书机读目录格式、主题标引与规范化”、“联合编目工作的组织与管理”、“各种编目软件的兼容与接口”等问题展开了讨论。代表们在一些问题上达成了共识，并对全国图书馆联合编目中心的工作提出了许多建设性的建议和意见。会议开幕时，孙蓓欣副馆长首先代表国家图书馆致辞，对参加会议的代表表示热烈的欢迎。景鸿达主任作了“全国图书馆联合编目中心工作报告”。文献资源共建共享办公室主任胡京波介绍了国家图书馆在推进文献资源共建共享进程方面所做的工作。有关同志分别作了“《中文图书机读目录格式使用手册》的修订说明”，“全国图书馆联合编目中心软件的技术报告”以及国家图书馆的网络建设情况介绍等报告。会议结束时，国家图书馆党委书记、副馆长周和平到会并作了重要讲话。他说“书目数据是数字图书馆的元数据，书目数据库是数字资源建设的重要组成部分。关于全国图书馆联合编目中心的组织形式，建议成立全国性的领导小组，每一个大区推选一个同志参加，协调国家中心、地区分中心的合作，决定重大政策和宏观规划。技术标准格式应保持一个连续性，要论证成熟、不断完善。可成立全国专家小组，就全国联合编目中的技术问题进行协调论证。软件问题是联合编目工作的关键问题，制约着联合编目工作的发展。要做充分的准备，召开技术交流会，请国内外成熟的软件公司来演示。可采用招标的形式确定软件。在市场经济条件下，要考虑到各单位的均衡利益关系，可参照美国OCLC，确定一种机制，有一个合适的结算系统。联合编目中心的运作要充分发扬民主，按照规则来运行。要充分利用现有的网络，建立编目中心网站或在国家图书馆网页中设立联合编目中心网”。景鸿达同志代表全国图书馆联合编目中心作了会议总结。

〔**环渤海地区公共图书馆信息服务战略研讨会**〕 于2000年6月24～26日在天津图书馆召开。文化部社会文化图书馆司副司长周小璞、国家图书馆副馆长孙承鉴以及来自环渤海地区五省二市30个城市公共图书馆馆长及信息部门负责同志出席了会议。市文化局局长方伯敬、副局长赵婉香、环渤海地区经济联合市长（专员、盟长）联席会办事处主任、天津市市长特派员韩纯义等负责同志以及环渤海经济研究会，环渤海有关经济和办事机构等单位也出席了会议。在这次会上，文化部社文图司副司长周小璞作了重要讲话，文化局局长方伯敬也做了重要指示，对这次会议给予了充分肯定，认为这次会议是一次适应时代发展需求，有创新精神的会议。是使环渤海地区的公共图书馆找到了为党和政府的中心工作——经济建设服务的最佳结合点。天津图书馆以勇于创新的精神，在全国公共图书馆界首次提出围绕区域经济发展，共建共享文献信息资源，是落实江泽民总书记“大兴勤奋学习之风”、李岚清副总理“利用现代信息网络技术，实现图书信息资源的共享”等指示精神的具体体现。通过这次会议，在图书馆的延伸服务与深化服务方面走出了一条新路子，有利于推动图书馆事业的发展。与会代表详细听取了经济界专家对环渤海区域经济和社会发展的全面介绍，观看了天津图书馆开发的《环渤海一点通》的信息光盘，听取了国家图书馆关于“网络建设与数字图书馆”的报告，并以此为基础，组建了“环渤海地区公共图书馆信息服务网”，研讨了今后如何合作共建共享文献信息资源等问题。与会代表一致认为天津图书馆组织召开这次会议非常及时，抓住了为区域经济建设提供文献信息服务这一契机，目标明确，创意新颖，使环渤海地区公共图书馆组织起来，务实地为环渤海经济圈的发展开展信息服务这一举措，必将在全国图书馆界引起反响，对推动21世纪图书馆事业的发展必将起到积极的作用。

〔**关于尽快成立地区文献资源共建共享协调机构的通知**〕 2000年6月全国文献资源共建共享协调委员会办公室向各省、自治区、直辖市文献资源共建共享协调机构发出了通知，主要内容如下：

1. 建议落实1999年1月召开的全国文献信息资源共建共享协作会议精神，组建全国文献信息资源共建共享网络的三级协调机构，即在北京设立全国协调委员会，在各省、自治区、直辖市设立省区协调委员会，在地市设立地区协调委员会。全国协调委员会成员由国家图书馆、北京大学图书馆、中国科学院文献情报中心、中国科技信息研究所、首都图书馆、上海图书馆、广东中山图书馆、四川省图书馆、辽宁省图书馆、甘肃省图书馆等单位组成。国家图书馆作为召集单位并设专门办事机构；其他成员单位同时承担相关系统和大区的联络工作。2. 请各省、自治区、直辖市图书馆尽快成立文献资源共建共享协调机构。各省、自治区、直辖市在成立文献资源共建共享协调机构时，可参考上海市、重庆市、四川省和天津市的经验和模式。3. 各省、自治区、直辖市及各地市文献资源共建共享协调机构成立后，要在当地广泛宣传开展文献资源共建共享工作的意义和作用，以争取当地各级政府和领导的支持，投入一定的经费，购置必要的设备。此项工作希望在2000年年底前完成。

〔**全国公共图书馆缩微技术培训班**〕 于2000年7月17～25日在山西省图书馆举办。来自中国人民大学档案系及全国图书馆文献缩微复制中心的专家学者们分别讲授了缩微技术基础、缩微拍摄基础、胶片冲洗与质量检查等内容。来自国家图书馆、辽宁省图书馆 、中山图书馆等16所图书馆的32名从事缩微工作的同志参加了培训，并就缩微拍摄、冲洗、检查进行了实习，取得了较好的效果。

〔**全国文献影像技术标准化技术委员会，中国缩微摄影技术协会2000年年会**〕 于2000年8月1～4日在贵阳市召开。会上，第三届全国文献影像技术标委会主任委员、第二届中国缩协理事长孙承鉴同志做了主题发言和《关于中国数字图书馆的建设与发展》的学术报告。第三届全国文献影像技术标委会新任主任委员、国家图书馆副馆长张彦博同志委托秘书处向大会做了书面发言。会议就目前缩微技术面临的现实问题及在改革的形势下，两个组织如何引进市场机制，谋求生存和发展等问题进行了探讨。与会代表认为，事业发展的关键是转变观念，发挥自身优势，开拓新领域，文影标要尝试在多媒体技术的标准方面做工作，扩大对文献数字化的研讨。会议宣布了全国文献影像技术标委会人事任免名单，国家图书馆副馆长张彦博同志被聘为全国文献影像技术标委会主任委员，李健同志任全国文献影像技术标委会秘书处秘书长。

〔**全国公共图书馆文献缩微工作会议**〕 于2000年8月22～25日在吉林省长春市举行。此次会议的主题是：① 1996～1999年文献缩微工作总结。② 公布缩微品发行分配方案。③ 讨论民国时期图书调研计划。国家图书馆副馆长张彦博做了“1996～1999年文献缩微工作总结”。他对前四年的缩微文献抢救工作进行了简要回顾，肯定了各馆在拍摄缩微文献中的成绩，同时谈到今后几年的工作设想。针对民国时期图书调研计划，代表们畅所欲言，提出了许多有利于文献调研的建设性意见，希望国家图书馆及早拿出民国时期文献数据库，以便为全国各公共馆所利用，更好地开展民国时期图书调研工作。最后，会议决定采用第一调研方案进行，待国家图书馆民国时期文献数据库完成后，正式启动。会议期间，代表们还参观了由吉林省图书馆和辽宁省图书馆共同主办的文献抢救成果展览。全国23个公共图书馆的主管领导和全国图书馆文献缩微中心的领导共31人参加了会议。

〔**中西南少儿图书馆工作交流暨理论研讨会**〕 于2000年9月12～15日在重庆举行。全国43个少儿图书馆（含成人图书馆）和文化部社会文化图书馆司的78位代表参加了会议。会上,重庆、湖南、武汉、广州、南宁、深圳、厦门、大连、沈阳少儿馆和河南省图书馆等10个图书馆围绕本单位实行图书馆改革、怎样组织少儿活动、如何发展少儿图书馆自动化三个主题进行了经验介绍。河南省图书馆副馆长李峰在会上介绍了本馆人事制度改革和实行聘任制的若干做法。与会代表针对发言人的讲话,提出了许多问题,发言人都一一作答。学术交流气氛十分浓厚。在闭幕式上,全国少儿图书馆工作委员会副主任、武汉市少儿图书馆馆长向长林同志做了会议总结。他说此次会议有两个突破:一是突破了严格的区域界限,参会代表面较广。二是突破了以往会议的模式,增加了工作经验交流。这些都是今后应效仿的。这次会议递交的论文94篇,也是历次会最多的一次。东道主重庆少儿图书馆专门为会议编印了精美的论文集,受到代表一致好评。会议还组织代表参观了重庆市少儿馆、红岩村、渣滓洞、白公馆,观赏重庆夜景等活动。文化部社会文化图书馆司图书馆处张小平副处长代表全体代表对重庆市文化局、重庆市少儿图书馆的热情接待,表示衷心的感谢。

〔**2000年"两南"少儿图书馆联席会**〕 于2000年9月12～15日在重庆市召开。会议围绕"少年儿童图书馆如何迎接新世纪的挑战"这一主题进行了交流和研讨。文化部社会文化图书馆司张旭副司长、张小平副处长应邀出席会议并作了重要讲话。武汉市少年儿童图书馆向长林馆长作了小结。会议收到12个省、市、自治区50多个图书馆推荐的97篇论文,经专家评审,有53篇论文获奖并结集发表。来自"两南"地区广东、广西、湖南、湖北、河南、云南、大连、厦门、温州、沈阳、重庆等省市区县共44个少儿图书馆的75名代表参加了会议。

〔**北京地区文献资源采选协调座谈会**〕 于2000年10月19日在国家图书馆召开,来自中联部、国家审计署、中央编译局、中共中央党校、中国外文局、中国人民银行、中国计量科学院、钢铁研究总院、中国科学院文献情报中心、中国社会科学院文献中心、中国科技信息研究所、中国国防科技中心、中国医学科学院图书馆、中国农科院文献中心、中国化工信息中心、中国地质图书馆、中国民族图书馆、首都图书馆及北京大学、清华大学、国防大学等高等院校共35个单位的图书馆馆长、采选部门负责同志近50人参加了在国家图书馆召开的北京地区图书情报单位文献资源采选协调座谈会。

国家图书馆党委书记、副馆长周和平出席会议并作了重要讲话。全国文献资源共建共享协调委员会办公室主任胡京波向与会人员介绍了近两年来国家图书馆在推进文献资源共建共享进程方面所做的工作情况。国家图书馆报刊资料部富平主任通报了该馆书刊文献的采选方针、原则及现状。

与会人员经过热烈的讨论,一致认为此次会议使大家进一步了解了国家图书馆的采选方向、侧重点。这样,有利于各馆分工入藏,实现文献资源的合理配置,用有限的资金为国家的经济建设、科学研究提供更多的文献资料。

国家图书馆副馆长孙蓓欣为会议作了总结。

〔**2000年中南、西南省(市)、自治区公共图书馆业务协作研讨会**〕 于2000年10月23日在郑州市召开。此次会议的主题:新世纪图书馆改革与管理。国家图书馆党委副书记张雅芳应邀出席会议并作了题为《深化管理机制改革,稳步推进国家图书馆事业发展》的专题报告。文化部图书馆司文华图书馆发展公司总经理张长生也参加了会议并作大会发言。来自"两南"地区广东中山馆、广西自治区馆、广西桂林馆、贵州省馆、云南省馆、湖北省馆、湖南省馆、重庆市馆、广州市馆、武汉市馆、深圳市馆、深圳南山馆和河南省馆等13个馆计22名正式代表出席了会议。

〔**第十四届全国十五城市公共图书馆工作研讨会**〕 于2000年11月21～23日在杭州召开。文化部社会文化图书馆司副司长周小璞,中国图书馆学会副理事长兼学术研究委员会主任、北京大学信息管理系主任吴慰慈教授,浙江省文化厅社文图书馆处处长尤炳秋,杭州市副市长陈重华,政府副秘书长陈利卿、市文化局局长单标成和副局长陈一辉等领导出席了开幕式。陈重华副市长和周小璞副司长在开幕式上作了重要讲话。陈副市长简要介绍了杭州市的图书馆建设情况。她相信此次会议的召开将会对杭州市的图书馆事业起到很好的促进作用。周副司长代表文化部在开幕式上致词。她首先肯定了15城市公共图书馆在我国公共图书馆事业改革与发展中所起的积极作用,并希望15城市公共图书馆在新形势下不断创新管理机制,充分利用现代信息技术,以实现图书馆事业的跨越式发展,在21世纪继续担负起骨干和先锋示范作用,为"大兴勤奋学习之风",营造书香社会做出更大贡献。研讨会围绕“图书馆改革、管理与发展”的主题，以专家报告、交流研讨和考察走访的形式进行。吴慰慈教授作了题为“跨世纪图书馆学情报学研究的新趋向”的学术报告。会议期间，代表们对当前图书馆界共同关注的热点和难点问题进行了广泛交流。来自全国13个副省级城市的公共图书馆的代表和论文作者共34人参加了会议。

〔**中国数字图书馆工程资源建设工作会议**〕 2000年12月17～19日，文化部在海南省组织召开了“中国数字图书馆工程资源建设工作会议”。来自全国各省、市、自治区文化厅领导、中国数字图书馆工程建设联席会议成员单位领导和全国省级公共图书馆领导等160余人参加了会议。本次会议旨在推进中国数字图书馆工程在新世纪的建设发展，研究、部署中国数字图书馆工程资源建设工作，会议对《中国数字图书馆工程建设一期规划(2000～2005年)》、《中国数字图书馆工程资源建设的有关意见》、《中国数字图书馆工程资源加工首批推荐使用的标准规范》和《中国数字图书馆工程资源建设中涉及著作权问题的有关建议》等文件进行了讨论。会议开幕时，文化部副部长艾青春做了《认清形势，把握机遇，积极推进中国数字图书馆工程资源建设》的重要报告，国家图书馆、中科院文献情报中心、清华大学图书馆、北京市信息化工作办公室、上海市文化广播影视管理局和辽宁省文化厅分别介绍了开展数字图书馆建设的有关情况。会议结束时，文化部社会文化图书馆司周小璞副司长做了总结，她指出，建设中国数字图书馆工程一定要有新观念、新思路，工程的建设仅靠国家的投入是远远不够的，必须发挥中央、地方、各参与单位和部门的积极性，同时，要积极争取社会各方面的支持以及工程建设适当的产业化运作，实现滚动发展。在数字图书馆资源建设中，要遵循数字图书馆资源建设的指导思想和原则，坚持统一规划、需求牵引，不能一哄而上，盲目建设，造成资源和人力的浪费。各级各类图书馆要找准自己的定位，明确自己的责任和任务。

中国科学院文献情报系统

〔**中国科学院上海文献情报中心聘请首批咨询专家**〕 1999年3月12日举行首批咨询专家聘请仪式。首批受聘的咨询专家是：嵇汝运院士、池志强院士、尹文英院士、洪国藩院士以及王亚辉、焦瑞身、王天铎、林其谁、杜雨苍、徐科、左家客、杨善元、陈仲良、李忠寿教授。聘请的咨询专家将为文献情报中心的发展开展咨询；为高新科技转化的咨询项目提供咨询意见；帮助文献情报中心选定书刊文献；对国际科学前沿领域具有前瞻性、宏观性的最新书刊可以优先推荐和订购等。与会的咨询专家肯定了文献情报中心积极参与院知识创新工程建设的服务精神，认为此举措有利于发挥科学家的智慧和优势，有利于发挥文献情报中心的功能，对推进院知识创新工程建设必将起到积极的作用。针对网络信息日益丰富的发展趋势，与会的咨询专家希望在院知识创新工程建设中密切关注国际科学界的发展，稳定和增加文献经费的投入，落实文献情报中心改建的资金，改善计算机网络环境，提高科学院与上海市及全国其他系统计算机网络和通讯功能，为科学家提供更加优良的信息服务和文献保障。

〔**中国科学院化学情报网会议**〕 于1999年5月27日至28日在上海有机化学研究所举行。主题是“讨论院实施知识创新工程和实现结构性调整情况下，各单位图书情报工作面临的问题和对策”。来自院系统的12个单位的21人参加了会议。化学情报网是中国科学院下属与化学研究有关的研究所的图书情报部门进行相互交流的松散组织，成立于1983年，一直由上海有机化学研究所牵头组织，通常每二年组织一次活动，由各单位轮流组织。这次会议由上海有机化学研究所组织。得到院文献情报中心研究发展部的支持，广大与会代表的关注，响应和参与。中国科学院上海有机化学所计算机化学与化学信息研究室主任王源研究员主持了这次会议。会议回顾和总结了化学情报网自成立以来工作的情况、成效、经验和问题。与会代表也分别对各单位情况进行了通报和总结，并对知识创新工程和结构性调整情况下，各单位图书情报工作发展与面临的问题进行了交流与探讨。会议还对今后全院文献情报工作中各级文献情报部门的规范和发展以及与各级中心的相互关系提出一些参考性意见和建议。

〔**中国科学文献计量评价研究中心成立**〕 1999年6月15日，中国科学院文献情报中心与中国学术期刊(光盘版)电子杂志社就共同实施“中国科学文献计量评价研究项目”、合作建立中国科学文献计量评价研究中心在北京签署了合作协议，双方将共同建设和发展“中国科学引文数据库”、“中国科技期刊评价数据库”、“中国科学计量指标数据库”等系列信息产品，并出版科学计量学和文献计量学方面的理论著作、研究报告与应用成果。清华大学领导、中国学术期刊(光盘版)电子杂志社总经理、社长、总编辑，中国科学院文献情报中心主任徐引篪、学术委员会副主任辛希孟和数据库部汪冰、金碧辉等出席了签字仪式。《人民日报》、《光明日报》、《科技日报》、《科学时报》和中央教育电视台等新闻单位也应邀参加了签字仪式。

中国科学文献计量评价研究中心是我国第一个专门从事科学计量学和文献计量学研究的专门机构。该中心将建成开放式的研究实验室，与国内外有关管理部门和相关研究部门密切合作，深入开展我国科学计量学和文献计量学的理论研究与应用开发，科学地评价知识生产与应用、科学交流与传播、知识与信息管理过程。双方将通过发挥各自优势，建立世界一流的文献计量学研究机构。该中心的工作将与国际 R&D 绩效评价机制接轨，帮助决策管理部门科学地评价我国的科技能力和科学活动的宏观水平与微观绩效，为学术界研究与评价科学交流和传播机制积累基础数据，为广大的学术期刊和科研人员客观地了解自身的学术影响力，提供科学、客观、公正、合理的评价结论。

〔**中科情报分会'99暑期研讨会**〕 中国科学技术情报学会中科分会暑期研讨会于 1999 年 7 月 27 日至 30 日在中国科学院地理研究所昌黎招待所召开。来自中国科学院京区各研究所图书情报室的 30 余名代表出席了会议。会议主题为：知识创新工程与研究所图书情报工作。会议围绕主题，重点讨论了研究所图书情报工作面临的形势及发展对策。会议期间，代表们交流了知识创新工程中各自研究所图书情报工作的业务发展、运行机制、人才结构、资源共享等共同感兴趣的问题。代表们认为，中国科学院知识创新工程试点给研究所的发展带来了机遇。在这种机遇中，科技文献信息工作发展尤显重要。同时，研究所图书情报工作也面临着严峻的挑战和空前的机遇。目前，在院实施知识创新工程中，很多研究所都在进行整合，以后还有很多单位要这样做，在这种整合中，一些研究所图书情报工作的地位往往由于多种原因(如领导的重视程度、组织结构、工程程序、技术整合等)而上升或下降，但却不等于研究机构不需要图书情报工作了，在知识创新工程中，图书情报工作在知识的产生、学习、传播、积累、运用和创新过程中，使人们的文化与科学素质得到提高，知识创新工程使人们的科学素质得到提高，知识创新工程使人们灵活运用知识，发挥创造力的同时，注重人际关系的协调，社会结构的合理化，人类与自然界的和谐，社会才能持续发展下去。在知识创新工程中，无论知识本身，还是知识的生产、分配、传播、重组，或是智力资源的配置，都比过去蕴含着更加深刻的思辨、价值、伦理、法理、文理以及社会规范等内涵，这些内涵当然可以涉及到入场多学科，但和图书情报工作范围的联系最为紧密。研究所图书情报机构同样应该具有这种独特的、广泛的、深远的作用。在知识创新工程中，图书情报工作应和其他学科工作分别发挥着解决不同问题，并在入场多方面共同发挥着解决同一问题的重要作用。在这种情况下，研究所图书情报工作的任务将更加繁重，作用将得以加强，地位将得以上升。代表们还就目前研究所图书情报机构存在的问题作了分析，如人员紧张，资金不足、基础设施差、系统服务功能弱、竞争力不强等。指出这些问题如不尽快解决，将导致科技信息匮乏，使研究所的生存能力和地位受到削弱。也有许多代表提出了解决这些问题的对策与方式，如强化人材培养，加强主动服务，改进服务手段等。研讨会开得热烈、团结、学术空气浓厚。代表们沟通了思想、交流了业务，探讨了问题，也增进了友谊和共识。

〔**大连化物所改革和加强图书情报工作**〕 中国科学院大连化物所是一个具五十年历史，对我国化学物理学研究作出过重大贡献的自然科学研究机构。该所自建所以来，共有 10 位优秀科学家当选为中国科学院院士，2 个国家重点实验室，2 个国家分析研究中心。该所一向重视图书情报工作，并且以系统收藏化学、化工方面的文献为特色，享誉全国化学界。作为全院实施知识创新工程的首批试点单位，为加强图书资料和信息工作，采取了一系列重大改革措施；首先定位，将图书情报工作视为科学技术工作的一部分，作为支撑结构，自成系统。再者，在体制上，将原来的图书馆、档案室、《催化学报》、《色谱》编辑部、网管中心等任务、性质相近，关系密切的文献信息单位“一体化”，构建新的研究室一级的业务部门——“图书信息中心”(沈阳自动化研究室为文献信息中心)，这样，不仅可以提高信息资源共享程度。而且减少“门户壁垒”，易于形成信息产品，进而促进科技信息产业化发展。第三，在人力组织方面，同其他研究室科技人员一样，实行"合同聘任制，研究员或研究馆员作为骨干经公开招聘、专家评审后，由所聘任、管理。这些骨干人员四年一聘；非骨干人员则作为流动人员，由室主任、骨干人员聘任和管理。第四，改革分配制度，与所其他研究室一样，图书情报中心根据"效率优先，兼顾公平，多劳多得"原则和所定标准，确定其年收入多少。根据该所已出台的规定(暂行)，在图书信息中心流动岗位人员年收入标准分别为1.2万元、1.5万元、1.8万元、2.2万元、2.6万元、3.0万元、3.5万元、4万元，共8个等级。这种分配标准，在很大程度上打破了"铁饭碗"和"大锅饭"的传统运行机制。对于进入创新工程流动岗位人员收入标准等级由骨干人员根据需要和经济状况来确定，而未进入创新工程者则仍执行原档案工资和各种补贴，并按原工资办法执行。

〔**中国科技情报学会情报学期刊协作会'99年会**〕 1999年7月18～24日在吉林省延吉市召开，会议主题为"世纪之交情报学期刊的发展和对策"。10个团体会员的代表参加了会议。会议围绕主题，学习了国家有关期刊管理的文件，交流了情报学期刊的办刊经验，讨论研究了情报学期刊面临的形势及发展对策。会议期间，该协作会主任委员、图书情报工作杂志社社长周金龙向与会代表通报了该协作会近年来的学术活动情况和今后的学术活动计划。代表们认为，协作会各团体会员之间在沟通信息、相互学习、加强协作工作上，对突出各刊物特色和发挥整体优势上起到了一定的作用。如目前已能够有效地避免只顾及本单位利益的不规范做法，使刊物稿件的低水平重复现象得到改善，使一稿两投或变相一稿多投现象得到遏制，调整改善了学术研究对象的片断性和研究结果的雷同性现象，有利于学术研究形成自己的体系和流派。在讨论中，有代表从刊物的学术功能角度论述了刊物当前的学术作用和今后的办刊前景，希望通过协作会呼吁，能引起各主办单位领导对刊物的进一步重视和支持。如有些单位的情报学期刊，由于领导重视不够，往往找不到自己的位置，具体说，经济上被要求自负盈亏；也有代表认为，体制转换势在必行，对很多刊物来说，这是一种契机。指出情报学刊物应利用这一契机，谋求自我发展，争取经济上独立，认为只有经济上的独立才能保证有学术上的独立。针对"世纪之交情报学期刊的发展和对策"这一主题，结合市场经济和情报学及其相关学科的研究进展、趋势和动态，与会代表提出了一系列期刊工作的新观念、新思想、新方法。会议决定，定于2000年下半年以协会各成员单位的名义召开全国性的学术研讨会，会议主题于年底刊登在各成员单位的刊物上，以便图书情报界人士投稿参会。

〔**中关村科学城信息化建设**〕 1999年7月4日至6日，《中关村科学城信息化建设需求分析与预测》研究报告评审会在北京举行。中关村工程科学院城信息化建设是根据实施知识创新工程试点的需要而提出的，科学事业的发展和创新工程的实施对中关村科学城基础设施的改造建设提出了新的、更高的要求，其中信息化建设是其中的重要内容。1998年8月26日正式成立了中关村信息化建设需求分析软课题组，这个课题分别在中国科学院和北京市获得立项，并得到了中国科学院院长基金和北京市信息化建设专项基金的支持。中国工程院院士李国杰担任专家评审委员会主任的专家组认为：(1)经过十余年的建设和发展，中关村科学城已经形成了以中国科技网为基础的网络信息系统，在促进科学研究、科技开发、信息网络事业的发展以及与国际科技界的交流、沟通、接轨等方面发挥了重要的作用。但是，近年来随着中关村地区科技、教育和经济的发展，现有的网络系统已经远远不能满足日益增长的信息化需求，《中关村科学城信息化建设需求分析与预测》研究报告客观地反映了中关村科学城及周边地区对信息化建设的需求。(2)研究报告提出了中关村科学城信息网络建设的目标，即在技术上具有先进性和扩展性；在功能上具有完善性和实用性；在网络互连方面具有广泛性，最终可以实现与各种大型网络的互联互通；在网络安全方面具有可靠性。这个目标符合信息网络的实际应用和持续发展要求。(3)研究报告结合中关村科学城信息化示范小区的特点，提出充分利用已有的信息资源和应用系统，加强对信息的分类管理和加工并积极鼓励信息服务业的介入，建设集科研教育、电子政务、电子商务和社会保障于一体的综合性信息化示范小区，符合中关村科学城的建设和发展方针。

〔**中国科学院文献情报中心进行业务及有关部门主任岗位的竞聘**〕 1999年8月18日至19日，中心高级专业技术职务设岗聘任委员会召开全体会议，对竞聘12个业务及有关部门主任岗位的申请人进行了评审。所有申请人在会上分别作了竞聘报告，阐述了对所申请岗位及职责的理解、完成任期目标的工作计划及措施，并回答了评委提问。"岗聘委"成员在充分听取申请人竞聘报告和答辩的基础上，对照岗位职责和条件，对每位申请人都做了分析和比较。通过讨论和测评，初步确定了9个部门主任岗位和竞聘人选，对其他4个部门将继续做好调研、动员、重新组织竞聘等工作，并为此专门作了相应的布置与安排。此次业务及有关部门主任岗位的竞聘工作，是继职能部门主管岗位竞聘之后，中心在中层干部选拔任用方式上的又一次大胆尝试，是用人制度的一项具体改革。

〔**中国科学院图书馆、档案馆工程奠基**〕 1999年9月23日在建设工地现场举行。中国科学院院长路甬祥、北京市副市长汪光焘出席奠基典礼，发表了讲话，并亲手为工程奠基。奠基典礼由中国科学院副秘书长马彤军主持。路甬祥院长首先代表党组和全院科技工作者对工程奠基表示热烈祝贺。路院长在讲话中指出，党中央国务院批准我院实施知识创新工程试点后，院里把图书馆、档案馆的建设作为知识创新的重要支撑系统，首先予以部署，这是我院实施知识创新工程乃至建立国家创新体系的需要，是落实党中央"科教兴国"战略，迎接知识经济时代的需要，也是全国科学家、广大科技工作者、教育工作者的迫要愿望；中国科学院图书馆、档案馆的建设在中关村科学城的改造建设和中关村科技园区建设中都具有非常重要的意义。汪光焘副市长在讲话中指出，中国科学院图书馆、档案馆工程率先在中关村科技园区的核心区建设，意义十分重要，它的建成将和国家图书馆、北大图书馆、清华图书馆形成合力，资源共享，将使中关村科技园区成为知识和信息的集散地。他希望建设者们精心组织、精心管理、精心施工，创造建筑精品，为北京市城市建设增光添彩，并使图书馆真正成为知识的宝库、信息的海洋、科学家的乐园。中国科学院图书馆馆长徐引篪表示：将加倍努力，与设计和施工单位一起，保质保量地按期完成建设任务。出席奠基典礼并为工程奠基的有关领导和专家还有：中国科学院副院长陈宜瑜，中国科学院党组副书记郭传杰，中国工程院院士胡启恒，中国科学院院士黄秉维，国家图书馆副馆长周和平，国家档案局副局长郭树银，科技部条财司司长王顺昌等。北京市建委、中国科学院各职能部门和京区各研究所的有关领导和同志、图书馆界等来宾近200人，以及院文献情报中心全体职工参加了奠基典礼。在京参加会议的院地区文献情报中心负责人也应邀参加。中央电视台、北京电视台、人民日报、光明日报、科技日报、北京日报、科技时报等十余家新闻媒体的约20名记者对奠基典礼进行了采访。

〔**中国科学院属各文献情报中心负责人座谈会**〕 1999年10月12～15日，在湖北省宜昌市召开。院出版委办公室主任郭志明，院属各文献情报中心负责人贾宝琦、孙成全、王俨、张万萍、郑修虹、何莉，以及院出版委办公室和院文献情报中心的有关人员共10人参加了会议。会议由郭志明主持。会议的主要议题是：讨论院文献情报系统争取进入院知识创新工程二期工程的有关问题，讨论院文献情报工作"十五"发展计划（纲要）；讨论筹备召开第五次院文献情报工作会议的有关事宜。与会代表认为，这次会议开得十分成功。不仅统一了思想，在许多问题上达成了一致意见，而且明确了下一步的工作目标和各中心所承担的任务，初步拟议了若干组织人员构成，确定了工作计划和进程，取得了圆满的成果。代表们提出"院属各文献情报中心负责人座谈会"这种会议形式很好，有助于各中心之间加强联系，统一思想，交流信息，相互学习。代表们希望能将这种会议形式保持下去，每年召开一次这样的座谈会。

〔**中国科学院文献情报室主任管理研究班**〕 1999年11月29日～12月4日，中国科学院文献情报室主任管理研究班在北京举办，来自院内25个文献情报机构的近30名负责人参加了管理研究班的学习和研究。会议期间，中国科学院文献情报中心各部门主任，参与了会议讨论。中国科学院文献情报中心主任徐引篪、党委副书记、副主任李广山、主任助理周金龙、中国科学院出版图书情报委员会办公室主任郭志明、分别出席研究班作专题报告或讲话。中国科学院文献情报中心研究员孟广均、党委副书记、副主任李广山、中国科学院政策局副局长陈浩，北京大学图书馆研究馆员朱强、中国科技信息所所长原助理、万方数据（集团）副总经理蒋勇青分别在研究班作了如下报告：文献信息资源建设和信息服务的现状与发展趋势、关于中科院文献情报中心结构调整与创新的做法与设想、我国数字图书馆及其研究进展、中国科学院结构调整和知识创新工程、高校“211”工程与文献保障系统建设、国家科技情报体制改革与情报服务。研究班期间,还进行了广泛的经验交流,与会同志交流通报了各自单位在知识创新工程中文献情报工作的改革现状、创新经验和研究所文献情报工作为适应知识创新工程的进一步思考。研究班认为,院上海有机化学研究所信息中心、沈阳自动化研究所情报室和长春应用化学所信息中心在改革实践中的经验和成就具有一定的创新性,很值得大家借鉴。尤其是上海有机化学所信息中心根据实践和理论相结合的原则,提出了文献信息工作中值得注意的一些问题。如:服务手段的创新问题,服务设施的配套问题,图书馆服务与研究的关系问题等。对于这些问题的考虑既源于文献情报工作,又高于一般文献情报工作,有一定的前瞻性,在研究班上引起强烈反响。在研究班总结会上,郭志明介绍了为院文献情报系统整体整入院创新二期工程的创新方案制定情况和第五次院情报工作会议的筹备计划等。徐引篪就全院文献情报系统建设中的工作和有关问题发表了讲话。周金龙为会议作了小结,他认为文献情报室主任管理研究班的办班形式很好,如专题报告、参观、演示等,尤其是专题讨论,通过直接交流,把问题谈得很透彻。认为各文献情报机构要得到领导的支持和重视,必须办实事出成绩。作为院文献情报中心,必须认清形势,树立信心,着力提高文献情报工作者的凝聚力。周金龙通报了院中心当前要抓好的三件事:① 做好知识创新及全院网络系统二期工程;② 做好第五次文献情报工作的筹备;③ 做好迎接中国科学院文献情报中心成立50周年的庆典。

〔**中国科学院文献情报中心北郊服务部试运行**〕 1999年10月8日中国科学院文献情报中心北郊服务部开始试运行。试运行期间可提供如下服务:① 代办中国科学院文献情报中心1999~2000年度院内读者统一验证工作,院职工可以把借书证交给北郊服务部办理验证。② 验证后的读者可持证在北郊服务部直接办理院文献情报中心馆藏中、西文书刊的借还手续。③ 北郊服务部提供有偿代查代复制文献服务:包括一次文献国内代查代复制服务,一次文献国际代查代传送服务,目次代查代复制服务和专题文献代查服务。④接受信息检索服务:包括国际联机检索服务,科技成果查新咨询,光盘检索,INTERNET网络信息咨询服务。

〔**中国科学院文献情报中心首次高级专业技术职务岗位竞聘工作完成**〕 1999年10月19日至21日和11月4日分两轮进行。“岗聘委”主任、中心主任徐引篪,副主任、党委副书记李广山,“岗聘委”成员、中心副主任贾宝琦,主任助理载利华、周金龙分别主持了评审会。评审会上,共有50人次作了竞聘高级专业技术职务岗位的报告,并分别回答了评委们的各种提问。“岗聘委”本着公平、公开、公正的原则和对工作高度负责的态度,逐一对申请人做出了全面、客观的分析。通过充分讨论,采用有记名投票方式,按照设置岗位的要求,投票表决出各岗位的竞聘人选。两轮共通过了40位同志相应岗位的竞聘申请,占申请总人数的82%。其中正高级岗位6人;副高级岗位34人。

〔**中国科学院资源环境科学信息中心领导班子换届**〕 1999年10月25日,中国科学院兰州分院党组书记何易同志,在资源环境科学信息中心处级干部、高研人员参加的会议上宣布了中心新一届领导班子的任命;接中国科学院1999年10月9日科发人任字(1999~068号文,孙成权同志任中心主任(任期4年),谷治成同志任中心副主任(兼,任期2年),曹月华同志任中心副主任(任期4年)。

〔**中国科学院1999年度图书情报专业高级职务任职资格评审委员会会议**〕 2000年1月26日在北京中国科学院召开。出席会议的是经中国科学院批复同意的新一届评审委员会委员。会议由评委会主任、中国科学院文献情报中心主任徐引篪主持。此次申请科技情报研究员职务任职资格的有2人;申请图书资料研究馆员职务任职资格的有5人;申请科技情报副研究员职务任职资格的有1人;申请图书资料副研究馆员职务任职资格的有26人。

〔**中国科学院文献情报中心新一届领导班子成立**〕

1999年12月28日,中国科学院党组副书记、出版图书情报委员会主任郭传杰带领考核小组一行5人在文献情报中心中层干部和副研以上高级专业技术人员会议上,宣布中心新一届领导班子的组成。院人教局局长余翔林代表院党组宣读了任命通知:徐引篪同志任中心主任,李广山(兼)、周金龙、戴利华同志任中心副主任。徐引篪主任,李文山、周金龙、戴利华三位副主任分别向与会同志表示,决心不辜负院领导和同志们的重托与希望,尽心尽力,团结协作,加强学习,开拓创新,为使中心文献情报工作在落实“科教兴国”战略,推进知识创新工程中发挥更大的作用而努力。京区党委常委副书记彭玉水同志代表京区党委向新领导班子表示祝贺，他希望中心在行政领导班子产生之后，开展党委换届选举工作，尽快产生新一届党委领导班子。

〔**中国科学院文献、信息、出版代表团考察德、奥、法三国图书馆和出版社**〕 1999年12月5日至18日，以中国科学院党组副书记兼院出版图书情报委员会主任郭传杰为团长、院综合计划局副局长兼出版图书情报委员会副主任许平为副团长，院出版图书情报委员会办公室主任郭志明、院综合计划局办公室主任刘学英、院成都文献情报中心副主任叶建忠、中国科学杂志社副社长王宝庆为成员的中国科学院代表团一行六人，对德国、奥地利、法国三国的十家图书馆和两家出版社进行了为期两周的考察。访问受到了我驻德、奥、法三国使馆的高度重视。我驻德国使馆卢秋田大使在为代表团举行的晚宴上，以图书情报工作对国民经济建设的作用和德国在这方面的成功经验为题，与郭传杰团长进行了热烈的交谈。我驻法国使馆吴建民大使在大使官邸设早宴接待了代表团，并与代表团进行了长时间的交谈。他指出，过去国内派来的团组主要是谈项目，以经济为主，注重的是“硬件”，这次科学院派出了一个文献、信息、出版方面的代表团，这说明我国在对外交往方面，已开始注重“软”的东西，向“软件”方面发展了。他认为这是一个可喜的转变。

〔**中国科学院文献数据库建设1999年工作会议**〕于1999年11月27～28日在上海召开。院文献情报中心主任徐引篪、院出版委办公室主任郭志明以及院上海有机所等13个学科文献数据库和总库的代表共22人出席了会议。会议总结自1998年4月召开上次工作会议以来，各库的建设工作又有了新的发展，在较困难的条件下，完成了1998年和1999年的数据加工任务。数据资源建设基本实现预期目标。关于光盘产品的出版问题，代表认为：院出版的文献数据库产品应采用统一的软件，具有统一的界面。代表们深切地认识到，在目前的形势下，中科院数据库产品是否具有特色，是关系到中科院数据库建设生存与发展的大问题。总库和每个学科库都应加强数据库的特色化建设，满足用户的多种信息需求，努力增加自身在市场上的竞争力。代表还认识到，近年来，中科院在数据库产品开发和市场营销等方面存在许多不尽如人意之处。存在着产品单调，市场营销力量薄弱等问题。认为，加强中科院文献数据库产品的开发和市场营销，是促进院文献数据库建设事业发展的唯一出路。会议还就目前中科院文献数据库建设中所存在的问题进行了讨论。指出由于过去改革力度不够大，至使我们在对数据库工作的管理中尚存在一定的问题。例如，学科库设置不尽合理，数据加工周期较长，所加工的数据存在着重复和不全两方面的问题，总库的产品开发和市场营销力度不强等。这些问题都有待于进一步加以解决。

〔**中国科学院网上文献信息共享系统工程（第一期）获科技进步二等奖**〕 1999年中国科学院网上文献信息共享系统工程（第一期）获院科技进步二等奖。该课题于1996年6月立项，1998年6月完成。院文献情报中心、院上海文献情报中心、院武汉文献情报中心、院兰州文献情报中心和院成都文献情报中心为该项目的主要完成单位。两年来，这些单位的40余名各学科领域的专家为完成该项目付出了辛勤的劳动，排在前九位的主要完成人员是沈英、徐引篪、绍昭民、孟连生、许志强、张海华、李维生、徐骏和沈辅成。此项目工程对引进的TOTALS图书馆自动化系统进行了国产化改造，同时拓展和增加了许多新的功能，实现了局域网、城域网、广域网上的文献信息共享；使全院图书情报工作的业务自动化、服务网络化、文献信息资源的品种、数量和质量以及网络服务等方面均居于国内先进水平，并在许多方面达到国际同期水平。

〔**中国科学院文献情报中心2000年工作会议**〕2000年2月25～26日，中心组织召开了由全体中层干部、学术委员会委员、党支部书记参加的2000年工作会议，围绕本届中心领导任期目标（征求意见稿）进行研讨，会议还特别邀请了中心的前任领导和老专家出席。大会分别由中心主任徐引篪和中心副主任李广山主持。徐引篪主任代表中心领导班子就本届领导班子任期目标制定的背景、指导思想，以及需着重提出的几个问题作了详细的阐释和解说，并宣读了任期目标全文（征求意见稿）。配合任期目标任务的分解落实，徐引篪主任对2000年度中心的工作计划也作了说明。徐引篪主任和李广山副主任都特别强调，这次大会围绕本届中心领导任期目标（征求意见稿）进行研讨，是为了进一步贯彻落实2000年院工作会议精神，深入理解和领会院领导对中科院文献情报工作的指示，以便更准确更切实地制定中心的发展目标和定位，紧紧地配合知识创新工程，满足创新的需要。为此，大会安排了一半以上时间分组学习讨论，讨论围绕如何理解院领导的讲话精神，落实任期目标中的重大任务，以钻研和务实的精神开展创新性的工作。

〔**中国科学院文献情报系统主要负责人会议**〕 于2000年3月14～19日在四川省西昌市召开。会议由院出版图书情报委员会组织、主办，院成都文献情报中心具体承办。院出版委主任郭传杰、副主任许平出席了会议。与会代表包括出版委办公室、院文献情报中心、院上海、武汉、兰州、成都文献情报中心的主要负责人。科学时报四川记者站站长邓贤春参加了会议。会议在1999年院文献情报系统主要负责人宜昌会议的基础上进一步研讨了院文献情报系统如何进行创新，如何制定创新方案，如何立足于全院、全国，为国民经济建设服务，为西部大开发服务等问题。会上，郭传杰主任首先介绍了国内和院内的大环境大形势，指出院知识创新二期工程与一期工程的不同点主要在于：① 中央对国家创新体系已有较全面的部署，院各项创新工作的定位要进一步从国家整体的角度宏观考虑；② 经济和科技的全球化趋势日益明显，创新工作要有更广阔的视野；③ 体制改革、组织定位、结构框架要具有基础性、战略性、前瞻性，落实江泽民主席对中科院题词的要求；④ 要勾划出今后10－20年左右中科院发展的总体蓝图，进行框架调整，保证较长期的延续性；⑤ 在经济竞争激烈的情况下，要使创新工作有新的增长点，学科上要有更前瞻的布局；⑥ 从社会、经济可持续发展的布局来看，在今后相当长时间内将特别重视资源环境等问题；⑦ 要积极贯彻国家的三大战略：科教兴国、可持续发展与西部大开发，中科院创新工程必须对西部开发作出贡献；⑧ 科研要考虑教育，中科院在培养高级科技人才方面还要有更大作为。院文献情报中心主任徐引篪介绍了院文献情报系统知识创新方案（征求意见稿）的写作思路，院出版委办公室主任郭志明介绍了院内外专家对我系统知识创新方案的意见和建议。

〔**中国科学院文献情报中心建立北郊服务部**〕 2000年4月19日，中国科学院文献情报中心北郊服务部在中国科学院生物物理所正式挂牌服务。中国科学院党组副书记、院出版图书情报委员会主任郭传杰出席并讲话。出席揭牌仪式的还有中国科学院院士邹承鲁、院生物物理所和院文献情报中心领导、北郊各研究所图书情报机构负责人及有关人员共60余人。为了创造中国科学院知识创新工程良好的科研环境，提高北郊科学园区的文献情报服务能力，中国科学院文献情报中心与位于北郊的中国科学院生物物理所加强合作，充分利用网络服务功能，共同建立中国科学院文献情报中心北郊服务部。北郊服务部设在生物物理所图书馆，日常工作由该馆工作人员承担；院文献情报中心将文献借阅流通系统连入该馆；每天由北郊科学园物业管理中心的文件交换车代传递借还的图书和所需的文献。此外，北郊服务部还开展文献代查代借、文献复制、光盘数据库检索、国际联机检索和网上Elsevier Science电子期刊全文数据库检索和免费下载全文等信息服务。为了更好地方便和满足科研人员对文献情报的需求，生物物理所图书馆将馆藏对外提供阅览，开馆时间延长为每天8:00～18:00，还开设了Internet网浏览服务。

〔**中国科学院出版图书情报委员会会议**〕 2000年5月25～26日在北京召开。院出版委主任郭传杰，副主任胡亚东、许志宏、汪继祥、徐引篪，院综合计划局局长顾文琪，以及16名委员出席了会议（另有5名委员因故未能出席）。顾文琪、徐引篪、汪继祥先后主持了会议。郭传杰在会上发表了重要讲话。出版委办公室主任郭志明汇报了两年来办公室所做的工作。许儒敬、沈辅成、孟连生分别就“院文献情报系统知识创新工程方案”、“院数字图书馆示范工程建设方案（讨论稿）”和“院图书情报‘十五’发展计划（框架）”等文件的起草思路作了说明。李廷杰就“院‘十五’期间自然科学期刊发展计划（框架）”和“院期刊调整改革和发展提高方案（讨论稿）”等文件的起草思路作了说明。与会代表认真审议了上述文件，并讨论了院图书情报和期刊工作的下一步发展。

〔**中国科学院文献情报中心成立50周年庆祝大会**〕

中国科学院党组副书记、出版图书情报委员会主任郭传杰，中国科学院、中国工程院院士王大珩，中国科学院院士叶笃正、邹承鲁、蒋丽金，中国科学院、中国工程院院士许国志，以及科学院各主要职能局领导，科技部、国家图书馆，京区各大系统图书馆、中国科技情报所等各大文献情报机构、各主要大学图书情报系的代表，还有北京各大图书进出口公司、荷兰和德国的著名出版机构的代表等600余人，参加了4月28日在中国科技会堂举行的庆祝大会。庆祝大会由中国科学院文献情报中心党委书记、副主任李广山主持。中心副主任周金龙首先宣读了领导和院士们的题词。全国政协副主席、中国工程院院长宋健的题词是“智慧驿站，科学殿堂”；中国科学院院长路甬祥的题词是“科学知识的宝库，技术信息的源泉”；中国科学院副院长陈宜瑜的题词是“通达智慧彼岸的桥梁，攀登科学高峰之阶梯”；中国科学院党组副书记、出版图书情报委员会主任郭传杰的题词是“面向未来，继承创新，努力建设成为新世纪的国家现代化科学图书馆”。王大珩、叶笃正、邹承鲁、许国志、蒋丽金、王元六位院士也分别题词表示祝贺。中国科学院文献情报中心主任徐引篪以“继承和发扬50年的优良传统，迎接21世纪光辉灿烂的未来”为主题，在庆祝大会上作了报告。报告回顾了中国科学院文献情报中心（科学院图书馆）在半个世纪中成长、发展、变革的历程，赞扬了一批批图书情报工作者勤奋工作、默默奉献的精神和所取得的良好业绩。报告鼓励中心的全体员工继承和发扬过去的优良传统与作风，面向未来，开拓创新，为建设网络化、现代化的多功能的国家科学图书馆而努力奋斗。郭传杰在庆祝大会上发表讲话说，虽然两弹一星的功勋者名单和科学院院士名单中没有图书情报工作者，但图书馆人无私的奉献，以及所取得的显著业绩，科学院不会忘记，科学家们不会忘记，历史也不会忘记。图书馆是社会进步的产物，是文化科学的结晶。作为人类文明成果集成、加工、传播、扩散的基地和载体，图书馆是推动社会进步的推进剂和加速器。在国家实施科教兴国战略的口号声中，在科学院实施知识创新工程的过程中，中国科学院文献情报中心迎来了机遇与挑战并存的新时期。如果说过去50年间一批批图书馆人付出的努力和取得的成绩，今天我们在此可共睹同忆，那么，以网络为平台的现代化国家科学图书馆的未来，将对人类社会进步，国家科技、经济发展起何等的作用，则是不可估量的。王大珩院士、叶笃正院士、邹承鲁院士在表达参加庆祝大会的喜悦之情的同时，分别就图书情报工作的社会功能，科学院图书情报工作发展的足迹、成绩，以及存在问题，发表了他们的意见。他们一致希望，科学院文献情报工作在科技发展日新月异的时代背景下，能有更大发展，取得更多成绩，作出更重要的贡献，也能获得院领导和社会各界更广泛的重视和支持。科技部和国家图书馆的代表等也在庆祝大会上讲话。京区各大系统图书馆和各主要大学的图书情报学院和图书馆、以及著名的出版公司等也均以各种方式表示祝贺。中国科学院文献情报中心为感谢老一辈图书情报工作者的辛勤劳动，特意授予在中心连续工作40年以上的同志“荣誉馆员”称号，并在庆祝大会上为他们颁发了荣誉证书。庆祝大会庄严而热烈，喜庆的气氛感染了每一个与会者，院文献情报中心的同志更是感慨万千，他们既为过去的成绩感到欣慰，也对未来发展充满信心。大家纷纷表示，未来任重而道远，要齐心协力，努力进取，奋力开拓，为光辉灿烂的明天贡献自己的一份力量。

〔**中国科学院新疆分院文献信息中心机构改革和人员竞聘上岗工作结束**〕　2000年5月初顺利完成了机构改革和人员竞聘上岗工作。机构仍保持原三部一室（信息部、文献部、开发部与综合办公室）不变，上岗人员23人，原职工人数33人，剩余人员转岗安置。为保证此次机构改革和人员竞聘上岗工作平稳、有序地进行，文献信息中心坚持“按需设岗、按岗聘任、公开竞聘、择优上岗”和“公开、公正、公平”的原则，实行全员双向选择，力争通过此次机构改革，实现机构合理设置，努力建立一支“精干、高效、高素质”的文献信息队伍，为院知识创新工程和西部大开发做好文献信息服务工作。竞聘上岗工作分四步走：(1) 报请新疆分院批准成立“文献信息中心竞聘领导小组”；(2) 领导小组公布各部、室的工作职责、目标、岗位职数和竞岗人员基本条件；(3) 进行部、室正、副主任的竞聘上岗。经群众投票，由竞聘领导小组审核确定；(4) 为各部、室一般人员竞聘。竞聘领导小组吸收各部、室正、副主任参加，确定部、室人员。

〔**中国科学院第五次文献情报工作会议**〕　2000年9月20～23日在北京举行。这是中国科学院文献情报系统告别20世纪的总结大会，是迎接新世纪的动员大会，它标志着全院文献情报工作将进入一个新的发展时期。这次会议的主要任务是：总结“九五”期间全院文献情报工作的成绩和经验，以改革创新为指导，研究部署“十五”文献情报工作发展计划，表彰文献情报优质服务的先进集体和个人。来自全院近130个文献情报单位的代表参加了会议。院领导和院有关部门的领导、科技部、教育部和文化部的有关领导应邀出席了会议，国家图书馆、国家科技图书文献中心、高等院校文献资源保障体系的领导也应邀出席会议并介绍了各单位的发展情况和今后设想，院综合计划局局长顾文琪在会议期间围绕改革与创新问题作了重要发言。院党组副书记、院出版图书情报委员会主任郭传杰在开幕式上作了题为《深化改革，开拓创新，构建我院新世纪现代化文献信息新体系》的工作报告，报告对“九五”期间全院文献情报工作进行了回顾并给予了充分的肯定，提出在新时期院文献情报系统所面临形势和功能定位以及基本工作思路，提出了院文献情报系统“十五”发展目标和主要任务。出版委副主任、院文献情报中心主任徐引篪就《中国科学院知识创新工程文献情报系统试点方案》(讨论稿)进行了说明，提出了院知识创新工程文献情报系统试点方案的总体目标、战略定位及主要功能、重点建设领域、体系结构与运行机制、管理机制、队伍建设与人才培养。院出版委副主任、综合计划局副局长许平就《中国科学院文献情报“十五”计划纲要》(讨论稿)进行了说明，提出了中科院“十五”计划纲要的指导思想、发展目标、主要任务和保障措施。大会执行秘书长孟连生研究馆员就《中国科学数字图书馆建设规划设想》(讨论稿)进行了说明，提出了中国科学数字图书馆的建设目标、基础、意义、建设原则、组织管理以及第一阶段建设的主要内容和实施计划等。与会代表充分肯定了“九五”以来全院文献情报工作所取得的成绩和经验，认真讨论了郭传杰的工作报告以及《中国科学院知识创新工程文献情报系统试点方案》、《中国科学院文献情报“十五”计划纲要》、《中国科学数字图书馆建设规划设想》三个会议文件；会上11个单位的12位代表作了经验交流发言；大会还对30个先进集体和50名先进个人进行了表彰和颁奖。

〔**中国科学院成都文献情报中心新馆落成揭牌**〕 2000年8月18日，中国科学院路甬祥院长一行亲赴成都分院为成都文献情报中心新馆落成揭牌。成都文献情报中心常务副主任王俨、副主任叶建忠、许志强率全体职工对路院长一行表示热烈欢迎。在揭牌仪式上，叶建忠副主任致欢迎辞，路院长和成都分院姚汉民院长、汪光泽书记、关晓岗副院长一起为成都文献情报中心新馆揭牌，中心职工报以热烈的掌声，感谢路院长和成都分院领导对中心的支持。随后，路院长参观了成都文献情报中心新馆的各楼层、各部室和各阅览室，以及已经完成外装修的旧馆，视察了成都文献情报中心接手管理的中国科技网成都网管中心，成都中心主任向路院长介绍和汇报了成都文献情报中心近年来在院党组的直接领导下，各方面工作取得的进展。路院长细心倾听中心主任的介绍，肯定了成都文献情报中心的工作，欣然挥笔题词：“西部开发，信息先行”。

〔**中国科学院文献情报中心教育工作会议**〕 于2000年11月24日，会议特别邀请了中国科学院副秘书长、人事教育局副局长何岩出席。院文献情报中心领导徐引篪、李广山、周金龙、戴利华，各部门负责人及中心全体研究生导师参加了会议。会议在传达落实今年院教育工作会议精神的基础上，主要讨论“关于落实院教育工作会议精神暨加强我中心教育工作的意见和建议”，“中心教育工作暂行办法”和“中心2001年～2003年教育工作计划(要点)。”中心党委书记李广山主持会议，中心主任徐引篪首先对中心教育工作发展历程和当前的形势作了讲话。中心副主任周金龙传达了院教育工作会议的主要精神。何岩副秘书长随后作了重要讲话。通过对会上三个文件的学习讨论，大家提出了一些建议：① 尽快出台中心的继续教育指导性意见，从人才培养规划、操作程序、组织制度、经费、时间等方面予以保障，当前主要任务是制订人才培养计划，以及新馆搬迁上岗人员的在职培训计划，并组织实施。② 不同的人才培养要放在中心的整体培养中考虑，不要把不同的运行机制的部门区别对待，无论是基础业务，还是开发或公司部门，只要图书馆需要，就应该努力培养。③ 人才培养应将中心的队伍建设和结构调整紧密结合。④ 整合教育培训部，集中优势，形成合力，为中心的教育产业的开发打下基础。⑤ 应有针对性地培养10名部门级负责人和30名科组级的业务骨干，并且明确到人。⑥ 全面加强对一般专业人才的素质培养。⑦ 增强出国留学的计划性，形成一种制度，既要保障重点，又要引入竞争机制，形成人才能进能出的良好氛围。⑧ 重点教材建设可以立项目，面向馆内外招标，联合编写，尽快多出成果，出好成果。⑨ 建立图书馆学情报学开放研究室，面向全国、海外招聘客座研究员，吸引外部人才参与研究，不断提高中心的学术地位和水平。

〔**中国科学院资源环境科学信息中心举行成立45周年庆祝活动**〕 2000年10月13日，是中国科学院资源环境科学信息中心成立45周年纪念日。中心全体职工都以饱满的精神，努力作好本职工作，以实际行动庆祝中心成立45周年。

9月，中心在经费紧张的情况下拨出专款，对馆内进行全面整修，粉刷墙壁，清理死角，努力营造良好的工作环境，也使读者在现有条件下享受到更好的服务。为了加强对外宣传的力度，吸引更多的读者，提高资源利用率，10月11日，中心邀请新华社甘肃分社、光明日报驻甘肃记者站、科学时报兰州记者站、中国经济时报甘肃记者站、兰州日报社、甘肃电视台等多家新闻单位的记者，召开“馆庆45周年记者座谈会”。中心主任孙成权研究员向记者们详细介绍了中心45年来的发展历程、馆藏文献信息资源的特点，以及中心为经济建设所做的信息服务工作情况。这些新闻媒体对采访中心的情况作了宣传报道，在社会上产生了良好的影响。

10月26日，中心还邀请兰州分院领导和有关部门负责同志以及各研究所主管图书情报业务的所领导来中心座谈，共同庆祝中心成立45周年。会上，孙成权主任传达了院第五次文献情报工作会议的精神。业务处吴新年副处长汇报了中心“努力推进改革创新、积极参与西部开发”的情况，并对兰州分院各研究所文献情报工作提出了有关建议。与会专家对中心成立45周年表示祝贺，称赞中心为地区发展、科学研究作了很多贡献，工作积极主动也富有成效；同时对中心今后的工作提出了一些建议，勉励我们“百尺竿头，更进一步”。

为庆祝馆庆，营造学术氛围，中心学术委员会和业务处还先后组织了3次学术讨论会，主题分别为“网络环境下信息资源的开发利用”、“西部大开发与资源环境情报研究”和“网络环境下的文献资源建设”，动员职工结合自身的业务实际和目前文献情报事业的发展趋势，充分发表自己的见解与看法。

〔**中国科技情报学会中科分会北京地区工作委员会2000年年会**〕　于2001年1月5～6日在北京平谷县召开。中国科学院文献情报中心和京区部分研究所图书情报机构共30人参加了会议。院文献情报中心党委书记、副主任李广山、院出版图书情报委员会办公室主任郭志明到会并讲话。院文献情报中心研究馆员孟连生介绍了国家科技图书文献中心科技信心服务网的宗旨、功能、特点和运行情况。与会同志就在科学院二期创新工程中研究所图书情报机构的改革与业务发展、所级图书馆自动化管理软件的研制、京区图书情报工作的协同与合作、业务培训与学术交流，以及2001年北京地区工作委员会的活动计划进行了广泛的讨论。

〔**中国科学院地区文献情报中心分类定位专家评议会**〕　于2000年12月18日在北京召开。院有关局领导、院内外有关专家组成的评议组共15人，以及院文献情报中心和上海、兰州、成都、武汉4个地区文献情报中心的负责人参加了会议，院党委副书记、出版图书情报委员会主任郭传杰出席会议并讲话，院计划局副局长许平主持会议。会上，4个地区文献情报中心分别作了分类定位工作报告，主要内容包括：战略定位、发展目标、机制改革、业务创新、队伍建设和人才培养等方面。评委们分别对各中心的工作和报告中的问题进行了认真的提问和评审，提出了有见地和中肯的评价和意见。科学院研究所分类定位工作是从首批进入知识创新试点工程的研究所开始的，为研究所的战略定位、科研和机制创新打下了基础。近几年来，地区文献情报中心在科学研究和地方经济建设中发挥了重要作用，是科研系统重要组成部分。在当前面临科学院二期创新工作之际，在4个地区文献情报中心进行分类定位综合评定，对于促进其进一步改革和发展，更好地为科学研究、经济建设和社会发展服务具有重要意义。

〔**中国科学院上海文献情报中心专家咨询组座谈会**〕　2000年11月14日，上海文献情报中心主任徐如涓首先向第二批专家咨询组的九位专家颁发了聘书并对出版座谈会的专家表示热烈的欢迎和衷心的感谢，感谢专家一年来对上海中心高新技术成果转化查新工作的支持和帮助；汇报了中心在专家们的积极参与下开展科技查新工作的概况，中心聘请专家参与查新工作的做法已得到上海市高新技术成果认定办公室的认可。情报工作人员与专家相结合的工作方法使查新评审工作更具有客观性、公正性、科学性。目前上海中心已完成了180个高新技术成果转化查新课题，预见到年底可完成190个查新课题。据上海市科技成果转化服务中心的介绍，经中心查新的课题（项目）中已有40余个课题（项目）获得上海市高新科技成果转化服务中心大评审组的通过，获得成果转化的“两证”。席间专家介绍了各自的工作经验，还对情报室开展科技成果查新提出了中肯的意见和建议。

〔**中国科学院武汉地区文献情报网工作会议**〕

2000年12月14日，来自中国科学院武汉分院文献情报系统及武汉市有关文献情报单位的38位图书情报、计算机网络、科技管理专业人员参加了会议。院武汉文献情报中心王卫兵副主任主持了会议，常务副馆长钟永恒在会议上作了讲话，他充分肯定了地区网会员单位为科研工作和地方经济建设做出的重要贡献。同时，要求大家进一步提高自身素质，明确形势，积极开拓，切实做好服务工作，使地区文献情报工作再上新台阶。院水生所等8个单位的图书情报工作代表，分别介绍了本单位在为科学研究和知识创新服务中的做法和经验，并对地区文献情报工作的发展提出了许多很好的建议。与会代表认为，文献情报系统是院知识创新工程不可或缺的重要组成部分，各单位应不断加强自身的改革与创新，提高信息服务能力和水平；在地区文献情报网发展与建设中，要加强相互间的交流、协调与合作，推进院文献情报系统的整体化建设；进一步解放思想，以需求为导向，坚持改革，坚持创新，更有力地为科研一线和知识创新提供信息服务。会议期间，特邀武汉大学大众传播与信息管理学院院长、博士生导师马费成教授，作了题为“知识经济与知识创新”的学术报告。

高校图书馆系统

〔**高校图工委的重建**〕 我国大学图书馆事业在改革开放的新时期之所以能够较快地得到恢复、提高，并在资源共享方面有所作为，一条重要的经验就是在1981年及时地发起、成立了全国高等学校图书馆工作委员会(1987年改名为全国高等学校图书情报工作委员会，仍然简称图工委)。该委员会成立后，在宏观管理全国高校图书馆和资源共享活动的协调方面做了大量工作，例如出台并两次修订了确立高校图书馆地位、规范高校图书馆工作的《普通高等学校图书馆规程》；普及了文献检索课，培训了大批非图书馆专业的馆员；有效地加强了全国高校图书馆在外刊方面的协调；使高校图书馆数据统计制度化等。对图工委卓有成效的工作，台湾地区高校图书馆界给予了很高评价，他们把有职称、有检索课、有图工委称为大陆高校图书馆健康发展的三大法宝。

然而20世纪90年代，由于政府机构精简，隶属于原国家教委的全国高校图工委被取消事业单位编制，由该委员会发起和维持的工作也陷于萎缩或停顿。1999年10月，在教育部机构改革告一段落之后，高教司为加强对高校图书馆的宏观管理，成立了教育部高等学校图书情报工作指导委员会，在性质上不再是协助教育主管部门分管高校图书馆工作的事业单位，而是一个虚体的专家组织，主要发挥协调、咨询、研究和指导作用。新图工委由54位委员组成，分为《普通高等学校图书馆规程》修订、文献资源共建共享、计算机应用、队伍建设、用户培训和期刊研究与协调等六个工作组开展工作。一年半来，新图工委的工作基本达到了预期目标，如在高教司的“新世纪高等教育教学改革工程”中为《普通高校图书馆规程》的修订立项，经反复征求意见，目前已拿出了修订草案，正在争取教育部批准，以期早日颁布；协助中国高等教育文献保障体系(CALIS)完成一期建设任务，正在争取二期建设任务；全国高校图书馆事实数据库开发完毕，即将投入使用，将来各图书馆可通过网络填报和修改数据，并通过数据库生成的排行榜了解本馆在全国高校图书馆中的地位；作为全国高校图书馆的信息集散地的有独立域名的图工委主页也正在建设中；所主办的《大学图书馆学报》不仅增大了容量，而且美化了装帧设计，有了光盘版和网站；在“新世纪高等教育教学改革工程”中立了一个“网络条件下的文献信息用户教育研究”子项目，交由清华大学图书馆承担，等等。可以说，教育部高校图书情报工作指导委员会成立后，在高校图书馆和教育行政部门之间发挥了纽带作用，各地图工委及时将本地区高校图书馆工作中出现的新问题、新经验、新思路反馈给教育行政管理部门，提高了宏观管理的针对性；教育行政管理部门关于图书馆的方针、政策又经图工委广泛宣传，贯彻到高校图书馆；图工委的委员们还通过《大学图书馆学报》和定期的工作会议，对事关高校图书馆发展的重大问题进行研讨，发挥研究和指导作用，并在平时接受各高校图书馆的咨询。图工委的良性运转，增强了高校图书馆的整体感、归属感，使高校图书馆在研讨和交流中开阔眼界、更新观念，在大方向上不走弯路，健康发展。

2001年4月22日至24日，教育部图工委在四川大学召开了第二次工作会议，总结了一年多来的工作，就21世纪初期大学图书馆的发展方向作了研讨，明确了图工委下一步的工作。

(王波　赵玲玲)

〔**高校图书馆联盟的形成**〕 我国高校图书馆事业

的建设除了采用图工委的组织形式,近年还出现了联盟的形式。联盟(consortium 或 alliance)自 1960 年代以来盛行于美国图书馆界,“它不同于协会,不是个行业性组织,也有异于学会,并不以学术研究为目的。它是为了实现资源共享、利益互惠的目的,而组织起来的、受共同认可的协议和合同制约的图书馆联合体。”著名的图书馆联盟在美国有 OhioLINK、Texshare 等,在中国则以 1998 年 11 月经国家发展计划委员会正式批准的“中国高等教育文献保障体系(China Academic Library and Information System,简称 CALIS)”为代表。CALIS 作为“211 工程”高等教育公共服务体系建设项目之一,自“九五”期间开始建设。其总体建设目标是,以中国教育和科研计算机网为依托,在 20 世纪末,初步建成中国高等教育文献保障体系的基本框架,实现系统的公共检索、馆际互借、文献传递、协调采购、联机合作编目等功能。达到信息资源共建、共知、共享的目标,深化资源的有效开发和利用,提高高等学校教育和科研的文献保障水平,以此推进我国高等教育资源的合理优化配置,并与中国教育和科研计算机网共同构筑我国高等教育公共服务体系,使之成为国家重要的信息基础设施之一,为实现“211 工程”总体建设目标提供必要保障,为促进我国高等教育发展打下坚实基础。

CALIS 立项后,首先构建了“全国中心——地区中心——高校图书馆”三级文献信息服务和管理体系的框架。其中全国管理中心设在北京大学,4 个全国性文献信息中心的文理中心设在北京大学,工程中心设在清华大学,医学中心设在北京大学医学部,农学中心设在中国农业大学。7 个地区性文献信息中心分别设在南京大学、上海交通大学、武汉大学、中山大学、西安交通大学、四川大学、吉林大学(另在哈尔滨工业大学设立了东北地区国防文献信息中心)。然后配置了统一的硬软件服务平台,在各级中心的组织协调下,开始了紧张有序的文献信息资源共享及数字化建设,至今已基本完成了预期的建设一个以“211 工程”院校为主体的高校书刊联合目录数据库、7 个地区级书刊联合目录数据库,有选择地引进一批外文文献数据库,自建一批有中国高校特色的文献数据库和若干重点学科专题数据库的任务。

由于 CALIS 采取的是申请立项、合作共建、资源共享、利益均沾的运作机制,克服了以前无经费保障、无利益制约、仅凭一纸协议开展图书馆之间合作活动的不足,目前 CALIS 已成为我国当前最有成效、最有活力的文献资源共享活动之一,通过访问该联盟的网站,中国大学图书馆的数字化信息服务内容、服务水平、发展状况尽收眼底。与 CALIS 相类似,一些省和地区也建立了高校图书馆联盟,发挥了相当大的作用,如江苏省高校文献保障体系(JALIS)、上海高校网络图书馆、台湾学术电子资讯资源共享网络等。

如果说教育部高校图工委的成立是从政策上、组织上把全国高校图书馆联合起来,中国高等教育文献保障体系则是从项目上、实践上把高校图书馆联合起来,开创了大学图书馆事业的新局面。

(王波　赵玲玲)

〔**《普通高校图书馆规程》的修订**〕　高校图书馆若要健康发展,首先应该有科学稳定的政策作保障。在目前中国还没有图书馆法的情况下,规范高校图书馆工作,调整高校图书馆各种社会关系的是《普通高等学校图书馆规程》。该规程的前身是 1981 年由全国高校图工委发起,教育部颁布的《普通高校图书馆工作条例》,1987 年经修订后改为现名。规程颁布以来,发挥了很大作用,规范了高校图书馆工作,提高了高校图书馆的地位,促进了高校图书馆的建设与发展。但是随着网络环境的形成、知识经济的崛起、图书馆各方面的变革,规程已有一些内容不太适应发展的需要。教育部高等学校图书情报工作指导委员会成立后,立即把修订规程作为一项基础性的工作来抓,专门成立规程修订工作组,并把规程修订作为 21 世纪教改工程之一立项。

2000 年 10 月 28 日至 31 日,规程修订工作研讨会在武汉市华中科技大学召开。会议首先确定了规程修订的原则:第一,应严格遵循《高等教育法》等相关教育法规的规定,领会高等教育体制改革的精神,尊重高等学校的办学自主权,使新的规程从宏观管理的角度体现图书馆的要求,指导图书馆的工作。其次,应关注现实、面向未来,既要兼顾传统与现实,发挥规程对不同层次、不同水平的图书馆的普遍指导作用,又要体现时代特点,面对合校、扩招等体制上的变化以及信息技术的应用等,对图书馆提出前瞻性、方向性的要求。第三,在业务规范上要把积极应用信息技术、做好服务工作作为基点，在服务水平、队伍建设、运行机制等方面有更高更合理的要求。第四，《中国图书馆法》也在酝酿、起草之中，应加强与该法起草工作组的沟通，避免修订的规程一出台就与该法冲突。总之，修订后的规程应做到定性和定量相结合，体现出指导性、时代性、科学性、可行性、条理性。随后，代表们逐条对规程进行了认真、细致的讨论、修改，拟出了修订草案。修订草案会后马上发给各地图工委征求意见，形成第二稿。2001 年 4 月 10 日，在教育部图工委第二次工作会议之前，规程修订组的在京委员又对第二稿进行讨论，形成第三稿。4 月 23 日，在图工委第二次工作会议期间，全体委员和各地图工委秘书长又分为三组对草案进行讨论，形成第四稿。规程修订工作组还会作进一步修改后定稿，报教育部审批并颁布。规程的出台将为 21 世纪初叶高校图书馆的发展提供政策保障。

〔**经费投入加大，现代化水平提高**〕 1990 年代以来，随着科教兴国战略的逐步形成，国家对高等学校的投入也逐步加大。首先是 1995 年原国家教委启动了面向 21 世纪重点建设 100 所大学的“211 工程”，增加了对先后遴选出的大学的投入。接着在 1998 年 5 月庆祝北京大学建校一百周年期间，江泽民总书记在庆典上发表了关于知识创新和创办世界一流大学的讲话，之后北大和清华联合提出了创建世界一流大学的建议，得到了教育部的支持，以创建世界一流大学为主要内容的“985 计划”又得以启动，若干所大学被列入重点发展的名单。一些省份为促进本地高等教育的发展，也配套出台了一些教育计划，加大对高校的投入。随着这些高教项目的启动，大学图书馆的发展经费也水涨船高，以前的国内重点大学图书馆，年经费只有几百万元，近年则超过了千万元。例如，1999 年，复旦大学图书馆的总经费为 1491 万元，北大图书馆由“985 计划”投入的文献购置费为 1080 万。2000 年，南京大学图书馆总经费为 1800 万元；北京大学图书馆总经费为 2000 万元，其中由“985 计划”投入的为 1222 万。另外，作为 CALIS 成员馆尤其是全国中心和地区中心的图书馆，还有项目经费的支持。参与合并或由专科升为本科的院校，图书馆的经费也都比以前有所提高。

为适应市场经济，我国高校图书馆也树立了融资概念，向私人企业或巨额财产拥有人募集资金已成为我国高校图书馆筹措经费的重要方略之一。已有不少国内高校图书馆成功地获得了港、台及国外私人、基金会的捐助。以北大图书馆为例，向香港企业巨子李嘉诚募捐 1000 万美元以建造新馆，向美国 Packard 基金会募捐 56.2 万美元用于购买樟木书柜保存善本古籍，向港商石景宜先生募捐书款达 200 万元人民币，并得到以后还将捐助的许诺。有的大学图书馆通过出让图书馆和阅览室的冠名权以及墙面、书架、桌椅的广告发布权等来融资，有的图书馆办有视听室、展览室等，略有收益。海内外实业家有的也主动资助图书馆来促进高等教育的发展，如邵逸夫先生就为新建的几十座大学图书馆捐资几亿港币。海外图书馆成功融资的经验还在不断地引进国内，如何吸引有志于和图书馆联合进行数字图书馆建设的高新企业赞助或项目性投资，将成为未来融资的一个重要方面。多渠道的经费投入为高校图书馆建造新馆，丰富馆藏，添置现代化网络设备，高起点地向数字图书馆转型创造了条件。目前国内十多所高校图书馆引进了国外先进的自动化管理系统，使用国产自动化软件的高校图书馆也大多进行了更新和升级，凡具备网络条件的图书馆都建设了内容丰富的网站，自建或引进不少光盘或网络数据库，开通了联机公共检索目录(OPAC)和其他网络化的新型服务项目，还有一些正进行特色数字化项目建设，已成为高校信息化的基地和窗口。 （王波　赵玲玲）

〔**馆舍的改建、扩建**〕 同组织、法规、经费这些软环境基础设施的建设相适应，我国大学图书馆的馆舍建设在进入世纪之交也取得飞速发展。根据中国图书馆学会学术研究委员会建筑与设备分委员会的不完全统计，1990 年代全国新建、扩建的图书馆至少有 115 个，其中高校图书馆(包括党校图书馆) 70 个，占新馆总数的 60.9%。由于清华大学图书馆、同济大学图书馆、北京大学图书馆等先后得到成功扩建，扩建部分不仅面积大，分别为老馆的 3 倍、1.5 倍、1.5 倍，而且体现了较高的建造和结构设计水平，新老部分巧妙结合，充分融入环境，切合校园文脉，外观美奂美仑，成为校园标志性建筑。

新建和扩建图书馆普遍采用国际上流行的“统一柱网、统一层高、统一载荷”的模数式设计，多数图书馆注意到了网络环境对图书馆的深刻影响，预见到新世纪的图书馆应成为楼宇控制自动化、通信自动化、办公自动化合一的智能大厦，因而新建馆一般都具有安全的门禁系统和消防系统，图书馆智能化综合布线系统更是受到特别重视，网络接口等数字化必备元素遍布全馆。此外，从可持续发展的角度出发，新建图书馆相当重视以人为本，从空间环境设计、外部环境的建设、内部氛围的营造等都考虑读者的使用感受和审美需求；为方便残疾人进出着想，多施行无障碍设计。

从已建成的高校图书馆的使用效果看，它们一般给人留下开放舒适，通透宽敞，网络化程度高，馆藏布局和机构调整自由灵活的印象。如北京大学图书馆新馆启用后，全馆馆藏的主体被整合为工具书、文科图书、理科图书、期刊四部分，分置于一至四层，各为一个大借阅室，通层开架，读者自由选书，犹如信息超市，过去设置过细的专科阅览室则一律取消。当新生初入北大，看到处于校园中心的图书馆翘角飞檐、气象宏大，首先便有被学术气压冲击的感觉，待进入阅览室，看到犹如运动场般诺大的书库，四周校园美景透过大玻璃一览无余，更是有一种身处学术气场中心的敬畏感和庄严感，有一种身处知识森林的清新感、充实感和富足感，除了埋头读书，实无以报答内心对如此博雅之地的感激之情。对于新图书馆的开间之大，图书馆工作人员亦无心理准备，在开馆之初，甚至有人建议穿旱冰鞋整理图书。新建图书馆给人们带来的欣喜和兴奋由此可见一斑。

总之，一批时代特色浓郁的新建图书馆，改变了图书馆在人们心目中守旧落后的印象，一下子使人们看到图书馆是一项信息时代技术含量很高的事业，大大提高了馆员对未来的自信心，更重要的是为图书馆在数字化浪潮中搞好网络化布局和功能拓展，在信息服务中大显身手创造了条件、提供了舞台。 （王波 赵玲玲）

〔**服务方式的创新**〕 图书馆大气候和小环境的优化，根本目的是为了落实“读者第一”的观念，使图书馆紧跟时代步伐，更有创造性地进行信息服务。在新环境新需求的拉动下，借助于信息技术，图书馆工作的各个环节也确实发生了不少变革和创新。

采访创新。为了适应定岗定编和高校合并后的减员增效，不少大学图书馆纷纷改革采访模式，如新浙江大学图书馆引进国外的纲目购书模式，由图书馆参照分类法和主题词表，拿出购书纲目，交新华书店配书，新华书店每次配好后，先将清单通过电子邮件发给图书馆，图书馆查重后，由新华书店发送，进书速度和准确度大大提高，具有节省人力、采书面广的优点。有的图书馆为了搞好越来越多的现场购书工作，将馆藏目录简化，编制成可通过 ISBN 号检索的查重数据库，装入手提电脑，可在书市等现场实时查重。另外，以前报刊订阅发送由邮局一统天下，现在则出现了同邮局竞争的报刊代理发送公司，以 7～8 折的价格优惠订阅，发送也比邮局及时。不少图书馆通过这种代理公司订购书刊，节约了一定经费。由于我国的电子商务模式尚不成熟和普及，尽管目前国内的网上书店有很多家，图书馆大规模的购书仍然还是依赖传统的可靠的新华书店渠道，偶尔也通过网络购书，但多出自尝试、好奇的动机，所购书也只起补充、补遗的作用。至于日益增多的互联网全文数据库等电子资源，目前我国大学图书馆主要是通过集团采购的方式引进。集团采购的步骤是首先由图书馆联盟 CALIS 管理中心确定一个国内外公认、高品质的电子资源，然后组织集团联合采购，以集团名义与外商联系，就电子资源的内容价格和不同使用方式的付费情况等进行谈判，争取优惠（一般比每家单独引进约可优惠 25%～40%），同时要求外商根据我国国情在电子资源的检索软件和统计功能等方面进行修改和完善。凡参加采购的图书馆，CALIS 提供一部分补贴资金。通过集团采购，大馆节省了经费，扩大了电子资源的学科覆盖面，提高了在区域资源共享体系中的服务能力和影响力。小馆获得了以一馆之力无力购买的核心资源，提升了数字化服务水平。另外，近些年图书市场上还出现了具有多媒体功能的电子图书阅读器（E-book），因为价格较贵，产品升级快，不定型，只有极少数图书馆少量采购。

集团采购数据库情况一览表

学　校	数据库										参与采购总数
	Ei Village	Web of Science	Web of Science Proceedings	PQDD A	PQDD B	CSA	SDOS	ASE & BSP	ARL	IDEAL	
北京大学	√	√	√	√	√	√	√	√	√	√	10
清华大学	√	√	√	√	√	√	√	√	√	√	10
西安交通大学	√	√	√	√	√	√	√	√	√	√	10
武汉大学	√		√	√	√	√	√	√	√	√	9
复旦大学		√		√	√	√	√	√		√	7
南京大学		√		√	√		√	√	√	√	7
厦门大学		√	√	√			√	√	√	√	7
北京航空航天大学	√		√		√	√	√	√			6
北京科技大学	√		√		√	√	√	√			6
上海交通大学	√		√		√	√	√		√		6
浙江大学		√	√		√		√		√	√	6
中山大学				√	√		√	√	√	√	6
哈尔滨工业大学	√		√		√	√	√				5
华南理工大学	√	√			√		√	√			5
华中科技大学	√		√		√	√	√				5
吉林大学				√	√			√	√	√	5
中国科技大学		√	√		√		√	√			5
大连理工大学	√		√		√		√				4
东北大学	√		√		√	√					4
东南大学	√		√		√		√				4
暨南大学				√			√	√	√		4
四川大学	√			√				√	√		4
北方交通大学	√				√		√				3
北京理工大学	√		√		√						3
南开大学	√				√		√				3
天津大学	√				√		√				3
西安电子科技大学	√				√					√	3
中国科学院					√	√	√				3
中南工业大学	√				√	√					3
北京工业大学	√				√						2
北京师范大学						√		√			2
重庆大学	√		√								2
南京理工大学	√				√						2
青岛海洋大学					√		√				2
深圳大学				√				√			2
太原理工大学	√		√								2
燕山大学	√				√		√				3
北京大学医学部							√				1
北京邮电大学	√										1
大连海事大学	√										1
西安电子科技大学					√						1
福州大学						√					1
国防科技大学					√						1
国家图书馆							√				1
哈尔滨工程大学					√						1

学校	数据库										参与采购总数
	Ei Village	Web of Science	Web of Science Proceedings	PQDD A	PQDD B	CSA	SDOS	ASE & BSP	ARL	IDEAL	
华东师范大学								√			1
华南农业大学								√			1
华南师范大学									√		1
解放军医学图书馆							√				1
兰州大学								√			1
南京师范大学								√			1
山东大学					√						1
汕头大学	√										1
苏州大学	√										1
西南财经大学								√			1
郑州大学	√										1
中国矿业大学	√										1
中国人民大学								√			1
合计	31家	9家	18家	12家	34家	16家	28家	23家	13家	11家	

注:打"√"为参与采购。

编目创新。首先,CALIS联合目录数据库开发成功并上网运行,确立了有偿上载书目和付费下载书目这一机制,使各成员馆的联机合作编目成为现实,大大提高了联机编目的积极性和效率。其次,编目的社会化也初露端倪,在越来越多的图书发行机构为更完善地向图书馆客户提供服务,安装了图书馆编目系统,随书配送书目数据的情况下,图书馆实行编目外包是一个趋势,据了解,不少大学图书馆已部分实现了编目外包,要求书商在发送图书的同时提交准确的编目数据。第三,随着网络数字化资源的爆炸性增长,怎样对数字化资源进行揭示、组织与检索,已引起包括图书馆在内的很多行业的关注,针对数字化资源的特点而制定的作为著录规范的元数据便应运而生。元数据目前处于百花齐放阶段,各国尚未形成统一的标准,如何结合本国、本民族数字化文献的特点,确立切合使用的元数据标准是一个亟待解决的课题。因而元数据的研究和应用在编目创新方面也是一个热点,清华大学图书馆的建筑文献元数据研究项目和北京大学图书馆的古籍拓片文献元数据研究项目,在国内都处于领先的地位。第四,有些馆正在将网络资源编目数据加入公共联机检索目录(OPAC),如清华大学图书馆、西安交大图书馆按机读目录格式,对全文电子期刊进行了完整编目,并在856字段中,著录了每种电子期刊的网址。第五,有些馆较好地解决了因经费增长而带来的待编书积压的现象,如西安交通大学图书馆按照严格的数学方法,经反复测算,制定出了比较科学的定额编目的公式。华中科技大学图书馆将待编书先装入磁条放入新辟的阅览室供读者阅览,编时随取,读者利用和编目两不误。

咨询创新。以前图书馆咨询的主要方式不外乎提供书本式工具书阅览、口头解疑、查新、定题服务、馆际互借、光盘数据库的检索等,近年在优化上述服务的同时,较明显的变化体现在几个方面:

(1)通过集团购买等方式,引进的国外光盘数据库和大型网络数据库,陆续在校园网上发布,服务于读者。服务的方式一是通过建立镜像服务器,提供数据库访问;二是由外商提供租金,租用国际网络专线提供数据传输服务;三是通过因特网提供服务;四是只向出版商购买数据库,自行开发检索系统。由于新型的网络数据库通常界面友好,具有超链接功能,操作简单,不需要专业人员指导,自助性很强,读者相当欢迎。有的图书馆还把数据库资源进行跨库的初步整理,如把各库所有的期刊名在网页上按字顺列表,更加方便读者。进一步的跨库检索(联邦检索)的研究在有些馆也已启动。

(2) 近些年有几方面的原因促进了文献传递服务的飞速发展。一是电话、传真、计算机网络等通信手段和静电复印技术在图书馆普遍应用;二是具有超链接功能的、方便好用的网络化二次文献检索系统刺激了读者对一次文献的需求;三是“拥有和获取”并重的馆藏建设理念得到普遍认同,文献传递被认为是节约原版书刊采购经费的有效手段。四是国外比较成熟的文献传递系统(如 Ariel)被介绍和引进到国内。在这些因素的拉动下,高校图书馆的文献传递服务水平和质量有了很大提高,如清华大学图书馆 1996 年成立了独立的馆际互借组,从文献经费的预算中拨出专款予以支持,与国内外很多文献传递机构建立了文献协作关系,2000 年全年该馆共收到馆际互借和文献传递申请 10075 件,平均完成率达到 70%以上。北京大学图书馆 1999 年 10 月开始扩大馆际互借和文献传递服务规模,目前请求满足率达到 60.9%,请求量逐月上升。

(3) 网络学术资源导航初具规模。重点学科学术资源的导航是 CALIS 项目计划的一部分,各个成员馆根据本校的重点学科建设任务承担相应学科的导航,当然也可根据其他需求自由选择学科进行导航,这方面的工作主要由各馆咨询部门承担。2000 年 11 月 CALIS 管理中心对 46 个高校的 204 个学科的导航情况进行了验收,其中西安交大的钱学森数据库,武汉大学的长江数据库等特色导航数据库得到好评。今后学科导航将用能支持全文检索和多媒体服务的软件平台进行改造,逐步实现统一平台、统一界面、统一风格、统一标准。数据库的规模至少达到 10 万条以上,全文数据百万字(1GB)以上,优先支持多媒体数据库。

(4) 学科馆员制度开始建立。借鉴国外大学图书馆的经验,清华大学图书馆在国内率先施行了学科馆员制度,其内容是全校主要院系由系主任委任一位资深教授负责该系图书文献信息方面的工作,同时在图书馆中挑选若干有专业背景的、比较优秀的参考馆员担任学科馆员,定期向对口院系的师生介绍图书馆的新资源、新服务,同时了解该学科的发展对图书馆资源和服务的新需求,把读者的意见反馈给图书馆。该制度推出后,很快得到了推广,目前许多大学都把咨询馆员按专业背景指定对口服务院系,图书馆在录用新人时也特别重视选择有不同于正式馆员学科背景的人才,以使将来馆员的学科背景多样化,便于安排学科馆员,提供深层次服务。

(5) 建立虚拟咨询台或呼叫中心。常规的咨询服务只能在图书馆开馆时间进行,下班之后读者即没有向图书馆员咨询的渠道,而且常规咨询遇到的问题重复率很大,馆员每次都要作重复回答,浪费精力和时间。为解决此问题,目前图书馆应用信息技术,采取了几种方式来代替馆员回答提问。一是在主页上设常规知识(FAQ)问答一栏,将读者经常提到的问题逐一解答,以后有读者再提同样问题即可到此寻求答案。二是建立虚拟咨询台,读者通过 E-mail 等网络方式提出请求,电脑在问题数据库中自动寻找并提供答案,如仍不能满足读者,馆员再加以补充。三是建立呼叫中心,像企业那样提供 800 打头的免费电话,实际上也就是设置电话信号台,自动和人工回答相结合,处理读者的问题。这些方式在闭馆之后仍可起作用,是对常规咨询服务的延伸,更具时代特色。其中头两种方式已在不少图书馆应用,第三种方式西安交通大学图书馆正在立项研究。由台前走向幕后,对多种资源进行整合,追随读者研究进程提供“一站式”服务将是未来图书馆咨询的主流。

(6) 服务补救系统开始受到重视。以前的咨询服务通常是一次性的,如某个问题读者提出后,咨询员尽力解决,如实在找不到答案,向读者解释原委便了事,不再继续纠缠此问题,往往让读者失望而归,从此对图书馆的服务能力不再信任。服务补救系统就是在一次咨询中不能解决读者的问题时,不再撒手不管,而是将问题和读者的联系方式记录下来,假以时日,组织力量,开动脑筋,对问题进一步研究、查询,直到最后给读者满意的答复。服务补救系统多应用于企业,目前浙江大学图书馆已引入了服务补救思想,目前正在着手研制服务补救系统。

流通创新:流通方面的新变化主要是超市化大开架和人性化布局与服务。图书馆开架借阅的方式早在 1980 年代就在我国大学图书馆得到了普及,但是由于传统观念和小开间建筑模式的限制,开架的馆藏相当有限,只占全部馆藏的一小部分。

到了1990年代以后，民营和国营书店借鉴西方书店的模式，先后采用大开间的仓储式、超市化、自由选书的经营模式，一时蔚为风气，深受读者好评。相形之下，图书馆的有限开架就显得保守拘谨、不够开放，给人缺乏大气、服务诚意不足、落伍于时代的印象，经常遭到喜欢书店环境的读者的批评，图书馆读者较多地流向大型书店。为解决此问题，在此期间有机会新建和扩建的大学图书馆都强调了大开架功能，如北大图书馆干脆通层开架，开架图书由以前的40万册增加到现在的100多万册，读者在图书商厦的感觉如今又可以在图书馆找到了，无不对此变化表示肯定。人性化布局体现在大多数图书馆都根据常用书在低层，不常用书在高层的原则布局藏书。有些馆借鉴国外做法和采纳读者意见，将总还书处设在图书馆入口附近，而不再强调哪儿借、哪儿还，增加了馆员的运书工作量，却方便了读者。有的图书馆，如中山大学珠海分校图书馆，实行全馆一口，读者在大门口被严格验证，入馆后便可自由活动，甚至可以拿着书跨阅览室随便择地而读。也有少数图书馆像国外同行那样，在校园内设置了图书馆闭馆后的还书箱。人性化服务除了体现在馆员主动意识增强、态度更为热情等方面，较大的变化是利用计算机网络加强了馆员和读者的沟通，如利用网络，读者可以推荐新书、预约借书、发表意见和建议，馆员可以发布书评、通知到书、催还逾期图书等，有些馆还实行挂牌服务，并计划设置电子滚动显示屏，及时通报到书和预约信息，进一步加强与读者的交流。

信息素质教育创新。在网络化进程中，信息素质的内涵扩大，信息素质教育的方式也发生了变革，这方面的创新主要体现在两个方面：一是开发方便自学的网络课件，如南京邮电学院图书馆在图书馆主页上建立“计算机检索虚拟教室”，浙江大学图书馆开发了非实时的自助性的计算机网络辅助教学课件，北京大学图书馆在主页上开设“电子资源检索与利用”课，清华大学推出虚拟咨询台……无论叫法如何，这些生动活泼、图文并茂的网络教学课件的出现，打破了传统的课堂灌输模式，因自助性强、学习效果更好而深受读者欢迎。二是加强了读者演示教育，以定期的短时间演示引导读者学习信息检索知识，如北京大学的一小时讲座，在全校已创出了名气，各院系邀请不断，在图书馆界也产生了较大反响，得到了广泛推广。目前，接受教育部图书情报工作指导委员会的委托，清华大学正在从事教育部立项的信息利用教学课件的研究，项目完成后将为全国的文献课提供一个比较权威、比较成熟的数字化、网络化教材。（王波　赵玲玲）

〔**数字化建设初见成效**〕　自从教育科研网开通以后，有条件的高校都相继建成了校园网，图书馆作为师生需求旺盛的信息部门，学校信息化的重要窗口，大多数高校都加大了对其网络基础设施的投入，使图书馆成为在校园网上较早拥有自己主页的机构。为了促进图书馆的自动化网络化建设，发展网上服务，一些地区图工委在当地教育部门支持下，纷纷开展了图书馆自动化网络化评估，使一大批高校图书馆配置了新型的自动化系统，成功地将公共联机检索目录发布到网上，使读者可以远程检索图书馆书目，及时地享受到了新技术带来的好处。在此基础上，我国大学图书馆开始追随发达国家数字图书馆建设的步伐，进行资源的数字化建设和虚拟图书馆的建设，前面提到的CALIS建设、各馆的数字图书馆项目、各类网络全文数据库的采购、学科导航库的建设等都是在数字图书馆建设的大背景下开展的，在此不再赘述。按照国外学者的观点，数字图书馆因为技术含量高、资金投入大，是不可能一蹴而就的，而需要经过三个阶段：起始期（Incipient Period）、转型期（Transitional Period）、形成期（Transformed Period）。我国的大学图书馆除少数得到“985”计划重点投资的以外，目前绝大多数都处在起始期，在数字化建设中关键是要处理好馆藏资源数字化和虚拟资源馆藏化的关系，避免重复性建设，搞好特色化建设，参与整体性建设，在实践中建立一支高素质的专业化队伍，借鉴学习型组织的模式进行管理创新和机制创新，为在数字图书馆建设进程中早日迈向更高阶段创造条件。

（王波　赵玲玲）

〔**组织机构的重组**〕　传统的图书馆通常按文献进馆的流水线设置业务部门，采取的是一种线性和层叠的组织形式，当上游或上层的环节发生问题，会导致整个下游乏事可做，效率比较低下。在数字图书馆建设中，这种组织形式越来越不适应图书馆业务发展的需要，高校以定岗定编为核心的人事改革也在逼迫图书馆减员增效,这时在企业管理中被广泛应用的机构重组概念和方法便被适时地引入图书馆。眼下,已有不少图书馆以方便读者利用为宗旨,按功能对组织机构进行重组,主要做法是简化业务分工,合并功能重叠部门,新增或加强信息咨询、数据库建设、电子阅览、系统运行等新型业务部门,围绕项目或专门任务而形成的临时工作组也应运而生。这种扁平化、以项目为核心的组织形式,因为管理环节减少,部门之间更具渗透性,人员的主动性和创造力更容易得到发挥。另外因为它是动态的,属于开放式的结构,具有更强的灵活性和适应能力,能够随着环境的变化和读者的需求不断调整,容易达到最佳的服务效果。今后,图书馆会越来越多地采用这种组织形式,将自身建设成具有若干个快速反映团队组成的学习型服务性机构,为读者提供更快、更优质的服务。 (王波 赵玲玲)

〔**借合并机遇,校内文献资源配置得到优化**〕 从逻辑上讲,要实现全国高校图书馆的资源共享,首先要实现校内的资源共享,国外多数一流大学在这方面均堪称典范。但是长期以来,我国高校图书馆馆际的资源共享活动比较频繁,取得了一定成绩,但校内的资源共享却停滞不前,院系资料室应该维持现状单独设置还是裁撤合并,众说纷纭,争议不下。据笔者了解,目前各大学真正将资料室进行统一兼并改组,实现总馆辖制分馆,由总馆集中调度全校文献和文献管理人员的恐怕只有厦门大学一家。

随着计算机网络的发展和我国高校在世纪之交的管理体制改革,校内的文献资源共享迎来了机遇。首先借助网络技术,总馆可以绕过人事编制和文献所有权的障碍,将校内资源虚拟地统一起来,达到共知、共享的目的。如北京大学图书馆主动联系,给各个资料室安装总馆使用的 Unicorn 集成系统,对各系资料员进行网上编目的培训,这样各系资料室的现状表面看来没有改变,但其资源已经通过资料员的劳动在网络上得到整合。其次,在 1992 年迄今的院校合并中,已有 556 所高校(其中,普高 387 所,成高 169 所)经合并调整为 232 所高校(其中,普高 212 所,成高 20 所),净减 324 所;共有 509 所高校进行了管理体制调整(普通高校 296 所),其中中央部门所属高校转由地方管理或以地方管理为主的有 360 所(其中普通高校 205 所),省(市)业务厅局划转由省(市)教委管理的 18 所。随着大学的合并,在合并中占据优势的大学的图书馆成了总馆,其他被合并的大学的图书馆则自然而然成了分馆,分馆制在这样的形势下,不期然地在新组建的大学中实现了。由于各校图书馆在合并中面临的情况不同,采取的方式不同,而形成了三种模式:以北京大学为代表的相对独立办馆模式,以上海大学为代表的集中统一办馆模式,以浙江大学为代表的总馆管理、协调分馆的模式。就文献和资源的协调程度而论,以统一模式为最好,总馆管理分馆的模式次之,独立办馆的效果则差些。但无论那一种模式,毕竟都是在一个学校里办馆,工作的协调和沟通更加便利,资源的重复采购现象必然减少,有利于用好经费,优化校园资源配置。

以高校图书馆合并为契机的校内资源共享和以中国高等教育文献保障体系为龙头的馆际资源共享,将全国高校图书馆的资源共知、共建、共享提升到了一个新水平。 (王波 赵玲玲)

〔**图书馆工作呈现社会化趋势**〕 图书馆工作的社会化趋势有三方面的含义,一是指图书馆服务社会化,即图书馆的服务对象不再局限于校内师生,而扩大至社区居民、已毕业的校友、网民们等,切实发挥社会服务的功能。二是指传统上属于图书馆的部分工作现在外包给馆外社会力量来做,如图书的编目工作外包给书店,图书馆集成系统或应用软件的开发和维护外包给软件公司等,这种做法在美国比较普遍,1990 年代后我国个别大学图书馆也进行了有限尝试,其好处是可以节约经费,并把馆员从大量繁琐、机械的标准化编目工作和时急时缓的系统维护工作中解放出来,从事读者急需的深层次咨询服务,把好钢用在刀刃上。不足是外包工作的完成质量有时并不能让图书馆满意,在为图书馆服务的社会力量素质欠佳的情况下,图书馆的工作外包只能限制在很小的范围之内。三是传统上属于图书馆的部门或项目组,由于一些原因而脱离图书馆,成为主要向图书馆服务的社会力量。例如,某个图书馆的编目部受社会化冲击较大,其人员又不愿解体从事其他工作,便干脆通过私有化改制,成为馆外书目公司为原属馆和其他馆服务。再如,某个图书馆的自动化部花数年时间开发了一套集成管理系统,项目完成后在本馆应用,同时又被一些图书馆购买，为了保证系统的正常维护和持续更新，于是就顺理成章地建立公司，主销该套集成系统，并开展各种售后服务。

从国外图书馆的发展过程来看，图书馆的社会化是一个趋势，美国的OCLC等从事联机编目和文献提供的机构很多都是逐渐从图书馆分离出来的，反过来又服务于图书馆，彼此紧密联系，但结构不同，机制有别，有利于各自保持精干团队，提供优良服务或产品。有专家认为，作为一个科研项目的中国高等教育文献保障体系，将来一旦完成使命，是就近归属图书馆还是进行公司化改制，恐怕在两可之间。倘若改制，则很有希望成为中国的OCLC。

我国图书馆的社会化当前只能说是初露端倪，相信未来肯定还会有进一步的发展。

（王波　赵玲玲）

〔**国内外交流日益增多**〕　在信息时代，缺乏交流、视野狭隘、头脑闭塞是办不好任何事情的。随着资源共享活动的范围加大，力度提高，为了加强协调，图工委和CALIS的工作协调和学术研讨活动十分活跃，全国、大区、省市、中心等经常举办各类会议讨论工作、交流经验，国内大学图书馆一旦有什么新观念和新举措，很快就能得到传播和推广。有的地区和组织还组团到外省或走出国门进行考察研究，紧密追踪国内或世界图书馆发展的前沿信息。这些交流活动，有效地促进了图书馆的改革和管理创新，作用不可估量。尤其是那些刚上任的没有图书馆学背景、对图书馆业务知之不深的教授馆长，很多是通过交流活动完成岗位培训，较快地接受图书馆发展的新概念、新思路，迅速地适应工作，保证上任之始就能站在比较高的起点上对图书馆的发展进行规划和管理。近些年，高校图书馆馆长和骨干的素质普遍提高，大规模的资源共享活动能够顺利开展，图书馆建筑和数字化建设的规范和标准能够得到顺利推广，某种程度上都应该归功于由广泛交流而形成的良性竞争。正如闭关锁国只能带来国家的愚昧落后一样，闭门办馆很容易造成思想观念和工作方式的落伍。交流的重要性已被越来越多的馆所认识，有的图书馆已把对外交流列为馆员继续教育的一种重要形式来抓，有计划地派遣不同岗位的馆员参与不同形式、不同主题的交流活动。

以上所论，只能说是择其大端，总结了我国大学图书馆在新世纪之初进入发展快车道的种种积极表现。但是面向新世纪，大学图书馆也仍有许多问题需要解决。例如，大学图书馆的“麦当劳”化倾向越来越明显，也就是说以“麦当劳”为代表的快餐行业的基本模式正在向大学图书馆渗透，其明显表现是大学图书馆的管理层次越来越复杂，服务效率越来越高，服务内容越来越有可预见性和可控制性，技术越来越多地取代体力劳动。这些表现一方面意味着图书馆正在经历一个合理化进程，服务的规范程度和质量显著提高；另一方面意味着在整体化建设中图书馆会逐渐失去特色和个性。怎样使图书馆在某些方面规范统一的同时又保持丰富多彩，怎样使图书馆在服务水平提高的同时又不因为管理层次过细而形成不利于员工创造力发挥的“铁笼”现象，是个重要的课题。再如，高校图书馆因为地理位置、资金投入等方面的差距，在服务水平和服务质量上的两极分化正在加大，特别是随着联合编目等资源共建活动的开展，发达图书馆作为资源提供方，资源、财富、荣誉会在马太效应的作用下，滚雪球似地壮大；落后图书馆作为资源求助方，则会在恶性循环中更见弱小。况且由传统图书馆向数字图书馆转型迄今没有范式可寻，即便发达国家也无完全建成数字图书馆的实例，今后高校图书馆在发展过程中究竟会遇到什么样的困难很难预料。

然而无论如何，随着时间的推进，世界和中国都在向前发展。2001年2月28日，中国科学院根据科学推算，公布了我国实现现代化的时间表：在2050年以前，我国将有13个省、市实现现代化，人口将占41.5%；到2050年，中国作为一个国家整体，将全面达到当时世界中等发达国家的水平；到2060年，全国将有27个省、市、自治区实现现代化。其中率先迈入现代化的城市和地区分别是：上海于2015年，北京于2018年，广东于2021年，天津于2026年，江苏于2033年。而在北大和清华的发展规划中，两校将在2010年左右建成世界一流大学。因此我们完全有理由相信，新世纪之初的20年，将是我国大学图书馆大发展的20年，我们渴望着在新世纪进入发展快车道的中国大学图书馆能够开足马力，踵事增华，在世界图书馆发展与竞争的高速路上冲锋疾进，为中华民族的知识创新和人才培养发挥更大的作用。

（王波　赵玲玲）

〔**全国体育学院图书馆工作会议**〕 于1999年5月5～7日在广州解放军体育学院召开。会议听取了院校图书馆贯彻1997年长春全国体育院校图书馆工作会议纪要精神的情况汇报，重点研讨了全国体育院校图书馆自动化网络化建设设想、中文体育图书联合书目数据库实施方案和区域性体育文献联合采编的构想，来自北京、上海、武汉、南京、成都、西安、哈尔滨、广州、沈阳、天津、吉林、河北、山东、集美和解放军等体育院校图书馆的馆长出席了会议。

〔**CALIS项目专家组会议**〕 于1999年5月10～11日在北京大学图书馆召开。出席会议的有教育部高教司刘凤泰司长，教学条件处李晓明处长，CALIS管理中心王义遒主任，戴龙基、朱强、陈凌副主任，柴肇基秘书长以及CALIS专家组成员等共17人。会议首先由管理中心汇报了CALIS项目启动以来的进展情况，并演示了联机合作编目、馆际互借与文献传递软件。CALIS文理中心、工程中心向与会代表介绍了引进数据库的使用情况、存在问题及下一步的工作安排。会上，CALIS专家们各抒已见，就中文现刊目次库、联合目录数据库以及CALIS运行管理与服务模式等问题进行了热烈的讨论。专家们一致认为加快项目进度，尽快建立起CALIS公共服务系统是当务之急。

〔**图书馆馆长暨图书情报工作学术研讨会**〕 于1999年5月20～22日在青岛市召开。会议由华北煤炭医学院图书馆承办。来自全国20个省、自治区、直辖市的50余名代表参加了会议，会议研讨的主题是：世纪之交的图书馆馆长与图书情报工作。与会代表们紧紧围绕这一主题进行了深入广泛的探讨。全国高校图工委期刊专业委员会常委、河北省高校图书馆期刊工作专业委员会主任刘瑞兴研究馆员作了《世纪之交的图书馆馆长与电子情报服务》的专题报告。会议组织代表们参观了青岛大学图书馆。此次会议由河北省高等学校图书馆期刊工作专业委员会举办。

〔**华东地区师专(院)图协第六次年会**〕 于1999年5月25～27日在南通师范学院和高等专科学校召开。江苏省高校图工委副主任扬永厚到会并作了“文献资源保障与图书馆现代化”的专题报告。与会代表围绕图书馆的现代化建设、文献信息优质服务和科学管理三个议题展开讨论。会议通过了《华东地区师专》(院)图书馆协作委员会章程》，来自山东、安徽、江西、福建、浙江、江苏和上海等32所师专(院)34位馆长出席了会议。

〔**全国高校第二届中文书刊联采统编工作研讨会**〕 于1999年6月1～3日在上海市同济大学外国专家服务中心举行。与会代表首先听取了教育部高教司教学条件处处长李晓明同志关于资源共享情况的介绍，对各地高校图工委在联采统编工作中取得的成绩作了充分肯定。CALIS管理中心副主任朱强同志作了“关于文献保障系统项目进展情况”的报告。上海高校图工委秘书长王鹤翔同志着重介绍了上海高校虚拟图书馆项目建设进展情况。北京、广东两地图工委的同志也介绍了本地区高校联采统编情况。决定组建“新世纪中文图书网上联采统编协作组”，并制定了试行章程，拟于1999年7月1日正式开通试运行。经协商，由北京图联、上海申联、上海翔华、广东高校文献服务中心、江苏高校文献编目中心等经济实体组建联采统编的松散协作组。

〔**2000年度全国高校图书馆外刊协调工作会议**〕 于1999年6月2～4日在上海交通大学召开。教育部高教司教学条件处处长李晓明同志，CALIS管理中心副主任、全国高校图工委期刊专业委员会主任朱强同志，就目前全国高校图书情报工作现状和活动安排、CALIS工作计划和协调工作趋势等问题先后作了专题发言。全国高校图工委期刊专业委员会秘书长叶继元同志汇报了全国高校期刊协调网近几年来的工作情况，提出了本次会议要解决的几个主要问题。教图公司进口部经理马晓四、中图公司总经理袁水仙代表赞助单位发言。

〔**全国林业院校图工委第九次暨采编工作研讨会**〕 于1999年6月11～14日在福建林学院召开。会议主题是：“面向新世纪的图书馆科学管理”、“面向新世纪的图书馆采编工作”。会议作出决议：1. 在2000年10月前编辑出版《改革开放20年林业院校图书馆》；2. 建成“全国林业系统期刊联合目录数据库”；3. 出版《林业信息检索》教材；4. 成立林业中专馆专业委员会筹备组；5. 筹备举办中专馆“电子网络与信息培训班”；6. 拟定“全国林业院校图工委第十次会议暨斯刊工作学术研讨会”于

2000年10～11月在浙江林业学院召开。来自11所林业院校的图工委委员、图书馆馆长、图书馆采编部负责人共25人出席了会议。

〔**高等教育文献保障体系建设现场会**〕　于1999年7月17～18日在南京大学召开。会议由教育部高教司教学条件处处长李晓明主持。南京大学校长蒋树声在会议开幕时首先致欢迎词，接着高教司副司长刘凤泰和CALIS管理中心组王义遒先后讲话。刘凤泰在讲话中强调了这次会议的重要性，并讲了三个问题：(一) 关于CALIS项目；(二) CALIS的建设与高校图书馆的关系；(三) 各省、自治区、直辖市教委(教育厅)如何加快本地区高校文献信息现代化建设的步伐。在大会发言中，江苏省教委副主任葛锁网首先介绍了江苏省高校文献信息保障系统建设情况。南京大学图书馆副馆长杨克义在发言中具体介绍了江苏省高校文献保障系统管理中心项目执行情况。CALIS管理中心副主任朱强的发言，向与会同志汇报了CALIS管理中心项目建设和发展情况。北京大学图书馆馆长助理肖珑介绍了CALIS文理中心建设项目的工作情况。清华大学图书馆副馆长杨毅汇报了CALIS全国工程文献信息中心的工作情况。上海交通大学图书馆副馆长杨宗英汇报了上海市高校CALIS建设情况。武汉大学图书馆副馆长周激流汇报了西南地区CALIS中心的工作情况。另外，参加会议的各公司代表也作了简短发言，并演示了各自的软件产品，表示积极支持高教文献保障体系的建设。会议按地区分"华东南、华东北"，"西南、西北、华南"、"华中、华北、东北"三组进行了讨论。讨论的中心议题是：(一) 如何借鉴CALIS建设思路，如何共享CALIS的资源和服务；(二) 各省、自治区、直辖市教委(教育厅)如何学习江苏省教委的经验，抓好本省高校文献保障体系的建设；(三) 各高校图书馆如何把自身的现代化建设与CALIS的建设结合起来，共同参与，建好CALIS。全体代表来自教育部、CALIS管理中心，各省、自治区、直辖市教委(教育厅)和高校图工委，还有有关院校图书馆馆长，共计88人。

〔**教育部发出《关于成立"教育部高等学校图书情报工作指导委员会"的通知》**〕　1999年8月11日教育部发出"教高[1999]5号"文件，即《关于成立"教育部高等学校图书情报工作指导委员会"的通知》。《通知》说："为了进一步加强高等学校图书情报事业的建设，充分发挥专家学者的协调、咨询、研究和指导作用，更好地履行高校图书馆的教育职能和情报职能，为教学科研服务，我部决定成立教育部高等学校图书情报工作指导委员会。"该委员会由何芳川任主任委员，崔慕岳、戴龙基、刘桂林、秦曾复、张异宾、朱强、李晓明任副主任委员，庄守经、沈继武、承欢任顾问，委员共58人，朱强兼任秘书长。该委员会秘书处设在北京大学，秘书处日常工作由教育部高等教育司联系。文件中还要求各省、自治区、直辖市教委、教育厅(高教厅)，国务院有关部委教育司(局)，有关高等学校，对委员会的工作给予支持。文件还附发了《教育部高等学校图书情报工作委员会章程》。

〔**教育部高等学校图书情报工作指导委员会成立大会暨第一次工作会议**〕　于1999年10月9～10日在郑州大学召开。钟秉林司长代表教育部周远清副部长宣读了教育部关于成立高等学校图书情报工作指导委员会的文件，向委员们颁发了聘书，并发表了重要讲话。刘凤泰副司长也作了重要讲话。最后，委员会副主任委员、郑州大学副校长崔慕岳同志作了会议总结。他说，本次会议是高校图书馆界在20世纪末的一次盛会，关系着要把什么样的高校图书馆带入21世纪。本次会议专家云集，覆盖面广，很有代表性。54位委员和顾问出席了会议并进行热烈的讨论。

〔**全国地方综合大学图书馆第四届馆长研讨会**〕　于1999年10月14～17日在昆明云南大学图书馆召开。云南大学副校长吴松教授、云南省高校图工委秘书长李士文教授、云南省图书馆馆长李高远研究馆员、李孝友研究馆员出席了开幕式。云南省主要高校图书馆的馆长到会祝贺。杨东梁教授在开幕式上传达了教育部全国高校图书情报工作指导委员会成立大会暨第一次工作会议精神。本次研讨会的主题是"向现代化、多功能、开放式图书馆转型中的基础服务"，旨在对转型期间，现代化环境中各高校图书馆在基础服务方面遇到的矛盾和问题进行深入的理论探讨和实践经验的交流。本着馆长研讨会具有信息传递、经验交流、工作研讨的性质和特点，会议安排参会馆的馆长对本馆改革发展的思路、措施进行了重点介绍，并对大家关心的热点问题进行了热烈的讨论。研讨会内容主要围绕：1. 图书馆改革发展的思路；2. 图书馆现代化建设；3. 电子化、网络化环境中图书馆的基础及信息服务；4. 图书馆管理体制改革；5. 图书馆人事制度改革等。本次研讨会受全国地方综合大学图书馆协作网理事会委托，由云南大学图书馆主办。浙江大学、黑龙江大学、辽宁大学、河南大学、宁波大学、扬州大学、石家庄大学、五邑大学、云南大学等16所地方综合性大学图书馆派代表出席。

〔**1999年华东地区高校图工委协作年会**〕　于1999年10月11～14日在福建师范大学召开。此次华东协作年会的主题定为"华东地区及省一级高等教育文献保障体系的建设和文献信息资源的共建共享"。会议协商决定筹备华东地区高校图书馆文献传递协作网，由福建省高校图工委秘书处负责。参与文献传递的各协作馆指定专人负责、公布各种通讯方式的通讯地址、明确财务转账号等，有关收费标准先按各馆目前各自收费标准执行。华东地区六省一市（上海、江苏、山东、安徽、浙江、江西、福建）高校图工委和CALIS华东（南）、华东（北）地区中心的代表参加了会议，吉林省高校图工委的代表也应邀出席。

〔**第六次教育部直属师范大学图书馆馆长会议**〕于1999年10月18～22日在陕西师范大学图书馆召开。会议紧密围绕"21世纪的高师图书馆"这一主题，就21世纪高师图书馆面临的机遇和挑战及应遵循的工作思路，进行了探讨。北京师范大学、华东师范大学、东北师范大学、华中师范大学、西南师范大学、陕西师范大学、南京师范大学、湖南师范大学、宝鸡文理学院和汉中师范学院图书馆的馆长和代表参加了会议。

〔**CALIS西南地区文献资源共享会议**〕　于1999年10月20～22日在四川大学图书馆召开。代表们就如何在西南地区高校实现文献资源的共知、共建、共享工作，进行了深入而具体的讨论。代表们讨论了《西南地区高校参与CALIS共建共享的有关政策说明》、《西南地区高校图书馆文献资源共享配套软件事宜》、《CALIS西南地区中心暨四川大学图书馆文理图书馆引进数据库服务办法》、《西南地区高校文献传递服务协议（草案）》等。经过讨论，四川大学、西南财经大学、电子科技大学、四川农业大学、重庆大学、云南大学、广西大学、贵州大学等八所高校图书馆，就在西南地区实现原文传递以及高校光盘和网络数据库资源共享等具体事宜达成一致意见，并当场签署了《西南地区高校文献传递服务协议》、《西南地区高校光盘和网络数据库资源共享协议》。广西、贵州、云南、重庆、四川等省区市教委领导及"211工程"重点建设高校图书馆的馆长和专家参加了此次会议。

〔**"纪念刘国钧教授百年诞辰学术研讨会"**〕　于1999年11月15日在北京大学隆重召开。研讨会回顾了刘国钧为图书馆事业鞠躬尽瘁的一生，系统总结了刘国钧的学术思想，重新认识了刘国钧在图书馆学基础理论、中国书史、目录学、图书馆管理、图书馆现代化方面的卓越贡献和崇高地位。会议高度评价了刘国钧于1929年发表的《中国图书分类法》，该分类法经台湾著名学者赖永祥先生修订，至今仍是台湾的标准分类法，并广泛应用于香港各图书馆和欧美东亚图书馆。刘国钧先生的同事、学生、家属及研究刘国钧学术思想的图书馆学专家数十人参加了会议，刘先生在美留学时的母校威斯康星大学图书馆学院也寄来了纪念论文和刘先生的档案。这次研讨会是由刘先生生前工作过的北京大学信息管理系、南京大学信息管理系、甘肃省图书馆联合主办。

〔**第14届华东地区教育部直属高校图书馆馆长年会**〕　于1999年11月24～27日在上海交通大学召开。会议的主题是：21世纪图书馆——新三年图书馆建设目标与任务、新三年图书馆体制改革设想、图书馆参考咨询与资源共享、图书馆人员培养与素质要素、图书馆读者培训及其作用。

〔**"面向21世纪图书馆自动化管理系统建设与发展"研讨会**〕　于2000年1月6～7日在北京大学图书馆召开。北京大学图书馆、清华大学图书馆，自主开发自动化管理系统的北京邮电大学图书馆、南京大学图书馆的代表在会上作了主题发言，他们分别阐述了本馆选择自动化管理系统时的出发点及决策依据，介绍了Unicorn系统、Innopac系统、北邮创讯系统、南大汇文系统的功能、特点，深化了大家对自动化管理系统的认识。会上重点介绍了由北大引进、并参与了中文本地化的美国Sirsi公司的 Unicorn 系统中文版，对其采访、编目、流通、检索等功能模块进行了介绍和演示。

〔**高等教育文献保障系统（CALIS）第二次工作会议**〕 于2000年4月29～30日在北京大学召开了CALIS第二次工作会议。刘凤泰副司长在发言中介绍了当前高等教育改革的形势和教育部今年启动的新世纪高等教育教学改革工程以后，着重总结了CALIS项目建设一年多来的主要成绩。刘司长指出，通过CALIS的建设、服务和宣传，在高等学校范围内，文献信息资源共建共知共享的观念开始得到普遍认同，越来越多的高校图书馆积极参与CALIS的建设，一批省市正在参照CALIS的模式建设地区一级的文献信息保障体系，新型的馆际互借活动也正在越来越多的地区和图书馆之间开展起来。刘凤泰副司长讲话以后，还代表教育部高等教育司和CALIS领导小组，向CALIS管理中心、各学科中心和地区中心发了中心名牌。管理中心副主任朱强介绍了CALIS项目的总体进展情况以后，肖珑副研究馆员代表文理中心和工程中心演示了CALIS信息服务的功能；戴龙基副主任报告了2000年工作计划；联机合作编目、馆际互借、中文现刊目次库、高校学位论文会议论文数据库、重点学科导航等子项目的负责人分别汇报了各项目的建设和应用情况。华南地区中心和西北地区中心的代表介绍了本地区开展资源共建共享活动的做法和经验。朱强副主任还介绍了CALIS在“十五”期间的建设方案和初步设想。随后，与会代表展开了讨论。出席会议的有教育部高等教育司刘凤泰副司长，北京大学何芳川副校长，CALIS领导小组副组长王义遒（北京大学）、杨家庆（清华大学）等。部分省教委的同志、部分高校的校长和70多所高校图书馆的馆长参加了会议。

〔**全国高等学校图书馆第三次期刊工作学术成果评奖揭晓**〕 全国高校图书馆第三次期刊工作学术成果评奖会于2000年5月6～7日在北京大学召开。全国高校图工委期刊工作专业委员会主任朱强、副主任张怀涛、学术组组长蔡蓉华、常委杨毅等参加了会议。经过认真的评选，从全国22个省市申报的73项成果中评出特等奖一项，一等奖2项，二等奖14项，三等奖35项。

〔**全国图书馆学硕士点建设暨本科教改研讨会**〕 于2000年5月15～18日在湖南湘潭大学举行。与会代表在理论讨论中认真分析了图书馆学专业教育近20年所遇到多次挑战与磨难，讨论了在当代信息技术充分发展的社会大环境下，图书馆学教育与研究，如何与国际国内科学发展水平接轨等重大课题。来自武汉大学、北京大学等全国30余个图书馆专业教育系科，以及中科院文献情报中心、清华大学图书馆、第二军医大学图书馆等设有硕士、博士教育点的单位等近50人出席了会议。

〔**全国医学文献检索教学研究会第六次学术研讨会**〕 于2000年5月16～19日在广州医学院召开。这次会议的议题是“医学文检课程的改革与发展”。大会共收到44篇相关主题的学术征文，经学会学术组专家评审，确定13篇为大会宣读论文，7篇为优秀论文，会议最后推荐2篇在《中华医学图书馆杂志》发表。广州医学院图书馆邱飈曾馆长的“论信息素质教育与文检课程改革”一文获得以上所有殊荣。上海医科大学等12所院校的多媒体教学课软件参加交流演示。与会代表就大会主题、教学改革、学科体系建设等问题进行了热烈的讨论。来自全国64所医药院校的96位代表参加了会议。

〔**华北高校图协第十四届年会**〕 于2000年10月17～20日在河北省唐山市召开。这届年会是20世纪华北地区高校图书馆界最后一次大型学术盛会。会议的目的和任务是：总结成绩、交流经验、研讨问题、共商华北高校图书馆事业下一世纪的发展大计，在思想上、理论上、实践上为迎接21世纪进行思考和准备。为迎接21世纪这届年会以“新的世纪，新的征程——迈向21世纪的中国高校图书馆”为主题，从征集的论文中遴选出61篇较好的文章作为大会书面交流材料，其中，北京11篇、内蒙古6篇、山西14篇、河北22篇。会议采取专家报告、大会重点交流和分组讨论相结合的方式进行。来自北京、天津、内蒙古、山西、河北的55所高校图书馆的代表及教育行政部门和高校图工委的负责同志，总共102人参加了会议。会议由本届值年主席单位河北省高校图工委主办，华北煤炭医学院图书馆承办。

〔**“知识管理与元数据”讲习班**〕 于2000年10月20～22日在清华大学图书馆举办。由OCLC学院的副院长 Eric Jul 先生讲授，Ohio 大学图书馆前馆长、OCLC 杰出访问学者李华伟先生及 OCLC 学院特邀吴建中博士(上海图书馆副馆长)、董小英女士(北京大学信息管理系教授)也分别进行了授课。来自全国各地 37 个高校图书馆及图书情报单位的近 100 名学员参加了学习。讲习结束后,还为学员颁发了 OCLC 学院结业证书。

〔**2000 年全国图书情报学研究生学术研讨会**〕 于 2000 年 10 月 24～26 日在北京召开。会议的主题是"确定使命,创新攀登,为人才培养开辟新途径"。大会特别邀请了韩国延世大学教授李炳穆、台湾世新大学教授顾敏、北京大学教授博士生导师吴慰慈、中科院文献信息中心研究员博士生导师孟广均、南京大学教授博士生导师倪波等国内外著名专家为与会代表作了精彩的报告,内容涉及跨世纪图书馆学情报学理论研究、图书馆学情报学学科建设、新世纪文献信息服务的发展趋势与前景、网络信息资源管理等诸多方面,使代表们对科学研究的前沿领域、学科发展的趋势定位、三代学人的历史使命有了深刻的认识。这是一次由中科院文献信息中心、北京大学信息管理系、武汉大学传播与信息学院、南京大学信息管理系、中国科技信息研究所、中国国防科技信息中心等 6 家单位联合主办的全国性学术盛会,共有来自全国各地的 110 名代表出席。

〔**《普通高等学校图书馆规程》修订工作研讨会**〕 于 2000 年 10 月 28～31 日在华中科技大学图书馆召开。会议首先讨论了规程修订的意义。代表们一致认为,规程自 1987 年颁布以来,发挥了很大作用,规范了高校图书馆的工作,提高了高校图书馆的地位,促进了高校图书馆的建设与发展。但是随着知识经济的崛起、网络环境的形成、图书馆各方面的变革,规程已有一些内容不太适应发展的需要。至于规程修订的原则,代表们认为首先应严格遵循《高等教育法》等相关教育法规的规定,领会高等教育体制改革的精神,尊重高等学校的办学自主权,使新的规程从宏观管理的角度体现图书馆的要求,指导图书馆的工作。教育部高教司教学条件处李晓明处长、高等学校图书情报工作指导委员会朱强秘书长及规程修订组的部分成员和特邀代表共 14 人出席了会议。

党校图书馆系统

〔**建立中国数字图书馆中央党校示范工程协议**〕 于 2000 年 4 月 14 日在中央党校签订。中央党校副校长王伟光主持签字仪式。中央党校常务副校长郑必坚、国家 863 计划中国数字图书馆发展战略组组长、原文化部副部长徐文伯、科技部副部长李学勇出席仪式并讲话。

中央党校图书馆副馆长崔永琳代表中央党校图书馆,首席专家高文代表国家 863 计划中国数字图书馆战略组,在合作协议书上签了字,这标志着中国数字图书馆中央党校示范工程正式启动。中央党校图书馆将获得战略组在建设数字图书馆方面的相关支持,建成具有党校特色的数字图书馆,为党校的教学和科研提供最先进的信息技术支持。合作双方将共同研究与探索中国数字图书馆建设和发展的特点、体制、标准以及知识产权和带动相关产业发展等问题,推动中国数字图书馆建设。

〔**全国党校图书馆工作暨数字图书馆建设会议**〕 于 2000 年 11 月 23～25 日在中共海南省委党校召开。中央党校常务副校长郑必坚在开幕式上发表讲话,并作了《时代发展与中国共产党的"三个代表"》的专题报告。他指出:以"三个代表"为指针,培养大批跨世纪的高素质领导干部,是我们党的带有全党工作大局性质的战略性措施,也是中央交给党校的重要任务。我党校工作来说,教学是中心,科研是基础,基础设施是保证,三个方面相互联系,相互促进。这次会议关系到党校工作和党校建设的全局,加快以数字图书馆为重点的党校信息化建设,具有现实的紧迫性和重要性,是适应新形势下党校事业发展的需要。他希望党校图书馆工作在党校事业发展的新阶段,在为教学科研服务方面,在信息化、现代化建设方面,能起到带头和推动作用。

中央党校副校长王伟光作了题为《贯彻全国党校工作会议精神,加快图书馆信息化、数字化、现代化建设的步伐》的主题报告。他说:"三个代表"的一个最鲜明的特点,就是集中论述了党的先进性。党要成为先进生产力和先进文化的代表,就要求党员具有扎实的理论基础,具有战略眼光和时代气息,不掌握信息科技这种先进的学习手段怎么行?全国党校系统远程教育网和数字图书馆建设,将为党校教育事业带来一场教学方式上的革命。加快建成有党校特色的现代化图书馆,加大图书馆的信息化、数字化速度,对于开创党校干部教育的新局面意义十分重大。他着重讲了三个问题:一、充分认识图书馆现代化建设的重要性、必要性和紧迫性;二、发挥集体力量,全力以赴,建设全国党校系统数字图书馆;三、全国党校系统数字图书馆建设中的若干问题。

国家863计划中国数字图书馆发展战略组组长、中国图书馆学会理事长、原文化部副部长徐文伯在发言中的指出:率先在全国党校系统建成数字图书馆,是加快建设中的中国数字图书馆的当务之急,也是中国数字图书馆建设的第一步。

中共海南省委副书记、省长汪啸风出席了会议。中共海南省委副书记、海南省委党校校长王广宪也在会上讲了话。

海南、重庆、黑龙江、四川、福建、上海、辽宁、江苏、湖南等省、市委党校,铁道部党校和中央党校图书馆的代表在会上交流了图书馆现代化建设的经验和情况。

会议确定了全国党校系统数字图书馆建设的方针和基本框架。其方针是:科学论证、统筹规划、携手共建、资源共享、功能齐备、具有特色、分步实施、持续发展。其基本框架是:采用国内先进技术建设全国党校系统数字图书馆网络平台;利用该平台建设全国党校系统分布式的超大规模数据库群;以中央党校图书馆网站为门户站点,通过互联网形成全国党校系统数字图书馆网络。

会议指出,数字图书馆是一项集计算机技术、网络技术、信息技术、通讯技术、多媒体技术和图书馆文献组织技术为一体的系统工程,需要较大量的资金投入,较大量的人力参与,较大量的文献资源支撑,必须动员全国党校系统各方面的力量,加强组织、协调和管理工作,相互配合和支持,保证全国党校系统数字图书馆建设目标的顺利实现。全国党校系统数字图书馆建设是一项长期的工作,计划从现在开始用五年时间,分三步实施一期工程,基本形成全国党校系统数字图书馆信息网络。第一步是作好工程的论证和规划工作,制定总体实施方案,并作好各项准备工作,如资源调查、人员培训等。第二步是抓核心网络建设与联网,形成全国党校系统数字图书馆的核心框架,主要是抓好软硬件建设和资源库建设。第三步是建成具有相当规模的资源库,基本形成比较完整的全国党校系统数字图书馆信息网络。要以丰富的信息资源支持教学和科研,使马列主义、毛泽东思想和邓小平理论在网络上得到广泛传播。会议同时强调目前必须着重解决的几个问题:一、制定规划;二、加大投入;三、培养队伍;四、形成合力;五、加强领导。

参加会议的有全国各省、自治区、直辖市委党校,铁道部、新疆生产建设兵团党校,各副省级城市党校和部分地(市)委党校的主管副校长、图书馆馆长和全国党校文献信息学会部分会员馆馆长及有关方面负责人,共140人。

军队院校图书馆系统

〔全军院校协作中心图书情报专业组长联席会〕 全军院校协作中心图书情报专业组长联席会(以下简称联席会),在国内图书情报界称军队院校图书情报专业组长联席会,是中国图书馆学会的二级学会,亦称中国图书馆学会军队院校图书馆委员会。

联席会的组成,由各地区军队院校协作中心图书情报专业组组长、国防大学图书馆馆长、军队院校图书情报专业教育机构负责人以及特聘的人员组成。联席会的日常办事机构为联席会秘书处。各地区图书情报专业组是联席会的基层组织,由该地区各图书馆馆长组成。

联席会的组织原则是:坚持民主协商、互惠互利、活动有效的组织原则,各成员馆,各成员要按照“军队院校一个馆”的整体联合、资源共享思想,以为全军院校图书馆作贡献的精神,积极参与联席会及其基层组织开展的各项协作活动,在总部主管部门的领导下,积极开展馆际交流和协作活动,不断增强联席会的生命力、号召力和凝聚力。

联席会每年召开一次工作会议,其基本任务是:总结年度工作,部署下一年度活动计划,研讨军队院校图书馆现代化建设中的重大问题,形成会议纪要。在必要时可临时组织召开工作会议。联席会和各地区图书情报专业组每年进行工作小结,每年组织编写《军队院校图书馆大事记》。

联席会原则上每两年举办一次全军性或专题性的学术研讨、工作经验交流、专题工作总结表彰

等会议或活动。会议或活动内容在联席会工作会议上确定,联席会秘书长负责承

〔**联席会第13次会议在长春召开**〕 全军院校协作中心图书情报专业组长联席会于1999年10月30～31日在长春军需大学召开。解放军总参军训部训练保障局张永国副局长、周毅参谋和总后司令部军训局赵冠军参谋以及联席会全体成员出席了会议,部分原联席会成员应邀参加了会议。张副局长作了题为《抓住机遇,适应需求,谋求发展,为军队院校的建设发展作出新贡献》的重要讲话。会议着重研讨了军队院校图书馆建设和发展问题,提出了《军队院校图书馆建设发展纲要(2000～2010)》咨询报告;原则通过了《全军院校协作中心图书情报专业组长联席会关于加强自身建设的决议》;总结了联席会本年度的工作,部署了下一年度的工作;调整和增补了联席会的领导成员;交流了军队院校图书馆数字化建设的部分成果。

这次会议是在院校调整改革的新形势下,面向新世纪,把图书馆工作推向新阶段的一次重要会议。会议的主题是面对院校调整改革的新形势,面向新世纪,研讨军队院校图书馆建设发展的指导思想、目标任务和对策措。会议进一步明确图书馆在院校教育中的性质、地位,进一步明确图书馆专业技术干部队伍的专业技术性质,进一步明确了图书馆现代化建设的发展方向。会议认为,应当在职能作用的发挥上深化改革,在调整图书馆专业技术队伍的结构上深化改革,在图书馆数字化建设上深化改革;应当坚持实施"科技兴馆"战略,坚持叫响"全军院校一个馆"的口号,坚持图书馆数字化建设的方向。

会议研讨了加强联席会自身建设的问题,形成了决议。会议总结了工作,认为,1999年全军院校图书馆实施科技兴馆战略,促进思想的解放和观念的更新,把握图书馆数字化建设方向,取得了明显的建设成果,在3个方面加快了数字化建设的进程:一是军事训练信息数据库建设取得明显进展。在全军军事训练信息数据库重点建设项目中,有三分之二以上的是由图书馆承建的。各承建单位认真贯彻边建边用的原则,开始发挥了使用效益。二是图书馆电子阅览室建设进展加快。到目前为止,已有半数以上图书馆建立了电子阅览室,以数据库服务器、磁盘阵列和光盘塔为核心,增强了数字化信息生成能力、数字化信息的管理能力以及为网络用户的检索服务能力。三是加强了数字化文献信息资源建设,建有园区网和电子阅览室的图书馆十分重视数字化资源的建设,制作出美观大方、内容丰富的图书馆主页,采取自建、引进和网络获取相结合的方法,迅速扩大为网络用户提供数字化文献信息的能力。图书馆数字化建设的进程表明,院校图书馆是军事训练信息数字化建设、管理和服务的主力军。

〔**《军队院校图书馆建设发展纲要(2000～2010)》初步形成**〕 为适应信息技术的飞速进步,"科技强军"战略的贯彻实施,院校教育改革的不断深化,开创我军院校图书馆现代化建设的新局面,服务于院校教育改革和高素军事人才的培养,作为咨询报告的《军队院校图书馆发展纲要2001——2010》初步形成。要点是:

军队院校图书馆发展建设的指导思想是:以"科技强军"战略思想为指导,以现代信息技术提供的网络环境和技术手段为依托,以"科技兴馆"为发展战略,走整体发展、效益发展、特色发展的道路,以加强图书馆数字化建设为发展方向,采取"优化结构、增强功能、积极适应、主动服务"的建设方针,全面提高文献信息服务保障能力,为我军军事训练信息化建设服务,为军队院校的建设和发展服务,为培养高素质军事人才服务。

军队院校图书馆建设发展的总体目标是:充分利用现代信息技术提供的条件和手段,使军队院校图书馆实现整体上的系列有序化、技术手段的数字网络化和管理方式的科学规范化。5年内,建成军队院校文献信息服务系统,实施军事训练信息数字图书馆实验工程,实施军事训练信息数字化建设计划和军队院校图书馆深化改革计划;10年后,使军事训练信息服务保障能力得到极大提高,基本实现文献信息管理的有序化、资源的数字化、服务的整体化,基本实现军事训练信息资源的共建、共知、共管、共享,把军队院校图书馆联成一个多层次、多系列、多功能的,能适应院校发展需要的,具有我军特色的现代化的知识网络,努力把军队院校图书馆现代化建设事业推向新阶段。

实现军队院校图书馆发展目标的工作思路是:

以解放思想、更新观念的思想理论建设为先导;以统一规划、宏观指导的整体联合建设为龙头;以加强领导、加大投入的管理体制建设为前提;以结构合理、特色鲜明的文献资源建设为重点;以提高素质、增强能力的干部队伍建设为关键;以配套完善、科学规范的规章制度建设为保障;以发挥职能、效益明显的信息服务工作为宗旨。做到"三抓":抓改革,促进文献信息服务保障的发展;抓建设,增强文献信息服务保障的能力;抓管理,提高文献信息服务保障的效益。

〔**军队院校图书馆实施"科技兴馆"战略**〕 军队院校图书馆以"科技兴馆"战略思想为谋划工作的出发点,以深化改革、提高服务效益为开展工作的立足点,以在军事训练信息数据库建设中发挥主力军作用为重点工作的着力点。"科技兴馆"思想的提出,"科技兴馆"战略的实施,必将对军队院校图书馆现代化建设产生巨大的推动和深远的影响。

"科技兴馆"战略的内涵和意义:"科技兴馆"是"科技强军"战略在军队院校图书馆的具体应用和具体实施;"科技兴馆"是图书馆为院校建设和发展服务,为培养适应未来军事斗争需要的高素质军事人才服务这一根本办馆宗旨的迫切需求;"科技兴馆"是适应随着现代信息技术的发展,文献信息工作的技术环境、服务手段、服务方式的变革,迎接挑战,抓住机遇,寻求自身发展的必由之路。

实施"科技兴馆",首要的是实现思想观念的更新,用邓小平理论和高科技知识武装头脑,把图书馆专业技术干部队伍建设好。通过"两个武装",要实现思想观念的更新,树立并强化"四种意识":一是科技意识;二是创新意识;三是整体意识;四是效益意识。

实施"科技兴馆"战略,需要总体规划,抓住关键,突出重点,搞好落实。一是制定规划。各馆应当以院校调整改革为契机,在广泛深入调研的基础上,在总部有关精神的指导下,紧密结合本院校建设和发展的需求和网络环境与现有技术条件,对文献资源建设及其数字化、信息数据加工标准化、服务手段网络化,进行科学论证,总体规划,制定建设目标,提出切实可行的实施方法和步骤,积极争取得到本院校领导和机关的支持和重视。二是抓住关键。"科技兴馆"的核心是用现代信息技术及其设备武装图书馆,抓住信息技术及其设备武装图书馆这个关键,必然对图书馆现代化建设产生巨大的作用。三是突出重点。当前,全军军事训练信息网建设工程正在实施,各图书馆信息管理局域网已经运行的条件下,工作的重点应当放在文献信息的数字化建设上,就是利用已有设备条件,建设特色数据库、合理引进数据库、网络获取数据库,逐步形成满足网络用户需求,提供数字化信息服务的能力。在技术设备、多种媒体形式的信息数据增加的情况下,对它们的建设、管理、服务工作中,要重点放在服务上,注重发挥使用效益。四是搞好落实。为了把实施"科技兴馆"战略落到实处,必须处理好5个关系:深化改革和发展建设的关系,总体规划和近期建设目标的关系,建设和管理使用的关系,条件建设与环境建设的关系,更新增加设备与发挥现有条件的作用的关系。

〔**军队院校图书馆信息资源数字化建设取得丰硕成果**〕 按照《全军军事训练信息资源数字化建设规划(1998~2003)》,1998、1999年,军队院校图书馆启动了数十个数据库的建设,已取得了丰硕的成果。主要表现为:一是重点建设的数据库形成体系。已建成的数据库,初步形成了包括军事科学、作战指挥、军事训练、院校教育、外军装备、军队政治工作、高技术局部战争等内容军事训练特色数据库体系。二是各院校重视信息资源数字化建设的局面已经形成。各院校图书馆通过已经建设的电子阅览室引进大量光盘等文献信息已经上网,从其他网络上下载信息或引进信息相当丰富,已成为网络共享的重要资料。三是数字化信息资源的管理、服务网站初步形成。各院校图书馆重视主页制作,内容结构合理,特色鲜明,信息更新及时,形成了一批网上知名站点。数据库管理开发平台先进,功能比较完备。经过两年多的努力,军事训练数字化信息资源不断丰富,令人鼓舞,为全军军事训练信息网的应用和发挥效益起到了关键性的作用。

〔**军队院校文献信息服务系统建设方案初步形成**〕 在广泛技术调研的基础上,以全军军事训练信息网提供的技术环境为依托,以军队院校图书馆信息局域网络为基础,以文献信息的共建、共知、共享为目标,构建军队院校文献信息服务系统为目标,进行了全面论证设计,形成了建设方案。这是军队院校图书馆现代化建设的重要举措。军队院校文献信息服务系统在功能上包含在网络环境下实现图书馆内部业务管理自动化、数字化文献信息的生成管理服务的自动化、网络数字化信息的重组浏览的自动化，以及馆际文献书目信息的共建共享等。在建设内容上包括图书馆业务管理集成系统、数字化文献信息生成系统、数字化文献信息管理系统，具有导航功能的参考咨询系统、Web 信息服务系统以及建设军队院校书目数据中心，具有联合采访、联机编目、书目共享、馆际互借和源文献提供功能，形成馆际文献服务系统。在技术上采取当前先进成熟的信息技术。在实现途径上充分发挥军队院校的整体优势，在总部强有力的领导下，采取整体规划，分步实施，优质高效的建设方针，追求最好的建设效益。

〔**军队院校图书馆第四期馆长培训班**〕 受解放军总参谋部军训部训练保障局委托，由军队院校协作中心图书情报专业组长联席会组织，南京政治学院上海分院信息管理系承办的第四期军队院校图书馆馆长培训班，于 2000 年 5 月 24 日至 6 月 2 日在上海分院举办，全军院校图书馆 45 名馆长参加了培训。培训班以图书馆信息资源数字化建设和科学管理为主题，采取外请报告为主，学术报告、参观考察和学员讨论交流相结合的教学方法，研讨军队院校图书馆建设、发展和科学管理问题，把培训班办成了学习班、研讨班和经验交流会。这期培训班的特点和主要收获：一是培训目标明确。本次培训班围绕新世纪军队院校图书馆建设发展的指导思想、目标任务和对策措施进行深入研讨，以转换观念、更新知识、强化现代技术条件下的管理能力，进一步明确今后的努力方向，为推动军队院校图书馆评估达标工作的顺利开展，加速图书馆数字化建设的进程，做好理论上、思想上和组织上准备，出一批具有较大价值并能直接指导工作的科研成果。二是教学形式多样。培训班重点安排了三个专题的内容：(1)21 世纪军校图书馆建设与发展，从总体上总结当代图书馆事业的发展方向，军队院校图书馆建设的成就与经验，明确未来发展方向；(2)图书馆目标管理与等级评估，主要加强图书馆的科学管理，提高馆长科学管理水平；(3)掌握中国国家数字图书馆工程进展，全军军事训练信息网建设进展，以及信息资源数字化技术，明确军事训练数字图书馆建设思路和方向。围绕 3 个专题，安排了 9 场高水平的学术报告，进行了热烈的分组讨论和大会学术交流。三是内容层次较高。这期培训班请图书情报界知名专家就国内外和军队院校图书馆建设、发展问题，从理论和实践的结合上作了高水平的学术报告，使参训馆长受到了教育，开阔了思路，认识到面临的机遇和挑战，增强了做好工作的紧迫感。四是收获成果丰富。本次培训班取得了一批重大学术理论成果。各位参训馆长均写出了一篇以上论文，11 名同志在大会上进行了交流发言。通过培训，认清了形势，增强了使命感和责任感；明确了目标，受到极大的鼓舞；确立了思路，坚定了走整体联合、资源共享的建设道路的决心和信心。

〔**海军院校图书馆工作会议在广州召开**〕 于 1999 年 12 月 3 日至 4 日在海军广州舰艇学院召开。海军图书馆主管部门的领导和以及海军所属院校(含分院)图书馆馆长出席了会议。会议总结交流了一年来图书馆数字化和现代化建设的经验，观看了 5 个数据库建设单位的汇报演示，讨论明确世纪之初海军院校图书馆建设的方向、目标、任务及进一步加强协作的有关问题。会议认为，海军院校图书馆在总参军训部、海司军训部和各院校首长的关心、领导和全军“联席会”的指导下，经过图书馆人员的积极努力，取得了较大的工作成绩。海军院校图书馆下一步建设的思路是：在建设方向上，要坚持以文献信息数字化建设为龙头，走科技兴馆、特色建馆、整体发展、效益发展之路；在建设目标上，要达到整体上的系列有序化、技术手段上的数字网络化、管理上的科学规范化；在建设任务上，要配合全军，搞好文献信息服务系统建设、实施军事训练信息数字图书馆实验工程、完成文献信息数字化建设计划、实现图书馆深化改革计划。

〔**海军院校图书馆第三次协作工作会议在武汉召开**〕于 2000 年 5 月 21 日～22 日在海军工程大学召开。会议的主要议题是：总结交流海军院校图书馆电子阅览室建设的经验和体会；讨论研究《海军院校文献信息数字化建设发展规划》；讨论研究《海军院校图书馆工作条例》。会议认为，图书馆电子阅览室建设，应当成为落实“科技兴馆”战略、增强数字化信息服务能力的重要突破口。与会同志对电子阅览室的建设进行了认真的讨论，在建设指导思想、技术思路上达成了一定的共识。大家认为：从信息资源发展趋势角度看，开发利用数字化信息资源应当是电子阅览室的主要功能；从网络设计角度看，将光盘网与图书馆信息网络、园区网整合成为一个功能更加强大的网络系统，应当是电子阅览室发挥综合效能的基本思路；从存储管理角度看，采用硬盘阵列、镜像和虚拟技术，实现海量存储和高速在线访问，是设备选型的重要原则。会议讨论了海军院校文献信息数字化建设发展规划问题。认为，在网络环境下，积极采用引进、网络下载和自建特色数据库，逐步形成海军院校文献信息数字化保障体系，是海军院校图书馆下一步的主要奋斗目标。会议还讨论了《海军院校图书馆工作条例》。该《条例》结合海军的具体情况，对海军院校图书馆的工作和建设，作出了明确的规定，将对海军院校图书馆的正规化建设起到重要作用。

〔**全军陆军学院图书馆第七次协作会议在南昌召开**〕 于 2000 年 5 月 18 日～20 日在南昌陆军学院召开，各陆军学院图书馆馆长及有关专业人员参加。与会馆长介绍了院校调整精简后人员、业务机构设置的变化情况和经费指标、馆藏建设、读者服务工作情况。已建成电子阅览室的图书馆介绍了电子阅览室建设情况和管理、发挥作用的经验。会议着重研究了馆藏文献资源数字化建设问题。与会馆长提出，陆军学院图书馆可考虑围绕学院今后主要担负本科后专业教育重点教学内容联合开发专题文献全文数据库，以实现馆藏相关文献信息资源共享。经协商，共同开发建设各陆军学院《学报》全文数据库，今后拟共同开发建设《步兵分队战术》、《军队基础思想政治工作》、《军队基层管理》、《军事基础训练法》等数据库。

〔**青岛、西安地区军队院校图书情报协作组联合召开信息资源数字化建设学术研讨会**〕 于 2000 年 6 月 8 日～10 日在西安第四军医大学联合召开了“图书馆信息资源数字化建设学术研讨会”。会议总结交流了两地区军队院校图书馆数字化建设的经验和体会，一致认为：开发利用数字化信息资源是电子阅览室的主要功能；只有将光盘等数据库与图书馆信息网、校园网连接成更加强大的网络系统，才能使电子阅览室发挥更加强大的综合效能；只有采用光盘库、磁盘阵列、镜像和虚拟技术，才能实现海量存贮和高速在线访问。总之，现代电子阅览室应当成为集数字化信息的存贮、整理、检索、传输和多种服务的“数字化图书馆”的雏型。在网络环境下，要积极采用引进、网络下载和各馆自建特色数据库等方法，逐步形成青岛、西安地区军队院校文献信息数字化保障体系。

〔**军队院校图书馆缩微资料数字化管理系统软件开始运行**〕 解放军理工大学工程兵工程学院图书馆开发研制的图书馆缩微资料数字化管理系统软件，在华北、西北及华东地区缩微中心运行。该系统可将缩微胶片上的信息资源转换成在计算机上阅读、编辑、修改、打印等数字化信息资源；实现了对缩微胶片的扫描、著录、数据库管理的集成。该系统将陆续在配有 MS2000 缩微胶片扫描仪的部分终端馆进行使用。

〔**WEB 数据库应用系统向全军各院校图书馆推广使用**〕 由解放军总参谋部军训部训练保障局主持、各地区信息管理中心组织举办的“WEB 数据库应用系统推广培训班”，于 2000 年 6 月下旬至 7 月上旬举办，把后勤指挥学院网络中心基于 NOTES 技术开发的“好伙伴网上办公管理系统”、“网上电子刊物通用管理系统”升级版和“文档型数据库 Web 通用管理系统”升级版以及后勤指挥学院网络中心和信息工程大学测绘学院图书馆联合开发的“军队院校研究生学位论文全文数据库管理系统”升级版，推广到全军各院校图书馆。从而，为各院校自建特色数据库、建立研究生学位论文全文数据库、出版物网络版本、网络版本的教材以及实现管理办公自动化提供了先进实用的应用系统。各院校图书馆积极掌握这些系统的安装、使用、维护方法，根据各自的需求，做好特色文献信息的数字化建设工作。已经着手建立研究生学位论文全文数据库的单位把数据转换到“军队院校研究生学位论文全文数据库管理系统”升级版。

〔**国防大学图书馆大力加强信息数据库建设**〕 国防大学图书馆从 1996 年起开始信息资源全文数据库的开发和建设工作，目前，已建成《国防相关信息情报系统》、《邓小平新时期军队建设思想数据库》、《江泽民新时期军队建设数据库》、《台湾问题相关信息数据库》、《中国历代战争数据库(古代部分)》、

《中国历代战争数据库(现代部分)》、《馆藏书目数据库》和《馆藏期刊目录数据库》等8个数据库,数据总量已达到了10亿字节。其中,《国防相关信息情报系统》获1999年军队科技进步二等奖。这些数据库集成在图书馆主页之下,形成图书馆信息服务系统,其主要特点:一是信息来源广泛,二是表现形式多样,三是检索方便、快捷,四是选题内容全面系统,具有较强的针对性,较好的通用性,较宽的覆盖面。

〔南京陆军指挥学院图书馆数字化建设的经验〕 南京陆军指挥学院图书馆是一个建筑面积4800平方米、藏书51.2万册的中型图书馆。多年来,该馆在信息资源数字化建设方面做了很大的努力,取得了丰硕的成果和丰富的经验。主要的是:一、紧跟科技发展潮流,积极参与。全军院校协作中心图书情报专业组长联席会第十一次会议上提出了加快军队院校网络化、数字化建设要求后,该馆立即组织骨干商讨、研究,达成共识,主动请缨,积极投入到全军军事信息资源数字化建设中去。目前已完成了《合同战术数据库》、《中国历代兵法》、《中国军事著作简介》等3个大型数据库的建设任务。二、抓特色,抓重点。该馆在每个项目立项前都作充分的论证,建设中抓重点,抓特色,制作高质量、过得硬的数据库。三、讲质量,讲效益。他们在组织技术人员会同学科专家、教授研制开发了《合同战术网上教学系统》,通过计算机网络实现异地远程教学。使用户通过互联网不但可以查询、检索合同战术的文献资源,还可以和专家、教授进行网上学术讨论,把合同战术数据库的利用引向深入。四、突出重点,全面建设。在继《图书馆信息Web服务系统》、《教育信息Web服务系统》、《多媒体图书馆服务系统》之后,开发了《电子出版物网上管理系统》,对电子出版文献信息进行科学管理,合理利用。为给读者提供更广泛的服务,还开通了Internet网,及时地从网上下载国际政治、军事动态,以及相关军事站点信息,提供网上检索、查询等服务。五、在实践中锻炼队伍。提倡干一行,爱一行,培养干部、职工的敬业爱岗精神。抓思想,出成果,树信心,鼓励大家积极投入图书馆各项建设中去。同时,创造良好的学习氛围,以自学为主,计划培训为辅,岗位技能与个人爱好相结合,提倡全面发展。全馆人员都能在各自岗位上积极工作、任劳任怨、克服困难,在数字化建设中发挥了巨大作用。

〔军械工程学院图书馆重视数字化文献资源的建设与利用〕 军械工程学院图书馆是一个建筑面积5000平方米、藏书60万册的中型图书馆。该馆从为读者服务的需要出发,重视加强数字化文献资源的建设与利用。一是创造条件,加强信息资源基础设施建设。先后筹措近百万元资金,分步骤、高标准建起了一个40m²的计算机主机房、一个90m²的数字化文献信息厅、一个40m²的计算机检索室,配套建设了由1台服务器、10台工作站组成的图书馆信息网络系统,由2台光盘服务器、3台HUB、26台工作站组成的光盘网络系统,由1台服务器、6台工作站组成的数据库建库系统,由2台服务器和2台交换机、7个18G硬盘的磁盘阵列组成的Web站点。初步形成了结构优化、功能完善、设备齐全的网络化平台。二是突出重点,加强数字化文献信息资源建设。该馆采取自建、引进和网络获取等手段,先后自建了6万余条记录的书目数据库和2000余条记录的中外文期刊数据库,建设了有7万余条记录、收录了近400个国际国内学术会议的缩微文献数据库,1200余条记录的学院教材数据库,初步建成了300余万字的研究生论文数据库,另外馆藏中文期刊篇名库也正在建设当中。自1998年以来,还承担了全军军事训练信息数字化建设重点项目《外军高技术武器装备数据库》、《世界近现代战争数据库》和《战时装备保障数据库》的建设。目前,自建文献数据库文献总量达46万条,数据量达1G以上。从1997年开始,该馆先后引进了中国学术期刊光盘版、美国《工程索引》(Ei)、英国《科学文摘》(SA)、《中文社科报刊篇名数据库》、《中文会议资料、缩微资料数据库》等大型数据库,共203盘片,文献量达2000万条,数据量达556.8G。此外,我们还引进了军事类、欣赏类、学习类等各类光盘522盘片,数据量达164.1G。该馆还从北京文献服务处的BDSIRS系统、OCLC系统以及因特网上获取了大量的文献信息资源。三是面向读者,提高数字化文献信息资源利用率。该馆先后对电子阅览室、中国学术期刊检索咨询工作站一级站、数字化文献信息厅、中国学术期刊网镜像站点的建成(设立)进行专题报道,并对数字化文献信息资源做了详细介绍,使读者对我馆数字化文献信息资源有了较全面、系统、深入的了解。我们编制了光盘网络系统管理软件,制作了内容丰富的主页,涉及10大类方面的信息,共200万字1000余幅图,深受读者的欢迎。

〔**第二军医大学图书馆新馆建成并投入使用**〕 第二军医大学图书馆是一个以军事医学、药学为主要特色的、藏书60余万册的中等规模医学专业图书馆。图书馆新馆于1993年奠基,1999年4月交付使用,建筑面积11,000平方米,设阅览座位800席(不含自修室)。

第二军医大学图书馆坚持以读者为中心的办馆指导思想。在新馆功能布局上,将过去的封闭保留本书库改为基本阅览室(300个阅览座位)的阅览书库;将原来对学生闭架借书的基本大库改为对学生全开架书库。并且,在书库区同时设置了200多个阅览座位,使基本大库形成借、阅功能合一的藏书布局模式。在服务对象上,取消了读者等级区分。学生在尊重教师的前提下,可以共享图书馆的所有信息资源。在服务手段上,各服务部位设置了160多台读者检索电脑,全免费、全开放提供读者使用。在开放时间上,由过去每周62小时延长到现在的每周83小时。在服务格局上,形成了读者服务部、信息资源部、信息服务部、校园网络中心、医学信息教研室等5大子部门的一个综合性信息服务体系,平均每天的读者流量由原先的117人次上升到877.5人次。

第二军医大学图书馆早在1995年就着手Email工作站和CD-ROM局域网的建设,1998年承担了以数字化图书馆为主要特色的校园网络一期工程建设,1999年开始了以多媒体视频点播为主要特色的校园网络二期工程建设,无论在信息服务的内容上还是空间范围上都是一个革命性的突破,是传统图书馆服务功能的进一步延伸。随着新馆建设的发展,数字化图书馆已经初具规模(外购信息资源250G,自建信息资源40G)。现在,图书馆读者在开馆时间可以利用图书馆各服务部位的检索电脑,校园网络用户可以在家里、在教研室24小时随时通过校园网络查阅Medline等8种中、外文大型文摘信息系统和图书馆书目信息,并且能够调阅1994年以来的1600多种中文期刊全文和390多种英文期刊全文,以及60多部网上教学片(MPEG1格式)和20多部网上多媒体教学课件。1999年度该馆数字化信息资源的数量(1600多种中文期刊,390多种外文期刊)首次突破印刷型信息资源的采购数量(1392种中文期刊,346种外文期刊)。今后将逐年加大数字化信息资源的收藏比例。为读者提供更为快捷和更为有效的信息服务。

第二军医大学图书馆以传统图书馆服务为基础,以现代信息技术(校园网络)为传统图书馆服务的延伸,以数字化图书馆为新的发展契机,积极拓展新的信息教育内涵,以发挥数字化图书馆的效用和积极培养创新型人才。这就是图书馆走出传统,步入信息时代的主要改革思路,也是学校图书馆、校园网络中心、医学信息教研室三位一体发展模式的核心。新馆建设和服务受到了广大读者的好评,图书馆在1999年度被评为学校基层建设标兵单位,并荣立集体三等功。

〔**第四军医大学图书馆建成现代化的电子阅览室**〕 第四军医大学图书馆电子阅览室一期工程于1999年1月建成并正式开放。该电子阅览室面积760平方米,设计微机274台,已安装200台,具有完备的网络功能和多媒体功能的电子阅览室,总投资将超过了300万元。该电子阅览室在全国属于集中式电子阅览室中规模最大、单机性能高的电子阅览室,能满足广大网络用户的需要;网络上采取分层次管理的模式,适用性与安全性好;网络布线采用暗埋法,到桌面可以实现100M共享,能够满足多媒体信息的传输;自建的网上资源丰富,组合合理,已有50GB的数字化信息上网;图书馆主页设计有创新性;设计了CALIS系统委托的列入全国规划的导航系统;教学多媒体系统独具特色;在本馆与全校的科研与教学中应用广泛;广大师生踊跃前来使用,取得了良好的效益。

邮电、电子院校图书馆系统

〔**概况**〕 在邮电部教育司的主持下,1987年11月10日邮电部所属7所高等院校在北京邮电大学召开了全国邮电高校图书情报工作委员会成立大会。会议通过了全国邮电高校图书情报工作委员会章程,制定了邮电高校图书情报事业规划,选举产生了邮电高校图书情报工作委员会领导机构,并决定图工委秘书处设在北京邮电大学。

图工委成立以来比较好的发挥了管理、指导、协调、咨询等功能,并有目的有计划的多次召开图工委工作会议和专题学术研讨会,以解决邮电系统高校工作中带普遍性的急待解决和探讨的问题。

1993年以后,根据邮电中专图书馆代表提出的加入全国邮电高校图工委的要求,经邮电部教育司同意,吸收了邮电部属重点中专图书馆参加高校图工委的活动,并按其共性和特性的具体情况进行了集中和分散的组织指导工作。

由于国家体制改革,邮电部与电子部合并为信息产业部,邮电高校图工委和电子院校情报网领导对联合开展学术活动达成共识。1998年10月29日在成都召开的邮电高校图工委第11届工作会议上正式通过了图工委和情报网联合开展活动的提案。

1999年随着高等教育改革的不断深入,原来隶属两个部委的12所高校体制发生了较大变化,有的并校有的更名,有的归属地方,有的直属教育部。但是继续进行行业间协作,谋求共同发展的方向没有改变。

〔全国邮电、电子行业院校图书馆杭州会议〕 于1999年11月8日至12日在杭州电子工业学院召开。参加会议的有:北京邮电大学、南京邮电学院、长春邮电学院、西安邮电学院、重庆邮电学院、石家庄邮政高等专科学校、邮电部管理干部学院 、安徽省邮电学校、福建省邮电学校。成都电子科技大学、北京信息工程学院、杭州电子工程学院、桂林电子工程学院、西安电子科技大学及电子部情报一所等单位的图书馆馆长、总工、论文作者共计34人,会议交流论文36篇。会议围绕“21世纪现代图书馆建设与电子信息服务”这一主题进行了热烈的讨论。会议认为:全国邮电、电子行业院校中有全国重点大学和一批在通信、计算机、电子学、信息技术等专业文献收藏极其丰富的省、市属重点大学。在通信、计算机、电子学、信息技术等专业学科文献在全国具有得天独厚的文献资源优势。北京邮电大学和成都电子科技大学是全国CERNET节点单位。全国邮电、电子行业院校在网络资源条件、图书馆自动化应用系统研发实力、图书馆自动化应用和数字图书馆建设等方面的优势在全国其他行业院校中处于显著的优势。全国邮电、电子行业院校图书馆应在文献资源共享整体化建设方面应走在全国高校的前面,形成一个具有行业学科特色的文献信息资源共享服务体系,实现全国邮电、电子行业院校文献资源的合理布局和有效利用;与会代表认为摸清全国邮电、电子行业院校文献资源,加强院校间的文献资源共享合作十分必要,并就自动化工作规划、标准、书目数据格式、数据库建设、软件开发和人员培训等六个方面提出很好的建议,认为实现全国邮电、电子行业院校图书馆的自动化、整体化和信息网络化,应改变过去无总体规划、分散发展的模式。要走资源共建、共知、共享的整体发展道路。北京邮电大学据此向原邮电部申请课题立项,对文献资源共享服务体系进行建设、实施、运行、管理、发展等方案研究。为使方案切实可行。项目组对全国通信、电子行业院校资源进行了问卷式调查,对全国邮电、电子行业院校图书馆自动化工作现状、图书馆自动化技术应用水平、图书馆文献资源现状作了较为详尽的调查,基本了解了全国通信、电子行业院校图书馆自动化和文献资源现状和存在的问题,为制定符合全国通信、电子行业院校图书馆文献资源共享服务系统规划方案提供了可靠的第一手资料。

会上,北京邮电大学图书馆馆长就调查结果向与会代表做了汇报:

一、全国邮电、电子行业院校图书馆基本情况

二、全国通信、电子行业院校图书馆文献分布及自动化工作现状

1. 文献储藏量

2. 馆舍条件

3. 自动化设备

4. 自动化系统

5. 数据库建设

三、全国通信、电子行业院校电子文献资源情况

1. 专题文献数据库

2. 光盘数据库资源

3. 网上联机数据库资源

〔邮电、电子类高等院校图书情报2000年学术年会〕 于2000年10月10日至13日在北京邮电大学召开。参加会议的邮电类院校有北京邮电大学、

南京邮电学院、长春邮电学院、石家庄邮政高等专科学校和安徽、福建省邮电学校；参加会议的电子类院校有：北京信息工程学院、成都电子科技大学、西安电子科技大学、杭州电子工业学院、桂林电子工业学院、电子部情报一所等单位的图书馆馆长、总工及论文作者等20人，会议交流论文32篇。

这次会议的任务是：围绕“新世纪图书馆的发展与变革”的主题，交流各馆现状及发展规划设想，磋商行业馆之间资源共享、联合建设特色数据库等问题。会议由邮电高校图书情报工作委员会主任马自卫主持。北京邮电大学张英海副校长到会祝贺并讲话。

张校长在讲话中指出，一个好的学校必须有一个好的图书馆，图书馆的建设对学校影响很大，希望大家团结协作，共同努力搞好资源共享，积极开展图书情报信息服务，为提高学校办学水平和人才培养做出更大贡献。

大会组织代表集体参观了清华大学、北京大学，两个馆的馆长热情地为代表们介绍了本馆各方面情况，特别对他们在Internet网络环境下，电子资源的收集、存储、发布、利用和服务等方面做了详细介绍，并详尽地介绍了他们如何进行内部机制改革、岗位设置及人员、部门、结构的调整情况。他们建立了按劳分配的奖励机制，体现了重在服务，读者第一的精神，特别是在网络环境下的服务方面做了很多开创性的工作，取得了明显的效果。代表们对他们馆舍的优美和良好的阅读环境赞叹不已。代表们还怀着极大的兴趣参观了北邮图书馆MELINETS现代电子化图书馆信息网络系统，并实地考察了各子系统的运行情况。代表们一致认为MELINETS系统运行可靠，实用性较强，操作简单，体现了一种新的、现代化的管理思想和管理模式。

大会进行了主题发言，北京邮电大学图书馆馆长马自卫教授做了“数字图书馆建设的思考”的报告。重点论述了：正确理解图书馆资源数字化问题，加强信息流、物流和人流的管理，馆员的培训和管理及数字图书馆实现的关键技术等问题。

原电子部情报一所鲍总做了关于“国家十五计划情况 ”的精彩发言。

成都电子科技大学图书馆馆长吴为公教授就“网络环境下高校图书馆的发展趋势”这一论题做了重点发言，指出21世纪初图书馆大致有以下发展趋势：图书馆建筑无形化、虚拟化；资源共享全球化、远程化；馆藏结构多元化；信息资源数字化；图书馆信息服务社会化、全方位化。

会上各馆馆长分别介绍了本馆的现状和发展目标，与会代表就图书馆发展与信息服务、资源共享、行业协作等方面进行了交流。

新闻资料系统

〔**中国广播电视学会新闻资料委员会第二次全国代表大会**〕 于1999年6月10日至16日在山西省太原市召开。大会经过换届选举，成立了学会第二届理事会，选举产生了第二届常务理事会，召开了二届一次常务理事会议，推选组成学会第二届领导班子，确定学会4个职能机构及其负责人。

〔**中国广播电视学会新闻资料委员会第二届第二次常务理事(扩大)会议**〕 于2000年4月25日至29日在新疆维吾尔自治区首府乌鲁木齐市召开。学会副会长、秘书处、顾问和来自全国各地的常务理事、理事共50余人参加了会议。

〔**中央电视台图书资料室**〕 该室成立于1980年，隶属台总编室(中心)研究处。现有正式员工11人，其中副研究馆员2人，馆员5人，工程师1人。聘用临时工作人员24人。作为一个专业图书馆，该室的服务宗旨是为全台的电视节目宣传和电视理论研究服务，开展有新闻剪报资料、图书、报刊、图片、视频研究资料等参考咨询业务；另一方面作为电视台研究机构的一个整体组成部分，承担着为台领导决策提供信息情报服务，为电视宏观发展战略等大型研究课题及电视节日创新、改版提供文献信息服务的任务。1996年开始开发建设计算机图文资料管理系统，实现了图书馆业务的全部计算机化。1999年投入使用的电子阅览室，拥有较为先进的计算机管理系统和硬件设备，广泛收集世界电视节目视频研究资料。该室设有业务书库、特藏书库、职工开架书库、期刊阅览室、参考阅览室、期刊库、电子信息查询机房以及电子阅览室。截止到2000年底，馆藏图书8.67万册、期刊合订本3.36万册、电子音像制品0.96万件、数据库资料信息116.34万条，每年订阅报纸近300种、期刊近600种。编辑内部的刊物有《报刊资料选》、《港台报刊资料选编》、《读者之友》、《国内外电视动态》、《网上快讯》等。

〔**中央人民广播电台资料馆**〕 中央人民广播电台资料馆对外亦称国家广播电影电视总局资料馆，创建于1950年。现有工作人员25人，其中具有高、中级专业技术职务的人员19人。现有藏书30万册，剪报资料3万册，数百万件及近400种完整系统的国内报刊和台港澳地区主要报刊的合订本。主要从事新闻广播电影电视及社会科学文献的收集、加工、开发、服务，为广播电视宣传服务，并兼顾全局职工的业务文化生活需要。配合宣传工作，定期出版《编辑日历》、《台港澳报刊动态》等内部刊物。与人民日报、新华社资料部门合作编撰大型工具书《中华人民共和国资料手册》等。

〔**中国国际广播电台图书资料馆**〕 中国国际广播电台图书资料馆前身为中国国际广播电台图书资料室。起步于1980年，正式筹建于1991年1月10日。1997年7月，时任广播电影电视部部长孙家正同志题写馆名。

该馆现有正式职工12人。其中，大学本科7人，大专3人，中专1人，高中1人。副研究馆员3人，中级职称4人。馆藏图书5万余册，剪报资料18万余份，资料合辑本5000余册，国内报刊550种，国外报刊98种。优良的硬件设施——计算机12台，扫描仪3部，打印机4部，复印机1台，使其服务工作如虎添翼。馆内有：职工书库、综合资料库、业务书库、职工阅览室和内部阅览室。

图书资料馆下设图书部、剪报资料部、期刊部和计算机网络部。从1994年起，先后实现了图书采购、编目、借还和剪报资料的录入、查询等工作的计算机化，并可与各地联网。

图书资料馆现有定期或不定期的内部刊物5种：《港澳台报刊摘要》、《期刊目录导读》、《新书通报》、《资料汇编》、《热点问题汇编》。

图书馆工作与研究

图书馆学情报学研究

〔“九五”期间图书馆学情报学研究概况〕

1. 国外研究概况。

(1) 图书馆学突显出大量新的生长点。20世纪末年,由于信息技术的飞速发展,图书馆作为社会知识信息媒介的功能日显重要,尤其网络环境下的知识信息的资源建设、知识信息的组织开发,以及数字图书馆、电子文献、智能检索等课题纷纷成为图书馆学研究的新生长点。这些新生长点是图书馆学与信息科学、计算机科学等学科交叉融合的产物,说明图书馆学与其他学科交融关系越来越密切。

(2) 图书馆学研究领域产生许多重大转换。传统图书馆学的研究空间是以馆藏建设与图书馆管理为基本范畴的。20世纪80年代以来,图书馆学研究逐渐向信息、信息产业与信息服务领域拓展,试图将图书情报机构视为社会信息系统并重新为它定位。然而仅隔数年,在知识经济到来之际,图书馆学已经开辟的这些关于“信息”的领域又发生了向“知识”领域的重大转换。如信息管理已由知识管理取代,信息资源的开发建设已转变为知识资源的开发建设。

(3) 图书馆学情报学基础理论进一步加强。随着网络技术与知识经济给图书馆带来的巨大冲击,传统图书馆命运、未来图书馆形态、图书馆社会职能的变化等问题逐步突出。欧美、俄罗斯等地区、国家的图书馆学者对这些问题产生了极大关切。如1995年美国图书馆学家克洛福特与高曼合著的《图书馆的未来:梦想、疯狂与现实》,对阮冈纳赞图书馆五定律进行了延伸,提出了新五律,并称之是未来图书馆生存与发展的基本要素。

现代信息革命浪潮推动了情报学的发展,也对情报学理论研究提出新的挑战。90年代以来,许多西方学者试图从综合的、宏观的角度去分析情报学及其相关学科间的关系,以确定情报学的学科地位。1996年在丹麦首都哥本哈报召开的第二届“图书馆学情报学的概念”国际会议(Colisz),就情报学的核心理论与方法问题进行了深入的讨论。虽然,此次会议由于没有阐明情报学的核心问题究竟是什么,使得情报学的基本研究领域和学科地位问题仍未获得解决,但却引起了广泛的关注。

(4) 网络信息资源利用开发研究。因特网的发展,推动了信息服务手段的数字化、网络化、多媒体的发展。情报检索技术得到了广泛应用和升华。例如,搜索引擎、元搜索引擎、基于内容检索等,1995年3月联机图书馆中心(OCLC)和美国超级计算机应用中心(NCSA)在美国俄亥俄州的Dublin召开的研讨会,与因特网信息的组织制定了数字资源的著录标准。

(5) 数字图书馆的研究建设获得重大进展。在欧美国家,数字图书馆已从研究实验阶段转向面向用户的建设。1993年美国国家科学基金会(NSF)等发起的数字图书馆创始工程(Digital Library Initiative)在1994～1998年经过第一期工程(DLI—1)后,第二期工程(DLI—2)已从1999年正式开始。英国、法国、德国、日本、意大利等国在此期间也开始实施自己的数字图书馆计划,并纷纷取得了阶段性成果,准备进入更高层次的研究与开发阶段。有的发达国家人士还倡议开发建立全球性的数字图书馆。

(6) 图书馆应用技术的开发更加广泛。图书馆是成熟应用信息技术的重要领域之一。近年来,声像技术、复制技术、计算机技术、网络技术、光盘技术、全文存储技术和多媒体技术已成为图书馆工作的重要技术基础。随着信息技术、通讯技术的发展,图书馆学又开辟出众多新的技术开发项目。如自动化网络技术、自动标引与分类技术、自动语言规范技术、知识库建设、智能检索手段、参考咨询系统、智能机器翻译、自然语言处理等,都是图书馆学重要的研究课题。而且地区合作、国家合作的技术项目也越来越多。

2. 国内研究概况。

(1) 图书馆学情报学基础理论研究继续发展。

近年来，图书馆学基础理论对未来图书馆的新环境、新格局、新功能较为关切，同时也产生了一批回顾、总结历史经验的学术论著。而且，随着图书馆学发展中实质问题的显露，图书馆学研究者对本学科的元问题开始逐渐敏感，研究对象、学科发展、乃至图书馆哲学成为目前的研究热点。2000 年 4 月中国图书馆学会基础理论专业委员会在常州召开的学术研讨会，专门就网络环境下图书馆学学科新的知识生长点以及当代图书馆的定位与发展问题进行了有益的探讨。近年来，国内不少学者对网络环境下的情报学基础理论研究十分重视，同时产生了一批回顾、总结历史经验的学术论著。特别是对“情报”理论框架和情报学理论体系进行了广泛而深入的探讨，对“大情报”观进行了争鸣，对情报学的核心领域和学科定位进行了探讨，开展了竞争情报的研究。

(2) 文献信息资源建设的研究不断深化。图书馆学在这一领域的研究，从传统的藏书建设到文献资源建设再发展到信息资源建设，反映出研究命题的不断扩大与跳跃趋势。在理论指导下，图书馆文献信息资源建设的实践活动也取得了重要进展。如上海图书馆近年实施了文献信息资源共建共享计划，目前已开通共建共享协作网页；北京、上海、辽宁等地图书馆馆藏古籍数字化资源转换工作也取得积极成效。各地公共图书馆的地方文献体系及特色图书馆的建设也初具规模。

因特网的发展，推动了我国信息资源建设不断深入和发展。近年来，中国科技信息所的中国信息网、中科信息市场网、联合国技术促进系统中国国家分部主办的联合国科经贸信息网等信息网，内容丰富、信息量大，对我国信息资源建设起到了示范作用。

(3) 信息技术应用研究。现代信息技术的发展使传统的情报工作面临严峻的挑战，也为情报工作数字化、现代化、网络化提供了物质技术基础。网络环境下的数据库技术、多媒体信息技术、全文检索、搜索引擎、元数据等的研究在情报界受到广泛重视，人-机界面的研究随着计算机技术的发展有了新的突破，各类数据库初具规模，并逐渐走向实用。

(4) 数字图书馆建设进入实施阶段。2000 年 4 月，中国数字图书馆工程正式启动，其目标是建立一个超大规模的、分布的、可以跨库检索的海量国家数字化信息资源库。作为数字图书馆工程顶层设计的中华文化信息网现已开通。除图书馆系统外，目前与“863 计划”中国数字图书馆发展战略组签约进入共创的单位还有博物馆、新闻出版、广播影视等三个行业。与此同时，国家科技图书馆文献中心也正式成立。该中心是一个虚拟式的科技信息资源机构，是国家创新体系的重要组成部分，其发展方向将是我国最大的专业化数字图书馆，为保障国家科技发展、增强综合国力提供科技信息资源支撑服务。

(5) 图书馆学国际交流日益扩大。1996 年我国北京成功举办了第 62 届国际图联大会，国内参会代表 900 多人，经国际图联执委会批准发表了 58 篇论文，向国际图书馆学界展示了我国研究成果。在地区性学术交流中，海峡两岸图书情报学术研讨会分别在北京、武汉、上海、广州、成都等地召开，两岸专家频繁互访。2000 年 6 月，文化部召开“中文文献资源共建共享合作会议”，欧美、东亚等地 60 余名代表共同探讨全球中文文献资源共享体系的问题，会议还成立了“中文 meatdata 标准格式合作小组”，以开发中文元数据。

随着因特网的迅速发展，国际学术交流逐渐向网络化方向发展，特别是联合国科经贸信息网的开通，为国际学术交流逐渐向网络化方向发展，特别是联合国科经贸信息网的开通，为国际学术交流提供了友好窗口。1996 年 9 月，经教育部批准，由武汉大学等单位联合在武汉主办“96’信息资源与社会发展国际学术研讨会”；在地区学术交流方面，海峡两岸图书馆学情报学学术研讨会定期召开；中外专家、港台专家互访、讲学，加强了合作，增进了友谊，推动了学术发展。

3. 高校研究特点。

我国高等院校在图书馆学情报学研究中一直占据着领先地位。首先，从历史角度看，近代图书学的引进与发展，中坚力量都集中在高等教育领域。如 1920 年前后留学回国的第一批图书馆学家沈祖荣、胡庆生、杜定友、刘国钧等，他们都分布在国内高校中。而且代表近代中国图书馆事业先进水平的一些图书馆也多以高校图书馆为主，如清华学校图书馆、武昌文华公书林、南洋大学图书馆、金陵大学图书馆、中山大学图书馆等，都在当时图书馆界享有盛名。至今这种格局未发生实质变化。其次，全国各类型图书馆大批骨干都接受过高校图书馆学专业的教育或培养。从 1920 年武昌文华图专成立以来,中国图书馆学教育已走过80年的历程。到目前为止,国内高校图书馆学专业已为公共、高校、科研、军队、企业等各系统图书馆输送、培养了数万名图书馆员,其中众多骨干已担任着各级图书馆的领导职务。再次,从国内图书馆学情报学科研课题及重大攻关项目来看,高校图书馆学情报学研究队伍往往承担了绝对多数。建国50年来,图书情报学专业著作有876种,高校作者占74.6%;改革开放20年来,已发表的图书情报学论文有8996篇,高校作者占63.8%;发表论文引用频率排名最前的10名作者中,7人来自高校;近5年来国外检索期刊SCI、SSCI收录的8篇论文,作者全出于高校。总之,高等院校在图书馆学情报学研究中,无论从研究队伍的素质、支撑研究的资源等方面,都占有极大的优势。高校图书馆学情报学研究队伍是我国图书馆学情报学研究的主力军。

但是,高等院校图书馆学的研究也存在一些明显问题。其一,近年来学科体系的建设因一直趋向外延扩展而缺乏内涵的挖掘与延伸,导致学科发展出现虚泛倾向;其二,许多研究项目因无图书情报实际部门参与,因此一些研究成果对解决图书情报实践中的问题关联不大;其三,由于经费不足或者协作不够,使得对社会学术文化乃至国计民生能产生重大影响的应用成果不多。

(彭斐章　马费成　胡昌平　陈传夫　谢灼华　董慧　王子舟　李纲)

〔"十五"期间图书馆学情报学研究趋势、目标任务、重点领域〕

1. 研究趋势。

(1) 图书馆学情报学研究跨学科发展的趋势。早在"二战"以后,世界科学发展就出现了跨学科、交叉发展的重要趋势。尤其在20世纪60、70年代,西方国家跨学科发展曾掀起过一个高潮。20世纪80年代以来,我国图书馆学的发展也体现出这种趋势。一方面,图书馆学与情报学、档案学等因有同源关系,在内容、性质、方法、技术手段等方面存在明显相同点或相似点,因此它们之间紧密联系,捆绑发展,具有较强的学科群特点。另一方面,图书馆学与其他学科,如数学、计算机科学、信息论、系统论、经济学、法学、大众传播学、文化学、教育学、社会学、哲学、史学等正在不断交叉融合,从简单地交换学术思想,到全面交流学术观点、方法、认识、术语以及各种资源,图书馆学正迅速成为科学体系中的一个新的综合性知识分支。

(2) 人文传统与技术进步并重的趋势。历史上每一次科学技术的革命都推动了图书馆事业的发展,如纸张、印刷术的发明,计算机的使用与网络通讯技术的发展等。在当代社会,图书馆工作因新技术、新方法的推动,已经与传统工作方式产生了截然不同的变革。信息技术的快速提高,不断给图书馆学制造新的研究领域与知识增长点,成为当代图书馆学强劲的推动力。但是,图书馆学的人文传统并未因此而减弱,图书馆也非冷冰冰的技术之学。它一直以人们如何有效、便捷地获取信息知识与自律规范,试图在图书馆事业中体现民主、自由、公平等人类应有的基本精神。因此,图书馆学随着技术含量的提高,人文关怀也会越来越强。

(3) 理论与实践相结合的趋势。图书馆学内容体系由"理论"和"实用"两大板块组成,这是受其自身特点形成的结构方式与范式特征。改革开放以来,我国图书馆学在理论建树上取得了巨大成绩,但是由于来自图书馆实践部门的一些研究成果具有较强的经验、技术描述性,而来自教学单位的一些研究成果又偏于抽象模式而缺乏实证,理论与实践的结合不紧密。近几年来,图书馆学逐步重视开发性、实用性、创新性研究,许多课题围绕着当前图书馆发展面临的重大问题,如文献信息资源的共建共享、数字化图书馆的创建等,实用特征不断加强。与之相关,作为内涵性、指导性的理论研究成果也很受人欢迎。这预示着建立在实践基础之上的图书馆学,将在理论与实用二者之间构建一种有效的平衡发展关系。

日益加剧的国内外信息化背景,我国情报工作者面临着空前的机遇与挑战。在新形势下,情报学研究理论联系实际是必然趋势,针对现代信息服务领域出现的新情况、新问题进行重点研究,情报学研究和实践面向市场经济体制下的国家信息服务业的发展的探索和实践,这些实践需要理论指导和上升为理论,也有许多理论需要在新形势下通过实践检验得到完善和应用。

(4) 增加原创含量与开掘学科前沿的趋势。近代图书馆学从西方引进以来已有80年的发展史,尽管我国图书馆学已取得了很大成绩,但受西方范式影响,图书馆学研究一直处于不断追随西方的发展水平。图书馆学如何本土化,如何建设具有适合本民族特点的中国图书馆学,这类原创问题一直未能得到很好解决。我们有丰富的传统学术资源，中国古代的校雠学、目录学、版本学产生于上千年的藏书实践之中，不但具有民族特点而且发展十分成熟。如何使它们与现代图书馆学融合起来，这是图书馆学原创开掘中的关键点之一。当然，图书馆学研究在增加原创含量的同时，仍会继续加强学科前沿的研究，以便能与世界先进水平处于同一发展平台之上。

情报学是研究科学情报和科学情报交流过程的学科，科学情报和科学情报交流是整个学科研究工作的重要组成部分，因此，我国的情报学应该继续把学术情报及其交流过程作为自己的研究对象，结合我国民族的特点发展，不断完善，为我国信息化建设服务。随着信息化建设的不断推进，我国已经建立信息管理与信息系统面向实际工作的学科，因此，信息管理研究在注重情报学理论与方法的同时，要加强信息科学前沿的研究，以便适应网络理论的新要求。

2. 主要目标任务。

(1) 通过对图书馆学一些元问题研究，清理学科中混乱的概念、观点，尽快找准图书馆学在 21 世纪的基本发展方向。通过对信息科学群的研究，弄清情报学的核心领域与学科定位，确定 21 世纪情报学的发展方向。

(2) 加快数字图书馆的建设步伐，加强数字图书馆检索关键技术的研究，使数字图书馆示范工程的技术实现有所突破。

(3) 加强对现代信息服务业理论、方法和实践的研究，重视对信息系统、信息需求、信息用户、信息市场、信息经济、信息计量、信息服务效果的研究，以及发展适合我国信息化环境的理论与技术手段。

(4) 挖掘传统学术资源，使之有机融入当代科学内容之中，为创建具有本民族特点的图书馆学理论体系奠定基础。

(5) 提倡、支持图书馆学情报学的开发性研究，以便有效形成一群具有发展潜力的本学科新生长点。

(6) 继续改革图书馆学情报学专业教育，使之与国民经济的发展与知识社会的现实需要结合更为紧密。

3. 重点研究领域。

(1) 图书馆学基础理论研究。基础理论研究是图书馆实践理念的生成来源，它从哲学、历史等多角度观察问题，因而基础理论研究者较从事具体图书馆活动的人更易观察到图书馆观念、行为的变化。图书馆学基础理论能够通向实践理念的转化，从而指导应用领域的活动与发展。只有加强基础理论的深入研究，才能发现新问题，才能总结社会变革中出现的新理论、新方法。基础理论研究应该注意学科发展中的元问题的解释，如研究对象、学科性质与方法等方面的一些基本问题；应该注重学科新框架的建构，为新的理论提供可发展的空间；应该关注应用领域的基本现象的变化与存在难点，以更好地贴近实践。

(2) 图书馆学史研究。开发图书馆学史不仅仅是要恢复学科史的历史记忆。图书馆学要想充满思想活力，必须回到图书馆学思想史、学术史中寻找资源和营养，磨炼自己的分析武器。而且，许多重大问题只有在学术史梳理中才能求得正解。如传统校雠学、目录学、版本学等是否为图书馆学的早期发展形态？近代中国图书馆学在学术文化中起到了什么作用？当代图书馆学高扬理性的方式对图书馆学的发展产生了哪些效果等等。

(3) 知识信息处理方法与技术应用。实用性是图书馆学的一个基本特征。在图书馆实践中，现代知识信息的处理方法，如元数据、知识仓库的设计、知识管理系统、自动化标引与分类、网络媒体、电子出版物、智能检索、参考咨询系统、智能机器翻译、网站网页的设计、联机公共查询、网络导航等等。这些领域的研究与突破会极大提高图书馆的现代化水平。但是，应用技术的开发由于有相当难度，仅依靠图书馆学研究者自身力量会存在很大困难，必须与相关信息技术专业人员密切协作，集体攻关。

(4) 网络信息资源建设研究。因特网的发展，逐渐改变了信息资源原有的属性，将文献信息数字化、应用环境网络化、技术手段多媒体化。运用情报学的理论与方法组织无序的网络信息，为用户服务。研究中文数据库的组织与检索技术将是我国情报学界必须重视的问题。

(5) 网络信息政策与法律研究。网络环境下传统的知识产权概念已经发生变化，产生许多问题。知识产权制度是文明社会的标志，也是信息资源生产必要的法律制度，没有知识产权的保护，信息产业就不可能得到正常发展。因此，研究我国知识产权保护和其他信息资源之间的合理平衡机制是保证我国信息化建设的重要研究课题。

(6) 文献计量分析与知识测度分析。文献计量分析是图书馆学情报学成熟运用的一种分析工具，在图书、情报、档案等学科中应用广泛。图书馆学情报学今后应该在这个领域继续加强研究和开发，逐步深化出知识测度分析的理论与方法，并且将其运用范围从本学科拓展到其他学科，借以提高图书馆学情报学的知名度，提高图书馆学情报学在科学殿堂中的地位，为我国科学发展提供有效、丰富的数据资源。

(7) 图书馆学情报学教育的改革与发展。人类在21世纪将进入知识社会。在传统产业之外，一批新兴的信息服务业迅速发展，如联机检索、数据处理、软件开发维护、信息咨询等等。图书情报教育面临着如下变化：社会对人才需求的变化、教育理念的变化、人才市场的变化、图书情报机构的变化等等。图书馆学情报学教育必须着眼于知识信息、高新技术来进行人才培养，才能够适应社会发展带来的挑战。专业教育的改革主要在教育体制、专业方向、培养目标、课程设置、教材更新等几方面。此外，21世纪是全球信息化的时代，是知识经济占主导地位的时代，它将对图书馆学情报学研究生教育提出新的更高的要求。为适应新形势的要求，对学位授权和研究生培养体系方面，如何解决相对集中与合理布局的矛盾，社会需求与培养条件的矛盾，完善学位与研究生教育质量保证体系，培养高层次应用型、复合型人才等，必须予以重视，认真研究，积极有效地加以解决。此外，教师队伍的建设和教学设施的建设研究也十分重要。

(彭斐章　马费成　胡昌平　陈传夫　谢灼华　董慧　王子舟　李纲)

〔"十五"期间图书馆学情报学重点研究课题及论证〕

1. 现代图书馆学情报学基础理论研究。

基础理论研究决定着图书馆学的未来走向与体系框架的构建。其中图书馆的理论基础问题尤为重要，它是基础理论的逻辑起点，为图书馆实践提供最基本的理论指导。目前理论基础研究表现为"图书馆哲学"这一热点，由于还处于概念辨析阶段，至今仍无重大突破与进展。加强图书馆学基础理论研究，首先应加强对理论基础的研究，从哲学等高度抽象的科学中获取思想与灵感，以解决实际面临的重大问题。基础理论研究应包括以下具体内容：① 理论基础(包括图书馆哲学)研究；② 图书馆学研究对象、性质、地位、现状研究；③ 图书馆学体系结构；④ 未来图书馆学理论的发展与走向等。

情报学的核心领域与学科定位研究，一直是情报界共同关注的问题："理论的贫困"是情报学目前陷入困境的根本原因。因此，加强情报学基础理论研究是发展情报学的根本。基础理论研究包括以下具体内容：① 理论基础研究；② 情报学研究对象、核心领域与学科定位；③ 情报学学科体系；④ 知识经济中情报理论等。

2. 近现代图书馆学史研究。

图书馆学史的研究可以揭示本学科的发展历史、特点、现状、水平、经验、教训以及未来趋势等，极具认识价值。近代图书馆学在中国的建立已有80年历史，"九五"期间虽然为重点课题，有关论文也刊布了一些，但至今仍无高水平的重要成果问世。因此，继续加强这方面的研究仍是当务之急。本课题应包括以下具体内容：① 近代图书馆学建立的背景与内外在动因；② 近代图书馆学发展的重要阶段及主要历程；③ 近代图书馆学对图书馆事业及社会学术文化的影响；④ 近代图书馆学发展的特点及反思。

3. 传统目录学及当代目录学研究。

目录学是古代藏书实践产生的最成熟最优秀的学术果实。传统目录学有哪些需要继承和发扬的思想精华，在当代学术文化中所处的处境、衍生状态及生命力，今后发展或转换的条件、机制与方向，这都是目前难以厘清的课题。这些问题的解决有助于传统学术文化的继承与光大，对于建立具有中国特色的图书馆学极具原创价值。本课题内容应包括：① 校雠学、目录学、版本学的源流及关系；② 中国目录学的传统与范式；③ 现代目录学理论、方法；④ 目录学的发展与预测。

4. 数字图书馆的开发与研究。

数字图书馆建设在世界各国都已引起高度重视与积极投入，是当代图书馆学最前沿的重大课题，代表最尖端水准。尽管各国政府的支持投入起着决定作用，但图书馆学研究对数字图书馆的实现也起着根本推动作用。目前我国数字图书馆工程虽然起动，但薄弱之处还很明显，如社会对数字图书馆的重视、投资意识还较落后，在观念上还存在一些片面的理解与误区，复合型攻关群体尚未形成，人才缺乏等等，形成了数字图书馆建设的阻力。本课题涉及研究领域极广，大致有以下几方面：① 数字图书馆对人类信息与知识能力的影响和作用；② 显知识的采掘、集聚、组织、检索技术与方法；③ 文字、声音、图像数字化传输与复制；④ 知识信息导航技术。

5. 网络信息资源开发与利用。

网络信息资源开发利用是我国信息化建设的核心内容。在我国信息基础设施建设已初具规模的今天，网络信息资源建设显得极为重要与迫切。据统计，目前，我国因特网所传递的信息有95.75%为电子邮件信息，且大部分是国外的英文信息，这是我国信息用户利用网络信息资源的一大障碍。这需要情报工作者认真研究解决。此课题包括以下方面的内容：① 网络信息组织；② 网络信息检索策略；③ 基于内容检索探讨；④ "推"、"拉"技术；⑤ 智能代理等。

6. 现代信息服务业理论、模式和实践的研究。

科技、经济的高度发展，社会生活组成部分依赖性增强，必将引发人类信息需求趋向多样化、综合化和社会化，这是国家信息化建设的主要动力。反过来，信息化建设的发展给信息服务方式带来了变革。因此，对现代信息服务方式、信息服务及其发展作出理论与实践的探讨是非常必要的。此课题包括以下内容：① 适应信息资源数字化和信息存取网络化特点的信息服务模式研究；② 信息咨询；③ 现代信息服务业理论、方法和实践；④ 信息服务、信息需求、信息用户、信息市场和信息服务效果研究；⑤ 信息服务业发展战略与结构探讨等。

7. 国家信息政策与法律研究。

随着现代信息技术的迅猛发展，提出了诸如网络安全、信息污染、电子犯罪、个人隐私、知识产权等许多新的问题。为此，各国政府和国际组织致力于信息政策与法规体系的重构，力图以此来平衡、协调信息社会的各种利益关系，规范与信息活动有关的各种行为。我国信息政策法规建设相对滞后。信息技术和信息网络发展迅速，引发一系列深刻的社会经济变化，市场的垄断与竞争、知识产权保护、国家主权和安全的概念都已经更新，各种利益关系需要重新整合。目前，我国信息政策的理论和实践研究都很薄弱，直接影响着信息产业的发展、信息技术的应用、信息资源管理和国际经济竞争中的作用。随着信息化进程的推进，对国家信息政策的需求、法律的制定越来越迫切，积极开展信息立法研究是我国的一件大事。本课题包括以下几个方面：我国信息政策法规的现状、演进过程和目前存在的主要问题；我国在信息政策与信息立法方面与发达国家的比较及差距；数字化时代的信息政策法规与现有的政策法规体系的冲突与协调。此课题包括以下内容：① 网络信息政策理论研究；② 数据搜集、存储、利用与隐私权；③ 知识产权的内容、范围及发展趋势；④ 信息安全及其相关法律；⑤ 比较知识产权法研究等。

8. 面向西部大开发的区域信息化战略与信息服务业改革。

为了贯彻和落实国家的西部大开发战略，探讨区域信息化在国家信息化中的地位和作用，完整分析信息服务业以及各类信息服务机构在西部大开发战略中的发展对策，通过有效开发信息资源，改革信息管理服务体制，切实发展知识服务，为西部大开发当好"侦察兵"和"发动机"。

9. 知识产权制度的有效性研究。

其核心是知识产权制度对信息生产和信息传播的双重作用。它一方面对科学研究和技术创新形成有效的激励，另一方面又妨碍了科技信息的广泛利用。因此，知识信息产权保护的程度和方式实际上构成了信息活动重要的制度环境。本课题广泛地涉及域名问题、私人信息问题、网上版权等问题，全面地研究知识信息产权制度对科学信息生产交换的约束、激励与保护作用。

10. 信息活动绩效评价模型研究。

目前，国内外关于信息有序化程度、科技信息利用程度、信息交换充分程度的衡量均缺乏量化的评价标准，因而信息生产与交换的"有效"或"无效"并无可靠的依据，其判断标准带有很大的主观性和随意性。本课题研究将选择具有代表性的国家（或地区）、信息服务机构和科技数据库（或站点），通过实证研究和比较研究，分别建立宏观和微观层次的信息生产与交换有效性评价模型。

11. 信息资源优化配置研究。

本课题拟从资源配置的角度研究信息产业的发展问题，从机制上分析目前我国信息产业资源配置失衡和效率低下的原因，探讨信息产业发展的内在机制，设计和构建更有效的信息资源配置机制，从而提高信息产业的资源配置效率，以保障信息产业的可持续发展。本课题研究内容包括以下几个方面:① 信息产业在整个国民经济发展中的作用和作用方式;② 信息资源配置的机制与模式;③ 信息生产与信息交换的有效性。

12. 我国信息政策法规的国际兼容性研究。

由于我国传统的政策法规体系与发达国家的法律制度、国际惯例、国际公约不能完全兼容,同时,迅速发展的信息技术又不断带来很多新的问题,随着我国即将加入 WTO,关于知识产权保护的问题、信息网络、信息服务以及由此而引发的国际经济利益冲突、政治利益冲突、民族文化冲突、国际信息霸权、国家信息安全等一系列问题和矛盾都将更加尖锐和激化。在这种国际社会经济背景和技术背景下,我国信息政策法规的国际兼容性研究就显得更为迫切。

13. 社会经济信息化测度与评估研究。

随着生产力的发展和科学技术的进步,全球的社会经济结构出现了信息化的趋势。与传统的物质生产要素相比,信息要素没有实体的形状,它投入经济活动后,被吸收和采纳的程度难以界定。20 世纪 90 年代以来,OECD、世界银行等国际组织以及许多发达国家和新兴工业国家政府也非常重视各国信息化进程和信息竞争能力的比较,开展了大量重要的统计分析工作,但由于现有的各种测评方法和指标体系均存在着一些缺陷,数据的完整性和可靠性难以保证,使得在研究过程中无法消除研究者的主观性,不同研究机构的测评结果和结论也不尽一致。本课题研究的主要内容包括以下几个方面:① 构建社会经济信息化进程测算方法和指标体系;② 中国信息产业(行业)发展状况评估;③ 国内信息企业竞争力测评;④ 区域社会经济信息化进程测评;⑤ 中国社会经济信息化进程测评。

14. 国内信息企业竞争力测评。

首先选择信息企业竞争力评价指标,在此基础上,对国内若干企业竞争力水平进行测评,并与发达国家信息企业竞争力水平进行比较分析。

15. 网络信息资源共享研究。

在这种网络化的环境下,信息资源开发、利用和共享的模式都在发生变化,不仅极大地丰富了信息资源共享的内容,而且改变了其共享形式,赋予了信息资源共享以新的涵义。信息网络打破了传统技术条件下地域、时间和行业的限制,使得全方位的信息资源共享在技术上成为可能。本课题研究内容包括以下几个方面:网络带宽问题、电子信息资源建设问题、语言障碍问题、网络知识产权保护问题、信息安全问题、网络公平问题。

16. 科学信息交流媒体/载体整合研究。

网络技术的迅速发展给传统的科学信息交流带来了巨大的冲击,这使得建立在传统纸质载体基础上的科学信息交流具有许多新的特点和新的规律。网络载体的迅速发展彻底打破了原有的科学信息交流载体结构之间的平衡。在这种失衡状态下,必须对不同的信息交流载体进行新的功能整合。该项研究主要涉及网络载体的特点和规律、与传统信息载体的关系、网络载体的功能定位、网络环境下科学信息交流载体体系的构建和网络信息交流理论的重构。

17. 读者需求与服务方式研究。

随着网络通讯技术的快速发展,信息超载问题越来越严重。信息紧张、过敏已导致人们产生了某些“信息病”。如何实现知识信息的合理过滤,培育读者知识的深度需求能力,这是图书馆学研究中的主要课题之一。目前,图书馆界在网络服务、特色服务方面均取得了一定成绩,但是在主动服务上还很薄弱。无论从服务观念、服务方式,还是对读者的调查、了解都做得十分不够。信息资源的网络化,要求图书馆服务走向精品化、专业化、层次化与个性化。因此这一课题的内容应包括:① 读者阅读习惯与倾向的变化;② 图书馆使用率及其在知识信息获取中的地位;③ 网络时代的图书馆服务变化;④ 知识信息导航的作用与方法;⑤ 无偿服务与有偿服务。

18. 文献计量、分析与知识测度、分析研究。

文献计量、分析经过几十年的发展已形成一些成熟的方法,如文献聚散、文献积累、文献引用,目前都是文献计量学直接应用的重要范畴。通过文献计量和分析可以研究科学的结构、特点和发展规律,进行科技成果和人才评价,开展科学预测等。但是,文献计量与分析目前尚未能从图书情报学界扩展至其他科学领域。而且从文献计量、分析如何过渡到知识的测度、分析,这是图书情报学的重大研究课题之一。本课题的研究内容包括:① 国外各种文献计量、分析的方法;② 权威期刊、核心期刊的测定方法;③ 权威作者、核心作者的测定方法;④ 学科开放度与内创度的计量分析方法;⑤ 经典作品的遴选原则与方法;⑥ 知识老化与知识创新的测度与方法。

19. 知识创新与科学信息转化机制研究。

进入20世纪90年代以来,以知识为基础的经济发展极为迅猛,对传统的制造业经济和农业经济形成了巨大的冲击,现代经济的增长更多地和更直接地取决于信息要素,取决于科学技术的发展和科学信息的传播和利用。由于科学研究活动的投入与产出、科学信息的交换与转化均有其不同于一般物质领域生产与交换活动的特殊性,因而,经常被视为一种独立于经济过程之外的活动,从而使得科学研究经常与经济活动脱节。本课题研究内容包括以下几个方面:① 科学信息加工处理方式与手段、信息生产组织形式、信息产品结构以及信息生产过程;② 科学信息交流与交换的规律和机制;③ 科技信息服务与利用转化机制研究。

20. 网络环境下知识组织原理与方法研究。

国外对知识组织研究主要侧重在分类法、叙词法、索引法、文摘法等传统的知识组织内容。国内关于知识组织的研究不多,且广度深度不够,缺乏系统性、条理性。因此,处在知识经济和信息社会的今天,全面、系统地研究网络环境下知识组织的原理与方法,是非常必要的。

21. 图书馆学情报学专业教育的研究。

图书馆学专业教育虽然已经形成了完整的教育体系,即正规教育与函授教育相结合,专科、本科、硕士、博士教育相衔接,培养出了一大批专业人才。但是学科建设的任务仍很艰巨,课程改革的难度仍较大,师资队伍的培养也还存在众多问题,教学质量评估体系也不完善。加强图书馆学情报学专业教育的研究,对调整、改革专业教育,提高专业教育的质量具有重大作用。此课题内容应包括:① 图书馆学情报学专业教育体制、专业方向;② 图书馆学情报学专业分层培养目标;③ 图书馆学情报学专业课程设置(核心与相关);④ 专业教材的更新与创新;⑤ 社会发展对专业人才需求的调查分析;⑥ 师资培养与教学质量评估。

(彭斐章　马费成　胡昌平　陈传夫　谢灼华　董慧　王子舟　李纲)

〔**“十五”期间图书馆学情报学建议课题**〕

1. 世界图书馆学、情报学发展趋势预测
2. 当代图书馆学理论基础研究
3. 国外图书馆学流派与中国图书馆学研究
4. 中外图书馆学比较研究
5. 20世纪图书馆学研究回眸
6. 现代目录学发展趋势预测
7. 目录学与中国传统文化
8. 情报学基础理论研究
9. 数字图书馆开发研究
10. 数字图书馆技术、开发、管理与应用
11. 数字图书馆的知识信息、导航技术
12. 数字图书馆的信息安全及知识产权保护
13. 知识创新与科学信息转化机制研究
14. 信息技术的进步与图书馆学、情报学的发展
15. 科学信息交流模型与过程研究
16. 国家信息政策与法规研究
17. 我国信息政策法规的国际兼容性研究
18. 面向数字时代的信息政策法规保障体系
19. 网络环境下文献信息自动化系统标准化问题研究
20. 知识产权制度的有效性研究
21. 我国信息企业竞争力测评
22. 社会经济信息化测度与评估研究
23. 信息活动绩效评价模型研究
24. 信息安全理论与信息安全法规应用
25. 科学信息交流媒体/载体整合研究
26. 网络信息资源优化配置研究
27. 网络信息资源深层次开发与检索技术研究
28. 网络信息资源共建共享研究
29. 网络信息资源的开发与利用研究
30. 面向西部大开发的区域信息化战略与信息服务业改革
31. 现代信息服务业理论、模式和实践研究
32. 网络环境下知识组织原理与方法研究
33. 知识信息处理方法与技术应用
34. 电子文献的采集、保管与利用
35. 网络环境下读者信息需求规律研究
36. 知识单元的自动标引与自动检索
37. 我国元数据的开发与利用研究
38. 各类型读者阅读状况的调查分析
39. 社区读者图书馆服务研究
40. 网络时代的图书馆员
41. 网络环境下图书馆服务创新研究
42. 基于知识服务的图书情报事业改革与创新
43. 图书馆学情报学研究生培养质量现状分

析与对策研究

44. 图书馆学情报学教育的改革与创新

45. 图书馆学情报学研究生教育与学科建设

46. 我国企业情报网络化的优化管理

47. 影响用户情报需求因素分析

48. 文献知识与信息深层揭示原理和方法研究

49. 图书馆学情报学研究中的专门方法

50. 图书馆全面质量管理研究

（彭斐章　马费成　胡昌平　陈传夫　谢灼华　董慧　王子舟　李纲）

文献学研究

〔**“九五”期间文献学研究概述**〕

一个学科的研究进展，往往因其社会需要的程度、学科内容的伸展性和相关投入的支撑不同而差异甚大。文献学研究的进展则带有学科本身的特殊性，由于历史原因，文献学研究队伍往往分成两大部分。一部分为高校人文科学专业教师，多进行古典文献和古代文化的研究，一般称之为古典文献学研究，产生大量关于图书学、版本学和校勘学的研究成果。另一部分即是从事图书、情报和档案工作的人员和相关专业的教师，其所进行的有关文献的研究通常称之为现代文献学研究成果。因此，我们认为，这些研究者面对的是共同对象——文献，却又因时空关系而导致思考角度、切入点、落脚点、研究方式等差异和研究成果的不同。这里，我们所述的文献学研究概况，较多地站在图书、情报专业的角度，对于古典文献学方面则必多有遗漏。

1. 关于文献学基本理论问题。

就 20 世纪 90 年代的情况分析，对于文献学基本理论问题的研究具有如下特点：首先，理论趋于系统化。20 世纪 80 年代，讨论文献基本问题涉及文献概念、文献本质、文献功能、文献规律等方面，参与者较多，意见纷纭。90 年代，讨论相对沉寂，但基本理论问题的专著出版较多，呈现系统化趋向；其次，注意新文献的研究。80 年代，全国性文献普查活动直接牵动了文献基本理论的研究；90 年代，则因网络和电子技术引发新文献的研究高潮；此外，文献计量学实用研究有新进展，如关于核心期刊的研究。

正是由于 80～90 年代的理论准备、中外交流和各种学说的相互影响，以及面对大量新型文献，需要做出新的理论探讨。所以，“九五”期间，文献学基本理论问题的讨论呈现一种值得关注的“深化”和“专门”的特点。

一段时间里，我们看到一个可喜的现象，武汉大学、北京大学培养的高层次人才相继参与文献学基本理论和前沿问题的研究，如博士学位论文《文献生产的社会化及其管理》、《文献资源共享理论与实践研究》、《文献传播学》等。这些研究体现了两方面的特点，即：一方面吸收了 20 世纪 80 年代以来文献学研究的成果，另一方面也充分吸收和借鉴了国外相关理论，从而产生了创新性的成果，作出了比较全面的概括。应该说，这是文献学基本理论研究的重要进展。

这里，我们不可能对文献学基本理论研究的成果一一加以介绍，仅就其中一些问题说明如下：

文献生产问题。文献是社会产物，所以研究文献生产的社会化问题是十分必要的。一些研究者探讨了文献与社会的关系，从技术的进步、政治环境的影响、人类文明的进程等角度讨论文献的变化与发展。同时，阐明文献的产生、积累、传播与交流都是和社会发展相联系的。此外，论者还讨论了文献的生产与文献产品的价值、市场价格机制与调节、文献生产者的经营与决策、文献生产的组织与管理等问题。一些作者运用社会学、传播学与管理学的理论对文献生产作出比较深入的研究，特别是把文献与社会联系起来，社会之进步推动文献发展，文献之发展促进社会进步。这种种认识，诚然是文献学理论的发展，对于从事文献生产、交流、积累和传播的从业者必有帮助。

文献价值问题。20 世纪 80 年代，人们主要是讨论图书资料价值，在此基础上，一些研究者对文献价值产生新的认识，提出新的观点，如文献价值具有客观性、普遍性等，并进一步区分文献的使用价值和交换价值，还特别指出，文献的交换价值是文献价值的一种表现形式。又有作者指出，应该充分认识文献价值的特殊性，即它的主客观因素。此外,有的作者还讨论到文献价值的测不准原理。

文献传播问题。关于文献传播引起过较多的关注,某些作者提出,文献传播的网络化发展是具有时代特色的研究课题,论者认为,文献传播的网络化是文献资源共享的重要条件,也是衡量文献传播事业发展水平的标志。从我国现有情况出发,论者提出了我国文献传播网络化的对策和措施。文献传播研究的特色是,对文献传播的社会环境、政策立法,以及作为传播事业的各个部门的协调等,都予以说明,充分体现了视野的开阔和研究方法的多样。此外,文献传播研究也涉及到阐释学,有的作者也相应讨论了文本阐释与文献传播问题,具有一定的理论高度。

2. 关于新文献类型和特种文献研究。

"九五"期间,研究者比较注意新的文献类型的研究,如非纸质文献的介绍与评论,新的文献类型对图书、情报、档案界的影响,电子图书的出现与网上购书、网络出版的关系,以至网络环境下知识产权问题等。同时,对这方面的研究,其研究队伍已超出文献学界,这是应该引起我们高度重视的。

非纸质文献类型和种类研究。由于新的技术发展,新的文献类型层出不穷,最为突出的是电子出版物(一般指称 CD-ROM 的各种出版物),但是,近两年来,有关电子期刊、电子报纸,以及电子图书的介绍和研究也越来越多,已成为我国文献学研究的重要课题。由于有关此类文献类型涉及面极广,一些相关领域,如网络技术、通讯技术、数字图像技术、计算机图像技术、多媒体技术等从业人士,都从不同角度对电子出版物进行研究,有关信息传播方面的编辑、出版、印刷、发行和图书、情报、档案等行业人士也对非纸质文献产生浓厚兴趣。这样,文献学中文献类型的研究已经完全超出过去纸质出版物的范围,而必须同时面对纸质出版物和非纸质出版物两种文献类型。

非纸质文献出现时间较长,20 世纪后半期部分图书馆续有收藏。但是,20 世纪 80 年代以来,新的信息技术对文献(情报)的影响日新月异、势不可挡,研究者开始对此予以重视。近三年来,研究者比较集中对非纸质文献中的电子出版物、电子期刊、电子报纸,以至近两年出现的电子图书(e-book)作了一定的研究,如探讨非纸质文献的概念、特点和主要功能等。同时也对这类文献如何利用也作了研究,探讨图书馆和广大用户如何有效利用此种新的信息资源。此外,我们还看到部分研究者针对非纸质文献的利用,进一步探讨图书馆文献资源的建设问题,如非纸质文献的收藏、整理和利用的技术方法等。还有,非纸质文献的增长必然影响到传统图书馆的管理体制和管理人员等方面。

灰色文献研究。灰色文献是指一种内容复杂、信息量大但出版周期短、时效性强,并且保密性和隐藏性强的非正式出版的文献。一些发达国家从 20 世纪 70 年代开始就对此予以足够的重视,并多次召开国际会议进行研究。鉴于灰色文献在商业和军事上具有特殊意义,所以,它引起我国文献学界的注意,论者分析了灰色文献的特征、价值和文献传播、交流的形式,特别研究了在当今网络环境下获取灰色文献的方式和利用手段等。同时,指出我国文献收藏与利用单位掌握与利用灰色文献的对策和建议。应该说,这种研究具有重要的实践指导意义。

地方文献与民族文献研究、区域性文献研究和民族文献研究实际上是文献学的拓展,特别在当今社会生活中,利用地方文献和民族文献的机会越来越多,加强对地方文献的研究和建立民族文献学显得非常必要。我国地方文献研究的历史较长,而民族文献学的研究相对薄弱,因此,一些论者建议先做好各个民族文献的整理,充分摸清民族文献的数量,了解它的价值,并利用现代技术对民族文献作深层次的开发,及时提供给读者利用。此外,建议利用民族文献加强汉文化与少数民族文化的交流与传播。与此同时,研究者认为,关键问题是加强少数民族文献学人才的培养;相对来说,民族文献研究人才相当稀缺。

3. 关于古典文献研究。

人们一般把图书学、版本学、校勘学列入"文献学"大类之下,但是,从实际的题录来看,其所收录的大量是关于古典文献学方面的论著。这里,我们把有关古典文献学综合论著、藏书研究、文献学工具书等列入古典文献研究总题目下一并加以概述。

古典文献学论著"九五"期间,关于古典文献研究上的综合性著述有:程千帆、徐有富的《校雠广义》(1988～1998 年)、王燕玉的《中国文献学综说》(1997 年)、《中国文献学要籍解题》(1997 年)等等。这些著作具有继承前说、另辟途径的特点,显示了文献学,特别是古典文献学发展历史悠久、积累深厚的传统。同时也向我们说明:即使古典文献学,这门学科同样有一个“创新”的问题，如何使古典文献学研究弘扬中华优良文化传统，为当代两个文明服务，这是相当艰巨的任务。我们阅读这些著述即可发现，部分作者主张把古典文献学研究范围作适当的划分，对清以来把文献学视为史学的准备学科，认为内容比较宽泛，不利于学习和深入研究，故有的作者提出文献学应以疏通整理文献本身为己任。《校雠广义》包含版本、目录、校勘、典藏等四个方面，大致是“治书之学”的范围，为当代学人所接受。

鉴于新科技带来文献数量与类型的激增，有些研究者认为，版本学研究应当突破时空界限，不局限于古籍版本一角，现代新型文献和古今中外各类新的文献都应纳入版本学研究之中。同时，也主张版本研究应注意从版本时间向版本内容过渡。此外，建立文献版本数据库，不仅有利于图书馆编目、检索，更有利于版本鉴定。

“九五”期间，古代藏书研究总的趋向是，断代与区域研究逐步深入，并转向重大课题研究态势，在国际、国内古代藏书楼研讨会基础上出版的论文集，如《天一阁论丛》、《中国古代藏书楼研究》等，比较全面地反映了20世纪末关于古代藏书研究诸问题。此外，一些专门研究成果也得以出版，如《铁琴铜剑楼研究文献集》等。一些研究结论引起了较大的反映，如肯定了天一阁是现存世界上最古老的三个家族图书馆之一，它在世界图书馆史上占有重要地位。其他方面，如古代藏书楼在学术研究上的作用，论者从多方面探讨了藏书楼与文化、学术发展的紧密关系，如浙东史学的发达与清代私人藏书楼，明清江南苏州、杭州等地文化教育的发达与私人藏书楼，近代上海、北京书业发展与私人藏书楼等问题。研究视野的拓宽有利于人们更准确地了解文献传播和交流的中介——图书馆和藏书楼的作用。

藏书是文献传播活动中重要的环节，研究藏书活动，既可以从文献生产的环节上了解编书和刻书的变化，又可以从文献交流中看到文献的积累、文献的鉴别整理和文献的利用过程。1996年开始，南边由宁波出版社组织的《中国藏书通史》的编写，北边由辽宁人民出版社组织的《中国藏书楼》的编写，两书都可望于近期出版，编者们希望通过藏书楼研究，总结中国古代藏书活动和肯定它在中华文明史上的贡献。

古典文献学工具书。文献学逐步成熟的标志之一是一定规模的相关参考工具书的编纂与出版。“九五”期间，文献学工具书有了新的突破。

由郑伟章编著的《文献家通考》(中华书局1999年版)，是关于清代以来中国文献学家的传略。该书收入清以来文献家1500余人(包括逝于20世纪90年代的文献家如李一氓)。编著者查阅利用了1400余种书籍，撰成140余万言之著述，大致包罗了清以来从事过编书、校书、刻书、藏书，以及编写目录、撰写题跋的人士，甚至一些书商和与文献有关的人士，分别列出传主小传、叙述其文献活动，收藏、阅读、校勘、刻印等活动的主要特点、成就和贡献，牵涉部分传主藏书更迭、聚散事实，或所编书目结构、所刻书籍价值等，都加以说明。这样就为清以来文献研究和文献家考证提供了材料，同时，清晰地说明了清代以来至现代文献的变迁，文献生产之兴衰和相关学科如目录、版本、校勘等之进步。该书具有较高的学术价值，可视为近年来古典文献研究的重要成果。

古典文献工具书还有《中国古籍版刻辞典》(齐鲁书社1998年版)，作者瞿冕良。此书共收集古代刻书家、抄书家8000余人，刻工10000余人，相当完全地为我们展示了古代文献生产工人、生产商家的状况，比较难得的是广泛收集了部分抄书家所抄书籍之目录，这对我们了解古代文献生产与流通范围是有帮助的。此外，林申清还编有《中国藏书家印鉴》，展现了宋、元、明、清及近现代藏书家印鉴2800多方，有助于版本鉴别和书法篆刻史之参考，也是文献研究之一助。

(彭斐章　马费成　胡昌平　陈传夫　谢灼华　董慧　王子舟　李纲)

〔“十五”期间文献学研究重点课题〕

1. 文献类型研究。

文献是随着社会进步、科学技术的发达而不断变革的，当今，新的文献形式层出不穷，它迅速改变着人们的生活，也影响着人们对文献的认识，文献类型研究不仅是认识文献、整理文献的需要，也是牵涉到充分利用文献的问题。可以预料，21世纪新的文献类型，特别是数字化文献会引起巨大社会反响。

数字化的文献类型研究。如新出现的e-books、e-journals，它们的特征、功能，新文献类型对人类阅读的影响，它们的发展变革等。

新的文献类型的评估标准研究。

新的文献资源利用的长效化问题。如它们的保存和阅读问题。

新的文献类型与纸质文献类型的关系。一段时间有“无纸情报社会”的说法，也有传统出版物与电子出版物共存共享的说法。有必要研究它们的互补共存，总结它们的长处和弱点，使人们都能充分地掌握和利用。

数字化文献价值研究。如怎样衡量数字化文献的社会效益、如何评价数字化文献的经济利益、文献资源的价值评估体系研究。

2. 网络环境下文献资源的开发和利用。

因特网无疑是一个集各种信息资源为一体的数据资源网。在网络环境下，信息资源在数量、结构、分布和传播范围、类型、媒体形态等方面都与传统信息资源有显著差异。因此，怎样开发和利用网络资源，是当前应着重讨论的问题，其中尤其值得关注的是如下问题：

网络资源的选择。网络资源包括非正式出版信息，如专题讨论和论坛等；半正式出版物，即从各学术机构和科研单位网站上可得到，但无法从正式出版系统中获取的“灰色信息”；此外，网络正式出版物的筛选、鉴别，建立有关电子信息资源的各项标准和网上资源筛选程序等。

网络资源的组织。网络信息资源种类多，除文本信息外，还含有大量非文本信息，如图形、图像、声音等。对这些信息资源的组织是当前面临的挑战，应该加强如下问题的研究：

(1) 信息组织自动化的研究，包括自动分类、标引、编制文摘等方面的研究。

(2) 网络信息组织的标准化、兼容化研究，包括网上机构间的交流与配合，制订相关标准、规范准则等。

(3) 网络信息资源组织方式的研究，如网上联机编目、网上资源的分类方法等。

网络环境下信息资源管理。网络资源分布极不平衡，重复建设多，应研究如何优化布局，减少重复性开发。

信息检索技术。布尔逻辑的功能已被开发到最大程度，目前网上 Gopher、Veronic 和 Archie 以及 WAIS 等技术是 Internet 上强有力的检索手段，但其易用性和提示信息节点间语义关系的深度仍然不够，有待新的突破。

3. 文献与社会研究。

文献发展与社会进步密切相关，特别在当代信息化社会中，文献的传递与信息传播、交流的关系甚大。因此，文献与社会问题成为文献研究的重大课题。

信息资源共享问题。由于发达国家信息资源和信息技术处于优势，甚至在某些方面是处于垄断地位。因此，发展中国家如何在文献资源共享中取得一定地位，发达国家如何援助发展中国家发展文献信息产业，世界信息产业发展中的国际共享问题，资源共享的国际准则与合作问题等，都亟待引起关注。

文献与社会进步研究。文献对社会的正负面影响，一方面，人类创造海量的文献、传播信息、促进社会进步；另一方面，由于文献信息海量，在文献传播中，清除信息垃圾，防止有害信息的非法侵入，建立有效的安全机制，以及荧屏时代对人类阅读的影响，如何组织网络条件下的有效阅读与严肃阅读等。

文献传播与法律研究。如何健全文献传播中的法律控制体系，还有文献传播与知识产权、文献服务机构享有的权力、高新技术条件下文献情报单位的文献服务等问题。

文献与科技兴国。文献对人类文明进步的推动，文献在人类历史上的地位，文献与科学技术发展，文献对文化学术的继承与创新，网络条件下文献在文化教育与科学技术中的地位，国家政策与文献发展等。

4. 新的文献形式对图书情报工作的影响。

长期以来，图书情报工作单位收藏的文献种类基本上是图书和报刊。一段时间以来，缩微、音像文献汹涌而来，近年来电子出版物和其他数字化文献层出不穷，这样，摆在图书情报工作面前的，不仅有对新的文献形式的认识和利用问题，也有对新的文献形式的整理、保护等问题，因而对这类问题进行一系列研究显得更为迫切。

网络条件下文献资源补充研究。

网络条件下读者需求变化研究。如读者结构变化、兴趣的变化、需求行为的变化，以及读者对网络文献阅读与纸质文献阅读的选择问题等。

网络条件下的电子参考服务研究。

馆藏信息资源开发与网络信息资源利用研究。

书目信息利用方式与管理研究。

现代化图书馆管理研究。如管理制度、管理方

容转换理论研究与系统设计，侯汉清教授等的《计算机建立分类法和叙词表转换系统的尝试》(1999)、《分类表—叙词表转换系统的设计》(2000)两文体现了这方面的研究成果。此外，2000年研制了《中图法》电子版。

关于文献分类法编制理论与方法。一些学者探讨了体系分类法应用于计算机检索的改造问题，如陈树年研究馆员在《面向二十一世纪〈中图法〉及其标引技术改造的研究》一文中分析了体系分类法对计算机检索的适应能力，探讨了对《中图法》类目结构和标引规则进行改造及改造后的效果等问题。有些学者分析了体系分类法存在的弊端与现代交叉学科的发展对分类法的影响。有的学者认为现代文献分类法体系的发展方向是以学科为纲趋向以事物为纲。有的学者认为传统的文献揭示方式(线形方式)不适应网络环境中的多维、超维检索，需要加以改革，其中至关重要的是要大幅增加图书文献的检索点和链接点，增强参照功能。有些学者还论述了文献分类法通用环境复分表的编制理论与方法问题。还有的学者探讨了如何构建档案分类基础理论体系问题，认为应该从档案分类的历史、档案科学组织、档案分类机理、档案信息分类体系、外国档案分类理论研究等方面来构建档案分类基础理论体系。此外，有些学者研究了与文献分类有紧密联系的知识组织理论问题，论述了知识组织的概念、历史、实质、原理、目标、任务及相关问题。

（俞君立）

〔**国内外文献分类法研究进展**〕　1999年至2000年研究国内外文献分类法的论文约有200篇，约占文献分类研究论文总数的39%。其中研究中国文献分类法的论文有180余篇，研究外国文献分类法的论文近20篇，分别约占文献分类法研究论文总数的90%与10%。研究的中国文献分类法主要是《中图法》第4版，研究外国文献分类法主要是《杜威十进分类法》。

关于《中图法》第4版的研究。《中图法》第4版于1999年3月出版，对《中图法》第4版的研究，这是1999～2000年间我国文献分类研究领域中又一个热点问题。对《中图法》第4版的研究主要包括总体评价、改进意见与使用方法等三个方面。许多学者认为，《中图法》第4版在第3版的基础上，其科学性、实用性都有了很大的提高，主要体现在：①修订思想、修订原则正确，体现了稳定性、发展性与前瞻性。② 修订重点明确而突出，全面、系统地增补了新学科、新技术、新事物类目，而且新增类目符合文献保证原则的要求。③ 类目体系得到进一步完善，并采用了一些新的方法与措施，如编列指示性类目与停用类目，增加沿革注释，增设世界种族与民族表等。④ 进一步增强了类表的规范化程度，在统一配号、统一列类体系、统一注释格式与用语、规范类目名称、实现参照的双向化等方面，较第3版有了明显的提高。有些学者还分析了《中图法》A大类与法律、经济、教育、文学、历史、传记、计算机、生物、医学、农业、无线电电子学等类的修订特点与存在的某些问题，提出了改进意见。有些学者研究了《中图法》第4版的标记体系和复分表，提出了增设通用环境复分表的建议。还有些学者阐述了使用《中图法》第4版进行了机读数据标引的要点与图书改编问题以及《中图法》第4版使用中类号加“0”、“00”、“000”的问题。此外，1999～2000年间出版了《中图法(第4版)简本》(2000)、《中图法(第4版)索引》(2000)以及《中图法·农业专业分类表》(1999)、《中图法·医学专业分类表》(1999)、《中图法·劳动科学专业分类表》(2000)。还出版了《中国图书资料分类法》第4版(2000)。

关于《杜威十进分类法》(简称DDC)的研究。有些学者评述了DDC的最新版本第21版，分析了DDC21版中公共管理、教育、生命科学等类的修订情况与特点、有关类目结构的调整、新主题的增加与名词术语的规范化处理以及DDC21视窗版等。有的学者从DDC编辑支持系统(ESS)、电子杜威(ED)、视窗DDC(DFW)等方面阐述了DDC电子化发展历程。有的学者介绍了DDC网站的内容、特点和使用价值。还有些学者介绍了杜威的生平与杰出贡献以及DDC早期在中国的传播。

1999～2000年间人们除重点研究了《中图法》第4版与《杜威十进分类法》外，还有一些论文分别研究了《科图法》、《人大法》、《中图法》(儿童图书馆、中小学图书馆版)、《中国档案分类法》、《高等学校档案实体分类法》、《大型图书馆图书分类法草案》、《四库全书总目》之分类体系以及《国际十进分类法》、《美国国会图书馆分类法》、《美国国立医学图书馆图书分类法》、《日本十进分类法》等。有的学者对《国际十进分类法》与《冒号分类法》首次传入中国的时间问题提出了新的见解。

（俞君立　吴礼志）

〔**文献分类工作研究进展**〕 1999年至2000年有关文献分类工作研究的论文有180余篇，约占文献分类研究论文总数的35%。研究内容主要是分类工作质量管理、分类标引方法与书次号等。

关于文献分类质量管理，人们主要研究了三个方面的内容：分类质量失控的表现、分类质量失控的原因与控制分类质量的措施。研究者列举的分类质量失控的表现归纳起来主要有六种：一书多号，同类书异号，异书同号，同一种书过粗标引或过细标引，对丛书的“集中和分散”处理不当，新主题图书归类不准确等。研究者认为，产生分类质量失控的原因主要有以下几点：① 由于各馆《中图法》使用本不同，致使各馆的分类标引深度不一致；② 单主题中多因素图书的分类规则不统一；③ 文献分类法中某些类目的列类标准不清晰；④ 分类人员不熟悉分类法，未严格遵守分类标引规则等。针对上述原因，研究者提出了以下控制分类质量的措施：利用网上书目资源，共享分类标引成果；利用馆藏数据库查重，严格遵守分类标引程序；利用计算机处理分类标引深度；对论述单主题中多因素的著作，分类法编制机构应制定出详尽而统一的分类规则；进一步完善分类人员的知识结构；健全、完善分类工作制度。

关于文献分类标引方法。有些学者阐述了在计算机条件下文献分类标引的程序与方法，分析了长期使用手工编目和手工检索形成的固有工作方式和思维模式对计算机条件下标引和检索方法的束缚，提出了使用先组类号实现后组检索与采用多途径联合检索的新思路。有的学者将人工智能与模糊理论引入图书分类工作，提出了一种图书模糊分类方法。有些学者阐述了报纸、期刊、漫画、多媒体数据库、大学学报、会议文献、博士论文、参考工具书的归类方法。有些学者阐述了各学科门类图书，如文化、旅游、知识经济、传记、医学、农业科学、计算机科学、建筑等类图书以及新兴学科、交叉学科图书的归类方法。还有些学者研究了档案的分类标引规则，阐述了各种档案，如全宗内档案、机关文书档案、照片档案、报社档案、中小学档案、合同档案、企业档案、销售经营档案、海事档案、公安消防档案、农业档案、医学档案、革命历史档案、民国时期档案的分类标引方法。另外，《国家图书馆学刊》开辟了文献“分类标引参考咨询”专栏，刊登了有关新学科、新事物文献的分类方法与实例。

关于书次号码。这方面的研究内容主要有书次号理论、书次号取号方法和《通用汉语著者号码表》等。对于书次号理论，人们主要探讨了书次号的作用、编制书次号的要求、著者号与种次号的优劣以及书次号标准化等问题。有的学者认为，书次号的主要功能是用于图书排架，其次才是用于组织分类目录；书次号的编制应尽可能符合简易性原则，即号码简短，易认、易写、易排，而没有必要体现“分类的延续”；著者号与种次号各有优缺点，不能相互取代；实现书次号标准化，必须将排架标识与检索标识区别开来。此外，有的学者还研究了辅助区分号问题。对于书次号的取号方法，有的学者研究了中小学图书馆种次号的取号方法，有的学者对团体著者取号提出了新方法，还有些学者研究了书次号在期刊分类中的应用。关于《通用汉语著者号码表》(以下简称《通表》)，研究者普遍认为，《通表》编制较为科学，具有较好的区分性、规律性和伸缩性，在整体上优于其他同类著者号码表。有些学者还针对《通表》中存在的某些不足之处，提出了改进意见。 (吴礼志)

〔**网络环境下情报语言学研究进展**〕 情报检索语言是表达一系列概括文献情报内容的概念及其相互关系的概念标识系统，其职能是作为情报检索系统的语言保证，它的核心问题是检索效率。这是在传统文献信息环境下情报检索语言的定义。而在网络环境下，情报检索语言面临的信息环境已发生了深刻的变化：数据库数量急剧膨胀，信息资源类型复杂多样化，广大网络终端用户直接使用检索语言，这就要求情报语言学要突破传统的束缚，开拓研究思路，适应大信息环境下情报检索的语言要求。从近年来国内外的研究事实分析表明，检索语言在网络信息环境下又有了其发展的新领域、新热点，蕴育着新的生机。

在网络背景下，我国的情报语言学界掀起了一场新的研究热潮，许多研究具有开创性。综述我国近两年来以网络为背景的情报语言学的研究，其研究包括以下几个方面：

1. 对现有网络检索工具的检索技术和检索效率的分析研究。

网络信息爆炸式增长，一方面，搜索引擎的重要性越加明显，成为网络信息资源组织的典范和工具；另一方面，由于检索技术的限制，检索自由换来的检索费用相应地也在增加。作为一个整体，网络信息检索工具所具有的功能已相当可观，但与联机和光盘检索工具相比，网络信息检索工具的查准率远未能及。网上信息资源大多未采用情报检索语言作标引和组织，自然语言是其主要的检索用语言，固然在一定程度上有助于查全率的提高，而同时也由于同义词和反义词得不到控制，词之间的相互关系得不到揭示，因而也就无法避免检索质量相对较低这一缺憾，所以现有的网上检索工具应当从如何提高检索效率尤其是检准率方面加以改进。受控语言检索由于其规范性和准确性，有利于查准率的提高，因此，新一代的搜索引擎应当引入受控语言因素。储荷婷在《Internet 网络信息检索——原理 工具 技巧》一书中指出"缺乏对网络信息源的质量控制，缺乏对受控语言的使用，以及尚待完善的网络信息检索工具功能都导致了网络信息检索的低查准率"。另外，张琪玉教授也在新近发表的《网络信息检索工具增强关键词检索功能的措施》一文中指出了同样的问题。因此，网络检索工具的进一步发展必须介入"控制因素"。

2. 分类语言的网络化应用研究。

分类法是将各知识领域(学科及其研究问题)的类目按知识分类原理进行系统排列并以代表类目的数字、字母符号(分类号)作为文献主题标识的一类检索语言，它为检索用户提供一张"知识地图"。随着因特网的不断发展，这种目的在网络上正在变得越来越重要。同样地，我们也可以为因特网构造一张"网上知识地图"。通过类似分类法这样的习惯性知识体系描述，或者说这种对信息知识的内涵表达，人们可以沿着"网上地图"，逐步浏览直至定位到所需的信息，并俯瞰网上的相关信息，触发边缘信息。这是解决目前网络知识组织混乱局面的一项重要措施，是实现科学浏览检索的必然要求。分类法在网络中的潜在作用已经被图书情报界广泛认可，其在网络上的应用也是有目共睹的。

在最近两年情报语言学研究中，有关分类法在网络检索中的应用问题的研究尤其突出和深入。在理论方面的有代表性的文章有洪漪和梁树柏《分类法在信息网络中的应用》；强自力《网络分类目录及其分类法》；马张华《文献分类法在网络资源组织中的应用》；王忠红和张涵《网络环境下分类法的变革与发展》；倪莉的毕业论文《网络信息的分类和编目问题研究》；陈树年《搜索引擎及网络信息资源的分类组织》一文则更是通过对搜索引擎和传统分类法的比较，提出建立网上分类体系的原则和技术；阐述统一网上分类体系的意义，并提出一个相当有价值的分类大纲。此外，对网上现有搜索引擎的分类目录的分析也较为透彻和深入。

在实践方面，针对计算机网络的发展，参考 MARC 的字段格式，制定了《中图法机读格式》，以适应机检后组配方式的应用；并在机读目录的基础上，开发了《中图法》电子版。下一步的目标是研制网络版，进行网络化应用开发。

3. 主题语言的网络化应用研究。

网络检索工具主要检索语言是以自然语言为基础的，和自然语言有着最直接的联系。因此，随着人们对网络检索质量要求的提高，解决自然语言的控制这一问题必然会提升主题语言的规范功能。

对于主题语言的网络应用主要集中在主题词表通过控制来消除搜索引擎自然语言检索中所产生的歧义问题的研究。具体包括：建立自然语言接口；对现有的机读词表的网络化改造以介入到搜索引擎中，尤其提出要加强对专业主题库的建设，国内目前只停留在倡议和介绍国外经验、研究进展的层面上，至今还没有一个真正意义上的网络化主题词表。这一阶段的主要研究成果有：我国《军用主题词表》应用管理系统的自然语言接口，其提供的自然语言接口是通过对叙词词素的轮排来实现的，并加入了人工智能的原理和方法，是自然语言与受控语言在检索系统中结合的典范，在国内处于领先水平。研究文章有康桂英《分类法与主题法在网络信息资源组织与揭示中的应用》；赵建国等《军用主题词表》应用管理系统；曹东的《机读叙词表编制与维护技术的发展和未来》等。纵观国内外在这些问题上的研究和实践，差距还是很明显的。国外在词表网络化上取得了较大的成果，开发了多种词表编制软件；有网上联机显示的词表(多语言主题词表)，以辅助检索、提高检索效率为目的的嵌入搜索引擎的词表(多以专业词表居多)。

4. 检索语言的兼容化和易用化研究。

要使受控语言在网络检索中真正能发挥效用，兼容和易用是不容忽视的两个因素。兼容的检索语言是信息网络建设的首要条件，它关系着网络信息标准化的程度，数据库的质量乃至整个网络的效率。兼容主要体现在各种分类法之间。分类法与主题法的兼容即所谓的分类主题一体化。洪漪曾撰写《我国信息网络建设中的检索语言问题》和《分类法在信息网络中的应用》都曾提出过这个问题。易用化也是检索语言得以在网络应用并被用户接纳的极为关键的因素。

5. 人工语言与自然语言在网络中的地位之争。

在计算机检索时代,关于人工语言与自然语言的地位问题就已经引起了一场争论。网络检索时代的到来,这一问题再次受到关注。时有文章呼唤检索语言的人本化,批判人工语言的不适时宜性,指出自然语言是网络时代检索语言的发展方向。以粟慧的《以人为本的必然:人工检索语言向自然语言的转变》;胡朝德和叶新明的《网络时代情报检索语言的路向》的观点最为激进。而更多的观点则是较为客观地分析自然语言与人工语言的优劣,指出,自然语言是网络时代检索语言的发展方向,同时指出人工语言也有适应网络检索要求的新视角和生长点,自然语言要引入人工语言的控制思想。如:许慧《检索语言的发展及其在网络球部上新型体系的建立》;王建平《网络(联机)环境中情报检索语言的几个问题》;伍宪等的《网络情报检索的特点及其对文献揭示的要求》;赵英和龚键的《网络环境下的信息资源组织方法分析》等等。

6. 自然语言检索技术研究。

自然语言检索是网络检索的主要手段,其研究主要包括自动分词及抽词词典、全文检索系统的研究,更多的是后控制技术的研究和后控词表的编制。

新近的研究有侯汉清的《新闻信息数据库后控词表的设计和编制》,但基于网络的实验系统始终没有问世,关键在于后控制词表的编制存在着相当的困难。因此,张琪玉教授撰文《积极为自然语言与情报检索语言的结合创造条件——建议大量编制自然语言词表》。目前,搜索引擎更多地采用停用词表、同义词表来实施检索中的控制。网络环境下情报语言学充满着许多全新的视角和生长点,我们应当在积极的理论探索的同时,更应注重实践的应用工作。 (戴维民 包冬梅)

〔**全国第三次情报检索语言发展方向研讨会在上海召开**〕 全国第三次情报检索语言发展方向研讨会于1999年6月7～9日在上海召开。会议由中国图书馆学会、全国信息与文献标准化技术委员会、中国科技情报学会、全军军用主题词表编委会、中国索引学会、《中国图书馆分类法》编委会和空军政治学院共同举办,空军政治学院信息管理系承办。

在会议开幕式上,中国图书馆学会副理事长、国家图书馆副馆长、《中图法》编委会主任委员孙蓓欣,全国信息与文献标准化技术委员会主任委员、中国科技情报学会副理事长、中国科技信息研究所副所长梁战平,全军军用主题词表编管会委员、军事科学院百科研究部副部长马天保,中国索引学会常务副理事长葛永庆,空军政治学院副院长沈国权分别讲话和致词。

本次会议是继1988年在北京召开的"全国汉语叙词表发展方向研讨会"和1996年在北京召开的"全国分类法、叙词表发展学术研讨与成果展示会"之后,全国情报检索语言领域的又一次规模较大的学术盛会。每次情报检索语言领域的学术盛会都标志着我国情报检索语言发展的一个新的起点、一个新时期的到来。1988年的研讨会后,以《汉语主题词表》等词表的修订和大批综合性与专业性主题词表的出版为标志,我国情报检索用分类法、主题词表的研究与编制掀起了高潮,到1996年第二次研讨会,各单位编制的并实际应用的分类法、主题词表已达到百余部,除了继续维护与使用综合性分类法(如《中图法》)和综合性的主题词表(如《汉语主题词表》)外,又编制了部分多学科、多专业的分类法与主题词表,如《中国档案分类法》、《社会科学检索词表》、《军用主题词表》等实用性的标引检索工具。1996年召开的第二次研讨会上,集中展示和演示了我国90年代前6年分类法与主题词表的成果,研讨了分类法、词表的编辑工作,提出了各种观点及技术问题,会议还提出了情报检索语言如何适应计算机检索环境和网络环境这一现代主题。

全国第三次情报检索语言发展方向研讨会目的是总结我国情报语言学理论与实践成就,深入研究情报语言学现实问题,探讨21世纪情报语言学发展方向,繁荣情报语言学学术研究。会议的主题是"面向21世纪的情报语言学",会议重点研讨了中国情报检索语言的发展历史研究、情报检索语言的计算机化和电子化研究、自然语言情报检索技术研究、网络环境下情报检索语言研究、情报检索语言与标引技术标准化研究、中外情报检索语言比较研究、情报语言学系列课程建设和教学法研究、21世纪情报语言学发展趋势研究、情报语言学与索引工作现代化研究,以及情报语言学新理论、新方法和新技术研究等问题。

6月7日是会议开幕日，适逢张琪玉教授70华诞，为宣扬张琪玉教授执着的敬业精神，一丝不苟的严谨学风，空军政治学院举行了隆重的庆祝大会。张琪玉教授是我国当代著名的图书馆学家、情报语言学的开拓者和学术带头人。参加本次研讨会的代表应邀参加了庆祝会，大会气氛隆重热烈，中国图书馆学会、上海图书馆、上海科技情报所、全军军用主题词表编管会、中国索引学会、北京大学信息管理系、华东师范大学信息学系等许多单位和个人发来了贺信，赠送了贺礼和花篮。在张琪玉教授70华诞前夕，北京图书馆出版社出版了《张琪玉情报语言学文集》，担任该书责任编辑的王燕来同志代表出版社为该书举行了首发式，并对这部汇集了张琪玉教授几十年情报语言学研究精华的著作给予了很高的评价。

这次会议共征集到论文近40篇，其中提交会议交流的有20篇，涉及情报语言学各个主要研究领域。大会安排了10人大会交流发言，分组进行了讨论，让与会代表都有畅所欲言的机会。陈树年总结指出，这次会议取得了许多共识，如："要把受控语言与自然语言紧密的集合起来"，"情报检索语言要向易用化的方向发展"，"有效的情报检索必定是受控的"等。会议文集《面向21世纪的情报语言学——全国第三次情报检索语言发展方向研讨会论文集》已由北京图书馆出版社于2000年3月出版。

这次会议还集中演示了一些应用系统，有《军用主题词表》应用管理系统、《国防科技叙词表》电子版、分类表—叙词表转换系统、《解放军报》全文检索系统等，以及美国国会图书馆分类法机读版演示系统，这些系统展示了我国情报检索语言现代化技术进步和光明前景，同时也是对情报检索语言新理论、新方法的积极探索，如情报检索语言与自然语言结合的发展趋势。正如陈树年在会议总结发言中说："如果说1996年第二次情报检索语言发展方向研讨会提出了受控语言与自然语言的方向，那么1999年的第三次情报检索语言发展方向研讨会则普遍确认了这个方向，并进一步提出了结合的方法和途径。这标志着我国情报检索语言的研究开始迈向一个新的阶段。" （戴维民）

〔**《军用主题词表》电子版正式出版**〕 《军用主题词表》编管会办公室和总参三部九局五处在《军表》及配套使用工具的基础上共同研制开发的《军用主题词表》电子版，即《军用主题词表》应用管理系统，是一种适应计算机网络环境的新型检索语言工具。该系统1998年9月通过专家鉴定，现已于1999年由中国电子音像出版社出版。

系统具有词表浏览、词表查询、辅助标引、统计分析、显示控制、帮助信息等六项功能。词表功能可浏览字顺表、范畴索引表、词族索引表、主题词释义词典、英汉索引表、轮排索引表，词表查询功能可进行字顺定位、内容检索，辅助标引功能可进行概念转换、转换策略、标引记录显示、标引记录存盘、标引记录清空，统计分析可进行词频统计、转换分析，显示控制功能可进行窗口级联排列、窗口纵向排列、窗口横向排列、重排图标、字体字号变换、表间联动、表内环动，帮助信息包括系统使用说明、军表使用手册、标引规则（标引通则、档案标引规则、情报标引规则、图书标引规则、公文标引规则）、退出军表应用系统等。

为操作便捷，几乎所有选单功能都设置了快捷键。每个快捷键对应一个小图标，位于系统选单栏下，由左至右，依次为词表浏览、字顺定位、内容检索、概念转换、转换策略、标引记录显示、标引记录存盘、标引记录清空、统计分析、窗口垂直排列、窗口水平排列、窗口级联排列、字体字号变换、退出系统、操作帮助等。

《军表》应用管理系统功能完备，自动化、集成化、适用化程度高，实现了词表应用与自身维护管理的有机结合；可为用户提供词表及其配套工具的全面服务，实现了词表与其配套工具的有机结合；可同时满足用户使用自然语言和检索系统内部使用受控语言两种需求，实现了自然语言与受控语言的有机结合。

系统软件运行环境为中文Windows9X/2000，硬件环境为配有光驱的486以上微机。 （戴维民）

〔**《情报语言学词典》出版**〕 张琪玉教授编著的《情报语言学词典》，由北京图书馆出版社2000年7月出版。本词典具有以下特点：(1) 收词丰富。共收录词条2300余条（包括同义词），包括了情报语言学总论、分类法、主题法、自然语言检索、索引法、文献标引和情报检索以及其他相关的名词术语。(2) 释义精炼准确。词条释义的表述准确，词义简明，具有权威性，并且概括表述了某一问题或领域的研究成果。词典还对某些意义上互相有联系的名词术语采取设立并列词条的方式，使词义在相互联系中更易理解，并精简释文。(3) 检索查词方便快捷。编有词条轮排索引，可从词条的任何词素入手查词，并可将字面成族的词条汇集到一起，在一定程度上起到对词条进行分类的作用。词典词条和词条轮排索引均按汉语拼音排序，并有笔画笔形和四角号码两种首字检字表。(4)指向参照明确。词典只对有释文的词条编顺序号，用"□"表示；并列式词条中的第二、第三个词和词目的同义词均作引见条目，用"→"号指向有释文的词条。(5)附录资料丰富。编有三个附录：《中国情报检索语言语种简目》、《外国情报检索语言简目》、《中国情报语言学文献简目》，具有很好的参考价值。

《情报语言学词典》是国内外本学科的第一本也是唯一一本专业词典，是张琪玉教授几十年研究情报语言学的结晶，并以作者严谨的治学作风表明这是一本权威性的专业学术工具书。同时，也标示着情报语言学作为一门独立的分支学科已经走向完善、走向成熟，标示着我国情报语言学研究具有世界领先水平。 (戴维民)

〔**《中国分类主题词表》开始修订**〕 《中国分类主题词表》是"七五"国家哲学社会科学资助的科研项目，由北京图书馆1986年发起，刘湘生等主编，约40个单位160位专家学者参加，1994年完成编制并由华艺出版社出版，1996年荣获国家科委、国防科工委、中国科学院、中国科协、国家自然科学基金会五部门联合颁发的"国家优秀科技信息成果"二等奖。

《中国分类主题词表》由分类号—主题词对应表和主题词—分类号对应表两部分组成，共收录分类法类目5万余条，主题词及主题词串21万余条，囊括了当时所有的学科内容和主题概念，是我国第一部对照索引式的综合性分类主题一体化检索语言。

1999年3月《中国图书馆分类法》(第四版)的出版，对于学科体系、类目设置、类号选用等均作了一定程度的修订；同时，科学的迅速发展与学科的分化综合，又出现了许多新的学科内容与主题概念，为此，2000年5月，《中图法》编委会决定在保持《中国分类主题词表》原有特色的基础上，对其进行修订。主要是针对主题词的选用和分类号主题词的对应进行大规模修订。

修订的指导思想是：为了适应学科形势的发展，减低《中国分类主题词表》的滞后性，增加自然语言接口，从而满足计算机网络环境下信息资源组织和检索的需求。

修订选词的基本原则是：(1)依据《中国分类主题词表》的修订指导思想，注意把握选词的科学性与实用性、综合性与专业性结合的原则；(2)遵循GB13190-91《汉语叙词表编制规则》中"4叙词选定"和"5词间关系处理"的规定；(3)依据辩证唯物主义和历史唯物主义的观点，分析统计词的使用频率，以频率阀作为取舍叙词的基本依据，专业词表等只能作为选词的辅助参考工具。

修订的基本程序是：(1)对国图书目库、上海社科库、重庆自科库、主题规范库的标引数据分别进行统计；(2)合并各库数据，对数据进行统计分析，在此基础上确定修订选词阈值；(3)对标引词按其主要属性分类，并按委员分工把经过分类的标引词发送给各委员；(4)各委员分别同时进行如下工作：加工标引词→对标引词分类\分析选词→对用代关系、属项、分项、参项、族项、英文、注释、四版类号等各项进行规范→按卡片格式生成Access文件提交给编委会；(5)编委会审定组和办公室随后进行如下工作：重建主题词规范库→(规范库类号改为四版类号)→综合审查入选词→(问题反馈给各委员，经修正后再次提交)→生成分类的主题词文档→主题词追加到《中国图书馆分类法》(第四版)机读版(修订用表)→进行类目—主题词对应生成工作；(6)部分专门委员再进行如下工作：检查原来对应词串、类目专指对应、类目涵义对应，检查主题词的分类；(7)在此基础上对数据进行集成；(8)办公室应用集成数据生成各种文档；(9)制作各种产品，包括文本格式和机读格式等，并提交出版。

《中国分类主题词表》的修订是一项规模宏大的工程，有上百位专家学者参与修订。修订的前期工作已经完成，经最后合成审定后，将以电子版和印刷版同时出版。 (戴维民 余晓寒)

〔**文献编目标准化与规范化研究进展**〕 1999年至2000年我国有关研究文献编目标准化、规范化的论文有130余篇，约占文献编目研究论文总数(440余篇)的30%。研究内容主要有文献编目标准化理论、文献编目规则及其运用、书目规范控制等。

关于文献编目标准化理论的研究。这方面主要研究了我国文献编目标准化的现状、存在的问题与对策。有的学者认为，我国已制定了一系列文献著录规则国家标准，基本上形成了比较完备的中文文献著录标准体系;各种著录规则不仅为标准化创造了条件,而且为各种书目数据库的建设和书目数据的共享提供了便利;如今,编目工作正在向合作编目的方向发展。我国文献编目标准化存在的问题主要是:一些人对标准化工作在思想上不够重视;不同系统、不同机构缺少协调与合作;标准的修订过程太长,标准不统一,不规范;中外文文献编目不一致等。针对上述问题,编目工作标准化应遵循下列原则:简单化原则、统一性原则、稳定性原则、全面性原则与经济性原则等。还有的学者研究了文献编目的原理、文献编目的变迁、文献编目的基本原则等问题。

关于文献编目规则及其运用的研究。我国学者对《中国文献编目规则》(简称《规则》)进行了研究与评论。一些学者认为《规则》具有内容丰富、详尽、实用、新颖、规范化、标准化程度高,适应计算机编目等特点。但有些名词术语的表述与某些规则的实例上还存在不足;《规则》的标目法部分,编目员难以操作,也不便于计算机运作,主要表现在"多重标准,掌握困难","以简称代全称,本末倒置"。研究者还对《规则》与GB3792系列、ISBD及AACR2进行了比较研究,分析了它们的异同与特点。有些学者研究了《规则》中款目的定义、著录用文字、著录信息源等问题。有些学者研究了各著录项目的著录规则,涉及并列题名、副题名、版本等项的著录问题。还有的学者对各类型文献著录的标准化问题进行了研究,内容涉及多卷书与丛书、连续出版物、非书资料、计算机文档、古籍、会议录、授权影印版图书的著录方法。在档案著录标准化研究方面,1999年我国颁布了《中华人民共和国行业标准档案著录规则DA/T18－1999》,探讨了档案著录的有关理论问题。如一些研究者提出现代档案著录的共性原则是技术标准化原则、科学管理原则;现代档案著录的个性原则是来源原则、尊重全宗原则、反映管理层次原则;现代档案著录的基本原理是充分映射原理、优选存贮原理、控制原理、逻辑有序原理与跨空间输出原理。

关于我国文献著录规则国家标准的修订。全国信息与文献标准化技术委员会第六分委员会于2000年召开了在京委员的全体会议,检查1999年对GB3792和GB3793等7个国家标准修订工作的完成情况,落实2000年关于"计算机文档著录"、"馆藏说明著录规则"、"文后参考文献著录规则"等三个国家标准的修订工作计划。此外,有的学者介绍了《AACR2R-93》,以及采用《AACR2R-93》对录音资料、录像资料与电子文献编目的经验。还有学者介绍了《国际标准书目著录·计算机文档》(ISBD(CF))(1990)的修订经过,及其改名后的ISBD(ER)(1997)的具体内容。

关于书目规范控制的研究。黄俊贵研究馆员综述了规范控制的发展、涵义、因素、目的、类型以及规范款目的编制和书目数据与规范数据的组织等问题。有的学者综述了1980～1997年期间我国关于规范文档研究的论著及其内容分布,以及我国建立规范档的机构与情况等,并就规范档建设问题提出了有关建议。一些学者论述了规范款目的设置、中文团体名称、汉译著者统一标目名称、题名与统一题名的规范化问题;阐述了机读书目数据规范控制的含义、依据,分析目前机读书目数据规范控制存在的问题及其原因,提出了相应的对策;探讨了网上书目数据规范与标准的内容、现状,并提出了应采取的措施与建议;还介绍了外国书目规范控制的最新进展和发展趋势。此外,有的学者研究了中文图书目次信息数据著录规范问题,提出了国家图书馆中文图书目次信息数据著录暂行规范。

(黄葵 吴礼志)

〔**计算机编目研究进展**〕 1999年至2000年我国关于研究计算机编目的论文有200余篇,约占文献编目研究论文总数的46%,研究内容主要有中国机读目录格式及其使用、书目数据库建设、联机联合编目、网络资源编目等。

关于中国机读目录格式(CNMARC)的研究。1999～2000年间我国一些学者针对使用CNMARC中的诸多问题,提出了解决办法,并论述了完善机读目录的途径与方法。有的学者对全国5个较有代表性的书目数据库进行了比较研究,发现其中书目数据存在着较大的差异,其原因主要是各馆对CNMARC各字段的理解不同,著录的繁简尺度不同,书目数据的交流和编目人员彼此探讨的机会太少等。提出了使用CNMARC应遵循的著录原则:严格按照编目规则和机读目录格式著录,正确理解每一个字段及子字段的含义;各书目数据库检索点的著录必须保持一致;著录简洁明了。研究者们对CNMARC著录信息块、附注块、款目连接块、相关题名块、主题分析块以及知识责任块使用中的问题进行研究。有的对合订题名、版本说明、载体形态、外国责任者、团体责任者等有关字段的著录问题进行研究；有的提出应重视使用题名检索字段，以实现机读目录的一条记录多项检索功能。对于机读目录中不同类型文献的著录问题，研究者主要研究了机读目录中多卷书、丛书、期刊、年鉴、报纸、计算机文档、电子出版物、地图资料、音像资料、缩微资料、标准文献、学位论文、古籍、会议录等文献的CNMARC格式及其著录方法。陈源蒸研究员等论述了中文报纸机读目录编制的现状、构想、著录规则和名称规范等问题。苏新宁教授设计了音像资料MARC格式。有的学者论述了古籍机读目录格式的设计原则与设计步骤。此外，有人对CNMARC与USMARC进行了比较分析，并研究了USMARC856字段的使用问题。还有人论述了美国《档案机读目录交换格式》、美国《档案和手稿控制机读目录格式》的结构和应用问题。

关于中国书目数据库建设的研究。研究者们主要研究了我国书目数据库建设的现状、存在问题以及各种类型文献书目数据库建设的问题。有学者认为，图书馆要建设高水平的书目数据库，必须做好建库前的准备工作，实行标准化建库，分工协作，联合建库，资源共享；通过服务和产品开发促进书目数据库的建设。有些学者分别论述了Totals书目数据库、期刊联合目录数据库、古籍联合目录数据库、地方报纸数据库以及回溯建库等有关问题。如李致忠研究馆员认为，构建中国古籍联合目录数据库必须做好一系列准备工作，即中国古籍的界定；款目设置；机读格式、著录规则、使用手册的统一；分类法、主题词、书名和著者姓名规范问题。有些学者还论述了与书目数据库相关的文献数据库的建设问题，孟连生研究馆员论述了20世纪90年代以来我国文献数据库建设事业的管理体制、运作方式和各种类型文献数据库建设问题。随着中文书目数据库的建设，我国学者研制出了一批书目数据库软件。有的学者提出，书目数据库编目软件应具备如下功能：易于操作功能，有严格的校验功能，保障书目数据安全的功能，统计功能，便于及时提供信息的功能，有多种检索方式的功能，有获取检索结果便利的功能以及网络化功能。夏勇教授等研究了运用数据库软件建立多媒体资料目录库问题。还有些学者介绍了一些地区性图书馆管理集成系统的编目子系统软件。

关于联机联合编目的研究。这方面的研究体现在两个方面，一是，有些学者研究了我国地区采编中心和中国图书馆联合编目中心建设问题，有的论述了联合编目的优越性，地区采编中心的工作组织、劳动定额与产品质量等方面管理问题；有的论述了高校图书馆实行联合采编存在的问题及其对策；有的认为中国图书馆联合编目中心的建设应借鉴OCLC的经验。二是，有些学者研究了联机联合编目的建设问题。他们论述了联机联合编目的意义、内容、进展，以及我国联机编目网络的建立与发展问题。如陈源蒸研究员分析了建立中国联机编目网络的必要性与可行性，他认为全国性的联机编目网络应具备以下特点：① 统一管理，分散编目；② 兼容各种编目软件；③ 具有惟一性的批量检索功能；④ 采用多种通信途径；⑤ 分点服务，方便用户；⑥ 加强书目质量控制；⑦ 实施后控规范方法。他还提出了面向21世纪我国联机编目网络的目标：编制建国50年图书目录；推进地县级图书馆加入网络；逐步完善网络功能；与数字化图书馆建设衔接。有的学者提出了实施联机编目的技术方案，认为根据我国国情，采用集中式和分散式两种方式进行联机编目系统设计，采用Z39.50和WWW设计方法，实现远程联机编目的功能。有的学者探讨了联机联合编目工作者面临的机遇与挑战，并就如何提高我国编目工作者队伍的整体素质提出了建议。关于联机编目的实践，戴龙基教授等介绍了CALIS（中国高等教育文献保障系统）联合目录数据库的建设方案，从建设目标、建设内容、结构模式、系统功能、采用标准及技术实现等方面阐述该项目的实施方法以及对于资源共享的重要意义。此外，还有人研究了OCLC联机编目的特色及对我国图书馆界的启示。

关于网络资源编目的研究。有的学者论述了网络资源编目的特点与编目工作面临的困难，介绍了USMARC如何实现对网络资源编目以及网络资源编目的工作程序。有些学者研究DC元数据，论述了DC元数据的背景、发展、功能、制定的原则、基本内容及其价值；阐述了DC研究的系列成果和最新进展，并探讨了因特网信息资源的规范化问题。上海图书馆从1998年起从事元数据课题研究，一些研究成果已发表在上海图书馆网页上。为了加大元数据研究与开发的力度，上海图书馆于2000年6月成立元数据研究课题组，并于2001年10月由上海科学技术出版社出版了吴建中主编的

《DC 元数据》一书,该书研究了 DC 元数据发展史、DC 元素与修饰词、DC 的应用句法与结构、DC 与 USMARC 的比较、CORC(联合在线资源目录)系统、CORC 著录操作实践、CORC 寻路器的创建与 CORC 系统的管理等问题。 (黄葵)

〔**文献编目工作研究进展**〕 1999 年至 2000 年有关文献编目工作研究的论文有 110 余篇,约占文献编目研究论文总数的 25%。研究内容主要有编目工作管理、编目方法与图书在版编目等。

关于编目工作管理研究。一些学者主要研究了书目数据的质量控制问题。有的学者提出了网络环境下控制书目数据质量的措施:制定工作细则;提高编目人员的总体素质;严格数据校对;对书目数据库进行经常性维护;加强管理,建立科学的工作流程。安鸿书研究员提出了"书目数据制作企业化是解决图书馆统一编目问题的很有前景的途径"这一观点。此外,有些学者研究了卡片目录与机读目录两者之间的关系,探讨了实行计算机编目后对卡片目录应如何处理的问题。

关于编目方法的研究。这方面的研究主要包括中文文献、西文文献、日文文献与俄文文献的编目方法等。有的学者对图书 CNMARC 数据套录方法作了探讨。对于西文文献编目,1999 年 5 月国家图书馆在北京召开了有全国各地编目工作人员、教学人员参加的西文图书编目工作研讨会,与会代表围绕国内西文编目工作的现状、西文图书联合编目、书目数据资源共享、国外商业数据的比较、西文图书编目条例的修订、西文编目的规范化、标准化以及国内外编目软件的特点等议题展开了讨论。有的学者还对西文套录方法进行了研究。对于日文文献编目,人们主要研究了图书著录、期刊刊名目录编排方法、目录组织标准化等。对于俄文文献编目,有些学者阐述了俄文地学文献标目的选择原则,探讨了俄文编目中个人著者采用完全著录的问题。有些学者还研究了随书附盘的著录和几种提高编目著录录入速度的方法。此外,有的学者研究了专题文献目录及其编制方法、期刊阅览室的目录体系等问题。

关于图书在版编目(简称 CIP)的研究。1999～2000 年间我国 CIP 工作得到了进一步的推广与实施,1999 年 1 月《中国图书在版编目快报》(月刊)创刊,1999 年 3 月 8 日新闻出版署发出《关于在全国各出版社实施图书在版编目(CIP)有关问题的通知》,要求自 1999 年 4 月 1 日起,在全国推广实施《图书在版编目数据》国家标准,推动了我国 CIP 的全面开展。对于 CIP,有的学者论述了我国实行 CIP 以来所取得的成绩与存在的某些问题。有的学者针对 CIP 数据存在的问题,提出了 10 条相应对策,即:树立正确的 CIP 工作指导思想;加强组织领导,健全 CIP 管理系统;制定相应的法规、政策,推动 CIP 的全面实施;加强宣传力度,统一出版社认识;优化编目工作程序,保证 CIP 数据质量;修改、完善国家标准,实施技术质量监控;提高 CIP 人员素质;提供 CIP 资金保障;扩大 CIP 数据的功能,提高其利用率;加强 CIP 制作的计算机化、网络化建设。 (吴礼志)

图书馆现代技术

图书馆自动化网络

〔**概述**〕 自 1994 年 4 月中国科学院和清华大学、北京大学组成的中国教育科研示范网(NCFC)与英特网正式接通 64 Kbps 专线并设立了中国的最高域名(CN)以来,5 年时间里中国的信息资源建设取得了飞速发展。目前相继建立了中国公用分组交换数据网(ChinaPAC)、中国公用数字数据网(ChinaDDN)、中国公用帧中继网(ChinaFRN)、PSTN 和 CHINAMAIL 系统,并在这些公用物理通信链路基础上先后建成了五大互联网络:中国科学技术网(CSTNet)、邮电部中国公用计算机互联网(ChinaNet)、中国教育和科研计算机网(CERNet)、中国金桥信息网(ChinaGBN)、中国联通互联网(UNINET)和中国网通(CNCNET),并实现网络间的互联互通。中国互联网就是以这六大互联网为依托而产生和发展起来的。据中国互联网络信息中心的统计,截止到 2000 年 12 月 31 日,我国上网计算机数约为 892 万台,上网用户人数约 2250 万,CN 下注册的域名数为 122099 个,WWW 站点数(包括.CN、.COM、.NET、.ORG 下的网站)约265405个。我国国际线路的总容量为1234 M,连接的国家有美国、加拿大、澳大利亚、英国、德国、法国、日本、韩国等。其中,中国科技网占10 M,中国公用计算机互联网占711 M,中国教育和科研计算机网占12 M,中国金桥信息网占69 M,中国联通互联网占55 M,中国网通占377 M。在这一大网络环境下,图书馆自动化网络建设开始加速发展,我国正在建设(或已投入使用)一些利用Internet发布文献信息、提供信息资讯服务的重点网络或网络工程,其主要特点有:

· 都有远期和近期的发展目标,包括技术和经济目标,重视信息的利用率和效益;

· 以中文文献信息为主,且已达到一定数量和规模;

· 大部分都跨行业、跨网络,有助于网络的长期发展;

· 在多地点建有分支和镜像站点,一方面有利于现有条件下信息的传输,另一方面通过分支稳定了一批固有的用户群。

〔**图书馆自动化论文统计**〕　根据对《全国报刊索引》(1999～2000)的统计(如下表所示),1999年以来关于图书馆自动化的论文数量呈上升趋势(由于有一定的时滞性,《全国报刊索引》未能收录2000年所发表的论文,无法作为2000年论文统计的依据,只能针对个别的图书馆学期刊分别进行统计,这些期刊包括:《中国图书馆学报》、《大学图书馆学报》、《大学图书情报学刊》、《图书情报工作》、《现代图书情报技术》、《图书情报知识》、《图书馆学研究》、《图书馆论坛》、《图书情报论坛》、《图书馆学刊》、《晋图学刊》、《图书馆理论与实践》、《图书馆建设》、《图书馆》、《图书馆杂志》、《图书馆工作与研究》、《津图学刊》、《图书与情报》、《情报资料工作》、《江苏图书馆学报》、《山东图书馆季刊》、《福建图书馆学刊》、《江西图书馆学刊》等,因而是不完全的)。

图书馆自动化研究论文统计:

项目＼年份	1999	2000	总计
自动化系统	98	52	150
电子图书馆、电子阅览室	41	26	67
网页、网络化	141	73	214
自动化工作	49	35	84
总计	329	186	515

(郭丽芳)

文献信息服务网络

〔**中国期刊网(http://www.chinajournal.net.cn 或 http://www.cnki.net)**〕　该网络由清华同方公司(简称同方公司)组织实施,主要特色有:

· 发展目标:创建动态更新和不断完备的信息库和有效知识库;开发我国自主版权的知识信息获取技术和知识信息制作、传播技术,逐渐形成行业标准,以利于信息资源的广泛合作开发,并创造良好的信息服务市场环境,促使网络硬件设施的充分利用和不断完善;建立社会化知识创新与应用的网络环境,以知识信息资源为轴心,创造各行各业网上研究和知识推广的条件,吸引各种层次的人通过网络进行研究合作。

· 网络内容:创办中国期刊网,建成包括自1994年以来的共5100种核心与专业特色期刊的全文数据库,并在1999年以后将题录库所收录期刊的种数增加到6600种,摘要7000种;建立含E-mail的作者库,建成通过编辑部认定的作者简介和E-mail地址库,此项工作于2000年底基本完成;引进国外信息资源,利用中国期刊网的市场,代理国外数据库,如UMI、OCLC、SCI、EI、MI、CI、EBSCO等,此项服务从1999年6月开始建设,2000年上网;建设1997年以来的博/硕士论文库、会议论文库,该库包括每年20000篇优秀博硕士论文,2000种国内外会议论文集;建立各学科有效知识库,与有关部门和本行业企业合作,根据文献引用、专利引用等统计分析结果和专家意见,选择开发教材、教科书、百科全书、专著的系列化数据库。

· 运行方式:商业化操作,争取实现股份化;采用"开放式镜像站"、"封闭式镜像站"、"包库用户"3种方式,共中开放式镜像站共计300家。

〔**万方数据资源网(http://www.chinainfo.gov.cn 或 http://www.istic.ac.cn)**〕　由中国科技信息研究所(万方数据集团公司)组织实施,主要特色有:

· 发展目标:依托"万方数据资源系统(ChinaInfo)",创建民族信息服务业的著名品牌。

· 网络内容:作为国家级综合性科技信息中心的中国科技信息研究所(简称中信所),经过多年来的开发,已拥有自主版权的数据库达24个,累计存储记录达800多万条;该所基于因特网平台的"万方数据资源系统"装载了近百个科技、经济与法律数据库,总容量达10 GB;有600多种重点科技期刊全文上网服务，1999年底达到1000种，是国内最大的数字化期刊群。另外，每年有6万多项重大科技成果、高新技术产品国家推广项目和实用技术通过网络发布；并且每日报道1200～1500条国内外最新经贸、供求和金融信息，日数据量接近2M。

·运行方式：目前，“万方数据资源系统”在全国各地拥有30多个科技情报所节点，并在全国建立300家“万方数据服务中心”。“万方数据服务中心”是中国科技信息研究所设立在全国各地企事业单位、高等院校中的信息服务（代理）机构，人员、设备、场地等均由各单位的信息服务部门提供。中国科技信息研究所通过“万方数据资源系统”将其全部信息资源和服务提供给“万方数据服务中心”，该中心面向本单位或社会各界提供多种形式的信息服务，包括近百个数据库、数百种电子科技期刊、40多个栏目的经贸信息、最新科技成果等。自1998年以来，中国科技信息研究所把培育科技信息资源市场作为该所的工作重点之一，先后向全国20所高校图书馆和50家单位赠送总价值1000万元的全文检索多媒体数据软件、信息产品。

〔**中国高等教育文献保障体系（http://www.calis.edu.cn）**〕 由中国教育部组织实施，主要特色有：

·发展目标：CALIS的建设是在中国教育部统一领导下，以CERNET为依托，采取“整体规划，合理布局，相对集中，联合保障”的建设方针，推进我国高等教育资源的合理优化配置，实现信息资源共建、共知、共享，深化资源的有效开发和利用，提高高等学校教育和科研的文献保障水平，为促进我国高等教育发展打下坚实的基础。

·网络内容：CALIS项目近期的建设内容和任务是，通过文献信息服务网络和文献信息资源及数字化建设，初步实现公共检索、馆际互借、文献传递、协调采购、联机合作编目等功能，基本建成中国现代高等教育文献保障体系的基本框架。其服务功能有公共检索、馆际互借、文献传递、电子资源导航、联机合作编目、文献采购协作。其文献数据库建设包括中外文书刊联合目录数据库建设、高校特色文献数据库建设、重点学科专题数据库建设、国外数据库或电子文献的引进。

·运行方式：采用三级服务框架，建成以CERNET为依托的CALIS三级网络结构，即全国中心、地区中心、“211工程”中确定重点投资建设的61所高校。另外，CALIS项目是一个全国性系统，除了国家投入外，充分发挥了学校、主管部门、地方政府等各方面的积极性，从财力、人力和物力上给予大力支持。

〔**国家图书馆（中国数字图书馆系统工程）（http://www.nlc.gov.cn）**〕 由国家图书馆组织实施，主要特色有：

·发展目标：在宽带IP网上形成超大规模的、高质量的中文资源库群，支持国家整体创新体系的形成与发展，通过国家骨干网络系统向全国乃至全球提供服务，其总体技术水平与国际接轨。其技术目标是实现在宽带网络和因特网上实现中国数字图书馆的总体架构，建设资源库。其经济目标是实现社会化信息服务，信息发布和广告的媒体服务，电子出版物的购销服务，音像、视频的点播服务，国际间的数字化产品的交流服务，用户间交互信息的公告服务等。

·网络内容：该网络工程正在建设之中，周期计划10年，网络内容建设主要包括完成国家图书馆的二期工程，建设5万平方米的数字图书馆国家中心；建设一批超大规模的资源库群；完成中国数字图书馆的实用技术开发等。

文献信息网络安全技术

〔**防火墙技术（firewall）**〕 是近年来发展的重要安全技术，它的主要功能是加强网络之间访问控制，防止外部网络用户以非法手段通过外部网络进入内部网络（被保护的网络）。它对两个或多个网络之间传输的数据包和链接方式按照一定的安全策略对其进行检查，来决定网络之间的通信是否被允许，并监视网络运行状态。简单的防火墙技术可以在路由器上直接实现，而专用防火墙提供更加可靠的网络安全控制方法。防火墙通过过滤不安全的服务，可以极大地提高网络安全和减少子网中主机的风险；可以提供对系统的访问控制；可以阻止攻击者获取攻击网络系统的有用信息；可以记录和统计通过它的网络通讯，提供关于网络使用的统计数据，根据统计数据来判断可能的攻击和探测；可以提供制定和执行网络安全策略的手段，对内部网络实现集中的安全管理，而无须在内部网络每台机器上分别设立安全策略。

〔**数据加密技术**〕 被认为是近年来最可靠的安全保障形式，它从根本上可以满足信息完整性的需要，是一种主动安全防御策略。数据加密可以按照确定的密码算法将明文数据变换成难以识别的密文数据；采用公开密钥体制，可以实现数字签名，从而完成对用户的身份认证；利用数字签名，可以证实报文数据的真实性及获得收发信息，数字签名是防止诈骗、抵赖、作伪证，达到保护数据合法身份的重要手段。

〔**病毒防治技术**〕 是近年流行的网络安全控制技术，由防毒、杀毒两部分软件组成。防病毒的策略是在病毒传播前采取有效的快速救护措施，目前的防病毒软件主要采用实时监控技术、自动解压缩技术、全平台反病毒技术。另外，还有存在于信息共享的网络介质上，针对网上资源的应用程序进行攻击的大量病毒。近年来，在网关上设防网络前端实时杀毒软件，并进一步选择多层病毒防卫体系，就成为了一种实用的网络安全控制方法。多层病毒防卫体系主要采用三种形式，即在内部网的每个台式机上安装台式机的反病毒软件，在服务器上安装基于服务器的反病毒软件，在 Internet 网关上安装基于 Internet 网关的反病毒软件。同时，由于病毒主要破坏数据，用户需要经常备份重要文件。

〔**入侵检测技术**〕 是近年出现的新型网络安全技术，提供实时的入侵检测及采取相应的防护手段。它能够发现危险攻击的特征，进而探测出攻击行为并发出警报，同时采取保护措施；它可以对付来自内部网络的攻击，还能够阻止黑客的入侵。入侵检测系统分为基于主机和基于网络两类，基于主机的入侵检测系统用于保护关键应用的服务器，实时监视可疑的连接、系统日志的检查、非法访问的闯入等，并且提供对 Web 服务器应用等典型应用的监视；基于网络的入侵检测系统用于实时监控网络关键路径的信息。

〔**IC 卡技术**〕 是目前保证交易数据在网络传输过程中完整性的一个有效安全控制方法。IC 卡在网络安全系统控制中的应用主要有两方面，一是存储密钥，一是对由 MD5、SHA 等算法产生的数字签名数据在传输过程中进行加密或解密。IC 卡的安全性主要体现在两点，一是密钥保存在 IC 卡内，一是数据的加密解密均在 IC 卡内进行，整个过程不存在密钥的传递。目前，IC 卡技术在我国的应用还不广泛，但它无疑是一项值得推广的技术。

（刘荣　郭丽芳）

图书馆自动化管理系统

〔**概述**〕 我国图书馆自动化建设在经历了起步阶段（1980～1985 年）、集成管理系统阶段（1986～1993 年）之后，已于 1994 年进入到网络化发展阶段。近两年来，我国新一代图书馆自动化管理系统在很多方面有了质的飞跃，具体有以下特点：

1. 系统软件市场正在形成，优胜劣汰，向系统集成和公司兼并方向发展。近两年来，我国图书馆自动化管理系统发展情况与以往大不相同，表现在：一是人们对图书馆自动化管理软件有了较深的了解；二是我国已形成一些比较成熟、商业化程度较高以及参数设置灵活多样的软件。目前，在软件的选择上人们已形成共识："购买引进，利大于弊。"因此，凡是早期由本馆自行开发的系统，其最终结局，或是转卖给商业性的开发机构，或是根本放弃。

2. 系统运行环境从局域网向互联网发展，"立足本馆，面向网络"成为图书馆自动化的发展方向。第二代系统无论是主机多用户方式，还是微机局域网方式，其作用范围仍在一馆之内。近两年，发展迅速的第三代系统突破了广域网/局域网的分类，采用内部网 Intranet＋因特网 Internet 的结构；在体系结构方面，第三代系统采用了先进的二层 Client/Server 或三层 Browser/WebServer/DBServer 或多层结构；在模块结构上，除了原有的采访、编目、流通、检索、期刊五大模块之外，还具有了联合编目、馆际互借、乃至网络智能代理等等功能，使得图书馆自动化管理系统的适用范畴从单馆扩大到多馆，甚至网络数字资源上；在网络协议上，第三代系统建立在国际上主要的网络通讯协议 TCP/IP 底层协议基础上，采用 ISO10160/10161 协议进行网上馆际互借的传送与接收，采用 ANSI/NISO Z39.50 协议实现网上信息检索与获取。

3. 系统在开放的互联网环境下，向标准化的信息网络系统发展。近两年，我国新一代系统逐步向符合 SQL 标准的 RDBMS（关系型数据库管理系统）平台迁移，现在使用的数据库一般有 Oracle、Sybase、DB2、Informix 及 Microsoft SQL Server；通过采取上述技术措施，新一代系统支持两种 MARC 格式，即中文文献采用 CNMARC 格式，外文文献采用 USMARC 格式；采用 ISO/IEC10646《信息技术——通用八位编码字符集》（Information technology——Universal coded Character Ser）这一符合国际标准的大字符集，新一代系统能处理中文简繁体和西、日文等网络环境下的多语言交流转换，能保证网络数据库资源共享。

4. 跨硬软件平台。目前，我国图书馆自动化管理系统的网络操作系统已逐步从 Novell 的 Netware 转向 Microsoft 的 WindowNT 或 UNIX，能充分支持互联网、局域网、广域网及内联网，支持服务器和客户机的二层、三层或多层网络结构，有较强的软件适应性；可以在 SUN、IBM、HP、DEC 等公司的计算机上运行，有较强的硬件适应性。对于一些大型图书馆已有 UNIX 及配套硬件，正好发挥 UNIX 的作用，但是原本没有 UNIX 环境的中小型馆，要采用中小型机作为服务器，需充分考虑硬件及软件的投资和维护费用。

5. 友好的图形化用户界面(GUI)，是网络环境下提高系统工作效率的重要途径。人机界面不仅关系到系统的外在美，更重要的是，它决定了用户使用系统的效率高低。第三代系统的客户端都可以在 Windows 操作系统下运行，是标准的 GUI 界面，给读者和工作人员提供了一个熟悉的界面；允许用户可视地、直接地操纵屏幕上的对象，具有用户界面友好程度高、系统可操作性好等优点；使用户与电子信息的交互更直观，方便了使用，从而提高了网络系统的效率。友好用户界面实现的功能目标应该是只要计算机系统可以做到的事情就不能由用户来做，只要是可以一步完成的工作就不应两步完成等。近两年来，我国对这些问题的认识越来越清晰，并正在付诸实施。

6. 功能完备齐全，系统更能适应网络环境下的发展。第二代系统的功能多集中于图书馆的主要书刊业务，也兼及部分行政业务，可以说是对“图书馆自动化”原始含义的一种实践注解。近两年来，第三代系统则在原有功能的基础上，进行了一定的扩充，使自动化的范围在一定程度上由馆内延伸到了馆外，也在一定程度上显示出了对“图书馆自动化”这一基本概念的新理解。第三代系统新增功能主要有：基本业务功能淡化了手工操作的痕迹，更加注重向机器化倾斜；新增了资源共享功能，主要包括联合编目、馆际互借、信息开发、联机检索等。

7. 安全性更强，系统安全措施是图书馆自动化系统正常运行的保障。以往的图书馆管理系统安全措施，在网络化环境中，已难以保障数据的安全性。为了提高安全性，新一代系统为保证数据的安全应在管理系统内部设置镜像功能，以弥补原操作系统级安全保障的不足。同时，系统应选用安全功能较强的数据库管理系统作为开发平台，以对不同类型用户访问数据库权限分别设置，并配以制定安全的用户登录口令。近两年来，我国图书馆自动化管理系统一般都采用了用户登录口令、用户操作权限限制、建立有效的日志系统及数据库并发控制锁等以保证系统的安全性。

〔**图书馆自动化集成系统(Integrate Library Automation System-ILASII)**〕　ILAS 是文化部于 1988 年作为国家重点科技项目下达，由深圳图书馆承担并组织全国八个省级公共图书馆共同参加开发的。近两年发展迅速的 ILASII，采用了 C/S 体系结构，在 UNIX/XENIX 操作系统下用 C 语言开发，并由自行研制的图书馆专用数据库管理系统 LDBMS 支持多用户、多任务、多点存取；采用与 ISO10646 兼容的汉字大字符集 GBK 作为系统的汉字应用环境；采用图形化书目信息、事件驱动的用户界面。运行环境适用于微机多用户、UNIX 微机网络、小型机网络等。系统主要功能有：采访、编目、流通、期刊、参考咨询、公共目录查询、网上联合编目、馆际互借、全文数据库检索、办公自动化、多媒体数据库查询、网上导航等。到 2000 年已有近 1000 多家用户采用该系统。

〔**通用图书馆集成系统(General Library Integrate System-GLIS)**〕　是北京息洋电子信息技术研究所于 1992 年开发研制的商品化图书馆集成系统软件。GLIS 运行环境为微机局域网，工作站操作系统为 DOS，网络环境为 NOVELL Netware，整个系统采用了自主开发的、支持变长存储的数据库支撑环境和支持事件驱动的用户界面支撑环境，以 C 语言和汇编语言开发。在确保 NetWare 局域网 GLIS 系统的维护、优化和前提下，该系统于 1998 年上半年推出基于 FoxPro5.0 的最新 DOS/Novell 版及 Win95/NT/Novell 版，采用 C/S 模式，广泛适应 Windows NT、UNIX、NetWare 平台。系统功能模块有：通用采购系统 GAS、通用编目系统 GCS、通用流通系统 GIS、通用检索系统 GSS、通用期刊系统 GPS、过程查询服务器 RQServer、GLIS—Client、GLIS—Server 等。该系统于近两年推出市场以来，影响较大，已有 300 多家大中型用户和百余家小型用户。

〔**文献管理集成系统(WXGJXT)**〕　是大连博菲特信息技术开发中心于 1993 年开发研制的。近两年来，该系统发展成为以微机局域网为运行环境，采用C/S结构和组件开发技术，Server端为Windows NT平台，基于大型数据库MS SQL Server7.0平台，采用C语言和汇编语言开发的新一代图书馆计算机管理集成系统。WXGJXT的软件运行环境分为：中小学(MSDOS3.31以上)版、DOS/NOVELL Netware版和Windows95/Windows NT版。系统功能有：图书采访、图书编目、文献典藏、流通管理、连续出版物管理、读者咨询、情报咨询、行政管理、藏书分析、WWW公共查询、馆际互借、Z39.50接口等。目前已有300余家用户。

〔“文津”图书馆综合管理系统(“Wenjin”Integrated Library Management System)〕 是由北京图书馆和日本NEC公司合作开发的图书馆计算机集成管理系统。近年来，“文津”系统已发展有UNIXC/S版、Windows NT版、UNIXGUI版、UNIXC/S和UNIX。GUI版采用的是ORACLE分布式数据库管理系统，Windows NT版采用的是SQLSERVER和FOXPRO数据库管理系统。系统功能有：采购、编目、检索、流通、期刊、统计等。现已有百余家用户。

〔丹诚系统(DATATRANS——1000)〕 是北京丹诚软件有限公司为了适应当前发展的需求，于1996年10月研制出的新一代图书馆集成系统。丹诚系统采用client/server模式，可在Windows NT、UNIX微机、UNIX小型机等系统平台上运行；采用自主设计的非结构化数据库，完全符合MARC格式存储和处理书目数据；采用Windows推荐的事件驱动方式来构造用户界面，与以往采用级进菜单方式构造的图书馆应用系统相比，用户界面更加友好，灵活性更高；采用了能保障数据安全和一致性的日志文件技术；采用图形化的书目信息来显示和打印。系统的主要功能有：公共查询、内务管理、流通管理、批处理程序、联机数据共享和统计、网络目录等。该系统对我国的新一代系统发展影响较大，目前已有近百家用户。

〔SULCMISⅢ系统〕 深圳大学图书馆于1986年成功研制SULCMISI，于1987年通过鉴定；1994年，开始立项开发新一代图书馆自动化系统SULCMISⅢ，于1997年在其本馆使用，1998年开始推广。该系统采用C/S模式及跨平台的数据库系统Sybase，可在UNIX至PC——Server下运行；采用先进的PB和C++作为开发工具。其特点是：(1)其检索功能特别强，可以实现任意词检索、组配检索等联机检索和光盘检索，检索方法非常便利；(2)其业务功能做得很细致，常用功能可快速切换，采购比例按分类控制等，十分方便实用；(3)其以广东省高校联合馆藏书目库为依托的数据交换、联机编目功能做得很成功；(4)该馆从1994年起就开始了网络化系统的开发，因此在网上应用方面有独到的经验，可做到在网上为用户安装系统，网上解决大部分的技术问题等等。近两年来，该系统仍在抓紧解决两个技术难题：一是多种MARC兼容的问题，二是完成Z39.50接口模块的最后编写工作，同时抓紧把各项统计功能整理形成产品。现在全国已有近百家用户。

〔鑫磐图书馆集成管理系统(Golden Disk Library Integrated System-GDLIS)〕 是北京鑫磐软件技术有限公司(原清华大学光盘国家工程中心北京金盘电子有限公司图书馆系统部)在1995年正式推出的图书馆自动化集成管理系统。近年来，GDLIS已发展成为以微机局域网为软件运行平台，采用Novell和NT两种操作系统平台，以关系数据库(RDBMS)为开发的管理平台，选用FOXPRO作为前端开发平台或整个系统的开发和管理平台的新一代图书馆管理系统。功能模块设置有：图书采访、编目、典藏管理、流通管理、公共数据查询、期刊管理、书目维护、系统控制等。主要特色有：(1)具有多媒体管理系统；(2)可同时支持USMARC和CNMARC两种标准数据格式；(3)具有较大灵活性，MARC检索点、数据关系、输出格式、统计报表格式等等都可以自由定义；(4)功能较全，除常用业务功能外，还具有阅览室管理和临时外借、参考咨询、行政管理等功能；(5)简单易用，该系统操作非常简便，易学易用。目前已有近百家高校馆采用该系统。

〔现代电子化图书馆信息网络系统(MELINETS)〕

MELINETS是北京邮电大学图书馆于1997年4月承接的国家教委国家重点科技攻关项目。目前，该系统表现了突出特点：(1)采用Client/Server双层或Browser/Web Server/DB Server三层网络体系结构，选用大型关系数据库Sybase数据库系统平台，在UNIX操作系统环境下，运用视窗开发工具Java、PB及Sybase公司提供的Web.SQL和Perl语言等实现各子系统的功能；(2)充分利用网上各层标准协议，实现网上开发与应用，采用 ISO10160/10161 协议进行网上馆际互借信息的传送与接收，采用 ANSI/NISOZ39.50 协议实现网上信息检索与获取；(3) 标准与开放性：系统数据格式符合 ISO2709 标准，可处理汉、日、英、俄等多种文种，支持声音、图像等多种媒体形式信息，可接收 CNMARC、USMARC、DBF 文件、TXT 文件等多种外部数据源，可在小型机、工作站、微机等多种机型，UNIX、Windows NT 等多种操作系统平台下工作，可实现对 Sybase、SQLServer 等大型关系数据库系统的访问；(4) 增加规范控制：系统建有标准的汉字主题规范和名称规范库，用规范文档辅助编目，使公共检索中的查全率与查准率大大提高；(5) 该系统具有强实用性与高稳定性：该系统既考虑到采用国际先进技术标准，又充分分析了中国国情，具有较强的国内实用性，为提高系统的安全性，该系统设计了三套公共检索子系统：CGI 系统简单实用，稳定性好，适用于校园网上用户，主要面向教师读者；Z39.50 系统主要用于网上远程检索及与其他标准系统的衔接；用 PB 实现的本地局域网下公共检索系统主要用于无人监管的图书馆公共检索大厅，重在强调系统的安全性，更适合一般学生读者；(6) 提供地区节点服务功能：即中心编目子系统、馆际互借子系统等。该系统已有多家用户。

〔**新一代图书馆信息管理系统(NLIS)**〕 是北京大学图书馆研制开发的新一代图书馆管理系统。该系统应用了 C/S(B/S)、Z39.50、多媒体技术等许多国际上最先进的技术，具有数字图书馆部分功能或留有数字图书馆的接口，是一个功能齐全、运行高效、使用简单方便的新一代图书馆信息系统。该系统适合中国特色，近年在我国发展迅速，影响较大，目前已有多家用户。

〔**汇文信息服务系统**〕 是江苏省教委资助，江苏省高校开发的新一代图书馆管理系统。系统采用 Client/Server 体系结构，基于开放的、可管理和共享分馆文献信息资源的分布式应用软件系统；可实现网络环境下的联机编目、信息查询、馆际互借等各种应用；可同时并存多种 MARC 格式；系统所有的业务模块，均设有完整的参数管理功能，可提供应用程序模块分组权限管理。近两年来，汇文系统表现最突出之处在于成功借鉴了美国 SIRSI 系统的友好图形界面以及在采访子系统中对期刊的收登和催缺处理，使得整个操作过程做起来简便明了；在编目子系统中，MARC 模块的应用为工作人员省去重复著录的麻烦；在流通子系统中，借还、预约、查询、读者管理功能切换灵活，而且在借还过程中，读者信息和图书馆信息显示完备，杜绝了人与证、书与号不符带来的缺陷。该系统与以往系统最大的不同在于，其所有的业务环节都考虑到网络应用，并具有很好的弹性，能满足从独立到主/分馆、馆/系模式等不同应用环境。目前已有多家用户，并正在被更广泛的用户所青睐。

〔**HORIZON 系统**〕 是 DYNIX 澳大利亚公司的产品，AMERITECH 是这个图书馆自动化系统的代理商。HORIZON 系统是以 C/S 为结构的主/从式系统，它的产品包括网络服务和客户服务。其中网络服务提供顾问、设计、国际互联网、电子邮件的功能，解决范围包括 WEB 网上目录检索(WebPAC)、资源共享(WebRSS)、联合编目。1998 年 6 月，我国引进了 AMERITECH 公司的图书馆管理集成系统 HORIZON，目前使用 Horizon 双 MARC，即 USMARC 和 CNMARC 处理系统。目前，HORIZON 图书馆管理系统已在全球安装了 600 多套，在我国也已有多家用户。

〔**INNOPAC 系统**〕 是美国 INNOVATIVE 公司的产品，公司创立于 1978 年，资金和技术力量雄厚。INNOPAC 系统采用 CLIENT/SERVER 结构，符合 Z39.50 协议，通过“广播方式”联机转录数据；支持全部 MARC 记录，包括 USMARC、CNMARC、UNIMARC 等，并允许多种 MARC 格式并存；并开发了中文关键字与汉字笔划排序功能。近年，它表现的一个显著特点是，系统具有 100%相同的程序码，无所谓欧洲版或亚洲版；能够处理中、日、韩、法、英、德、斯拉夫等文种，简繁体可设定对照，并有 BIG5、GB、UNICODE 的内码转换表(但无法做到一一对应)。该系统所有模块功能丰富并完全集成，中文以内码或笔顺排序，字母检索有自动控制特性，能同时把“labor”和“labour”这样的词检索出来，具有自动纠错功能；期刊处理功能强大，能设定上架时间；系统具有读者查询分析、流通分析、图像财务报表功能。但是，INNOPAC 系统的底层数据库由公司自行开发，所以在系统的快速升级和二次开发上可能存在着隐患。目前，该产品现已在全球安装了 600 多套，尤以英国和香港的大学最多，我国也有多家用户正在使用。

〔**SIRSI 系统**〕 SIRSI 公司位于美国的 Alabama

市,1979年成立。SIRSI于1983年第一个开始采用C/S结构,支持Z39.50接口,可接收不同类型数据库。当前,它的优点主要体现在:可在多种硬件平台运行,并可灵活定义参数;能处理300多种报表,并可根据需要自行编制;数据上/下载方便;Client接口平台支持字符终端机、视窗、浏览器等,也可支持声像;在Z39.50协议下能方便检索远程数据库等。另外,SIRSI系统的书刊自动验收界面清楚,使用起来相当方便:能对续刊自动产生下一个订单;对未按时订到的期刊自动生成催缺;可输出额外信息(备注)以及文摘;预订中出现超支可自动发出禁购提示。SIRSI的最大特色是视窗界面相当友好,近乎于“傻瓜”界面,易学易用,有flyby help可随时提供帮助,具有布尔逻辑和邻近词检索,能够对全文以及任何字段自由检索。目前,SIRSI系统在世界已有1000多个用户,包括各类型图书馆、世界银行、卫生组织、纽约州馆等。在我国,SIRSI公司正与北京大学进行系统的汉化合作。

(刘荣　郭丽芳)

图书馆自动化会议

〔'99年计算机信息管理技术与网络资源应用学术研讨会〕 1999年6月11日～16日在广西桂林召开,由《现代图书情报技术》编辑部主办,国内图书情报界著名专家、学者等参加了会议。会议主题为研讨国内信息管理技术与网络资源开发和应用的研究进展。与会的专家、学者集中探讨了网络环境下信息管理技术研究进展与应用,网络资源开发和利用问题,内容涉及全文数据库技术、多媒体技术在图书情报领域内的应用以及标准化工作等。

〔第二届海峡两岸科技信息研讨会暨第13届全国计算机情报管理学术研讨会〕 1999年9月6日～8日在上海召开,由中国科技情报学会主办,上海图书馆和中国科技情报学会信息技术专业委员会承办,并邀请台湾海峡两岸资讯交流委员会的信息专家参加。会议主题为基于内容的因特网中文信息资源开发与应用服务。会议主要围绕Internet信息资源的内容建设问题,讨论处理和应用信息内容所涉及的技术、标准、服务、咨询以及知识产权保护等方面的问题。

〔面向21世纪图书馆自动化管理系统建设与发展研讨会〕 2000年1月6日～7日在北京大学图书馆召开,来自全国各地的60余位图书馆界代表参加了会议。会议的议题集中在中、外自动化管理系统的选择及评价上,引进国外自动化管理系统的北京大学图书馆、清华大学图书馆,自主开发自动化管理系统的北京邮电大学图书馆、南京大学图书馆的代表在会上作了主题发言,他们分别阐述了本馆选择自动化管理系统时的出发点及决策依据,介绍了Unicorn系统、Innopac系统、北邮创讯系统、南大汇文系统的功能、特点,深化了大家对自动化管理系统的认识。会上重点介绍了由北大引进、并参与了中文本地化的美国Sirsi公司的Unicorn系统中文版,对其采访、编目、流通、检索等功能模块进行了介绍和演示。

〔图书馆自动化集成系统(ILAS)专题研讨会〕 2000年5月15日～17日在辽宁省丹东市召开,由辽宁省图书馆学会、天津图书馆学会、山西省图书馆学会、江苏省图书馆学会、吉林省图书馆学会、黑龙江省图书馆学会联合组织,深圳市科图自动化新技术应用公司大力支持,深圳市图书馆、丹东市图书馆承办,六省市69所各级各类型图书馆的123位图书馆领导、技术人员、业务人员参加了会议。会议集学术讲座、论文交流、专题研讨、用户答疑为一体,深圳图书馆代表做了题为“我国图书馆自动化现状与发展趋势”的专题报告,辽宁省图书馆代表做了题为“数字化图书馆的选择与实施”的学术报告,深圳图书馆技术部主任、深圳科图公司总经理还演示了ILAS系统的功能并进行现场答疑。

〔中文文献资源共建共享研讨会〕 2000年6月6日～9日在北京召开,由中国国家图书馆承办,中国大陆、台湾、香港、澳门和新加坡、美国、荷兰等国家和地区的42家中文图书馆的62位代表参加了会议。会议的主旨是促进全球中文文献资源共建共享、确定各中文图书馆的合作方式方法、建立全球中文文献资源共建共享体系。中国大陆、台湾、香港的学者在会上提出了多项合作计划,与会代表对这些计划进行了热烈的讨论并提出了很多建设性意见,最后确定了多项合作研究项目。

〔信息资源管理前沿课题专题讲座暨学术研讨会〕

2000年6月22日～27日在北京湖北大厦召开,由中国科学院文献情报中心和图书情报工作杂志社联合主办,图书情报工作杂志社承办,国内图书情报界领导、专家、学者及企业代表参加了会议。会上,11位领导、资深专家、年轻学者或企业总裁轮番登台进行了专题讲座,可归纳为4个方面:信息资源建设与信息服务、信息技术与网络化建设、数字图书馆、知识创新与文献信息事业的发展。

〔**HORIZON 中国用户协作网成立大会暨第一届年会**〕 2000 年 9 月 21 日～22 日在上海图书馆举行，由上海图书馆、上海交通大学图书馆和复旦大学图书馆共同组织发起，来自 Horizon 系统的国内用户、代理商、国外开发商、用户协会等 12 个单位的 42 名正式代表参加了本次会议。会上，国内用户单位除了交流使用 Horizon 系统的经验和碰到的问题外，还就使用中的问题和共同感兴趣的话题同 Epixtech 公司进行了直接对话。同时，Epixtech 公司也介绍了该公司的新产品及客户支持的方式。会议讨论并通过了《HORIZON 中国用户协作网章程》，协商产生了理事会和秘书处，大会推选缪其浩为 HORIZON 中国用户协作网理事长。（郭丽芳）

数字图书馆

〔**实践研发项目**〕 我国正在实施或已完成的国家级、部级数字图书馆计划或项目主要有：

（1）数字式图书馆实验项目

1996 年初，由国家图书馆向文化部申报。该项目以中国博士论文影像数据库为切入点，采用 B/S 模式，利用书目数据服务器管理数据的索引和查询，用影像数据服务器管理数字化信息，通过多库索引和多库连接实现检索，提供网上服务。

（2）媒体信息检索系统的研发项目

此项目是 1996 年国家“863”攻关项目，由中科院计算技术研究所与国家图书馆合作进行，现已通过技术鉴定。它主要研究基于特征的图像信息检索，中文信息全文检索；信息存储管理方法，实现跨平台的客户端检索。其成果可用于面向影像内容的数字图书馆检索系统。

（3）中国科学技术信息研究所数字图书馆的研究

1996 年 6 月，中信所承担国家科技部项目“电子图书馆示范系统”、“分布式数据库”和“西文联机编目系统”。这些项目的成果于 2000 年 12 月应用于虚拟式国家科技图书文献中心的网站上。目前，中信所计划研究“网络化科技信息服务系统关键技术开发与应用”，主要内容涉及自然语言处理，人机界面研究与应用，机读词表的改进与应用，信息数字化技术，多媒体信息标准，知识挖掘技术等。

（4）试验型数字式图书馆项目（CPDLP）

1997 年国家计委批准立项的国家重点科技项目，项目实施期 1997 年 7 月～2000 年 12 月。以国家图书馆为组长单位，上海图书馆、辽宁省图书馆、南京图书馆、广东省图书馆和深圳图书馆等参加。该项目拟建立多馆协作、互为补充、联合一致的中国试验型数字式图书馆，建设一个多类型、分布式、规范化资源库，为我国建设规范化数字图书馆提交一份与国际主流技术接轨的、初步成形的、实用的实现技术。计划建设的数据库主要有：中国古籍善本影像数据库、中国博士论文影像数据库、历史舆图与图片数据库、孙中山文献全文数据库、深圳特区文献数据库、民国时期（1911～1949）南京政府文献数据库、中国电子出版物全文数据库、近代上海历史图片集等。

（5）知识网络——数字图书馆系统工程项目

1998 年国家“863”攻关项目，由国家图书馆与北京曙光天演信息技术有限公司合作完成，旨在初步建立一个中国试验型数字图书馆系统，其体系结构包含多个分布式数字资源库，采用人工智能技术，实现横跨多个资源库的快速查询。目标是要实现在互联网上有一定的互操作性，数字式对象的描述方法要支持不同源的分布式查询和检索，支持法律规定的知识产权保护和纳税义务，提供对超大容量数字式对象的快速检索子系统，提供方便的网络用户接口等。该项目的研究成果直接应用于中国数字图书馆工程建设中。

（6）教育部数字化图书馆攻关计划

该计划由北京大学、清华大学、华南理工大学、上海交通大学承担。研究内容主要包括数字化图书馆的结构和检索机制以及相应的标准规范，图文信息联合导读学习系统，数字音乐图书馆雏形和一个小型的数字化式视频数据库的示范系统。

（7）中关村科技园区数字图书馆群项目

该项目分期进行，第一期工程建设总体目标是：以用户需求为导向，以高速信息网络和高性能服务器为支撑环境，以智能化用户界面为服务平台，到 2002 年底，初步建成中关村科技园区数字图书馆群应用系统，建设和引进一定规模的多媒体数字资源库群，在实现园区内重点信息收藏单位知识资源的共建共享基础上，逐步实现向整个园区及北京市乃至全国、全球提供网络知识资源服务。该项目承担的单位有：国家图书馆、中国科学院文献情报中心、中国科学院网络中心科学数据库、CALIS、北京大学图书馆、清华大学图书馆、清华大学计算机系、国防大学图书馆、首都图书馆、北京市技术监督局、首都信息发展有限公司等。

(8) SGML 的图书馆应用

国家图书馆现代文津信息技术研究中心于1997年在文化部申请的科研项目,与北京大学计算机研究所合作开发。该项目开发的基于 SGML 的图书馆应用系统,使用户可以通过 WEB 浏览器直接存取该应用系统的数据。通过该项目的研发,可了解 SGML 的整体情况,为数字图书馆建设积累经验。它是数字图书馆资源数字化生产系统的关键技术之一。该系统于 1998 年 2 月开始在国家图书馆提供使用,取得良好效果,于 1999 年 5 月验收。

(9) 中国数字图书馆工程

是国家科技创新的重点工程。由文化部牵头,中国国家图书馆、中国电信总公司、中国科学院、航天工业总公司、广播影视网络信息中心、清华大学、北京大学等单位联合协作,诸多专家学者共同参与。1998 年 7 月 20 日,国家图书馆向文化部申请立项"中国数字图书馆"。1998 年 8 月 25 日,中国高速信息示范网筹备小组成立,2000 年 4 月 5 日中国数字图书馆工程联席会议第一次会议召开,中国数字图书馆工程正式启动,进入有规划、有组织科学有序的实质性操作阶段。2000 年 4 月 18 日中国数字图书馆有限责任公司正式成立,标志着数字图书馆工程已经进入了试验性的实施阶段。与此同时,作为中国数字图书馆工程重要服务窗口的中国数图网(www.d－library.com.cn)也正式开通。在国家科技部、国家"863 计划"、广电总局、国务院信息办、中国电信、国防科工委、中国科学院、北京大学、清华大学、北方交通大学、航天集团等单位积极参与下,这项工程的论证于 2000 年 9 月开始进入应用实践阶段。

中国数字图书馆工程力争用 10 年时间完成,建成一个以国家图书馆为中心,联接各省、自治区、直辖市图书馆、辐射地、市、县一级图书馆的完善的全国的信息集藏地。

工程指导思想是:统筹规划,需求牵引,科技创新,滚动发展。其指导思想为:公益性为主,资源建设为核心,统一标准规范,避免重复建设,实现工程建设民族化,保证工程顺利进行。工程筹资模式:一小部分来自于国家,大部分将来自于各地对于网络信息建设的集资,互助互利是数字图书馆建设参加者的宗旨。

工程总体目标是:在互联网上形成超大规模的高质量的中文数字资源库群,并通过国家骨干通信网向全国及全球提供服务;总体技术与国际主流技术接轨。其任务包括:到 2005 年,建设十余个,总量不低于 20TB 的中文数字资源库;联合引进若干国内需要的国外专题数据库;实现全国大部分地区图书馆文献资源的联机采编及馆际互借;完成开发具有中国特色的数字图书馆应用系统;培养一批高水平的专业人才队伍,持续发展中国数字图书馆工程。目前,中国数字图书馆依托国家图书馆 2000 多万册图书的丰富馆藏,已有 6000 万页数字化文献存储,建设了 5 大资源库:"千家诗"、"中国古代建筑"、"北京故宫"、"海洋世界"和"宇宙的结构"。同时,该馆已有 4000 多万页数字化资源上网,正以每天 20 万页文献的数字化转换速度递增,拟成为世界上最大的中文信息提供者。

工程技术路线:在技术途径上采用与国际同类主流技术有接轨前景的方案,如 SGML/XML,URN(统一资源名称),公共对象请求代理体系结构(CORBA)等;严格遵循电子信息处理与电子信息交换的相关国际标准及工业标准;统一的总体框架与灵活的子项目实施相结合;采用适合与网络环境的分布式面向对象的软件技术;立足国内自行开发与引进国外先进成熟技术相结合。

中国数字图书馆示范系统是围绕该工程功能,针对工程关键技术进行攻关集成的。已建立广电宽带网和教育卫星网通信平台,还有部分中国数字图书馆业务平台。1999 年 3 月,"数字图书馆试验演示系统"开发完成并演示成功。

中国数字图书馆示范工程强调特色资源的数字化,及时采纳技术标准和示范系统中适用技术,以保证示范工程的先进性。

中国数字图书馆工程建设分三步走:从技术标准到示范系统,从示范系统到示范工程,最后走向推广应用,全面推进工程建设。按照这一思路,中国数字图书馆建设已取得一定成绩:(1) 与国外技术水平差距缩小。国家 863 计划多年积累的技术产品(尤其是中文信息处理平台),通过应用集成,在数字图书馆建设领域,部分已成为进口替代产品。同时,863 技术队伍为工程建设中引进技术的消化吸收提供了人才保障。(2) 资源建设实施统一规划。

由于中国数字图书馆定位于Internet应用，强调特色资源的价值。因而在资源筛选、标准加工等方面取得了成效。(3)跨部门协作初见成效。广电总局为863计划高性能计算环境提供全国宽带网，共同开创下一代Internet网络计算环境。这一举措解决了网络计算环境的瓶颈条件。

目前，中国数字图书馆示范工程已取得重大进展：国家"863"计划中国数字图书馆发展战略组分别于1999年11月12日与首都图书馆，2000年2月24日与中国国际广播电台，2000年4月14日与中央党校图书馆，2000年6月8日与北京世纪超星公司，签署了建立中国数字图书馆示范工程的合作协议，示范工程基本构架已形成。

在地方省市级数字图书馆项目中，较有影响的有：辽宁省图书馆数字化图书馆工程、江苏省数字图书馆计划、"广东省新世纪电子图书馆"计划及台湾省"亚太智能信息服务中心"计划等。

(10) 辽宁省图书馆数字化图书馆工程

1997年9月，辽宁省图书馆与东大阿尔派软件股份有限公司签订辽宁省图书馆数字化图书馆工程协议，在国内首家引进美国IBM公司的数字化图书馆系统，目标是将其原有的60万册古籍图书转为数字化形式，并在互联网上发行。东大阿尔派公司以IBM数字图书馆方案为应用开发平台，负责具体开发工作。

(11) 江苏省数字图书馆计划

江苏省将加快数字图书馆建设，预计到2002年将完成江苏地理图像库、气象资源库、历史档案资料目录数据库等建设，使其成为开放和通用的信息交换平台，实现资源共享。

(12) "广东省新世纪电子图书馆"计划

该计划是广东省信息基础设施建设"九五"规划项目，其总体目标是：以广东省中山市图书馆的自动化集成系统和广东省信息中心系统为基础，以文献开发和数据库建设为核心，以提供优质的文献检索服务为目的，全面建设面向社会、面向家庭、面向21世纪的大型现代化数字图书馆。2000年8月8日，广东省中山图书馆推出"超星数字图书馆华南站"。

(13) 西部地区数字图书馆

2000年11月2日由中国科学院成都文献情报中心负责建设的数字图书馆已具雏形，可为四川省及整个西部地区的政府部门、科研院所、企业和个人提供一个容量极大的信息库。目前该馆已搜集了5万余册书籍并已存入了系统。书籍类型是重要文献、国内外期刊、专利说明书、学术会议纪要、百科工具书等。

(14) 台湾省"亚太智能信息服务中心"

1994年，台湾制订该计划，投资上百亿美元，准备用6年时间完成。1997年，台湾省交通大学与Elsevier Science公司签订合作开发数字图书馆协议，由此诞生台湾省第一个数字图书馆。

(15) "清华大学数字图书馆系统"计划

该计划总体目标是：借助计算机完成馆藏资源数字化存储和管理，通过网络技术向广泛分布的用户提供快捷便利的服务，从总体上提升图书馆各方面的功能。清华大学图书馆与IBM公司合作，逐步将该校的科研成果、学位论文、图书馆特藏、古籍善本珍藏等实现数字化转换、存储，并通过网络检索传递。

(16) 上海交通大学数字图书馆计划

拟建一个数字图书馆的现实模型，将该校图书馆拥有的数字化馆藏从1996年15 GB增加至300 GB，约占实际使用的馆藏文献的25%～30%，包括联机目录，电子参考书，百科全书，电子全文杂志和会议录，多媒体读物，影视片、动画片和计算机软件等。

在我国开发的数字图书馆项目中，与国际合作开发的项目以美国IBM公司在我国数字图书馆试验项目为代表，主要有IBM/清化大学数字图书馆系统、IBM/中国石油天然气总公司(CNPC)数字图书馆系统、IBM/上海复旦大学计算机科学系数字图书馆系统、IBM/辽宁省数字图书馆系统等。

从近两年我国数字图书馆研究和实践情况，可归纳为以下几点：

1. 数字图书馆研究从局部如概念、特点、技术走向全面研究，如从社会、组织、法律、经济、管理层面来研究。

2. 研究由理论走向实践。

3. 数字图书馆建设由独立开发走向合作，由自行开发走向引进吸收。

4. 数字图书馆规划中比较侧重和局限于解决技术问题，有关数字图书馆内容和社会环境等大范围层面的研究落后于技术的研究。

5. 实践上还处于起步和试验阶段，主要是为我国数字图书馆建设积累经验。

6. 理论上探讨深度较浅,很大一部分是关于数字图书馆建设方面的,稍深则是对国外经验的概述或介绍。

〔**学术会议与交流**〕 (1) 1997年9月22日由IBM公司倡议的亚太地区第一个数字图书馆论坛在京成立,包括北大、清华、北京图书馆在内的来自中国、韩国、日本及中国香港和台湾地区的17所大学、图书馆和博物馆,成为论坛的发起成员。亚太数字图书馆论坛是一个非盈利的机构,其宗旨是推动和促进数字图书馆的技术和标准在亚太地区的大学、博物馆和其他文化收藏机构中的应用。论坛将与有关的国际标准化组织一道联合制定与数字化、存储和通过 internet 获取多媒体信息等相关的统一标准。论坛致力于会员间以及它们与世界其他数字化文化收藏机构的相互连接。

(2) 亚洲第一届"数字图书馆研讨会"于1998年8月6日至7日在香港大学主会场举行,来自美国著名高等院校的专家将与香港、新加坡、新西兰、中国及台湾等国家和地区的同行,分别在香港大学、美国卡耐基梅隆大学、广州华南理工大学及北京邮电大学等四个会场通过由 vtel 公司提供的数字视频通信产品 radiance 和 tc2000,就数字图书馆领域的新技术和新观点进行探讨和交流。

(3) 由中国数字图书馆发展战略研究组、中科院计算所、"863"智能计算机主题专家组、中华文化信息网、中国计算机学会联合主办的"99数字图书馆论坛"于1999年6月28~29日在北京召开。

(4) 1999年12月3日,中国数字图书馆工程发展战略研究组在京举办了法律问题汇报研讨会,有关专家就法律问题、数字图书馆工程中的著作权问题、网络击点合同的法律问题、网络数据安全与个人隐私权保护等数字图书馆工程中相关法律问题的研究成果进行了论证。

(5) 2000年4月5日中国数字图书馆工程建设联席会议第一次大会在国家图书馆举行,参与这一国家重点工程的中央和国家有关部门以及有关科研单位和大学等21个成员单位的代表参加了会议。联席会议郑重宣布,中国数字图书馆工程将从现在起进入有规划、有组织、科学有序的实质性操作阶段。文化部部长孙家正发表了重要讲话,指出我国建设数字图书馆的重要意义。同时强调,作为一项跨地区、跨行业、跨部门的宏观系统工程,数字图书馆工程必须统一规划、统一标准、防止重复建设,同时注意以公益性为主,兼顾经济效益。

(6) 中国数字图书馆工程建设联席会议办公室主办的"数字图书馆应用技术交流会"于2000年7月4日~5日召开。与会代表们就数字图书馆的技术需求、相关技术标准、系统与体系结构、数字化资源组织以及信息服务系统等问题进行了广泛交流。

(7) 2000年7月6日,中国数字图书馆工程建设联席会议办公室为中国数字图书馆各联盟单位举办首期数字图书馆资源加工培训班。

(8) 2000年7月6日,中国数字图书馆工程建设专家顾问委员会在国家图书馆召开会议,讨论《中国数字图书馆工程建设一期规划(2000~2005)》(征求意见稿)。会议原则通过《中国数字图书馆工程建设一期规划(2000~2005)》(征求意见稿)。

(9) 2000年7月26日,文化部主持召开中国数字图书馆工程建设联席会议第三次会议。

(10) 2000年11月9日,由国家图书馆、数字图书馆公司等单位负责召开了数字图书馆工程建设协调会。会议主题是研究如何推动中国数字图书馆工程进一步发展。

(11) 2000年11月12日~12月2日,由文化部教科司组团,以现任中国数字图书馆专家工作组组长孙承鉴为团长的数字图书馆技术考察团一行7人,赴英、法、德三国考察访问,了解其数字图书馆发展历程与现状,就该领域的合作和发展进行积极探讨。

(12) 2000年11月17~19日,由文化部组织,在海南省万宁市召开"中国数字图书馆工程资源建设工作会议",对《中国数字图书馆工程建设一期规划(2000~2005)》、《中国数字图书馆工程资源建设有关意见》、《中国数字图书馆工程资源建设加工首批推荐使用的标准规范》等文件进行讨论。

(13) 2000年12月28日,中国高速信息示范网研究开发项目总体组对国家863计划信息技术领域跨主题的"中国高速信息示范网"研发项目课题"以中国高速信息示范网为运行环境的中国数字图书馆应用系统"进行了验收。

〔**数字图书馆教育**〕 我国数字图书馆教育起始在图书情报界,近两年信息管理学教育有一系列相关数字图书馆的课程,包括信息学原理、现代信息技术、信息分析与预测、知识产权、信息系统分析与设计、数据库、文献信息计算机处理、信息法学、经济信息咨询、商业信息处理与检索、电子商务、网络资源开发与利用、多媒体系统等。这些课程设计范围广，有计算机系统相关理论、信息法律问题、经济问题、网络知识等，但有关数字图书馆较为核心的课程如数字技术、网络技术、数字资源组织原理等均未设置，说明我国数字图书馆教育还处在初探阶段。（刘荣　邹曼莉）

虚拟图书馆

〔**虚拟图书馆概念**〕　虚拟图书馆是在计算机技术、通信技术和网络技术有了长足发展的条件下，图书馆利用这些技术向用户提供信息服务的一种信息提供形式与手段。目前对它还没有统一的界定，而且它自身形式尚在发展和变化中，因而其概念也在随之变化。

近两年来对虚拟图书馆的界定有以下几种：

1.“信息环境说”。美国人 Gapen D. Kaye 认为，虚拟图书馆指的是一种环境，其各组成部分协同作用，提供智能化的实在的信息存取途径，其价值在于它完全从每个用户的特点出发供给构建系统的框架来满足用户的信息需求。我国学者认为，“与其说虚拟图书馆是一种形态，不如说是一种信息环境”。

2.“知识管理实体说”。虚拟图书馆是一种知识管理实体，它将传统的图书馆与远程通信和计算机技术的应用有效地结合起来，通过将图书馆拥有的资源、图书馆母体机构的信息、外部的世界范围的信息有机整合，促进用户快速存取和有效地使用信息。

3.“系统说”。虚拟图书馆是一个系统，通过用本地图书馆的联机目录、一所大学或计算机网络节点，用户可以透明地连接到远程的图书馆和数据库。

4.“网络资讯说”。认为虚拟图书馆指的是网络资讯，读者可以拥有一个似真非真、有实无名的私人图书馆，建造属于自己的知识王国，也可以形成网天下资讯的地球村。

5.“镜像说”。认为虚拟是指用计算机虚构模拟现实环境，虚拟图书馆指的是虚拟化的图书馆镜像。

6. 由专业人员搜集并评估的、按学科领域和学科分支进行索引的 Internet 信息资源目录。

尽管众说不一，但它们都具有共同的属性：虚拟性、网络化和对传统图书馆的时空局限性的克服与拓展。不过就国内大多数人员的实践与认知而言，第 6 种说法最得到认可。

〔**虚拟图书馆的属性**〕　近两年对虚拟图书馆的属性的讨论很多，但以下三种最得到普遍认同：

1. 虚拟性：虚拟图书馆的“虚拟”之处在于对传统图书馆有形的物理边界的突破，而传统图书馆的物理边界则是由图书馆的藏书资源、服务资源、馆舍建筑所构成的有形空间。虚拟图书馆通过现代信息技术手段突破传统图书馆有形的物理边界，将文献资源广泛连接起来，使文献传递服务超越服务者个体资源的限制，从而在更广袤范围内实现更快捷、更方便的信息、知识的交流。

2. 网络化：较早提出虚拟图书馆这一概念的是美国人卡耶(Gapen D. Kaye)，1992 年他在一篇论文中把虚拟图书馆定义为“利用电子网络远程获取信息与知识的一种方式。”可见没有强大的网络基础，虚拟图书馆的虚拟性也无从实现。因此从某种意义上讲，虚拟图书馆与全球图书馆及全球信息库应是等同的，它是一个群体，是由连接上网的许多个数字图书馆，以及信息中心，且被数字化的那部分信息资源共同构成的。

3. 数字化：虚拟图书馆是在信息资源广泛数字化的基础上出现的。正是信息资源的这种数字化才导致了信息提供方式的改变，才导致了虚拟图书馆的出现。据统计，1995 年美国数字化文献出版量首次超过传统印刷型文献。在某种意义上，数字化才是虚拟图书馆的本质特性。近几年来，我国的数字化文献的出版发行量增长也很快，尤其大量图书馆电子阅览室的建立为文献的数字化出版提供了广阔的前景。

〔**虚拟图书馆的制作与流程的研究**〕　虚拟图书馆是以主页的形式存在于因特网上的，以学科为主题的，经过专业人员精选的具有权威性的目录导航，同时提供了专门的搜索引擎。实现以下功能：提供按学科或学科分支进行索引的网络信息源的导航；对所选信息源进行有针对性的评介；随时提供相关学术领域的一般信息（如会议动态、最新进展等）；及时根据各信息源的情况进行数据更新。我国研究人员认为建立虚拟图书馆的工作基本流程如下：

1. 信息采集（或说信息获取）　信息采集工作是整个信息服务流程的基础和出发点，其内容包括：按学术领域收集相关信息源的网络地址；评估并介绍所选信息源的学术内容和质量；收集特定学术领域的相关信息。信息采集工作的具体实施人员应该是相关学术领域的在业人员，并且具有使用本专业各种信息源的丰富经验和兴趣。

2. 信息整理(或说信息协调) 信息整理工作是信息服务流程的中枢，其内容包括：(1)协调本专业信息采集人员的工作；(2)对信息采集人员的工作成果进行加工；(3)收集特定学术领域的相关信息。信息整理人员应该是具有丰富的图书馆和信息方面的知识和经验，同时又有一定专业背景的馆内工作人员，他们在学科覆盖面上比某个信息采集人员要广，但深度可以比后者浅一些。

3. 信息发布(或说信息服务) 整个信息服务流程的技术支持和系统维护工作可以纳入WWW服务体系进行统筹管理，其内容包括：提供信息服务平台的软硬件维护；在计算机和网络应用方面对前两种人员提供技术支持；开发和维护相关的系统和辅助软件。

〔几个有代表性的虚拟图书馆建设状况〕

1. 上海市高校虚拟图书馆(SHVRL) 由上海市教委信息中心和上海市高校图书情报工作委员会监制，大连博菲特公司负责技术开发。SHVRL主要功能分为两个部分：一为本地数据库建设和维护；二是提供网上远程服务。目前SHVRL的联合书目数据来自于上海市的38所高校图书馆，已经收集到100多万条数据。

2. 清华大学虚拟图书馆 清华大学虚拟图书馆是由清华大学图书馆根据清华大学的学科建设情况组织的一个网上信息资源库，收集了Internet上与该校学科有关的组织机构、电子期刊、著名学者、计算机软件等，方便了广大师生和研究人员进行科学研究，使用户十分便捷地了解国际学术动态。

3. 图书情报学虚拟图书馆 图书情报学虚拟图书馆(VLLIS)由武汉大学信息管理学院于1999年3月开始研制。目前该系统已收集了近1000个相关网站网页的网址，并为其中某些条目进行了标引和撰写摘要。从收集的网址来看，VLLIS收录的主要为国内外图书情报相关工作及理论研究(如图书馆学、情报学、分类编目等)、图书情报机构(包括中国、美国、英国、澳大利亚等国的图书馆、档案馆、出版社、情报部门等)、网络数据库、网络搜索引擎等。

此外，许多省图书馆和高校图书馆也正在对虚拟图书馆进行研究和开发。 (肖怀志)

电子图书馆

电子图书馆(Electronic Library)在20世纪末期得到了飞速发展。20世纪90年代以来，电子图书馆的神话迅速变成了现实。近两年，我国学者有多篇论著从不同的角度、不同的视野，提出了不同的观点和见解。我国电子图书馆的理论研究与实践发展进入了新的阶段。

〔对电子图书馆概念的研究〕 电子图书馆的出现和迅速发展，其速度远远快于我们的理论研究。近年来，我国对图书馆概念的研究还没有形成一个准确的定义。其代表性观点有：

(1) 电子图书馆是指一个特定组织范围内用电子方式存储图书、杂志的全文内容，并提供检索、访问、查阅和提供全文服务的信息系统。由于它存储的不是纸张印刷的书刊，而是数字化的信息，所以又称“数字图书馆”；又由于它的服务不限于物理意义的“馆藏”，所以又称“虚拟图书馆”。

(2) 图书馆传统意义上的自动化是内部业务操作的自动化，而联机OPAC和图书资料内容的数字化则是电子图书馆的重要内涵。所谓电子图书馆是建立在图书馆内部业务高度自动化的基础之上，不仅能使本地和远程用户联机存取其OPAC以查询传统图书馆馆藏(非数字化的和数字化的)，而且也能够使用户通过网络联机存取图书馆内外的其他电子信息资源的现代化图书馆。

(3) 电子图书馆是一个特定组织为自己的需要用电子方式存取图书、杂志的全文内容并提供存取、检索、浏览和传递的信息系统，执行自己的存取与管理政策，主要面向组织内部共享有价值信息。

(4) “电子图书馆”强调了图书馆的资料是以电子形式存储和利用的，真正的电子图书馆不再是藏书楼式的机构，而是一个信息系统，是一个连接各地、全国甚至全球信息资源的网络传递系统。

(5) 电子图书馆是电子化的图书馆，是利用各种电子手段，主要是计算机技术、现代通讯技术、存储技术对各种信息进行加工、整理、处理并提供给用户使用的。

(6) 电子图书馆是组织电子信息，使其进入图书馆并提供有效服务的“场所”。几乎图书馆的所有信息均能以电子形式获得,通过网络组织对信息资源的检索和访问外界电子图书馆和文献信息数据库系统,让人们很方便地共享资源。

〔**对电子图书馆特征的分析**〕 电子图书馆本质特征可概括为:

(1) 利用计算机管理各种文献信息资源,建立在图书馆自动化基础之上。图书馆自动化主要是内部作业的计算机化,即通过OPAC为用户提供书目信息。而电子图书馆的馆藏信息资源既不是书目信息,也不局限于文献的替代品,是对图书馆自动化的发展和超越。电子图书馆的馆藏信息资源将包括可以通过网络利用的"虚拟馆藏",因而更加丰富多彩。

(2) 馆藏文献信息资源数字化。电子图书馆是建立在高度计算机化基础上的图书馆,只有馆藏数字化,才能充分发挥其效益。电子图书馆的数字馆藏建设,除采访工作应加强电子文献的收集、提供外,还要注意加快现实馆藏文献信息资料的数字化。

(3) 面向用户或用户驱动的服务模式。电子图书馆的用户较传统图书馆地域上更加分散,信息需求更加多样化,因而服务必须更加有针对性。

(4) 广泛的可存取性。计算机网络化是电子图书馆的最核心特征之一。通过计算机网络,读者可以更快地检索、获取和存储(复制)自己所需的信息。

(5) 高度资源共享。电子图书馆可能规模有所不同,但"高度开放和资源共享"是其共同特征,也是基本要求。电子图书馆既能借用网络交换各自的数字馆藏,又能使分散在各地的用户方便地利用网上信息资源。

〔**对电子图书馆的结构**〕 近两年来,我国学者把电子图书馆结构大致归纳为以下四个部分:

(1) 用户终端:读者或用户要使用电子图书馆的资源和服务,必须借助于用户终端来进行,包括各种类型的个人计算机和工作站,如IBMPC兼容机、Apple的Macintosh机、UNIX工作站等。

(2) 网络和通讯系统:这个系统包括校园网、地区网、国家网、国际网等。

(3) 信息资源部分:此部分包括内部信息资源和外部信息资源。前者包括本馆收藏的传统印刷型的图书、期刊、缩微资料、唱片、电影胶卷、录音录像带等以及这部分资料中经数字化转换成的电子馆藏。后者主要是指外界的电子图书馆资源,联机信息检索系统的资源(如DIALOG、BRS、DataStar……),书目服务机构的书目、文献和全文信息资源,外部的书目、数值、声音、图像、电子全文数据库以及电子杂志和电子出版物数据库等。

(4) 数据库管理与检索系统:目前已经开发出具有存储建库、数据套录、数据编辑、文字处理、制表绘图、统计分析等功能的数据库管理系统。文本检索系统已具有关键词检索、布尔逻辑运算及其在改进基础上的截词检索、加权检索、数值逼近检索以及概率检索、位置检索等功能。

〔**对电子图书馆的功能认识**〕 目前,我国一般认为电子图书馆基本具有以下功能:

(1) 通过联机目录系统指引用户使用未实现数字化的传统馆藏。这主要是提供访问非电子信息资源,如传统印刷型书刊、缩微资料、视听资料等。

(2) 电子信息资源服务功能。这种服务功能主要包括以下四个方面:一是电子图书馆大量收集电子出版物,使其成为信息资源的主体;二是电子图书馆逐渐对传统馆藏进行数字化转换;三是具有提供连接登录到外部信息源的功能;四是提供网络信息资源共享。

(3) 通讯服务功能。用户通过电子图书馆的通信服务器和网络工作站,与国内或国外的网络相连,可进行一般的电子商务和邮政业务等。

〔**电子图书馆的构建模式**〕 近两年来,我国电子图书馆的构建模式(途径)主要有以下三种:

(1) 在全国范围内同步构建电子图书馆。这是一项整体性很强的大系统工程,需要计算机界、软件工程界、通讯网络工程界、出版界、图书馆界以及其他方方面面密切配合,尤其需要相当可观的资金投入。近两年,有关部门正在抓紧进行研究,并跟踪国外的发展情况和主要技术路线,从全局和长远目标出发统筹规划,规范重要的技术环节,以保证先期发展的电子图书馆在实现电子化的过程中,能处理好计算机集成系统的统一问题,以便将来把不同的计算机、不同的操作系统和不同的拓扑结构以及通讯网络,可以顺利地连接成一个全国统一的环境。

(2) 各省市或地区负责建设地方电子图书馆。近两年,我国这种模式主要分两步走:第一步,对本省本地区所属的图书馆实施技术改造,争取在图书馆自动化与网络化方向上迈进一步，为电子图书馆建设打好基础；第二步，突破和超越图书馆自动化集成系统的传统功能，提高系统对馆内外用户的社会服务能力，逐步实现图书馆馆藏资料内容的数字化存储、多媒体处理、联机全文存取和网络传输等要素，建成真正意义上的电子图书馆。

(3) 构建行业系统的电子图书馆。我国一些行业系统现有条件较为充分，具有明显的整体优势，各部门业务和科研方向常带有某种共性，对信息资源的类型、深广度需求基本一致。根据这一现实国情，近两年来，我国教育部所属高校图书馆系统、文化部所属公共图书馆系统、中科院所属文献情报系统等，都根据新的形势提出了相应的规划，并开始加以逐步实施。 (刘荣 郭丽芳)

文献数据库

〔自建数据库〕

(1) 书目数据库

书目数据库的质量关系到资源共享，为了使数据具有通用性，自建书目数据库一般从以下几个方面进行质量控制。① 著录格式准确性。中文图书一般以 CNMARC(中国机读目录)格式为标准，西文图书符合 USMARC(美国国会图书馆机读目录)格式。② 著录数据准确性。它需要数据审校制度，对数据进行把关。③ 著录数据完整性。录入的数据除了文献揭示的充分，还要使检索字段全面、准确，因此，简单的书目著录法不适宜作为制作规范数据库的方法。

此外，为了避免建设重复和资源的浪费，书目数据库建设应从自建走向共建，加强数据库建设的宏观调控。目前，国家图书馆的全国联机编目中心已有 50 多个成员馆。CALIS 系统也将推出全国性联机编目中心。

上海图书馆、上海科技情报研究所制作的光盘《中国图书馆学、情报学、档案学文献数据库》(第一张)(1993～1999.6)共收录图书馆学、情报学、档案学的论文篇目 7 万多条，相关期刊 2500 种。收录 1000 条以上类目的书目达 14693 个。该库具有较高质量，表现在：① 标准化程度高。该库依《中图法》(第三版)和《中国分类主题词表》对所收题录进行分类和标引，保证了库的规范性。② 标引深度适宜。以分类号 G252.7 文献检索论文的题录而言，标引主题词 3～5 个的篇目占题录总数的 72%。③ 检索系统完善。该库共有 7 个检索字段，即 A:分类，B:题名，C:著者，D:出处，E:年份，F:人名，G:主题。此外，该库具有添加刊名库信息的功能。通过其 DBF 的刊名库，可以了解该数据库所收录的期刊的品种和基本情况，还可以帮助用户索取原文或投稿。

(2) 特色数据库

特色数据库是根据本馆馆藏特色、地方特色或本校的重点专业，集中搜集各类文献建立的数据库。许多公共图书馆、大专院校、科研院机构都开发了特色数据库，如国家图书馆建设的中国年鉴数据库、中国博士论文数据库、方志类数据库等，上海图书馆的家谱数据库、中文社科报刊篇名数据库，北京大学图书馆的北京大学学位论文数据库，中国人民大学的报刊资料索引数据库，中国科技信息研究所的中国科技成果数据库等。

CALIS(中国高等院校文献资源保障系统)重点任务之一是各高校特色文献资源的数字化建设。CALIS 第一批 25 个特色数据库中的 23 个已提供网上服务，见下表。

全国高校图书馆信息参考服务大全	清华大学图书馆	http://history.lib.tsinghua.edu.cn/calisdb
中国工程技术史料数据库	清华大学图书馆	http://history.lib.tsinghua.edu.cn/database/index.htm
邮电通信文献数据库机检系统	北京邮电大学图书馆	http://202.112.99.100
环境科学与工程文献信息数据库系统	天津大学图书馆	http://202.113.6.254/enviroment/index.htm
数学文献信息资源集成系统的开发与研制	南开大学数学系	http://202.113.29.6
上海交通大学学位论文全文数据库	上海交通大学图书馆	http://www.lib.sjtu.edu.cn/database.htm
机器人信息数据库	上海交通大学图书馆	http://202.120.12.26./robot/robotdb.htm

（续表）

世界银行出版物全文检索数据库	上海财经大学图书馆	尚未开通
全国高校图书馆进口报刊预定联合目录数据库	复旦大学图书馆	http://webpae2.library.fudan.edu.cn/yd/
石油大学重点学科数据库建设的研究	石油大学(华东)图书馆	http://cd-tower.hdpu.edu.cn/calis.htm
新型防治信息库	华东大学图书馆	http://lem.gdcc.edu.cn/Daoh/INDEX.HTML
岩层控制数据库	中国矿业大学图书馆	http://202.119.197.151
长江资源数据及应用研究	武汉大学图书馆	http://www.lib.whu.edu.cn/-calis/yrrd
机械制造与自动化	华中科技大学图书馆	http://www.lib.hust.edu.cn/dzzy/gldzzy.htm
有色金属特色数据库建立及应用	中南工业大学图书馆	http://lib.csut.edu.cn/nmass.htm
教育文献数据库的建设	中山大学图书馆	http://202.116.69.20/jy.htm
东南亚研究与华侨华人研究题录数据库	厦门大学图书馆	http://210.34.4.20
巴蜀文化数据库	四川大学图书馆	http://202.115.40.7/calis/website/bs.htm
敦煌学数据库研究与建设	兰州大学图书馆	http://dunhuang.lib.lzu.edu.cn
钱学森数字图书馆特色库	西安交通大学图书馆	http://202.117.24.24/html/xjtu/qxs/qxsdata.htm
通信电子系统与信息科学数据库	西安电子科技大学图书馆	http://202.117.121.3/calis/calis.htm
蒙古学文献信息特色库	内蒙古大学图书馆	http://202.207.7.23/tsk.html
东北亚文献数据库	吉林大学图书馆	http://www.lib.tsinghua.edu.cn/calisdb
船舶工业文献信息数据库	哈尔滨工业大学图书馆	尚未开通
棉花文献文摘数据库	中国农业大学图书馆	http://www.lib.cau.edu.cn/shjugj.htm

(3) 导航库

导航库并不存储实际数据信息，而是存放指针地址，即将某一主题或相关的数据库或服务器的地址集中，按某种方式连接在一起，在网上向用户提供这些资源的分布情况。近几年，计算机专家开发了很多网络导航方法，但导航资源信息太宽泛，专指度低。因此需要对有针对性挖掘的信息资源进行更系统组织，用专业标识方法，以超链接方式给用户以网上导航。

CALIS工程中的重点学科导航库是211工程各高校图书馆研制本校重点学科的导航库，它为390多个重点学科服务，较为及时地报道重点学科领域研究动向和发展动向。它包括四大类，文理、工程技术、医学、农学。CALIS导航库包含条目有研究机构、相关电子出版物、相关国际会议报告等。

〔**引进数据库**〕

(1) 已引进的国外数据库

CALIS系统引进的数据库是国外较有影响、又适合我国211工程文理重点学科研究需要的全文数据库、现刊目次库，直接通过地区中心向CALIS成员馆的读者提供网上文献检索和全文传递服务。这些数据库主要有：SCI(科学引文索引)、Uncover期刊数据库、ProQuestResearch Library(学术期刊图书馆)、ProQuest Digital Dissertation(博硕士论文数据库)、Business Source Premier(商业资源电子文献库)、Academic Search Elite(学术期刊全文数据库)。

(2) 正在准备引进的数据库

WEBSPIRS(美国公司Sliver Platter公司产品)，Academic Universe(学术大全数据库)，China Infobank香港中国资讯行数据库等。　(邹曼莉)

计算机情报检索

信息检索技术经过先组式索引检索、穿孔卡片检索、缩微胶卷检索、脱机批处理检索发展到今天的联机检索、光盘检索、网络检索并存，其发展经历了由低级到高级的过程。

〔**联机检索**〕　北京文献服务处在引进美国SPERRY—YNIVAC1100/10型计算机及其配套软件的基础上经过自己的消化，在1981年建立了我国最早的实用性联机检索BDSIRS—Beijing Document Service Information Retrievel System。到90年代相继建立的大型联机系统主要有中国科技信息所的ISTIC系统、化工部的CHOICE系统、机电部的 MEIRS 系统等。目前,我国已将数十种常用的国外大型数据库引进国内的联机系统,其中包括:CA、NTIS、WPI、INSPEC、COMPEND 等。在引进国外数据库的同时,我国已建成具有一定容量、可供利用的数据库 1038 个,从容量上、规模上都比 90 年代初有了较大的增长。联机情报检索传统的通信方式主要有:通过电报电传机,通过电话、调制调节器,通过专线(如 CNPAC)服务等。

通过因特网进行国际联机检索的主要途径有(以 DIALOG 为例):通过 TELNET 直接登录到 DIALOG;通过 TCP/IP 协议运行 DIALOG LINK 软件进行联机检索;通过浏览工具在 WWW 上进行检索等。目前因特网上的数据库约有一万种,而且用户通过 FTP 可以获得大量免费信息,因特网给众多的联机检索系统带来了信息便捷和费用下降的优点,但同时其网上的巨大信息资源给联机系统带来了很大的威胁。一些大的联机检索系统(如 DIALOG)在收费结构、数据库结构、系统与用户界面等方面作了调整与更新,突出了信息量大、科学覆盖面广、检索迅速方便、检准率高、信息可靠性强和信息质量好等优势,从而稳定了自己的地位。在各种国际联机的通信手段中,因特网是比较理想的选择,它代表了联机检索发展的方向。

〔**网上检索**〕 截止到 2000 年 12 月 31 日,全国已有 10 个骨干互联网,经营互联网业务的 ISP、ICP 已达 3600 多家,我国上网用户人数突破 2250 万人,上网计算机约 892 万台;WWW 站点数约 265405 个,CN 下注册的域名总数为 122099 个,国际线路的总容量 2799M;网上中文站台全国已有 26 万个以上,与以往相比,现在上网用户的地域分布更广泛,遍布全国各省区市;35 岁以上的上网人数比例有所增加,女性比例持续增长,达到 30.44%,接近全球互联网女性用户 33%的比例;用户文化程度有所降低,40%左右的用户具有本科以上学历,比 1999 年同期下降 12%,网络的普及率明显提高;经济发达的东南沿海地区上网人数较多,北京仍然是用户最多的地区,其次是广东、上海,西北地区用户偏少。Internet 能为用户提供诸如电子邮件(Email)、文件传送(FTP)、新闻论坛(Usenet)、信息查询(Archie)、远程登录(Telnet)等多项功能。网上的信息几乎无所不包:有科学技术、旅游、消遣和奇闻轶事一类的信息;有学术、教育、产业和文化领域的各种重要信息;有体育、娱乐方面的信息;也有经济、金融和商业信息等等,如有必要,还可以从网上下载所需的信息内容。因特网上的检索工具很多,但主要有四大类:Gopher 菜单式检索系统,主要的查询工具 Veronica;Ftp 匿名文件查询系统,主要的查询工具 Archie;关键词数据检索系统,主要的查询工具 Wais;WWW 超级文本检索系统,主要的查询工具 Yahoo、Infoseek、Opentext、Excite、CUSI 等。

〔**光盘检索**〕 光盘是利用激光的存储技术来处理媒体的,即利用激光的光来记录信息,又利用光的反射变化率不同的性质,来读出记录。按其应用情况和功能,可分为只读光盘(Compact Disk-Read Only Memory 即 CD-ROM)、次可写光盘(Write Once Many 即 Worm)、可擦写光盘(Rewritable Erasable)。利用光盘技术制作的光盘数据库,具有存贮容量大、可靠性好、保存时间长等优点,是数据库、情报检索和信息存贮技术的完美结合。据统计,在我国使用频率高的中文数据库前 10 名排行榜是:《中国科技期刊篇名数据库》、《中国专利数据库》、《中国企业公司及产品数据库》(中文版)、《中国科技成果数据库》、《中国科技经济新闻数据库》、《中国科技文献数据库》、《全国科技成果交易数据库》、《中国科技论文引文分析数据库》、《中国学术会议论文数据库》和《中国化工文摘数据库》。

〔**研究成果**〕 据统计,1999 年至 2000 年间,发表专著约 14 本,论文约 650 篇。

(1)《中国学术期刊》。中国学术期刊(光盘版)电子杂志社是由国家新闻出版署批准成立、教育部主管、清华大学主办的我国第一家电子杂志社,正式成立于 1998 年 6 月 12 日,前身是光盘国家工程研究中心学术电子出版物编辑部和清华信息系统工程公司。它是我国第一部,也是目前世界上最大的集成化全文(FULL—TEXT)电子期刊,现已出版发行了 34 期 256 辑,累计入编文献量达 130 万篇,包括即将出版的《中国学术期刊(光盘版)》(1994~1996)在内,数字化全文文献量已达 300 万篇。2000 年 6 月,清华同方光盘股份有限公司、中国学术期刊(光盘版)电子杂志社与国家光盘工程研究中心启动了"CNKI(China National Knowledge Infrastructure,中国知识基础设施工程)计划,该计划将作为国家级重点新产品重中之重项目,囊括了我国学术期刊、博硕士论文、会议论文、报纸等信息载体的重要内容,入网期刊将陆续增至

6000多种，同时，还在全国(包括香港)设立中国学术期刊文献检索咨询站1200多个。

(2)《中国学位论文数据库》。中国科技信息研究所是国家法定的学位论文收藏机构，自1980年以来，中信所收集了我国自然科学领域的博士、博士后及重点高校的硕士研究生论文。1995年由万方数据公司制成CDDB光盘。2000年版学位论文库收录论文240021篇，该库每年更新一次，增补论文3万篇。中国学位论文数据库充分展示了中国研究生教育的庞大阵容，从侧面反映了中国科学研究的整体水平和巨大潜力。

(3)《全国性学术会议论文数据库》。中国科技信息研究所自1985年开始收录由国家级学会、协会、研究会组织召开的学术会议。1995年由万方数据公司制成中国学术会议论文数据库光盘。至今保持每年更新一次，新增论文2.5万篇，2000年新版CACP最大记录数达263362篇。中国学术会议论文覆盖自然科学、工程技术、农林、医学等多个领域，每年涉及600余个重要的学术会议，是目前国内收集学科最全、数量最多的会议论文数据库。

(4)《中国学术会议论文集全文数据库》。是万方数据公司自主开发的第一个全文数据库，也是国内唯一的学术会议文献全文数据库。该库收录1998年国家一级学会在国内组织召开的全国性学术会议300余个。数据范围覆盖自然科学、工程技术、农林、医学等所有领域，收录论文近2万篇，是了解国内学术会议动态必不可少的检索工具。北京文献服务处(Beijing Document Service，简称BDS)是1978年由中国国防科技信息中心和北京市科协共同策划联合组建的，以联机信息检索服务为主，同时进行信息技术应用研究开发的综合性机构。

(5)《文渊阁四库全书》。历时三载，一百多名技术及编辑人员参加，耗资数千万港元制成的《文渊阁四库全书》电子版——原文及全文检索版工程，于1999年12月正式完成。“电子版”制作工程之浩大，主要因为需要处理约470多万页原书图文，其中超过7亿的汉字，除需要使用扫描录入技术将图文转成数字图像，还应用了先进的光学字符识别技术(Optical Character Recognition)，将图像转成电脑编码，使产品能图文并茂，极大地方便了广大的研究人员。

〔工作动态和进展〕

(1)1999年11月，悠游成立了中文悠游信息技术(北京)有限公司(Goyoyo.com(China)Corp)，并利用自身的技术优势与中国科技部西南信息中心、重庆维普资讯公司推出目前中国最大最权威的中文期刊咨询网络(http://vipinfo.goyoyo.com)，为用户提供400余万篇文献，12000种期刊查询服务，同时，又与少年儿童出版社共同推出“十万个为什么”网络版(http://100000.goyoyo.com)，充分体现出悠游中文智能搜索引擎在大型文献及数据库检索方面的技术优势。

(2)由上海市新闻出版局、上海图书馆联合主办的“上海’99电子出版物展示会”于1999年12月15日至18日在上海图书馆目录大厅开展。来自全国各地的31家出版单位展示了1000多种最新的电子出版物，通过现场演示，电子出版物成为广大读者的新宠。展示会还举行了“我最喜爱的电子出版物”有奖评选活动。

(3)由上海市文献资源共建共享领导小组办公室委托上海图书馆、上海科技情报研究所采编中心编制《上海市西文文献联合目录数据库》(CD-ROM版)发行。数据库收录上海地区大型公共图书馆、高等院校图书馆、科研系统图书馆自1990年以来入藏的西文图书、报刊、会议录及部分中文港台书刊条目计339080条。数据库按年度更新，每年12月发行累积版。

(4)中国索引学会第四届年会于1999年10月19日在大连举行。会议回顾总结了20世纪我国索引和数据库事业的进展历程，展望21世纪前进目标。来自北京、上海、辽宁、吉林、黑龙江、河北、河南、内蒙古、江苏、安徽、四川、广东、广西、湖南等省市50余人，代表全国各地1200多名会员出席了大会。澳大利亚索引家学会主席艾伦·沃克专程前来参加，他带来了英国、美国、加拿大、澳大利亚、新西兰、爱尔兰、南非等国索引家学会对本会的祝贺。围绕“21世纪索引和数据库事业”主题，会议收到学术论文34篇，展示了丰硕的科研成果，经学术组专家评审，评出一等奖2名，二等奖4名，优秀奖13名。

(5)截止到2001年3月的统计，中国高等教育文献保障中心(CALIS)所建中文现刊目次库共收录期刊5500种,上载数据83万。有23个成员馆参加了目次库的建库工作。

(6) 2000年11月29日至12月1日,中国高等教育文献保障中心(CALIS)的"CALIS'特色库'和'导航库'项目验收专家评审会议"在上海交通大学图书馆召开,专家组首先讨论确定了特色库验收的程序和标准,在此基础上用一天半时间对去年4月批准立项的25个特色库项目进行了验收。专家们认真审查了25份自验报告,分成五组上网测评,对每个项目打分并写出评语;然后,再集中逐项验收。其后,又花一天半时间对"导航库"进行了评审。这次共有46个高校(其中一所非"211"高校),204个学科(其中10个学科为非"211工程"重点学科),提出申请报告。专家组先听取了"文理中心"、"上海交大"(由"工程中心"委托)、复旦大学医学院(受"医学中心"委托)和"农林中心"分别对导航库所做的近一个月的审查、测试情况和意见,接着共同商议评审原则;然后,分五组对所有申报验收的"导航库"网页进行了测评、打分和汇总。最后专家们就如何提高"特色库"和"导航库"的质量提出了一些建设性的意见。

(7) 中国高等教育文献保障中心(CALIS)文理中心于2001年3月30日代表27家图书馆分别与UMI和EBSCO公司签定了继续订购协议,订购内容包括4个全文数据库和1个博硕士论文数据库。经过谈判,最终价格为ARL+ABI/Global $27000(原价$37500.00);ARL+ABI/Research $24996(原价$31640.00);PDQQ(A)$2921.00(原价$3790.00);ASE+BSP $17000.00(原价$21600.00);ASE+BSE $13000.00(原价$16200.00)。这27家大学是:北京大学、清华大学、吉林大学、西安交通大学、复旦大学、上海交通大学、南京大学、武汉大学、四川大学、中山大学、浙江大学、中国人民大学、北京航空航天大学、中国科技大学、华东师范大学、南京师范大学、西南财经大学、厦门大学、深圳大学、华南理工大学、暨南大学、华南农业大学、华南师范大学、上海财经大学、南开大学、汕头大学、重庆大学。

(8) 中国资讯行(China INFOBANK)是香港专门收集、处理及传播中国商业信息的高科技企业,其数据库(中文)较适合经济、工商管理、财经、金融、法律、政治等专业使用,尤其是其包含有各类报告、统计数据、法律法规、动态信息等内容。中国高等教育文献保障中心(CALIS)的文理中心于12月26日代表10家图书馆与中国资讯行正式签定2001年至2002年的采购合同,中国资讯行公司已对10家图书馆开放使用权限。这10家图书馆是:北京大学、清华大学、四川大学、中山大学、东北大学、大连理工大学、西南财经学院、中国人民大学、北京航空航天大学、中国科技大学。

(9) 2000年5月16日~19日在广州医学院召开了全国医学文献检索教学研究会第六次学术研讨会,全国71个单位的代表130余人出席了此次盛会。理事长、上海医大图书馆馆长徐一新教授致开幕词。中国工程院院士、广州医学院院长钟南山教授,副院长刘义海教授,广东省高校图工委秘书长罗公发教授,广州市教委华同旭副主任出席并讲话。副理事长、湖南医大图情系方平教授在会上作题为"网络信息时代文检课改革的外部环境和内涵发展以及检索语言的创新及其贡献"的主题报告。会议特邀本研究会顾问、解放军医学图书馆陈界教授在会上作"全国医学文献检索教学研究会大事纪"的报告。会议收到论文43篇,会上报告13篇,评选出优秀论文7篇。 (李静霞)

缩微技术

〔**概述**〕 缩微技术已有150多年的历史,是一种比较成熟、比较稳定的技术。利用缩微技术制成的缩微胶片与胶卷型文献,一直在图书馆的参考咨询服务中占有极重要的地位。在网络时代,缩微技术仍具有不可替代的优势,它具有完善的标准规范、最长可达1000年的胶片保存寿命、安全可靠的存储,不会因为计算机病毒或网络黑客的破坏而使文件丢失,拍摄速度快、存贮容量高等。

全国图书馆文献缩微复制中心成立于1985年,设在国家图书馆,负责制定全国公共图书馆文献缩微规划,组织协调全国公共图书馆开展对1949年以前出版的古旧文献的抢救工作。截至1996年底,共抢救各种珍贵文献42700余种。其中报纸3227种,18000余卷;期刊13163种,7000余卷,古籍善本26370种,25000余卷;补缺报纸2244000余版,补缺期刊17000余期。为了实施文献抢救工作，缩微中心在全国公共图书馆建立了22个缩微拍摄点，为几十个图书馆添置了上百台缩微阅读器，无偿提供数千卷缩微品。1996年文化部图书馆司召开了全国图书馆文献缩微工作会议，会上通过了《1997～2010年全国公共图书馆文献缩微规划》，由此全国公共图书馆的文献抢救工作已进入了新的发展阶段。之后，全国有关的文献收藏单位有计划、循序渐进地开展普通古籍、少数民族古旧文献、外文古旧文献、传世稀少的金石善拓、古旧地图、旧平装书、革命文献、地方文献、建国后报刊等文献的调研、缩微工作。从1997年起，中心开始对民国时期地方志和革命文献进行调研并着手制定缩微计划，已于2000年上半年完成。

〔**研究成果**〕 据统计，1999年至2000年间，发表论文约100篇。并取得如下研究成果：

(1) 2000年5月10日苏州图书馆珍藏的190余部古籍，日前采用先进缩微技术制成了文献资料。这在全国地市级图书馆馆藏中尚属首例。苏州图书馆制成的缩微古籍资料中，有宋刻本《杜陵诗史》、《容斋随笔》、原稿本《启桢二朝常熟实录补编》、《苏州府学金石志》等珍稀史料，字像密度、解像力、清晰度及胶片内硫酸盐的残留量和外观质量，均已达到国家乃至国际标准。

(2) 西北地区军队院校缩微技术服务中心(以下简称“西北中心”)是总参谋部继“华北中心”、“华东中心”后，年投资60多万美元建立的第三个军队院校缩微技术服务中心，挂靠第四军医大学图书馆，是全军院校三大缩微技术服务中心之一。“西北中心”自1995年成立以来，共制作、拷贝缩微平片50000余张，卷片30余卷，还原各种缩微资料数万张，并连续四年为第四军医大学复印大于A0的教学计划200多张，培训缩微技术人员近200人次。

(3) 台湾图书馆的早期善本图书、报纸，利用微缩方式来达到了利用的方便性。台大图书馆的淡新档案是早期台湾珍贵的史料，亦用微缩媒体提供学术研究者使用及方便国外之交流。调查局有关早期大陆地区的一些图书文献及中央图书馆台湾分馆日据时期的文献资料也是以微缩方式处理。其他文献资料单位，如国科会的研究报告及近几年经授权取得的全国硕博士论文亦是采用微缩媒体保存。此外相关的档案保存单位如国史馆、文献会等。档案方面，如台大医院的病历资料、内政部的地籍资料、甚至财税单位的文件凭证皆运用到微缩技术管理。 （李静霞）

视听技术

〔**概述**〕 视听技术的日新月异，使图书馆馆藏的视听资料品种增多，数量增加，各种类型的图书馆都开展了视听资料的收集与视听服务。

国家图书馆收藏有视听资料，1999年12月，共有7万余件。其中：DVD视盘260张；LD视盘2100余张；VCD视盘9500余张；VHD高密度视盘300余张；录像带12000余盒；CD唱片26000张；录音带5800盒；密纹唱片1000张。资料语种：以中文、英文、日文为主。收藏范围：录像资料，包括政治、经济、军事、文化教育、历史地理、人物传记、艺术、中外经典故事片及医学，科技等。录音资料，以语言教学和中外音乐为主。丰富的馆藏可满足不同层次、不同年龄读者的需要。

北京大学图书馆收藏有：录像带约1400余种，以美国电影录象带为主体，另收藏有中、英、法、日、俄、德、瑞典、意大利、西班牙等十几个国家的优秀影片。语音训练资料：盒式录音带约1000余种、5000余盘，并配有文字资料。较为全面地收集了四六级、TOFEL、GRE等各类考试磁带，及小说、短文、故事、电影录音等趣味性较强的听力资料。音乐及多媒体资料：收藏有古典音乐CD100余种，以及百科辞典、科普、生活知识、外语教学等多种多媒体光盘。 （李静霞）

读 者 服 务

〔**电子阅览室**〕 电子阅览室，有的称“电子文献室”、有的称“多媒体阅览室”，总之，这是一种可提供光盘数据库检索、因特网检索、多媒体光盘阅读的阅览室，它是以电脑终端为主要设备，光盘数据库为主要信息源，供读者进行文献检索与阅读的场所。这些“电子阅览室”，一般都配有586型奔腾Ⅱ及以上配置的多媒体电脑，并配备有耳机、鼠标器，并有由多个CD-ROM驱动器连接成的局域光盘网络，为用户提供界面良好的资料检索、全文阅读等网络信息服务；同时，通过专线或中国教育科研网、中国公众信息网等网络与因特网连接，可提供互联网浏览、检索、电子邮件等服务，还配备有多台打印机、扫描仪等供读者使用。虽然大部分馆都已建立了电子阅览室，然而，它归属哪个部门，却各不一样。中国国家图书馆、首都图书馆、湖北省图书馆、中科院北京文献情报中心、江西省图书馆等单位将其归入自动化部，而武汉大学图书馆、南京金陵图书馆、广东省中山图书馆、桂林图书馆等单位则将其归入参考咨询部。

国家图书馆的电子信息服务中心隶属于国家图书馆信息网络部，以第一、第二电子阅览室为依托，为读者提供 Internet 上网、3000 余种中外电子出版物的阅览服务；为科研工作者提供 70 余种国内外光盘数据库的检索服务（CA、SCI、EI、ISTP、NEIS、BA 等重要数据库），同时还负责国内电子出版物的缴送工作和国内外电子信息的采访。

广西桂林图书馆电子文献阅览室隶属参考咨询部，可提供数据库光盘、电子读物等供读者检索、浏览和娱乐，并为读者提供打印、下载等服务；通过中国公用数字数据网与中国公用计算机互联网互联，提供上互联网查询、浏览世界各地的信息资源，还可进行电子邮件收发、网上信息发布；根据读者需求，不定期地对读者进行培训等。

新建成的武汉图书馆电子阅览室采用了美国 Micro Media 新一代系列专用多媒体网络服务器，共有 PⅢ 配置的电脑 70 台，装有 1998 年、1999 年和 2000 年维普中文期刊数据库、1995 年～2000 年中国人民大学复印资料及中外电影等，能为读者提供检索和查询所需的各种信息资料和欣赏高雅、美妙的音乐，观赏丰富多彩的多媒体影视声响资料，并提供上网查询等服务。（刘颖）

〔**安丘市图书馆订报刊让读者“点菜”**〕 2000 年，山东省安丘市图书馆订阅的报刊在种类选择上，将一半权利交给读者，广泛征求读者的意见，让他们“点菜”，从而使阅览室的报刊适合了读者的口味。

按照传统习惯，图书馆的报刊大都由馆内确定订阅种类，订者与读者难以沟通，只能是“你订我看，我不愿看我不去”。因此，订报花钱不少、种类不少，却不能满足更多读者的需求。自去年以来，安丘市图书馆便开门办馆，订阅报刊除必须保留的一些种类外，让读者当“高参”，选择他们爱看的报刊。这样，今年订阅的报刊可读性强了，读者人数比以前扩大一倍还多。图书馆还积极改善读书环境，扩大了阅览室，添置了阅读设施，读者反映很好。图书馆在订阅明年报刊时，进一步扩大读者参与范围，把 50% 的订阅权交给读者，开展了“我喜欢的五种报刊”推荐活动，让读者提名，图书馆以此为参考进行了征订。（罗平）

〔**北京首家电子图书馆开张**〕 1999 年 12 月 23 日，一个建筑面积 1 万多平方米、藏书 33 万册、能同时容纳 1000 多人阅览图书和查询资料并具有智能化、网络化设施的现代化电子图书馆——西城区图书馆迎来了第一批读者。

西城区拿出 1.2 亿元，经过建设者两年的努力，终于建成了全市首家科技含量高、设施完备、环境舒适、高度智能化、网络化、现代化的图书馆。在这里，一层大厅里有可进行单屏或多屏组合播放的图文电视屏，向读者提供计算机制作的有关图文信息。报刊阅览部，100 余种报纸、600 余种期刊可供读者饱览。二层先进的视听室，可播放 VCD、DVD、LD 盘，同时将 100 多个电视节目压入硬盘组，读者可随心所欲地点播自己喜好的节目。多媒体网络中心是由 32 台电脑终端和 2 组 28 驱光盘塔组成的，集信息检索点、集散和多功能培训的互联网功能，为“网友”提供了方便。旅游图书库全部实现了数字化，目前已压缩了 5000 余册旅游资料，并开设了“鸡毛信”网站，每季度向消费者提供一个最佳旅游路线，“远程在线支持”为发生困难的旅游者通过计算机网络寻求帮助提供了方便。该馆目前已成为区县级公共图书馆中全国首家国际图联的会员。（罗平）

〔**国家图书馆换用“牡丹国家图书馆读者卡”**〕 国家图书馆从 2000 年 4 月 12 日起，开始启用“牡丹国家图书馆读者卡”（简称“牡丹国图卡”），以逐步取代目前读者使用的各种阅览证和外借证。

“牡丹国图卡”，是国家图书馆经过一年多的充分酝酿，与中国工商银行北京市分行联合设计制作的一种多用途、多功能的联名卡。这种新的读者卡既具有金融功能又具有在国家图书馆使用的借阅功能。它的正式启用，将实现读者期盼已久的“一卡通”的愿望，彻底改变读者一人多卡，手续繁杂，使用不便等弊端。同时，也标志着国家图书馆的读者服务系统正在逐步告别手工化、半自动化，全面向自动化迈出重要一步。

首先“牡丹国图卡”具备工商银行所发行的牡丹卡的所有功能:读者既可以在工商银行转账结算、存取现金、用于社会上消费,又可在馆内视听、复印、上网等活动中支付消费。其次,“牡丹国图卡”还具有国家图书馆阅览书刊资料、外借图书的功能。目前开通的有阅览、外借中外图书等五种功能。由于多种功能集于一卡,读者携带方便,使用简单,可以满足多种不同的需要。

为了推进全民读书活动,让更多的读者能利用国家图书馆丰富的馆藏资源,国图在推出牡丹国图卡的同时,给读者以更多的便利和优惠:首先是放宽了接待读者的范围。新卡规定:凡年满18周岁的中国公民与外籍人士均可申请办理。同时,为了满足广大读者对国外文献资料的需求,还放宽了办理外文图书借阅功能的条件:大学生和在京从业人员均可申请。第二,简化了办理证卡的手续。读者申办牡丹国图卡基本功能的同时,还根据自己的条件和需要,同时选择申请外借中、外文图书拓展功能。第三,减少了读者重复验证和交费的麻烦。对于拥有国家图书馆两个以上旧借书证的读者,今后不再需要每年分别验证,分别交纳验证费,而是每年只需手持一卡,交纳一次注册费便可继续使用。(罗平)

〔国家文化部举办“读者喜爱的图书馆”评选活动〕

2000年6月,文化部为进一步宣传、贯彻、落实江泽民总书记关于“大兴勤奋学习之风”的重要指示精神,促进图书馆改进读者服务工作,增强全社会的图书馆意识,在全国范围内部署开展了评选“读者喜爱的图书馆”的活动。评选工作采取审定参评资格与读者问卷调查相结合的方式进行。审定参评资格,指参评的图书馆必须在开馆时间、年接待读者人次与年外借册次均达到1997年文化部制定的图书馆评估标准。读者问卷调查采取随机发放调查表的方式,并对回收的调查表进行汇总统计后,由各省(区、市)文化厅(局)审报文化部社会文化图书馆司。

全国共有31个省、自治区、直辖市的10多万名读者参加了此项活动。经对各省上报的评选结果进行审核并报全国“知识工程”领导小组审定后,共评选出150个“读者喜爱的图书馆”。名单如下:

北京

昌平区图书馆

西城区图书馆

东城区图书馆

崇文区图书馆

顺义区图书馆

朝阳区图书馆

天津

天津图书馆

天津市少年儿童图书馆

河东区图书馆

河北区图书馆

静海县图书馆

河北

河北省图书馆

邯郸市图书馆

武安市图书馆

唐山市图书馆

石家庄市图书馆

秦皇岛市图书馆

山西

山西省图书馆

汾阳县图书馆

襄垣县图书馆

灵石县图书馆

曲沃县图书馆

内蒙古

赤峰市红山区民族少年儿童图书馆

伊克昭盟图书馆

通辽市图书馆

包头市图书馆

赤峰市图书馆

辽宁

辽宁省图书馆

大连市图书馆

大连市少年儿童图书馆

沈阳市图书馆

沈阳市少年儿童图书馆

朝阳县图书馆

沈阳市和平区图书馆

吉林

长春市图书馆

通化县图书馆

白山市图书馆

辽源市图书馆

延吉市少年儿童图书馆

桦甸市图书馆

黑龙江
哈尔滨市图书馆
齐齐哈尔市图书馆
海伦市图书馆
佳木斯市图书馆
伊春市图书馆
上海
上海图书馆
上海少年儿童图书馆
闸北区图书馆
杨浦区图书馆
宝山区图书馆
长宁区图书馆
江苏
南京图书馆
金陵图书馆
常熟市图书馆
江阴市图书馆
盐城市图书馆
镇江市图书馆
浙江
浙江图书馆
金华严济慈图书馆
温州市图书馆
绍兴图书馆
温岭市图书馆
安徽
阜阳市图书馆
太湖县图书馆
铜陵市图书馆
合肥市图书馆
芜湖市图书馆
福建
福建省图书馆
福州市少年儿童图书馆
上杭县图书馆
南安市图书馆
江西
弋阳县图书馆
庐山图书馆
赣州市图书馆
吉安市吉州区图书馆
于都县图书馆

山东
山东省图书馆
潍坊市图书馆
济宁市图书馆
烟台市图书馆
平度市图书馆
河南
河南省图书馆
郑州市图书馆
洛阳市图书馆
唐河县图书馆
三门峡市图书馆
湖北
湖北省图书馆
武汉市少年儿童图书馆
崇阳县图书馆
蕲春县图书馆
老河口市图书馆
十堰市图书馆
黄石市图书馆
湖南
湖南图书馆
湖南省少年儿童图书馆
龙山县图书馆
岳阳市图书馆
常德市图书馆
永州市芝山区图书馆
湘潭市少年儿童图书馆
广东
广东省中山图书馆
深圳市图书馆
广州市图书馆
佛山市图书馆
江门市五邑图书馆
深圳南山图书馆
新会市景堂图书馆
广西
广西壮族自治区图书馆
广西壮族自治区桂林图书馆
柳州市图书馆
灵川县图书馆
昭平县图书馆
海南

海口市图书馆
昌江县图书馆
保亭县图书馆
重庆
重庆市少年儿童图书馆
沙坪坝区图书馆
渝中区图书馆
江北区图书馆
北碚区图书馆
四川
旺苍县图书馆
泸州市图书馆
贵州
贵阳市图书馆
遵义县图书馆
黔南布依族苗族自治州图书馆
云南
个旧市图书馆
陆良县图书馆
楚雄彝族自治州图书馆
富源县图书馆
大理白族自治州图书馆
西藏
西藏自治区图书馆
陕西
铜川市图书馆
韩城市图书馆
凤翔县图书馆
宝鸡市图书馆
咸阳市图书馆
甘肃
甘肃省图书馆
白银市图书馆
武威市图书馆
天水市北道区图书馆
兰州市图书馆
青海
青海省图书馆
宁夏
石嘴山市图书馆
银川市图书馆
吴忠市利通区图书馆
贺兰县图书馆
新疆
克拉玛依市图书馆
昌吉回族自治州图书馆
伊宁市图书馆
阜康市图书馆 （罗平）

〔**河北省图书馆设立"图书银行"**〕 河北省第一家"图书银行"于 2000 年 12 月 9 日在石家庄市河北省图书馆院内的清华书店成立。图书银行是我国刚兴起的一种图书存储借阅模式，读者只需在图书银行存入 10 本以上具有一定阅读价值的个人藏书，即可办理相关手续，获得免费借阅资格。

（罗平）

〔**河南省图书馆设立农村外借点**〕 河南省图书馆利用国家下拨经费，2000年在全省贫困山区、革命老区设立外借点，形成信息辐射通道，扶持当地经济和社会发展，为"科教兴豫"服务。截至目前，该馆已在博爱等 12 个县市设立了外借点。

受经济条件的制约，县级图书馆的购书经费没有保障，图书收藏量和读者数量呈下降趋势。该省馆选送的图书丰富了当地图书馆的藏书，缓解了图书馆与读者之间的矛盾，业务工作有了明显的进步。

各外借点改变了传统的阵地服务方式，将文献资料送到基层、乡村，形成贯彻的信息渠道，创造出良好的经济效益。西平县养殖业由过去的养猪调整为养长毛兔，县图书馆利用图书为养殖专业户传送信息，在饲养技术、饲料配方等方面给予指导，使长毛兔的产毛量由七八两增加到一斤二两左右，经省科委鉴定后向外县推广，养殖专业户也获得了可观的收入。

开发文献，跟踪服务，是外借点工作的显著特点。各县馆结合当地支柱产业，对图书资料深度开发，编印了大量的二次文献，呈现出农业信息多样化的势头。各外借点还结合本地经济特点，有重点地对专业户进行跟踪服务。博爱县图书馆在拥有万亩葡萄种植园区的赵郭村设立外借点，送知识到农家，送信息入大棚，及时提供技术服务，扶持葡萄种植。

农村外借点创造的社会效益和经济效益，引起了当地政府的高度重视。博爱县政府在财政极为困难的条件下，每年都想方设法为县馆列出专项经费，增加文献入藏量，使县图书馆的工作得以正常开展。

河南省图书馆在博爱县召开了农村外借点工作会议,设立外借点的各图书馆馆长参加了会议。与会者一致表示:基层图书馆现有图书的品种和复本远远不能满足需要,希望增加投资,丰富文献品种和数量;农村外借点藏书应结合各地支柱产业,以农业科技为主,切实推动农村经济发展;经常召开农村外借点座谈会,通报情况,交流经验;加大宣传力度,争取政府有关部门的支持;选出典型,予以重点扶持。 (罗平)

〔**湖北高校图书馆将实现通借通阅**〕 自2001年起,湖北省高校图书馆将实现通借通阅与文献传递。在"2000年湖北省高校图书馆馆长工作研讨会"上,全省50多所高校图书馆馆长共同签署了通借通阅与文献传递协议。根据协议,自2001年元月1日起,湖北省数十万高校师生将可以凭学生证、工作证到省内任何高校图书馆借阅书刊资料,还可以通过所在院校图书馆向其他馆发出文献查询、图书外借和文献传递的请求,而被请求馆有义务向发出馆以传真、电子邮件或邮寄的方式传递所需文献。 (罗平)

〔**国家图书馆实现了365天每天12小时开放服务**〕

国家图书馆介绍:从目前掌握的资料看,世界各国的国家图书馆,包括美国、日本的国会图书馆,韩国的国会图书馆、台湾"国立中央图书馆"365天全部开放的绝无仅有,国家法定节假日都要关闭。只有中国的国家图书馆能够做到"全天候"服务。

据不完全统计,1999年10月仅中文社科图书第一阅览室平均每晚5时至8时就有240位读者进来看书,接待读者400多人次。3个阅览室的上座率将近80%。 (罗平)

〔**南昌市青云谱区图书馆对图书市场实行"连锁管理"**〕 2000年6月,南昌市青云谱区图书馆对全区图书市场实行连锁管理。区图书馆对全区范围内的所有图书市场摊点,实行编号、发证、收费等全方位的管理,图书市场摊点都作为图书馆的附属分馆。读者只需办一个借书证,既可到区图书馆借阅,同时还可以到任何一个分馆进行借阅,图书馆在利润上与各分馆实行按图书借阅多少进行分成。图书馆既要在业务上对各分馆给予辅导,还要在市场建设上进行管理。

南昌市青云谱区图书馆实行的"连锁管理"好处有三:

1. 图书馆"连锁管理"是政府重视图书事业建设的体现。过去图书市场管理是由当地文化主管部门管理,连锁管理实际上是将文化主管部门碗里的饭送给图书馆,图书馆事业因此会得到发展、繁荣。

2. 图书馆"连锁管理"有利于图书市场健康发展。图书馆对图书市场实行管理,也就是图书馆馆员对图书市场的管理。相对而言,图书馆馆员的知识面比较广,这样对图书市场的管理是有效的,尤其是对市场上的非法出版物的打击。

3. 图书馆"连锁管理"扩大了图书借阅面,方便了读者。目前,图书馆普遍经费不足,图书无法满足读者需求。青云谱区图书馆的"连锁管理",在解决图书馆经费不足方面走出了新路。

图书馆"连锁管理"还要进一步完善:

1. 图书馆对全区图书市场实行全方位的管理,是一件不容易的事,政府文化部门要在政策上给予扶持。

2. 图书馆"连锁管理";在各图书分馆的布局上,尽量做到科学合理,既要考虑图书经营者的经济利益,又要便于读者。

3. 图书馆"连锁管理"要培养一支管理队伍。管理人员既要懂得现代图书市场发展规律,又要懂得图书市场管理的法律、法规等方面的知识。 (罗平)

〔**上海图书馆展事火爆**〕 以文化品位和高质服务取胜,上海图书馆2000年展事火爆,在全市文化类展馆中独领风骚。其2002年的某展览时段已被一国外艺术家群体预订。

画展、书法展、摄影展、设计展、拍卖展、教育展、IT展、房产展……位于淮海中路高安路口的上海图书馆展览厅大门外飘动的展览横幅总是在更新。据上图展览部统计:2000年一年,上海图书馆共承接了68个展览,其中涉外展18个,接待观众近50万人次。最忙的一天是10月27日,当天同时有三个展览开幕;12月份共有12个展览举行。

上海图书馆并非专门的展览机构,甚至可以说举办展览只是附带功能之一,而且两个展厅的面积全部相加只有1750平方米。不大的场地却吸引来滚滚人潮,不是专业单位却比一些专业单位搞得还要红火,奥妙何在?上海图书馆归纳了八个字:"规范操作,配套服务"。上图展览部曾拒绝了两个个人作品展,原因是水准不够,钱出得更多也没用。对于有条件入馆的展览,展览费不会轻易打折,但是笔

笔分明，服务到位，品质保证，绝不出现“劳务费”这种含混的概念。（罗平）

〔**世界最大的“流动图书馆”访问南京**〕　2000年6月6日，一批南京市民在南京市新生圩港应邀登上来访的马耳他籍“公仆”号巨型客轮，在这个86岁“高龄”、世界最大的“流动图书馆”上与船员举行联欢活动。

“公仆”号巨型客轮建于1914年，比闻名于世的“泰坦尼克”号客轮仅晚2年。它长130多米，船高相当于7层楼房。船上的钢板都用不锈钢铆钉铆合，非常坚固。除部分甲板曾被更换过外，船的其余部件都是“原装货”。现在，这艘船隶属于德国非盈利性慈善机构“好书共享”组织，作为世界上最大的“流动图书馆”周游世界各国。

现在，船上收藏有6千多品种、共60多万册世界各国的书籍，其中包括不少中文版图书。据了解，“公仆”号在南京访问期间，向在宁的5所高校赠送了1万多册书籍。（罗平）

〔**天津市图书馆定期举办图书交换大会**〕　市图书馆2000年3月在馆门前广场定期举办图书交换大会，读者可以将家中闲置多余的书刊拿来交换，为旧书刊找到新主人，达到以书会友目的。举办时间为每周日，遇雨天暂停。长期或临时参加换书大会的单位或个人须提前办理入场手续，办理临时手续的单位或个人须交手续费5元。（罗平）

〔**文化部命名一、二、三级图书馆**〕　文化部1999年10月9日在沈阳召开的全国公共图书馆第二次评估定级工作总结会议上，对全国1551个公共图书馆分别命名为一、二、三级图书馆，颁发了标牌和证书。

为贯彻落实党中央关于加强社会主义精神文明建设的精神，进一步促进图书馆事业的改革与发展，文化部于1997年至1998年在全国开展了第二次县以上公共图书馆的评估定级工作。依据图书馆定级标准，文化部命名上海图书馆、辽宁省图书馆、沈阳市图书馆等215个图书馆为“一级图书馆”，命名山西省图书馆等581个图书馆为“二级图书馆”，命名天津市大港区图书馆等755个图书馆为“三级图书馆”。这次评估定级的结果表明，我国公共图书馆事业处于稳步发展的态势。与1994年第一次评估结果相比，在标准提高的条件下，上等级图书馆数量仍有较大增长，仅一级图书馆就从77个增加到215个。此次评估，达标图书馆的综合条件与办馆效益都达到了新的水平，扩大了上等级图书馆的普及面，有14个省、自治区、直辖市上等级图书馆比例达到参评馆的70%以上，其中北京、天津、上海三地的参评馆全部上了等级。（罗平）

〔**镇江市图书馆把第一采选权交给读者**〕　为了把有限的购书经费用于采购读者真正需要的图书，满足读者需求，自1996年6月起，江苏镇江市图书馆开展了“把图书第一采选权交给读者”的活动，目前已取得了显著成效。

该馆在一楼大厅，设立了以“采购读者自己需要的书籍”为主题的宣传栏，下设“即将出版发行的新书消息”、“新书内容简介”、“新书到馆情况通报”和“读者圈划需要的书”等四方面内容的服务窗，让读者及时了解图书出版发行情况及新书内容，把图书馆与读者紧密连接起来。近一年多来，图书馆共出专题宣传栏40多期，提供新书消息5000余条，介绍新书1.72万种，读者圈划新书2086种，占全馆成人图书采购量的30%，占总购书经费的31%。对于少儿读者，该馆采取与学校联合，从各校选出部分学生代表，不定期直接参与少儿图书的采购。对于专家学者，则根据各人的研究课题，实行“先购书，后报销”的方法，满足其需要。

改进图书采购方式之后，极大提高了读者对图书的利用率，吸引了更多的市民走进图书馆。目前，到图书馆办证的读者大幅度上升，比去年同期增加38%，出现了多年未见的读书热潮。（罗平）

中国图书馆学会及系统图书馆学会

〔**中国图书馆学会第五届理事会在京常务理事第五次会议暨迎春茶话会**〕　1999年2月8日上午在国家图书馆召开，20位在京常务理事参加了会议。会议由副理事长孙蓓欣主持。常务副理事长周和平受理事长徐文伯的委托向大家祝贺新春，他向大家介绍了1998年江泽民总书记、李岚清副总理视察国家图书馆的情况，并对今年的学会工作提出了要求。会议审议通过了中国图书馆学会1998年度工作总结和1999年度工作计划要求。大家就如何办好今年的年会和学会成立20周年纪念活动，提出了许多很好的建议。

〔**中国图书馆学会被授予"科学技术面向新世纪学术年会"分会场学术交流优秀组织奖**〕 根据1999年4月5日中国科协学术交流工作委员会会议决定，中国图书馆学会由于在中国科协成立40周年"科学技术面向新世纪学术年会"分会场学术交流组织工作和书刊展示工作中成绩显著，被中国科协授予优秀组织奖。被授予此奖的全国学会共有28个，另有92个全国性学会被通报表扬。

〔**中国图书馆事业高层论坛在常熟市召开**〕 由文化部社会文化图书馆司、中国图书馆学会、常熟市文化局主办，常熟市图书馆承办的改革开放20年中国图书馆事业高层论坛于1999年4月27日至29日在江苏省常熟市召开，国内一批著名图书馆学专家、教授和国家、省(市)图书馆主要领导60余人出席。会议旨在充分发挥高层次专业人才在推进我国图书馆事业建设中的智囊作用，为即将跨入新世纪的我国图书馆事业更快发展献计献策。该会围绕改革开放20年中国图书馆事业和新世纪图书馆的发展、事业建设、理论研究、图书馆教育等方面的热点、焦点和难点进行了探讨，对图书馆的管理体制、图书馆立法、图书馆产业化、数字图书馆建设、图书馆人才培养等问题专家教授各抒己见。

〔**中国图书馆学会第五届学术研究委员会教育与培训专业委员会成立暨工作会议**〕 于1999年5月6～9日在北京中国科学院植物园召开。专业委员会主任徐引篪在开幕式上说：中央提出的科教兴国战略方针，江泽民主席在视察国家图书馆时发出的关于倡导人们多读书，大兴勤奋学习之风的号召，都对全民素质的提高提出了更高的要求。本届教育与培训专业委员会的主要任务是提高图书馆员综合素质和强化全民信息意识。任务艰巨，但形势很好。我们的任期还有三年，时间很紧，希望通过这次会议，同志们群策群力，共同商讨一个切实可行的工作计划。北京大学信息管理系主任吴慰慈教授、武汉大学图书情报管理学院图书馆系主任詹德优教授、南京大学信息系主任黄奇副教授、湘潭大学管理学院院长陈能华教授等分别介绍了本系教育与教改情况；广州师范学院图书馆馆长张白影教授、国防科工委总装备部情报所张伟强处长、山东省图书馆学会程国华同志、广西图书馆学会秘书长黄永宁同志、中央国家机关和科研系统图书馆学会理事长辛希孟研究馆员等分别介绍了本学会开展继续教育的经验与体会。与会同志经过交流和讨论，认为当前图书馆学正规教育中学科调整、课程体系改革和教学质量的提高，继续教育中普及教育与重点培养的关系、有关制度的制定(或立法)、资格认定和学习内容等问题是大家比较关心的，希望专业委员会能结合这些热点问题，在任期内组织进一步的讨论和研究。会议期间，专业委员会召开了专门会议，讨论并通过了"1999～2001年工作计划纲要"。教育与培训专业委员会主任是徐引篪，副主任是詹德优、董小英、曲红、张白影。

〔**中国"当代图书馆文献信息服务的拓展"学术讨论会**〕 于1999年5月18～19日在丹东召开，来自全国14个省、直辖市的高校馆、公共馆、科研馆的学者和专业人员50余人欢聚一堂，就"文献信息服务如何适应市场经济的发展与用户的需要；怎样以高质量的文献信息服务迎接21世纪；网络环境下文献信息服务的范畴与模式；现代文献信息服务专业人员的要求与培养"等方面的内容进行了研究与讨论。会议共收到来自全国24个省、自治区、直辖市的文章共233篇，其中高校馆102篇，公共馆91篇，其他类型馆40篇。中国图书馆学会信息服务专业委员会主任、上海图书馆王世伟总结了当前我国图书馆界文献信息服务的六大特点，即"信息服务内容的数字化、信息传递方式的网络化、信息服务范围的跨时空化、信息共建共享的合作化、信息方式与内容的多样化和信息服务对象的市场化"，引起了与会代表的广泛关注和热烈欢迎。会议采取了重点发言与一般交流相结合、论文介绍与论文研讨相结合、会上交流与会下交流相结合、学术研讨与学术评奖相结合。本次会议评选出优秀论文34篇，大会交流论文50篇。这次会议是由中国图书馆学会信息服务专业委员会主办、辽宁省丹东市图书馆学会筹办。

〔**中国图书馆学会图书馆交流与合作委员会在北京成立**〕 1999年6月29日，中国图书馆学会图书馆交流与合作委员会成立大会在国家图书馆召开。

中国图书馆学会副理事长、文化部图书馆司原司长杜克，中国图书馆学会副理事长、国家图书馆副馆长孙蓓欣到会讲了话。他们指出，随着我国国际声誉的不断提高与改革开放的逐步深入，尤其是第62届国际图联大会的成功召开，我国图书馆界加强了与世界各国图书馆的友好往来，学术交流活动比较活跃，取得的成绩十分瞩目。今天，中国图书馆学会图书馆交流与合作委员会的成立对弘扬中华民族优秀文化，学习国外先进经验，提高我国图书馆学情报学研究水平，促进我国图书馆及情报事业发展具有很大的意义。

会议讨论了《中国图书馆学会图书馆交流与合作委员会组织简则》和《中国图书馆学会图书馆交流与合作委员会1999年工作要点》。

会议确立了以杜克为主任，孙蓓欣、黄俊贵、王振鸣为副主任的中国图书馆学会图书馆交流与合作委员会领导成员，委员由吴建中、金春田、孙利平和丘东江组成。

〔**中国图书馆学会1999年会暨成立20周年纪念活动**〕 于1999年7月8～13日在大连举行。文化部副部长艾青春，中国图书馆学会理事长徐文伯，大连市贺副市长，大连市委常委、宣传部长王会金，宣传部副部长王永林，辽宁省文化厅副厅长刘效炎，中国图书馆学会常务副理事长、国家图书馆党委书记、副馆长周和平，文化部社文图司副司长周小璞，中国图书馆学会副理事长国家图书馆副馆长孙蓓欣，中国图书馆学会副理事长、上海图书馆馆长马远良，中国图书馆学会副理事长、中山大学信息管理系教授谭祥金，中国图书馆学会副理事长、北京大学信息管理系主任吴慰慈，国家图书馆原党委书记、副馆长谢道渊，以及中国科协学会部，大连市文化局、社科联、民政局，教育部高教司等单位的领导也出席了开幕式。徐文伯讲了话，艾青春、贺 、刘效炎向大会致词。日本图书馆协会代表团团长洒川玲子女士向大会书面致词。周和平同志代表学会第五届理事会作了题为《总结经验，迎接挑战，开创我国图书馆学会工作新局面》的工作报告。年会组委会共收到论文750余篇。经年会论文评选委员会的评选，共评出交流论文341篇，优秀论文70篇。大会向获奖论文作者颁发了证书。学会将优秀论文中的66篇结集出版。会议期间，代表们分为四个分会场围绕年会主题、6个分主题进行了学术研讨和交流。为促进学术交流，会议还组织了大会专题发言。周和平副馆长作了题为《建设数字图书馆，迎接新世纪挑战》的发言。国家图书馆研制的数字图书馆实验系统向与会代表作了演示。年会期间还组织代表参观了大连地区公共、高校系统9个图书馆。年会期间，举办了“1999年图书馆专业设备展览”。来自全国各地、各系统、各行业的代表近1100人参加了会议。会后学会秘书处还编辑出版中国图书馆学会1999年会暨成立20周年纪念活动文集《世纪之交：图书馆事业回顾与展望》，共收录年会优秀论文66篇。

〔**日本图书馆协会代表团访华**〕 按照中日双方图书馆学(协)会的协议，以日本图书馆协会执行副主席、秘书长洒川玲子女士为团长的日本代表一行4人，于1999年7月8～16日先后在大连、北京、上海参加了年会活动，参观了大连市图书馆、日本文献分馆、瓦房店市图书馆、北京大学图书馆、首都图书馆和上海图书馆等。代表团在大连期间受到了理事长徐文伯，副理事长周和平、孙蓓欣的亲切接见。

〔**韦棣华基金会奖学金评审**〕 中国图书馆学会韦棣华基金会奖学金评委会，于1999年8月对全国19所高等院校推荐的45名学生进行了认真的评选，评出16所院校的25名学生，其中博士生3名、硕士生6名、本科生16名，获奖金额共计32700元人民币。韦棣华基金会是为纪念美国图书馆学家、教育家韦棣华女士为图书馆事业所做的杰出贡献而设立的基金会。该基金会每年向中国提供一定数额的奖金，用于奖励和资助我国在读图书馆专业的本科生、硕士和博士研究生中品学兼优、生活贫困的学生。

〔**1999年度韦棣华基金会奖学金获奖名单**〕

姓名	院系	类别
罗志勇	北京大学信息管理系	博士生
刘　嘉	北京大学信息管理系	博士生
田　艳	北京大学信息管理系	硕士生
陈　锐	武汉大学大众传播与知识信息管理学院	博士生
司　莉	武汉大学大众传播与知识信息管理学院	硕士生
宋恩梅	武汉大学大众传播与知识信息管理学院	本科生
宋　微	北京师范大学信息技术与管理学系	本科生
接晓莉	南京大学信息管理系	本科生
陈昌燕	南京大学信息管理系	本科生
李新华	南开大学图书馆学系	硕士生
张　燕	南开大学图书馆学系	本科生
王翠萍	东北师范大学信息管理系	硕士生

庄育飞	中山大学信息科学与技术学院信息管理系	硕士生
李名智	中山大学信息科学与技术学院信息管理系	硕士生
唐玉华	四川大学信息与档案管理系	本科生
陈佶猛	四川大学信息与档案管理系	本科生
豆洪智	湘潭大学管理学院信息管理系	本科生
牛玉玺	黑龙江大学信息管理系	本科生
杨　涛	华中师范大学信息管理系	本科生
宁燕子	辽宁师范大学信息管理系	本科生
余海燕	华南师范大学信息管理系	本科生
张瑞贤	河北大学信息管理系	本科生
武利红	郑州大学信息管理系	本科生
赵利英	郑州大学信息管理系	本科生
郑　莉	安徽大学管理学院	本科生

〔**中国图书馆学会第五届理事会第二次会议**〕 于1999年7月9日下午在大连星海会展中心第三会议厅召开。学会理事长徐文伯、常务副理事长周和平，副理事长孙蓓欣、马远良、谭祥金、吴慰慈出席了会议。会议由周和平同志主持。秘书长李桂兰汇报了1997年8月昆明五次会员代表大会以来学会工作情况；学术委员会主任吴慰慈、编辑出版委员会主任辛希孟、图书馆交流与合作委员会副主任孙蓓欣分别汇报了各委员会的工作情况；副秘书长胡京波汇报了年会经费收支预算情况。经研究决定，中国图书馆学会2000年会在内蒙古召开。

〔**纪念中国图书馆学会成立20周年学术研讨会**〕于1999年9月20～22日在太原举行。在大会开幕式上国家图书馆副馆长、中国图书馆学会常务副理事长周和平同志作了题为“总结经验，展望未来，积极探索学会工作的新局面”的主旨报告。他回顾了中国图书馆学会成立20年来所取得的成就和在推动中国图书馆事业中所发挥的作用，对新世纪中国图书馆学会的发展方向作了阐述。会议期间，周和平同志、上海图书馆党委副书记王世伟同志分别作了具有指导性与可操作性的专题报告。与会代表就会议主题进行了讨论。大会收到来自全国24个省、市、自治区各个系统图书馆作者撰写的论文322篇。论文内容涉及各类型图书馆的研究领域。经过认真评选，大会选出了二等奖论文30篇，三等奖论文144篇。参加这次会议的有中国图书馆学会、国家图书馆、山西省文化厅等单位的嘉宾及论文作者代表100余人。

〔**中国图书馆学会第五届理事会第六次在京常务理事会议**〕 于1999年9月27日下午在国家图书馆举行。学会副理事长孙蓓欣主持会议。出席会议的有：副理事长杜克、徐引篪；常务理事万恒华、朱强、杨东梁、辛希孟、张复华、金沛霖、关家麟，秘书长李桂兰，副秘书长胡京波、刘建良、曲红。国防大学图书馆馆长王瑞清列席了会议。一、会议听取了秘书长李桂兰关于为举办2000年学术年会赴内蒙古自治区呼和浩特市、海拉尔市实地考察的工作汇报。经研究决定，中国图书馆学会2000年学术年会将于2000年7月中旬在内蒙古自治区海拉尔市召开。二、会议审议并通过自即日起，“中央国家机关和科研系统图书馆学会”更名为“中国图书馆学会专业图书馆分会”。三、会议听取了丘东江同志关于2000年第66届国际图联大会的情况介绍。会议一致认为，为进一步拓展对外交流与合作领域，学习国外先进经验，提高专业研究水平，促进我国图书馆事业发展，学会有必要组团参加国际图联大会。此项任务应作为学会的一项常规性工作，由学会“图书馆交流与合作委员会”和学会秘书处承办。

〔**《中国图书馆事业20年》大型文集出版**〕 为纪念中华人民共和国成立50周年暨中国图书馆学会成立20周年，《中国图书馆事业20年》大型文集正式出版。该文集共10卷，选录326篇论文，300余万字，内容包括：基础理论、改革与发展、经营与管理、文献资源建设、文献加工整理、文献信息服务、情报检索、数据库与网络建设、专业教育、地方文献等工作及改革开放以来国家有关部门发布的有关规章制度和中国图书馆事业发展大事记。该文集是由中国图书馆学会编辑出版委员会和北京图书馆出版社共同编辑出版的。

〔**中国图书馆学会在京常务理事迎春茶话会暨第七次会议**〕 于2000年1月12日上午在国家图书馆召开。理事长徐文伯，副理事长孙蓓欣、吴慰慈、徐引篪，常务理事刘桂林、关家麟、吕其苏、曲红、朱强、辛希孟、李久琦、杨东梁、周小璞、贾善刚、蔡汾岚出席了会议。会议由副理事长孙蓓欣主持。徐文伯理事长向大家致新春贺词,并就数字图书馆发展的方向及中国图书馆学会在新世纪如何适应高科技发展,更好地为广大会员办实事等方面作了重要讲话。会议审议了"1999年中国图书馆学会工作总结"和"中国图书馆学会2000年工作计划要点"。与会同志对"工作总结"和"计划要点"提出了很好的修改、补充和建设性的意见。此外,还就今后如何开展学会工作、加强学术交流、发展图书馆事业提出了许多建议。秘书长李桂兰,副秘书长刘小琴、刘建良,国防大学图书馆馆长王瑞清列席了会议。

〔中国图书馆学会倡议向内蒙古地区图书馆支援(捐赠)物资活动〕 2000年2月21日,中国图书馆学会发出了"关于向内蒙古自治区图书馆界捐赠物资的倡议",希望有条件的图书馆能伸出热情友谊之手,向内蒙古地区图书馆支援(捐赠)物资设备(电脑、复印机、图书、书架、阅览桌椅等)。全国图书馆界立即积极响应。国家图书馆首先捐赠了3000册图书馆和两台电脑,首都图书馆捐赠图书2000多册,中国民族图书馆向内蒙古地区支援了图书和设备,广州市图书馆购置了1476册新书寄往内蒙古;紧接着,北京大学图书馆、清华大学图书馆、上海图书馆、广东中山图书馆、中国人民大学图书馆、北京航空航天大学图书馆、北京工业大学图书馆分别向内蒙古地区支援(捐赠)了图书和设备。

〔佟曾功同志逝世〕 中国共产党党员,中国科学院图书馆(文献情报中心)原馆长、党委副书记、中国图书馆学会原理事长佟曾功同志,因病于2000年3月23日19时30分在北京逝世,享年76岁。佟曾功同志,1944年9月至1950年3月先后在北京大学哲学系、北京大学图书馆学专修科学习,1950年10月始在中国科学院图书馆工作。期间,1955年8月至1959年11月在前苏联莫斯科图书馆学院学习,获教育科学副博士学位。1961年12月加入共产党。佟曾功同志在中国科学院图书馆(文献情报中心)先后担任组长、部副主任、业务处主任、副馆长、馆长、党委副书记等职,1980年晋升为研究员,1992年获国务院政府特殊津贴,同年2月退休。曾功同志以毕生精力投入图书馆事业。作为图书馆界的知名专家和科学院图书馆的领导,参加、主持了《当代中国图书馆事业》、《中国大百科全书(图书馆学部分)》等权威性图书的编撰工作;参与了中国图书馆学会的创建活动,并先后当选为该学会第一、第二届常务理事、副理事长、理事长。

〔中国图书馆学会2000年秘书长工作会议〕 于2000年3月27～30日在国家图书馆召开。会议由副秘书长、文化部社会文化图书馆司图书馆处处长刘小琴主持。副理事长、国家图书馆副馆长孙蓓欣在大会上讲了话。她强调指出:"我们要充分发挥学会跨行业、跨系统、跨地区、跨部门的优势,为实施'科教兴国'战略和建设国家科技创新体系,落实党中央关于西部大开发的战略部署,积极发挥学会桥梁和中介作用,积极协助各级政府、国家图书馆和各省级图书馆,建立全国或地方文献协调中心,促进文献信息资源共建共享工作。"会上,秘书长李桂兰作中国图书馆学会1999年工作总结;副秘书长李久琦讲解《中国图书馆学会2000年工作计划要点》;副秘书长刘建良讲了《中国图书馆学会关于评选表彰先进学会的暂行办法》;副秘书长曲红就文化部社会文化图书馆司与中国图书馆学会联合发文,组织开展"2000年全国《新世纪图书馆科普教育》系统活动"进行了讲解、布置。与会代表充分肯定了中国图书馆学会1999年的工作成绩,认真研讨《中国图书馆学会2000年工作计划要点》。特别对表彰先进学会的暂行办法、开展科普系列教育活动、学会今后的发展方向,以及今年7月准备在呼伦贝尔盟海拉尔市召开的学术年会等有关问题,进行了认真与热烈地讨论,大家踊跃发言、各抒己见,提出了许多积极的建设性的意见。常务副理事长、国家图书馆党委书记、副馆长周和平,副理事长、国家图书馆副馆长孙蓓欣,也从百忙中抽出时间参加大会讨论。他们认真听取了大家的发言,并就有关问题与大家进行了探讨与交流。全国各省、直辖市、自治区图书馆学会、各系统图书馆委员会的秘书长和学会干部45人出席了会议。

〔中国图书馆学会基础理论专业委员会和文献资源建设专业委员会2000年工作会议暨学术研讨会〕 于2000年4月25～27日在江苏常州举行。中国图书馆学会副理事长、学术研究委员会主任兼基础理论专业委员会主任吴慰慈教授,中国图书馆学会学术研究委员会委员、文献资源建设专业委员会主任卢子博研究馆员共同主持了这次会议并作了重要发言。这次会议的宗旨是研究探讨在新的技术环境下,图书馆学学科新的知识生长点及面向21世纪的图书馆学研究的重要选题,从而使这次会议在中国图书馆学研究的发展史上起到承前启后的作用。会议紧紧围绕中心议题展开了热烈的讨论，与会代表充分发表了自己的见解，阐述了自己的观点，并就某些热点问题进行了学术交流和争辩，充分发扬了学术民主，对一些重要的理论问题通过讨论达到了共识。

〔第八次全国图书馆学期刊工作会议〕 于2000年5月24～26日在福建省泉州市召开。大会发言由中国图书馆学会编辑出版委员会主任辛希孟同志主持。李万健同志作两年来图书馆学期刊编辑出版专业委员会工作总结报告。接着，《图书馆杂志》、《图书情报工作》、《河北科技图苑》、《图书馆》、《福建图书馆学刊》、《现代图书情报技术》、《大学图书馆学报》、《图书与情报》等八家刊物的代表同志作了重点发言，《津图学刊》名誉主编、78岁高龄的来新夏先生也在大会上作了精彩发言。他们在发言中所介绍的办刊经验和体会，给与会同志以启迪和极大的鼓舞。与会代表还分成东北华北、华东西南、中南西北三个组讨论交流。大家一致认为，在市场经济面前，各刊应根据自身情况，开拓思路，创造和争取自身发展的条件。大家还提出，应当进一步发挥学会编译出版委员会及其图书馆学期刊编辑专业委员会的作用，要力争多干实事，多开展活动，加强同多方面的联系，为办好专业期刊做更多的工作。来自全国各地的35家图书馆学期刊的42名代表参加了会议。

〔中国图书馆学会开展“科普宣传日”活动〕 于2000年5月28日上午9：00在国家图书馆东大门广场与“国家图书馆服务宣传周”同时进行。参加此次活动的有中国科学院文献情报中心、中国农业科学院科技文献信息中心、全国地质图书馆、中央编译局图书馆。航天二院图书馆等5家单位，专业性强，可谓各俱特色。各单位同志头顶烈日，采用发放宣传材料、布置展板、科技图书期刊展示等多种形式，向读者多角度、多层面地介绍本专业图书馆的特色，普及图书馆专业知识，并耐心解答读者的咨询。短短半天的时间里，共发放各类宣传材料45种、3900余份，布置展板9块，接待读者咨询562人次，场面非常热烈。

〔中国图书馆学会组团访问美国〕 2000年6月27日至7月12日，中国图书馆学会代表团一行35人访问了美国主要图书馆并参加了2000年美国图书馆协会年会。此次出访，从组团发通知到代表团出访成行的3个月时间里，得到了来自黑龙江、吉林、北京、山西、湖北、湖南、山东、河北、广东、浙江、河南、青海、上海等省市的公共、高校（包括军队院校、党校）和科研系统代表的积极配合和大力支持。代表团由丘东江同志任领队兼翻译、国防大学图书馆馆长王瑞清同志担任副领队兼组长、文化部社会文化图书馆司刘小琴处长和郑州大学信息管理系主任兼图书馆馆长柯平博士任组长，加强了组织管理，严格遵守国家各项外事政策，使这次访问取得较大收获和成功。代表团访问了加州大学柏克莱分校中国研究中心、东亚图书馆、中心图书馆、洛杉矶市图书馆、纽约皇后区法拉盛图书馆、华盛顿国会图书馆、伊里诺安大学图书馆和芝加哥市立图书馆，并出席了2000年ALA年会。

〔《西文文献著录条例》修订编委会第一次工作会议〕 于2000年7月4日召开。主要研究并讨论《西文文献著录条例》的修订工作。会议决定由国家图书馆、北京大学图书馆、清华大学、中科院文献信息中心和国家行政管理学院图书馆等单位组成《西文文献著录条例》修订编委会，同时聘请国内西文编目界的老专家担任修订编委会顾问。国家图书馆副馆长孙蓓欣参加了会议，她强调了这次修订工作的重要性，鼓励大家要认真做好这项工作，实现西文文献著录的标准化和规范化，为文献资源的共建共享作出贡献。

〔中国图书馆学会2000年学术年会〕 于2000年7月17～22日在内蒙古自治区呼伦贝尔盟海拉尔市隆重召开。7月18日上午9时，开幕式在位于市中心的呼伦贝尔盟职工俱乐部隆重举行。徐文伯同志致开幕词，艾青春、宝音德力格尔、常海分别向大会致辞。周和平同志代表学会第五届理事会作了题为《转变观念，开拓进取，努力创建充满生机与活力的中国图书馆学会》的工作报告，总结了自1999年大连年会以来学会的工作情况，提出了新世纪学会工作的思路，为学会下一步开展各项工作指明了方向。这次学术年会的主题是：“21世纪图书馆：发展与变革”。年会共收到论文640余篇。经年会论文评选委员会认真评选，共评出优秀论文67篇，大会交流论文352篇。其中优秀论文已结集出版，书名为：《21世纪图书馆：发展与变革》。年会期间，围绕着年会主题与分主题分五个分会场进行学术交流。来自全国各地图书馆界的代表近800人出席了会议，韩国图书馆协会和美国华人图书馆员协会的代表也出席了会议。

〔**中国图书馆学会五届三次理事会会议**〕 于2000年7月17日在海拉尔市召开。理事长徐文伯，常务副理事长孙蓓欣、谭祥金以及参加年会的中图学会理事出席了会议。学会特邀四川省图书馆馆长李忠昊和上海图书馆副馆长吴建中参加了会议。理事会由周和平同志主持。会上，中国图书馆学会秘书长李桂兰作了关于2000年学术年会财务预算的报告。李忠昊同志表达了四川省文化厅、四川省图书馆积极申办“中国图书馆学会第六次会员代表大会暨2001年学术年会”的诚挚愿望。经研究，理事们一致同意2001年学术年会在四川召开。受国际图联执委会的委托，吴建中同志参加了国际图联章程的修改工作，因此，他向到会理事作了有关国际图联章程修改的解释与说明。最后，徐文伯理事长作了重要讲话。他希望中国图书馆学会在我国图书馆事业发展中发挥更大的作用，为明年的换届改选做好一切准备工作。

〔**中国西部图书馆事业发展战略暨东西部合作论坛会议**〕 于2000年9月24～28日在宁夏回族自治区首府银川市隆重召开。来自全国24个省、市、自治区的论文作者、特邀代表及有关方面负责人，宁夏各类型图书馆代表200余人出席了会议。会议着眼于动员西部及全国图书馆界人士广泛关注与积极参与西部大开发；着眼于在西部大开发、知识经济、社会主义市场经济、网络环境等多重新背景下重新认识与探讨中国西部图书馆事业发展战略、发展模式；研究与探索新形势下东西部图书馆事业的广泛合作与协作。会议共收到全国24个省、市、自治区图书馆学会征集的论文500余篇，经初审确定了245篇入选论文。会议特邀全国著名图书馆专家学者孙蓓欣（国图）、吴慰慈（北大）、李高远（云南）、李广德（陕西）、刘全根（甘肃）、高树榆（宁夏）、吴晞（深圳）、张欣毅（宁夏）、黄明（广西）、张向东（宁夏）、陈永刚（宁夏）共13人组成论文评审委员会。评委在大会召开前会集银川，进行了入选论文的等级奖评选，共评出一等奖5篇、二等奖25篇、三等奖52篇。中共宁夏回族自治区党委常委、宣传部长王正伟，国家图书馆副馆长、中国图书馆学会副理事长孙蓓欣研究馆员，中国图书馆学会民族图书馆委员会主任委员李久琦研究馆员，宁夏回族自治区文体厅厅长王邦秀、副厅长兼宁夏图书馆学会理事长乔毅智出席会议并讲了话；西部12个省、市、自治区图书馆学会负责人也出席了会议。国家图书馆、《社科资料工作》杂志社等单位向大会发来了贺电。会议期间，结合会主题进行了广泛的讨论。这次会议是由中国图书馆学会、中国12个省、市、自治区图书馆学会联合主办，宁夏图书馆学会、《图书馆理论与实践》杂志社承办的。

〔**2000年中国图书馆学会韦棣华基金会奖学金评审会**〕 于2000年9月22日在国家图书馆召开。会上，对21所院校申报的62名学生逐一进行审核。最后评出42名学生获奖，其中博士生5名、硕士生9名、本科生28名。

〔**2000年中国图书馆学会韦棣华基金会奖学金获得者名单**〕

北京大学信息管理系	高　波	博士生
	董　焱	博士生
	王韫华	硕士生
	邓　倩	本科生
	宋春文	本科生
武汉大学大众传播与知识信息管理学院	付立宏	博士生
	张美娟	博士生
	查先进	博士生
	赵　琴	硕士生
	郝金星	本科生
	姚　颖	本科生
中山大学信息科学与技术学院信息管理系	陈青苗	硕士生
	卢彩燕	本科生
	曹文娟	本科生
北京师范大学信息技术与管理学系	王玲玲	硕士生
	李艳菊	硕士生
华东师范大学信息学系	张　怡	硕士生
南开大学国际商学院图书馆学系	王素芳	本科生
南京大学信息管理系	薛燕波	本科生
	朱　敏	本科生
黑龙江大学信息管理系	乔丽春	硕士生
	牛玉玺	本科生
辽宁师范大学信息管理系	刘春丽	本科生
东北师范大学信息管理系	杨　琳	硕士生
	盛赵弈	本科生
兰州大学经济管理学院	赵　静	本科生
河北大学信息管理系	杜桂玲	本科生
	刘　丽	本科生
郑州大学信息管理系	马晓军	本科生
	王世豪	本科生

华中师范大学信息管理系	周　涛	本科生
安徽大学管理学院图书馆学系	谢礼妹	本科生
湘潭大学管理学院图书馆学系	唐艳春	本科生
湖南医科大学信息管理系	胡德华	硕士生
	廖昀赟	本科生
华南师范大学信息管理学系	林　青	本科生
四川大学信息与档案管理系	石翠莲	本科生
	陈天梅	本科生
	樊　戈	本科生
西南师范大学信息管理系	姜　霞	本科生
	张　娟	本科生
云南大学人文学院信息管理学系	罗　牡	本科生

〔**中国图书馆学会代表团访问韩国**〕 应韩国图书馆学会协会秘书长曹元镐先生的邀请，由秘书长李桂兰、副秘书长刘建良为正副团长的中国图书馆代表团于2000年9月25日～10月2日访问韩国，签署了“中国图书馆学会与韩国图书馆协会建立友好互访关系的协议书”，期间出席了韩国图书馆协会第38届年会，并参观了有关图书馆。

〔**2000年中国地市图书馆联谊会年会**〕 于2000年11月12～16日在武夷山召开。与会代表对地市公共图书馆在经费、人员等方面面临的困难进行了探讨。会议公布了新调整的联谊会会员名单，吸收了一批会员馆。来自北京、上海、广东、江西、安徽、福建等7个省市的40余人出席了会议。

医院图书馆委员会

〔**挂靠单位转移**〕 自1999年1月，该会的挂靠单位由原来的铁道部北京铁路总医院转移到中国康复研究中心。随着这一转移，该会重新焕发了勃勃生机，迅速促进了各项工作。

〔**会刊面貌一新**〕 《医院图书馆杂志》是该会会刊。1992年创刊至1998年的7年间，受种种条件的影响和制约，处境极为艰难。自1999年起，改由该会与江苏省人民医院联合主办，从而得到了人力财力的大力支持，特别是重新组织了编委会并聘请多名专家学者参与编审工作，刊物质量大为提高，得到同业界的良好评价，发行数量日益增多，有力地发挥了工作导向、业务辅导与信息交流作用。

〔**启动了网络建设**〕 继前两年促进法规建设和文献信息资源共建共享的试点并取得一定进展后，通过一系列专题讨论与研究认为，医院图书馆是一个分散管理系统，小型化，数量多，分布广，总体投入巨大，是其基本特点。为改变高度分散、各自为政，以谋求自给自足为目标所造成的大量低水平重复建设、重复劳动，以及由此造成的严重浪费和一次文献极度匮乏，必须实现网络化才能变小为大，变贫为富，变分散为集中。因此，1999年首先由广东省医院图书馆委员会进行了“建立全省医院图书馆书目数据库”的课题研究并取得了成果，为医院图书馆专业系统网建设奠定了基础。江苏省医院图书馆专业委员会自1999年开始酝酿，并于2000年启动了该省“医院图书馆三级网络系统”建设。数据库和网络系统的试点性建设是从医院图书馆的特点出发，以实现全方位、多层次的各馆馆藏和网上文献信息资源的开发与利用为目的进行的，是一项具有创新意义的举措，现正处于组织实施和完善过程中。

〔**完成了换届改选**〕 该会第二届委员会至1999年10月任期已满。1999年初开始酝酿换届改选，同年10月在北京召开了以商讨换届改选为主要内容的常委扩大会议；2000年8月在烟台召开了会员代表大会，选举产生了第三届委员会。新一届委员会基本实现了年轻化、知识化、专业化。在115名委员中，平均年龄为43.7岁，其中具有大学本科学历者占23%，大专学历者占71%，中专及以下学历者占6%，是一个比较合理的组织结构。

〔**加强专业培训**〕 随着信息时代、知识经济时代和网络时代的到来，人才培养是一项重中之重的基础建设。为此，该会强调各级分会普遍开展专业培训工作。据不完全统计，1999年～2000年，在11个省、市、自治区医院图书馆委员会共举办了14次专业(题)培训班，近700余人次受培。这项工作因受医改影响，培训的普遍性有所降低，不过这属于暂时现象，今后须积极组织，大力开展这一工作。

〔**出版工作有成果**〕 为规范医院图书馆业务工作，自1997年着手编著《医院图书馆工作手册》，历时3年于2000年4月已由世界图书出版公司西安公司出版。

工会图书馆委员会

1999年3月26日至28日在江西南昌市工人文化宫召开城市文化宫图书馆工作会议。本次会议是为了贯彻落实工会图书馆委员会第二届理事代表大会的精神，研究和部署今后的具体工作而召开的。工会图书馆委员会副会长魏福志、邵懋时和部分委员、文化宫主任、图书馆馆长共30余人参加了会议,江西省总工会宣教部的有关领导也参加了会议。经过认真讨论研究,大家一致认为图书馆工作是工人文化宫的重要一部分。文化宫已有的图书馆和阅览室应该继续办好,要按照新的经济形势和职工读者的需要而扩大图书馆的服务项目和服务范围。图书馆要在提高工作人员素质和管理水平的同时,着重了解广大读者的需求,增加读物的信息量,提高书刊的借阅率,彻底改变藏书楼的旧模式,吸引更多的读者走进图书馆。中心城市的文化宫图书馆要发挥辐射作用,继续抓好本地区工会图书馆协会和网片的建设,开展图书馆之间各种形式的业务交流,培训业务骨干,扩大服务范围。会后,代表们参观了南昌市"八·一"起义纪念馆和南昌市工人文化宫。

〔**工会图书馆委员会企业图书馆工作会议**〕 1999年7月4日至6日在江苏南京扬子石化公司召开。全国总工会、江苏省总工会和南京市总工会宣教部的有关领导和扬子石化公司工会主席出席会议,来自全国各企业的24位委员参加了会议。会议听取了扬子石化公司和烟台港务局等企业图书馆的经验介绍,总结企业图书馆专业委员会的工作,讨论制定了下一步工作计划:1. 要充分认识图书馆在企业两个文明建设中的作用,进一步办好图书馆,巩固好这块阵地。2. 工会图书馆要进一步加强自身的改革和建设,扩大信息量,开展形式多样的读书活动,为广大职工读书自学提供良好的服务。3. 要提高企业图书馆专业委员会的活动质量,加强信息交流、工作交流、经验交流和学术交流。

会议期间,与会代表到扬子石化公司工会图书馆实地考察,学习他们的先进经验。扬子石化公司是一个有2万多名职工的特大型现代化企业,公司工会图书馆拥有780种期刊、286种报纸,馆舍1800多平方米,藏书10余万册,每年到图书馆借书的职工达30万人次。公司工会以图书馆为阵地,以读书活动为龙头,鼓励广大职工"读书明理、读书立志、读书成才",不断提高职工队伍的整体素质。经过多年的努力,图书馆已成为馆藏丰富、制度健全、管理规范、工作有效的全国工会系统先进图书馆。之后,代表们还参观了扬子石化公司的部分厂区、先进的自动化生产线和江岸港口。

〔**工会院校图书馆工作研讨会**〕 1999年11月12日至14日在中国工运学院召开,来自全国15个省市工会院校图书馆的代表出席了会议。本次会议的议题是:讨论成立工会院校图书馆专业委员会,走联合发展、资源共享之路。

中国工会图书馆委员会副会长魏福志代表工会图书馆委员会到会祝贺,同时向与会代表详细介绍了工会图书馆委员会的工作情况以及今后一个时期的工作思路。中国工运学院孙中范院长也到会并讲话,他说:"图书馆是学校的重要窗口,图书馆工作与学校的生存和发展有着密切的联系。因此,要搞好工会院校的整体建设,为工会干部教育服务,为提高职工队伍素质服务,图书馆的任务很艰巨,要探索出一条走出低谷、联合发展的新路子。"工会图书馆委员会副会长、中国工运学院图书馆馆长翟清志就会议议题做了专题发言,重点讲了三个问题:1. 适应新形势,工会院校图书馆需要走联合发展的新路子。2. 资源共享能否从现在做起,从我们做起。3. 要逐步建立工会院校图书馆的协作体系。他还向代表们汇报了中国工运学院图书馆在文献资源建设上所做的工作,并提出将已建成的《中国工会理论文献数据库》与各工会院校实现共享的基本方案。代表们经过热烈讨论,一致认为,此次会议的召开是及时的、必要的,开阔了眼界,增进了了解。尽管目前工会院校图书馆在发展中存在着不少困难,但是对寻求出路,走出困境,走整体化、协作型发展的新路,大家都信心十足。代表们表示,一定全力支持专业委员会开展工作,并推选出工会院校图书馆专业委员会的组织机构。会议结束后,代表们参观了中国工运学院图书馆的自动化系统。

〔**工会图书馆委员会常务理事(扩大)会议**〕 于2000年4月10日至12日在浙江省温州市召开。来自全国13个省(市)的常务理事和城市、企业、院校三个专业委员会的主任共30余人参加了会议。浙江省总工会宣教部副部长杨谷人、温州市总工会副主席王建中专程到会表示欢迎。会议由工会图书馆委员会副会长马恩成主持;委员会副秘书长杭园向与会同志通报了委员会去年的工作情况,传达了全国知识工程领导小组和中国图书馆学会对今年工作的安排;委员会副会长邵懋时、宋雅丽、翟清志就各专业委员会的工作做了汇报。与会代表对全国总工会宣教部起草的《工会图书馆工作条例(征求意见稿)》进行了认真的讨论并提出具体修改意见;研究制定了工会图书馆委员会今年的工作计划和各专业委员会今年的工作安排。会议期间,理事们参观了温州市的民营企业,考察了温州市工人文化宫的图书馆及各种文化活动设施。

〔**工会图书馆业务培训班**〕 2000年9月18日至22日在上海市举行。来自全国26个城市的59名工会图书馆工作者参加了培训。全国总工会宣教部、上海市总工会宣教部的有关领导同志参加了培训班开学仪式,并勉励大家努力学习新知识,更好地为职工群众服务。学习班上,由上海市图书馆吴建中副馆长主讲了《国内外图书馆的现状及发展趋向》,上海师范大学副教授王小民博士主讲了《论文的写作》。学员们还到上海《劳动报》社、上海市图书馆、上海柴油机股份有限公司工会图书馆、上海烟草集团公司工会图书馆进行了现场学习与交流活动。通过这次培训活动,学员们不但学到了许多专业知识,开阔了眼界,而且与上海工会图书馆的同行交流工作经验,培训班取得了良好的成效。

中央国家机关和科学研究等系统

〔**图书情报专业培训班**〕 于1999年5月～12月举办。讲授内容为:图书情报工作概论、文献资源建设、分类和编目、文献信息服务、文献信息检索、信息咨询、情报调研、信息技术及网络技术的应用、事业组织管理和社会调查与论文写作。

〔**文献、编目岗位培训班**〕 于1999年11月15～23日举办。这是根据中发[1996]10号文件精神对未受过图书馆学、情报学专业知识系统训练的在职图书情报工作人员进行文献、分类和编目岗位培训。学员结业后,颁发人事部认证的《继续教育证书》。

〔**1999年学术年会**〕 于2000年1月25～26日在北京财贸管理干部学院召开。主题为:21世纪专业图书馆的变革、创新与发展。会议期间邀请有关专家作了2000年国内外图书馆学科研究热点及其发展趋势专题报告。

〔**图书资料中初级职称评审**〕 于2000年12月15日进行。经评委们认真地评审,共有11人通过。这是由中央国家机关和科学研究系统学会组织的。

〔**党校图书馆委员会**〕 1999年4月25～28日在广州铁路集团公司召开全路党校系统图书资料工作会议暨文献情报学会三届二次理事会议。

会议的主题是传达、学习、贯彻全国党校图书馆工作会议精神,研究确定铁路党校图书馆资料工作的方针政策,推进现代化建设两步走战略目标的实现。部党校副校长冯瑞国传达了全国党校图书馆工作会议精神并就全路党校今年和今后一个时期的图书资料工作发表了重要讲话。部党校图书馆副馆长黄和建受常务理事会委托作了题为《抓好联网建库培训工作,建设面向21世纪的铁路党校图书馆》的工作报告。学会现代技术委员会主任倪昌耀就铁路党校图书馆联网建库实施方案及机读书目编目规则作了说明。路情数据库建设课题负责人高志华就路情、局情数据库建设实施意见作了说明。学术委员会主任王淑英就优秀论文评审和加强铁路党校图书资料工作问题作了说明。

会议期间,广铁集团公司党校副校长李淑珍、郑州局党校副校长张春和和济南局党校图书资料室主任周坚分别作了《抓住机遇,扎实工作,努力推进图书馆现代化建设》、《抓住机遇,打好基础,逐步实现郑州局党校图书馆现代化建设目标》和《加大力度抓建设,创出成绩争一流》的经验介绍。

会上表彰了7篇一等奖、15篇二等奖、7篇三等奖的优秀论文作者并颁发了荣誉证书。会议为易祖基等10位离退休老同志颁发了荣誉证书。部党校图书馆原馆长、学会理事长易祖基作了会议总结,并就铁路党校图书馆现代化多功能建设问题作了重要讲话。

来自全路29所党校的56位代表出席了会议。

〔**全国党校文献情报学会西北地区第三次协作会议**〕 于1999年7月22～25日在甘肃酒泉召开。

这次会议的主要内容是:一、交流和探讨西北地区省(区)情文献信息资源的开发、利用与研究工作及协作协调事宜。二、探讨党校图书馆现代化多功能建设工作,交流西北五省(区)党校图书馆自动化建设的经验,讨论自动化建设中的相互协作等问题。

〔**《中图法(第四版)》和文献标引与机读目录格式应用培训班**〕 于1999年9月10～22日在北方交通大学举办。

培训班邀请分类和文献标引专家,分别就《中国图书分类法(第四版)》、文献标引、中国机读目录格式等三个方面的内容进行了讲授。经严格书面考核,学员全部合格并领到结业证书。来自17所党校、6所高校图书馆的53名学员参加培训。

〔**全国党校系统图书馆信息刊物工作会议**〕 于

1999年9月14～17日在昆明市云南省委党校召开。云南省委党校党委书记、常务副校长李师程、副校长陈一之出席会议开幕式并发表了热情洋溢的讲话。中央党校图书馆副馆长、全国党校文献情报学会秘书长刘阿林作了题为《为再创党校图书馆信息刊物的辉煌而奋斗》的主题报告。吉林省委党校图书馆馆长、全国党校文献情报学会编辑出版委员会主任毛昨非在闭幕式上作了会议总结。

这次会议的主题是:党校图书馆的信息刊物如何更好地为教学科研、领导决策和社会经济发展服务,适应信息化、网络化发展趋势,进一步解放思想、深化改革,以更新的面貌跨入21世纪。会议的主要任务是:总结全国省级党校图书馆信息刊物编辑出版工作现状、经验、特点及存在的问题,研讨党校图书馆信息刊物的办刊方向和发展目标,进一步明确思路、统一认识,提高信息刊物的质量与水平。

云南、天津、吉林、江苏、山东、广东、四川、陕西等8省市党校图书馆就他们办刊的经验体会和方式方法作了大会交流。来自中央和36所省、市、自治区党校的56位代表出席。

〔**全国党校文献情报学会华东地区党校图书馆第八次文献工作研讨会**〕 于1999年10月18～21日在宁波市委党校召开。

会议的主题是:21世纪党校图书馆现代化建设。江苏省委党校副校长汪水波到会并讲了话,就如何做好新世纪党校图书馆工作谈了三点意见:一、要进一步认识新世纪党校图书馆建设的新形势、新任务。二、要加快党校校园网建设的步伐,推动党校图书馆信息化进程。三、要十分重视新世纪党校图书馆队伍建设。宁波市委党校党委书记、副校长张文元致开幕词。浙江省委党校图书馆馆长徐璞英及宁波市委党校副校长朱中人对大会作了总结发言。

会议达成以下共识:一、从实际出发,制定党校图书馆下一阶段现代化建设的目标。二、继续积极争取领导的重视和支持。三、要有一支现代化、高素质的专业队伍。四、要有良好的精神状态。

会议共收到论文54篇,有49人出席会议。

〔**全国党校文献情报学会京津及周边地区常务理事扩大会议**〕 于1999年10月25～26日在中央党校召开。

在通报了学会及分会的各项活动,特别是“全国党校图书馆信息刊物工作会议”的情况后,就下列事项进行了研究,并作出了如下决定:一、于1999年底,在省(副省)级党校图书馆就“本世纪末基本完成向现代化多功能转轨”任务的情况开展一次自检自查的总结活动。二、就2000年学会年会暨图书馆馆长会议的时间、地点、议程等事宜作了安排。三、对全国党校图书馆科研成果评奖事宜作了安排。四、批准吸收石家庄市委党校图书馆、长沙市委党校图书馆、昆明市委党校图书馆为全国党校文献情报学会正式会员馆。六、决定对在本届学会期间离退休的或因工作变动离开学会的、对学会工作和图书馆现代化多功能建设作出贡献的同志予以表彰。

〔**全国党校文献情报学会中南地区党校图书馆第八次图书资料工作会议**〕 于1999年11月3～4日在南宁广西自治区委党校召开。

会议期间,代表们围绕这次会议的中心议题——党校图书馆的现代化建设,重点是数据库建设和电子阅览室建设展开了讨论和交流。参观了广西区委党校图书馆,观看了中央党校图书馆编制的《邓小平理论研究文献数据库》的演示。会议还颁发了优秀论文的获奖证书。

湖南省委党校图书馆馆长、中南地区党校图书情报学会理事长徐新民作了会议总结。

53位代表出席会议,提交论文37篇。

〔**全国党校文献情报学会福建分会第六次学术研讨会**〕 于1999年12月7～9日在福建三明市委党校召开。

大会的主题是:如何加快全省地、市、县级党校图书馆现代化多功能建设,促进全省党校教学、科研水平提高。

会议达成以下共识:一、充分认识党校图书馆的地位和作用。二、从实际出发,制定各级党校图书馆现代化建设的目标。三、加强各馆之间的联系与协作,建立宏观调控机制和相应的保障机制。四、抓好知识的充实和人才的培养。与会代表35人。

〔**全国党校文献情报学会铁路党校分会理事长扩大会议暨1998～1999年度全路党校图书馆科研成果评审会议**〕 于2000年3月19～21日在北京铁道部党校召开。

会议主题是:总结广州会议以来学会的工作情况;研究确定今、明两年学会的工作计划;评审1998～1999年度全路党校图书馆公开发表的科研成果。

分会理事长兼秘书长、部党校图书馆馆长黄和建作了主题发言。各委员会主任及学术委员会委员等参加了会议。

〔**丹诚软件高级研讨会暨铁路党校图书馆管理软件应用和网络建设研讨会**〕 于2000年4月14～20日在山东济南铁路分局党校举办。

研讨会采取丹诚公司专家针对用户在使用丹诚软件和网络建设中存在的问题进行解答、组织讨论的方式,结合一些单位使用丹诚图书管理软件的经验介绍,收到较好的效果。

会议期间,由铁道部党校图书馆、全国党校文献情报学会铁道部分会在济南铁路局党校组织召开了“铁路党校图书馆远程网络建设现场会”。会议的主题是:通过学习济南局党校图书馆现代化建设经验,进一步推动全路党校图书馆远程网络建设,争取早日实现全路党校图书馆文献资源的共建与共享。

出席会议的有中央党校图书馆副馆长、全国党校文献情报学会秘书长刘阿林,铁道部党校图书馆馆长、全国党校文献情报学会铁路分会理事长兼秘书长黄和建,济南铁路局党校主管图书资料工作的副校长许良池及铁道部党校、北京局北京党校、北京局太原党校、郑州局党校、广州局党校、柳州局党校、济南局党校、沈阳局党校等图书馆(室)的代表,共20人。

〔**全国党校文献情报学会常务理事扩大会暨1998～1999年度党校图书馆科研成果评奖会议**〕 于2000年5月10～20日在北京中央党校召开。会议从包括中央党校在内的30所省、市及部门党校图书馆推荐的164篇(册)科研成果中评出了优秀科研成果153项:其中一等奖16项,二等奖55项,三等奖82项。会议还就10月份在海南省委党校召开全国党校图书馆工作暨数字图书馆建设会议及全国党校文献情报学会第四次会员代表大会等事宜进行了研究,并讨论了新世纪初全国党校图书馆现代化多功能建设规则的大概框架,认为应根据信息时代发展的要求,统一协调,尽快建立党校系统的数字图书馆网络,以利于资源共享。

〔**全国党校文献情报学会京津及周边地区党校常务理事扩大会议**〕 于2000年10月23日在中央党校召开。会议由学会秘书长刘阿林主持。会议议程有:一、中央党校图书馆副馆长崔永琳通报了“全国党校图书馆工作暨数字图书馆建设会议”的筹备计划;二、通报了“全国党校图书馆工作会议暨数字图书馆建设会议”的安排计划;三、讨论并原则通过了“全国党校文献情报学会第三届理事会工作总结报告”和“全国党校文献情报学会第四次会员代表大会”的议程安排,并就全国党校文献情报学会第四届理事会理事、常务理事及理事长、副理事长、秘书长、副秘书长和学会秘书处及各专业委员会主任、副主任、委员等组织机构人事安排做了讨论和研究。会议决定:在“全国党校文献情报学会第四届会员代表大会”召开时,同时表彰全国党校图书馆优秀科研成果评奖获奖作者和为学会工作做出贡献的同志。

〔**1999年华东地区图书馆学会协作会**〕 于1999年5月18～19日在山东省泰安市召开,华东地区各系统图书馆代表40余人参加了会议。会议由山东省图书馆学会副理事长、山东省图书馆副馆长赵炳武同志主持;山东省图书馆学会常务副理事长、山东省图书馆馆长王运堂同志代表山东省图书馆学会致词;江苏省图书馆学会秘书长王学熙同志代表兄弟学会讲话,就开展华东地区学会协作活动的必要性和当前图书馆学研究中的热点问题谈了自己的看法;山东省文化厅党组成员、社会处处长张玉柱同志到会做了热情洋溢的讲话,他简要介绍了山东省公共图书馆的大好形势,并就图书馆事业建设中大家关心的问题发表了意见。上海图书馆馆长吴建中博士在会上作了“21世纪图书馆展望”的主题发言,受到与会代表的一致好评,代表们就图书馆的热点问题与吴博士进行了对话。江西、江苏、上海、浙江、福建、山东的代表在会上发了言,会议时间虽短,但开得生动活泼,与会代表的收获较大。这次会议由山东省图书馆学会承办。

〔**图书馆自动化集成系统(ILAS)专题研讨会**〕 于2000年5月15～19日在辽宁省丹东市召开。这次研讨会的主要目的是:推动各级各类型图书馆自动化、网络化建设的发展,普及提高ILAS系统的应用效果,交流各地区各级各类型图书馆使用ILAS系统的情况,并解决使用中的疑难问题。这次会议是集学术讲座、论文交流、专题研讨、用户答疑为一体的ILAS专题研讨会。深圳图书馆副馆长王大可同志做了题为“我国图书馆自动化现状与发展趋势”的专题报告;辽宁省图书馆副馆长李东来同志做了题为“数字化图书馆的选择与实施”的学术报告。研讨会是在辽宁省图书馆学会、丹东市图书馆学会的倡导下，由辽宁省图书馆学会、天津图书馆学会、山西省图书馆学会、江苏省图书馆学会、吉林省图书馆学会、黑龙江省图书馆学会联合组织召开，深圳市科图自动化新技术应用公司大力支持，深圳市图书馆、丹东市图书馆承办的。来自六省市69所各级各类型图书馆的123位图书馆领导、技术人员、业务人员参加了会议。

〔**2000年华东地区图书馆学会协作会**〕 于2000年6月5～8日在千岛湖召开。参加这次协作会的有华东六省一市图书馆学会的负责同志和部分论文作者等77位代表。浙江图书馆副馆长王效良主持会议，浙江省文化厅社文图书馆处副处长黄敏辉、淳安县委宣传部部长周红、浙江图书馆馆长程小澜等领导同志出席了会议并在开幕式上讲话。这次协作会围绕“图书馆管理体制改革”的主题进行了热烈研讨。共收到论文38篇，有16位论文作者在大会上交流。同时，在会上各省学会秘书长还交流了学会工作经验。经讨论商定协作会名称改为学术年会，华东地区图书馆学会2001年学术年会将由江苏省图书馆学会承办。

〔**“川、吉、苏、桂、冀”五省(区)图书馆学会第七届学术研讨会**〕 于2000年11月8～11日在四川省峨眉山市隆重召开。开幕式由四川省图书馆学会秘书长钟昌式主持。四川省图书馆学会理事长李忠昊代表四川省文化厅、四川省图书馆、四川省图书馆学会向大会致词。四川省科协学会部科青联秘书长金琳琅、江苏省图书馆学会理事长卢子博、吉林省图书馆学会常务副理事长石丽珍、四川省图书馆学会秘书长钟昌式、四川省图书馆馆长助理赵红川在会上作了讲话。四川省中心图书馆委员会办公室常务副主任徐建华宣读了四川省“2000年图书情报学优秀科研成果”评奖决定，并在会上对获奖论文作者颁发了证书。这次学术研讨会的主题是:21世纪的中国图书馆事业。研讨会共收到论文40篇，经各省(区)论文评选委员会认真评选，分别评出一、二、三等奖。来自五省(区)图书馆学会的代表及四川省、市、州图书馆学会秘书长近70人出席了会议。这次会议是由四川省图书馆学会承办的。

各省、市、自治区图书馆学会

北京市

〔**《中国图书馆分类法》第四版培训班**〕 于1999年4月由北京市图书馆学会与东城区图书馆合作在东城区图书馆举办。邀请了《中图法》第四版副主编、国家图书馆研究馆员安鸿书老师授课。由于培训及时，讲授课程内容实用，受到学员们的好评，有80多人参加了学习。

〔**1997～1998年论文评审**〕 1999年5月，北京市图书馆学会将1997年至1998年收集到的北京市、区县公共图书馆工作人员提交的226篇论文，进行了认真评审，组成由首都图书馆部分专家为主的论文评审小组，对每一篇论文进行细致、公平的评选。最后评选出获得一、二、三等奖的论文142篇。这是近些年来撰写论文最多、学术水平最高的一次学术交流活动。

〔**北京市图书馆学会成立20周年纪念活动暨‘我为环保进一言’征文颁奖大会**〕 于1999年9月28日在东城区图书馆电影院召开。会议邀请了中国图书馆学会胡京波副秘书长、学会办公室崔彤主任、北京市文化局法制办公室处级调研员刘健和北京市图书馆学会的老领导冯秉文、金沛霖、李烈先、高金桥等参加了大会。

学会秘书长、首图副馆长常林做了题为《回顾与展望——纪念北京市图书馆学会成立20周年》的发言，他从学术研究与交流、成果编辑、教育与培训、组织与建设、存在的问题和今后的发展设想等五个方面对学会成立以来的工作进行了总结。他说，北京市图书馆学会一直以实际出发，积极引导会员参与不同范围、不同层次的学术活动。20年来，共举办大型学术论文研讨会21次、学术报告会24次、小型学术研讨会22次、其他座谈及交流活动13次，参加各种活动的会员共有6221人次。会员撰写了学术论文775篇。90年代以来，学会会员撰写的18篇论文及著作在中图学会有关学术会议上获得中图学会专项奖。

20年来，学会始终将培养业务骨干做为工作的重点，收效显著。学会先后组织本市各系统、各类型、各级图书馆专业人员参加业务学习，接受培训的人员遍及市、区、县、街道、机关、厂矿企业、科研机构、医院、学校及公共图书馆。学会共举办业务培训班35期,参加学习的学员有11732人次。

〔**主题征文活动**〕 2000年1月至10月,为了配合北京市文化局组织的特色图书馆数据库建设,学会开展了主题征文活动,以特色图书馆建设为主题,针对特色文献资源建设、特色服务、特色数据库建设、特色图书馆科学管理、特色图书馆理论研究等方面的问题,进行理论探讨,同时,进一步加强图书馆同行之间的了解与交流,繁荣图书馆学理论与技术的研究。征文通知已陆续发到会员手中。此次征文活动的参加者是市、区县公共图书馆、少儿馆的会员、工作人员以及公共馆以外单位的会员,收集论文79篇。成立了由首图、学会领导及专家张小光书记,常林、黄海燕副馆长,研究馆员周心慧、韩朴、陈坚和市少儿馆李春红馆长、朝阳馆骆勇志馆长组成的论文评审委员会,将论文进行了严格的评审。

〔**专业人员上岗培训和核发上岗证工作**〕 2000年1月至12月,辅导部、电大办公室与学会,在北京市文化局和首都图书馆领导的直接指导下,开展了北京市图书资料专业人员岗位培训和核发上岗证工作,这项工作是今年的中心工作。截止到目前为止,已举办6期持证上岗班,共招收学员346人,在延庆和丰台联合办了两期培训班,招收学员65人。前后共有411人参加了上岗培训。前5期的培训工作已经结束,在1～5期和延庆开办的培训班中,有学员311人参加了考试,其中有284人通过了四门课程的考试,拿到了上岗证。

为346名学员(1～6期,延庆、丰台学员)打印了《持证上岗证书》和《专业军事设施人员继续教育登记手册》。部分发给学员。

为本市图书资料系统的中级职称以上人员及具有图书馆学大专以上学历的工作人员核发上岗证359个。

〔**北京市区县图书馆发展状况专题调研报告**〕 2000年9月至10月,受北京市文化局委托,对北京市区县图书馆发展状况进行了专题调研,撰写了万余字的《北京市区县图书馆发展状况专题调研报告》,报告分别从北京市区县图书馆设施建设和使用情况、经费情况、队伍建设情况、活动内容及活动方式等四个方面进行了认真的分析和研究,并做出《北京市区县图书馆设施建设基本情况汇总表》、《北京市区县图书馆馆藏、读者借阅基本情况汇总表》、《北京市区县图书馆经费基本情况汇总表》、《北京市区县图书馆队伍建设基本情况汇总表》,交给北京市社文处及首都图书馆领导,受到领导的首肯。

天 津 市

〔**第10次科学讨论会和学会成立20周年纪念大会**〕 于1999年9月召开。学会理事长陆行素同志为学会成立20周年作了专题报告。秘书长刘其新同志在会上介绍了参加中国图书馆学会1999年学术年会暨学会成立20周年纪念活动和出访泰国参加第65届IFLA大会的情况。大会共收到论文217篇,经评审,有16篇论文入选在大会上交流。

〔**出席第65届IFLA大会并顺访图书馆**〕 首次组织包括公共、高校、科研三大系统图书馆有关人员10人于1999年8月出席在泰国曼谷召开的第65届IFLA大会,代表团参观了泰国国家图书馆。顺访香港大会堂图书馆。

〔**培训与继续教育**〕 受天津市图书资料职称办公室委托,先后开办了"图书馆计算机应用技能培训班"、"图书馆专业岗位培训班"、"联机编目上岗培训班"、"《中图法》(第四版)培训班"、"非书资料编目培训班",而且完成了图书馆学专业函授本科班的教学工作和电大图书信息专业大专班的教学任务,本科班19名学员,全部毕业,3名学员获学士学位。

〔**第11次科学讨论会**〕 于2000年9月18日召开。主题为:"21世纪图书馆:发展与变革"。大会共收到论文74篇,经学术委员会评审有12篇入选优秀论文,41篇论文入选交流论文。有6位获奖论文作者在会上宣读论文。

河 北 省

〔**五届四次常务理事会会议**〕 于1999年9月21日在河北省图书馆召开。会议通过了关于调整部分理事、常务理事的决定及关于学会先进集体和先进个人的决定。秘书处通报了关于举办庆祝建国50周年、河北省图书馆学会成立20周年纪念活动筹备情况和研讨会征文情况。会上,副理事长赵同安介绍了《图书情报通讯》的改版情况。会议决定:增补刘铁忠等5位为理事,白坤等3位为常务理事,赵同安担任学会理事长、法人代表,杨华为副理事长,焦芝兰为副秘书长。会议还决定,学会成立20周年纪念活动于10月下旬举行。

〔**省图书馆学会五届二次理事会会议**〕　于1999年10月26日下午在河北省图书馆召开。会议由学会秘书长顾玉青同志主持。赵同安理事长作了五届二次理事会工作报告,总结了五届理事会组建两年来的工作。会议一致通过了关于表彰先进集体和先进个人的决定。一致通过了五届理事会关于调整部分理事、常务理事、理事长的决定。根据新颁布的《社团管理条例》的有关精神,河北省文化厅张希有副厅长、省教委靳宝栓副主任不再担任学会理事长、副理事长职务。学会聘请张希有副厅长和靳宝栓副主任为学会顾问。学会理事长、法人代表由河北省图书馆馆长赵同安同志担任。同时学会增补杨华为学会副理事长,聘请河北师范大学图书馆馆长焦芝兰为学会副秘书长。

〔**到珠江三角洲地区学习考察**〕　2000年1月,应广东中山图书馆等馆的邀请,学会组织市级公共图书馆馆长、图书馆学会负责人赴珠江三角洲图书馆进行了为期10天的文献信息开发、产业开发、内部管理、读者服务、图书馆自动化、网络化、数据库建设和新馆建设等先进经验的深入细致考察学习。

〔**学会五届六次常务理事会会议**〕　于2000年4月20日在河北省图书馆召开。出席会议的人员有学会正副理事长、常务理事、正副秘书长共计15人。名誉理事于鸿儒列席了会议。会议审议通过了河北省图书馆学会1999年工作总结,讨论了《河北省图书馆学会2000年工作计划》,顾玉青同志传达了河北省社科联二届八次全委会会议精神,副秘书长焦芝兰同志传达了中国图书馆学会秘书长会议精神,研究了在全省图书馆界开展科普教育活动的有关事宜;会议还审批了申请入会的新会员,对会费调整问题进行了讨论。在讨论中,大家肯定了学会一年来的工作成绩,并对学会工作提出了很多很好的建议。

〔**21世纪医院图书馆发展趋势学术交流会**〕　于2000年7月5～8日在河北省承德市召开。会议主要研讨了医院图书馆目前的发展状况和如何发展,介绍了一些医院图书馆发展中的经验,来自医院图书馆界的代表22人到会。中国图书馆学会医院图书馆委员会秘书长李金池同志到会讲了话,河北省医院图书馆委员会主任王克诚也到会发言。会议评出了9篇优秀论文在会上做了交流。

〔**全省图书馆自动化系统演示会**〕　于2000年10月31日在省图书馆第二多媒体电子阅览室举办。来自全省基层图书馆的37个单位的70余人出席。演示会由深圳图书馆ILAS系统负责主讲,介绍了ILAS小型版简称为ILAS(S)的使用和操作,向大家展示了熔化图书馆环境。参观考察了省图书馆的数字化图书馆第一期工程的软硬件环境。

〔**省学会获表彰**〕　在2000年河北省社科联优秀社团和优秀社团工作者评选活动中,河北省图书馆荣获河北省社科联第三届优秀社团称号,学会秘书处孙革令同志荣获省社科联第三届优秀社团工作者称号。

山西省

〔**省学会理事扩大会议**〕　于1999年4月20日在山西省图书馆召开。山西省文化厅副厅长、学会理事长曲连模致开幕词;省文化厅社文处处长程德俭副理事长传达《文化部关于学习贯彻江泽民总书记视察北京图书馆时所作重要指示的通知》;兰珊副理事长宣读《国务院副总理李岚清同志视察北京图书馆的讲话》;山西省图书馆馆长李小强常务副理事长总结了学会三年来的工作,并提出1999年工作计划;安银海常务理事布置为庆祝中国图书馆学会在太原成立20周年暨庆祝山西省图书馆学会成立20周年学术研讨会活动方案;胡杰南副理事长就全省文献信息资源共建共享提出倡议,并宣读倡议书。会议号召,要认真学习江泽民总书记讲话精神,利用各种方式,宣传“大兴勤奋学习之风”的重要性和紧迫性,宣传普及图书馆知识,提高全社会的图书馆意识。会议还邀请1998年全国十杰青年农民、山西省永济市张坊村农村科技图书室管理员杜德建作题为《无悔的追求》先进事迹报告。省文化厅成葆德厅长出席报告会并讲话,号召全省图书馆工作者向杜德建同志学习,学习他艰苦创业的精神,学习他无悔的人生追求。会后还召开了学术工作委员会、编辑出版工作委员会、宣传教育工作委员会和信息资源建设与开发工作委员会成立会。

〔**省学会第三届理事会常务理事会会议**〕　于1999年9月14日下午在山西省图书馆主楼会议室召开。李如斌同志传达了省委、省政府、省民政厅关于社团清理整顿的有关文件;会议讨论并原则通过了根据国家民政部制定的《社会团体章程示范文本》修改的《山西省图书馆学会章程(讨论稿)》;讨论并通过了曲连模理事长、程德俭副理事长关于辞去山西省图书馆学会第三届理事会理事长、副理事长的报告。会议根据学会秘书处提名,通过了推选原常务副理事长李小强为第三届理事会理事长、法人代表,通过了推选学会理事石焕发为副理事长,通过了聘任学会副秘书长刘萍为常务副秘书长;会议还向与会者通报了纪念中国图书馆学会成立20周年学术研讨会筹备情况和山西省图书馆学会贯彻国家民政部清理整顿社会团体工作的情况。

〔**2000年省图书馆学会文献资源建设专业委员会暨省高校图工委采编专业委员会年会**〕 于2000年9月7～8日在山西省委党校忻州分校召开。全省公共系统图书馆和高校系统17个单位的26位代表出席了会议。省委党校图书馆馆长薛文忠代表东道主对与会代表的光临表示欢迎,并就图书馆在社会主义精神文明建设中所起的作用做了发言;省学会副秘书长刘萍代表学会理事长、省图书馆馆长李小强及学会秘书处表示祝贺,并希望专业委员会集思广益,对全省图书馆界的文献资源共建共享出谋划策。

〔**省学会科学管理与连续出版物专业研讨会**〕 于2000年10月10～12日在山西农业大学联合举行了学术研讨会。省图书馆学会连续出版物专业委员会主任裴恩虎、省图书馆学会科学管理专业委员会主任周慧珍、省图书馆学会秘书长李如斌到会,并分别代表专业委员会和省图书馆学会致词。东道主省图书馆学会理事、山西农业大学图书馆馆长亢成业代表农大领导和图书馆致欢迎词。有5篇论文在研讨会上作了交流。省图书馆学会理事、省图党总支书记郭彦新受会议邀请,为大会作了题为《访美见闻》的学术报告,并传达了人事部、文化部召开的图书馆改革座谈会精神。来自全省各地、各系统的图书馆工作者50余人参加了会议。

内蒙古自治区

〔**在呼理事扩大会议**〕 于1999年12月22日下午在内蒙古体委新楼召开。

会上由学会理事长乌林西拉研究馆员就学会1999年度工作进行总结;学会副理事长、内蒙古图书馆党总支书记王佩章副馆长就2000年学会工作讲了计划要点;学会副理事长、文化厅社文处齐宝海处长传达了中国图书馆学会关于成立2000年学术年会组委会及秘书处工作班子的通知;学会秘书处冉龙质副秘书长就贯彻落实关于举办"中国图书馆学会2000年学术年会"的通知精神讲了具体意见。会议还对部分理事成员进行了调整。

〔**内蒙古图书馆学会再受表彰**〕 2000年8月29日,内蒙古自治区第六届社会科学优秀成果颁奖大会在呼和浩特市召开。大会对1996年以来涌现出的社会科学优秀成果进行表彰。全区共评出优秀成果1049项,内蒙古图书馆学会报送的16项榜上有名。内蒙古大学图书馆乌林西拉编著的《中国蒙古文古籍总目》获一等奖;内蒙古师范大学图书馆邱瑞中撰写的论文《韩国发现的〈无垢净光大陀罗尼经〉为武周朝刻本补证》获二等奖;内蒙古大学图书馆琪琪格编著的《社会科学文献检索》,内蒙古大学苑一博撰写的论文"恩格斯对欧洲中世纪史研究的杰出贡献"获三等奖;内蒙古图书馆色·斯庆毕力格撰写的论文"蒙文《丹珠尔》研究导论"获青年奖;齐迎春、马玲、林英、朝洛蒙、岗山、周输、甘月文、刘羚、宝音图、张文琴、额尔德尼获优秀奖。

会上还同时对1997～1999年度被内蒙古自治区社会科学联合会评为优秀学会的内蒙古自治区图书馆学会和优秀学会工作者冉龙质同志进行了表彰和奖励,颁发了证书。

〔**自治区学会在呼理事扩大会议**〕 于2000年12月19日下午在内蒙古图书馆学会召开。会议由学会副理事长常作然研究馆员主持。学会副理事长乌林西拉研究馆员作了自治区图书馆学会2000年度工作总结暨2001年工作计划要点的报告;学会副理事长常作然同志传达"中国图书馆学会2001年学术年会"的征文通知;学会副秘书长冉龙质同志传达中国图书馆学会"关于加强学会组织建设工作的通知"、"关于筹备召开中国图书馆学会第六次会员代表大会的通知"和内蒙古社科联秘书长例会精神,同时就内蒙古图书馆学会换届选举的筹备工作、团体会费、会员个人交纳会费的情况及今后会员的发展工作等讲了具体意见。

辽 宁 省

〔**沈阳市图书馆学会第三届理事会第四次会议暨第四届理事换届改选大会**〕 于2000年5月18日,在辽宁东盛大厦召开。会议由沈阳市图书馆学会副秘书长姚秀芬同志主持。学会理事长罗也平做了第三届理事会工作总结报告,对上一届理事会工作进行了认真总结,并对下一届理事会提出了希望。大会选举产生了第四届理事会。为了贯彻省委办公厅辽委办发[1999]1号文件关于"党政干部不再兼任社会团体职务”精神，市文化局副局长胡宝兰同志不再担任学会理事长一职，沈阳市图书馆馆长罗也平同志当选为第四届沈阳市图书馆学会理事长。本次会议共选出新任理事33名，常务理事11名，副理事长8名，秘书长、副秘书长各1名；经过讨论通过了新的学会章程。

〔**辽宁省图书馆学会第五次会员代表大会暨学术研讨会**〕 于2000年8月2～5日在沈阳召开。辽宁省图书馆学会理事长韩冰天同志致开幕词。会议听取并审议通过了省学会常务理事长、辽宁省图书馆馆长王荣国同志代表第四届理事会所作的“辽宁省图书馆学会第四届理事会工作报告”；听取了省学会秘书长、辽宁省图书馆副馆长黄丽华所作的“关于修改学会章程的报告”；在认真讨论的基础上，通过了新的“辽宁省图书馆学会章程”；审议并通过了学会财务工作报告。会议在充分讨论、民主协商的基础上，按照学会章程采取无记名投票方式，选举产生了由71人组成的第五届理事会。第五届理事会第一次会议选出了理事长、副理事长、常务理事、秘书长，决定了学会机构及各机构负责人的聘任，完成了换届交替工作。辽宁省图书馆馆长王荣国同志当选为辽宁省图书馆学会第五届理事会理事长。新的理事会平均年龄46.6岁，女性占52%，大学本科以上学历者占81%，反映出新的理事会年富力强，思想活跃，富于开拓创新精神，既有广泛的代表性，又具有强大的凝聚力。会议还研究了省学会第五届理事会2001年～2004年学术发展规划和近期学会工作计划；表彰了先进市学会、先进学会工作者。在学术研讨会上，除三位专家作专题综述外，有四位论文作者在大会上发言。会议还特邀研究馆员于鸣镝同志作了题为《二十一世纪图书馆变革时代》的专题学术报告。会议确定今后辽宁省图书馆学会工作的总目标是使省图书馆学会成为“七个方面的中心”，即：全省图书馆界学术活动组织、协调中心；全省图书馆学会发展管理与指导中心；全省图书馆人才信息中心；全省图书馆学研究成果和学科建设评估中心；全省图书馆咨询服务中心；全省图书馆学普及与提高工作组织协调中心；全省图书馆对外活动交流中心。会议收到中国图书馆学会、山西省图书馆学会、浙江省图书馆学会、山东省图书馆学会、上海图书馆、广州图书馆等6个团体发来的贺信、贺电。

〔**大连市图书馆学会第六次会员大会**〕 于2000年10月16日在大连图书馆隆重召开。市科协副主席王德豹、市社科联副主席李伟、市文化局副局长张君、市科协学会部部长董欣利、市社科联学会部部长陈丽华等领导到会祝贺并讲话，到会代表60余人。大会由五届理事会副理事长吴允和主持并一致通过了第五届理事会副理事长张本义做的《第五届理事会工作报告》、大连理工大学图书馆副馆长刘斌做的《会章修改报告》，选举产生了由38名理事组成的大连市图书馆学会第六届理事会，推选大连图书馆馆长张本义任第六届理事会理事长，大连理工大学图书馆副馆长刘斌、辽宁师范大学信息管理系主任赵忠文任理事会副理事长，大连图书馆业务辅导培训部主任林红宣任秘书长，聘请大连市文化局副局长张君为名誉理事长。

吉 林 省

〔**吉林省图书馆学会理事、馆长工作会议暨图书馆学专题学术研讨会**〕 于1999年8月8～13日在辽宁兴城市召开。省学会常务理事农行长春干院图书馆馆长刘学丰同志主持，并致开幕词，省学会常务理事吉林建筑工程学院图书馆馆长仇方英同志传达了中国图书馆学会常务副理事长、国家图书馆党委书记、副馆长周和平在中图学会成立20周年大会上所作的题为《总结经验，迎接挑战，开创我国图书馆学会工作新局面》的报告，省学会常务理事吉林工学院图书馆馆长高淑华同志传达了江泽民总书记视察国家图书馆时的重要讲话，吉林省图书馆党委书记兼副馆长石丽珍同志在会上讲了话，北京人天书店有限公司总经理李红作了产品介绍。图书馆学专题研讨会就“面向新世纪图书馆工作的新思路”、“图书馆的困境与改革”2个主题共分3个小组进行了讨论，会议收到论文58篇，专家组对论文进行了评奖。

〔**吉林省图书馆学会五届三次常务理事(扩大)会议**〕 于2000年1月11日上午在长春举行。会议由学会常务理事、长春图书馆馆长孙启彦同志主持，由副理事长、东北师范大学图书馆副馆长付永生同志致开幕词。省社联张喜才部长、吉林省图书馆石丽珍副馆长在会上作了重要讲话。会议通过了常务理事及副秘书长人员变动情况，增补吉林省文化厅文博图处处长、吉林省图书馆馆长翟利国同志，吉林省图书馆副馆长石丽珍同志为副理事长，增补长春光机学院图书馆常务副馆长姜福刚同志为学会常务理事，增补吉林市图书馆副馆长丁淑云同志为副秘书长，增补吉林省图书馆学会郑丽同志为学会副秘书长。最后，由杨沛超教授作了题为“新世纪图书馆的发展走向”的学术报告。吉林省社会科学界联合会、吉林省图书馆、东北师范大学信息管理系以及在长的常务理事、正副秘书长共 24 人参加了会议。

〔**吉林省图书馆学会五届理事会四次会议、馆长会议暨学术研讨会**〕 于 2000 年 8 月 13～19 日在北戴河召开。会议由省学会常务理事、农行长春培训学院刘学丰研究员主持。省学会副理事长、省图书馆党委书记、常务副馆长石丽珍同志致开幕词。会上，省学会常务理事、长春光机学院图书馆馆长姜福刚同志传达了《省学会关于党政机关领导干部不兼任社会团体领导职务及有关问题的说明》的决定；省学会常务理事、长春邮电学院图书馆馆长于杰同志传达了《省学会关于在社会团体中建立党组织的有关问题的决定》；省学会常务理事、秘书长张国治研究员宣读了按民政部颁发的《社会团体章程》要求起草修改的《吉林省图书馆学会章程》；最后由省学会副秘书长郑莉同志公布了本年度省学会团体会费的收缴情况。会议通过的几项决定，将按省民政厅关于《1998～1999 年度社会团体年检有关问题的说明》中所规定的程序报省社会科学界联合会和省民政厅。在召开此会的同时召开了学术研讨会。本次会议与会代表 105 人，来自 80 多个单位，收到论文 70 余篇，作者达 50 余人。论文作者分三个组分别就“21 世纪图书馆资源共享”和“21 世纪知识经济条件下的图书馆”两个主题进行了探讨。会上，评委会对论文进行了评奖并颁发了证书。

〔**2000 年学术研讨会**〕 于 2000 年中旬在延边朝鲜族自治州图书馆举行。会议围绕“21 世纪图书馆文献资源共享”和“21 世纪图书馆信息服务”进行研讨。会议共收到论文 43 篇，专家们对论文进行评奖。此次会议是省学会和延边朝族自治州图书馆学会联合举办的。

黑 龙 江

〔**黑龙江省图书馆学会成立 20 周年座谈会**〕 于 1999 年 5 月 23 日在哈尔滨市省文化艺术干校礼堂举行。座谈会由省图书馆学会常务副理事长、秘书长、省图书馆馆长王海泉同志主持。省文化厅党组书记、厅长贾宏图同志在座谈会上发表了重要讲话。讲话充分肯定了省学会 20 年来的工作成就，并为学会今后的发展指明了方向。省文化厅副厅长、省图书馆学会理事长刘经宇同志就省学会 20 年来各项工作情况，进行了全面回顾和总结。与会同志还就学会工作如何面对挑战求生存图发展，如何发挥专业委员会职能开展工作，如何从实际出发选择研究课题，如何培养人才，提高学术研究水平和学会工作质量等方面，提出了很多好的建议。会上宣布了省图书馆学会表彰先进学会、优秀学会工作者和优秀学会会员的决定：哈尔滨市图书馆学会等 10 个学会被省学会授予“先进学会”，董绍杰等 35 人被授予“优秀学会工作者”，姜淑华等 57 人被授予“优秀学会会员”。省文化厅厅长贾宏图同志、副厅长刘经宇同志出席座谈会并做了重要讲话。省图书馆学会现任理事、常务理事、学会工作委员会、编译出版委员会成员，全省地市有关学会的秘书长、高校和科研系统图书馆工作者及会员代表共计 60 余人参加了座谈会。会议邀请了近 10 年来担任过省图书馆学会常务理事和有关专业委员会成员的离退休老同志参加。

〔**哈佳大三市第四次图书馆学科学讨论会**〕 于 2000 年 1 月 15～18 日在哈尔滨市召开。来自三市的 30 名论文作者以及省、市文化厅、局和图书馆学会的领导出席了会议。会上进行了论文交流、分组讨论，畅谈了新世纪的图书馆改革和发展，还参观了哈尔滨市图书馆。这次会议加强了三市图书馆学会的协作关系，提高了学术研究水平，推动了黑龙江省图书馆事业的发展。

〔**黑龙江省图书馆学会第九次科研成果评奖工作**〕 于 2000 年 6 月 1～2 日在哈尔滨进行。这次参评的各项成果均有个人申报。截止 5 月 20 日共收申报省社会科学科研成果 47 项，申报省图书馆学会科研成果评奖的 45 项。6 月 1 日和 2 日学术工作委员会和初评组进行了评审工作。到会 12 位学术委员认真学习了社科评奖工作有关文件，讨论了评奖原则和方法。首先对 47 项申报社科评奖的成果进行了逐项打分和审议，采取无记名投票方式，排出了等级与顺序号，确定 21 项成果分别向省社科评奖办推荐参加论文类、著作类、青年奖等奖项评奖。对申报参加省图书馆学会评奖的 45 项成果采取了记分的办法，以分值大小为序划分等级，排出取得 64 分以上的 34 项成果。其中一等奖 7 项，二等奖 12 项，三等奖 15 项。这次评奖工作，检阅了近年来黑龙江省图书馆学研究成就，达到了预期的目的。

〔**“信息服务与科教兴省”专题研讨会**〕 于2000年10月10～13日在黑龙江省依兰县巴兰河畔举行。黑龙江省文化厅副厅长刘经宇、依兰县文化局郭致超局长、于庆飞副局长、省图书馆党委书记董绍杰、哈尔滨市图书馆馆长吕玉芝同志出席了会议。会议收到论文62篇，以“信息服务和科教兴省”为主题，分别在大小会议上进行了广泛交流和研讨。这次专题研讨会是由黑龙江省图书馆学会举办的。

上 海 市

〔**高级专家咨询委员会**〕 于1999年2月成立。1998年上海图书馆学会第五次会员大会时，一批长期在图书馆学会担任常务理事和副理事长工作的专家因年事已高退出了新一届理事会。他们大都是50年代参加图书馆工作的，在长期的图书馆业务实践和理论探索过程中积累起丰富的管理经验，达到很高的专业造诣。他们中有原上海图书馆馆长、副馆长，原中科院上海文献情报中心主任，原部分高校图书馆和区、县图书馆馆长，原市文化局图美处处长，原高校图工委秘书长，原图书馆杂志副主编。在80年代是上海市图书馆界学术层次最高的专家。近年来，这些老专家们积极参与全市各级各类图书馆的活动，或参加新图书馆的筹建、图书馆的评估、特色服务建设，或参加图书馆业务培训、学术评奖等等，活跃在各个领域，起到参谋和智囊的作用。为了充分发挥老专家们的才智和经验，学会第五届理事会一致通过成立上海市图书馆学会高级专家咨询委员会，主任朱庆祚，副主任孙秉良、龚义台。

〔**1999年学术年会**〕 于1999年12月23日下午在上海图书馆多功能厅召开。本次年会共征集到论文200篇，论著15部。经学术委员会专家的认真评审，共有55篇论文和6部论著得奖，其中一等奖8名、二等奖22名、三等奖31名，较全面地反映了上海中青年会员的学术水平。这次论文征集活动对上海图书馆界的学术研究起到了积极的促进作用。会议通报了2000年学会各委员会的主要工作：编辑出版委员会将紧紧围绕“跨学科探索研究图书馆学”这一主题开展工作，将邀请本市图书馆界的老专家和青年学者从多学科、多领域对图书馆学进行深层次的研究和探索，争取在两年后完成这一部专著；科普教育委员会将举办图书馆学、信息科学的专题讲座，组织有关业务研讨和交流会，并配合市职称评审以考代评等方案的推行，进行相关的专业理论和技能培训。

〔**DC元数据培训班**〕 于2000年10月在上海图书馆举办。培训班采用《DC元数据》一书为教材，邀请上海图书馆系统网络中心和采编中心的元数据研究专家现场主讲、实地示范。来自本市各系统图书馆和江苏、浙江、安徽等兄弟省图书馆的40名图书馆界同行参加了这次培训班。通过学习，学员们初步掌握了如何利用DC规则和CORC系统进行元数据的制作以及如何向OCLC资源编目库发送数据。并希望上海图书馆能尽快建成DC元数据中文化的资源共享系统，使国内各图书馆，特别是上海地区图书馆实现DC元数据的资源共建共享。

〔**图书馆数字化建设学术年会**〕 于2000年12月12日召开。为使会议取得更大效果，上海图书馆学会围绕“图书馆数字化建设”与21世纪图书馆建设的关系这一主题在全市各系统图书馆学会会员中广泛征集论文。同时邀请上海图书馆、复旦大学图书馆、交通大学图书馆、同济大学图书馆、华东理工大学图书馆、上海师范大学图书馆的图书馆数字化建设专家在年会上对21世纪“图书馆数字化建设”的定位、新世纪“图书馆数字化建设”中面临的主要问题及对策、21世纪“图书馆数字化建设”的发展趋势等内容进行演讲和探讨。

江 苏 省

〔**省学会在宁常务理事会**〕 于1999年1月22日省学会在南京图书馆召开。会议由理事长卢子博同志主持，秘书长王学熙同志宣读1998年学会工作总结和1999年工作计划(征求意见稿)。与会常务理事对学会98年工作表示满意，认为98年省学会做了大量工作，学术活动很有成效。学会秘书处同志做了大量的、细致的工作，付出了辛勤劳动。与会常务理事对1999年工作计划提出了许多好建议。南京图书馆总支书记、常务副馆长马宁同志应邀参加了常务理事会，并在会上讲了话。在宁常务理事全部出席了会议。

〔**常州市图书馆学会第六次会员大会**〕 于1999年6月15日下午在市图书馆召开。大会通过了理事长李忠懋所作的《常州市图书馆学会第五届理事会工作报告》。通过了修改后的学会章程。并以无记名投票方式选举产生了常州市图书馆学会第六届理事会，新一届理事会由13名理事组成。会议期间第六届理事会召开了第一次会议，推选出程广荣为理事长，钱树云、华虑持为副理事长，蒋庆萍为秘书长。理事会下设五个专业委员会，并推选出各专业委员会的负责人。

〔**苏州市图书馆学会第七次科学讨论会**〕 于1999年6月24～25日在张家港市召开。会议由市学会学术委员会主任叶瑞宝研究员作论文综述；张家港市馆介绍了图书馆的两个文明建设中的先进经验以及新馆建设方案；江南社会学院副馆长王钧、吴江市图书馆李红梅代表副馆长张慎行、苏州大学图书馆张晓东、苏州医学院附属第一医院图书馆翟萌作为论文作者代表作了大会交流发言；铁路机械学校图书馆朱昆馆长作了苏州市中专图协开展学术活动的介绍，最后苏州市图书馆学会副理事长、苏州大学图书馆副馆长陆汉荣研究馆员作了大会小结。参加这次科讨会的论文作者代表以及市学会常务理事共30多人。会议共收到论文68篇，评选优秀论文36篇。

〔**常州图书馆事业50周年成果展**〕 于1999年9月30日在市图书馆一楼大厅展出。展览充分展示了全市各级各类图书馆在政府以及各级主管部门的重视、关心下，取得的丰硕成果，充分体现了图书馆人勇于改革，不辱使命，努力工作的光辉历程。参与展览的有公共图书馆、学校图书馆、工会图书馆、医卫图书馆、情报研究所等单位，此次成果展还得到了各图书馆协会的大力支持。

〔**计算机管理座谈会**〕 于1999年10月15日在镇江市馆召开。本次研讨座谈会以江苏财专研制开发的SCT中小型图书馆通用软件为题，有关用户对该软件在图书馆管理实际应用中出现的问题、经验等方面进行了咨询和交流，与会者对其中的共性话题展开了广泛而深入的研究和探讨。该软件的设计者，江苏财专图书馆的黄建年老师回答了部分用户的咨询，并就图书馆自动化概念、MARC格式、"千年虫"、软件发展趋势等问题作了专题发言。

〔**江苏省第四届县(市)、区公共图书馆馆长理论研讨会**〕 于1999年11月14～16日在启东市召开。会议主题：21世纪县级图书馆建设。省学会秘书长王学熙同志代表省学会致词，他首先转达了省学会理事长卢子博同志、省图书馆常务副馆长马宁同志对会议的祝贺。他着重讲了县(市)、区图书馆工作的重要性，提出了"把握机遇，立足现实，搞好服务，在服务中求发展"的思路。他指出，即将跨入21世纪，县级公共图书馆要将新的思想带入21世纪，新思想表现在三个方面：第一，对县级图书馆的性质、功能的定位要有新的认识；第二，表现在全方位的开架服务上；第三，表现在对现代化技术的应用上。南通市图书馆学会理事长陈银龙代表南通市图书馆学会和南通市图书馆在会上讲了话。在研讨会上，常熟市、苏州市、扬州市、姜堰市、吴县市、泰兴市、苏州市沧浪区、南京建邺区、南通市少儿图书馆馆长等，就21世纪县级图书馆建设和图书馆工作作了重点发言。30余名县(市)、区图书馆馆长和部分地级市图书馆馆长参加了会议。

〔**江苏省图书馆第三次期刊工作研讨会**〕 于1999年11月17～21日在淮阴师范学院召开。省学会理事长卢子博研究员、省学会学术委员会副主任张厚生、省高校图工委副主任省学会副秘书长杨永厚、南京大学图书馆副馆长马金川以及淮阴师范学院领导出席了会议。马金川同志在会上作了《变革中的期刊与期刊工作》的专题发言，南京大学图书馆刘向东、河海大学图书馆谢友宁在会上作了重点发言，与会同志就网络时代的期刊工作作了研讨。会议收到论文33篇。

〔**江苏省图书馆学会常务理事会议**〕 于1999年12月14日晚，在武进市新苑宾馆召开。理事长卢子博同志主持会议。会议一致通过增补南京图书馆常务副馆长马宁、省科技情报所副所长李敏、泰州市图书馆学会副理事长周瑾为第四届常务理事；会议决定建立《江苏图书馆学报》编委会，聘请吴慰慈、季根章、周和平、周小璞、彭斐章为顾问，委员(以姓氏笔画为序)马宁、王学熙、王陆军、卢子博、任道忠、杨克义、张厚生、侯汉清、倪波、彭飞、潘树广，马宁为主任委员；会议决定增补彭飞为《江苏图书馆学报》副主编。学会秘书长王学熙通报了1999年学会工作，并就2000年工作提出了意见。

〔**江苏省图书馆学会第八次科学讨论会**〕 于1999年12月14～16日在武进市政府新苑宾馆召开，省学会常务理事和部分获奖论文作者140余人参加了会议。会议主题是：世纪之交的中国图书馆事业。研讨会以专题报告和主题发言为主。在14日上午的开幕式上，省学会理事长卢子博研究员致开幕词，上海图书馆党委书记王鹤鸣代表上海市图书馆学会、上海图书馆和上海科技情报所，江苏省高校图书情报工作委员会主任兼秘书长杨克义代表省高校图工委，南京图书馆常务副馆长马宁代表省图书馆致词，中共武进市委常委、宣传部部长顾建华代表武进市委市政府分别致词。在开幕式后国家图书馆党委书记、常务副馆长周和平应邀在大会上作了《面向新世纪，深化国家图书馆改革》的专题报告。科学讨论会除安排专题报告外，还安排本省代表在大会作主题发言。这次理论研讨会共收到征文525篇，是历次科学讨论会征集论文最多的一次。经评审，评出一等奖10名，二等奖40名，三等奖126名。

〔**盐城市图书馆学会第十二次科学讨论会**〕 于1999年12月28日在阜宁县政府会议室举行。与会代表共提交论文80余篇，论文内容涉及图书馆改革、现代化技术的应用等各个方面，其中有5篇论文作者在大会上作了典型发言。大会由盐城师范学院图书馆姜汉卿馆长主持，盐城市图书馆副馆长管家龙代表理事会作学会工作总结，市文化局副局长卞怀远作了讲话。

〔**《1999图书馆理论与实践》出版**〕 由江苏省图书馆学会编辑出版的《1999图书馆理论与实践》，由中国文联出版社出版。该书由省图书馆学会理事长卢子博、省图书馆学会秘书长王学熙主编，以收录江苏省图书馆学会第八次科学讨论会获奖论文为主。第八次科学讨论会共收到征文525篇，科学讨论会征文数量之多、论文质量之高均是空前的，这充分反映了江苏图书馆界学术研究的繁荣，学术成果的丰硕。

〔**南京市中学图书馆研究会第七届年会暨南京中小学图书馆专业委员会成立大会**〕 于2000年1月11日在市人民中学召开。省图书馆学会秘书长王学熙、南京图书馆学会秘书长严峰、市教委图工委秘书长戴佐民、《中小学图书情报世界》编辑吉士云、人民中学校长等应邀出席会议，并在会上讲了话。研究会理事长余峻同志主持会议，并代表理事作99年度工作报告。研究会秘书长孙鸿根、副秘书长王良翰分别宣读了《南京市教育学会中小学图书馆专业委员会章程》和新一届理事会组成人员名单。参加会议的有中学会员90多人和小学新会员近50人共140余人。

〔**省学会在宁常务理事会议**〕 于2000年1月25日在南京图书馆新馆工地召开。理事长卢子博同志主持会议，并就1999年学会组织的几项在全国有影响的活动，以及新一年学会工作的指导思想作了发言，秘书长王学熙同志就印发1999年学会工作总结和2000年学会工作计划(讨论稿)作了发言。与会常务理事对1999年省学会工作表示满意，对2000年省学会工作计划(讨论稿)发表了意见，并原则通过学会工作计划。省社联学会部部长唐茂松到会作了指导性发言。在宁常务理事20余人出席了会议。

〔**吴慰慈、张晓林教授作学术报告**〕 应常州市图书馆学会和江苏省图书馆学会邀请，中国图书馆学会副理事长、学术委员会主任吴慰慈教授，四川大学信息管理系主任张晓林博上于2000年4月27～28日在常州市图书馆和南京大学图书馆分别作了“信息资源管理”、“网络信息资源组织管理若干问题”的学术报告，约有400余人听讲。

〔**常州市图书馆学会学术报告会**〕 于2000年7月10日在泰州市举办。邀请上海市图书馆学会副秘书长、图书馆学研究室主任孙继林副研究馆员，上海图书馆网络部副研究馆员赵亮作“新时期图书馆人才建设和人力资源管理”、“图书馆自动化和数字图书馆建设”报告。

〔**江苏省第五届县(市)、区公共图书馆馆长理论研讨会**〕 于2000年10月20～22日在洪泽县召开。省图书馆学会秘书长王学熙主持了会议，他首先转达了省学会理事长卢子博、省图书馆常务副馆长马宁对与会馆长的问候，简要回顾了历届县(市)区图书馆馆长理论研讨会的情况，提出了馆长理论研讨会的宗旨是:友谊、交流、探讨、发展。研讨会为县(市)区图书馆馆长提供了一次馆长们聚会和联谊的机会，以加强县级图书馆之间的联系，增强兄弟馆之间的友谊。省图书馆学会、省图辅导部和部分县(市)区图书领导40余人出席了会议。

〔**江苏省2000年少儿图书馆建设理论研讨会**〕 于11月16～17日在扬州召开。省图书馆学会秘书长王学熙主持了会议，学会理事长卢子博致开幕词。与会代表围绕“新世纪少儿图书馆建设”进行研讨，扬州市图书馆、扬州市少儿图书馆等代表在大会上发言，交流了一年来少儿工作的经验，并就新世纪少儿图书馆的定位、发展模式等问题进行了讨论。与会代表一致认为，少儿图书馆建设是江苏公共图书馆事业建设中的薄弱环节，新世纪必须大力加强全省少儿图书馆建设，特别是要将少儿图书馆事业的重点放在少儿图书馆的网点建设上。研讨会收到论文73篇。

〔**2000年学术研讨会**〕 于2000年12月14～15日在高邮市召开。主题为“人文素质与图书馆”和“公共图书馆与大专院校图书馆资源共享”。省学会理事长卢子博、秘书长王学熙、扬州大学图书馆馆长王庆仁、高邮市副市长马根生、宣传部副部长扬杰、文化局局长姜文定等领导应邀出席。研讨会由扬大图书馆副馆长王立诚主持,卢子博、王学熙分别作了“文献资源建设”和“网络环境下的图书馆”的专题报告,与会代表50余人。

〔**省图书馆学会中小学图书馆专业委员会全体会议**〕 于2000年12月15日在武进市召开。会议通报了中学图书馆专业委员会改名为中小学图书馆专业委员会的经过,介绍了第三届中小学图书馆工作经验交流暨学术研讨会的筹备情况。

〔**江苏省第三届中小学图书馆工作经验交流暨学术研讨会**〕 于2000年12月16～18日在武进市会议中心召开。会议由江苏省图书馆学会和江苏省教育厅、江苏省中小学图书馆工作委员会联合主办,常州市中小学图书馆协会承办。省图书馆学会和常州市教委负责同志、11个省辖市教育装备站站长、省图书馆学会中小学图书馆专业委员会全体成员、部分获奖论文作者160余人出席会议。开幕式由省图书馆学会中小学图书馆专业委员会副主任张正和同志主持,省图书馆学会理事长卢子博同志在开幕式上就中小学图书馆的定位、功能和自动化等问题作了专题报告。徐州市教育装备站、南京市鼓楼区中小学协作网片和省溧阳中学三位负责同志作专题发言。会议期间,代表们参观考察了常州部分中小学图书馆,听取了无锡市中小学图书馆协会和常州市中小学图书馆协会负责同志作专题介绍。省图书馆学会秘书长王学熙同志作了会议总结。

〔**江苏省地方文献工作、读书活动与导读工作理论研讨会**〕 于2000年12月20～22日在徐州师范大学图书馆新馆召开。省学会秘书长王学熙主持会议,徐州师范大学校长周明儒教授和中国矿业大学图书馆馆长唐轶博导、徐州市图书馆学会理事长张荣光副研究馆员等领导到会祝贺并讲了话。省学会理事长卢子博研究员作了《关于地方文献工作与导读工作的几个问题》的专题报告。与会代表就地方文献工作在图书馆的科学定位和作用、地方文献工作存在的主要问题、地方文献数据库建设、导读工作面临的新情况和新问题等进行了讨论。部分市、县图书馆和大学图书馆馆长,获奖论文作者50余人参加。研讨会共收到征文121篇,其中读书活动与导读工作论文78篇,地方文献工作论文43篇。

〔**省图书馆学会被评为先进学会**〕 2000年12月21日,在江苏省哲学社会科学界联合会,以苏社联(2000)52号文“关于表彰先进学会(研究会)的决定”,对43个先进学会(研究会)予以表彰,江苏省图书馆学会评为先进学会。

浙　江　省

〔**《中图法》四版培训班**〕 于1999年5月4～7日在杭州举办。邀请《中图法》四版编委会副主任陈树年研究馆员、浙江图书馆采编部主任刘如副研究馆员分别就《中图法》第四版修订情况、相应类目的文献分类与改编、主题标引技术方法、机读数据标引方式进行讲授。全省图书馆界203人参加听课。

〔**全省古籍保护研讨会**〕 于1999年8月3～5日召开。出席会议的有浙江图书馆、杭州图书馆和各地市馆古籍保护干部共40人。会议邀请南京博物院副院长龚德才教授作古籍保护的学术报告,上海图书馆古籍修补专家潘美娣、王翠兰作专题演讲。与会代表还前往南京、扬州等地参观学习古籍修补技术。

〔**浙江省图书馆学会五届二次理事会**〕 于1999年9月12日在浙江图书馆召开。会议传达第65届国际图联大会、第11届国际图书馆建筑学术研讨会、国家图书馆挂牌仪式及庆祝国家图书馆建馆90周年的情况。会议还推举浙江图书馆馆长程小澜为浙江省社联四届理事候选人、副馆长王效良为社联“四大”代表。会议讨论通过了新修改的《浙江省图书馆学会章程》。毛昭晰理事长作了工作报告。

〔**第五次信息咨询研讨会**〕 于1999年11月10～11日在金华严济慈图书馆召开。出席会议的代表62人,共交流论文46篇。此次会议正当世纪之交,其主题是:迈向21世纪的信息咨询服务。这次会议是由浙江省图书馆学会信息咨询分委员会主持召开的。

〔**系列学术活动**〕 1999年12月9日,浙江省图书馆学会儿童与中小学分委会在杭州少儿图书馆举行座谈会,各地市14位同志交流了情况,制订了研究计划。

1999年12月10日，浙江省图书馆学会标引与编目分委会与高校图工委共同召开《中图法》四版研讨会，80多位代表出席。

1999年12月13日，浙江图书馆、省学会、省高校图工委联合举行迎澳门回归报告会。

1999年12月16～17日，浙江省图书馆学会自动化与网络分委会与高校图工委、省中专图协联合举办图书馆现代化与数字化研讨会，120多人出席。

〔**迎新世纪学术报告会**〕 于2000年1月24日在浙江图书馆举行。会议分别由程小澜、王效良、陈晔汇报了出访美国、德国、新加坡的情况，林祖藻简要汇报了第65届国际图联大会的概况。竺海康、刘晓清、那燕分别汇报了浙江大学、浙江工业大学、杭州少儿图书馆管理与体制改革的情况。全省图书馆界200人出席报告会。

〔**省图书馆学会理事长会议和秘书长会议**〕 于2000年1月24日和26日分别召开。会议研究了2000年工作计划和收缴团体与个人会员会费等问题。浙江省各地市学会秘书长出席了会议。

〔**《当代图书馆的形象塑造》报告**〕 海南大学图书馆馆长、形象研究室主任徐国定研究员于2000年9月22日在浙江图书馆报告厅作题为《当代图书馆形象的塑造》学术报告，省市图书馆界200多人参加听报告。

〔**医院图书馆委员会2000年学术年会**〕 于2000年10月13～15日在绍兴召开。毛伟敏主任作了1999～2000年学会工作总结和2001年学会工作的计划报告。包家元副主任转达了全国医图委第三次会员代表大会概况。周子荣研究员作了“计算机文献编目”的专题讲座。来自全省各市(地)和县级医院图书馆代表50余人出席了会议。

〔**开拓图书馆信息咨询服务新局面研讨会**〕 于2000年12月3～5日在温州召开。温州市委宣传部常务副部长林可夫，市文化局局长、市图书馆学会理事长瞿纪凯，浙江省图书馆学会副理事长王效良和夏勇出席了会议。这次会议的主题是：开拓图书馆信息咨讯服务新局面。代表们围绕主题展开了讨论，会上收到论文55篇。

〔**浙江新世纪文献资源建设与利用研讨会**〕 于2000年12月6～8日在湖州召开。浙江省图书馆学会副理事长王效良、潘杏梅、夏勇到会祝贺，并分别讲了话。会议收到论文40多篇，60余名代表参加了会议。这次会议的主要内容：(1)邀请省内专家作专题报告；(2)论文作者在会上进行学术交流；(3)书刊采访人员与书刊发行单位主管进行工作业务交流；(4)会议代表分组进行工作交流；(5)参观嘉业藏书楼。这是一次全省文献资源建设研讨的盛会，既有理论水平高，实践经验丰富的专家、教授到会作专题讲座，又有来自于全省不同系统书刊文献资源建设的实践者和理论探索者共同参与。会议论题内容丰富。

安徽省

〔**蚌埠市图书馆学会专题学术讲座**〕 于1999年9月5日在蚌埠市举办。原南京图书馆常务副馆长、《江苏图书馆学报》主编卢子博研究馆员和原杭州市图书馆副馆长李明华研究馆员，专程为广大图书馆工作者举行学术报告会。卢子博作了题为“二十一世纪图书馆发展趋势”的报告。他从文献资源的收藏变化、文献整序的变化、图书流动的变化、存储方式的变化、管理模式的变化等五个方面讲述了世界图书馆的发展趋势，又介绍了建设中国图书馆信息网络工程——金图工程的前景。这个跨世纪的宏伟工程将建立起各种类型的信息资源数据库和正常文献、地方文献、联合目录以及缩微文献；将建立全国文献资源共建共享网络，加强与其他信息行业网络的联系。李明华详细地介绍了当前台湾图书馆现代化发展的概况。报告内容丰富生动，深受听众欢迎。90多名来自市馆、各高校、军校、基层图书馆的工作人员和部分读者聆听了报告。

〔**省图书馆学会五届五次常务理事会议**〕 于2000年4月11日在省图书馆二楼会议室召开。会议由常务副理事长王宝圣同志主持，秘书长梁垣祥同志作了1999年学会工作总结和2000年省学会工作计划要点说明。会上对中国图书馆学会2000年学术年会、华东六省一市图书馆学会协作会等通知要求和省科协会工作会议精神作了认真宣传贯彻，并研究落实有关事宜；对省图书馆学会2000年工作安排也作了深入的研究与部署。最后省学会理事长黄邦应同志作了讲话。省学会理事长、省文化厅副厅长黄邦应，省学会常务副理事长、省图书馆馆长王宝圣同志及在合肥的副理事长、常务理事、正副秘书长等20多位同志出席会议。

〔**1999～2000年学术讨论会**〕 于2000年5月16～18日在合肥市召开。这次学术讨论会得到了省、

市有关领导的关怀和支持,出席开幕式的领导和来宾有:中共合肥市委常委、宣传部部长孙志刚,合肥市人民政府副市长张雪平,安徽省文化厅原副厅长、省学会理事长黄邦应,合肥市文化局党委书记、局长黄先明,省科协学会部副部长田万龙,省社联学会部部长洪永平以及部分公共图书馆、高校图书馆馆长和论文作者代表共80多人。这次讨论会主题是"展望与探讨新世纪图书馆事业发展之路",共收到论文96篇,作者来自全省公共图书馆、学校图书馆、科研、厂矿企业等各类图书馆以及省外的同行,就"新世纪图书馆管理与改革"、"走向21世纪的文献信息服务"、"文献信息标引与编目的发展"、"数字图书馆与网上图书馆"和"文献资源共建共享"等方面的课题,展开了广泛、深入的研究与探讨。从入选论文的数量和质量来看,安徽省图书馆界的学术氛围越来越好,理论水平不断提高,人才队伍日益壮大,图书馆事业发展前景喜人。经学术委员会评审,评出论文20篇,其中有13篇在大会交流。

〔**芜湖市图书馆馆长论坛**〕 于2000年12月13日在繁昌县图书馆举行。论坛围绕"21世纪图书馆生存与发展"的主题,展开了"网络化、电子图书馆的建设"、"文献资源建设与开发利用"、"人才培养"、"深化图书馆改革、加强内部管理"、"争取各级政府、各学校、各单位对图书馆事业的重视与支持"等方面的讨论和交流。参加人员有各高校图书馆、公共图书馆、部分中学、工厂图书馆馆长、业务骨干、论文作者等50人。

〔**蚌埠市图书馆学会2000年年会暨学术报告会**〕 于2000年12月18日上午在蚌埠市图书馆召开。会议主题为"面向21世纪的图书馆"。会议围绕主题学习了国家图书馆事业发展的文件,交流了各自办馆的经验,讨论研究了图书馆目前普遍存在的热点问题。会议共收到论文26篇,内容涉及藏书建设、图书馆管理、图书馆自动化、文献资源共享、人才培养及素质教育等方面。有8篇论文评为优秀论文,并在会上进行了交流。来自19个团体的会员代表及论文作者60余人参加了会议。

福 建 省

〔**福建省第四次图书馆期刊工作研讨会暨省学会期刊工作研究组成立12周年纪念会**〕 于1999年9月26~28日在闽西文化古城连城县召开。省图书馆学会秘书长龚永年主持开幕式。学会期刊工作研究组顾问何鼎富代表学会和高校两个期刊研究组(会)致开幕词;省图书馆副馆长陈忠芳代表省图书馆学会祝贺会议召开,充分肯定了期刊研究组12年来所做的工作,并祝愿今后取得更大的成绩。这次会议共收到论文74篇,评选出56篇入选会议交流,其中25篇为大会宣读。近40人参加了会议。

〔**福建省图书馆学会第六次会员代表大会**〕 于1999年10月19日在福州召开。第五届理事长庄晏成向大会作了第五届理事会工作报告,较全面地总结了5年来的工作成绩与不足之处,对下届理事会工作提出了建议和设想。学会秘书长龚永年向大会作了《关于修改学会章程的说明》。会议还组织全体代表按公共、高校、科研三大系统图书馆分组讨论了五届理事会工作报告和章程修改草案,代表们畅所欲言,对这两份文件提出了建设性的修改意见。下午在部分代表继续讨论五届理事会工作报告和学会章程修改草案的同时,新成立的学会六届理事会召开第一次会议,协商选举六届常务理事,选举郑一仙为理事长,谢水顺、方宝川、张文德、萧德洪、雷乃旺、许兆恺、陈志军为副理事长,龚永年为秘书长,并根据学会实际情况和工作需要进行分工,成立学术工作委员会、编辑出版工作委员会、专业教育工作委员会。理事会还一致同意聘任吴凤章为本届理事会名誉理事长,聘任庄晏成、方亿雄、卢鸿筠、孙晋华、吴锦濂为顾问。理事们还初步讨论了本届理事会工作设想。会议通过了五届理事会工作报告和章程。六届副理事长方宝川代表新当选的六届理事会领导班子作了《继往开来,开创福建省图书馆事业的新局面》的讲话,接着由六届理事会领导向卸任理事颁发荣誉证书和纪念品。

〔**"知识经济与图书馆服务"学术研讨会**〕 于1999年11月1~3日在福鼎市召开。这次研讨会也是省图学会第七次读者工作研讨会,共收到征文101篇,经评选有89篇入选会议交流,其中16篇为宣读论文,论文篇数为历次研讨会之最,新作者占50%以上。在研讨会开幕式上,学会读者工作研究组组长陈炎对该研究组过去几年里所做的工作作了总结发言。研讨会期间,与会代表们在大会和分组讨论中踊跃发言,对知识经济时代图书馆面临的挑战与机遇、图书馆的职能作用、读者服务工作的转型以及读者工作现代化、自动化、网络化建设等问题进行热烈探讨,同时交流了各馆读者服务工作经验与体会。在闭幕式上，研究组副组长刘德城研究馆员作了总结发言。他认为通过这次专题研讨会，使大家对知识经济有了较深入的认识，同时对知识经济时代的图书馆与图书馆服务作了较全面的描述和预测，如知识经济时代图书馆的定位、功能、影响，图书馆服务的模式、内容、方法，图书馆馆员的定位、意识、技能、培养等。他最后鼓励年轻人努力钻研学术，大胆探索实践，争取多出成果。来自全省公共、高校、科研、中学等系统图书馆的代表和论文作者代表50余人参加了会议。

〔**福建省图书馆学会少儿图书馆与中小学图书馆工作研究组成立大会暨首届学术研讨会**〕 于2000年8月15～17日在泰宁县举行。来自全省9地区40名少儿、中小学和青少年宫图书馆的代表出席了会议。会议围绕“21世纪少儿图书馆与中小学图书馆建设与发展”分别从“少儿图书馆与中小学图书馆在素质教育中的作用”、“少儿图书馆与中小学图书馆的自动化、网络化建设”、“农村中小学图书馆的建设与发展”、“少儿图书馆与中小学图书馆信息开发与服务”等方面探讨了新时期少儿图书馆与中小学图书馆事业发展的方向、对策及具体措施。

江西省

〔**江西省图书馆学会常务理事会**〕 于1999年3月9日上午在省图书馆召开，会议由理事长徐月良主持。会上，主要讨论并通过了省学会1998年工作总结和1999年工作安排。

〔**全省图书馆学会秘书长会议**〕 于1999年3月10日召开。会议通报了省学会1998年的工作总结、1999年的工作要点和1998年的财务情况，介绍了中国图书馆学会1999年年会及征文通知和华东六省一市学会第二轮第二次协作会的准备情况，各位参会的秘书长还交流了各自的经验。

河南省

〔**“知识经济与21世纪的图书馆读者服务工作”学术研讨会**〕 于1999年5月10～12日在河南省图书馆召开。与会人员听取了河南省图书馆副馆长、读者工作研究组组长冯南星同志所作的读者工作研讨会征文情况分析报告和学会副理事长张和芬同志所作的“网络环境下的读者服务工作：从访问美国、加拿大图书馆谈起”的专题报告。与会代表就网络环境下的读者工作如何开展、图书馆的公益性与准公益性问题、图书馆的服务效益问题以及各馆开展的“知识工程”工作等进行了广泛的交流与探讨。大会收到征文61篇，入选交流50篇，来自全省各类型图书馆的40余位论文作者参加了会议。

〔**河南省公共图书馆馆长研讨班**〕 于1999年9月12～14日在河南省图书馆举办。研讨班主题为“新世纪河南公共图书馆事业的生存与发展”。学员们首先听取了河南省委讲师团原团长滕世宗先生所作的《现代社会与现代图书馆》的报告，听取了国家图书馆副馆长孙承鉴研究馆员代表国家图书馆党委书记、常务副馆长周和平同志所作的《深化管理体制改革，促进国家图书馆各项事业的发展》的报告和河南省文化厅副厅长夏林同志所作的《迎接新世纪，促进图书馆事业的发展》的报告。在报告内容的基础上，大家回顾了河南省图书馆事业发展的历程，总结了取得的成绩、经验和教训，并展望未来。全省20余位馆长参加了学习。

〔**“世纪之交的信息资源建设”学术研讨会**〕 于1999年9月26～28日在新乡河南职业技术师范学院图书馆召开。大会收到征文80多篇，入选交流60篇。与会人员首先听取了郑州大学信息管理系副系主任、河南省图书馆学会文献资源建设学术研究组组长代根兴同志所作的《关于信息资源若干基本理论问题的思考》和郑州纺织工学院副馆长、河南省图书馆学会学术委员会副主任张怀涛同志所作的《图书馆管理改革与发展》以及学会副秘书长杨素萍同志所作的《图书馆学期刊编辑规范》等专题报告。与会代表围绕国内外信息资源建设的理论与实践问题、数字图书馆及网络环境下的信息资源建设问题进行了认真的探讨。来自全省各类型图书馆的论文作者60余人参加了会议。

〔**河南省图书馆学会成立20周年、河南省图书馆建馆90周年纪念大会暨第7次学术年会**〕 于1999年11月24～26日在郑州召开。赵钢同志代表中共河南省委宣传部副部长常有功同志作了书面讲话，首先充分肯定了河南省图书馆学会和河南省图书馆多年来在河南政治、经济、文化发展中所发挥过的重要作用，其次展望未来对新世纪的图书馆工作和学会学术研究重点提出了许多新要求。孙泉砀同志代表河南省文化厅向大会表示祝贺并作了重要讲话。他希望广大图书馆工作者和学会会员要响应党中央的号召，积极组织全民读书活动，为群众创造良好的读书环境和学习条件，要下大力气把河南省的数字图书馆工程建设好，早日实现全省文献资源共享，提高全民科学文化素质。此次研讨会还特别邀请了上海图书馆副馆长吴建中博士作了学术报告。他讲了《21世纪图书馆展望》和《21世纪图书馆员的使命》两个专题，有理论有实践，从国外到国内，深入浅出，受到与会代表的热烈欢迎。与会代表还就数字图书馆与网上图书馆、网络环境下的文献资源建设与共享、图书馆管理与改革、文献信息服务、文献信息标引与编目、知识经济与图书馆等问题进行了深入探讨与交流。这次研讨会广大会员十分踊跃，共提交征文86篇，入选大会宣读、交流66篇。

〔**“社区图书馆与特色图书馆”建设学术研讨会**〕于2000年9月19～20日在河南省图书馆召开。来自全省各级各类图书馆的代表46人参加会议。此次研讨会由省图书馆学会读者工作组负责人冯南星、王槐深、刘广普等同志主持。河南省文化厅社会文化处魏周兴处长、河南省图书馆陶善耕馆长出席开幕式并作重要讲话。会议期间邀请郑州大学图书馆馆长、郑州大学信息管理系主任柯平博士作“美国的公共图书馆与社区图书馆”为主题的学术报告。柯平博士结合前不久随中国图书馆学会代表团出席美国图书馆协会年会期间在美的参观访问，生动地介绍了美国公共图书馆与社区图书馆的基本情况及开展的特色服务项目，柯平博士的报告深入浅出，理论联系实际，对中美公共图书馆与社区图书馆的特点与现状进行比较研究，阐明了我国公共图书馆与社区图书馆建设中应注意的问题及可借鉴的经验。这次学术研讨会共收到论文52篇，入选大会宣读论文19篇。共有以下两个特点：1.宣读论文的筛选采取双盲评选法，由学会秘书处将收到论文的作者姓名及单位全部粘贴起来，评委只看论文质量决定取舍，避免了人情因素；2.入选大会宣读的论文作者，要求作好现场答疑的准备，目的在于改变会风，要把研讨会真正研讨起来。经过实践证明上述两项改革，受到与会代表的普遍欢迎。

〔**“河南省数字图书馆建设学术研讨会”**〕 于2000年9月22～23日在河南省图书馆召开。会议共征集论文75篇。其中：介绍国内外数字图书馆建设和发展情况的论文11篇；讨论数字图书馆的概念、定义、特点和建设理论问题的论文16篇；研究特色数据库建设的论文8篇；研究网络化建设和文献资源共建共享的论文9篇；介绍图书馆自动化、网络化和数字化建设情况的论文4篇；研究和讨论河南省数字图书馆建设规划、设想与建议的论文7篇；其他方面论文和编译文章20篇。在大会上共宣读论文33篇，有的论文作者还当场回答了代表的提问。在分组讨论中代表们就数字图书馆建设中存在的一些问题展开了热烈的讨论，并对我国和河南省数字图书馆建设提出了很多宝贵的意见和建议。通过参观省图书馆自动化、网络化建设的情况和了解今后数字化建设的计划，使代表们开阔了眼界并受到很大的鼓舞。会议代表们对河南省数字图书馆工程给予极大的关注。对成立“河南省数字图书馆工程领导小组”和“工程委员会”表示坚决地拥护和支持。在征集到的论文中，专门讨论这方面的论文就有7篇，其他论文有的内容也理论联系实际，从不同视角提出了自己对河南数字图书馆工程建设问题的看法、建议和设想。

〔**第六届理事会第一次会议**〕 于2000年12月8日在河南省图书馆隆重召开。河南省文化厅副厅长夏林到会作了题为《迎接挑战，展望未来，开创河南省图书馆学会工作的局面》的报告。会议对学会五届理事会的工作进行了系统的回顾，并对六届理事会的机构设置作了详尽的说明。会议选举产生了由25人组成的常务理事会。随即召开的六届一次常务理事会选举陶善耕为理事长，崔慕岳、魏周兴、张惠民、张怀涛为副理事长，宋学清为秘书长，聘任周树德、刘广普、刘阳、严真为副秘书长。协商产生了学术工作委员会、编译工作委员会、外事工作委员会、科学普及和继续教育工作委员会、《河南图书馆学刊》的负责人人选。中国图书馆学会、广东图书馆学会、山东省图书馆学会、陕西省图书馆学会、辽宁省图书馆学会等单位向大会发来了贺电。来自全省各系统图书馆界的理事83人参加了会议。

湖南省

〔**’99湖南省图书馆学会医院图书馆委员会工作会议**〕 于1999年5月23～28日在湖南郴州市召开。会议的主题是：研讨如何提高馆员综合素质以适应21世纪医学科学发展的形势需要。这次工作会议由副主任委员曾秋梅研究馆员作学会工作报告和题为“21世纪医院图书馆员的使命”的学术报告。在工作报告中，主要从组织建设，开展专业学术活动，积极为会员办实事等方面进行了总结汇报，指出了21世纪的图书馆是电子图书馆与传统图书馆共存互补的新格局。与会者对未来医院图书馆的主要职能进行了热烈讨论。与此同时，代表们还对1999年度的工作计划进行了热烈而认真的讨论，并提出了很多好的建议和意见。最后由副主任委员曾秋梅同志作会议总结。

〔**湖南省图书馆学会第七次会员代表大会**〕 于2000年10月26日下午在湖南图书馆开幕。湖南省社会科学界联合会党组书记、常务副主席赵德之，省社科联合会工作处负责人邱素峰，湖南省文化厅党组书记、厅长刘健民，省文化厅社文处处长邹健出席了会议。湖南省图书馆学会第六届理事会常务理事、秘书长、副理事长、理事长也出席了会议。会议由湖南省图书馆学会副理事长左大铖主持。赵德之书记代表省社科联向大会的召开表示热烈的祝贺。湖南省图书馆学会常务副理事长邹华享作湖南省图书馆学会第六届理事会工作报告，全面系统地总结了省图书馆学会第六届理事会5年来的工作。报告由五个部分组成：学术研究和交流活动；学术成果评奖活动；以“知识工程”为内容开展的宣传活动；教育培训工作；学会组织工作建设。大会选举产生了湖南省图书馆学会第七理事会。新一届理事会由62人组成，他们来自54个单位，具有广泛的代表性。其中公共图书馆系统21人，教育图书馆系统36人，科研图书馆系统5人。会员代表大会结束后，召开了湖南省图书馆学会第七届理事会第一次会议，选举产生了第七届常务理事会，并推举产生了理事长、副理事长、秘书长、副秘书长。10月27日上午，国家图书馆党委书记、常务副馆长、中国图书馆学会常务副理事长周和平同志代表中国图书馆学会对湖南省图书馆学会第七次会员代表大会的召开表示热烈的祝贺，并向与会代表和长沙地区图书馆的同仁作了题为《深化管理机制改革，稳步推进国家图书馆事业发展》的报告。27日下午，非公共图书馆系统的代表还列席参加了湖南省公共图书馆馆长研讨班所举办的学术报告会，饶有兴趣地听取了武汉大学传播与信息学院信息管理系主任、博士生导师董慧教授所作的《因特网与图书情报技术》的报告。

广东省

〔**《中图法》(第四版)培训班**〕 于1999年4月7～8日在广州图书馆举办。内容有讲解《中图法》(第四版)对F、TN、TP三个重点大类的系统扩充、局部调整，对近年出现的新学科、新事物、新主题的全面增补，在A大类为邓小平理论和著作的研究立类，扩大《中图法》的使用功能等。并对D类等类目的修订补充、注释情况作了说明。培训班由广州图书馆学会主办。广州图书馆书记劳惠卿、副馆长朱莉荣及来自广州地区各系统的84人参加了培训班。

〔**广东图书馆学会第八次会员代表大会**〕 于1999年4月16日在广东省中山图书馆召开。代表大会由常务副理事长黄俊贵同志主持。广东省文化厅厅长阎宪奇、副厅长林迪夫分别在会上作了重要讲话；广东省档案学会副会长陈永生代表兄弟学会对本次代表大会表示热烈祝贺。秘书长林庆云同志向大会作了《广东省图书馆第8次会员代表大会筹备工作报告》及会议代表情况报告；理事长古星祥同志向大会作《广东图书馆学会第7届理事会工作报告》；副理事长韩太保同志向大会作《关于〈广东图书馆学会章程〉修改草稿的说明》。大会顺利地完成了① 审议并通过了《关于理顺图书馆学会会员代表大会届次与理事会届次的议案》、《广东图书馆学会第七届理事会工作报告》、《广东图书馆学会章程》(修改稿)；② 选举产生了第8届理事会全体理事成员；③ 给获得“广东图书馆学会1993～1997年度优秀学术研究成果”的作者颁发证书和奖金；④ 给7届理事会离任老理事赠送纪念品；⑤ 给赞助企业新会市司前镇综合家具总厂赠送纪念品。第8届理事会举行第一次全体会议，选举产生了常务理事会成员，常务理事会选举产生了正、副理事长、秘书长。

〔**广州市图书馆学会学术报告会**〕 于2000年2月23日在广州图书馆二楼会议室举办。特邀请了法国里昂市图书馆学专家溥力先生作“法国里昂图书馆地方文献藏书特色”专题学术报告。学术报告会由常务副理事长惠德毅主持，来自广州地区的广州外语外贸大学、广州医学院、城建学院、财贸学院、中专、区县公共图书馆等单位的会员及业务骨干80余人参加了学术报告会，并与法国专家进行了学术交流。

〔**“图书馆与社区文化”学术沙龙**〕 于2000年4月25日上午在广州市越秀区图书馆举行。学术沙龙由学术委员会主任委员乔好勤教授主持，学会秘书长林庆云等二十多人参加。与会会员围绕图书馆如何推动社区文化发展,各抒己见,进行了气氛轻松而热烈的讨论。这次学术沙龙是由广东省图书馆学会主办的。

〔**"贯彻广东省图书资料专业高中级资格条件及论文写作学习班"**〕 于2000年7月3～4日在汕头大学图书馆举办。特邀请广东省文化厅职改办的椰友朋主任讲解"资格条件"内容,帮助大家领会其精神;请《图书馆论坛》编辑部的罗健雄和邹荫生两位教授讲解论文写作的选题、论述、结构、组织及技巧等问题。三位老师在学习班上为大家答疑解惑。这次学习班是由汕头市图书馆学会举办的。

〔**广东图书馆学会、澳门图书馆暨资讯管理协会新千年学术年会**〕 于2000年11月3日至6日联合在珠海市召开"广东图书馆学会、澳门图书馆暨资讯管理协会新千年学术会"。会议主题为"21世纪的图书馆事业:数字化网络化与信息资源共享"。本次会议收到学术论文90多篇。

会议由广东图书馆学会副理事长林识见及澳门图书馆暨资讯管理协会副理事长邓美莲共同主持。广东图书馆学会理事长程焕文、澳门图书馆暨资讯管理协会理事长王国强分别致词。

会议围绕21世纪图书馆面临的机遇与挑战、时代赋予图书馆的要求等进行了广泛的交流,如图书馆学基础理论;图书馆自动化、网络化;图书馆文献开发、优质服务等。会议内容丰富、形式活跃;有大会发言、有分组交流;有作者阐述、有听众提问。出席新千年学术年会的代表有来自澳门图书馆、广东省公共、高校、党校、中专、科技、医院等系统图书馆同行共190多人。

广西壮族自治区

〔**广西图书馆学会第一次会员活动日**〕 于1999年4月17日在南宁举办。首先由刘湘生研究馆员作"《中国图书馆图书分类法(四版)》编辑概述"的学术报告,然后由白国应研究员作"论第三代图书馆"的学术报告。有62位会员参加了这次活动。

〔**第一次学术工作委员会全体委员会议暨图书馆学术研究座谈会**〕 于1999年4月18日在南宁召开。委员们就学术委员会今后工作计划的具体实施进行了认真而热烈地讨论。在座谈中,与会领导和委员们对今后如何开展图书馆学学术研究的方向、内容及方式方法等发表了许多发人深省的见解。会上还进行了推荐申报"五个一工程"和"桂花工程"优秀论著的评选工作。推荐郭志高主编的《陈宏谋家书》参加社科联的评选。学会正副理事长和学术委员共17人出席了会议。

〔**1999年第一期图书馆学业务管理初级班**〕 于1999年7月13～19日在南宁开办。开设课程有:分类、编目、工具书、藏书建设、读者工作、期刊管理、计算机知识、图书馆学基础等,参加学员有49人。

〔**"数字图书馆现状与发展"座谈会**〕 于1999年11月1日在南宁举办。国家图书馆副馆长孙承鉴研究员为大家做了现代化图书馆;图书馆自动化、网络化、数字化;数字化图书馆的研究开发;中国数字图书馆工程等专题的介绍。并对中小型图书馆进行数字图书馆建设提出了一些合理化建议。省学会在南宁市理事及广西图书馆各部门负责人出席了会议。

〔**广西高教学会图书馆专业委员会第四次会员代表大会暨第八次学术研讨会**〕 于1999年11月23～24日在广西大学召开。会议讨论修改了章程,总结了该委员会四年来的工作。会议传达了教育部图工委会议精神,受到与会者的重视。代表们观看了"数字图书馆"、"李华伟博士讲话"等录像,很受教育和启发。会议收到论文25篇,选为正式论文21篇、交流论文2篇,与会论文作者围绕着面向21世纪图书馆发展变革的主题,展开了热烈讨论。会议选出第四届理事会。

〔**广西图书馆学会1999年年会暨第17次科学讨论会**〕 于1999年12月7～9日在靖西县隆重召开。王雪光理事长从学术活动等四个方面回顾了广西图书馆学会成立二十年来的发展历程,并全面总结了1999年学会的工作。陈大广副理事长介绍了中国图书馆学会1999年年会及学术讨论会等情况。会议期间还召开学会理事扩大会,与会者讨论制定了学会2000年工作计划。这次科学讨论会共有47篇论文入选。论文涉及新形势下的图书馆工作,图书馆现代化等方面。在闭幕式上,各分会场的主持人汇报了讨论情况。学会领导为论文作者颁发了荣誉证书。王雪光理事长传达了国家图书馆发展战略研讨会和国家图书馆成立90周年纪念活动的精神。共有70多位图书馆工作者出席了会议。

〔**广西高教学会图书馆专业委员会第九次学术研讨会**〕 于2000年9月20～22日在桂林市召开。会议以"21世纪图书馆发展模式与功能、管理与改革"、"文献信息资源共建共享、管理开发利用"等为主题展开讨论。会议收到论文61篇,除了选用为本次研讨会正式论文46篇、交流论文6篇外,还分别为中南高校图书馆学术年会、《图书馆界》推荐了12篇和7篇。共有68人出席了会议。

重庆市

〔**第一届会员代表大会**〕 于1999年4月7日召开。共有120名代表参加会议,国家图书馆孙承鉴副馆长,中国图书馆学会李桂兰秘书长出席了会议,京、津、沪、云南、广西等省市图书馆学会向大会发来了贺电、贺信。四川省图书馆、成都市图书馆派人参加了会议。

会议经过代表们的无记名投票,选出了以曹廷华为理事长的新一届理事会,理事会共有理事60名。

〔**完成学会的重新登记和换证工作**〕 1999年8月,按重庆市民政局的有关文件精神,重庆市图书馆学会积极进行重新登记和换证工作,按国家有关文件精神重新修改了《重庆市图书馆学会章程》,12月9日,市民政局向市图书馆学会颁发了新的社会团体法人登记证。12月底,市技术监督局也给市图书馆学会换发了社会团体组织机构代码证。

〔**首届学术研讨会**〕 1999年12月27日,重庆市图书馆学会与重庆市高校图工委联合召开了重庆直辖后的首届学术研讨会,这次活动共收到论文200余篇,最后评出一等奖5篇,二等奖17篇,三等奖33篇。这次学术研讨会是重庆市图书馆学会有史以来规模最大,人数最多,水平最高的一次学术研讨会。

〔**《中图法》四版培训班**〕 于1999年5月举办,共有全市各系统图书馆的学员100余人参加,11月又举办了一次针对全市基层图书馆的图书分类、编目业务培训班。

〔**举办各类知识讲座**〕 1999～2000年,重庆市图书馆学会与重庆图书馆、渝中区图书馆、江北区图书馆联合举办各类知识讲座90期,听众近2万人,内容涉及到政治、经济、文化等各个方面,讲座深入浅出,贴进听众,很多都是针对当前社会的热点问题,该讲座为树造重庆市的文化新形象起到了很大的促进作用。

〔**举办"世纪之初的图书馆学术研讨会"**〕 2000年9月,重庆市图书馆学会与中国图书馆学报联合举办了一次"世纪之初的图书馆"学术研讨会,这是重庆直辖后召开的第一次全国性学术研讨会,共收到全国16个省市的各类论文210篇,中国图书馆学报常务副主编刘喜申同志和编辑部成员翟凤岐同志专程来渝参会并作专题报告。在重庆市图书馆中有3篇论文获一等奖,5篇论文获二、三等奖。

〔**《重庆图情通讯》创刊**〕 2000年7月,由重庆市图书馆学会、重庆图书馆、重庆市高校图工委联合主办的《重庆图情通讯》经重庆市新闻出版局批准创刊,至2000年12月已出版2期,刊物的论文质量和编辑水平得到广大读者的认可和好评。该刊的创办使我市广大图情工作者开展学术研究,交流工作经验有了一个自己的园地。

〔**举办图书馆自动化建设培训班**〕 2000年5月,重庆市图书馆学会举办了一次图书馆自动化建设培训班,特邀深圳图书馆自动化部主任马端同志和贵州省图书馆副馆长、研究馆员张伟云同志来渝授课,共有来自公共、高校,科研单位的130名学员参加了学习。6月,重庆市图书馆学会又举办了一次机读目录格式培训班,该培训班主要是为了解决各图书馆在工作中遇到的一些实际问题,共有40名学员参加。

〔**参加科普宣传活动**〕 2000年4月,重庆市图书馆学会参加了市科协在人民广场举行的大型科普宣传活动,市图书馆学会专门编印各类科普资料上万册,制作科普展版6块,活动中接待咨询人数上千人。

贵州省

〔**省学会1999年第2次常务理事会**〕 于1999年8月24日在贵州省图书馆召开。会上,各委员汇报了1999年工作计划的完成情况,并对第4季度的工作进行了具体的安排布置,以确保1999年学会工作计划的完成。会议确定了"纪念贵州省图书馆学会成立20周年论文集"入选工作原则;在确保论文质量的情况下,考虑论文的涉及面及地区性;定出了初选、复选、定稿的原则;确定论文集收录论文100篇左右,40余万字。经常务理事会研究,决定由张伟云副理事长承担《贵图学刊》常务副主编工作;常务副理事高誉承担学会秘书长工作;增补孟昭和、张迁川同志为会刊编辑委员会委员。

〔**《中国机读目录格式》培训班**〕 于1999年10月

16～20 日举办。培训班特邀请原国家图书馆研究馆员、《中国机读目录格式手册》主编朱岩老师授课。经过学员认真的学习，基本掌握了该标准的各种格式和在实践中的操作过程。通过考核，学员全部取得上岗技术证书。参加学习的有来自全省图书馆系统的专业人员 60 余人。

〔**2000 年服务宣传周活动**〕 于 2000 年 5 月底到 6 月初举行。主要内容有：1. 开办科普知识图片展览、摄影书法展览；2. 放映科普知识录像片；3. 举办专题讲座。活动期间邀请贵阳电视台，省、市报社记者到活动场地现场采访，并在电视和报纸上对图书馆学会开展的服务宣传活动进行了报道。

云 南 省

〔**云南省图书馆学会第六次学术研讨会**〕 于 1999 年 9 月 26～28 日在昆明召开。会议以面向 21 世纪的云南图书馆事业为主题，分设了“云南图书馆的自动化与网络化建设”、“文献资源的共建与共享”、“新世纪图书馆的管理与改革”、“21 世纪文献信息服务与图书馆服务工作改革”、“图书馆在知识工程实施中的地位与作用”、“市场经济条件下图书馆的发展趋向”等 8 个专题作为研讨内容，展开交流探讨。会议共收到论文 218 篇，其中入选大会交流 28 篇，入选专题交流 81 篇，入选参会 89 篇。省文化厅贺光曙厅长、赵自庄副厅长分别在开幕式和闭幕式上，就图书馆学术研讨及图书馆工作如何结合建立社会主义文化、建设民族文化大省服务，为云南经济繁荣、精神文明建设发挥更大作用等有关问题作了重要讲话。云南省图书馆馆长、省学会常务副理事长李高远研究馆员代表理事会作了纪念学会成立 20 周年讲话。最后，学术委员会对这次学术研讨会作了总结。会间还参观了由云南省文化厅主办、省图书馆承办的云南省公共图书馆事业发展 50 年成就展。250 多名来自云南全省公共、教育、科研、党校、工会、军队图书馆系统的代表出席了会议。

〔**大理州图书馆学术年会暨先进表彰会**〕 于 1999 年 12 月 6～7 日在新落成的巍山县图书馆新馆召开。王子荣代表理事会作了工作报告。《云南图书馆季刊》常务副主编何志雄副研究馆员代表省图书馆学会和省图书馆、云南农业大学图书馆馆长段建明副研究馆员代表省高校图工委、昆明图书馆副馆长王军副研究馆员代表各地州图书馆学会在会上致词并向新馆竣工开馆的巍山县图书馆赠送了礼品。这次年会共收到论文 62 篇，经认真评审，有 17 篇获奖，7 篇作了大会交流。会议还表彰了在全国公共图书馆评估定级中荣获一级馆称号的大理州图书馆，荣获三级馆称号的祥云、大理、剑川、弥渡、宾川、南涧、云龙七县市图书馆。对评选出的各图书馆和基层图书流动点的 31 位先进工作者和从事图书馆工作 20 年以上的工作人员也给予了奖励。来自大理州内各县市公共图书馆和大理师专、大理医学院等学校和专业图书馆以及省图书馆学会、省高校图工委、昆明、楚雄、保山等图书馆学会的 60 多名专家、学者、代表出席了会议。

陕 西 省

〔**学术研究与交流**〕 1999～2000 年，陕西省图书馆学会在省常务理事会领导下积极开展学术活动。① 组织全省各系统图书馆 33 人参加在大连召开的“中国图书馆学会 1999 年会暨成立 20 周年纪念活动”，西北农大图书馆刘省泉与曹臻、西北大学图情系杨玉麟教授分别获优秀论文奖；② 组织参加在内蒙古海拉尔召开的“中国图书馆学会 2000 年学术年会”，有 7 篇论文入选参会，3 篇获优秀论文，有 5 名同志赴内蒙古海拉尔开会；③ 主办陕西省图书馆学会第四次科学讨论会，收到征文 90 篇，50 余名代表参加了会议；④ 协办在银川召开的“中国西部地区图书馆事业发展战略与东西部合作论坛会”，陕西 44 篇论文入选，22 名代表赴银川参会，陕西省曹臻、周东晓、万行明、王廷蒲、姜渭洪、李有贵、陈桂荣、王荣华、杨昌俊、王文哲、谢林、石惠侠、杜筱霞、郎菁等分别获一、二、三等奖。在 18 个省区内获奖名次居第二位，另有 10 余名作者论文获优秀论文奖。

组织学会第五次学术成果评奖活动，并组织参与陕西省第六次哲学、社会科学学术成果评奖活动，1 项成果获二等奖，2 项成果获三等奖。在陕西省图书馆学会成果选评上，收到成果 73 篇(部)，经学术委员会开会评审，获一等奖 5 篇(部)，二等奖 10 篇(部)，三等奖 15 篇(部)，著作奖 3 部。进行全省各系统图书馆状况调查，协助国家科委西南信息中心在延安举办。“99 年中国数据库研讨会”。全国少儿图书馆工作研讨会在深圳召开，安康市、铜川市少儿馆万行明与楚云同志论文获优秀论文奖。

甘 肃 省

〔**上海图书馆专家学术报告会**〕 于 1999 年 1 月

19日，在兰州医学院图书馆报告厅举行。这次报告会是甘肃省图书馆学会和甘肃省中心图书馆委员会借上海图书馆专家考察团来甘肃省图书馆考察交流之机联合组织的。上海图书馆副馆长王鹤鸣作了题为“邓小平理论是指引图书情报事业胜利前进的旗帜”的报告，上海图书馆副馆长缪其浩作了“知识经济与图书馆事业的发展”的报告。兰州地区图书情报界有300余人参加。上海图书馆专家的报告在兰州地区图书情报界引起了强烈的反响，对甘肃图书馆事业发展与改革起到了很好的借鉴与推动作用。

〔**甘肃地县图书馆业务培训工作**〕 为了进一步加强图书馆基础业务工作，提高地县基层图书馆工作人员的业务素质，甘肃省图书馆学会于1999年6～12月先后举办了四期业务培训班。

1999年6月21～26日举办了“中图法四版业务培训班”，对兰州地区的主要图书馆和部分地县图书馆的47名工作人员进行了培训。

1999年7月11～19日省学会和临夏州图书馆联合举办了一期“图书馆业务培训班”，对临夏州所属机关、企事业、工会、学校和地县图书馆的工作人员进行了业务培训，培训内容有：图书馆学概论、读者工作、图书分类编目等，培训学员62人。

1999年8月13～20日省学会与中科院兰州图书馆联合举办“全省地县图书馆自动化系统业务培训班”，来自全省37个地县市图书馆的55名学员参加了学习。这是甘肃省举办的首期面向地县图书馆的以“图书馆自动化”为主要内容的业务培训班，也是本省地县图书馆自动化业务培训工作的开端。学习期间学员实地参观考察了甘肃省图书馆、中科院兰州分院图书馆和兰州市图书馆自动化系统和基础业务工作。

1999年12月5～11日举办“古籍整理与鉴定”业务培训班，全省各地有20名学员参加了培训。

〔**甘肃省图书馆学会1998～1999年度理事会**〕 于2000年元月10日在兰州召开。理事会由刘全根副会长主持，潘寅生会长做了学会工作总结报告，并安排了2000年学会工作。并通过了增补的常务理事、理事人员名单。还就财务收支情况向与会理事进行了通报，学会副秘书长李金荣就学会会刊《图书与情报》的现状及今后的发展向全体理事做了汇报。与会理事围绕两年的工作报告和2000年的工作计划、财务情况、会刊问题等议题进行了热烈的讨论。会议通过了两年工作报告和2000年工作计划，对财务收支及管理、会费交纳、会刊今后的发展方向等提出了许多建设性意见。文化厅副厅长苏国庆讲了话。苏厅长在讲话中充分肯定了学会工作，对学会如何进一步做好工作、发挥作用提出了很好的意见并对今后的工作提出了具体的要求。

〔**甘肃省图书馆学会西部开发研讨笔会征文**〕 由甘肃省图书馆学会和甘肃省中心图书馆委员会于2000年6～8月组织进行。此次笔会，共收到征文60余篇，按兰州地区三大系统图书馆和地县图书馆分别评奖。经专家评审，兰州地区组获一等奖论文4篇，二等奖论文4篇，三等奖8篇。地县图书馆组获一等奖2篇，二等奖2篇，三等奖12篇。对论文撰写组织较好的单位也进行了表彰，庆阳地区图书馆、天水市北道区图书馆、武都县图书馆、通渭县图书馆获组织奖。

青 海 省

主要工作：

1. 1999年1月至12月邀请省内专家和高校外籍专家来省图书馆做报告，共举办9场专题报告会，主要内容包括特别专题、文化专题和英语专题。

2. 1999年5月30日，组织省20多家图书情报单位走上街头，利用黑板报、横幅、标语、散发传单等方式进行图书馆服务宣传活动。

3. 1999年9月28日，组织有关专家完成“青海图书情报事业发展战略研究”课题，并通过省级鉴定。该课题自1998年6月18日经省社会科学规划领导小组审议获准立项后，历时14个月，掌握了全省三大系统主要图书情报单位第一手资料和8000余条数据，对其文献资源量、学科内容、管理人员队伍现状、信息处理开发利用等现状进行全面系统的调查统计和分析研究。

4. 1999年10月5～15日，举办一期全省图书馆学专业培训班，有15人参加了学习，全部取得结业证书。

5. 2000年1月至12月，共举办13场专题报告会，主题内容丰富，涉及学科广泛，听众累计达2000余人次。

6. 2000年6月，学会向省社科联“青海第五次哲学社会科学优秀论文评奖活动”推荐7篇论文，其中1篇获优秀论文三等奖，6篇获优秀论文鼓励奖。“中国图书馆学会2000年学术年会”参会的3篇论文均获优秀论文奖。

7. 2000年8月，学会利用半个月时间，成功策划、编辑、制作出青海省图书馆“知识长廊”板块38块，共有十大内容，涉及政治、经济、文化、艺术、宗教、风情、科普等方面，主要反映了青海50年发展光辉成就，先后被省内多家新闻媒体报道。

8. 2000年8月28日至9月11日举办一期全省图书馆业务培训班，有13人参加了学习，全部取得结业证书。

图书馆学教育

我国图书馆学情报学教育研究综述

张喜年　詹德优

世纪之交,各学科领域都在进行归纳总结,目的是为了新时期的长远和整体规划。鉴此,本文拟从我国图书情报学教育的现状进行分析,总结成就,找出问题,讨论图书情报学教育的改革问题,并对新技术条件下的图书情报学教育问题进行一定程度的探讨。

1　我国图书情报学教育的成就

我国的图书学情报学教育经过10多年的探索与发展,已取得了令人瞩目的成就。这主要表现在以下几个方面:

1.1　办学规模不断扩大,办学形式多种多样

1998年根据专业目录调整以后统计,全国现有图书馆学专业20个,信息管理专业151个,数量居所有249个本科专业中第14位。除本科教育外,还设有图书馆学和情报学博士学位授权点各3个,图书馆学硕士学位授权点13个,情报学硕士学位授权点18个。截止1998年底,共培养图书馆学情报学硕士生1465名,博士生56名,他们已经成为或正在成长为各个部门的业务骨干力量,其中有的已成为所在学科的学术带头人。办学形式除学校教育外,还有在职人员的训练班、进修班、研究班、助教班、函授教育、广播电视大学、业余大学及成人自学考试等。目前,我国图书情报学教育已经初步形成了由博士学位、硕士学位、学士学位及专科教育与成人继续教育组成的比较完整的、多层次、多类型的教育体系。[1]

1.2　办学条件进一步改善

图书馆学情报学教育各教育点受到普遍关注,办学条件得到进一步的改善。在"硬件"方面,各种现代化技术设备被引进到教学中来,先进的音像、缩微、复制、编辑和文献保护设备的引进,特别是计算机的广泛普及,以及局域网、校园网和互联网的建设与开通,为教学手段的现代化提供了有力的保障;教科书和教学实习用书得到了不断改进,专业资料室藏书数量繁多、品种多样,能在一定程度上满足教学科研的需要,教学实验室纷纷开设,从而增强了课堂教学的效果。在"软件"方面,师资队伍发展迅速,教师获博士学位的比例大大增加,教师队伍的质量呈上升之势;许多专家学者在不同的研究领域取得了丰硕的成果,发表的论著颇具影响,有些已成为该专业该领域的经典文献,表现出了较高的学术造诣和教学水平,从而为图书馆学情报学学科体系的建设和进一步发展奠定了重要的基础。

1.3　学术交流活动十分活跃

图书情报学教育的学术交流活动比较频繁。从交流的范围来看,不仅有国内的学术交流,也有国际的学术交流;从交流的层次看,不仅有一般教育层次的交流,还有研究生层次的学术交流。2000年11月5日,"首届中美数字时代图书馆与情报学教育发展国际研讨会"在武汉大学召开。大会的议题主要有:数字时代图书馆与情报学教育的挑战及发展趋势、数字时代图书馆与情报学课程设计及师资与教学方法、数字时代图书馆与情报学毕业生应具备的素质与专业核心课程,等等。来自国家图书馆、上海图书馆以及北京大学、武汉大学等国内31所高校的专家学者与美国专家一道参加了本次研讨会。本次会议的召开,大大促进了我国图书情报学教育的发展。

1.4　在教育体系中的地位基本稳定

1998年教育部颁布的《普通高等学校本科专业目录和专业介绍》在"管理学"大门类下设"图书档案学类"一级学科,下分"图书馆学"、"档案学"二级学科。原来的"经济信息管理"、"信息学"、"科技信息"、"管理信息系统"、"林业信息管理"合并成"信息管理与信息系统",作为"管理科学与工程类"一级学科下的二级学科。从而使得图书馆学和情报学都归属于"管理学"。实际上,图书馆学、情报学

研究的对象具有共性，都是研究对机构、工作流程、资源或事业的管理，因此，将“图书馆学”、“情报学”入“管理学”门类，是科学的归类。同时，保留“图书档案学”为一级学科、设“信息管理与信息系统”为二级学科，说明其学科地位基本稳定。[2]

1.5 适应了信息时代的要求

随着信息时代、知识经济时代的到来，图书情报学教育不再仅仅停留在“书籍世界”，而是迅速进入了“信息世界”。这又表现在两个方面：一是课程体系与课程内容发生了重大变化，紧紧瞄准信息技术发展前沿，把以计算机为中心的信息技术作为带头学科和主干课程，为图书馆学和情报学的持续发展注入了新的“血液”；强调学科专业间的交叉融合，淡化专业界限，拓宽专业口径，坚持培养具有宽厚基础、学有专长的综合型人才和跨学科的复合型人才，强调理论联系实际和动手能力的培养；二是主动适应信息人才市场的需要，调整专业培养目标，为信息技术、信息产业与信息服务业的发展奠定了科学基础并准备了必要人才。[3]

1.6 存在的问题

我国图书情报学教育事业已取得了上述明显的成就，但仍然存在着很多问题，由文献[4][5][6][7][8]归纳为以下几方面：

(1) 图书情报教育与图书情报事业之间不够协调，专业毕业生与社会需求之间不平衡。(2) 图书情报学教育结构层次不尽合理，目前主要是以培养本科生为主，形成两头过尖的畸形人才培养层次结构，不仅如此，正规教育与非正规教育、学校教育和继续教育发展也存在不平衡的现象。(3) 学科底蕴不足，理论基础薄弱，这又表现在四个方面：学术专著少，专家更少；学术刊物众多但质量水平欠佳；理论研究疲软，研究水平滑坡；缺乏真正的学术探讨。(4) 来自相关学科的挑战。近年来在图书馆学课程体系中直接引入大量相关学科课程，淡化了图书馆学自身的学术成分，导致图书馆学的知识增长速度缓慢甚至出现停滞现象，图书馆学的学科地位因而有所降低。(5) 学科体系的建设和发展模式尚未形成，简单的移植导致学科的独立性差，学科体系中各学科的发展不平衡，缺乏对学科体系发展的宏观调控能力和整体规划。(6) 课程体系改革亟待深入，课程评价体系不健全，课程设置随意，缺乏连贯性、系统性、稳定性，课程结构和知识结构不合理的现象相当普遍，课程体系的整体功能没能得到正常发挥，有的课程忽视应用性和实践性，理论性倾向突出，对实际工作的适应性较差。(7) 教师队伍不稳定且知识结构单一。(8) 教学方法和手段落后。

2 图书馆学情报学教育的改革

图书情报学教育领域内存在的诸多问题，只有通过持续不断的改革，才能得以解决。图书情报学教育的改革问题，是近年来我国图书情报界讨论、研究的热点之一。

2.1 改革的思路

有的文章指出，改革必须以社会对人才的需求和图书馆学教育的客观规律为依据，以教育思想和教育观念的转变为先导，应将教育思路从根本上转到注重学科建设、重视提高质量和办学效益、走内涵发展的轨道上来。提高质量的核心是培养学生的创新能力。要加强学科建设，促进学术水平与教育质量的同步提高。[9]也有文章提出，应根据社会需求确定相应的图书情报教育目标，同时根据专业人才市场的发展潜力对图书情报教育的走向进行预测，掌握人才市场的发展趋势，不断的将新的知识和技术融合到教学体系中，确立合理的课程体系，并从宏观上对图书情报教育予以调控，培养出社会需求的专业人才。[10]还有文章从宏观着眼，指出要适应 21 世纪知识经济和信息化社会的挑战，图书情报教育必须在两个方面实行战略性转变，一是从单纯的图书情报教育转向综合性的素质教育，二是从一次性的学校教育转向社会的终身教育。[11]改革的思路基本趋于两种：一是保持图书情报学教育的原有特色，即为各图书情报机构培养合格的以采、分、编、典、流等传统方式管理文献信息等为特征的图书馆、情报机构工作人员；二是拓宽培养口径，培养从对文献信息的手工、半自动化或自化管理上升到能够利用现代信息技术进行信息资源管理的人才。[12]

2.2 培养目标与专业特色的定位

2.2.1 培养目标的重定

专业教育应根据社会信息业的需求、图书馆功能的拓宽、就业结构的多样化等来重新确定培养目标，即拓宽口径，强化基础，着力培养学生的社会适应能力，提高其整体素质。根据国家新近颁布的《普通高等学校本科专业目录和专业介绍》（以下简称《目录》），图书馆学专业的培养目标是：培养具有系统的图书馆学基础理论知识,能熟练的运用现代化技术手段收集、整理和开发利用文献信息的能力,能在图书情报机构和各类企事业单位的信息部门从事信息服务及管理工作的应用型、复合型图书馆高级专门人才;信息管理与信息系统专业的业务培养目标是:培养具备现代管理学理论基础、计算机科学技术知识及应用能力,掌握系统思想和信息系统分析与设计方法以及信息管理等方面的知识与能力,能在国家各级管理部门、工商企业、金融机构、科研单位等部门从事信息管理以及信息系统分析、设计、实施管理和评价等方面的高级专门人才。这种表述是按照"知识、能力→所能够适应的行业领域→所能胜任的专业工作"这三个层次及相应的逻辑序列组织起来的。《目录》所确定的专业培养目标只是一种具有一般性要求的基本目标。各高校均应在此基础上,结合本校的专业特点、师资水平、毕业生的市场适应状况和本校的专业发展方向来确定本校的具体培养目标。[13]还有的文章指出信息专业培养目标是"应基本上囊括《旧目录》中被取代的五种专业的培养目标,但也应特别强调贯彻我国正在实施的国民经济建设主战场,面向应用,面向信息产业,以计算机为工具,用信息系统的分析与设计方法,解决经济和管理领域中的信息处理问题"。[14]

随着我国信息产业的不断发展,近年来学术界对情报学教育的培养目标进行了新的反思。多数文献一致认为:在大科技、科学技术"整体→分化→综合"和信息技术日新月异的时代,图书情报学专业教育必须采用"通才"的培养模式,必须向综合化教育方向发展。针对这种情况,有的文献作出了较全面的概括:现代经济的发展带来了经济与技术密不可分的新特征,这就要求信息人才必须是复合型的专业人才,其所受教育的专业结构必须具有双专业、双学位或主辅修专业;现代社会的发展日趋信息化,这就要求信息人才的培养必须十分重视信息技术的教育和技能的培养;现代信息研究和服务范围正在向"面向科学→面向任务→面向问题"的方向延伸,这就要求我们必须从信息事业的战略高度出发,大力培养具有双重专业和多元知识结构的新兴信息专门人才,以适应大科学时代的发展需要。[15]

由此,有的文章指出,新的环境下图书情报专业的培养目标是面向数字化信息环境,"培养以掌握计算机技术为主,具有信息资源管理才能的应用型、复合型专业人才",这类人才的核心能力是能够熟练利用计算机技术和网络技术及其他相关信息技术手段获取、分析、评价、组织、开发、管理和提供知识信息。这就要求图书情报专业人才既要构建合理的知识结构,又要构建合理的能力结构。合理的知识结构指具有信息管理大学科下的专业基础和专业课知识,如信息管理学、信息加工、信息资源建设、信息用户研究、信息技术、信息检索等方面的知识,同时又要具有一两门其他学科的专业基础知识,如经济、医学、化工、机械电子等专业知识;合理的能力结构指学习能力(知识、技能的获取能力)、应用能力(应用知识、思维表达、组织管理、社会活动、适应能力等)、创造能力(从事学术研究、科技开发的发明创造能力)等。文章并进一步强调指出,高等教育与社会需求是一个不断相互影响和相互适应的动态体系,由于政治、经济、技术发展所带来的社会对人才需求的变化是客观的,因此教育机构应建立从社会劳动力市场和学术市场获得信息的系统,预测和掌握人才市场发展趋势和专业发展趋势,及时调整专业培养目标,努力培养适应社会发展需要的高素质人才。[16]还有的文章进一步提出,21世纪图书馆学教育的培养目标及教育使命除了培养新一代厚基础、宽口径、强能力、高素质的复合型高级专门人才外,还应培养出适应电子图书馆、数字图书馆、虚拟图书馆等发展需求的"全能型图书馆员"、新型的"超级图书馆员"及其服务范围内的信息网络导航员、协调员、管理员甚至是信息经纪人以及知识管理专家——知识主管(CKO)。[17]

还有人认为培养目标应实现三个统一:(1)通才与专才的统一:"通与专是相对的,不是绝对的,强调通,不可否定专;强调专,亦不可否定通",二者各有利弊。新形势下要"面向全社会培养从事信息管理的复合型人才",即"能够从事社会各部门各种文献信息教学、科研、管理和业务工作的综合型创造型人才",以克服单一专业教育所带来的某些弱点,发挥其各组合专业的优势,提高人才的综合能力。(2)理论与应用的统一:要摆正"理论教育"与"技术教育"之间的关系,"在强化图书情报基础理论研究与教学的同时,加强技术方法的教学,培养出理论素质较高、技术手段过硬的图书情报专门人才,不应该片面强调技术教育而淡化理论教育"。

(3) 传统与现代的统一:要培养“既有传统文化功底,又掌握了以计算机为主的现代信息技术”的毕业生,使之既可以从事图书馆的文献信息管理工作,保持在图书馆市场的就业竞争力,同时又能在政府部门、事业机构、企业公司等的文献信息以及计算机信息管理等部门中保持强大的就业竞争力。[18]

所培养的毕业生主要应具备以下知识能力:(1) 信息管理与信息系统的基本理论、基本知识;(2) 管理信息系统的分析方法、设计方法和实现技术;(3) 具有信息组织、分析研究、传播与开发利用的基本能力;(4) 具有综合运用所学知识分析和解决问题的基本能力;(5) 获取信息的能力,掌握文献检索、资料查询和收集的基本方法,具有一定的科研能力和实际工作能力;(6) 了解本专业相关领域的发展动态。[19]

要实现这一目标,改革可从三方面入手:(1) 从专业教育本身入手,调整知识结构,扩大知识面。教学改革紧扣市场需要,增加学生在信息经纪业和其他非图书馆环境中作为一个信息专业人员时所需的知识、技能和观念。比如对信息市场进行调研、开发、评估和预测,对电脑软件进行开发、编制、应用、测试等,逐步让学生从封闭的专业教育体制走向开放的社会就业市场。(2) 突出学生的素质教育,加强能力的训练。素质教育是大学教育的重点,未来的信息管理人才应具备较好的思想素质,较硬的业务素质,较强的身体素质和较高的心理素质,尤其是较全的信息素质,包括信息意识、信息思维、信息技能;同时,提高各种实际能力,以适应社会不同行业、不同层次的职业的需求。(3)“通”在专业,“用”在行业。知识、素质、技能三者的统一结合,是一个当代及未来信息管理人才胜任工作的需要。[20]

2.2.2 专业特色的重立

图书情报学专业教育应坚持以本专业有关原理为核心内容,以计算机科学和远程通讯技术为本学科信息系统管理中应用的手段和工具,以管理学和经济学的知识作为本学科信息管理系统设计的思想和方法,并把三者有机的融合在一起。要利用信息采集、组织、存贮、加工、检索和提供服务等一系列原理、方法,在对文献型信息进行研究和管理的基础上,扩充对非文献信息的管理和研究,比如广告信息、资料信息、数据库信息、网络信息等,以适应社会的需要。要把研究用户信息需求的心理与行为规律,最终为用户提供最佳的信息服务这一主题内容,作为本学科特有的优势和研究范围。因此,对信息资源、信息系统及信息用户三者的研究和管理,应成为图书情报学专业的特色。[21]

2.3 专业课程体系的设置

2.3.1 课程体系设置的原则

培养目标的实现是靠课程的整合和设计来支持的。图书情报专业作为一门应用性和实践性都很强的学科专业,在进行课程设计时,应当综合考虑社会的需求、科技进步、学生利益、教师结构、学科发展、知识体系等多种因素。有的文章提出图书情报专业课程设置应遵循四种导向即知识导向、能力导向、市场导向、未来导向,并考虑下列原则:(1) 整体性原则;(2) 系统性原则;(3) 动态性原则;(4) 充分考虑学生的利益原则。[22]还有的文章提出课程设置的原则是“打好基础、强化应用、拓宽口径”。“打好基础”即注重理论联系实际,一方面为学生创造更多的实践机会,培养学生的综合分析能力、文字表达能力、计算机实际操作技能,另一方面改变原有的“填鸭式”教学方式,采取灵活多样的授课形式;“拓宽口径”即拓宽学生的知识面,除掌握基础课与应用课外,还应掌握一至二门专业学科的背景知识。[23]课程体系改革应遵循的原则是:(1) 专业性与广泛性相结合;(2) 适应社会需求;(3) 适应现代化与信息化的需求;(4) 保持传统特色,增强学术性与知识性。[24]并提出了构建信息管理课程体系的两种思路:一是分析研究被《新目录》取代的五种在《旧目录》中的课程规定,确立其中核心的课程并根据需要适当的加以调整;二是另起炉灶,根据信息管理的学科特点和市场对信息管理人才的需求设置课程。[25]

2.3.2 专业课程体系设计

图书馆学专业课程近年来既继承了传统的精华,又吸取了信息管理、信息技术方面的新内容。它的主干课程是:图书馆学基础、图书馆管理、信息管理概论、信息用户研究、文献编目、人文社会科学文献检索、科技文献检索、咨询与决策、信息市场学、文献计量学、信息经济学、计算机运用、系统设计与分析、计算机网络、数据库管理、文献学概论、目录学概论等。[26]在相当长的时期内,图书馆学教育的课程设置还会继续压减、浓缩及重组传统课程,并在此基础上延伸与拓展相关课程,其中主要包括知识的组织、开发、传播、管理与利用，以及在网络环境下为实现知识管理的相关课程等，从而使得21世纪的中国图书情报教育继续朝着综合化、社会化及多样化等方向发展，并与国际发展潮流接轨。[27]

在《目录》中，对于信息管理与信息系统专业，开列了经济学、会计学、市场营销学、生产与运作管理、组织战略与行为学、管理学原理、应用数量统计、运筹学、计算机系统与系统软件、数据库结构与数据库、计算机网络、信息管理学、信息组织、信息存储与检索、管理信息系统、信息分析与设计学等16门课程为主要课程。后来又选定了管理学原理、经济学、信息管理学、实践结构与数据库、信息组织、信息存贮与检索、计算机网络、管理信息系统等8门课为核心课程。它们从信息管理的科学基础、信息管理的基本理论、信息组织技术、信息处理过程、信息运行环境与信息管理系统几个方面，构成了严密的逻辑序列和知识体系。这一知识体系是信息管理专业教育和教学的核心内容，是这一专业生存与发展的基础，是区别于其他专业的主要标志，当然也应是专业评估的基本依据。[28]核心课程的确定既奠定了共同的基础，又为原有的各专业拓宽了发展空间。原有专业可根据自己的背景、条件及地区或行业的需要，设置背景基础课、通识课，以适应培养21世纪信息人才的需要。[29]有的文章综合研究各种文献，提出能够代表情报学学科独特性的课程有：情报学概论、文献收集与利用、分类法与主题法、文献检索、计算机情报检索、情报分析与研究、文献中心自动化、文献计量学、信息系统分析与设计、信息源、信息政策法规、信息资源管理、情报检索语言、市场情报学、连续出版物、索引与文摘、情报科学研究方法、Internet 概论等课程。[30]

近几年，我国各图书情报学院、系都对本学科专业的课程设置做了较大的调整，在体现学科信息化的前提下，构建专业口径宽、应用面广的课程新体系。这些新体系一般采取模式化的方式设置，即将各门课程按其内容关联程度划分为不同的知识模块，不同模块之间既互相独立，又具有一定的内在联系。各校可根据不同的培养目标，选取不同模块组合成不同的教学计划。根据有关的文献[31][32][33][34][35][36]，对于信息管理与信息系统专业，模块的划分主要有以下几种观点：

(1) 划分为两大模块，一是经济类的课程，如财政与金融、国民经济统计、会计学、管理学、市场营销学、市场调查与预测；二是计算机类的课程，如计算机原理、操作系统、程序设计、计算机实用软件、数据组织与管理、管理信息系统、计算机网络等。

(2) 划分为信息知识模块(文献信息学概论、文献分类与主题标引、情报检索、信息资源建设、文献揭示与组织)、系统知识模块(图书情报自动化管理、数据库建设、信息系统分析与设计、程序设计语言)、用户知识模块(信息服务与用户研究)。

(3) 划分为“以图书情报学基础知识为主体，突出计算机等现代信息技术基础，构建图书情报、现代信息技术与人文自然科学等三个知识模块和各专业方向模块”。

(4) 划分为“信息管理理论基础知识模块、信息组织整序和开发利用知识模块、信息技术及应用管理知识模块、信息商品经营与信息机构管理知识模块”。

(5) 按信息管理专业培养目标，划分“信息管理理论及技能、现代信息技术及应用能力、应用领域知识及信息开发技能三个模块”。

(6) 划分为三大模块：文化基础课（如英语、政治、数学、计算机、体育等）＋专业课＋相关背景知识（如管理学、市场学、经济学、心理学、传播学等)。单就其中的专业知识而论，又可以从不同的思路来进行模块的组合：①信息理论(包括导论、事业、历史、研究性的课程)＋信息方法（包括手工和自动化的信息分类、编目、检索、利用、服务）＋信息技术（包括程序设计、数据库系统、数据结构、信息系统的分析、实际与管理及网络信息的利用与管理等)；②按照管理的程序，由信息的组织与加工＋信息服务与利用＋信息系统开发与设计三大知识模块构成；③完全按照技术手段的高低，由信息手工管理＋信息系统管理＋信息网络管理三大知识模块组成。

(7) 划分为五大知识模块：①信息管理的基础知识——数学（包括会计学、统计学)；②信息管理的背景知识——经济学、管理学（包括市场营销学、生产与运作管理、组织战略与行为学等)；③信息管理的原理知识——信息管理原理（包括信息资源建设、信息组织、信息存贮与检索、信息传播、信息服务与用户研究等)；④信息管理的技术知识——信息处理技术（包括计算机系统与系统软件、数据库结构与数据库、计算机网络、管理信息系统分析与设计、多媒体技术等);⑤信息管理的相关知识(如市场学、法学、心理学等)。

(8) 划分为"专业基础知识(英语、高等数学、线性代数、概率与数理统计、离散数学),专业背景知识(科技概论),计算机科学及信息技术知识(计算机基础与操作、数据库语言、高级语言程序设计、数据结构、网络基础、PASCAL 语言、因特网络概论、多媒体技术、情报系统设计、通讯技术概论、文献中西自动化),专业知识(情报学概论、大众传播学、文献处理技术、情报检索语言、专利与专利文献、专业英语、情报分析与综合、文献计量学、科技文献检索、情报源、系统工程、市场情报学、科技期刊、市场营销学等),工具性知识(科学研究方法、科技写作、第二外语)"五大模块。这五大块的知识有机配合,形成未来科技情报专业人才必需的知识结构。

(9) 划分为信息管理理论模块(开设信息管理学导论、信息科学基础等课程)、信息管理技术模块(开设计算机原理、数据结构与数据库、计算机系统与系统软件、计算机信息网络与通讯、网络信息资源开发与管理、智能信息系统、信息系统分析与设计等课程)、信息管理方法模块(开设信息资源建设、知识信息组织、信息存储与检索、信息分析与预测、信息计量学、信息服务等课程)、信息管理组织模块(开设社会信息系统管理、信息经济学、信息政策与法规等课程)、信息管理基础知识模块(开设高等数学、管理学、经济学、法学、传播学等课程)。

无论采用哪种模块化课程体系,都突出了计算机、网络等现代信息技术与信息管理的有机结合,基本体现了图书情报学科专业的特征。但是,从总体上讲,这些课程设置的系列化和系统化较差,特别是各独立课程之间的内在联系、课程体系之间的循序渐进和逐步深化的逻辑体系还不够。因此,这就要求做到:(1) 不管采取哪种思维模块来组建学科体系,都应做到"三结合",即理论与实践的结合、传统与现代的结合、专业与技能的结合;(2) 在信息技术日益成为专业核心课的同时,应加强和重视理论课程的教学,将研究的最新成果,包括理论研究的新方面、事业发展中取得的新成就、工作中总结的新规律、学科建设中出现的新分支等,以增设专业选修课或专题讲座的形式,及时充实到教学内容中;(3) 各院系可根据自身的办学优势及所在地区的经济发展需要,突出强化某一专门类型的信息管理教育,比如经济信息、商业信息、外贸信息、农业信息、医学信息等,以便培养学生成为"一专多能"能够胜任具体行业和部门的信息管理和服务的人才。[37]有的文章指出,我国信息管理专业普遍存在知识面太窄、课程内容落后于计算机技术的发展、动手能力比较弱、许多学校的计算机课程仍然是孤立的一两个点,没有形成一套相互衔接、相互补充、不断深化的一体化课程。因此,可考虑制定学分制式,必修、限选、任选三位一体的主辅修相结合的教学体系。[38]

还有的文章针对目前图书馆学情报学课程设置存在的三种倾向("经济商贸"倾向、"文献信息+计算机+英语"、"信息技术"倾向),指出未来一段时期内,图书馆学情报学专业课程设置,要适应新技术革命的要求,注意长远教育理念与短期市场需求的协调,注意与本专业的培养模式相适应,注意图书馆学与情报的视界融合,课程应反映新知识点的增加,计算机课程除语言类和工具类外,重要的是要增加面向任务和对象的课程。图书馆学情报学专业的核心课程应当围绕知识的组织与检索展开,所以有关信息标引、信息检索的课程应保存,计算机课程应为工具性课程,而非本专业的核心内容。并由此提出了图书馆学专业和信息管理与信息系统专业本科课程设计方案。[39]

2.3.3 课程体系设置的改革

(1) 立足素质教育,培养复合型人才,要注重能力的培养,招生文理兼收。

(2) 确立与复合型人才相适应的培养模式,实施个性化的培养方案和培训计划。

(3) 实施开放教育,推进终身教育。

(4) 重新设置合理的课程体系,加强核心课程及相关课程建设,调整必修课与选修课的比例,大力推进双学位制。

(5) 进一步推进教学内容体系和课程建设改革,实现教学内容的优化组合。课程教学内容必须具有前沿性,能够反映学科发展及教学改革的新观点、新思想、新方向,要对原有课程内容进行提炼和缩减,去掉一些陈旧、过时的内容,增加反映现代社会、经济、科技发展成果的新内容,使教学内容更新颖,更精炼,增大课堂教学的信息量。[40]开拓领域,发展电子商务专业教育事业。[41]

(6) 加大优秀教材建设力度。无论是内部教材还是公开出版的教材,均应在各高校之间互相交流,相互参考和借鉴。强调图书情报学专业期刊的教育职能,以专业期刊的新颖性和及时性去弥补一些正规教材的滞后性和陈旧性,把专业期刊的实践性与正规教材的理论阐述相结合,通过期刊的连续性来了解和认识图书馆和情报事业的发展过程。

(7) 加强师资队伍建设,加强重点培养和师资交流。教学改革的关键是建设一流的师资队伍。这就要寻求能够统管全系师生员工的领军人物(包括学术领军人物、管理领军人物和理财领军人物),并逐步培养出一批具有较高水平的教学后备人才。[42]

(8) 大力开展现代化教学方法与教学手段的改革。要更新观念,改革教学方法,注重能力培养,强化实践环节;加大 CAI、CAD 等现代化教学手段的使用范围和深度,引导有基础的课程开发和使用电子教案及多媒体课件,充分调动和发挥学生的主观能动性;在教学中积极实行启发式和讨论式教学,提倡以探索为主的教学方法,激发学生独立思考和创新的意识。

(9) 建立健全教育质量评估体系。有的文章指出,评估体系主要应包括三大模块,即学科建设、课程设置及效果、毕业生适应状况等。其内容主要包括:学科建设方向、重点,师资数量、专业、任课和所学专业、研究方向的一致性,教材建设和教材选用、课时分配、学期开课和教学计划的统一性,教学大纲、教案的系统程度,理论与实习、实验的比例,教学与实践、实习的比例,学生意见反馈,毕业生从事工作的胜任程度、研究生考取比例、科研项目承担和获奖情况等等。[43]还有文章认为,"评估内容包括办学层次、师资力量、经费投入、教学水平、课程设置、教学管理、科研能力、图书资料和实验设备等。评估要尽可能量化,可借鉴美国图书馆界对专业教育的认可制度,图书馆学术组织有权对各院系办学水平和人才培养质量作出权威评价"[44]。通过评估,可发现教育的优势和存在的问题,促进教育质量的提高。

(10) 建立比例适当的教育层次。我国图书情报学教育,至今仍以本科为主,与西方国家"以研究生教育为主"有所差异;同时,中专与大专层次也较薄弱,因此显得各层次间比例不当。本科生的培养目标是我国当前图书馆情报学教育的核心,因此,应将改革的重点放在改善知识结构、提高社会适应能力上,同时适当控制招生规模。研究力量强的重点高校以及科学院系统应将图书情报学的研究生教育摆在优先发展的位置。中专与大专教育在当前是图书情报教育中较薄弱的层次。为适应社会需求,应特别重视初级人才的培养,尽快多创建几所图书情报中专或在某些高校设立中专教育,培养更多的初级人才,以形成合理的人才结构。[45]

(11) 走产学研相结合的道路图书情报学办学单位应注重将科研成果转化为现实的生产力,开发出具有市场前景的信息产品,并逐步形成一定的产业规模,走产学研相结合的道路。"产学研一体化"模式具有多方面的优势。它可以丰富教学手段,增强教学效果。教学与产业相结合,首先要求各系所开设的课程能够适应市场经济条件下国内外信息产业发展的需要。还要求用市场经营思想来指导教学改革活动,包括教学目标、教学内容、教学方法、师资队伍建设等各个方面,要将竞争观念、效益观念、特色观念逐步引入到教学改革活动中,以期获得最佳的教改成效。具体要求是:(1) 将与课程相关的最新理论成果和学术动态随时充实到教学内容之中,实现科研成果和教学内容的结合与互动;(2) 将正在承担的相关课题作为教学内容充实课堂,让学生参与综合性、整体性很强的科研活动,实现教学与科研、教员与学生的结合与互动;(3) 在传播基本专业技术理论的同时,将其教学工作与技术开发层次的科研工作融为一体[46][47]。科研成果只有尽快实现产业化,才能为本系的各项教学改革活动积累一批资金,保持并扩大本系的科研优势,巩固本系在全国同类学科领域的领先地位。

另外,还有文章讨论了图书情报教育改革中应解决以下问题:(1) 专业建设与适应市场需求的问题;(2) 传统知识与新技术内容的传授问题;(3) 知识传授与智能培养的问题;(4) 专业教育与相关知识教育的问题;(5) 关于采用现代化教学手段的问题。[48]

2.4 图书情报学教育的发展趋势及对策

2.4.1 发展趋势

图书情报教育呈现出社会化、自动化、信息化、网络化相互关联的发展趋势。[49][50][51](1) 教育目标的社会化:这又表现在三个方面:知识结构的综合化、能力的创造性和需求的层次化。(2) 教育内容的信息化:这是 21 世纪专业教育的方向,包括电子化教育、远程教育、网上课程开设及多媒体软件的运行。为适应各专业的需要开设一些有共性、适用的“信息”课程，除主要涉及信息的生产、获取、组织、存储、检索、传递、分析、利用、沟通等环节外，还应涉及与信息有关的伦理、需求、行为、法律、经济、环境等方面，为社会培养既具备网络运用与开发技术，又具备信息处理、信息管理与信息系统整合能力的电子商务复合型人才。(3) 教育手段的网络化：未来的图书馆学教育是全新的正规教育、专业教育、用户培训和普及教育并存，并且辅之以多种现代化教学手段，其中网络化远程教育具有广阔的发展前景。“通过信息高速公路的网上教育，可以减少 40%的时间和 30%的费用，而多学 30%课程。”通过利用计算机技术、现代通讯技术、网络技术、多媒体技术，学生还可以学到最好的老师讲授的课程，可以同老师进行对话、研讨问题，提高学习效率。(4) 教学方法的多样化：有启发式教学法、双向式教学法、讨论式教学法、指导式教学法、直观教学法、自学指导法、社会实习、参观访问等。

近年来图书情报学教育改革的重要成果之一是图书馆学专业朝着信息化方向加强发展。因此，要致力于“信息管理学科群”的建设，以信息理论、信息技术、信息加工、信息服务为主线，以学术信息管理为主要研究对象，同时兼顾社会经济等其他各类信息管理。为适应“知识管理学科群”的建设，有的文章提出应建立文献知识学专业，使图书馆事业不再仅仅是一个为社会提供文献服务的事业，而是将文献知识的研究、开发和利用作为自身的事业和本质工作。并由此进一步指出，图书情报专业培养的人才要面向三个层次：第一个是文献层次，即文献所含的信息；第二个是电子层次，即电子型的信息；第三个网络层次，即网络信息的获取、组织、加工、处理、开发和利用。从而使得图书情报学在未来的社会、经济和技术环境中，在以下三个方面发挥作用：(1) 在社会信息化的进程中发挥作用；(2) 在知识经济的发展中发挥作用；(3) 在国家创新体系的创立过程中发挥作用。[52]

2.4.2 应采取的对策

有不少文章在分析我国图书情报学教育的现状的基础上，对目前我国图书情报学教育存在的问题进行了深刻的思考，提出了解决这些问题的对策；同时，在充分考虑我国国情的基础上，有选择的介绍了国外图书情报改革的成果及经验。借鉴这些经验，可以大大促进我国图书情报学教育发展的进程，其主要内容有：

(1) 要顺应知识经济发展的趋势，紧紧抓住信息产业和信息技术发展的机遇，改造并发展图书情报专业教育；要根据市场需求的变化及时地进行教学机构的调整和教学内容的更新。[53]

(2) 在课程设置上，减少必修课，增加选修课，并致力于建立一种动态的课程体系，在具体实施中主要采用模块方法；[54]加大高新信息技术与本专业紧密结合的课程比重，注重课程设置的系列化、系统化和逻辑性；[55]在教学与科研结合，理论与实际结合方面，应特别注重对学生动手能力和实际工作能力的培养。

(3) 在课程内容上，突破传统图书馆学单纯以作为机构的“图书馆”为研究主体的限定性框架，抓住包括图书馆学、文献学、档案学、编辑出版乃至信息学在内的全部学科的共同特征，即对信息资源的管理，引入“旧三论”(系统论、控制论和信息论)、“新三论”(耗散结构理论、超循环理论和自组织理论)以及最新的认知科学、领域分析等内容，建立起崭新的图书情报学理论；采用新兴的信息技术作为图书情报学的技术基础，改变过去只注重独立研究而忽视学科横向交流的固有体制，而从人文、技术、经济三维对信息资源进行全方位的研究。[56]不仅如此，“信息技术的发展趋势 (包括计算机与远程通讯技术的结合、与多媒体技术的结合等)、信息内容的丰富和复杂所导致的信息结构的复杂性、教学设计理论和认知学对技术的影响等都应成为课程中的一部分”。[57]

(4) 加强中青年学术梯队建设，尤其是要加强中青年骨干教师的培养；扩大研究生招生规模，提高人才档次，完善人才培养层次，[58]注重人才培养质量，建立比较完善的评估认证制度。

(5) 开展合作办学，便于吸引其他领域的专家加入师资队伍，利用交叉学科产生的优势，创造出一种知识技术，引导学科前进。科研领域应集中于网络资源研究，信息技术在信息管理中的应用研究，信息与经济、社会关系的相关研究等三个方面。[59]

(6) 加强图书情报教育立法，政府对图书情报学教育应给予充分的关注。[60]

3 图书情报学研究生教育

3.1 培养目标及课程设置

研究生培养目标应随着社会信息环境的变化而变化。有的文章认为，在数字时代，研究生培养的目标应转移到创新能力上来。并且提出，研究生课程应由两部分组成,即专业基础课和研究方向课。专业基础课教学目标是使研究生"在本学科上掌握坚实的基础理论和系统的专门知识"(硕士生)或"在本学科上掌握坚实宽广的基础理论和系统深入的专门知识"(博士生)。这是宽口径培养人才的基础。专业基础课的核心是"信息的组织、存储、检索与管理"。围绕这一核心,可考虑将专业基础课设置为两部分。一是核心必修课。必修课主要讲授图书馆学、情报学、档案学、目录学的基本理论、学科历史、学术流派、发展前景、研究进展、教学方法等内容。二是相关课程模块。建议设置五个课程模块:(1)信息组织与检索系统模块。主要讲授研究信息组织的技术,包括标引语言、标引方法、书目控制、索引与文摘、现代检索系统尤其是网络系统的设计、数字图书馆关键技术等重大理论与技术问题,互联网信息组织等等。(2)信息资源与评价模块。主要讲授社会信息资源建设的理论与方法,各类信息资源研究,信息资源的选择、评价政策以及社会科学、人文科学、自然科学、工程技术领域的信息源及其选择、评价、政策理论。(3)信息服务模块。主要讲授信息服务研究的理论与方法,包括社会信息需求研究、用户研究、信息保障理论、书目情报服务理论,以及相关专业服务如档案服务、古籍服务等等。(4)管理科学模块。主要研究图书情报领域的行政管理、图书情报系统设计管理、数字化图书馆管理工程、图书情报人力资源、项目预算与财务管理等内容。(5)图书情报环境模块。主要研究图书情报领域的法律、经济以及相关的政治、文化、伦理等问题。[61]还有文章提出,要深化与拓展研究生学位课程的内容体系,即在情报学基础理论课程的组织上深化其内容,在应用技术的教学上提高课程的"技术起点",在管理研究的教学实践中不断更新教学内容,从人才培养的知识结构构建中拓宽课程的知识面。由此要作到:(1)将传授知识与创新能力的培养结合;(2)课程教学与课程实践相结合;(3)课程教育与研究创新相结合;(4)建立教学质量的综合检验与评价体系。[62]

3.2 问题与对策

我国图书情报学研究生教育虽已取得长足进展,但近来受到信息环境、市场经济及整个社会大环境的冲击和影响,一些问题和矛盾逐渐显现出来:(1)优秀生源偏少,选择的余地不大;(2)培养规格、类型仍欠丰富;(3)实验研究和创新能力的培养,总体上与国际先进水平相比还有较大差距;(4)培养质量的保证和激励机制还不完备;(5)在培养条件方面,投入强度偏低,科研经费短缺,实验条件较差;(6)在学位授予与培养体系方面,存在着如何解决相对集中与合理布局、社会需求与培养条件的矛盾。[63]

解决这些问题和矛盾的途径,根据有关文献[64][65][66]归纳起来有:

(1)把教育重点切实转移到提高培养质量上来,促进学位授予单位加强建设,完善学位与研究生教育质量保证体系,大力培养高层次应用型、复合型人才。

(2)调整结构,优化培养方案。根据《授予博士、硕士学位和培养研究生学科专业目录》的要求,实行分层次培养,按一级学科打基础,按二级学科培养提高,按三级学科确定研究生的主攻方向。

(3)重新考虑课程设置,要重视对于图书馆学情报学理论与实践中的热点、难点问题的研究。未来一段时间内,图书馆学专业硕士课程中应引入虚拟图书馆、虚拟图书馆的信息资源建设、图书馆集成管理系统的设计与维护、网络导航、电子出版与数字图书馆等内容;信息管理与信息系统专业硕士课程中应引入网络信息资源的组织、数据库建设、网络信息检索与咨询、全文检索技术、信息检索语言高级专题等内容。

(3)注意个性化教育和创新素质教育,硕士生培养要强调实用性,解决理论与实际相结合的问题,要创造更加宽松的环境,更加活跃的学术氛围和更加现代化的研究条件;博士生培养要强调学科前沿和学科间的交叉和渗透,要拓宽基础,拓宽知识面,改善知识结构,增强适应性。

(4)在研究生生源方面,应扩大有实践经验的在职人员的比例。

(5)建设一支结构合理、高水平、高素质、稳定与动态相结合的导师队伍。

(6)充分发挥学科点学术队伍的集体作用,改变单纯师徒式的培养模式,使学科点与培养单位的学术优势相互补充,或采取指导小组的方式来培养研究生。

有的文章统计分析了1997～1998年我国图书馆学情报学研究生研究方向得出的结论为:(1)理论研究、目录学研究趋于平稳并略有上升;(2)情报(信息)分析与研究方向仍是情报工作的重点;(3) 信息学理论基础研究平稳发展;(4) 信息技术应用的研究备受重视;(5)信息处理及管理研究普遍化;(6) 网络研究比重较小。文章还对 1988～1997 年研究生学位论文选题范围进行了统计分析,结果发现:(1) 部分传统科目的论文数量有所减少;(2) 信息学基础理论研究自 90 年代以来成为选题重点;(3) 信息技术与应用、信息处理及管理研究历年都是选题重点;(4) 信息服务和用户研究的论文数量略有上升;(5) 系统设计与开发、数据库、网络研究选题所占比重小。由此,作者提出了 21 世纪图书馆学情报学研究生教育的走向是:(1) 加强图书馆学等基础理论的建设和完善,调整和更新基础研究内容,以适应新形势和新技术的发展;(2) 增加具体的信息技术与应用、信息处理及管理等研究方向,促进理论和实践的结合。[67]

研究生教育是图书情报学教育未来发展的重点。只有牢牢抓住提高研究生培养质量这一中心,适应信息化发展的趋势,不断深化研究生教育和教学改革,才能把一个结构更加合理、质量和效益更高的图书馆学情报学研究生教育带入 21 世纪。

4 图书情报学继续教育研究

图书馆事业的发展需要高素质人才,而这种人才的培养不能仅靠目前专业教育体系的职前教育,必须进行拓宽专业口径的改革,并建立图书馆学继续教育体系,以解决信息管理专业毕业生与图书馆人才需要的矛盾,并从中探索出一条从根本上满足图书馆事业发展与图书馆学研究的人才需求之路。

4.1 继续教育的内容

有的文章认为继续教育应该包括三个层次的内容:(1) 培训(training):主要目的是使受训者能适应已有岗位的工作,如上岗培训;(2) 教育(education):主要目的是使受教育者适应未来工作,一般能授予学历;(3) 发展 (development):为满足本部门发展或个人的内在需要而进行的学习,如进修、访问学者、短期研讨班等。并提出图书馆学继续教育体系应具有以下特点:非学历教育为主、图书馆主导、适度的集约化教学。有的文章提出继续教育的内容可以划分为补缺型、更新型、拓展型等三个层次。[68]还有的文章提出继续教育应遵循针对性和超前性的原则,涵盖四个方面:(1) 更新观念 (增强服务观念,强化危机意识);(2) 培养良好的职业道德;(3) 补充提高多种知识及技能 (文化知识、专业知识);(4) 补充新知识 (计算机网络知识、人文知识、经济管理知识、公关社交知识) 等。并进而提出搞好继续教育的方法是:(1) 引导抓好自学;(2) 集中辅导;(3) 选送进修;(4) 业务讲座;(5) 举办学术研讨活动。[69]

4.2 继续教育的模式

继续教育模式是一个多层次、多角度的综合性概念。它包括继续教育的培养目标、培养形式、培养渠道和培养内容等。有的文章指出,继续教育的培养目标是为各级各类社会机构造就多层次多门类的文献信息与技术、学科专家复合型人才,必须注意继续教育的社会性、专业性和层次性;继续教育应因地制宜、因人而异的采取多类型、多途径、多系统的方式办学。"多类型"指既有补缺性质的培训班,又有提高性质的研究班;既有针对工作环节 (流程、岗位) 的专题培训班,又有更新内容的短训班;既有围绕某一新技术、新标准的学习班,又有系统学习业务的进修班;既有职称考核的辅导班,又有交流经验的研讨班;既有国内的进修班,又有国外的访问、考察活动;既有多种多样的非学历教育,又有学历教育。"多途径"指灵活采用面授、函授、电化教学、自学加辅导等多种教育途径。随着全球信息化的发展及"跨文化教育和培训计划"的逐步实施,"电子大学"将会出现,远程教学和分散教学将成为重要的教育途径。"多系统"指办学部门既有普通高校、成人高校,又有科研机构、企事业单位;既有政府各部委及其培训中心,又有各学术性群众团体、各民主党派。[70]为适合在职人员的特点,继续教育应采取"按需施教、学以致用"的方针,教学内容上要以实际应用为目的,教学方法上理论联系实际,学员要求上要重理解、多实践,要针对在职人员的年龄结构、学习与工作、生活环境、接受与理解能力等特点进行有针对性的教学。应广泛开展区域合作,区域间也要组成一个合理的师资结构,进行定期、序列培训。[71]

文章还指出,目前的办学模式以办学单位与有关行业系统联合办学最为适宜。因为这种模式是继续教育供求关系的有机结合,它不仅能使办学单位发挥师资雄厚、教学条件好的优势,有关行业系统发挥学员众多、经验丰富的优势,而且还能使它们从中得到互补和提高。随着信息网络建设的逐步完善,多功能现代化培训中心将成为一个行之有效的办学形式。它兼有继续教育、科学研究、信息资源开发与利用等多种功能。[72]

4.3 继续教育的发展趋势及对策

继续教育的发展趋势是:(1) 教育目标的综合化、创新化、层次化;(2) 教育形式的多类型化、多途径化、多系统化;(3) 教育内容的补缺化、更新化、拓展化;(4) 教育组织与管理的法制化;(5) 教育手段的网络化。[73]

针对这一发展趋势,必须采取相应的对策来发展继续教育:(1) 更新观念,提高认识,确立继续教育的战略地位;(2) 把握教育层次,改进教育方式,加强教育考核,提高继续教育质量;(3) 向更高层次延伸,实现从基本性培训和学历补偿教育向更新知识、全面提高素质的方向转变,把非学历教育纳入继续教育的大体系中;(4) 尽快颁布图书馆继续教育的政策、法规,建立全国性的组织指导机构;(5) 深化现有人事制度的改革;(6) 加大投入,实施远程教育,构建开放式继续教育网络;(7) 通过政策倾斜,使优秀人脱颖而出。[74][75][76]

5 图书馆学情报学远程教育

新技术革命一方面引发了图书馆学情报学信息人才供求、学科地位、学科体系、教育培养目标、课程设置等方面的诸多变化,对传统图书馆学情报学教育模式及教育理念提出了巨大的挑战;另一方面也为图书馆学情报学教育的发展开阔了更为广阔的空间。网络技术的发展,更是为图书情报学教育带来了前所未有的机遇。

5.1 图书情报学远程教育研究

网络远程教育是指利用先进的网络手段,实现教与学在时间和空间上相互分离的一种教学形式。它是高等教育的一次革命。它必将以崭新的教育思想、教学方法与教学手段建立起新的教学机制。这一机制有如下特色:教学资源数字化、教学工具计算机化、教学环境网络化、教学手段多媒体化、交流语言多语种化、教学课件规范化、教学活动个性化、教学方式智能化、教育发展产业化、教育组织国际化。[77]

我国教育部 1998 年推出的《面向二十一世纪教育振兴行动计划》,提出了实施现代远程教育工程、建立覆盖全国城乡的现代化远程教育网络、为构建终身教育体系创造条件的新世纪教育发展目标。1999 年 6 月全国教育信息化工作会议提出,要大力提高教育技术手段和现代化教育信息化程度,国家支持建设以全国教育科研网(CERNET)和卫星视频系统为基础的现代化远程教育网络。同年,国家教育部正式批准清华大学、北京邮电大学、上海交通大学、浙江大学、湖南大学等为我国首批开展远程教育的试点院校。各地电大也开始利用现代科学技术,发展网上教学。某些企业也推出了自己的远程教育网站。

远程教育所采用的技术手段已综合了最先进、最完整的信息技术,主要有:(1) 电话会议技术;(2) 电视会议技术;(3) 采用因特网提供的 Gopher、Web 地址和 E-mail 等。远程教育使教育对象摆脱了时间、地点的限制,提高了人性化、个性化和学员的主动性,并强化了师生之间的双向交互性。同时,电信、有线电视、卫星传播、因特网等方面的信息技术,正以人们预想不到的、崭新的方式相融合,为图书情报学教育的发展提供一系列网络远程化新手段。

5.1.1 图书情报学专业实施网络远程教育的意义

图书情报学专业实施网络远程教育的意义主要表现在四个方面:(1) 有利于图书情报人员的知识更新和继续教育;(2) 有利于满足社会对图书情报专业人才的进一步需求;(3) 有利于图书情报专业的师资调配,消除地区之间教学水平的差异,有利于教学资源的共享,提高整体效益;(4) 有利于图书情报专业教育的国际交流和合作。[78]

5.1.2 远程教育机构问题

关于我国图书情报远程教育机构问题,目前有两种观点:一种认为应以现有图书情报院系为依托,成立虚拟学院,提供整套的教学服务[79];另一种则认为,为充分发挥大学图书馆在信息资源、计算机设备和人才上的优势,应采取一种综合的、以图书馆为核心的发展模式,改革传统的文献信息检索课程的教学,开发、研制出新一代的“远程文献检索”和“计算机网络基础”课程的教学模块,将传统的参考咨询服务工作的方式和内容融到远程教育的发展上,使其服务更具有远程的功能,开设答疑信箱和虚拟的参考服务台,开展信息咨询和定题服务。[80]

图书馆学情报学远程教育的实施,离不开与其他相关机构的互助与合作。要加强与目前我国开展远程教育的站点、远程教育中心、学术团体、公共图书馆、大学、计算机专业机构及出版商的合作,建立虚拟综合大学,拓展远程教育内容。

5.1.3 远程教育的课程设置问题

有的文章在借鉴国外实践经验的基础上，进一步探讨了图书情报本科远程教育的课程设置问题，认为包括有以下16门：(1) 现代图书馆学概论；(2) 文献信息处理；(3) 信息管理学引论；(4) 信息组织与管理；(5) 信息开发与发布；(6) 信息产业与知识经济概论；(7) 信息经济学；(8) 专利与知识产权；(9) 计算机系统与应用；(10) 程序设计；(11) 数据结构；(12) 数据系统设计与管理；(13) 计算机网络技术；(14) 信息系统分析与设计；(15) Internt 信息资源开发与利用；(16) 多媒体信息处理技术。[81]

5.1.4 实施网络远程教育的方法

远程教育绝不是现在课堂教学的简单扩展和延伸，而是一次教学思想、教学内容、教学方法和教育模式的变革。对于如何加强我国图书情报专业网络远程教育的问题，有关的观点如下[82][83][84]：

(1) 更新观念

网络远程教育是21世纪的教育新模式，而不仅是进行成年教育的权宜之计。它不仅适应终身教育的要求，也极大的提高教学效益和效果，是教学或学习的革命，是信息化社会发展的趋势。

(2) 加强资源建设

教学资源是开展网络远程教育的基础。根据我国《现代远程教学工程》中的高等教育资源规划介绍，中国高等教育资源库建设应包括如下内容：①按学科门类建立和完善基本素材库，其中包括了图书情报专业方面的内容；②组织开发一批高质量的基于网络的多媒体课程，采用线索式、顺序式、积木式三种类型来构建现代远程教育的课程体系；③建立现代远程教育的学习辅助资源体系，包括以课程体系为单位的练习试题库、案例库和自动答疑系统。

(3) 采用多种教学形式

这又主要表现在三个方面：①教学层次的多样化：在网上提供整套的学位教育和在职培训课程（可通过如网授、自学考试辅导、专题研讨班、岗位培训，专题讲座介绍某一专题的发展动态等方式实现）；②教学模式多样化：包括"独自学习模式"、"一对一的学习模式"、"一对多的教学模式"、"多对多的教学模式"等；③教学手段的多样化：如通过实时播放软件 Relaplay 转播上课的实况，通过 Web 提供有关信息，通过视频点播 VOD 选择课件，通过电子邮件布置作业，通过 BBS 或 NewsGroup 进行专题讨论等。

(4) 抓好组织管理工作

有文章指出，网络环境下的远程教育并不仅仅是指技术媒体的变革，在技术媒体层面上还必须建立制度化的组织管理体制。远程教育是一种有计划和系统的教育形式，相应的要求在管理上以智能化网络管理代替人工管理，开展图书馆学情报学远程教育，除硬件、软件环境的培育外，还必须拟订、审核专门的培养方案和教学大纲等。网络远程教学组织工作的主要环节是：学生的管理、课件的传送、意见反馈和效果的评估，同时要加强有关部门的协调和合作。在学生的招收、课程的设置、课件的标准、资源的维护、教师的培训、教学质量的检查等方面都应该统一协调，并建立相应的管理机制。

(5) 搞好专业教师队伍建设

有的文章提出，培养和提高现有的教师队伍，需要"过三关"：第一，育人观，即树立新世纪的教育思想和教育观，育人为主、以学生为中心、为学生服务；第二，创新观，即要落实教育内容的创新、教学方法的创新、教案创新、课件创新；第三，技能观，要求教师学习和懂得计算机技术、信息资源数字化技术、网络技术和多媒体技术，能熟练的操作现代化设备。除了远程教育，另外还有文章介绍了数字图书馆教育的近况，结合我国信息管理学教育统计了我国数字图书馆教育课程。数字图书馆教育设计的课程具有以下特征：(1) 保证了如今我国信息管理学14门必修课（大部分集中于"图书馆理论与历史基础"），体现了学科教育的继承性；(2)开创了有关"数字图书馆技术基础"的课程："数字图书馆知识组织"、"数字图书馆馆藏开发与维护"、"数字图书馆信息存取与利用"、"数字图书馆的社会、经济与政策问题"以及"数字图书馆的职业问题"方面的主修课程（共计31门），体现了学科教育的创新性与发展性。[85]

5.2 图书情报学网上用户教育

除了图书情报机构开设的用于远程教育的课程外，因特网上还提供了许多针对情报检索辅导与用户培训的教育资源。文献[86]将其归纳为三类：

(1) 网上用户教育计算机辅助教学软件，网址主要有：

①研究中心：URL http://www.hccs.cc.tx.us/library/Center.html

②图书馆研究超文本指南:URL http://www.library.comell.edu/okuref/tutorial.html

③虚拟图书馆用户培训家庭教师:URL http://www.lib.udel.edu/tutor/

④情报素养教学大纲:URL http://www.uwp.edu/Library/

⑤联机辅助写作范例:URL http://www.idbsu.edu/english/cguilfor/paradigm/

⑥英国伯明翰大学拥护培训网页:URL http://www.bham.ac.uk/uk/ccbl/wlg

⑦在WEB上开展培训:URL http://www.clark.net/pub/nractive/alt4.html 等。

(2)网上情报检索课程,目前主要有五种:

①情报检索方法 http://pi0959.kub.nl:2080/paai/onderw/barcpaai/barcpaai.html

②情报检索模式 http://pi0959.kub.nl:2080/paai/orderw/Ir/.html

③情报的组织与管理 www.cs.bilkent.edu.tr/david/cs533/cs533.html

④情报贮存和检索 http://ci.cs.vt/edi/cs5604/

⑤情报课程资料 http://Ls6.informatik.unidortmund.de/ir/teaching/等。

(3)网上用户指南:

这类用户教育资源是存在于网上的大量的情报检索与利用方法指南,如互联网旅行指南、新用户问题指南、因特网新用户起步、因特网中开放的ftp网址,等等。通过这些资源可以了解互联网,学会利用互联网情报资源。另外,因特网上还提供有许多书本式检索工具,如CA、CB、IM、IM、EI、CAB、WPI等检索刊物的使用方法说明,供初学者在网上学习。

参考文献:

[1]黄宗忠.新中国图书馆事业50年(续).图书情报知识,1999(4)

[2]詹德优.论我国图书情报学教育的进展.图书馆论坛,2000(2)

[3]柳晓春,涂启建.20世纪中国图书情报教育的成就与反思.高校图书馆工作,1999(4)

[4]王和平,赵继红.关于我国图书馆学教育的思考.图书情报工作,2000(1)

[5][44]杨沛超,宋艳华.改革大潮中的中国图书馆学教育.图书馆学研究,2000(1)

[6]李咏梅.迈向21世纪的图书情报高等教育课程改革.四川图书馆学报,1999(5)

[7]郑全太.80年代以来我国图书馆学学科体系建设的回眸和前瞻.图书馆学研究,2000(3)

[8][18][24][33][45][51][52]邓亚文,詹德优.近几年来我国图书情报学教育研究综述.河南图书馆学刊,1999(9)

[9]彭斐章.新中国图书馆学教育的回眸与思考.图书情报知识,1999(4)

[10][16][23]赵阳.从社会需求看面向21世纪的我国图书情报教育改革.图书情报工作,1999(4)

[11]项清焕.知识经济与图书情报教育的变革.图书馆学刊,1999(1)

[12][17]张素芳.CIO:图书情报学教育改革的培养目标.情报理论与实践,1999(3)

[13][28][40]杨文祥,王景明.关于信息管理学学科建设和专业教育的若干思考.中国图书馆学报,1999(3)

[14][25][31]初景利,杨沛超.关于信息管理专业教育若干问题的思考.大学图书馆学报,1999(2)

[15][30][35][38]刘玉波.数字化网络化时代情报科学教育研究.情报杂志,1999(3)

[19][26][29]柳晓春,方平.中美图书信息教育改革与发展述评.中国图书馆学报,2000(3)

[20][32][37]廖璠.教育改革与信息管理人才培养.大学图书情报学刊,1999(2)

[21][34]廖璠.改革中的信息管理专业教育特色与学科定位.图书情报知识,1999(3)

[22]马费成.数字时代图书情报专业教育的目标及其实现.图书馆建设,2001(1)

[27]李后卿.21世纪中国图书情报教育的走向.高校图书馆工作,1999(4)

[36]詹德优.图书情报学课程设置的演进与课程体系构想.见:马费成等主编.首届中美数字时代图书馆与情报学教育发展国际研讨会暨2000数字时代图书馆与情报学教育发展高级研讨班论文预印本,2000

[39][65]吴慰慈,董焱.新技术革命对图书馆学情报学教育体系变革的影响.中国图书馆学报,2000(2)

[41][49]李丽媛.知识经济时代图书情报学教

育的改革.津图学刊,1999(2)

[42][47]肖明.论信息管理教学改革的关键和主要方向.中国图书馆学报,2000(3)

[43][71]裴成发.我国图书馆学情报学教育的改革与思考.图书馆,1999(5)

[46][50]郑建明.论信息管理与信息系统专业教育的若干问题.江苏图书馆学报,2000(4)

[48]詹德优.知识经济与图书馆学教育的发展.图书情报知识,1999(2)

[53]邱均平.美国图书情报事业和教育观感.图书馆建设,2001(1)

[54]景海燕编译.在困境中改革发展的美国图书馆学信息学教育.图书馆杂志,1999(2)

[55]史卫华.中韩图书馆学情报学教育比较.图书馆工作与研究,1999(5)

[56]丁蔚,倪波.中美图书情报学研究生专业课程比较研究.图书情报工作,2000(5)

[57]邓虹.美国图书馆学信息学教育的改革.图书与情报,2000(1)

[58]陈传夫.中美图书馆与情报学师资队伍的比较与启示.图书情报工作,2000(4)

[59]黄奇,朱庆华.国内外信息管理学科群建设的现状及发展对策.图书情报工作,2000(7)

[60]李常庆.中日图书馆学教育之比较研究.大学图书馆学报,1999(1)

[61]陈传夫.中美图书馆与情报学研究生学位制度的比较与启示.图书馆建设,2000(1)

[62]胡昌平.信息化时代情报学研究生学位课程的深化与拓展.图书馆建设,2001(1)

[63]吴慰慈.迈向21世纪的图书馆学情报学研究生教育.图书馆,2000(1)

[64]彭斐章.迈向21世纪的我国图书馆学情报学研究生教育.中国图书馆学报,2000(1)

[66]周晓燕.图书馆学研究生教育的时代要求和走向.晋图学刊,1999(4)

[67]李新华.我国图书馆学情报学研究生研究方向与学位论文选题统计分析:兼谈21世纪研究生教育走向.图书情报工作,1999(6)

[68][73]詹德优,党跃臣.面向21世纪图书情报学继续教育的发展趋势.中国图书馆学报,2000(3)

[69]史晓玲.新时期图书馆员继续教育问题浅探.图书馆学刊,2000(1)

[70][72]詹德优.论我国信息资源管理人员的继续教育.图书情报知识,1998(6)

[74]李桂兰.新世纪高校图书馆员继续教育的障碍与对策.图书情报工作,2000(9)

[75]许玲.汲取国外经验,发展我国图书馆专业继续教育.图书情报工作,2000(8)

[76]李蓓.美国图书情报教育三十年来的发展历程及趋势.高校图书馆工作,1999(1)

[77][84]周宁.虚拟大学与新世纪图书情报教育.见:马费成等主编.首届中美数字时代图书馆与情报学教育发展国际研讨会暨2000数字时代图书馆与情报学教育发展高级研讨班论文预印本,2000

[78]黄晓斌.图书情报学专业网络远程教育初探.中国图书馆学报,2000(5)

[79][81]周宁.图书情报远程教育初步研究.现代图书情报技术,1999(5)

[80][82]李丽君.大学图书馆在远程教育中的优势和发展方向.图书馆论坛,2000(10)

[83]詹德优,雷燕.网络环境下的图书馆学情报学远程教育.河南图书馆学刊,2000(1)

[85]盛小平.我国数字图书馆教育初探.图书馆建设,2000(4)

[86]陈文勇,齐永家.因特网中的情报用户教育资源.大学图书馆学报,1999(3)

部分图书馆学院系选介

白求恩医科大学医药信息学系

[发展沿革] 白求恩医科大学信息管理与信息系统（医、药）专业是经国家教育部和卫生部共同批准建立的本科专业系科,1985年正式招生。1985年至1987年为四年制本科教育,1988年起改为五年制本科教育,学生完成教学计划规定的全部课程,取得规定的学分,授予医学士学位。该系英文

全称为：The Department of Medical and Pharmaceutical Informatics, Norman Bethune University of Medical Sciences。著名生理学家傅方浩教授、医学教育家王兆安研究员曾先后担任该系系主任，现任系主任为陈茜教授。

[专业设置与调整] 该系名称先后发生两次变化，专业名称经过三次调整。原系名为图书情报学系，下设图书情报学（医学、药学）专业；1994 年更名为医药信息学系，下设信息学（医学、药学）专业；1998 年更名为信息管理与信息系统（医、药）专业，2000 年院校调整后并入新的吉林大学。

[本科教育] 培养目标：培养具有坚实的医药学专业知识和计算机基础，系统掌握信息管理的基本理论，有较强的应用计算机等现代技术进行信息处理和信息资源管理能力的高级专门人才。该专业面向全国招生，年招生人数约 30 人。据 2001 年 9 月统计，目前在校本科生共 153 人，已毕业本科生共 11 届，328 人，分布在北京、上海、天津、广州等 21 个省、市、自治区的高等医药院校信息管理部门、各级医药信息研究机构和医疗企业、药业集团工作。

[短期培训] 受卫生部医学信息工作管理委员会的委托，该系承担了对全国医药卫生科技成果查新咨询骨干人员的培训任务，分别于 1994 年和 1998 年进行了两次培训。同时接受北京中日友好医院图书馆等单位人员的短期进修。

[机构编制] 根据学校实际，医药信息学系与校图书馆实行“统一领导，编制分开，优势互补，共同发展”的结合型管理体制。目前学系设有信息管理学、信息应用研究、文献检索、计算机教学和专业外语五个教研室，文献资料室、计算机实习室、视听教学实习室，以及系办公室和学生工作办公室。上述各教研室除完成正常的本科生教学、科研任务外，与校图书馆、计算机中心、电教中心结合，分别承担学科建设和基础理论研究、生物医学信息和应用技术研究、学校各层次医学生和教医研人员的文献检索课教学和培训、医药卫生科技项目查新咨询以及校园网建设等任务。在实践中，一方面提高了教师的素质和实际工作能力，另一方面也促进了教学工作和图书馆工作的开展。

[师资队伍] 现有在职专职教师 16 人，其中教授 3 人，副教授 4 人，讲师 7 人，助教 2 人，平均年龄 38 岁。专职教师中，毕业于信息管理与信息系统专业 11 人，外语专业 3 人，医学专业 2 人。该系有 5 人先后在美国西蒙斯大学、武汉大学、吉林工业大学、南开大学、日本爱知淑德大学院取得硕士学位。除专职教师外，该系还拥有一批具有一定理论水平和丰富实际工作经验的兼职教师。学系特聘国内外医药界和图书情报界部分知名专家学者为客座教授。

[课程设置] 主干学科：医学、药学、信息管理学（包括计算机技术、专业外语）。普通基础课和医药学基础课程（包括实验实习课）基本上与学校临床医学专业和药学专业同步，实行“前期趋同，后期分化”的培养模式。临床医学课程和部分药学课程单独开设，提高教学的针对性和实用性。学系共开设信息管理类专业课程 20 门，总计 1586 学时。主要课程有：管理学原理、信息管理学基础、信息经济学、信息组织、信息存储与检索、数据库结构与数据库、计算机网络、文献计量学、信息分析研究和专业英语等。课程设计强调医药学专业背景知识、信息管理学理论和方法、计算机操作技能和专业外语水平。

[设备条件] 该系重视教学设施建设。拥有实习用计算机约 30 台，中外文光盘数据库 7 种，多媒体教学设备以及由世界银行贷款资助的现代化视听、缩微等设备，并与美国 MEDLINE 等系统实现联机检索，可进入因特网实现网络检索教学实习。资料室拥有专业期刊 50 余种，其中，国外专业期刊 8 种，图书及实习用书逾千册。

[人才培养] 学校主管部门和学系领导重视人才培养，鼓励青年教师多渠道、多途径提高自身素质，更新知识结构，提高从教能力和科研能力；学系鼓励专职教师参加信息管理工作实践；学系鼓励教师走出课堂，与医学研究人员或医药企业科研人员合作，利用自身的优势为经济建设服务。在 1998 年全国高等医学院校文献检索课教学观摩比赛中，该系青年教师曾获得一等奖。建系之初，曾先后选派 5 名临床医学专业学生分别在华东师范大学、南开大学等单位系统学习图书馆学、情报学知识，培养师资力量。选派优秀教师赴美国、加拿大和日本等国进修学习。目前，有 1 人在日本北理大学攻读博士学位，3 人分别在吉林大学、吉林工业大学和东北师范大学攻读硕士学位。该系每年选派 1～2 名中青年教师去兄弟院校进行调研、考察、学术交流、进修或短期学习。

[教学改革进展] 近十年来,该系结合医药信息领域与经济发展实际,从学科发展和国家医药科技发展战略出发,在教学改革中,注意加强对学生专业基础理论、基本知识和基本技能的训练,拓宽专业培养方向,增强专业的适应能力,对本专业教学的各个环节进行改革。例如:削减、改造和新增了部分信息管理学类课程,调整和增加了部分医药学类课程,加大了计算机情报检索、科技成果查新、信息研究方法以及专业外语的教学力度,强调对学生科学思维能力和专业技能的培养。学系重视教学方法和教学手段的研究,1998年,在信息管理学类课程中率先研制并试用多媒体课件辅助教学,先后有6门课程编有多媒体教学课件,2000年在校内课件评比中分获一、二、三等奖。《文献计量学》课程编有用于光盘套录信息处理的教学软件(CDSAS),使教学效果有了明显的提高。反馈信息表明,上述改革成效明显,已经得到了用人单位的一致肯定和好评。

[科研成果] 近五年来,承担吉林省卫生厅、吉林省教委、辽宁省社科院、长春市计委以及本校高等医学教育与管理研究所科研项目28项,获得项目资助经费20余万元。发表学术论文约100篇,出版专著或教材9部,获省级科研成果一等奖一项,校软课题成果一、二、三等奖各1项。该系重视教材建设,《医学文献检索实习与指导》曾获学校优秀教材二等奖,在全国医药院校文献检索教学和人员培训中广为使用。该系重视情报研究工作,积极参与卫生部对学校重点学科的评估等工作,为科学管理和决策服务,一些研究成果得到了学校管理部门和有关专家的高度重视和评价。

[对外交流] 多次邀请并接待了来自美、加、日、德等国和世界卫生组织的专家学者讲学和参观访问。曾邀请美国著名情报学家陈钦智教授、美国西蒙斯大学图书情报研究生院院长斯图亚特博士等专家访问讲学。该系重视同国内外医药企业的联系与合作,曾得到德国通益制药有限公司、长春迪瑞生物制品有限公司等企业以教学设备购置、奖学金或助学金等形式提供的赞助。与湖南医科大学、同济医科大学和中国医科大学等院校的医药信息学系,以及中国医学科学院医学信息研究所、国家医药管理局情报所和吉林省卫生信息研究所等单位建立了长期稳定的学术联系。

[未来的发展] 2000年的高校管理体制改革和调整为医药信息学系的发展提供广阔的发展空间。吉林大学、吉林工业大学、白求恩医科大学、长春科技大学和长春邮电学院已经组建为新的吉林大学。2001年3月～5月进行学科整合工作,实现实质性融合。原白求恩医科大学信息管理与信息系统专业(医、药)将与原吉林工业大学经济管理学院信息管理与信息系统专业、原吉林大学商学院信息管理与信息系统专业、经济信息学院信息管理与信息系统专业(电子商务),以及原吉林大学历史系档案学专业共同组建吉林大学信息管理系。新组建的吉林大学继续保持医药信息领域教学方向。信息管理系拥有图书馆学、情报学、档案学硕士学位授权点各1个,情报学博士学位授权点1个。通过学科调整和优势互补,实现医药信息学教育的跨跃式发展,为国家培养更多的医药信息专门人才。

(王伟)

北京大学信息管理系

该系是以研究信息资源管理的理论、政策、法律和技术方法为核心的学科群体和专业组合,拥有一批知名的教授和信息管理专家,其中教授12人(含博士生导师6人),副教授20人,讲师12人,兼职教授十余人。

该系设有信息管理与信息系统专业和图书馆学专业两个本科专业,还拥有培养硕士研究生和博士研究生这两个更高层次的学科教育体系。另外还有信息资源管理、咨询学、文献学等相对独立的研究方向。

〔**信息管理与信息系统专业**〕 信息管理与信息系统专业是研究社会信息的运动规律和各种社会信息系统管理的理论与技术方法的一门科学。本专业培养具有现代管理科学和信息科学技术的基础知识和技能,系统掌握信息管理学的基本理论与方法,能够承担各级各类组织机构的信息管理工作和从事信息系统的建设与管理工作的综合型高级专门人才。

近年来,为适应社会信息化的趋势,本专业的课程体系和教学内容已突破原有情报学的范围,逐渐向信息资源管理方向扩展,侧重于从技术、经济、政策、法规和理论方法等角度来切入和研究信息管理问题。开设的主要课程有:高等数学(B类)、计算概论、程序设计语言、数据结构、数据库系统、信息管理概论、信息存贮与检索、计算机网络、信息组织、信息经济学、信息服务与用户、信息分析与决策、管理信息系统等。

〔**图书馆学专业(网络信息资源组织与数字图书馆方向)**〕　图书馆是传播文化知识的重要机构，是社会的文化心脏，在社会信息化进程中其作用日益重要。图书馆学专业(网络信息资源组织与数字图书馆方向)是研究如何管理历代留下来的无比丰富的人类文明成果和文献信息资源并加以传播利用的一门应用性学科。本专业培养具有系统的图书馆学理论知识和运用现代技术管理与利用文献信息的能力，能够在图书情报机构和信息部门从事管理、信息加工及咨询服务的高级专门人才。

近年来，随着信息技术的飞速发展和普遍应用，图书馆的概念正在发生变化，传统的封闭型的图书馆已经被现代的、开放式和网络化的图书馆所取代，新型的图书馆(如电子图书馆、数字化图书馆、虚拟图书馆)已经出现。图书馆正在成为全球信息网络中重要的信息集散地和服务提供者。为此，我们拓宽了原有的专业领域，改革了课程体系和教学内容，加强了信息技术应用、图书馆自动化和网络化技术以及传统文化开发利用等方面的教学和研究工作。本专业提供的主要课程在前两年和信息管理与信息系统专业基本相同，后两年主要学习本专业的基础课及与本方向密切相关的课程。

2001年，信息管理与信息系统专业和图书馆学专业按理工科报考，外语语种均为英语。随着21世纪的到来，我国已经进入国民经济现代化的关键时期，也是我国高等教育为适应21世纪人才需要而开展系统地改革教学内容和课程体系的重要时期。信息管理系将抓住这一时机，进一步加强学科建设，拓宽专业基础，淡化专业界限，大力改革教学内容和课程体系，促进文理互相渗透，重点加强信息资源管理、信息技术应用、民族传统文化整理与传播、电子出版和电子图书馆等方面的教学和研究工作，为社会培养更多的信息管理专业人才。

(吴慰慈)

北京师范大学管理学院信息技术与管理学系

［历史沿革］　创建于1980年3月。1980年3月，当时的教育部批准在北京师范大学成立图书馆专业，并在同年9月招收第一届本科生。1984年，在原专业基础上建系，1988年改名为图书馆情报学系，1993年再次更名为信息技术与管理学系。

［机构设置］　该系下设信息管理和信息技术两个教研室。

［师资队伍］　现有教职工21人，教师15人，其中教授1名，副教授8名，讲师6名，助教1名。

［教学与科研设备］　有资料室和学生计算机房。

［本科生］　建系20年来，共招收本科生900名，目前的在读生有207人。

专业设置：信息管理与信息系统专业。培养目标为：具备管理学理论基础、计算机科学技术知识及应用能力，系统掌握信息管理、信息系统分析与设计等方面的知识与能力，能在国家各级管理部门、工商企业、金融机构、科研单位等部门从事信息采集、组织、分析、传播和服务等信息管理工作以及与信息管理工作相关的信息系统规划、分析、设计、实施、运行管理和评价等主面的高级专门人才。

主要课程有：大学数学B、基础物理B、离散数学、运筹学、计算机原理与体系结构、数据结构、程序设计语言、操作系统、计算机网络、信息系统分析与设计(实践)、信息管理概论、信息组织、信息检索、信息经济学、信息资源管理、文献编目、数据库原理与应用、信息分析研究、面向对象程序设计、信息咨询与服务、信息加工、管理学原理等。

［研究生］　1993年开始设立情报学硕士学位点，迄今已招收研究生46人，在读研究生21人。

研究方向为：信息资源管理、信息管理技术与信息系统。主要课程有：情报学理论、信息加工研究、信息系统分析与设计、数据库系统及应用、情报检索语言、信息咨询与服务、网络环境下的信息检索、管理信息系统、信息资源建设、人工智能与专家系统、计算机网络、知识产权与信息立法等。

2000年经批准设立图书馆学硕士学位点，将于2002年起招生。

［成教生］　本系承办过图书馆馆长班、图书馆学专业证书班、图书馆学续本科班等多种类型的成教班。目前开设的是办公自动化与行政管理专业夜大班，现有学生240人。

［科研成果］　出版论著：

1.《信息加工研究》，北京图书馆出版社，1998年12月

2.《文献检索与利用》，北京师范大学出版社，1988年

3.《中国图书馆事业二十年》(文献整理部

分),北京图书馆出版社,2000 年

4.《图书情报事业的未来——2010 年发展预测》(受约撰稿),中国科学技术大学出版社

5.《国学通览》(目录学部分),群众出版社,1997 年 1 月

6.《中小学信息科学知识丛书》(主编),北京科技出版社,1998 年

7.《多媒体与多媒体技术》,北京科技出版社,1998 年

8.《信息经济与信息产业》,北京科技出版社,1998 年

9.《信息高速公路》,北京科技出版社,1998 年

10.《大学生导读》,北京图书馆出版社,1998 年

11.《读者服务与研究教学大纲》,高等教育出版社,1996 年

12.《Internet 的连接与使用上机指导与练习》(主审),电子工业出版社,2000 年

13.《电脑文化简明教程》,高等教育出版社,1999 年 6 月(康仲远主编)

14.《实用技术:SQL Server 7.0 系统管理》,电子工业出版社,2000 年 1 月

15.《SQL Server 7 Database Design 应试指导》,电子工业出版社,2000 年 1 月

16.《Microsoft SQL Server 7 维护应试指导》,电子工业出版社,预计 2001 年

17.《数字图书馆概念与技术实现》,清华大学出版社,2000 年 10 月(高文主编)

18.《徐文伯数字图书馆文集》,人民出版社,预计 2001 年(刘峰等主编)

19.《毛泽东圈注史传诗文集成》,吉林人民出版社,1996 年 8 月(费振刚、董学文主编)

20.《中国科学院图书馆藏中文古籍善本书目》(编撰者之一),科学出版社,1994 年 3 月

21.《国学通览》,群众出版社,1996 年 9 月

22.《中国伪书综考》,黄山书社,1998 年 7 月

23.《对古籍版本目录学的探讨》,图书馆学研究,1997 年 3 期

24.《古籍版本的群体审校》,历史文献研究(北京新八辑),1997 年 8 月

25.《从〈书林清话〉看叶德辉对版本鉴定的认识》,历史文献研究(北京新九辑),1998 年 8 月

26.面向 21 世纪教材《信息系统分析与设计》,高等教育出版社,2001 年 2 月

27.《因特网信息资源检索与利用》(面向 21 世纪课程教材),清华大学出版社,2000 年 6 月

28.《科技文献检索教学大纲》,国家教委高教司主编,北京:高等教育出版社,1996 年

29.《通用机读目录格式手册》,1999 年,国家科委信息司

30.《信息服务与用户研究》,武汉大学出版社,2000 年

31.参与《中华监察大典》词条撰写(10 万余字),中国监察出版社,1995 年

32.《电脑文化简明教程》,高等教育出版社,1999 年

33.《计算机网络》,清华大学出版社,1998 年

34.《网络与通信》,北京科学技术出版社,1998 年

35.译著《精通 Netware 3.12 实用技术》,清华大学出版社,1997 年

36.《文献信息利用通论》,原子能出版社,1996 年

37.《文献检索课教学研究手册》,海洋出版社,1996 年

承担科研项目:

1.国家社会科学规划基金"九五"重点项目(1997~1999):信息化和我国社会科学信息网络资源建设研究

2.国家社会科学规划基金"九五"重大项目(1998~2000):面向 21 世纪的中国图书情报工作网络化研究(参加)

3.国家教委教学改革重点项目(1996~1999):信息管理类专业教学内容和课程体系改革

4.国家社会科学基金规划项目(2000~2001):我国数字图书馆建设研究

5.国家九五社会科学基金规划项目:现代数学方法在文献计量学及图书情报管理中的应用

6.面向因特网的精粹信息开发利用研究,国家九五社会科学基金规划项目

7.基于网络环境的图书馆信息源开发与利用研究,1998 年~今,国家社科基金规划项目

8.国家自然科学基金项目:苔希米勒空间理论中一些基本问题的研究,1998~2000

9.信息加工体系研究,教育部规划课题,1998~2001

10. 网上信息自动发现与获取，国家教委项目

11. 高等教育教学信息管理系统，国家教委九五攻关项目

12. 国际科技政策跟踪调查及研究，国家科委项目

13. 中小型图书馆集成管理系统，教委

14. 我国信息服务业的社会主义市场经济理论及其模式研究，教委

15. 图书情报部门定量管理模式的研究，国家自然科学基金项目

16. 大学生导读研究，北京市

17. 北京地区图书馆志，北京市

18. 中国数字图书馆示范工程，国家 863 计划项目(参加)

19. 中国科学院科技资源自动发现系统，中国科学院文献情报中心项目(参加)

20. 电子图书数据格式规范，中华人民共和国国家标准(参加)

21. 高校合作中文书目回朔建库，1990 年 2 月～1993 年 1 月，国家教委(参加)

22. UNIMARC 中文译本的研究与审核（属“九五”国家科技攻关项目)，1997 年 8 月～1999 年 5 月，国家教委(参加)

23. USMARC、CCF 与 CNMARC 格式转换研究（属“九五”国家科技攻关项目）

1997 年 9 月～2000 年 12 月，国家教委

24. 中国分类主题词表的修订，1999 年 9 月～今，国家图书馆(参加)

25. 图书馆期刊工作现代化研究，1998 年～2000 年 10 月，河南省教委

26. 河南省馆藏发展政策研究，1996 年 5 月～1998 年 8 月，河南省教委

东北师范大学信息传播与管理学院

东北师范大学信息传播与管理学院的前身是始建于 1960 年的图书馆学专修科，1962 年因贯彻“调整”方针而停办，1979 年恢复。1980 年经教育部批准，招收图书馆学本科生，正式建立图书馆学系。1985 年更名为图书情报系。1995 年改称信息管理系，与经济系合建国际工商管理学院。1998 年 6 月经学校批准，脱离工商学院，恢复独立建制。2000 年在学校的重点支持下，在原信息管理系基础上组建信息传播与管理学院。

按照学校机构改革总体方案的设计，学院的决策机构是教授委员会，由一名院长、两名副院长负责全院的行政、教学及科研工作。学院下设 2 个系、5 个室、2 个中心：即图书馆学系、广告学系，院办公室、院资料室、信息技术实验室、广告设计制作实验室、图书馆学专业实习室，院继续教育中心、信息研究与咨询服务中心等。

学院现有教职工 26 人。教师共 20 人，其中教授 2 人、副教授 12 人、讲师 4 人、助教 2 人。队伍以富有朝气的青年学者为主体。他们活跃在图书馆学情报学基础理论、图书馆及情报事业发展战略、文献及信息资源管理、信息咨询与分析、信息产业、现代信息技术、目录学以及文献出版管理等研究领域。

学院位于东北师范大学净月新校区——长春国家级森林公园、著名的旅游景区净月湖畔，独立拥有一幢总面积超过 7000 平方米的四层教学楼，教学与实验设施十分完备。其中信息技术（计算机)实验室拥用计算机 120 余台，内设局域网，外与校园网及 Internet 相联。学院资料室拥用丰富的专业文献资源，其中图书馆学情报学方面的藏书约 1 万余册、中外文专业期刊 130 余种。

学院现有图书馆学、广告学两个本科专业和图书馆学、情报学两个硕士点。图书馆学本科专业为非师范专业，年均招生人数为 40 人，2000 年为 80 人，在读生人数达 200 人。今后招生规模将保持在 60 名左右。图书馆学本科专业主要培养从事图书馆学研究、教学和现代文献信息管理的高级专业人才。主要课程有：信息学概论、信息管理导论、图书馆学原理、文献资源建设、信息分析与研究、文献编目、文献标引、图书馆管理、社科文献检索、科技文献检索、目录学、图书馆自动化、图书馆现代化技术、文献计量学、书目控制论、知识产权概论、计算机检索导论、系统分析与设计、计算机基础、C 语言程序设计等。

广告学本科专业为非师范专业，2000 年招生 60 人，在读生数为 60 人，今后将保持这一规模。主要培养具备广告学理论与技能、宽广的文化与科学知识，从事现代广告经营管理、广告策划创意和设计制作、市场营销策划及市场调查分析工作的广告学高级专门人才。主要课程有：传播学概论、广告学原理、广告策划与创意、广告文案写作、广告经营与管理学、广告媒体研究、广告摄像与摄影、实用美术

与广告设计、电脑图文设计、广告效果研究、市场调查与分析、广告法规、中外广告史、公共关系学、经济学等。

图书馆学硕士点建于1996年,年招生约7人(其中2—3人为单独命题考试的委托培养生),在读生数为20人。研究方向主要有:理论图书馆学、信息资源管理、信息咨询研究、图书馆自动化、文献出版管理。主要课程有:信息管理导论、文献交流论、宏观图书馆学、信息资源管理、信息咨询研究、现代信息技术、文献出版管理、图书馆思想史、知识产权研究、信息法学、信息高速公路与Internet、图书馆学方法论等。

情报学硕士点建于2000年,2002年计划招生5人。研究方向主要有:情报学基础理论、信息资源管理、信息咨询研究、信息经济学。主要课程有:情报学研究、信息管理学、信息经济学、信息资源管理、文献信息中心管理、网络资源组织与开发、程序设计与开发、信息高速公路与Internet研究、信息咨询研究、知识产权研究、文献计量学、信息法学以及情报学思想史等。

此外,学院还有图书馆学专业的研究生及研究生课程班(每期60人)、专升本函授班(每期30人)以及专科自学考试等多种办学形式。

近年来学院共承担国家社科基金项目2项、教育部社科规划项目4项、吉林省社科规划项目1项、吉林省科委项目2项,科研资金累计达8万元;企业横向课题3项,资金累计达5万元。平均每年在《中国图书馆学报》、《情报学报》、《大学图书馆学报》、《情报资料工作》等重点专业期刊上发表论文40余篇,已出版教材及专著8部,在国内外具有一定的学术影响。

学院还与国内外多家单位保持经常性的学术交流活动。

东北师范大学是教育部直属、国家"211工程"重点建设的百所大学之一。在学校的大力支持下,信息传播与管理学院异军突起,得到迅猛发展。作为东北地区乃至全国图书馆学专业人才培养的重要基地,自建立以来为国家培养了三千余名图书馆学情报学专业人才。他们中的很多人成长为业务骨干,为我国的图书情报事业的发展做出了重要贡献。

今后,按照学校整体发展战略,学院还将积极拓宽专业面、提升办学层次,力争将信息管理与信息系统本科专业、电子商务本科专业、信息工程本科专业和广告学硕士点、出版发行硕士点作为学院发展新的学科增长点,为我国的信息传播与管理事业作出更大的贡献。 (徐跃权 杨沛超)

河北大学管理学院图书馆学系

创建于1984年,最早招收图书馆学专业本、专科学生,后陆续招收情报学(专科)、信息学、档案学、信息管理与信息系统等专业。系先后更名为图书情报学系、信息管理系,2000年10月,信息管理系合并到新组建的河北大学管理学院,学院下设图书馆学系等7个系和管理科学研究所。

学院共有教职工88人,图书馆系有教师10人,其中教授2人,副教授2人,讲师6人。系资料室收藏各种学术期刊近百种和中外文文献资料35000册,另设有文献检索实习室和具备多媒体、网络功能的信息技术实验室。

每年招收图书馆学专业本科生50余人,目前有在校生137人。培养具备较为深厚的文化修养与系统的图书馆学基础理论知识,有熟练地运用现代化技术手段收集、整理和开发利用文献信息的能力,能在图书情报机构和各类企事业单位的信息部门从事信息服务及管理工作的应用型、复合型图书馆高级专门人才。主要开设图书馆学基础、信息管理原理、文献分类法与主题法、文献检索、文献计量、文献编目、文献资源建设、信息用户研究、计算机信息检索、图书馆管理系统、数据库原理与应用等课程。在巩固本科培养质量的基础上,系正在积极筹建图书馆学专业硕士研究生点。

1999年、2000年两年间,共出版专著4部,发表论文70余篇,获得省级社会科学成果奖2项,承担各级各类科研课题8项,科研经费10多万元。其中杨文祥教授主持的国家社会科学基金课题《全国文献信息资源社会化建设与利用及共建共享社会机制研究》对于图书馆事业的发展具有十分重要的意义。

积极开展各种学术交流,聘请十余名知名学者任兼职教授,两年间先后邀请彭斐章、孟广均、吴蔚慈、李万健、邱均平、毕强、胡述兆等海内外学者进行学术交流,有力地促进了学科建设和专业教育的发展。 (金胜勇)

黑龙江大学信息管理系

[历史沿革] 黑龙江大学信息管理系原名图

书情报系，创建于 1984 年，1985 年正式招收图书馆学专业本科生，1988 年招收经济信息方向本科生，1991 年招收情报学专业专科，1994 年开始招收信息学专业本科生，1998 年开始招收信息管理与信息系统本科生，1998 年获情报学专业硕士学位授予权，1999 年开始招收研究生。

［机构设置］ 黑龙江大学信息管理系现设图书馆学、信息学、信息技术三个教研室，拥有现代信息技术实验室、信息管理实验室、国际标准指法实验室和综合性资料室。

［师资队伍］ 现有教职工 25 人，其中教师 17 人，正教授 5 人，副教授 7 人，讲师 3 人，助教 2 人。

［教学与科研设备］ 资料室面积近 80 平方米，现有专业藏书 8 千余册，专业期刊 90 余种。50 平方米的教学实验室两个，60 平方米的信息技术实验室一个，微机 40 余台，建有局域网，并可通过校园网与因特网联通。

［教学改革］ 本科专业现有两个：图书馆学、信息管理与信息系统，1999 年招生 65 人，2000 年招生 130 人，2001 年拟招生 180 人，在读生将达 500 人。所培养的人才规格做到厚基础、宽口径，可在政府与管理部门、工商企业、金融机构、信息产业部门、网络服务机构、科研生产部门等单位从事信息管理与信息分析、设计、实施管理等方面的业务工作。

图书馆学专业主要课程有：信息管理学、信息采集、信息组织、社科信息检索、市场信息学、出版法规与知识产权、信息经济学、计算机信息检索、信息咨询与决策、出版发行企业管理、数据库、数据结构、计算机网络、平面设计等。

信息管理与信息系统专业主要课程有：管理学概论、信息管理学、信息采集、信息组织、科技信息检索、市场信息学、知识产权与信息管理、信息经济学、计算机信息检索、信息咨询与决策、数据库、数据结构、计算机网络、管理信息系统、信息产业管理、会计学、战略管理与组织行为学等。

情报学硕士点 1999 年招生 2 人，2000 年招生 7 人，2001 年拟招生 10 人，在读生将达 19 人。研究方向有：信息资源管理、信息法学、信息产业、信息技术。主要课程有：现代情报学进展、信息资源管理学、VB 语言、现代信息技术、网络信息检索、信息法学、信息经济学、网络知识产权、数字图书馆、现代情报检索语言学、竞争情报等。

成人教育于 1995 年招收信息管理专业函授生 20 余人。1997 年起开办信息管理专业自考班，共招生 1000 余人。

［科研成果］ 近五年信息管理系教师共发表论文 156 篇，其中国外杂志 6 篇，国家级 52 篇，省级 98 篇。出版论著共 5 部，其中国家级 1 部，省级 4 部。主编教材 5 部。

本系现承担的科研项目有：国家社科基金项目一项、国家自然科学基金项目一项，省部级科研项目 3 项。

近 5 年来共获黑龙江省社科、省教委、省科协优秀成果奖 14 项。

［学术交流］ 1996 年主办全国信息管理专业系主任教学改革研讨会。教师参加学术会议共 26 人次，其中国际会议 7 人次，国家级 12 人次，省级 7 人次。出国考察、讲学 1 人次，国外来访 2 人次。

［今后发展］ 黑龙江大学信息管理系按照学校的统一部署，并借鉴国内同类院系先进经验，正在筹建信息管理学院，2001 年拟申报编辑出版新专业，2002 年拟申报“图书馆学”硕士学位授予权。

建院后，拟同黑龙江省内有关企事业单位及文化主管部门开展互联共建，在教研室、研究所（中心）、实验室建设方面，实行开放办学、合作研究与开发，推动本省信息产业与知识经济的发展。

（马海群）

华南师范大学经济与管理学院
信息管理学系

［历史沿革］ 信息管理学系前身是 1983 年创办的图书馆学专修科，1993 年经省高教厅批准改为信息管理学系，有市场信息管理专业和文献信息管理专业，已毕业 13 届图书情报学专业大专生近 600 人，还受省高教厅委托举办 12 期“高校图书馆工作人员培训班”和 1 期“图书馆学专业证书班”，为全省高校培养专业人员 500 多人。1994 年开始招收信息学专业本科生，已毕业本科生 136 人，1999 年调整为信息管理与信息系统专业。1998 年经教育部批准，我系举办“助教进修班”（研究生课程班），已毕业两届 51 人。1999 年设立图书馆学情报学研究所，2000 年经审批建立图书馆学硕士点。

［机构设置］ 本系有信息管理与信息系统专业、图书馆学情报学研究所，原设有信息理论与方法、信息技术、信息产业三个教研室

［师资队伍］ 教职工共 24 人，其中教授 3 人，副教授 5 人，讲师 6 人，助教 6 人；硕士毕业生 14 人，博士毕业生 1 人，在职博士生 1 人。

［教学与科研设备］ 设有信息检索实验室 85 平方米和网络实验室 165 平方米，有奔腾 300 服务器 1 台，586 学生机 60 台，还有扫描仪 1 台，打印机 2 台。

设有资料室 85 平方米，有本学科中外文图书 1.5 万册，中外文期刊 145 种

［教学改革］ 我系已形成了从大专、本科到硕士研究培养，从全日制到各种类型成人教育的体系。

信息管理与信息系统专业本科培养具备现代管理学理论基础、计算机科技知识及应用能力，掌握系统思想和系统分析与设计方法以及信息管理等方面的知识与能力，能在国家各级管理部门、工商企业、金融机构、科研单位等部门从事信息管理以及信息系统分析、设计、实施管理和评价等方面的高级专门人才。主要开设：经济学、会计学、市场营销学、生产与运作管理、组织战略与行为学、管理学原理、运筹学、计算机系统与系统软件、数据结构与数据库、计算机网络、信息管理学、信息组织、信息存储与检索、管理信息系统分析与设计、信息资源建设、目录学等课程。目录学课程被评为校级优秀课程。每年招生近 80 人（2000 年是 78 人），每年招插班生 10 人，在读生 291 人。

2000 年广东省学位委员会批准我系取得图书馆学专业硕士授予权，2001 年列入招生计划。研究生培养方向包括：目录学与信息管理、数字图书馆理论与实践、信息组织与信息检索。主要课程包括：图书情报学方法论、目录学，信息管理学、数字图书馆理论与实践、信息管理认知与知识创新研究、文献信息学引论、社科信息咨询与信息检索、信息组织、网络信息检索、信息资源建设、信息用户研究、文献信息传播学研究、信息产业研究、信息管理自动化研究等。每个方向都由 1 位教授、2～3 位副教授和若干位讲师组成研究生培养小组。

我系 1999 年在分校开设信息管理与信息系统专业全日制大专，学制 3 年，在读生两届 195 人。开设计算机信息管理专业本科函授，在读生 40 人。开设计算机信息管理专业自学考试，在读生两届 150 人。开设计算机应用（信息管理）夜大专业，在读生两届 110 人。“助教进修班”（研究生课程班）在读生 30 人。

［科研成果］ 我系教师出版学术专著 10 部：《目录学》（乔好勤为第 3 作者，武汉大学出版社 1985 年版）、《目录学资料汇编》（乔好勤为第 3 作者，武汉大学出版社 1986、1996 年版）、《中国目录学史》（乔好勤著，武汉大学出版社 1992 版）、《对外图书贸易学概论》（乔好勤等著，高等教育出版社 1993 年版）、《图书发行目录学》（乔好勤等译，武汉大学出版社 1992 年版）；《信息管理学概论》（陈耀盛主编，中国档案出版社 1997 年版）、《中学图书馆学综论》（陈耀盛副主编，国际文化出版公司 1996 年版）；《文献标准著录与目录组织》（罗健雄为第 2 作者，《图书馆工作与研究》杂志 1986 年出版专辑），《现代期刊管理综论》（罗健雄著，华南理工大学出版社 1993 年版）、《中国文献编目规则》（罗健雄为第 2 作者，广东人民出版社 1996 年版）。

我系教师在省级以上刊物发表学术论文 180 篇，其中被人大复印资料 G9 分册全文转载的论文，居全国“被收录全文最多的机构”前 16 位之 15 位，居全国“被收录全文最多的信息系”之第 8 位（见：夏旭等著《人大复印资料 G9 分册的质量分析》，该文刊于《高校文献信息研究》2000［1］）。

目前我系教师承担国家部委级科研项目 1 项、地方政府项目 2 项、校级项目 8 项。

乔好勤教授著《中国目录学史》获中南地区高校优秀教材二等奖和武汉大学 1995 年优秀科研成果奖；罗健雄著《现代期刊管理综论》获广东省高教厅人文社科成果 1996 年专著三等奖，《中国文献编目规则》获广东省高教厅人文社科成果 1998 年工具书一等奖；陈耀盛副主编《中学图书馆学综论》获广东省社会科学“八五”规划出版资助课题。陈耀盛、许晶华、邓顺国、廖番、郑学玲 5 位教师的教学研究成果——“图书情报档案一体化教学改革与实践”获学校教学成果二等奖。

［学术交流］ 邀请过美国俄亥俄州大学、威期康星大学、桑德兰大学和我国中科院文献信息中心、北京大学、武汉大学、北京师范大学等资深专家来我系进行教育研讨和学术交流。历年来，创造各种机会让教师们出席各种学术研讨会、参加最新学术进展培训、派出教师当访问学者等，进行学术交流。1995 年我系成功举办了全国图书馆学信息管理学教育与培训学术研讨会。

［今后发展］ 我系计划 2002 年申报成为情报

学硕士授予点，拟开办电子商务专业。我系拟根据我国社会发展、科技进步、学科进展和社会需求变化，不断地进行教学改革。 （陈耀盛）

华中科技大学同济医学院医学信息学系

华中科技大学同济医学院医学信息学系信息管理与信息系统专业创始于1985年，是国家教委批准的五年制本科教育，始名医学图书情报专业，1993年根据国家科委的精神更名为医学信息专业，1999年根据国家专业目录的调整更名为信息管理与信息系统专业，1990年～1998年毕业生授予文科学士学位，1999年以后毕业生授予理科学士学位。

同济医学院医学信息学系是与校图书馆、医学情报研究所实行的馆、系、所合一体制，共同承担教学、科研和图书情报服务工作，成为学校的信息教育及服务中心，三家各有分工，但又协调一致，医学信息学系利用图书馆丰富的信息资源，作为办学的基础，并利用图书馆的各项工作及医学科技项目情报查新等实践工作以保证教学理论联系实际，图书馆通过教学扩大对用户的服务范围和影响并不断优化服务质量，医学情报研究所通过教学相长不断提高工作人员的理论水平和业务素质，三者既分工又合作，相得益彰，所以该系教学工作与建设具有明显的优势和特色。

[机构设置] 医学信息学系设有医学文献检索、医学情报学、图书馆学三个教研室和现代信息技术等四个实习室，以及资料室、办公室。

[师资队伍] 现有教师16人，其中教授2人，副教授6人，讲师8人，其中硕士4人，他们所学专业分别是医学、图书馆学、情报学、计算机、德语等专业，师资队伍中35岁以下的青年教师100%获硕士学位，在读博士2人，有3名教师曾分别赴美国大学图书情报学院和德国医学文献情报研究所访问进修。

[教学与科研设备] 现有计算机22台，投影仪3台，幻灯机1台，扫描仪1台，Medline，CBMdisc，CMCC Life，Sciences，CAJR等十余种光盘数据库及多种多媒体光盘，1996年进入中国计算机教育科研网和Internet网，实行以现代化教学手段进行教学。

[专业设置] 信息管理与信息系统专业，五年制本科教育，面向全国统一招生，统一分配，从1986年开始，已招收了13届本科专业学生共计309人，其中已毕业8届学生共176人，在校学生133人。

[培养目标] 培养适合社会主义现代化建设及知识经济发展的需要，德智体全面发展，并掌握医学、信息学的基本理论、基本知识和基本技能，能从事医药科技信息理论和实践工作的综合性素质高级专门人才。

[主要课程] 该系课程由五大块组成，医学、基础医学、临床医学和预防医学，和医学生所学课程一致，图书馆学、文献分类与情报检索语言学、文献编目、医学工具书情报学、文献计量学、医学情报分析研究、医学文献主题标引、医学文献检索、信息经济学、管理信息系统等、计算机、程序设计、数据库设计、多媒体技术、计算机网络等、外语、公共英语、医学信息专业英语等。

[教学改革与科研成果] 在教学中大胆进行教学改革实践，不断优化课程体系，发展和创新教学内容特别是加大现代化信息技术的教学内容，注重人才培养，教师队伍的知识更新，不断提高师资队伍的素质，在实施学分制教学改革中，优化课程体系，改革教学内容、教学方法和教学手段，完善教学管理档案，实现科学化、规范化、现代化教学管理体系。医学文献检索课程1998年经校专家通过25项指标的评审后，被列入学校一类课程。

目前该系已在国内外刊物上发表论文200余篇，正式出版的主编教材有：《医学文献学概论》、《实用医学文献检索》、《医学科技文献检索》、《医学情报分析研究》。近年来，在教学改革中不断开展科学研究，承担省级以上的课题有：Internet医学信息资源的开发和利用、医学文献学课程实施QSER教学模式的研究、多媒体技术在如何利用图书馆课程中的应用研究等。现已完成的课题有：医学图书情报机构全新服务模式，经省科委组织全国专家鉴定，为国内领先水平；湖北省医学科技资源合理配置研究，1996年获湖北省医学科技进步三等奖，以及教学科技成果奖。

[学术交流] 参加国际、国内学术交流8人次，已和国内外信息机构建立了广泛的联系并进行各种形式的交流。 （李道苹）

武汉大学信息管理学院

[历史沿革] 该院原名图书情报学院。其前身

是创办于1920年的武昌文华大学图书科，为中国正规图书馆学教育的发源地。1929年，图书科独立为武昌文华图书馆专科学校。1953年9月，文华图书馆专科学校并入武汉大学，成为图书馆学专修科，1956年改为图书馆学系。1984年4月，图书馆学系经教育部批准发展成为图书情报学院，为中国规模最大的图书情报教育与研究机构。1999年4月，从武汉大学文学院调入编辑学专业，2001年1月从原武汉水利电力大学调入信息管理与信息系统专业，遂改名为信息管理学院。

［机构设置］ 信息管理学院现设图书馆学系、信息管理科学系、档案学系、出版科学系4个系和1984年由教育部批准建立的图书馆学情报学研究所，以及2000年教育部批准建设的国家人文社会科学重点研究基地——武汉大学信息资源研究中心。现有图书馆学、信息管理与信息系统、档案学、编辑出版学4个本科专业点，图书馆学、情报学、档案学、管理科学与工程4个硕士点，图书馆学、情报学2个博士点和图书馆、情报与档案管理一级学科博士授权点。此外，还设有图书馆学、计算机信息管理、电子商务、档案学、出版发行管理等成人教育本科和专科专业。

［师资队伍］ 学院现有教职工100人，专职教师及科研人员70人，其中教授18人（含博士生导师15名）、副教授35人，教师中博士和在读博士27人。

［教学与科研设备］ 学院拥有一座5000多平方米的教学实习与办公大楼。建设有设备齐全的现代技术实验中心，配置有可供教师工作、研究生研究和本科生实习的高档及其他型号的微机120多台，在建立该院局域网的基础上，通过校园网联通了中国教育与科研计算机网和国际互联网。学院还拥有先进的投影、音像、缩微、复制、编辑和文献保护设备。院资料室积80多年的专业文献收藏，计有中文图书10万余册，外文图书1.5万册，中文期刊300余种，外文期刊126种，中外文工具书5000余种，并与美、英、德、日、韩、俄、德等国及台湾地区建立了书刊交换关系。

［教学改革］ 为了适应国家经济建设和社会信息化的发展需要，面对全新的信息技术环境和未来社会对人才需求的变化，信息管理学院密切注视国内外图书情报教育"厚基础、宽口径、淡化专业、强化素质"的发展趋势，积极推行教育改革，拓宽学科专业外延，适时调整专业方向。同时，不断深化专业内涵，调整课程结构，充实与更新教学内容，改进教学手段和方法，全面提高各专业的教学质量。学院调整后的图书馆学（数字图书馆及资源组织方向）、信息管理与信息系统、信息管理与信息系统（电子商务方向）、档案学（电子政务与文件管理方向）、编辑出版学（网络与电子出版方向）等专业方向，课程设置合理，学生知识结构明显改善，毕业生供不应求，显示了广阔的发展前景。

［本科生教育］ 该院的图书馆学、信息管理与信息系统、信息管理与信息系统（电子商务方向）、档案学、编辑出版学专业在探索教育改革的道路。其培养的总目标是面向全社会培养德智体美全面发展、基础宽厚、适应性强、素质高、具有创新精神和实践能力，从事信息管理的高级专门人才。其中图书馆学专业培养具备系统的图书馆学基础理论知识，掌握现代信息技术、管理科学知识和计算机技术，具备熟练地运用现代化技术手段组织、检索、分析、评价和开发利用信息的能力，能在图书馆、信息服务机构和各类企事业单位的信息部门从事信息服务及管理工作的应用型、复合型的高级专门人才。主干课程有：图书馆学基础、目录学概论、信息资源与服务、文献分类法与主题法、信息组织、信息检索、社会信息系统管理、数字图书馆的原理与技术、网络系统评价、信息资源数据库、网页制作与网站建设。该专业1999～2001年共培养毕业了77名本科生，招收了100名本科生，现在读生145人。

信息管理与信息系统专业培养掌握现代信息技术、管理科学知识和计算机技术，能够承担信息管理，各种类型的信息系统建设规划、开发与管理，电子商务建设与管理工作的综合型、实用型的高级专门人才。主干课程有：信息管理概论、管理学基础、信息组织学、信息检索、数据结构、操作系统原理、数据库原理、计算机网络、信息系统原理、网页制作与网站建设。

信息管理与信息系统专业（电子商务方向）主要为大型工商企业、信息产业（各类信息中心、电信部门等）、金融机构（银行、证券交易部门等）、出版发行、经济贸易等行业培养从事电子商务运作、全球经济贸易、信息网络的使用管理和监控服务等方面工作的高级专门人才。主干课程有：电子商务、管理学基础、经济学原理、数据结构、计算机网络、网页制作与网站建设、数据库原理、财务会计、市场管理与网络营销、物流与供应链管理、电子商务安全、商务智能。该专业1999～2001年共培养毕业了107名本科生，招收了379名本科生，现在读生418人。

档案学专业培养具有系统的档案学基础知识与文化知识，掌握现代信息技术的基本技能，能在国家机关、企事业单位的档案机构和信息部门从事服务、信息管理及研究工作的综合型、实用型高级人才。主干课程有档案学基础、文书与秘书学、文献编研、档案保护学、电子政务与文件管理系统、档案管理学、档案信息网络服务平台、电子文件管理、中外档案事业、中国政治制度史等。该专业1999～2001年共培养毕业了57名本科生，招收了171名本科生，在读生93人。

编辑出版专业培养具备系统的出版理论知识与技能、宽广的文化与科学知识，能在书刊出版、新闻宣传和文化教育部门从事编辑、出版、发行业务与管理工作以及教学与科研的编辑出版高级专门人才。主干课程有：出版发行学基础、书业营销学、书业经济学、编辑理论、编辑实务、电子出版概论、书业企业管理学、书业财务管理、书业计算机应用、书业法律基础、图书学、期刊学、出版物市场管理、对外图书贸易、世界书业导论、中国出版史。该专业1999～2001年共培养毕业了105名本科生，招收了140名本科生，现在读生186人。

［研究生教育］ 该院图书馆学、情报学和档案学学科点于2000年获图书馆、情报与档案管理一级学科博士授权点。其中图书馆学学科点于1981年获硕士学位授予权，1993年获博士学位授予权。该学科点从理论和实践、历史与发展等，对图书馆学、文献学展开深入的研究，致力于文献知识信息的管理、传播与利用的研究，致力于新技术条件下图书馆事业及各类图书馆系统的建设、管理和发展的研究。其硕士教育主要研究方向有：图书馆学理论与图书馆管理、现代目录学、知识组织、信息管理自动化、社科信息咨询、文献与编辑出版、现代信息资源与知识产权管理。博士教育主要研究方向有：图书馆学与图书馆事业、现代目录学、文献学、社会科学信息管理、文献与出版。该学科点1999～2001年共培养毕业了36名硕士生和13名博士生，招收了68名硕士生和18名博士生，现在读硕士生68人，博士生18人。

情报学学科点于1983年获硕士学位授予权，1990年获博士学位授予权，为我国情报学领域的第一个博士学位授权点。该学科点坚持理论与应用相结合，注重研究学科发展的前沿问题，致力于解决我国信息服务活动中出现的理论问题与实际问题，并以信息系统和网络为工具，研究知识信息的组织、传输和利用。其硕士教育主要研究方向有：情报学理论与方法、计算机信息检索与咨询、计算机信息系统工程、信息研究与预测、信息经济、国际经济信息、信息管理与知识产权。博士教育主要研究方向有情报学理论与方法、情报检索、信息经济学、信息计算学、国际经济信息管理、电子出版物、网络信息组织、高科技产业管理等。

管理科学与工程学科点于1996年获硕士学位授予权。该学科点融合了管理学、经济学、系统科学、运畴学、统计学、计算机科学等学科，以系统观点为指导，运用定性和定量相结合的方法，以及各相关学科的研究手段，深入研究社会经济系统的管理问题。主要研究方向有：技术经济、投资管理、项目管理、经济与管理系统模拟等。

情报学、管理科学与工程学科点1999～2001年共培养毕业了53名硕士生和24名博士生，招收了87名硕士生和43名博士生，现在读硕士生87人、博士生43人。

档案学学科点于1998年获硕士学位授予权。该学科点坚持历史与现实相结合，注重研究学科发展的前沿问题，致力于解决档案管理中的新问题。其硕士教育主要研究方向有：档案管理自动化、档案学理论与档案信息组织研究、档案与政治文化研究、现代文书工作研究。该学科点1999～2001年共招收了21名硕士生，现在读硕士生21人。

［成人教育］ 该院重视成人教育工作，专门设立成人教育部管理成人教育事务。图书馆学专业每年都开办有专升本学历的函授班，1999～2001年共培养毕业了140名学员，招收了168名学员，现在读学员168人。该专业每年都举办了图书馆学硕士课程进修班，在读学员125人。同时经教育部批准，举办过“网络环境下信息资源管理高级研讨班”和“数字时代图书馆与情报学教育发展高级研讨班”，参加研讨的学员有80多人。档案学专业举办过一届本科函授班，学员14人。同时开办电子档案与文秘专业本科，招收学员90人。信息管理与信息系统专业开办过计算机信息管理函授大专班，培养毕业了30名学员，并新招收了学员30名。开办

了计算机信息管理脱产班,学员72人。同时开办信息管理专业本科,招收学员60人,此外,开办电子商务、信息管理与服务自考班。该专业还举办了情报学硕士课程进修班,在读学员100余人。出版发行专业举办过出版发行函授大专班,培养毕业了学员223名,新招收了学员334名。并举办了函授本科班,招收学员60名,同时开办了出版发行干部培训班,参加培训学员有175人。

[科研成果] 学院重视科学研究工作,取得了一批有影响的研究成果。自1999~2001年初,学院的教师共出版教材、专著和译著30余种,发表论文500多篇。该院近二年来共主持国家级、省部(委)级和其他科研项目27项。其中国家自然科学基金项目6项,国家社会科学基金项目和国家教育部项目14项,其他国际合作、省及单位委托项目7项,科研经费合计109.8万元。其中有12项科研成果和教学研究成果获省部级奖。学院主办的《图书情报知识》,系国内本学科院系唯一面向国内外公开发行的学术期刊,连续四次被评为全国优秀图书馆学期刊。

2000年,依托该院的武汉大学信息资源研究中心被教育部批准为国家人文社会科学重点研究基地,这是全国信息资源管理领域和图书情报领域唯一的重点研究基地。该中心按教育部提出的标准进行建设,按新的机制运行。筹建了中国高校文科信息资源网站,为人文社会科学研究提供管理和评价的平台。并与东科宽带网络有限公司合作,设立了东科信息资源双周论坛。与韩国IT行业五强之一的梯比梯公司合作,共同开发远程教育系统平台。此外,中心还与上海国通电信集团、武汉创新科技投资公司和东湖高新管委会合作,共同开展ERP的研究、培训和咨询工作。

[学术交流] 学院已和美国、英国、德国、法国、日本、加拿大、澳大利亚、俄罗斯、韩国等国的30多所大学和研究机构建立了合作关系和学术交流关系。与包括国际图联(IFLA)、国际文联(FID)在内的国际学术组织有着固定的学术联系。近三年来,学院每年都接待外国学者来院讲学和学术访问,同时有计划地选派了4位教师出国进修、学术访问和出席国际学术会议。学院接收了约旦等国留学生。

2000年11月,在国家教育部、国家自然科学基金会、美国亚洲高等教育联合董事会和美国图书馆与信息资源委员会等的资助下,武汉大学与匹兹堡大学联合主办了2000"中美首届数字时代图书馆与情报学教育发展国际学术研讨会",探讨数字环境下图书馆与情报学教育的发展趋势。美方赴会的专家主要有:伯克利加州大学图书馆馆长助理、东亚图书馆馆长、武汉大学兼职教授周欣平(peter zhou),依利诺大学图书馆学情报学研究生院院长、教授 Leigh Estabrook,德克萨斯大学奥斯汀分院图书馆情报学院前院长、荣誉教授 Brooke E. Sheldon,圣何塞州立大学图书馆情报学院院长、教授 Blanche Woolls,匹兹堡大学图书馆馆长、信息科学学院教授 Rush Miller 等。出席会议的代表共80余人,会议研讨的主题非常广泛,共收到论文30多篇。此外,2001年4月,该院与韩国梯比梯公司联合召开了"21世纪远程教育发展及信息化研讨会"。通过这些国际和国内学术交流,增进了学院与国际、国内学术界、教育界的相互了解和联系,并扩大了学院的影响。 (马费成 詹德优)

湘潭大学管理学院知识资源管理系

[历史沿革] 湘潭大学管理学院知识资源管理系是湖南省目前唯一的图书馆学专业的教学科研基地。图书馆学专业原属湘潭大学原信息管理系,原信息管理系1994年之前名称为图书情报学系,成立于1983年,下设图书馆学、档案学、经济信息等专业。1998年10月,湘潭大学成立管理学院,原信息管理系并入管理学院。管理学院下设行政管理、知识资源管理、档案、信息管理、旅游管理五个系,其中知识资源管理系由图书馆学专业组建而成。目前本系共有教师13人,其中教授3人,副教授4人。

[数学与科研设备] 我系资料室共有教学参考书、工具书、相关图书约15000册,专业杂志40余种。另有专门的图书编目、文献检索实习室,相关的物理、生物实验设备,计算机房有70余台计算机。以上设备为我系的教学和科研都提供了便利的条件。

[教学改革]

1. 本科生

图书馆学专业,在读生129人。计划2001年招生两个班70人,以后基本保持此水平。并拟设出版发行专业。

培养目标:培养具备系统的图书馆学基础理论

知识，有熟练地运用现代化技术手段收集、整理和开发利用文献信息的能力，能在图书馆、情报机构和各类企事业单位的信息部门从事信息服务及管理工作的应用型、复合型图书馆学高级人才。

主要课程：图书馆学基础、图书馆管理、文献管理自动化、文献分类法与主题法、文献编目、文献检索、文献资源建设、目录学、图书发行学概论、管理学原理、信息网络技术、信息管理概论、数据库管理系统、知识产权、信息用户研究等。

2. 研究生

本系于 1998 年获得图书馆学硕士学位授予权，设数字图书馆、图书馆管理、经济信息学三个研究方向，1999 年开始招生，目前在读生数：18 人。计划 2001 年招生 15 人左右。

主要课程：信息检索语言研究、图书馆学方法论研究、图书馆学基础理论研究、数字图书馆研究、书目情报需求与服务组织研究、管理信息系统研究、信息资源知识产权研究等。

3. 成教生

主要以函授形式进行，办班专业为图书馆管理，目前在读人数 114 人。

［科研成果］ 2000 年，我系教师在《高校图书情报工作》、《图书馆》、《图书馆杂志》等专业杂志上共发表学术论文 17 篇。

［学术交流］ 2000 年 5 月，我系与武汉大学图书情报学院在我校共同举办了“全国图书馆学专业学位点建设及教学改革”学术会议。

西北大学公共管理学院图书馆与档案管理学系

该系是在原西北大学图书馆学情报学系、西北大学文博学院档案管理学专业基础上于 2000 年 7 月合并成立的。西北大学图情系的历史可追溯到 1983 年创办的西北大学图书馆学专业。当年 9 月，开始招收二年制专科生 39 名，1985 年，招收三年制专科生，发展到 1993 年招收四年制本科生至今。图书馆学专业一开始是附设在西北大学图书馆内，由图书馆负责组织教学，教师由图书馆内业务基础好、有一定学术造诣的同志担任，也邀请校外一些专家、学者来担任部分课程教授任务。1984 年开始有独立办公室，委派专人负责管理，1985 年 12 月开始调入专职教师，1988 年 5 月，正式设立西北大学图书馆学情报学系，并与图书馆一套班子，两个牌子，图书馆馆长兼任系主任，一名副馆长兼任系副主任，由系副主任主持系里工作，有关人员陆续配备，教学管理开始走上正规。发展到现在，成为西北地区仅有两个之一、陕西省唯一正式的图书馆学专业教学单位，为陕西以及一些兄弟省培养了一批图书情报专业人才，已经成为本省及周边省份图书信息管理专业人才培养的重要基地。在合并之前，该系已有独立编制，有以专职为主、专兼职结合教师队伍，有专门的管理干部，此外，还有专职学生辅导员、教务员、资料员等。

西北大学文博学院档案学专业创立于 1985 年，原隶属于西北大学历史系，1985 年开始招收本科生 45 人，1992 年，归属于当时新成立的西北大学文博学院，1989 年秋开始连续招生至今。

在机构设置上，原西北大学图情系设有系办公室、资料室、学生工作办公室。2000 年 7 月，西北大学根据教育部最新公布的本科、研究生专业目录，管理学科共含 5 个一级学科（即管理科学与工程类、工商管理类、公共管理类、农业（林）、经济管理类，图书档案学类），西大为了突出公共管理学科专业特色，发挥优势抢占学科制高点，决定组建公共管理学院。西北大学原图情系和西北大学文博学院档案管理学专业合并为图书馆与档案管理学系，成为新组建的公共管理学院下属的四个系之一，新的图书馆与档案管理学系只有专职教师，其他原有机构设置归入学院统一领导。公共管理学院下设学院办公室和学院党总支办公室，设院长 1 人，副院长 3 人，总支书记 1 人，副书记 1 人，学院办公室主任 1 人，总支办公室秘书 1 人。根据按学科组建和有利于学科发展原则，学院下设行政管理学系、公共事业与社会保障学系、管理科学系、图书馆与档案管理学系四个系，人口与社会发展研究所、高等教育研究所、社会保障研究所和应用心理学研究所四个研究所，一个人才测评中心和管理行为与信息管理两个实验室。

西北大学公共管理学院现有教授 7 人，副教授 16 人，专职教师 48 人，专职研究人员 8 人。图书馆与档案管理学系有教师 14 人，原图情系教师 9 人，其中有副教授 3 人（1 人为副研究馆员），讲师 3 名（1 人为馆员），青年教师 3 人。这些教师所学专业以图书馆学、信息科学为主，兼有计算机、经济管理、文献学等相关专业，形成一支结构较为合理的师资队伍，青年教师中有博士学位 1 人，硕士学位

1人，在读硕士3人。档案专业有教师6人，其中副教授2人，讲师4人。西北大学原图情系十分重视中青年教师培养，鼓励青年教师多渠道、多途径提高自身素质，更新知识结构，提高专业教师的从教能力和科研能力，1999年7月～2000年6月，连续两年派青年教师到南开大学信息资源管理系进修学习，2000年9月，该系一名具有博士学位的教师由学校公派到日本留学。除此之外，还鼓励青年教师报考在职研究生，为了增强感性认识，还安排刚分配到系上的教师去图书馆参观、实习。由于采取一系列措施，使图书馆学专业教师业务水平不断提高，授课优秀率达90%，有的青年教师还获得学校讲课比赛二等奖，从1995年开始承担向全校学生讲授文献检索课的任务，图书馆学专业教师队伍素质呈上升趋势，表现出较高的教学水平和学术造诣。

公共管理学院成立后，院资料室由原图书情报系资料室、原管理科学与哲学系资料室、档案专业带来部分专业书刊、高教研究室部分书刊组成。资料室藏书丰富，专业书刊齐备。原图情系资料室有图书及实习用书5000册，期刊110多种，一直在争取条件，力争办成陕西图书馆学情报学文献中心。档案专业有图书150种、245册，期刊17种、52册。原图情系除积累丰富图书资料，还重视教学设施建设，拥有计算机、光盘等先进仪器设备，还有西文打字机、录音机、速印机、投影仪、彩电、VCD、照相机、复印机等设备，为培养学生掌握现代文献信息管理技术提供良好环境。合并后公共管理学院有管理行为和信息管理两个实验室，30多台计算机和一个机房，有摄像机、照相机、复印机等仪器设备，办学条件、教学和科研设备有了极大改善和提高。

西北大学公共管理学院下设的有行政管理学、公共事业管理学、劳动与社会保障学、管理科学、图书馆学、档案管理学6个本科专业，行政管理学、劳动与社会保障学、科技哲学3个硕士学位授权点，学院现有本科生833名，硕士研究生28名，图书馆与档案管理学系有图书馆学和档案学两个专业。图书馆学专业目前只有本科生教育，学制四年，招生人数30人，在读学生为107名。为了适应教学改革的发展，原图情系以更新教育思想，转变教育观念为先导，不断深化教学改革，曾五次修订教学计划。1998年底，根据教育部颁布的《普通高等学校本科专业目录和专业介绍》的精神，再一次修订了图书馆学专业教学计划，适时调整培养目标，优化课程体系结构，改革教学内容和方法。新修订的教学计划规定图书馆学人才培养目标：培养具备系统的图书馆学基础理论知识，具有能熟练运用现代化技术手段收集、整理和开发利用文献信息的能力，能够在图书情报机构和各类企事业单位的信息部门从事信息服务及管理工作的应用型、复合型图书馆学高级专门人才。业务培养要求：本专业学生主要学习图书馆学和信息管理基本理论和基础知识，接受文献学、目录学、信息学、管理学、经济学等方面的基本训练，掌握文献信息的搜集、处理、研究、开发与传递的技能。

图书馆学专业毕业生应获得以下几个方面知识能力：

(1) 掌握马克思主义的基本原理和关于文化、教育、科学的基本理论。

(2) 熟悉我国关于经济建设、文化、教育、科学和图书馆事业的方针、政策和法规。

(3) 掌握图书馆学与信息管理的基本知识，了解本学科的理论前沿和发展动向。

(4) 掌握图书馆学的基本研究方法和从事科学研究的初步能力。

(5) 掌握运用现代化手段进行文献信息的搜集、处理、研究、开发和传递的实际工作能力。

(6) 具有较强的中外文检索、阅读能力，以及人际交往能力。

主要课程有图书馆学基础、目录学、信息管理概论、文献分类法、主题法、文献编目、人文社会科学文献检索、科技文献检索、计算机应用系统分析和设计、计算机信息网络、信息市场学、文献学概论、专业英语、图书馆管理、文献计量学、文献资源建设、信息经济学、数据库管理等。

原图情系密切注视国内外图书情报教育“厚基础、宽口径、淡化专业、强化素质”发展趋势，积极拓宽学科专业外延，适时调整专业方向，同时，不断深化专业内涵，全面提高各专业的教学质量。从培养“一专多能”复合型人才出发，积极鼓励高年级学生辅修外系课程和选修外系双学士学位课程，这一措施，不仅拓宽了学生知识面，激发了学生勤奋学习积极性，而且也增加了毕业生择业竞争机会。由于注意全面培养提高，培养的学生思想素质好，专业基础理论扎实，动手能力强，受到用人单位的好评，纷纷成为各单位的业务骨干，毕业学生除主要在本省外，还遍布江苏、山东、河南、河北、浙江、天津等省市高校图书馆、公共图书馆及部分科技信息机构，以及部分军事院校图书馆，还有少数学生考上研究生或出国到日本、英国、新西兰、澳大利亚等国家学习深造。近两年，该系毕业生基本处于供不应求局面，1999 届毕业生 20 人，50%毕业留在西安高校、党政系统、军校，50%去东南沿海地区；2000 届毕业生 23 人，留西安 9 人，宝鸡 1 人，出省 12 人，出国 1 人，基本上都在高等院校，省、市图书馆，部队，研究所，大部分毕业生工作单位与专业对口。据不完全统计，近两年该系毕业生供需比为 1∶4，需求远远大于供给，就业形势较为理想。

档案学专业原有两个本科专业：档案学、现代文秘与计算机管理两个专业。现在只有一个档案学本科专业，学制四年，招生人数 30 人，在读生人数为 158 人。人才培养目标：培养德、智、体全面发展的能从事档案业务及其组织管理，档案文献编研等实际工作和档案学教学与研究的高级专门人才。业务培养要求：学生主要学习档案管理与信息管理的基本知识，受到有关理论、方法与技能等方面的系统教育和训练。毕业生应获得以下几方面知识和能力：

①掌握马克思主义的基本原理和有关档案学的基本理论。

②掌握档案管理和信息管理的基本理论，基本知识与业务技能，以及与信息管理相关学科的知识。

③具有办公自动化管理的基本能力。

④熟悉我国档案管理方针、政策和法规。

⑤了解国内外档案管理与信息管理的前沿成就与发展动向，具有一定的科学研究能力。

主要课程有档案学概念、文书学、档案管理学、科技档案管理学、管理学基础、档案保护技术学、中国档案史、档案自动化、外国档案、管理信息系统、中文信息处理等。

西北大学原图情系作为陕西省唯一图书馆学专业正式教育机构，除了每年高考统一招生的录取新生外，还接受进修生和委培生，同时采取多种形式办学，还积极参与省内、外专业教育普及和人才培养工作，为陕西培养多层次的图书馆学专业人才，先后举办过“图书情报专业证书班”、“图书情报专业培训班”、“期刊管理与开发培训班”、“陕西高校图书馆馆长业务讲习班”等。

西北大学公共管理学院具有比较雄厚的科研实力和良好学术氛围，近年来，先后主持承担了国家科技攻关项目 1 项，国家社会科学基金项目 5 项，国家教委人文社会科学规划项目 2 项，陕西省重大科技攻关项目 1 项，以及多项陕西省自然科学、社会科学基金项目。近年来，学院共出版专著 20 余部，教材 30 余部，在全国重要期刊上发表科研论文 2000 余篇，完成国家级、省部级和地市级科研课题 40 余项，获省部级以上奖 21 项，其中许多研究成果被有关部门采纳实施取得良好社会效益。西北大学原图情系以教学、科研并重，虽然人少，任务重，仍积极开展科研活动，以教学带动科研，以科研促进教学，学术水平不断提高。该系历年来共发表论文 200 余篇，出版著作 20 种，同时注意教材建设，近年出版的教材有全系教师集体参加编写的《图书馆学情报学概要》(科学技术文献出版社出版)，该系一位教师作为主要参编者之一的《文献编目教程》(南开大学出版社出版)以及校内印刷厂出版的《专业英语》(金有巽编)、《图书馆管理理论与实践》(武德运编)等。该系还申报了“面向 21 世纪图书馆学专业课程结构体系及主要教学内容改革研究与实践”课程。近两年来，又取得不少科研成果，该系一位老师编著教材《文献分类学》由西安地图出版社 2000 年出版，该系两位教师主编书一部由未来出版社出版，该系一位负责人主持了陕西省哲学社会科学规划课题《陕西省图书信息人才队伍建设问题研究》和学校教改项目《文献检索》多媒体教材建设，该系一位教师进行重点课程《文献分类学》的课程研究，一位青年教师主持西北大学科研项目《西北地区高校数字图书馆建设》。1999.1～2000.12，该系又发表论文 30 余篇，其中有的论文还在中国图书馆学会学术年会征文中被评为优秀论文，还有的论文被评为陕西省图书馆学会优秀论文一等奖，该系已经形成老中青的学术梯队。

西北大学原图情系还积极参加省内、国内的学术会议，积极与各级图书馆学、情报学、索引学会等组织保持广泛联系和学术交流，参与和组织一些学术交流活动。从交流范围看，不仅有中国内地的学术交流，也有海峡两岸的学术交流，还有国际间的学术交流。2000 年 5 月 30 日，美国纽约州 HarTwick College 图书馆技术服务部主任蒋张思南教授来陕访问，该系组织并参与学术交流活动；

2000年8月3～5日，台湾政治大学图书资讯学研究所所长杨美华教授，台湾淡江大学图书馆馆长黄鸿珠副教授来该系交流、访问；2000年11月3日，美国民间友好大使访问团——美国公共图书馆协会（APLA）一行7人，来西北大学参观、访问，和该系师生座谈交流图书馆学教育、图书馆自动化等方面问题。该系还积极参加社会上的学术活动，有担任几个省级学会副理事长（副会长）、全国学会理事的，还有担任省级学会理事、学术委员会和编译委员会负责人的。足以证明，该系教师已日益成为本省图书情报专业学术组织的一支重要力量。

（牛红亮）

西南师范大学计算机与信息科学学院信息管理系

［历史沿革］ 西南师范大学信息管理系（图书情报学系）的历史可追溯至50年代初期西南师范学院下设的图书博物馆专修科。

解放初期，西南地区图书馆事业处于百废待兴之中。为了能将接管图书、捐献书、没收图书以及新购图书进行整理后提供给劳动群众阅读，充分发挥出图书馆的教育宣传功能，中央文化部、教育部分别就整顿改革旧有图书馆和培养图书馆、博物馆干部的问题作出指示。根据中央精神，1951年9月至1954年6月，西南军政委员会文教部在西南师范学院设立图书、博物专修科，聘请冯汉骥为科主任、汪应文为副主任，分设图书馆组与博物馆组，为期两届，共为西南地区培养中级图书博物专业人才100名，极大地缓解了西南地区当时对专业干部需求的燃眉之急。

1978年初全国恢复高考之后，停顿多年的中国图书馆学教育开始复苏。1978年～1983年间全国有10余所院校先后成立了图书馆学系，设置图书馆学专业，打破了1949年～1978年间全国只有北京大学、武汉大学两校办学的局面。在此期间，应社会之需求，西南师范大学图书馆于1983年、1984年招收了两年制图书馆管理干部专修科学生，为西南地区事业培养人才62名。

为了进一步改善图书馆专业人才队伍的状况，1984年，图书馆向学校提交了《关于筹建图书馆学系的报告》。1987年6月经国家教委批准正式成立图书情报学系，设图书馆学专业，招收四年制本科生。1995年改现名——信息管理系。

建系之初，在建制上采取“馆系结合”的方式，使馆系在人员、资料、设备等方面的资源得到充分共享。1993年4月，馆系行政分离，1996年3月，党总支分设，至此，两个单位完全独立运行。1999年1月，信息管理系与计算机科学系、电化教育系合并成立计算机与信息科学学院。

［机构设置］ 计算机与信息科学学院是西南师范大学第一个跨系科、跨专业、多门类的融理、工、文为一体的综合性学院。学院目前下设计算机科学系、电化教育系、信息管理系、公共计算机教育部、人工智能研究所等10个单位。现有“计算机应用技术”和“计算机软件与理论”硕士学位授权点2个，省部级重点学科1个，省部级重点实验室1个。学院具备培养全日制本、专科，硕士和博士研究生，各类成教、自考、函授及进修培训班等多层次、多专业、多类型的办学规模。承担了多项国家及省、部级科研项目，而且在应用科研方面也不断取得佳绩，营造了师范性与学术性并举，教学与科研并重的良好氛围。

信息管理系作为学院的二级管理机构，设有信息管理理论和信息管理应用两个教研室，主要承担相关专业的教学管理、科学研究与专业建设等职能。

［师资队伍］ 学院现有教职工129人，其中教授12人，副教授21人，讲师24人，助教14人，高级实验师7人，工程师14人，助理工程师10人。博士生导师1人，硕士生导师10人，在职攻读博士学位者占全院教师总数的20%，在职攻读硕士学位者占全院教师总数的31%。信息管理系有专任教师11人，其中正副教授3人，讲师4人。学院内的学科间渗透与交流有利于改善教师知识结构，同时也为拓宽学生知识面、培养复合型人才提供了更好的师资条件。

［教学与科研设备］ 学院拥有教学楼、实验室共计8000平方米左右，教学、实验设备固定资产总价值1000万元以上。其中，学院资料室收藏有中外文图书2800余册，中外文期刊130种、2400余册。学院设有计算中心、计算机软件实验室、计算机硬件实验室、教育技术实验室、文献管理实验室等。拥有微机570余台，投影仪3套，数码相机11台，常规相机20台，电声媒体10套，家庭影院5套，卫星接收设备系统2套，摄像机5台，线性、非线性编辑系统10套，VCD刻录系统1套。这为信息管理系

的教学、科研提供了良好的资料设备保证。

[教学改革]

1. 本科教育

(1) 专业设置

1987年起图书情报学系设置图书馆学本科专业,共招生11届。1997年,经教育部批准,该系将图书馆学本科专业调整为信息学(现为信息管理与信息系统)专业,并于次年起招生,至今已招生3届。

自1987年至2000年7月,该系共为社会输送全日制本科学生363人。毕业生主要就业于重庆、四川、云南、贵州、广东等地的高校图书馆及其他企事业单位的信息机构。由于他们专业基础知识扎实、动手能力强,深受用人单位的欢迎,不少毕业生已经成为单位的业务骨干。

目前,全系共有全日制本科在校生236人,其中图书馆学专业40人(1997级),信息管理与信息系统(信息学)专业196人(其中1998级54人,1999级52人,2000级90人)。(注:数据截止日为2000年12月31日)

(2) 培养目标与主要课程

图书馆学专业培养具备系统的文献信息管理基础理论知识,熟练运用计算机等现代化技术手段对文献信息进行搜集、加工组织、开发利用,能在图书情报机构和各类企事业单位的信息部门从事信息服务与管理工作的高级专门人才。主要课程有:图书馆学概论、文献资源建设、文献分类学、主题检索语言、文献编目、目录学、信息服务与用户研究、社科文献检索、科技文献检索、图书馆自动化、图书馆管理学、中国书史与图书馆史、情报学概论、信息研究与咨询、信息经济学、文献计量学、经济信息、金融信息、计算机网络、计算机情报检索、管理信息系统等。

信息管理与信息系统(信息学)专业培养具备现代管理学理论基础、计算机科学技术知识及应用能力,掌握信息管理基本理论和业务技能,能在国家各级管理部门、企事业单位从事信息搜集、加工组织、开发研究及信息系统分析、设计、管理和评价等工作的高级专门人才。主要课程有:管理学原理、经济学、信息管理学、信息组织、数据结构与数据库、信息存储与检索、计算机网络、管理信息系统、计算机信息检索、Internet信息资源利用、信息分析与预测、信息服务与用户研究、信息经济学、经济信息、金融信息、竞争情报、档案信息管理、现代通讯技术等。

2. 成人教育

为满足社会的需要,该系设有信息管理与计算机(原名为计算机与办公管理)三年制函授专科专业、信息管理与计算机二年制脱产专科专业及计算机信息管理专业成人自学考试助读班,面向企、事业单位,培养熟练掌握计算机技术的、能够利用管理科学的一般原理和信息管理的专门知识、技能和方法,为现代化企、事业组织提供有效信息资源管理和信息服务的专门人才。开设的主要课程有:计算机基础、数据库管理及应用、微机原理及维护、办公应用软件、会计电算化、计算机网络、Internet与信息利用、管理学原理、信息管理概论、信息收集与组织、档案信息管理、传播与信息沟通、经济信息、企业信息与竞争情报、行政经济法规、知识产权、实用统计学等。

现有成人在读生人数为:信息管理与计算机成人脱产专科专业288人(1999级132人,2000级156人),计算机信息管理自考专业109人(1999级44人,2000级65人),信息管理与计算机函授专科专业67人(1998级21人,1999级46人)。

[科学研究] 信息管理系承担了四川省(重庆市)高等教育面向21世纪教学内容与课程体系改革项目“跨世纪的挑战与选择——图书馆学教育改革与实践”,重庆市科委项目(合作)“远程教育研究”及“重庆高频计算机2000年问题符合性测试研究”等项目的研究;参加国际性、全国性学术会议19人次;出版本专业专著教材(含参编)5部,发表学术论文100余篇。“图书馆学课程体系改革”项目于1997年获得四川省第三届普通高校优秀教学成果二等奖、校优秀教学成果一等奖;另有多篇论文获得省市级以上学会奖。

[前景展望] 西南师范大学信息管理系是重庆市最早培养信息管理人才的专业教学点。多年来所积累与形成的丰富的办学经验、完备的教学设施、严格的教学管理体系,已使信息管理系的办学实力得到逐步增强。计算机与信息科学学院的成立,无疑更使之如虎添翼。

随着世界范围内知识经济的兴起,我国政府已将信息产业确立为跨世纪发展的经济支柱产业。与计算机、网络、电信、微电子技术等已受到政府部门的高度重视的信息基础设施建设相比,信息资源建设、信息组织与管理工作却远远落后于社会要求，由此引发的社会对信息管理专门人才的需求势头不减，该系学生在就业分配中因而也就出现了供不应求的局面。随着国家对信息产业政策倾斜和投入力度的加大，我们相信，信息管理系在社会竞争中的优势将会更加突出。 （邓小昭）

浙江大学人文学院历史系

［历史沿革］ 1983年创办图书馆学专业（夜大、学制三年、大专）；1984年开始招收图书馆学全日制学生（学制三年、大专）；1993年开始招收图书馆学全日制本科。

［机构设置］ 信息资源管理研究所、图书馆学教研室、档案学教研室。

［师资队伍］ 由于隶属于历史系，故不设专门的行政人员。现有专业教师15人，其中教授2人，副教授5人，讲师6人，助教2人。

［教学与科研设备］ 资料室，设在历史系资料室内，藏有图书馆学、档案学的专业期刊数十种，以及各类专业图书资料。实验室，设有计算机室、多媒体实验室4间。

［教学改革］ 本科生，设有图书馆学专业、档案学专业，1999～2000年招生100人，在读生450人。培养目标：为图书馆、档案馆、企事业机关等培养从事信息管理的专门人才。主要课程（图书馆学专业）：图书情报学概论、文献编目、信息检索语言、科技信息检索、社科信息检索、信息分析、文献计量学、C语言、信息资源管理、计算机信息检索、文献信息导论、知识产权基础、管理学、数据库管理、图书馆自动化系统、网络信息传播、专业英语、信息检索中的数据结构与算法、网页设计、图书馆理论与实践、档案管理学等。

研究生，2000年以信息资源管理研究所为单位获准硕士点。拟2002年开始招收信息资源管理方向研究生。

成教生，专业设置：图书馆学专业、档案学专业。招收专升本、大专、专业证书班各类学生。招生人数：150人。

［科研成果］ 出版论著，著作：《文件运动规律研究》（何嘉荪著，中国档案出版社）等3部。论文：虚拟图书馆明天就来临吗/粟慧/情报学报/2000（5）；情报分析中的相似原则/李超平/图书情报工作/2000（4）；文献标识系统的结构/吴运标/图书情报工作/2000（2）；网络信息四大棘手问题研究进展/粟慧/图书馆学信息学（人大复印）/（4）；科技项目查新与专利查新之比较研究/李超平/图书情报工作/1999（7）；档案学基础理论研究的正确道路/何嘉荪，等72篇。科研项目，国家社科基金项目1项，省级项目3项，部级2项，横向项目5项。获奖情况：部级奖1项，厅局级奖5项

郑州大学信息管理系

［历史沿革］ 郑州大学信息管理系（Dept. of Information Management，Zhengzhou University）成立于1985年，原名图书馆学系。根据河南图书情报事业对于专业人才的迫切需求，经河南省人民政府批准，于1985年7月在郑州大学设立图书馆学专科。1985年9月，图书馆学系正式成立并招生办学，崔慕岳担任第一任系主任。随着图书情报一体化的进展以及各类型图书馆情报职能的加强，图书馆学专业不断扩大规模。从培养图书馆管理人才转向培养适应图书馆和情报工作需要的复合型人才。1991年3月图书馆学系更名为图书情报学系。

1994年图书情报学系崔慕岳主任荣升为郑州大学副校长，柯平博士毕业回系并担任系主任。为深化教学改革，发展新专业，同年12月改名为信息管理系。1995年创办经济信息管理与计算机应用专科并开始招收二年制学生。同年11月隆重举行建系十周年庆祝活动。1996年确立了以IMD组成的凤凰图案为标志的系徽和“砥志、穷理、致能、健体”的系训。1997年经济信息管理与计算机应用专科改为三年制。

在学校加大学科专业和院系调整的新形势下，信息管理系加强自身建设，稳步发展。1998年4月，学校将信息管理系与图书馆合为一体，系主任兼馆长，一个总支，两个行政班子，馆系两块牌子，人财物既相对独立，又可实现资源共享。这一模式，对于加强实践教学，理论联系实际，优势互补，取到了应有的作用。1998年，该系图书馆学成为全国第七批硕士学位授权学科专业。1999年该系经济信息管理与计算机应用专业升格为本科并随全国专业目录调整而更名为信息管理与信息系统专业。

该系是河南省信息管理教育、培训和研究的重要基地，建系以来，为河南省各类型图书情报机构、各类型经济信息部门输送了大量急需的专业人才。有13届毕业生600多人遍及河南、四川、新疆、天津、广东、台湾等地。该系以教学科研为中心，大力进行专业建设和学科建设，形成图书馆学、情报学、信息经济学等组成的学科体系。其中，图书馆学被列入学校重点学科。承担有国家重点项目，教学成果获省教学成果一等奖。曾获学校科研管理先进单位、成人教育先进单位等。连续五年获期末考试评估流动杯。多次获学生工作达标先进系、“三育人”先进单位等。

[机构设置] 信息管理系下设三个办公室：行政办公室、教学办公室、成人教育办公室。有三个中心：教研中心（图书情报学、计算机信息管理教研室，文献分类学、信息经济与技术研究室）、实验中心（电子图书馆、管理信息系统实验室）和资料信息中心。

[师资队伍] 信息管理系拥有一支由正副教授、博士、硕士为主体组成的教学经验丰富、科研能力强的教师队伍，现有教职工29人，教师19人，其中教授3人，副教授10人。现任系主任柯平教授是河南省跨世纪学术带头人培养对象和省优秀中青年骨干教师，教育部高等学校图书情报工作指导委员会委员、河南省科技情报学会常务理事兼副秘书长、河南省图书馆学会学术委员会主任、河南省高校图工委副主任。现任系主任助理王国强副教授是校优秀中青年骨干教师，兼任《河南图书馆学刊》副主编。

[教学与科研设备] 系资料信息中心有中外文图书2万余册，期刊150余种。

系实验中心拥用计算机、视听资料、缩微复制等各种现代化教学设备，其中，高档微机有55台。专用实习室有中外文打字机、中外文献检索工具、分类编目工具及其他各种实习用书。

[教学改革]

1. 本科生教学

专业设置有图书馆学本科、信息管理与信息系统本科。

图书馆学专业是河南省唯一的图书馆学教学基地，近四年来的招生情况是：1997年本科26人，1998年本科26人，1999年本科24人，2000年本科30人。现有在校学生106人。图书馆学专业学制四年，培养目标是培养有较强的理论与实践能力，能在政府机关、高校、科研部门、厂矿企业等各级各类文献信息部门从事信息业务和文献工作的应用型高级专门人才。开设的主要课程有：高等数学、图书馆学概论、中国书史与图书馆史、文献资源建设、文献分类与主题标引、文献编目、文献目录学、社科文献咨询与检索、古籍整理、图书馆自动化、情报学概论、科技情报检索、情报分析与研究、计算机文化基础、计算机应用基础、C语言、计算机网络等。

信息管理与信息系统专业是在经济信息管理与计算机应用专科的基础上发展起来的。近几年的招生情况是：1995年专科62人，1996年专科46人，1997年专科64人，1998年专科39人，1999年本科88人，2000年本科90人。现有在校学生217人。信息管理与信息系统专业学制四年，培养目标是培养在金融、商业、外贸、政府经济管理机构、厂矿企业等从事经济信息管理和计算机信息系统开发工作，具有较强的外语和计算机应用能力的专门人才。开设的主要课程：计算机原理、操作系统、数据库管理与语言、C语言、数据结构、管理信息系统、西方经济学、会计学原理、电脑会计、市场营销学、财政金融、信息经济学、企业信息学、商务英语等。

2. 研究生教学

该系图书馆学硕士点是河南省图书档案学类唯一的一个硕士点。

招生情况：1999年首次招收硕士研究生2名。2000年招收硕士研究生5名。现有在读生7名。

图书馆学硕士点是培养德智体全面发展并具有坚实、宽广的图书馆学基础理论知识，较系统深入的专门知识和较强的综合素质和能力的专门人才。能独立进行科学研究，既能从事高校、科研机构与本专业有关的教学科研工作，又能胜任大中型文献情报机构及其他各类信息部门的中高层管理工作。该硕士点有五个研究方向：信息资源管理、信息咨询、文献目录学与情报检索、文献分类学、图书馆学基础理论。

硕士研究生主要课程是：学位课程包括公共课和业务课。公共课有马克思主义理论课（4学分）

和外语课（6 学分）；业务课分专业基础课和专业课两个层次，专业基础课有知识管理研究（3 学分）、文献学研究（3 学分）、图书馆学方法论（3 学分），专业课根据专业方向选定，有信息管理自动化（3 学分）、中外信息咨询研究（2 学分）等。选修课程根据专业方向选修，有数字图书馆理论与实践（2 学分）、计算机情报检索系统（2 学分）、情报检索语言（2 学分）、信息经济学（2 学分）、经济信息研究（2 学分）、网络信息资源管理（2 学分）、第二外国语（2 学分）等。

3. 成人教育

该系将成人教育作为办学的重要组成部分，根据社会需要和办学条件，积极探索发展成人教育的新路子。办班专业有图书馆学本科函授、计算机信息管理专科成人脱产班以及图书馆学、信息管理短训班。

函授：图书馆学本科函授 1999 年招生 20 人，2000 年招生 39 人。

成人脱产班：计算机信息管理专业专科 1999 年招生 60 人，2000 年招生 61 人。

［科研成果］ 1999 年，全系教师发表学术论文 23 篇。柯平教授的《文献目录学》获省社科联社会科学优秀著作一等奖。马国华副教授等研制的《期刊文献信息管理系统（JIMS1.0）计算机应用软件》获河南省教委科技进步二等奖，并在河南省第十届发明展览会上荣获金牌奖。 （柯平）

中国科学院文献情报中心

［历史沿革］ 中国科学院文献情报中心的研究生教育始于 1979 年，是“文革”后国内最早招收图书馆学情报学研究生的单位之一。1986 年经国务院学位委员会批准，中心获得“图书馆学”和“科技情报学”两个专业的硕士学位授予权。1993 年获得图书馆学专业博士学位授予权。1995 年，同南京大学联合获得科技情报专业博士学位授予权。1979 年到 2000 年，中心共招收硕士研究生 15 届 88 名，博士研究生 6 届 17 名，其中 77 名硕士研究生和 9 名博士研究生获得相应的学位。目前中心每年招收博士生 5 到 7 名，硕士生 8 到 10 名。

［专业设置］ 中心招收的研究生，第一年在中国科学院研究生院学习基础课和专业课，后两年在中心进行专业学习和研究。中心学位教育的专业设置和研究方向如下：

专业	研究方向	学位
图书馆学	图书馆学基础理论研究	博士
	信息资源管理	博士
	数据库建设与计算机信息检索	博士
	文献信息的开发与利用	硕士
	信息检索与参考咨询	硕士
	网络文献信息的组织与服务	硕士
	广域网文献信息系统	硕士
情报学	科技政策与战略情报研究	硕士 博士
	科学计量学	硕士
	科技信息咨询	硕士

主要课程包括：文献信息的开发和利用、参考咨询和情报检索、网络文献信息的组织与服务、科技政策与战略情报研究、图书馆创新管理研究、信息资源管理导论、现代图书馆文献信息服务。目前中心在研究生院开设有 6 门研究生学分课程，选修这些课程的学生包括很多其他专业的研究生，取得了较好的教学效果，有的课程获得了中国科学院优秀教学科目奖。中心的导师还获得了中国科学院“华为奖学金”和优秀导师荣誉称号。

［师资队伍］ 中心现有工作人员 297 人，专业技术人员 221 人，其中研究员（研究馆员）14 人，副研究员（副研究馆员）50 人，这是一支强大的师资队伍。从 1979 年以来，中心先后有 41 名高级研究人员担负过培养和指导研究生的工作。2000 年，中心上岗的博士生指导导师为 7 名，硕士生指导导师 11 名。

［科研项目］ 1999～2000 年中心承担了来自各方面的课题约 40 项。其中，中国科学院 21 项；国家自然科学基金委 6 项；科技部 6 项；中心课题 6 项。近两年具有代表性的、来源广泛的、支持力度较大的、有中心研究生导师和研究生参加的课题列表如下：

序号	课题名称	资助单位	负责人
1	图书馆学情报学术语规范数据库	海峡两岸合作会议	徐引篪　李广建
2	信息资源管理思想与管理思想史	国家自然科学基金	孟广均
3	我国科技论文产出力和核心区域分布	国家自然科学基金	金碧辉
4	自然科学学术期刊评价指标研究	中国科学院	金碧辉
5	网络环境下中小企业信息保证系统和咨询体系研究	自然科学基金委	辛希孟　冷伏海
6	中国科学院文献情报系统专业人员的继续教育研究	中国科学院出版委	辛希孟
7	中国科学院文献情报系统评价指标体系	中国科学院出版委情报基金	龚义台　周宁丽　辛希孟
8	数字图书馆若干前沿理论与技术问题	国家软科学研究规划项目、科技部	汪　冰　孙　坦

［出版论著］ 到2000年为止，中心工作人员编写出版著作（译作）100多部，刊物杂志10余种，发表论文3000余篇。其中1999～2000年发表论著200多篇，出版专著、编著9部，如《现代图书馆学理论》、《国外图书馆学情报学研究进展》和《信息资源管理导论》等。中心编辑出版的专业刊物《图书情报工作》和《现代图书情报技术》是本学科的核心刊物。

［获奖情况］ 1986年以来，中心共有26个研究项目获得国家和院、部委级的自然科学进步奖和科技进步奖等奖项，如中国科学院图书馆图书分类法、中国科学院文献资源布局、中国科学院文献情报工作发展战略、中国科学院西文连续出版物联合目录数据库、中国物理文献检索系统、生物技术信息系统、中国科学音问数据库、中关村APTLIN项目等。1999年，中心牵头完成的“中国科学院网上文献信息共享系统（一期工程）”获得中国科学院科技进步二等奖。2000年，《图书情报工作》杂志获中国科学院优秀期刊一等奖。

［教学和科研设备］ 中心藏书560万册，主要是自然科学基础学科和高新技术文献，还包括人文社会科学文献和40万册古籍文献，都向中心的研究生开放。1979年中心开始建立图书馆学情报学资料室，现藏书6000余册，其中中文图书5000多册，西文图书2000余种，中文现刊100余种，西文现刊80余种，为研究生查阅专业文献提供了方便。

在计算机使用方面，研究生除随同导师一起，在各有关业务部门利用计算机进行学习和上网外，还可使用中心专设的研究生机房，研究生专用机房配有联想计算机6台，通过局域网联入因特网。

［继续教育］ 中心的图书馆学情报学在职人员的教育工作分别由教育培训部、研究发展部和专业图书馆分会承担，培训对象主要是本中心、中国科学院文献情报系统和国内专业图书馆系统的图书情报在职人员。每年大约要举办3至4个短期研讨或培训班，1999和2000年间，每年约有100人次参加各种培训研讨活动，培训的专业方向包括文献信息服务、文献分类编目、计算机网络、管理等。

［学术交流］ 中心长期致力于全院文献情报系统的建设，是中国科学院文献情报系统三级结构中的牵头单位，自1980年以来，每两年组织一次全院图书馆学情报学学术研讨会，至今已举办过11次，收到论文1500多篇，对活跃全院和全国图书馆学情报学学术活动起到了积极的促进作用。中心是中国图书馆学会和中国科技情报学会的常务理事单位，中国图书馆学会专业图书馆分会和中国图书馆学会教育与培训专业委员会，以及中国科技情报学会情报源专业委员会均挂靠在本中心。中心通过这些专业委员会组织了一系列学术活动，如专业图书馆分会一年一度的学术年会、2000年度召开的图书馆学本科专业目录改革研讨会等。1998年，为加强我国图书馆学情报学在学研究生的学术交流，中心发起组织了全国图书情报专业在学研究生学术讨论会，受到国内本专业知名大学和专家学者的支持，于2000年又联合组织了第二届讨论会。中心是国际图联的机构会员，积极参加国际图联和其他有关国际组织如国际标准化组织TC46委员会等的活动，努力加强与世界各国发展图书情报业

务的合作和交流。中心与美国、德国、瑞士、新加坡、韩国等国和港台地区的专业图书馆和情报机构、大学图书馆,以及著名的科学出版社等建立有长期友好合作和人员交流的关系。韩国延世大学李炳穆教授和台湾顾敏教授在中心设有奖学金,分别奖励在中心攻读研究生学位期间成绩优秀和学位论文优秀的研究生。2000年中心与台湾图书馆学教育资讯学会合作,联合主持召开了海峡两岸第五届图书资讯学学术研讨会,海内外100多人参加了该研讨会。 (毛军)

中南大学信息管理系

[历史沿革] 中南大学信息管理系的前身为湖南医科大学医学图书情报系,始创于1987年4月。1995年6月曾改名为湖南医科大学医药信息系,1999年2月又改名为湖南医科大学信息管理系。2000年4月,随着中南大学的组建,在院系未正式调整之前,我系至今暂定名为中南大学信息管理系。

[机构设置] 我系现设有信息组织、信息管理、信息检索、信息技术四个教研室以及办公室与资料室。现任系主任是柳晓春教授,副系主任是李后卿副教授。

[师资队伍] 本系教职工编制为35人,现有教师28人。其中正教授6人,副教授5人,讲师9人,助教8人。

[教学与科研设备] 我系现有一个独立的资料室,藏书约2万册,专业期刊百余种。此外,我系还设有6个实验室。

[教学改革]

1. 本科生:我系现设有信息管理与信息系统专业(五年制),每年招生1个班,现有在校生104人。本专业的培养目标是:培养具有现代管理学理论基础、计算机和科学技术知识及应用能力、信息管理和图书馆学情报学基础知识和基本能力,掌握坚实的医学专业知识和基本技能的应用型、复合型高级人才,既能满足医药卫生领域对于信息管理、信息研究与咨询、信息服务人才的独特的专业要求,同时又能适应其他各类信息管理机构和企事业单位的信息部门信息服务及信息管理的要求。

主要课程有:管理学原理、信息管理学、信息组织、信息资源建设、医学文献主题标引、C语言、操作系统、管理信息系统、网络与多媒体、信息检索、信息研究、信息经济学等。

2. 研究生:我系于1996年4月获得情报学专业硕士点,1997年秋季开始招收研究生。每年招生约3~5人,现有在读生9人。培养目标是:培养掌握坚实的情报学基础理论和知识,具备现代管理科学的理论与方法,熟练掌握现代信息技术,能从事各类信息资源管理、开发与利用和各级信息机构的管理及信息咨询工作的高级专业人才。

研究方向主要有:信息组织与管理、信息检索与咨询、管理信息系统。

主要课程有:情报学理论进展、信息资源研究、情报检索语言、信息检索、管理信息系统、计算机网络与多媒体技术。

3. 成教生:本系暂未大规模招收成教生,但每年均有外校在职人员随班听课。

[科研成果]

1. 近两年出版专著2部:

方平教授主编的《医学科技信息检索》(湖南人民出版社,1999.6);兰小筠、李后卿、王美兰、柳晓春主编的《医学信息资源建设》(湖南人民出版社,1999.3)。

2. 近两年在研及获得的科研项目:

(1) 兰小筠副教授主持的长沙市信息产业发展问题及对策研究;

(2) 方国辉副教授主持的网络环境下文献检索课教学改革研究与实践;

(3) 李后卿副教授主持的高等学校重点学科文献信息资源建设研究;

(4) 柳晓春教授主持的具有中国特色的医学信息学教学与课程体系。 (李后卿)

南京政治学院上海分院信息管理系

[历史沿革] 该系创建于1986年9月,原称空军政治学院图书档案系。1994年3月改称为信息管理系,1999年5月,随着军队院校调整、学院转隶,现全称为南京政治学院上海分院信息管理系。

1985年底,总参谋部提议,在上海空军政治学院组建我军自己的图书档案系。在1986年3月1日的筹备会议上,总部提出了"坚持'三个面向',贯彻改革精神,逐步建立一个有军队特色,有现代化水平的图书情报专业和档案专业"的办系方针。在总部、空军领导机关的关怀和直接领导下,仅用了半年多时间就完成了建系的全部准备工作。在1986年上半年全军第十三次院校会议上正式确定建系。当年9月1日第一届图书情报专业本科、档案专业本科、档案专业专科3个班次同时开学。在总部首长及领导机关的关怀指导下,在全军图书情报档案部门及地方兄弟院校的支持下,通过15年的建设,该系已形成了以军队需要为特色,以本科生培养为龙头,专科教育、干部进修、函授与委培教育为辅助的多层次、多类型的教育结构体系。

[机构设置] 经过15年的努力,信息管理系已初具规模,组织机构健全,并拥有一支政治素质好、知识结构合理、年龄较轻、充满活力的教员干部队伍。现设有图书情报、档案学、基础课和信息资源管理4个教研室以及4个学员队。有系办公室,负责协调全系教学、科研、政治思想、行政管理与后勤保障等工作。现设系主任、政治委员和1名副主任,有教职员工470人,其中学员403人,教员49人,系队干部16人,战士1人,职工1人。

[师资队伍] 经过15年的建设与发展,逐步形成了基本适应办学规模和培训任务要求的教员队伍。在49名教员中,来自军队各级机关、专业部门和院校的25名,从地方特招和毕业分配入伍的24名,分别占51%和49%;图书馆学情报学13名,档案学13名,文献保护技术9名,计算机技术14名;大学本科以上学历的49名,达到100%,硕士以上学历的32名(含在职攻读硕士、博士学位),占教员总人数的65.3%,40岁以下的教员均具有硕士学位或正在攻读硕士学位;高职21名,占教员队伍的42.9%,其中正教授5名,副教授18名。中职27名,占51.1%。初职3名,占6%。高职教员中,担任硕士研究生导师的11名,占高职教员的52.4%。导师中有硕士学位的8人,占导师的72.7%。享受政府特殊津贴的知名教授2名;空军拔尖人才1名;受全军、空军和上海市以上表彰的6名;荣立过二等功的1名,三等功的12名。受到上述奖励的占教员总数的43.1%。教员平均年龄为38.3岁。

[教学与科研设备] 近几年,教学和科研设备得到较大发展。除原有的化学实验室、物理实验室、文献保护实验室、缩微实验室以及图书情报实习室和档案实习室外,新建了信息资源数字化实验室、信息保护技术实验中心、装备有近200台高档微机的3个实习机房以及4个计算机教师用户(包括30多台微机)。主要实验室、实习室以及所有计算机房均实现了与国际互联网、中国教育科研网、军事训练信息网等主要网络的联网。

系资料室比较全地订购了图书馆学、档案学、信息管理科学以及与其相关的中文专业杂志和有重点地收藏外文专业核心刊物,现订购期刊150多种。1999年、2000年两年间新购买专业及其相关专业图书约2000册,图书总数达17000余册。

[教学改革] 本科生招生人数,1999年招收44名(图书馆学20名,档案学24名),从2000年开始每年招收70名(图书馆学35名,档案学35名)。现在读本科生人数191名。

两年中,该系始终坚持以新时期军事战略方针和军委、总部关于军队院校的办学方针为依据,立足军队图书档案事业发展的现实状况,遵循院校教学的特点和规律,以转变教育思想、更新教育观念为先导,以学科建设为龙头,以教学内容和课程体系改革为重点,以提高军事信息管理人才培养质量为目的,把军事信息管理人才的培养目标定位在高素质、强能力、重应用这一基点上,一以贯之、持之以恒地努力探索,先后进行的三次较大规模的教学改革,都是紧紧围绕这根主线展开,促使素质教育的思想和内容不断丰富、完善并趋于有机的统一。目前施行的教改方案的培训目标是"培养适应我军革命化、现代化、正规化建设需要,既能从事军队图书情报工作,又能从事档案工作和办公自动化与指挥自动化条件下的信息管理工作,具有合格的政治思想素质、军事素质、科学文化素质、身心素质和信息管理专业素质的复合型应用人才"。坚持"厚基础、宽口径、强能力、重应用"的办学思想,并据此设计具体的素质教育方案和育人运作机制,指导教学改革向纵深推进。

该系利用拥有并同时开展这两个专业教学的优势,积极探索"图书馆学档案学一体化"的教学模式,加强图书馆学、档案学、信息管理三个学科专业的共性与个性的研究,立足大信息的学科专业模式来建立宽口径、厚基础而且有分有合的专业教育体系,并根据各个专业教育与知识组织的内涵和外延设立既有共同的基本内容、又有各自专业方向并适应不同专业特点及未来军队各类信息管理岗位需要的教学内容。创建了一批建立在图书馆学、档案学、信息管理三个专业相同的理论与方法基础上的专业基础课,而且在宽口径专业内设置了柔性的专业方向或选修课程。在课程设置上,总共64门课程,分为政治理论课、军事课、基础课、专业课4部分,其中政治理论课8门,占12.6%,军事课6门,占9.4%,基础课19门,占29.6%,专业课31门,占48.4%。基础课又分为数理化生、文史哲、外语、管理学、计算机基础5个部分。有49门课程是图书馆学和档案学两个专业共同开设的。这种专业课程的复合式设置,有利于专业之间的相互"渗透"和"迁移",促进学科专业的快速发展,提高课程建设、优化的效益,最终构筑一个具有军队特色、适应大信息管理的宏观学科体系,从而培养学员能够站在更高的视角上去把握信息管理的基本理论、基本知识和基本技能,了解并共享国内外图书馆学、档案学的新理论、新技术和新成就。从知识本身和教学实践的复合以及培养的内在机制上真正造就出一种复合型的信息管理人才。

图书馆学专业的主要课程有:《信息管理学导论》、《知识产权概论》、《文献编目》、《情报检索语言》、《计算机信息处理技术》、《计算机信息检索》、《管理信息系统》、《电子出版物技术》、《信息计量学》、《信息经济学》、《传播学概论》、《情报分析研究》、《文献信息数据库技术》、《现代信息服务》、《信息资源建设与管理》、《文献信息机构管理》、《图书馆自动化系统分析》、《保密与技术安全》、《军事信息学概论》、《计算机网络技术》、《数据库系统与应用》、《程序设计》等。

该系有图书馆学和档案学两个硕士授权点。1990年国务院批准空军政治学院信息管理系为图书馆学硕士学位授权点,1995年上海市批准为档案学专业硕士学位授权点,并从1995年起两个专业可从应届生中免试推荐硕士研究生。1997年图书馆学通过了国务院学位办组织的硕士点合格评估。1999年招收8名,毕业2名,2000年招收10名,毕业9名,现在读硕士研究生24名。

图书馆学硕士点已建有情报语言学、文献计算机处理、文献编目、图书馆管理、信息资源管理5个研究生方向,现有导师7名;档案学硕士点已建有档案管理学、档案检索、文献保护技术学3个研究生方向,现有导师4名。图书馆学和档案学两个硕士点开设的主要课程有:《信息科学基础》、《情报语言学导论》、《情报语言学文献导读》、《分类检索语言研究》、《主题检索语言研究》、《现代管理理论》、《图书馆管理》、《信息系统与信息管理》、《文献编目原理》、《编目学文献导读》、《文献编目基础》、《计算机编目研究》、《离散数学》、《数据结构》、《操作系统》、《数据库原理与应用》、《计算机网络》、《档案现代化管理》、《中外档案学著作选读》、《现代文书学》、《档案学理论与历史》、《档案检索研究》、《档案工作标准化研究》、《近代仪器分析》、《电子技术研究》、《文献保护研究》、《文献载体材料研究》等。

根据上海市高校毕业生需求情况,经总政和原国家教委批准,在充分保证部队生教学的情况下,从1993年起在上海市招收现代秘书专业二年制大专生,1997年起改制为三年制,1998年改招办公自动化专业三年制大专生。1999年、2000年分别招收学生56名。

两年中,毕业了两批三年制信息管理和档案学专升本的函授学员。1999年6月,我系会同中国图书馆学会等7家单位在上海共同举办了"全国第三次情报检索语言发展方向研讨会"。2000年还举办了一期军队院校图书馆馆长培训班。

[科研成果] 全系教员按照建设教学科研型院校的要求,边教学边搞科研,以教学带动科研,以科研带动教学,取得了丰硕的成果。1998年以来,已完成的主要科研成果有:《电子档案著录标准化研究》、《上海档案机读目录数据库研究》、《档案价值鉴定研究》、《军事文书档案鉴定标准研究》、《复印件字迹退变规律研究》、《计算机打印字迹耐久性研究》、《挥发性档案杀虫防毒药剂影响纸张字迹测试方法》、《档案机读数据交换格式》、《公文档案管理系统推广应用》、《上海档案专业干部继续教育研究》、《上海市档案保护管理规范性研究》、《军队院校图书馆管理信息数据库》、《面向21世纪军队信息管理人才培养目标与模式研究》、《防虫防霉剂对档案纸张与字迹影响的测试方法研究》、《褪变及粘连的复印件修复及保存条件研究》、《磁性档案材料、光盘材料的最佳保存条件研究》、《档案价值鉴定标准》、《档案机读目录研究》、《中外档案价值鉴定比较研究》、《军队档案事业管理信息网络系统》、《静电复印件字迹褪变与恢复研究》、《纸质档案字迹褪变机理的研究》、《军用公文主题词表》、《上海市档案保护技术规范》等国家、军队和省部级立项课题24项,其中有5项科研成果获得部级科技进步2、3等奖。公开出版专著和教材8部,发表论文160多篇。目前承担并正在进行研究的国家、军队、省部级以及学院立项课题主要有:《军队档案管理

学导论》、《军队文书档案管理》、《军队文件管理》、《军队科技档案管理》、《军队专门档案管理》、《军队档案利用服务》、《军队声像档案管理》、《军队档案计算机管理》、《比较档案学》、《档案鉴定研究》、《网络信息资源的编目技术研究》、《军校图书馆目标管理与评估研究》、《军事训练数字图书馆研究》、《军事科学网络信息资源调查分析及有效利用研究》、《蓝黑墨水字迹恢复方法的研究》、《电子档案及其信息保护研究》、《高技术条件下战时档案材料保护研究》、《文献信息反馈保护技术》、《外军电子文件管理研究》、《中国档案机读目录格式》、《电子档案著录规则》、《基于规则和词典的自动标引检索技术》、《中国档案机读目录计算机处理系统》、《电子文件与档案管理》等 24 项。

［学术交流］ 积极鼓励全系教员多参加各种类型的学术交流活动，提倡以文赴会。1999 年、2000 年两年间，系里教员参加国内各种类型的专业交流活动达 50 多人次。从 1999 年开始加大派教员出国参与交流的力度，先后有 6 人参加国际学术会议、出国访问或进修与培训。同时还不定期地邀请国内著名的专家教授来系里讲学，交流信息。两年中，先后有 10 多人次来我系讲学。

该系还借助自己创办的刊物同军内外专业同行进行学术交流。1988 年 6 月创刊的《文献工作研究》双月刊，至 2000 年 12 月共出版 76 期。该刊是集图书馆学、档案学、信息管理理论与实践研究于一体的专业学术性刊物，主要面向军队图书、档案、信息或网控中心等业务部门。该系主任戴维民教授兼任主编，副主编、责任编辑和刊物编务均由专业教员担任。为更好地反映刊物的办刊宗旨，体现交流内容的前沿性，进一步贴近军队图书、档案、信息或网控中心建设与发展的实际以及与专业理论研究和实践指导相一致，该刊将从 2001 年开始更名为《信息管理导刊》。

［今后发展］ 在培养目标上，调整并确立新的人才培养目标，即"建立面向二十一世纪具有军队特色的能够适应我军革命化、现代化、正规化，尤其是适应信息化、数字化建设需要，能胜任军队图书情报档案工作，并能从事军队作战指挥、军事训练、机关办公等各级信息中心和部门的信息处理、系统分析与设计以及信息资源的组织管理和开发利用的复合型应用人才的培养目标。"

在学科建设上，加强图书馆学、档案学、信息管理三个学科专业共性与个性的研究，继续立足大信息的学科专业模式来建立宽口径、厚基础而且有分有合的专业教育体系。目前，信息管理能力已经成为部队战斗力的有机组成部分，为适应我军建设逐步实现数字化、网络化、自动化的客观要求，加紧培养现代信息管理人才，在办好原有两个专业的基础上，增设信息管理专业。

在培训层次上，实现优质、高效、规范化的办学机制，逐步建立以本科学历教育为起点，硕士研究生教育为重点，博士研究生教育为龙头的多层次、多元化培养模式。在已有图书馆学、档案学两个硕士点的基础上增设情报学硕士点，并做好申请博士授权点工作的准备。

在课程建设上，编写并出版一批具有一定的前瞻性和较高技术信息含量，并在军内外有较大影响的专业大纲、教材。采用按专业教学内涵、结合信息技术应用组织实验教学的模式，组建集知识信息组织、信息系统设计、信息分析模拟、信息网络管理、信息自动检索于一体的数字化综合实验室，做到实验室建设与专业课程建设的同步与配套。并逐步实现教学手段的现代化，建立一批重点课程和专业核心课程的多媒体教学课件，探索重点核心课程的数据库建设，并且提供上网服务，首先在学校校园网上实现在线教育。

在人才建设上，积极引进激励和竞争机制，鼓励中青年教员在职攻读硕士和博士学位，并每年选拔 1～2 名具有发展潜力的优秀中青年教员出国进修。加大教员的培养力度，促进学科建设始终跟踪世界技术发展的前沿。采取人才引进、在职培养等多种措施，优化学科队伍的建设。通过 2～3 年的努力，教员队伍中获取或攻读博士学位的人数达到 10 名，占教员人数的 20%，中青年教授 7～8 名，其中引进 2 名，培养 5～6 名。 （林平忠）

四川大学信息与档案管理系

四川大学信息与档案管理系于 1998 年 12 月由原信息管理系和秘书档案系合并组建。现任系主任张晓林教授，副主任乔健副教授。1983 年经教育部批准，四川大学设立图书馆学专业，1984 年正式成立图书馆及情报科学系，1988 年更名为图书情报学系，1994 年经国家教委批准设立信息学专业，同年更名为信息管理系。1981 年经教育部批准，四川大学设立档案学专业，1985 年正式成立档案学系,1994 年更名为秘书档案系。

四川大学信息与档案管理系是四川省唯一的信息管理正规教育机构,也是西南地区建立最早、办学层次最多的信息管理教育机构,是国内西南和西北地区唯一具有图书馆学硕士授予权的单位。目前设有信息管理与信息系统(包括经济信息管理和信息系统管理专业方向)、图书馆学(包括信息资源管理和现代信息技术专业方向)、档案学(包括文件与档案管理和行政信息管理专业方向)三个本科专业,招收图书馆学专业(包括现代信息技术、信息资源管理、信息分析与检索专业方向)和档案学专业(包括档案管理理论与方法、现代文件管理与电子政务管理、企业文件与档案管理方向)硕士研究生。其间,1987 年~1998 年招收历史文献学专业档案管理专业方向硕士研究生,1990 年~1998 年招收中国历史专业中国书史和图书馆史专业方向、无线电电子学专业图书情报现代技术专业方向硕士研究生。同时,为适应社会主义市场经济和社会信息化的需要,开设有信息管理与计算机应用(成人脱产专科和高等教育自学考试应用型专科)、文秘与行政管理(成人脱产专科)、公关与文秘(高等教育自学考试应用型专科)等专科专业。每年平均本科招生 150 人,硕士研究生招生 8 人,成人脱产班招生 120 人,高等教育自学考试应用型专科定点助学班 200 人。另外,曾开办图书馆学专业第二学士学位班,行政管理专业大专起点本科试点班和图书馆学专业大专起点本科函授班,行政管理专业和图书馆学专业证书班,信息管理与计算机应用专业、图书馆学专业、档案学专业、行政管理专业各种短训班。

其中,信息管理与信息系统专业培养具备现代管理学理论基础、计算机科学技术知识及应用能力、掌握系统思想和信息系统分析设计方法以及信息管理的知识和能力,能在国家各级管理部门、工商企业、金融机构、高等院校、科技研究开发机构、信息服务机构,以及其他部门从事信息管理、信息分析咨询和信息系统分析、设计、开发、管理和评价等方面的高级专门人才。主要专业课程有:(1) 专业主要基础课程:信息管理学基础、信息组织与检索理论、经济学基础、管理学基础、数据库原理与技术、计算机通讯网络、管理信息系统、信息管理学研究方法等;(2) 信息系统管理专业方向主干课程:信息检索技术与系统、数据结构、软件工程、Internet 应用、多媒体信息系统、分布式数据库与分布式系统、信息政策与信息法规等;(3) 经济信息管理方向主干课程:经济信息概论、经济预测与分析技术、信息服务与信息用户研究、市场信息调查与分析、金融信息调查与分析、决策分析与运筹学、信息政策与信息法规等;(4) 主要专业选修课程:操作系统、集成化与可视化系统开发、通讯工程与技术、信息安全技术、智能信息系统引论、信息经济学、信息市场开发与经营、信息科学与系统科学、组织行为学、人力资源管理、经济分析与管理软件、信息咨询、信息资源建设、电子商务等。图书馆学专业培养具备现代管理学理论基础、计算机科学技术知识及应用能力、信息管理和图书馆学情报学的基础知识和基本能力,掌握对各类信息资源进行收集、整理和开发利用的系统化知识与能力,掌握信息分析研究和信息咨询服务,能在各类企业事业单位、高等院校、科技研究开发机构、信息服务机构以及其他部门从事信息管理、文献资料管理、信息分析和信息服务工作的高级专门人才。主要专业课程有:(1) 专业主要基础课程:信息管理学基础、信息组织、信息检索语言、管理学基础、数据库原理与技术、信息资源建设、文献信息自动化系统、信息管理学研究方法等;(2) 信息资源管理专业方向主干课程:科技信息检索与利用、社科信息检索与利用、信息服务与信息用户研究、文献计量学、目录学研究、文献学研究、信息市场开发与经营、信息政策与信息法规等;(3) 现代信息技术专业方向主干课程:信息检索技术与系统、计算机通讯网络、软件工程、Internet 开发与应用、管理信息系统、数字化图书馆原理与技术、信息政策与信息法规等;(4) 主要专业选修课程:档案管理、信息咨询、经济信息概论、市场信息调查与分析、金融信息调查与分析、信息经济学、图书情报事业史、信息科学与系统科学、组织行为学、人力资源组织、数据结构、集成化与可视化系统开发、多媒体信息系统、信息安全技术等。档案学专业培养具备系统的档案学基础知识与文化知识,掌握现代信息技术的基本技能,能在国家机关、企事业单位的档案机构、信息部门从事信息服务、信息管理工作及研究工作的应用型、复合型档案学高级专门人才。(1) 专业主要基础课程:信息管理学基础、行政管理学、档案学概论、档案管理学、文书学、秘书学、办公自动化、网络技术及应用等;(2) 文件与档案管理专业方向主干课程:科技档案管理学、档案文献编纂学、中国档案事业史、文献信息自动化系统、外国档案管理、历史文书、文献保护与处理技术、社科信息检索与利用、科技信息检索与利用等;(3) 行政信息管理专业方向主干课程:决策理论与方法、行政法学、社科信息检索与利用、文献信息自动化系统、当代中国政治制度、管理心理学、公共关系学、组织行为学、企业管理等;(4) 主要专业选修课程:档案法规学、涉外秘书、速记、信息检索语言、经济信息概论、信息经济学、文献计量学、社会调查理论与方法、行政监察学、人力资源管理、管理技巧、信息咨询等。

四川大学信息与档案管理系下设信息管理与信息系统教研室、图书馆学教研室、档案学教研室、文秘与行政管理教研室、电子商务研究室、数字图书馆研究室、信息政策法规研究室、书业信息研究室、政务档案信息管理研究室、企业知识管理研究室。作为校园网二级节点并已初步建成信息与档案管理系局域网,同时还设有计算机应用实验室、网络检索实验室、文献检索实验室、文献保护实验室和摄影技术实验室,现有图书资料约 6 千余册,计算机等现代技术设备 150 余台(件)。四川大学信息与档案管理系与社会各种信息部门建立了良好的协作关系,成立了由有关方面领导专家和企业界知名人士组成的四川大学信息与档案管理系办学指导委员会。并且与四川大学图书馆合作,1998～2002 连续 5 年由北美亚洲基督教联合董事会资助举办暑期高级图书馆员讲习班,近三年主题为网络信息检索与元数据、网络环境下的资源共享、数字图书馆建设的技术与实践等热点课题。

四川大学信息与档案管理系现有师资队伍中绝大多数拥有博士和硕士学位,分别来自于信息管理、文献管理、档案管理、经济管理、行政管理、计算机技术、通讯网络等多学科领域,具有文理渗透的知识基础,教学和科研相互结合的工作能力,以及丰富的教学经验和较高的教学水平。四川大学信息与档案管理系现有教职工 38 人,专任教师 31 人,其中教授 3 名,副教授 15 名,讲师 13 人。自 1981 年以来,全系教师共公开发表学术论文 1000 余篇,专著和教材 60 余部,目前独立承担国家级课题 2 项、省级课题 4 项,其中多人多项成果曾获得教育部优秀青年教师奖、教育部优秀教材奖、宝钢教育奖、四川省科技进步奖、四川省哲学社会科学优秀成果奖、四川省优秀教学成果奖及全国和省级学会奖。

在近 20 年的办学活动中,四川大学信息与档案管理系为四川省及全国二十几个省市培养了一大批经济信息管理、公共信息管理、科技信息管理、文献信息管理、档案管理、行政管理等方面的各层次专门人才。在各层次学生中涌现了一大批优秀的管理人才,其中有多名同学曾获得宝钢奖学金、远望奖学金、光华奖学金、阳光奖学金及省、市、校级优秀学生、毕业生和共青团员等奖项和称号,许多同学毕业后已经走上领导岗位或成为业务骨干。根据新的四川大学的建设目标的要求,四川大学信息与档案管理系将与行政管理、公共事业管理、社会与劳动保障、土地资源管理等专业合并组建实体型的公共管理学院。四川大学公共管理学院将坚决贯彻邓小平教育理论,以“教育要面向现代化、面向世界、面向未来”为指导,不断探索信息管理教育新思路,坚持教育教学改革,努力为社会培养更多、更好的各类型的信息管理专门人才。

国际交流

〔**第 65 届 IFLA 大会**〕 1999 年 8 月 20～28 日，第 65 届理事会和大会在泰国曼谷举行。来自世界 117 个国家和地区 2237 名代表出席了大会，其中，我国参加大会的有：孙蓓欣、吴建中、刘小琴、孙利平、胡京波、缪其浩、周德明、曲红、徐仲君、房琴、陈运奇、郝继英、李忠昊、戴平、王新、张瑛、林曦、刘细文、李楚林、李晓云、阿华、王秀春、张长安、李伶、张瑛、陈长生、顾晓光、尹锐、张继良、曹树人、邢星、杨玉华、漆身起、张明、姚德义、邓景华、袁长江、伍振忠、彭俊英、张长林和吴科等 162 人。在 8 月 27 日的大会闭幕式上，国际图联隆重授予中国图书馆学会副理事长、国家图书馆副馆长孙蓓欣同志荣誉状和奖章，表彰她 6 年来为国际图联所做出的重大贡献，国际图联官员说："希望中国同行继续在国际图联中发挥作用，因为对于国际图联来说，中国是非常重要的。"经中国图书馆学会提名，文化部批准，中国图书馆学会学术研究委员会副主任、上海图书馆副馆长吴建中博士代表中国图书馆界参加此届国际图联执行委员会委员的竞选。中国图书馆界十分重视这次竞选工作，中国图书馆学会为支持竞选做了大量工作，曾多次敦促国内国际图联的机构会员单位交纳了 1999 年国际图联会费，以便获得投票权；为了争取境外的选票，文化部外联局向我驻外使馆文化处发了函件，请他们积极争取驻在国的图书馆界有投票权的机构会员的支持。文化部社会文化图书馆司、国家图书馆、上海图书馆以及中国图书馆学会在争取选票方面做了大量工作，孙蓓欣和吴建中本人也通过在国际图书馆界的个人影响和社会关系作了许多工作。8 月 21 日，中国图书馆代表团团长孙蓓欣在大会会场召集全团成员开会，要求有投票权资格的机构会员代表按照既定投票策略，确保按时参加投票。与此同时，许多代表充分利用与港、澳、台地区代表和国外代表接触的机会，向他们宣传我国的候选人，宣传中国的重要性，千方百计争取选票。选举结果吴建中得票 363 票，以 8 票的微弱差距落选。虽然竞选没有成功，但足以证明中国在国际图书馆界影响是不小的，一切有待于继续努力。吴建中博士在图书馆管理专题研讨会上发言，介绍了中国图书馆评估方面的情况；上海图书馆业务处处长周德明在地方史和家谱讨论会上，介绍了该馆家谱整理情况；中国人民大学图书馆刘绿茵在亚洲与大洋洲地区研讨会上作了题为《因特网对亚洲与大洋洲信息资源建设的作用》的发言，她的论文被收入会议论文集；中国人民大学图书馆马文峰、王立清的《面向 21 世纪的中国高校图书馆社会科学信息服务发展研究》论文也被收入大会论文集，并在社会科学图书馆组上发言。大会论文集共收入论文 97 篇。

〔**第 11 届国际图书馆建筑学术研讨会**〕 于 1999 年 8 月 15～19 日在上海召开。此次会议由上海图书馆和 IFLA 图书馆建筑与设备委员会联合举办，会议期间同时举办《国际图书馆建筑图片展》。参加此次会议的有来自全世界 26 个国家与地区的近百名代表。上海市人大常务会副主任沙麟、市政府副秘书长殷一璀出席研讨会的开幕式。文化部社文图书馆司陈琪林司长、周小璞副司长，中国国家图书馆孙蓓欣副馆长，以及国际图书馆和图书馆建筑界著名专家：英国图书馆馆长、韩国国会图书馆馆长、英国图书馆协会主席、日本图书馆协会建筑委员会主席、法国国家图书馆的副总建筑设计师、埃及亚历山大图书馆的总建筑设计师、上海图书馆的总建筑设计师和副总建筑设计师等参加会议。国际图书馆建筑学术研讨会每 2 年举行一次，是全世界图书馆建筑的最高论坛，此次会议是第 65 届国际图联大会的会前会，会议的主题是"变化环境中的图书馆建筑"。会议组织委员会精心安排了 17 位专家的学术报告：英国图书馆馆长报告的题目是"变化环境中的图书馆建筑"；周小璞副司长报告的题目是"中国公共图书馆建筑的发展"；上海图书馆馆长报告的题目是"上海图书馆建筑的发展"；日本图书馆协会建筑委员会主席报告的题目是"日本公共图书馆的发展过程与设施规划方式的变迁"；法国国家图书馆的副总建筑设计师报告的题目是"从需求到现实：法国国家图书馆工程日记"；埃及亚历山大图书馆的建筑设计师报告的题目是“建设世界图书馆——埃及亚历山大图书馆”。会议代表还参观了上海图书馆、浙江图书馆和上海交通大学图书馆等国内优秀的图书馆建筑。

〔**吴建中同志当选国际图联管理委员会委员**〕 中国图书馆学会学术委员会副主任、上海图书馆副馆长吴建中博士以829票当选国际图联管理委员会委员。

这是第二位中国图书馆学专家担任国际图联领导职务(1993～1999年,国家图书馆副馆长孙蓓欣任国际图联执行委员会委员)。

根据2000年国际图联理事会通过的新章程规定,吴建中博士将于2001年8月上任。

当选国际图联管理委员会委员的还有德里克·劳(Derek Law)(已担任为期4年的国际图联司库)、西赛尔·尼尔森(Sissel Nilsen)(担任过国际图联专业委员会主席)、亚历克斯·伯恩(Alex Byrne)(已担任为期4年的国际图联“信息存取和言论自由委员会”主席)、安娜·玛莉亚·佩鲁切娜·齐默曼(Ana Maria Perchena Zimmerman)、落莉·麦卡勒姆(Sally Mccallum)(担任过国际图联专业委员会主席)和埃伦·泰丝(Ellen Tise)。

〔**谱牒研究及其资源的开发国际学术研讨会**〕 于2000年5月8～11日在上海图书馆召开。来自俄罗斯、日本、美国、新加坡、马来西亚、越南等国家和台湾、香港地区以及大陆代表80余人出席了会议。与会代表就谱牒学的各个层面展开讨论。这次会议是中国谱牒学领域的首次国际会议,是由上海图书馆、上海海峡两岸学术文化交流促进会主办,cybersia. com公司、上海市海外交流协会、台湾省各姓渊源研究学会协办。

〔**中文文献资源共建共享合作会议**〕 于2000年6月7～9日在北京召开。主题为:研讨全球中文文献资源共建共享问题,意在通过具体的合作项目带动中文文献资源共建共享的逐步实施,推动全球中文图书馆和中文资源收藏单位的交流与合作。文化部副部长艾青春出席会议并讲话。国家图书馆副馆长周和平做了《同心同德、精诚合作,共建全球中文文献资源共享体系》的主题报告。会议宣布成立“中文文献资源共建共享合作会议执行小组,由大陆、台湾、香港、澳门、新加坡、美国、荷兰等地21位资深代表组成,中国国家图书馆副馆长周和平当选为本届会议执行小组主席。会议还听取了《古籍联合目录资料库》、《香港地区中文名称规范数据库》、《孙中山数字图书馆》合作项目的工作汇报。会议还决定,由中国国家图书馆牵头,中国大陆、台湾及美国等多家单位参加,成立“中文METADATA标准格式工作小组”,为全球中文文献资源共建共享研讨制订统一的标准格式。来自中国大陆、台湾、香港、澳门和美国、新加坡、荷兰等42家中文图书馆及中文资源收藏单位62位代表参加了会议。

〔**中美图书情报教育国际研讨会**〕 于2000年11月6～10日在武汉大学召开。5名美国专家从不同角度介绍了美国图情专业教育的状况,其中对美国图情专业教育经历了80年代后期的危机,90年代中期复苏,现在又呈现繁荣前景的描述,引起中方代表的极大兴趣。许多国内知名学者纷纷对数字时代专业教育发展发表了自己的意见,他们介绍了各自的教改方式、实践体会的发展设计,国家图书馆、上海图书馆等负责人到会介绍了中国数字图书馆建设的进展和对专业人才培养的期望。来自国内各高校、科研院所和主要图书馆馆长、图书馆学情报学专家和美国同行出席了会议。

海峡两岸学术交流

〔**海峡两岸图书馆建筑研讨会**〕 于1999年4月29日～5月1日在台湾召开。大陆与会代表在淡江大学贵宾室受到校领导热情接待，双方互赠了纪念品，随后参观了使用不久的新图书馆。大会在校图书馆国际会议厅开幕。研讨会召集了淡江大学教育资料科学学系主任邱炯友教授主持开幕式，教资系黄世雄教授、学校创办人张建邦、校长张纮炬、大陆代表团团长北京大学图书馆朱强教授等先后致词，对会议的召开表示热烈祝贺。多位论文作者相继登台，宣讲内容充实、观点新颖的学术论文，并解答听众自由发问，使会议充满了浓厚的争鸣气氛。应会议主办单位周到的安排，大陆与会者还参观了台湾大学图书馆、省立台中图书馆等7所不同类型的图书馆。与会代表就两岸图书馆为适应信息时代的变革，图书馆建筑的规划、设计、布局、设备家具、管理、用后评估及相关的业务问题，进行了广泛的交流和切磋，加深了相互间的了解和情谊。会议入选两岸图书馆界和建筑界学者专家撰写的学术论文36篇，其中大陆代表17篇，台湾代表19篇。两岸图书馆学者、建筑设计单位专家、工作人员近180人参加了会议，其中大陆代表18人。

〔**海峡两岸第五届图书资讯学学术研讨会**〕 于2000年8月27～31日在成都召开。会议由中国科学院文献情报中心和台湾中华图书资讯学教育学会共同主办，来自中国大陆、台湾和澳门地区50余个图书情报机构的专家学者共80余人参加了会议，其中台湾和澳门地区代表30余人，祖国大陆代表50余人。中国科学院党组副书记、出版图书情报委员会主任郭传杰到会并讲话。会议主题为“图书资讯标准化”，会议征文议题为：① 图书资讯学标准；② 虚拟图书馆发展、服务、标准；③ 国际网络发展，资源管理、标准；④ 图书资讯学人才培养、课程设计、标准；⑤ 海峡两岸图书资讯学合作标准之相关议题。会议收到学术论文58篇，其中祖国大陆40篇，台湾地区18篇，分别编印为A,B两辑在会上交流。会议本着继承与发展的原则，进一步拓展以前各届“海峡两岸图书资讯学学术研讨会”所取得的学术交流成就，继续为海峡两岸图书资讯学界专家学者提供切磋交流和共同探讨科学前沿的机会，以促进海峡两岸在图书资讯交流标准化方面的合作和发展。

中国科学院文献情报中心主任徐引篪和台湾中华图书资讯学教育学会理事长庄道明共同主持大会开幕式，他们在开幕式致词中简要回顾了过去四届会议的盛况，并对本次会议的成功充满信心和良好的祝愿。中国科学院文献情报中心孟广均研究馆员和台湾大学图书资讯学系名誉教授胡述兆先生分别代表两岸学者向大会致词。

为了兼顾学术研讨的广泛性和深入性，本次会议采取全体会议、分组会议、自由讨论和评述报告等方式进行。在全体会议期间，共有4位代表作了大会发言，庄芳荣教授、徐引篪研究馆员、李德竹教授、纪昭民研究馆员分别就“台湾地区图书馆事业发展现况”、“知识创新与中国科学院文献情报系统”、“海峡两岸图书资讯相关标准现况之研究”和“文献情报标准化工作的回顾与展望”等作了专题演讲。全体会议后，与会代表分三个小组，分别就“图书资讯标准化”、“数字图书馆、网络图书馆”及“图书资讯教育与交流”专题进行了深入的研讨。代表们踊跃发言，积极研讨，就很多图书资讯领域的热点和难点问题交换了意见，并就很多问题达成了进一步交流与合作的愿望和意向，为进一步加强两岸图书资讯领域的交流与合作奠定了良好的基础。在“图书资讯标准化”专题研讨中，代表们认为，随着信息技术的发展和网络的普及应用，图书资讯在促进科学技术、文化和社会进步及经济发展中将发挥更大的作用。同时，信息资源的共享和开发利用也存在很多障碍。因此，首先必须加强图书资讯相关标准的研究和制定，特别是，两岸应进一步加强中文信息资源相关标准的研究和制定，为加强网上中文信息资源的共享，提高中文信息资源的利用率，更好地展示和推广中华文明作出贡献。在“数字图书馆、网络图书馆”专题研讨中，代表们认为，信息技术和互联网的发展为图书资讯事业带来了机遇和挑战，两岸图书资讯界同仁必须抓住机遇，迎接挑战，继续加强数字图书馆、网络图书馆有关理论、技术和应用的研究开发与实践，充分应用现代信息技术，推动图书资讯事业向数字图书馆、网络图书馆方向发展。在“图书资讯教育与交流”专题研讨中，代表们认为，必须继续加强图书资讯学的课程设计和学科建设，强调根据理论和技术的进步，及时进行课程更新，提高学生的实践阅历和工作能力，为图书资讯事业提供优秀人才。代表们还呼吁继续加强两岸学生和学者的交流互访。在分组讨论后的全体代表自由讨论中，很多代表就加强两岸图书资讯学术交流和业务合作发表了意见和建议，大家一致认为，应进一步加强两岸学术交流与合作，努力创新，充分应用现代信息技术，使两岸图书资讯界在推动中文信息资源的开发利用及传承人类文明方面发挥更大作用。最后，会议决定，“海峡两岸第六届图书资讯学学术研讨会”于2002年在上海召开。

在闭幕式上，李德竹教授、胡欧兰教授、彭斐章教授、辛希孟教授分别就各小组讨论的情况向大会作了总结和评述。台湾辅仁大学图书资讯学系卢荷生教授、澳门大学图书馆阎志洪馆长作了即席发言。他们共同呼吁祖国大陆、台湾、香港和澳门地区的图书资讯同仁继续努力，加强合作，并殷切希望图书资讯领域的年轻人为继续推进图书资讯事业的发展发挥才能。

中国科学院党组副书记、出版图书情报委员会主任郭传杰出席闭幕式，并发表讲话。他对与会代表多年来在促进海峡两岸的学术研究、人才培养及交流与合作方面所做的大量工作，表示衷心感谢。

〔**海峡两岸公共图书馆基础建设研讨会**〕 于2000年9月12～24日，在台北召开。以文化部社会文化图书馆司副司长周小璞为团长，各省、市、区县、乡镇图书馆的代表组成的大陆公共图书馆代表团一行20人出席了会议。周小璞首先以“迈向21世纪的公共图书馆事业建设”为题，简要地介绍了大陆公共图书馆事业发展历程，特别是改革开放以来飞速发展所取得的成就，并结合图书馆当前面临的形势与问题，对21世纪图书馆的发展提出了战略性的意见。台湾师范大学教授王振鹄作了“台湾图书馆事业之回顾与展望”的专题报告，分别介绍了台湾图书馆百年发展历史和图书馆发展的重要成果，并对图书馆发展的未来进行展望。北京、湖北的代表分别介绍了创建特色图书馆的一些做法。福建代表就闽台文献的收藏情况作了专题发言。台湾代表着重介绍了为特殊读者服务的情况，包括视障读者与智障儿童的服务。会后，全体代表参观了台湾的一些公共图书馆。

专业文献

1999年专业新书选介

北京大学古文献研究所集刊 1/孙钦善等编辑. —北京:北京燕山出版社,1999.12

ISBN 7-5402-1053-2

本书系文献学家对古文献考证、研究的论文集锦。作者均系大家,文章多有新意。从出土简帛、《论语》成书、《左传》筮例与《周易》之义理,以致于二苏治学、宋代的尊孟非孟、公案小说和清代学者手牍之考证,内容广博、论证精辟,古文献研究爱好者读之将大有裨益。

藏书家.第一辑/本社编. —济南:齐鲁书社,1999.4

ISBN 7-5333-0720-8/Z·80

本书的宗旨为联系世间爱书朋友,倾听他们求书若渴、爱书如命的心声,记载他们访书的苦辛、读书的痴情和藏书的乐趣,从而展现爱书人的思想境界和生活追求。

藏书与文化:古代私家藏书文化研究/周少川著. —北京:北京师范大学出版社,1999.4

ISBN7-303-05018-3/K·96

本书力图从新的角度对古代私家藏书这种文化现象进行诠释。内容包括:古代私家藏书发展源流、古代私家藏书与社会历史环境、古代私家藏书的基本模式、古代私家藏书的文化意蕴、古代私家藏书的文化成就。

打开知识宝库的钥匙:法学文检简编/牟丽敏编著. —北京:中央文献出版社,1999.1

ISBN 7-5073-0549-6-X

本书内容以文献检索为基础,介绍了常用工具书的使用方法、政策法规、文献情报源、法学文献的组织和分类、资料的收集积累及学术论文的写作、读书的选择等。旨在为自学者提供文献检索专业知识,也可供法学工作者在日常工作学习中作为参考读物。

大连地区图书馆事业50年/张本义等主编;《大连地区图书馆事业50年》编委会[编]. —大连:大连出版社,1999.6

ISBN 7-80612-670-8

全书共八大部分,近50万字,汇总了12所公共图书馆、19所高校图书馆以及科研、卫生系统等33个图书情报机构的事业建设、业务工作、科学管理、机构设置、建筑设备、学术研究及其成果、专业教育与在职培训等基本情况。从中可以窥见大连地区图书馆事业的发展历程,开展学术研究活动及其成果的一般概况。

大学生检索信息技能/徐兴余等主编. —北京:国际文化出版公司,1999.9

ISBN 7-80105-788-0/Z·92

本书为满足高校图书馆用户教育,逐步改革和完善"两课"教材体系而编写。在编写框架上,纵向以获取与利用文献信息为主线,横向以突出检索技能的训练为重点。内容分为:绪论;利用图书馆、参考工具书、检索工具书和现代化技术检索文献信息;以及如何阅读与积累资料和如何撰写学术论文。融图书馆与文献检索的基本知识、文献信息检索的理论与技能、文献信息检索的积累与利用于一体。

大学生利用图书馆指南/赵百岁著. —太原:山西教育出版社,1999.

ISBN 7-5440-1704-4

大学生与图书馆/李慧娟主编. —南京:河海大学出版社,1999.8

ISBN7-5630-1356-3/G·212

这是一本大学生入馆教育的图书,也是关于图书馆资源利用,帮助大学生培养收集、处理信息,获取新知识能力的教科书。本书适应大学生和图书馆其他读者的阅读与学习需要。编写目的、编写内容都体现了图书馆配合开展素质教育的重要地位和作用。本书共5章,分为:图书馆概况、大学生利用图书馆的重要性、如何利用图书馆、图书馆现代化及数字图书馆等章节。

大学图书馆使用指南/郑章飞主编. —武汉:华中理工大学出版社,1999.9

ISBN 7-5609-2023-3/G·251

本书主要介绍有关大学图书馆及其藏书的基

本知识,图书馆可提供给读者的服务及读者资格的取得,文献检索方法和常用检索工具,网络信息查询及利用等内容。

档案文献检索/冯惠玲主编. —北京:高等教育出版社,1999.11

ISBN 7-04-007808-2

作为教育部研究成果,是面向 21 世纪课程教材。全书分 12 章,全面系统地论述了档案文献的基本原理、档案文献检索语言、档案著录、档案标引,以及档案检索工具、策略和计算机检索系统等等。

党校图书馆事业的回顾与展望/刘俊瑞课题主持. —北京:中共中央党校出版社,1999.4

ISBN 7-5035-1969-X

本书为系统介绍党校图书馆事业,融纪实性、资料性和研究性为一体的第一本专著。出版该书的目的,在于通过全面、系统记述中国共产党党校图书馆事业发展的历史,研究分析其基本现状及存在的问题,总结其基本经验,并力求将有关情况、数据、问题分析、经验总结以及相应的规划、措施和建议等有机结合起来,为党校图书馆事业的未来发展提供借鉴。

第六届进口图书采访工作研讨会论文集/聂君庆主编. —北京:原子能出版社,1999.6

ISBN 7-5022-2062-3

本书发表中国图书进出口总公司于 1999 年 3 月召开的"第 6 届进口图书采访工作研讨会"上的 58 篇论文。论文重点介绍了在当前复杂多变的国际形势下,以信息产业为代表的图书情报部门在科技强国、强军的大战略中,加强信息资源建设,提高信息服务质量,提高进口文献利用率等新观点、新方法。

电气电子工程信息检索与利用/孙平编著. —3 版. —大连:大连理工大学出版社,1999. 312 页

ISBN 7-5611-0602-5

法律文献学/张伯元著. —杭州:浙江人民出版社,1999.8

ISBN 7-213-01234-7

本书指出法律文献学非纯理论学科,它服务于法律文献的整理和研究,具有现实的应用性。所以本书就法律文献的整理研究,包括法律文献书目的分类、版本的收集和鉴别,以及运用文字、音韵、训诂学知识对法律文献进行校勘、考辨等均一一作了阐述。

高校图书信息工作与改革/黄家发,徐汉燕主编. —北京:中国文史出版社,1999.9

ISBN 7-5034-1043-4

本论文集收录了全国 29 余所图书馆同人的理论探讨与经验总结的文章。内容涉及图书馆的功能、体系、服务、网络技术、人员素质、中外图书馆比较、知识经济对图书馆的挑战等议题。

公安文献检索教程/王东主编;公安部人事训练局编. —北京:警官教育出版社,1999.12

ISBN7-81062-255-2/G·142

本书供公安院校教学和公安民警自学使用。本教材针对新时期形势、任务对公安工作和公安队伍建设的总体要求和人民警察高等教育的特点,在总结公安科学研究与文献检索经验的基础上,吸收了国内外有关方面的研究成果。在体例上按照读者的思维特点,从行为的程序上进行阐述,具有一定创新性;在内容上,既注重公安文献检索的特点,又重点介绍了现代技术条件下检索信息的新途径,具有一定适用性。

工具书应用通则/于翠玲著. —沈阳:春风文艺出版社,1999.3

ISBN 7-5313-1961-6

本书主要内容包括:综述古今中文工具书编排和检索的基本常识、中文工具书的历史特色和研究情况。重点介绍中文社科类工具书的各种类型,以及古今常用工具书的新近版本,并简要说明各种类型工具书的应用范围和实用价值。适用对象为大学学生、中小学文科教师、编辑工作者等。

古籍旧书/顾音海著. —上海:上海科学普及出版社,1999.12

ISBN 7-5427-1661-1

本书分九章:宋刻本鉴别、元刻本鉴别、明刻本鉴别、清刻本鉴别、活字本鉴别、稿本与抄本、雕刻本鉴定要点、古籍伪作揭示、其他旧书的集藏。书后附:古籍旧书小常识和古籍旧书的拍卖行情。该书是作为《老古董百科大全》之珍藏系列中的一本出版的。

管理信息系统/严建援主编. —太原:山西经济出版社,1999.8

ISBN 7-80636-373-4

管理信息系统是现代管理学门类下的一个分支。本书把信息系统的技术、管理、组织三方面因素紧密结合为一体加以描述,以便学生能够加深对信

息系统知识的全面理解,符合 MBA 教学需求。书中各章贯穿大量实际案例,便于案例教学。取材新颖,覆盖许多管理和信息学科的发展前沿问题,利于开阔眼界,拓宽知识面。

国外图书馆学情报学研究进展/孟广均,徐引篪主编. —北京:北京图书馆出版社,1999.9

ISBN 7-5013-1633-3/G·437

本书为国家社会科学基金资助的重点项目"国外图书馆学情报学研究进展"课题的研究成果。它从理论、技术、服务、管理和教育五个方面,对 90 年代国外较有现实意义和指导价值的若干论题进行了研究,向从事图书、情报、档案、文献、资料工作的同志提供有关的新思想、新观点、新理论、新方法、新技术、新动向等,使大家能开阔视野,拓展思路,参考借鉴国外的经验教训,做好自身的工作。

护理科研与文献检索/肖顺贞主编. —北京:北京医科大学出版社,1999. 80 页

ISBN 7-81034-959-7

化学文献检索与应用导引/陈子康编著. —北京:北京师范大学出版社,1999.11

ISBN7-303-05198-8/O·227

本书系统扼要介绍了各类化学文献及其检索与应用。全书共分 12 章,其中对化学文摘、化学期刊、参考书和工具书、化学专利、各类化学数据库和计算机情报检索等介绍尤为详细。内容力求反映 90 年代中后期化学文献信息的新情况和检索利用方面的新技术和新水平。

黄河水利委员会公文主题词表/黄河水利委员会办公室编. —郑州:黄河水利出版社,1999.7

ISBN 7-5013-1482-9

黄河水利委员会于 1993 年开始在公文上标注主题词,多年实践表明编制适合并满足黄河水利委员会公文主题表因标引与检索需要的主题词表十分必要。本表遵循《汉语叙词表编制规则》有关规定,参照 ISO2788-1986(E)《单语种叙词表编制规则》的精神,借鉴《汉语主题词表》、《公文主题词表》、《水利水电科学技术主题词表》编制的经验,突出黄河治理特色,适度选词、规范安排、简练词形,方便查词。共收词 2609 个,其中主表词 2335 条,附表词 274 条;正式主题词 2387 个,非正式主题词 222 个。

计算机编目技术手册/熊光莹主编. —北京:北京图书馆出版社,1999.1

ISBN 7-5013-1615-5/G·424

本手册包含"书目数据库记录编制工作细则"、"机读目录格式指南"、"汉语主题标引工作细则"和"中文文献书目数据库数据质量控制工作规程"四个部分。手册汇集的文件,前后经过三次大的修订,已实际应用多年,此次又根据以往经验做了全面修订。

简明期刊学词典/于鸣镝,张怀涛主编. —北京:中国物价出版社,1999

ISBN 7-80070-435-1/F·424

本词典共分四大部分,第一部分是"词语选释";第二部分是"专著选录";第三部分"著者选介";第四部分"文献选编"。以上四部分系统总结了我国期刊学科领域的研究成果,既证明了我国期刊学的形成,又为我国广大图书馆工作者提供了检索使用的工具

教育信息的处理与传播/陈益君等编著. —北京:知识出版社,1999.6

ISBN 7-5015-2123-9/G·971

本书是涵盖教育信息搜集、加工、传播与利用的学术性、知识性、实用性并重的读物。全书共分 6 章,包括:教育信息概述、教育信息的搜集、文献分类加工、文献编目加工、信息素质教育及信息教育的传播与利用。

军用公文主题词表/总参谋部办公厅、通讯部编. —北京:中国检察出版社,1999

ISBN 7-80086-623-8

开发知识宝库的金钥匙:中学生图书情报技能教育/黄天轼主编. —广州:华南理工大学出版社,1999.2

ISBN7-5623-1363-6

本书旨在指导中学生利用图书馆,加强课外阅读。内容包括图书情报的性质和作用、目录及检索入门、读书的选择、工具书利用,以及读书方法和成材之路。

科技文献检索教程/易富尤主编. —北京:冶金工业出版社,1999.9

ISBN 7-5024-2271-4

本书详细介绍了科技文献的基本概念和传输方式;检索的工具和语言;国内外综合性检索工具和专业性检索工具;分类介绍了各类科技文献;国际联机检索系统;光盘检索系统;国际互联网 Internet 在文献检索方面的应用;科技写作基础等

等。既可适合教学，又可供科研、技术人员和图书情报工作人员参考。

科技文献检索与利用/文耀智编著. —长沙：湖南师范大学出版社，1999.5

ISBN7-81031-785-7/N · 002

本书在《化学文献检索简介》讲义的基础上修改而成。全书分8章，全面系统地阐述了图书资料分类法、情报检索的基本知识、检索工具书、检索参考工具书、特种文献的检索、化学数学物理文献的检索以及科技论文的写作等方面的内容。本书主要针对化学专业，亦适用于数学、物理专业。

科技文献检索与利用/张有云编著. —合肥：中国科学技术大学出版社，1999.9

ISBN7-312-01130-6/G · 136

本书是为在校学生编写的选修教材。旨在培养在读大、中专学校学生的情报意识和合理利用信息资源的观念，提高学生自学能力、独立研究能力和知识创新能力。全书共12章，简要介绍了图书馆的利用与文献检索基本知识、工具书的使用、计算机情报检索、科技资料的积累方法和科技写作常识等。

科技文献检索与利用/张智松，潘松华主编. —2版（修订版）. —徐州：中国矿业大学出版社，1999.3

ISBN7-81040-767-8/G · 211

本书为高等工科院校"科技文献检索与利用"课的教材。它概述了文献检索的基本概念和基本知识；系统介绍了中文检索工具的使用方法和常用外文检索工具的使用方法；并重点阐述了专利文献、标准及其特种文献的检索与利用方法。对计算机的光盘、多媒体、网络也进行了全面介绍；对参考工具书的使用方法及文献的筛选和利用也做了充分说明。

科技与商情信息检索/柴雅凌编. —天津：天津大学出版社，1999.9

ISBN 7-5618-1239-6

本书系大学科技文献检索教材，系统阐述了科技文献检索所必备的基础知识、中外文参考工具书、科技信息与商情的主要检索工具、检索方法、检索途径与步骤。该书结合信息知识与信息技术的发展，增加了计算机检索篇幅，内容包括中外文光盘数据库检索、联机检索与Internet网上资源利用。本书读者对象为高等学校理工类学生，兼顾科研、工程与图书情报工作者。

跨世纪的公共图书馆/干树海主编. —上海：上海科学技术文献出版社，1999.

ISBN 7-5439-1470-0

跨世纪的思考：中国图书馆事业高层论坛/卢子博主编. —北京：北京图书馆出版社，1999.11

ISBN 7-5013-1675-9/G · 448

本书为纪念改革开放20周年而召开的"改革开放20年中国图书馆事业高层论坛"理论研讨会的会议论文集。内容涉及改革论坛、事业发展、基础理论、图书馆管理、中国图书馆教育、文献资源建设、情报检索语言、文献信息服务、地方文献工作、图书馆现代化、图书馆建筑、少儿图书馆事业、图书馆学期刊和海峡两岸图书馆合作交流等各个方面。

跨世纪的图书馆改革与建设：图书情报系统工程论文集 之三/沈禄赓，林淑华主编. —北京：北京广播学院出版社，1999.

ISBN 7-81004-807-4

面向21世纪的图书馆与图书馆学：华南师范大学图书馆同仁文集/本书编委会主编. —广州：暨南大学出版社，1999

ISBN 7-81029-886-0

面向21世纪文献信息工作研究/郑章飞，罗益群主编. —长沙：中南工业大学出版社，1999.4

ISBN7-81061-184-4/G · 027

本书为高等院校文献信息工作论文集。论述新世纪大学图书馆的信息环境、信息技术、资源共享和管理模式。

民族图书馆学概论/包和平等主编. —长春：吉林人民出版社，1999.5（中国少数民族图书馆学丛书）

ISBN 7-206-03171-4/G · 834

本书主要阐述民族图书馆的性质、职能、社会作用、事业现状和发展趋势，以及关于民族图书馆学的研究对象、内容、方法等宏观方面的问题。论述了民族图书馆学的基本理论。

南开大学图书馆建馆八十周年纪念集：1919～1999/南开大学图书馆编. —天津：南开大学出版社，1999.

ISBN 7-310-01273-9

农林文献检索教程/尹仙香，章云兰主编. —杭州：浙江科学技术出版社，1999.7

ISBN7-5341-1344-X/S · 230

本书针对当前文献检索课教学和实际工作需要,系统阐述了文献检索的基础知识和基本原理,国内外农业及其相关学科文献检索工具和特种文献检索工具的结构与使用方法,计算机文献检索、Internet 与信息检索等。该书可作为高等农林院校大学生、研究生的文献检索课教材。

农业文献信息检索与利用/陈有富,魏秀娟主编. —北京:中国农业大学出版社,1999.9

ISBN 7-81066-154-X

本书全面介绍了文献信息检索基础理论和基本概念,国内外的主要农业检索工具,专利文献、标准文献的检索并吸引了最新的研究成果,重点介绍了计算机检索、光盘检索、国际互联网上信息检索、计算机书目检索等内容。具有较强的理论性和实用性,面向本专业的高校学生。

欧洲书报检察制度的兴衰/沈固朝著 . —南京:南京大学出版社,1999.9

ISBN 7-305-03450-9

本书探讨的是一种文化制度的演变史,因为书报检查的历史是学术、教育、政治制度、宗教信仰以及艺术的历史的一部分。所以该书只能从漫长的书禁史中截取欧洲封建社会向资本主义社会转型这一时段,挑选几个典型来描述检查制度的历史渊源、严禁和废止情况,进行分析、评论和比较。

期刊工作理论与实践/佘广和编著. —上海:上海科学技术文献出版社,1999.7

ISBN 7-5439-1473-5/G·348

本书注重期刊工作研究的新思想、新成果,论述内容涉及期刊工作的各个方面,按专题对期刊工作进行了深入浅出的研究,注重理论与实践的结合。该书不仅能作为期刊工作研究专著,也可作为高等学校图书情报专业的教学参考书。

期刊工作与二十一世纪:全国高校图书馆第七次期刊工作学术研讨会论文集/全国高等学校图书情报工作委员会期刊专业委员会编辑 . —北京:物价出版社,1999.8

ISBN 7-80070-441-826

本书为全国高校期刊会成立十周年之际召开第七届期刊工作学术研讨会前的征文论文集,会议主题为“期刊工作与 21 世纪”。书分 9 部分,分别为“期刊工作总论”;“期刊工作管理”;“期刊管理研究理论”;“期刊的分类编目”;“期刊工作现代化”;“期刊的收藏与开发利用”;“电子期刊利用”和文摘部分。

全国图书档案管理论文选集/王昕等主编. —北京:中国档案出版社,1999

ISBN 7-80019-697-6

社会科学评价的文献计量理论与方法/娄策群著. —武汉:华中师范大学出版社,1999.2

ISBN 7-5622-1599-5/G·968

本书对文献的科学评价功能进行理论方面的系统论述,除对社会科学文献引证标引和摘录标识的评价性能提出新的见解,还对文献著录标识、奖惩标识的评价性能进行了系统论述。书中还涉及社会科学评价的文献计量指标体系设计及建模理论与方法、文献计量综合评价中权数的类型等。

社会科学文献检索/李丹著. —太原:山西教育出版社,1999.4

ISBN 7-5440-1073-6

本书根据实际需要,着重介绍文献检索的基本知识和主要途径,同时列举了大量检索工具书,详细介绍了各种检索工具的特点及作用,并结合当前的信息社会的特点,简要介绍了现代化文献情报检索的技术手段和服务。本书主要供大专院校学生使用,也可供一般教学、科研人员和实际工作者参考使用。

社会科学文献检索与利用/李玉辉,韩亚兰主编. —武汉:武汉工业大学出版社,1999.7

ISBN7-5629-1500-8/G·213

这部教材着重从各种社科文献的检索途径上去介绍有关检索工具及检索方法,而不是系统介绍检索理论或全面讲述检索工具。本书尽量吸收最新知识,对新的检索工具、手段力争作详细介绍。教材注重实际应用,力求对学生普及文献检索知识和技能,使其自学、科研、工作的综合素质得到提高。

社科文献检索:附社科文献检索自学考试大纲/马文峰主编;全国高等教育自学考试指导委员会组编. —北京:中国人民大学出版社,1999.3

ISBN 7-300-02811-X/C·171

本书为高等教育自学考试档案专业组编的一套教材中的一种。该教材是根据专业考试计划,从造就和选拔人才的需要出发,按照全国颁布的《社科文献检索自学考试大纲》的要求,结合自学考试的特点,由高等院校的专家学者编写而成。

食品与烹饪文献检索/崔桂友主编. —北京:中国轻工业出版社,1999.7

ISBN7-5019-2533-X/TS·1533

本书是食品和烹饪领域各本科专业的必修课教材,也是食品和烹饪领域高等专科和高等职业教育层次上的选修课教材。内容包括:文献情报源、文献检索概述、食品与烹饪文献检索刊物、食品与烹饪现代文献、中国食品与烹饪古代文献、计算机文献检索及食品与烹饪文献写作方法等各章节。

世纪之交:图书馆事业回顾与展望/中国图书馆学会编.—北京:北京图书馆出版社,1999.7

ISBN 7-5013-1639-2/G·438

本书为庆祝中国图书馆学会成立20周年征文活动的论文集。征文的总主题是:"世纪之交:图书馆事业回顾与展望";分主题为:数字图书馆与网上图书馆;网络环境下的文献资源建设与共享;新世纪图书馆管理与改革;走向21世纪的文献信息服务;文献信息标引与编目工作的发展态势;以及知识经济与图书馆。本论文集将优秀论文66篇结集出版。

世界信息概览/伊维斯·科里尔编.—北京:中国对外翻译出版公司,联合国教科文组织,1999.9

ISBN 7-5001-0637-8

本书分地区逐一该书了目前全世界信息状况——档案馆、图书馆、信息服务、数据库、网络、法律体制、专业机构以及培训计划。然后叙述了信息工作的主要基础设施——计算机、多媒体、电信技术、因特网以及继续收存图书、杂志、视听资料的建筑物。本书全面介绍了有关技术的最新发展并对其潜力进行了评估。第三部分论述了信息社会、信息高速公路、图书馆的未来等。最后简要叙述了信息领域的国际合作与援助。

书间觅理:图书馆学文选/张怀涛著.—北京:海洋出版社,1999.2

ISBN 7-5027-4715-X/G·1489

本书为论述高校图书馆工作的文集。涉及高校图书馆改革、目录工作、文献检索、期刊工作、读者服务、读者教育、队伍管理等多方面内容。书后附作者的著述目录。

数字化图书馆文集/王荣国,卢朝霞主编.—沈阳:东北大学出版社,1999.361页

ISBN 7-81054-405-5

四川高校图书馆100年/李秉严主编.—成都:四川科学技术出版社,1999.5

ISBN 7-5364-4223-8/G·803

该书以翔实的资料系统地记述了四川省高校图书馆百年来的历程,记录了四川省高校图书馆几代人默默无闻、辛勤工作的历史和他们为图书馆事业发展所作出的贡献;全面反映了四川省高校图书馆百年来在馆舍、藏书、人员、设备、经费、管理体制、文献建设、读者服务、协作协调、学术研究、对外交流等各方面的发展变化;简明介绍了四川省高校图书馆的基本情况。

宋元书刻牌记图录/林申清编著.—北京:北京图书馆出版社,1999.

ISBN 7-5013-1482-9

铁路高校图书情报工作研究.—/李世婧主编.—成都:西南交通大学出版社,1999

ISBN 7-81057-328-4

图书馆的未来/刘爱荣著.—北京:当代世界出版社,1999.9

ISBN 7-80115-240-9

本书分13章。针对知识经济的崛起,信息社会的来临,探讨了传统图书馆与虚拟图书馆的共存互补。对转型中图书馆的发展和未来图书馆的产业化倾向、图书馆资源共建共享、图书馆如何适应知识经济时代以及新世纪图书馆学研究等均有所论述。

图书馆利用和文献检索/于新国主编.—北京:石油工业出版社,1999.1

ISBN 7-5021-0483-6/TE·463

中等专业学校选修课通用教材。介绍图书馆利用与文献检索基本知识、科研资料的积累方法和科技写作常识。本书为提高中专生独立获取知识的能力,以及搜集、整理科研资料的能力而编写。

图书馆理论与实践/栗祥忠等主编.—北京:北京图书馆出版社,1999.5

ISBN 7-5013-1608-2/G·421

本书所选论文从不同角度对图书馆的各项工作开展研究,提出许多新观念、新方法,具有较高的学术价值和现实意义。本书分别按图书馆科学管理、图书馆与市场经济、图书馆现代技术等栏目编排,以展示图书馆工作者在不同领域从事学术研究所取得的成绩。

图书馆管理/叶守法著.—徐州:中国矿业大学出版社,1999.10

ISBN 7-81070-063-34

本书为论文集,汇集作者在各种刊物上发表的

部分文章。内容涉及到图书馆界普遍关心的经费筹措、人员编制、自动化建设、文献资源共享、工作拓展与评估等重要理论问题,从不同角度对图书馆的工作进行全面评论,反映了作者对当代图书馆学本质与特性的认识及思考。

图书馆及文献检索指南/张卫萍编著. —兰州:甘肃人民出版社,1999

ISBN 7-226-02069-6

图书馆建设·创新与多元化/胡天华著. —乌鲁木齐:新疆科技卫生出版社(K),1999

ISBN 7-5372-1696-7

图书馆学:及解题指导/李玉进等编著. —北京:中国人事出版社,1999.9

ISBN 7-80139-381-3

本书根据国家教育部所制定的全国各类成人高等学校专科起点本科班图书馆学考试大纲而编写的,旨在提高考生的知识水平,训练考生的应试技巧,培养考生的应试能力。除了紧扣复习考试大纲,每章均有知识要点的讲解、举例,可操作性强。书后附有专升本考试复习大纲。

图书情报工作回顾与展望/尚越建,张晶主编;《图书情报工作回顾与展望》编委会编. —北京:改革出版社,1999.8

ISBN 7-80143-099-9

本论文集文章涉及面广泛:有回顾与展望、馆藏建设、读者服务、自动化建设与管理、馆员的继续教育和修养以及文献检索与教学等,内容丰富。这些文章从不同角度和层面反映了我国图书馆事业在知识经济时代的发展,文章多次提出馆员的继续教育问题,指出需从专业素质、人文素质和现代技术素质三方面入手,完善自己为新世纪作出更大的贡献。

图书情报工作研究.1999/李黎明等主编. —北京:中国科学技术出版社,1999

ISBN 7-5046-2701-1

图书情报与信息科学研究.第一辑/张志弘等主编. —北京:北京图书馆出版社,1999.5

ISBN 7-5013-1599-X/G·436

本书由辽宁省社会科学联合会、大连大学图书馆联合组织编辑。旨在为同行的优秀科研成果提供理想的交流发表园地,并为发展我国图书情报与信息事业做些有益的工作,以促进我国图书情报及信息科学的研究。

网络资源与信息检索/张文德主编. —福州:福建科学技术出版社,1999

ISBN 7-5335-1519-6

文科文献检索(第二版)/朱建亮,柳励和编著. —武汉:华中理工大学出版社,1999.1

ISBN 7-5619-1887-5

本书三编12章,介绍了文科文献检索课题;检索途径、方法、策略;介绍了查科学进展、查图书报刊的出版和流传,查图书报刊的篇目和图书内容,查古书佚文,查专题资料和诗词文句,查典章制度和历史实践,查经济信息等方面的检索工具及其实用方法;同时,还介绍了在阅读文献的过程中,怎样查解疑难字词、人名、地名、专业名词术语以及换算年月日的方法。

文史文献及其检索/王纯著. —济南:山东友谊出版社,1999.10

ISBN 7-80642-276-5

本书从文献总体入手,分门别类地介绍文献和相关研究资料,对各文献资料的介绍着重从文献学的角度,讲述编撰者、版本及其资料价值。旨在使学生了解本专业及相关专业文献的基本知识,学会使用检索工具与参考工具书,懂得如何获得与利用文献情报,增强自学能力和研究能力。

文献标引与检索/黎盛荣等编著. —长沙:湖南科学技术出版社,1999.11

ISBN 7-5357-2845-6

本书是集文献标引与检索、手检与机检、联机检索与光盘检索等于一体的学术性专著。该书对文献检索的基本原理与方法都作了系统地论述,用户可更快更准确地检索到各类文献信息。最后本书着重介绍了国际互联网的WWW技术,把信息检索与超文本检索有机地结合起来,为全球性的信息检索网络化和资源共享提供了多种检索途径。

文献分类法主题法导论/马张华,侯汉清编著. —北京:北京图书馆出版社,1999

ISBN 7-5013-1583-3

本书全面阐述文献分类法、主题法理论和方法。根据分类法、主题法的联系和不同特点从两者结合的高度,就其理论、方法进行系统阐述,揭示其共同规律;并对分类语言、主题语言及其标引方法、检索工具编制等加以剖析和介绍,力求读者对文献分类法、主题法的理论和方法以及各自特点有一个比较完整的了解。

文献机读目录数据处理手册/中国科学院文献情报中心,中国电化教育馆《文献机读目录数据处理手册》编写组编.—北京:中央广播电视大学出版社,1999.8

ISBN 7-304-01740-6

本书系由全国文标会第六分会组织编写的。内容包括文献机读目录数据处理手册(总则)、中文文献机读目录数据处理细则、西文连续出版物机读目录数据处理细则、日文连续出版物机读目录数据处理细则、俄文连续出版物机读目录数据处理细则、非书资料机读目录数据处理细则以及附录等。

文献检索与科学研究方法/胡良孔等编著.—长沙:中南工业大学出版社,1999.5

ISBN 7-81061-142-9

本书分9章,首先论述了文献检索的目的、意义,有关科学研究工作和文献检索的基本理论,介绍了科技论文的写作方法;其次介绍了主要检索工具的使用方法,重点介绍国内外有代表性的大型综合性检索工具和专业检索工具;最后介绍了计算机检索的基本原理及检索策略、方法,重点介绍了DIALOG国际联机情报检索系统及其检索方法,并对Internet与光盘信息检索作了较全面的介绍。文字简明、通俗易懂,便于自学。

文献信息服务论文集/辛希孟主编.—北京:北京图书馆出版社,1999

ISBN 7-5013-1604- X/G・420

文献信息服务是指以文献为媒体的信息传播与交流等活动,和这一活动过程中的实际与效果。本文集所收论文包括以下内容:文献信息服务理论和基础工作;文献信息服务方法和技术;不同系统、不同规模图书馆和情报单位文献信息服务工作的具体成效、组织管理之经验;文献信息服务人员的素质和培养;以及文献信息服务业现存问题和展望。

文献信息检索/金善勤主编.—上海:百家出版社,1999

ISBN 7-80576-915-X

文献研究.第一辑/萧泰芳,董国炎主编.—北京:北京图书馆出版社,1999.6

ISBN 7-5013-1589-2

本书系中文文献研究论文集,内容涉及中国历史、文学、图书馆学、考据、校勘、辑佚等诸多方面。撰稿人均为各专业教学科研人员,古籍整理功底深厚,学术成果斐然,为弘扬中华民族传统文化有所成就。

文献影像技术/吕榜珍编著.—昆明:云南科技出版社,1999

ISBN 7-5416-1270-7

文献资源网络建设/尚志明等主编.—上海:上海科学技术文献出版社,1999.8

ISBN 7-5439-1283-X

本书共19章,分别就文献资源网络建设的性质和内容、意义和作用、历史沿革、发展现状、制约因素、基本原则、基本模式、社会保障、经济保障、思想保障、法律保障、行政保障、技术保障、控制与评估、人才培训、研究述评以及数据库建设和中外文献资源网络建设比较研究等进行了详尽阐述,在较高的逻辑起点上具有研究活力和学术生命力。

文摘工作概论/王国庄,赵世华编著.—北京:海洋出版社,1999.5

ISBN 7-5013-1680-5/G・451

本书集文摘理论、文摘编写方法与技巧、文摘报刊评价、文摘事业管理、文摘学研究于一体。全书共分5章,后附《当代中国文摘期刊(1949-1998)》和《文摘工作纪元(1665-1998)》两个附录,具有较强的实用性。可供撰写文摘的大学师生、科研人员、编辑出版人员和专职文摘员参考使用,也可作为大专院校文检课的参考教材。

我国科技电子信息资源的开发和利用研究/中国科技信息研究所等编著.—北京:北京图书馆出版社,1999.5

ISBN 7-5013-1621-X/G・427

本书为"我国科技电子信息资源的开发和利用研究"的课题报告。课题以调查数据为基础,以国际信息资源开发的大环境为背景,研究我国科技电子信息资源开发利用的现状、存在的主要问题,分析阻碍我国科技电子信息开发利用的主要原因,阐述在市场经济和网络环境下,我国科技电子信息资源开发利用的战略方针,提出我国科技电子信息资源开发利用的对策和建议,为我国科技电子信息资源开发利用的战略决策、规划、宏观管理提供决策依据。

厦门图书馆馆史/《厦门图书馆馆史》编委会.—厦门:厦门图书馆,1999.12

内部资料

本书回顾了1919~1999厦门市图书馆走过的

生存与发展历程，明确勾画了全馆行政管理和业务工作的基本框架，注重基本事实和主要数据，有翔实的资料，文字简洁，层次清晰，是一本真实记录厦门图书馆发展壮大、锐意改革，不断进取的史料性著作。

现代化学文献检索/王源编著. —上海：上海科学技术文献出版社，1999.12

ISBN 7-5439-1415-8

本书对于现代化学文献的检索作了详细的介绍，并反映了化学文献机器检索技术的最新发现；以较长的篇幅介绍了计算机检索和 Internet 网上的化学信息；但对传统检索工具，如 CA、Beilstein、SCI、化学数据及谱图数据等也列有专门章节。除了介绍了国外化学文献，而且充分反映了国内化学文献的状况。

现代科技信息检索与利用/蒋永新等编著. —上海：上海大学出版社，1999

ISBN 7-81058-144-9

现代索引文摘法/王知津主编. —北京：北京图书馆出版社，1999.5

ISBN 7-5013-1592-2/G·433

本书立足于实践，着眼于现代信息技术的应用，全面系统地介绍和论述了电子计算机自动或辅助进行文献标引、编制索引和文摘的工作，并于重要题目之下，分别从理论、原理、语言学基础、数学模型、专门的技术方法和实施的组织过程等方面的内容作透彻的解释和中肯的论证，也充分反映了近年来国内外出现的新理论、新技术、新方法和新趋势。

现代图书馆学理论/徐引篪，霍国庆著. —北京：北京图书馆出版社，1999.2

ISBN 7-5013-1614-7/G·423

本书对 80 年代我国图书馆学理论研究作了系统总结。作者将图书馆学理论置于信息资源管理理论的框架内进行探讨，梳理了图书馆学与信息资源管理学的隶属关系以及图书馆学与情报学、档案学和博物馆学等学科的分工合作关系，明确了图书馆学的研究核心和发展方向，从而为图书馆学学科建设提供了新的思路。

现代信息检索/郑章飞主编. —武汉：华中理工大学出版社，1999.8

ISBN 7-5609-1994-4

本书讲述现代信息检索的必备知识。共分为基础知识、科技信息检索、社科信息检索、计算机检索和信息利用 5 篇，主要介绍检索方法、检索途径和常用工具书及其使用指南，网络信息的利用，科技论文的写作和投稿方法。实例丰富，实用性强。

乡镇图书馆建设的实践与理论/季根章主编. —银川：宁夏人民出版社，1999.7

ISBN7-227-01974-8

乡镇图书馆是新中国政治、经济、文化发展的产物，是具有中国特色的社会主义农村图书馆。改革开放以来经过实践—认识—再实践的路径，建立起我国农村图书馆网络，填补了我国公共图书馆建设体系和理论的空白。农村图书馆事业的发展及其理论建设，推动了农村经济、文化事业的发展，也推动着整个图书馆事业的发展。本书为江苏乡镇图书馆建设的经验。

新编文献学/陈界，张玉刚主编. —北京：军事医学科学出版社，1999.1

ISBN 7-80121-094-8

本书在吸收他人优秀成果基础上，总结了军事医学科学院情报学硕士生多年文献学教学的经验与教训，针对教学的实际需要而写成。全书站在高起点上对文献和文献学的产生、发展；各种文献信息源的采集、加工整理、管理、传递、开发利用、现代化及文献资源共享等均从理论与实践的结合上进行了充分阐述和比较全面系统的介绍。

信息管理基础/岳剑波编著. —北京：清华大学出版社，1999.11

ISBN 7-302-02204-6

本书从信息科学与管理科学的综合交叉点出发，系统全面地论述了信息管理的基本概念和学科发展，信息管理的科学基础和技术基础，信息管理的基础理论——信息行为和信息交流理论，以及信息管理的三个层次——微观的信息产品管理、中观的信息系统管理和宏观的信息产业管理等。可作为高等学校信息管理类专业、图书档案类专业、传播学与编辑传播专业的教材和广大信息管理工作者的参考书。

信息管理与利用/图书情报工作杂志社编. —北京：科学技术文献出版社，1999.8

ISBN 7-5023-3354-1

本论文集共收录论文 127 篇，分为 7 个部分：(1)一般理论研究；(2)文献信息事业管理；(3)文献信息采编与流通；(4)文献信息组织与检索；(5)文献信息服务与用户教育；(6)数据库建设与自动化；(7)人才培养与教育。所收论文从宏观上和微观上探讨了信息社会文献信息工作的重要性、体制改革和事业发展、资源共享、新技术的应用所带来的冲击与变革等一系列现实而又迫切需要认识和解决的问题。

信息检索:信息存贮与查询/阳宪章等编著.—成都:四川科学技术出版社,1999.11

ISBN 7-5364-4437-0

本书系统全面地介绍了信息检索的基本概念和原理,介绍了文献信息检索数据库及工具的结构体系,介绍了文献的检索、事实的检索、数据的检索,突出地介绍了各种信息的计算机检索,反映了有关专业方向的最新变化和趋势。除了可以作为大专院校的教材外,对与信息处理相关的研究人员和工程技术人员的工作也大有裨益。

信息经济学/(美)布鲁斯·金格马著;马费成,袁红译.—太原:山西经济出版社,1999.9

ISBN 7-80636-400-5

本书利用经济学中的供给、需求、成本、效益等基本概念和工具,分析信息产品和信息服务的特征,研究信息市场运行中的各种问题,定量测度信息服务的成本和效益,对信息管理和信息服务具有重要的指导作用。

学校图书馆工作简明教程/张敦仲等编著.—青岛:青岛海洋大学出版社,1999.12

ISBN 7-81067-117-0

本书旨在帮助广大中小学图书馆工作人员学习图书馆学专业知识,提高业务素质和专业技能,以适应发展的图书馆管理工作。该书以介绍图书馆学的基本理论、基本知识和实践为主,希望书的简明扼要和深入浅出既能适应各种培训班,又能成为图书馆工作入门的参考书。

医学文献检索/安徽医科大学医学文献检索教研室编著.—合肥:安徽大学出版社,1999

ISBN 7-81052-230-2

医学文献检索/成海龙,秦红兵主编.—上海:第二军医大学出版社,1999.7

ISBN 7-81060-049-4

根据卫生部颁布的中等卫生学校专业教学计划,就社区医学、护理、药剂、医学影像诊断、口腔医学等专业需开设的《医学文献检索》课程,编写本书。本书阐述了医学文献检索工具和光盘检索的有关知识;简介了医学文献协作的方法和如何利用图书馆等。既适用于中专和医学高职专业,也可作为成人医学继续教育的培训教材。

医学文献检索/黄晓鹂等主编.—北京:中国科学技术出版社,1999.1

ISBN 7-5046-2603-1

本书系统论述了医学文献检索的基础理论与方法,对中外文主要医学检索工具作了比较详细的介绍,同时对联机检索与光盘检索、国际互联网络、医学参考工具书、医学文献检索的综合技巧、医学情报调研、医学科技查新、医学文献的阅读与积累、医学论文写作等也作了必要的介绍。全书共20章,注重创新和实用,具有科学新颖和针对性强的特点。

医学文献检索与利用/常兴哲主编.—北京:人民军医出版社,1999.2

ISBN 7-80020-882-6

本书广泛收集资料,吸收国内外情报学的最新成果,研究国内外各种有关医学检索刊物的发展和变化;同时考虑教育对象的层次、特点以及文献检索教学的需要和临床医生的实际,对各种常用的检索文献作了充分介绍并介绍了计算机检索、联机检索、光盘检索等。作为教材,内容新颖、言简意赅、举例准确、深入浅出,适用于成人高等学历教育,对本科生、研究生文献检索教学及临床医师培训也有参考价值。

银川市图书馆七十年纪事/李景华,索冰主编.—银川:宁夏人民出版社,1999.3

ISBN 7-227-01951-9

本书记录了从1934年至1997年底银川市图书馆的建制沿革、馆名馆舍的变迁,以及不同时期的机构设置、人员编制和重大事件。本书的纪事部分,严格按照事件发生的年、月、日排列。本书力求“略古详今”,“重记叙,不重议论”,尽可能体现时代特色,保证资料的准确性与可靠性。

应用图书馆学教程/郭依群编著.—北京:清华大学出版社,1999.6

ISBN 7-302-03459-1/G·122

本书是为大学图书馆的读者编写的教材,其目的是系统介绍现代图书馆的资源建设方针和读者服务方式。作者论述现代图书馆的运作规律、资源整理过程和利用方法,也介绍了电子图书馆和网络资源的特点和利用。全书共分7章,内容包括:现代图书馆、文献、图书馆的整序及查检方法、期刊极其查检方法、参考工具书及其使用、大学图书馆的读者服务、网络环境下的文献信息服务。

张琪玉情报语言学文集/张琪玉著. —北京:北京图书馆出版社,1999.5

ISBN 7-5013-1591-4/G·432

本书作者是情报语言学领域的学科开拓者。书中收录了作者关于情报语言学总论、分类检索语言、主题检索语言、自然语言在情报检索中的应用、索引学等方面的论文 40 余篇。书后附张琪玉情报语言学著作目录。

知识经济时代:图书馆的生存与发展/陈子玲编著. —天津:天津人民出版社,1999.2

ISBN 7-201-03258-5

在知识经济时代,知识在社会经济中起着核心作用,而图书馆正是知识的宝库,人类文化的殿堂,图书馆的这一性质决定了图书馆应该在知识经济中扮演重要角色。因此,面临知识经济的挑战,图书馆应当认识自我,重视自我,把握自我,发展自我,使全社会进一步确认图书馆的地位和作用。本书分为 8 章,包括:知识经济的论述、知识经济与图书馆、知识经济与图书馆信息资源的传播、知识经济与图书馆的人才教育、知识经济与图书馆的信息服务、知识经济与图书馆自动化,以及国内外图书馆适应知识经济的举措。

中等学校学生利用图书馆指南/赵春英编著. —北京:中国文联出版社,1999.12

ISBN 7-5059-3528-3/I·2694

本书是为中等学校的学生提供的如何利用图书馆的入门指导书。介绍了图书馆的重要意义、发展历史、性质、职能、服务内容和借阅方法;还介绍了查询文献时应掌握的基本知识、检索方法和主要工具书,并突出介绍了电子信息源的检索。书中还讲述了读书方法和学术论文的写作方法。

中国辨伪学史/杨绪敏著. —天津:天津人民出版社,1999.3

ISBN 7-5034-1043-4

该书将中国辨伪学分为 4 个时期:1. 疑古思想的萌芽及辨伪学初起时期;2. 辨伪学的发展时期;3. 辨伪学的成熟时期;4. 辨伪学的再发展时期。书中全面系统叙述了从战国到现当代在考辨伪书、伪史、伪说等方面所取得的成就,深入细致地分析了历代辨伪学家的辨伪思想和辨伪方法,并作了客观、公允的评价。

中国古代藏书楼研究/黄建国,高跃新主编. —北京:中华书局,1999. 445 页

ISBN 7-101-02154-9

中国古代文献浅谈/崔文印著. —成都:四川人民出版社,1999.12

ISBN 7-220-04796-7

本书分八章,首先介绍文献与我国古代文献概说;然后根据文献的形式,将文献分为甲骨文献、青铜文献、石刻文献、竹帛文献、卷轴文献、雕版文献;最后谈了古代文献的整理。对初学古代文献者,该书可为启蒙书。

中国近代藏书文化/李雪梅著. —北京:现代出版社,1999. 1

ISBN 7-80028-445-X

本书就近代藏书的性质、使用以及地域分布等情况进行了阐述。内容触及古代藏书的封闭性和私藏特征,近代以公共藏书为主导,私人藏书为辅,化私秘为公开、公用成为近代藏书的发展趋势;近代的公共藏书重视图书的分类、使用、传布,公私藏书机构对书籍的保护和利用的责任更重;近代藏书事业从江浙向南北扩展,使南方的粤、湘和北方的京、津地区形成新的藏书中心等。

中国历史文献学/谢玉杰,王继光主编. —北京:民族出版社,1999.9

ISBN 7-105-03600-1

本书旨在使学生增加了解和使用中国历史文献的能力,为从事历史学研究或古籍整理打下坚实的基础。本书在有限的篇幅内力求知识覆盖面宽,并广泛吸收学术界的研究成果,在继承传统的基础上创出新体例,同时反映时代信息。内容包括概论、文献载体类别和典籍类别、历史学文献类别、古今原始资料文献、整理历史文献的基础、当代古籍整理等。

中国林学文献计量研究:50 年回顾与展望/李吉祥等主编. —北京:北京图书馆出版社,中国林业出版社,1999.9

ISBN 7-5013-1646-5

本书依据、分析的林学文献包括 366 种林业专业期刊和 501 种林业相关期刊发表的 121038 篇论文,349 种图书和 5095 项林业科技成果。采用的是定量与定性有机结合的文献计量方法。从一个侧面反映出林学研究的重点、热点、发展动态和演化

轨迹。种种周期性变化反映出中国林学论文增长的不均衡性和离散性,也反映出社会政治、经济状况、科技人员数量和经费投入等对中国林学发展的影响。

中国民族文献导读/李晓菲等编著. —沈阳:辽宁民族出版社,1999.5

ISBN 7-80644-240-5/C·5

全书共分三编:第一编“民族文献工作概略”探讨了民族文献的界定、内容、范围、类型等基础理论问题;第二编“民族文献概述与检索”简介了各民族文献的历史与现状,指出了民族文献收集、整理的方法以及查找民族文献的途径;第三编“民族文献资源指南”全面罗列了目前国内民族研究机构及民族文献收藏单位。这三篇内容相互兼顾,层次清楚,不仅具有理论上的指导意义,而且翻阅便利,可操作性强,可以起到导读作用。

中国少数民族古籍论. 第三辑/李晋有等主编;全国少数民族古籍整理研究室编. —成都:巴蜀书社,1999.5

ISBN7-80523-939-8

本书由28篇论文组成,除“略论民族古籍翻译整理中的底本确定与训诂”和“从民族古籍看我国少数民族刀耕火种中的农耕礼仪”二文外,其他诸篇均具体探讨古今各少数民族,如西夏、满族、藏族、蒙古族、赫哲族、裕固族、傣族、土家族、纳西族、苗族、彝族、壮族等的古籍文献、碑刻、典籍以及习俗等。

中国书/郑敏,葛培岭著. —郑州:海燕出版社,1999.9

ISBN 7-5617-2101-3

本书就书的文化渊源、社会地位、形式源流、分类方法、出版传播、搜集典藏、禁毁散佚、编辑校勘等进行了说明。该书言简意赅,对既平淡、又神奇,既谙熟、又陌生的书的意趣进行了探索。

《中国图书馆分类法》(第四版)使用手册. —北京:北京图书馆出版社,1999.8

ISBN 7-5013-1623-6/G·428

为使用户深入学习、正确掌握《中国图书馆分类法(第四版)》,以便很好利用《中图法》进行文献分类标引工作,《中图法》编委会编写了本手册。本手册包括六个方面的内容:

1.《中图法》的编制原理和技术(包括组配技术);2.使用《中图法》进行文献分类的一般方法(包括用于机读目录);3.《中图法》各大类的分类方法;4.同类书的区分与书次号的编制;5.图书重新分类问题;6.《中图法》系列版本及辅助工具书。

中国图书馆事业二十年:1979~1999/中国图书馆学会编译出版委员会,北京图书馆出版社主编. —北京:北京图书馆出版社,1999.10

ISBN 7-5013-1680-5/G·451

本书是为庆祝建国50周年,纪念学会成立20周年而出版的大型学术论文选集。内容包括:图书馆学基础理论、图书馆改革与发展、图书馆管理、文献资源建设、文献整理、数据库建设、图书馆自动化与网络、文献信息服务、专业教育、地方文献等10个部分,以记录和反映1979~1998年间我国各类型图书馆发展的历程、成就、经验、问题、走向和前景。

中国图书馆年鉴:1999/肖东发主编. —北京:北京图书馆出版社,1999.12

ISBN 7-5013-1678-3/G·449

本书为集知识性和资料性于一体的专业性工具书,其宗旨是为各级领导提供中国图书馆事业宏观管理的决策参考,为图书馆工作人员和教学科研工作者提供中国图书馆事业的基本文献、基本数据、科研成果和最新工作经验,为广大社会用户提供有关图书馆的各种信息。本年鉴由特载、专文、图书馆事业、图书馆工作与研究、图书馆学教育、国际交流、海峡两岸学术交流、人物、专业文献、机构名录、统计资料、大事记、附录及索引等14部分组成。

中国图书馆信息服务指南/王世伟主编. —上海:上海科学技术文献出版社,1999.9

ISBN7-5439-1497-2

本书共收录中国的图书馆和信息服务机构总计192家,按4个系统排列。内容含机构概况;服务项目与内容,重点在特色服务;特色馆藏与设备,含馆藏简介;服务的效果和影响,反映其所取得的社会效益、经济效益或奖情况及社会地位等。

中外图书馆事业比较研究/王立贵著. —济南:齐鲁书社,1999

ISBN 7-5333-0835-2

中西文献交流史/潘玉田,陈永刚著. —北京:北京图书馆出版社,1999.7

ISBN 7-5013-1638-4

本书为一部专门研究历史上中西之间文献交

流活动的历史书籍，共10章。第1～4章分别记述了从汉代至清代中西文献交流活动的情形，主要为与西域、印度及欧洲的交流情况；第5～10章介绍西学文献在中国的传播与交流，以及西书翻译、西方哲学社会科学思想的涌入等。

中小学图书馆工作理论与实践/武德运，余葭生主编. —北京：知识出版社，1999.5

ISBN 7-5015-2034-8/G·894

该书讲述办好中小学图书馆所需要的图书馆学基本理论、基本知识与基本方法。包括图书采购、分类编目、藏书组织，书刊借阅、参考咨询、阅读辅导。还涉及馆舍设备、科学管理及中小学图书馆工作者的职业修养与业务要求。本书提供实例和图表，便于学习者操作和掌握要领。

中医药情报信息方法/蒋永光主编. —北京：中国医药科技出版社，1999.4

ISBN 7-80020-882-6

本书为高校“中医药文献检索”课程教材，旨在满足当前中医药临床和科研工作的现实需要。全书40余万字，对几乎古今中外的中医药信息源均进行了广泛介绍，以工具书检索系统和Internet医药网点为核心着重阐述了各类中医药情报信息的查检和分析的方法及其原理，并配以大量示例和简表。具有较强的指导性和实用性。

中医药文献检索/黎汉津主编. —广州：广东高等教育出版社，1999.8

ISBN 7-5361-2369-8/R·140

本书是全国中医院校研究生文献检索统编教材。全书内容突出中医药学的特色，对检索古代和现代、国内和国外的中医药文献信息做了全面的介绍。为了适应信息时代的要求，增加了信息检索、Internet、情报调研、查新咨询等内容。各章节理论讲述和实例介绍相结合，每种工具书都列举检索示例加以说明；并特设一章，详细介绍各类中医药科研课题的检索实例，供借鉴和参考。

周子美学述/周子美著；徐德明整理. —杭州：浙江人民出版社，1999

ISBN 7-213-01668-7

21世纪的大学图书馆论文集/云南省高等学校图书情报工作委员会编. —昆明：云南科技出版社，1999

ISBN 7-5416-1305-3

OCLC联机与光盘编目概论/刁维汉等编著. —上海：华东师范大学出版社，1999.3

ISBN 7-5617-2101-3

本书共分四部分：OCLC联机与光盘编目导言；OCLC联机与光盘编目的原理与方法；OCLC WorldCat数据库联机检索和OCLC WorldCat数据库光盘检索。学习本书需具备有关当前编目的理论和规则，如ISBD、AACR2等知识。否则请先学习高等学校文科教材《现代文献编目教程》及有关参考书，同时还需具备使用鼠标和视窗的技术。

SCI、EI简介及入选期刊分析/丛玲，马一太主编. —天津：天津大学出版社，1999.3

ISBN 7-5618-1163-2

由于SCI、EI是评判学术论文水平的重要依据，所以本书对SCI、EI所选期刊进行统计，并精选出天津大学各专业近年收录的1515种期刊，提供给师生作为投稿参照；同时根据中国科技信息所的统计，进行简要分析，帮助大家提高投稿的入选率；除了作为评判依据，SCI、EI汇集了高质量信息，有助于我们解决难题，因而本书还介绍了检索方法。

2000年专业新书选介

参考咨询工作/马远良主编. —北京：北京图书馆出版社，2000.10

ISBN 7-5013-1724-0

本书吸纳了近年来国内外图书馆参考咨询领域理论与方法，针对国内图书馆初、中级参考咨询员的实际需要编撰。以实际操作为主辅助以理论指导，包括参考咨询工作的构成、咨询员的培养、参考咨询技能、业务管理和考核、数字化参考咨询的发展趋势等。

藏书家. 第2辑/齐鲁书社编. —济南：齐鲁书社，2000.6

ISBN 7-5333-0872-7/Z·106

本书通过学者、藏书家、爱书人从不同角度和视点谈书、侃书，让现代与传统交融，今人与古人对话，使广大读者既能增广见闻，汲取知识，又能因之陶冶性情，增强读书品位。从而能站在时代的高度，认识和总结中国的书文化，并进而了解书文化对中国数千年文明的深远影响。

常熟翁氏藏书图录/中国嘉德国际拍卖有限公司编. —上海:上海科学技术文献出版社,2000

ISBN 7-5439-1174-4

常用社科文献信息源/王锦贵主编. —北京:北京图书馆出版社,2000.9

ISBN 7-5013-1712-7

本书分5编,分别介绍著述信息源、史料信息源、资料信息源和咨询工具信息源。逐次介绍丛书、史志、书目、类书、年鉴等的沿革与应用等。该书注重特定文献和较为系统的专业知识,尽可能突出知识含量和信息含量,力图从各类"常用社科文献"的概念、历史、类别、特点、典型举例。

陈誉先生八秩华诞图书馆学情报学论文集/黄秀文主编. —北京:北京图书馆出版社,2000.8

ISBN 7-5013-1738-0

陈誉先生是我国著名图书馆学家、图书馆学教育家和社会学家,其一生的工作与华东师大图书馆及华东师大图书馆系暨信息学系的发展密切相关。本书除了收录了有关纪念性文字外,还收录了海内外图书馆界著名学者的论文。

大学生利用图书馆指南/刘桂珍. —北京:中央文献出版社,2000.9

ISBN7-5073-0847-2

本书全面介绍了图书馆的性质、任务及职能,详细地介绍了图书馆的基本知识、图书分类、目录组织等图书馆学基本知识。还特别介绍了图书馆的现代化、计算机检索的基本知识及国际互联网和光盘数据库及其使用,旨在使大学生能够掌握文献检索的基本知识,充分利用图书馆。

当代中国社会科学报刊文献分析:1978～1995/范并思著. —上海:华东师范大学出版社,2000.1

ISBN 7-5617-2174-9/C·062

本书将改革开放以来中国社会科学的变革置于当代世界社会科学变革的大背景下,以大量中外文献数据作为分析指标,定量分析了中国社会科学及其主要一级学科1978～1995年的理论繁荣与学科变革的基本进程,通过文献计量指标,分析和描述了中国社会科学的学科、学者及报刊的现状。

发展与变革:21世纪的文献信息事业/图书情报工作杂志社编. —北京:科学技术文献出版社,2000.4

ISBN 7-5023-2248-5

本论文集共分8个部分:(1)一般理论研究;(2)事业发展与变革;(3)文献资源建设;(4)文献信息管理;(5)文献信息服务;(6)网络资源开发与利用;(7)数据库建设与网络化;(8)专业教育与队伍建设。文章从不同层面和角度探讨了图书情报领域中的问题,内容较丰富,许多经验具有参考价值。

高校图书馆编目工作研究/吴开华主编. —北京:北京图书馆出版社,2000.1

ISBN 7-5013-1687-2

本书为北京地区高校图书馆学会编目工作研究会学术研讨会论文集第二辑。共收录论文36篇,涉及编目工作各方面:文献分类、主题标引、图书著录、机读目录格式、书目数据控制、数据库建设、编目工作标准化及规范化等。

国内中文网站评介:2000年版/郑一仙主编. —厦门:厦门大学出版社,2000.9

ISBN 7-5013-1675-1/TP·63

本书的编写目的在于配合各家网络搜索引擎,让用户上网之前能针对自已的需要,心中有数地规划所要访问的站点。一旦上网,能做到花尽量少的时间和上网费用,直奔有关网站去获取所需的信息。此书与许多冠名为网络大全图书的最大不同之处,就在于它不止是罗列了网名和网址,还向读者介绍了各网站的主要栏目,并对其特色和不足之处予以了点评。

海峡两岸第五届图书资讯学学术研讨会论文集(A辑)/中国科学院文献情报中心. —成都:编者,2000.8

该次会议于2000年8月28日～30日在成都举行,由中国科学院文献情报中心和台湾中华图书资讯学教育学会共同主办,会议主题是"图书资讯交流标准化"。本论文集收录中国大陆论文40篇。

河南图书情报事业跨世纪发展战略研究/崔慕岳主编. —郑州:大象出版社,2000.4

ISBN 7-5347-2415-5

本书是总结河南图书情报事业的历史和现状,并在此基础上探索河南图书馆事业未来发展战略的一部专著。内容包括:河南省"九五"计划和2010年远景目标的纲要;根据图书情报一体化原则,对河南图书情报事业作为系统进行综合研究;根据发展历史和现状,按照规律对相关因素进行分析;加强河南图书情报事业数字化网络化建设,开拓市场和信息产业,促进图情事业与信息高速公路接轨。

研究的目的是为有关政府部门提供决策参考。

计算机信息处理技术与医学文献检索/王国忠等主编.—济南:济南出版社,2000.5

ISBN 7-80629-544-5/G1127

本书是医务工作者利用计算机信息处理技术检索医学文献的工具书。该书共分5章,从计算机基本知识入手,详细介绍了信息处理技术、Internet联网的实现及医学文献检索查询方法,并提供了大量Internet医学信息网站。

决胜信息时代/汪致远等编著.—北京:新华出版社,2000.6

ISBN 7-5011-4824-4

本书阐述了当今世界信息产业发展、知识经济来临对世界政治、经济、社会、国家安全等方面的冲击与巨大影响,介绍了世界重要大国顺应此潮流,制定和调整应对战略,快速抢占信息战和网络战的手段。本书还对影响经济发展、社会稳定和国家安全的重大课题——网络安全进行了探讨。

科技信息检索/沈传尧主编.—徐州:中国矿业大学出版社,2000.3

ISBN 7-81070-126-6

本书在同类教科书上有所创新,该书介绍了文献检索基础知识,并对国内出版的科技文献检索工具、国外的《工程索引》、《化学文摘》、《科学文摘》等,以及专利文献、学位论文、标准文件、数据与事实检索、计算机情报检索、因特网信息检索均专门予以阐述。具有广泛的适应性和针对性,为必备之参考书。

历史文献的开发与利用论文选集/上海图书馆历史文献中心编.—上海:上海书店出版社,2000.4

ISBN 7-80622-564-1

本书为上海图书馆主办的"历史文献的开法与利用"学术研讨会的论文集,系从60余篇论文中精选出来,可反映这次研讨会的交流成果。随着现代信息技术的发展,历史文献的采集、整理、研究与传播已经发生变化,运用信息技术十分重要,符合规范化和标准化要求乃最低目标,旨在建立专题数据库并逐步实现历史文献的数字化。

面向21世纪的情报语言学:全国第三次情报检索语言发展方向研讨会论文集/戴维民等主编.—北京:北京图书馆出版社,2000.3

ISBN 7-5013-1693-7

该会于1999年6月7~9日在上海召开,由中国图书馆学会、全国信息与文献标准化技术委员会、中国科技情报学会、全军军用主题次表编管会、中国索引学会、《中国图书馆分类法》编委会和空军政治学院共同举办。会议重点研讨中国情报检索语言的发展历史,研究情报检索语言在新技术情况下发展与使用,情报检索语言的教学,以及中外情报检索语言比较研究等等。

明清江南私人刻书史略/叶树声,余敏辉著.—合肥:安徽大学出版社,2000.5

ISBN 7-81052-330-9/K·29

明清两代江南地区私人刻书在中国出版事业史上占有非常重要的地位,本书研究了明、清江南私人刻书的兴起背景、刻书概况、刻书的主要特点及其主要贡献。

明天的面孔/(美)托马斯·巴克霍尔兹著.—北京:北京工业 大学出版社,2000.5

ISBN 7-5639-0901-X

本书分7部分21章,分别为介绍、目标与成果、人员与信息管理、信息和信息资源管理、信息系统、新技术展望和结论。该书为在今天工作中实施综合素质管理和重新设计业务程序提供了基础,并对信息时代的前景提出了看法。同时该书还包括一些技能,可对我们建立机构间协作,运用信息进行工作等有裨益。

情报检索教程/潘一辅等编著.—广州:华南理工大学出版社,2000.9

ISBN 7-201-03619-X

本书虽是大学公共课情报检索的教材,但也可作为公务人员、科技人员、商界人士查询信息的实用参考书。该书介绍了文献检索基础知识,国外的《工程索引》、《化学文摘》、《科学文摘》等,对于专利文献、科技报告、国内出版的检索工具、计算机情报检索、因特网信息检索均专门予以阐述。

情报语言学词典/张琪玉编著.—北京:北京图书馆出版社,2000.7

ISBN 7-5013-1096-3

本词典内容包括情报语言学总论、分类法、主题法、自然语言检索、索引法、文献标引和情报检索以及其他相关的名词术语,共2300余条(包括同义词)。有轮排索引便于检索,并有附录介绍各种情报检索语言语种和情报语言学著作。

全球信息战略/(英)经济学家情报社等著.—

北京：新华出版社，2000.5

ISBN 7-5011-4855-4

经济学家情报社是英国一家旨在帮助公司开辟和管理跨国业务的研究、出版和咨询结构，现已成为商业开发、经济和政治趋势、政府法规以及公司实践的信息和专有技术的源泉，其提供的信息、分析和建议具有一定影响力。本书分“信息时代的商业风险管理”和“走向2000年的全球电信”两部分。

日本图书馆法律体系研究/李国新著. —北京：北京图书馆出版社，2000.7

ISBN 7-5013-1051-3

本书为研究日本图书馆法律体系的专著，共6章。分别论述了日本《图书馆法》、《学校图书馆法》、大学图书馆标准、《国立国会图书馆法》以及图书馆的相关法规，并探讨“图书馆自由”的含义与《图书馆员伦理纲领》等。

市场信息资源与市场信息行为/冷伏海主编. —北京：北京图书馆出版社，2000.8

ISBN 7-5013-1145-5

本书分7章。作者围绕“市场信息资源”与“市场信息行为”两个核心问题，系统地论述了市场信息资源与信息产业的关系，市场信息资源流动模式及其特征，市场信息用户及其接收的特征，市场信息数据库系统及其网络等问题，并发表了建设性的看法。

数字图书馆：从理念走向现实/吴志荣著. —北京：学林出版社，2000.10

ISBN 7-80616-937-7

数字图书馆是信息技术和信息服务事业中产生的新生事物，本书提供了完整的数字图书馆知识，揭示了数字图书馆的含义、发展轨迹、现状和前景，它的基础和条件，它的组织模式、资源建设、资源整序、资源存取以及它的利用和社会价值。

数字图书馆：原理与技术实现/高文等著. —北京：清华大学出版社，2000.10

ISBN 7-302-04079-6/TP·2405

本书介绍数字图书馆从概念原理到系统实现的各阶段所需要的理论、算法与系统的知识，为从事此领域的科技人员和管理人员提供帮助。书中内容包括数字图书馆设计与建设所需要涉及的标准化问题、置标语言问题、多媒体海量数据库的管理问题、软件系统构造问题、个性化的Internet检索问题、智能化界面问题、数字图书馆与音视频作品的录入问题、软件系统构造问题、版权保护问题、宽带多媒体网络问题、高性能计算机平台问题、与远程教育的关系、与电子商务的关系，以及传统图书馆的数字化改造等。

体育文献检索/《体育文献检索》编写组[编]. —北京：人民体育出版社，2000.6

ISBN 7-5009-1888-7/G·1787

本书为体育院校通用教材。内容包括体育文献的概念和特点、体育文献的类型和作用、体育文献检索工具基础知识和举要、体育文献检索的方法与步骤、体育文献计算机检索，以及体育文献的积累、整理和利用。书后附实习题、《中图法》“G8体育”类目表和常用体育网址。

图书馆古籍整理工作/王世伟主编 . —北京：北京图书馆出版社，2000.10

ISBN 7-5013-1696-1

本书分7个章节：古籍整理工作概述、古籍的载体与形制、古籍的采编工作、古籍的收藏保护与流通阅览工作、古籍整理工作的现代化、古籍的开发与利用、古籍整理工作的相关知识。该书注重理论的总结和实际的操作，尤其是工作的流程与规范。

图书馆工作概论/程亚男主编 . —北京：北京图书馆出版社，2000.10

ISBN 7-5013-1730-5

图书馆是收集、整理、保存和传播文献信息的科学、教育、文化机构。作为上层建筑的一部分，它总是随着社会的发展不断发展，经济是基础，科技为条件。本书是在知识经济时代对图书馆工作的概述，为图书馆工作入门的基础。

图书馆基础知识概要/郑惠生主编. —北京：海洋出版社，2000.1

ISBN 7-5027-4833-4/Z·739

本书在吸纳原有的图书馆学基础理论的基础上，做了更新和增补，将图书馆业务的新经验和现代化服务技术纳入其中。全书分为10章，包括图书馆的性质与职能、文献采访的技术与方法、中文图书的分编、西文图书的分编、图书的外借流通、图书阅览室、图书典藏、中文报刊的分编与阅览、文献信息服务的技术与方法及现代图书馆的管理机制。

图书馆理论与实践纵横谈/韩锡铎，高贤主编. —沈阳：东北大学出版社，2000

ISBN 7-81054-502-7

图书馆研究与建设/郑学军[著]. —哈尔滨:哈尔滨工业大学出版社,2000.4

ISBN 7-5603-1497-X/Z·37

本书总结归纳了作者从1988～1998年10年间的图书馆理论与实践研究的观点。内容包括图书情报研究方法、图书馆理论研究、图书馆建设和图书馆管理。书后附作者简介。

图书馆业务研究与业务辅导/王学熙主编. —北京:北京图书馆出版社,2000.11

ISBN 7-5013-1723-2

业务辅导概念始于1919年,它对图书馆事业网的建设、图书馆业务技术的改进、图书馆人员的继续教育,乃至全国和地区图书馆事业建设都起着重要作用。全书共9章,为我国公开出版的第一部有关业务研究的辅导专著。

图书情报工作研究.2000/李黎明等主编. —北京:中国科学技术出版社,1999

ISBN 7-5046-2809-3

图书情报基础知识/胡天华主编;新疆维吾尔自治区文化厅社会文化处编. —乌鲁木齐:新疆科技卫生出版社(K),2000

ISBN 7-5372-1942-7

图书文献丛稿/朱允尧著. —兰州:兰州大学出版社,2000.3

ISBN 7-311-01641-X/G·622

本书收朱允尧先生有关图书馆学、目录学及医学文献检索方面的论文计20篇。书中附作者简历。

文献编目工作/黄俊贵主编. —北京:北京图书馆出版社,2000.10

ISBN 7-5013-1698-8

编目工作目前正处于从手工过渡到计算机的转变时期,为满足多方面的需求,本书注重实践性、新颖性、适用性。在教材内容上广采众说,力创新意,兼顾手工编目与计算机编目的需要,也适应图书馆及其他文献信息机构使用。

文献检索与利用/乔刚编著. —乌鲁木齐:新疆人民出版社,2000.5

ISBN 7-228-05662-0/G·576

本书分为8章。内容包括文献概述、情报概述、工具书排检法、工具书的主要类型、文献检索的基本原理、方法与步骤、工具书的综合运用及计算机文献信息检索。

文献信息检索与利用/张美芳,王者乐. —上海:上海社会科学院出版社,2000.7

ISBN 7-80618-748-0

该书介绍了文献的概念、图书馆的利用、工具书的使用、文献检索基础知识、文献检索工具;对于专利和标准文献的检索和计算机情报检索有专门论述;最后介绍了文献资料的利用。

文献信息服务基础教程/严峰主编. —北京:北京图书馆出版社,2000.6

ISBN 7-5013-1718-6

本书分12章。均以图书馆工作实践为对象,结合工作实际,着重技术上的阐述。对因特网、多媒体、光盘检索、数字图书馆等一一作了介绍;为了便于做好日常工作,对业务统计规范化、业务档案管理、馆舍基础设施、阅览照明等也作了论述。

文献信息资源编目/段明莲编著. —北京:北京大学出版社,2000.9

ISBN 7-301-04625-1

本书分14章,系统介绍文献信息资源编目的原理、技术和方法,国内外该工作发展概况,各类文献信息资源的描述与揭示,检索点的选取,各种机读目录格式的结构、使用、分析比较,检索点的规范工作以及编目的发展趋势等。

文献学纲要/潘树广,黄镇伟,涂小马著. —南宁:广西师范大学出版社,2000.8

ISBN 7-5633-3061-5

文献是记录知识与信息的载体,文献学的核心内容,是研究知识与信息的科学组织和有效利用。本书分别论述了文献学的理论,外在形态与内容分类,文献的整序、揭示、检索、鉴别、整理、典藏与传播,以及计算机在文献生产与检索中的应用。既将古典文献学与现代文献学融会贯通,又帮助读者开阔眼界,提高查阅文献,获取知识的能力。

文献资源建设工作/常书智主编. —北京:北京图书馆出版社,2000.11

ISBN 7-5013-1700-3

本书对象为图书馆及各类文献信息服务机构从事文献资源建设的工作者,内容比原来意义上的"图书采访"、"藏书建设"广泛。在新技术广泛应用情况下,文献采访工作的实际范围、内容、方式、方法也有所不同。本书全面、系统、具体地反映了业已变化的新情况及应知应会的基本知识和技能。

文选版本研究/傅刚著. —北京:北京大学出版

社,2000.9

ISBN 7-301-04618-9

文选是我国现存最早的文学总集,选录的作品上起秦汉,下逮南朝的梁代。自问世就在文人中产生很大影响,这种广泛传习造成它的多种注释和版本。本书作者博考史志及历代官私藏书目录,详究历代所藏各本《文选》,辨明各种注本存佚情况;同时对国内外较早《文选》版本作了叙录;并详考《文选》李善注本,进行了校勘和查证。对《文选》学有兴趣者均可从本书受益。

西夏书籍业/(俄)A.П.捷连提耶夫-卡坦斯基著;王克孝,景永时译.—银川:宁夏人民出版社,2000.4

ISBN 7-227-02085-1/K·223

本书以柯兹洛夫藏品作为参考资料,研究了西夏印刷术。包括西夏的纸张、颜料、胶水和各种装订形式,并阐述了黑城遗书对西夏学的研究意义。

现代大学图书馆使用指南/李健,张德书主编.—北京:北京图书馆出版社,2000.9

ISBN 7-5013-1255-9

本书介绍了图书馆、图书馆自动化、馆藏文献的组织与目录、图书馆服务内容、借阅方法和文献检索的方法,旨在为大学生熟悉和利用图书馆提供必要的帮助,使他们尽快地学会利用图书馆的必要知识和技能,获得打开知识宝库的钥匙。

现代信息检索教程/郭吉安主编.—重庆:重庆大学出版社,2000.4

ISBN 7-5624-1273-1

本书介绍了现代信息环境下信息检索的基础知识和基本方法。全书分三编共10章,第一编为知识信息,介绍知识经济与信息社会和文献信息资源概述;第二编为信息检索,包括信息检索基础及国内外各种检索系统;第三编为情报研究与信息咨询。

现代医学信息检索与利用/任效娥主编.—北京:科学出版社,2000.8

ISBN 7-03-008661-9/R·567

本书为高等医学院校选用教材。书中详细介绍文献检索的基础理论、检索方法以及信息领域的最新发展趋势。该书压缩了传统手工检索工具所占的篇幅,增加光盘检索及网络检索内容。突出实用性、易掌握、易操作的特点,重在培养医学专业人员及学生的文献检索能力,使他们能迅速适应信息时代的快速发展。

乡镇图书馆工作/卢子博主编.—北京:北京图书馆出版社,2000.10

ISBN 7-5013-1702-X

本书为乡镇图书馆工作人员上岗培训教材,也可供其在职人员平时进行自学。该书反映我国当前乡镇图书馆发展的现状,充分反映了国内外有关乡镇图书馆的研究成果。对乡镇图书馆办馆理念和实践经验进行了较好的概括。

信息化与经济发展/李晓东著.—北京:中国发展出版社,2000.4

ISBN 7-80087-436-2

本书共4篇,第1篇分析了信息革命与世界信息化、信息化与经济增长的理论联系;第2篇探讨了世界信息化的发展与基础和显著特征以及对经济发展的影响;第3篇对美国信息化与经济发展的影响进行了实证分析;第4篇提出了中国信息化的发展战略与对策。

信息检索学/董源主编.—北京:中国林业出版社,2000

ISBN7-5038-2565-0

信息经济学/韩建新编著.—北京:北京图书馆出版社,2000.10

ISBN 7-5013-1746-31

信息经济学主要研究计算机信息系统经济问题,尤其是信息系统的成本、效益、系统评价等问题,对于信息系统的建设和管理具有指导意义。第一章对信息经济学的研究对象、内容、学科体系等一系列基本理论问题从总体上作了阐述。第二章至第五章介绍了微观信息经济学的内容。第六章对信息系统的成本和收益作了分析。第七章至第十章探讨了信息经济、信息产业、经济信息化等问题。

信息开发利用的方法/杨永志等著.—天津:天津人民出版社,2000.8

ISBN 7-5623-1592-2

本书作者洞悉“信息社会”概念的多角度、多层次性和综合性,从信息技术革命对生产力、经济结构,及其给社会生活带来的巨大影响来审视和运用它,并把认同当今世界“已经进入信息时代”作为研究的前提和出发点。本书深入探索符合中国国情的信息开发利用,并归纳出11类75种方法,具有直接规范操作的意义。

信息科学概论/芮廷先编著. —上海:上海财经大学出版社,2000.7

ISBN 7-81049-437-6

本书作为财经院校教材,目的是使学生掌握信息科学的理论与方法,为参与现代企业的信息管理活动提供必要的背景知识,在培养面向21世纪社会信息化发展需要的信息管理专门人才方面,能够起到激发专业学习意识、奠定专业知识基础的作用。

信息(情报)检索基础教程/张清华主编. —北京:中国林业出版社,2000.8

ISBN 7-5083-2622-3/G·0125

本书系统介绍了国内外信息检索的基本理论和检索方法。全书分为5章,包括信息(情报)检索概论、标准文献卡制作、科技信息(情报)检索、社科信息(情报)检索及计算机信息(情报)检索。该书可作为各类中等专业学校"检索课"的教材。

信息时代的管理信息系统/(美)哈格等著;严建援等译. —北京:机械工业出版社,2000.6

ISBN 7-111-07453-X/F·921

信息时代,知识成为世界经济发展的动力。本书从管理和决策的角度,阐述了当今信息技术发展的前沿领域和最新的系统开发方法,包括Internet和电子商务、多媒体技术、数据仓库和数据挖掘、专家系统与人工智能、CASE开发工具、面向对象的技术等。本书在所创造的互动的学习环境中,注重IT应用与企业战略的融合,强调IT系统规划和管理与IT系统并重。既可作为MBA及相关专业学生的教科书,也可作为中高层管理人员充实技能基础,提高自身知识素养的参考书。

信息资源检索与利用/周文荣主编. —北京:化学工业出版社,2000.8

ISBN 7-5625-2952-7

作为高等学校教材本书共分16章。书以信息检索工具的利用为主,重点在电子与网络信息、数据库与因特网上专门信息的检索。系统介绍了信息资源的变化及特点、信息检索的基本知识、信息利用与科技、情报研究成果协作方面的内容,以适应当前信息技术发展的要求,为培养大学生多方面的技能提供帮助。

信息资源开发与利用基础:文献检索/邓荣先,张莉华,焦中铎编著. —汕头:汕头大学出版社,2000.7

ISBN 7-81036-426-X

本书为适应社会信息化发展而用于高校文献检索课教学,分三篇。首先介绍信息、文献、文献资源、检索、检索系统、检索语言及检索方法;其次是从用户需要出发,剖析国内外不同载体检索系统的使用;最后介绍全文检索系统和网络资源开发利用的工具、技术和方法。

信息组织的分类法与主题法/曹树金,罗春荣编著. —北京:北京图书馆出版社,2000.9

ISBN 7-5013-1124-2/G·302

本书对分类法与主题法的论述,力图在三方面有所突破:一是在信息组织的范畴内,将分类法与主题法有机地结合起来,实现其理论、方法和规则的系统化。二是在理论、方法上有所创新,尤其要突破分类法与主题法的传统理论和方法在适用性上的局限,以顺应分类法与主题法的新使用环境和应用范围不断扩展的要求。三是增强标引方法和规则的实用性,使其易于理解,便于操作。

药学文献检索/沃联群主编. —北京:中国医药科技出版社,2000.1

ISBN 7-5067-2142-2/G·0208

本书为全国普通医药中专教材。内容包括文献检索概述,词典、手册和工具书,期刊杂志,美国化学文摘,专利文献检索,计算机文献检索和医药科技论文的撰写。本书围绕医药学实际,突出实用性,注重科学性,内容丰富,重点突出,取材较新。除用作普通医药中专教材外,还适用于医药技工学校和医药职工中专的教学。

知识经济与图书馆/丁有骏主编. —北京:北京图书馆出版社,2000.5

ISBN 7-5013-1617-1

本书为北京高校情报资料工作研究会于2000年举办的学术研讨会论文集,会议的主题为"知识经济与高校图书馆",主要探讨21世纪知识经济时代对高校图书馆的各项管理与业务工作、人员素质要求等的影响以及将带来的变革。论文集展示和荟萃了近年来北京高校图书馆工作者的实践经验和科学研究成果。

知识经济与图书资料工作/徐汉燕,黄家发,邱汉松主编. —海口:南海出版社,2000.6

ISBN 7-5442-1619-5

本书系图书馆工作论文集,论文作者均为图书情报管理、服务、教学和研究工作的专业技术人员,文章根据知识经济对图书情报工作和图书馆员带来的影响，围绕办馆方针、队伍建设、人员素质及新技术等阐述自己的见解和建议，对新形势下图书情报工作有一定的促进作用。

中国古代图书流通史/李瑞良著. —上海：上海人民出版社，2000

ISBN 7-208-03103-7

中国图书流通史是中国文化史的一个组成部分，图书生产和流通的特殊性为本书叙事立论的重心。本书所指图书流通是个广泛概念，既指图书市场上的商品性交易，也包括图书以各种方式进行的非商业性的传递交流。从周朝到清代，从图书产生、刊印、流通、典藏到图书流通的社会影响和文化效应本书均有所论述。

中国科学院第十一次图书馆学情报学科学讨论会文集(1999)/中国科学院文献情报中心研究发展部编. —北京：中国科学院文献情报中心，2000.2

该讨论会于1999年10月12～15日在宜昌市举行，会议的主题是："知识经济和网络时代图书情报事业的发展与变革"，副主题为"信息经济和网络环境对图书馆学情报学理论与实践的影响"等8个子议题。论文集分5部分：知识经济与文献情报工作：影响、对策与发展；知识创新与文献情报服务；网络环境下文献情报工作的发展；数字图书馆和图书馆服务系统建设。

中国科学院文献情报中心五十年 1950～2000/《中国科学院文献情报中心五十年》编委会编. —北京：中国科学院文献情报中心，2000.4

本书从不同侧面反映了中国科学院文献情报中心从建立到发展壮大的过程。全书由四部分内容组成，第一部分是国家和科学院领导的题词及该馆各时期的外景照片；第二部分是该中心同志撰写的回忆文章；第三部分是该中心大事记；第四部分为近十年来该中心同仁著(译)作目录。

中国历史文献学史述要/曾贻芬，崔文印著. —北京：商务印书馆，2000

ISBN 7-100-02930-9

历史文献学是一门正在建立的学科，可以包括：目录学、版本学、校勘学、辑佚学、辨伪学等。本书逐篇论文主要突出历史文献学的精要，按历史的框架由一系列从孔子到清初文章组成，力求突出历史文献学的特点，使其有别于一般的思想史或学术史。

中国索引综录/卢正言主编. —上海：上海辞书出版社，2000

ISBN 7-5326-0672-4

本书所收包括公开出版、发表的索引和部分内部编印、有较高学术价值和史料价值的索引3192种。在款目组织、标准著录、编排顺序、分类体系等方面力求科学化、标准化、规范化。正文之后，附有署名(篇名)索引和责任者索引，最大限度地满足读者的不同检索需要。

中国图书馆分类法简本(第四版)/中国图书馆分类法编辑委员会编. —北京：北京图书馆出版社，2000

ISBN 7-5013-1735-6

中国图书馆分类法·劳动科学专业分类表/《中国图书馆分类法·劳动科学专业分类表》编委会编. —北京：北京图书馆出版社，2000.10

ISBN 7-5013-1742-9

本书是劳动科学文献工作的基本工具之一，为劳动科学文献工作的科学化、规范化奠定了基础；对该类文献数据库的建立与发展，信息数据的标准化、自动化、网络化，资源共享和决策咨询服务等均起到重要作用。

中文核心期刊要目总览 2000年版(第三版)/戴龙基主编. —北京：北京大学出版社，2000.6

ISBN7-301-04597-2

本书共载75个学科的核心期刊表，按《中国图书馆分类法》分为7编：哲学、社会学、政治、法律；经济；文化、教育；自然科学；医药、卫生；农业科学；工业技术。书分正文及附录两大部分，正文的75个核心期刊表均附有研制报告，按照汉语拼音排列的核心刊有简单著录和简介；附录收有各学科专业期刊一览表、检索性期刊一览表、国内版外文期刊一览表、核心期刊刊名索引等。

中文图书机读目录格式使用手册/全国图书馆联合编目中心，国家图书馆图书采选编目部. —北京：华艺出版社，2000.8

ISBN 7-80142-191-4

本书在《中国机读目录通讯格式》10年使用的实践基础上编写而成，与以前出版的格式使用手册相比，具有以下特点：1. 更加注重与有关国际标准接轨；2. 更加注重与中文图书计算机编目实践和经验的紧密结合；3. 在编目工作中全面体现规范控制的概念,在字段设置和使用方面注重书目记录与规范记录在著录、维护与使用上的紧密结合;4.对原有的主题标引方式,做了重要调整,协调了《中国分类主题词表》的叙词表特点与UNIMARC主题标引字段的标题表设置倾向之间的矛盾。

中小学图书馆(室)工作培训教程(上、下)/孔令司,卓敏主编.—沈阳:辽宁少年儿童出版社,2000.9

ISBN 7-5315-3061-9/G·1263

本书力求紧密结合中小学图书馆(室)工作实际,从实践角度详细论述了中小学图书馆(室)在素质教育及学生"减负"工作中的作用,藏书建设的工作内容,图书管理员应具备的业务素质等。

中医古籍版本学/吉文辉,王大妹主编.—上海:上海科技出版社,2000.5

ISBN 7-5323-5382-6/R·1395

本书系统论述中医古籍版本学的功能和作用,及版本鉴定的各种方法和途径,介绍了中医古籍版本沿革与重要医籍版本系统。全书贯彻学术性与实用性相结合的原则,对迅速增强古籍版本意识,提高版本识别能力,具有较高的学习参考价值。

中医文献学辞典/赵法新等主编.—北京:中医古籍出版社,2000.4

ISBN 7-80013-885-2

本书是阅读、研究、整理中医古籍文献的工具书。该数收集有关中医文献学、目录学、校雠学、版本学等各专业的名词、术语、典籍、人物、医事制度等方面的词目6000余条。内容丰富,检索方便。可供中医药专业人员、大专院校师生和从事中医文献研究及广大临床医生参考使用。

21世纪图书馆:发展与变革/中国图书馆学会编.—北京:北京图书馆出版社,2000.7

ISBN 7-5013-1716-X

本书为中国图书馆学会2000年学术年会征文,主题是"21世纪图书馆:发展与变革",分主题包括:21世纪图书馆发展模式与功能;实现文献信息资源共建共享的策略、方法与途径;网络环境下信息资源管理、开发与利用;新世纪图书馆管理与改革;加强继续教育工作,全面提高馆员素质;民族地区图书馆建设与发展。此论文集收录遴选出的具有代表性的67篇优秀论文。

Internet上的化学信息资源/俞庆森等编著.—北京:化学工业出版社,2000

ISBN 7-5025-2984-5

Internet上的化学化工资源/李晓霞,郭力编著.—北京:科学出版社,2000

ISBN 7-03-008584-1

硕士论文题录

学校	入学年	论文题目	作者	导师
北京大学信息管理系	97	图书馆Web信息服务系统的调研与开发	李 艳	傅守灿
北京大学信息管理系	97	中国ISP开展电子商务的问题及策略探析	黄 颖	陈建龙
北京大学信息管理系	97	论电子商务与我国企业发展	曹宽增	王锦贵
北京大学信息管理系	97	基于Internet的电子商务交易安全的法律保护	范晓虹	赖茂生
北京大学信息管理系	97	WWW搜索引擎的内部机制探讨和设计初探	陈笑辉	傅守灿
北京大学信息管理系	97	数字图书馆的版权保护若干问题研究	王韫华	刘兹恒
北京大学信息管理系	97	我国网上书店的经营与发展研究	刘红敏	孟昭晋
北京大学信息管理系	97	《诗经》作者考辨	张燕婴	吕 艺
北京大学信息管理系	97	网络传输中的版权保护:论我国著作权法的修改	谢 敏	刘兹恒
北京大学信息管理系	97	网络环境下信息传播的伦理学研究	田 艳	吕 艺
北京大学信息管理系	97	中国早期年鉴编辑出版研究	李 颖	肖东发
北京大学信息管理系	97	图书馆联合体的研究	高社淑	朱 强
北京大学信息管理系	97	数字技术对著作权保护的影响	孟楚麟	陈建龙
北京大学信息管理系	97	知识管理在企业中的应用研究	李爱红	赖茂生

北京大学信息管理系	97	MyLibrary：一个图书馆个人化信息服务系统的设计与实现	漆 宏	余锦凤
北京大学信息管理系	97	文本信息挖掘技术研究	林 琳	赖茂生
北京大学信息管理系	97	WWW 网站构成的分析与设计	刘志江	肖东发
北京大学信息管理系	97	网络环境下的个人数据与隐私保护	王凌云	祁延莉
北京大学信息管理系	97	论企业竞争情报系统的建设	段学鹏	谢新洲
北京大学信息管理系	98	网络图书出版模式及相关问题研究	丁夕友	吕 艺
北京大学信息管理系	98	Webcollector——一个基于 HTTP 协议的 WWW 海量信息收集系统	周红忠	余锦凤
北京大学信息管理系	98	基于 Internet 的商业模式与信息资源的相互作用研究	田 敏	赖茂生
北京大学信息管理系	98	基于 Web 的电子期刊应用系统的设计与实现	杨 玲	傅守灿
北京大学信息管理系	98	基于 Web 的自适应考试系统的设计与实现	赵海霞	余锦凤
北京大学信息管理系	98	中国现行域名注册管理制度改革研究	任小艾	岳剑波
北京大学信息管理系	98	搜索引擎的用户界面研究	孙广芝	赖茂生
北京大学信息管理系	98	网络多媒体实时教学系统的研究与实现	马红艳	余锦凤
北京大学信息管理系	98	我国政府上网现状及其对策研究	路小红	秦铁辉
北京大学信息管理系	98	电子政府的理论与实践研究	刘丽娜	岳剑波
北京大学信息管理系	98	出版社网络营销	纪丽斌	肖东发
北京大学信息管理系	98	百科全书发展规律探索	金丽萍	李国新
北京大学信息管理系	98	网络广告研究	李 娜	谢新洲
北京大学信息管理系	98	现代远程教育考试系统的设计与实现	李继成	祁延莉
北京大学信息管理系	98	竞争情报工作研究——从知识管理的视角看竞争情报工作	马 莉	秦铁辉
北京大学信息管理系	98	远程教育媒体素材库应用系统的设计与实现	胡 萍	傅守灿
北京大学信息管理系	98	韩中数据库产业比较	柳宝玲	祁延莉
北京大学信息管理系	98	DC 元数据和 MARC 的互换与比较	沈芸芸	王锦贵
北京大学信息管理系	98	论图书馆与网络信息资源建设	于洪彬	刘兹恒
北京大学信息管理系	98	竞争情报实用方法研究	汤路漫	董小英
北京大学信息管理系	98	知识管理在 IT 企业中的应用与需求分析	梁海丽	董小英
北京大学信息管理系	98	因特网上交通运输信息资源研究	岳 红	赖茂生
北京大学信息管理系	98	域名纠纷的处理及其立法模式研究	蔡卫平	周庆山
北京大学信息管理系	98	网络环境下渔业信息资源的开发利用	欧阳海鹰	赖茂生
北京大学信息管理系	98	武器装备全寿命管理中的信息集成服务	张 颖	赖茂生
北京大学信息管理系	98	校园信息网与新型大学图书馆研究	郭家义	赖茂生
北京大学信息管理系	98	航天科技信息预警系统研究	朱林崎	谢新洲
北京大学信息管理系	98	论网络环境下图书馆信息资源建设	吴翠兰	刘兹恒
北京大学信息管理系	98	信息技术伦理问题及解决对策研究	孙 昕	周庆山
北京大学信息管理系	98	高等医学院校信息用户研究	曹高芳	秦铁辉
北京大学信息管理系	98	数字图书馆对大学图书馆的影响及相关问题研究	高 凡	刘兹恒
北京大学信息管理系	98	论图书馆网上文献采访	蔡迎春	谢新洲
武汉大学情报科学系	80	布鲁克斯情报学理论研究	马费成	严怡民
武汉大学情报科学系	80	试论情报的有序化	马大川	严怡民
武汉大学情报科学系	80	关于科学文献增长规律的研究	匡兴华	严怡民
武汉大学情报科学系	80	充分利用书目数据库文献信息开展多种类型的情报服务工作	汪建平	陈光祚

武汉大学情报科学系	80	试论检索策略及其反馈模式	孙　凌	陈光祚
武汉大学情报科学系	82	论情报的商品化趋势	王　槐	严怡民 王昌亚
武汉大学情报科学系	82	特征信息与信息体系	阎学山	严怡民 王昌亚
武汉大学情报科学系	82	计算机辅助情报分析	黄祥喜	陈光祚
武汉大学情报科学系	82	情报检索系统分析	王　兵	陈光祚 张琪玉
武汉大学情报科学系	83	试论情报检索系统的结构	胡穗萍	陈光祚
武汉大学情报科学系	83	智能信息系统	李　强	陈光祚
武汉大学情报科学系	83	化学结构在计算机中的处理	马国华	陈光祚
武汉大学情报科学系	83	地区局部微机网上分布式情报检索系统的分析与试验	覃　光	陈光祚 石树刚 郑振楣
武汉大学情报科学系	83	专家系统对情报检索系统的影响以及核心实现技术	张　进	陈光祚
武汉大学情报科学系	83	信息与交流	丰成君	严怡民
武汉大学情报科学系	83	关于我国情报学教育体系的探讨	赵丽霞	严怡民
武汉大学情报科学系	83	关于专利情报开发利用的研究	施　云	严怡民
武汉大学情报科学系	83	论经营组织的信息和信息沟通	罗文杰	严怡民
武汉大学情报科学系	83	论情报商品	潘一辅	严怡民
武汉大学情报科学系	84	情报学的理论历史及其思考	陈明先	严怡民
武汉大学情报科学系	84	情报学理论与方法论	周晓英	严怡民
武汉大学情报科学系	84	国际经济管理中的信息问题	邵元溥	严怡民
武汉大学情报科学系	84	论情报推销及其策略	朱丽娜	王昌亚
武汉大学情报科学系	84	情报检索的模糊数学描述及确定归属度权的方法	黄颖臻	陈光祚
武汉大学情报科学系	84	临床药物情报咨询系统的研究	吴跃进	陈光祚
武汉大学情报科学系	84	试论联机检索的艺术及其影响因素	牛继峰	陈光祚
武汉大学情报科学系	84	试论检索者的行为	杨苗苗	陈光祚
武汉大学情报科学系	85	决策系统的协调控制	宋　玲	蒋　沁
武汉大学情报科学系	85	情报研究的时间序列方法评探	欧阳如莎	蒋　沁
武汉大学情报科学系	85	技术评估的理论研究	曾建勋	蒋　沁
武汉大学情报科学系	85	我国技术市场现存问题及相关对策	刘　盈	蒋　沁
武汉大学情报科学系	85	技术引进战略研究	田学科	王昌亚
武汉大学情报科学系	85	企业专利研究	刘焕成	王昌亚
武汉大学情报科学系	85	政策分析的理论与方法研究	熊泽时	王昌亚
武汉大学情报科学系	85	科学决策的信息保障	席　丹	王昌亚
武汉大学情报科学系	85	技术贸易及其成功因素分析	文德军	王昌亚
武汉大学情报科学系	85	决策软科学及其咨询信息控制	刘继成	蒋　沁 胡昌平
武汉大学情报科学系	85	情报研究系统的目标管理	郎诵真	蒋　沁 胡昌平
武汉大学情报科学系	85	科技预测的灰色模型（GM）应用研究	何　浩	蒋　沁

武汉大学情报科学系	85	我国医学情报资源的交流与开发	吴正荆	蒋　沁 邱均平
武汉大学情报科学系	86	走出布尔检索——提出一种新的检索模式	汪红秋	陈光祚
武汉大学情报科学系	86	单汉字索引与汉字情报检索系统效率之研究	部先永	陈光祚
武汉大学情报科学系	86	论全文检索系统	刘　宁	陈光祚
武汉大学情报科学系	86	微机高校社会科学科研管理信息系统研究	沈吟东	陈光祚
武汉大学情报科学系	86	情报源指引数据库系统研究	吴晓岚	陈光祚
武汉大学情报科学系	86	许可证贸易及其可行性分析	肖永英	王昌亚
武汉大学情报科学系	86	技术转移及技术选择研究	左雄亚	王昌亚
武汉大学情报科学系	86	论情报研究自动化	李桂林	王昌亚
武汉大学情报科学系	86	论情报生产的特征及发展	黄　莉	严怡民
武汉大学情报科学系	86	论情报学理论体系	臧　兰	严怡民
武汉大学情报科学系	86	论自然语言信息处理及模糊自动分类理论	张亚泉	严怡民
武汉大学情报科学系	86	信息产业论	吉静鲜	严怡民 樊　民 范正翘
武汉大学情报科学系	86	论我国进出口业务的信息保障	叶　青	严怡民 樊　民 范正翘
武汉大学情报科学系	87	企业管理信息系统——理论方法机制建立及应用实例	张　茵	王昌亚
武汉大学情报科学系	87	论情报研究系统动力学仿真	陈行亮	王昌亚
武汉大学情报科学系	87	国家激光数据库管理信息系统	曾祥瑞	周六炎
武汉大学情报科学系	87	经济信息分析与项目评价	李　纲	周六炎
武汉大学情报科学系	87	计算机情报管理系统软件开发环境	陈　睿	陈光祚
武汉大学情报科学系	87	商业与经济信息数据库及其联机检索	谢新洲	陈光祚
武汉大学情报科学系	87	试论企业管理信息系统的开发	刘天文	严怡民
武汉大学情报科学系	87	国际市场信息开发策略探讨	廖　威	严怡民 樊　民
武汉大学情报科学系	87	试论情报学基本原理	文岳雄	严怡民
武汉大学情报科学系	87	外向型企业的信息支持——国际市场经营信息源的开发利用	丁　艳	严怡民 樊　民
武汉大学情报科学系	87	论银行业务信息系统的发展	石　诚	严怡民 樊　民
武汉大学情报科学系	88	情报系统软件复用技术研究	殷怀义	陈光祚
武汉大学情报科学系	88	高技术及其情报保证研究	吴　辉	陈光祚
武汉大学情报科学系	88	论专利制度在企业中的运用	谢阳群	周六炎
武汉大学情报科学系	88	论信息资源合理布局——原则、标准与评价	魏业华	周六炎
武汉大学情报科学系	88	专家系统在情报管理中的应用研究	徐　丹	周六炎
武汉大学情报科学系	88	论金融调控机制中的信息系统	宋雷磊	严怡民
武汉大学情报科学系	88	试论深圳股票市场的发展	杜新春	严怡民
武汉大学情报科学系	88	国际市场行情分析与预测的理论及其方法	杨新波	严怡民
武汉大学情报科学系	88	情报研究若干理论问题的探讨	傅清波	王昌亚
武汉大学情报科学系	88	我国技术引进工作问题及对策分析	夏家宏	王昌亚
武汉大学情报科学系	88	湖北省粮棉系统研究	钟丽琼	王昌亚

武汉大学情报科学系	88	我国高技术引进中的信息利用问题	施炳发	马费成
武汉大学情报科学系	88	技术创新理论及政策研究	文小禹	马费成
武汉大学情报科学系	88	试论科学的协同发展	张金城	马费成
武汉大学情报科学系	89	决策咨询系统研究	索传军	焦玉英
武汉大学情报科学系	89	咨询制度理论及其在投资领域的应用	薛列栓	焦玉英
武汉大学情报科学系	89	我国知识产权保护研究	吕　燕	王昌亚
武汉大学情报科学系	89	我国利用外资政策的研究	段　晖	王昌平
武汉大学情报科学系	89	图书馆文献情报资源开发的评估与取向	曾昭球	周六炎
武汉大学情报科学系	89	我国情报服务产业化论略	张美娟	周六炎
武汉大学情报科学系	89	论经济行为与信息结构——不完全信息条件下的经济行为分析	邓学权	马费成
武汉大学情报科学系	89	日本中小企业情报资源管理与开发利用研究	毕九江	马费成
武汉大学情报科学系	89	事实数据库研究	尹汉军	陈光祚
武汉大学情报科学系	89	计算机情报检索系统中的索引与检索技术研究	刘继昌	陈光祚
武汉大学情报科学系	89	汉语文献自动标引研究	苏新宁	陈光祚 邵品洪
武汉大学情报科学系	90	经济信息系统:市场经济下的问题分析与对策研究	许晶华	胡昌平
武汉大学情报科学系	90	科技成果转移的信息保证	何　军	胡昌平
武汉大学情报科学系	90	科学研究与发展（R&D）中的知识权益公开保护	黄　奇	胡昌平 陈晓田
武汉大学情报科学系	90	我国高新技术产业发展中的若干问题研究	王　芳	王昌亚
武汉大学情报科学系	90	经济技术开发区投资环境研究	杜崇东	周六炎
武汉大学情报科学系	90	房地产业管理咨询研究	范少青	焦玉英
武汉大学情报科学系	90	我国药品生产企业市场信息管理研究	李旭荣	焦玉英
武汉大学情报科学系	90	证券市场信息调控研究	刘　军	焦玉英
武汉大学情报科学系	90	电子出版物研究	王　军	陈光祚
武汉大学情报科学系	90	机编书后索引的理论与实践	刘冬平	陈光祚
武汉大学情报科学系	91	论全文检索系统及其研制	王在平	陈光祚
武汉大学情报科学系	91	我国科技经纪服务研究	杨　熔	周六炎
武汉大学情报科学系	91	期货市场信息咨询研究	张　彬	焦玉英
武汉大学情报科学系	91	论我国的信息政策与信息法律	吴荣峰	胡昌平
武汉大学情报科学系	91	国际金融市场信息化研究	田　玲	严怡民
武汉大学情报科学系	91	科技信息效益评价与实证分析	杨列勋	马费成 陈晓田
武汉大学情报科学系	92	国际投资行为信息保障研究	关秀丽	严怡民
武汉大学情报科学系	92	信息服务产业市场化管理研究	刘作仪	胡昌平 陈晓田
武汉大学情报科学系	92	市场经济条件下信息资源开发与利用	辛春华	胡昌平
武汉大学情报科学系	92	优先领域选择的灰色方法研究	张双圈	王昌亚
武汉大学情报科学系	92	企业无形资产及其信息价值研究	刘中才	王昌亚
武汉大学情报科学系	92	我国保险企业的信息管理研究	王伟军	王昌亚
武汉大学情报科学系	92	我国联机信息检索市场的发展研究	查先进	马费成
武汉大学情报科学系	92	我国信息市场营销研究	蔡国沛	周六炎
武汉大学情报科学系	92	信息供求研究	郑长军	马费成

武汉大学情报科学系	92	企业技术创新的理论与实践研究	何　华	马费成
武汉大学情报科学系	92	我国经济信息服务业网络化研究	刘　波	焦玉英
武汉大学情报科学系	92	我国信息市场优化管理研究	唐玉英	焦玉英
武汉大学情报科学系	92	数据库产品开发及其制作技术	朴英哲	陈光祚
武汉大学情报科学系	92	图书内容索引的机编研究	何　静	陈光祚
武汉大学情报科学系	93	信息系统经济效益分析	于　惠	马费成
武汉大学情报科学系	93	面向对象的信息系统开发方法	钟小勇	张玉峰
武汉大学情报科学系	93	高新技术的知识产权保护	叶建华	周六炎
武汉大学情报科学系	93	高速信息网络规划与设计	万齐鸣	马大川 陈晓田
武汉大学情报科学系	93	论企业信息系统战略及其规划	吴　颖	王昌平
武汉大学情报科学系	93	计算机系统信息安全研究	杨忠全	王昌平
武汉大学情报科学系	93	多媒体数据库系统环境与模型设计研究	王　玟	周　宁
武汉大学情报科学系	93	文献计量方法与计算机辅助的文献计量研究	尤　弢	邱均平
武汉大学情报科学系	93	我国经济信息网络建设研究	徐　捷	邱均平
武汉大学情报科学系	94	情报资源的开发与利用研究	张冠环	严怡民
武汉大学情报科学系	94	信息资源的开发与利用研究——深圳市邮电信息资源利用与拓展前景分析	吴　军	严怡民
武汉大学情报科学系	94	我国科学研究活动中心的情报保障研究	赵大庆	严怡民
武汉大学情报科学系	94	情报资源的开发与利用研究——深圳市中小学 MCAI 软件开发利用研究的实践与探索	章　岩	严怡民
武汉大学情报科学系	94	深圳市信息资源开发利用研究	陶　兰	严怡民
武汉大学情报科学系	94	深圳信息产业现状及其发展对策研究	朱　林	严怡民
武汉大学情报科学系	94	网络信息资源管理研究	罗　琳	马费成
武汉大学情报科学系	94	论我国的信息产业	于　楠	马费成
武汉大学情报科学系	94	市场营销中的信息保障	史晶晶	马费成
武汉大学情报科学系	94	深圳信息服务业的发展研究	彭喜青	马费成
武汉大学情报科学系	94	经济信息服务与信息网络研究	姚一鸣	马大川
武汉大学情报科学系	94	我国证券市场信息服务研究	曾　兵	马大川
武汉大学情报科学系	94	试论我国股票市场的信息服务与利用	李　思	马大川
武汉大学情报科学系	94	论信用信息管理	李本晶	马大川
武汉大学情报科学系	94	电子信息资源研究——兼论博克电子图书编著环境(WDBOOK)	杨道良	马大川
武汉大学情报科学系	94	现代咨询产业与社会经济发展研究	胡　澜	焦玉英
武汉大学情报科学系	94	多媒体技术条件下的人文信息处理研究	王恒俭	焦玉英
武汉大学情报科学系	94	商业银行信息资源的开发与利用策略研究	张晓春	焦玉英
武汉大学情报科学系	94	论我国咨询业规模化发展的战略与对策	林永强	焦玉英
武汉大学情报科学系	94	公文处理的计算机化研究	刘学军	陈光祚
武汉大学情报科学系	94	国内外经济商情数据库发展现状与趋势	冉文格	陈光祚
武汉大学情报科学系	94	企业 CIS 战略实施的信息支持	沈红芳	胡昌平
武汉大学情报科学系	94	模糊智能情报检索系统原理与设计	孙　思	张玉峰
武汉大学情报科学系	94	网络环境下多媒体数据库的研究	褚纪红	周　宁
武汉大学情报科学系	94	企业知识产权的保护与利用	李浩凌	周六炎
武汉大学情报科学系	95	我国网络化信息服务及其管理分析	杨成明	胡昌平

武汉大学情报科学系	95	网络计算环境及其信息组织技术研究	张　俊　董　慧
武汉大学情报科学系	95	我国企业竞争情报系统的构建及其运行	向明义　焦玉英
武汉大学情报科学系	96	Internet 市场失灵及其对策	袁　红　马费成
武汉大学情报科学系	96	我国网络化信息服务发展对策分析	黄晓梅　胡昌平
武汉大学情报科学系	96	企业知识管理与创新研究	徐瀚伟　焦玉英
武汉大学情报科学系	96	基于 Web 的数据库应用研究	高仁忠　张玉峰
武汉大学情报科学系	96	现代信息检索方法研究	王娟琴　张玉峰
武汉大学情报科学系	96	基于组件结构的企业管理信息系统研究	陆　伟　董　慧
武汉大学情报科学系	96	电子信息及电子数据交换	徐　锐　马大川
武汉大学情报科学系	96	信息资源网络化对经济发展的影响分析及对策研究	刘　霞　邱均平
武汉大学情报科学系	96	信息检索技术新进展研究	王玉波　周　宁
武汉大学情报科学系	97	基于组件的信息系统开发方法	秦　琴　张玉峰
武汉大学情报科学系	97	我国咨询服务的质量监督	张　立　胡昌平
武汉大学情报科学系	97	我国企业资源计划应用研究	徐敏刚　张玉峰
武汉大学情报科学系	97	都柏林核心元数据研究	林　蓉　周　宁
武汉大学情报科学系	97	我国图书情报网络服务及其发展分析	陈湘玲　胡昌平
武汉大学情报科学系	97	网络信息营销——以数据库为例的分析	周文涛　马费成
武汉大学情报科学系	97	超文本系统的构建与检索技术研究	张　云　孙　凌
武汉大学情报科学系	97	基于数据驱动页面技术的交互型信息网站的设计开发与运作	王应解　马费成
武汉大学情报科学系	97	企业竞争情报管理及运行机制研究	刘　鲁　焦玉英
武汉大学情报科学系	97	我国网络信息服务及其经营模式研究	李鹏燕　焦玉英
武汉大学情报科学系	97	图像检索新技术研究	彭　斌　马大川
武汉大学情报科学系	97	网络信息资源的知识产权管理	岳　亚　邱均平
武汉大学情报科学系	97	论我国互联网信息资源的经济管理	段宇锋　邱均平
武汉大学图书馆学系	96	中外出版教育比较研究	汪　琴　黄凯卿
武汉大学图书馆学系	96	当代中国图书发行业比较研究	古洪宁　罗紫初
武汉大学图书馆学系	96	出版资源配置研究	田方斌　曹　之
武汉大学图书馆学系	96	石印本研究	李　英　曹　之
武汉大学图书馆学系	96	企业竞争的信息保障研究	党跃臣　詹德优
武汉大学图书馆学系	96	论新技术条件下的参考咨询服务	邓亚文　詹德优
武汉大学图书馆学系	97	论美国的参考咨询服务	俞　菲　詹德优
武汉大学图书馆学系	97	朴社研究	刘洪权　王余光
武汉大学图书馆学系	97	古籍善本研究	宋登汉　曹　之
武汉大学图书馆学系	97	电子文件管理规范及管理系统研究	牛金芳　刘家真
武汉大学图书馆学系	97	数字图书馆研究与发展	林　芳　刘家真
武汉大学图书馆学系	97	体系分类法评价指标体系研究	朱　蓓　俞君立
武汉大学图书馆学系	97	现代出版业技术创新研究	雷　燕　詹德优
武汉大学图书馆学系	97	王云五的出版事业与新教育	邓咏秋　王余光
武汉大学图书馆学系	97	我国文献分类计算机化的发展与十年目标研究	司　莉　黄　葵　俞君立
武汉大学图书馆学系	97	国子监刻书考略	李明杰　曹　之
武汉大学图书馆学系	97	清代官书局研究	谌三元　曹　之
武汉大学图书馆学系	97	产业组织优化与中国出版业发展	王　晨　詹德优
武汉大学图书馆学系	97	搜索引擎检索语言失控及其控制模式构想	田书格　周绍萍

中国科学院文献情报中心	98	数字图书馆背景下网络信息资源的描述与组织研究	程变爱	韩　平
中国科学院文献情报中心	98	网络环境下中国科学院文献信息系统服务模式研究	易　飞	贾宝琦
中国科学院文献情报中心	98	网络信息计量学方法研究	金　岩	龚义台
中国科学院文献情报中心	98	发展我国科技产业的创新政策研究	黄　颖	叶小梁
中国科学院文献情报中心	98	我国管理咨询的营销策略研究	郭　琴	夏　源
中国科学院文献情报中心	98	《汉书·艺文志》至《宋史·艺文志》易类书目研究	戴和冰	罗　琳
中国科学技术信息研究所	81	发明的专利性及其审查标准的探讨	段瑞春	
中国科学技术信息研究所	81	论科技重点项目的确定法——探讨美苏两国的做法和介绍一种矩阵方法	屈慰双	虞鸿钧
中国科学技术信息研究所	81	论专利情报的价值性及其在技术转移中的作用	罗镇东	汤宗舜 潘静芬 申嘉廉
中国科学技术信息研究所	81	论系统工程的静态问题和动态问题	白葆林	虞鸿钧
中国科学技术信息研究所	81	汉语科技文献标题关键词的自动标引试验系统	陈培久	赵宗仁
中国科学技术信息研究所	81	论语言的数学面貌	冯志伟	
中国科学技术信息研究所	81	ECAT 系统的设计与试验	李卫东	
中国科学技术信息研究所	81	俄汉机器翻译系统(EH－Q)及其试验	秦　璋	
中国科学技术信息研究所	81	英汉全文机器翻译实译规则系统(YH－T)的设计及其上机实验报告	谭建亮	
中国科学技术信息研究所	81	关系数据库模式逻辑设计的一种图——阵方法	廖咸锐	廖延令
中国科学技术信息研究所	81	情报检索过程的数字模型和系统检索效果评价	张保明	周智佑
中国科学技术信息研究所	81	科技重要成果的计算机登记和检索系统	葛陵元	赵宗仁
中国科学技术信息研究所	81	主题词自动转换及上位词登录系统兼论检索逻辑式的优化	张　钟	高崇谦
中国科学技术信息研究所	81	关于布尔表达式的优化求值算法	王向荣	廖延令
中国科学技术信息研究所	81	汉语主题词表管理系统汉字词表关系处理分系统	王慧敏	钱起霖
中国科学技术信息研究所	81	关于科学、技术与生产之间关系的若干问题	郭凯声	孙学琛
中国科学技术信息研究所	81	新的技术选择战略——适用技术	暴永玲	包锦章
中国科学技术信息研究所	81	能源和国民经济的关系	任志纯	贡光禹
中国科学技术信息研究所	81	专利文献与技术评价的预测(以美国化学化工专利为主)	兰崇远	袁翰青
中国科学技术信息研究所	81	第二次世界大战以来美国科技政策的演变	丰新枚	郑关林 李勇为
中国科学技术信息研究所	81	试论国家科技情报系统的整体有序性	吴达人	曹　昌
中国科学技术信息研究所	81	科研项目的计划管理	刘新民	丁元煦
中国科学技术信息研究所	81	关于实现地震预报的特尔斐预测研究	许立达	杨沛霆
中国科学技术信息研究所	81	日本现代科学技术的历程和启示	王世德	杨沛霆
中国科学技术信息研究所	81	专利情报在科研中的应用	梁前文	
中国科学技术信息研究所	81	情报需求问题初探	霍叔牛	王　熹
中国科学技术信息研究所	81	实行专利制度与开发经济体制改革的关系——从上海地区专利工作的认识看以改革精神促进专利工作的重要性	吕学实	汤宗舜 潘静芬 申嘉廉
中国科学技术信息研究所	82	现代科学的整体化与情报科学	汤世国	杨沛霆

中国科学技术信息研究所	82	英汉机器翻译系统试验报告及英汉定语和状语语序问题初探	刘力平	
中国科学技术信息研究所	82	布拉德福分布理论辨析与最佳期刊订阅方案数学模型	杨殿梅	丁元煦
中国科学技术信息研究所	84	日本政府科技管理的基本特点	李保炬	吴永顺
中国科学技术信息研究所	84	关于我国实验室研究成果向生产转移的几个问题	武夷山	孙学琛
中国科学技术信息研究所	84	用出版物计数指标考察科技活动	俞栋廷	夏宗辉
中国科学技术信息研究所	84	评罗马俱乐部——兼评“悲观派”与“乐观派”的争论	金　炬	包锦章
中国科学技术信息研究所	85	新技术革命与发展中国家的社会经济发展——问题与对策初探	彭　强	虞鸿钧
中国科学技术信息研究所	85	关于开发信息资源的几个问题	李耕耕	林自新
中国科学技术信息研究所	85	从用户需求论证我国计算机科技情报检索系统的模式	邱黎雯	邓元强
中国科学技术信息研究所	85	自然多值相关性判定下的情报检索效用评价与概率检索模型	都小健	姚维范 周智佑
中国科学技术信息研究所	85	英汉科技题录自动翻译试验系统设计面对特定语体建立规则体系	黎　阳	姚维范 杨　平
中国科学技术信息研究所	85	发展中国家科技情报系统建设的效益研究	葛建强	姚维范 辛歌亦
中国科学技术信息研究所	85	中国科技情报自动化及其发展	谭　实	姚维范 练亚纯
中国科学技术信息研究所	85	关于我国检索刊物的认识与思考	王　硕	王　熹
中国科学技术信息研究所	85	ECAT:一个基于格语法理论的英汉自动翻译系统	顾跃挺	姚维范 冯志伟
中国科学技术信息研究所	85	论计数文献的标引模式	周剑波	钱起霖
中国科学技术信息研究所	85	文献工作标准化的理论与我国文献工作标准化体系	陈胜芳	闫立中 姚维范
中国科学技术信息研究所	85	论专利情报分析技术	王家斌	夏宗辉
中国科学技术信息研究所	85	我国能源弹性系统预测——P－Ls 模型的建立与应用	陈绍远	邓元强
中国科学技术信息研究所	85	关于经济增长中技术进步的综合研究	缪其浩	邓元强
中国科学技术信息研究所	86	论微机建立专业检索系统	王佩玲	夏宗辉
中国科学技术信息研究所	86	专利文件编号方法的研究	孙保国	汤宗舜 潘静芬 申嘉廉
中国科学技术信息研究所	86	国际专利分类法(IPC 第四版)评介	郝庆芬	汤宗舜 潘静芬 申嘉廉
中国科学技术信息研究所	86	文献自动分类的探索和尝试	季明虹	夏宗辉
中国科学技术信息研究所	86	CALS 的设计原则和方法(供机器翻译及其他语言自动加工使用的计算机辅助语言调研系统)	段　镭	姚维范 王惠临
中国科学技术信息研究所	86	许可证合同初探	文希凯	汤宗舜 潘静芬 申嘉廉
中国科学技术信息研究所	86	试论专利侵权的判断	田力普	汤宗舜 潘静芬 申嘉廉

中国科学技术信息研究所	86	对许可贸易若干问题的探讨	乔德喜	汤宗舜 潘静芬 申嘉廉
中国科学技术信息研究所	86	我国信息流水平机器与国民经济发展关系的探讨	徐　刚	马远良 邓元强
中国科学技术信息研究所	86	我国消化吸收引进技术的问题及对策初探	解雪梅	虞鸿钧
中国科学技术信息研究所	86	我国综合运输系统合理结构初探	郭晓义	孙学琛
中国科学技术信息研究所	86	SDI——美国科技经济发展的新契机	王　慧	虞鸿钧
中国科学技术信息研究所	86	机助专利情报分析——CTAF技术和多元统计分析的应用	潘　力	夏宗辉
中国科学技术信息研究所	87	论新的技术革命的基本特征和若干国际影响	宋振峰	孙学琛
中国科学技术信息研究所	87	试论上海信息经济的发展	郭沪玲	马远良 邓元强
中国科学技术信息研究所	87	南朝鲜工业化过程的结构分析	尤正平	马远良 邓元强
中国科学技术信息研究所	87	确定科技文献存架时间的运筹学模型	王伟川	夏宗辉
中国科学技术信息研究所	87	论情报检索中检索语言词的相关性	吕新波	钱起霖
中国科学技术信息研究所	87	促进技术进步需要科研体制进行根本性改革	王晓军	虞鸿钧
中国科学技术信息研究所	87	我国发展海洋科学技术面临的问题与对策初探	戴建成	孙学琛
中国科学技术信息研究所	87	论新技术与传统产业的融合——兼论我国传统产业的技术改造	鲁荣凯	孙学琛
中国科学技术信息研究所	87	国际技术转让中的限制性条款及对策研究	曾佳杰	孙学琛
中国科学技术信息研究所	87	对地域联合的城市化思考	王文东	虞鸿钧
中国科学技术信息研究所	87	汉语标引系统检索实验研究	杜　谦	夏宗辉
中国科学技术信息研究所	87	台湾的出口导向发展战略及其经济增长和结构变化	曹稼方	马远良
中国科学技术信息研究所	87	全国科技情报计算机检索系统的系统分析和逻辑设计的初步研究	郭冀明	蔡　董 杜　链
中国科学技术信息研究所	88	论我国三资企业的“技术取向”兼论优化我国外向型经济的发展方向	史　云	孙学琛
中国科学技术信息研究所	88	乡镇企业发展与二元经济结构改造	丁　凡	虞鸿钧
中国科学技术信息研究所	88	CCF的国际环境及中国机读书目格式的发展	肖和民	练亚纯
中国科学技术信息研究所	88	我国企业技术开发及其经济环境初探——对上海516家大中型企业技术开发状况的调查	王建铏	马远良
中国科学技术信息研究所	88	评价技术——在引进技术—消化吸收—开发创新评价工作中的应用	葛益民	马远良
中国科学技术信息研究所	88	试论技术转移理论及其模型的建立	张左元	马远良
中国科学技术信息研究所	88	军工单位横向联合的研究	许　亮	蔡　董
中国科学技术信息研究所	88	军用技术转民用初探	叶春峰	蔡　董
中国科学技术信息研究所	89	跨国公司对发展中国家技术转让问题初探——兼论我国技术引进对策	姚元龙	刘世伟
中国科学技术信息研究所	89	国际产业比较优势的转移及我国沿海地区产业发展战略对策	张国峰	贡光禹
中国科学技术信息研究所	89	我国科技投资的分析和比较研究	汪庆杰	马远良

中国科学技术信息研究所	89	科学技术宏观管理系统中的国家作用分析——兼论苏联的科技体制改革以及与中国科技体制改革的比较	刘志才 孙学琛
中国科学技术信息研究所	89	中国工业企业情报行为合理化问题的研究	郭 锐 傅兰生
中国科学技术信息研究所	89	试论影响引进技术消化吸收的因素	曹 聪 马远良
中国科学技术信息研究所	89	企业技术开发能力评价指标体系及模型研究——上海市大中型企业技术开发能力分析与评价	罗永长 马远良
中国科学技术信息研究所	89	文献增长的动态组合模型	毛文敏 夏宗辉
中国科学技术信息研究所	89	汉语科技文献上下文比较抽词自动标引试验	夏 海 夏宗辉
中国科学技术信息研究所	89	崇明星火信息试验系统情报需求调研及重点用户的确定	杨 彬 夏宗辉
中国科学技术信息研究所	89	新技术革命与理工科高等教育	赵 方 虞鸿钧
中国科学技术信息研究所	89	信息经济实现论	杨英宝 关家麟
中国科学技术信息研究所	90	云南面向东南亚开放可能性研究	王 满 宋林清
中国科学技术信息研究所	90	中国科技情报所业务工作的预测和比较研究	吴永臻 周智佑
中国科学技术信息研究所	90	河南省工业企业科技进步与资金投入	赵利洪 尹毅夫
中国科学技术信息研究所	90	城市国际竞争力研究——上海市与国内部分城市的比较	汪文平 马远良
中国科学技术信息研究所	90	论图书情报事业中的公共关系	相丽玲 白光武
中国科学技术信息研究所	90	RDNA 技术创新与政府政策	赵 刚 贾蔚文
中国科学技术信息研究所	90	从农业科技人员对情报需求和利用谈情报服务和用户教育	李守素 朱孟杰
中国科学技术信息研究所	90	核技术引进的情报支持	尹忠红 辛歌亦
中国科学技术信息研究所	90	环太地区的贸易形势及我国发展出口贸易的对策	李国杰 梁战平
中国科学技术信息研究所	90	试论我国情报产品与服务	杨永健 赵棣华
中国科学技术信息研究所	90	亚洲"四小龙"在环太地区经济、科技发展中的对策分析	郑明燕 梁战平
中国科学技术信息研究所	90	海南科技研究开发机构系统设置的若干问题浅探	冯晓炬 吴志纯
中国科学技术信息研究所	90	中外合资企业技术投资的研究	肖建章 贡光禹
中国科学技术信息研究所	90	试论词表兼容性	傅 晶 王启慎
中国科学技术信息研究所	90	临床医学人才的综合评价	张文举 王通讯
中国科学技术信息研究所	90	国际联机检索系统中的兵工情报资源及其开发利用	阎 宁 张王杰 陶辅文 贝静芬
中国科学技术信息研究所	90	决策过程中的限制性因素分析	慕 和 姚维范
中国科学技术信息研究所	90	中小工业企业发展对策研究	崔立新 金履忠
中国科学技术信息研究所	90	产业结构与技术政策	梅 珈 孙学琛
中国科学技术信息研究所	90	论技术商品的价格问题	李晓明 卢光明
中国科学技术信息研究所	90	农业机械化对土地产出率的贡献值研究	陈 坤 虞鸿钧
中国科学技术信息研究所	90	西欧主要发达国家知识产权的法律保护	侯红骏 刘世伟 金懋甲
中国科学技术信息研究所	90	基于中间语言的汉语生成	耿亦兵 王惠临
中国科学技术信息研究所	90	医学科研人员素质评价	蔡建邦 孟福谦
中国科学技术信息研究所	90	中国石油天然气总公司情报系统运行机制初探	曾国英 孙学琛

中国科学技术信息研究所	90	科技文献资源共享方案评价择优模型	刘德辉	吴荣荣
中国科学技术信息研究所	90	论技术情报服务	焦秋贵	包锦章
中国科学技术信息研究所	90	强化决策保障体系,治理投资饥渴症	严新根	马瑞椿 徐德明
中国科学技术信息研究所	90	知识劳动的价值分析	赵新龙	项浙学
中国科学技术信息研究所	90	标引深度的定量分析	王玫	邱祖斌
中国科学技术信息研究所	90	技术转移与我国技术进步研究	彭建寅	梁战平
中国科学技术信息研究所	91	中文自动标引中并行缩略词串的处理	龚建伟	赵宗仁
中国科学技术信息研究所	91	跨流域调水工程的方案选择——层次分析法对调水方案进行优劣排序	杨巧玲	刘世伟
中国科学技术信息研究所	91	影响经济发展的非经济因素	何蕾	孙学琛
中国科学技术信息研究所	91	运用信息方法对企业技术进步的分析	李绍荣	赵棣华
中国科学技术信息研究所	91	电子词库的结构及其支撑软件环境的功能	齐向华	王惠临
中国科学技术信息研究所	91	关于我国情报系统与用户之间界面的探讨	金镇	姚维范 黄松如
中国科学技术信息研究所	91	情报研究成果评价指标体系及评价方法	邹冰冰	孙学琛 赵棣华
中国科学技术信息研究所	91	从世界高技术竞争探讨我国高技术产业的发展对策	王威	贡光禹
中国科学技术信息研究所	91	渭北旱塬农业生产系统的现状与发展的动态仿真研究	程方民	马国庆
中国科学技术信息研究所	91	计算机辅助情报分析数据管理系统	任安良	马国庆
中国科学技术信息研究所	92	中国、日本科学技术政策比较分析	陈峰	梁战平
中国科学技术信息研究所	92	国际技术贸易中的知识产权保护问题	孙阳	刘世伟
中国科学技术信息研究所	92	发达地区与不发达地区信息资源开发利用的比较研究	侯焰	关家麟
中国科学技术信息研究所	92	可持续发展社会的指标体系的探讨	张继兰	贡光禹
中国科学技术信息研究所	92	向企业提供情报服务的效益分析	卢平	陈久庚 蒋亚南
中国科学技术信息研究所	92	高技术及其对产业机构的影响	张旭	刘昭东
中国科学技术信息研究所	92	高技术发展对就业的影响	傅明焱	孙学琛
中国科学技术信息研究所	92	超文本数据库及其应用	余刚	张保明
中国科学技术信息研究所	92	从中外情报学教育的比较浅谈我国情报学教育的改革与出路	徐声传	黄松如
中国科学技术信息研究所	92	我国信息服务业的现状和发展前景初探	杨宇亮	陈通宝
中国科学技术信息研究所	92	无标引汉字全文检索系统的研究与实现	李成新	练亚纯
中国科学技术信息研究所	92	决策、决策支持系统与信息处理	周小庭	陈兆莹
中国科学技术信息研究所	93	中国科技信息研究所联机检索系统的分析与评价	周强	石履超
中国科学技术信息研究所	93	试析我国的科技成果推广系统	陈群	陈锦琛 陈松生
中国科学技术信息研究所	93	基于 Micro ISTIC/ISIS 的西文文献采购系统	熊三炉	关家麟 吴荣荣
中国科学技术信息研究所	93	试论科技信息工作的著作权问题及对策	黎戊雄	黄松如 陈久庚
中国科学技术信息研究所	94	中信所 IBM4381中型机和远程微机连接的探讨	张柏松	王赞融

中国科学技术信息研究所	94	我国信息产业的评价方法与指标体系研究	胡芒谷	胡海棠 夏根梅
中国科学技术信息研究所	94	信息服务发展的初步研究	涂悦红	李思一
中国科学技术信息研究所	94	关于信息分析方法论体系框架的初步探讨	邢文胜	孙学琛 梁战平
中国科学技术信息研究所	94	TRIP数据库与CCFC格式双向转换的研究	金　璐	陈珍成 张志平
中国科学技术信息研究所	95	全文数据库索引机制的比较研究	杨　沛	刘春科
中国科学技术信息研究所	95	情报检索系统中数据库软件的分析与比较	许素全	张凤楼 吴广印
中国科学技术信息研究所	95	1992年《科学引文索引》(SCI)来源期刊的分析研究	王建强	梁战平 张玉华
中国科学技术信息研究所	95	INTERNET对我国计算机网络建设的启示	乐　镭	陈通宝 张　钟
中国科学技术信息研究所	95	单汉字全文检索系统噪声分析和降低	陈纳微	练亚纯
中国科学技术信息研究所	95	论信息市场在我国市场体系中的先导作用	吴宏军	关家麟
中国科学技术信息研究所	95	基于SC文法的英语介词消歧处理	王宏宇	陈肇雄 黄河燕 王惠临
中国科学技术信息研究所	96	基于QUICK IMS的关系数据库管理	马立柱	吴广印
中国科学技术信息研究所	96	经营信息服务(BIS)初探——关于BIS的涵义与发展BIS服务的思考	王　晶	刘昭东
中国科学技术信息研究所	96	信息机构服务的营销策略问题	赵蕴华	陈久庚
中国科学技术信息研究所	96	技术创新体系和企业发展	郭士杰	李思一
中国科学技术信息研究所	97	淄博市工业结构调整的思考	于东涛	吴志纯
中国科学技术信息研究所	97	开拓我国咨询市场的研究	何丽华	梁战平
中国科学技术信息研究所	97	科技信息资源共享及其方案研究	王　玲	陈松生
中国科学技术信息研究所	97	中小企业的网络信息服务和Intranet的实现	杨正茂	练亚纯 张志平
中国科学技术信息研究所	97	从SDI到NII——对美国大科技计划的初步探讨	陈　曦	梁战平 宋振峰
中国科学技术信息研究所	97	WWW检索工具比较研究	章　琳	张保明
中国科学技术信息研究所	97	信息服务效果收集和跟踪研究	田　波	关家麟 王连海
中国科学技术信息研究所	97	叙词表中叙词单词的确定与叙词轮排表的自动编制系统	唱　艳	邱祖斌
中国科学技术信息研究所	97	基于内容的图像检索系统的发展与应用	张永瑞	李思一
中国科学技术信息研究所	97	数字图书馆用户界面的工效学研究	张　凌	张　钟
中国科学技术信息研究所	98	聚类分析评价中国高新技术产业开发区的发展	黄宁燕	梁战平 丁　凡
中国科学技术信息研究所	98	中国可持续发展战略的信息支持	董新宇	吴贺新
中国科学技术信息研究所	98	我国科技信息机构(事业)深化改革和发展研究	林云水	刘志才

中国科学技术信息研究所	98	传统的计算机联机检索系统与基于WEB的检索系统之比较	管葆春	吴广印
中国科学技术信息研究所	98	利用国外商务信息缔造中国出口贸易计划探索	肖　蓉	吴荣荣
中国科学技术信息研究所	98	网络化信息服务方式的分析和示范系统的建立	王永涛	陈通宝 乔晓东
中国科学技术信息研究所	98	信息分析工作的DELPHI调查统计	褚　峻	李思一
中国科学技术信息研究所	98	对建立网上中文检索工具开发过程的比较研究	孙　丽	陈通宝 乔晓东
中国科学技术信息研究所	98	电子出版物与传统出版物开发利用的对本研究	郭　俭	关家麟 陶　锦
中国科学技术信息研究所	99	网络文献资源的规范化加工研究	朱　江	练亚纯
中国科学技术信息研究所	99	数据采掘技术的研究	丁　闽	张　钟
中国科学技术信息研究所	99	基于全文数据库搜索引擎的研究	杨晓轩	练亚纯
中国科学技术信息研究所	99	知识经济、国家创新系统和知识产权保护	田　强	武夷山
中国科学技术信息研究所	99	基于防火墙技术的网络安全的实现	许　谊	张志平
中国科学技术信息研究所	99	报纸科普宣传现状的比较研究	任学宾	武夷山
中国科学技术信息研究所	99	LC和NTIS在因特网上信息服务与管理的比较研究及其对我国信息网络建设的启示	张红燕	吴贺新
中国科学技术信息研究所	99	立足发展的反贫困战略及其信息支持方案	杨学农	陈松生
中国科学技术信息研究所	99	科技期刊编辑系统的信息控制及其面临的问题与对策	王　青	李文云
中国科学技术信息研究所	99	Web页面设计评估模型的研究及应用	陈　静	乔晓东
中国科学技术信息研究所	99	科学技术信息及文献机构新旧统计年报表对比研究	张亚军	关家麟 张满年
中国科学技术信息研究所	99	基于网络的情报服务方式现状研究与改善	胡亚莉	吴广印
中国科学技术信息研究所	99	分布式数据库应用系统的研究	周　珏	乔晓东
中国科学技术信息研究所	2000	数字化图书馆示范系统——科技期刊全文上网及其文本格式的比较研究	梁问湲	周鼎恒
中国科学技术信息研究所	2000	中外信息素质(素养)教育的比较研究	王柯文	吴贺新
中国科学技术信息研究所	2000	中国咨询市场研究	李永生	曹周华
中国科学技术信息研究所	2000	农业推广咨询将妇女作为重要目标群体的意义与途径之研究	王生凤	武夷山
中国科学技术信息研究所	2000	中国东西部典型省份(江苏、甘肃)环境现状及预测比较研究	王雅戈	王　艳
中国科学技术信息研究所	2000	基于OLE技术的万维网跨平台异构数据库检索系统建模	王建明	练亚纯
中国科学技术信息研究所	2000	信息技术的发展对科技信息服务业的挑战	贾笑捷	梁战平
中国科学技术信息研究所	2000	潜在情报用户向现实用户的转化研究	盖红波	武夷山 陶　锦
中国科学技术信息研究所	2000	我国市场经济中科技信息产品营销的特点研究	王东生	刘志才
中国科学技术信息研究所	2000	我国网络环境下的知识产权保护	罗艳玲	宋振峰
中国科学技术信息研究所	2000	中国电子商务的现状和解决之道——针对消费者的市场分析和个性化服务	陈　昕	宋振峰

单位	年份	题目	作者	导师
中国科学技术信息研究所	2000	WINDOWS NT 与 LINUX 的比较研究——LINUX 对于我国信息产业的影响	郝春云	吴广印
中国科学技术信息研究所	2000	面向对象技术在信息加密中的应用	刘忠良	戴诗勇
中国科学技术信息研究所	2000	国家创新体系中技术服务的作用	伊　彤	李思一
中国科学技术信息研究所	98	强化企业市场调研工作的思考	崔　斌	关家麟
中国科学技术信息研究所	98	电子商务环境下面向企业的在线经济数据库服务——中澳典型案例比较研究	秦海菁	乌家培 曹周华
中国科学技术信息研究所	98	论我国渔业可持续发展的主要问题及对策	杨宁生	李思一 吴万夫
中国科学技术信息研究所	98	甲襞微循环临床观测信息的多元分析研究	胡金麟	王　艳 田　牛
中国科学技术信息研究所	98	我国高血压人群综合防治模式研究	崔彦红	王　艳 严迪英
中国科学技术信息研究所	98	网络化文献提供服务系统——未来数字化图书馆的核心	卓俪影	张志平
中国科学技术信息研究所	98	海战场感知初步研究	王　沛	邱志明 张富才
中国科学技术信息研究所	98	中国生物医学文献主题标引系统的评价与研究	钱　庆	曹周华 胡铁军
中国科学技术信息研究所	98	管理咨询在企业实施 CIMS 工程中的应用	赵静宇	吴贺新
中国科学技术信息研究所	98	校园网及信息发布系统研究	孙逸行	周建平 马永坚
中国科学技术信息研究所	98	美海军医学研究现状对我海军医学研究的启示	白　云	李思一 龚国川
中国科学技术信息研究所	98	宁夏有色金属工业发展战略研究	夏　辉	武夷山
中国科学技术信息研究所	98	CIMS 技术在促进我国制造业技术创新实现跨越式发展的作用研究	汤　健	吴贺新
中国科学技术信息研究所	98	我国未来海上军事斗争战略指导研究	方爱毅	李思一 刘一健
中国科学技术信息研究所	98	我国石化企业信息需求的分析研究	王海瑛	吴荣荣
中国科学技术信息研究所	98	Internet 生物信息学资源分析及其搜索引擎的开发设计	黄利辉	周建平 蔡汾岚
中国科学技术信息研究所	98	农副产品企业信息管理研究	于红蕾	刘志才
中国科学技术信息研究所	98	借鉴美军标准化改革经验改进我军的标准工作	卢忠诚	武夷山 朱如玉
中国科学技术信息研究所	98	国家科学技术学术著作出版基金管理模式和运行机制的研究	张　妤	梁战平 沈玉兰
中国科学技术信息研究所	98	亚太经济合作及其与中国的关系	赵宗绪	黄振中
中国科学技术信息研究所	98	国家科技图书文献中心的馆藏结构和服务模式研究	周　珊	梁战平 沈玉兰
中国科学技术信息研究所	98	加强企业科技投入,提高企业技术创新能力的分析与思考	李耀民	宋振峰

中国科学技术信息研究所	98	试论我国气象信息市场及其营销策略	宋连春　关家麟
中国科学技术信息研究所	98	我国科技信息最终用户机检介入程度研究	王桂凤　王　艳
中国科学技术信息研究所	98	知识经济及其测度	田　中　侯国清
中国科学技术信息研究所	98	中国药品市场及药品销售的现状及分析	吴恩存　黄振中
中国科学技术信息研究所	98	信息机构市场营销策略研究	葛守江　梁战平
中国科学技术信息研究所	98	可扩展标记语言(XML)及其在信息数据库中的应用	冯海涛　练亚纯
中国科学技术信息研究所	98	加入世界贸易组织对我国制药企业发展的影响及相关对策	傅曼丽　吴祖泽　张　旭

博士论文摘要

学校:北京大学信息管理系　　导师:周文骏
年级:97级　　论文题目:元数据研究
作者:刘嘉

论文摘要:

随着网络的迅速发展,网络信息资源飞速增长,用户存取和利用网络信息资源的需求与日俱增,而满足这种需求的前提和基础就是对网络信息资源的组织。通过论证,本论文提出使用元数据正成为网络信息资源组织的重要手段。论文首先概述了网络信息资源的定义、类型和特殊性,继而通过描摹网络信息资源组织手段与工具的沿革,展示了网络信息资源组织的发展历程和方向,历数原有手段和工具的诸多不足,从而说明使用元数据正成为网络信息资源组织的重要手段。随后,本论文从元数据的基本定义出发,介绍其他更深层揭示元数据内涵的定义,不仅说明就其本质而言元数据由来已久,更重要的是从新的单元、新的功能和新的模式三个方面,阐明元数据在网络环境下的革新;鉴于目前所呈现的元数据多元化的格局,分别根据元数据的功能与结构和语意,说明元数据的类型与特征;资源描述框架是不同元数据在网上传递的基础架构,亦对其基本含义和数据模型做简要说明。还探讨了元数据在网络信息资源中的作用及其在各个领域中的应用以及与元数据相关的问题。接着,分别介绍两种典型的元数据格式:一个是图书馆界的机读目录格式,是发展最成熟的元数据格式,说明在图书馆情境下,机读目录格式仍有其存在与发展的必要性,并阐释通过图书馆联机中心(OCLC)的一系列项目而形成的与网络信息资源相关的机读目录格式规则。另一个是都柏林核心元素集,这是目前世界上使用领域最广泛的元数据格式,论文通过对都柏林核心系列会议情况的基本介绍,反映了都柏林核心发展的脉络;逐一描述都柏林核心的各个元素与限定词,探讨都柏林核心的特色与设计原则,举例说明都柏林核心在整个世界范围内的普遍利用,并阐明都柏林核心到 UNIMARC 和 USMARC 的映射。最后,本论文探讨元数据在中国大陆和台湾的应用。首度提出都柏林核心到 CNMARC 的映射;此外,通过实例,描摹元数据在中国大陆和台湾的应用现况,并就中文环境下元数据的应用与发展提出自己的建议。

学校:北京大学信息管理系　　导师:吴慰慈
年级:97级　　论文题目:网络环境下资源共享研究
作者:许桂菊

论文摘要:

资源共享研究一直是世界图书馆界重点研究的课题之一,实现全球资源共享也一直是图书馆界的理想和追求。20世纪90年代中后期以来网络环境的形成和飞速发展导致了图书馆的管理、服务和资源共享最深刻的发展和变革,将图书馆推进到网络化的新发展阶段的同时,也提出了许多新的问题和挑战。本文以网络环境这一全新的角度来研究网络环境下资源共享实践的一系列发展和突破,并进一步来研究和论述网络环境下资源共享理论的变革和发展。本文立足于网络环境下资源共享的新主题:存取与拥有,研究和分析了网络环境下资源共享及其体系建设,包括电子信息资源、数字图书馆建设、馆际互借、文献传递服务、文献资源建设等几方面在理论和实践中的发展和变革;论述了21世纪初网络环境下传统型和现代型两种层次并存的资源共享;探讨了文献资源建设从“拥有”模式到“存取”模式的重大转变、特色馆藏建设和无缝一体的网络信息资源体系的建设途径;较为全面、系统地研究和介绍了网络环境下资源共享的新型组织模式的形成及其特点;强调了文献传递是实现资源共享的关键;并试图准确把握网络环境下资源共享研究和实践的发展趋势。

最后,在吸收国外资源共享理论研究成果和实践经验的基础上,根据我国具体国情,从实际出发,提出了建设我国文献资源共享网络的新思路,特别是在选择我国资源共享网络建设的突破口、如何建立具有自我发展的网络运营机制、建设我国资源共享网络的指导思想、网络体系的建设等方面提出了自己的观点和建议。

学校:北京大学信息管理系　　导师:吴慰慈
年级:98级　　论文题目:网络环境下中日图书馆文献信息资源共建共享比较研究
作者:高波

论文摘要:

文献信息资源共享是图书馆的永恒主题。自19世纪末以来,文献信息资源共享一直是世界各国图书馆孜孜以求的目标。尤其是二次大战以后,西方发达国家的文献信息资源共享活动取得了显著的成绩,其中基于共建基础上的共享是其一大特色。20世纪90年代以来,信息技术的飞速发展导致信息记录的手段和传递方式发生了革命性的变革,致使人类的信息环境发生了空前的变化。在这样一种信息环境下,图书馆文献信息资源共建共享的模式、内容、形式、手段、方法都发生了深刻变化。本文对中日图书馆文献信息资源共建共享的理论和实际进行了深入的比较分析,找出了中日两国在文献信息资源共建共享的理论和实践中的相同点和不同点,并分析了造成这种差异的根源。同时,发掘了日本图书馆在文献信息资源共建共享中的可资借鉴之处和我国图书馆在文献信息资源共建共享中的优势和不足。通过比较,总结出了文献信息资源共建共享中的一些基本规律,论述了我国开展文献信息资源共建共享的障碍,提出了新的文献信息资源共建共享体系理论和适合我国国情的文献信息资源共建共享新模式。最后,展望了未来20年我国图书馆文献信息资源共建共享的前景。

学校:北京大学信息管理系　　导师:吴慰慈
年级:98级　　论文题目:知识共享机制研究
作者:罗志勇

论文摘要:

本文在总结国内外研究成果的基础上,建立了知识共享机制的理论体系。全文主体分为五章,分别研究知识共享的基本问题、共享的矛盾、组织基础、机制建构、主要障碍和激励因素。

知识共享是在知识开发和利用的层面上,通过人与人之间建立紧密联系,实现知识资源的复用和知识创新的不断推进。知识共享是信息共享的高级形式,而信息共享是知识共享的基础。知识共享实质上是知识公共性的体现,而特定的知识总是联系着特定的创造者,知识共享的合理机制,应该建立在知识的公共性和专有权两者之间的平衡基础上。知识共享为组织成员的集体行动提供了凝聚力,也因此成为社会的胶粘剂。从协同工作到团队合作,从学习型组织到国家创新体系,现代组织变革与知识共享的发展是相辅相成、互动促进的。知识共享机制应该是以人为本的、符合知识发展范式和知识市场规律的、自组织和他组织相结合、集中与分散相结合的组织机制,知识共享机制的目标是建立知识生态系统。合理的、内在的知识共享机制,要通过在技术、知识网络建构的基础上,重视人际网络的建设,以实现知识的共享。其中,技术、知识网络建构是基础,人际网络建构包括组织建构和文化建设是核心。知识共享需要可靠的激励因素,从外附激励来看,知识人格化激励、可见的经济回报、清晰的契约或者产权关系、组织经济利益分享,都可以很好地激发共享主体;内滋激励是要使共享主体产生发自内心的自觉精神力量如认同感和义务感,奖励和承认、威望和信任、业绩肯定和互惠互利等,均可以内在地激励知识共享活动的开展。

本文的研究成果,为促进知识型组织充分共享知识资源,提升创新能力和竞争实力,从实现机制的角度提出了理论依据。同时,知识共享机制理论对文献信息资源共建共享也有指导意义,一方面可以为文献信息资源共享打开一个新的视角,另一方面如果将文献资源共享和图书馆员知识共享相结合,可以有效提升图书馆员职业的服务水准。

学校:北京大学信息管理系　　导师:吴慰慈
年级:98级　　论文题目:基于知识增长的电子期刊质量控制研究
作者:师曾志

论文摘要:

利用科学哲学原理,从知识增长角度对电子期刊全程质量控制进行了研究。科学社会建制中科学共同体和无形学院等各种因素影响知识增长,在此基础上,分析科学交流系统中正式交流系统和非正式交流系统的特征、功能以及学术传播过程和要素,提出网络学术交流融合了正式交流与非正式交流的界限,探索电子期刊对传统学术传播模式的改变和网络学术传播模式的建立。通过理论定性分析和对北京大学、清华大学图书馆用户对电子资源的态度和利用问卷调查定量分析,得出以下结论:传统学术传播系统主要基于文献的知识增长方式将有所改变,研究者之间基于网络的密切交流将大大促进知识增长;电子期刊学术传播方式、速度、规模以及互动机制的改变,加快了知识增长速度;电子期刊只有在学术传播系统各要素相互协调、相互配合、发挥整体功能和实力的前提下,才能成为高效的传播媒介和渠道,才能解决学术传播中的各种危机;电子期刊不会完全替代印本期刊,也不是印本期刊的翻版,学术传播媒介朝多元化方向发展;电子期刊全程质量控制是在科学交流系统中展开的,它是一个动态的、连续不断的开放系统,涉及正式出版时的同行评审制度、二次文献评价系统、全文数据库评价体系、开放式同行评议以及研究者参考引证等环节;电子期刊成败关键取决于刊载论文的质量和学术界的接受;纯电子期刊只有在得到研究机构、大学等认可,并作为聘任、评级和职称评定等的依据时才能成为学术传播的有效渠道;大学和研究机构对电子期刊发展至关重要;不习惯在屏幕上阅读是影响电子期刊利用的重要因素;要求研究者提高获取学术信息资源的自主意识和能力;电子期刊发展不应存在学科差异;知识信息集成服务是今后知识信息生产和传播的重要方式;印本期刊与电子期刊并重,共同发展是我国期刊业现阶段应采取的策略;培育用户市场是发展我国电子期刊首要考虑因素。

学校:北京大学信息管理系　　导师:吴慰慈
年级:98级　　论文题目:信息文化及其影响下的人类信息行为研究
作者:董焱

论文摘要:

论文应用多学科理论与方法,对信息文化及其影响下的人类信息行为进行理性思考,力图全面展示信息社会的信息文化形态的总体图景,准确把握信息时代人们信息活动的样式与机制。论文在国内外首次系统考察了信息文化概念的形成史,在辨析文化概念、信息及其相关概念、现有的信息文化及其相关概念的基础上,对信息文化概念做出明确界定:信息文化是人们借助于信息、信息资源、信息技术,从事信息活动(广义的)所形成的文化形态,它是信息社会特有的文化形态,是信息社会的主流文化,是信息社会中人们的生活样式。论文概括分析了信息社会的信息文化的基本特征及其对社会、文化的正面影响和负面影响,具体分析了信息文化的四个子系统的组成要素及其特性,包括:信息文化的物质形态子系统、信息文化的精神观念子系统、信息文化的制度规范子系统和信息文化的行为方式子系统。基于对信息文化的理性分析,作者对一系列与信息文化相关的问题进行独立的思考,包括:信息与知识的关系、信息社会与知识社会的关系、信息文化与网络文化的关系、信息的无国界传播与帝国主义文化霸权、文化同质化与民族文化保护、信息贫富分化及其消除、知识共享与信息共享、大众文化在信息文化环境中的地位与作用、图书馆在信息文化环境中的价值与作用、信息伦理和信息法律建设、不良信息及其控制等。论文还分析了信息文化影响下的信息生产、信息传播、信息选择与利用、信息行为社会控制等信息行为机制。最后，论文提出了促进信息文化建设及信息活动发展的可操作的指导性建议。

学校：武汉大学图书情报学院科技情报学系
年级：91级
作者：刘晓敏
导师：严怡民
论文题目：信息产业经济的系统动力学研究

论文摘要：

本文认为我国信息产业经济的现状，信息商品化部门（直接信息部门）在信息产业中具有突出地位，是信息产业经济的主体，也是信息经济理论，尤其是宏观信息经济研究的重心所在。本文以信息商品化部门作为信息产业经济系统动力学分析的主要内容，重点研究信息产业的"软件"方面，研究信息产业中信息的直接生产与服务部门的动力学特征，力图在排除界限模糊、关联程度复杂等次要因素的基础上，勾画出信息产业经济具体轮廓，并对其作出正确而合理的解释。

全文共分六章：(1) 分析信息产业的结构，探索信息产业结构的有关基本理论；(2) 研究信息产业经济的测算方法；(3) 对中国信息产业经济进行了初步测算，着重分析了信息化的指数，信息产业经济的规模，信息产业的经济效益和关联等问题；(4) 以信息产业为基点，了解系统动力学的有关概念，并对这一方法用于信息产业经济研究的可行性进行分析；(5) 系统勾画了信息产业经济的系统动力学模型；(6) 对我国信息产业经济未来发展的基点进行了分析。

学校：武汉大学图书情报学院科技情报学系
年级：91级
作者：丰成君
导师：严怡民
论文题目：论信息交流的时空结构与基本原理

论文摘要：

本文以信息交流为主线，重点探讨了信息交流的时空结构与基本原理。全文分为：(1) 信息交流的基本概与栈理论。(2) 信息交流的模型分析：即物理生理模型、心理模型、社会网络模型。(3) 信息交流的时间与空间。(4) 信息交流交换论。(5) 社会信息的历时交流，历时交流的实现是以记忆为基础的。从个体记忆、群体记忆到社会记忆，每种记忆都保障了信息从此时到彼时的流动。(6) 信息交流的守恒与扩散原理：守恒律描述了发送者、接收者及传递者三者发送、接收与传递信息时信息的守恒性；扩散原理则认为信息在理想介质（环境）中是多向对称密度递减传递的。(7) 信息交流中的信息变异原理，分析了信息传递中发送者的"源信息"与接收者的接收信息之间的相似性问题，并认为在二者之间会发生衰变和增值，从而产生变异。此变异，须采用保真手段和冗余手段来保障信息传递的有效性。(8) 信息突现原理——Gestale Rule。(9) 信息交流中的势差原理。(10) 信息交流中的对数变换。信息交流会受心理过程的影响，它遵循格式塔心理学的基本原则及感觉知觉过程中的对数变换法则。信息要被接收，应当突现于背景之上而成为图式，而当它被接收时却会从时间、空间及学科等方面使信息产生"变形"，即产生对数变换。

学校：武汉大学图书情报学院科技情报学系
年级：92级
作者：秦季章
导师：严怡民
论文题目：情报过程的结构分析：情报学理论基础的综合观

论文摘要：

本文以结构主义方法论为指导，按照微观、中观和宏观三个层次对人类的情报过程进行了系统的研究，建立了各层次情报过程的时空结构模型。在此基础上，探讨了情报概念和术语，情报学理论基础，情报学的对象和范围。

全文共分五章:(1) 绪论。本章分析了当前情报学研究中存在的问题,认为深化和发展情报学首先要从整体上把握人类情报实践,建立坚实的理论基础。(2) 微观情报过程的结构分析。本章概括了微观情报过程的决策性本质,建立了由情报需求、情报获取、情报理解和情报利用四个基本要素构成的时间结构模型和以各种二元对立模式为表现的空间结构模型。(3) 中观情报过程的结构分析。本章以系统观念为指导,认为中观情报过程的时间结构是针对一定的信息输入作出的反应,其空间结构对应着不同层次的决策支持功能。关于其组织形式,本章概括为传统、现代和目标三种范式。(4) 宏观情报过程的结构分析。本章分析了社会情报过程的时空结构,提出了一般模型概括其基本要素和社会机制。(5) 对情报学若干基本问题的认识。本章的讨论以情报过程结构分析为基础,深入探讨了情报学的理论基础、对象、范围、情报的概念和术语。

学校:武汉大学图书情报学院科技情报学系　　导师:严怡民
年级:93级　　论文题目:广州信息产业研究
作者:邓顺国

论文摘要:

本文用实证分析法、动态分析法、静态分析法、统计分析法和结构分析法对广州信息产业的现状、结构和存在的问题进行了系统的研究。在此基础上,探讨了广州信息产业的发展战略和策略。

本文共分五章:(1) 绪论。本章从经济发展史、世界经济和产业结构来分析和说明四次产业划分法的必然性和合理性。(2) 广州信息产业现状。本章用统计分析方法和实证分析从总体上分析了广州经济发展过程并在一定程度上揭示了广州经济变化的规律。(3) 广州信息产业结构。本章用产业经济学原理对广州信息产业的内部、外部和就业结构进行了分析,大致计算出了广州信息产业在广州地区国内生产总值中所占的比重及发展趋势,逐一分析了对广州信息产业结构的形成和变化影响较大的几个因素,提出了优化广州信息产业结构的几点建议。(4) 广州信息市场。本章分析了信息产业发展的作用和存在的问题,提出了促进信息市场发育和成长的对策和建议。(5) 广州信息产业的目标与发展战略。本章在分析和总结了发达国家和地区发展信息产业的成功经验及广州地区信息产业现状的基础上,提出了广州信息产业发展的总体目标、发展战略和策略。

学校:武汉大学图书情报学院科技情报学系　　导师:严怡民
年级:93级　　论文题目:基于信息高速公路的信息系统管理研究
作者:何军

论文摘要:

本文从信息高速公路计划的内容、建设的进展、Internet 的历史与现状、管理与存在的问题,分析研究信息高速公路在信息系统管理中将不再是传统管理模式的一个辅助手段和现代化的点缀,它将作为新的信息系统管理模式形成的基础,成为新的管理模式的粘合剂。

信息系统的管理,本文从三个方面加以概括:信息系统网络的组建,信息资源的配置和信息服务的提供。Client/Server 是一种良好的网络结构体系,网络交换技术是组网技术的发展方向,信息网络与 Internet 的互联是一种发展趋势。信息资源的合理配置可以提高系统管理效率,基于 Client/Server 结构的信息资源配置成本合理,能满足用户的各种需求。信息服务机构将不再局限于自己的资源提供信息服务,Internet 是一个大的资源网,有丰富的资源可供利用。信息系统将提供包括电子邮件、文件传输、远程登录、信息检索等内容的信息服务,信息服务将由面向终端的方式向面向个人的方式过渡。在新的形势下,信息系统的兼容性和安全性很重要,本文就这个问题也进行了研究。

学校:武汉大学图书情报学院科技情报学系　　导师:严怡民
年级:93级　　论文题目:信息产业结构研究

作者:靳娟娟

论文摘要:

本文系统研究了信息产业的形成与分类、信息产业的静态结构、信息产业结构的动态发展以及信息产业结构的合理化。本文的主要理论为:(1)从国民经济活动角度,按信息产品及信息服务的生产、流通、分配及消费的形成动因及形成过程,将信息产业的静态结构划分为积累性结构、引动性结构、生产性结构、资源配置结构和消费性结构。(2)信息产业结构动态发展的研究方法包括量的分析方法及质的分析方法。量的分析方法包括信息产业的产出分析方法及投入分析方法;质的分析方法包括信息产业结构高度研究方法及效益研究方法。(3)信息产业结构的发展规律为:周期性波动规律、阶段性规律、不均衡发展规律、高度化规律及高开放度化规律。(4)信息产业结构合理化的评价标准为:是否具有较高的资源有效利用率;是否具有较高的结构应变能力和转换能力;是否具有与一定的经济发展阶段相适应,与一定的资源、市场、技术条件相适应的主导产业;是否能获得最佳经济效益。(5)信息产业结构合理化的途径为:着重发展科学技术要素,协调发展信息产业结构其他各结构要素;适时转换主导产业,以促使信息产业结构整体向高效益方向发展;制订合理的信息产业结构政策,以提高信息产业结构合理化程度。

学校:武汉大学图书情报学院科技情报学系

年级:93级

作者:严一桥

导师:严怡民

论文题目:信息系统与情报学的发展研究——信息在系统中的增值过程分析

论文摘要:

本文综合运用多学科的原理和方法,对信息系统与情报学的发展关系进行了理论探讨。

本文共分五章:(1)首先确定了情报学、计算机科学和通信科学是研究信息系统的主要领域。在综合的基础上,以信息系统环境下的信息运动为研究起点,根据社会信息需求的特点,分析了信息在不同类型的系统中的运动过程。(2)在情报系统中,信息价值会发生诸如减值、失真和增值等变异,信息增值是情报系统的本质功能。(3)研究在情报系统有机的连续的序化处理过程中,信息转换成情报产品的增值过程,如创造出价值与需求及需求时间的匹配价值,情报产品的时空、附加、集合价值,发现了情报对于用户、系统的双重价值等等。(4)情报学的研究轴心应转移至情报系统,并应展开对信息增值的社会过程与规律的系统化研究。

学校:武汉大学图书情报学院科技情报学系

年级:94级

作者:赵海军

导师:严怡民

论文题目:论情报学的发展及其系统观

论文摘要:

情报学的发展研究是情报学的一个不可或缺的重大课题。本文首先研究了情报学的发展史,澄清了几个含混的概念,摸清了情报学的历史脉络,提出了情报学发展的全时阶段划分方案,分析了情报学的学科发展现状,总结出了情报学的六大学科发展规律:自然生长、梯度发展、技术推进、吸纳融生、迂回上升、范畴扩展规律。接着研究了信息高速公路条件下和市场经济条件下情报学的学科建设问题,简要评析了国内情报学的发展观。针对我国情报学发展研究中重"战术"轻"战略"的客观状况,本文重点提出情报学发展的系统观,强调加强情报学科研系统运作机理的研究,试图从组织管理的角度来为改善和提高我国情报学研究的学术环境、科研效率和研究水平打开一条战略通道。文章确立了情报学科研系统的概念,讨论了情报学科研系统的结构、性质、环境与功能、剖析了情报科学研究的诸项科研系统工程问题,主张建立全国统一的科研组织管理机构,统管我国的情报科学研究,以提高我国情报学研究的整体效能。本文最后还提出建立情报科学学这个关于情报学发展研究的新的学科分支,并给予其特有的学科地位,以企使其真正起到指导并推动我国情报学的高速、快速发展的能动作用。

学校:武汉大学图书情报学院科技情报学系　　导师:严怡民
年级:94级　　论文题目:信息化建设与国际都市化研究
作者:李必祥

论文摘要:

本文从情报学基本理论和方法出发,大胆地将历史分析法、经济分析法和系统分析等理论方法引入信息化建设的研究范畴,解剖了国际都市化这一客观历史现象,作了深入的探讨。全文包括:(1) 通过历史地分析,明确了工业化、城市化、信息化、国际都市化等一系列基本概念范畴,指出信息化是现代城市尤其是现代化国际性城市的基本特征,信息化是营建现代化国际性城市的必然选择和首选战略。(2) 在基于信息化和国际都市化之间的三个基本命题之上,发现了作为国际都市化营建战略、机制和措施的信息化建设的功能和发展模式。(3) 以沿海新城深圳作为一项实证分析进行了考察和研究。这并不着意刻画和修饰深圳市信息化建设的成就,只提供一种借鉴思路,为理论上的定性推理和验证借助一种参照。

学校:武汉大学图书情报学院科技情报学系　　导师:严怡民
年级:94级　　论文题目:中国证券投资决策的情报支持问题研究
作者:陈明先

论文摘要:

本文以系统分析方法和统计分析方法为指导,在分析和阐明情报与决策相关关系的基础上,对情报支持的概念、机制和范围进行了系统的探讨,并对我国证券投资决策这一特殊领域的情报支持问题进行了系统而深入的研究,建立了六种典型的证券投资决策情报支持的相关分析模型,并提出了建立我国证券投资决策情报支持系统的设想。

全文共分五章:(1) 决策与情报支持。本章从理论上分析和解答情报学的基本概念——情报的功能问题,对情报支持的概念、机制、范围以及情报价值问题进行了系统的分析和探讨。(2) 证券投资决策与情报支持。围绕证券投资决策这一特殊的决策活动领域,对证券投资决策的情报支持活动的范围进行了系统的分析和探讨。(3) 我国证券市场及信息体系研究。通过统计调查手段,全面系统地对我国证券市场的信息体系进行分析和研究,并归纳总结出其结构及六项基本特征。(4) 我国证券投资决策情报支持研究。本章在运用证券投资分析理论、决策分析理论及情报学理论的基础上,提出了不完全情报理论及情报累积理论,并归纳出我国证券投资的情报处理基本模式,结合我国金融及证券市场的特点,提出了用于支持我国证券投资决策活动的六种情报支持模型。(5) 建立我国证券投资决策支持情报系统的设想。结合我国证券市场的特点,提出了设计我国证券投资决策支持情报系统的基本框架。

学校:武汉大学图书情报学院科技情报学系　　导师:严怡民
年级:95级　　论文题目:中国现代商业银行信息系统研究
作者:张永宏

论文摘要:

本文采用比较方法、应用方法和系统方法分析和阐述建设我国现代商业银行信息系统问题。全文分为三大部分:(1) 分析了信息系统的一般理论,阐述了建设商银系统的必要性。通过系统论、信息系统的六组概念和范畴、信息系统的兼容性、信息不对称、有效资本市场假设理论分析信息系统,并以信息系统理论为指导,通过对我国商业银行转制和中外银行信息系统发展历程、特点、差距的比较研究,提出了“商银系统”这一研究中国现代商业银行信息系统的新思路。(2) 探讨了商银系统的开发,设计了商银系统的结构。本文对商银系统目标的确立、商银系统开发的方法、商银系统对信息传递的要求、商银系统的分析和设计、实施和运行、维护和评价等系统开发问题进行了详细的论述,还将系统的运行寓于现代商业银行的具体业务运作中,在此基础上进行商银系统结构的系统性研究,提出了以业务、服务、管理为序三位一体的商银系统子系统结构,即:BOIS、BSIS 和 BMIS。(3) 阐述了商银系统安全与保密问题,提出了四大安全性对策。此四大对策为:系统制度建设、系统环境整治、系统运行监控、系统稽核。

学校:武汉大学图书情报学院科技情报学系
年级:95级
作者:臧兰
导师:严怡民
论文题目:信息市场结构与运行研究

论文摘要:

维系和连接各种经济关系的核心是市场,市场理论研究的最终目的是市场的有序运行。本文对市场的结构与运行进行了系统的研究。具体包括:(1) 对信息市场的起源进行理论分析,对信息市场的发展进行实证研究并提出研究信息市场的方法论;(2) 在总结国内外学者对信息市场结构研究成果的基础上,提出了信息市场的结构体系,并着重分析了信息市场各结构的形成依据,并以中国信息市场为主要分析对象,通过计算机市场、软件市场、信息服务市场和网络市场,对信息市场的结构进行了较全面的研究;(3) 分析了信息市场的竞争机制、供求机制和价格机制,尤其深入地研究了信息商品的价值价格论;(4) 提出了信息市场运行的微观、中观和宏观三个层次,并对三个层次的信息市场运行体系进行了较深入的探讨。

学校:武汉大学图书情报学院科技情报学系
年级:96级
作者:刘昊
导师:马费成
论文题目:银行业风险管理研究——基于不确定性和信息不对称的分析

论文摘要:

本文运用不对称信息经济学理论对基于不确定性和信息非对称条件下的银行风险进行系统地研究,侧重于在微观层次上研究金融风险的形成机制。本文主要包括7个部分:(1) 微观信息经济学有关理论。扼要评介该理论成果,系统地阐述了非对称信息和委托人——代理人框架。(2) 金融风险的理论与管理概述。分析了金融风险的类型与特征以及金融风险的管理程序和基本内容。(3) 流动性风险管理。分析了流动性风险的成因以及流动性风险的衡量和管理方法。(4) 信用风险管理。运用非对称信息理论,系统地分析了信用风险的成因,在对信用风险管理的目标、环节、管理程序和管理内容全面阐述的基础上,探讨了如何防范和规避信用风险。(5) 利率风险管理。分析了利率风险的识别,探讨了利率风险的表内和表外管理方法。(6) 商业银行的内部控制。在操作的层面上探讨了商业银行内部控制和内部稽核的具体方法。(7) 银行业风险的外部监管。全面分析了银行业外部监管必要性、目标和内容,并着重分析了《巴塞尔协议》的内容和国际银行业的监管。

学校:武汉大学图书情报学院科技情报学系
年级:96级
作者:杨超
导师:严怡民
论文题目:企业信息系统的战略管理研究

论文摘要:

本文借鉴和运用情报学、系统科学以及企业战略管理的理论和方法,对企业信息系统进行研究,其目的就在于分析企业内外环境,制定正确的企业信息系统战略,寻找正确的企业信息系统建设方法,建设一个技术上先进、经济上合理、操作上可行的信息系统,提高企业信息系统的生命力,为企业的经营管理和战略决策服务。

本文共分六章:(1) 在绪论部分对我国企业信息系统建设的历史和现状进行了分析,提出了对其进行战略管理的必要性;(2) 着重论述了企业信息系统战略与企业战略管理的关系;(3) 在第三、四、五章分别从战略分析、战略规划和战略实施与调控三方面重点论述了企业信息系统的战略管理方法;(4) 在第六章,提出了企业信息系统的战略管理途径,并针对中小企业和大型国企的不同特点提出了各自的信息系统战略管理策略,最后进行了实证分析。

学校:武汉大学图书情报学院科技情报学系　　导师:马费成
年级:96级　　论文题目:信息资源有效配置研究
作者:李纲

论文摘要:

本文依据资源配置理论的基本原理和方法,综合运用情报学理论、公共物品理论、技术创新理论、产权理论、产业组织理论等相关学科知识,力图通过对信息活动的全程研究揭示信息资源配置机制,从整体上构建信息资源配置研究的理论框架。本文侧重理论性问题的探讨,强调规范研究,同时,也结合我国的信息产业发展实践进行了一些实证分析。具体包括:(1) 阐明信息资源与信息资源配置的概念和范畴,探讨了信息资源配置的功能、层次与配置效率的衡量,以及知识经济时代的信息资源配置特征。(2) 从微观上分别对知识信息的生产、知识管理和信息交换的过程和机制进行了全面的研究,着重分析了企业创新过程、信息市场均衡及其自组织过程,以及信息产权安排对信息生产与交换效率的影响。(3) 在产业层次上探讨了信息产业结构配置和信息产业组织配置问题,对信息服务业的市场结构、产权重组与机制转换,信息企业的联合与协作等问题进行了较为系统的研究。(4) 在综合分析我国信息资源配置现状与失衡依据的基础上,提出了构建市场配置、产权配置、政府配置三位一体的信息资源有效配置机制的基本构想。

学校:武汉大学图书情报学院科技情报学系　　导师:严怡民
年级:97级　　论文题目:风险投资中的信息保障问题研究
作者:严冬

论文摘要:

本文借鉴风险投资事业发达国家的理论研究与实践应用的经验教训,从情报学理论的角度,分析风险投资全过程的信息保障作用和信息保障方法,最终将研究成果运用于探索并构建我国发展风险投资事业信息保障体系的实践中,促进我国风险投资事业和高新技术产业的发展。本文研究内容包括:(1) 风险投资运作过程的信息活动。详细探讨了风险投资过程中的信息环境、信息主体以及信息保障的方法与内容。(2) 风险资本市场作用的信息机理。分析了风险资本市场化解融资障碍的信息机理,提出了风险资本市场既是一种投融资机制,又是信息聚集与发散机制的观点。(3) 风险投资的治理结构。从监管理念、组织结构、法律架构、信息披露等多方面对治理结构进行了研究。(4) 建立我国风险投资信息保障体系的构想。从结构设计、风险资本的来源、风险项目的评估、风险组织的治理结构以及政府的作用等方面进行详细分析,从理论研究和实践探索上提出了一个适合我国国情的信息保障体系结构。

学校:武汉大学图书情报学院科技情报学系　　导师:马费成
年级:97级　　论文题目:公司知识管理实现研究
作者:陈锐

论文摘要:

本文力图通过研究公司知识管理的理论与方法,为公司知识管理实践提供一套切实可行并有发展空间的指南体系,从而推动知识管理理论与实践的进一步发展。全文共有8章,具体包括:(1) 运用信息经济学的理论方法,分析了知识管理的实现原理。(2) 从流程、组织、技术、文化、项目五个方面详细研究了公司在推行知识管理时可供选择的方法、途径和措施。流程主要研究公司实施知识管理的主要步骤,有别于传统信息管理模式中信息的管理流程;组织主要探讨从体制建设与机构设计方面推行知识管理的有关问题;技术着重研究作为一种知识管理推进器的现代信息技术在公司知识管理中的地位、作用和应用方法;文化则强调改变员工和公司领导层对于知识资源的认识态度,将公司改造为学习型组织,从而为知识管理建立一个良好的人文环境;项目着重研究公司推行知识管理的现实问题。(3) 研究了三个最佳知识管理实践,通过案例分析进一步研究了公司知识管理实现的相关问题。

学校:武汉大学图书情报学院科技情报学系　　导师:陈光祚
年级:97级　　论文题目:论网络出版物
作者:匡文波

论文摘要:

本文对网络出版物进行了系统深入的研究,在探讨了世界网络出版物的发展问题的基础上,对中国的网络出版物的发展作了细致的研究。本文分为6部分:(1) 研究了网络出版物的概念、特征、对传统纸质媒体的冲击;(2) 网络出版物的发展现状,主要研究中国网络出版物的发展现状,并作实例研究;(3) 网络出版物发展中存在的问题研究,主要包括:网络出版物的知识产权保护,网络出版物的信息安全性问题,中国的网络出版物的发展中存在的特殊问题研究;(4) 发展中国网络出版物的策略研究;(5) 网络出版物的制作技术研究,主要包括:网络出版物制作的一般过程与注意事项,SGML、HTML、XML、PDF,网络出版物情报检索功能的实现,网络出版物与网络信息检索,中文古籍网络出版物制作技术,制作网络出版物相关的其他技术;(6) 网络出版与网络文化。

学校:武汉大学图书情报学院科技情报学系　　导师:胡昌平
年级:97级　　论文题目:信息服务的价格机制与价格监督
作者!:沈红芳

论文摘要:

本文采取理论探讨与实例分析相结合,定性研究与定量研究相结合,并大量采用对比分析等方法研究信息服务的价格机制与价格监督问题。全文分六部分:(1) 研究述评国内外关于信息服务价格问题;(2) 阐述了信息服务的公益性与经营性之间的关系,指出信息服务业产业化发展的结果是推动信息服务走向市场,成为一种特殊的经济商品,界定了信息服务商品化的内涵,讨论了经营性的信息服务的类型及其经济特性,分析了信息市场中信息服务的价格功能与定价功能;(3) 分析了成本、效用、供求、垄断与竞争因素对信息服务价格形成的影响;(4) 按照信息服务人员在从事某一信息服务活动中付出的创造性劳动程度的高低,将信息服务划分成创造型、加工型、中介型三种类型,并分别研究了这三种类型的信息服务的价格形成机制;(5) 以美国微软公司为例,剖析了价格垄断、歧视、欺诈、恶性价格竞争等不正当价格行为的危害及其成因,分析了信息服务价格监督的主体和客体的构成及互动关系,提出了从三个层面对信息服务进行价格监督;(6) 研究了国外在开展信息服务价格监督方面的成功经验,提出了我国实施信息服务价格监督的体系,对信息服务进行价格管制和监控的三维目标政策体系和针对互联网基础设施服务和高利润垄断性信息服务提出了相应的价格管制和监控的指标体系。

学校:武汉大学图书情报学院图书馆学系　　导师:彭斐章
年级:96级　　论文题目:著作权对图书馆的影响及对策研究
作者:黄先蓉

论文摘要:

本文运用辩证唯物主义原理以及案例分析、比较分析等科学方法,以对著作权与图书馆关系的历史发展进行回溯性研究为起点,系统而深入地探讨了著作权对图书馆的影响,提出了法律环境下图书馆发展的对策。

全文共分四个部分:(1) 叙述著作权与图书馆关系的历史进程,并对世界著作权法的立法现状和著作权法影响图书馆的研究现状进行了反思。(2) 探讨著作权法对图书馆的保护。从理论上探讨图书馆受著作权法保护的前提条件;著作权的立法目的构成了著作权法保护图书馆的思想基础;著作权法对平等、公平、公益等价值目标的追求构成了著作权法保护图书馆的法律基础。(3) 分析著作权法对图书馆的限制。即对文献资源收集、加工、整理,文献资源传播、利用,文献资源共享和图书馆开展有偿服务的限制。(4) 提出著作权法律环境下图书馆的发展对策。图书馆既可以充分利用著作权法对作者权利的限制性规定,来发展图书馆事业，也可以根据著作权保护原理，开发新的知识信息产品，发展图书情报服务产业。

学校：武汉大学图书情报学院图书馆学系
导师：谢灼华
年级：96级
论文题目：杜定友和中国图书馆学
作者：王子舟

论文摘要：

本文选择杜定友为研究对象、研究题目，因为杜定友是我国近现代卓越的图书馆学家、图书馆事业活动家、中国近现代图书馆学的奠基人之一。他的学术贡献，是在图书馆学基础理论以及图书馆学分支学科中都有突出的建树。本文分五章论述了他在这两方面的主要成就。

(1) 图书馆学基础理论：关于图书馆之性质、特征；近代图书馆事业有三要素，即“人、书、法”，人（指读者）是居第一位的；在图书馆学问题上，他强调图书馆学应分原理、应用两个层面，应用重于原理；传统的目录学、校雠学应取欧美之成法与之融汇贯通；图书馆学不能从西方原汁原味地照搬，必须进行中国化。在此思想指导下，20年代中，他就构建出中国图书馆学的理论体系，提出了明确的图书馆教育之原则。

(2) 图书馆学分支领域：关于图书分类学，中西图书应使用同一分类法，提出中国应建立全国统一的分类法体系；开拓了分类法基本理论的研究，提出了分类主题一体化的研究思路；发明了“汉字形位排检法”，提出了“字根”学说；深刻论述了地方文献与地方文化、与地方图书馆之关系，开避了我国图书馆界地方文献理论研究之先河，为国内地方文献工作提供了理论依据。

学校：武汉大学图书情报学院图书馆学系
导师：谢灼华
年级：97级
论文题目：信息环境下中国图书馆学理论研究
作者：周晓燕

论文摘要：

本文紧密联系信息环境及图书馆学理论研究面临的变革与突破，从学科发展的角度，广泛采用马克思主义哲学的方法、系统论的方法、文献分析的方法、比较的方法、调查研究的方法探讨图书馆学理论研究诸方面的问题。全文分为10章，具体包括：(1) 探讨影响图书馆学理论研究的信息技术、信息资源、信息需求及信息用户；(2) 概论信息环境下的中国图书馆学理论研究的发展；(3) 探讨信息环境对图书馆学理论研究的影响及其变革，从研究对象、理论基础、研究结构、研究方法、哲学理念、图书馆人之研究等全方位地分析这一演变过程；(4) 分析信息环境下图书馆学新的学科生长点，详细地论述了当代学科的发展路径、发展趋势问题；(5) 预测信息环境下的中国图书馆学发展趋势，即是“技术化趋势”与“人文化趋势”的共存，“国际化趋势”与“本土化趋势”的共存，是“跨文化交流”的输出与输入共存，“整体化趋势”与“专门化趋势”共存。

学校：武汉大学图书情报学院图书馆学系
导师：彭斐章
年级：97级
论文题目：我国网络信息服务管理机制研究
作者：李晓红

论文摘要：

本文以唯物辩证法为指导，综合地运用了数学方法、统计学方法、逻辑学方法、定量分析、定性分析及调查分析等方法，对我国网络信息服务的管理理论进行了探讨，对我国网络信息服务发展的实践进行了一些实证分析。

本文共五章，具体内容包括：(1) 对我国网络信息服务的发展历史和管理现状进行了分析，对网络信息服务和网络信息服务业作了界定。(2) 探讨了我国网络信息服务中的网络信息资源的合理配置，分析了网络信息资源配置的涵义、原则、功能、内容、模式、方法和层次。(3) 分析了制约我国网络信息服务组织的因素，探讨了我国网络信息服务组织的目标和原则，提出了我国网络信息服务的全国、地方和机构三个层次的社会组织模式。(4) 探讨了我国网络信息服务中的网络信息商品及其生产、网络信息服务市场的内涵、结构和运行，系统地分析了网络上营销的困难和对策。(5) 分析了建立我国网络信息服务监督机制的必要性，网络信息服务监督的内容和我国网络信息服务监督的方法。

学校：中国科学院文献情报中心　导师：孟广均
年级：96级　论文题目：电子文献研究
作者：石宝军

论文摘要：

文章运用辩证唯物主义和历史唯物主义原理，以系统论、控制论和信息理论为指导，通过用户研究、市场调研、科学管理体系等理论研究和实际定量分析的结构，引用大量详实的统计资料，从多学科、多角度对电子文献研究展开了系统的研究和论述，同时注意大量引经据典，吸收现代哲学、传播学、管理学与价值学的新思路、新方法，以系统地阐述和论证自己的观点。

首先，在研究电子文献的构成要素、基本类型结构、基本属性与功能特点的基础上，对电子文献产生与发展的社会动因、电子文献产生与发展的标志、电子文献与知识增长的关系和文献进化论的理论依据等问题展开了系统的论述，并初步就电子文献的生产模式和产品结构、电子文献传递的成因和技术应用环境等问题进行了探讨。

其次，对电子文献的理论传递模式、实际服务状况及其与图书馆的关系等问题进行了系统的研究。同时，结合市场价格规律，从文献价值学角度首次对电子文献的消费机理、消费模式和电子文献使用中的某些法律问题进行了论述。

再次，从社会历史与文化发展的角度，较深入地揭示了电子文献、电子出版、网络出版及其硬件与软件间的相互关系。

最后，对图书馆网页、搜索引擎和各种检索模式进行了科学的比较和评述，并系统论证和揭示了电子文献对社会，特别是对信息职业，对图书馆及其工作的一系列影响。

本文注重利用图表形式，通过统计数据与科学结构模型，直观、科学、形象地揭示、展示电子文献中的构成要素、生产结构、传递机理和电子文献的检索与消费方式等问题。

学校：中国科学院文献情报中心　导师：辛希孟
年级：97级　论文题目：网络环境下的著作权法与图书馆：理论与实践研究
作者：肖燕

论文摘要：

网络环境下的著作权法与图书馆是近年来国际图书馆学和法学界所关注的热点问题。网络环境的形成，导致了法律的变化。这使数字图书馆的建设者与管理者面临许多必须回答和解决的问题。提出并解决这些问题是图书馆学研究的新课题。本论文采用文献调查分析、网络资源调查分析、直接访查、定量分析、个案研究、比较与综合归纳等研究方法，从理论与实践两个方面对网络环境下的著作权法与图书馆相关的问题进行了系统研究。

现代意义上的著作权法已有近300年的历史。论文对国内外著作权法的起源与发展、著作权立法的依据、立法宗旨与原则、著作权法的功能、合理使用制度的演变及其确立的基础等基本理论问题进行了简明的论述，作为进一步研究的铺垫。

新型数字作品大量出现并通过因特网传播，这类作品的复制、传播与使用不同于传统作品。论文用大量资料说明了网络环境的形成及其对著作权法的冲击，分析了著作权问题产生的原因，论证了著作权法对新型数字作品和作品的网络传播进行保护的必要性，和将合理使用扩大到网络环境，坚持对新增的权利进行限制的合理性。

论文研究了《WIPO著作权条约》、美国《数字千年著作权法》和《中华人民共和国著作权法修正案(草案)》,发现新的著作权法过分强调对著作权人权利的保护,不重视对新增权利的限制,打破了著作权保护的平衡。论文对上述著作权法的条款进行了全面评述与比较研究,并对我国著作权法的修订提出了具体的建议。

论文分析了著作权法的变化对图书馆的管理与服务产生的诸多影响,系统介绍并高度评价了国际图书馆界为避免上述不利影响,保持著作权平衡所做的努力。包括:探讨保持著作权平衡的措施,积极参与著作权立法活动、表明自己对著作权政策所持的观点和立场,与著作权人或组织协商制定合理使用指南等。这些研究与论述均旨在填补我国在法学研究和图书馆学研究中的一些空白。

确立数字图书馆的建设模式时,不能不考虑著作权问题的制约。论文分析了我国数字图书馆建设的法律环境,阐明了数字图书馆建设和运营过程中规避侵权风险的重要性,对我国和国外图书馆界在数字图书馆建设中处理著作权问题的思路和采取的具体措施进行了比较研究,指出了我国某些数字图书馆建设项目存在的侵权风险和认识上的误区。分析了馆藏作品数字化、数据库建设、网络资源采购与许可、数字资源使用、图书馆网站定位、电子文献传递有关的著作权问题,并提出了解决上述问题的原则和对策。最后,提出了我国图书馆界目前面临的紧迫任务。

学校:中国科学院文献情报中心　　导师:孟广均　徐引篪
年级:97级　　论文题目:信息战研究
作者:郗沐平

论文摘要:

开展军事领域里的信息战研究,对于加强我军质量建设、丰富和发展军事理论具有重要的理论和现实意义。本文运用辩证唯物主义和历史唯物主义的立场、观点,以系统论、控制论和信息论为指导,采用调查法、观察法、模拟法等多种方法,从多学科、多角度紧紧围绕信息战这个主题,展开较为全面、深入、系统的研究。

论文围绕"一个中心"——信息战的本质,从社会、技术、军事的角度探讨了信息战的形成与发展过程,从中揭示出信息战与信息作战和信息化战争的本质区别及其与指挥控制战、电子战的异同,并对信息战的构成、作战原则、特征、影响和我军面临的挑战进行了阐述;贯穿"一条主线"——信息战指导思想和主要战法,较详细地论述了信息战指挥的基本指导思想以及主要战法的内容和主要依据;抓住"三个基本点"——信息战力量、行动和指挥,对这三项基本内容进行了较为系统的阐述,从而使信息战研究更具系统性;在此基础上,针对我军的现状和发展趋势,提出了打赢未来信息战的基本思路。

学校:中国科学院文献情报中心　　导师:沈英
年级:97级　　论文题目:WWW科技信息资源自动标引的理论与实践研究
作者:肖明

论文摘要:

随着因特网的迅速发展和广泛应用,它逐渐成为目前最大的信息资源宝库和最主要的信息交流渠道,由于因特网信息资源的显著特点是量大而无序,故随之出现了"数据丰富,知识贫乏"现象。现有的搜索引擎大多是基于关键字的全文检索系统,较少考虑信息的语义问题,因而不能够满足用户的不同需求,广大用户也很难利用它们来获取因特网中许多有价值的知识。为此,本论文针对WWW科技信息资源自动标引展开理论和实践两方面的研究,其主要研究目的如下:为处理因特网信息资源提供技术支持,为普通用户检索因特网信息资源提供便利,为建设中国数字图书馆提供新的研究思路。

论文提出了基于《中国分类主题词表》的WWW科技信息资源自动标引系统(STAI)设计方案,该系统具有WWW网页的格式自动检测与转换、自动分词与自由词标引、自动分类标引和主题标引等功能。STAI

系统是一个自动化程度较高的易用型软件，该试验系统可以同时实现中英文网页的自动标引，兼顾了如何结合自然语言与情报检索语言二者在信息检索方面各自的优越性。在STAI系统设计和实践过程中，本论文做出了一定的创新性尝试。例如，采用了结构化程序设计方法等先进的程序设计思想，重视ActiveX控制的设计和应用，其目的都是为了提高程序代码的可重用性和可移植性；论文中首次提出了"类目短语"这一新概念，设计了将自然语言与情报检索语言紧密结合的若干对应表，比如用于实现自动分类标引和自动主题标引的"类目短语-主题词对应表"、"主题词-分类号对应表"等。以上研究成果，为今后进一步研制具有自主知识产权的WWW科技信息资源自动标引软件产品奠定了良好的基础。

此外，笔者还对文献自动标引的理论和方法进行了系统化的梳理，文中引用的大量参考文献对于从事相关领域研究的人员来说具有较高的参考价值。

学校：南京大学信息管理系　　导师：夏文正
年级：97级　　论文题目：基础科学研究评估的比较研究
作者：褚峻

论文摘要：

基础科学研究是以认识自然、揭示客观规律为主要目的的理论研究，其成果对技术、经济、社会发展的影响都是巨大的，但基础研究评估却一直是困扰各国科研管理部门的难题。本文以基础研究评估为研究对象，从细分基础研究的评估要素入手，就评估主体、评估对象、评估体制、评估方法、评价体系与指标等方面进行了综合分析和对比研究，目的在于找出不同国家、不同科学团体、不同评估方法中的合理性和优点，为科研管理和决策人员全面了解基础研究的各种评估方法，把握各种评估方法的优势和不足，为我国的基础研究评估工作提供参考和借鉴。

本文分成4大部分，共设7个章节。

第一部分是引论，包括第1、2章，主要阐述了本项研究的目的、意义、方法和范围等，以及基础研究的界定、基础研究评估的难点、基础研究的要素分析等内容。

第二部分是第3章，主要对同行评议、科学计量以及数学分析等基础研究评估方法做了述评。分析了"保证同行评议公正性"、"SCI能否作为基础研究评价标准"等热点问题，阐述并证明了自己的见解。

第三部分包括第4、5、6章，是评估的比较研究部分，分别从基础研究的评估主体、评估对象及评估制度来研究分析基础研究评估。

最后一部分，即第7章是结论部分。主要分析了我国基础研究评估中存在的问题，并借鉴国外的一些经验，对我国基础研究评估提出了若干建议：认为应该形成公开、透明、连续、有竞争力的评估机制；认为评价应"少而精"，具有正确导向性，有利于促进创新，促进青年人的成长，有利于创造宽松的学术环境；对于评估专家的选择，应扩大选择范围，建立专家信息管理和监督机制；评价标准要适中，应该和国际接轨，但不能盲目遵从量化了的评估标准；评价指标的设置要客观、具体、科学、精确，但不庞杂。另外对与基础研究评估相关的问题提出一些建议，如数据资料的规范、存档，评估人才的培养，评估问题的理论研究等。

统计

全国公共图书

地区	机构数(个)	从业人员(人)	职工	总藏量(千册(件))	古籍	善本	图书	报刊	缩微制品	视听文献	其他
总计	**2 767**	**48 792**	**46 346**	**395 387**	**27 741**	**2 161**	**271 601**	**54 833**	**13 624**	**891**	**26 698**
中央	1	1 440	1 413	21 940	2 088	274	6 486	10 929	1 087	48	1 303
地方	2 766	47 352	44 933	373 447	25 653	1 887	265 115	43 904	12 537	843	25 395
北京	23	1 053	950	7 402	519	34	6 391	369	7	14	102
天津	31	1 129	1 018	7 622	547	88	6 538	496	2	28	11
河北	145	1 702	1 639	10 555	591	27	8 573	1 131	63	13	185
山西	121	1 493	1 406	8 486	780	122	5 899	1 648	19	9	130
内蒙古	108	1 833	1 833	6 752	298	18	5 622	703	1	5	124
辽宁	129	2 988	2 890	19 340	1 043	152	15 848	1 839	5	68	537
其中:大连	12	410	368	3 711	264	23	2 861	293	1	21	272
吉林	60	1 752	1 720	10 164	588	40	8 385	979	116	44	52
黑龙江	97	1 873	1 792	11 576	451	20	9 084	1 759	6	8	268
上海	32	2 377	1 982	48 562	1 896	178	11 080	1 862	12 258	312	21 153
江苏	101	2 072	2 002	26 236	3 169	194	21 136	1 820	16	35	59
浙江	83	1 883	1 791	16 490	1 913	43	12 100	2 153	1	27	296
其中:宁波	9	199	188	1 660	165	3	1 249	198	—	2	46
安徽	83	1 230	1 180	7 851	664	35	5 778	1 342	1	2	64
福建	82	1 193	1 094	9 550	483	38	7 927	1 016	5	13	106
其中:厦门	8	131	127	1 253	73	2	1 094	80	—	5	1
江西	104	1 445	1 392	12 363	1 015	59	9 460	1 539	—	2	346
山东	133	2 555	2 517	19 368	1 300	94	15 083	2 816	6	21	142
其中:青岛	11	228	223	2 318	152	2	1 883	280	2	—	—
河南	133	2 581	2 426	11 912	1 340	86	8 720	1 790	3	12	47
湖北	102	2 257	2 167	16 425	960	82	12 333	2 722	3	20	387
湖南	115	1 898	1 836	15 026	1 539	68	11 421	1 888	6	10	162
广东	121	2 736	2 548	20 882	825	49	16 424	3 261	4	129	239
其中:深圳	6	325	325	1 881	16	1	1 403	423	2	16	22
广西	194	1 606	1 478	13 622	509	14	10 444	2 447	2	22	199
海南	19	253	226	1 502	12	—	1 307	181	—	—	2
重庆	42	802	770	8 135	797	85	6 278	994	2	4	59
四川	129	1 716	1 665	16 895	1 566	85	12 420	2 587	3	18	302
贵州	89	899	869	6 482	183	9	5 386	794	2	1	117
云南	147	1 558	1 538	12 421	931	63	9 663	1 701	2	5	120
西藏	1	43	43	596	100	30	482	13	—	—	—
陕西	113	1 510	1 368	7 913	700	79	6 142	1 007	1	2	62
甘肃	91	1 074	1 027	7 240	555	77	5 552	1 088	1	8	36
青海	38	392	367	2 815	129	12	2 279	335	1	1	70
宁夏	21	541	520	3 550	154	3	2 963	418	1	6	8
新疆	79	898	879	5 714	96	3	4 397	1 206	—	4	10

资料

馆基本情况(1999年)(一)

总藏量中(千册)		人均拥有藏书(册)	书架单层总长度(千米)	发放借书证数(千个)	千人拥有借书证(个)	总流通(千人次)		书刊外借册次(千册次)	为读者举办各种活动		信息服务		
外文书刊	开架书刊						书刊外借人次		次数(次)	参加人次(千人次)	解答咨询(条)	代检索课题(项)	编制二、三次文献(种)
21 952	**79 321**	**0.32**	**9 341**	**5 957**	**5**	**180 398**	**90 754**	**162 903**	**30 051**	**13 827**	**1 622 068**	**42 940**	**66 329**
8 982	1 550	—	333	145	—	2 980	543	1 630	21	4	36 782	4 399	48
12 970	77 771	—	9 008	5 812	—	177 418	90 211	161 273	30 030	13 823	1 585 286	38 541	66 281
279	3 130	0.67	145	124	11	3 095	2 082	3 970	882	588	8 007	245	147
444	2 357	0.83	359	147	16	3 521	1 759	3 372	760	651	88 739	355	224
128	2 418	0.16	280	246	4	6 934	5 051	6 647	1 642	330	90 251	2 040	539
493	1 787	0.27	149	150	5	2 412	1 450	2 198	514	295	98 586	308	28
45	1 016	0.29	292	95	4	2 658	1 414	2 263	3 506	50	12 025	393	256
1 177	6 147	0.47	581	315	8	10 995	4 997	10 155	1 262	933	158 265	3 333	1 953
275	1 188	0.68	88	75	14	2 640	1 262	2 332	230	273	53 897	299	298
624	1 200	0.39	183	125	5	4 268	1 813	3 479	660	269	31 993	415	735
621	3 627	0.32	210	248	7	6 210	2 056	5 324	642	377	12 528	477	465
1 872	5 214	3.70	386	188	14	12 526	4 655	9 590	3 382	1 159	316 422	4 960	241
1 415	4 272	0.37	773	439	6	10 934	7 039	11 678	1 138	1 178	67 527	2 679	284
481	2 473	0.37	390	284	6	8 969	4 597	7 653	740	446	34 020	1 687	2 805
27	349	0.31	81	38	7	1 429	520	1 182	108	41	4 479	420	72
367	1 198	0.13	178	102	2	4 971	2 603	4 046	1 366	135	14 410	400	185
162	2 497	0.29	228	207	6	6 759	2 783	7 541	916	212	31 075	1 442	8 226
14	399	1.01	36	41	33	2 144	377	2 829	178	35	6 588	4	7
83	1 873	0.30	120	136	3	4 957	3 264	6 135	483	353	12 339	776	136
572	3 511	0.22	412	378	4	7 892	4 989	9 917	1 448	472	55 890	2 259	759
97	465	0.33	38	63	9	929	651	1 547	101	204	12 505	126	25
165	2 867	0.13	258	225	2	7 155	4 247	6 086	1 025	279	37 887	791	466
812	3 531	0.28	1 048	398	7	6 752	4 325	7 102	1 715	970	80 987	602	719
446	3 569	0.23	334	366	6	8 695	4 436	7 660	1 458	818	55 187	976	248
501	9 276	0.29	392	435	6	20 260	7 336	11 363	1 564	1 270	147 299	3 254	23 373
61	1 408	1.72	34	35	32	3 195	532	733	192	62	80 178	1 012	19791
302	3 366	0.29	791	238	5	9 622	4 121	6 977	1 217	690	110 651	3 919	15 735
15	798	0.20	28	15	2	1 269	707	968	83	45	2 112	434	14
203	1 574	0.10	118	78	1	2 605	1 664	3 032	512	227	13 999	226	136
304	2 356	0.47	293	170	5	5 407	2 904	5 741	951	838	21 831	1 531	6 383
41	714	0.16	107	162	4	2 125	1 360	1 879	279	144	5 783	478	68
236	1 942	5.01	346	208	84	7 926	4 030	7 426	629	461	28 743	518	1 742
4	150	0.02	2	1	—	236	88	88	2	4	1	—	—
459	1 239	0.22	110	111	3	2 689	1 451	2 718	410	136	15 071	2 001	94
412	1 264	0.29	154	93	4	1 937	828	1 177	380	274	17 634	1 199	26
185	241	0.59	68	18	4	488	191	432	75	30	2 594	361	3
55	257	0.65	149	27	5	1 306	864	2 764	139	95	8 089	130	211
67	1 907	0.32	124	83	5	1 845	1 107	1 892	250	94	5 341	352	80

全国公共图书

地区	本年收入合计(千元)	财政补助收入	上级补助收入	事业收入	经营收入	附属单位上缴收入	本年支出合计(千元)	事业支出	经营支出	对附属单位补助支出	从业人员劳动报酬	职工工资总额
总计	**1 374 297**	**1 158 298**	**14 606**	**92 932**	**32 044**	**8 110**	**1 358 255**	**1 323 714**	**20 653**	**756**	**443 536**	**411 029**
中央	177 257	142 780	—	20 150	6 046	5 148	176 549	175 526	993	30	21 864	10 453
地方	1 197 040	1 015 518	14 606	72 782	25 998	2 962	1 181 706	1 148 188	19 660	726	421 672	400 576
北京	44 594	37 457	1 053	2 999	1 035	10	42 908	34 847	290	—	12 637	11 899
天津	30 204	24 119	231	2 070	—	62	30 073	30 044	—	—	10 947	10 276
河北	31 008	27 739	1 123	988	514	—	31 315	30 930	385	—	12 366	12 203
山西	19 843	18 368	300	602	405	33	20 024	19 940	84	—	8 993	8 635
内蒙古	22 922	21 823	125	349	9	—	23 113	23 008	81	—	13 005	12 954
辽宁	68 861	60 214	478	4 221	1 534	12	67 984	66 427	1 406	—	25 140	24 083
其中:大连	14 305	12 917	197	344	—	—	14 234	14 234	—	—	3 266	3 094
吉林	29 390	27 758	81	575	567	—	29 481	29 185	293	—	12 520	12 486
黑龙江	31 543	28 911	214	1 653	264	—	31 581	31 287	276	18	14 413	13 990
上海	197 083	166 009	446	17 890	307	738	204 602	202 222	411	85	42 575	36 825
江苏	74 059	60 995	565	6 360	868	441	72 597	72 133	270	—	26 073	25 074
浙江	71 364	59 950	880	4 676	584	433	70 174	69 430	717	—	21 969	20 919
其中:宁波	8 088	6 299	299	527	117	—	8 215	8 062	153	—	3 293	2 912
安徽	21 783	18 160	302	1 327	385	350	22 518	21 578	625	170	9 466	9 262
福建	42 118	33 669	486	1 270	4 919	—	38 772	34 865	3 588	237	12 149	11 721
其中:厦门	10 177	9 013	20	86	—	—	8 531	8 531	—	—	2 504	2 504
江西	18 993	15 820	667	1 498	357	—	19 060	18 620	312	55	9 007	8 815
山东	57 036	52 540	672	1 609	176	114	53 781	53 622	103	56	21 217	20 867
其中:青岛	7 466	5 777	361	758	—	—	7 661	7 661	—	—	2 676	2 655
河南	33 599	30 242	82	1 505	438	—	33 640	33 064	443	—	16 441	16 040
湖北	35 624	26 148	843	2 394	2 513	210	36 590	34 202	1 761	—	15 252	14 706
湖南	32 400	24 220	178	1865	3 553	—	33 074	29 799	2 926	58	13 923	13 295
广东	139 653	114 812	2 217	8 664	2 915	423	126 575	123 676	1 999	18	38 827	36 446
其中:深圳	31 185	27 040	15	1 676	—	265	32 867	32 867	—	—	9 394	9 394
广西	30 151	25 733	307	1 452	510	3	30 171	29 592	553	5	11 295	10 707
海南	3 402	3 086	92	46	32	—	3 613	3 587	26	—	1 787	1 726
重庆	17 243	11 427	187	3 447	1 113	—	17 336	16 269	1 067	—	6 026	4 849
四川	31 073	24 332	1 378	1 495	1 001	59	31 414	30 728	426	9	11 847	11 281
贵州	13 017	11 409	417	507	58	2	12 747	12 687	42	—	6 272	5 958
云南	41 212	35 961	557	2 053	1 446	—	38 503	37 127	1 032	—	15 536	14 571
西藏	1 012	1 012	—	—	—	—	1 028	1 028	—	—	707	707
陕西	14 036	13 199	50	479	69	—	14 351	14 084	129	3	8 348	8 174
甘肃	15 695	15 021	30	86	13	—	15 721	15 703	18	—	8 565	8 222
青海	6 814	6 356	10	40	—	72	6 666	6 666	—	—	3 687	3 623
宁夏	6 278	5 890	52	127	9	—	6 386	6 351	35	—	3 233	3 124
新疆	15 030	13 138	583	535	404	—	15 908	15 487	362	12	7 449	7 138

馆基本情况(1999年)(二)

在支出合计中						本年新购藏量		年末固定资产原值	增加值	公共房屋建筑面积			阅览室座席数	
税金支出	社会保障费	修缮费	设备购置费			(千册(件))	新购图书	(千元)	(千元)	(千平方米)	书库	阅览室	(千个)	少儿阅览室座席
				新增藏量购置费										
					图书购置费									
10 806	**104 674**	**72 770**	**430 885**	**349 610**	**304 734**	**8 958**	**6 784**	**4 980 068**	**653 551**	**5 060**	**1 374**	**1 057**	**416**	**126**
1 905	4 952	16 709	89 221	85 000	81 539	586	211	911 178	60 216	164	69	17	3	—
8 901	99 722	56 061	341 664	264 610	223 195	8 372	6 573	4 068 890	593 335	4 896	1 305	1 040	413	126
305	2 048	2 130	17 888	8 027	6 840	359	334	99 815	16 934	101	22	17	8	3
111	2 919	1 459	8 427	5 814	4 474	215	199	92 461	14 755	86	23	14	7	2
74	3 059	3 399	7 906	5 747	3 815	211	145	140 191	18 048	242	54	45	17	5
130	1 741	580	4 891	3 561	2 814	217	149	62 042	11 609	94	28	18	10	3
73	2 271	1 342	2 926	2 155	1 686	122	105	62 641	15 584	128	31	31	13	4
455	6 810	1 615	16 743	14 104	13 293	501	382	233 799	34 948	250	59	54	20	7
65	802	279	4 552	4 135	4 116	105	97	42 693	5 040	59	13	15	3	1
81	3 390	1 109	5 836	4 754	4 302	215	200	108 726	16 951	97	27	22	11	4
139	4 115	1 227	6 331	5 422	3 825	206	170	116 867	19 230	139	35	32	12	4
966	14 080	4 861	95 207	77 707	68 759	700	522	470 074	62 344	225	83	43	15	3
72	7 021	2 781	20 585	17 524	15 338	665	549	264 076	36 710	254	87	54	21	6
304	5 307	6 784	20 956	17 315	13 850	529	494	203 448	30 410	225	55	34	15	4
57	500	216	2 627	1 773	1 608	69	64	23 541	4 291	27	6	5	2	—
164	3 867	630	4 394	3 737	2 718	184	124	57 969	11 946	89	25	15	9	3
1 983	3 038	2 013	11 174	8 329	6 952	287	244	125 239	19 136	169	49	35	14	4
—	863	672	3 081	2 837	2 000	70	67	26 873	3 579	18	6	4	1	—
168	2 134	948	3 368	2 743	1 903	202	127	98 590	13 117	179	46	43	15	5
147	4 974	2 593	12 755	10 710	10 069	395	285	158 161	27 691	240	59	42	19	6
66	1 019	65	1 883	1 380	1 300	57	49	15 822	3 375	23	7	4	2	1
153	3 910	1 613	5 235	4 758	2 573	419	168	145 616	22 420	228	56	41	15	5
281	3 511	1 767	8 569	7 495	6 753	329	280	149 194	21 500	239	65	51	22	6
669	3 024	2 608	6 992	6 285	5 754	308	259	141 596	20 253	248	73	63	24	8
1 105	6 398	8 303	35 971	27 573	22 236	801	691	448 142	57 859	380	80	88	30	8
160	883	2 128	9 756	6 364	3 327	96	83	89 076	13 118	49	4	14	3	—
528	2 168	1 361	8 391	6 173	4 299	437	317	128 968	16 983	222	65	65	25	8
47	219	86	623	492	394	24	21	24 417	2 812	31	8	7	3	1
204	1 565	639	4 255	3 274	2 892	154	121	81 457	9 491	110	26	19	7	3
149	3 013	2 245	7 862	5 305	4 318	281	206	161 174	18 445	228	60	56	20	6
3	1 360	580	2 827	2 140	2 064	96	85	51 782	8 345	100	25	28	10	3
433	1 422	1 914	12 228	6 224	5 195	249	208	147 959	21 886	203	58	43	18	6
—	—	—	143	143	143	3	2	23 075	1 630	16	4	3	—	—
42	1188	723	1 623	1 269	1 083	44	28	79 041	11 551	104	25	20	10	3
36	1 307	92	3 171	2 799	2 701	91	70	75 158	11 606	106	28	28	9	3
—	1 438	207	533	419	403	16	8	16 206	4 334	38	11	7	3	—
—	697	298	1 293	722	334	23	20	55 768	5 466	40	11	6	3	1
79	1 728	154	2 561	1 890	1 415	89	60	45 238	9 341	85	27	16	8	2

各地区少儿公共图

地区	机构数(个)	从业人员(人)		总藏量(千册(件))							
			职工		古籍	善本	图书	报刊	缩微制品	视听文献	其他
总计	**81**	**1 527**	**1 421**	**9 264**	**22**	**—**	**8 467**	**385**	**11**	**71**	**302**
北京	3	109	93	640	—	—	556	27	5	2	49
天津	12	208	179	1 443	—	—	1 406	19	—	7	10
河北	—	—	—	—	—	—	—	—	—	—	—
山西	1	21	14	103	—	—	93	10	—	—	—
内蒙古	2	25	25	146	—	—	145	1	—	1	—
辽宁	14	255	243	1 470	—	—	1 329	77	—	8	56
其中:大连	1	52	42	361	—	—	332	2	—	2	25
吉林	3	81	81	304	—	—	259	37	—	—	8
黑龙江	1	20	20	41	—	—	—	21	5	—	16
上海	4	94	82	616	—	—	587	10	—	19	—
江苏	4	29	29	222	—	—	213	8	—	—	—
浙江	3	83	79	390	—	—	375	4	1	2	8
其中:宁波	—	—	—	—	—	—	—	—	—	—	—
安徽	1	13	13	30	—	—	30	—	—	—	—
福建	4	61	60	439	—	—	411	23	—	4	—
其中:厦门	2	31	30	310	—	—	295	10	—	4	—
江西	—	—	—	—	—	—	—	—	—	—	—
山东	1	14	8	24	—	—	23	—	—	—	—
其中:青岛	—	—	—	—	—	—	—	—	—	—	—
河南	1	16	16	47	—	—	39	8	—	—	—
湖北	5	92	88	635	—	—	488	15	—	4	128
湖南	6	126	126	912	1	—	857	46	—	3	5
广东	4	113	106	876	7	—	835	9	—	17	7
其中:深圳	1	24	24	133	—	—	129	1	—	3	—
广西	3	61	56	359	—	—	323	33	—	2	1
海南	—	—	—	—	—	—	—	—	—	—	—
重庆	1	47	44	273	—	—	250	20	—	2	—
四川	—	—	—	—	—	—	—	—	—	—	—
贵州	1	11	11	47	—	—	41	4	—	—	2
云南	2	2	2	7	—	—	3	1	—	—	3
西藏	—	—	—	—	—	—	—	—	—	—	—
陕西	3	33	33	216	14	—	181	12	—	—	9
甘肃	2	13	13	24	—	—	23	—	—	—	—
青海	—	—	—	—	—	—	—	—	—	—	—
宁夏	—	—	—	—	—	—	—	—	—	—	—
新疆	—	—	—	—	—	—	—	—	—	—	—

书馆基本情况(1999年)(一)

总藏量中：(千册)		人均拥有藏书(册)	书架单层总长度(千米)	发放借书证数(千个)	千人拥有借书证(个)	总流通(千人次)		书刊外借册次(千册次)	为读者举办各种活动		信息服务		
外文书刊	开架书刊						书刊外借人次		次数(次)	参加人次(千人次)	解答咨询(条)	代检索课题(项)	编制二、三次文献(种)
20	**3 837**	**114**	**119**	**341**	**27**	**7 585**	**4 265**	**8 778**	**3 033**	**1 888**	**60 105**	**400**	**26 380**
6	213	212	5	22	29	367	289	510	385	308	342	—	5
4	580	120	9	35	41	943	740	1 694	474	441	52 022	36	57
—	—	—	—	—	—	—	—	—	—	—	—	—	—
2	20	101	2	1	101	44	44	160	5	1	100	—	—
2	4	72	1	14	10	81	55	95	11	—	63	6	—
2	857	104	32	60	24	1 096	599	1 350	358	332	339	42	11
—	182	357	6	25	14	395	149	377	66	145	172	6	6
—	146	100	8	7	43	150	132	321	42	18	50	22	50
—	30	40	—	2	20	73	29	34	12	4	35	—	—
—	210	153	9	19	32	810	340	580	301	129	96	78	5
—	98	55	2	11	20	270	166	233	59	170	366	99	—
—	102	129	5	8	48	170	107	277	50	31	2	12	—
—	—	—	—	—	—	—	—	—	—	—	—	—	—
—	13	29	1	3	9	48	36	36	18	2	—	—	—
—	113	109	7	6	73	261	111	212	120	22	9	1	—
—	112	154	3	3	102	205	73	151	101	15	4	—	—
—	—	—	—	—	—	—	—	—	—	—	—	—	—
—	—	23	1	1	23	156	125	125	8	2	1 500	—	—
—	—	—	—	—	—	—	—	—	—	—	—	—	—
—	24	46	—	1	46	9	9	45	2	2	—	—	—
—	94	126	6	23	27	335	233	258	101	58	84	2	4
—	560	151	11	80	11	617	286	650	551	125	1 153	50	4
4	424	218	8	17	51	1 271	438	1 220	152	119	2 790	—	19 787
3	42	131	—	3	44	250	4	6	16	1	156	—	19 782
—	127	119	8	15	23	399	173	432	236	86	917	6	6 451
—	—	—	—	—	—	—	—	—	—	—	—	—	—
—	182	270	2	6	45	260	260	328	116	23	41	35	6
—	—	—	—	—	—	—	—	—	—	—	—	—	—
—	—	46	1	—	4 700	45	4	72	9	1	102	—	—
—	—	3	—	—	700	4	3	6	1	8	10	—	—
—	—	—	—	—	—	—	—	—	—	—	—	—	—
—	26	71	1	7	30	146	75	93	14	2	28	11	—
—	14	11	—	3	7	33	11	47	8	4	56	—	—
—	—	—	—	—	—	—	—	—	—	—	—	—	—
—	—	—	—	—	—	—	—	—	—	—	—	—	—
—	—	—	—	—	—	—	—	—	—	—	—	—	—

各地区少儿公共图

地区	本年收入合计(千元)	财政补助收入	上级补助收入	事业收入	经营收入	附属单位上缴收入	本年支出合计(千元)	事业支出	经营支出	对附属单位补助支出	从业人员劳动报酬	职工工资总额
总计	**57 796**	**44 467**	**715**	**5 437**	**2 818**	**—**	**55 198**	**52 084**	**2 595**	**—**	**17 284**	**15 805**
北京	3 352	2 685	410	247	77	—	3 622	3 545	77	—	926	838
天津	5 025	3 434	200	391	—	—	4 992	4 963	—	—	2 335	1 969
河北	—	—	—	—	—	—	—	—	—	—	—	—
山西	284	284	—	—	—	—	278	278	—	—	150	150
内蒙古	448	367	—	58	—	—	440	440	—	—	260	260
辽宁	6 967	5 990	30	174	43	—	6 913	6 837	76	—	2 291	2 155
其中:大连	2 202	1 802	—	—	—	—	2 202	2 202	—	—	439	379
吉林	1 475	1 385	—	88	—	—	1 488	1 488	—	—	648	648
黑龙江	261	261	—	—	—	—	261	261	—	—	188	188
上海	7 079	5 508	4	1 411	—	—	7 354	7 354	—	—	1 988	1 733
江苏	1 612	852	—	506	130	—	1 298	1 298	—	—	368	368
浙江	5 047	4 601	—	267	126	—	5 010	4 993	16	—	1 117	1 001
其中:宁波	—	—	—	—	—	—	—	—	—	—	—	—
安徽	213	213	—	—	—	—	213	213	—	—	115	115
福建	3 733	3 382	20	—	—	—	3 000	3 000	—	—	928	922
其中:厦门	2 909	2 578	—	—	—	—	2 176	2 176	—	—	673	673
江西	—	—	—	—	—	—	—	—	—	—	—	—
山东	350	350	—	—	—	—	350	350	—	—	127	127
其中:青岛	—	—	—	—	—	—	—	—	—	—	—	—
河南	359	355	—	—	—	—	359	359	—	—	185	142
湖北	2 750	1 472	8	156	517	—	2 851	1 896	467	—	763	763
湖南	3 742	1 865	—	191	1 524	—	3 731	2 214	1 517	—	1 232	1 183
广东	10 707	9 341	43	354	—	—	8 639	8 639	—	—	2 041	1 966
其中:深圳	2 322	2 282	—	—	—	—	2 774	2 774	—	—	541	541
广西	1 155	726	—	—	401	—	1 380	937	442	—	497	497
海南	—	—	—	—	—	—	—	—	—	—	—	—
重庆	2 338	802	—	1 536	—	—	2 338	2 338	—	—	645	325
四川	—	—	—	—	—	—	—	—	—	—	—	—
贵州	64	64	—	—	—	—	64	64	—	—	62	62
云南	60	60	—	—	—	—	20	20	—	—	20	20
西藏	—	—	—	—	—	—	—	—	—	—	—	—
陕西	447	355	—	53	—	—	447	447	—	—	320	295
甘肃	148	115	—	5	—	—	150	150	—	—	78	78
青海	—	—	—	—	—	—	—	—	—	—	—	—
宁夏	—	—	—	—	—	—	—	—	—	—	—	—
新疆	—	—	—	—	—	—	—	—	—	—	—	—

书馆基本情况(1999年)(二)

在支出合计中						本年新购藏量		年末固定资产原值(千元)	增加值(千元)	公共房屋建筑面积			阅览室座席数	
税金支出	社会保障费	修缮费	设备购置费	新增藏量购置费	图书购置费	(千册(件))	新购图书			(千平方米)	书库	阅览室	(千个)	少儿阅览室座席
761	**3 265**	**2 749**	**18 700**	**13 695**	**10 217**	**650**	**599**	**111 612**	**22 512**	**136**	**19**	**34**	**15**	**12**
9	151	157	1 155	820	752	47	43	9 424	1 312	10	1	2	1	1
52	423	69	986	779	474	91	88	8 280	2 718	11	1	2	2	1
—	—	—	—	—	—	—	—	—	—	—	—	—	—	—
—	57	20	12	12	11	1	1	180	157	—	—	—	—	—
14	25	75	43	33	31	1	1	800	306	2	—	—	—	—
5	565	253	1 856	1 618	1 560	83	76	15 100	2 901	19	3	6	2	2
—	179	—	880	800	800	29	27	5 624	664	7	1	1	1	1
—	121	43	391	325	325	41	38	6 562	911	4	1	1	1	1
—	—	—	17	17	17	1	1	14	189	1	—	—	—	—
15	489	163	3 578	2 039	1 944	84	79	10 280	2 414	8	1	3	1	1
—	109	38	209	160	149	13	12	1 585	432	3	1	1	1	1
1	365	17	3 105	2 957	525	40	37	5 283	1 330	11	—	2	1	—
—	—	—	—	—	—	—	—	—	—	—	—	—	—	—
—	23	—	21	21	21	2	2	1 150	161	2	—	1	—	—
—	200	448	906	624	624	52	47	3 395	1 064	6	1	1	1	1
—	145	395	492	326	326	31	31	1 668	740	3	1	1	—	—
—	—	—	—	—	—	—	—	—	—	—	—	—	—	—
—	10	—	44	—	—	—	—	240	137	2	—	—	—	—
—	—	—	—	—	—	—	—	—	—	—	—	—	—	—
—	43	40	53	45	30	5	3	309	197	—	—	—	—	—
47	130	462	756	470	446	34	29	2 186	897	9	2	2	1	1
330	219	232	663	603	471	33	31	14 285	2 134	19	4	7	2	2
84	214	279	4 041	2 664	2 356	99	90	20 060	2 927	13	2	4	1	1
—	61	228	1 168	641	531	12	10	3 655	687	1	—	—	—	—
105	35	211	267	164	137	11	11	5 462	821	6	1	1	1	—
—	—	—	—	—	—	—	—	—	—	—	—	—	—	—
98	37	204	521	323	323	10	9	2 879	858	4	—	1	—	—
—	—	—	—	—	—	—	—	—	—	—	—	—	—	—
—	1	—	—	—	—	—	—	1 310	114	2	1	—	—	—
—	—	—	—	—	—	—	—	9	20	—	—	—	—	—
—	—	—	—	—	—	—	—	—	—	—	—	—	—	—
1	48	35	28	13	13	1	—	2 724	430	3	—	—	—	—
—	—	3	48	8	8	1	1	95	82	1	—	—	—	—
—	—	—	—	—	—	—	—	—	—	—	—	—	—	—
—	—	—	—	—	—	—	—	—	—	—	—	—	—	—
—	—	—	—	—	—	—	—	—	—	—	—	—	—	—

各地区省级公共

地区	机构数(个)	从业人员(人)		总藏量(千册(件))							
			职工		古籍		图书	报刊	缩微制品	视听文献	其他
						善本					
总计	**36**	**7 169**	**6 569**	**123 207**	**14 153**	**1 197**	**61 598**	**13 000**	**12 504**	**354**	**21 595**
北京	2	269	252	3 126	457	33	2 409	149	7	4	101
天津	2	441	359	4 193	501	88	3 392	283	2	15	—
河北	1	177	177	1 168	60	2	918	125	61	4	—
山西	1	199	199	2 148	284	50	1 062	775	19	8	—
内蒙古	1	164	164	1 466	180	4	1 139	58	1	—	87
辽宁	1	255	255	3 282	459	123	2 166	531	3	23	100
吉林	1	205	188	2 810	370	24	1 990	336	110	2	—
黑龙江	1	149	124	2 329	134	5	1 831	361	—	3	—
上海	2	1 231	950	40 871	1 838	178	3 756	1 712	12 257	199	21 110
江苏	1	312	312	7 114	1 410	103	5 363	299	16	20	6
浙江	1	300	300	4 125	841	—	2 412	868	—	3	—
安徽	1	138	137	2 221	409	24	1 351	459	1	1	—
福建	1	256	226	2 310	239	21	1 850	189	5	6	22
江西	1	162	162	2 010	560	10	1 312	118	—	—	20
山东	1	168	168	4 221	746	70	2 922	525	4	11	14
河南	1	203	183	2 485	708	43	1 561	211	2	3	—
湖北	1	189	177	3 928	434	56	2 458	994	2	4	36
湖南	2	306	286	4 092	950	50	2 786	348	1	6	1
广东	1	307	289	4 133	389	25	2 572	1 161	1	9	—
广西	3	381	321	3 432	267	8	2 715	401	2	16	32
海南	—	—	—	—	—	—	—	—	—	—	—
重庆	2	224	221	3 792	525	48	2 882	343	2	2	37
四川	1	234	234	4 699	687	61	3 322	679	3	7	—
贵州	1	128	128	2 164	127	1	1 802	233	1	—	1
云南	1	148	148	2 253	545	42	1 323	384	1	—	—
西藏	—	—	—	—	—	—	—	—	—	—	—
陕西	1	141	134	2 498	385	54	1 684	421	1	2	5
甘肃	1	182	182	2 604	316	60	1 834	451	1	1	—
青海	1	116	110	1 444	115	10	1 117	188	—	1	23
宁夏	1	108	107	1 345	137	1	1 158	45	1	4	—
新疆	1	76	76	944	80	3	511	353	—	—	—

图书馆基本情况(1999年)(一)

总藏量中(千册)		书架单层总长度(千米)	发放借书证数(千个)	平均每证拥有藏书(册)	总流通(千人次)		书刊外借册次(千册次)	为读者举办各种活动		信息服务		
外文书刊	开架书刊					书刊外借人次		次数(次)	参加人次(千人次)	解答咨询(条)	代检索课题(项)	编制二、三次文献(种)
10 272	**11 893**	**2 796**	**865**	**142**	**18 132**	**6 270**	**13 381**	**3 997**	**1 946**	**766 455**	**9 405**	**683**
249	124	25	15	208	252	146	226	115	276	575	3	18
438	1 173	77	74	56	1 491	660	1 589	140	340	84 922	234	82
75	813	34	62	18	624	352	481	32	3	58 369	758	7
461	300	23	58	37	427	177	317	25	140	85 701	200	5
37	—	84	7	209	483	100	130	5	10	—	—	—
632	1 427	80	61	53	844	329	1 068	37	11	35 123	899	7
476	143	41	10	280	183	44	106	43	—	360	58	7
121	—	31	4	580	405	91	394	14	43	313	171	5
1 864	924	242	42	972	3 384	759	1 976	2 179	505	288 892	3 945	120
1 153	124	119	14	507	433	207	295	30	120	16 785	748	—
421	48	55	34	121	1 163	444	453	9	—	277	52	6
242	38	56	3	737	144	64	123	3	—	2 750	28	—
145	398	36	62	37	747	316	381	306	15	12 000	106	3
—	—	—	1	1 990	324	191	191	12	3	30	—	3
416	130	152	9	468	363	266	1 053	4	1	785	430	8
136	240	43	50	49	401	139	300	15	11	6 747	56	11
692	1 150	752	80	49	253	157	551	41	22	52 878	25	7
365	1 069	68	80	51	1 215	286	646	579	68	14 512	188	16
325	928	49	15	275	2 208	242	474	39	210	15 275	315	60
246	803	504	36	95	1 223	340	740	115	52	69 278	930	258
—	—	—	—	—	—	—	—	—	—	—	—	—
202	321	40	19	199	391	297	456	168	35	1 741	48	38
284	269	41	8	586	11	9	85	26	26	1 176	3	10
25	—	—	—	216 400	120	85	89	2	—	—	—	—
214	250	89	67	33	329	306	790	10	6	2 200	7	2
—	—	—	—	—	—	—	—	—	—	—	—	—
399	400	23	28	89	106	34	63	10	5	6 200	—	—
383	400	60	14	185	358	118	187	24	31	7 761	30	6
183	105	37	3	479	146	52	87	10	5	800	171	3
55	16	25	1	1 331	45	37	92	1	1	1 005	—	1
33	300	10	8	117	59	22	38	3	7	—	—	—

各地区省级公共

地区	本年收入合计(千元)	财政补助收入	上级补助收入	事业收入	经营收入	附属单位上缴收入	本年支出合计(千元)	事业支出	经营支出	对附属单位补助支出	从业人员劳动报酬	职工工资总额
总计	**374 657**	**320 922**	**1 742**	**20 572**	**11 951**	**1 285**	**371 693**	**354 523**	**9 319**	—	**82 113**	**76 654**
北京	19 738	19 315	—	405	—	—	19 335	11 564	—	—	3 084	3 032
天津	12 595	9 827	—	602	—	—	12 604	12 604	—	—	3 683	3 445
河北	8 140	6 700	1 000	—	—	—	7 270	7 270	—	—	1 340	1 340
山西	6 790	6 109	—	265	367	33	6 905	6 859	46	—	1 563	1 494
内蒙古	3 178	3 086	—	—	—	—	3 256	3 256	—	—	1 077	1 077
辽宁	11 936	10 358	—	503	1 056	—	11 382	10 326	1 056	—	2 694	2 436
吉林	5 558	5 354	—	60	79	—	5 656	5 577	79	—	1 968	1 968
黑龙江	4 350	4 183	—	—	—	—	4 264	4 264	—	—	1 389	1 210
上海	145 713	127 470	91	9 754	—	569	149 295	149 295	—	—	24 179	21 515
江苏	14 983	12 912	139	1 248	79	25	15 098	14 970	48	—	5 150	5 150
浙江	17 236	16 745	—	270	—	221	16 986	16 986	—	—	3 231	3 231
安徽	3 848	3 532	—	123	—	47	4 098	4 098	—	—	862	861
福建	13 789	8 951	—	—	4 838	—	11 546	8 047	3 499	—	2 293	2 154
江西	2 752	2 102	—	650	—	—	2 733	2 733	—	—	1 109	1 109
山东	12 134	11 830	—	96	—	—	9 071	9 071	—	—	1 589	1 389
河南	7 215	6 654	—	121	423	—	7 355	6 932	423	—	1 791	1 667
湖北	5 292	4 352	—	515	—	160	5 681	5 681	—	—	1 556	1 556
湖南	9 952	6 601	—	332	2 317	—	10 001	7 691	2 310	—	3 129	2 980
广东	16 793	12 055	—	2 161	—	158	16 058	16 058	—	—	5 022	4 939
广西	9 389	7 851	—	797	—	—	8 889	8 889	—	—	3 149	2 897
海南	—	—	—	—	—	—	—	—	—	—	—	—
重庆	7 661	4 857	12	2 146	646	—	7 636	6 990	646	—	1 732	1 348
四川	7 370	5 370	—	270	660	—	7 680	7 530	150	—	1 612	1 612
贵州	2 954	2 468	—	—	—	—	2 954	2 954	—	—	1 354	1 354
云南	10 203	8 979	—	—	1 169	—	9 731	8 986	745	—	1 916	1 506
西藏	—	—	—	—	—	—	—	—	—	—	—	—
陕西	2 707	2 700	—	1	—	—	3 030	3 030	—	—	1 288	1 268
甘肃	5 520	5 371	—	—	—	—	5 475	5 475	—	—	1 859	1 859
青海	2 976	2 543	—	29	—	72	2 822	2 822	—	—	968	904
宁夏	1 802	1 744	—	—	—	—	1 901	1 901	—	—	793	789
新疆	2 083	903	500	224	317	—	2 981	2 664	317	—	733	564

图收馆基本情况(1999年)(二)

在支出合计中						本年新购藏量		年末固定资产原值（千元）	增加值（千元）	公共房屋建筑面积			阅览室座席数	
税金支出	社会保障费	修缮费	设备购置费	新增藏量购置费	图书购置费	（千册（件））	新购图书			（千平方米）	书库	阅览室	（千个）	少儿阅览室座席
4 593	**27 109**	**16 259**	**164 275**	**129 620**	**115 633**	**1 684**	**1 379**	**1 274 998**	**137 707**	**746**	**292**	**155**	**29**	**1**
32	1 126	907	11 964	3 906	3 419	76	69	33 255	4 446	10	4	—	—	—
19	1 105	26	4 997	4 219	3 274	137	130	54 860	5 896	33	13	4	2	—
—	300	1 690	3 260	3 000	1 650	37	25	33 650	2 686	39	10	11	1	—
29	491	348	2 820	2 100	1 553	88	32	30 044	2 794	17	9	4	1	—
16	336	—	980	640	466	25	24	7 941	1 411	20	7	3	1	—
185	1 004	57	4 096	3 320	3 320	62	55	77 293	5 971	34	5	8	1	—
49	717	462	1 686	1 433	1 383	31	25	22 705	2 925	13	6	1	1	—
22	743	40	1 275	1 230	1 230	21	15	16 940	2 089	10	5	1	—	—
533	7 992	2 912	80 793	68 435	60 643	328	239	354 530	38 893	122	58	20	4	—
—	1 491	262	6 162	5 932	5 932	93	80	79 990	8 350	31	26	5	1	—
—	837	4 699	5 110	5 107	5 107	77	77	50 932	5 268	12	8	1	1	—
—	860	67	1 606	1 421	983	43	40	16 977	1 541	14	8	1	—	—
1 825	755	406	2 935	1 657	1 657	38	38	22 705	5 026	15	5	—	1	—
—	462	60	357	357	167	31	13	36 248	2 559	37	12	8	1	—
—	679	235	4 901	4 901	4 901	75	75	32 008	2 869	11	6	1	1	—
24	599	935	1 434	1 426	656	27	21	34 672	3 202	42	10	11	1	—
55	920	277	2 233	2 000	2 000	48	41	37 944	3 129	27	11	7	1	—
504	1 056	406	3 071	3 048	2 921	100	90	42 629	5 339	38	13	19	2	1
520	525	1 119	5 175	4 757	4 532	75	74	62 658	8 048	26	8	8	2	—
272	863	280	2 823	2 443	1 834	72	54	42 668	5 127	41	14	16	2	—
—	—	—	—	—	—	—	—	—	—	—	—	—	—	—
135	631	410	2 012	1 401	1 401	56	55	43 347	3 601	30	8	3	1	—
51	860	20	3 320	1 602	1 501	45	28	29 340	2 837	26	13	5	—	—
—	344	—	780	700	700	12	8	11 640	1 820	1	—	—	—	—
258	—	152	6 402	1 484	1 484	25	25	27 866	3 289	12	5	4	1	—
—	—	—	—	—	—	—	—	—	—	—	—	—	—	—
—	584	279	567	567	528	7	4	18 102	2 012	—	—	—	—	—
—	542	7	1 940	1 880	1 880	39	34	29 149	3 025	33	11	7	1	—
—	630	175	416	305	305	13	6	8 456	1 306	19	6	2	1	—
—	290	25	599	218	75	3	2	10 339	1 207	8	3	1	—	—
64	367	3	561	131	131	—	—	6 110	1 041	25	8	4	1	—

各地区地、市级公共

地区	机构数(个)	从业人员(人)		总藏量(千册(件))							
			职工		古籍		图书	报刊	缩微制品	视听文献	其他
						善本					
总计	**400**	**14 455**	**13 754**	**109 369**	**6 680**	**381**	**88 277**	**12 461**	**11**	**398**	**1 536**
北京	15	608	522	3 476	60	1	3 237	167	—	11	1
天津	23	523	494	2 985	39	—	2 739	184	—	13	10
河北	11	474	448	4 177	447	16	3 166	477	1	2	84
山西	6	194	185	1 505	164	17	1 063	277	—	—	1
内蒙古	20	632	632	2 574	70	9	2 198	283	—	1	22
辽宁	30	1 357	1 280	10 515	555	28	8 470	1 073	2	41	374
其中:大连	2	217	184	2 508	260	23	1 740	251	1	18	237
吉林	10	566	560	4 296	191	16	3 693	365	—	41	6
黑龙江	13	717	685	5 344	308	15	3 938	986	—	5	106
上海	25	976	863	6 151	26	—	5 848	120	1	113	43
江苏	13	680	659	9 398	1 226	64	7 408	742	—	9	12
浙江	12	537	472	4 465	584	21	3 228	432	1	15	205
其中:宁波	1	57	47	645	98	—	438	62	—	1	45
安徽	13	401	390	2 600	166	8	1 986	430	—	1	16
福建	9	278	270	2 582	109	6	2 182	248	—	7	37
其中:厦门	2	97	97	1 051	62	2	911	72	—	5	1
江西	7	269	267	2 389	168	27	1 946	215	—	—	59
山东	14	676	666	4 895	354	11	3 697	823	—	9	11
其中:青岛	1	105	100	1 068	143	1	741	184	—	—	—
河南	16	664	645	4 523	479	33	3 351	683	1	7	2
湖北	19	751	707	6 045	344	12	4 718	722	1	11	248
湖南	12	390	388	3 097	147	6	2 587	343	—	2	18
广东	23	1 051	1 012	8 470	202	8	6 912	1 121	2	92	142
其中:深圳	2	216	216	1 423	15	1	980	393	2	11	22
广西	10	339	339	2 286	80	2	1 727	448	—	4	27
海南	2	55	49	354	7	—	327	21	—	—	—
重庆	13	268	252	2 086	208	35	1 484	392	—	1	—
四川	17	495	478	5 304	410	11	4 157	655	—	6	76
贵州	8	239	232	1 414	13	3	1 205	196	1	—	—
云南	16	353	348	2 665	85	—	2 246	327	1	4	2
西藏	1	43	43	596	100	30	482	13	—	—	—
陕西	7	179	163	1 237	44	—	1 070	119	—	—	4
甘肃	8	215	203	1 120	77	1	924	118	—	—	—
青海	8	117	107	439	5	1	378	29	—	—	27
宁夏	2	89	82	515	2	—	425	86	—	1	—
新疆	17	319	313	1 866	10	—	1 485	366	—	2	3

图书馆基本情况(1999年)(一)

总藏量中(千册)		书架单层总长度(千米)	发放借书证数(千个)	平均每证拥有藏书(册)	总流通(千人次)		书刊外借册次(千册次)	为读者举办各种活动		信息服务		
外文书刊	开架书刊					书刊外借人次		次数(次)	参加人次(千人次)	解答咨询(条)	代检索课题(项)	编制二、三次文献(种)
2 171	**28 296**	**2 852**	**2 041**	**53**	**58 529**	**27 758**	**55 131**	**8 596**	**4 429**	**429 925**	**9 218**	**37 470**
8	2 493	97	97	35	2 212	1 447	2 971	669	254	6 086	164	119
6	1 058	274	65	45	1 823	996	1 669	603	295	3 364	117	123
36	414	109	52	80	1 966	1 278	1 531	188	111	8 984	437	66
22	24	41	13	115	101	86	216	15	9	560	—	4
5	587	142	34	75	888	512	873	120	15	6 139	52	221
536	2 736	237	138	76	5 170	1 948	3 927	499	513	96 298	908	355
273	832	59	44	56	1 475	562	1 098	73	146	48 816	129	172
123	312	80	60	71	1 511	431	1 020	194	84	24 046	162	105
500	2 183	103	116	46	2 540	882	2 482	192	144	3 114	137	37
8	3 689	110	114	53	7 697	3 156	6 567	1 138	618	25 641	979	93
228	1 317	432	189	49	2 883	1 962	3 358	261	442	25 262	410	93
51	921	86	96	46	2 977	1 389	2 456	233	129	13 117	137	108
20	—	11	13	49	570	127	190	22	5	—	—	15
74	487	72	36	72	1 447	854	1 223	1 078	9	4 553	76	88
14	809	73	52	49	1 527	649	3 837	168	40	8 994	116	28
14	344	31	31	33	797	224	2 632	108	22	5 772	1	7
6	150	17	13	183	454	299	531	27	12	649	43	—
131	1 120	99	150	32	2 041	1 115	1 973	690	149	13 586	726	31
97	117	21	49	21	253	172	665	16	54	3 927	64	8
16	1 349	107	51	88	1 990	1 208	2 196	208	71	12 945	278	102
106	832	110	127	47	2 399	1 529	2 346	285	262	9 833	160	215
61	868	72	106	29	1 541	660	1 344	247	147	9 329	236	43
145	3 700	169	204	41	8 000	2 845	4 961	662	441	116 150	2 090	23 133
60	1 029	17	13	109	1 855	264	331	57	46	77 575	994	19 788
36	781	56	88	25	2 208	899	1 788	390	205	15 486	55	6 582
—	87	4	3	117	242	108	129	9	6	—	—	—
—	356	29	20	104	654	383	867	144	56	3 305	115	24
11	490	90	50	106	1 336	660	1 432	205	196	7 380	414	5 750
1	201	44	59	23	720	498	567	49	21	1 331	33	56
15	468	87	35	76	1 905	748	1 823	117	129	5 780	94	75
4	150	2	1	590	236	88	88	2	4	1	—	—
9	20	10	10	123	496	138	482	26	18	1 097	20	2
—	87	30	12	93	312	142	178	47	12	4 027	1 089	3
1	45	7	4	109	112	47	169	42	15	229	—	—
—	6	12	6	85	311	260	1 143	8	3	141	10	—
18	556	51	40	46	830	541	984	80	19	2 498	160	14

各地区地、市级公共

地区	本年收入合计(千元)	财政补助收入	上级补助收入	事业收入	经营收入	附属单位上缴收入	本年支出合计(千元)	事业支出	经营支出	对附属单位补助支出	从业人员劳动报酬	职工工资总额
总计	**424 411**	**355 979**	**4 790**	**29 459**	**7 392**	**1 172**	**416 467**	**408 152**	**5 724**	**311**	**151 146**	**143 280**
北京	20 294	14 594	1 015	2 334	1 035	—	19 211	18 921	290	—	7 614	6 930
天津	14 485	11 493	231	1 196	—	62	14 345	14 316	—	—	6 025	5 615
河北	12 021	10 803	—	755	380	—	13 167	12 884	283	—	4 089	3 984
山西	3 460	3 204	—	255	—	—	3 456	3 456	—	—	1 424	1 307
内蒙古	8 132	7 611	25	176	9	—	8 141	8 132	9	—	4 623	4 601
辽宁	34 034	30 423	17	1 542	251	12	33 831	33 604	227	—	12 382	11 812
其中:大连	8 490	7 780	—	70	—	—	8 490	8 490	—	—	1 739	1 639
吉林	13 767	13 157	39	400	15	—	13 820	13 819	1	—	4 735	4 728
黑龙江	15 038	13 361	200	1 218	217	—	15 162	14 924	238	—	6 516	6 324
上海	44 758	33 188	279	7 965	141	49	48 329	46 140	228	85	15 169	12 980
江苏	26 646	21 770	179	2 106	653	150	24 609	24 389	218	—	8 536	8 214
浙江	22 455	16 902	55	2 268	467	200	22 385	21 858	500	—	6 163	5 624
其中:宁波	2 685	1 873	10	371	—	—	2 669	2 669	—	—	863	577
安徽	8 382	6 793	69	455	242	250	8 843	8 134	398	170	3 809	3 706
福建	14 580	13 298	65	27	—	—	13 211	13 211	—	—	3 654	3 613
其中:厦门	8 963	7 954	—	—	—	—	7 313	7 313	—	—	2 039	2 039
江西	3 892	3 525	—	126	—	—	3 748	3 748	—	—	1 763	1 731
山东	16 731	15 349	—	210	106	114	16 879	16 750	73	56	6 647	6 589
其中:青岛	3 474	2 945	—	—	—	—	3 753	3 753	—	—	1 251	1 231
河南	12 988	11 609	—	739	—	—	12 795	12 795	—	—	6 001	5 821
湖北	12 954	9 714	180	367	1 275	50	13 566	12 231	1 281	—	5 905	5 789
湖南	7 952	6 298	10	951	47	—	8 016	7 908	47	—	3 241	3 067
广东	72 042	63 152	951	2 097	1 639	265	64 291	63 259	1 032	—	18 452	17 746
其中:深圳	20 239	18 619	—	—	—	265	22 536	22 536	—	—	6 440	6 440
广西	9 831	8 419	5	146	446	—	11 231	10 772	458	—	3 304	3 066
海南	1 105	1 061	—	44	—	—	1 113	1 113	—	—	500	473
重庆	4 504	2 774	140	776	194	—	4 580	4 358	222	—	1 987	1 886
四川	10 394	7 815	1 059	682	66	20	10 105	10 092	13	—	4 232	3 953
贵州	5 090	4 504	100	396	22	—	4 793	4 793	—	—	1 882	1 634
云南	11 341	8 922	50	1 587	154	—	9 191	8 984	138	—	3 587	3 477
西藏	1 012	1 012	—	—	—	—	1 028	1 028	—	—	707	707
陕西	2 767	2 276	45	397	10	—	2 826	2 761	45	—	1 355	1 318
甘肃	3 839	3 541	—	28	—	—	3 878	3 878	—	—	1 888	1 767
青海	1 776	1 764	—	10	—	—	1 782	1 782	—	—	1 303	1 303
宁夏	1 561	1 430	24	—	—	—	1 586	1 586	—	—	611	588
新疆	6 580	6 217	52	206	23	—	6 549	6 526	23	—	3 042	2 927

图书馆基本情况(1999年)(二)

在支出合计中						本年新购藏量		年末固定资产原值(千元)	增加值(千元)	公共房屋建筑面积			阅览室座席数	
税金支出	社会保障费	修缮费	设备购置费	新增藏量购置费	图书购置费	(千册(件))	新购图书			(千平方米)	书库	阅览室	(千个)	少儿阅览室座席
2 720	**36 341**	**16 645**	**111 907**	**83 538**	**66 127**	**3 297**	**2 586**	**1 440 854**	**211 497**	**1 507**	**394**	**336**	**114**	**27**
247	633	1 068	5 291	3 510	2 980	247	231	52 693	9 968	72	14	14	6	2
84	1 456	660	2 912	1 498	1 128	73	64	30 264	7 319	41	9	9	4	1
74	1 578	1 536	3 388	1 738	1 429	69	57	47 705	6 071	67	18	11	4	1
80	425	92	674	520	492	15	15	6 924	1 781	6	2	1	—	—
28	583	522	1 064	816	628	37	33	33 172	5 979	54	14	14	5	1
81	3 194	811	8 812	7 529	7 147	247	198	90 409	16 081	120	32	29	7	2
—	270	3	2 880	2 800	2 800	61	54	22 500	2 639	37	9	11	2	1
9	1 456	494	3 262	2 592	2 273	127	126	64 020	7 306	41	12	10	3	1
111	2 126	339	3 588	2 895	1 778	111	96	66 776	9 298	60	14	12	3	1
420	5 208	1 853	13 241	8 194	7 159	328	245	94 927	19 386	83	20	19	9	2
53	1 897	750	6 893	5 866	4 607	181	164	69 907	11 384	81	28	19	6	1
189	1 416	551	8 485	7 297	4 366	195	182	57 019	8 632	72	13	11	4	1
42	40	187	1 004	702	702	28	28	11 328	1 358	8	2	2	—	—
126	1 283	305	1 591	1 412	1 024	77	43	25 156	4 942	31	9	6	3	1
24	1 324	980	5 197	4 424	3 563	134	115	51 742	5 747	38	8	8	3	1
—	827	672	2 665	2 558	1 746	57	53	23 313	2 971	11	4	3	1	—
29	299	177	830	687	387	45	41	18 363	2 526	14	4	2	1	—
127	1 663	542	4 386	3 331	3 133	101	80	61 170	9 221	91	24	20	6	1
66	406	—	1 435	1 022	1 022	28	25	7 513	1 618	9	3	2	—	—
119	1 604	293	2 463	2 131	1 008	282	68	55 287	8 331	59	18	7	3	1
113	1 183	664	3 245	2 987	2 664	136	111	50 238	8 026	71	23	17	6	1
66	715	1 028	1 593	1 313	1 142	57	45	31 305	4 559	51	19	10	5	1
342	3 953	1 314	21 081	14 914	11 409	371	317	231 366	28 047	118	27	34	9	2
112	783	469	8 167	4 944	2 209	47	37	50 325	8 565	14	2	5	1	—
191	602	494	3 456	1 771	1 420	85	61	38 351	5 029	63	13	10	4	1
12	138	5	165	108	108	5	5	5 415	728	5	1	1	1	—
58	452	76	981	770	532	34	19	13 270	2 577	33	8	8	3	1
55	856	950	1 957	1 591	1 236	90	73	62 083	6 770	60	17	18	4	1
—	430	285	1 483	936	936	51	48	22 531	2 782	36	9	13	3	1
47	493	368	2 748	2 251	1 614	108	84	34 272	5 004	44	14	9	3	1
—	—	—	143	143	143	3	2	23 075	1 630	16	4	3	—	—
15	130	181	624	356	327	10	8	18 166	2 096	16	3	4	2	—
13	397	25	647	498	479	19	15	21 874	2 777	23	4	9	2	—
—	290	32	61	58	44	2	1	2 888	1 419	6	2	2	1	—
—	139	159	391	257	99	6	6	35 546	2 033	7	2	1	1	—
7	418	91	1 255	1 145	872	51	33	24 940	4 048	28	9	5	3	1

各地区县、市级公共

地区	机构数(个)	从业人员(人)		总藏量(千册(件))							
			职工		古籍	善本	图书	报刊	缩微制品	视听文献	其他
总计	**2 330**	**25 728**	**24 610**	**140 872**	**4 819**	**308**	**115 242**	**18 439**	**18**	**83**	**2 260**
北京	6	176	176	800	2	—	745	53	—	—	—
天津	6	165	165	444	7	—	408	29	—	—	—
河北	133	1 051	1 014	5 210	85	9	4 490	528	—	6	100
山西	114	1 100	1 022	4 834	332	56	3 775	596	—	1	129
内蒙古	87	1 037	1 037	2 713	49	4	2 285	362	—	3	14
辽宁	98	1 376	1 355	5 543	29	—	5 211	234	—	4	63
其中:大连	10	193	184	1 204	4	—	1 120	42	—	3	35
吉林	49	981	972	3 058	26	—	2 701	278	5	1	46
黑龙江	83	1 007	983	3 903	9	1	3 315	411	5	—	162
上海	5	170	169	1 540	32	—	1 476	31	—	—	—
江苏	87	1 080	1 031	9 723	533	26	8 365	779	—	6	40
浙江	70	1 046	1 019	7 900	488	23	6 460	853	—	8	91
其中:宁波	8	142	141	1 015	67	2	811	136	—	1	1
安徽	69	691	653	3 030	89	2	2 440	453	—	—	48
福建	72	659	598	4 658	135	12	3 896	579	—	—	47
其中:厦门	6	34	30	202	11	—	183	8	—	—	—
江西	96	1 024	963	7 964	286	22	6 202	1 206	—	2	267
山东	118	1 711	1 683	10 251	200	13	8 464	1 467	2	—	118
其中:青岛	10	123	123	1 250	9	1	1 142	97	2	—	—
河南	116	1 714	1 598	4 904	153	10	3 808	896	1	2	44
湖北	82	1 317	1 283	6 453	182	14	5 157	1 006	—	5	103
湖南	101	1 202	1 162	7 837	442	12	6 048	1 197	5	2	143
广东	97	1 378	1 247	8 279	234	16	6 940	979	—	28	97
其中:深圳	4	109	109	458	1	—	423	29	—	5	—
广西	181	886	818	7 904	162	4	6 002	1 599	—	1	140
海南	17	198	177	1 148	5	—	981	160	—	—	2
重庆	27	310	297	2 257	64	2	1 912	259	—	1	22
四川	111	987	953	6 893	469	13	4 941	1 253	—	4	225
贵州	80	532	509	2 903	43	5	2 379	364	—	—	116
云南	130	1 057	1 042	7 502	300	21	6 094	990	—	—	117
西藏	—	—	—	—	—	—	—	—	—	—	—
陕西	105	1 190	1 071	4 178	271	24	3 388	467	—	—	53
甘肃	82	677	642	3 516	162	16	2 794	518	—	6	36
青海	29	159	150	933	9	1	784	118	—	—	21
宁夏	18	344	331	1 690	15	2	1 380	287	—	1	8
新疆	61	503	490	2 904	6	—	2 401	487	—	2	8

图书馆基本情况(1999年)(一)

总藏量中(千册)		书架单层总长度(千米)	发放借书证数(千个)	平均每证拥有藏书(册)	总流通(千人次)		书刊外借册次(千册次)	为读者举办各种活动		信息服务		
外文书刊	开架书刊					书刊外借人次		次数(次)	参加人次(千人次)	解答咨询(条)	代检索课题(项)	编制二、三次文献(种)
530	**37 582**	**3 352**	**2 911**	**48**	**100 757**	**56 183**	**92 761**	**17 437**	**7 445**	**388 906**	**19 918**	**28 128**
22	513	22	12	66	631	489	773	98	57	1 346	78	10
—	127	8	8	55	207	103	114	17	17	453	4	19
18	1 191	137	131	39	4 344	3 421	4 635	1 422	216	22 898	845	466
11	1 463	86	79	61	1 884	1 187	1 665	474	146	12 325	108	19
3	429	65	54	50	1 287	802	1 260	3 381	25	5 886	341	35
9	1 984	264	116	47	4 981	2 720	5 160	726	408	26 844	1 526	1 591
2	355	29	31	38	1 165	700	1 234	157	128	5 081	170	126
25	745	61	55	55	2 574	1 338	2 353	423	185	7 587	195	623
—	1 443	76	128	30	3 265	1 083	2 448	436	189	9 101	169	423
—	601	34	32	48	1 445	740	1 047	65	36	1 889	36	28
34	2 831	222	236	41	7 618	4 870	8 025	847	617	25 480	1 521	191
9	1 504	250	155	50	4 829	2 764	4 744	498	316	20 626	1 498	2 691
7	349	70	25	40	859	393	992	86	36	4 479	420	57
51	673	50	64	47	3 380	1 168	2 700	285	125	7 107	296	97
3	1 291	118	93	50	4 485	1 818	3 323	442	157	10 081	1 220	8 195
—	56	5	10	20	1 347	153	197	70	12	816	3	—
77	1 722	103	122	65	4 179	2 774	5 413	444	338	11 660	733	133
25	2 260	160	219	46	5 488	3 608	6 891	754	323	41 519	1 103	720
—	348	16	14	89	676	479	882	85	150	8 578	62	17
14	1 279	108	124	39	4 764	2 900	3 590	802	197	18 195	457	353
13	1 549	186	191	33	4 100	2 639	4 205	1 389	686	18 276	417	497
21	1 631	194	180	43	5 939	3 490	5 670	632	603	31 346	552	189
32	4 648	174	217	38	10 052	4 249	5 928	863	619	15 874	849	180
1	380	17	22	20	1 340	268	402	135	15	2 603	18	3
19	1 783	230	114	69	6 191	2 882	4 449	712	433	25 887	2 934	8 895
15	711	23	12	95	1 027	599	839	74	39	2 112	434	14
1	897	49	39	57	1 560	984	1 709	200	135	8 953	63	74
10	1 596	162	112	61	4 060	2 235	4 224	720	616	13 275	1 114	623
15	513	63	103	28	1 285	777	1 223	228	122	4 452	445	12
6	1 225	170	107	70	5 692	2 976	4 813	502	327	20 763	417	1 665
—	—	—	—	—	—	—	—	—	—	—	—	—
50	819	76	73	57	2 087	1 279	2 173	374	113	7 774	1 981	92
29	776	64	68	51	1 267	568	812	309	231	5 846	80	17
1	92	24	11	84	230	92	176	23	10	1 565	190	—
1	235	111	21	80	950	567	1 529	130	91	6 943	120	210
16	1 051	62	35	82	956	544	870	167	68	2 843	192	66

各地区县、市级公共

地区	本年收入合计(千元)						本年支出合计(千元)					
		财政补助收入	上级补助收入	事业收入	经营收入	附属单位上缴收入		事业支出	经营支出	对附属单位补助支出	从业人员劳动报酬	职工工资总额
总计	**397 972**	**338 617**	**8 074**	**22 751**	**6 655**	**505**	**393 546**	**385 513**	**4 617**	**415**	**188 413**	**180 642**
北京	4 562	3 548	38	260	—	10	4 362	4 362	—	—	1 939	1 937
天津	3 124	2 799	—	272	—	—	3 124	3 124	—	—	1 239	1 216
河北	10 847	10 236	123	233	134	—	10 878	10 776	102	—	6 937	6 879
山西	9 593	9 055	300	82	38	—	9 663	9 625	38	—	6 006	5 834
内蒙古	11 612	11 126	100	173	—	—	11 716	11 620	72	—	7 305	7 276
辽宁	22 891	19 433	461	2 176	227	—	22 771	22 497	123	—	10 064	9 834
其中:大连	5 815	5 137	197	274	—	—	5 744	5 744	—	—	1 527	1 455
吉林	10 065	9 247	42	115	473	—	10 005	9 789	213	—	5 817	5 790
黑龙江	12 155	11 367	14	435	47	—	12 155	12 099	38	18	6 508	6 456
上海	6 612	5 351	76	171	166	120	6 978	9 787	183	—	3 227	2 330
江苏	32 430	26 313	247	3 006	136	266	32 890	32 774	4	—	12 387	11 710
浙江	31 673	26 303	825	2 138	117	12	30 803	30 586	217	—	12 575	12 064
其中:宁波	5 403	4 426	289	156	117	—	5 546	5 393	153	—	2 430	2 335
安徽	9 553	7 835	233	749	143	53	9 577	9 346	227	—	4 795	4 695
福建	13 749	11 420	421	1 243	81	—	14 015	13 607	89	237	6 202	5 954
其中:厦门	1 214	1 059	20	86	—	—	1 218	1 218	—	—	465	465
江西	12 349	10 193	667	722	357	—	12 579	12 139	312	55	6 135	5 975
山东	28 171	25 361	672	1 303	70	—	27 831	27 801	30	—	12 981	12 889
其中:青岛	3 992	2 832	361	758	—	—	3 908	3 908	—	—	1 425	1 424
河南	13 396	11 979	82	645	15	—	13 490	13 337	20	—	8 649	8 552
湖北	17 378	12 082	663	1 512	1 238	—	17 343	16 290	480	—	7 791	7 361
湖南	14 496	11 321	168	582	1 189	—	15 057	14 200	569	58	7 553	7 248
广东	50 818	39 605	1 266	4 406	1 276	—	46 226	44 359	967	18	15 353	13 761
其中:深圳	10 946	8 421	15	1 676	—	—	10 331	10 331	—	—	2 954	2 954
广西	10 931	9 463	302	509	64	3	10 051	9 931	95	5	4 842	4 744
海南	2 297	2 025	92	2	32	—	2 500	2 474	26	—	1 287	1 253
重庆	5 078	3 796	35	525	273	—	5 120	4 921	199	—	2 307	1 615
四川	13 309	11 147	319	543	275	39	13 629	13 106	263	9	6 003	5 716
贵州	4 973	4 437	317	111	36	2	5 000	4 940	42	—	3 036	2 970
云南	19 668	18 060	507	466	123	—	19 581	19 157	149	—	10 033	9 588
西藏	—	—	—	—	—	—	—	—	—	—	—	—
陕西	8 562	8 223	5	81	59	—	8 495	8 293	84	3	5 705	5 588
甘肃	6 336	6 109	30	58	13	—	6 368	6 350	18	—	4 818	4 596
青海	2 062	2 049	10	1	—	—	2 062	2 062	—	—	1 416	1 416
宁夏	2 915	2 716	28	127	9	—	2 899	2 864	35	—	1 829	1 747
新疆	6 367	6 018	31	105	64	—	6 378	6 297	22	12	3 674	3 647

图书馆基本情况(1999年)(二)

在支出合计中						本年新购藏量		年末固定资产原值(千元)	增加值(千元)	公共房屋建筑面积			阅览室座席数	
税金支出	社会保障费	修缮费	设备购置费	新增藏量购置费	图书购置费	(千册(件))	新购图书			(千平方米)	书库	阅览室	(千个)	少儿阅览室座席
1 588	**36 272**	**23 157**	**65 482**	**51 452**	**41 435**	**3 389**	**2 605**	**1 353 038**	**244 131**	**2 642**	**615**	**550**	**276**	**92**
26	289	155	633	611	441	36	33	13 867	2 520	18	4	3	2	1
8	358	773	518	97	72	5	5	7 337	1 540	12	1	2	1	—
—	1 181	173	1 258	1 009	736	105	63	58 836	9 291	137	25	23	12	4
21	825	140	1 397	941	769	114	102	25 074	7 034	71	17	14	9	3
29	1 352	820	882	699	592	60	48	21 528	8 194	54	11	14	7	3
189	2 612	747	3 835	3 255	2 826	191	130	66 097	12 896	96	22	17	12	4
65	532	276	1 672	1 335	1 316	44	42	20 193	2 401	22	4	3	2	1
23	1 217	153	888	729	646	56	49	22 001	6 720	43	8	11	7	3
6	1 246	848	1 468	1 297	817	74	59	33 151	7 843	69	17	18	8	3
13	880	96	1 173	1 078	957	45	38	20 617	4 065	20	6	4	2	—
19	3 633	1 769	7 530	5 726	4 799	391	305	114 179	16 976	142	33	29	15	5
115	3 054	1 534	7 361	4 911	4 377	258	235	95 497	16 510	141	34	23	10	3
15	460	29	1 623	1 071	906	41	36	12 213	2 933	19	4	3	1	—
38	1 724	258	1 197	904	711	63	41	15 836	5 463	43	8	8	6	2
134	959	627	3 042	2 248	1 732	115	91	50 792	8 363	116	35	26	10	4
—	36	—	416	279	254	14	13	3 560	608	7	3	1	—	—
139	1 373	711	2 181	1 699	1 349	127	73	43 979	8 032	127	29	33	14	5
20	2 632	1 816	3 468	2 478	2 035	218	130	64 983	15 601	138	29	21	13	4
—	613	65	448	358	278	29	24	8 309	1 757	14	3	2	2	1
10	1 707	385	1 338	1 201	909	110	79	55 657	10 887	126	28	23	11	4
113	1 408	826	3 091	2 508	2 089	145	128	61 012	10 345	141	31	26	16	5
99	1 253	1 174	2 328	1 924	1 691	151	124	67 662	10 355	158	41	34	17	6
243	1 920	5 870	9 715	7 902	6 295	354	300	154 118	21 764	236	45	46	20	6
48	100	1 659	1 589	1 420	1 118	49	46	38 751	4 553	35	2	9	2	—
65	703	587	2 112	1 959	1 045	279	202	47 949	6 827	118	37	39	19	6
35	81	81	458	384	286	19	16	19 002	2 084	27	6	6	3	1
11	482	153	1 262	1 103	959	64	47	24 840	3 313	48	10	8	4	1
43	1 297	1 275	2 585	2 112	1 581	146	105	69 751	8 838	143	31	33	16	5
3	586	295	564	504	428	33	28	17 611	3 743	63	15	15	7	2
128	929	1 394	3 078	2 489	2 097	116	98	85 821	13 593	147	38	30	14	5
—	—	—	—	—	—	—	—	—	—	—	—	—	—	—
27	474	263	432	346	228	27	16	42 773	7 443	88	22	16	8	3
23	368	60	584	421	342	33	20	24 135	5 804	50	13	12	6	2
—	518	—	56	56	54	2	1	4 862	1 609	13	3	3	1	—
—	268	114	303	247	160	14	13	9 883	2 226	24	6	5	2	1
8	943	60	745	614	412	38	26	14 188	4 252	33	10	8	4	1

大 事 记

1999 年

1月1日，陕西省图书馆第二届学术研讨会召开，主题为“迈向新世纪的陕西省图书馆”。

1月2日，上海崇明县图书馆新馆和宝山区图书馆新馆先后开放，接待读者。

1月5～9日，在广西壮族自治区首府南宁市举行了’98中南、西南省（区）市公共图书馆业务协作研讨会，主题为“图书馆发展与图书馆办馆效益”。

1月6～8日，浙江省党校图书资料工作会议暨第六次学术讨论会在中共宁波市委党校召开，会议主题是“面向21世纪的党校图书馆现代化建设”。

1月11日～12日，在上海市宝山区图书馆召开了长江民俗文化信息网协作会议，此次会议的主要议题是长江口民俗文化数据库的建立及跨省市的十市（区、县）公共图书馆间的协作。

1月12日，国际图联执委会宣布任命罗斯·西蒙先生担任秘书长，自4月上任。

1月14日～15日，由北图牵头、全国公共图书馆、高校图书馆、党校图书馆、国家行政机关图书馆情报信息院（所）以及军队院校和科研院校所等系统124家图书情报单位在北京共同商议全国文献信息资源共建共享协作的大事，签署了《全国文献信息资源共建共享倡议书》，倡议按“资源共享，优势互补，互惠互利，自愿参加”的原则，建立以国家级文献信息资源网络为主导，地区级文献信息资源为基础的全国图书馆文献信息资源共享网络。

1月18日，应上海图书馆马远良馆长邀请，国际图联图书馆建筑与设备专业委员会秘书 Bisbrouck 来馆协商筹备国际图联会前会，即第11届国际图联图书馆建筑与设备专业委员会学术研讨会。

1月18～19日，黑龙江省高校图书馆馆长会议在哈尔滨市召开。

1月19日，上海图书馆专家到兰州参观学习，甘肃省图书馆学会组织了“上海图书馆专家学术报告会”。

1月，陈界主编的《新编文献学》由军事医学科学出版社出版。

1月，上海浦东新区第一图书馆投资30万元的汽车图书馆春节前开上街头，为读者服务。

2月3日，浙江省宁波市图书馆学会举行第四次会员代表大会，选举产生了第四届理事会。

2月3～4日，湖北省召开全省地、市、州公共图书馆馆长会议，学习、贯彻江泽民总书记视察北京图书馆时的讲话精神。

2月5～6日，浙江省图书馆组织文化下乡小组到淳安县赋溪乡，共送去图书2000多册，计算机两台，并举行了图片展览，受到了当地人民的热情欢迎。

2月16日，中共中央政治局委员，山东省委书记吴官正视察省图书馆。

3月4～5日，南京图书馆召开了地级市图书馆馆长及辅导部主任会议，通报了99年南京图书馆工作计划。

3月9日，安徽省图书馆学会在省馆召开了常务理事扩大会议。

3月12日，中科院上海文献情报中心举行首批咨询专家聘请仪式。目的是更好地为院知识创新工程服务和上海市的高新科技转化服务。

3月14日，在浙江省图书馆馆前广场举行了新世纪“青少年读书计划”启动仪式，杭州市、浙江省文化厅、浙江图书馆、杭州图书馆领导和800多名青少年出席了启动仪式。

3月16～18日，中科院文献情报中心召开99改革与发展研讨会，中心领导、学术委员会负责人、部门负责人和支部书记等40余人参加。

3月17日，广西图书馆学会学术委员会在南宁召开工作会议，内容有：拟定委员名单，拟定委员会职责，拟定第一次会议召开时间，议定关于申报“五个一工程”、“桂花工程”理论文章评审方法。

3月18日，陕西省咸阳市图书馆召开全市公共系统图书馆馆长会议。

3月19日，文化部部长孙家正和副部长孟晓驷在浙江省文化厅厅长沈才土等陪同下参观视察浙江图书馆曙光路新馆。

3月20日，浙江省图书馆学会被浙江省民间团体管理领导小组授予“优秀社会团体”称号。

3月20日，浙江省图书馆接受并收藏了三毛之弟陈杰捐赠的三毛小说手稿。

3月21日，OCLC新任总裁Jay. Jordan访问上海图书馆，参观了新馆的采编和读者服务部门，与馆领导进行了业务合作的会谈，并做了关于OCLC发展状况的专题报告。他此次来华共访问两个城市的三家图书馆：上海图书馆、北京的国家图书馆和清华大学图书馆。

3月22日，广州医学院第五届图书资料专业学术研讨会在广州医学院曾宪梓图书馆报告厅召开。

3月22日，广东省中山图书馆台港澳图书阅览室改为全周向读者开放。

3月23～24日，黑龙江省文化厅图书馆处主持召开了全省公共图书馆工作座谈会，会上对全省1998年公共图书馆工作情况进行总结，重点部署了99年全省工作任务。

3月25～26日，辽宁省图书馆学会’98年会在沈阳召开，会议进行了1998年工作总结并通过了省学会1999年工作计划。

3月26日，华南理工大学图书馆“树华电子智源中心”（即电子阅览室）正式向读者开放。该中心由香港协成行集团和锦华置业有限公司主席方润华先生的“方树福堂基金”的名义，捐款100万人民币与华南理工大学共同建成。读者可学习使用计算机、网络、光盘、多媒体等先进技术，也可上网浏览，查询及提取信息及免费访问EIVILLAGE和OCLC FIRST SEARCH网上数据库。

3月31日～4月5日，河北省图书馆举办为期六天的图书馆自动化管理馆长（业务骨干）研修班。

3月，广州图书馆借阅部开展“讲文明、树新风”为主题的系列活动，主动走出馆门、步入社会开展服务。

3月，福建省文化厅在福州市召开公共图书馆电子信息资源共建共享研讨会。

4月2日，湖北省知识工程领导小组发出关于举办全省第十一届图书馆服务宣传周活动的通知，此届宣传周时间为5月30日至6月5日，主题为“响应江总书记号召，大兴勤奋学习之风”。

4月4日，由浙江省杭州图书馆，萧山图书馆，临安图书馆举办的“家谱展览”在杭州银泰百货大楼举行。此次展览共展出家谱100余种。

4月6～23日，由黑龙江省文化厅、黑龙江省图书馆、黑龙江省图书馆学会联合举办了全省公共图书馆系统自动化、网络化培训班。

4月7～8日，广州图书馆学会在广州图书馆举办了《中图法》第四版培训班，目的是帮助广州地区广大图书馆工作者学习掌握即将发行的《中图法》第四版。

4月8日，我国8名著名中文互联网网站宣布成立“中国1CP联合发展高层会议”。这8家网络内容提供商（1CP）是搜狐、新浪、Chinabyte、网易、国中网、上海热线、瀛海威、悠游。这是国内互联网业的第一个行业自律组织，该组织将携手合作，共同培养国内新兴的信息产业市场。

4月8～9日，江西省第五届地市图书馆馆长联席会议在新余市图书馆召开。

4月9日，青海省图书馆学会举办“关于省政府机构改革的几个问题”专题报告会。

4月13～16日，广西图书馆学会在南宁举办《中图法》四版研讨班。授课内容：一、《中图法》四版修订内容；二、主题标引技术。

4月14～16日，全军档案馆目标管理工作会议在济南召开。

4月14～16日，浙江省高校图工委在杭州举办《中图法》第四版培训班。

4月16日，国图邀请中共中央各部门、全国人大、国务院各部门、全国政协、中共军委及解放军四总部等60多个单位的70多位负责人召开“为中央国家机关立法决策服务座谈会”，共商如何发挥国图职能，为中央国家机关决策和立法提供文献信息服务。

4月16日，广东图书馆学会第八次会员代表大会在广东省中山图书馆召开。

4月17日，广西图书馆学会在广西图书馆举办今年第一次会员活动日。

4月19～23日，浙江省文化厅在杭州举办公共图书馆信息化建设讲座会，全省公共系统图书馆及地市级（县）馆长，技术部负责人共90人参加听讲。

4月18～22日，由团省委，浙江日报，钱江晚报主办，浙江图书馆协办的《光辉的历程——纪念"五四"运动80周年大型图片展》在浙江图书馆展厅展出，约有万余人参观。

4月23日，中共中央政治局常委、国务院副总理李岚清同志和随行的国务院有关部门负责人参观辽宁省图书馆，强调图书馆要加强文献资源的共建共享工作。

4月23日，国图副馆长孙承鉴一行三人考察了江西省图书馆，对省馆的办馆条件、现代化技术应用水平、基础业务建设和读者服务工作进行了了解和指导。

4月23～28日，《姜东舒、白云书画展》在浙江图书馆展出，省市领导、书画界及读者5000余人参观展览。

4月24～25日，黑龙江省公共图书馆计算机应用工作会议在省文化艺术干部学校举行。

4月25～26日，浙江省高校图工委在金华召开全省高校图书馆工作会议，41所院校的50多位馆长出席了会议。会议总结了1998年的工作，部署了1999年的计划。

4月27日～29日，由文化部社会文化图书馆司、中国图书馆学会、江苏省图书馆学会和常熟市文化局主办，常熟市图书馆承办的"改革开放20年中国图书馆事业高层论坛"召开，与会代表60多人，收到论文30余篇。

4月27日，重庆市图书馆学会第一届会员代表大会在重庆红楼宾馆召开。

4月29日～5月1日，中国图书馆学会第五届学术委员会图书馆建筑与设备专业委员会与台湾淡江大学教育资料科学系和觉生纪念图书馆共同发起并主办了1999年海峡两岸图书馆建筑为主题的第一次大型专题学术交流活动。来自大陆和台湾地区图书情报界和建筑界的142名专家学者参加了本次研讨会。

4月，彭斐章教授主持编著的《科学研究与开发中的信息保障》一书由武大出版社出版发行。

5月1日，陕西省图书馆实现了与中国教育科研网（CERNET）的联网。读者通过http://www.xanet.edu.cn站点，即可访问"西北地区图书馆"的陕西省图书馆。

5月3～9日，由浙江图书馆举办的《永恒的纪念——"五四"史料展》在该馆展出，共有5000余人参观展览。

5月4～7日，浙江省图书馆学会、浙江图书馆在杭州联合举办《中图法》四版培训班，全省图书馆界203人参加听课。

5月5～7日，全国体育学院图书馆工作会议在广州解放军体育学院召开，国家体育总局科教司和信息研究所有关领导出席了会议。

5月5～8日，中国图书馆学会学术研究委员会少儿图书馆专业委员会在深圳召开"全国少儿图书馆现代化建设理论研究与工作经验交流大会"。目的是全面总结20世纪我国图书馆理论研究成果和工作经验，同时为开创21世纪现代少儿图书馆工作新局面做好理论探讨和思想准备。

5月5～13日，河南省图书馆学会举办了文献分编培训班，讲授《中图法》（第四版）的修订内容及分类原则和方法技术。

5月6～9日，中国图书馆学会第五届学术研究委员会教育与培训专业委员会成立暨工作会议在北京中科院植物园召开。会议的主要内容为：一、正式成立教育与培训委员会；二、研究制定专业委员会1999～2001年工作计划；三、讨论我国图书馆学教育（正规教育和继续教育）改革的形势和对策。

5月6～20日，由国家科技部主办、中国科技信息研究所承办的第九届亚太地区信息资源开发利用研讨班在北京举行。

5月6日～6月5日，广东省中山图书馆开展1999年度图书馆服务宣传日。

5月7日，青海省图书馆学会举办"诉诸视觉的音乐——书法欣赏与创作"专题报告会。

5月9～11日，文化部社会文化图书馆司在深圳举办图书馆自动化网络建设与应用专题调研暨图书馆数字化资源建设研讨班，浙江图书馆副馆长、技术服务中心领导参加会议与研讨。

5月10～12日，河南省图书馆学会"知识经济与21世纪的图书馆读者服务工作"学术研讨会在河南省图书馆召开，与会代表还参观考察了上海图书馆和浙江省书馆。

5月11～12日，国际图联主席克丽斯汀·德尚女士在上海图书馆副馆长吴建中的陪同下参观访问了浙江图书馆曙光路新馆和孤山路古籍部。

5月13日，上海文献资源共建共享协作会议在上海市政府会议厅召开,会议推出了《上海市文献资源共建共享计划》,并成立工作领导小组。

5月14～17日,由解放军总后勤部卫生部科训局主持、解放军医学图书馆承办的全军第四届医学图书馆学术研讨会暨资源共享协作网99年例会在广州第一军医大学召开。

5月14～21日,北京市23个市、区、县公共图书馆以'99北京科技周为契机,开展了一系列推动全民读书的活动,主办单位围绕"环境·首都人"这一标题,推出主要内容:一、首都图书馆向通州、顺义地区的乡镇图书室捐赠图书2000多册;二、各馆同时举办图书和图片展览,开辟专题书架,突出环境保护、人文地理、科普知识等内容;三、编制环保专题书目;四、在图书馆举办以环境保护为主题的报告会;五、举办"我为环保进一言"征文活动。

5月17～20日,由河北省承办的"川、吉、苏、桂、冀"五省区学会第六届学术研讨会在承德市召开。

5月18～19日,由山东省图书馆学会承办的华东地区图书馆学会协作会在泰安市召开,主题为"21世纪中国图书馆发展之路"。

5月18～20日,首届中国"当代图书馆文献信息服务的拓展"学术研讨会在丹东市召开。研讨会由中国图书馆学会信息服务专业委员会主办,丹东市图书馆学会承办。会议的分主题有:"文献信息服务的理论与实践"、"知识经济条件下的文献信息服务"、"现代文献信息服务专业人员的要求与培养"、"网络环境下文献信息服务的范畴与模式"。会议成果有:一、拓展信息服务应因馆制宜、因需制宜,在"特色"上下工夫;二、树立图书馆必须自强、自主、自我发展的观念,努力搞好信息服务,这是图书馆事业发展的一个突破口;三、现代信息服务业的发展需要一大批高素质的复合型人才。

5月18～20日,我国信息产业部主办的'99中国Internet研讨会暨展示会在北京国际会议中心召开。

5月19～21日,河南省高校图书情报工作委员会在河南财经学院图书馆举行河南省高校图书馆"社会需求与读者服务"学术研讨会。

5月20～21日,广东省高教厅、高校图工委在深圳大学图书馆主持召开了广东省高校图书馆文献信息网络系统推广应用合作会议。已使用深圳大学图书馆研制的计算机管理集成系统三版的全省高校图书馆23个单位的代表参加了会议。

5月20～22日,河北省高等学校图书馆期刊工作专业委员会在青岛召开了图书馆馆长暨图书情报工作学术研讨会,主题为"世纪之交的图书馆馆长与图书情报工作"。

5月22～26日,99省市自治区社科系统图书馆学术研讨会暨馆长工作会议在西安召开。

5月23日,纪念黑龙江省图书馆学会成立20周年座谈会在哈尔滨市省文化艺术干校礼堂举行。

5月27～28日,国家图书馆采编部西文图书编目工作研讨会在北京召开,共18个单位、40余名代表出席会议。目的是提高西文图书计算机编目工作水平,交流工作经验,促进资源共享和馆际合作。

5月27～30日,中国科学院情报网会议在中国科学院上海有机化学研究所召开。

5月30日～6月5日,根据全国知识工程领导小组《关于在全国开展1999年度图书馆服务宣传周活动的通知》以及天津市第十二届图书馆服务宣传周的通知精神,天津市高校在宣传周中心广场开展计算机检索咨询、图书馆功能、自动化建设、资源共享、大兴勤奋读书等专题宣传活动。

5月30～6月5日,黑龙江省1999年度图书馆服务宣传周活动展开。期间全省各级公共图书馆在省"知识工程"领导小组的领导下,以响应江总书记的号召,大兴勤奋学习之风为主题,围绕"庆祝建国50周年,迎接澳门回归"和"倡导全民读书,建立阅读社会"开展了一系列活动。

5月30日～6月5日,安徽省各级图书馆根据省文化厅和市文化局的要求,在全省范围内开展了以"响应江总书记号召,大兴勤奋学习之风"为主题的图书馆服务宣传周活动。

5月30日～6月5日,浙江省公共系统图书馆举行第十届图书馆服务宣传周。浙江图书馆在第十届图书馆服务宣传周期间组织了"一句话书评"、向院士赠书,专家咨询和作家见面会等系列活动。

5月30日～6月5日,陕西省全省公共系统图书馆全面展开了以"响应江总书记号召,大兴勤奋学习之风"为主题的第十一届图书馆服务宣传周活动。

5月31日～6月4日,由《图书情报工作》杂志社、中国科学院科技情报研究会联合主办的"世纪之交的回顾与展望——图书情报纵横谈"学术研讨会在浙江宁波召开。

5月31日～6月5日,江西省开展了'99图书馆服务室宣传周活动。

6月1～3日,“全国高校第二届中文书刊联采统编工作研讨会”在上海同济大学外国专家服务中心举行。

6月2日,上海市文化局和长宁区共同举办了上海市“读书与再就业研讨会”,提出社区图书馆为再就业工程服务。

6月3～4日,由南京地区军队院校协作中心办公室和海军电子工程学院联合举办的“信息高技术环境下图书馆建设新思路研讨会”在江苏省南京市召开。

6月7日,浙江省社会科学信息学会第二届会员代表大会在中共浙江省委党校召开。

6月11日,在天津美术学院图书馆落成庆祝之时,天津市高校图工委秘书处组织与会馆长开展了对资源共享的研讨,并提供了“资源共享”、“联采统编”等计划草案。

6月11～16日,由《现代图书情报技术》编辑部主办的“1999年计算机信息管理技术与网络资源应用学术研讨会”在广西桂林召开。会议主题为“研讨国内信息管理技术与网络资源开发和应用的研究进展”。

6月15日,中国科学院文献情报中心与中国学术期刊(光盘版)电子杂志社就共同实施“中国科学文献计量评价研究项目”、合作建立中国科学文献计量评价研究中心在北京签署了合作协议。

6月16日～19日,内蒙古自治区图书馆学会在锡林浩特市举办了全区图书馆界蒙古文化工作者第二届学术研讨会。

6月16日～20日,为进一步提高安徽全省公共图书馆馆长长管理和业务水平,省图书馆和省图书馆学会在合肥联合举办了99全省公共图书馆馆长业务研讨、培训班。6月18日,浙江省图书馆举行作家见面会。浙江省作协副主席、一级作家汪浙成和浙江省作协秘书长、一级作家陈军向省市图书馆界和读者代表分别作学术报告。汪浙成还向浙江图书馆捐赠了获奖作品《苦夏》的手稿。

6月24～26日,“环渤海地区公共图书馆信息服务战略研讨会”在天津图书馆召开。

6月25～26日,黑龙江省图书馆学会在齐齐哈尔市与齐齐哈尔、鸡西、牡丹江三市学会联合举行了以“世纪之交:图书馆事业发展与改革”为主题的研讨会,并邀请图书馆专家就“图书馆自动化、网络化发展及运用的几点思考”和“台湾图书馆见闻”做专题学术报告。

6月28～29日,中国数字图书馆发展战略研究组、中科院计算所、863智能计算机主题专家组、中科院计算所、中国计算机协会在京联合主办了'99数字图书馆论坛。与会专家就数字图书馆建设中的理论、技术和法律等相关问题进行了研讨。

6月28～7月1日,《情报科学》杂志社在山东烟台大学召开以“面向21世纪的中国图书情报系统现代化管理及其服务”为主题的学术研讨会。

6月,辽宁省省市图书馆馆长考察组一行10人在江苏省进行了为期8天的考察,交流了两省图书馆学会的工作情况。

6月,中国图书馆学会、全国文献工作标准化委员会、《中图法》编委会、《军用主题词表》编管会、中国索引学会、上海市高校图工委、空军政治学院信息管理系联合在上海召开全国第三次情报检索语言发展方向研讨会,会议主题是“面向21世纪情报语言学”,下设11个分主题。

7月7日,陕西省政府办公厅召集西安地区图书馆界和国企三十位厂长经理参加“图企联合,共育知识创新工程座谈会”,共商图书馆与国有企业协作大计。

7月9～12日,中国图书馆学会在大连举办了中国图书馆学会1999年会暨成立20周年纪念活动。年会主题为“世纪之交图书馆事业回顾与展望”,分主题为数字图书馆与网上图书馆,网络环境下的文献资源建设与共享,新世纪图书馆管理与变革,走向21世纪的文献信息服务,文献标引与编目工作的发展态势和知识经济与图书馆。文化部副部长艾青春、中国图书馆学会理事长徐文伯及全国各地图书馆1000多位代表参加了年会。会议收到论文750余篇。周和平副理事长作了《总结经验教训、迎接挑战、开创我国图书馆工作的新局面》的工作报告。

7月11～19日,甘肃省图书馆学会和临夏州图书馆联合举办业务培训班,对临夏州所属机关、企事业、工会、学校和地县图书馆的工作人员进行了业务培训。

7月12日,上海市精神文明建设委员会办公室、上海市文化局在上海图书馆召开上海市公共图书馆行业规范服务达标活动评估汇报会。

7月13～14日，浙江图书馆两支科技救灾小分队分赴瓶窑、南浔灾区开展救火宣传工作。

7月13～19日，广西图书馆学会与广西图书馆联合举办今年第一期图书馆学业务管理初级班，开设分类、编目、工具书、藏书建设、读者工作、期刊管理、计算机知识、图书馆基础等类课程。

7月17～18日，教育部高教司在南京召开了“高等教育文献保障体系建设现场会”。会上，教育部通报了“中国高等教育文献保障体系（CALIS）”项目进展情况，江苏省教委等领导介绍了省一级高等教育文献保障体系建设的经验。

7月18日，以庄芳荣先生为团长的台湾图书馆界代表一行4人到陕西省图书馆参观访问。

7月18～24日，中国科技情报学会情报学期刊协作会’99年会在吉林省延吉市召开，会议主题为“世纪之交情报学期刊的发展和对策”。

7月19～21日，福建省文化厅在厦门市召开了全省公共图书馆自动化、网络化建设工作会议，对公共图书馆的自动化、网络化工作进行再动员和具体工作部署。

7月27～30日，中国科学技术情报学会中科院分会暑期研讨会在中国科学院地理研究所黎昌招待所召开，会议主题为：知识创新工程与研究所图书情报工作。

7月31日～8月1日，由深圳市图书馆研制的“联合采编网络系统（UACN）”和“图书馆自动化网络系统（ILAS2）”通过了文化部技术鉴定。

7月，为规范图书馆管理，加强法制建设，由湖北省文化厅和省公共图书馆事业发展奖励基金出版了《湖北省公共图书馆政策法规手册》一书。

7月，江苏省图书馆学会组织地市级图书馆馆长考察了辽宁省图书馆。

7月，《中国图书馆情报学档案学人物大辞典》由香港亚太国际出版有限公司出版发行。由吴仲强担任主编兼总编辑，多位图书馆学家、情报学家、档案学家任编委，历时10年编撰而成，该书精选收入了961位从古至今中国图书馆学情报学档案学著名人物的学术生平与学术思想。

8月2～5日，陕西省图书馆学会协办的99中国数据库研讨会在延安召开。

8月3日，佛山市图书馆综合档案室顺利通过广东省档案评审小组的考评鉴定，晋升为“省特级”档案综合管理单位，成为广东省公共图书馆首家档案综合管理“省特级”单位。

8月3～5日，浙江省学会古籍版本分委会召开全省古籍保护研讨会。

8月8日，浙江省委书记张德江在省文化厅长，文物局长等的陪同下，视察了浙江图书馆。在听取馆领导的汇报后对浙江图书馆的工作给予了充分的肯定，并为浙江图书馆题词：“浙江文明窗口，群众自修大学”。

8月8～13日，全国高等师范院校中文信息资料协会第八次代表会议暨学术讨论会在呼和浩特召开，会议的中心议题是：高举邓小平理论的伟大旗帜，进一步解放思想、更新观念、加强交流与协作，踊跃迎接网络化时代信息技术革命的挑战，使高师中文信息资料工作更好地为教学和科研服务。

8月10日，上海市振兴中华读书活动经验交流会在上海图书馆报告厅举行。

8月11日，教育部发出“教高（1999）5号文件”，即《关于成立“教育部高等学校图书情报工作指导委员会”的通知》，该委员会由何芳川任主任，委员58人。

8月13～20日，甘肃省图书馆学会和中国科学院兰州图书馆联合举办了“全省地县自动化系统业务培训班”。

8月14日，《图书馆杂志》编辑部在上海图书馆举行了“100期纪念座谈会”。

8月15～19日，第11届国际图书馆建筑学会研讨会在上海召开，此次会议由上海图书馆和IFLA图书馆建筑与设备委员会联合举办，同时举办了《国际图书馆建筑图片展》。

8月18日，参加第十一届国际图书馆建筑学术研讨会的127名代表参观了浙江图书馆新馆。

8月18～20日，国际图联盲人图书馆专业组会前会在马来西亚槟榔岛举行。

8月20～28日，第65届国际图联大会在泰国曼谷召开，主题是“作为文明世界通道的图书馆”。副主题有：完善通道、确保信息的质量和数量、网络在生活质量中的作用。

8月30日～9月1日，台湾汉学研究中心举办“华文书目资料库合作发展研讨会”，会议主题是：一、华文书目资料库的建置；二、华文书目资料库的整合和发展；三、华文库的国际合作；四、建构书目资料库相关资讯技术及标准；五、其他有关华文书目资料库的课题。

8月，中国科技情报学会情报编辑部与大连信息经济学会联合召开主题为“信息经济与网上信息资源”学术研讨会。

8月，上海科技文献出版社出版《国际图书馆建筑大观》，该书由吴建中主编，国际图联主席德尚女士撰写序言，集中40多个国家130家新馆建筑，包括400余幅彩色照片。

9月1～3日，由东北三省图书馆学会共同举办，伊春市委、市政府、市文化局和市图书馆承办的“东北地区第八届图书馆学学科讨论会”举行。

9月2～21日，广西图书馆学会与广西图书馆联合举办今年第二期图书馆业务管理和初级班。

9月3～5日，浙江省杭州市科委主办的’99杭州电脑文化节在浙江图书馆展览厅举办，参加人数近2万人。

9月6～8日，由中国科技情报学会主办，上海图书馆（上海科技情报所）和中国科技情报学会信息技术专业委员会承办的“第二届海峡两岸科技资讯研讨会暨第十三届全国计算机情报管理学术研讨会”在上海图书馆多功能厅召开。会议邀请了台湾海峡两岸资讯交流委员会的信息专家参加，主题为“基于内容的因特网中文信息资源开发与应用服务”。

9月8日，在国家图书馆建馆90周年之际，老一辈无产阶级革命家薄一波同志将个人撰写的《若干重大决策与事件的回顾》线装珍藏本50套赠给国家图书馆。

9月8日，文化部召开的“图书馆为实施科教兴国战略、国家建设技术创新体系服务座谈会”在北京举行。

9月9日，国家图书馆建馆90周年纪念日，江泽民总书记题了“中国国家图书馆”的馆名。9月9日上午9时，中共中央政治局常委、全国人大常委会委员长李鹏同志出席了在国家图书馆门前举行的隆重的馆名揭牌仪式并发表了重要讲话，充分肯定了国家图书馆的作用和工作成绩，并要求图书馆在为经济建设和国民经济信息化服务的同时加快自身的信息化建设。他还指出，国家和各级政府要对图书馆的信息化建设给予必要的支持。

9月10日，浙江省常务副省长吕祖善在省文化厅副厅长的陪同下视察浙江图书馆，浙江图书馆党委领导陪同参观。

9月10～13日，由省地方志编撰委员会主办的“浙江省地方志成果展”在浙江图书馆举办。常务副省长吕祖善主持开幕式并讲话。省委常委、宣传部长李从军专程前来参观。参观者1千余人次。

9月11～14日，由中国钢笔书法杂志社主办的“中国第七届钢笔书法作品展”在浙江图书馆举行，参观者5千余人次。

9月11日～11月19日，由中科院文情中心、德国施普林格出版社联合主办的第六届施普林格（Springer）科技图书巡回展先后于西安、成都、杭州、上海、北京等地的大专院校和科研单位展出。

9月12日，浙江省图书馆学会召开常务理事会，传达65届国际图联大会、第11届国际图书馆建筑学术研讨会、国家图书馆挂牌仪式及庆祝国家图书馆建馆90周年的情况。同日，浙江省图书馆学会召开五届二次理事会，讨论通过了新修改的《浙江省图书馆学会章程》。

9月12～13日，在兰州畅思园宾馆，由中科院兰州分院和资源环境科学信息中心共同主持召开了“西北资源环境与可持续发展基地文献信息系统网络建设方案论证会”和“资源环境科学信息中心知识创新方案讨论会”。

9月12～14日，河南省文化厅和河南省图书馆学会在河南省图书馆联合举办了“河南省公共图书馆馆长研讨班”，主题为“新世纪河南公共图书馆事业的生存与发展”。

9月13日，广西图书召开第二次工作会议。会议审核了广西图书馆学会会员申报“广西第六次社科优秀成果”的论著。

9月13～15日，由浙江省图书馆学会、浙江省高校图书馆工作委员会、浙江图书馆、浙江大学图书馆联合举办的“现代图书馆管理与服务”讲习班在浙江大学图书馆举行。

9月14日，浙江图书馆和新四军研究会联合举行海峡两岸形势报告会，批判李登辉“两国论”。

9月15日，美国俄亥俄大学图书馆馆长李华伟博士、台湾政治大学图书馆馆长胡欧兰教授、香港岭南学院图书馆馆长冼丽环教授、台湾政治大学图书资讯研究所所长杨美华教授访问浙江图书馆。随后，李华伟博士在报告厅作了主题为“展望二十一世纪的图书馆”的学术报告，受到热烈欢迎与好评。

9月16日，中共中央政治局常委委员、中共广东省委书记李长春到广东省中山图书馆视察，这是对广东省图书馆事业的高度重视，引起各大新闻媒体的关注。10月12日省委、省政府特拟增拨中山图书馆购书经费150万元。

9月17日，浙江省省委副书记周国富视察浙江图书馆。

9月18～23日，中国科技情报学会情报学编辑部与大连信息经济学会联合召开主题为"信息经济与网上信息资源"的学术研讨会。

9月20～23日，由中国图书馆学会和山西省图书馆学会共同举办的纪念中国图书馆学会成立20周年学术研讨会在太原晋祠宾馆召开。来自全国各地、各系统图书馆的代表70多人出席了会议，收到论文300多篇。

9月21～22日，中国知识基础设施示范工程报告会暨中国期刊网开放式镜像站点石家庄铁道学院开通仪式、河北省高校文献联采统编协作网筹备会议在石家庄铁道学院图书馆举行。

9月21～24日，江苏省图书馆学会医学图书馆专业委员会在常州市召开了年会，会后举办了医院图书馆《中图法》（第四版）培训班。

9月22日，安徽省图书馆推出《庆祝建国50周年图片展览》。

9月23日，中科院图书馆、档案馆工程奠基典礼在中关村举行，它将建设成为一座面向21世纪的综合性、多功能、现代化的科技图书馆和自然科学信息中心。

9～10月，在山东济南市举办全国图书馆学期刊第八次编辑工作研讨会，修订《专业期刊规范》，研究评选优秀期刊办法。

9月，安徽省蚌埠市图书馆学会、市图书馆举办题为"二十一世纪图书馆发展趋势与台湾馆现状"的专题报告会。

9月，江西省地（市）、县公共图书馆馆长研讨会在南昌召开。

9月，《文献标引与检索》一书由湖南科技出版社出版，该书是一部集文献标引与检索于一体，分类标引与主题标引于一体，手工检索与计算机检索为一体，理论与实践为一体的学术性著作。

10月1日，浙江图书馆举行有关新中国五十年成就的有奖知识竞赛。多媒体阅览室组织了一批建国以来的获奖影片，免费供读者观赏。

10月4～31日，武汉大学受教育部委托举办"网络环境下的信息资源管理高级研讨班"。

10月5日，著名图书馆学家、台湾大学名誉教授、博士生导师胡述兆先生携夫人应邀到河北大学进行学术交流。

10月6日，国家图书馆馆庆90周年征文颁奖暨第六届科学讨论会举行，全馆科组长以上干部及论文作者共200余人参加了会议。

10月8日，为迎接澳门回归，由澳门文化司署中央图书馆、广东省中山图书馆、珠海市图书馆主办，澳门大学图书馆、澳门图书馆暨咨讯管理协会办的《澳门历史文献展览》在中山图书馆开幕。

10月8～12日，文化部在沈阳召开的全国社会文化重点工程暨公共图书馆第二次评估定级工作总结会议上，对全国1551个公共图书馆分别命名为一、二、三级图书馆，颁发了标牌和证书。

10月9日，国家图书馆与中国甲午战争博物馆共建"甲午战争研究资料中心"协议签字、挂牌揭彩仪式在山东威海举行。

10月11～14日，华东地区与高校图工委协作年会在福建师范大学召开，主题是"华东地区及省一级高等教育文献保障体系的建设和文献信息资源的共建共享"。

10月12～15日，中国科学院第十二次图书馆学情报学科学讨论会在湖北宜昌市召开，主题为"知识经济和网络经济时代图书情报事业的发展和变革"。

中国科学院所属各文献情报中心负责人座谈会同时在湖北宜昌市召开。七位博士生参加的国家社科重大研究课题"国外图书馆情报学理论方法研究"获得中央党校主持的中央部委系统鉴定委员会的通过。该课题的主要成果《国外情报学研究进展》已由北图出版社出版。

10月13日，文化部副部长艾青春在辽宁省文化厅副厅长的陪同下视察了辽宁省图书馆。

10月14～17日，全国地方综合性大学图书馆第四届馆长研讨会在昆明云南大学图书馆举办，会议主题是"向现代化、多功能、开放式图书馆转型中的基础服务"。

10月16～18日，由国家图书馆主办，山东省图书馆承办的第六届全国省、自治区、直辖市及较大城市公共图书馆的馆长及专家代表50多人出席了会议。

10月18～20日，华东地区党校图书馆第八次文献情报工作研讨会在中共宁波市委党校召开，会议围绕21世纪党校图书馆现代化建设展开讨论。

10月18～22日，第六次教育部直属师范大学图书馆馆长会议在陕西师范大学图书馆举行，会议主题为“21世纪的高师图书馆”。

10月19～20日，由韩国延世大学国学研究院主办的“世界印刷文化起源国际学术研讨会”在韩国汉城举行。我国学者潘吉星、肖东发、陈振濂应邀出席会议。

10月19～31日，应武汉大学邀请，台湾大学名誉教授、台湾大学图书资讯学研究所博士班导师胡述兆先生在武汉大学传播与信息学院讲学。

10月20日，浙江大学图书馆举行五校区集成管理系统正式开通仪式，这一系统由引进Horizon系统和国产一卡通系统共同构成。北京大学图书馆负责人出席仪式。

10月20～22日，四川省教委高教处与CALIS（中国高等教育文献保障体系）西南地区中心联合在四川大学图书馆召开了“CALIS西南地区文献资源共享工作会议”。

10月24～26日，中科院南京地区文献情报协作网的近十名代表参加了在江苏省科技情报所召开的“江苏省图书馆学会南京地区专业图书馆委员会第七届讨论会”。

10月24～27日，全国信息与文献标准化工作委员会第五届委员会第二次工作会议和各分委会工作会议在昆明举行。会议讨论通过了10余项国家标准修订报批稿，明确了此后两年的任务。

10月25～29日，第六届国际馆际互借和文献提供会议在南非比勒陀利亚举行。

10月26日，本滋贺县八日市市长来到常德市图书馆参观访问，双方商定两市图书馆互赠书籍，各设专室专柜陈列展示。

10月26～28日，中国科技信息研究所主办、中国科技情报学会承办的第15届国际信息和文献联合会亚洲大洋州委员会（FID/CAO）大会在中国科技会堂召开，主题是“网络化社会的信息资源”。

10月27～29日，“华北、东北、西北地区少年儿童图书馆第六届学术暨工作研讨会”在天津举行。

10月30日～11月2日，中国农学会科技情报分会、中国农学会农业图书馆分会、中国农学会计算机应用分会和中国农学会农业期刊分会在河北承德联合召开“全国农业信息机构体制改革与农业信息企业建设研讨会”。

10月，由武汉大学传播与信息学院严怡民教授主编的《信息系统理论与实践》由武汉出版社出版，该书是国家社会科学基金项目的研究成果。

11月2～6日，由中国农业科学院科技文献信息中心、国际农业信息专家协会、国际农业与生物科学中心、中国欧盟技术服务中心、中国农业大学共同举办的国际农业信息管理高级研讨会在河北承德召开。

11月3日，诺贝尔生理与医学奖获得者、美国穆拉德博士在浙江图书馆报告厅作“前瞻21世纪医药研究发展方向”的学术报告，沪、杭两地生物医学界专家学者近500人参加听报告。程小澜馆长代表浙江图书馆向穆拉德博士赠送了《浙江图书馆藏书画选》。

11月3日，上海图书馆德语资料区成立并正式对外开放，它是经过德国歌德学院和上海图书馆商谈共同建立的，由德国歌德学院和德国商业银行基金会捐赠。

11月4日，由云南省高校图工委和云南省军区政治部联合筹建、云南省27所高校图书馆参加建设的“军民共建老山主峰图书馆”举行了揭牌仪式。

11月4～7日，世纪之交科技信息资源建设学术研讨会在广州召开，该会由中国国防科技信息学会、国防科技情报电子化工程建设管理办公室和中国电子学会情报分会联合主办，会议主题为“世纪之交科技信息资源建设”。

11月11～14日，由文化部计划财务司、中国贸易促进会北京分会、中国文化办公设备制造行业协会共同主办的首届《中国国际图书馆及现代办公设备器材和技术展览会》在北京展览馆举办。

11月11～18日，由文化部、国务院港澳办等六家单位主办、国家图书馆等五家单位承办的《澳门回归祖国大型展览》在澳门隆重举行。

11月15日是著名图书馆学家、教育家刘国钧先生百年诞辰纪念日。由刘先生工作过的北京大学信管系、南京大学信管系、甘肃省图书馆联合发起，共同主办的“刘国钧先生百年诞辰纪念学术研讨会”于是日在北大召开。共收到论文80多篇，已结集为《一代宗师》由北京图书馆出版社出版。

11月16日，由中国科技情报学会、中国信息导报社联合举办的“面向21世纪的中国信息业研讨会”在浙江省温州市落下帷幕。

11月21日，国家863计划中国数字图书馆发展战略组与首都图书馆就在北京建立中国数字图书馆工程示范试点单位一事签定了合作协议书。这一事件标志着国家数字图书馆工程即将进入实验阶段。

11月23～26日，世界卫生组织西太平洋区医学图书馆资源共享新技术研讨会在北京召开，会议讨论了医学图书馆的数字化建设问题。

11月24～27日，第14届华东地区教育部直属高校图书馆馆长年会在上海交大召开，会议主题是：21世纪——新三年图书馆建设目标与任务；新三年图书馆体制改革构想；图书馆参考咨询与资源共享；图书馆人员培养与素质要素；图书馆读者培训及其作用。

11月25～27日，日本科学技术振兴事业团科技情报中心一行三人对中国科学院资源环境科学信息中心进行了友好访问。

11月27～28日，中国科学院文献数据库建设1999年工作会议在上海召开。

11月29～12月4日，中科院文献情报室主任管理研究班在北京举办。来自院内25个文献情报机构的近30多名负责人参加了管理研究班的学习和研究。

11月，中国图书馆事业高层论坛论文集《跨世纪的思考——中国图书馆事业高层论坛》由北图出版社出版。

12月1日，老一辈无产阶级革命家薄一波同志到国家图书馆参观了“善本特藏五十年”精品展。

12月5～18日，中国科学院文献、信息、出版代表团对德国、奥地利、法国三国的十家图书馆和两家出版社进行了为期两周的考察。

12月9日，《中国国图善本特藏珍品展》在美国纽约皇后图书馆正式开展，此次展览共选送69种81件展品，分善本图书、金石拓片、古代舆图和少数民族文献四方面展示了中华文明。

12月12～15日，《中国图书馆学报》编委会在广州师范学院新馆召开，十余位编委到会。会议由编辑部汇报了工作情况，并讨论了今后的工作计划。

12月15日，中国科学院文献情报中心组织了“联合西文期刊篇名目次库系统”成果鉴定。

12月15～18日，由上海市新闻出版局、上海图书馆联合主办的“上海’99电子出版物展示会”在上海图书馆目录大厅开展。

12月16日，复旦大学图书馆与上海（国际）数据库研究中心共同研制的“图书馆可视化多媒体多环境导读与查询系统”鉴定会在复旦大学图书馆举行，会议由国家教育部主持召开。

12月16～20日，跨世纪医学文献信息理论研讨会在湖南长沙召开，全国各省、市、自治区医学图书情报界的90余名代表出席了会议。

12月17～19日，江苏省图书馆学会中国图书馆专业委员会在无锡召开“江苏省第二届中学图书馆经验交流暨学术研讨会”。

12月22日，内蒙古自治区图书馆学会在呼和浩特召开学会理事扩大会议，就中国图书馆学会2000年在内蒙古海拉尔召开学术年会及自治区学会1999年工作总结和2000工作计划安排进行了部署。

12月24日，由国家信息化办公室组织召开的“国家信息资源开发利用战略研讨会”在北京中国科技会堂召开，为期一天。

12月24～25日，全国情报学期刊协作会1999年年会在京郊房山区召开。《图书情报工作》、《情报资料工作》、《现代图书情报工作》等7家情报学刊物的编辑工作人员参加了会议。此次年会的主题是“21世纪初情报学期刊的编辑工作”。

第四季度，中国图书馆学会学术研究委员会文献资源建设专业委员会在上海召开“网络环境下的图书馆文献资源建设理论研讨会”。研讨新世纪传统图书馆、自动化图书馆、数字化图书馆共存互补时代，在网络环境下文献资源建设中需要取得共识的重要问题。

中国图书馆学会、北京图书馆学会、湖北图书馆学会联合召开了“特色图书馆理论与实践研讨会”。

《中国图书馆年鉴》1999年版由北图出版社出版。全书160余万字，全面反映了全国、地方和各系统、行业图书馆事业的发展情况。

广东省中山图书馆建设网上图书馆，该馆与北京市超星电子技术公司合作攻关，建成网上图书馆并接入广东视聆通网络，向广大读者提供远程文献信息服务。

1999年,《跨世纪的公共图书馆》由上海科技文献出版社出版,该书上篇收录了98年上海市区县图书馆馆长研讨班的成果,下篇收录近年来上海市公共图书馆的工作经验和重要文件。

1999年底,国家信息化办公室在北京举办了“国家信息资源开发利用战略研讨会”。 (刘燕)

2000年

1月11～12日,陕西省图书馆学会第四次科学讨论会在西安召开,会议主题为“世纪之交:陕西图书馆事业回顾与展望”。60余名代表与会,共收到论文95篇,评出一等奖8篇,二等奖18篇,三等奖24篇。

1月,陕西省图书馆建成“省情文献全文检索系统”。

2月21日,中国图书馆学会发出“关于向内蒙古自治区图书馆界捐赠物资的倡议”,得到全国图书馆界的响应,内蒙古共收到捐赠图书16000余册、电脑13台和其他设备近230件。

2月22日,文化部组织举办“中国数字图书馆发展战略研讨会”。

2月23日,中共中央政治局常委、全国政协主席李瑞环视察浙江图书馆。

2月24日,国家863计划中国数字图书馆工程战略组与中国国际广播电台正式签约,中国国际广播电台成为中国数字图书馆示范工程试点单位,表明我国数字图书馆工程已突破传统图书馆范畴。

3月10日,中国数字图书馆吉林省分馆成立签字仪式在国家图书馆举行。

3月12～15日,由河南省文化厅主办、南阳市文化局承办的河南省公共图书馆立法研讨会在南阳召开,会议逐条修改了《河南省公共图书馆管理办法(讨论二稿)》。

3月23日,中国共产党党员、中国科学院图书馆(文献情报中心)原馆长、党委副书记、中国图书馆学会原理事长佟曾功同志因病在北京逝世,享年76岁。

3月27～30日,“中国图书馆学会2000年秘书长工作会议”在国家图书馆召开,来自全国各级图书馆学会和各系统图书馆委员会的45名代表就表彰先进学会的暂行办法、开展科普系列教育活动、学会今后的发展方向及2000年学术年会召开等问题进行了讨论。

3月,中国图书馆学会文献资源共建共享办公室成立,挂靠学会秘书处。

3月,重庆市资源共建共享协作协调委员会成立,重庆图书馆馆长邵康庆任委员会主任。

4月5日,由文化部牵头召集的中国图书馆工程建设联席会议第一次会议在国家图书馆召开,来自中宣部、教育部、新闻出版署及著名高校、科研院所的21个成员代表出席会议,文化部孙家正部长到会并讲话。本次会议标志着中国数字图书馆工程正式启动,开始进入实质操作阶段。

4月6～8日,由上海市高校图工委主办的“数字图书馆建设学术研讨会”在上海同济大学举行,来自全国各地的100多名代表与会。

4月7～9日,《中图法》编委会第六届委员会成立暨工作会议在桂林召开。

4月18日,中国数字图书馆有限责任公司开业庆典暨中国数图网(www.d－library.com.cn)开通仪式在国家图书馆举行。

4月22～23日,江苏省图书馆学会医院图书馆专业委员会在镇江召开“医院系统文献资源协调共享会议”,23名代表与会。

4月24～27日,吉林省文化厅召开全省公共图书馆馆长会议,全省各市(州)文化局负责人、各公共图书馆馆长、部分高校图书馆馆长80余人与会。

4月25～27日,中国图书馆学会基础理论专业委员会和文献资源建设委员会2000年工作会议暨学术研讨会在江苏常州举行,40多人出席。会议旨在探讨在新的技术环境下,图书馆学学科新的知识生长点及面向21世纪的图书馆学研究的重要选题,在中国图书馆学研究发展史上起到承前启后的作用。

4月25～27日,由国家图书馆主办、福建省图书馆和厦门图书馆承办的“全国图书馆管理与改革”研讨会在厦门召开。会议旨在贯彻落实2000年全国文化厅局长会议精神,交流几年来图书馆改革的经验,探讨继续深化图书馆系统内部管理体制改革的思路和途径。

4月下旬,中国图书馆学会在北京举办“数字图书馆技术研讨培训班”,来自全国图书馆界的110名代表参加研讨。

4月28日,中科院文献情报中心成立50周年庆祝大会在中国科技会堂举行。

5月8～11日，由上海图书馆、上海海峡两岸学术文化交流促进会主办，cybersia.com公司、上海市海外交流协会、台湾省各姓渊源研究会协办的“谱牒研究及其资源的开发”国际学术研讨会在上海召开。来自台湾、香港、新加坡、美国、日本、马来西亚、越南、俄罗斯等国家和地区的近80名专家、学者出席了这次中国谱牒学领域的首次国际会议。

5月12日，“文化书使”石景宜先生一行应邀访问陕西咸阳图书馆。

5月15～18日，中国图书馆学会教育与培训专业委员会在湖南湘潭大学召开“图书馆学硕士学位点建设暨本科专业目录执行情况与教改学术研讨会”。来自33个单位的46名代表就图书馆学专业和信息管理与信息系统专业本科教育的专业设置、培育目标、课程体系、办学模式及图书馆学、情报学硕士生教育的研究方向设置与教学质量评估体系问题进行了充分讨论。

5月16～18日，安徽省图书馆学会1999～2000年度学术讨论会在合肥召开，主题为“展望与探讨新世纪图书馆事业发展之路”。80多人与会，会议共收到论文96篇，评出13篇大会交流论文。

5月17～19日，华东少儿图书馆协会主任馆会议在浙江金华召开，会议主题是：新时期少儿图书馆的定位与发展。

5月23日，陕西省图书馆与国家图书馆培训中心联合举办“中国机读目录格式取证培训班”，118人参加培训。

5月23～24日，中国图书馆学会文献资源共建共享办公室和国家图书馆图书采选编目部在国家图书馆召开全国图书馆联合编目中心工作会议。全国图书馆联合编目中心部分成员、国内各图书馆软件开发公司的经理和技术人员等60多人与会。会议分三个专题：(1)中文图书机读目录格式、主题标引与规范化；(2)联合编目的组织与管理；(3)各种编目软件的兼容与接口。

5月24～26日，中国图书馆学会编辑出版委员会期刊编辑专业委员会在福建泉州召开第八次全国图书馆期刊工作会议，来自全国35家图书馆期刊的42名代表与会。

5月26日，北京丹诚软件公司在北京图书大厦举办“丹诚2000年新产品发布会”，来自全国各地的113家图书馆领导和技术人员与会。会议重点发布了丹诚软件公司的最新软件产品，包括丹诚书目数据、丹诚DataTrans－1500服务器、DataTrans－1000 V3.0版、丹诚书店管理系统。

5月28日，中国图书馆学会组织具有专业特色的图书馆参加“中国图书馆学会科普宣传日”活动。

5月28～6月3日，国家图书馆开展以“传播科学知识、宣传科学思想、倡导科学方法、弘扬科学精神”为主题的2000年图书馆服务宣传周活动。

5月，中国图书馆学会起草《图书资料专业人员继续教育暂行规定》(草案)，上报文化部社文图司。

6月1日，国务院副总理李岚清在《文化部关于中国数字图书馆工程建设有关情况的报告》上做出批示：“建设数字图书馆工程的主要目的，是有效利用和共享图书信息资源，有巨大的社会效益。国家图书馆应为我国数字图书馆的核心，要防止重复建设，对方案要认真论证，精心实施。”

6月5～8日，华东六省一市图书馆学会第三次协作会在浙江千岛湖召开，主题是：21世纪图书馆事业体制改革，70余人与会。会议决定从2000年起协作会改名为“华东地区图书馆学会年会”。

6月7～9日，国家图书馆主办的“中文文献资源共建共享合作会议”第一次会议在北京召开，来自中国大陆、台湾、香港、澳门和新加坡、美国、荷兰等国家和地区的42家中文图书馆及中文文献收藏单位的62位代表参加了会议。本次会议是第一次将90年代以来的海峡两岸图书情报界的合作与交流正式拓展到国际层面，旨在通过具体合作项目带动中文文献资源共建共享的逐步实施，标志着全球中文文献资源共享已从理论的探讨发展到现实操作的新阶段。会议宣布成立了由21位代表组成的“中文文献共建共享合作会议”执行小组，由中国国家图书馆馆长周和平任本届会议执行小组主席，并制定了执行小组工作职责。会议听取了《古籍联合目录资料库》、《香港地区中文名称规范数据库》、《孙中山数据库》等合作项目的工作汇报及其他11项新项目新建议，在此基础上选定了8个合作项目主持人。会议决定由国家图书馆牵头、中外多家单位参加，成立“中文METADATA标准格式工作小组”。会议还拟订中文文献资源共建共享合作会议第二次会议于2001年在台北举行，第三次会议于2002年在澳门举行。

6月9日，国家图书馆与甘肃图书馆在北京签署馆际合作协议。

6月12日，由国家科技部牵头，以中国科技信息研究所、中科院文献情报中心、中国农业科学院图书馆、中国医学科学院图书馆等8个单位为基础建立起来的虚拟式国家科技文献中心在北京正式成立。

6月13日，线装书局向国家图书馆赠送《毛泽东评点二十四史》线装本暨毁版仪式在国家图书馆举行。

6月21日，上海市图书馆、陕西省图书馆在上海图书馆签订合作协议。

6月22～27日，中科院文献情报中心和图书情报工作杂志社联合举办“迎接新千年——信息资源管理前沿课题”专题讲座暨学术研讨会。

6月25日，国家图书馆历时半年的赴美《中国国家图书馆善本特藏精品展》在美国洛杉矶市公共图书馆落下帷幕。

6月27～29日，江苏省图书馆学会在镇江图书馆召开“沪苏两地中青年图书馆工作者论坛”，主题是：21世纪的中国图书馆事业——现实与展望。50余人与会，共收到征文37篇。

6月27～7月12日，中国图书馆学会组织图书馆界代表35人参加美国图书馆协会年会并访问了加州大学伯克莱分校中国研究中心、东亚图书馆和中心图书馆、洛杉矶市立图书馆等。

6月30日，国家图书馆与四川省图书馆在四川省文化厅签署合作协议。

6月，国家图书馆音乐厅改造工程全面竣工，面向社会开放，并成功举办首场音乐会。

7月4日，中国图书馆学会和国家图书馆采选编目部召开《西文文献著录条例》修订编委会第一次工作会议。

7月4～5日，中国数字图书馆工程建设联席会议办公室在国家图书馆主办“数字图书馆应用技术交流会”，引起国内外数字图书馆技术研发领域人士的广泛重视。

7月6日，中国数字图书馆工程建设联席会议办公室举办“数字图书馆资源加工应用系统培训班”，全国各地50个联盟单位近100人参加了学习。

7月6日，中国数字图书馆工程建设联席会议召开中国数字图书馆工程建设专家顾问委员会会议，原则通过了《中国数字图书馆工程建设一期规划(2000～2005)》(征求意见稿)。

7月7日，国家图书馆与国家计委合作建立的“国家图书馆国家计委宏观经济分馆”签订揭牌仪式在国家计委举行。

7月10～18日，安徽省高校图工委在安徽大学举办全省图书情报专业技术人员继续教育培训班，共169人参加学习。

7月12～14日，首届中文石刻拓片数据库建设研讨会在国家图书馆召开。

7月16～24日，以韩国图书馆协会会长李斗荣为团长的韩国图书馆协会代表团一行3人访问我国，期间出席了中国图书馆学会2000年学术年会，参观了我国几所图书馆。

7月17～22日，由中国图书馆学会主办、呼伦贝尔盟文体广电局承办的“中国图书馆学会2000年学术年会”在内蒙古自治区呼伦贝尔盟海拉尔市召开，全国各地图书馆界代表780余人与会，韩国图书馆协会和美国华人图书馆员协会的代表也出席了会议。本次年会的主题是“21世纪图书馆：发展与变革”，分主题为：1.21世纪图书馆发展模式与功能；2.实现文献信息资源共建共享的策略、方法与途径；3.网络环境下信息资源管理、开发与利用；4.新世纪图书馆管理与改革；5.加强继续教育工作，全面提高馆员素质；6.民族地区图书馆建设与发展。会议共收到论文640余篇，评出优秀论文67篇，大会交流论文353篇，优秀论文已结集出版为《21世纪图书馆：发展与变革》。年会期间同时举办了“2000年中国图书馆专业设备展览会”和中国图书馆学会五届三次理事会。

7月18日，“2000年中国图书馆专业设备展览会”在呼伦贝尔盟举行，22个从事图书贸易、图书馆家具设备、图书馆管理软件开发的企事业单位参展。

7月25日，由国家图书馆主办的“国家图书馆为中央国家机关立法决策服务暨国家图书馆人事分馆成立一周年座谈会”在京举行。全国人大办公厅副秘书长苏秋成及中共中央、国务院、全国政协等40家单位的50多位负责人参加。

7月28日，由科技部牵头，组织中国科学技术信息研究所、机械工业信息研究院、中国化工信息中心、冶金工业信息标准研究院共同建设的国家科技图书文献中心工程技术图书馆(虚拟式科技信息资源机构)在中国科学技术研究所召开成立大会。

7月31日～8月2日,中国图书馆学会建筑与设备专业委员会在内蒙古大学召开"新世纪图书馆建筑发展研讨会",40多人与会。会议对"图书馆建筑的规划与设计"、"21世纪图书馆建筑的新理念"等专题进行了研讨。

8月10日,由广东省中山图书馆和北京世纪超星公司合作建立的"超星数字图书馆华南站"正式开通,中山图书馆举行"超星数字图书馆华南站开通典礼暨北京世纪超星数字化技术演示会"。

8月10～11日,广东省图书馆文献资源共建共享工作座谈会在中山图书馆召开。

8月12～16日,由中国科技情报学会情报学期刊协作会主办的"21世纪图书馆学情报学发展趋势学术研讨会"在甘肃省嘉峪关市召开,来自全国23个省、市、自治区的62名代表和8个情报学期刊的代表与会。

8月15～18日,中国社会科学院情报学会和中国人民大学书报资料中心在四川成都联合举办"网络时代图书、情报、信息工作面临的挑战与机遇"学术研讨会,近百名代表与会。

8月16日,国家图书馆和中国敦煌吐鲁番学会主办的"秘籍重光,百年敦煌"专题文献资料展览在国家图书馆馆藏珍品展示室开展。

8月22日,大型古籍《永乐北藏》重刊发行首发式暨向国家图书馆赠书仪式在人民大会堂举行,全国政协副主席孙孚凌出席仪式。

8月22～25日,全国公共图书馆文献缩微工作会议在吉林长春举行,31人与会。会议主要内容是:1.1996～1999年文献缩微工作总结;2.公布缩微品发行分配方案;3.讨论民国时期图书调研计划。

8月27～31日,由中科院文献情报中心和台湾中华图书资讯学教育学会共同主办的"海峡两岸第五届图书资讯学学术研讨会"在四川省都江堰市召开,会议主题为"图书资讯标准化"。来自大陆和台湾、澳门地区的80余人与会,会议共收到论文58篇。

9月5日,国家图书馆接受澳门特区文化局赠书并与澳门中央图书馆签署两馆合作交流备忘录。

9月7日,全国图书馆联合编目中心第一家二级中心——广东省分中心成立,这将进一步推动地方图书馆积极参加联合编目工作。

9月12～15日,中南、西南少年儿童图书馆2000年工作交流暨理论研讨会在重庆举行,全国43个少儿图书馆(含成人图书馆)和文化部图书馆司的78位代表与会。

9月15～18日,由中国科技情报学会和《情报学报》联合举办的全国信息服务业发展与信息资源开发学术研讨会暨第七届全国青年情报理论与实践研讨会在江苏无锡举行。

9月17～20日,中国图书馆学会组织15位代表参加了在西安举行的"中国科协2000年学术年会",会议主题为"西部大开发,科技先行和可持续发展"。

9月18日,"王云五纪念图书馆"在四川省峨眉山市开工兴建,该工程由美国王云五基金会捐资6.4万美元,台湾王云五基金会协助实施。

9月18～22日,全国文献资源共建共享协调委员会办公室和全国联合编目中心在国家图书馆联合举办《中文图书机读目录格式使用手册》(修订版)研讨培训班,70余名学员参加培训。

9月18～24日,华东地区高校图工委协作年会在山东泰安农业大学召开,会议主题为"文献资源共建共享与图书馆的改革与发展",来自华东六省一市及吉林省高校图工委的近30名代表与会。

9月19日,李尔重同志向国家图书馆及全国大型图书馆赠书仪式在国家图书馆举行。《李尔重文集》入藏国家图书馆和各大型图书馆,丰富了馆藏,对开展爱国主义和革命传统教育有重要意义。

9月21～22日,由上海市图书馆、复旦大学图书馆和上海交大图书馆共同组织发起的HORIZON中国用户协作网成立大会暨第一届年会在上海市图书馆召开。来自Horizon系统的国内用户、代理商、国外开发商、用户协会等12个单位的42名正式代表与会。会议讨论通过了《HORIZON中国用户协作网章程》,推选缪其浩为HORIZON中国用户中心理事长。

9月21～24日,由中国图书馆学报编辑部和重庆图书馆联合举办的"世纪之初的图书馆"学术研讨会在重庆召开,共有84篇论文获奖。

9月22日,2000年中国图书馆学会韦棣华基金会奖学金评审会在国家图书馆召开。共评出21所院校的42名学生获得韦棣华基金会奖学金,其中博士生5名、硕士生9名、本科生28名,获奖金额总计72500元。

9月22～23日，河南省图书馆学会举办"河南省数字图书馆建设"学术研讨会，46人与会，共收到论文75篇。

9月24～28日，由中国图书馆学会、中国西部12省、市、自治区图书馆学会联合主办、宁夏图书馆学会、《图书馆理论与实践》杂志社承办的"中国西部图书馆事业发展战略暨东西部合作论坛会议（中国西部图书馆学会首届年会）"在宁夏银川召开。全国24个省、市、自治区的论文作者和特邀代表等200余人与会，会议共收到论文500余篇，入选的245篇中评出一等奖5篇、二等奖25篇、三等奖52篇。

9月25～10月2日，中国图书馆学会代表团访问韩国，签署了"中国图书馆与韩国图书馆协会建立友好互访关系的协议书"，期间出席了韩国图书馆协会第38届年会并参观了有关图书馆。

10月1日，文化部部长孙家正等领导视察正在建设中的苏州市图书馆新馆。

10月6日，国家图书馆90周年征文颁奖暨第六届科学讨论会举行。

10月9～15日，由海南高校图工委主办、海南师范学院图书馆承办的"中南六省区高校图书馆学术年会暨全国高等教育文献资源保障体系研讨会"在海口召开，全国11个省区高校图书馆共208人与会，会议对65篇论文进行了讨论。

10月14～18日，由国家图书馆主办、山东省图书馆承办的第六届全国省、自治区、直辖市及较大城市图书馆馆长联席会议在济南召开，50余名代表与会，会议主题为"21世纪的文献资源共建共享"。

10月15日，九届全国政协常委、原中科院党委书记、副院长王忍之向陕西商洛地区图书馆捐书4000余册（套）。

10月17～20日，华北高校图书馆协会第十四届年会在河北唐山召开，来自北京、天津、内蒙古、山西和河北的53所高校图书馆代表等102人与会，会议主题为"新的世纪，新的征程——迈向21世纪的中国高校图书馆"，大会交流论文共64篇。会议期间还召开了华北五省高校图工委秘书长联席会议。

10月18～24日，全国文献资源共建共享协调委员会办公室与国家图书馆善本特藏部联合举办"汉语文古籍机读目录格式培训班"，全国33个图书馆的45位学员参加培训。

10月19日，北京地区图书情报单位文献资源采选协调座谈会在国家图书馆召开。

10月20～22日，OCLC学院在清华图书馆举办"知识管理与元数据"讲习班，来自全国37个高校图书馆及图书情报单位的近100名学员参加。

10月21～24日，华北地区高校图书馆馆长研讨会在塘沽召开，70余名代表与会。

10月21～25日，教育部部属师范大学图书馆第七次馆长联席会议在湖南师范大学举行。

10月23～25日，河南省图书馆与河南省图书馆学会联合举办"2000年中南、西南省（市）、自治区公共图书馆业务协作研讨会"，来自"两南"地区的广东中山图书馆等13个图书馆的28名代表与会，共收到论文17篇，大会宣读论文12篇。

10月24～26日，由中科院文献情报中心、北京大学信息管理系、武汉大学传播与信息学院、南京大学信息管理系、中国科技信息研究所、中国国防科技信息中心等6家单位联合主办的"我们的使命——全国图书情报学研究生学术研讨会"在北京召开，主题为"确定使命，创新攀登，为人才培养开辟新途径"。110名代表出席，76篇研究生学术论文入选并编印成集。

10月25～27日，五省区藏文古籍第七次协作会议在成都召开，来自西藏、四川、青海、甘肃、云南等五省区和北京市民委、古籍办、中央国家机关、民族院校等部门的81人与会。

10月26日，西安图书馆开馆，结束了西安这一文化大市没有市级图书馆的历史。

10月26～27日，河北省高校图工委与河北省CNKI技术服务中心、石家庄铁道学院图书馆联合举办"万方数据资源系统演示介绍会暨CNKI技术培训会"。

10月28～31日，《普通高等学校图书馆规程》修订工作研讨会在武汉市华中科技大学图书馆召开。

10月30日，文化部副部长艾青春和司长陈琪林视察重庆图书馆。

10月，上海学林出版社出版由上海师范大学图书馆副馆长吴志荣撰写的《数字图书馆：从理念走向现实》。

10月，中国数字图书馆网站推出"网上中文图书馆服务"。

11月1日，“江苏省图书馆学会中学图书馆专业委员会”更名为“江苏省图书馆学会中小学图书馆专业委员会”。

11月3～6日，广东省图书馆学会与澳门图书馆暨资讯管理协会联合在珠海市召开“广东图书馆学会——澳门图书馆暨资讯管理协会新千年年会”，会议主题为“21世纪的图书馆事业：数字化网络化与信息资源共享”，190多名代表与会，共收到论文90多篇。

11月4日，挂靠南京大学信息管理系的“国家信息资源管理南京研究基地”正式成立，这是国家信息化推进工作办公室批准的首家基地。

11月7～10日，由四川省图书馆学会承办的“川、吉、苏、桂、冀”五省（区）图书馆学会第七届学术研讨会在四川省峨眉山市召开，近70人与会，会议主题为“21世纪的中国图书馆事业”，共收到论文40篇。

11月12～16日，由中国图书馆学会和中国地市图书馆馆长联谊会联合举办的“新世纪图书馆建设与发展研讨会及中国地市图书馆馆长联谊会年会”在武夷山召开，来自北京、上海、广东、江西、安徽、福建等7省市的30余名图书馆馆长与会。

11月14日，国家图书馆与内蒙古自治区图书馆签订旨在加强东西部对口文化支援的合作协议。

11月15～17日，江苏省2000年少儿图书馆建设理论研讨会在江苏扬州召开，全省少儿图书馆、部分市县图书馆和乡镇图书馆馆长及论文作者70余人与会，共收到论文73篇。

11月18～21日，浙江图书馆举行百年馆庆暨新馆正式开馆和“21世纪公共图书馆馆长论坛”活动。

11月21～23日，第十四届全国十五城市公共图书馆工作研讨会在杭州召开，来自全国13个副省级城市公共图书馆的代表和论文作者共34人与会，会议主题为“图书馆改革、管理与发展”。

11月21～23日，“亚欧大陆桥沿线中心城市图书馆协作网第三届年会”在甘肃天水召开，会议主题为“承东启西、交流经验、更好地为西部大开发服务”，共收到交流材料和论文19篇。

11月23～25日，全国党校图书馆工作暨数字图书馆建设会议在海南省委党校召开，140人与会。

11月29～12月1日，CALIS特色库和导航库项目验收专家评审会议在上海交大图书馆召开，15位专家参加评审。25个特色库中的19个通过验收，其中5个被评为“优”，194个学科导航库中有157个通过验收。

11月22～24日，河北省高等师范院校图书馆协作委员会第三次会议在石家庄师范专科学校召开，会议着重讨论了《普通高等学校图书馆规程（修订草案）征求意见稿》。

12月1日，全国图书馆联合编目中心和深圳市科图自动化新技术应用公司在国家图书馆举办信息发布会，全国图书馆联合编目中心京津地区成员馆、数据用户及ILAS软件用户等85家单位的代表150余人与会。

12月1～31日，国家图书馆开展“全民读书月暨国家图书馆读书周”活动。

12月15日，“全国图书馆联合编目中心广东省分中心成立暨挂牌仪式”在广东省中山图书馆举行。

12月16～19日，由文化部主持召开的中国数字图书馆资源建设工作会议在海口举行，会议旨在研究新世纪、新形势下数字图书馆的有关问题，推动中国数字图书馆的建设。

12月17～19日，文化部在海南省召开“中国数字图书馆工程资源建设工作会议”，来自全国各省、市自治区文化厅、中国数字图书馆工程建设联席会议成员单位和全国省级公共图书馆等单位的代表160余人与会。会议对《中国数字图书馆工程建设一期规划（2000～2005年）》、《中国数字图书馆工程资源加工首批推荐使用的标准规范》和《中国数字图书馆工程资源建设中涉及著作权问题的有关建议》等文件进行了讨论。

12月24日，国家图书馆与山西省图书馆签订合作协议书，在文献信息提供服务、数字图书馆与网络建设、人员培训等方面达成合作协议。

12月25日，由上海交通大学、复旦大学、华东理工大学、华东师范大学等高校和社会力量共同参与建设的“上海教科网高校图书馆网络”正式上网开馆，该网具有馆际互借、文献资源传递和信息资源导航三大功能。

12月26日，由国家科技图书文献中心组织建设的国家科技文献资源网络服务系统开通，标志着我国科技文献资源共建共享体系建设进入一个新的历史阶段。

12月26日，“上海市中心图书馆建设协议”和“互动电视把‘我的图书馆’送入千家万户共建协议”在上海图书馆签订。

12月26日，浙江图书馆、浙江大学图书馆、浙江省科技情报研究所在浙江图书馆签订“数字化文献资源共建共享合作协议书”，并开通“数字化文献资源共享网”。

12月29日，由国家图书馆牵头，清华大学、北京大学、中科院文献情报中心和网络信息中心等单位共同承担的北京市信息化工作办公室课题“中关村科技园区数字图书馆群软课题研究”通过结题验收。

12月30日，武汉图书馆新馆落成开馆。

12月，杭州时代图书馆建设咨询有限公司成立。公司宗旨是通过咨询服务和参谋作用，使新建、扩建、改建图书馆建筑更加科学、实用与经济，符合现代图书馆的要求，从而有助于新世纪信息时代图书馆事业的发展。（王海娟）

优秀与特色图书馆选介

华东师范大学图书馆

华东师范大学图书馆是教育部直属重点师范大学图书馆，创建于1951年10月。总馆位于上海市中山北路3663号华东师范大学本部，并在淮海路校区和国顺路校区分设一、二分馆。馆舍面积共32728平方米，其中1989年10月建成的总馆逸夫楼由香港著名实业家邵逸夫先生和原国家教委共同出资兴建，面积12660平方米。截止2000年底，图书馆共藏书347万册，内含古籍30万册。目前年采购图书约14000种，订购期刊约4000种。藏书中教育科学、心理学、地理学、经济学、文学、史学、古典哲学、参考工具书和地方志图书较为完备。

图书馆共设各类阅览室21个，阅览座位2200席，主要阅览室开放时间每周达98小时。图书馆除提供常规的书刊借阅外，还积极开展参考咨询、定题情报服

华东师大图书馆逸夫楼夜景

务和计算机检索服务。作为华东师范大学“211工程”子项目之一的图书馆新自动化信息系统已于1999年12月正式运行,建设内容包括图书馆计算机管理系统、数据库系统和多媒体电子阅览室,软件采用美国INNOPAC系统。图书馆现有多媒体电子阅览室和电子阅览室各一个,为读者创造了一个舒适地利用馆藏电子资源、网上资源和教育培训的条件。

华东师范大学图书馆是国际图书馆协会联合会(IFLA)的机构成员,与海外十多个国家和地区的四十多所图书馆建立经常性的出版物交换关系。

图书馆现有在职职工168人,其中研究馆员1人,副研究馆员22人,馆员66人。展望21世纪,华东师范大学图书馆在综合实力上要保持全国高等师范院校图书馆的领先地位,在管理上达到全国高校图书馆一流水平。

华东师大图书馆多媒体电子阅览室

交通科技图书馆

基本概况：交通部科技信息研究所(现合并为交通部科学研究院)文献馆自1965年成立以来,历经30多年文献资源的建设,已成为全国具有一定规模的、享有一定声誉的并独具交通专业特色的交通信息服务中心。多年来,该院一直从事交通文献借阅与服务、交通信息检索、信息跟踪、信息咨询、信息报道、专利代理与咨询、科技查新、数据库建设与服务和网络运行、维护、技术服务及管理等。其主要任务是为交通部各级领导以及交通科研、设计、生产经营人员提供文献信息服务和信息技术支持。"九五"期间,本馆承担了交通部多项交通信息资源开发利用项目及《公路、水运科技信息基础工程》和《交通部机关信息化网络环境改造工程》。这些项目和工程为交通信息资源建设与服务提供了重要的指导,为交通信息化打下了重要的基础。

馆舍情况：位于北京市朝阳区惠新里240号交通部科学研究院内,大楼于1992年落成投入使用,建筑面积7000多平方米,楼高6层。设有阅览室3个,检索终端座位、阅览座位约300个。

馆藏资源：目前拥有馆藏各种交通科技文献达30万册(件),包括国内、外科技报告(论文)、科技期刊、专利文献、会议文献、标准规范文献、统计资料、丛书丛刊、年鉴和工具书等。现有中文期刊500多种,外文期刊1200多种,中文图书10万多册,中文资料4万多册(件),外文图书6万多册,标准规范文献4万多册(件)。本馆还拥有丰富的交通信息资源和现代化的信息检索手段,通过因特网交换国内外各种交通资源,共享信息;本馆藏除自建的数十种数据库外,还引进数十种国内外交通和综合性数据库,可方便、迅速地查找国内外交通及其相关信息。

机构设置：本馆设采访、编目、流通、阅览、查询、文献自动化管理、专利代理与咨询、科技查新、数据库建设与服务、网络管理、软件开发、文献复制等部门。主要负责对外服务的部门有办理借书处、数据库检索室、因特网检索室、借还书处、复印室、中外文图书室、中外文期刊室、缩微平片阅览室等。

自动化管理：本馆业务工作早在80年代初就已经开始文献自动化管理,其中的"图书馆计算机采访编目系统"为本馆自行研制,该系统曾获交通部有关奖励。这为我馆的文献自动化管理打下了良好的基础。"公路、水运交通科技信息基础工程"为我馆的文献自动化提供了良好的网络平台和技术优势,为我馆文献资源在网络环境下的加工与服务提供了前所未有的条件,使我馆文献资源建设达到了国家科技图书文献中心要求,实现"集中采购、分别加工、联合上网、资源共享"。目前用户能通过因特网查找我院馆藏的几十万种(件)各种类型的科技文献。

服务特色：为适应交通行业发展的需要,本馆对国内外交通信息资源进行了深层次的开发利用,能为交通行业各级领导、科研人员以及企业生产经营人员提供国内各种交通信息资源的查询以及国外交通科研机构、科研项目、国外交通政府管理部门的机构设置、管理体制、办事章程、国外交通企业生产、经营和管理等有关信息的咨询。

队伍建设：本馆拥有一支高素质的员工队伍。现有17名正式职工中,95%为专科以上文化程度,其中硕士研究生以上2名,正研究员1名,副研究员2名。

发展目标：在交通部领导下,本馆贯彻"抓好基础,服务行业"的方针,以交通信息资源的深层次开发利用为龙头,力争进入国家科技图书文献中心中的工程技术图书馆,成为国内有重要影响的交通专业图书馆,为交通运输业的发展作出更大的贡献。

解放军医学图书馆

解放军医学图书馆是目前国内规模最大的生物医学图书馆之一，于1990年由原军事医学科学院图书馆（始建于1951年）和解放军总医院图书馆（始建于1953年）合并扩建而成，邓小平同志亲笔题写馆名。现隶属于解放军总后勤部卫生部。

解放军医学图书馆的主要任务是为全军卫生单位和卫生人员提供医学文献信息服务，同时面向社会开放。现有馆舍面积1.24万平方米，阅览座位750个。馆藏文献约70万册（外文文献约占80%）；年订购现刊3千种，光盘文献数据库20余种。馆内所有书刊实行全方位开架，每周开馆时间83（冬春季）～88小时（夏秋季），每年接待读者16万人次。

该馆的局域网自动化集成管理系统实现了书刊采购、编目、期刊管理、流通、信息检索等业务工作的自动化，与五所军（警）医科大学图书馆建成了军用卫星数据通讯网，并以节点方式同国际互联网高速出口互联，建成了五棵松地区高速光纤城域网、军队长城国际互联网和军队远程电话拨号入网“三网合一”的医学信息网络。该馆是医学信息专业硕士生联合培养点，中华医学会医学信息专业继续教育培训中心。面向全社会广大读者和用户提供二次文献检索、科技查新、因特网信息查询、一次文献传输和馆际互借等服务。自行研制开发的《中文生物医学期刊数据库——CMCC》在国内外拥有近500个单位用户，是国家卫生部确认的重要的医学文献检索工具。还有面向国内外公开发行的《中华医学图书馆杂志》和面向全军发行的《解放军医学信息》报。

该馆设有采集部、编目部、流通部、信息部、编辑部、数据库研究部、电教中心、网络中心和复印室9个业务部室。工作人员120余名，其中博士1人，硕士5人，本科学历46人，高级专业技术职务人员18人。

温州市图书馆

创建于1919年，现有馆舍面积12000平方米，藏书总量70余万册，在编人员61人，平均年龄32岁，其中大专以上学历者占60%，中、高级职称占业务人数的41%。1998年被评为全国一级图书馆，2000年荣获国家文化部、人事部颁发的“全国文化先进集体”称号，并入选中国“知识工程”领导小组评审的“读者喜爱的图书馆”。

温州市图书馆

该馆设有外借部、社科阅览室、科技阅览室、装潢阅览室、外文视听阅览室、期刊阅览室、报纸阅览室、电子阅览室、多媒体视听室、古籍地方文献部、信息部等11个服务窗口，阅览座席近600个，实行全开架借阅，全电脑管理，全年365天开馆，2000年共接待读者85万人，图书流通140余万册次。为营造读好书的良好社会氛围，该馆还保持每年10个集体借阅流通点，为其提供图书借阅、业务指导等服务。

为吸引广大群众走进图书馆、利用图书馆，该馆改变了读者与图书馆的静态交流格式，结合社会热点，积极举办各类读者活动，如科技、学术讲座和演讲、图片展览，还有知识赛、图书评论等等，2000年共举办活动64场，参加群众1.9万人。随着信息化、网络化时代的到来，该馆充分利用自身优势，开展信息咨询服务，提供各类行业及国家标准、专题文献、论文资料、国家及地方法律法规等专题咨询，2000年共解决咨询1100余次，网上咨询100余次，为政府提供专题服务28次；同时面向市场需求，积极开拓信息产业，开发《金融信息》、《财富商讯》等特色信息产品，为温州的经济建设做出贡献。

该馆自1996年开始于图书馆自动化建设，首创浙江省公共图书馆系统第一家电子阅览室，该室不仅提供INTERNET浏览、网络资源的下载、电子邮件的收发，还提供资源信息的查询及INTERNET知识培训。多媒体视听阅览室集光盘学习、VCD借阅、VOD点播为一体，深受读者的喜爱。1999年9月，该馆开创了自己的服务性网络窗口，拥有自己的网站——“温图在线”(http://www.wzlib.net.cn)，迄今为止，已有20多万人次登陆此站点，在同级图书馆站点中名列前茅。

数字图书馆是未来图书馆的发展趋势，该馆投入大量的人力、物力和财力进行图书馆数字化建设，其目标是在3年内将先后建成鞋业、地方文献、浙南谱牒、风土人情、电子图书等5个大规模自建资源库。2000年该馆申请的“开发研究特色资源数据库”的科研项目获浙江省文化厅批准，并获科研补助经费。目前，温州数字图书馆工程正申报温州市重点科研项目。

北京市西城区图书馆

西城区图书馆是全国首家获得国际图联会员资格的区县级公共图书馆。该馆位于西城官园文化区的后广平胡同 26 号，建筑面积达 1 万余平方米。现有藏书 30 余万册，实行开架借阅服务。馆内设施先进，功能齐全，配有大型中央空调、电子消防报警系统、监控系统及智能化综合布线和全面的计算机管理系统，已初具现代化图书馆的规模。

西城区图书馆新馆

一层设有图文电视屏幕系统，可随时播放区情、馆情的介绍，进行信息发布等，多方面向读者开辟了广阔的服务空间。报刊阅览部收藏了全国各地的报纸、杂志，读者可在此阅览当月的报刊。

二层设有集体视听室、个人视听室、多媒体网络中心，可满足读者利用现代手段进行电子化阅览。旅游、音乐、古籍、地方文献部门的特色服务，为不同读者阅读需要提供了方便、快捷的服务。

2001 年西图服务宣传周活动

三层是个人借阅部、采编部，1450 平方米的借阅大厅，设有藏书区、阅览区、休闲区，在这里，读者可以享受到现代化图书馆的借阅氛围。

国际图联执委芦克斯博士、德国歌德学院北京分院图书馆馆长及中国国家图书馆副馆长孙蓓欣参观北京西城区图书馆外借部

四层设有辅导部、参考资料室、自习室。

西城区图书馆的建成将在丰富西城区人民的文化生活，提高人民的科学文化素质，加强精神文明建设以及为西城区改革开放、经济建设、高新技术开发服务方面发挥重要作用。它将成为西城区的图书借阅中心、资料检索中心、信息交流中心、教育培训中心。

新馆自习室

上海市长宁区图书馆

上海市长宁区图书馆是综合性公共图书馆，建于1956年7月13日，原址江苏路367号，1982年在中共上海市长宁区委、区府重视投入下，于1983年6月30日迁于现址：娄山关路755号。

新馆座落在新崛起的商业繁华天山地区，与虹桥开发区咫尺相隔。面积3529m²，拥有藏书31万册左右，期刊681种，报纸128种，并收藏有LD、VCD、CD、录像带、磁带、多媒体光盘5个门类7个品种的视听资料。阅览座席350个。馆内设有：文学外借室、社会科学室、自然科学室、计算机专题室、期刊室、资料室、多媒体阅览室等9个服务窗口。为方便读者，除了免证阅览、送书服务、代借代还、资料代查等，还辟有电脑激光打印、复印等多种服务项目。近年来，长宁区图书馆还开展参考咨询和课题服务。年均完成读者咨询700余项，课题服务20余项，组织老年读书读报和电脑爱好者沙龙活动。全馆在采访、编目、流通、检索诸方面全部实行图书馆自动化集成系统ILAS计算机联网管理。

监区文化、军营文化、家庭读书以及建立计算机文化信息数据库等是长宁区图书馆多年坚持进行的特色服务工作。对监狱服刑人员的社会帮教活动，是监区文化建设的主要内容。区馆除坚持每周为服刑人员开办书画培训班外，还积极开展各类读书活动，组织服刑人员参观文化设施，促使他们尽快树立起"读有益的书，做有用的人"的信念。区馆在部队建立送书服务点的基础上，还开展军营读书征文、演讲、明星评比等活动。截止2000年底，区馆开展的家庭读书活动已有十几年的历史，举办了百余项活动。先后举办了"家庭美德"演讲会、"科普知识进家庭"、"影响我们家庭的一本书"征集、"家庭读书示范户"巡回报告、"下岗职工自强自立读书明星评选"、"家庭特色书架展示"、"四代同堂家庭读书风采展示"以及面向全国的"长图杯"祖国颂文学作品征文大赛等各具特色的活动，还两次承办了由上海市文化局交办的"读书与再就业"研讨会。区图书馆的计算机特色服务随时代的发展、社会的新需求而不断更新内容。所建立的文化信息数据库网页上，汇集了区情、名人、古迹、旅游、文化六大版块内容，上网供读者浏览；特色数据库中军事信息栏目、军事武器装备、世界与国内军事统帅、国内战争等内容达几百条。

长宁区图书馆自1984年起至2000年止，连续八届荣获"区文明单位"的称号。1993年被上海市文化局评为"上海市区、县公共图书馆一级馆"、上海市文明图书馆；1994年和1998年被中央文化部评为"全国一级图书馆"；2000年获全国"我最喜爱的图书馆"称号。在上海市文化局的指导下，上海市区、县公共图书馆计算机建设中心办公室设在本馆。

长宁区图书馆集现代化、专业化、综合性设施、功能为一体，是一切读者良好的学习、休闲场所。

蚌埠市图书馆

一、基本概况

蚌埠市图书馆成立于1951年，是在“蚌埠市人民文化馆图书室”的基础上发展起来的，也是蚌埠市唯一一所公共图书馆，1972年迁至科学文化宫。四十多年来，特别是近十几年来，伴随着我市经济的发展，该馆在两个文明建设、培养人才等方面发挥着重要作用，取得显著成绩。为此，1987年被省文化厅授予“三爱一优”先进单位；1988年、1992年分别两次被国家文化部、财政部授予“全国文化事业单位‘以文补文’先进单位”称号；1989年被国家文化部授予“全国文明图书馆”称号。进入90年代末，图书馆建筑相对落后，影响到图书馆各项工作。目前新馆建设已开始启动，有理由相信，随着新馆建设的推进，蚌埠市图书馆新的春天即将到来。

该馆现有职工31人，具有大专以上学历的26人，占职工数的80%，具有中级以上职称17人，占业务人员数的50%。经过多年努力，我们整顿了劳动纪律，加强了行政管理，建立健全了一套完善的规章制度，重新修订了岗位责任制，本着量化管理的要求，对每一个工作人员的职权范围和工作要点都有明确界定，管理日趋科学化。

二、基本服务

该馆现有藏书23万余册。为了方便读者，该馆采用了预约借书、资料代查、图书陈列、送书上门、馆际互借等形式为读者服务，馆内设有7个服务窗口，馆外有12个服务点，藏书以开架借阅为主。截至日前，已发放借书证4000余个，年接待读者12余万人次，年外借图书9万余册次。

三、特色服务

1. 期刊外借。从1993年开始，该馆在全省率先建立期刊外借室，改变期刊只阅不借的状况，无论是现刊、过刊均对外借阅，受到读者一致好评。

2. 取消保存本书库。从1995年开始，该馆将保存本书库对外开放，并逐步取消保存本书库，大大提高了文献利用率。

3. 建立电子阅览室。尽管经费紧张，该馆多方筹集资金，于2000年9月在全省公共馆中率先建立电子阅览室，为读者提供网上资料查阅服务。

4. 为农村、军营、社区服务。蚌埠市有70万人口，目前只有一座公共图书馆，为了扩大图书馆的辐射面，该馆在开展好阵地服务的同时，将自身服务向农村、军营、社区延伸，先后在郊区汪圩村、武警三支队六中队、消防支队、张公山八村一居等地建立流动借书站12处，深受当地军民的欢迎。为此，省市电视台等新闻媒体均予以报道，社会效益显著。

潍坊市图书馆

潍坊市图书馆成立于1948年8月7日，是山东省最早成立的公共图书馆之一。现新馆座落在市中心风景秀丽的白浪河畔，建筑面积8020平方米。在职馆员60人，具有大专以上学历者占79%，具有中级以上专业技术职务者28人。馆藏图书40万册，形成了以轻纺、机械、电子、化工、地方文献为主的藏书体系。年订购报刊千余种。设有借书室、报刊阅览室、文献查阅室、少儿图书馆、电子阅览室等九个服务窗口。坚持“读者第一、服务至上”的宗旨，以“优美的环境、优良的秩序、优质的服务”为读者提供全方位、全开架、全天候服务，采取了一系列方便读者的服务措施，年接待读者22万人次。

图书馆自动化建设发展迅速。投资70万元购置了高档服务器和计算机46台，采用图书馆自动化集成系统(ILAS)实现了业务自动化管理，建立了高标准的电子阅览室，与国家图书馆光盘信息中心实行联网开展网络信息服务。在国际互联网上设立了网址，建立了主页，将馆藏书目数据库、地方文献书目数据库及《外载本市信息》送上国际互联网，为在全世界范围内宣传潍坊开辟了新途径。

定题跟踪服务成效显著。联合科委、科研院所、生产单位共同进行科研生产活动，利用本馆馆藏及馆际互借提供具有针对性和时效性的文献资料。每年平均参预完成科研项目12项，其中半数以上获省、市科技进步奖。

走出馆门深入社会搞好服务。落实“知识工程”，开展全民读书活动，扩大服务范围，在机关、部队、边防、社区、监狱建立流动图书馆，得到广大群众的热烈反响。

积极开展地方文献征集开发工作。每年通过集中时间、分片划区、围绕重点组织一次大规模的征集活动，并举办一次地方文献展览。1994年，市政府在全省率先下发了《关于建立地方文献呈缴本制度的通知》，促进了地方文献征集工作的开展，现已征集到地方文献3500余种，6000余册，建立了地方文献书目数据库。同时征集到潍坊市及全国潍坊籍知名书画家书画精品460余幅，丰富了馆藏。

开展文企联姻、图商结合活动。争取社会各界的支持，组织了“寿钢杯”、“朗格尔电梯杯”图书馆业务竞赛，“万邦杯”潍坊市优秀读者评选活动，“鑫利杯”迎香港回归读书活动、“英才杯”跨世纪读书活动、“外贸食品杯”、“麦当劳杯”元宵灯谜会等一系列业务活动，扩大了图书馆的影响，树立了图书馆的良好形象。

开展社会办学成绩斐然。我馆已先后举办五届图书馆学专业函授大专班、三届函授中专班，培养专业人才280名。1991年开始与潍坊艺术学校合作创办了七届群文专业图书档案中专班，培养学员260名。2000年经省教委批准成为潍坊第一家全国少儿计算机培训考试(少儿NIT)基地及剑桥少儿英语培训考试基地。

图书馆学会工作健康发展。潍坊市图书馆学会成立于1989年10月，现有团体会员63个，个人会员480名。学会积极开展学术研究，举办了十一届学术研讨会，研讨交流论文1042篇；大力培养人才，举办了十二期业务培训班和学会首届业务竞赛；宣传图书馆，举办了十一次“图书馆服务宣传周”活动；巩固学术研究成果，定期编辑出版《潍坊市图书馆学会会刊》及《学会工作情况交流》。

学术研究硕果累累。全馆馆员在各级学术刊物上发表专业论文482篇，参加各级学术研讨交流论文获奖546人次。1995年编辑出版的《图书馆学中等专业学习用书》(一套十种，山东友谊出版社)填补了省内空白。1998年馆庆五十周年之际编辑出版了《潍坊市公共图书馆史略》(中国文史出版社)、《潍坊市图书馆馆藏地方文献书目》(第一卷)、《图苑文集》。潍坊市图书馆学会先后编辑出版了《潍坊十二家图书馆报刊联合目录》(1995年)、《图书馆理论与实践》(1998年北京图书馆出版社)、《书海扬帆》(2000年中央编译出版社)和《知识与信息的使者》(2001年中央编译出版社)等学术著作。

图书馆的工作得到了社会各界和各级领导的充分肯定。1989年被省文化厅评为“先进图书馆”，1993年至今保持了市级“文明单位”称号，1994年被文化部命名为全国“文明图书馆”，1998年被文化部评为“一级图书馆”，2000年被全国知识工程领导小组评为“读者喜爱的图书馆”。学会第三届学术研讨会被评为“一九九一年度潍坊市十大优秀学术活动成果”之一，1996年被山东省文化厅评为“图书馆服务宣传周先进集体”，2000年被全国社科联评为“全国先进学会”，是潍坊市科协、社科联历年“先进学会”、“先进学会挂靠单位”。

地址：山东省潍坊市奎文区米市街48号
电话：0536-8233225(传真)
邮编：261041
网址：http://www.wflib.com
E-mail：wftsg@wf-public.sd.cninfo.net

山东电力高等专科学校图书馆

我馆是一所面向 21 世纪适应信息社会发展的现代化、网络化、全开放式图书馆，1997 年由清华大学设计建成，建筑面积 8878 平方米，色调清雅，布局和谐，功能完善，设施现代。拥有视频点播、多媒体文献阅览、清华科技期刊检索三大网络系统，全馆分为总服务台、自然科学书区、社会科学书区、报刊阅览区、电子阅览区、个人研究厢六个功能区，大平面、全开放布置，实行藏、借、阅合一，集视、听、阅于一体，读者查询和馆员办公自动化、网络化。馆藏以电力工业技术为特色，兼容工商经济、社科、文艺、信息等门类，现有馆藏文献 15 万余册，电子读物 2000 余盘，报纸期刊 3000 余种，拥有 40 余人信息经验丰富和创新勤奋的技术人员队伍，已成为山东电力行业的馆藏中心和文献信息中心。

杭州少年儿童图书馆

杭州少年儿童图书馆新馆坐落在著名西湖名胜“黄龙吐翠”的西侧，占地 7.2 亩，建筑面积达 5482 平方米。是一座花园式图书馆。她的前身为浙江省图书馆儿童阅览室，1981 年正式建立杭州少儿图书馆。新馆于 1997 年 12 月 31 日奠基，1999 年 6 月 1 日竣工落成开馆。

新建成的杭州少年儿童图书馆为四层框架结构，分布着文献借阅、培训教育、展览活动等多个区域，根据馆舍结构特点，按少儿年龄特征设置各类文献借阅室、培训教育室、电子阅览室、多功能活动室等。设有图文并茂的低幼读物室、活泼可亲的“玩具天地”、拥有众多名著童话的中外文学室和配置先进的电子多媒体阅览室以及具有现代化功能的活动厅、展示厅等。拥有馆藏文献 30 万余册，颇具特藏的“小人书”近万册，大型玩具一百多件。

新建成的少儿馆采用智能化综合布线，拥有先进的计算机网络系统及配置较高的计算机，引进具有网络化功能的 ILASII 系统管理图书馆的日常业务工作。通过搭建少儿馆局域网，DDN 专线接入因特网。使少儿馆成为开发、利用信息的传播中心。

新的少儿馆环境优美、设施一流，其服务水平和质量随之工作的深化而不断提高。敞开办证，免证阅览，预约借书，电话续借，馆休还书等便利措施。双休日、节假日、寒暑假成了少年儿童寻觅知识的乐园。从 1999 年 6 月 1 日开馆以来，截至 2000 年底，已接待读者 50 多万人次，双休日接待读者日均 5000 人次。新馆在做好阵地服务的同时，积极扩大服务领域，拓展服务内容，延伸服务内涵，采取送书上门服务等办法，深入街道、社区、学校、幼儿园等。目前已建立流通服务点十二个，有近万册图书在外流通，受到社会各界的欢迎，取得良好的社会效益，新建成的少儿馆为适应新的形势需要和图书馆发展趋势的潮流。取消原有的中央书库，根据各个主题内容或年龄层次将文献在各个借阅室集中陈列排架，实行全开架借阅一体的管理方式，让小读者充分利用馆藏文献资料。

在服务方式上除了传统的借阅外，具有教育职能的少儿图书馆还要承担起举办各类丰富多彩的读者活动。为充分利用新馆设施，各部门各现神通，积极开展各类活动：有茶艺、茶道、小读者演讲比赛等表演类节目；有音乐欣赏、故事片欣赏等欣赏类活动；有手拉手捐书献爱心、植树为环保等公益性活动、有家长大课堂、报刊展示会、图书宣传周等介绍类活动；有绘画比赛等艺术类活动等。各类活动方兴未艾，蓬勃兴起。

新建成的少儿馆致力于开拓各类信息服务工作。浙江省地区唯一一份以研究少图工作的特点和规律、反映少图工作学术动态为主要内容的刊物——《少儿图书馆工作》。它在内容上突出“特色”两字，开辟了以地区、城区为单位的专题栏，在栏目上既有专家访谈、百草圆、少图信息等固定栏目，也有咨询台、特稿等非固定栏目。它是少儿图书馆界交流工作经验、开展业务研究，发表学术论文、传递信息的重要阵地。也是少图工作者的良师益友 .以反映馆内各类活动消息和刊登读者来稿为内容的《读者园地》，通过刊登读者来信、新书推荐、读书心得、活动征文等材料，加强少儿馆与读者的交流，同时也为爱好写作的小读者提供了展示才华的天地。少儿馆还利用馆藏的报刊资源，经过整理和剪辑，不定期推出“剪报园”——家庭教育版，介绍社会各界对家庭教育的看法和做法，供家长们参考。

少儿馆还组建一支 70 人的小服务员队伍，利用双休日、节假日、寒暑假等课余时间，让少年儿童直接参与少儿馆工作，鼓励他们在管理中阅读，培养他们自立能力。通过实践，使他们从中认识图书馆、热爱图书馆、利用图书馆，并通过小服务员的积极影响的宣传，迅速扩大读者队伍，获得了学校和家长的一致好评。

现代化的少儿馆，需要高素质人才的队伍。为了保证人才质量，实行公开向社会招聘，录用一批高素质的人才参与新馆建设，并按照“按需设岗、按岗聘用、竞争上岗”的思路，进行人事制度的改革，在全馆实行全体员工按岗聘用、中层领导竞聘上岗，实现了全员的优化组合，建立了一支团结、高效、务实、精干的管理队伍。目前新馆在编员工 35 人，大学 9 人，大专 10 人，副研究馆员 4 人，馆员 8 人。平均年龄 35 岁。

优秀专业期刊和图书馆自动化系统选介

图书情报知识

一、基本情况

本刊系图书馆学、情报学、档案学和出版发行学方面的综合性学术刊物，由教育部主管，武汉大学主办，武汉大学信息管理学院和武汉大学信息资源研究中心承办。1980 年 6 月试刊，1984 年 3 月经文化部、教育部批准正式创刊，国内外公开发行。本刊为季刊，16 开本，80 页码。目前设置的主要栏目有："图书馆与情报学研究"（下设"博士论坛"、"教育研究"、"档案学研究"及"古籍研究"等子栏目）、"图书情报档案工作"（下设"信息资源开发利用"、"现代图书情报技术"、"图书馆建设与改革"、"国外图书情报工作"等子栏目）、"出版发行理论与实践"（下设"书评"等子栏目）。其中，"博士论坛"为精品栏目，所刊发的文章具有较高的学术理论价值，几乎全部被中国人民大学复印报刊资料全文转载，并有多篇论文获有关奖励。本刊自创办以来，张琪玉教授、黄宗忠教授及乔好勤教授先后任过主编，现任主编是博士生导师马费成教授。

二、主要成绩

本刊始终坚持以邓小平理论和党的基本路线为指导，严格遵守党和政府的出版法规，努力为改革开放和经济建设服务，为学科建设和学术研究服务，坚持学术性与知识性并重，理论与实践相结合，取得了良好的社会效益。1989～1998，本刊连续四次被评为中国图书馆学优秀期刊；1989 年，被评为湖北省优秀期刊；1995 年 3 月，被国务院学位办和国家教委评定为"学位与研究生教育中文重要期刊"（全国图书情报类期刊共评出 5 种）；连续三次被评定为中国图书馆学情报学类核心期刊（截至目前只评定三次）；2000 年，被评定为中国人文社会科学核心期刊；从 1999 年起，被选为《中国学术期刊综合评价数据库》及《中文社会科学引文索引》(CSSCI)来源期刊。自 1991 年后，本刊连续被国外著名的《乌利希期刊指南》收录。目前，本刊已加入《中国学术期刊（光盘版）》和中国期刊网，读者能在网上检索利用。

中国图书馆学报

《中国图书馆学报》是由中华人民共和国文化部主管、中国图书馆学会和中国国家图书馆主办的国家级图书情报学专业期刊。

《中国图书馆学报》创刊于1957年。40多年来，她紧跟时代步伐，肩负读者重托，为繁荣中国图书情报学研究，为推动图书情报事业发展，做出了很大贡献。

《中国图书馆学报》以广大图书情报工作者和图书馆学情报学专业师生为主要读者对象，以开展图书情报学学术研究和交流为宗旨，是发表学术研究成果、交流学术思想的专业学术性刊物。其任务是在“百花齐放，百家争鸣”方针指引下，开展学术讨论，提高学术水平，促进中国图书情报事业发展。刊物辟有“理论研究·实践研究”、“事业发展·现代化建设”、“探索·交流”、“信息·动态”等栏目。载文内容偏重图书情报学的理论研究和事业发展的宏观研究，以求为本专业理论和事业的发展提供参考和指导。

《中国图书馆学报》坚持从严选稿，刊登文章质量较高。据专家统计，从90年代中期至今，《中国图书馆学报》的影响因子、被引频次、即年指数、情报能力值以及专家评分等，在国内图书馆学期刊中都位居第一。正因为她在专业界影响大，所以，近十年进行的四次全国图书馆学期刊评比中，均被评为优秀期刊，并被定为国家核心期刊，被国际上许多著名的检索期刊如《乌利希国际期刊指南》、《图书馆文献》和《最新连续出版物题录》等收录。

《中国图书馆学报》热诚欢迎国内外作者投稿，欢迎刊登广告，欢迎广大读者订阅。

主办单位：中国图书馆学会
国家图书馆
协办单位：深圳图书馆
北京大学信息管理系
常州春晖信息服务有限公司
编 辑 部：北京市中关村南大街33号
（邮编 100081）
电　　话：010－68415566转5141
传　　真：010－68417815
E－mail：tsgxb@publicf.nlc.gov.cn

《图书情报工作》是由中国科学院文献情报中心主办的大型信息管理月刊，面向图书情报界、信息产业界和文献资料档案界，深受业内人士推崇。2000年的全面改版，是本刊在21世纪谋求更大发展的新契机。本刊力求以独特的编辑理念，科学新颖的栏目组合，前沿性、指导性和实用性的有机融合，更丰富的信息量和含知量，满足业界人士对信息与知识的多元化需求。

历史沿革

1956－1960年：《中国科学院图书馆通讯》

1961－1966年：《图书馆工作参考资料》

1967－1974年：因“文革”停刊

1974－1979年：《图书馆工作》

1980－ ：《图书情报工作》

风格与地位

创刊45年来，始终以弘扬学术精神、促进事业发展为宗旨，形成了面向实践、注重新技术、追求理论精品的特色，铸就了求实创新的风格，成为中国大陆本学科领域颇具权威性与指导性的刊物，在国内外图书情报界享有相当的声誉。

◇ 中国大陆最重要的图书馆学情报学两栖核心期刊；

◇ 被国务院学位委评定为本学科研究生教育重要指导性刊物之一；

◇ 2000年图书馆学、情报学类核心期刊排名第2；

◇ 多次荣获国家级和部委级的各种奖项；

◇ 被《Ulrich》(《乌利希国际期刊指南》)、《Lisa》(光盘)和《Uncover》等国际著名期刊检索系统收录。

杂志社的成立

1993年，图书情报工作杂志社成立。经过几年的发展，已成功的完成了从单一学术型向学术经营型的跨越，并实现了集约化管理。

全方位经营

◇ 自1993年以来，连年举办全国性学术会议和业务培训班，并推出相关出版物，既扩大了刊物在国内文献信息界的影响，促进了事业的发展，也为自身发展积累了资金，增强了实力。

◇ 《图书情报工作》双语主页的推出，旨在以更开放的视角来活化办刊方式，扩大刊物在海内外的影响，并借助网络化形态，增强编者与读者的互动效应。主页由十大板块组成——刊物介绍、投稿指南、本期概览、自由论坛、最新来稿、年度索引、在线订阅、读者调查、广告服务和关于我们。

◇ **广告服务**：致力于与国内外信息企业界和出版界联手，利用《图书情报工作》的名牌效应，以最快捷的方式、最合理的价格和最优质的服务向外界宣传推广企业的最新技术产品和出版物，帮助企业迅速提升产品的市场占有率，扩大其在国内外的知名度。

栏　目

◇ **理论研究**：容纳信息资源管理领域包括传统的图书馆学、情报学、档案学、编辑学、出版发行学和新兴的信息网络、信息经济、知识经济等各学科的理论研究力作。

◇ **信息管理与利用**：有关网络环境下文献信息管理、网络资源开发与利用以及用户研究等方面的文章。

◇ **信息技术**：主推对图书馆和信息机构自动化、网络化建设以及对数字图书馆和虚拟图书馆建设进行应用性研究的文章。

◇ **信息产业**：刊发信息产业宏观管理、信息产业经济、信息市场、IT行业和信息营销等方面的上乘之作。

◇ **事业发展与管理**：涵盖有关信息资源管理和信息产业的研究内容，包括信息立法、国家信息政策、发展规划(计划)、发展策略、队伍建设等。

◇ **论　坛**：就信息管理领域中重大的、有争议的问题展开学术讨论，也欢迎对业内一事一物有感而发或有一己之见的精辟短文。

另设**学术之窗**、**书刊评介**、**题录精选**、**信息通报**等特色栏目和多种不固定栏目。

国内统一刊号：CN11－1541/G2　**国内总发行**：北京报刊发行局　**国内邮发代号**：2－412　**定价**：12.60元

http://www.las.ac.cn/lis　E-mail:journal@mail.las.ac.cn　lis_las@sina.com.cn

地址：北京中关村科学院南路8号(100080)　**电话**：62641169　62553191－5413　**传真**：62540369

中华医学图书馆杂志

《中华医学图书馆杂志》是经国家新闻出版署批准，由中国人民解放军总后勤部卫生部主管、中国人民解放军医学图书馆主办的我国医学图书情报界目前唯一公开出版发行的医学图书情报专业的学术性期刊，并被中华医学会医学信息学分会指定为会刊。

办刊方针：坚持邓小平理论，贯彻“百花齐放、百家争鸣”和理论与实践相结合的方针。

办刊宗旨：求实、探索、创新、服务，把刊物办成全国一流的医学图书情报学术期刊。

任务：报道国内外有关医学图书情报理论与方法、现代信息技术（数据库技术、网络通信技术、人工智能技术和数字化图书馆技术等）在医学信息领域的应用与研究，图书馆管理与改革等方面的研究成果、发展趋势及经验介绍，为进一步繁荣和发展我国医学图书情报事业做贡献。

栏目设置：医学图书情报学综论、研究与探讨、图书馆管理、图书馆改革、藏书建设、分类与主题、期刊工作、读者服务、文献检索与教学、查新咨询、新技术应用、情报研究、国外图书情报、人才培养、文献计量等方面的原始研究论著；图书馆工作实践的新经验，综述，评论；书刊评价，人物与机构等。

读者对象：面向全国广大医学图书情报人员、管理工作者和研究开发人员，医药卫生院校信息管理系、图书情报系的师生；也适用于全国各公共图书馆或各专业图书情报单位的专业人员、管理人员和研究人员，全国各高等院校的图书情报、信息管理和信息传播专业的师生以及相关专业领域的人员。

《中华医学图书馆杂志》（原名为《医学图书馆通讯》）1991年创刊，1993年正式批准为国内外公开发行，季刊，16开，每期64页； 2000年更名为现刊名，并改为大16开，双月刊。

自创刊以来，稿源不断增加，录用率为25%左右，较好地保证了学术质量；编辑部全体人员严格执行国家编辑规范，保证了刊物的编排质量；特别是执行《中国学术期刊（光盘版）技术规范》以来，刊物的编辑质量又上了新的台阶。目前，该刊已加入《中国期刊网》，成为数据源期刊。不少医学图书情报单位已将该刊视为图书情报类核心期刊。

《中华医学图书馆杂志》社**社长**：陈运奇；**主编**：杜云祥；**编辑部主任**：王国庆。

编辑部地址：北京市丰台路5号；**邮政编码**：100039。

联系电话：（010）66932434；**联系人**：王　青；**传真**：（010）68219867。

网址：http://yxts.chinajournal.net.cn 。

E-mail: cjml@mlpla.org.cn， 或 yxts@ chinajournal.net.cn 。

北京丹诚软件有限责任公司
业务发展回顾与展望

北京丹诚软件有限责任公司创建于1996年，是按照现代企业制度建立起来的高新技术企，也是我国第一家专门从事图书馆应用软件产品开发、推广的独立软件企业。

产品质量和服务信誉，是企业立足之本

公司的创办者来自图书馆界，有多年图书馆计算机应用软件开发和项目组织管理经验。司成立后，根据市场需要研制了新一代图书馆集成系统，并很快将产品推向市场，创造良好的业绩。公司坚持以软件技术创新和产品质量为核心的整体发展策略，在市场推广技术服务方面积极采用现代通讯手段，先后开通了800被叫付费长途电话服务、通过ternet专线提供产品信息服务、电子邮件服务等业务，为用户提供方便，受到图书馆界好评。在四年多时间内，丹诚的产品拥有400多家用户单位，成为新一代图书馆集成系统拥有用户数最多、实际投入应用历史最长的产品。

丹诚在激烈的市场竞争中，一直坚持规范市场推广行为，努力维护企业的商业信誉，在户中建立了良好的商业信誉和企业形象，使“丹诚”成为图书馆界最为知名的企业品牌。

不断开发适合市场需要的新产品、新服务

丹诚研制的各种信息管理集成系统，采用了客户机/服务器体系结构，系统具有良好的全性、可移植性和可维护性，并具有较高的运行效率。这些系统在数据库通讯接口、数库支持环境和客户界面等关键性环节中，采用了很多国际流行的新技术和丹诚的独创技。丹诚通过不断地推出各种新产品，以适应市场的需要。为了适应未来图书馆服务的发，丹诚从1998年开始，就启动了第二代客户机/服务器体系结构的新产品研究、设计和开工作。在这个项目中，丹诚通过不断加强产品质量控制，提高软件产品开发的项目管理平，力求使丹诚的新一代成为适应时代发展的软件精品。

丹诚不仅是一个信息管理和检索系统软件供应商。丹诚公司为图书馆提供的咨询服务，以帮助图书馆根据未来技术发展方向和图书馆的内在发展规律，合理规划投资和资源建，充分借鉴其它图书馆的有益经验。通过对图书销售企业提供技术支持，丹诚为重构图馆界书目信息资源共享服务的格局发挥了重要作用。

合作交流，携手共进

丹诚是一个在技术上高度开放的企业。不但在企业内部进行充分的技术资源共享，而且努力与有关单位在技术上谋求良好的合作关系，不但积累了很多成功案例，而且积累了丰富的项目管理经验。

利用丹诚软件，国家图书馆使用丹诚软件完成了文化部发起的国家书目回溯建库项目并完成了规范数据的编辑整理工作。

广东省图书馆于1998年2月起，开始利用丹诚软件开展地区性的联机编目和书目数据载服务，是国内最早实现远程联机编目的图书馆之一。中国社会科学院文献信息中心利丹诚软件，成功地实现了全院各主要研究所图书馆的联合编目工作。

丹诚通过向北京图书大厦输出技术、管理、人员培训、提供设备、注入资金等手段，同建立了一个生产高质量新书书目数据的企业，这个企业所生产的书目数据，是国内数质量最高、日产记录量最大、时效性最强的新书书目源。国内许多知名图书销售企业使丹诚软件制作书目数据，为图书馆提供配套书目数据，成为一批销售增长最快、最为活的图书团体供应商。

《中国图书馆分类法》第四版光盘的正式出版，是丹诚与《中国图书馆分类法》编会、北京图书馆出版社三方合作的成果。为编辑组提供了数据加工软件平台，研制了支非结构化信息字段检索和全文检索相结合的数据库环境，并研制了可实现内容导航的专超文本界面环境。

丹诚公司还与图书馆合作，共同探索建立中小型数字图书馆的整体解决方案。丹诚根国际图书馆及信息业界相关技术的发展趋势、《中国数字图书馆白皮书》提出的基本思和本企业内部的独立研究成果，推出了《中小型数字图书馆建设建议书》，并根据这个议书提出的框架性建议，开始在多个中小型图书馆实施并初步验证了这个建议书概念框的可行性。

丹诚已成为数字图书馆应用系统解决方案提供商

随着信息业的发展，网络信息资源建设开始受到社会的普遍关注。图书馆界近年开始设数字图书馆的工作，是这种发展的一种重要表现。丹诚不断采用国内外的先进技术，用户提供适用的软件产品。与此同时，丹诚与图书馆界密切合作，在总结用户实践经验基础上，从信息内容管理、软件技术应用、网络系统设备体系结构、设备选型方面广泛行应用技术研究，并形成了适于行业内中小型应用平台的整体解决方案。这种整体解决案涉及到设备、网络布局、信息加工软件、检索系统软件、元数据与对象数据的信息加标准和作业流程、信息加工服务、系统管理和维护服务等方面，用户可以在明确自身需而不十分了解各种具体产品和技术原理的情况下，建立实施网络化的信息资源加工、管和服务。

北京丹诚软件有限责任公司将一如既往地发展自身的优势，改进自己的不足，与图书和信息业界的同行携手进步，共同走向新世纪。

易宝TRS图书馆应用方案

一、概述

易宝公司根据5年多来在Internet/Intranet信息系统系列产品的开发，及其在图书馆应用领域的成功经验，结合10年多国内外领先的全文检索技术的研究，在充分研究我国数字图书馆应用现状的基础上，提出了以网上图书馆为核心内容的TRS数字图书馆应用方案。其核心内容包括：

- 以图书馆网站建设为主导；
- 有机衔接图书馆业务自动化管理系统；
- 多媒体数据库的建设；
- 逐步在网上开展各种读者服务和馆际交流；
- 进一步实现数字图书馆。

该方案投入低、见效快。

二、易宝TRS图书馆应用方案－网上图书馆

2.1 图书馆网站建设

在网站建设方面(包括内联网网站和外联网网站)，易宝具有一整套成熟产品，功能覆盖到信息的整个生存周期，包括信息采集、信息发布、信息分类导航和查询、信息服务以及信息传播。这些产品可以确保在短期内迅速搭建图书馆网上的应用系统并完成二次开发。

2.2 图书馆自动化系统与网站的有机衔接

数字图书馆的目标之一是实现资源共享，而已经建立的图书馆自动化系统已经有丰富的信息资源可以共享，无需重复投资开发。易宝在数据库开发方面积累了丰富的经验，可以在现有信息系统与网站之间建立有机联系，将现有信息系统中的信息自动发布到网站，以最小的代价实现资源共享。并且这种联结既可以保留原图书馆自动化系统的所有业务管理功能，还能通过网站开展各种读者服务，如书目等二次文献的分类查询和浏览、资料预订、新书通知等。

2.3 多媒体数据库的建设

数字图书馆的特点之一是存储的信息的广泛性，除传统的书目等二次文献，还有全文、图片、声音、动画、电影、图像等各种多媒体数据。通过建立一套通用标准的标引方法，可以在网上建立各种多媒体数据库，实现资源的共享。易宝公司结合关系型数据库和文档型数据库的各自优势，采用面向对象跨平台的Java技术和组件化可伸缩的三层结构的软件系统构造方法，作为IBM数据库及其开发工具的增值软件开发商（如DB2、WebSphere、Digital Library等），可以在多媒体数据库建设方面提供灵活的应用服务。针对多媒体数据库数据量大的特点，在多媒体数据库建设中将充分利用易宝公司全文检索的强大检索能力，在网上快速方便准确地获取多媒体资料，从而提供多媒体服务。

2.4 网上读者服务和馆际交流

网站的建设以及资源数据库的开发利用，目的是为了实现网上的图书馆服务，以及通过该平台，更好的与其它图书馆进行资源的共享和交流。易宝公司推出的Internet/Intranet信息发布、查询和服务系统可以实现图书馆信息在网上的发布、文献资源（包括全文）的分类查询和浏览、信息导航、分类信息订阅、信息访问记费、

面向读者的个性化服务等各项网上读者服务。利用网站以及易宝公司的网站采编系统可以方便的实现馆际间的信息共享和交换。

2.5 进一步建设数字图书馆

分布在各地图书馆的馆藏资源，通过统一的检索入口能被读者随时随地获得，而读者无需关心资源的存储位置，这是数字图书馆的真正意义所在，也称为虚拟图书馆。易宝公司以数据层、业务逻辑层、表现层三层体系结构开发的软件系统，能很好的满足分布式数据管理的要求。在数据层同时兼顾了关系型数据库和文档型数据库的访问接口，满足各种数据类型的处理要求；在业务逻辑层支持Javabeans/ADO COM组件技术，具有很好的可扩展性、可伸缩性和安全性；在表现层支持JSP/ASP页面描述方法，使得客户端用户无需特殊的环境要求，只需要有Web浏览器和网络设备就可以随时随地访问数字图书馆。

三、易宝TRS网上图书馆实现方案

TRS网上图书馆实现在TRS成熟的系列产品基础上，功能覆盖到信息的整个生存周期，包括信息采集、信息发布、信息分类导航和查询、信息服务以及信息传播。具体实现方案如下。

3.1 网络化、全方位的信息采集手段

基于Web空间的网页搜索引擎TRS Transcend、个人信息管理和信息收集平台TRS InfoCenter、支持各种流行格式的文档和数据处理专家TRS CEL、专为网站而设计的采编发系统TRS Exchange。

3.2 安全、高效的Internet/Intranet信息发布平台

3.3国内外领先的多语种智能信息内容检索引擎

检索是人们访问企业信息门户快速获取信息的主要手段。许多用户喜欢使用检索引擎，可以说，好的检索引擎是一个好站点的关键。检索对一个信息量较大的站点是一个重要的用户接口元素。作为通常的规则，当站点内容超过200个页面，就应该提供检索接口。为了满足用户对海量信息的检索要求，TRS分别推出了文档数据库检索引擎、关系型数据库内容检索引擎以及网站网页检索引擎。

3.4 突破传统概念的信息传递途径

信息通过Internet/Intranet发布，通过CD-ROM光盘发行和存档。

四、成功案例

中国国家图书馆（北图）
中国版本图书馆
中山图书馆
暨南大学图书馆
中国社科院图书馆
深圳图书馆
福建图书馆
广州市图书馆
解放军医学图书馆
军事科学院图书资料馆
佛山图书馆
石化科学院图书馆
深圳少年儿童图书馆
深圳南山区图书馆
工运学院图书馆
上海财大图书馆
北京航空航空航天大学图书馆
华中理工大学图书馆
无锡商学院
上海对外经贸学院
香港大学
香港理工大学
广州海关学院
中国人民大学
广州中医药大学
重庆市委党校图书馆
株洲工学院图书馆
中国人民银行图书馆
CALIS项目
武汉水利电力大学图书馆

名录

馆名	通讯地址	邮政编码	电话

北京市

馆名	通讯地址	邮政编码	电话
国家图书馆	北京市海淀区中关村南大街 33 号	100081	68415566
国家图书馆人事部分馆	北京市东城区和平里中街 7 号	100013	84214909
国家图书馆宏观经济分馆	北京市西城区木樨地北里甲 11 号	100038	63098000
首都图书馆	北京市朝阳区东三环南路 88 号	100021	87315835
北京市少年儿童图书馆	北京市东城区国子监街 15 号	100007	64057214
东城区图书馆	北京市交道口东大街 85 号	100007	64068861
西城区图书馆	北京市西城区后广平胡同 26 号	100035	66136641
朝阳区少年儿童图书馆	北京市安华西里一区一号楼九座	100011	64297035
崇文区图书馆	北京市幸福大街甲 28 号	100061	67111825
宣武区图书馆	北京市教子胡同 5 号	100053	63529453
朝阳区图书馆	北京市朝外小庄金台路 17 号	100026	65021055
海淀区图书馆	北京市万泉路 75 号	100089	62544131
丰台区图书馆	北京市北大地大街 13 号	100071	63832148
石景山区图书馆	北京市八角南路·	100043	68878504
石景山少儿图书馆	北京市古城南路	100043	68875124
西城区青少年儿童图书馆	北京市西城区西直门内大街 69 号	100035	62237666
东城区少年儿童图书馆	北京市东城区东总部胡同	100005	65230673
丰台区少儿图书馆	北京市丰台区丰台路 96 号	100071	63850152
门头沟区图书馆	北京市新桥大街 23 号	102300	69843316
房山区图书馆	北京市城关镇东大街 25 号	102400	89327953
房山区燕山图书馆	北京市迎风六里岗南路 8 号	102500	69345233
通州区图书馆	北京市新华大街 87 号	101100	69546417
昌平区图书馆	北京市昌平区东关	102200	69744372
大兴区图书馆	北京市大兴区黄村镇兴政街 5 号	102600	69252371－800
顺义区图书馆	北京市顺义区光明南街	101300	69447265
怀柔县图书馆	北京市怀柔县青春路 11 号	101400	69641055
平谷县图书馆	北京市平谷县府前西街 20 号	101200	69962328
密云县图书馆	北京市密云县西滨河路	101500	69045243
延庆县图书馆	北京市延庆县城东顺城街 13 号	102100	69142547
北京大学图书馆	北京海淀区中关村	100871	62751051
清华大学图书馆	北京市蓝旗营	100084	62784909
中国人民大学图书馆	北京市海淀区海淀路 175 号	100872	62511014
北京师范大学图书馆	北京海淀区北太平庄新街口外大街 19 号	100875	62208162
首都师范大学图书馆	北京市西三环北路 105 号	100037	68902470
北京邮电大学图书馆	北京市海淀区西土城路 10 号	100876	62281928

馆　名	通讯地址	邮政编码	电　话
北京理工大学图书馆	北京市海淀区白石桥路 7 号	100081	68913406
北京科技大学图书馆	北京市海淀区学院路 30 号	100083	62332491
北京航空航天大学图书馆	北京市海淀区学院路 37 号	100083	82317066
北方交通大学图书馆	北京市海淀区西直门外上园村甲 3 号	100044	63240518
首都经济贸易大学(西区)图书馆	北京丰台花乡张家路 121 号	100071	63823355－2323
中央民族大学图书馆	北京市海淀区白石桥路 27 号	100081	68932489
北京联合大学图书馆	北京北四环东路 97 号	100101	64951155－2165
中国人民公安大学图书馆	北京市复兴门外木樨地南里 1 号	100038	63404433－2381
北京联合大学机械工程学院图书馆	北京朝外白家庄西里	100020	65947654－8087
北京电子科技大学图书馆	北京市海淀区永定路 7 号	100039	68217766－6232
北京工业大学图书馆	北京市朝阳区九龙山南磨房	100022	67392377
外交学院图书馆	北京展览路 24 号	100037	68323091
中国人民解放军艺术学院图书馆	北京白石桥路 34 号	100081	66869102
中国青年政治学院图书馆	北京市海淀区西三环北路 25 号	100081	68421144－4456
北方交通大学电力高等专科学校图书馆	北京市海淀区高梁桥斜街 44 号	100044	62243322－2240
北京机械工业学院成人教育学院图书馆	北京朝外金台西路 2 号	100026	65918560
北京电影学院图书馆	北京海淀西土城路 4 号	100088	62018899－219
北京语言文化大学图书馆	北京海淀区学院路 15 号	100083	62320413
北京体育大学图书馆	北京市海淀区圆明园路	100084	62989049
北京农学院图书馆	北京市德胜门外朱兴庄	102206	80799072
北京气象学院图书馆	北京市海淀区白石桥 46 号	100081	62171133－2174
中央财经大学图书馆	北京海淀区学院南路 39 号	100081	62288374
首都体育学院图书馆	北京市海淀区北三环西路 11 号	100088	62015522－471
北方工业大学图书馆	北京市石景山西黄村	100041	68839525
首都医科大学图书馆	北京宣武区右安门外西头条 10 号	100054	63051320
北京大学医学部图书馆	北京市海淀区学院路 38 号	100083	62091268
中国政法大学图书馆	北京市海淀区西土城路 25 号	100088	62229558
中国政法大学图书馆(北区)	北京昌平水库路	102249	69745577－4765
北京化工大学图书馆	北京市朝阳区(和平街北口)北三环东路 15 号	100029	64284929
北京工商大学图书馆	北京市阜城路 33 号	100037	68905545
中国协和医科大学图书馆	北京东单 3 条 9 号	100730	65133258
北京服装学院图书馆	北京市朝阳区和平街北口	100013	64288340
中国金融学院图书馆	北京市朝阳区惠新东街 10 号	100029	64964442－393
北京建工学院图书馆	北京市西城区展览路 1 号	100044	68322586
海淀走读大学图书馆	北京海淀区北四环西路 9 号	100083	62082706
华北电力大学(北京)图书馆	北京清河四拨子	102206	80795666－3344
北京中医药针灸骨伤学院图书馆	北京市朝阳区望京中环南路 6 号	100015	64361273
北京广播学院图书馆	北京市朝阳区定福庄东街 1 号	100024	65779747
北京第二外国语学院图书馆	北京市朝阳区定福庄南里 1 号	100024	65778573
北京中医药大学图书馆	北京北三环东路和平街北口 11 号	100029	64287502

馆　名	通讯地址	邮政编码	电　话
北京石油化工学院图书馆	北京大兴区黄村清源北路	102600	69244752－225
中国人民公安大学图书馆(南校区)	北京市大兴区团河路(218 信箱 11 分箱)	102600	69236269
中央戏剧学院图书馆	北京东棉花胡同 39 号	100710	64041781
北京联合大学应用文理学院图书馆	北京市海淀区土城北路 197 号	100083	62004549
中央音乐学院图书馆	北京市西城区鲍家街 43 号	100031	66035336
中国音乐学院图书馆	北京朝阳区德外苇子坑	100101	64875511
北京舞蹈学院图书馆	北京海淀民族学院南路 19 号	100081	68935681
中国新闻学院图书馆	北京市石景山京原路 8 号	100043	68843311－3842
北京联合大学建材轻工学院图书馆	北京宣武区盆儿胡同 55 号	100054	63524448－3025
中国戏曲学院图书馆	北京市宣武里仁街 3 号	100054	63531121
联合大学化学工程学院图书馆	北京市朝阳区垡头西里三区 18 号	100023	67366089
中国民航管理干部学院图书馆	北京朝阳区花家地东路 3 号	100102	64381188－6629
北京林业大学图书馆	北京市海淀区清华东路 35 号	100083	62338239
北京林业管理干部学院图书馆	北京市大兴区林校北路	102600	69243491－7128
北京煤炭管理干部学院图书馆	北京市朝阳区定福庄 2 号	100024	65758352
北京农学院图书馆	北京市西城区德胜门外朱辛庄	102206	80799071
中国农业大学图书馆(西区)	北京市海淀区圆明园西路 2 号	100094	62892737
中国农业大学图书馆(东区)	北京海淀清华东路 17 号	100083	62336491
北京青年政治学院图书馆	北京市朝阳区望京中环南路 4 号	100102	64361188－1213
对外经济贸易大学图书馆	北京市朝阳区和平街北口惠新东街	100029	64492261
国际关系学院图书馆	北京市海淀区坡上村 12 号	100091	62861359
国家高级教育行政学院图书信息中心	北京市大兴区黄村清源北路	102600	69248888－3204
华北矿业高等专科学校图书馆	北京市东燕郊 206 信箱	101601	61591475
北京农垦管理干部学院图书馆	北京市海淀区育兴花园邮局 001 信箱	100096	82911144－370
石油大学(北京)图书馆	北京市昌平十三陵水库路	102200	69740563
北京物资学院图书馆	北京市通州区果园 42 号	101149	89534272
北京信息工程学院图书馆	北京市北四环中路 35 号	100101	64884728
北京科技大学(管庄校区)图书馆	北京市朝阳区管庄北一里	100024	65763334－3277
北京市计划劳动管理干部学院图书馆	北京市朝阳区惠新东街 5 号	100029	64929977－2165
北京外国语大学图书馆	北京市海淀区西三环北路 2 号	100081	68916645
中央财政管理干部学院图书馆	北京市石景山区福寿岭	100041	68875345
中央广播电视大学图书馆	北京市复兴路 83 号西一楼	100856	68212628
清华大学工艺美术学院图书馆	北京市朝阳区东三环北路 34 号	100020	65619681
中央美术学院图书馆	北京市朝阳区万红西街 2 号	100015	64387859
北京联合大学商务学院图书馆	北京市朝阳区延静东里甲 3 号	100025	65940788
北京联合大学旅游学院图书馆	北京市北四环东路 99 号	100101	64914433－3102
北京联合大学职业技术师范学院图书馆	北京市安定门外馆斜街 5 号	100011	64216858

馆　名	通讯地址	邮政编码	电　话
武汉工业大学北京研究生部图书馆	北京市朝阳区管庄西里20号	100024	65763331－3019
中国矿业大学北京研究生部图书馆	北京市海淀区学院路丁11号	100083	62331245
北京市财贸管理干部学院图书馆	北京市东四南大街礼士胡同41号	100010	65230850
北京教育学院图书馆	北京市西城区德外黄寺大街甲24号	100011	82089217
北京高等医学专科学校图书馆	北京市顺义区大东路	101300	69422164
北京印刷学院图书馆	北京市大兴区兴华北路25号	102600	69243981－207
北京石油化工高等专科学校图书馆	北京市房山区燕山凤凰亭	102549	
首都经济贸易大学图书馆(东区)	北京市朝阳区红庙	100026	65976501
中国人民银行管理干部学院图书馆	北京市昌平区南口东园村	102202	69771167
中央社会主义学院图书馆	北京市海淀区万寿寺甲4号	100081	68432284
北京动力经济学院图书馆	北京市朝阳区定福庄东	100024	69732666－2249
有色金属管理干部学院图书馆	北京市东燕郊	101601	69546145
北京广播电视大学图书馆	北京市海淀区皂君庙甲4号	100081	62273681
北京职工医学院图书馆	北京市海淀区万寿路西街12号	100036	68212244－3255
地质经济管理干部学院图书馆	北京市学院路29号	100083	82322872
北京化工大学(西校区)图书馆	北京市海淀区紫竹园路28号	100080	68906348
中国科技大学研究生院图书馆	北京市海淀区玉泉路19号(甲)	100039	68226055
中央政法管理干部学院图书馆	北京市昌平县水库路6001信箱	102249	69745577－4964
北京联合大学中医药学院图书馆	北京东四十条27号	100013	64229801
北京联合大学应用技术学院图书馆	北京市宣武区半步桥盆儿胡同55号	100054	63524418
北京联合大学继续教育学院图书馆	北京西城区丰盛胡同13号	100032	66171328
北京市农业经济管理干部学院图书馆	北京市海淀区香山普安店29号	100091	82595025
北京市经济管理干部学院图书馆	北京市朝阳望京中环南路花家地街9号	100015	64362233
北京市政法管理干部学院图书馆	北京市朝阳区甘露园甲1号	100025	65750413
北京水利电力函授学院图书馆	北京市西外花园村	100044	68421177－2239
中国地质大学(北京)图书馆	北京市海淀区学院路29号	100083	62312244
核工业管理干部学院图书馆	北京大兴区清源路1号	102600	69241313－3207
北京船舶工业管理干部学院图书馆	北京海淀区学院南路甲72号	100081	62173126
中央文化管理干部学院图书馆	北京大兴区林校路4号	102600	69243259
中央文化管理干部学院分部图书馆	北京海淀区车公庄西路35号	100044	68413898
对外经贸经济管理干部学院图书馆	北京昌平区东三旗	102209	61781188－3176
北京商业管理干部学院图书馆	北京朝阳区东直门外左家庄15号	100028	64610077－6627
中国科学院管理干部学院图书馆	北京怀柔县怀北镇雁栖湖北岸	101408	69662710
中国工运学院图书馆	北京市海淀区阜外增光路45号	100037	68424477

馆　名	通讯地址	邮政编码	电　话
北京交通管理干部学院图书馆	北京东燕郊镇	065201	61591313
民政管理干部学院图书馆	北京东燕郊学院街25号	101601	61591708－3015
中华女子学院图书馆	北京市育慧东路1号	100101	64925410
北京联合大学信息学院图书馆	北京北四环中路97号	100101	64951155
北京市成人教育学院图书馆	北京市安外小营育慧里7号	100101	64945246
中央检察官学院图书馆	北京市石景山区西下庄	100041	68878131
信息产业部管理干部学院图书馆	北京市昌平区小汤山	102211	63033435－249
国家建筑材料工业局管理干部学院图书馆	北京市朝阳区管庄西里	100024	65763331－3019
石油管理干部学院图书馆	北京市昌平区西三旗	100096	82911439
北京电子信息大学图书馆	北京市宣武区宣武门西大街127号	100053	66013283
机械工业管理干部学院图书馆	北京市西城区复外大街白云西里13号	100045	63470707
首钢工学院图书馆	北京市石景山区苹果园	100041	68874163
石油化工经济管理干部学院图书馆	北京市海淀区永丰乡	100094	62476661－2050
歌德学院北京分院图书馆	北京市8110信箱47分箱	100081	68916330
国家行政学院图书馆	北京市海淀区厂洼街11号	100081	68929055
中国人民解放军国防大学图书馆	北京市海淀区红山口	100091	66769102
北京警察学院图书馆	北京市朝阳区德外裕民路3号	100029	62005354
中国人民解放军后勤指挥学院图书馆	北京市海淀区太平路23号	100858	66849674
中国社会科学院研究生院图书馆	北京市朝阳区望京中环南路1号	100102	64362362
中国人民解放军装甲兵工程学院图书馆	北京市丰台区长辛店杜家坎21号	100072	66717114
中国人民解放军装甲兵工程学院基础部图书馆	北京市7225信箱	100072	83877321
中央电视大学图书馆	北京市西城区复内大街160号	100031	66412233－1504
中国人民解放军防化指挥工程学院图书馆	北京市昌平区阳坊镇	102200	69760134
国家法官学院图书馆	北京市通州区天成桥甲1号	101100	89533917
防灾技术高等专科学校图书馆	北京市东燕郊	101601	61591230
中国矿业大学(北京校区)图书馆	北京市朝阳区定福庄2号	100024	65758351
首都经济贸易大学图书馆(东区)	北京市朝阳区红庙	100026	65976501
电子工业管理干部学院图书馆	北京市海淀区清河四拨子	100085	62913765－2520
北京交通管理干部学院图书馆	北京市大兴区黄村林校北路	102600	69243491－7128
中国民航管理干部学院图书馆	北京市朝阳区首都国际机场	100102	64381188－6629
中共北京市委党校图书资料中心	北京市西城区车公庄大街6号	100044	68007127
中共中央党校图书资料中心	北京市海淀区大有庄100号	100091	62805444
中国科学院文献情报中心	北京市科学院南路8号	100080	62566846
中国科学院数学研究所图书馆	北京市中关村南四街甲1号	100080	62541842
中国科学院遥感应用研究所图书馆	北京市安外大屯路917大楼	100101	64919268
中国科学院微生物研究所图书馆	北京市中关村北一条13号	100080	62554318
中国科学院感光化学研究所图书馆	北京市大屯路甲3号	100101	64888070
中国科学院遗传研究所图书馆	北京市大屯路917大楼	100101	64889328

馆名	通讯地址	邮政编码	电话
中国科学院植物研究所图书馆	北京市香山南辛村 20 号	100093	62591431－6044
中国科学院理论物理研究所图书馆	北京市中关村南四街甲 1 号	100080	62568348
中国科学院科技政策与管理科学研究所图书馆	北京市中关村南四街甲 1 号	100080	62545829
中国科学院空间科学与应用研究中心图书馆	北京市中关村南二条 1 号	100080	62582801
中国科学院物理研究所图书馆	北京市中关村南三街 8 号	100080	62582018
中国科学院地理研究所图书馆	北京市大屯路 3 号	100101	64914841
中国科学院应用数学研究所图书馆	北京市中关村南四街甲 1 号	100080	62562930
中国科学院声学研究所图书馆	北京市中关村 17 号	100080	62554038
中国科学院自然科学史研究所图书馆	北京市朝内大街 137 号	100010	64043989
中国科学院自动化研究所图书馆	北京市中关村南一条 1 号	100080	62551575
中国科学院地球物理研究所图书馆	北京市大屯路甲 11 号	100101	64889035
中国科学院地质研究所图书馆	北京市德外祁家豁子	100029	64919140
中国科学院发育生物学研究所图书馆	北京市中关村南一条 3 号	100080	62554807
中国科学院半导体研究所图书馆	北京市清华东路林业大学内 921 信箱	100083	62339316
中国科学院生态环境研究中心图书馆	北京市双清路 18 号	100085	62920727
中国科学院生物物理研究所图书馆	北京市大屯路 917 大楼	100101	64888456
中国科学院电子学研究所图书馆	北京市中关村路 17 号	100080	62551772
中国科学院电工研究所图书馆	北京市中关村北二条 6 号	100080	62542028
中国科学院古脊椎动物与古人类所图书馆	北京市西直门外大街 142 号	100044	68935277
中国科学院计算数学与科学工程计算研究所图书馆	北京市中关村南四街 4 号	100080	62555111
中国科学院计算机网络信息中心图书馆	北京市中关村南四街 4 号	100080	62533523
中国科学院高能物理研究所图书馆	北京市石景山区玉泉路 19 号(乙)	100039	68213344－2638
中国社会科学院近代史研究所图书馆	北京市东城区王府井大街东厂胡同 1 号	100006	65275946
中国社会科学院边疆史地研究中心资料室	北京市东城区王府井大街东厂胡同 1 号	100006	65134986
中国社会科学院世界历史研究所图书室	北京市东城区王府井大街东厂胡同 1 号	100006	65275899
中国社会科学院考古研究所图书馆	北京市东城区王府井大街 27 号	100710	65251617
中国社会科学院世界经济与政治研究所图资室	北京市东城区建国门内大街 5 号	100732	65137744－5768
中国社会科学院东欧中亚研究所图书资料室	北京市东城区地安门东大街 3 号	100007	64039102
中国社会科学院美国研究所图书馆	北京市东城区地安门东大街 3 号	100007	64039055

馆 名	通讯地址	邮政编码	电 话
中国社会科学院欧洲研究所资料室	北京市东城区建国门内大街5号	100732	65137744－5739
中国社会科学院亚太日本研究所图书资料室	北京市东城区地安门东大街3号	100007	64039038
中国社会科学院西亚非洲研究所图书资料室	北京市东城区地安门东大街3号	100007	64039156
中国社会科学院拉丁美洲研究所图书资料室	北京市东城区地安门东大街3号	100007	64039064
中国社会科学院社会科学杂志社图书资料室	北京市西城区鼓楼西大街甲158号	100720	64041531－305
中国社会科学院中国社会科学出版社图书资料室	北京市西城区鼓楼西大街甲158号	100720	64041534－302
中国社会科学院郭沫若纪念馆图书馆	北京市西城区前海西街18号	100009	66181665
中国社会科学院城市发展与环境研究中心图书馆	北京市鼓楼西大街	100720	64079020
中国版本图书馆	北京安外大街181号	100011	64253004
数量经济与技术经济研究所资料室	北京市东城区建国门内大街5号	100732	65137744－5705
人口研究所信息室	北京市东城区建国门内大街5号	100732	65137744－5420
法学、政治学研究所图书馆	北京市东城区沙滩北街15号	100720	64014042
社会学研究所资料室	北京市东城区建国门内大街5号	100732	65125087
民族研究所图书馆	北京市海淀区白石桥路27号6号楼	100081	68932399
新闻研究所图书资料室	北京市朝阳区金台路2号	100733	65026231－3914
世界宗教研究所资料室	北京市东城区建国门内大街5号	100732	65137744－5477
哲学研究所资料室	北京市东城区建国门内大街5号	100732	65137744－5528
文学研究所图书资料室	北京市东城区建国门内大街5号	100732	65137744－5445
历史研究所图书馆	北京市东城区建国门内大街5号	100732	65276133
中国地方志指导小组资料室	北京市东城区王府井大街东厂胡同1号	100006	65275973
中国科学院计算技术研究所图书馆	北京市中关村科学院南路6号	100080	62565533－8605
中国科学院自然资源综考会资源与国情文献馆	北京市安定门外大屯路917楼	100101	64919944
中国科学院北京仪器研制中心图书馆	北京市中关村北二条13号	100080	62565522－2209
中国科学院系统科学研究所图书馆	北京市中关村南四街甲1号	100080	62631848
中国科学院化学研究所图书馆	北京市中关村北一街2号	100080	62554492
中国科学院天文台图书馆	北京市大屯路甲20号	100101	64877286
中国科学院大气物理研究所图书馆	北京市德外祁家豁子	100029	62040676
中国科学院工程热物理研究所图书馆	北京市中关村路乙12号	100080	62573330－401
中国科学院力学研究所图书馆	北京市中关村15号	100080	62545533－2200
中国科学院化工冶金研究所图书馆	北京市中关村北二条1号	100080	62554172

馆　　名	通讯地址	邮政编码	电　　话
中国科学院地理研究所图书馆	北京市安定门外大屯路917大楼	100101	64919944－2354
中国科学院能源研究所图书馆	北京市安定门外大屯路917大楼	100101	64914950
中国科学院微电子中心情报资料室	北京市德胜门外祁家豁子(765信箱)	100029	62021133－430
中国科学院建筑设计院图书馆	北京市中关村北一街14号	100080	62554301
中国科学院动物研究所图书馆	北京市中关村路19号	100080	62551140
中国艺术研究院图书馆	北京市西城前海西街17号	100009	66183597
中国电子技术标准化研究所图书馆	北京市安定门东大街1号	100007	64017329
中国电子科学研究院图书馆	北京市万寿路27号院	100846	68835566－6607
中国纺织科学研究院图书馆	北京市朝外延静里中街6号	100025	65014466－3249
中国林业科学院图书馆	北京市海淀区万寿山后	100091	62582211－771
中国劳动科学研究所图书馆	北京市朝阳区惠新西街17号	100029	64915566－2101
中国农业科学院文献情报中心	北京市白石桥路30号	100081	62579944
中国原子能科学研究院图书馆	北京市275信箱23分箱	102413	69357307
中国航天建筑设计研究院图书馆	北京市丰台路93号	100071	68749261
煤炭科学研究总院图书馆	北京市和平里青年沟东路	100013	64214931－2260
国家医药管理局信息中心	北京市北礼士路甲38号	100810	68311976
中国医学科学院药用植物研究所图书馆	北京市海淀区西北旺	100094	62895511
中国印刷科学技术研究所图书馆	北京市海淀区翠微路2号	100036	68219966
中国环境科学研究院图书馆	北京市朝阳区安外大羊坊8号	100012	64987282
钢铁研究总院图书馆	北京市学院南路76号1信箱	100081	62181017
中国社会科学院文献信息中心(又称:院图书馆)	北京市东城区建国门内大街5号	100732	65126395
中国社会科学院研究生院图书馆	北京市朝阳区西八间房131号	100015	64362362
中国社会科学院经济研究所图书馆	北京市西城区阜外月坛北小街2号	100836	68584160
中国社会科学院工业经济研究所资料室	北京市西城区阜外月坛北小街2号	100836	68586372—
财贸经济研究所资料室	北京市西城区阜外月坛北小街2号	100836	65137744－2528
农村发展研究所资料室	北京市东城区建国门内大街5号	100732	65137744－5654
中国科学院低温中心图书馆	北京市中关村北二条	100080	68338833－3316
中国科学院软件研究所图书馆	北京市科学院南路6号	100080	62565533－8605
中国科学院心理研究所图书馆	北京市北沙滩	100012	64879938
水利部水利水电科研院图书馆	北京市车公庄西路20号	100044	68415522－6287
中国水产科学研究院情报所	北京市永定路南青塔村150号	100036	68214442－226
中国农业工程设计院图书馆	北京市农展馆南路	100026	65005388
中国农业机械化科研院图书馆	北京市德胜门外北沙滩1号21信箱	100083	64882234
农业部农村经济研究中心图书馆	北京市西城砖塔胡同56号	100032	66115915
中国建设银行北京分行投资研究所资料室	北京市宣武区广安门外马连道背离路甲1号	100055	63263399－1001
国际贸易经济合作研究院图书馆	北京市安外东后巷28号	100710	64216661
中国人民抗日战争纪念馆资料中心	北京市宛平城内街101号	100072	83892355－245
中国国际问题研究所图书馆	北京市台基厂头条3号	100005	65132255－277
中央教育科学研究所图书馆	北京市北三环中路46号	100088	62011177－278

馆　名	通讯地址	邮政编码	电　话
中国科技信息所文献服务部	北京市复兴路 15 号	100038	68515544－2203
国家信息中心图书资料室	北京市三里河路 58 号	100045	65828701－309
中国民族图书馆	北京市西单复内大街 49 号	100031	66039306
中国民族语文翻译中心图书馆	北京市倒座庙 1 号	100080	62555131－231
中国藏学研究中心图书馆	北京市北四环东路 131 号	100101	64937948
公安部科学技术情报所	北京市 2808 信箱 3 分箱	100044	68422222
公安部第二所图书资料室	北京市木樨地南里 17 号	100038	63264488－404
公安部第四所图书资料室	北京市东长安街 14 号	100741	65122831－3230
建设部建筑设计院图书馆	北京市车公庄大街 19 号	100044	68322266－2112
中国建筑图书馆	北京市车公庄大街 19 号	100044	68393679
中国建筑科学研究院图书馆	北京市北三环东路 30 号	100013	64221337
中国城市规划设计院图书资料室	北京市三里河路 9 号	100037	68349944－3112
中国核情报中心图书馆	北京市 2103 信箱	100037	68417733－2251
核工业计算机应用研究所图书馆	北京市阜城路 43 号	100037	68417733－2913
北京市劳动保护科研所图书资料室	北京市陶然亭路 55 号	100054	63514195
国家地震局地质研究所图书馆	北京市德胜门外祁家豁子	100029	62023377－660
中国林业经济发展研究中心图书资料室	北京市和平西街北口胜古庄南里 17 号楼		64228651
中国人民银行总行金融所信息资料中心	北京市西城区二七剧场路西里 7 号楼 1008 号	100045	68524175
中国石化信息中心	北京市安外大街小黄庄 32 号	100011	64241821
国家计划生育委员会科研所情报资料室	北京市海淀区大慧寺 12 号	100081	62178899－2219
航天三院图书馆	北京市丰台区云岗	100074	68375484
中国人口信息研究中心图书馆	北京市海淀区大慧寺 12 号	100081	62173509
国家统计局中国统计资料馆	北京市西城区月坛南路 38 号	100826	63266600－2309
铁道部科学研究所图书馆	北京市西城区西直门外大柳树路 2 号	100081	63249712
交通科技信息所图书馆	北京市惠新里 240 号	100101	64912277－2203
中国民航科研中心图书馆	北京市朝阳区光熙门北里甲 31 号	100028	64201177－403
中国航空信息中心	北京市朝阳区安外小关东里 14 号	100029	64922211
中国建筑材料科学院图书馆	北京市朝阳区管庄东里	100024	65763755
首钢研究与开发公司图书资料中心	北京市海淀区学院南路 32 号	100088	62551122－3503
中国环球化学工程公司图书馆	北京市和平里北口	100029	64214433－618
首钢技术中心信息所图书馆	北京市石景山区	100041	68873080
北京社会科学院图书馆	北京市北四环中路 33 号	100101	64870639
故宫博物院图书馆	北京市西城区景山前街 4 号	100009	65132255
中国医学科学院图书馆南馆	北京市宣武区南纬路 2 号	100050	63037977
中国医学科学院图书馆	北京市东单三条 9 号	100730	65133258
国家知识产权局文献部图书馆	北京市西土城路 6 号	100088	62093251
中国国防科技信息中心资料室	北京市阜城路 26 号	100036	66357061
全国地质图书馆	北京市海淀区学院路 29 号	100083	82322428
建设部科技信息图书馆	北京市西城区车公庄大街 19 号	100044	68393684
中国中医研究院中医药信息研究所	北京市东直门内北新仓 18 号	100700	64014411－2242

馆　名	通讯地址	邮政编码	电　话
信息产业部科学技术情报所	北京市学院路40号	100083	62304098
中国轻工业信息中心	北京市阜城路3号	100037	68034596
中国舰船研究院科技情报所	北京市德外双泉堡甲2号	100085	64872211
中国地震数据信息中心图书馆	北京市三里河路56号	100045	68527490
全国妇联妇女研究所图书资料室	北京市建内大街15号	100730	65221133－2510
中国健康教育研究所图书资料室	北京市安外安华西里一区12号楼	100011	64220017
中国康复研究中心图书馆	北京市永外马家堡(2619信箱)	100077	67213322－8305
中国医学科学院肿瘤所图书馆	北京市左安门外	100021	66781331－257
中国人民解放军海军军事学术研究所图书馆	北京市西三环中路19号	100841	66764792
中国人民解放军空军第一研究所图书馆	北京市9203信箱	100076	66713286
中国人民解放军军事科学院军事图书资料馆	北京市998信箱	100091	66767208
中国人民解放军军事医学图书馆	北京市39支局丰台路5号	100039	66889173
中国人民解放军海军工程设计研究局图书馆	北京市丰台区台东路6号	100071	63715196
中国人民解放军海军图书馆	北京市西二环中路19号	100036	66967617
中国人民解放军空军第四研究所图书馆	北京市阜成路28号	100036	68437711－3133
中国人民解放军总后科研所图书资料室	北京市丰台路75号	100071	66888119
中国—欧洲联盟农业技术中心图书馆	北京市农展北路55号	100026	64195588－2107
中国测绘科学研究院图书馆	北京市北太平路16号	100039	68212277－354
中国国际问题研究所图书馆	北京市台基厂头条3号	100005	65134020
中国现代国际关系研究所图书馆	北京市万寿寺甲2号	100081	68797511
国家统计局国际统计信息中心图书资料室	北京市月坛南街75号	100826	63266600－28051
财政部科学研究所图书馆	北京市太平路44号院内	100039	68183322－6506
北京师范大学外国教育研究所图书资料室	北京市新外大街19号	100875	62042288－3516
全国少数民族古籍整理研究室图书资料室	北京市太平桥大街252号	100800	66072757
林业局调查规划设计院图书馆	北京市和平里东街18号	100714	64229944－3585
中国医学科学院图书馆	北京市雅宝路3号	100020	65075202
地质矿产经济研究院图书馆	北京市259信箱	101149	69595500－6235
北京市建筑工程研究院图书资料室	北京市复兴路34号	100039	68224422
北京市建筑材料科学研究院图书资料室	北京市石景山区金顶街西福村1号	100041	68873311
机械工业局设计研究院图书资料室	北京市西三环北路5号	100081	68428811
北京市机电研究院图书资料室	北京市朝阳区朝外工体北路4号	100027	65912288
北京市汽车研究所图书资料室	北京市丰台区成寿寺于家坟83号	100078	67625111

馆　名	通讯地址	邮政编码	电　话
北京真空电力技术研究所图书资料室	北京市酒仙桥路13号	100016	64361731－490
北京计算中心图书资料室	北京市东四南大街249号	100005	65255331
北京电光源研究所图书资料室	北京东三环北路21号	100020	65064096
国际竹藤组织图书馆	北京市亚运村安慧北里安宛10楼G座101室	100101	64956982－61
国家体育总局运动医学研究所图书资料室	北京市安定路1号	100029	64912130
中国计量科学研究院图书馆	北京市北三环东路18号	100013	64211631
国家地震局分析预报中心图书资料室	北京市复兴路63号	100036	68219582
北京市药检所图书馆	北京市新街口水车胡同	100035	66016661
北京有色金属研究总院图书馆	北京市新外大街2号	100088	62014488－6314
中国医学科学院药物研究所图书资料室	北京市先农坛街1号	100050	63036794
北京电力医院图书馆	北京市丰台区广安门外六里桥	100073	63467631－2418
北京医院图书馆	北京市东城区大华路1号	100730	65132266－3873
中国中医研究院广安门医院图书馆	北京市宣武区北线阁5号	100053	63013311－614
中国人民解放军空军总医院图书资料室	北京市海淀区阜成路30号	100036	68410099－8130
中日友好医院图书馆	北京市朝阳区樱花东路	100029	64221122－4400
中国人民解放军三零二医院图书馆	北京市丰台区丰台路26号	100039	66887829－2539
中国人民解放军海军总医院图书馆	北京市海淀区阜成路6号	100037	66854229－58207
中国人民解放军北京军区总医院图书馆	北京市东城区东四六条南门仓5号	100700	64012266
北京妇产医院图书馆	北京市东城区骑河楼17号	100006	65250731－219
信息产业部酒仙桥医院图书馆	北京市东城区酒仙桥一街坊6号	100016	64362631－213
北京市积水潭医院图书馆	北京市新街口东街31号	100035	66181603
首都医科大学附属友谊医院图书馆	北京市宣武区永安路95号	100050	63030055
同仁医院图书馆	北京市东城区崇文门内大街2号	100730	65129312
宣武医院图书馆	北京市宣武区长椿街45号	100053	63013355
首都医科大学附属天坛医院图书馆	北京市崇文区天坛西里6号	100050	67018510
铁道部总医院图书馆	北京市海淀区羊坊店	100038	63244467
协和医院图书馆	北京市东城区帅府园1号	100730	65295812
首钢总医院图书馆	北京市石景山区西黄村	100041	68294978
中国中医研究院西苑医院图书馆	北京市海淀区西苑操场1号	100091	62875599
北京中医研究院图书馆	北京市美术馆后街23号	100010	64016677
北京胸科医院图书馆	北京市海淀区温泉乡	100095	62456644
北京大学人民医院图书馆	北京市西城区北礼士路42号	100044	68318396
北京大学第一医院图书馆	北京市西城区西什库大街8号	100034	66176585
北京大学第三医院图书馆	北京市海淀区花园北路49号	100083	62017691
中国医学科学院整形外科医院图书馆	北京市石景山区八大处	100041	68862233－3146

馆　名	通讯地址	邮政编码	电　话
中国医学科学院阜外心血管病医院图书馆	北京市西城区北礼士路 167 号	100037	68314466
中国医学科学院肿瘤医院图书馆	北京市朝阳区潘家园南里 17 号	100021	67781331
首都医科大学附属北京儿童医院图书馆	北京市西城区南礼士路 56 号	100045	68028401
武警总医院图书馆	北京市海淀区永定路 69 号	100039	68212255

天　津　市

馆　名	通讯地址	邮政编码	电　话
天津图书馆	天津市复康路 15 号	300191	23369194
天津市北辰区少年儿童图书馆	天津市北辰区集贤里纳河道 32 号	300400	26392488
天津市北辰区图书馆	天津市北辰区果园东路 32 号	300400	26391858
天津市大港区图书馆	天津市大港区板厂路	300270	63221580—5858
天津市东丽区图书馆	天津市东丽区张贵庄荣成路 7 号	300300	24390127
天津市汉沽区图书馆	天津市汉沽区寨上福顺街 2 号	300480	25695102
天津市和平区图书馆	天津市和平区山西路 98 号	300200	27232483
天津市河北区图书馆	天津市河北区黄纬路三马路 139 号	300141	26353887
天津市河东区图书馆	天津市河东区十三经八纬路 129 号	300170	24380559
天津市河西区图书馆	天津市河西区广东路安德里 42 号	300200	23261574
天津市红桥区图书馆	天津市红桥区西青道 45 号	300122	27323885
天津市津南区图书馆	天津市津南区咸水沽	300350	28391219
天津市南开区图书馆	天津市南开区二马路 88 号	300100	27340866
天津市少年儿童图书馆	天津市鞍山道 7 号	300020	27236367
天津市塘沽区图书馆	天津市塘沽区中央路 3 号	300450	25893081
天津市和平区清和街图书馆	天津市慎益大街	300020	27220132
天津市河东区少年儿童图书馆	天津市中山门	300181	24380559
天津市河北区少年儿童图书馆	天津市小关大街	300143	26276457
天津市河西区少年儿童图书馆	天津市陵水道	300200	28340301
天津市塘沽少年儿童图书馆	天津市中心路	300450	25897943
天津市汉沽区少年儿童图书馆	天津市二经路四平里	300480	25694309
天津市红桥区少年儿童图书馆	天津市本溪路 21 号	300131	26374951
天津市西青区图书馆	天津市西青区杨柳青建设路 1 号	300380	27391689
宝坻县图书馆	天津市宝坻县商业街	301800	29230044
蓟县图书馆	天津市蓟县文昌街 11 号	301900	29142804
静海县图书馆	天津市静海县静海镇胜利南路 83 号	301600	28942775
宁河县图书馆	天津市宁河县文化路 7 号	301500	25591554
武清县图书馆	天津市武清县杨村镇百东路	301700	29343875
南开大学图书馆	天津市南开区卫津路 94 号	300071	23372410
天津财经学院图书馆	天津市河西区珠江道 25 号	300222	28340606
天津城建学院图书馆	天津市西青区津静公路	300381	23792540
天津大学图书馆	天津市南开区七里台	300072	27406257
天津对外贸易学院图书馆	天津市南开区迎水道 100 号	300191	23366138
天津纺织工学院图书馆	天津市河东区程林庄道 63 号	300160	24344494

馆　名	通讯地址	邮政编码	电　话
天津广播电视大学图书馆	天津市南开区迎水道 1 号	300191	23668664
天津经济管理干部学院图书馆	天津市和平区西藏路 1 号	300020	27303514
天津理工学院二分院图书馆	天津市南开区鞍山西道	300193	27412424
天津理工学院图书馆	天津市南开区红旗路 211 号	300191	23363968
天津理工学院一分院图书馆	天津市西青区杨柳青营建路 47 号	300380	27392213－2081
天津美术学院图书馆	天津市河北区天纬路 4 号	300141	26351584
天津农学院图书馆	天津市西青区津静公路	300381	23361356
天津轻工业学院图书馆	天津市河西区大沽南路 1038 号	300222	28118037
天津商学院图书馆	天津市北辰区津霸公路东口	300400	26651014
天津师范大学图书馆	天津市河西区卫津路	300074	23345026
天津师范大学应用文科学院图书馆	天津市和平区八里台河沿道	300070	23354085
天津师范高等专科学校图书馆	天津市河西区大沽路 531 号	300202	28332157
天津市职工冶金学院图书馆	天津市河西区解放南路 396 号	300200	22385009
天津市职工纺织学院图书馆	天津市河西区黑牛城郁江南道 3 号	300221	28303435
天津市职业大学图书馆	天津市河北区志成路 7 号	300402	26300818
天津体育学院图书馆	天津市河西区环湖中路	300381	23383608
天津外国语学院图书馆	天津市河西区马场道 117 号	300204	23280976
天津医科大学图书馆	天津市和平区气象台路 22 号	300070	23352691
天津音乐学院图书馆	天津市河东区十一经路 57 号	300171	24312882
天津中医学院图书馆	天津市南开区天泉路 20 号	300193	27373737
中国民用航空学院图书馆	天津市张贵庄道	300300	24391395
中国农业银行天津金融管理干部学院图书馆	天津市津淄公路 78 号	300381	23383544
中国人民解放军海军后勤学院图书馆	天津市塘沽区永太路	300450	25893341－213
中国人民解放军运输工程学院图书馆	天津市东局子 1 号	300161	24313796
天津教育学院图书馆	天津市甘肃路 45 号	300020	27302954
天津市社会主义学院图书馆	天津市河西区解放南路 315 号	300202	23265504
天津职工工业技术学院图书馆	天津市育梁路	300191	23369230
中国人民武装警察部队医学院图书馆	天津市程林庄路	300162	24372788－78492
河北工业大学图书馆	天津市丁字沽	300130	26546213
铁道部天津物资管理干部学院图书馆	天津市七纬路	300171	24318483
天津职工经济技术大学图书馆	天津市民生路	300010	24460918
中国旅游管理干部学院图书馆	天津市紫金山路	300074	28352724
天津财贸管理干部学院图书馆	天津市六纬路	300171	24381825
天津职业技术师范学院图书馆	天津市柳林东	300222	28341857
武警指挥学院图书馆	天津市津南区	300350	28521611－71023
天津工会管理干部学院图书馆	天津市津塘路 79 号	300170	24124044
卫生职工医学院图书馆	天津市新兴路	300052	27302957

馆　　名	通讯地址	邮政编码	电　　话
天津联合业余大学图书馆	天津市杭州道	300202	23399508
天津职工医学院图书馆	天津市和平区鞍山道166号	300052	27813542
中共天津市委党校图书馆	天津市南开区育梁道4号	300191	23679139
中国共产主义青年团天津市团校	天津市水上公园路	300191	23368529
天津市社会科学院图书馆	天津市南开区迎水道7号	300191	23364046
中国汽车技术研究中心图书馆	天津市第59号信箱	300162	24373100－221
天津地矿所图书馆	天津市东大直沽八号路4号	300170	24314390
天津医学科技信息研究所图书馆	天津市成都道	300051	23392346
天津市科技信息研究所文献馆	天津市吴家窑大街22号	300074	23519491
天津教育科学研究院图书资料室	天津市复康路25号	300191	23369147
公安部天津消防科学研究所图书资料室	天津市津盐公路	300381	23916349
中国人民解放军军事医学科学院卫生学环境医学研究所图书馆	天津市河北路	300041	23127356
天津财政研究所图书资料室	天津市解放路	300042	23397517
天津医药科学研究所图书资料室	天津市贵州路	300070	23318805
中国人民银行天津金融研究所图书资料室	天津市大同道	300040	23396083
天津体育科学研究所图书资料室	天津市复康路	300191	23358997
国家海洋信息中心文献馆	天津市六纬路93号	300171	24214161－3901
天津中医药研究院图书馆	天津市和平区多伦道79号	300020	27228436
天津医药科学研究所图书馆	天津市和平区贵州路96号	300070	23358805
天津中医院第一附属医院图书馆	天津市鞍山西道314号	300073	27383172
天津中医院第二附属医院图书馆	天津市真理道	300150	26430134
天津医学院附属医院图书馆	天津市鞍山道	300000	27301518
天津医学院第二附属医院图书馆	天津市尖山	300211	28334801
天津铁路中心医院图书馆	天津市中山路3号	300140	26288458
天津市第一中心医院图书馆	天津市复康路24号	300192	23366916－18
天津市工人医院图书馆	天津市学堂街21号	300011	24417338
天津胸科医院图书馆	天津市和平区西安道93号	300051	23191234
天津传染病医院图书馆	天津市南开区苏堤路75号	300192	27372380
天津肺科医院图书馆	天津市河西区柳林路14号	300222	28341185
天津肿瘤医院图书馆	天津市河西区体院北环湖西路	300060	23359929－210
中国医科院血液病医院图书馆	天津市和平区南京路288号	300020	27307938

河　北　省

馆　　名	通讯地址	邮政编码	电　　话
河北省图书馆	河北省石家庄市东大街46号	050011	6043031
石家庄市图书馆	河北省石家庄市建设大街12号	050011	6033647
保定市图书馆	河北省保定市朝阳北路新开区	071051	3113891
邢台市图书馆	河北省邢台市育才路38号	054000	2022501
秦皇岛市图书馆	河北省秦皇岛市海港区迎宾路32号	066000	3063246
邯郸市图书馆	河北省邯郸市人民路98号	056002	3022171

馆　名	通讯地址	邮政编码	电　话
沧州市图书馆	河北省沧州市西环中街 134 号	061001	2024257
承德市图书馆	河北省承德市双桥区西大街	067000	2024575
唐山市图书馆	河北省唐山市文化路 40 号	063000	2824525
廊坊市图书馆	河北省廊坊市新华路 116－1 号	065000	2152815
衡水市图书馆	河北省衡水市人民中路 46 号	053000	2068671
张家口市图书馆	河北省张家口市桥东五一路 74 号	075000	2015146
辛集市图书馆	河北省辛集市商场街 2 号	052360	3213626
藁城市图书馆	河北省藁城市文源路	052160	8042889
新乐市图书馆	河北省新乐市	050700	8585240
晋州市图书馆	河北省晋州市城关镇西街	052260	4322628
平山县图书馆	河北省平山县西街	050400	911637
正定县图书馆	河北省正定县民主街	050800	8022994
赵县图书馆	河北省赵县南大街	051530	4949925
高邑县图书馆	河北省高邑县城关镇中大街	051300	931469
灵寿县图书馆	河北省灵寿县城关镇南大街	050500	2521656
元氏县图书馆	河北省元氏县城关镇	051100	623596
赞皇县图书馆	河北省赞皇县文化街	051230	221516
鹿泉市图书馆	河北省鹿泉市五街	050200	2012254
涞水县图书馆	河北省涞水县城关镇正阳街	074100	4522236
涞源县图书馆	河北省涞源县城	074300	7325474
蠡县图书馆	河北省蠡县城关镇	071400	6211213
高碑店市图书馆	河北省高碑店市东站街	074000	2812449
涿州市图书馆	河北省涿州市南大街 159 号	072700	3632350
安新县图书馆	河北省安新县新安镇西大街	071600	5321816
定兴县图书馆	河北省定兴县定兴镇	072600	6912178
高阳县图书馆	河北省高阳县城关镇西大街	071500	6623469
满城县图书馆	河北省满城县城	072150	7062886
清苑县图书馆	河北省清苑县北大街	071100	8012443
容城县图书馆	河北省容城县城关镇西关	071700	5643560
唐县图书馆	河北省唐县向阳北街	072350	6413814
雄县图书馆	河北省雄县雄州镇河北大街	071800	5811646
徐水县图书馆	河北省徐水县城关镇	072550	8688368
易县图书馆	河北省易县城	074200	8212463
南宫市图书馆	河北省南宫市旧城十字街北大街 1 号	055750	5222346
沙河市图书馆	河北省沙河市褡连镇	054100	8901432
柏乡县图书馆	河北省柏乡县东街	055350	7722935
广宗县图书馆	河北省广宗县城内西街	054600	7212102
巨鹿县图书馆	河北省巨鹿县城内	055250	4333914
临城县图书馆	河北省临城县城关镇北街	054300	7162167
隆尧县图书馆	河北省隆尧县康左路	055350	6662269
南和县图书馆	河北省南和县城关镇商品街	054400	4565775
临西县图书馆	河北省临西县城内	054900	8562751
平乡县图书馆	河北省平乡县中华路	054500	7832545

馆　名	通讯地址	邮政编码	电　话
内邱县图书馆	河北省内邱县城关镇中兴市场	054200	6865029
宁晋县图书馆	河北省宁晋县凤皇镇西关街 59 号	055550	5885284
清河县图书馆	河北省清河县府前街	054800	8183293
任县图书馆	河北省任县光明街 2 号	055150	7512283
威县图书馆	河北省威县东街口	054700	6162054
邢台县图书馆	河北省邢台县府前东街	054000	3037608
青龙满族自治县图书馆	河北省青龙满族自治县青龙镇燕山路 50 号	066500	7862894
海兴县图书馆	河北省海兴县建设路	061200	6621579—8021
孟村回族自治县图书馆	河北省孟村回族自治县民族街	061400	
南皮县图书馆	河北省南皮县城关镇	061500	
肃宁县图书馆	河北省肃宁县靖宁中街 46 号	062350	5021589
盐山县图书馆	河北省盐山县城北大街 3 号	061300	6222450
宽城县图书馆	河北省宽城县中街	067600	6633255
承德县图书馆	河北省承德县镇内	067400	3011089
平泉县图书馆	河北省平泉县平泉镇内	067500	6023841
滦平县图书馆	河北省滦平县北大街	068250	8583226
兴隆县图书馆	河北省兴隆县兴隆镇	067300	5053835
隆化县图书馆	河北省隆化县隆化镇兴洲路 1 号	068150	7062060
围场县图书馆	河北省围场县围场镇二道街	068450	7512007
丰宁县图书馆	河北省丰宁县丰宁镇内	068300	8012232
丰南市图书馆	河北省丰南市胥各庄二街	063300	8129315
丰润县图书馆	河北省丰润县咸宁里街 23 号	064000	5122923
乐亭县图书馆	河北省乐亭县城	063600	4612438
滦南县图书馆	河北省滦南县中大街	063500	4122330
迁安市图书馆	河北省迁安市昌盛大街 61 号	064400	7612164
迁西县图书馆	河北省迁西县长征路	064300	5611215
唐海县图书馆	河北省唐海县垦丰大街 34 号	063200	8711456
玉田县图书馆	河北省玉田县鼓楼东街 11 号	064100	6110854
滦县图书馆	河北省滦县新城燕山大街	063700	7124788
遵化市图书馆	河北省遵化市北关体育场对面	064200	6614180
三河市图书馆	河北省三河市驹阳开发区迎宾路	065200	3215203
大厂县图书馆	河北省大厂县城东大街 36 号	065300	8822746
香河县图书馆	河北省香河县城迎宾街	065400	8312837
永清县图书馆	河北省永清县益昌路 47 号	065600	6624819
固安县图书馆	河北省固安县新中街	065500	6161164
霸州市图书馆	河北省霸州市古楼街	065700	7213632
文安县图书馆	河北省文安县北环路	065800	5231584
大城县图书馆	河北省大城县新风南路	065900	5522158
冀州市图书馆	河北省冀州市冀新路 75 号	053200	8621099
深州市图书馆	河北省深州市永盛大街 1 号	053800	3312303
衡水桃城区图书馆	河北省衡水市新建街 160 号	053000	2024009
枣强县图书馆	河北省枣强县新华路	053100	8225711

馆 名	通讯地址	邮政编码	电 话
景县图书馆	河北省景县京华大街	053500	4222158
阜城县图书馆	河北省阜城县富强路	053700	4622542
安平县图书馆	河北省安平县为民街	053600	7513946
饶阳县图书馆	河北省饶阳县建新路	053900	7227525
崇礼县图书馆	河北省崇礼县西湾子镇小学街	076350	4612345
沽源县图书馆	河北省沽源县平定堡镇	076550	5812332
怀安县图书馆	河北省怀安县柴沟堡镇	076100	5812250
怀来县图书馆	河北省怀来县沙城镇中堡街 38 号	075400	6223672
昌黎县图书馆	河北省昌黎县一街西花园 68 号	066600	2023341
抚宁县图书馆	河北省抚宁县城关红领巾路	066300	6012610
卢龙县图书馆	河北省卢龙县城关镇新城街	066400	7012764
武安市图书馆	河北省武安市公园路	056300	5052085
涉县图书馆	河北省涉县城中街 506 号	056400	3832461
邱县图书馆	河北省邱县新城街	057450	8362928
磁县图书馆	河北省磁县中山西大街 24 号	056500	2322859
馆陶县图书馆	河北省馆陶县城关镇政府街 178 号	057750	2822872
临漳县图书馆	河北省临漳县城关镇北街	056600	7863632
魏县图书馆	河北省魏县镇政府东街	056800	3515586
永年县图书馆	河北省永年县临洺兴路	057150	6821407
成安县图书馆	河北省成安县政府街	056700	7218523
峰峰矿区图书馆	河北省邯郸市峰峰矿区新市区滏临大街	056200	5110590
河间市图书馆	河北省河间市西大街 16 号	062450	3221930
任丘市图书馆	河北省任丘市会战北道 47 号	062250	2226034
东光县图书馆	河北省东光县北环路 2 号	061600	7723202
康保县图书馆	河北省康保县城关镇西大街	076650	5221218
尚义县图书馆	河北省尚义县城关新华街 393 号	076750	4322398
万全县图书馆	河北省万全县孔家庄镇	076250	4221830
蔚县图书馆	河北省蔚县	075700	7213406
宣化县图书馆	河北省宣化县东二道巷	075100	3013140
张北县图书馆	河北省张北县张北镇建设街花园巷 30 号	076450	5222296
承德市营子区图书馆	河北省承德市营子区营子大街 37 号	067000	5011561
定州市图书馆	河北省定州市中山东路	073000	2313662
张家口医学院图书馆	河北省张家口市桥西区长青路 14 号	075000	8033563—264
河北理工学院图书馆	河北省唐山市新华西道	063009	2823141—585
河北煤炭建筑工程学院图书馆	河北省邯郸市光明南大街 199 号	056001	6020922—2130
邯郸师范专科学校图书馆	河北省邯郸市沁河北岸 2 号	056002	3051003
邯郸医学专科学校图书馆	河北省邯郸市丛台路甲 42 号	056002	3014817
邯郸大学图书馆	河北省邯郸市渚河路 141 号	056001	3162943
邯郸农业高等专科学校图书馆	河北省永年县临洺关	057150	6821122
沧州市师范专科学校图书馆	河北省沧州市南环中路 28 号	061001	2028020—8153
河北工程技术高等专科学校图书馆	河北省沧州市西环中街 70 号	061001	2102821

馆　　名	通讯地址	邮政编码	电　　话
东北大学秦皇岛分校图书馆	河北省秦皇岛市经文路 9 号	066000	8052442
河北农大水产学院图书馆	河北省秦皇岛市河北大街东段 52 号	066003	3012306—2150
河北农业技术师范学院图书馆	河北省昌黎县四街	066600	2022192—2039
燕山大学图书馆	河北省秦皇岛市河北大街西段 169 号	066004	8057046
承德石油学校图书馆	河北省承德市南菜园子	067000	2157250—6264
承德大学图书馆	河北省承德市小佟沟	067000	2027500
承德民族师专图书馆	河北省承德市桃李街西 6 号	067000	2155228—2087
承德教育学院图书馆	河北省承德市高庙	067000	2182503
承德医学院图书馆	河北省承德市翠桥路西 6 号	067000	2064592—363
华北煤炭医学院图书馆	河北省唐山市建设路 57 号	063000	3725369
开滦矿务局教育培训中心图书馆	河北省唐山市北新西道 88 号	063004	2327811—633
农业部乡企学院图书馆	河北省廊坊市爱民西道 126 号	065000	2115422—2229
河北工业大学分院图书馆	河北省廊坊市新华路 144 号	065000	2119654—3034
石油管道职工学院图书馆	河北省廊坊市爱民西道 90 号	065000	2070296
廊坊师范专科学校图书馆	河北省廊坊市爱民西道 100 号	065000	2115601—8552
廊坊师范学校图书馆	河北省廊坊市爱民西道 50 号	065000	2112904
廊坊市教育学院图书馆	河北省廊坊市爱民西道 102 号	065000	2113820
廊坊市广播电视大学图书馆	河北省廊坊市爱民西道 101 号	065000	2114561
华北航空工业学院图书馆	河北省廊坊市启丰道 128 号	065000	2015341—3270
廊坊市卫生学校图书馆	河北省廊坊市建国路 214 号	065000	2012986
廊坊市财贸学校图书馆	河北省廊坊市爱民东道 61 号	065000	2013246
廊坊市农业农机化学校图书馆	河北省廊坊市新华路 197 号	065000	2112171
廊坊市食品工程学校图书馆	河北省廊坊市枣林路 3 号	065000	2014444
廊坊市工业学校图书馆	河北省廊坊市爱民西道 42 号	065000	2274910
衡水师专图书馆	河北省衡水市新华路 200 号	053000	2324586
河北建筑工程学院图书馆	河北省张家口市建国路 33 号	075000	2012953
张家口大学图书馆	河北省张家口市西豁子街 6 号	075000	2012108—3044
张家口农业高等专科学校图书馆	河北省张家口市宣化县沙岭子镇	075131	5036306
张家口师范专科学校图书馆	河北省张家口市五一路 25 号	075000	2012630
石家庄邮政高等专科学校图书馆	河北省石家庄市体育南大街 37 号	050021	5814728
中国人民解放军陆军指挥学院图书馆	河北省石家庄市中山西路 777 号	050084	3634152
河北体育学院图书馆	河北省石家庄市五七路	050061	6827443
解放军陆军参谋学院图书馆	河北省石家庄市中山西路 25 号	050084	3634152
中国人民解放军陆军学院图书馆	河北省石家庄市中山西路	050084	3630941
解放军装甲兵学院图书馆	河北省元氏县	051130	3831442
中国人民解放军军械工程学院图书馆	河北省石家庄市和平西路 97 号	050000	7992126
中国人民解放军白求恩医学院图书馆	河北省石家庄市中山西路 16 号	050081	3632571
北京军区军医学校图书馆	河北省石家庄市中山西路 30 号	050081	3635037
河北省税务学校图书馆	河北省石家庄市新石南路 35 号	050091	8608022
河北银行学校图书馆	河北省石家庄市合作路 83 号	050000	3624835

馆　名	通讯地址	邮政编码	电　话
石家庄铁路工程学校图书馆	河北省石家庄市石正路	050000	8621091
保定市高等专科学校图书馆	河北省保定市前卫路4号	071009	5079186
保定师范专科学校图书馆	河北省保定市省印路11号	071009	3110394
河北大学图书馆	河北省保定市合作路4号	071002	5079424
河北电力职工大学图书馆	河北省保定市建设南路	071051	3224909－2351
河北林学院图书馆	河北省保定市建设南路	071001	2176914
河北农业大学图书馆	河北省保定市南关	071000	2091549
河北省职工医学院图书馆	河北省保定市红星路21号	071000	5079046
华北电力学院图书馆	河北省保定市青年路12号	071003	5024951－2384
邢台师专图书馆	河北省邢台市师专路3号	054054	3063444
河北青年管理干部学院图书馆	河北省石家庄市谈固西街26号	050031	5051941
河北经济管理干部学院图书馆	河北省石家庄市五七路	050061	6839821
河北师范大学(东校区)图书馆	河北省石家庄市裕华中路265号	050016	6049941
石家庄大学图书馆	河北省石家庄市合作路46号	050081	3624847
河北医科大学图书馆	河北省石家庄市中山东路	050011	6049544
河北教育学院图书馆	河北省石家庄市新石南路47号	050091	3831399
河北科技大学中校区图书馆	河北省石家庄市裕华中路5号	050018	8632144
石家庄经济学院图书馆	河北省石家庄市槐南东路50号	050031	5057701
河北科技大学西校区图书馆	河北省石家庄市新华西路	050000	8613140
河北师大西校区图书馆	河北省石家庄市红旗大街105号	050091	3834260
河北经贸大学南校区图书馆	河北省石家庄市红旗大街	050091	3833427
河北经贸大学东校区图书馆	河北省石家庄市槐北中路6号	050011	5821540
河北经贸大学(校部)图书馆	河北省石家庄市五七路	050061	6839306
河北广播电视大学图书馆	河北省石家庄市机场路15号	050071	7829404
石家庄医学高等专科学校图书馆	河北省石家庄市建华南大街	050031	5052306
河北省中医学院图书馆	河北省石家庄市新石南路	050091	3832516
河北省社会主义学院图书馆	河北省石家庄市北郊五七路	050061	6811945
河北省政法管理干部学院图书馆	河北省石家庄市五七路	050061	6839147
石家庄中西医学院图书馆	河北省石家庄市红旗大街	050091	3827638
河北省伊斯兰教经学院图书馆	河北省石家庄市清真街17号	050000	7037846
石家庄铁道学院图书馆	河北省石家庄市北环东路15号	050043	6839025
石家庄师范高等专科学校图书馆	河北省石家庄市五七路	050041	6829935
石家庄市教育学院图书馆	河北省石家庄市正东路10号	050011	6038532
石家庄市白求恩医学专修学院图书馆	河北省石家庄市新华西路	050081	3610245
河北商业高等专科学校图书馆	河北省石家庄市槐北中路	050018	6051544
石家庄市高等专科学校图书馆	河北省石家庄市体育南大街444号	050021	5817037
中国人民解放军石家庄医学高等专科学校图书馆	河北省石家庄市中山西路2段	050081	3033883
中国人民解放军空军第四飞行学院图书馆	河北省石家庄市机场路	050071	7999117
中国人民解放军陆军指挥学院元氏分院图书馆	河北省元氏县75号信箱012号	051132	7985182

馆名	通讯地址	邮政编码	电话
石家庄市廉州医科专修学院图书馆	河北省藁城市岗上镇	052160	8089445
唐山大学图书馆	河北省唐山市华岩北路	063010	2823211
唐山教育学院图书馆	河北省唐山市建设路	063010	2826691
华北水利水电学院图书馆	河北省邯郸市光明南街	056021	3037951
邯郸市职工大学图书馆	河北省邯郸市中华南大街	056001	3024282
河北职工大学图书馆	河北省保定市环城南路	071000	2024717
中央司法警官教育学院图书馆	河北省保定市七一东路 2 号	071000	5022991—8295
张家口市教育学院图书馆	河北省张家口市平门路	075061	2017852
中国人民解放军张家口通信学院图书馆	河北省张家口市宣化区北门外	075000	3012361
中国人民解放军廊坊陆军导弹学院图书馆	河北省廊坊市爱民西道	065000	2115923—79171
中国人民武装警察学院图书馆	河北省廊坊市西外环路北	065000	2015777
中国轻工业管理干部学院图书馆	河北省固安县辛务村	065500	6161466
交通干部管理学院图书馆	河北省三河市燕郊镇	065200	3312359
防灾技术高等专科学校图书馆	河北省三河市燕郊镇	065201	3311073
煤炭干部管理学院图书馆	河北省三河市燕郊镇	065200	3312550
民政干部管理学院图书馆	河北省三河市燕郊镇	065200	3312250
有色干部管理学院图书馆	河北省三河市燕郊镇	065200	3312476
中共河北省委党校图书馆	河北省石家庄市五七路	050061	6028619
中共石家庄市委党校图书馆	河北省石家庄市水源街 26 号	050051	7042706
中共秦皇岛市委党校图书馆	河北省秦皇岛市海港区燕山大街西段	066000	3066388—37
中共邢台市委党校图书馆	河北省邢台市钢铁北路	054000	2024089
中共廊坊市委党校图书馆	河北省廊坊市新华路 169 号	065200	2310911
中共承德市委党校图书馆	河北省承德市普宁路大佛寺前	067000	2058044
河北省妇女干部学校图书馆	河北省石家庄市新石中路	050091	3833594
中共辛集市委党校图书馆	河北省辛集市兴华北路	052360	3222571
中共藁城市委党校图书馆	河北省藁城市健康路	052160	8041911
中共晋州市委党校图书馆	河北省晋州市和平路	052260	4322659
中共新乐市委党校图书馆	河北省新乐市北空路	050700	8581922
中共唐山市委党校图书馆	河北省唐山市建设路	063000	2821019
中共丰南市委党校图书馆	河北省丰南市友谊路	063300	8122328
中共遵化市委党校图书资料室	河北省遵化市镇海东街	064200	6612510
中共邯郸市委党校图书资料室	河北省邯郸市青年路	056004	3024546
中共武安市委党校图书馆	河北省武安市环城西路	056300	5052509
中共南宫市委党校图书资料室	河北省南宫市凤凰路	055750	5222914
中共沙河市委党校图书资料室	河北省沙河市光荣路	054100	8801127
中共保定市委党校图书资料室	河北省保定市合作路 5 号	071000	5024822
中共定州市委党校图书资料室	河北省定州市杨庄子村	073000	2312855
中共涿州市委党校图书资料室	河北省涿州市南关大街	072750	3632172
中共高碑店市委党校图书资料室	河北省高碑店市幸福北街	074000	2812511
中共安国市委党校图书资料室	河北省安国市东安大街	071200	3552115
中共张家口市委党校图书资料室	河北省张家口市沙岗东街	075061	2017669

馆　名	通讯地址	邮政编码	电　话
中共沧州市委党校图书资料室	河北省沧州市芦家园	061000	3041336
中共泊头市委党校图书资料室	河北省泊头市裕华路	062150	8298054
中共任丘市委党校图书资料室	河北省任丘市党校街2号	062550	2222054
华北石油党校图书资料室	河北省任丘市燕山南道	062550	2722359
中共黄骅市委党校图书资料室	河北省黄骅市府前街	061100	5220871
中共河间市委党校图书资料室	河北省河间市西大街	062450	3223574
中共霸州市委党校图书资料室	河北省霸州市兴华路96号	065700	7212493
中共三河市委党校图书资料室	河北省三河市三皇路	065200	3212259
中共衡水市委党校图书资料室	河北省衡水市胜利东路	053000	2023610
中共冀州市委党校图书资料室	河北省冀州市幸福路	053200	8612146
中共深州市委党校图书资料室	河北省深州市向阳街8号	053800	3312264
河北省科学院图书馆	河北省石家庄市友谊南大街22号	050081	3031398
河北省社会科学院图书馆	河北省石家庄市裕华西路423号	050000	3031398—312
信息产业部54研究所文献馆	河北省石家庄市中山西路578号	050081	3033330—4197
河北省科技情报所文献馆	河北省石家庄市青园街58号	050011	5813911
石家庄市市政设计研究院资料室	河北省石家庄市建设南大街16号	050000	6044070
河北省电力试验所图书资料室	河北省石家庄市体育大街	050021	6014392
河北省机械科学研究院图书资料室	河北省石家庄市合作路9号	050051	7044441－427
信息产业部第十三研究所图书资料室	河北省石家庄市合作路	050051	7041921
信息产业部北方设计研究院图书资料室	河北省石家庄市裕华中路2号	050011	6047307
河北省电子技术研究所图书资料室	河北省石家庄市机场路2号	050071	7057320
河北省冶金研究所图书资料室	河北省石家庄市跃进路	050031	5053959
河北省农业科学院图书资料室	河北省石家庄市和平西路	050000	7042853
河北省林业科研所图书资料室	河北省石家庄市五七路	050061	6039701
河北省医学科学院医学情报所图书资料室	河北省石家庄市青园街	050021	6012687
河北省体育科学研究所图书资料室	河北省石家庄市长安西路2号	050011	6044670
河北省环境保护研究所图书资料室	河北省石家庄市石邑路	050051	3032996
中国科学院石家庄农业现代化研究所图书资料室	河北省石家庄市体育大街	050021	6014361
河北省科学院应用数学研究所图书资料室	河北省石家庄市友谊南大街	050081	3031388
河北省自动化研究所图书资料室	河北省石家庄市友谊南大街	050081	3024726
河北省社会科学院农村经济研究所图书资料室	河北省石家庄市石邑路9号	050051	3035765
河北省艺术研究所图书资料室	河北省石家庄市北马路44号	050071	7043726
石家庄市科技信息所图书资料室	河北省石家庄市滨河街1号	050031	3011841
河北省中医药研究所图书资料室	河北省石家庄市建华南大街	050031	5052547
唐山市科技情报所图书资料室	河北省唐山市西山道	063000	2825330
河北省食品研究所图书资料室	河北省邯郸市和平路	056002	8017517
邢台市科技情报研究所图书资料室	河北省邢台市团结路	054001	2022312

馆 名	通讯地址	邮政编码	电 话
保定地区科技情报研究所图书资料室	河北省保定市环城东	071000	2022636
河北省科学院微生物研究所图书资料室	河北省保定市五四中路 27 号	071051	3034855
国家冶金工业局勘察研究总院图书资料室	河北省保定市东风中路	071067	3036001
张家口市科技情报研究所图书资料室	河北省张家口市新林路	075000	2015780
张家口市中医药信息中心图书资料室	河北省张家口市东河沿街	075000	2014621
沧州市科技情报研究所图书资料室	河北省沧州市迎宾路	061001	2022278
国土资源部地球物理地球化学勘察研究所图书馆	河北省廊坊市金光道 84 号	102849	62015872—3264
衡水地区科技情报研究所图书资料室	河北省衡水市新华路	053000	2025583
衡水地区林业研究所图书资料室	河北省衡水市新华路	053000	2025907
石家庄市铁路中心医院图书馆	河北省石家庄市范西路 1 号	050011	5814561
河北医科大学第二附属医院图书馆	河北省石家庄市和平西路 1 段	050000	7045975
河北医科大学第三附属医院图书馆	河北省石家庄市维明街 16 号	050051	7027951
河北医科大学第四附属医院图书馆	河北省石家庄市健康路 5 号	050011	6033949
省医学院附属医院图书馆	河北省石家庄市富强大街 19 号	050000	6014325
省胸科医院图书馆	河北省石家庄市正定大街 8 号	050041	6839325
省人民医院图书馆	河北省石家庄市和平西路 2 段	050051	7045814
河北中医学院附属医院图书馆	河北省石家庄市中山东路 2 段	050011	6045510
石家庄第一医院图书馆	河北省石家庄市范西路 34 号	050011	6049777
石家庄中医院图书馆	河北省石家庄市中山西路 2 段	050051	7056800
空军石家庄医院图书馆	河北省石家庄市中山西路 3 段	050000	3031501
中国人民解放军白求恩国际和平医院图书馆	河北省石家庄市中山西路 2 段	050082	3024629

山 西 省

馆 名	通讯地址	邮政编码	电 话
山西省图书馆	山西省太原市文源巷 23 号	030001	4047567
太原市图书馆	山西省太原市桃源巷	030001	4223582
清徐县图书馆	山西省清徐县湖东二街	030400	5723943
古交市图书馆	山西省古交市金牛西街	030200	5144324
阳曲县图书馆	山西省阳曲县新阳街	030100	5521566
娄烦县图书馆	山西省娄烦县城关	030300	5322747
大同市新荣区图书馆	山西省大同市新荣区长城西街	037002	3072639
大同市少年儿童图书馆	山西省大同市迎宾西路 3 号	037006	5021943
左云县图书馆	山西省左云县新建街科技楼	037100	3822316
大同市郊区图书馆	山西省大同市五一街	037100	

馆　名	通讯地址	邮政编码	电　话
灵丘县图书馆	山西省灵丘县新华街	034400	8522566
阳高县图书馆	山西省阳高县城西街柳树巷	038100	6623639
大同市城区图书馆	山西省大同市城区帅府街 19 号	037004	2046146
浑源县图书馆	山西省浑源县文化大楼	037400	8322028
广灵县图书馆	山西省广灵县城关	037500	
天镇县图书馆	山西省天镇县东街	038200	6822069
大同市图书馆	山西省大同市迎宾东路 11 号	037006	5023733
大同县图书馆	山西省大同市西坪	037300	8012717
大同市矿区图书馆	山西省大同市矿区政府院内	037000	7013262
阳泉市城区图书馆	山西省阳泉市兴隆街盛兴巷 1 号	045000	2034772
盂县图书馆	山西省盂县城广场西	045100	8083060
阳泉市郊区图书馆	山西省阳泉市郊区下荫营	045011	5053005
阳泉市图书馆	山西省阳泉市北大街 22 号	045000	2024085
平定县图书馆	山西省平定县东大街 152 号	045200	6062765
长治市图书馆	山西省长治市英雄路 78 号	046000	3035070
襄垣县图书馆	山西省襄垣县迎宾街 58 号	046200	7224400
壶关县图书馆	山西省壶关县城新建路 127 号	047300	8778304
平顺县图书馆	山西省平顺县城北区 22 号	047400	8922960
沁源县图书馆	山西省沁源县城关桥西街	046500	7833841
潞城市图书馆	山西省潞城市卢山北路 21 号	047500	6764719
沁县图书馆	山西省沁县红旗街 25 号	046400	2022441
黎城县图书馆	山西省黎城县城关	047600	6564007
长子县图书馆	山西省长子县东大街	046600	
屯留县图书馆	山西省屯留县新城府西街	046100	
长治市郊区图书馆	山西省长治市郊区关村	046000	
长治县图书馆	山西省长治县韩店镇	047100	
武乡县图书馆	山西省武乡县红旗街 5 号	046300	6382265
沁水县图书馆	山西省沁水县新建西路 31 号	048200	7022254
阳城县图书馆	山西省阳城县西池街	048100	
泽州县图书馆	山西省泽州县东谷洞 10 号	048000	3039707
高平市图书馆	山西省高平市泫氏街 49 号	048400	
晋城市城区图书馆	山西省晋城市城区南大街 5 号	048000	3034067
陵川县图书馆	山西省陵川县文化路 18 号	048300	6203462
怀仁县图书馆	山西省怀仁县城关	038300	3024047
山阴县图书馆	山西省山阴县岱岳镇	036900	7071578
朔城区图书馆	山西省朔州市朔城区旧东街 17 号	036000	2023457
朔州平鲁区图书馆	山西省朔州市平鲁区井坪镇西大街	036000	6063022
右玉县图书馆	山西省右玉县大东街 15 号	037200	
应县图书馆	山西省应县城关西街 25 号	037600	5022113
岢岚县图书馆	山西省岢岚县城关	036300	
偏关县图书馆	山西省偏关县城内府街 18 号	036400	7622049
神池县图书馆	山西省神池县城关东门口	036100	4232060
五寨县图书馆	山西省五寨县新建路	036200	4331356

馆　名	通讯地址	邮政编码	电　话
宁武县图书馆	山西省宁武县人民大街	036700	
保德县图书馆	山西省保德县梅花东路238号	036600	7324090
静乐县图书馆	山西省静乐县西林路7号	035100	
五台县图书馆	山西省五台县城米市街	035500	6522152
河曲县图书馆	山西省河曲县城关翠峰路10号	036500	7223479
忻州市图书馆	山西省忻州市光明西街	034000	2022123
代县图书馆	山西省代县城内鼓楼后街	034200	
定襄县图书馆	山西省定襄县城东街6号	035400	6022656
原平市图书馆	山西省原平市前进西街212号	034100	8222243
繁峙县图书馆	山西省繁峙县城一道街	034300	5523185
交城县图书馆	山西省交城县东街	030500	3522467
汾阳市图书馆	山西省汾阳市东正街13号	032200	7331555
吕梁地区图书馆	山西省离石市兴隆街	033000	8222914
石楼县图书馆	山西省石楼县解放台西巷	032500	5723470
中阳县图书馆	山西省中阳县城南正街	033400	5022360
离石市图书馆	山西省离石市建设南路	033000	8224275
孝义市图书馆	山西省孝义市府前路47号	032300	7626324
兴县图书馆	山西省兴县文化街25号	033600	6322744
方山县图书馆	山西省方山县屹洞镇府北街	033100	
临县图书馆	山西省临县南关街	033200	4422857
文水县图书馆	山西省文水县城内西大街	032100	3023244
岚县图书馆	山西省岚县东村	033500	
柳林县图书馆	山西省柳林县中街24号	033300	4022343
交口县图书馆	山西省交口县城关	032400	
左权县图书馆	山西省左权县辽阳街	032600	
介休市图书馆	山西省介休市西大街114号	032000	7223289
榆社县图书馆	山西省榆社县城西街	031800	6621107
昔阳县图书馆	山西省昔阳县新建路8号	045300	4123140
平遥县图书馆	山西省平遥县南大街74号	031100	5623320
灵石县图书馆	山西省灵石县新建北街79号	031300	7612302
榆次市图书馆	山西省榆次市迎宾路	030600	3024472
太谷县图书馆	山西省太谷县南正街	030800	6222290
祁县图书馆	山西省祁县新建北路	030900	5243495
和顺县图书馆	山西省和顺县新华街6号	032700	8122892
寿阳县图书馆	山西省寿阳县东关街10号	045400	4622393
曲沃县图书馆	山西省曲沃县城西大街	043400	4522228
侯马市图书馆	山西省侯马市市府路	043000	4222005
隰县图书馆	山西省隰县南大街	041300	
吉县图书馆	山西省吉县新华街	042200	
永和县图书馆	山西省永和县城内	041400	7522218
安泽县图书馆	山西省安泽县府东街88号	042500	8523105
汾西县图书馆	山西省汾西县城西	031500	
古县图书馆	山西省古县教育路36号	042400	

馆　名	通讯地址	邮政编码	电　话
乡宁县图书馆	山西省乡宁县城大街文化巷	042100	6822561
襄汾县图书馆	山西省襄汾县新建南路49号	041500	3622168
翼城县图书馆	山西省翼城县解放东路北14巷	043500	4928370
浮山县图书馆	山西省浮山县天坛路36号	042600	8122296
洪洞县图书馆	山西省洪洞县洪古路38号	031600	6226137
蒲县图书馆	山西省蒲县蒲子北街24号	041200	5322170
霍州市图书馆	山西省霍州市南大街	031400	
临汾市图书馆	山西省临汾市平阳南街3号	041000	2013775
大宁县图书馆	山西省大宁县城南河沿路	042300	
新绛县图书馆	山西省新绛县正平街40号	043100	7522125
平陆县图书馆	山西省平陆县南大街11号	044300	3525999
临猗县图书馆	山西省临猗县城北街	044100	4022225
闻喜县图书馆	山西省闻喜县半街24号	043800	7025755
运城市图书馆	山西省运城市红旗西街75号	044000	2022413
芮城县图书馆	山西省芮城县永和南街	044600	3023207
万荣县图书馆	山西省万荣县南大街23号	044200	4521397
稷山县图书馆	山西省稷山县西街19号	043200	5522629
永济市图书馆	山西省永济市舜都大道	044500	
绛县图书馆	山西省绛县振兴街文体路东3号	043600	6523574
垣曲县图书馆	山西省垣曲县新城镇	043700	
夏县图书馆	山西省夏县解放南路12号	044400	
河津市图书馆	山西省河津市新耿大街146号	043300	5022588
山西大学图书馆	山西省太原市坞城路36号	030006	7010444
山西省财政税务专科学校图书馆	山西省太原市万柏林区移村南街24号	030000	6040020
长治医学院图书馆	山西省长治市延安路46号	046000	3032880—313
山西农大图书馆	山西省太谷县	030801	6288824
山西中医学院图书馆	山西省太原市晋祠路一段65号	030024	6066098
忻州师专图书馆	山西省忻州市和平西路	034000	3032610—2038
山西师范大学图书馆	山西省临汾市马尾巷15号	041000	2051143
山西师范大学体育学院图书馆	山西省临汾市解放东路129号	041000	3016759
雁北师范学院图书馆	山西省大同市御河桥东	037000	6090177
大同高专图书馆	山西省大同市向阳东街1号	037008	5021782
太原重型机械学院图书馆	山西省太原市瓦流路5号	030024	6222521—260
大同医学专科学校图书馆	山西省大同市新建南路医卫街4号	037008	5034708
太原理工大学图书馆	山西省太原迎泽西大街79号	030024	6010949
阳泉煤炭专科学校图书馆	山西省阳泉市侯家沟	045001	2130251
山西财经大学图书馆(北区)	山西省太原市南内环街339号	030012	7223247
太原电力专科学校图书馆	山西省太原市大东关红沟南街36号	030013	4427291
山西大学师范学院图书馆	山西省太原市南内环街189号	030012	4032193
太原师范专科学校图书馆	山西省太原市侯家巷53号	030001	4062643
晋中师范专科学校图书馆	山西省榆次市北山路	030600	3025311
山西财经大学图书馆(南区)	山西省太原市坞城南路696号	030006	7074545—3016

馆名	通讯地址	邮政编码	电话
华北化工学院图书馆	山西省太原市上兰镇	030051	3922071
山西医科大学图书馆	山西省太原市新建南路86号	030001	4135127
晋东南师范专科学校图书馆	山西省长治市城北街	046011	2044421
太原大学图书馆	山西省太原市坝陵北街2号	030009	3031097
山西省职业师范专科学校图书馆	山西省临汾市解放东路63号	041000	3010466
运城高专图书馆	山西省运城市运城东路	044000	2090284
吕梁高专图书馆	山西省离石市滨河北路	033000	8248753
太原经济管理干部学院图书馆	山西省太原市兴华街93号	030027	6261424
山西广播电视大学图书馆	山西省太原市兴华街2号	030027	6265401
太原理工大学材料工程学院图书馆	山西省太原市新晋祠路13号	030024	6070387
华北工学院专科学校图书馆	山西省太原市迎新街北巷38号	030008	3059349
山西大学成人教育学院图书馆	山西省太原市南内环街189号慎思楼	030012	4175839
山西煤炭管理干部学院图书馆	山西省太原市许坦西街69号	030006	7072123
国家广播电影电视总局管理干部学院图书馆	山西省太原市五龙口街552号	030013	4377457
山西省政法管理干部学院图书馆	山西省太原市大营盘新寇庄42号	030012	7074215
山西人民警察学校图书馆	山西省太原市晋祠路二段27号	030024	6075971
山西经济管理干部学院图书馆	山西省太原市晋祠路一段35号	030024	6063591
山西青年管理干部学院图书馆	山西省太原市青年路51号	030001	2023101
山西社会主义学院图书馆	山西省太原市五一东街83号	037100	4035513
山西省教育学院图书馆	山西省太原市黄陵路西巷5号	030031	7120052
山西广播电视函授大学图书馆	山西省太原市府西街136号	030002	2021854
山西财经学院华能国际工商管理学院图书馆	山西省太原市南内环街	030012	7239099
太原广播电视大学图书馆	山西省太原市桥头街159号	030002	2021588
太原市教育学院图书馆	山西省太原市上马街4号	030001	2028014
山西职工医学院图书馆	山西省太原市双塔寺街80号	030012	4296477
山西职工文学院图书馆	山西省太原市并东街277号		2023187
太原职工大学图书馆	山西省太原市迎泽大街248号	030001	4047377
山西民盟并州医学院图书馆	山西省太原市晋祠路甲40号	030024	6189202
华夏太原医学院图书馆	山西省太原市并州南路	030012	7074425
山西省科技进修学院图书馆	山西省太原市迎泽西大街	030024	6063285
山西老区医学院图书馆	山西省太原市兴华街135号	030027	6266469
山西康华医学专修学院图书馆	山西省太原市敦化南路	030013	4425910
晋城市教育学院图书馆	山西省晋城市	048000	
忻州地区教育学院图书馆	山西省忻州市学府街	034000	3033880
吕梁教育学院图书馆	山西省离石市文化路12号	033000	8223665
晋中地区教育学院图书馆	山西省榆次市校园路	030600	3026965
临汾地区教育学院图书馆	山西省侯马市合欢路	043000	4219231
中共大同市委党校图书馆	山西省大同市瀛湖东路	037000	6090560
中共吕梁地委党校图书馆	山西省离石市滨河北路32号	033000	8222342
中共山西省委党校图书馆	山西省太原市邬城路师范街152号	030006	7074941
中共太原市委党校图书馆	山西省太原市南内环街418号	030012	7075187

馆　名	通讯地址	邮政编码	电　话
中共忻州地委党校图书馆	山西省忻州市胜利街	034000	2023208
中共大同市委第二党校图书馆	山西省大同市御河桥东	037000	6090590
中共榆次市委党校图书馆	山西省榆次市迎宾东路	030600	3112491
中共山西省委党校省直分校图书馆	山西省太原市晋祠路一段77号	030024	6040425
北京铁路局太原党校图书室	山西省太原市建设北路	030012	3075914
山西省青年干部学校图书资料室	山西省太原市青年路51号	030001	2028925
中共阳泉市委党校图书资料室	山西省阳泉市	045000	2024278
中共长治市委党校图书资料室	山西省长治市太行西街	046011	2024235
中共高平市委党校图书资料室	山西省高平市政府东巷	048400	5222302
中共朔州市委党校图书资料室	山西省朔州市府西街59号	036000	2022910
中共孝义市委党校图书资料室	山西省孝义市旧城	032300	7621241
中共临汾市委党校图书资料室	山西省临汾市	041000	2513295
中共侯马市党校图书资料室	山西省侯马市	043000	4224623
中共霍州市委党校图书资料室	山西省霍州市永合村	031400	5623886
中共运城市委党校图书资料室	山西省运城市	044000	2022403
中共河津市委党校图书资料室	山西省河津市	043300	5022422
山西省社会科学院图书馆	山西省太原市并州南路282号	030006	7075843
山西省农业科学院图书馆	山西省太原市长风街2号	030031	7073032
中国兵器工业部第207研究所图书馆	山西省太原市体育路31号	030006	7043553
中国科学院山西煤炭化学研究所图书馆	山西省太原市桃园南路27号	030001	2025157
中国日用化学工业研究所图书馆	山西省太原市文源巷34号	030001	4128323
山西省电力试验研究所图书馆	山西省太原市青年路18号	030001	4032807
山西省化工研究所图书馆	山西省太原市义井	030021	6071372
山西省邮电科学研究所图书馆	山西省太原市青年路196号	030012	4046876
山西省考古研究所图书馆	山西省太原市文庙巷22号	030001	4049127
中国幅射防护研究院图书馆	山西省太原市学府街270号	030006	7072850
电子工业部第三十三研究所图书馆	山西省太原市长风街68号	030006	7041970
煤炭科学研究总院太原分院图书馆	山西省太原市并州南路256号	030006	7042242
山西省应用化学研究所图书馆	山西省太原市和平北路56号	030024	6042330
山西省气象科学研究所图书馆	山西省太原市新建路152号	030002	4051441
山西省地质科学研究所图书馆	山西省太原市学府街20号	030006	7073096
山西省药品检验所图书馆	山西省太原市桃园南路30号	030001	4046746
山西省医药研究所图书馆	山西省太原市平阳路189号	030006	7041446
山西省林业科学研究所图书馆	山西省太原市新建南路185号	030001	2023143
山西省生物研究所图书馆	山西省太原市师范街110号	030006	7075221
山西省戏剧研究所图书馆	山西省太原市桃园南路74号	030001	2024452
太原市社会科学研究所图书馆	山西省太原市旱西关	030002	3047454
太原市教育科学研究所图书馆	山西省太原市小东门街13号	030013	3075597
化工部第二设计院图书馆	山西省太原市康乐街9号	030001	4041584—2043
山西省中医药研究所图书馆	山西省太原市并州西街14号	030012	2023284
太原市中医研究所图书资料室	山西省太原市坝陵南街2号	030009	3085490

馆　名	通讯地址	邮政编码	电　话
山西省环境保护研究所图书资料室	山西省太原市兴华街119号	030027	6276605
山西医学情报中心图书馆	山西省太原市双塔东街	030012	4045761
山西省科技情报研究所文献馆图书馆	山西省太原市迎泽大街366号	030001	4041291－317
太原钢铁研究所图书资料室	山西省太原市尖草坪2号	030003	3016587
山西省史志研究院图书资料室	山西省太原市迎泽大街366号	030071	4045164
山西省信息工程设计院图书资料室	山西省太原市青年路196号	030012	4090875
大同市科学技术情报研究所图书资料室	山西省大同市振兴街甲1号	037008	5025423
阳泉市科技情报研究所图书资料室	山西省阳泉市南山南路	045000	2040203
长治市科技情报研究所图书资料室	山西省长治市厂兴中路	046000	2023548
晋城市科技情报研究所图书资料室	山西省晋城市泽州路	048000	2025811
山西省人民医院图书馆	山西省太原市双塔东街99号	030012	4045761
山西医科大学第一医院图书馆	山西省太原市解放南路85号	030001	4044111
山西医科大学第三医院图书馆	山西省太原市迎泽西大街龙城广场路北	030024	6123066
太原市人民医院图书馆	山西省太原市杏花岭32号	030001	2023191
山西中医学院附属医院图书馆	山西省太原市晋祠路一段65号	030025	6042281
太原市中心医院图书馆	山西省太原市东三道巷1号	030009	3040040
山西省荣军医院图书馆	山西省太原市北营荣军南街7号	030031	7122576
山西省卫生防疫站图书资料室	山西省太原市双塔西街	030012	4043303
山西武警总队医院图书资料室	山西省太原市坞城路	030006	7073414

内蒙古自治区

馆　名	通讯地址	邮政编码	电　话
内蒙古自治区图书馆	内蒙古呼和浩特市乌兰察布西路	010010	6923808
阿拉善盟图书馆	内蒙古阿拉善盟左旗巴彦浩特镇	750300	8331690
巴彦淖尔盟图书馆	内蒙古临河市新华西街2号	015000	8213239
包头市图书馆	内蒙古包头市富强路	014010	5153459
赤峰市图书馆	内蒙古赤峰市钢铁街北五段1号	024000	8335538
东胜市少年儿童图书馆	内蒙古东胜市鄂尔多斯西街2号	017000	8324171
丰镇市图书馆	内蒙古丰镇市城关镇解放巷14号	012100	3203676
根河市图书馆	内蒙古根河市根河镇	022350	5223788
海拉尔市图书馆	内蒙古海拉尔市北斜街82号	021000	8334593
呼和浩特市图书馆	内蒙古呼和浩特市公园东路118号	010020	6928774
临河市图书馆	内蒙古临河市团结南路	015000	8314868
满州里市图书馆	内蒙古满州里市二道街35号	021400	6223482
通辽市图书馆	内蒙古通辽市明仁大街中段	028000	8236091
土默特左旗图书馆	内蒙古左族察素齐镇	010010	8112205
乌海市图书馆	内蒙古乌海市海勃湾区海拉北路	016000	2033072
乌兰浩特市图书馆	内蒙古乌兰浩特市兴安北路	137400	8212757
牙克石市图书馆	内蒙古牙克石市铁西云道街	022150	7202780
扎兰屯市图书馆	内蒙古扎兰屯市永安路	162650	3203449

馆　名	通讯地址	邮政编码	电　话
阿巴嘎旗图书馆	内蒙古阿巴嘎旗新浩特镇文化街	026100	
阿鲁科尔沁旗图书馆	内蒙古阿鲁科尔沁旗天山镇	025550	7213765
阿荣旗图书馆	内蒙古阿荣旗那吉镇	162750	4212811
敖汉旗图书馆	内蒙古敖汉旗新惠镇	024300	4332841
巴林右旗图书馆	内蒙古巴林右旗大阪镇	025100	6222402
巴林左旗图书馆	内蒙古巴林左旗林东镇	025400	7882316
陈巴尔虎旗图书馆	内蒙古呼伦贝尔盟陈巴尔虎旗巴彦库仁镇	021500	6712693
达拉特旗图书馆	内蒙古达拉特旗林召镇	014300	5216433
达尔罕茂联合旗图书馆	内蒙古达茂联合旗百灵庙镇	011900	8423729
东乌珠穆沁旗图书馆	内蒙古东乌珠穆沁旗乌里牙斯太镇	026300	3221824
多伦县图书馆	内蒙古多伦县上都路	027300	4524338
额尔古纳左旗图书馆	内蒙古额尔古纳左旗根河镇	022300	2788
额济纳旗图书馆	内蒙古额济纳旗达来湖布镇	735400	6521200
新巴尔虎右旗图书馆	内蒙古新巴尔虎右旗阿拉坦额莫勒镇	021300	6402902
新巴尔虎左旗图书馆	内蒙古新巴尔虎左旗阿穆古郎镇	021200	6601411
兴安盟图书馆	内蒙古乌兰浩特市兴安北路	137400	8216701
兴和县图书馆	内蒙古兴和县城关镇马桥大街9号	013650	
伊金霍洛旗图书馆	内蒙古伊金霍洛旗阿腾席连镇王府路	017200	8681255
扎鲁特旗图书馆	内蒙古哲里木盟鲁北镇霍林郭勒大街	029100	7222070
扎赉特旗图书馆	内蒙古扎赉特旗音德尔镇	137600	6122819
哲里木盟图书馆	内蒙古通辽市霍林河大街	028000	8232615
正蓝旗图书馆	内蒙古正蓝旗郭达浩特镇	027200	
正镶白旗图书馆	内蒙古正镶白旗查干淖尔镇	027100	
准格尔旗图书馆	内蒙古准格尔旗沙圪堵镇	017100	4921466
卓资县图书馆	内蒙古卓资县卓资山镇	012300	4902606
磴口县图书馆	内蒙古磴口县巴产高勒镇	015200	4211650
伊克昭盟图书馆	内蒙古东胜市	017000	8322755
额尔古纳市图书馆	内蒙古额尔古纳市拉布达林镇	022250	6822741
霍林郭勒市图书馆	内蒙古霍林郭勒市	029200	7923149
察右前旗图书馆	内蒙古察右前旗土贵乌拉镇新华路	012200	3901193
察右中旗图书馆	内蒙古察右中旗科布尔镇东街	013550	5902200
察右后旗图书馆	内蒙古察右后旗白音察干镇	012400	
鄂托克前旗图书馆	内蒙古鄂托克前旗敖勒召其镇	016200	
乌拉特前旗图书馆	内蒙古乌拉特前旗西山咀镇	014400	
乌拉特中旗图书馆	内蒙古乌拉特中旗海流图镇	015300	
乌拉特后旗图书馆	内蒙古乌拉特后旗赛乌素镇	015500	
阿拉善左旗图书馆	内蒙古阿左旗巴彦浩特镇	750300	8222756
阿拉善右旗图书馆	内蒙古阿右旗额肯呼都格镇	757300	6022052
鄂伦春自治旗图书馆	内蒙古鄂伦春自治旗阿里河镇	165400	5623797
鄂托克旗图书馆	内蒙古伊克昭盟鄂托克旗乌兰哈拉嘎苏镇	016100	6212350
鄂温克自治旗图书馆	内蒙古鄂温克旗巴彦托海镇	021100	8812902

馆名	通讯地址	邮政编码	电话
二连浩特市图书馆	内蒙古二连浩特市	012600	
固阳县图书馆	内蒙古包头市固阳县	014200	8112195
杭锦后旗图书馆	内蒙古杭锦后旗陕坝镇	015400	6622715
杭锦旗图书馆	内蒙古杭锦旗锡尼镇	017400	8681255
呼伦贝尔盟图书馆	内蒙古海拉尔市河东胜利三路	021000	8222476
化德县图书馆	内蒙古化德县城关镇	013350	7902446
喀喇沁旗图书馆	内蒙古喀喇沁旗河滨路	024400	3752787
开鲁县图书馆	内蒙古哲里木盟开鲁县城镇新开大街	028400	6211324
科尔沁右翼前旗图书馆	内蒙古乌兰浩特市	137401	8214202
科尔沁右翼中旗图书馆	内蒙古科尔沁右翼中旗白音胡硕镇	029400	4121017
科尔沁左翼后旗图书馆	内蒙古科尔沁左翼后旗甘旗卡镇	028100	5212107
科尔沁左翼中旗图书馆	内蒙古科尔沁左翼中旗保康镇	029300	3212803
克什克腾旗图书馆	内蒙古克什克腾旗经棚镇跃进街	025300	5222934
库伦旗图书馆	内蒙古库伦旗库伦镇中心街西段	028200	4912762
凉城县图书馆	内蒙古凉城县城关镇东街	013750	
林西县图书馆	内蒙古林西县林西镇西街	025200	5322711
莫力达瓦达斡尔族自治旗图书馆	内蒙古呼伦贝尔盟莫力达瓦达斡尔族自治旗尼尔基镇	162850	4613173
奈曼旗图书馆	内蒙古奈曼旗大沁他拉镇	028300	4212298
宁城县图书馆	内蒙古宁城县天义镇	024200	4223332
清水河县图书馆	内蒙古清水河县城关镇永安街	011600	7912135
商都县图书馆	内蒙古商都县城关镇新安街15号	013450	6902865
四子王旗图书馆	内蒙古四子王旗乌兰花镇新华街72号	011800	
苏尼特右旗图书馆	内蒙古苏尼特右旗赛汉塔拉镇	011200	
苏尼特左旗图书馆	内蒙古苏尼特左旗满都拉镇	011300	
太仆寺旗图书馆	内蒙古太仆寺旗宝昌镇利民街	027000	5222430
突泉县图书馆	内蒙古突泉县突泉镇	137500	5121401
土默特右旗图书馆	内蒙古包头土默特右旗萨拉齐镇和平街	014100	8912070
托克托县图书馆	内蒙古托克托县新区东路17号	010200	8513671
翁牛特旗图书馆	内蒙古翁牛特旗乌丹镇	024500	6322541
乌兰察布盟图书馆	内蒙古集宁市恩和路6号	012000	8224169
乌审旗图书馆	内蒙古乌审旗达布察克镇	017300	7212338
武川县图书馆	内蒙古武川县南大街	011700	8812992
五原县图书馆	内蒙古五原县城关镇	015100	5212626
西乌珠穆沁旗图书馆	内蒙古西乌旗巴彦乌拉浩特镇	026200	3522136
锡林郭勒盟图书馆	内蒙古锡林浩特市	026000	8223037
镶黄旗图书馆	内蒙古镶黄旗新宝拉格镇	013250	
呼和浩特市新城区图书馆	内蒙古呼和浩特市新城区	010010	6936655—217
呼和浩特市回民区图书馆	内蒙古呼和浩特市回民区	010020	
呼和浩特市郊区图书馆	内蒙古呼和浩特市郊区	010020	6925315
包头市东河区图书馆	内蒙古包头市南门外	014040	4145011

馆 名	通讯地址	邮政编码	电 话
包头市昆都仑区图书馆	内蒙古包头市钢铁大街	014040	2121357
包头市青山区图书馆	内蒙古包头市繁荣道	014030	3334849
包头市石拐矿区图书馆	内蒙古包头市石拐矿区	014070	8712230
包头市白云矿区图书馆	内蒙古包头市白云矿区	014080	8515820
包头市郊区图书馆	内蒙古郊区沙河镇文明路	014060	7148448
赤峰市红山区图书馆	内蒙古赤峰市新华路	024000	8224984
赤峰市元宝山区图书馆	内蒙古赤峰市元宝山区	024076	3518671
赤峰市松山区图书馆	内蒙古赤峰市木兰街	024000	8440633
赤峰市红山区民族少儿图书馆	内蒙古赤峰市新华路	024000	8222607
包头钢铁学院图书馆	内蒙古包头市昆区阿尔丁大街	014010	2125344
包头师范专科学校图书馆	内蒙古包头市青山区石青路	014030	3131100
海拉尔师范专科学校图书馆	内蒙古海拉尔市	021008	8331243
内蒙古财经学院图书馆	内蒙古呼和浩特市海拉尔东路	010051	6511100－262
内蒙古大学图书馆	内蒙古呼和浩特市大学西路 1 号	010021	4954433－2562
包头医学院图书馆	内蒙古包头市钢铁大街	014010	5153300
内蒙古工业大学图书馆	内蒙古呼和浩特市爱民路 7 号	010062	6514466－2778
内蒙古广播电视大学图书馆	内蒙古呼和浩特市八一路	010051	6522217
内蒙古教育学院图书馆	内蒙古呼和浩特市新城南街 2 号	010010	6931360
内蒙古林学院图书馆	内蒙古呼和浩特市新建东街 4 号	010019	4301206
内蒙古蒙医学院图书馆	内蒙古通辽市霍林河大街	028041	8251177
内蒙古民族师范学院图书馆	内蒙古通辽市霍林河大街 22 号	028043	8261122
内蒙古农牧学院图书馆	内蒙古呼和浩特市新建东街 5 号	010018	4305367
内蒙古师范大学图书馆	内蒙古呼和浩特市南门外	010022	4964466－2590
内蒙古社会主义学院图书馆	内蒙古呼和浩特市乌兰察布东路	010010	4961642－2104
呼和浩特市教育学院图书馆	内蒙古呼和浩特市赛汗路 6 号	010051	6923606－2140
内蒙古青城大学图书馆	内蒙古呼和浩特市大学路	010010	4964476
内蒙古乌兰察布师范专科学校图书馆	内蒙古集宁市	012000	8225166
内蒙古医学院图书馆	内蒙古呼和浩特新华大街 5 号	010059	6963300－6207
内蒙古管理干部学院图书馆	内蒙古呼和浩特市北郊(呼包公路 1 公里)	010070	3962233－397
昭乌达蒙族师范专科学校图书馆	内蒙古赤峰市园林路	024001	8331802
哲里木畜牧兽医学院图书馆	内蒙古通辽市西拉木伦大街 20 号	028042	8254488
河套大学图书馆	内蒙古临河市大学路	015000	8213737
赤峰民族师范高等专科学校图书馆	内蒙古赤峰市	024000	8331802
内蒙古青山大学图书馆	内蒙古呼和浩特市鄂尔多斯路	010030	3963410
内蒙古经贸外语学院图书馆	内蒙古呼和浩特市呼哈公路	010070	6519932
呼伦贝尔盟大学图书馆	内蒙古海拉尔市学府路	021000	8223868
中共赤峰市委党校图书馆	内蒙古赤峰市	024031	8441702
中共集宁市委党校图书馆	内蒙古集宁市新体路 144 号	012000	8227815
中共内蒙古自治区委党校图书馆	内蒙古呼和浩特市乌兰察布西路 1 号	010010	6934400－283
中共呼和浩特市委党校图书馆	内蒙古呼和浩特市乌兰察布东路	010010	4961111
中共包头市委党校图书馆	内蒙古包头市万青路	014010	5152641

馆　名	通讯地址	邮政编码	电　话
中共东胜市委党校图书馆	内蒙古东胜市	017000	8324386
内蒙古团校图书馆	内蒙古呼和浩特市团校巷	010051	6965751
内蒙古自治区社会科学院图书信息中心	内蒙古呼和浩特市大学东路1号	010010	6940060
内蒙古测绘科技档案馆	内蒙古呼和浩特市新华大街	010020	6967994
内蒙古科技信息研究所图书资料室	内蒙古呼和浩特市新城西街	010010	6963060
内蒙古冶金研究所图书资料室	内蒙古呼和浩特市乌兰察布东路	010010	4962257
内蒙古农业科学院图书馆	内蒙古呼和浩特市呼清公路	010070	5977733
内蒙古畜牧科学院科技情报所	内蒙古呼和浩特市鄂尔多斯路	010030	3965132
内蒙古林业科学研究院图书馆	内蒙古呼和浩特市新建东街	010010	4923184
内蒙古医药工业研究所图书资料室	内蒙古呼和浩特市光明路	010010	3963267
内蒙古社会科学院历史研究所图书资料室	内蒙古呼和浩特市大学东路	010010	4962873
内蒙古环境保护科学研究所图书资料室	内蒙古呼和浩特市新城西街	010010	6281993
中国农业科学院草原研究所图书资料室	内蒙古呼和浩特市乌兰察布东路	010010	4926874
内蒙古文物考古研究所图书资料室	内蒙古呼和浩特市东风路	010010	4961143
内蒙古艺术研究所图书资料室	内蒙古呼和浩特市西林北路	010050	6962847
呼和浩特科技信息研究所图书资料室	内蒙古呼和浩特市锡林北路	010000	3962263
呼和浩特教育科学研究所图书资料室	内蒙古呼和浩特市邮校北巷	010020	6927391
内蒙古环保研究所图书资料室	内蒙古呼和浩特市新城西街	010010	6281993
包钢设计院图书资料室	内蒙古包头市钢铁大街	014010	2127483
包头市人口信息研究所图书资料室	内蒙古包头市钢铁大街	014010	2149427
包头市艺术研究所图书资料室	内蒙古包头市钢铁大街	014010	5138504
包头市科技情报研究所图书资料室	内蒙古包头市钢铁大街	014010	2127083
赤峰市科学技术情报研究所图书资料室	内蒙古赤峰市钢铁街	024000	8333324
呼伦贝尔盟科学技术情报研究所图书资料室	内蒙古海拉尔市胜利大街	021008	8221642
哲里木盟科学技术情报所图书资料室	内蒙古通辽市	028000	8234074
乌盟科技情报所图书资料室	内蒙古集宁市	012000	8224173
伊克昭盟蒙医研究所图书资料室	内蒙古东胜市	017000	8323126
内蒙古自治区医院图书馆	内蒙古呼和浩特市昭务达路5号	010017	4964477
内蒙古中蒙医院图书馆	内蒙古呼和浩特市人民路	010020	6927722
内蒙古医学院附属医院图书馆	内蒙古呼和浩特市通道北街	010050	6963300
内蒙古医学院附属第二医院图书馆	内蒙古呼和浩特市营坊道	010020	6966928
呼和浩特第一医院图书馆	内蒙古呼和浩特市中山西路	010010	6965566
内蒙古妇幼保键医院图书馆	内蒙古呼和浩特市公园东路	010010	6968877
内蒙古胸科医院图书馆	内蒙古呼和浩特市乌兰察布路	010010	4963636

馆　　名	通讯地址	邮政编码	电　　话
呼和浩特市妇幼保健院图书室	内蒙古呼和浩特市石羊桥南路	010031	5965715
呼和浩特市中蒙医院图书室	内蒙古呼和浩特市文化宫街	010020	6965635
中国人民解放军武装警察部队内蒙古总队医院图书馆	内蒙古呼和浩特市公园西路	010031	5977799
内蒙古自治区精神卫生中心图书室	内蒙古呼和浩特市乌兰察布西路	010010	4964753

辽　宁　省

馆　　名	通讯地址	邮政编码	电　　话
辽宁省图书馆	辽宁省沈阳市东陵区万柳塘路111号	110015	24822449
鞍山市少年儿童图书馆	辽宁省鞍山市南胜利路45甲	114001	5538149
北票市图书馆	辽宁省北票市南山街	122100	5821300
鞍山市图书馆	辽宁省鞍山市南胜利路	114003	5535641
北宁市图书馆	辽宁省北宁市广宁东路58号	121300	6622629
本溪市少年儿童图书馆	辽宁省本溪市平山区胜利路20号	117000	2222949
本溪市图书馆	辽宁省本溪市东明路2号	117000	2845159
朝阳市图书馆	辽宁省朝阳市友谊大街二段3号	122000	2815920
大连市少年儿童图书馆	辽宁省大连市西岗区纪念街1－1号	116011	3680470
大连市图书馆	辽宁省大连市西岗区长白街7号	116012	3630501
大石桥市图书馆	辽宁省大石桥市胜利大街6号	115100	5813963
丹东市少年儿童图书馆	辽宁省丹东市振兴区六纬路75号	118000	2123598
丹东市图书馆	辽宁省丹东市振兴区红房街春三路29－1号	118002	6162005
东港市图书馆	辽宁省东港市大东镇育才街7号	118300	7123823
抚顺市少年儿童图书馆	辽宁省抚顺市永宁路6号	113008	2624148
抚顺市图书馆	辽宁省抚顺市新抚区永宁路6号	113008	2624950
阜新市图书馆	辽宁省阜新市海州区解放大街1号	123000	2826781
盖州市图书馆	辽宁省盖州市鼓楼街	115200	7813702
海城市图书馆	辽宁省海城市中街路	114200	3224859
锦州市图书馆	辽宁省锦州市上海路4段6号	121000	2125257
开原市图书馆	辽宁省开原市胜利街	112300	3823960
辽阳少儿图书馆	辽宁省辽阳市文圣路钢家胡同28号	111000	3151169
辽阳市图书馆	辽宁省辽阳市新华路西四道街101号	111000	2124296
凌海市图书馆	辽宁省凌海市文化路	121200	8122517
凌源市图书馆	辽宁省凌源市大西街	122500	6823039
盘锦市少儿图书馆	辽宁省盘锦市兴隆台区市府大街	124010	2826009
盘锦市图书馆	辽宁省盘锦市兴隆台区市府大街	124010	2825884
普兰店市图书馆	辽宁省普兰店市商业大街133号	116200	9612162
沈阳市少年儿童图书馆	辽宁省沈阳市沈河区大西路二段40号	110011	24841039
沈阳市图书馆	辽宁省沈阳市沈河区北京街5号	110013	22728611
铁法市图书馆	辽宁省铁法市调兵山镇	112700	6865637
铁岭市儿童图书馆	辽宁省铁岭市红旗街	112000	2825763
铁岭市图书馆	辽宁省铁岭市文化街35号	112000	2824919

馆　　名	通讯地址	邮政编码	电　　话
瓦房店市图书馆	辽宁省瓦房店市北共济街 3 段 25 号	116300	5613240
新民市图书馆	辽宁省新民市新民镇中街	110300	7852381
兴城市图书馆	辽宁省兴城市兴海路二段	125100	5152783
营口市儿童图书馆	辽宁省营口市站前区新立街 1 号	115002	3840327
营口市图书馆	辽宁省营口市站前区健康街	115000	2832394
庄河市图书馆	辽宁省庄河市黄海大街一段 436 号	116400	8619069
本溪满族自治县图书馆	辽宁省本溪满族自治县小市镇政府路	117100	6822267
昌图县图书馆	辽宁省昌图县昌站前街	112500	5824622
长海县图书馆	辽宁省长海县文化街	116500	8682382
大洼县图书馆	辽宁省大洼县大洼镇四新街	124200	6862746
灯塔市图书馆	辽宁省灯塔市建设大街	111300	8182445
法库县图书馆	辽宁省法库县法库镇中心街	110400	87123087
凤城市图书馆	辽宁省凤城市凤北路 6 号	118100	8122370
抚顺县图书馆	辽宁省抚顺市新抚区贵德街 42-1 号	113006	7077278
阜新蒙古族自治县图书馆	辽宁省阜新蒙古族自治县阜新镇文化路中段 77 号	123100	8822265
黑山县图书馆	辽宁省黑山县黑山镇	121400	
桓仁满族自治县图书馆	辽宁省桓仁满族自治县中心街	117200	8822246
建昌县图书馆	辽宁省建昌县红旗街	125300	7122359
建平县图书馆	辽宁省建平县叶柏寿镇万寿街	122400	7812479
喀喇沁左翼蒙古族自治县图书馆	辽宁省喀喇沁左翼蒙古族自治县青年街	122300	4822230
康平县图书馆	辽宁省康平县向阳街	110500	7342558
宽甸满族自治县图书馆	辽宁省宽甸满族自治县中心路	118200	5122288
辽阳县图书馆	辽宁省辽阳县首山镇文化路	111200	7173175
辽中县图书馆	辽宁省辽中县辽中镇政府路 103 号	110200	87882259
盘山县图书馆	辽宁省盘锦市双台子区前进街	124000	3833113
清原满族自治县图书馆	辽宁省清原县清原镇清河路八宝街	113300	3023881
绥中县图书馆	辽宁省绥中县中央路	125200	6123210
台安县图书馆	辽宁省台安县台安镇恩良路	114100	4822479
铁岭县图书馆	辽宁省铁岭市繁荣路	112000	4602703
西丰县图书馆	辽宁省西丰县西丰镇红旗路	112400	7842392
新宾满族自治县图书馆	辽宁省新宾县新宾镇苏水南路	113200	5022522
义县图书馆	辽宁省义县义州镇东街	121100	7726440
彰武县图书馆	辽宁省彰武县彰武镇中华路 16 号	123200	7731419
岫岩满族自治县图书馆	辽宁省岫岩满族自治县岫岩镇中心街	114300	7823429
沈阳市大东区图书馆	辽宁省沈阳市新津桥路 32 号	110042	88500363
沈阳市大东区少儿图书馆	辽宁省沈阳市新津桥路 44 号	110042	88502592
沈阳市沈河区图书馆	辽宁省沈阳市朝阳大街	110011	24851543
沈阳市和平区图书馆	辽宁省沈阳市十一纬路 68 号	110003	22823322
沈阳市皇姑区图书馆	辽宁省沈阳市六盘山路 19 号	110031	86840659
沈阳市铁西区图书馆	辽宁省沈阳市兴华南街 2 号	110021	25874461
沈阳市新城子区图书馆	辽宁省沈阳市银河街 34 号	110121	89862707

馆　名	通讯地址	邮政编码	电　话
沈阳市皇姑区少儿图书馆	辽宁省沈阳市长江南小区37号楼	110031	86865534
大连市中山区图书馆	辽宁省大连市中山区解放路596号	116013	2660960
大连市西岗区图书馆	辽宁省大连市西岗区鞍山路36—12号	116011	3789101
大连市沙河口图书馆	辽宁省大连市沙河口区黑石礁西村街11号	116023	4691324
大连市甘井子区图书馆	辽宁省大连市甘井子区华东路79号	116000	6602801
大连市金州区图书馆	辽宁省大连市金州区民政街63号	116622	7806926
大连市旅顺口区图书馆	辽宁省大连市旅顺口区安民街10号	116041	6612931
鞍山市千山区图书馆	辽宁省鞍山市旧堡街	114041	2313709
鞍山市立山区图书馆	辽宁省鞍山市中华街341号	114031	6633977
鞍山市铁东区图书馆	辽宁省鞍山市铁东二街道	114001	2227783
鞍山市铁西区图书馆	辽宁省鞍山市永乐街	114013	8812063
抚顺市新抚区图书馆	辽宁省抚顺市解放路14号	113008	2624265
丹东市元宝区图书馆	辽宁省丹东市中富街1号	118000	2811618
丹东市振安区图书馆	辽宁省丹东市珍珠街	118001	4142659
锦州市太和区图书馆	辽宁省锦州市锦汤路83号	121016	5176362
锦州市古塔区图书馆	辽宁省锦州市北二里40号	121001	3138645
锦州市凌河区图书馆	辽宁省锦州市上海路4段2号	121000	2126366
营口市老边区图书馆	辽宁省营口市老边大街	115005	3865262
辽阳市白塔区图书馆	辽宁省辽阳市新运大街	111000	2124103
葫芦岛市图书馆	辽宁省葫芦岛市永昌路	125001	2124984
葫芦岛市连山区图书馆	辽宁省葫芦岛市群英路	125000	2124776
大连大学师范学院图书馆	辽宁省大连市甘井子区夏家河子	116031	6681730
大连大学图书馆	辽宁省大连市经济技术开发区	116622	4678981－3110
大连管理干部学院图书馆	辽宁省大连市甘井子区南关岭东街6号	116033	6681281－212
大连广播电视大学图书馆	辽宁省大连市西岗区白云新村绕山路5号	116012	4313500
大连海事大学图书馆	辽宁省大连市凌海路1号	116023	4671611－9671
大连教育学院图书馆	辽宁省大连市西岗区五四路82号	116021	4313417
大连理工大学图书馆	辽宁省大连市凌水河中山路158号	116023	4708620
大连轻工业学院图书馆	辽宁省大连市甘井子区大轻工苑1号	116034	6307395
大连水产学院图书馆	辽宁省大连市沙河口区黑石礁西村390号	116024	4671025－345
大连铁道学院图书馆	辽宁省大连市沙河口区黄河路	116028	4604323－321
大连外国语学院图书馆	辽宁省大连市中山区南山路161号	116001	2803121－6403
大连医科大学图书馆	辽宁省大连市沙河口区中山路465号	116023	4691802－306
丹东大学图书馆	辽宁省丹东市振安区蛤蟆塘镇	118003	4151340
丹东师范专科学校图书馆	辽宁省丹东市振安区兴三路	118003	4151341
东北财经大学图书馆	辽宁省大连市沙河口区黑石礁	116024	4671101－530
东北大学图书馆	辽宁省沈阳市和平区文化路3号	110006	23893000－2719
抚顺大学图书馆	辽宁省抚顺市顺城区晖春街1号	113006	7646431

馆　名	通讯地址	邮政编码	电　话
抚顺高等师范专科学校图书馆	辽宁省抚顺市高山路 17 号	113006	7643435
抚顺石油学院图书馆	辽宁省抚顺市丹东路西段 1 号	113001	6688941
阜新高等专科学校图书馆	辽宁省阜新市海州区育红路 36 号	123000	2826650
阜新矿业学院图书馆	辽宁省阜新市中华路 47 号	123000	2824321
锦州师范高等专科学校图书馆	辽宁省锦州市凌河区松坡北里 189 号	121017	4188651
锦州师范学院图书馆	辽宁省锦州市凌河区解放路五段 27 号	121003	21122723
锦州医学院图书馆	辽宁省锦州市松坡路 3 段 40 号	121017	4188193
辽宁大学图书馆	辽宁省沈阳市皇姑区崇山中路 66 号	110036	86842541－6718
辽宁工学院图书馆	辽宁省锦州市士英街 169 号	121001	4168584－329
辽宁经济管理干部学院图书馆	辽宁省沈阳市新城子区虎石台镇	110122	86722730
辽宁警官高等专科学校图书馆	辽宁省大连市沙河口区刘家桥	116033	6651191
辽宁商业高等专科学校图书馆	辽宁省锦州市太平区商大理 11 号	121013	5179082
辽宁省财政高等专科学校图书馆	辽宁省丹东市经山街 49 号	118001	4144961－297
辽宁师范大学图书馆	辽宁省大连市沙河区西山村	116012	4211181
辽宁税务高等专科学校图书馆	辽宁省大连市沙河口区由家路 25 号	116023	4671823
辽宁大学外国语学院图书馆	辽宁省辽阳市白塔区青年大街 42 号	111000	4136449
辽宁行政学院图书馆	辽宁省沈阳市东陵区东大营街 11 号	110161	88429603
辽宁中医学院图书馆	辽宁省沈阳市崇山东路 79 号	110031	86801195－329
辽阳师范高等专科学校图书馆	辽宁省辽阳市铁西路 150 号	111000	2122290
辽宁教育学院图书馆	辽宁省沈阳市皇姑区崇山东路 46－2 号	110032	86902474
东北民族学院图书馆	辽宁省大连市经济技术开发区	116622	7612616
辽阳石油化工高等专科学校图书馆	辽宁省辽阳市宏伟区学院路	111003	5168721
鲁迅美术学院图书馆	辽宁省沈阳市和平区三好街 19 号	110003	23845767
沈阳大学师范学院图书馆	辽宁省沈阳市东陵区文翠路 55 号	110015	23894504
沈阳大学图书馆	辽宁省沈阳市大东区联合路 54 号	110041	88503266
沈阳电力高等专科学校图书馆	辽宁省沈阳市皇姑区长江街 134 号	110036	86846531
沈阳工业大学图书馆	辽宁省沈阳市铁西区兴华南街 58 号	110023	25876273－2317
沈阳工业高等专科学校图书馆	辽宁省沈阳市大东区望花南路 21 号	110044	88902183
沈阳工业学院图书馆	辽宁省沈阳市文化路 81 号	110015	23893571－278
沈阳工业学院专科学校图书馆	辽宁省沈阳市劳动路 32 号	110045	88261795
沈阳广播电视大学图书馆	辽宁省沈阳市和平区十四纬路 7 号	110003	23868683
沈阳航空工业学院图书馆	辽宁省沈阳市皇姑区黄河北大街 52 号	110034	86801040－203
沈阳化工学院图书馆	辽宁省沈阳市铁西区爱工南街 11 号	110021	25874831－382
东北大学黄金学院图书馆	辽宁省沈阳市东陵区文化东路 89 号	110015	24820415
沈阳建筑工程学院图书馆	辽宁省沈阳市东陵区文艺路 19 号	110015	23843467
沈阳农业大学图书馆	辽宁省沈阳市东陵路 120 号	110161	88421044
沈阳师范学院图书馆	辽宁省沈阳市皇姑区黄河南大街 95 号	110031	86840501－278
沈阳体育学院图书馆	辽宁省沈阳市皇姑区泰山路 11 号	110032	86892211－546
沈阳药科大学图书馆	辽宁省沈阳市文化路 103 号	110015	23843711－310

馆　名	通讯地址	邮政编码	电　话
沈阳音乐学院图书馆	辽宁省沈阳市和平区三好街 61 号	110003	23892165
铁岭师范高等专科学校图书馆	辽宁省铁岭市岭东街	112001	2810540
熊岳农业高等专科学校图书馆	辽宁省盖州市熊岳镇铁东街	115214	7842891
营口大学图书馆	辽宁省营口市站前区	115000	2832269
营口师范高等专科学校图书馆	辽宁省营口市渤海大街西 30 号	115003	2832253
鞍山大学图书馆	辽宁省鞍山市南中华路 49 号	114001	5211032
鞍山钢铁学院图书馆	辽宁省大连市南中华路	116001	5535341
鞍山广播电视大学图书馆	辽宁省鞍山市铁西区九道街 540 号	114011	8232780
鞍山师范学院图书馆	辽宁省鞍山市铁东区平安街 43 号	114001	5812072－208
本钢工学院图书馆	辽宁省本溪市环山路 60 号	117000	2821006
本溪高等师范专科学校图书馆	辽宁省本溪市文化路 47 号	117022	4834372
本溪冶金高等专科学校图书馆	辽宁省本溪市明山区文化路 42 号	117022	4835354－254
朝阳师范专科学校图书馆	辽宁省朝阳市凌河街	122000	2833167
中国刑事警察学院图书馆	辽宁省沈阳市皇姑区塔湾街 83 号	110035	86864561－340
中国医科大学图书馆	辽宁省沈阳市北二马路 92 号	110001	23852830
辽宁省社会主义学院图书馆	辽宁省沈阳市于洪区陵园街 7－1 号	110032	86898200
沈阳医学院图书馆	辽宁省沈阳市黄河南大街 78 号	110031	86847695
沈阳职工医学院图书馆	辽宁省沈阳市北七马路 13 号	110001	23407425
辽宁省交通高等专科学院图书馆	辽宁省沈阳市虎石台镇建设南路	110122	89872497
辽宁省体育运动技术学院图书馆	辽宁省沈阳市和平南大街 97 号	110006	23863839
辽宁青年管理干部学院图书馆	辽宁省沈阳市文萃路 94 号	110015	24221126
辽宁省广播电视大学图书馆	辽宁省沈阳市黄河北大街 50 号	110034	86120753
东北基督教神学院图书馆	辽宁省沈阳市北一经街 48 号	110014	22829367
辽宁卫生职工学院图书馆	辽宁省沈阳市集贤街 44-1 号	110005	23381898
辽宁公安司法管理干部学院图书馆	辽宁省沈阳市嘉陵江街 66 号	110031	86840521
辽宁文学院图书馆	辽宁省沈阳市鸭绿江街 53 号	110032	86907823
辽宁东华学院图书馆	辽宁省沈阳市沈辽路 198 号	110141	25814136
沈阳市社会主义学院图书馆	辽宁省沈阳市朝阳街 188 号	110011	24848531
辽宁工运学院图书馆	辽宁省沈阳市五三乡孤家子村	110168	23818330
人民警察学院图书馆	辽宁省沈阳市塔湾街 83 号	110035	86724561
沈阳大学财经学院图书馆	辽宁省沈阳市崇山东路 77 号	110032	86219797
解放军炮兵学院图书馆	辽宁省沈阳市东陵路 88 号	110000	88415123
大连国际商务学院图书馆	辽宁省大连市甘井子区辛寨子东站	116033	6300025
解放军海军政治学院图书馆	辽宁省大连市七星街 47 号	116001	2742727－49452
大连大学医学专科学校图书馆	辽宁省大连市中山路 154 号	116012	3608114
解放军海军舰艇学院图书馆	辽宁省大连市解放路 1 号	116018	2682405－70719
解放军大连医学高等专科学校图书馆	辽宁省大连市白云街	116011	2670769
鞍山冶金管理干部学院图书馆	辽宁省大连市建工街 3 号	116003	6313011
鞍钢职工医学专科学校图书馆	辽宁省大连市东健身路 11 号	116034	6415156
本溪市广播电视大学图书馆	辽宁省本溪市市府南街 7 号	117000	2824321
丹东市纺织高等专科学校图书馆	辽宁省丹东市哈蟆塘大街	118003	4151262
辽西大学图书馆	辽宁省锦州市亮甲山	121017	4187763

馆　名	通讯地址	邮政编码	电　话
营口市高等职业专科学校图书馆	辽宁省营口市少年宫南里1号	115004	2832296
盘锦市师范专科学校图书馆	辽宁省盘锦市兴隆台区	124010	2825708
朝阳市社会主义学院图书馆	辽宁省朝阳市友谊大街	122000	2813936
朝阳市行政学院图书馆	辽宁省朝阳市南大街	122000	2814403
中共营口市委党校图书馆	辽宁省营口市站前区民丰西里	115002	3833692
中共鞍山市委党校图书馆	辽宁省鞍山市对炉街6号	114003	6322229
中共本溪市委党校图书馆	辽宁省本溪市地工路18号	117008	4838603
中共朝阳市委党校图书馆	辽宁省朝阳市麦河街四段481号	122000	2813747
中共大连市委党校图书馆	辽宁省大连市付家庄滨海西路75号	116014	2401322
中共丹东市委党校图书馆	辽宁省丹东市宾馆路362号	118000	2120203
中共抚顺市委党校图书馆	辽宁省抚顺市长春街4号	113126	7643642
中共葫芦岛市委党校图书馆	辽宁省葫芦岛市连山区	125100	2152104
中共锦州市委党校图书馆	辽宁省锦州市凌河区文昌里4号	121001	4167255－2006
中共辽宁省委党校图书馆	辽宁省沈阳市和平区五里河街18号	110003	23893581－6891
中共辽阳市委党校图书馆	辽宁省辽阳市白塔区南郊街8号	111000	21222461
中共沈阳市委党校图书馆	辽宁省沈阳市皇姑区崇山路4段2号	110035	86852437－266
中共铁岭市委党校图书馆	辽宁省铁岭市银州区南环路	112000	2822454
中共阜新市委党校图书馆	辽宁省阜新市西环路	123000	2826691
中共鞍钢党校图书馆	辽宁省鞍山市湖营街2号	114004	5834795
辽宁省鞍山市委团校图书馆	辽宁省鞍山市工人街	114001	2220036
中共海城市委党校图书馆	辽宁省海城市新东	114200	3281559
中共本钢党校图书馆	辽宁省本溪市转山路24号	117021	2854289
中共沈阳铁路局党校图书馆	辽宁省锦州市延安路5段1号	121000	2146757
中共兴城市委党校图书馆	辽宁省兴城市北一街	125100	5155581
辽宁省社会科学院文献情报中心	辽宁省沈阳市泰山路86号	110031	86840511
辽宁省交通科研所图书资料室	辽宁省沈阳市文萃路81号	110015	23906750
辽宁省林业科学研究所图书资料室	辽宁省沈阳市鸭绿江街12号	110032	86903334
辽宁省中医研究院图书资料室	辽宁省沈阳市黄河北大街60号	110034	86807923
辽宁人口情报中心图书馆	辽宁省沈阳市文化东路54号	110015	23893225
辽宁省环境保护科学研究所图书资料室	辽宁省沈阳市泰山路	110031	86806917
中国科学院金属研究所图书资料室	辽宁省沈阳市文化路72号	110015	23843531
中国科学院沈阳自动化研究所图书资料室	辽宁省沈阳市南塔街114号	110015	23893201－3241
中国科学院沈阳计算技术研究所图书资料室	辽宁省沈阳市三好街100号	110003	23894766
中国科学院沈阳应用生态研究所图书资料室	辽宁省沈阳市文化路72号	110015	23916249
中国科学院沈阳科学仪器研究中心图书资料室	辽宁省沈阳市三好街96号	110003	23921197
辽宁省科学技术情报研究所图书资料室	辽宁省沈阳市青年大街274号	110015	23898591

馆　　名	通 讯 地 址	邮政编码	电　　话
沈阳市科学技术情报研究所图书资料室	辽宁省沈阳市北京街1号	110013	22132099
辽宁省农业科学院图书馆	辽宁省沈阳市东陵路84号	110161	88417224
辽宁省石油化工规划设计院图书资料室	辽宁省沈阳市青年大街306号	110003	23891027
沈阳军区军事医学研究所图书资料室	辽宁省沈阳市黄河北大街	110031	23052581
辽宁省农业科学院科技情报研究所图书资料室	辽宁省沈阳市东陵路84号	110161	88419917
辽宁气象台图书资料室	辽宁省沈阳市文化路66号	110015	23898449
中国科学院大连化学物理研究所图书资料室	辽宁省大连市中山路457号	116023	4671991
大连市科学技术情报研究所图书资料室	辽宁省大连市长白街2号	116012	3630147
国家海洋局海洋环境保护研究所图书资料室	辽宁省大连市凌河街42号	116023	4671429
鞍山市科学技术情报研究所图书资料室	辽宁省鞍山市五一路28号	114001	2215630
抚顺市科学技术情报研究所图书资料室	辽宁省抚顺市丹凤街3号	113008	2424946
丹东市科学技术情报研究所图书资料室	辽宁省丹东市江城大街129-4号	118000	2852232
锦州市科学技术情报研究所图书资料室	辽宁省锦州市云飞街2段40号	121000	3122410
营口市科学技术情报研究所图书资料室	辽宁省营口市渤海大街东27号	115000	2836144
辽阳市科学技术情报研究所图书资料室	辽宁省辽阳市西四道街	111000	2125789
铁岭市科学技术情报研究所图书资料室	辽宁省铁岭市市府路	112000	2814903
朝阳市科学技术情报研究所图书资料室	辽宁省朝阳市朝阳大街	122000	2817902
中国医科大学心理卫生医院图书馆	辽宁省沈阳市崇山中路49号	110031	86243298
中国医科大学附属口腔医院图书馆	辽宁省沈阳市南京北街143号	110002	22827872
中国医科大学第一临床医院图书馆	辽宁省沈阳市南京北街155号	110001	23863731
中国医科大学第三临床医院图书馆	辽宁省沈阳市滑翔路39号	110021	25891332
中国医科大学附属第二医院图书馆	辽宁省沈阳市三好街36号	110003	23863731
沈阳军区总医院图书馆	辽宁省沈阳市文化路83号	110015	23892351
沈阳市儿童医院图书馆	辽宁省沈阳市崇山东路74号	110032	86900157
沈阳市中医院图书馆	辽宁省沈阳市三好街23号	110003	23891207
沈阳市第一人民医院图书馆	辽宁省沈阳市清泉路69号	110041	88504565
辽宁中医学院附属医院图书馆	辽宁省沈阳市崇山东路72号	110032	86901412
辽宁中医学院附属肛肠医院图书馆	辽宁省沈阳市民主路209号	110005	23863801

馆 名	通讯地址	邮政编码	电 话
沈阳医学院附属中心医院图书馆	辽宁省沈阳市南七西路5号	110024	25704595
沈阳医学院附属第二医院图书馆	辽宁省沈阳市北九马路20号	110002	22824430
沈阳铁路局总医院图书馆	辽宁省沈阳市崇山东路4号	110032	86896975
武警部队辽宁省总队医院图书馆	辽宁省沈阳市黑山路3号	110034	86526638
辽宁省人民医院图书馆	辽宁省沈阳市文艺路33号	110015	24810196
辽宁省肿瘤医院图书馆	辽宁省沈阳市小河沿路44号	110042	24315516
辽宁省结核病防治所图书馆	辽宁省沈阳市集贤街260号	110005	23388350
辽宁省妇幼保健院图书馆	辽宁省沈阳市砂阳路240号	110000	23391486
辽宁省劳动卫生职业病防治所图书馆	辽宁省沈阳市集贤街79-3号	110000	23388770
辽宁省卫生防疫站图书馆	辽宁省沈阳市集贤街42-1号	110000	23387215
大连市中山医院图书馆	辽宁省大连市解放路396号	116013	2203387
大连市妇产医院图书馆	辽宁省大连市中山路163号	116011	3633259
空军大连医院图书馆	辽宁省大连市长江路885号	116021	4602558
锦州市医学院附属第一医院图书馆	辽宁省锦州市敬业街7号	121001	4168849－2018

吉林省

馆 名	通讯地址	邮政编码	电 话
吉林省图书馆	吉林省长春市新民大街12号	130021	5642935
白城市图书馆	吉林省白城市中兴东大路51号	137000	3225305
白山市图书馆	吉林省白山市浑江大街69号	134300	3323423
长春图书馆	吉林省长春市同志街50号	130021	5648086
大安市图书馆	吉林省大安市人民路1号	131300	5223657
敦化市图书馆	吉林省敦化市翰章北大街	133700	6222287
扶余市图书馆	吉林省扶余市扶余长宁南街	131200	5812487
公主岭市图书馆	吉林省公主岭市东三道街36号	136100	6124090
和龙市图书馆	吉林省和龙市和龙镇文化路71号	133500	4222012
吉林市图书馆	吉林省吉林市江南大街98号	132011	4661382
集安市图书馆	吉林省集安市黎明南街16号	134200	6223799
辽源市图书馆	吉林省辽源市新兴大街	136200	3222632
龙井市图书馆	吉林省龙井市龙安民街	133400	3224168
梅河口市图书馆	吉林省梅河口市和平大街	135000	4237446
舒兰市图书馆	吉林省舒兰市舒兰镇舒兰大街97号	132600	8223882
四平市图书馆	吉林省四平市铁西区新华大街60号	136000	3223313
吉林地矿局图书馆	吉林省长春市南昌路2号	130061	8543549－3820
通化市图书馆	吉林省通化市民主路76号	134001	3213347
图们市图书馆	吉林省图们市明星路3号	133100	7222035
延吉市少年儿童图书馆	吉林省延吉市丰收胡同2号	133000	2512131
榆树市图书馆	吉林省榆树市向阳路36号	130400	3623684
洮南市图书馆	吉林省洮南市光明南街102号	137100	6225323
珲春市图书馆	吉林省珲春市文化路15号	133300	2513063
桦甸市图书馆	吉林省桦甸县桦甸镇人民路	132400	6223726
蛟河市图书馆	吉林省蛟河市蛟河镇华东路70号	132500	7222838

馆　名	通讯地址	邮政编码	电　话
安图县图书馆	吉林省安图县翁声街	133600	5822472
长白朝鲜族自治县图书馆	吉林省长白县长白镇长白大街 58 号	134400	8222421
长岭县图书馆	吉林省长岭县长岭镇永久路	131500	7223548
德惠市图书馆	吉林省德惠市	130300	7223613
东丰县图书馆	吉林省东丰县东风路 45 号	136300	6222307
东辽县图书馆	吉林省东辽县向泉镇	136600	5778286
抚松县图书馆	吉林省抚松县抚松镇小南街	134500	6212594
辉南县图书馆	吉林省辉南县朝阳镇	135100	8223305
靖宇县图书馆	吉林省靖宇县靖宇大街 23 号	135200	7223043
犁树县图书馆	吉林省梨树县梨树南大路	136500	5225845
柳河县图书馆	吉林省柳河县柳河镇振兴大街	135300	7224231
农安县图书馆	吉林省农安县农安镇黄龙路 241 号	130200	3222030
磐石市图书馆	吉林省磐石市磐石镇振兴大街 27 号	132300	5222626
乾安县图书馆	吉林省乾安县乾安镇鸣风南街	131400	8222448
前郭尔罗斯蒙古族自治县图书馆	吉林省前郭县前郭镇松江街	131100	2123049
双辽市图书馆	吉林省双辽市郑家屯镇中兴街	136400	7222091
通化县图书馆	吉林省通化县团结路 35 号	134100	5224634
通榆县图书馆	吉林省通榆县开通镇	137200	4222310
汪清县图书馆	吉林省汪清县解放大街 11 号	133200	8812972
延边朝鲜自治州图书馆	吉林省延吉市参花街 9—3 号	133000	2519130
伊通满族自治县图书馆	吉林省伊通县伊通镇中华西路	130700	4223509
永吉县图书馆	吉林省永吉县口前镇永吉大街 52 号	132200	4222441
镇赉县图书馆	吉林省镇赉县团结西路	137300	7222964
长春市少儿图书馆	吉林省长春市清华路 9 号	130021	5675674
长春市宽城区图书馆	吉林省长春市东一条街 35-1 号	130051	2794288
长春市绿园区图书馆	吉林省长春市春城大街 8-20 号	130062	7972944
长春市二道河子区图书馆	吉林省长春市吉林大街 124 号	130031	4847337
长春市双阳区图书馆	吉林省长春市双阳区双阳镇	130600	4223709
九台市图书馆	吉林省九台市九台大街	130500	2324576
吉林市船营区图书馆	吉林省吉林市船营街 73 号	132012	4843515
吉林市龙潭区图书馆	吉林省吉林市湘潭街 95 号	132021	3037138
吉林市丰满区图书馆	吉林省吉林市吉太胡同 45 号	132011	2024917
吉林市昌邑区图书馆	吉林省吉林市上海路 54 号	132001	2452006
临江市图书馆	吉林省临江市临江大街 222 号	134600	5232516
松源市图书馆	吉林省扶余县长宁街	131200	3124687
白城市洮北区少儿图书馆	吉林省白城市中兴东大路	137000	3225608
长春金融高等专科学校图书馆	吉林省长春市人民大街 136 号	130022	8982311
中国工商行长春金融管理干部学院图书馆	吉林省长春市公平路 56 号	130031	4645891
长春汽车工业高等专科学校图书馆	吉林省长春市创业大街 25 号	130011	5906240
长春师范学院图书馆	吉林省长春市吉长公路(北线)3 号	130032	4915263
长春水利电力高等专科学校图书馆	吉林省长春市宽平大路 4 号	130012	5955991
长春税务学院图书馆	吉林省长春市人民大街 102 号	130021	8919932

馆　名	通讯地址	邮政编码	电　话
长春邮电学院图书馆	吉林省长春市南湖大路20号	130012	5179477
长春中医学院图书馆	吉林省长春市工农大路39号	130021	5955911
东北电力学院图书馆	吉林省长春市长春路169号	130012	4806214
东北师范大学图书馆	吉林省长春市人民大街110号	130024	5684174
吉林财税高等专科学校图书馆	吉林省长春市西郊路44号	130062	7697562
吉林大学图书馆	吉林省长春市解放大路117号	130023	8925787
吉林电气化高等专科学校图书馆	吉林省吉林市龙潭区新山街1号	132021	3045306
吉林工学院图书馆	吉林省长春市延安大街17号	130012	5955521
吉林工业大学图书馆	吉林省长春市人民大街142号	130025	5683820
吉林公安高等专科学校图书馆	吉林省长春市红旗街61号	130012	5952791
吉林广播电视大学图书馆	吉林省长春市人民大街117号	130022	5381040
吉林化工学院图书馆	吉林省吉林市龙潭区承德街45号	132022	3095181
吉林建筑工程学院图书馆	吉林省长春市红旗街27号	130021	5935053
吉林粮油食品高等专科学校图书馆	吉林省长春市西安大路170号	130062	7973248
吉林林学院图书馆	吉林省吉林市西环江路6号	132013	4661875—2080
吉林农垦特产专科学校图书馆	吉林省吉林市左家特区	132109	3051271
吉林农业大学图书馆	吉林省长春市净月潭	130118	4510908
吉林商业高等专科学校图书馆	吉林省长春市朝阳区和平大街31号	130062	7976356
吉林省教育学院图书馆	吉林省长春市人民大街173号	130022	5303649
解放军军需大学图书馆	吉林省长春市西安大路175号	130062	7971022
解放军空军第二航空学院图书馆	吉林省长春市人民大街	130022	5683178
解放军空军基础飞行学院图书馆	吉林省长春市人民大街	130022	5385083
吉林省经济管理干部学院图书馆	吉林省长春市朝阳区卫星路35号	130012	5183087
吉林省行政学院图书馆	吉林省长春市青浦路8号	130062	7912718
吉林师范学院图书馆	吉林省吉林市江南大街15号	132011	4662643
吉林体育学院图书馆	吉林省长春市自由大路34号	130024	5684535
吉林医学院图书馆	吉林省吉林市北京路1号	132001	2452575
吉林艺术学院图书馆	吉林省长春市自由大路11号	130021	5643759
吉林职业师范学院图书馆	吉林省长春市凯旋路52号	130052	4715263
四平师范学院图书馆	吉林省四平市海丰路	136000	3263009
四平市职业大学图书馆	吉林省四平市铁东区四马路	136001	3388385
通化师范学院图书馆	吉林省通化市师院路151号	134002	3516002
延边大学图书馆	吉林省延吉市公园路105号	133002	2732209
延边农学院图书馆	吉林省龙井市	133400	3226534
白城师范专科学校图书馆	吉林省白城市中兴东大路9号	137000	3224813
白求恩医科大学图书馆	吉林省长春市新民大街6号	130021	5645910
长春大学图书馆	吉林省长春市卫星路1号	130022	5394144
长春科技大学图书馆	吉林省长春市西民主大街6号	130026	8924781
长春工业高等专科学校图书馆	吉林省长春市同志街80号	130021	5683894
长春光学精密机械学院图书馆	吉林省长春市卫星路7号	130022	5684267
长春建筑高等专科学校图书馆	吉林省长春市红旗街54号	130012	5955971—5118
长春教育学院图书馆	吉林省长春市康平街12号	130061	8929818

馆　名	通讯地址	邮政编码	电　话
中国农业银行长春管理干部学院图书馆	吉林省长春市前进大街34号	130012	5175805
吉林大学逸夫图书馆	吉林省长春市前卫路10号	130012	5175805
延边医学院图书馆	吉林省延吉市局子街121号	133000	2660551
吉林省社会主义学院图书馆	吉林省长春市上海路34号	130042	2944830
长春市社会主义学院图书馆	吉林省长春市天宝街3号	130021	5670777
长春地质学院图书馆	吉林省长春市西民主大街6号	130061	2724781
长春市成人文理学院图书馆	吉林省长春市文化街4号	130051	8928667
长春职工大学图书馆	吉林省长春市人民大街72号	130000	8913761
长春职工医科大学图书馆	吉林省长春市新发路38号	130000	2729212
吉林卫生管理干部学院图书馆	吉林省长春市东民主大街副2号	130061	8949227
长春煤炭管理干部学院图书馆	吉林省长春市卫星路22号	130012	5173820
长春医学高等专科学校图书馆	吉林省长春市吉长公路	130031	4843157
吉林市广播电视大学图书馆	吉林省吉林市通江路34号	132002	2772849
吉林市教育学院图书馆	吉林省吉林市育才胡同28号	132000	2022682
吉林市职工医科大学图书馆	吉林省吉林市昆明街	132011	2022812
解放军空军医学专科学校图书馆	吉林省吉林市吉林大街5号	132001	4662942
四平市教育学院图书馆	吉林省四平市海丰大路	136000	3225274
通化市教育学院图书馆	吉林省通化市新华大街247-4号	134000	3213164
白山市教育学院图书馆	吉林省白山市浑江大街287号	134300	3223037
延边科学技术大学图书馆	吉林省延吉市北山街	133000	2638041
延边教育学院图书馆	吉林省延吉市丹红胡同1号	133000	2515505
延边社会主义学院图书馆	吉林省延吉市延龙路7-1号	133000	2814418
延边师范专科学校图书馆	吉林省延吉市爱丹路89号	133000	2515967
延边广播电视大学图书馆	吉林省延吉市天池路2号	133000	2857764
延边民族文学院图书馆	吉林省延吉市公园路87号	133000	2733347
中共白城市委党校图书馆	吉林省白城市文化西路1号	137000	3322814
中共长春市委党校图书馆	吉林省长春市珲春街17号	130022	8616836
中共吉林省委党校图书馆	吉林省长春市前进大街35号	130012	5186484
中共吉林市委党校图书馆	吉林省吉林市光华路59号	132011	2026742
中共延边朝鲜族自治州委党校图书馆	吉林省延吉市天池路63号	133000	2811625
吉林省团校图书馆	吉林省长春市卫星路24号	130012	5955292
中共德惠市市委党校图书资料室	吉林省德惠市	130300	7225317
中共九台市委党校图书资料室	吉林省九台市	130500	2324313
中共榆树市委党校图书资料室	吉林省榆树市	130400	3622682
中共磐石市委党校图书资料室	吉林省磐石市人民路465号	132300	5223377
中共蛟河市委党校图书资料室	吉林省蛟河市蛟奶路4号	132500	7224667
中共桦甸市委党校图书资料室	吉林省桦甸市	132400	6220447
中共舒兰市委党校图书资料室	吉林省舒兰市民政街133号	132600	8222381
中共双辽市委党校图书资料室	吉林省双辽市辽河路	136400	7223634
中共辽源市委党校图书资料室	吉林省辽源市福镇大路30号	136200	3222759
中共延吉市委党校图书资料室	吉林省延吉市北山街	133000	2632119

馆　名	通讯地址	邮政编码	电　话
中共龙井市委党校图书资料室	吉林省龙井市	133400	3223868
中共和龙市委党校图书资料室	吉林省和龙市誉文街 96 号	133500	4223457
中共通化市委党校图书资料室	吉林省通化市江雪路 27 号	134000	3625672
中共梅河口市市委党校图书资料室	吉林省梅河口市东街	135000	3210230
中共集安市委党校图书资料室	吉林省集安市迎宾路 94 号	134200	6225153
中共白山市委党校图书资料室	吉林省白山市光明大街	134300	3238014
中共松源市委党校图书资料室	吉林省松源市南民主路 4 号	138000	2123160
中共大安市委党校图书资料室	吉林省大安市长白路	131300	5222984
吉林化学工业公司研究院图书馆	吉林省吉林市龙潭区遵义东路 27 号	132021	3077797
吉林省社会科学院图书馆	吉林省长春市自由大路 187 号	130031	4638387
中国科学院长春物理研究所图书情报研究室	吉林省长春市延安大路 1 号	130021	5952215－112
中国科学院长春地理研究所资料档案室	吉林省长春市工农大路 10 号	130021	5654216
中国科学院长春光学精密机械研究所科技信息中心	吉林省长春市人民大街 140 号	130022	5684692－2228
中国科学院长春人造卫星观测站研究所图书情报室	吉林省长春市郊净月潭西山	130117	4513834
中国科学院长春应用化学研究所图书编辑室	吉林省长春市人民大街 159 号	130022	5682801－295
吉林省林业科技信息中心	吉林省长春市净月潭	130117	4442297
吉林省中医中药研究院图书馆	吉林省长春市工农大路 17 号	130021	5970004
吉林省环境保护研究所图书资料室	吉林省长春市红旗街 37 号	130000	5953039
长春市科技信息研究所图书资料室	吉林省长春市人民大街 57 号	130056	8948376
吉林教育科学院图书馆	吉林省长春市湖园路	130022	5383926
吉林市科技信息研究所图书资料室	吉林省吉林市吉林大街 99 号	132011	4673930
四平市科学技术情报研究所图书资料室	吉林省四平市中央西路	136000	3223742
吉林省农业科学院图书馆	吉林省公主岭市铁北西兴华街 6 号	136100	6215179
延吉市科技情报研究所图书资料室	吉林省延吉市海兰路 115 号	133000	2539315
延边社会科学院研究所图书馆	吉林省延吉市延龙路 7-1 号	133000	2814418
图门市科学技术情报研究所图书资料室	吉林省图门市文化街 1 号	133100	7222231
吉林省医药情报研究所图书资料室	吉林省长春市永发胡同	130000	8919919
吉林省科学技术情报研究所图书资料室	吉林省长春市人民大街 132 号	130022	5642755
吉林省医学情报研究所图书资料室	吉林省长春市建政路 9 号	130061	8929368
吉林省文化科技研究所图书资料室	吉林省长春市建设街 83 号	130021	5654888
长春市科技信息研究所图书资料室	吉林省长春市人民大街 57 号	130022	8948376
长春市标准信息编码研究所图书资料室	吉林省长春市天宝街 3 号	130000	8953114
吉林省卫生信息研究所图书资料室	吉林省长春市建政路 9 号	130061	8929074
吉林省人民医院图书馆	吉林省长春市红旗街 6 号	130021	5956901

馆　名	通讯地址	邮政编码	电　话
长春市中心医院图书馆	吉林省长春市人民大街 66 号	130010	8916232
长春市中医院图书馆	吉林省长春市曙光路 17 号	130022	8912230
长春市友谊医院图书馆	吉林省长春市开运街 162-3 号	130012	5956074
长春民族医院图书馆	吉林省长春市贵阳街 9 号	130000	2978906
白求恩医科大学中日联谊医院图书馆	吉林省长春市自由大路 148 号	130031	4946484
吉林省肿瘤医院图书馆	吉林省长春市湖光路 32 号	130012	5513379
吉林市中医院图书馆	吉林省吉林市德胜路 1 号	132011	4841367
吉林市医院图书馆	吉林省吉林市上海路 57 号	132001	2444408
吉林医学院附属医院图书馆	吉林省吉林市南京路 30 号	132011	2022072

黑龙江省

馆　名	通讯地址	邮政编码	电　话
黑龙江省图书馆	黑龙江省哈尔滨市南岗区文昌街 48 号	150008	2624752
阿城市图书馆	黑龙江省阿城市解放大街	150300	3722504
安达市图书馆	黑龙江省安达市正阳三道街	151400	7223825
北安市图书馆	黑龙江省北安市中央路头道街	164000	6663431
大庆市图书馆	黑龙江省大庆市萨尔图区中七大路 68 号	163001	6324482
富锦市图书馆	黑龙江省富锦市富锦镇中央大街	156100	2322942
哈尔滨市图书馆	黑龙江省哈尔滨市南岗区学府路 49 号	150080	6661250
海伦市图书馆	黑龙江省海伦市雷炎大街 251 号	152300	5722090
鹤岗市图书馆	黑龙江省鹤岗市工农区解放路 46 号	154100	3437148
黑河市图书馆	黑龙江省黑河市文化街 157 号	164300	8226170
鸡东县图书馆	黑龙江省鸡东县中心大街	158200	5582218
鸡西市图书馆	黑龙江省鸡西市鸡冠区红旗路 33 号	158100	2356908
佳木斯市图书馆	黑龙江省佳木斯市中山路北段 10 号	154002	8240215
密山市图书馆	黑龙江省密山市密山镇东安街	158300	5227622
牡丹江市图书馆	黑龙江省牡丹江市先峰区太平路 1 号	157000	6222554
七台河市图书馆	黑龙江省七台河市桃山区山湖路 18 号	154600	8263339
齐齐哈尔市图书馆	黑龙江省齐齐哈尔市劳卫路 12 号	161005	2475375
明水县图书馆	黑龙江省明水县	151700	6222890
漠河县图书馆	黑龙江省漠河县西林吉镇中华路	165300	2737461
木兰县图书馆	黑龙江省木兰县木兰镇木兰大街 32 号	151900	7083467
穆棱市图书馆	黑龙江省穆棱市八面通镇长征路	157500	3123469
嫩江县图书馆	黑龙江省嫩江县嫩江镇嫩兴路	161400	7522735
宁安市图书馆	黑龙江省宁安市宁安镇通江路	157400	7623376
青冈县图书馆	黑龙江省青冈县青冈镇富强街 3 委 347 号	151600	7222393

馆　　名	通讯地址	邮政编码	电　　话
庆安县图书馆	黑龙江省庆安县中央街	152400	4322957
饶河县图书馆	黑龙江省饶河县	155700	5622213
绥滨县图书馆	黑龙江省绥滨县绥滨镇	156200	7862895
绥棱县图书馆	黑龙江省绥棱县绥棱镇市场路	152200	4626329
孙吴县图书馆	黑龙江省孙吴县红旗大街 232 号	164200	8422581
泰来县图书馆	黑龙江省泰来县中央街	162400	8223041
汤原县图书馆	黑龙江省汤原县胜利街	154700	7622892
通河县图书馆	黑龙江省通河县通河镇东大街	150900	7422708
望奎县图书馆	黑龙江省望奎县望奎镇北大街	152100	6462700
逊克县图书馆	黑龙江省逊克县奇克镇国防路	164400	4458407
延寿县图书馆	黑龙江省延寿县南天顺路	150700	3023495
依安县图书馆	黑龙江省依安县依安镇	161500	7023605
依兰县图书馆	黑龙江省依兰县关岳街一委 155 号	154800	7222347
友谊县图书馆	黑龙江省友谊县友谊镇	155800	
肇源县图书馆	黑龙江省肇源县肇源镇红旗街	166500	8223357
肇州县图书馆	黑龙江省肇州县肇州镇中兴路	166400	8523260
桦川县图书馆	黑龙江省桦川县悦来镇民主街	154300	3822017
桦南县图书馆	黑龙江省桦南县桦南镇	154400	6222573
尚志市图书馆	黑龙江省尚志县新闻街	150600	3323341
双城市图书馆	黑龙江省双城市双城镇团结大街 70 号	150100	3124985
双鸭山市图书馆	黑龙江省双鸭山市新兴大街	155100	4285778
绥芬河市图书馆	黑龙江省绥芬河市中心广场	157300	3923167
绥化市图书馆	黑龙江省绥化市中直南路	152000	8335120
铁力市图书馆	黑龙江省铁力市铁力镇建设大街	152500	2282314
同江市图书馆	黑龙江省同江市同江镇	156400	2922330
五常市图书馆	黑龙江省五常市	150200	3520114
五大连池市图书馆	黑龙江省五大连池市中央大街	164100	6322223
伊春市图书馆	黑龙江省伊春市伊春区新兴西路	153000	3605188
肇东市图书馆	黑龙江省肇东市七道街	151100	7712324
讷河市图书馆	黑龙江省讷河市北大街	161300	3322570
巴彦县图书馆	黑龙江省巴彦县巴彦镇中心街	151800	7510443
拜泉县图书馆	黑龙江省拜泉县朝阳街	164700	7322411
宝清县图书馆	黑龙江省宝清县宝清镇文体路	155600	5424121
宾县图书馆	黑龙江省宾县宾州镇胜利街 6 号	150400	7983528
勃利县图书馆	黑龙江省勃利县中心路	154500	8522654
大兴安岭地区图书馆	黑龙江省加格达奇市人民路	165000	2123671
东宁县图书馆	黑龙江省东宁县东宁镇	157200	3623649
杜尔伯特蒙古族自治县图书馆	黑龙江省杜尔伯特县泰康镇府前路	166200	3422290
方正县图书馆	黑龙江省方正县方正镇建设街 10 号	150800	7123753
抚远县图书馆	黑龙江省抚远县抚远镇新区	156500	2132542
富裕县图书馆	黑龙江省富裕县富裕镇中心路北一道街	161200	3122958

馆　名	通讯地址	邮政编码	电　话
甘南县图书馆	黑龙江省甘南县文明大街50号	162100	5623106
海林市图书馆	黑龙江省海林市海林镇林海路	157100	7222441
呼兰县图书馆	黑龙江省呼兰县呼兰镇东直路34号	150500	7322516
呼玛县图书馆	黑龙江省呼玛县呼玛镇正棋路	165100	3512303
虎林市图书馆	黑龙江省虎林市建设路8号	158400	5821404
集贤县图书馆	黑龙江省集贤县福利镇福双路	155900	4662496
嘉荫县图书馆	黑龙江省嘉荫县建设街	153200	2622249
加格达奇市图书馆	黑龙江省加格达奇市人民路	165000	2124175
克东县图书馆	黑龙江省克东县克东镇保安街	164800	4322468
克山县图书馆	黑龙江省克山县克山镇南大街	161600	4523354
兰西县图书馆	黑龙江省兰西县新建街	151531	7623354
林甸县图书馆	黑龙江省林甸县东街	166300	3322625
林口县图书馆	黑龙江省林口县林口镇邮电路	157600	3523201
龙江县图书馆	黑龙江省龙江县龙江镇正阳街	161100	5225747
萝北县图书馆	黑龙江省萝北县迎宾大街	154200	6822256
哈尔滨市南岗区图书馆	黑龙江省哈尔滨市南岗区荣市街	150001	3604311
哈尔滨市道里区图书馆	黑龙江省哈尔滨市道里区通达街83号	150076	4537633
哈尔滨市道外区图书馆	黑龙江省哈尔滨市道外区靖宇街259号	150020	8387105
哈尔滨市动力区图书馆	黑龙江省哈尔滨市动力区哈平四道街4号	150060	6501810
哈尔滨市平房区图书馆	黑龙江省哈尔滨市平房区友协大街96-1号	150040	2103235
哈尔滨市太平区图书馆	黑龙江省哈尔滨市太平区东直路343号	150050	7671441
伊春市五营区图书馆	黑龙江省伊春市五营区	153033	3814801
伊春市新春区图书馆	黑龙江省伊春市新春区	153036	3013707
伊春市南岔区图书馆	黑龙江省伊春市南岔区	153000	3413365
牡丹江市朝鲜族图书馆	黑龙江省牡丹江市	157000	6227535
塔河县图书馆	黑龙江省塔河县	165200	3662311
齐齐哈尔大学师范学院图书馆	黑龙江省齐齐哈尔市中华西路	161006	2711804
齐齐哈尔医学院图书馆	黑龙江省齐齐哈尔市富拉尔基区和平路	161041	6883981
绥化师范专科学校图书馆	黑龙江省绥化市西直南路18号	152061	8333413
大庆师范专科学校图书馆	黑龙江省大庆市让胡区	163712	6353039
大庆石油学院图书馆	黑龙江省安达市松花江大街	151400	4653310
东北林业大学图书馆	黑龙江省哈尔滨市动力区和兴路26号	150040	2190416
黑龙江省农业管理干部学院图书馆	黑龙江省哈尔滨市香坊区公滨路201号	150030	5301574
东北农业大学图书馆	黑龙江省哈尔滨市香坊区木材街59号	150030	5390294

馆　名	通讯地址	邮政编码	电　话
东北重型机械学院图书馆	黑龙江省齐齐哈尔市富拉尔基区和平大街	161042	6883981－261
哈尔滨大学图书馆	黑龙江省哈尔滨市景阳街47号	150020	8681602
哈尔滨电工学院图书馆	黑龙江省哈尔滨市动力区大庆路53号	150040	2685941
哈尔滨工程大学图书馆	黑龙江省哈尔滨市南岗区文庙街11号	150001	2522363
哈尔滨工程高等专科学校图书馆	黑龙江省哈尔滨市南岗区中山路153号	150001	2621635
哈尔滨工业大学图书馆	黑龙江省哈尔滨市南岗区司令街17号	150001	6414137
哈尔滨工业高等专科学校图书馆	黑龙江省哈尔滨市道里区新阳路515号	150076	4602772
哈尔滨建筑大学图书馆	黑龙江省哈尔滨市南岗区西大直街66号	150006	6281172
哈尔滨金融高等专科学校图书馆	黑龙江省哈尔滨市香坊区电碳街65号	150030	5316352
哈尔滨理工大学图书馆	黑龙江省哈尔滨市南岗区52号	150080	6661081－6417
哈尔滨师范大学图书馆	黑龙江省哈尔滨市南岗区和兴路50号	150080	6329437
哈尔滨师范专科学校图书馆	黑龙江省哈尔滨市南岗区学府四道街9号	150086	6688464
哈尔滨体育学院图书馆	黑龙江省哈尔滨市南岗区大成街1号	150001	2520731－3032
哈尔滨投资高等专科学校图书馆	黑龙江省哈尔滨市南岗区学府三道街20号	150080	6663854
哈尔滨医科大学图书馆	黑龙江省哈尔滨市南岗区保健路157号	150086	6667248
黑龙江八一农垦大学图书馆	黑龙江省密山市裴德镇	158308	5070081
黑龙江财政专科学校图书馆	黑龙江省哈尔滨市道外区前进经济开发区	150028	4010922
黑龙江大学图书馆	黑龙江省哈尔滨市南岗区学府路74号	150080	6608915
黑龙江广播电视大学图书馆	黑龙江省哈尔滨市南岗区和兴路92号	150080	6301823－278
佳木斯市教育学院图书馆	黑龙江省佳木斯市吉林路139号	154002	8223676
佳木斯医学院图书馆	黑龙江省佳木斯市南德祥街	154002	8228919－3128
克山师范专科学校图书馆	黑龙江省克山县西门外	161601	4526334－343
牡丹江大学图书馆	黑龙江省牡丹江市西地明街	157011	6523352
牡丹江师范学院图书馆	黑龙江省宁安市东京城	157422	6511342
牡丹江医学院图书馆	黑龙江省牡丹江市爱民区通乡街	157011	6526156－268
齐齐哈尔大学轻工学院图书馆	黑龙江省齐齐哈尔市文化大街30号	161005	2713334

馆 名	通讯地址	邮政编码	电 话
黑龙江交通专科学校图书馆	黑龙江省哈尔滨市太平区东直路278号	150050	7678801
黑龙江矿业学院图书馆	黑龙江省鸡西市南星街32号	158105	2378353
黑龙江农垦师范专科学校图书馆	黑龙江省阿城市城南	150301	3722546
黑龙江商学院图书馆	黑龙江省哈尔滨市道里区通达街138号	150076	4838204
黑龙江省经济管理干部学院图书馆	黑龙江省哈尔滨市南岗区学府路7号	150080	6661470
黑龙江省行政学院图书馆	黑龙江省哈尔滨市道外区松浦镇	150027	8191173
黑龙江水利专科学校图书馆	黑龙江省哈尔滨市南岗区学府路45号	150086	6679194
黑龙江中医药大学图书馆	黑龙江省哈尔滨市动力区和平路24号	150040	2117857
呼兰师范专科学校图书馆	黑龙江省呼兰县呼兰镇	150500	7333208
鸡西大学图书馆	黑龙江省鸡西市和平大街	158100	2355892
佳木斯大学图书馆	黑龙江省佳木斯市四丰路85号	154007	8789806
佳木斯工学院图书馆	黑龙江省佳木斯市四丰街	154007	8221751
佳木斯师范专科学校图书馆	黑龙江省佳木斯市四丰路	154007	8221857
黑龙江省工业交通管理干部学院图书馆	黑龙江省哈尔滨市学府路7号	150080	6682192
黑龙江省财贸管理干部学院图书馆	黑龙江省哈尔滨市学府路53号	150080	6664907
黑龙江省政法管理干部学院图书馆	黑龙江省哈尔滨市南岗区四道街17号	150080	6661284
黑龙江省民族干部学院图书馆	黑龙江省哈尔滨市哈平路	150040	6662129
黑龙江省青年干部学院图书馆	黑龙江省哈尔滨市南岗区延兴路25号	150080	6354950
哈尔滨市教育学院图书馆	黑龙江省哈尔滨市景阳街1号	150020	8381959
黑龙江省教育学院图书馆	黑龙江省哈尔滨市南岗区和兴路133号	150040	6336225
哈尔滨市教师体育学院图书馆	黑龙江省哈尔滨市道外区八区二巷1号	150020	8321261
黑龙江省社会主义学院图书馆	黑龙江省哈尔滨市嵩山路117号	150009	2303547
哈尔滨市社会主义学院图书馆	黑龙江省哈尔滨市田地街	150010	4655409
松花江地区教育学院图书馆	黑龙江省哈尔滨市和兴路	150040	2104591
黑龙江省文学院图书馆	黑龙江省哈尔滨市兆麟街	150010	4681716
黑龙江省林业教育学院图书馆	黑龙江省哈尔滨市学府三道街	150080	6661305
黑龙江省工会干部学院图书馆	黑龙江省哈尔滨市学府路	150086	6662384
哈尔滨市经济管理干部学院图书馆	黑龙江省哈尔滨市哈平路	150040	6681627
齐齐哈尔市教育学院图书馆	黑龙江省齐齐哈尔市永安大街	161005	2424976
齐齐哈尔市广播电视大学图书馆	黑龙江省齐齐哈尔市文化大街	161000	2713898
演达医科大学图书馆	黑龙江省齐齐哈尔市中华东路	161002	2513368
齐齐哈尔市行政学院图书馆	黑龙江省齐齐哈尔市光复街	161005	2472414
鸡西市民族外国语学院图书馆	黑龙江省鸡东县鸡林乡	158200	5733329
鹤岗市教育学院图书馆	黑龙江省鹤岗市红旗路	154100	3342061

馆　　名	通讯地址	邮政编码	电　　话
双鸭山市教育学院图书馆	黑龙江省双鸭山市文化路	155100	4224922
大庆高等专科学校图书馆	黑龙江省大庆市让胡区中央大街	163712	5594589
大庆职工大学图书馆	黑龙江省大庆市王家围子	163000	6324058
伊春市教育学院图书馆	黑龙江省伊春市新兴西路	153000	3603212
佳木斯广播电视大学图书馆	黑龙江省佳木斯市光华街	154000	8223178
七台河市教育学院图书馆	黑龙江省七台河市大同街	154600	8263299
牡丹江市教育学院图书馆	黑龙江省牡丹江市光华街	157005	6222642
黑河师范专科学校图书馆	黑龙江省黑河市东郊	164300	
黑河市教育学院图书馆	黑龙江省黑河市	164300	8226253
绥化地区教育学院图书馆	黑龙江省绥化市北四南路	152000	8224727
大兴安岭地区教育学院图书馆	黑龙江省加格达奇市	165000	2123699
中共黑龙江省委党校图书馆	黑龙江省哈尔滨市南岗区清滨路74号	150080	6358849
中共大庆市委党校图书馆	黑龙江省大庆市委萨尔图区	163253	4666304
中共哈尔滨市委党校图书馆	黑龙江省哈尔滨市南岗区延兴路29号	150080	6340874
中共鹤岗市委党校图书馆	黑龙江省鹤岗市红旗路东段	154100	3343356
中共鸡西市委党校图书馆	累龙江省鸡西市鸡冠区文化路	158100	2352042
中共佳木斯市委党校图书馆	黑龙江省佳木斯市光复路852号	154002	8457654
中共牡丹江市委党校图书馆	黑龙江省牡丹江市西安区立新街	157000	6428627
中共齐齐哈尔市委党校图书馆	黑龙江省齐齐哈尔市中华西路	161006	2713246
中共双鸭山市委党校图书馆	黑龙江省双鸭山市尖山区五马路	155100	4247245
中共绥化地委党校图书馆	黑龙江省绥化市行署街68号	152054	8223321
中共黑龙江农垦委党校图书馆	黑龙江省哈尔滨市香坊区香电街	150030	5301888
中共哈尔滨铁路局党校图书馆	黑龙江省哈尔滨市香坊区果园街	150030	6420114
中共阿城市委党校图书资料室	黑龙江省阿城市延川南二道街	150300	3721629
中共尚志市委党校图书资料室	黑龙江省尚志市珠河街	150600	3323635
中共双城市委党校图书资料室	黑龙江省双城市东南隅	150100	3124528
中共五常市委党校图书资料室	黑龙江省五常市体育路	150200	3522344
齐齐哈尔市团体图书馆	黑龙江省齐齐哈尔市新生路	161005	2424291
中共讷河市委党校图书资料室	黑龙江省讷河市文化街	161300	3370906
中共虎林市委党校图书资料室	黑龙江省虎林市安乐街	158400	5822615
中共密山市委党校图书资料室	黑龙江省密山市光复路	158300	5223137
中共伊春市委党校图书馆	黑龙江省伊春市伊春区临山街	153000	3603960
中共铁力市委党校图书资料室	黑龙江省铁力市保健街	152500	2282095
中共同江市委党校图书资料室	黑龙江省同江市	156400	2926008
中共富锦市委党校图书资料室	黑龙江省富锦市中央大街	156100	2322948
中共穆棱市委党校图书资料室	黑龙江省穆棱市长征路	157500	3123146
中共绥芬河市委党校图书资料室	黑龙江省绥芬河市	157300	3923373
中共海林市委党校图书资料室	黑龙江省海林市	157100	7223594
中共宁安市委党校图书资料室	黑龙江省宁安市江南	157400	7623302
中共黑河市委党校图书馆	黑龙江省黑河市东郊	164300	8223459
中共北安市委党校图书资料室	黑龙江省北安市交通路	164000	6664253

馆　名	通讯地址	邮政编码	电　话
中共安达市委党校图书资料室	黑龙江省安达市北九道街	151400	7331716
中共海伦市委党校图书资料室	黑龙江省海伦市西门外	152300	5724934
黑龙江省法学研究所图书资料室	黑龙江省哈尔滨市红霞街43号	150010	4616578
黑龙江省科学院应用微生物研究所图书资料室	黑龙江省哈尔滨市兆麟街	150010	4613734
黑龙江省林业科技信息中心图书馆	黑龙江省哈尔滨市哈平路	150040	6666085
黑龙江省中医研究院图书资料室	黑龙江省哈尔滨市河图街	150036	4604868
哈尔滨市人口信息研究所图书资料室	黑龙江省哈尔滨市新发小区	150001	2535039
哈尔滨市环境保护研究所图书资料室	黑龙江省哈尔滨市通达街	150056	4605698
中国科学院黑龙江农业现代化研究所图书资料室	黑龙江省哈尔滨市哈平路	150000	6603258
黑龙江省社会科学院文献信息中心	黑龙江省哈尔滨市友谊路501号	150018	4627732
黑龙江省社会科学院政治学研究所图书资料室	黑龙江省哈尔滨市友谊路501号	150010	4627931
黑龙江省社会科学院社会与科技发展研究所图书资料室	黑龙江省哈尔滨市友谊路501号	150010	4627931
黑龙江省文物考古研究所图书资料室	黑龙江省哈尔滨市宣德街	150001	2721081
黑龙江省科学技术情报研究所图书资料室	黑龙江省哈尔滨市银行街	150010	3642721
哈尔滨市信息技术研究所图书资料室	黑龙江省哈尔滨市东安街	150010	4630047
黑龙江省科学院自动化研究所图书资料室	黑龙江省哈尔滨市汉水路	150010	2300039
哈尔滨市医学情报所图书资料室	黑龙江省哈尔滨市清明四道街	150010	6332304
哈尔滨市标准情报研究所图书资料室	黑龙江省哈尔滨市国民街	150000	3659240
齐齐哈尔科技情报研究所图书资料室	黑龙江省齐齐哈尔市文化大街	161005	2712915
黑龙江省农业研究所图书资料室	黑龙江省克山县西门外	161606	4523246
佳木斯市科学技术情报研究所图书资料室	黑龙江省佳木斯市长安路	154002	8225783
黑河市科技情报研究所图书资料室	黑龙江省黑河市西兴街	164300	8224593
黑龙江省医院图书馆	黑龙江省哈尔滨市中山路	150036	5655061
黑龙江省第二医院图书馆	黑龙江省哈尔滨市地段街	150010	4615515
黑龙江省肿瘤医院图书馆	黑龙江省哈尔滨市哈平路	150040	6663661
黑龙江省中医学院附属医院图书馆	黑龙江省哈尔滨市和平路	150010	2111401
哈尔滨医科大学附属第一医院图书馆	黑龙江省哈尔滨市邮政街	150001	3644265
哈尔滨医科大学附属第二医院图书馆	黑龙江省哈尔滨市保健路	150086	6661148

馆 名	通讯地址	邮政编码	电 话
哈尔滨市第一医院图书馆	黑龙江省哈尔滨市地段街	150010	4614930
哈尔滨市中医院图书馆	黑龙江省哈尔滨市中医街	150010	4618527
哈尔滨市中西医结合医院图书馆	黑龙江省哈尔滨市靖宇街	150020	8378275
哈尔滨市眼科医院图书馆	黑龙江省哈尔滨市西五道街	150016	4619987
哈尔滨市口腔医院图书馆	黑龙江省哈尔滨市经纬头道街	150010	4686159
哈尔滨市胸科医院图书馆	黑龙江省哈尔滨市卫星路	150056	7681390
哈尔滨市神经精神医院图书馆	黑龙江省哈尔滨市卫星路	150010	7681551

上 海 市

馆 名	通讯地址	邮政编码	电 话
上海图书馆	上海市淮海中路 1555 号	200031	64455555
上海市少年儿童图书馆	上海市南京西路 962 弄 3 号	200040	62174406
上海市影视文献图书馆	上海市曲阳路 574 号	200092	65420019
崇明县图书馆	上海市崇明县城桥镇八一路 58 号	202150	59611438
奉贤县图书馆	上海市奉贤县南桥镇解放路 60 号	201400	57411929
金山区图书馆	上海市金山区洙泾镇文化路 110 号	201500	57320425
南汇县图书馆	上海市南汇县惠南镇南大街 109 号	201300	58022932
青浦县图书馆	上海市青浦县青浦镇城中北路 34 号	201700	59731029
上海宝山区图书馆	上海市宝山区淞宝路 6 号	201900	56162429
上海市长宁区图书馆	上海市娄山关路 755 号	200051	62344733
上海市虹口区图书馆	上海市乍浦路 245 号	200080	65427116
上海市黄浦区第一图书馆	上海市福州路 655 号	200001	63510176
上海市嘉定区图书馆	上海市嘉定区嘉定镇清河路 34 弄 40 号	201800	59531387
上海市静安区图书馆	上海市新闸路 1708 号	200040	62530932
上海市卢湾区图书馆	上海市卢湾区陕西南路 235 号	200020	64373871
上海市黄浦区第二图书馆	上海市中华路 990 号	200011	63765500
上海市普陀区少年儿童图书馆	上海市普陀区延长西路	200060	56611294
上海市普陀区图书馆	上海市曹杨路 510 号	200060	62570442
上海市浦东新区川沙少年儿童图书馆	上海市川沙县城厢镇新川路 543 号	201200	58926386
上海市浦东新区川沙图书馆	上海市川沙县川黄路 87 号	201200	58921381
上海市浦东新区浦东第二图书馆	上海市浦东新区冰厂田路 55 号	201200	58826463
上海市浦东新区浦东第一图书馆	上海市浦东新区东方路 38 号	201200	58828788
上海市浦东新区杨思图书馆	上海市浦东新区杨思镇南大街 123 号	200126	58420050
上海市徐汇区图书馆	上海市南丹东路 80 号	200030	64384480
上海市杨浦区图书馆	上海市平凉路 1480 号	200090	65399836
上海市杨浦区延吉图书馆	上海市靖宇东路 267 号	200093	65300929
上海市闸北区图书馆	上海市天目中路 2 号	200070	63251381
上海市闵行区第二图书馆	上海市闵行区兰坪路 158 号	200240	64356257
上海市闵行区第一图书馆	上海市闵行区莘松路 404 号	201100	64922091
上海市松江区图书馆	上海市松江区中山中路 196 弄 3 号	201600	57822163
上海市沪杏科技图书馆	上海市虹桥路 2216 号	200336	62629080

馆 名	通讯地址	邮政编码	电 话
上海市杨浦区少年儿童图书馆	上海市民星二村38号	200438	65571702
上海市徐汇区浩清图书馆	上海市田林东路458号	200233	64755708
上海市长宁区少年儿童图书馆	上海市仙霞路700弄41号	200336	62426021
中国人民解放军第二军医大学图书馆	上海市翔殷路800号	200433	25070048
中国人民解放军第二军医大学药学院图书馆	上海市江湾场国和路325号	200433	65347018
复旦大学图书馆	上海市邯郸路220号	200433	65643179
华东工业大学图书馆	上海市军工路516号	200093	65685040
华东理工大学图书馆	上海市梅陇路130号	200237	64252662
华东师范大学图书馆	上海市中山北路3663号	200062	62579196
华东政法学院图书馆	上海市万航渡路1575号	200042	62021882
中国人民解放军空军政治学院图书馆	上海市江湾五角场	200433	65489929－56225
立信会计高等专科学校图书馆	上海市中山西路2230号	200233	64390390
上海财经大学图书馆	上海市杨浦区国定路777号	200433	65115680
上海出版印刷高等专科学校图书馆	上海市杨浦区内江路397号	200093	65434266
上海大学图书馆	上海市延长路149号	200072	56331116
上海第二冶金专科学校图书馆	上海市吴淞区同济支路90号	200940	64083051
上海第二医科大学图书馆	上海市重庆南路280号	200025	63856792
上海电力学院图书馆	上海市平凉路2103号	200090	65430410
上海电视大学图书馆	上海市阜新路25号	200092	65020900
上海对外贸易学院图书馆	上海市古北路620号	200355	62748250－598
上海大学法学院图书馆	上海市青浦野马浜	201701	59728970
上海纺织高等专科学校图书馆	上海市长宁路1187号	200051	62742755
上海奉贤医学专科学校图书馆	上海市奉贤县南桥镇南曙光路15号	201400	57427024
上海工程技术大学纺织学院图书馆	上海市新村路435号	200065	56611420－2089
上海工程技术大学图书馆	上海市仙霞路350号	200335	62759779
上海公安高等专科学校图书馆	上海市长宁区哈密路1330号	200335	62415499
上海海关专科学校图书馆	上海市汾阳路45号	200031	58913224
上海海运学院图书馆	上海市浦东大道1550号	200135	58853215
上海化工高等专科学校图书馆	上海市漕宝路120号	200233	64083191
上海机电技术高等专科学校图书馆	上海市闵行区江川路690号	200240	64300980
上海机械专科学校图书馆	上海市复兴中路1195号	200031	64720308
上海技术师范学院图书馆	上海市奉贤县新院	201418	62563626
上海建筑材料工业学院图书馆	上海市江湾武东路100号	200434	65117313
上海交通大学图书馆	上海市华山路1954号	200030	62933284
上海金融高等专科学校图书馆	上海市民星路465号	200433	65565465
上海科技高等专科学校图书馆	上海市嘉定区金沙路280号	201800	55930192
上海旅游高等专科学校图书馆	上海市奉贤县东门港	201423	57162053
上海农学院图书馆	上海市闵行区七莘路2678号	201101	64786866
上海轻工业高等专科学校图书馆	上海市邯郸路440号	200433	65487586
上海师范大学图书馆	上海市桂林路100号	200234	64322383

馆名	通讯地址	邮政编码	电话
上海师范高等专科学校图书馆	上海市制造局路 666 号	200023	63774251
上海石油化工高等专科学校图书馆	上海市金山区龙胜路 31 号	201500	
上海市杨浦区教育学院图书馆	上海市控江路 1535 号	200093	65033057
上海水产大学图书馆	上海市军工路 334 号	200090	65710811
上海体育学院图书馆	上海市杨浦区清源环路 650 号	200433	65568266
上海铁道大学图书馆	上海市真南路 450 号	200333	62506344
上海外国语学院图书馆	上海市大连西路	200083	68422603
上海戏剧学院图书馆	上海市华山路 630 号	200040	62482920—3053
上海冶金高等专科学校图书馆	上海市漕宝路 121 号	200233	64083051
上海医科大学图书馆	上海市医学院路 138 号	200032	64180589
上海医疗器械高等专科学校图书馆	上海市营口路 101 号	200093	65303551
上海音乐学院图书馆	上海市汾阳路 20 号	200031	64370137
上海幼儿师范高等专科学校图书馆	上海市宝山路 584 号	200071	56626730
上海中医药大学图书馆	上海市零陵路 530 号	200032	64174600
同济大学图书馆	上海市四平路 1239 号	200092	65982832
中国纺织大学图书馆	上海市延安西路 18882 号	200051	62373223
上海理工大学图书馆	上海市军工路 516 号	200093	65433040
华东师范大学教育学院图书馆	上海市淮海中路 1045 号	200031	64375550—66
佘山神学院图书资料室	上海市佘山镇西	201601	57651658
上海大学美术学院图书馆	上海市凯旋路 30 号	200042	62523190
上海体育运动技术学院图书馆	上海市老沪闵路 750 号	200237	64085453
东海学院(浦东)图书馆	上海市杨高路 1080 号	200127	58897286
东海学院(浦西)图书馆	上海市百色路 503 号	200231	64762178
上海工商学院图书馆	上海市香港路 59 号	200002	63230765
上海大学嘉定东校区图书馆	上海市嘉定金沙路 280 号	201800	59530912
上海第二工业大学图书馆	上海市陕西北路 80 号	200041	62589852
中欧国际工商学院图书馆	上海市东川路 800 号	200240	64359462
中共上海市委党校图书馆	上海虹漕南路 200 号	200232	64363041—3635
上海社会科学院图书馆	上海市淮海中路 622 弄 7 号	200020	53060606—2339
上海社会科学院图书馆	上海市中山西路 1610 号	200233	64862266—1303
中科院上海文献情报中心	上海岳阳路 319 号	200031	64336650
中科院上海有机所图书馆	上海枫林路 3452 号	200032	64166728
中华医学会上海分会图书馆	上海北京西路 1623 号	200040	62565939
上海天文台图书馆	上海市徐汇区南丹路 80 号	200030	64386191
上海昆虫研究所图书馆	上海市重庆南路 225 号	200025	63282039—2055
上海药物研究所图书情报室	上海市太原路 294 号	200031	64311833—423
上海冶金研究所图书馆	上海市长宁区长宁路 865 号	200050	62511070—8071
上海光学精密机械研究所图书馆	上海市嘉定县清河路 390 号	201800	59528812—34890
上海硅酸盐化学与工党研究所情报研究室图书馆	上海市定西路 1295 号	200050	62512990—5301
上海生物工程研究中心图书情报室	上海市漕宝路 500 号	200233	64700892—250
上海原子核研究所图书情报室	上海市嘉定区东门外新木桥	201800	59553998—328
上海市农业科学院图书馆	上海市北翟路 2901 号	201106	62398660—3169

馆　名	通讯地址	邮政编码	电　话
上海科学研究所图书资料室	上海市中山西路1525号11楼	200233	64645558—4121
上海市物价研究所图书资料室	上海市四平路	200092	65210463
中国人民解放军海军医学研究所图书馆	上海市翔殷路850号	200433	65481335—462
公安部第三研究所图书资料室	上海市岳阳路76号	200031	64336810
上海消防科学研究所图书馆	上海市中山南二路	200032	64174377
上海钢铁研究所图书馆	上海市泰和路1001号	200940	56840123
上海市计算机技术研究所图书资料室	上海市愚园路546号	200040	62520070
上海市医学科学技术情报研究所图书资料室	上海市建国西路602号	200031	64728661
上海市中医药大学中医文化研究所图书资料室	上海市宛平南路650号	200030	64388129
上海市心血管病研究所图书资料室	上海市枫林路180号	200032	64037186
上海人口情报中心研究所图书资料室	上海市陕西路	200040	627472262
上海市环境科学研究院图书资料室	上海市钦州路508号	200233	64085119
上海市社会科学院哲学研究所图书资料室	上海市淮海中路622弄7号	200020	53069862
上海宝钢研究院科技信息研究所	上海市宝山区富锦路	201900	56780880
曙光医院图书馆	上海市普安路185号	200021	53821650
中山医院图书馆	上海市枫林路180号	200032	64041990—2237
华山医院图书馆	上海市乌鲁木齐中路12号	200040	62489999—503
瑞金医院图书馆	上海市瑞金二路197号	200025	64370045—2929
仁济医院图书馆	上海市山东路145号	200001	63260930—7
上海市第九人民医院图书馆	上海市制造局路639号	200011	63774831—5252
上海市传染病医院图书馆	上海市水电路56号	200083	63062125
长海医院图书馆	上海市长海路174号	200433	65490018—42039
儿童医院图书馆	上海市北京西路1400弄24号	200041	62474880
长征医院图书馆	上海市凤阳路415号	200030	63275997—535
华东医院图书馆	上海市延安西路221号	200040	62483180
肿瘤医院图书馆	上海市零陵路399号	200032	64375590—215
儿科医院图书馆	上海市枫林路183号	200032	64047129—45
妇产科医院图书馆	上海市方斜路419号	200011	63770161—240
胸科医院图书馆	上海市淮海西路241号	200030	62511494
上海市第六人民医院图书馆	上海市宜山路600号	200233	64369181—265
国际和平妇幼保健院图书馆	上海市衡山路910号	200030	64382434—54
龙华医院图书馆	上海市宛平南路225号	200032	64385700—1104
上海市第一人民医院图书馆	上海市北苏州路190号	200085	63240100
铁路中心医院图书馆	上海市共和新路延长路口301号	200072	56770588
中医医院图书馆	上海市眉州路34号	200090	65190810
上海市第二人民医院图书馆	上海市多稼路1号	200011	63770126
上海市第四人民医院图书馆	上海市四川北路1856弄2号	200081	56663031

馆　　名	通讯地址	邮政编码	电　话
上海市第八人民医院图书馆	上海市漕溪路 312 号	200233	64363101
邮电医院图书馆	上海市长乐路 666 号	200040	62477060
武警上海总队医院图书馆	上海市虹许路 200 号	201103	62429834
民航上海医院图书馆	上海市虹桥路 1448 号	200335	62758030
长江航运医院图书馆	上海市崂山东路 523 号	200122	58873883
电力医院图书馆	上海市延安西路 937 号	200050	62512188
上海监狱总医院图书馆	上海市长阳路 147 号	200082	65419233
中华医学会上海分会图书馆	上海市北京西路 1623 号	200040	62565939
上海市中医文献馆	上海市瑞金二路 156 号	200020	64335009
上海市第五人民医院图书馆	上海市鹤庆路 801 号	200240	64308157
上海市第七人民医院图书馆	上海市高桥镇大同路 174 号	200137	58611047
宝钢医院图书馆	上海市漠河路 50 号	201900	56691101
上海中西医结合医院图书馆	上海市保定路 230 号	200082	65415910

江　苏　省

馆　　名	通讯地址	邮政编码	电　话
南京图书馆	江苏省南京市成贤街 66 号	210018	7711915
苏州市图书馆	江苏省苏州市公园路 2 号	215600	5211486
宿迁市图书馆	江苏省宿迁市宿城镇中山路 20 号	223800	4213918
泰兴市图书馆	江苏省泰兴市泰兴镇鼓楼东大街	225400	7632763
泰州市图书馆	江苏省泰州市东河风影区	225300	6216762
太仓市图书馆	江苏省太仓市城厢镇人民北路 10 号	215400	3522103
通州市图书馆	江苏省通州市金沙镇大庆路	226300	6512485
无锡市图书馆	江苏省无锡市金匮桥堍(钟书路 1 号)	214001	5750342
新沂市图书馆	江苏省新沂市新安路 42 号	221400	8222451
兴化市图书馆	江苏省兴化市昭阳镇牌楼北街 13 号	225700	3232948
徐州市图书馆	江苏省徐州市大同东街	221003	3722793
盐城市图书馆	江苏省盐城市毓龙东街 26 号	224000	8335343
扬州市图书馆	江苏省扬州市新凤巷 28 号	225001	7344687
仪征市图书馆	江苏省仪征市国庆路 154 号	211400	3451497
宜兴市图书馆	江苏省宜兴市宜城镇东山西路	214200	7996898
张家港市图书馆	江苏省张家港市杨舍镇工农东路 21 号	215600	8221007
镇江市图书馆	江苏省镇江市解放路 17 号	212001	4425794
溧阳市图书馆	江苏省溧阳市溧城镇镇前街 8 号	213300	7222838
宝应县图书馆	江苏省宝应县城镇叶挺路 127 号	225800	8223446
滨海县图书馆	江苏省滨海县东坎镇阜东中路 113 号	224500	4222636
大丰市图书馆	江苏省大丰市大中镇人民路 57 号	224100	3513452
丹徒县图书馆	江苏省镇江市诗壁镇长岗	212100	3361941
东海县图书馆	江苏省东海县牛山镇利民路 15 号	222300	7212180
丰县图书馆	江苏省丰县城关镇人民路	221700	4222981
阜宁县图书馆	江苏省阜宁县新盛街 64 号	224400	7213301
赣榆县图书馆	江苏省赣榆县清口镇菜市街 5 号	222100	6212285

馆 名	通讯地址	邮政编码	电 话
高淳县图书馆	江苏省高淳县淳溪镇环城路	211300	7311149
灌南县图书馆	江苏省灌南县新宝镇人民路83号	222500	3222197
灌云县图书馆	江苏省灌云县伊山镇胜利西路13号	222200	8812923
海安县图书馆	江苏省海安县海安镇人民路49号	226600	8813785
洪泽县图书馆	江苏省洪泽县高良涧镇大庆南路	223100	7222146
淮阴县图书馆	江苏省淮阴县王营镇新街17号	223400	4922965
六合县图书馆	江苏省南京市六合县延安路45号	211500	7759601
沛县图书馆	江苏省沛县沛城镇东风路59号	221600	4622429
如东县图书馆	江苏省如东县掘巷镇人民北路30号	226400	4512349
射阳县图书馆	江苏省射阳县合德镇沿河路41号	224300	2322040
铜山县图书馆	江苏省徐州市奎山	221009	3840004
锡山市图书馆	江苏省无锡市同山滨野花园80号	214100	2442086
吴县市图书馆	江苏省苏州市木渎镇吴中路	215128	5270342
武进市图书馆	江苏省武进市湖塘镇新街202号	213161	6551761
响水县图书馆	江苏省响水县响水镇双园路	224600	6224600
扬中市图书馆	江苏省扬中市文化北路46号	212200	8322434
邗江县图书馆	江苏省扬州市贾庄	225002	7340363
邳州市图书馆	江苏省邳州市运河镇花园街	221300	6221710
沭阳县图书馆	江苏省沭阳县政府前向阳桥北岸往西50米	223600	3552079
泗洪县图书馆	江苏省泗洪县青阳镇东风北路3号	223900	6222750
泗阳县图书馆	江苏省泗阳县众兴镇众兴路151号	223700	5212781
溧水县儿童图书馆	江苏省溧水县大东门街	211200	7213692
溧水县图书馆	江苏省溧水县城镇中大街80号	211200	7212618
盱眙县图书馆	江苏省盱眙县盱城镇淮河北路59号	211700	8213502
睢宁县图书馆	江苏省睢宁县睢城镇中山北路34号	221200	8331720
建湖县图书馆	江苏省建湖县建湖镇建湖路	224700	6213179
江都市图书馆	江苏省江都市江都镇工农路29号	225200	6552889
江宁县图书馆	江苏省江宁县东山镇土山路36号	211100	2191248
江浦县图书馆	江苏省江浦县珠江镇文德街34号	211800	8882424
金坛市图书馆	江苏省金坛市南门大街7号	213200	2821582
南通县图书馆	江苏省南通县大庆路	226300	6612608
金湖县图书馆	江苏省金湖县黎城镇人民路14号	211600	6882618
句容市图书馆	江苏省句容市城镇人民路68号	212400	7222741
涟水县图书馆	江苏省涟水县涟城镇东门路	223400	2321137
常熟市图书馆	江苏省常熟市海虞南路62号	215500	2774014
常州市图书馆	江苏省常州市和平路8号	213003	8104449
丹阳市图书馆	江苏省丹阳市新民中路75号	212300	6502407
东台市图书馆	江苏省东台市丁字街12号	224200	5212589
高邮市图书馆	江苏省高邮市高邮镇	225600	4616780
海门市图书馆	江苏省海门市海门镇解放东路13号	226100	2267621
淮安市图书馆	江苏省淮安市城内局巷1号	223200	5912891
淮阴市图书馆	江苏省淮阴市人民南路102号	223002	3941595

馆　　名	通讯地址	邮政编码	电　　话
姜堰市图书馆	江苏省姜堰市北大街30号	225500	8212804
江阴市图书馆	江苏省江阴市虹桥北路144号	214400	6803629
金陵图书馆	江苏省南京市长江路262号	210018	6649441
金坛市图书馆	江苏省金坛县金城镇南门大街7号	213200	2821582
靖江市图书馆	江苏省靖江县靖城镇解放南路2号	214500	7821222
昆山市图书馆	江苏省昆山市玉山镇南街18号	215300	7554260
连云港市图书馆	江苏省连云港市新浦区市化路31号	222002	5452392
南通市少年儿童图书馆	江苏省南通市濠南路1号	226000	5529942
南通市图书馆	江苏省南通市启秀路3号	226000	5512061
吴江市图书馆	江苏省吴江市府西路	215200	3422938
徐州市少年儿童图书馆	江苏省徐州市和平路	221009	3827091
启东市图书馆	江苏省启东市江龙镇人民中路143号	226200	3315598
如皋市图书馆	江苏省如皋市如城镇鹤颈湾14号	226500	7652999
南京市玄武区少年儿童图书馆	江苏省南京市太平北路120-1号	210000	3614630
南京浦口区图书馆	江苏省南京市	210031	8852789
南京白下区图书馆	江苏省南京市	210002	6645561
南京建邺区图书馆	江苏省南京市	210004	4466653
南京雨花台区图书馆	江苏省南京市	210012	2423509
南京鼓楼区图书馆	江苏省南京市	210009	6631257
南京大厂区图书馆	江苏省南京市	210044	7795484
南京秦淮区图书馆	江苏省南京市	210011	2202014
南京下关区图书馆	江苏省南京市	210000	8806791
南京栖霞区图书馆	江苏省南京市	210038	5305711
无锡市南长区图书馆	江苏省无锡市	214023	2721029
无锡市郊区图书馆	江苏省无锡市	214062	5860250
无锡市北塘区图书馆	江苏省无锡市	214043	
吴江市沧浪区图书馆	江苏省吴江市	215202	5239066
吴江市平江区图书馆	江苏省吴江市	215203	7291027
吴江市金阊区图书馆	江苏省吴江市	215204	5328163
吴江市郊区图书馆	江苏省吴江市	212000	8264380
常州技术师范学院图书馆	江苏省常州市育英路2号	213015	6695819－2001
常熟高等专科学校图书馆	江苏省常熟市虞山镇元和路98号	215500	2788800－2062
常州工业技术学院图书馆	江苏省常州市常澄路3号	213002	5212842
东南大学图书馆	江苏省南京市四牌楼2号	210018	3792629
河海大学图书馆	江苏省南京市西康路1号	210098	6631000－50311
淮海工学院图书馆	江苏省连云港市苍梧路	222005	5806260－546
淮阴工业专科学校图书馆	江苏省淮阴市北京北路89号	223001	3932241
淮阴教育学院图书馆	江苏省淮阴市健康西路160号	223001	3933771
淮阴师范专科学校图书馆	江苏省淮阴市交通路71号	223001	3931254－216
江南大学图书馆	江苏省无锡市梁溪路100号	214063	5518761
江苏财经高等专科学校图书馆	江苏省镇江市句容市桥头镇	212413	5681154－226
江苏理工大学图书馆	江苏省镇江市丹徒路	212013	8780101
江苏公安专科学校图书馆	江苏省南京市安德门128号	210012	2414966－8047

馆　名	通讯地址	邮政编码	电　话
江苏石油化工学院图书馆	江苏省常州市西郊机场路宣庄村	213016	3290124
江苏农学院图书馆	江苏省扬州市苏农路	225001	7346521
江苏商业专科学校图书馆	江苏省扬州市盐阜东路 1 号	225001	7347250
江苏水利工程专科学校图书馆	江苏省扬州市迎新路 31 号	225001	7347141
解放军空军后勤学院图书馆	江苏省徐州市西阁街 85 号	221000	5329106
连云港化工高等专科学校图书馆	江苏省连云港市新浦通灌路 250 号	222001	5413988－984
连云港教育学院图书馆	江苏省连云港市苍梧路	222006	5813449
连云港职业大学图书馆	江苏省连云港市花果山路	222006	5805055
南京大学图书馆	江苏省南京市汉口路 22 号	210093	3592943
南京电力高等专科学校图书馆	江苏省南京市北京西路 74 号	210013	3312731－201
南京动力高等专科学校图书馆	江苏省南京市太平门外板仓村 78 号	210042	5412341－3103
南京航空航天大学图书馆	江苏省南京市御道街 29 号	210016	4892928
南京航天管理干部学院图书馆	江苏省南京市瞻园路 126 号	210001	6625578－322
南京化工大学图书馆	江苏省南京市新模范马路 5 号	210009	3316755－2300
中国矿业大学图书馆	江苏省徐州市翟山	221008	3885642
解放军国际关系学院图书馆	江苏省南京市板桥镇	210039	6705700
解放军南京政治学院图书馆	江苏省南京市中山北路 305 号	210003	6346113－73253
中国药科大学图书馆	江苏省南京市童家巷 24 号	210009	3305996
南京机械高等专科学校图书馆	江苏省南京市虎踞北路 50 号	210013	3711448－6401
南京建筑工程学院图书馆	江苏省南京市中山北路 200 号	210009	3314200－326
南京交通高等专科学校图书馆	江苏省南京市浦口	210018	8842321
金陵职业大学图书馆	江苏省南京市白下路 314 号	210001	4408191
南京金融高等专科学校图书馆	江苏省南京市江浦县珠江镇	211800	8884247
南京理工大学图书馆	江苏省南京市孝陵卫 200 号	210014	4315681
南京粮食经济学院图书馆	江苏省南京市福建路洪庙巷 14 号	210003	8805178
南京林业大学图书馆	江苏省南京市龙蟠路新庄 9 号	210037	5427243
南京农业大学图书馆	江苏省南京市卫岗	210095	4396018
南京经济学院图书馆	江苏省南京市铁路北街 128 号	210003	3411700－6633
无锡轻工大学(西山校区)图书馆	江苏省无锡市钱荣路 60 号	214064	5510192－3042
中国纺织大学(无锡)图书馆	江苏省无锡市钱荣路西山 1 号	214064	5516694
南京农业专科学校图书馆	江苏省南京市中央门外晓庄	210038	5503592
南京气象学院图书馆	江苏省南京市浦口区盘城镇	210044	7791336－2171
南京审计学院图书馆	江苏省南京市汉中门凤凰街 239 号	210029	6619409－2126
南京师范大学图书馆	江苏省南京市宁海路 122 号	210097	3729111－3480
南京师范专科学校/教育学院图书馆	江苏省南京市汉中门外北圩路 41 号	210017	6605271－232
南京艺术学院图书馆	江苏省南京市虎踞北路 15 号	210013	3312781－6092
南京体育学院图书馆	江苏省南京市灵谷寺路 81 号	210014	4432317－3161
南京铁道医学院图书馆	江苏省南京市丁家桥 87 号	210009	3326948
南京医科大学图书馆	江苏省南京市汉中路 140 号	210029	6606653
南京邮电学院图书馆	江苏省南京市广东路 38 号	210013	3492311
南京中医药大学图书馆	江苏省南京市汉中路 282 号	210029	6528765
南通工学院图书馆	江苏省南通市教育路 14 号	226007	3577870

馆　　名	通 讯 地 址	邮政编码	电　　话
南通师范高等专科学校图书馆	江苏省南通市教育路 39 号	226007	5239870
南通医学院图书馆	江苏省南通市启秀路 9 号	226001	5589022－3800
南通职业大学图书馆	江苏省南通市教育路 28 号	226007	3560090－6059
彭城大学图书馆	江苏省徐州市南郊	221008	3882824
沙洲职业工学院图书馆	江苏省张家港市环城南路	215600	8261041
苏州城市建设环境保护学院图书馆	江苏省苏州市青枫路 51 号	215008	8241009
苏州大学图书馆	江苏省苏州市十梓街 1 号	215006	5112912
苏州市职业大学图书馆	江苏省苏州市苏福公路横山	215011	8231149－1109
苏州大学北校区图书馆	江苏省苏州市干将东路 178 号	215021	7162114
苏州铁道师范学院图书馆	江苏省苏州市上方山	215009	8231270－493
苏州医学院图书馆	江苏省苏州市人民路 48 号	215007	5225696－3025
无锡轻工业大学图书馆	江苏省无锡市河惠路 170 号	214036	5803990－392
徐州师范大学图书馆	江苏省徐州市和平路 57 号	221009	3845520－553
徐州教育学院图书馆	江苏省徐州市永安广场	221008	5792248
徐州医学院图书馆	江苏省徐州市淮南西路 84 号	221002	5748474
盐城工业学院图书馆	江苏省盐城市黄海中路 59 号	224002	8328388－2114
盐城师范专科学校图书馆	江苏省盐城市通榆南路 3 号	224002	8241776－6230
盐城教育学院图书馆	江苏省盐城市育才路 8 号	224002	8334584
扬州大学工学院图书馆	江苏省扬州市迎新路 36 号	225009	7978321
扬州大学税务学院图书馆	江苏省扬州市念四桥路 62 号	225002	7346455－28415
扬州大学医学院图书馆	江苏省扬州市淮海路 6 号	225001	7978826
扬州大学师范学院图书馆	江苏省扬州市瘦西湖畔	225002	7975425
扬州职业大学图书馆	江苏省扬州市老虎山路	225002	7612830
华东船舶工业学院图书馆	江苏省镇江市环城路 2 号	212003	4401097
镇江高等专科学校图书馆	江苏省镇江市东门外报家湾	212003	4438284
镇江师范专科学校图书馆	江苏省镇江市梦溪园巷 30 号	212003	4425173－3701
镇江医学院图书馆	江苏省镇江市医政路 3 号	212001	5025834－2106
扬州大学农学院图书馆	江苏省扬州市苏农路 12 号	225009	7979371
扬州教育学院图书馆	江苏省扬州市史可法西路	225002	7361204－55
江苏教育学院图书馆	江苏省南京市北京西路 77 号	210013	3312020
江苏省社会主义学院图书馆	江苏省南京市中山门外苜蓿园大街 51 号	210014	4612526－2108
南京农业大学农业工程学院图书馆	江苏省南京市点将台路	210032	8851663－2044
江苏职工医科大学图书馆	江苏省南京市汉中路 129 号	210029	7742193
南京教育学院图书馆	江苏省南京市北圩路	210017	6614975
南京人口管理干部学院图书馆	江苏省南京市锁金村 10 号	210042	5413405－339
南京水利电力管理干部学院图书馆	江苏省南京市西康路	210024	6638339
江苏商业管理干部学院图书馆	江苏省南京市石门坎	210007	4499434
江苏经济管理干部学院图书馆	江苏省南京市樱驼村	210042	5410929
解放军通讯工程学院图书馆	江苏省南京市御道街标营 2 号	210016	3384621
解放军工程学院图书馆	江苏省南京市海福巷 1 号	210007	4498101
解放军空军气象学院图书馆	江苏省南京市中华门外	211101	2412245
无锡市教育学院图书馆	江苏省无锡市钱荣路 100 号	214063	6705790－249

馆　名	通讯地址	邮政编码	电　话
徐州市经济管理干部学院图书馆	江苏省徐州市铜沛路	221000	5755752
常州师范学院图书馆	江苏省常州市西育英路2号	213015	6691904
常州教育学院图书馆	江苏省常州市清凉路	213001	8814865
河海大学常州分校图书馆	江苏省常州市常澄路5号	213022	5106047
苏州教育学院图书馆	江苏省苏州市侍其巷45号	215002	5306542
苏州蚕桑专科学校图书馆	江苏省吴县市浒墅关	215151	5393073
南通教育学院图书馆	江苏省南通市教育路43号	226008	3562243
扬州大学水利学院图书馆	江苏省扬州市迎新路31号	225001	7887141－3026
扬州大学商业学院图书馆	江苏省扬州市盐阜东路1号	225000	7347250
江苏省团校图书馆	江苏省南京市后宰门西村	210016	4408744
中共淮阴市委党校图书馆	江苏省淮阴市和平路18号	223001	3944784
中共江苏省委党校图书馆	江苏省南京市建邺路174号	210004	4466172
中共连云港市委党校图书馆	江苏省连云港市朝阳路	222001	5413954－580
中共南京市委党校图书馆	江苏省南京市白下路257号	210001	4408440
中共南通市委党校图书馆	江苏省南通市五一桥东	226007	3568197
中共无锡市委党校图书馆	江苏省无锡市充山	214086	6769985
中共徐州市委党校图书馆	江苏省徐州市解放路325号	221009	3846011－42
中共盐城市委党校图书馆	江苏省盐城市人民中路39号	224002	8325488－8063
中共新沂市委党校图书馆	江苏省新沂市钟吾路	221400	8922594
中共常州市委党校图书馆	江苏省常州市局前街	213003	3270269
中共溧阳市委党校图书馆	江苏省溧阳市西郊燕山	213300	7469022
中共张家港市委党校图书馆	江苏省张家港市青年路	215600	8223745
中共昆山市委党校图书馆	江苏省昆山市西街	215300	7554790
中共吴江市委党校图书馆	江苏省吴江市湖滨路	215200	3426443
中共淮安市委党校图书馆	江苏省淮安市华亭路	223200	5912749
中共大丰市委党校图书馆	江苏省大丰市健康东路	224100	3513076
中共东台市委党校图书馆	江苏省东台新东东路	224200	5212041
中共镇江市委党校图书馆	江苏省镇江市九里街	212001	8823947
中共宿迁市委党校图书馆	江苏省宿迁市西郊	223800	4212340
中共泰州市委党校图书馆	江苏省泰州市五里桥	225300	6223965
中共靖江市委党校图书馆	江苏省靖江市玉带路	214500	4826374
江苏省社会科学院图书资料信息中心	江苏省南京市虎踞北路12号	210013	3312895
江苏农业科学院图书馆	江苏省南京市孝陵卫	210014	4390284
南京水产科学研究院图书馆	江苏省南京市虎踞关34号	210024	3719255－382
南京博物院图书馆	江苏省南京市山东路321号	210016	4801895－2014
南京841研究所图书馆	江苏省南京市云南路12号	210008	3305114
江苏科技情报所文献馆	江苏省南京市锁金村77号	210042	5410394
中国第二历史档案馆图书资料室	江苏省南京市中山东路309号	210016	4801669
中国科学院南京分院图书馆	江苏省南京市北京东路39号	210008	7713709
中国科学院紫金山天文台图书资料室	江苏省南京市北京西路2号	210000	3303921

馆　名	通讯地址	邮政编码	电　话
中国科学院南京地质古生物研究所图书资料室	江苏省南京市北京东路 39 号	210000	7711556
中国科学院南京地理与湖泊研究所图书馆	江苏省南京市北京东路 73 号	210000	7713199
中国人民解放军南京军区军医研究所图书资料室	江苏省南京市中山东路 293 号	210002	4508114－3526
国土资源部南京地质矿产研究所图书资料室	江苏省南京市中山东路 534 号	210016	4600446
江苏省中医药研究所图书资料室	江苏省南京市迈皋桥十字街 100 号	210028	5502949
江苏省体育科学研究所图书资料室	江苏省南京市教陵卫负谷寺路 8-1 号	210014	4431877
江苏省人口情报研究所图书资料室	江苏省南京市中共路 78 号	210037	3438255
江苏省计量测试技术研究所图书资料室	江苏省南京市光华东街 3 号	210007	4482278
南京市环境保护科学研究所图书资料室	江苏省南京市虎踞路场门口 2 号	210013	3312480
江苏省气象科学研究所图书资料室	江苏省南京市北极阁 2 号	210008	3372752
江苏省中国科学院植物研究所图书资料室	江苏省南京市中山门外	210014	4432075
南京市科技情报研究所图书资料室	江苏省南京市中山北路 309 号	210003	3400294
无锡市科学技术情报研究所图书资料室	江苏省无锡市清扬路 134 号-1	214023	5755134
徐州市科学技术情报研究所	江苏省徐州市解放路 187 号	221000	3847039
苏州市科学技术情报所图书资料室	江苏省苏州市人民路	215002	5111753
南通市科技情报研究所图书资料室	江苏省南通市姚巷路 17 号	226006	5518727
淮阴市科学技术情报研究所图书资料室	江苏省淮阴市人民南路 9 号	223002	3942915
中国农业科学院蚕业研究所图书资料室	江苏省镇江市四摆渡	212018	5616610
镇江市环境科学研究所图书资料室	江苏省镇江市中山西路	212004	4412253
镇江市科学技术信息研究所图书资料室	江苏省镇江市经折巷	212001	5011926
镇江博物馆图书资料室	江苏省镇江市伯先路	212002	5226517
南京市红十字医院图书馆	江苏省南京市白下路 242 号	210001	6641430
南京医科大学第二附属医院图书馆	江苏省南京市姜家园 121 号	210011	8802883
南京中医学院第二附属医院图书馆	江苏省南京市南湖沿河一村 50 号	210017	6615071
江苏省第二中医院图书馆	江苏省南京市南湖沿河一村 50 号	210000	6615071

浙　江　省

馆　名	通讯地址	邮政编码	电　话
浙江省图书馆	浙江省杭州市曙光路 38 号	310007	87999812
洞头县图书馆	浙江省洞头县北岙镇文化街 3 弄 3 号	325700	3483931

馆　名	通讯地址	邮政编码	电　话
富阳市图书馆	浙江省富阳市富阳镇市心北路少年宫内	311400	3232974
嘉善县图书馆	浙江省嘉善县谈公北路 57 号	314100	4128543
金华市图书馆	浙江省金华市体育路 2 号	321000	2324632
开化县图书馆	浙江省开化县江滨路	324300	6014288
临安市图书馆	浙江省临安市锦城镇城中街	311300	3722018
龙游县图书馆	浙江省龙游县文化路 62 号	324400	7021833
宁海县图书馆	浙江省宁海县城关塔山路 4 号	315600	5562698
磐安县图书馆	浙江省磐安县文中街 61 号	322300	4661410
平阳县图书馆	浙江省平阳县昆阳镇西城下南路 6 号	325400	3721597
浦江县图书馆	浙江省浦江县书画街 62 号	322200	4112451
青田县图书馆	浙江省青田县鹤城镇临江东路 45 号	323900	6821603
庆元县图书馆	浙江省庆元县松源镇石龙街 37 号	323800	6121443
三门县图书馆	浙江省三门县海游镇人民路 47 号	317100	3332751
松阳县图书馆	浙江省松阳县西屏镇大井路 2 号	323400	8063721
遂昌县图书馆	浙江省遂昌县妙高镇公园路	323300	8122284
泰顺县图书馆	浙江省泰顺县罗阳镇南大街 10 号	325500	7583693
天台县图书馆	浙江省天台县城关镇劳动路 63 号	317200	3881083
桐庐县图书馆	浙江省桐庐县桐庐镇迎宾路 50 号	311500	4623316
文城县图书馆	浙江省文城县县城大街 277 号	325300	7864376
武义县图书馆	浙江省武义县壶山镇解放街 16 号	321200	7663210
仙居县图书馆	浙江省仙居县城关解放街 2 号	317300	7772767
象山县图书馆	浙江省象山县舟城镇广场路 11 号	315700	5714087
新昌县图书馆	浙江省新昌县城关镇石棋盘山脚	312500	6024849
永嘉县图书馆	浙江省永嘉县上塘镇广场路 61 号	325100	7222930
永康市图书馆	浙江省永康市求知路 18 号	321300	7112972
玉环县图书馆	浙江省玉环县城关镇广陵路	317600	7223733
云和县图书馆	浙江省云和县新华街 67 号	323600	5121509
张元济图书馆	浙江省海盐县武原镇文昌东路 6 号	314300	6023913
鄞县图书馆	浙江省宁波市江东区甬港新村	315040	7338792
岱山县图书馆	浙江省岱山县高亭镇	316200	4473181
嵊州市图书馆	浙江省嵊州市城关镇市心街 41 号	312400	3031466
嵊泗县图书馆	浙江省嵊泗县菜元镇沙河路 369 号	202450	5082724
缙云县图书馆	浙江省缙云县溪滨南路 45 号	321400	3123671
慈溪市图书馆	浙江省慈溪市浒山镇上房路 97 号	315300	3813408
东阳市图书馆	浙江省东阳市黉门前广场 2 号	322100	6628497
奉化市图书馆	浙江省奉化市大桥镇体育场路 56 号	315500	8522718
海宁市图书馆	浙江省海宁市海马路 34 号	314400	7224059
杭州市少年儿童图书馆	浙江省杭州市曙光路 40 号	310007	87962447
杭州市图书馆	浙江省杭州市浣纱路 54 号	310006	87067212
湖州市图书馆	浙江省湖州市城区志成路 48 号	313000	2022668
黄岩市图书馆	浙江省黄岩市天长北路	317400	4222821
淳安县图书馆	浙江省淳安县排岭镇排岭南路 54 号	311700	4813590

馆　　名	通讯地址	邮政编码	电　　话
德清县图书馆	浙江省德清县城关镇余不弄 15 号	313200	8423172
嘉兴市图书馆	浙江省嘉兴市少年路 780 号	314000	2082264
建德市图书馆	浙江省建德市新安江镇文化路 6 号	311600	4723201
江山市图书馆	浙江省江山市区江滨路 18－2 号	324100	4023796
椒江市图书馆	浙江省椒江市市区中山东路 287 号	318700	8800731
兰溪市图书馆	浙江省兰溪市人民南路 82 号	321100	8827894
乐清市图书馆	浙江省乐清市南大街 45 号	325600	2523170
丽水市图书馆	浙江省丽水市城关镇文昌路 144 号	323000	2132001
临海市图书馆	浙江省临海东湖路 43 号	317000	5115421
龙泉市图书馆	浙江省龙泉市中山西路 45 号	323700	7123715
宁波市图书馆	浙江省宁波市永丰路 32 号	315000	67264006
平湖市图书馆	浙江省平湖市城关镇百花新村	314200	5114806
瑞安市图书馆	浙江省瑞安市城关镇解放中路 36 号	325200	5622837
上虞市图书馆	浙江省上虞市新建路	312300	2014732
绍兴市鲁迅图书馆	浙江省绍兴市都昌坊口 9 号	312000	5135151
桐乡市图书馆	浙江省桐乡市文昌路 50 号	314500	8025011
温岭市图书馆	浙江省温岭市文化桥边	317500	6223918
温州市少年儿童图书馆	浙江省温州市黎明西路 29 弄内	325003	68334300
温州市图书馆	浙江省温州市园西巷 1 号	325000	68223876
萧山市图书馆	浙江省萧山市城厢镇文化路 83 号	311200	2626494
义乌市图书馆	浙江省义乌市南门街	322000	5313300
余杭市图书馆	浙江省余杭市临平镇邱山大街 37 号	311100	6222606
余姚市图书馆	浙江省余姚市舜水南路 106 号	315400	2705920
舟山市图书馆	浙江省舟山市环城西路 2 号	316000	2024908
诸暨市图书馆	浙江省诸暨市城关镇塔东路	311800	7224019
衢州市图书馆	浙江省衢州市新桥街 159 号	324000	3020721
安吉县图书馆	浙江省安吉县递铺镇苕溪路	313300	5022335
苍南县图书馆	浙江省苍南县灵溪镇玉苍路	325800	4761935
常山县图书馆	浙江省常山县天马镇大街 27 号	324200	5021428
长兴县图书馆	浙江省长兴县解放东路 288 号	313100	6024272
景宁畲族自治县图书馆	浙江省景宁县鹤溪中路 33 号	323500	5082552
金华严济慈图书馆	浙江省金华市江南永康街 288 号	321017	2386768
宁波市镇海区图书馆	浙江省宁波市镇海区人民路 58 号	315200	66273120
温州市瓯海区图书馆	浙江省温州市瓯海区振瓯路	325000	68521692
金华市少儿图书馆	浙江省金华市婺江东路 142 号	321000	2325322
台州市椒江区图书馆	浙江省台州市椒江区东枫江路 16 号	318000	8801731
宁波高等专科学校图书馆	浙江省宁波市后河巷 20 号	315010	67295080
宁波教育学院图书馆	浙江省宁波市环城北路西段 625 号	315010	67215682
宁波师范学院图书馆	浙江省宁波市三官堂	315211	66694400
绍兴高等专科学校图书馆	浙江省绍兴市环城西路	312000	8064138
绍兴文理学院图书馆	浙江省绍兴市环城西路 5 号	312000	8067050
树人大学图书馆	浙江省杭州市拱宸桥舟山东路	310015	8012550
台州师范专科学校图书馆	浙江省临海市广文路 102 号	317000	5115116－3029

馆　名	通讯地址	邮政编码	电　话
温州大学图书馆	浙江省温州市学院路	325003	68373940
温州师范学院图书馆	浙江省温州市医学院东路	325003	68373000
温州医学院图书馆	浙江省温州市学院西路 82 号	325003	68832286
浙江财经学院图书馆	浙江省杭州市文一路西段	310012	8853928
浙江大学(玉泉校区)图书馆	浙江省杭州市玉泉路	310027	85172242
浙江工业大学图书馆	浙江省杭州市朝晖六区	310014	88320050
浙江工业大学浙西分校图书馆	浙江省衢州市石室	324006	3091032－2051
浙江公安高等专科学校图书馆	浙江省杭州市古荡湾万塘路 258 号	310007	88071724
浙江教育学院图书馆	浙江省杭州市文三路 140 号	310012	88084314
浙江经济高等专科学校图书馆	浙江省嘉兴市秀南路 56 号	314001	2618396
浙江林学院图书馆	浙江省临安县衣锦街 62 号	311300	3723544－2068
浙江农村技术师范专科学校图书馆	浙江省宁波市邱隘	315101	68411376－2134
浙江大学(华家池校区)图书馆	浙江省杭州市凯旋路 268 号	310029	86171225
浙江省经济管理干部学院图书馆	浙江省杭州市朝晖六区	310014	88078555
浙江师范大学图书馆	浙江省金华市高村	321004	2342802－309
浙江海洋学院图书馆	浙江省舟山市普陀平阳浦	316101	2550252
浙江水利水电专科学校图书馆	浙江省杭州市杭海路 58 号	310016	6952366
浙江丝绸工学院图书馆	浙江省杭州市文一路 88 号	310033	8075814－5273
浙江大学(湖滨校区)图书馆	浙江省杭州市延安路 353 号	310031	87217272
浙江政法管理干部学院图书馆	浙江省杭州市文二路 243 号	310012	88869829
浙江政法专科学校图书馆	浙江省杭州市文一路 73 号	310012	88089739
浙江中医学院图书馆	浙江省杭州市老浙大内	310009	87046914－239
浙江大学(西溪校区)图书馆	浙江省杭州市天目山路 34 号	310028	88273451
杭州电子工业学院图书馆	浙江省杭州市文一路 65 号	310037	88809270
杭州教育学院图书馆	浙江省杭州市华家池 65-1 号	310003	86942695
杭州商学院图书馆	浙江省杭州市教工路 29 号	310035	88071024
杭州师范学院图书馆	浙江省杭州市文一路 96 号	310012	88078124
杭州医学高等专科学校图书馆	浙江省杭州市文一路 146 号	310012	88559024－8072
杭州应用工程技术学院图书馆	浙江省杭州市教工三路	310012	88869978
湖州师范专科学校图书馆	浙江省湖州市人民路 128 号	313000	2373446
嘉兴高等专科学校图书馆	浙江省嘉兴市文昌路 71 号	314330	2071948
嘉兴教育学院图书馆	浙江省嘉兴市文昌路 69 号	314001	2081527
金华教育学院图书馆	浙江省金华市人民东路 62 号	321000	2337943
丽水师范专科学校图书馆	浙江省丽水市三岩寺	323000	2271047
宁波大学图书馆	浙江省宁波市三官堂	315211	67604744
中国工商银行杭州金融管理干部学院图书馆	浙江省杭州市留下镇学院路 111 号	310023	85129822
中国计量学院图书馆	浙江省杭州市教工三路 21 号	310034	88075024－8255
中国美术学院图书馆	浙江省杭州市南山路 218 号	310002	87070629
舟山师范专科学校图书馆	浙江省舟山市定海区文化路 105 号	316004	2023319
金华职业技术学院图书馆	浙江省金华市江南开发永康街	321017	2387979
浙江省社会主义学院图书馆	浙江省杭州市文一路 78 号	310012	
浙江青年学院图书馆	杭州市文二路 34 号	310012	88086680

馆　名	通讯地址	邮政编码	电　话
浙江大学元江学院图书馆	浙江省杭州市元江路51号	310008	86081424
国际关系学院(杭州)图书馆	浙江省杭州市舟山东路55-4号	310015	88010276
浙江广播电视高等专科学校图书馆	浙江省杭州市舟山东路22号	310000	88010127
浙江万里学院图书馆	浙江省宁波市邱隘	315101	68411376
金华大学图书馆	浙江省金华市华明巷4号	323000	2320010
舟山师范专科学校图书馆	浙江省舟山市文化路105号	316004	2023319
中共杭州市委党校图书馆	浙江省杭州市十五奎巷99号	310002	86051411
中共湖州市委党校图书馆	浙江省湖州市三天门	313004	2021239
中共丽水地委党校图书馆	浙江省丽水市城北五宅底1号	323000	2133921
中共宁波市委党校图书馆	浙江省宁波市祖关山路	315020	67315687
中共浙江省委党校图书馆	浙江省杭州市文一路78号	310012	88076824
浙江省级机关党校图书馆	浙江省杭州市省府路九莲村19号	310007	87054805
浙江省团校党校图书馆	浙江省杭州市文二路34号	310012	88086680
杭州市团校党校图书馆	浙江省杭州市昭庆寺里街25号	310007	85109369
中共临安市委党校图书资料室	浙江省临安市苕溪北路41号	311300	3723942
中共建德市委党校图书资料室	浙江省建德市府西路137号	311600	4721032
富阳市干部学校图书馆	浙江省富阳市毛竹坞	311400	3321132
中共宁波市委党校图书资料室	浙江省宁波市祖关山路	315020	67315687
中共温州市委党校图书资料室	浙江省温州市飞霞南路202号	325027	68334936
中共瑞安市委党校图书资料室	浙江省瑞安市浦后街7号	325200	5622516
中共海宁市委党校图书资料室	浙江省海宁市体育路	314400	7023076
中共绍兴市委党校图书资料室	浙江省绍兴市糕点弄31号	312000	5133668
中共嵊州市委党校图书资料室	浙江省嵊州市越秀路26号	312400	3032355
中共上虞市委党校图书资料室	浙江省上虞市人民路159号	312300	2013108
中共金华市委党校图书资料室	浙江省金华市明月北路61号	321000	2323440
中共义乌市委党校图书资料室	浙江省义乌市仓居路6号	322000	5523433
中共永康市委党校图书资料室	浙江省永康市江城路7号	321300	7115804
中共江山市委党校图书资料室	浙江省江山市南徐埂23号	324100	4022449
中共舟山市委党校图书资料室	浙江省舟山市文化路116号	316000	2022842
中共丽水市委党校图书资料室	浙江省丽水市中山街613号	323000	2131643
中共临海市委党校图书资料室	浙江省临海市望天台	317000	5155145
中共温岭市委党校图书资料室	浙江省温岭市北塔街316号	317500	6222942
浙江省科技情报所文献馆	浙江省杭州市环城西路91号	310006	87054137
浙江省社会科学院图书馆	浙江省杭州市省府路2号楼	310025	87053176
中国水稻研究所图书情报馆	浙江省杭州市体育场路395号	310006	83371711－3343
浙江省医学科学院图书馆	浙江省杭州市天目山路60号	310013	88076765－8711
中国材科院亚材所图书馆	浙江省富阳市	311400	
浙江省农科院图书馆	浙江省杭州市石桥路48号	310021	86400711－2160
国家海洋局第二海洋研究所图书馆	浙江省杭州市西溪河下9号	310012	88076924
机械工业部第二设计研究所图书馆	浙江省杭州市石祥路338号	310012	88144101
中国新型建筑材料工业杭州设计研究院图书馆	浙江省杭州市中山北路540号	310003	85158195
中国农业科学院茶叶研究所图书馆	浙江省杭州市云栖路1号	310008	87091257

馆　名	通讯地址	邮政编码	电　话
浙江省建筑设计院图书馆	浙江省杭州市安吉路 18 号	310006	85154691
浙江省地质矿产研究所图书资料室	浙江省杭州市体育场路 498 号	310007	85165469
浙江省林业科学研究院图书资料室	浙江省杭州市留下小和山	310023	85221769
浙江省中医药研究院图书资料室	浙江省杭州市天目山路 26 号	310007	88082214
浙江省环境保护科学研究所图书资料室	浙江省杭州市天目山路 43 号	310007	88087486
浙江省气象科学研究所图书资料室	浙江省杭州市艮山西路 233 号	310021	86042597
浙江省技术物理应用研究所图书资料室	浙江省杭州市文二路 208 号	310012	88072110
杭州市社会科学院图书资料室	浙江省杭州市延安路 484 号	310006	85153710
浙江省文物考古研究所图书资料室	浙江省杭州市假山路假山村 26 号	310014	88315833
浙江省艺术研究所图书资料室	浙江省杭州市影业路 5 号	310000	88855179
杭州市科技情报所图书资料室	浙江省杭州市黄姑山路	310012	88803549
宁波医学信息研究所图书资料室	浙江省宁波市迎风街 25 号	315000	67326672
宁波市医学科学研究所图书资料室	浙江省宁波市苍水街 127 号	315000	67364163
绍兴市农业科学研究所图书资料室	浙江省绍兴市东湖	312000	8649563
丽水地区农业科学研究所图书资料室	浙江省丽水市丽阳路	323000	2132194
浙江省台州医院图书馆	浙江省临海市西大街 126 号	317000	5112241－3043
浙江医科大学附属第一医院图书馆	浙江省杭州市庆春路 126 号	310006	87072524
浙江医科大学附属第二医院图书馆	浙江省杭州市解放路 68 号	310009	87077272
浙江医科大学附属妇产科医院图书馆	浙江省杭州市学士路 2 号	310006	87061501－520
浙江医科大学附属邵逸夫医院图书馆	浙江省杭州市庆春东路 3 号	310016	86090073
浙江医院图书馆	浙江省杭州市灵隐路 12 号	310013	87077373
浙江省人民医院图书馆	浙江省杭州市朝晖四区	310004	85132615
浙江省中医院图书馆	浙江省杭州市邮电路 54 号	310006	87068001－3071
浙江省肿瘤医院图书馆	浙江省杭州市半山桥广济路 38 号	310022	88144401－279
杭州市中医院图书馆	浙江省杭州市体育场路	310006	85157591－5571
杭州市红十字会医院图书馆	浙江省杭州市环城东路 38 号	310004	85186042－348
杭州市第一人民医院图书馆	浙江省杭州市浣纱路 261 号	310006	87065701－4324
杭州铁路中心医院图书馆	浙江省杭州市城站路 58 号	310009	87806669－23427

安 徽 省

馆　名	通讯地址	邮政编码	电　话
安徽省图书馆	安徽省合肥市芜湖路 74 号	230001	2886781
安庆市图书馆	安徽省安庆市人民路 264 号	246003	5547513
蚌埠市图书馆	安徽省蚌埠市胜利路 79 号	233000	2048956
巢湖市图书馆	安徽省巢湖市人民路	238000	2312368
滁州市图书馆	安徽省滁州市文德街 10 号	239000	3013574
阜阳市图书馆	安徽省阜阳市文峰路	236035	2265113
贵池市图书馆	安徽省贵池市池州镇秋浦东路	247100	2022341

馆名	通讯地址	邮政编码	电话
合肥市图书馆	安徽省合肥市徽州路134号	230001	2652430
淮北市图书馆	安徽省淮北市淮海中路216号	235000	3022610
淮南市少年儿童图书馆	安徽省淮南市	232007	3624825
淮南市图书馆	安徽省淮南市田家庵区龙王沟路	232001	2674652
六安市图书馆	安徽省六安市人民路	237006	3313796
马鞍山市图书馆	安徽省马鞍山市湖北路12号	243000	2473151
宿州市图书馆	安徽省宿州市中山街25号	234000	3024569
天长市图书馆	安徽省天长市天长镇公园巷	239300	7020331
芜湖市图书馆	安徽省芜湖市镜湖路1—1号	241000	3836584
宣州市图书馆	安徽省宣州市护城坊13号	242000	3019061
亳州市图书馆	安徽省亳州市白布大街98号	236806	5531025
长丰县图书馆	安徽省长丰县水湖镇	231100	6671136
当涂县图书馆	安徽省当涂县城关镇大城坊	243100	6711332
定远县图书馆	安徽省定远县曲阳北路	233200	4025504
东至县图书馆	安徽省东至县尧渡镇尧城路43号	247200	7011913
繁昌县图书馆	安徽省繁昌县城关镇西门	241200	7873311
肥东县图书馆	安徽省肥东县店埠镇	231600	7711314
铜陵县图书馆	安徽省铜陵县建设路	244100	8814565
黟县图书馆	安徽省黟县碧阳镇麻天后村11号	245500	5522073
明光市图书馆	安徽省明光市明光镇广场路5号	239400	8022356
界首市图书馆	安徽省界首市界首镇人民路	236503	4812640
金寨县图书馆	安徽省金寨县梅山镇史河	237300	7062773
来安县图书馆	安徽省来安县新安镇环城东路	239200	5612520
郎溪县图书馆	安徽省郎溪县城关镇中港东路85号	242100	7023401
利辛县图书馆	安徽省利辛县城关镇	236701	8812339
临泉县图书馆	安徽省临泉县城关镇	236400	6512853
灵璧县图书馆	安徽省灵璧县灵城镇建设街272号	234200	6022339
庐江县图书馆	安徽省庐江县城关镇广昌路	231500	7324424
蒙城县图书馆	安徽省蒙城县城关镇新城路	233507	7628470
南陵县图书馆	安徽省南陵县城关镇	242400	6823884
宁国市图书馆	安徽省宁国市西津路50号	242300	4022473
祁门县图书馆	安徽省祁门县城关镇中心路12号	245600	4512460
潜山县图书馆	安徽省潜山县梅城镇	246300	8925540
青阳县图书馆	安徽省青阳县九华西路70号	242800	5025594
全椒县图书馆	安徽省全椒县襄河镇	239500	5016049
石台县图书馆	安徽省石台县城关镇陵园路4号	245100	6022252
寿县图书馆	安徽省寿县城关镇西大街66号	232200	4021317
舒城县图书馆	安徽省舒城县城关镇舒茶路	231300	8021140
宿松县图书馆	安徽省宿松县城关镇人民路	246502	7824176
太和县图书馆	安徽省太和县城关镇人民路153号	236600	8625247
太湖县图书馆	安徽省太湖县城关镇新华路	246400	4162385
桐城市图书馆	安徽省桐城市城关镇	231402	6132341
铜陵市图书馆	安徽省铜陵市人民路	244100	2832970

馆　名	通讯地址	邮政编码	电　话
望江县图书馆	安徽省望江县雷阳镇县府街 20 号	246200	7171257
肥西县图书馆	安徽省肥西县上沠镇巢湖中路	231200	8841606
凤台县图书馆	安徽省淮南市凤台县城河路	232100	
凤阳县图书馆	安徽省凤阳县府北街	233100	6721684
阜南县图书馆	安徽省阜南县城关镇	236300	6712256
固镇县图书馆	安徽省固镇县固镇二马路	233700	6016987
广德县图书馆	安徽省广德县桃州镇桃州路 23 号	242200	6022555
含山县图书馆	安徽省含山县环峰镇环峰东路 36 号	238100	4312460
和县图书馆	安徽省和县元真街	238200	5312571
怀宁县图书馆	安徽省怀宁县石牌镇	246100	4821771
怀远县图书馆	安徽省怀远县城关镇进山路	233400	8011791
霍邱县图书馆	安徽省霍邱县城关镇北大街	237400	6022593
霍山县图书馆	安徽省霍山县城关镇	237200	
绩溪县图书馆	安徽省绩溪县华阳镇西大街 74 号	245300	8162991
枞阳县图书馆	安徽省枞阳县二大街	246701	2811880
涡阳县图书馆	安徽省涡阳县城镇团结路 10 号	233604	7212453
无为县图书馆	安徽省无为县无城米公祠 12 号	238300	6322954
芜湖县图书馆	安徽省芜湖县芜湖中路	241100	8811731
五河县图书馆	安徽省五河县城关镇青年路 16 号	233300	5051524
萧县图书馆	安徽省萧县龙城镇城河路	235200	5026156
休宁县图书馆	安徽省休宁县海阳镇玉宁街 14 号	245400	
颍上县图书馆	安徽省颍上县城关镇北大街	236203	
岳西县图书馆	安徽省岳西县天堂镇前进路	246600	2172065
泗县图书馆	安徽省泗县城关镇	234300	7022436
泾县图书馆	安徽省泾县大桥北路	242500	5022974
濉溪县图书馆	安徽省淮北市濉溪县淮北路 63 号	235100	6077874
歙县图书馆	安徽省歙县徽城镇解放东街 96—4 号	245200	6512492
旌德县图书馆	安徽省旌德县旌阳镇	242600	8022704
砀山县图书馆	安徽省砀山县城关镇人民路 176 号	235300	8026262
黄山区图书馆	安徽省黄山市	245000	8532143
屯溪区图书馆	安徽省黄山市	245000	2513688
合肥市少年儿童图书馆	安徽省合肥市淮河路 301 号	230000	2657380
安徽教育学院图书馆	安徽省合肥市金寨路 327 号	230061	2645443
安徽财贸学院图书馆	安徽省蚌埠市宏叶路 243 号	233041	3112024
安徽大学图书馆	安徽省合肥市肥西路 3 号	230039	5107139
安徽工学院图书馆	安徽省合肥市六安路 111 号	230069	2655553
安徽广播电视大学图书馆	安徽省合肥市桐城南路 22 号	230022	3636281
安徽机电学院图书馆	安徽省芜湖市乌江新村	241000	2891236
安徽建筑工业学院图书馆	安徽省合肥市金寨南路 32 号	230022	3635022—3166
安徽经济管理干部学院图书馆	安徽省合肥市望江东路 23 号	230059	341546—2103
安徽农业大学图书馆	安徽省合肥市蜀山路 16 号	230036	2823795—3362
安徽农业技术师范学院图书馆	安徽省凤阳县府城镇洪武 42 号	233100	6724541—2146
安徽商业高等专科学校图书馆	安徽省马鞍山市马向路	243032	2323834—2042

馆　　名	通讯地址	邮政编码	电　　话
安徽师范大学图书馆	安徽省芜湖市人民路1号	241000	3809422
安徽医科大学图书馆	安徽省合肥市梅山路21号	230032	2816602－2194
安徽中医学院图书馆	安徽省合肥市梅山路24号	230038	2821006－2202
安庆师范学院图书馆	安徽省安庆市菱湖南路192号	246011	5531974
蚌埠医学院图书馆	安徽省蚌埠市治淮路108号	233003	3066912－2204
巢湖师范专科学校图书馆	安徽省巢湖市半汤育才新村1号	238000	2317808－2078
池州师范专科学校图书馆	安徽省贵池市长江中路52号	247100	2023946
滁州师范专科学校图书馆	安徽省滁州市琅琊古道2号	239011	3022227－2411
阜阳师范学院图书馆	安徽省阜阳市西关外	236032	2262884－2044
合肥工业大学图书馆	安徽省合肥市屯溪路59号	230009	4655210－2627
合肥教育学院图书馆	安徽省合肥市宁国路93号	230001	4655232
合肥经济技术学院图书馆	安徽省合肥市徽州南路225号	230052	3492222
合肥联合大学图书馆	安徽省合肥市黄山路21号	230022	3636279
华东煤炭专科学校图书馆	安徽省淮南市洞山	232001	
华东冶金学院图书馆	安徽省马鞍山市湖东中路	243002	2473231－3241
淮北煤炭师范学院图书馆	安徽省淮北市东山路	235000	3090967－3222
淮南工学院图书馆	安徽省淮南市洞山	232001	6644797－496
淮南师范专科学校图书馆	安徽省淮南市洞山朝阳中路	232001	6644096－5836
徽州师范专科学校图书馆	安徽省黄山市屯溪戴震路44号	245021	2513130
解放军电子工程学院图书馆	安徽省合肥市潜山路22号	230037	5562156
六安师范专科学校图书馆	安徽省六安市老淠河	237012	3213485－2172
宿州师范专科学校图书馆	安徽省宿州市汴河中路110号	234000	3025760－2041
中国科技大学图书馆	安徽省合肥市金寨路96号	230026	3602328
安徽财经专科学校图书馆	安徽省铜陵市石城路	244000	2832942
皖南医学院图书馆	安徽省芜湖市芜宁路	241001	3832468－232
芜湖教育学院图书馆	安徽省芜湖市九华山路	241000	5017253
芜湖联合大学图书馆	安徽省芜湖市长江路21号	241000	5842702
芜湖师范专科学校图书馆	安徽省芜湖市郊大圣铺	241008	5311170－3018
安徽省社会主义学院图书馆	安徽省合肥市长江路87号	230001	3419486
中国人民解放军合肥炮兵学院图书馆	安徽省合肥市冬至路5号	230031	5562566－68221
合肥农村经济管理干部学院图书馆	安徽省合肥市大蜀山	230000	5313773
安徽乡镇工业学院图书馆	安徽省合肥市屯溪路	230022	4657524
中国人民解放军汽车管理学院图书馆	安徽省蚌埠市燕山路1155号	233011	4127031
蚌埠市高等专科学校图书馆	安徽省蚌埠市内	233000	3122394
中国人民解放军坦克学院图书馆	安徽省蚌埠市朝阳路南	233000	4030284
淮南教育学院图书馆	安徽省淮南市陈洞路	232000	6644021
淮南联合大学图书馆	安徽省淮南市朝阳中路	232000	2674914
淮南市职业医学专科学校图书馆	安徽省淮南市国庆中路	232007	2683657
淮北教育学院图书馆	安徽省淮北市濉溪路	235000	3013547
安庆市工业专科学校图书馆	安徽省安庆市华中东路	246003	5200648
阜阳教育学院图书馆	安徽省阜阳市阜南路	236016	2262725

馆　名	通讯地址	邮政编码	电　话
宣州教育学院图书馆	安徽省宣州市大件路	242000	3023337
中共安徽省委党校图书馆	安徽省合肥市屯溪路105号	230022	4653618
中共合肥市委党校图书馆	安徽省合肥市蜀山路	230031	5563516—3003
中共淮北市委党校图书馆	安徽省淮北市相山路22号	235000	3022870
中共淮南市委党校图书馆	安徽省淮南市洞山	232001	6644885
安徽省共青团学校图书馆	安徽省合肥市长江路	230061	2826975
中共芜湖市委党校图书馆	安徽省芜湖市吉和街	241000	3834511
中共蚌埠市委党校图书馆	安徽省蚌埠市	233000	3012246
淮南市团校图书馆	安徽省淮南市洞山西路	232000	6645818
中共马鞍山市委党校图书馆	安徽省马鞍山市花山路	243011	2323536
中共铜陵市委党校图书馆	安徽省铜陵市石城路	244000	2832719
中共安庆市委党校图书馆	安徽省安庆市牌楼	246133	5321466
中共安庆市委第二党校图书馆	安徽省安庆市圣埠	246005	5312427
中共黄山市委党校图书馆	安徽省黄山市阳湖	245041	2512120
中共滁州市委党校图书馆	安徽省滁州市琅琊古道	239000	3022388
中共天长市委党校图书馆	安徽省天长市二凤路	239300	7022352
中共阜阳市委党校图书馆	安徽省阜阳市奎星路	236030	2263378
中共亳州市委党校图书馆	安徽省亳州市州后街	236800	5522542
中共界首市委党校图书馆	安徽省界首市人民路	236500	4812591
中共六安市委党校图书馆	安徽省六安市七里站	237000	3213664
中共宣州市委党校图书馆	安徽省宣州市	242000	3023541
中共宁国市委党校图书馆	安徽省宁国市风形山	242300	4022227
中共巢湖市委党校图书馆	安徽省巢湖市丁岗村	238000	2314237
中共池州市委党校图书馆	安徽省贵池市南湖路	247100	2022189
中国科学院合肥分院图书馆	安徽省合肥市西科学路10号	230031	5591206
中国科学院等离子体物理研究所图书情报研究室	安徽省合肥市蜀湖路350号	230031	5591339
中国科学院固体物理研究所图书资料室	安徽省合肥市西郊董铺岛	230031	5591417
中国科学院安徽光学精密机械研究所图书情报室	安徽省合肥市西效科学路10号	230031	5591554
中国科学院合肥智能机械研究所图书情报室	安徽省合肥市科学路10号	230031	5591163
安徽省社会科学院图书馆	安徽省合肥市望江东路卫岗	230053	3331171
安徽省农业科学院图书资料室	安徽省合肥市四里河	230041	5522323
安徽省农业机械研究所图书资料室	安徽省合肥市樊洼路2号	230031	5564443
安徽省生物研究所图书资料室	安徽省合肥市濉溪路60号	230041	5522361
安徽省林业科学研究所图书资料室	安徽省合肥市蜀山路	230031	5561549
安徽省医学科学研究所图书资料室	安徽省合肥市永红路1号	230061	2823664
安徽省技术监督情报研究所图书资料室	安徽省合肥市阜阳路174号	230001	2625250
安徽省环境保护科学研究所图书资料室	安徽省合肥市蜀山路10号	230061	2826304

馆名	通讯地址	邮政编码	电话
安徽省气象科学研究所图书资料室	安徽省合肥市芜湖路120号	230000	2652080－278
安徽省文物考古研究所图书资料室	安徽省合肥市金寨路347号	230000	2828609
安徽省科学技术情报研究所图书资料室	安徽省合肥市巢湖路145号	230001	2655140
安徽省计委研究所图书资料室	安徽省合肥市庐江路100号	230061	2655983－203
蚌埠市科学技术情报所图书资料室	安徽省蚌埠市胜利路	233000	2046397
铜陵市医学科学研究所图书资料室	安徽省铜陵市杨家山路	244000	2832416
安庆市医学情报研究所图书资料室	安徽省安庆市东围墙13号	246003	5512589
安庆市科技情报研究所图书资料室	安徽省安庆市集贤南路198号	246001	5313225
安庆市农业科学研究所图书资料室	安徽省安庆市华中东路	246003	5515457
安徽省立医院图书馆	安徽省合肥市庐江路	230001	2652797
安徽医科大学第一附属医院图书馆	安徽省合肥市绩溪路	230022	3633411
安徽中医院附属医院图书馆	安徽省合肥市梅山路	230031	2816764
安徽省肺科医院图书馆	安徽省合肥市绩溪路	230022	3633507
安徽省康复医院图书馆	安徽省合肥市环城东路	230061	3417592
安徽省红十字会医院图书馆	安徽省合肥市西七里塘	230031	5563271
安徽省儿童医院图书馆	安徽省合肥市望江东路	230054	3417592
武警安徽省总队医院图书馆	安徽省合肥市长丰路	230041	5520200
合肥市第一人民医院图书馆	安徽省合肥市淮河路	230061	2652893

福建省

馆名	通讯地址	邮政编码	电话
福建省图书馆	福建省福州市湖东路227号	350003	7551204
福州市图书馆	福建省福州市广达路256号	350004	3353750
福州市少年儿童图书馆	福建省福州市广达路256号	350004	3353747
福州市仓山区图书馆	福建省福州市仓山区万春巷3号	350007	3441243
福州市台江区图书馆	福建省福州市台江区达道路176号	350009	3269097
福州市马尾区图书馆	福建省福州市马尾区	350015	3981257
闽侯县图书馆	福建省闽侯县甘蔗镇街心路155号	350100	2982224
闽清县图书馆	福建省闽清县城南北大街113号	350800	2332307
永泰县图书馆	福建省永泰县上坪路37号	350700	4831294
长乐市图书馆	福建省长乐市南山路文化中心	350200	8923123
福清市图书馆	福建省福清市融城环北路38号	350300	5222270
平潭县图书馆	福建省平潭县潭城镇东大街16号	350400	4312641
连江县图书馆	福建省连江县凤城镇玉荷东路100号	350500	6232581
罗源县图书馆	福建省罗源县凤山镇	350600	6831313
三明市图书馆	福建省三明市东新二路	365000	8222543
三明市少年儿童图书馆	福建省三明市三元区三元街1号	365001	8337034
永安市图书馆	福建省永安市新府路80号	366000	3633412
明溪县图书馆	福建省明溪县雪峰镇民主路26号	365200	2813253
清流县图书馆	福建省清流县龙津镇龙城街17幢	365300	5322866
宁化县图书馆	福建省宁化县中山路34号	365400	6824264
大田县图书馆	福建省大田县城关均溪镇文山路9号	366100	7222216

馆 名	通讯地址	邮政编码	电 话
尤溪县图书馆	福建省尤溪县城关解放路 59 号	365100	6323476
沙县图书馆	福建省沙县城关府西路 32 号	365500	5823582
将乐县图书馆	福建省将乐县建新路 25 号	353300	2323594
泰宁县图书馆	福建省泰宁县和平街 26 号	354400	7831245
建宁县图书馆	福建省建宁县城关中山南路 19 号	354500	3982758
厦门市图书馆	福建省厦门市公园南路 2 号	361003	2020598
厦门市少年儿童图书馆	福建省厦门市故宫路 73 号	361001	2026406
厦门市集美图书馆	福建省厦门市集美区集岑路博文楼	361021	6068312
厦门市同安区图书馆	福建省厦门市同安区大同镇城西路	361100	7023033
厦门市同安区少年儿童图书馆	福建省厦门市同安区大同镇	361100	7035348
莆田县图书馆	福建省莆田县建设路 6 号	351100	2693485
仙游县图书馆	福建省仙游县鲤城镇八二五大街	351200	8592205
南平市图书馆	福建省南平市滨江中路	353000	8834630
邵武市图书馆	福建省邵武市小东门 15 号	354000	6324890
建阳市图书馆	福建省建阳市城关上水南路	354200	5822207
顺昌县图书馆	福建省顺昌县中山中路 30 号	353200	7822760
建瓯市图书馆	福建省建瓯市人民路 236 号	353100	3833257
浦城县图书馆	福建省浦城县北门新区	353400	2822241
武夷山市图书馆	福建省武夷山市文化宫路 1 号	354300	5303729
光泽县图书馆	福建省光泽县杭川镇文昌路 58 号	354100	7922496
松溪县图书馆	福建省松溪县城关大街 39 号	353500	2324607
政和县图书馆	福建省政和县熊山镇文明路	353600	3321872
宁德市图书馆	福建省宁德市蕉城镇东湖路 3 号	352100	2822580
福鼎市图书馆	福建省福鼎市解放路 108 号	355200	7852368
霞浦县图书馆	福建省霞浦县松城镇共青路	355100	8862973
福安市图书馆	福建省福安市北金山 31 路	355001	6382759
古田县图书馆	福建省古田县城关 614 路 301 号	352200	3883334
屏南县图书馆	福建省屏南县古峰镇文化路 19 号	352300	3322728
周宁县图书馆	福建省周宁县北门路	355400	5622912
柘荣县图书馆	福建省柘荣县双城镇	355300	8353225
泉州市图书馆	福建省泉州市东湖街	362000	2196110
石狮市文林图书馆	福建省石狮市	362700	8782803
惠安县图书馆	福建省惠安县螺城镇科山路 2 号	362100	7382481
晋江市图书馆	福建省晋江市青阳崇德路	362200	5681186
南安市图书馆	福建省南安市溪美镇柳新路 12 号	362300	6382477
安溪县沼涛图书馆	福建省安溪县风城镇公元路	362400	3232804
永春县图书馆	福建省永春县文化中心	362600	3882544
德化县福尧图书馆	福建省德化县洵中镇风池街	362500	3522132
漳州市图书馆	福建省漳州市芗城区	363000	2022118
龙海市图书馆	福建省龙海市石码镇公园南路	363100	6522149
云霄县图书馆	福建省云霄县城关中山路	363300	8533237
漳浦县图书馆	福建省漳浦县环城路	363200	3107976
长泰县图书馆	福建省长泰县城关	363900	8332529

馆　名	通讯地址	邮政编码	电　话
东山县图书馆	福建省东山县铜陵镇前街	363401	5620705
南靖县图书馆	福建省南靖县兰陵路 11 号	363600	7821005
平和县图书馆	福建省平和县小溪公园	363700	5232191
华安县图书馆	福建省华安县华丰镇文化路 11 号	363800	7366981
龙岩市新罗区图书馆	福建省龙岩市中山中路 29 号	364000	2290342
长汀县图书馆	福建省长汀县兆征路 20 号	366300	6831011
永定县图书馆	福建省永定县城关南通路 24 号	364100	5833312
上杭县图书馆	福建省上杭县城关北大路 22 号	366300	3842516
武平县图书馆	福建省武平县平川镇	364300	4822490
漳平市图书馆	福建省漳平市菁城镇上桂林	364400	7833467
连城县图书馆	福建省连城县北大路 14 号	366200	6922353
厦门中山图书馆	福建省厦门市鼓中华路	361000	2063604
厦门市杏林图书馆	福建省厦门市杏林	361021	6072793
福建教育学院图书馆	福建省福州市西门梦山巷 73 号	350001	3727838
福建师范大学图书馆	福建省福州市仓山区	350007	3441616－368
福建师范大学福清分校图书馆	福建省福清市城关	350300	5254194
福建医科大学图书馆	福建省福州市茶亭交通路 6 号	350004	3357197
福建中医学院图书馆	福建省福州市五四路 282 号	350003	7843444
福建农业大学图书馆	福建省福州市金山	350002	3789370
福建建筑高等专科学校图书馆	福建省福州市仓山区长安路 89 号	350007	3441313－241
福建商业高等专科学校图书馆	福建省福州市新店乡义井村	350012	7841030
福建公安专科学校图书馆	福建省福州市仓山区首山路 59 号	350007	3441459
福建华南女子学院图书馆	福建省福州市仓山区乐群路 6 号	350007	3441217
福建广播电视大学图书馆	福建省福州市北门铜盘路 15 号	350003	7856946
福建财会管理干部学院图书馆	福建省福州市津泰路 238 号	350001	7504584
福建金融管理干部学院图书馆	福建省福州市仓山区首山路 140 号	350007	3442891
福建经济管理干部学院图书馆	福建省福州市洪山桥上店 63 号	350002	3742456－255
福建林学院图书馆	福建省南平市西芹	353001	8502143
福建交通学校图书馆	福建省福州市仓山区首山路 80 号	350007	3441025
福州大学图书馆	福建省福州市工业路 523 号	350002	7893171
福州大学工艺美术学院图书馆	福建省厦门市鼓浪屿康泰路 155 号	361002	2063784
福州师范高等专科学校图书馆	福建省福州市王庄长乐南路	350005	3662525
华侨大学图书馆	福建省泉州市城东	362011	2691561
集美大学财经学院图书馆	福建省厦门市集美区集岑路 1 号	361021	6181134
集美大学师范学院图书馆	福建省厦门市集美区	361021	6067433
集美大学航海学院图书馆	福建省厦门市集美区嘉庚路	361021	6068155
集美大学水产学院图书馆	福建省厦门市集美区浔江路 102 号	361021	6067212
集美大学体育学院图书馆	福建省厦门市集美区银江路 107 号	361021	6180567
黎明职业大学图书馆	福建省泉州市中山北路	362000	2285731
龙岩师范高等专科学校图书馆	福建省龙岩市新罗区凤凰路 1 号	364000	2292293
闽江职业大学图书馆	福建省福州市工业路 333 号	350002	3730594
闽西大学图书馆	福建省龙岩市新罗区曹溪镇	364021	2751294
南平师范高等专业学校图书馆	福建省南平市官沙田 45 号	353000	8635804

馆　名	通讯地址	邮政编码	电　话
宁德师范高等专科学校图书馆	福建省宁德市蕉城南路	352100	2955091
泉州师范高等专科学校图书馆	福建省泉州市东街崇福路北段	362000	2787259
莆田高等专科学校图书馆	福建省莆田市城关学园路	351100	2692364
三明师范专科学校图书馆	福建省三明市荆东路	365004	8399219
厦门大学图书馆	福建省厦门市思明南路 422 号	361005	2086127
厦门广播电视大学图书馆	福建省厦门市斗西路北段	361004	2020704
漳州师范学院图书馆	福建省漳州市县前街 36 号	363000	2028031
鹭江职业大学图书馆	福建省厦门市思明南路 394 号	361005	2189051
解放军福州医学高等专科学校图书馆	福建省福州市梅峰路 6 号	350003	7033975
福建省社会主义学院图书馆	福建省福州市湖东路 118 号	350003	7823139
福州教育学院图书馆	福建省福州市光禄坊	350001	7530220
福建省政法管理干部学院图书馆	福建省福州市长安路	350007	3443275
集美大学工商管理学院图书馆	福建省厦门市集美银江路	361021	6180372
集美大学图书馆	福建省厦门市集美区	361005	6180880
厦门鹭江大学图书馆	福建省厦门市	361021	2183577
厦门大学工商管理学院图书馆	福建省厦门市思明南路 422 号	361005	2182873
泉州华侨大学图书馆	福建省泉州市城东	362000	2693999
中共福建省委党校图书馆	福建省福州市柳河路 61 号	350001	7557820—552
中共福州市建委党校图书室	福建省福州市群众路	350005	3346742
中共福建行政学院图书馆	福建省福州市洪山桥上店	350002	7717785
中共福州市委党校图书馆	福建省福州市福马路下院	350014	3624647
福建省团校图书馆	福建省福州市仓山区上三路 238 号	350007	3443560
中共长乐市委党校图书室	福建省长乐市上巷	350200	8922231
中共莆田市委党校图书室	福建省莆田市下磨	351100	2695292
中共三明市委党校图书室	福建省三明市东安新村	365000	8241725
中共永安市委党校图书室	福建省永安市下茅坪 7 号	366000	3833193
中共泉州市委党校图书室	福建省泉州市广平仓	362000	2783683
中共晋江市委党校图书室	福建省晋江市青阳党校路	362200	5681238
中共漳州市委党校图书室	福建省漳州市胜利东路	363000	2938001
中共武夷山市委党校图书室	福建省武夷山市党校路	354300	5302805
中共建瓯市委党校图书室	福建省建瓯市豪栋街	353100	3833379
中共建阳市委党校图书室	福建省建阳市西桥北路	354200	5822204
中共漳平市委党校图书室	福建省漳平市和平路	364400	7532259
中科院福建物质结构研究所图书馆	福建省福州市杨桥西路 155 号	350002	3711368—2143
福建省地矿局图书馆	福建省福州市五四北路 285 号	350003	7735388—2204
福建省社会科学院文献信息中心	福建省福州市柳河路 18 号	350001	7550795
福建省教育科学研究所图书资料室	福建省福州市五四路	350003	7812814
福建省农业科学院图书馆	福建省福州市五四路	350000	7840262
福州市农业科学研究所图书资料室	福建省福州市福马路	350014	3666784
福建省林业科学院图书馆	福建省福州市新店	350012	7915914
福建省医学科学研究所图书资料室	福建省福州市五四路	350001	7544549
福建省中医药研究院图书资料室	福建省福州市五四北路	350003	7841912

馆　名	通讯地址	邮政编码	电　话
福建省计划生育科学技术研究所图书资料室	福建省福州市金鸡山路	350011	7534180
福建省技术监督情报研究所图书资料室	福建省福州市六一北路	350013	7577324
福建省气象科学研究所图书资料室	福建省福州市乌山路	350001	3354235
福州市社会科学院图书馆	福建省福州市乌山路	350000	3317244
福建省科学技术信息研究所图书资料室	福建省福州市湖东路	350003	7850330
福州市科学技术情报研究所图书资料室	福建省福州市乌山路 69 号	350001	3345401
福建省艺术研究所图书资料室	福建省福州市杨桥东路	350000	7556848
厦门市科学技术情报研究所图书资料室	福建省厦门市公园南路	361004	2012658
厦门市教育科学技术研究所图书资料室	福建省厦门市励志路	361001	2035710
厦门市台湾艺术研究所图书资料室	福建省厦门市公园南路	361000	2115309
莆田市科学技术情报研究所图书资料室	福建省莆田市学园路	351100	2692065
三明市科技情报研究所图书资料室	福建省三明市杜鹃新村	365000	8242957
泉州科学技术信息研究所图书资料室	福建省泉州市东美小区	362000	2579375
漳州市科学技术情报研究所图书资料室	福建省漳州市胜利路	363000	2060816
福建省热带作物科学研究所图书资料室	福建省漳州市天宝	363000	2542618
龙海市科技情报所图书资料室	福建省龙海市友谊路	363100	6551471
南平市科技情报研究所图书资料室	福建省南平市人民路	353000	8833216
宁德地区科学技术情报研究所图书资料室	福建省宁德市署前路	352100	2822013
龙岩市科技情报研究所图书资料室	福建省龙岩市登高中路	364000	2321021
福建省立医院图书馆	福建省福州市东街	350001	7557768
福建医科大学附属协和医院图书馆	福建省福州市新权路	350000	3357896
福建医科大学附属第一医院图书馆	福建省福州市八一七中路茶中路 20 号	350005	3357199
福建中医学院附属人民医院图书馆	福建省福州市八一七中路	350004	3258135
福建第二人民医院图书馆	福建省福州市湖东支路	350003	7855333
福州中西医结合医院图书馆	福建省福州市上藤路 47 号	350007	3442142
福州市中医院图书馆	福建省福州市鼓东路	350001	7551883
福建医科大学附属口腔医院图书馆	福建省福州市杨桥路	350002	3700838
福建省肿瘤医院图书馆	福建省福州市福马路	350014	3660063
福州市传染病医院图书馆	福建省福州市西洪路	350025	3725341
福建省福州肺科医院图书馆	福建省福州市湖边	350007	3596120
福州儿童医院图书馆	福建省福州市八一七中路	350005	3326844

馆　名	通讯地址	邮政编码	电　话
福建省妇幼保健院图书馆	福建省福州市通山路	350001	7557800
福建省结核病防治所图书馆	福建省福州市福峡路	350007	3443253
福州神经精神病防治院图书馆	福建省福州市塘池街	350000	3442276
解放军福州总医院图书馆	福建省福州市西环北路156号	350002	7032940—59518

江西省

馆　名	通讯地址	邮政编码	电　话
江西省图书馆	江西省南昌市洪都北大道160号	330077	8517065
德兴市图书馆	江西省德兴市银城镇	334200	7522632
丰城市图书馆	江西省丰成市剑光镇东方红大街115号	331100	6423469
临川市第一图书馆	江西省临川市大公路51号	344000	8222254
赣州市图书馆	江西省赣州市红旗大道74号	341000	8225339
高安市图书馆	江西省高安市筠阳镇	330800	5212216
吉安市图书馆	江西省吉安市阳明东路15号	343000	8224725
井冈山市图书馆	江西省井冈山市茨坪镇红军南路22号	343600	6552531
景德镇市图书馆	江西省景德镇市马鞍山路3号	333000	8221503
九江市图书馆	江西省九江市环城路142号	332000	8224607
乐平市图书馆	江西省乐平市	333300	6833157
庐山图书馆	江西省九江市洒东路	332900	8282613
南昌市图书馆	江西省南昌市中山路215号	330008	6785546
萍乡市图书馆	江西省萍乡市跃进路232号	337005	6832783
瑞昌市图书馆	江西省瑞昌市人民北路4号	332200	4222477
上饶市图书馆	江西省上饶市五三大道4号	334000	8222304
新余市图书馆	江西省新余市胜利北路	338000	6448334
宜春市图书馆	江西省宜春市箭道里	336000	3272908
鹰潭市图书馆	江西省鹰潭市梅树园	335000	6442915
樟树市图书馆	江西省樟树市	331200	7343586
安福县图书馆	江西省安福县平都镇文化路	343200	6222418
安义县图书馆	江西省安义县龙津镇	330500	3422727
安远县图书馆	江西省安远县欣山镇	342100	3732177
波阳县图书馆	江西省波阳县鄱阳镇建设路5号	333100	6282221
崇仁县图书馆	江西省崇仁县巴山镇	344200	6322475
崇义县图书馆	江西省崇义县横水镇	341300	
大余县图书馆	江西省大余县南安镇菜市场侧	341500	8722586
德安县图书馆	江西省德安县蒲亭镇	330400	4333977
定南县图书馆	江西省定南县历市镇建设路17号	341900	4291457
东乡县图书馆	江西省东乡县孝岗镇	331800	4232934
都昌县图书馆	江西省都昌县解放路23号	332600	5223407
分宜县图书馆	江西省分宜县分宜镇铃阳东街	336600	5881891
奉新县图书馆	江西省奉新县	330700	4622915
浮梁县图书馆	江西省浮梁县	333400	

馆名	通讯地址	邮政编码	电话
赣县图书馆	江西省赣县梅林镇菜市路	341100	4441219
广昌县图书馆	江西省广昌县盱江镇解放路15号	344900	3621448
广丰县图书馆	江西省广丰县永丰镇中大街惠生桥2号	334600	2653125
贵溪市图书馆	江西省贵溪市雄石路30号	335400	3772251
横峰县图书馆	江西省横峰县解放东路1号	334300	5782771
湖口县图书馆	江西省湖口县双钟镇	332500	6332130
会昌县图书馆	江西省会昌县湘江镇	342600	5622861
吉安县图书馆	江西省吉安县敦厚镇文山路7号	343100	8442360
金溪县图书馆	江西省金溪县胜利路169号	344800	5292781
进贤县图书馆	江西省进贤县民和镇新胜路57号	331700	5663028
靖安县图书馆	江西省靖安县后港路151号	330600	4662140
九江县图书馆	江西省九江县沙河街镇柴桑路	332100	6812327
乐安县图书馆	江西省乐安县	344300	6522851
黎川县图书馆	江西省黎川县日峰镇东方红大道40号	344600	7522452
莲花县图书馆	江西省莲花县琴亭镇	337100	7222140
临川市第二图书馆	江西省临川市	344100	
龙南县图书馆	江西省龙南县天春园20号	341700	3512490
南昌县图书馆	江西省南昌县莲塘镇莲付路	330200	5712154
南城县图书馆	江西省南城县人民广场北侧	344700	7254971
南丰县图书馆	江西省南丰县人民会场10号	344500	3203339
南康市图书馆	江西省南康市富安巷1号	341400	7812392
宁都县图书馆	江西省宁都县中山街146号	342800	6832980
宁冈县图书馆	江西省宁冈县砻市镇	343500	6862335
彭泽县图书馆	江西省彭泽县城关镇	332700	5625339
铅山县图书馆	江西省铅山县河口镇	334500	5332119
全南县图书馆	江西省全南县城厢镇	341800	2632422
瑞金市图书馆	江西省瑞金市八一路92号	342500	2523712
上高县图书馆	江西省上高县	336400	2511536
上饶县图书馆	江西省上饶县旭日镇	334100	8442581
上犹县图书馆	江西省上犹县解放路47号	331200	8541717
石城县图书馆	江西省石城县琴江镇	342700	5712641
遂川县图书馆	江西省遂川县工农兵大道17号	343900	6322288
泰和县图书馆	江西省泰和县澄江镇	343700	5335080
铜鼓县图书馆	江西省铜鼓县永宁镇	336200	8722944
万安县图书馆	江西省万安县芙蓉镇	343800	5702058
万年县图书馆	江西省万年县六〇路广场	335500	3833298
万载县图书馆	江西省万载县新前街29号	336100	8823714
武宁县图书馆	江西省武宁县新街	332300	2761563
峡江县图书馆	江西省峡江县巴丘镇中山场	331400	3663486
新干县图书馆	江西省新干县金川镇	331300	2602165
新建县图书馆	江西省新建县长凌镇解放路31号	330100	3752206

馆　名	通讯地址	邮政编码	电　话
信丰县图书馆	江西省信丰县解放路胜利西巷51号	341600	3311553
星子县图书馆	江西省星子县南康镇	332800	2666595
兴国县图书馆	江西省兴国县背街383号	342400	5322806
修水县图书馆	江西省修水县义宁镇	332400	7221759
寻乌县图书馆	江西省寻乌县长宁镇	342200	2845332
宜丰县图书馆	江西省宜丰县新昌镇	336300	2765274
宜黄县图书馆	江西省宜黄县文娱路1号	344400	7602195
永丰县图书馆	江西省永丰县恩江镇	331500	2511342
永新县图书馆	江西省永新县繁荣街25号	343400	7722957
永修县图书馆	江西省永修县	330300	3223290
于都县图书馆	江西省于都县贡江镇建国路16号	342300	6433824
余干县图书馆	江西省余干县余干镇	335100	3207041
余江县图书馆	江西省余江县邓家埠镇	335200	5881209
玉山县图书馆	江西省玉山县解放东路112号	334700	2552142
资溪县图书馆	江西省资溪县建设路22号	335300	5792412
弋阳县图书馆	江西省弋阳县解放路53号	334400	5882667
婺源县图书馆	江西省婺源县紫阳镇	333200	7351058
南昌市东湖区图书馆	江西省南昌市叠山路345号	330006	6810040
南昌市西湖区图书馆	江西省南昌市三眼井街2号	330003	6265403
南昌市青云谱区图书馆	江西省南昌市洪都南大道14号	330001	6451595
新余市渝水区图书馆	江西省新余市建设东路		6221921
鹰潭市月湖区图书馆	江西省鹰潭市林荫东路	335000	6221718
南昌教育学院图书馆	江西省南昌市南湖路2号	330008	6782142
南昌水利水电高等专科学校图书馆	江西省南昌市北京东路19号	330029	8307732
南昌职业技术师范学院图书馆	江西省南昌市市郊下罗	330013	3817994
南方冶金学院图书馆	江西省赣州市红旗大道108号	341000	8240224
江南财经管理干部学院图书馆	江西省南昌市青山南路186号	330008	6269287
江西省政法干校图书馆	江西省南昌市昌北黄家胡同	330013	6772961
江西省社会主义学院图书馆	江西省南昌三经路47号	330006	6811483
萍乡高等专科学校图书馆	江西省萍乡市市郊流江桥	337000	6332417
上饶师范专科学校图书馆	江西省上饶市茅家岭1号	334001	8212030
新余高等专科学校图书馆	江西省新余市五一路	338000	6442861
宜春高等农业专科学校图书馆	江西省宜春市西郊岐山	336000	3222198
宜春师范专科学校图书馆	江西省宜春市环城北路27号	336000	3554460
宜春医学专科学校图书馆	江西省宜春市中山西路57号	336000	3223609
抚州师范专科学校图书馆	江西省临川市丰城路154号	344000	6222015
赣南教育学院图书馆	江西省兴国县凤凰大道	342400	8226879
赣南师范学院图书馆	江西省赣州市红旗大道77号	341000	8223687
赣南医学院图书馆	江西省赣州市青年路	341000	8228859
华东地质学院图书馆	江西省临川市环城西路14号	344000	8223831
华东交通大学图书馆	江西省南昌市北郊双港路	330013	3800544
吉安教育学院图书馆	江西省吉安市长冈北路23号	343000	8223434
吉安师范专科学校图书馆	江西省吉安市井冈山大桥东	343009	8223282

馆名	通讯地址	邮政编码	电话
江西财经大学图书馆	江西省南昌市庐山中大道双港路口	330013	3800011－315
江西电力职工大学图书馆	江西省南昌市麦园	330032	6776655－2008
江西公安专科学校图书馆	江西省南昌市青云谱路79号	330043	5238814
江西教育学院图书馆	江西省南昌市北京东路87号	330029	8309744
江西经济管理干部学院图书馆	江西省南昌市小兰南莲路	330200	5711452
江西农业大学图书馆	江西省南昌市北郊梅岭脚下	330045	3813264
江西师范大学图书馆	江西省南昌市北京西路437号	330027	8506074
江西行政管理干部学院图书馆	江西省南昌市梅岭脚下	330033	8632773
江西医学院图书馆	江西省南昌市八一大道161号	330006	8627217－2352
江西中医学院图书馆	江西省南昌市阳明路20号	330006	6824015－323
井冈山医学高等专科学校图书馆	江西省吉安市吉福路23号	343000	8223205
景德镇高等专科学校图书馆	江西省景德镇市瓷都大道384号	333001	8551340
景德镇陶瓷学院图书馆	江西省景德镇市陶阳路	333001	8449315
九江教育学院图书馆	江西省九江市滨湖路3号	332000	8224102
九江师范专科学校图书馆	江西省九江市三里街	332000	8223591
九江医学专科学校图书馆	江西省九江市浔阳东路57号	332000	8222158
南昌大学图书馆(南区)	江西省南昌市北京东路339号	330029	8305845
南昌大学图书馆(北区)	江西省南昌市南京东路235号	330029	8305827
南昌高等专科学校图书馆	江西省南昌市抚生路万福寺18号	330009	6751448
南昌航空工业学院图书馆	江西省南昌市上海路101号	330034	8223177
南昌大学南区信息学院图书馆	江西省南昌市北京东路339号	330029	8305692
南昌大学南区机电学院图书馆	江西省南昌市北京东路339号	330029	8305665
江西青年服装学院图书馆	江西省南昌市上海路中段	330001	821890
江西服装学院图书馆	江西省南昌市佛塔路中段	330001	8447339
南昌大学北区政法学院图书馆	江西省南昌市南京东路235号	330047	8304540
南昌大学北区经济学院图书馆	江西省南昌市南京东路235号	330000	8304513
南昌大学北区化工学院图书馆	江西省南昌市南京东路235号	330000	8305822
江西高等专科学校图书馆	江西省南昌市万福寺18号	330009	6784147
江西科学院物理大学图书馆	江西省南昌市上坊路100号	330029	8331919
江西广播电视大学图书馆	江西省南昌市洪都北大道86号	330046	8520573
解放军南昌陆军学院图书馆	江西省新建县望城岗	330103	3680264
北京航空航天大学景德镇市分校	江西省景德镇市广场北路	333000	8225331
景德镇市教育学院图书馆	江西省景德镇市瓷都大道384号	333032	8332546
南昌大学共青学院图书馆	江西省九江市南湖大道	332020	4342683
江西医学院九江分院图书馆	江西省九江市庐峰路7号	332000	8558518
江西财经学院九江分院图书馆	江西省九江市女儿街4号	332000	8224847
新余市渝洲电子工业学院图书馆	江西省新余市建设西路	338000	6223335
鹰潭市教育学院图书馆	江西省鹰潭市岱宝山路5号	335003	6222021
赣南大学图书馆	江西省赣州市东阳山	344000	8211421
上饶教育学院图书馆	江西省上饶市崭岭头	334000	8225380
上饶地区行政学院图书馆	江西省上饶市书院路110号	334000	8223153
上饶地区社会主义学院图书馆	江西省上饶市书院路110号	334000	8223153
江西医学院上饶分院图书馆	江西省上饶市书院路88号	334000	5223445

馆　名	通讯地址	邮政编码	电　话
鄣公山共产主义劳动大学图书馆	江西省婺源县清华镇	333200	7242019
江西医学院抚州分院图书馆	江西省临川市大公路	344100	8283861
中共抚州地委党校图书馆	江西省赣州市大公东路 89 号	344000	8283541
中共赣州地委党校图书馆	江西省赣州市沙石镇	341000	8221061
中共吉安地委党校图书馆	江西省吉安市跃进路 11 号	343000	8344855
中共江西省委党校图书馆	江西省南昌市八一大道 212 号	330003	6227060
中共景德镇市委党校图书馆	江西省景德镇市东郊黄泥头	333001	8441923
中共南昌市委党校图书馆	江西省南昌市松柏路 55 号	330003	6284418
中共萍乡市委党校图书馆	江西省萍乡市跃进路 45 号	337055	6332417
江西省团校图书馆	江西省南昌市梅岭	330033	3805841
中共江西省直属机关工委党校图书资料室	江西省南昌市青山南路 394 号	330077	8636346
中共乐平市委党校图书资料室	江西省乐平市观音前	333300	6832252
中共九江市委党校图书资料室	江西省九江市后纬路 4 号	332000	8225486
中共瑞昌市委党校图书资料室	江西省瑞昌市湓城罗湖村	332200	4222526
中共新余市委党校图书资料室	江西省新余市北湖西路	338000	6441141
中共鹰潭市委党校图书资料室	江西省鹰潭市府前路 2 号	335001	6441290
中共贵溪市委党校图书资料室	江西省贵溪市沿河路	335400	3771130
中共抚州地委党校图书馆	江西省赣州市大公东路 89 号	341000	8283541
中共赣州地委党校图书馆	江西省赣州市沙石镇	341000	8221061
中共赣州市委党校图书资料室	江西省赣州市厚德路 38 号	341000	8223155
中共南康市委党校图书资料室	江西省南康市教育路	341400	7812098
中共瑞金市委党校图书资料室	江西省瑞金市东升镇	342500	2522014
中共宜春市委党校图书资料室	江西省宜春市厚田	336000	3241909
中共丰城市委党校图书资料室	江西省丰城市解放北路 28 号	331100	6422525
中共樟树市委党校图书资料室	江西省樟树市共和东路 136 号	331200	7333968
中共高安市委党校图书资料室	江西省高安市赤土坂路	330800	5212443
中共上饶地委党校图书资料室	江西省上饶市书院路 110 号	334000	8223135
中共上饶市委党校图书资料室	江西省上饶市湖潭头 41 号	334001	8238391
中共上海铁路局上饶分校图书资料室	江西省上饶市杭建南路	334000	8224723
江西省社会科学院图书馆	江西省南昌市洪都北大道 11 号	330006	8520944
江西省科学院图书馆	江西省南昌市上坊路 18 号	330029	8331919
江西省农业科学院图书馆	江西省南昌市莲塘	330200	5714433
中德联合研究院图书馆	江西省南昌市南京东路 17 号	330029	8334593
江西省科学技术情报研究所图书资料室	江西省南昌市省府北路	330046	6296194
江西省国防科技情报研究所图书资料室	江西省南昌市解放西路 57 号	330002	8458579
江西省气象科学研究所图书资料室	江西省南昌市省府大院	330046	6293304
江西省医学科学研究所图书资料室	江西省南昌市八一大道 155 号	330002	6283634
江西省中医药研究所图书资料室	江西省南昌市文教路 101 号	330006	8512906
南昌市科技情报中心图书资料室	江西省南昌市中山路 44 号	330003	6265801

馆 名	通讯地址	邮政编码	电 话
江西省文物考古研究所图书资料室	江西省南昌市八一大道46号	330000	6268592
南昌市农业科学研究所图书资料室	江西省南昌市抚生路	330009	6522351
南昌市医科所图书资料室	江西省南昌市何坊西路15号	330001	5211168
江西省农业科学院科技情报研究所图书资料室	江西省南昌县莲塘	330200	5714433
江西省农业科学院园艺研究所图书资料室	江西省南昌县莲塘	330200	5714433
江西省艺术研究所图书资料室	江西省南昌县江大南路10号	330029	8332769
景德镇市科技情报研究所图书资料室	江西省景德镇市广场南侧	333000	8229642
景德镇市农业科学研究所图书资料室	江西省景德镇市丁家洲	333000	8551741
萍乡市科技情报研究所图书资料室	江西省萍乡市昭萍东路	337001	6332201
九江市科技情报研究所图书资料室	江西省九江市人民路52号	332000	8223289
新余市科技情报研究所图书资料室	江西省新余市北湖西路3号	338000	6442441
鹰潭市科技情报研究所图书资料室	江西省鹰潭市胜利西路27号	335000	6221539
赣州地区科技情报研究所图书资料室	江西省赣州市文清路10号	341000	8228247
宜春地区科技情报研究所图书资料室	江西省宜春市环城西路	336000	3224251
上饶地区科技情报研究所图书资料室	江西省上饶市86号	334000	8223034
抚州地区科技情报研究所图书资料室	江西省临川市兴鲁坊	344000	8283793
南昌市第一人民医院图书馆	江西省南昌市后墙路26号	330008	6784336
南昌市第二人民医院图书馆	江西省南昌市八一大道90号	330003	6262574
江西医学院第一附属医院图书馆	江西省南昌市永外正街1号	330006	8627349
江西医学院第二附属医院图书馆	江西省南昌市八一大道374号	330003	6266558
江西省中医学院附属医院图书馆	江西省南昌市八一大道423号	330003	6215357
江西省人民医院图书馆	江西省南昌市爱国路92号	330000	6811769
江西省肺科医院图书馆	江西省南昌市叠山路342号	330000	6784107
江西省武警总队医院图书馆	江西省南昌市迎宾大道602号	330001	5231988
江西省劳改医院图书馆	江西省新建县长陵长征路	330100	3752417

山 东 省

馆 名	通讯地址	邮政编码	电 话
山东省图书馆	山东省济南市大明湖路275号	250011	6092338
安丘市图书馆	山东省安丘市	261200	4222374
滨州市图书馆	山东省滨州市滨城镇	256600	3322164
昌邑市图书馆	山东省昌邑市解放路56号	261300	7212335
长清市图书馆	山东省长清市老城大街	250300	7222223
德州市图书馆	山东省德州市东方红路22号	253012	2622285

馆　名	通讯地址	邮政编码	电　话
肥城市图书馆	山东省肥城市龙山路	271600	3214275
高密市图书馆	山东省高密市人民大街 314 号	261500	2322290
海阳市图书馆	山东省海阳市海政路 47 号	265100	3222372
菏泽市图书馆	山东省菏泽市南华街 32 号市文化中心院内	274004	5623679
即墨市图书馆	山东省即墨市中山街 145 号	266200	8512743
济南市图书馆	山东省济南市经三路 150 号	250001	7936700
济宁市图书馆	山东省济宁市常青路北	272137	2235540
胶南市图书馆	山东省胶南市人民路 76 号	266400	6164706
胶州市图书馆	山东省胶州市湖州路	266300	7212505
莱芜市图书馆	山东省莱芜市凤城西大街 89 号	271100	6213976
莱西市图书馆	山东省莱西市威海中路 9 号	266600	8484506
莱阳市图书馆	山东省莱阳市旌旗路	265200	7212408
莱州市图书馆	山东省莱州市府前街 37 号	261400	2235796
乐陵市图书馆	山东省乐陵市兴华路	253600	6521308
聊城市海源阁图书馆	山东省聊城市	252000	8413715
桓台县图书馆	山东省桓台县云安街 5 号	256400	8180317
惠民县图书馆	山东省惠民县商场街	251700	5322041
济阳县图书馆	山东省济阳县济阳镇	251400	4211263
嘉祥县图书馆	山东省嘉祥县城	272400	6821053
金乡县图书馆	山东省金乡县北当街 144 号	272200	
莒南县图书馆	山东省莒南县十字路镇隆山路	276600	7212212
莒县图书馆	山东省莒县城里青年中路	276500	6222476
巨野县图书馆	山东省巨野县城	274900	8211568
鄄城县图书馆	山东省鄄城县城	274600	2421111
垦利县图书馆	山东省垦利县中兴路	257500	2521577
利津县图书馆	山东省利津县城西关	257400	5622921
梁山县图书馆	山东省梁山县城人民中路 41 号	272600	7322906
烟台市少儿图书馆	山东省烟台市十字街 51 号	264001	6222938
临沭县图书馆	山东省临沭县临沭镇中心路 26 号	276700	6211979
临朐县图书馆	山东省临朐县县城新华街	262600	3212234
陵县图书馆	山东省陵县陵城镇南街 40 号	253500	8221491
蒙阴县图书馆	山东省蒙阴县蒙阴镇	276200	4271471
宁津县图书馆	山东省宁津县宁津镇中心大街	253400	5221785
宁阳县图书馆	山东省宁阳县宁阳镇东街路	271400	5621219
平邑县图书馆	山东省平邑县城浚河路	273300	4211737
平阴县图书馆	山东省平阴县城	250400	7871625
平原县图书馆	山东省平原县平原镇文化桥东	253124	4211650
齐河县图书馆	山东省齐河县晏城镇	251100	5321110
庆云县图书馆	山东省庆云县县城	253700	
单县图书馆	山东省单县城关镇向阳路	273700	4662075
商河县图书馆	山东省商河县商河镇东关大街	251600	
泗水县图书馆	山东省泗水县文化路	273200	4222412

馆　　名	通讯地址	邮政编码	电　话
郯城县图书馆	山东省郯城县郯城镇团结路	276100	6221058
微山县图书馆	山东省微山县城	277600	8221381
汶上县图书馆	山东省汶上县城	272500	7212493
无棣县图书馆	山东省无棣县旧城里中心路	251900	6322487
五莲县图书馆	山东省五莲县文化路 19 号	262300	5213363
夏津县图书馆	山东省夏津县城	253200	3261881
莘县图书馆	山东省莘县城关镇西街新华路	252400	7323451
阳谷县图书馆	山东省阳谷县东方红大街	252300	
阳信县图书馆	山东省阳信县阳城三路 235 号	251800	8211655
沂南县图书馆	山东省沂南县界湖镇人民路	276300	3221125
沂水县图书馆	山东省沂水县沂水镇	276400	2252385
沂源县图书馆	山东省沂源县胜利路	256100	3241562
鱼台县图书馆	山东省鱼台县城	272300	6213549
郓城县图书馆	山东省郓城县郓城镇临城路东门街	274700	6520799
沾化县图书馆	山东省沾化县富国镇	256800	7322470
邹平县图书馆	山东省邹平县邹平镇东关	256200	4325189
济南市历城区图书馆	山东省济南市王舍人庄南邻	250101	8983131
章丘市图书馆	山东省章丘市明水镇山泉路	250200	3213939
青岛市图书馆	山东省青岛市山东路 99 号	266034	5828592
青岛市四方图书馆	山东省青岛市杭州路 43 号	266031	3832538
平度市图书馆	山东省平度市徐州路 36 号	266700	7362040
淄博市图书馆	山东省淄博市共青团西路 10 号	255025	2286389
淄博市张店区少儿图书馆	山东省淄博市和平小区 60 号	255000	2210580
高青县图书馆	山东省高青县县城文化路 32 号	256300	9661526
枣庄市图书馆	山东省枣庄市公胜街 23 号	277101	3396881
滕州市图书馆	山东省滕州市善国北路北首	277500	5513084
广饶县图书馆	山东省广饶县府前大街 39 号	257300	6441013
烟台图书馆	山东省烟台市环山路 2 号	264003	6885739
烟台市福山区图书馆	山东省烟台市城里街 162 号	264000	6363538
烟台市牟平区图书馆	山东省烟台市牟平区政府大街	264000	4212308
烟台经济技术开发区图书馆	山东省烟台市晨光小区 31 号	264000	6372375
烟台市芝罘区图书馆	山东省烟台市电厂东路 4 号	264000	6532344
栖霞市图书馆	山东省栖霞市栖霞镇山城二路 15 号	265300	5211726
长岛县图书馆	山东省长岛县乐园大街	265800	3215858
龙口市图书馆	山东省龙口市黄城西大街 47 号	265700	8517612
蓬莱市图书馆	山东省蓬莱市(城内)钟楼北路	265600	5642763
招远市图书馆	山东省招远市招城镇东关街	265400	8213560
潍坊市图书馆	山东省潍坊市米市街 48 号	261041	8233225
昌乐县图书馆	山东省昌乐县昌乐镇新昌路 32 号	262400	6222548
青州市图书馆	山东省青州市范公亭西路 64 号	262500	3221622
诸城市图书馆	山东省诸城市和平路 60 号	262200	6212536
寿光市图书馆	山东省寿光市古建街	262700	5221683
东平县图书馆	山东省东平县香山街 3 号	271500	2822835

馆　名	通讯地址	邮政编码	电　话
新泰市图书馆	山东省新泰市中花园街	271200	7222870
曲阜市图书馆	山东省曲阜市新文化街 4 号	273100	4412328
兖州市图书馆	山东省兖州市兖州镇建设路实小胡同	272000	3413681
邹城市图书馆	山东省邹城市西门里太平路	273500	5213732
泰安市图书馆	山东省泰安市财源大街 20 号	271000	8336465
威海市图书馆	山东省威海市文化中路	264200	8515620
文登市图书馆	山东省文登市城关镇职工街	264400	8451647
荣成市图书馆	山东省荣成市南山路 3 号	264300	7552057
乳山市图书馆	山东省乳山市市区商业街 33 号	264500	6622763
日照市图书馆	山东省日照市海曲路西段	276800	8227150
滨州地区图书馆	山东省滨州市渤海七路 635 号	256616	3322164
博兴县图书馆	山东省博兴县博兴镇	256500	2321698
临清市图书馆	山东省临清市古楼街	252600	2323708
茌平县图书馆	山东省茌平县县城中心街	252100	4271402
东阿县图书馆	山东省东阿县商业街 125 号	252200	3282558
冠县图书馆	山东省冠县城镇河滨路	252500	5231720
高唐县图书馆	山东省高唐县北湖路	252800	
苍山县图书馆	山东省苍山县县城中兴路 150 号	277700	5228352
费县图书馆	山东省费县费城镇和平路东段	273400	5221010
曹县图书馆	山东省曹县曹城镇东大街	274400	3211650
定陶县图书馆	山东省定陶县	274100	
成武县图书馆	山东省成武县城关镇新大街	274200	8622534
东明县图书馆	山东省东明县城	274500	7211690
胜利油田图书馆	山东省东营市胜泰路 2 号	257001	8778064
菏泽医学专科学校图书馆	山东省菏泽市西城区康复路 14 号	274030	5625211—6693
济南交通高等专科学校图书馆	山东省济南市交校路 5 号	250023	5976363—3065
济南联合大学图书馆	山东省济南市舜耕路 13 号	250002	2973435—2173
济南市职工大学图书馆	山东省济南市玉函路 67 号	250002	2974133
济宁师范专科学校图书馆	山东省济宁市中区红星路 3 号	272125	2343592
济宁医学院图书馆	山东省济宁市建设路 38 号	272113	2253911—2147
莱阳农学院图书馆	山东省莱阳市文化路 46 号	265200	7232423
聊城师范学院图书馆	山东省聊城市文化路 34 号	252059	8238159
临沂教育学院图书馆	山东省临沂市开阳路 16 号	276003	8312569
临沂师范专科学校图书馆	山东省临沂市临西路 21 号	276005	8297465
临沂医学专科学校图书馆	山东省临沂市青年路 24 号	276002	8212659
青岛大学图书馆	山东省青岛市湛流干路 103 号	266071	5894961
青岛海洋大学图书馆	山东省青岛市鱼山路 5 号	266003	2032647
青岛化工学院图书馆	山东省青岛市郑州路 53 号	266042	4851401—220
青岛建筑工程学院图书馆	山东省青岛市四方区抚顺路 11 号	266033	5622128—237
青岛教育学院图书馆	山东省青岛市浙江路 9 号	266071	2866759
青岛大学师范学院图书馆	山东省青岛市南区大麦岛高教区	266071	5870046
青岛市广播电视大学图书馆	山东省青岛市大连路 16 号	266012	2822044
青岛冶金矿山大学图书馆	山东省青岛市黄岛区薛家岛	266520	6878745

馆　　名	通讯地址	邮政编码	电　　话
青岛大学医学院图书馆	山东省青岛市黄台路 10 号	266021	3838480—3794
曲阜师范大学图书馆	山东省曲阜市西郊西关外	273165	4424804
山东财政学院图书馆	山东省济南市舜耕路 40 号	250014	2952520—2261
山东大学图书馆	山东省济南市山大南路 27 号	250100	8564901
山东大学威海分校图书馆	山东省威海市文化西路 1 号	264209	5681234—261
山东电力高等专科学校图书馆	山东省泰安市泮河路 21 号	271000	8228774
中华女子学院山东分院图书馆	山东省济南市土屋路 3 号	250002	2977140
山东工程学院图书馆	山东省淄博市张店共青团西路 88 号	255012	2170999—3026
山东工业大学图书馆	山东省济南市经十路 33 号	250061	2951374
山东工艺美术学院图书馆	山东省济南市千佛山东路 13 号	250014	2963741—419
山东广播电视大学图书馆	山东省济南市经十一路 21 号	250014	6916565—320
山东建筑材料学院图书馆	山东省济南市七贤庄	250022	7963250—5453
山东建筑工程学院图书馆	山东省济南市和平路 5 号	250014	6956931—231
山东教育学院图书馆	山东省济南市历山路 36 号	250013	6401348
山东经济学院图书馆	山东省济南市燕子山东路 4 号	250014	8934161—221
山东矿业学院图书馆	山东省泰安市岱宗大街 48 号	271019	822331—6365
山东矿业学院济南分院图书馆	山东省济南市堤口路	250031	5903170
山东煤炭教育学院图书馆	山东省泰安市粥店	271021	8412170
山东农业大学图书馆	山东省泰安市岱宗大街 86 号	271018	8242551
山东轻工业学院图书馆	山东省济南市黄台北路 23 号	250100	8964221—350
山东省公安专科学校图书馆	山东省济南市文化东路 30 号	250014	2606101
山东省农业管理干部学院图书馆	山东省济南市山大北路洪楼小区 22 号	250100	8907879
山东省政法管理干部学院图书馆	山东省济南市龙洞路 40 号	250014	8935688
山东师范大学图书馆	山东省济南市文化东路 38 号	250014	2963464
山东水利专科学校图书馆	山东省泰安市岱宗大街 117 号	271000	8222871—245
山东体育学院图书馆	山东省济南市文化西路 10 号	250063	2967575—337
山东省经济管理干部学院图书馆	山东省济南市燕子山东路 1 号	250014	8933721
山东医科大学图书馆	山东省济南市文化西路 44 号	250012	2942148
山东艺术学院图书馆	山东省济南市文化东路 57 号	250014	6942357—481
山东中医药大学图书馆	山东省济南市经十路 23 号	250014	2966910—328
山东省社会主义学院图书馆	山东省济南市六里山南路 2—1 号	250002	2977561—3819
胜利油田师范专科学校图书馆	山东省东营市太行山路 21 号	257097	8555715
石油大学(华东)图书馆	山东省东营市泰安路 149 号	257062	8392450
泰安师范专科学校图书馆	山东省泰安市文化路 56 号	271000	8202331
泰山医学院图书馆	山东省泰安市迎胜东路 2 号	271000	8229011—2131
潍坊高等专科学校图书馆	山东省潍坊市胜利大街 20 号	261041	8222467
潍坊医学院图书馆	山东省潍坊市胜利大街 68 号	261042	8215147
烟台大学图书馆	山东省烟台市东郊清泉寨	264005	6888995—2386
烟台教育学院图书馆	山东省烟台市环山路 171 号	264001	6630413
烟台师范学院图书馆	山东省烟台市芝罘区	264025	6014089
枣庄师范专科学校图书馆	山东省枣庄市北安路	277160	3744729
中国煤炭经济学院图书馆	山东省烟台市滨海大道 191 号	264005	6903580

馆　名	通讯地址	邮政编码	电　话
淄博师范专科学校图书馆	山东省淄博市北西七路	255013	3181605
滨州师范专科学校图书馆	山东省滨州市黄河三路525号	256604	3318468
滨州医学院图书馆	山东省滨州市黄河三路522号	256603	3326131—6480
昌潍师范专科学校图书馆	山东省潍坊市胜利大街65号	261043	8274848
德州教育学院图书馆	山东省德州市三八路114号	253014	2626603
德州师范专科学校图书馆	山东省德州市北园路东首	253023	2321088—3061
海军潜艇学院图书馆	山东省青岛市山东路10号	266071	5813701—68501
菏泽师范专科学校图书馆	山东省菏泽市师专路60号	274015	5633331—2202
山东工会管理干部学院图书馆	山东省济南市桑园路60号	250100	8964041
山东青年管理干部学院图书馆	山东省济南市经十路27号	250014	2968951
山东体育运动技术学院图书馆	山东省济南市文化东路	250014	6953848
济南教育学院图书馆	山东省济南市杆南东街	250001	2012281
济南医学高等专科学校图书馆	山东省济南市段店南路217号	250022	7984681
青岛远洋船员学院图书馆	山东省青岛市江西路76号	266071	5815192
烟台市行政学院图书馆	山东省烟台市通世路	264000	6010164
中加高等应用技术学院图书馆	山东省烟台市滨海大街191号	264000	6903693
解放军海军航空工程学院图书馆	山东省烟台市东海大院16号	264000	6619834
山东文理学院图书馆	山东省烟台市滨海大道191号	264005	6903842
济宁大学图书馆	山东省济宁市	272100	2317070
济宁教育学院图书馆	山东省济宁市常青路	272100	2314714
潍坊教育学院图书馆	山东省青州市玲珑山南路	262500	8322316
解放军二炮指挥学院青州分院图书馆	山东省青州市驼山路	262500	3223763
山东农业大学图书馆	山东省泰安市岱宗大街86号	271018	8242551
泰安教育学院图书馆	山东省泰安市东关	271000	8227216
泰山乡镇企业学院图书馆	山东省泰安市迎胜东路2号	271000	8337976
威海市教育学院图书馆	山东省威海市文化中路	264200	5819971
哈尔滨工业大学威海分校图书馆	山东省威海市文化西路	264000	5681441
荣成大学图书馆	山东省荣成市开发区	264300	7562907
山东经济学院荣成分院图书馆	山东省荣成市开发区	264300	7562047
曲阜师范大学日照分校图书馆	山东省日照市黄海一路	276800	8331225
滨州教育学院图书馆	山东省滨州市黄河一路	256612	3384338
聊城教育学院图书馆	山东省聊城市贯前街18号	252000	8221657
菏泽教育学院图书馆	山东省菏泽市中华东路40号	274000	5334663
中共青岛市委党校图书馆	山东省青岛市宁德路1号	266071	5872431
中共山东省委党校图书馆	山东省济南市经七纬八路588号	250021	7935911—3769
中共枣庄市委党校图书馆	山东省枣庄市薛城	277100	2411220
中共济南市委党校图书馆	山东省济南市舜耕路	250014	2956528
中共济南铁路分局党校图书馆	山东省济南市山大路	250000	8938757
济南市团校图书馆	山东省济南市经五纬六路321号	250021	7936194
中共即墨市委党校图书馆	山东省即墨市中山街4号	266200	8512047
中共平度市委党校图书馆	山东省平度市人民路137号	266700	7362472
中共胶南市委党校图书馆	山东省胶南市珠山路	266400	6163073

馆　　名	通讯地址	邮政编码	电　话
中共莱西市委党校图书馆	山东省莱西市烟台路100号	266600	8484669
中共淄博市委党校图书馆	山东省淄博市商场西路	255000	2181512
中共枣庄市委党校图书馆	山东省枣庄市薛城	277100	2411220
枣庄市团校图书资料室	山东省枣庄市永兴东路	277100	4411226
中共滕州市委党校图书馆	山东省滕州市新兴北路	277500	5514901
中共东营市委党校图书馆	山东省东营市胶州路	257000	8331219
中共烟台市委党校图书馆	山东省烟台市通世路	264000	6242583
中共栖霞市委党校图书馆	山东省栖霞市山城七路	265300	5212492
中共海阳市委党校图书馆	山东省海阳市海政路	265100	3223014
中共龙口市委党校图书馆	山东省龙口市中心街	265700	8517232
中共莱阳市委党校图书馆	山东省莱阳市文化路	265200	7212074
中共蓬莱市委党校图书馆	山东省蓬莱市乐河	265600	5642522
中共潍坊市委党校图书馆	山东省潍坊市胜利街	261041	8232198
中共昌邑市委党校图书馆	山东省昌邑市利民街	261300	7212258
中共青州市委党校图书馆	山东省青州市范公亭路	262500	3221099
中共诸城市委党校图书馆	山东省诸城市东关大街75号	262200	6212311
中共济宁市委党校图书资料室	山东省济宁市红星中路	272100	2217926
中共曲阜市委党校图书资料室	山东省曲阜市西门大街36号	273100	4412920
中共兖州市委党校图书资料室	山东省兖州市文化西路	272000	3412596
中共邹城市委党校图书资料室	山东省邹城市岗山路	273500	5212857
中共泰安市委党校图书资料室	山东省泰安市龙潭路22号	271000	8223182
中共肥城市委党校图书资料室	山东省肥城市文化路8号	271600	3211957
中共威海市委党校图书馆	山东省威海市文化中路	264200	5232073
中共文登市委党校图书馆	山东省文登市香山路	264400	8451413
中共荣成市委党校图书馆	山东省荣成市工商东路	264300	7572093
中共乳山市委党校图书馆	山东省乳山市胜利街	264500	6621413
中共日照市委党校图书资料室	山东省日照市金阳路	276800	8221319
中共莱芜市委党校图书资料室	山东省莱芜市胜利南路	271100	6112732
中共德州市委党校图书资料室	山东省德州市永庆街	253009	2621349
中共乐陵市委党校图书资料室	山东省乐陵市商贸街	253600	6322534
中共聊城地委党校图书资料室	山东省聊城市北郊路	252000	8321164
中共聊城市委党校图书资料室	山东省聊城市西关街16号	252000	8421358
中共临清市委党校图书资料室	山东省临清市顺河街	252600	2323498
中共临沂市委党校图书资料室	山东省临沂市沂蒙路北段	276000	8290608
中共菏泽市委党校图书资料室	山东省菏泽市文化路10号	274000	5624913
中国科学院海洋研究所科技情报研究室	山东省青岛市南海路7号	266071	2879062—2527
山东省地矿局图书馆	山东省济南市历山路74号	250013	6957993—316
青岛海洋地质所图书馆	山东省青岛市福州路	266071	5814651—2713
山东省社会科学院图书馆	山东省济南市玉函路10号	250002	6915471
山东省科学院图书馆	山东省济南市科院路	250014	2962057
山东省艺术研究所图书资料室	山东省济南市小纬二路	250001	6924138

馆　名	通讯地址	邮政编码	电　话
山东省科学技术情报研究所图书资料室	山东省济南市经四路	250021	7934505
济南市科学技术情报研究所图书资料室	山东省济南市淄博路	250000	2012171
山东省计算中心图书资料室	山东省济南市科院路 19 号	250014	2964236
山东省农业科学院图书馆	山东省济南市桑园路	250100	8965842
山东省气象科学研究所图书资料室	山东省济南市无影山路	250031	5958684
山东省医学情报研究所图书资料室	山东省济南市经十路	250001	2952056
山东省科学院情报研究所图书资料室	山东省济南市科院路	250014	2962057
山东省文物考古研究所图书资料室	山东省济南市文化西路	250012	6924940
山东省科学院海洋仪器仪表研究所图书资料室	山东省青岛市浙江路 28 号	266001	2868782
青岛市科学技术信息研究所图书资料室	山东省青岛市龙口路 40 号	266003	2864205
国土资源部海洋地质研究所图书资料室	山东省青岛市福州路	266071	5814651
淄博市林业科研所图书资料室	山东省淄博市共青团东路	255020	2180043
淄博市科学技术情报研究所图书资料室	山东省淄博市柳泉路	255039	2284671
淄博市农业科学研究所图书资料室	山东省淄博市商场西街	255000	2860584
枣庄市科学技术情报研究所图书资料室	山东省枣庄市新声路	277137	3324313
东营市科技情报研究所图书资料室	山东省东营市淄博路	257036	2283414
烟台市科技情报研究所图书资料室	山东省烟台市毓璜顶西路 17 号	264000	6820694
烟台市农业科学研究所图书资料室	山东省烟台市南山路 26 号	264000	6362342
潍坊市科学技术情报研究所图书资料室	山东省潍坊市东风大街	261041	8234543
潍坊市农业科学院图书资料室	山东省潍坊市东风东街	261000	8233468
山东科学院激光研究所图书资料室	山东省济宁市红星东路	272117	2314129
莱芜市科技信息研究所图书资料室	山东省莱芜市文化西路	271100	6216441
德州市科学技术情报所图书资料室	山东省德州市平等街 2 号	253016	2641947
聊城地区科技情报研究所图书资料室	山东省聊城市付花路 23 号	252052	8322442
菏泽地区科技情报研究所图书资料室	山东省荷泽市中华东路 39 号	274010	5334310
山东省人民医院图书馆	山东省济南市经五路 342 号	250021	7938911
山东医科大学附属医院图书馆	山东省济南市文化西路 107 号	250012	6921941－2045
山东省中医院图书馆	山东省济南市文化西路 66 号	250011	2950414
济南市中心医院图书馆	山东省济南市解放路 105 号	250013	6947881
济南市中医医院图书馆	山东省济南市麟趾巷 42 号	250012	6920224
济南医院图书馆	山东省济南市历山路后岗子街 74 号	250013	6952237
济南市第一人民医院图书馆	山东省济南市大明湖路	250011	6926351

馆名	通讯地址	邮政编码	电话
济南军区总医院图书馆	山东省济南市师范路	250031	5952171
济南市传染病医院图书资料室	山东省济南市经十路173号	250021	7935971
济南市儿童医院图书资料室	山东省济南市经十路西首430号	250022	7964994
济南铁路中心医院图书资料室	山东省济南市市中区经八路1号	250001	2908797
山东省精神卫生中心图书资料室	山东省济南市文化东路33号	250014	6942675
山东省胸科医院图书资料室	山东省济南市历山路46号	250013	6954258
山东省肿瘤防治医院图书资料室	山东省济南市济竞公路440号	250117	7784227
山东省医科院研究所图书资料室	山东省济南市经十路89号	250062	2956191—2159

河南省

馆名	通讯地址	邮政编码	电话
河南省图书馆	河南省郑州市嵩山南路150号	450052	7437732
安阳市少年儿童图书馆	河南省安阳市解放路21号	455000	5929802
安阳市图书馆	河南省安阳市东风路北段	455000	2919585
邓州市图书馆	河南省邓州市古城路197号	474100	
巩义市图书馆	河南省巩义市新兴路	451250	4351854
鹤壁市图书馆	河南省鹤壁市春雷路中段77号	458000	2627648
济源市图书馆	河南省济源市天坛路	454650	6692740
登封市图书馆	河南省登封市爱民路	452470	2872601
焦作市图书馆	河南省焦作市解放西路9号	454150	2924018
开封市图书馆	河南省开封市龙亭南路	475001	5952105
林州市图书馆	河南省林州市太行路104号	456550	6811944
洛阳市图书馆	河南省洛阳市西工区凯旋西路13号	471000	3935219
泌阳县图书馆	河南省泌阳县人民街南段	463700	7922429
南阳市图书馆	河南省南阳市广场南街17号	473000	3335676
平顶山市图书馆	河南省平顶山市中兴北路西8号院	467000	2988447
汝州市图书馆	河南省汝州市望嵩南路22号院内	467500	6862609
三门峡市图书馆	河南省三门峡市陕源路	472000	2822530
商丘市图书馆	河南省商丘市民主西路64号	476000	2213489
卫辉市图书馆	河南省卫辉市德北街	453100	4491719
舞钢市垭口图书馆	河南省舞钢市	462500	8123652
新乡市图书馆	河南省新乡市民主路	453000	2022236
信阳市图书馆	河南省信阳市胜利路	464000	6225163
许昌市图书馆	河南省许昌市劳动路48号	461000	2622442
义马市图书馆	河南省义马市朝阳路	472300	5832201
禹州市图书馆	河南省禹州市滨河路	461600	8184448
郑州市图书馆	河南省郑州市南阳路6号	450053	3827602
周口市图书馆	河南省周口市富强街	466000	8223955
驻马店市图书馆	河南省驻马店市交通路16号	463000	2914100
偃师市图书馆	河南省偃师市新新路5号	471900	7712318
漯河市图书馆	河南省漯河市马路街西段	462000	2122529
濮阳市图书馆	河南省濮阳市建设路	457000	4415664
安阳县图书馆	河南省安阳市东风路32号	455000	5916854

馆 名	通讯地址	邮政编码	电 话
宝丰县图书馆	河南省宝丰县东大街 16 号	467400	6522132
博爱县图书馆	河南省博爱县阁前路	454450	8693669
长葛市图书馆	河南省长葛市城关镇人民路	461500	6123268
长垣县图书馆	河南省长垣县城关镇前街	453400	8893695
郸城县图书馆	河南省郸城县城关镇西大街	477100	3222468
范县图书馆	河南省范县樱桃园北街	457500	
方城县图书馆	河南省方城县城关镇释文路	473200	
封丘县图书馆	河南省封丘县东街	453300	8293641
扶沟县图书馆	河南省扶沟县城关镇旧火神庙	461300	
固始县图书馆	河南省固始县城关镇中山大街 140 号	465200	
光山县图书馆	河南省光山县城关镇	465400	8873277
滑县图书馆	河南省滑县道口镇解放路	456400	8112330
淮滨县图书馆	河南省淮滨县城关镇革命街	464400	6961207
淮阳县图书馆	河南省淮阳县城关回族镇新华二街 19 号	466700	
辉县市图书馆	河南省辉县市城关镇东大街	453600	6291176
获嘉县图书馆	河南省获嘉县城关镇	453800	4592527
浚县图书馆	河南省浚县城关镇	456200	5522932
开封县图书馆	河南省开封县城关镇县府东大街	475100	9262203
林县图书馆	河南省林县城关镇东大街 28 号	456500	
临颖县图书馆	河南省临颖县东大街	462600	8861692
灵宝市图书馆	河南省灵宝市城关镇新华西街 58 号	472500	8661777
卢氏县图书馆	河南省卢氏县城新建路副 18 号	472200	7872858
鲁山县图书馆	河南省鲁山县城关镇向阳路 18 号	467300	3551211
鹿邑县图书馆	河南省鹿邑县城关镇	477220	
罗山县图书馆	河南省罗山县城关镇	464200	2125520
洛宁县图书馆	河南省洛宁县城关镇	471700	6231920
孟津县图书馆	河南省孟津县	471100	7912942
孟州市图书馆	河南省孟州市城关镇	454700	
新密市图书馆	河南省新密市城关镇	452300	
民权县图书馆	河南省民权县城关镇	476800	8522228
南乐县图书馆	河南省南乐县城关镇万营街	457400	
南召县图书馆	河南省南召县城关镇	474600	
内黄县图书馆	河南省内黄县城关镇	456300	7711079
内乡县图书馆	河南省内乡县城关镇东关大街	474300	
宁陵县图书馆	河南省宁陵县城关回族镇南街	476700	7811204
平舆县图书馆	河南省平舆县城关镇	463400	5022770
沁阳市图书馆	河南省沁阳市城关镇人民街 19 号	454500	5691256
清丰县图书馆	河南省清丰县城关镇南大街 2 号	457300	7221577
确山县图书馆	河南省确山县城关镇解放路	463200	7022304
汝南县图书馆	河南省汝南县城关镇中心大街	463300	8022624
汝阳县图书馆	河南省汝阳县文化路	471200	
陕县图书馆	河南省陕县	472143	2838696

馆　　名	通讯地址	邮政编码	电　　话
商城县图书馆	河南省商城县城关镇西大街5号	465300	7921048
商丘县图书馆	河南省商丘县县城山西街20号	476100	3318786
商水县图书馆	河南省商水县城关镇备战路	466100	5449646
上蔡县图书馆	河南省上蔡县城关东大街	463800	6923926
社旗县图书馆	河南省社旗县社旗镇	473300	
沈丘县图书馆	河南省沈丘县槐店回族镇县府街	466300	
遂平县图书馆	河南省遂平县城关镇老街	463100	6222893
台前县图书馆	河南省台前县台前镇	457600	3211653
太康县图书馆	河南省太康县城关回族镇	461400	6822291
唐河县图书馆	河南省唐河县城关镇新民街	473400	8923230
通许县图书馆	河南省通许县城关镇东街29号	475400	4976437
桐柏县图书馆	河南省桐柏县城关镇	474700	
尉氏县图书馆	河南省尉氏县	475500	7993484
温县图书馆	河南省温县城关镇西关四街	454800	6192354
武陟县图书馆	河南省武陟县木城镇东大街	454900	7292735
舞阳县图书馆	河南省舞阳县西大街	462400	7121353
西华县图书馆	河南省西华县城关镇西大街	466600	2551504
西平县图书馆	河南省西平县城关镇	463900	6222893
西峡县图书馆	河南省西峡县城关镇十字街西	474500	4663891
息县图书馆	河南省息县城关镇	464300	5952022
夏邑县图书馆	河南省夏邑县城关镇县府路	476400	6213232
襄城县图书馆	河南省襄城县北大街	461700	
项城市图书馆	河南省项城市水寨镇	466200	
新安县图书馆	河南省新安县	471800	7263825
新蔡县图书馆	河南省新蔡县城关镇周潢路中段	463500	5922166
新县图书馆	河南省新县城关镇	465550	4286408
新乡县图书馆	河南省新乡县南干道	453700	5031910
新野县图书馆	河南省新野县城关镇解放街南段	473500	6222564
信阳县图书馆	河南省信阳县中心大街16号	464100	3771342
修武县图书馆	河南省修武县城关镇东大街21号	454300	
许昌县图书馆	河南省许昌县衙前街34号	461100	5695411
延津县图书馆	河南省延津县城关镇	453200	
叶县图书馆	河南省叶县	467200	
伊川县图书馆	河南省伊川县城关镇人民西大街	471300	8337924
宜阳县图书馆	河南省宜阳县城关镇	471600	
永城市图书馆	河南省永城市城关镇牌坊路	476600	
虞城县图书馆	河南省虞城县城关镇大同路中段	476300	4112149
原阳县图书馆	河南省原阳县胜利街	453500	
镇平县图书馆	河南省镇平县城关镇中山街69号	474200	
正阳县图书馆	河南省正阳县城关镇慎阳路	463600	
中牟县图书馆	河南省中牟县城关镇青年路西段	451400	2181012
郏县图书馆	河南省郏县西大街	467100	5161976
郾城县图书馆	河南省郾城县城关镇	462300	

馆　　名	通讯地址	邮政编码	电　话
鄢陵县图书馆	河南省鄢陵县城关镇西街	461200	
嵩县图书馆	河南省嵩县城关镇东大街 6 号	471400	6312439
淇县图书馆	河南省淇县红旗路	456750	7222226
淅川县图书馆	河南省淅川县城关镇解放路	474400	4215227
渑池县图书馆	河南省渑池县	472400	4812680
潢川县图书馆	河南省潢川县机场新区	465100	3933202
濮阳县图书馆	河南省濮阳县城关镇东大街 95 号	457100	
杞县图书馆	河南省杞县城关镇	475200	8991300
柘城县图书馆	河南省柘城县城关镇长乐西街	476200	
栾川县图书馆	河南省栾川县城关镇幸福北街	471500	6822060
睢县图书馆	河南省睢县城关镇袁家山	476900	8111664
安阳大学图书馆	河南省安阳市殷二路	455000	3931841－261
安阳教育学院图书馆	河南省安阳市东环城路	455000	5924554
安阳师范高等专科学校图书馆	河南省安阳市南环城路	455000	2982928
河南财经学院图书馆	河南省郑州市文化路 80 号	450002	3846104
河南城市建设高等专科学校图书馆	河南省平顶山市湛南路 26 号	467001	3934032
河南大学图书馆	河南省开封市明伦街 85 号	475001	5966471
河南公安高等专科学校图书馆	河南省郑州市宋岩路 8 号	450002	3922724
河南广播电视大学图书馆	河南省郑州市花园路 3 号	450003	5953704
河南机电高等专科学校图书馆	河南省新乡市北干道东段	453002	3385742
河南教育学院图书馆	河南省郑州市纬五路 21 号	450003	5713587
河南金融管理学院图书馆	河南省郑州市郑花公路 29 号	450045	5959702－3041
河南农业大学图书馆	河南省郑州市文化路 95 号	450002	3943366
河南商业高等专科学校图书馆	河南省郑州市陇海西路 76 号	450052	8973124
河南省财税高等专科学校图书馆	河南省郑州市农业路 23 号	450002	3829887
河南省纺织高等专科学校图书馆	河南省郑州市桐柏路 62 号	450007	7439842
河南省政法管理干部学院图书馆	河南省郑州市文化路 90 号	450002	3859140
河南师范大学图书馆	河南省新乡市建设东路	453002	3383000－57
河南医科大学图书馆	河南省郑州市大学路 40 号	450052	6960591
河南职业技术师范学院图书馆	河南省新乡市新廷路	453003	3040354
河南中医学院图书馆	河南省郑州市金水路东段	450003	5962972
华北水利水电学院图书馆	河南省郑州市郑花路 20 号	450045	5727655－3413
焦作大学图书馆	河南省焦作市工业路东段	454151	3929360
焦作工学院图书馆	河南省焦作市解放中路 154 号	454159	2923891－587
开封大学图书馆	河南省开封市大深路	475004	3810052
开封师范高等专科学校图书馆	河南省开封市中山路北段 114 号	475001	3859759
开封医学高等专科学校图书馆	河南省开封市前营门街 65 号	475001	5958866－3022
洛阳大学图书馆	河南省洛阳市唐宫西路 44 号	471000	3912729
洛阳工学院图书馆	河南省洛阳市西苑路 48 号	471039	4231492
洛阳工业高等专科学校图书馆	河南省洛阳市九都西路	471003	4923101－2280
洛阳农业高等专科学校图书馆	河南省洛阳市涧西区天津路 70 号	471003	4921545
洛阳师范高等专科学校图书馆	河南省洛阳市洛龙路 71 号	471022	5515033
洛阳医学高等专科学校图书馆	河南省洛阳市涧西区安徽路 6 号	471003	4918354

馆名	通讯地址	邮政编码	电话
南阳理工学院图书馆	河南省南阳市长江路8号	473066	3121520
南阳师范高等专科学校图书馆	河南省南阳市卧龙路134号	473061	3513757
平顶山师范高等专科学校图书馆	河南省平顶山市建设路240号	467000	4966772
平原大学图书馆	河南省新乡市平原路东段	453003	3041677
商丘师范高等专科学校图书馆	河南省商丘市文化中路298号	476000	2529789
铁道部郑州公安管理干部学院图书馆	河南省郑州市农业路31号	450053	3942591－4063
新乡师范高等专科学校图书馆	河南省新乡市文化路61号	453000	5031114－3034
新乡医学院图书馆	河南省新乡市新延路	453003	3045274
信阳农业高等专科学校图书馆	河南省信阳市三里店农专路1号	464000	6223201－3679
信阳师范学院图书馆	河南省信阳信南路69号谭山包	464000	6332141－3046
许昌师范高等专科学校图书馆	河南省许昌市八一路中段	461000	4364856－30
张仲景国医大学图书馆	河南省南阳市卧龙西路124号	473061	3132497
郑州大学图书馆	河南省郑州市大学路75号	450052	7763227
郑州电力高等专科学校图书馆	河南省郑州市商城路2号	450004	6919188－303
郑州纺织工学院图书馆	河南省郑州市中原西路41号	450007	7972642
郑州工业大学图书馆	河南省郑州市文化路97号	450002	3887571
郑州工业高等专科学校图书馆	河南省郑州市中原西路195号	450007	7447057
郑州航空工业管理学院图书馆	河南省郑州市金海大道2号	450052	8986633－567
中州大学图书馆	河南省郑州市航海中路52号	450052	8732047
周口教育学院图书馆	河南省周口市大闸路北段	466000	8223566
周口师范高等专科学校图书馆	河南省周口市七一路东段	466400	8222811－2092
驻马店师范高等专科学校图书馆	河南省驻马店市文化路西段	463000	2812802－3213
濮阳教育学院图书馆	河南省濮阳市建设路10号	457000	4414807
郑州教育学院图书馆	河南省郑州市金海大道70号	450052	6962430－5086
郑州粮食学院图书馆	河南省郑州市嵩山南路140号	450052	7943936
郑州煤炭管理干部学院图书馆	河南省北京市大学路	450052	7972188
郑州牧业工程高等专科学校图书馆	河南省郑州市北林路16号	450045	5720570
郑州轻工业学院图书馆	河南省郑州市东风路5号	450002	3932556
黄河科技学院图书馆	河南省郑州市航海西路	450052	8880134
洛阳教育学院图书馆	河南省洛阳市黄梅路41号	471007	3960836
解放军洛阳外国语学院图书馆	河南省洛阳市广文路	471003	4543726
鹤壁教育学院图书馆	河南省鹤壁市	458000	2635386
解放军电子技术学院图书馆	河南省郑州市商城东路12号	450004	6346055
解放军郑州测绘学院图书馆	河南省郑州市陇海西路	450052	7446544－31144
郑州市行政学院图书馆	河南省郑州市航海路	450005	8987549
河南省社会主义学院图书馆	河南省郑州市金水河路16号	450003	5743641
郑州大学体育学院图书馆	河南省郑州市农业路3号	450002	3855055
郑州大学升达经贸管理学院图书馆	河南省新郑双湖开发区	451191	2568422－6110
漯河大学图书馆	河南省漯河市双龙开发区长江路	462000	2921638
郑州人民警察干部学院图书馆	河南省郑州市农业路	450002	3933349
郑州公安管理干部学院图书馆	河南省郑州市农业路31号	450002	3942591－4063
解放军军事经济学院图书馆	河南省郑州市蜜蜂张3号	450000	6976228

馆　　名	通讯地址	邮政编码	电　　话
郑州市广播电视大学图书馆	河南省郑州市伏牛路 118 号	450007	7631004
郑州航海学院图书馆	河南省郑州市航海中路	450005	8893272
郑州白求恩医学院图书馆	河南省郑州市永安街 12 号院	450052	8728008
郑州师范专科学校图书馆	河南省郑州市农业路 10 号	450002	3941792
郑州医药专科学校图书馆	河南省郑州市南阳路 37 号	450053	3942849
河南职工医学院图书馆	河南省郑州市纬五路 8 号	450003	5951136
河南职业技术教育学院图书馆	河南省郑州市金水大道	450000	3936767
河南经贸学院图书馆	河南省郑州市淮河路 6 号	450052	8984244
河南计划生育干部学院图书馆	河南省郑州市郑花路	450045	5722151
河南经济管理干部学院图书馆	河南省郑州市花园路	450003	5715102
解放军高炮学院图书馆	河南省郑州市建设东路 24 号	450052	7449851－33586
解放军信息工程学院图书馆	河南省郑州市俭学路	450002	3930554
白求恩医学专科学校图书馆	河南省郑州市小李庄东街 244 号	450052	8881014
郑州水利学院图书馆	河南省郑州市郑花路 30 号	450045	5724354
升达大学图书馆	河南省新郑市龙湖镇	451150	2568424
开封市教育学院图书馆	河南省开封市新西一路	475004	3932418
洛阳建材工业专科学校图书馆	河南省洛阳市九都路	471000	4921427
洛阳商学院图书馆	河南省洛阳市景华路	471003	4932984
洛阳飞行学院图书馆	河南省洛阳市纱西新村	471000	3930531
平顶山市教育学院图书馆	河南省平顶山市建设路	467000	2927874
安阳市行政学院图书馆	河南省安阳市园南路东段	455002	2964889
林州大学图书馆	河南省林州市	456550	6811685
焦作教育学院图书馆	河南省焦作市东于村	454152	2626667
许昌教育学院图书馆	河南省许昌市六一路 9 号	461000	2333352
长葛市教师进修专科学校图书馆	河南省长葛市葛天路	461500	6123027
三门峡工学院图书馆	河南省三门峡市开发区	472000	2851524
商丘教育学院图书馆	河南省商丘市文化路	476000	2513001
驻马店地区教育学院图书馆	河南省驻马店市解放路西段	463000	2813756
中原工业大学图书馆	河南省驻马店市大学路	463000	2814982
南阳教育学院图书馆	河南省南阳市永安路	473000	3134533
中国人民解放军空军第一航空学院图书馆	河南省信阳市航空路 23 号	464000	6221171
信阳陆军学院图书馆	河南省信阳市八一路	464000	6223191
信阳教育学院图书馆	河南省信阳市合群路 17 号	464000	6222946
豫南农专图书馆	河南省信阳市三里店	464000	6223201
中共洛阳市委党校图书馆	河南省洛阳市南昌路	471000	4311709
中共河南省委党校图书馆	河南省郑州市文化路 44 号	450002	3943067
中共鹤壁市委党校图书馆	河南省鹤壁市朝阳街 8 号	458000	2624741
中共焦作市委党校图书馆	河南省焦作市西南郊工业路	454152	2922848
中共南阳市委党校图书馆	河南省南阳市文化路 140 号	473056	3154392
中共三门峡市委党校图书馆	河南省三门峡市启明西路 6 号	472000	2822684
中共商丘市委党校图书馆	河南省商丘市民主西路	476000	2213126
中共郑州市委党校图书馆	河南省郑州市工人路 3 号	450007	7434676

馆　　名	通讯地址	邮政编码	电　话
中共开封市委党校图书馆	河南省开封市北郊环城路	475001	5956510
中共平顶山市委党校图书馆	河南省平顶山市联盟路西129号	467002	2816684
中共许昌市委党校图书馆	河南省许昌市西郊坝陵桥	461000	3310911
中共南阳地委党校图书馆	河南省南阳市文化路140号	473056	3132853
中共信阳地委党校图书馆	河南省信阳市南湾	464000	6223028
中共漯河市委党校图书馆	河南省漯河市顺河街	462000	2124346
河南省团校图书馆	河南省郑州市丰产路26号	452202	3934106
中共郑州市铁路局郑州党校图书室	河南省郑州市京广北路7号	450000	8736024
中共巩义市委党校图书室	河南省巩义市新华路	451250	4353713
中共新密市委党校图书室	河南省新密市青屏街8号	452370	9822246
中共登封市委党校图书室	河南省登封市	452470	2872146
中共偃师市委党校图书室	河南省偃师市	471900	7712682
中共舞钢市委党校图书室	河南省舞钢市	462500	8123642
中共汝州市委党校图书室	河南省汝州市丹阳中路92号	467500	6862336
中共安阳市委党校图书馆	河南省安阳市东关园	455000	2966296
中共林州市委党校图书室	河南省林州市人民路	456550	6812850
中共新乡市委党校图书资料室	河南省新乡市荣校路11号	453003	3059375
中共卫辉市委党校图书室	河南省卫辉市南汽车站	453100	4495039
中共孟州市委党校图书室	河南省孟州市西关	454750	8192691
中共沁阳市委党校图书室	河南省沁阳市	454550	5691511
中共濮阳市委党校图书室	河南省濮阳市开州路	457000	4410314
中共禹州市委党校图书室	河南省禹州市洪山庙街	461600	6182775
中共长葛市委党校图书室	河南省长葛市文化路	461500	6123008
中共义马市委党校图书室	河南省义马市千秋路	472300	5832701
中共永城市委党校图书室	河南省永城市	476600	5212242
中共济源市委党校图书室	河南省济源市天坛路	454650	6692615
中共周口市委党校图书室	河南省周口市文体路	466001	8223432
中共驻马店地区党校图书馆	河南省驻马店市解放路西段	463000	2813756
中共驻马店市委党校图书室	河南省驻马店市练江路西段	463000	2913504
中共邓州市委党校图书室	河南省邓州市俞巷街	474150	2125263
中共信阳市委党校图书室	河南省信阳市华夏路	464000	6224925
华北石油地质局综合档案馆	河南省郑州市伏牛路南段	450006	8981590
郑州矿产综合利用研究所图书馆	河南省郑州市伏牛路26号	450006	8984974—8072
河南地矿厅图书馆	河南省郑州市互助路25号	450007	7449293—2119
中国科学院新乡科学仪器研制中心信息室	河南省新乡市新辉路	453002	2021415
中国科学院河南省科学院图书馆	河南省郑州市红专路1号	450003	5722960
中国科学院河南省社会科学院图书馆	河南省郑州市文化路50号	450002	3934232—2621
中国农业科学院郑州果树研究所图书馆	河南省郑州市南郊安徐庄	450004	6335745
河南科学院能源研究所图书馆	河南省郑州市红寺路1号	450000	5725230
河南省农业科学院科技信息所图书馆	河南省郑州市关虎屯	450002	5712747

馆　名	通讯地址	邮政编码	电　话
河南省科技信息所图书馆	河南省郑州市政六街13号	450003	5951190
郑州市科技信息所图书馆	河南省郑州市互助路	450007	7446650
河南省地质科学院图书馆	河南省郑州市金水路28号	450053	3942977
全国烟草科技情报中心图书馆	河南省郑州市北二七路98号	450003	6226414－251
河南省医学科学院图书馆	河南省郑州市纬五路45号	450000	5952931
开封市科技情报所图书馆	河南省开封市京路2号	475002	5960553
中国科学院考古研究所图书室	河南省洛阳市周公路	471000	3932524
洛阳市科技情报研究所图书室	河南省洛阳市七里河	471003	4856764
安阳市科技情报研究所图书室	河南省安阳市漳南路40号	455000	2923421
鹤壁市科技情报研究所图书资料室	河南省鹤壁市红旗街	458000	2626836
新乡市科技情报研究所图书资料室	河南省新乡市南干道79号	453003	3052779
焦作市科技情报研究所图书资料室	河南省焦作市解放东路	454151	3932673
濮阳市科技情报研究所图书资料室	河南省濮阳市京开路	457000	4416984
许昌市科技情报研究所图书资料室	河南省许昌市建设路183号	461000	3314554
三门峡市科技情报所图书资料室	河南省三门峡市文明路	472000	2881565
商丘地区科技情报所图书资料室	河南省商丘市凯旋南路	476000	2214104
周口地区科技情报所图书资料室	河南省周口市七一路	466000	8222633－3773
驻马店地区科技情报所图书资料室	河南省驻马店市沿溪路	463000	2814161
南阳地区科技情报所图书资料室	河南省南阳市七一路68号	473056	3134169
信阳地区科技情报所图书资料室	河南省信阳市新华西路	464000	6221479
河南省卫生防疫站图书馆	河南省郑州市纬五路47号	450003	5951908
武装警察河南总队医院图书馆	河南省郑州市康复路中街	450052	6964364
河南电力医院图书馆	河南省郑州市嵩山南路14号	450000	8980099
河南省医科大学第一附属医院图书馆	河南省郑州市建设东路50号	450007	6769962
河南省医科大学第二附属医院图书馆	河南省郑州市经八路2号	450003	3934984
河南省人民医院图书馆	河南省郑州市纬五路	450000	5951553
河南省中医学院第二附属医院图书馆	河南省郑州市东风路6号	450002	3932870
河南省地质医院图书馆	河南省郑州市伏牛路198号	450006	8980117
河南省妇产儿童医院图书馆	河南省郑州市康复前街7号	450052	2929114
郑州市第一人民医院图书馆	河南省郑州市东大街188号	450004	6322114
空军郑州医院图书馆	河南省郑州市互助路9号	450007	7944284
河南省胸科医院图书馆	河南省郑州市纬五路东头1号	450003	5955041
河南煤炭医院图书馆	河南省郑州市文化路	450002	3828434
郑州市精神病防治医院图书馆	河南省郑州市齐礼阎东街18号	450052	8985429
郑州市铁路中心医院图书馆	河南省郑州市康复前街3号	450000	6971352

湖　北　省

馆　名	通讯地址	邮政编码	电　话
湖北省图书馆	湖北省武汉市武昌区武珞路45号	430060	88871284
通山县图书馆	湖北省通山县通羊镇南市路174号	437600	2395901

馆　名	通讯地址	邮政编码	电　话
五峰土家族自治县图书馆	湖北省五峰县五峰镇正街	443400	5721296
咸宁地区图书馆	湖北省咸宁市温泉办事处	437100	8256908
襄阳县图书馆	湖北省襄樊市	441000	2816563
新洲区图书馆	湖北省武汉市新洲区新洲大道 132 号	430400	6922422
兴山县图书馆	湖北省兴山县高阳镇民主街 3 号	443700	2524682
阳新县图书馆	湖北省阳新县兴国镇兴国大道	435200	7323241
宜昌县图书馆	湖北省宜昌县小溪塔镇夷陵路 112 号	443100	7822712
英山县图书馆	湖北省英山县温泉镇解放街 37 号	438700	7012768
远安县图书馆	湖北省远安县东门路	444200	3812594
云梦县图书馆	湖北省云梦县城关镇曲阳路附 24 号	432500	4322994
郧西县图书馆	湖北省郧西县城关镇环城东路 47 号	442600	6227672
郧县图书馆	湖北省郧县郧阳路南 22 号	442500	7233684
郧阳地区图书馆	湖北省十堰市柳林新村 75 号	442000	8652503
枝江市图书馆	湖北省枝江市迎宾大道 63 号	443200	4212255
钟祥市图书馆	湖北省钟祥市郢中镇阳春大街 23 号	431900	4222180
竹山县图书馆	湖北省竹山县城关镇广场路	442200	4225370
竹溪县图书馆	湖北省竹溪县城关镇东门外	442300	2726533
蕲春县图书馆	湖北省蕲春县漕河镇付畈二路 5 号	435300	7222145
浠水县图书馆	湖北省浠水县清泉镇城北路 74 号	438200	4232897
秭归县图书馆	湖北省秭归县归州镇建设街	443600	2822287
安陆市图书馆	湖北省安陆市	432600	5222854
丹江口市图书馆	湖北省丹江口市姚沟路	442700	5222616
当阳市图书馆	湖北省当阳市南正街 36 号	444100	3222773
鄂州市图书馆	湖北省鄂州市古城路 32 号	436000	3853925
恩施市图书馆	湖北省恩施市航空路 19 号	444500	8223071
广水市图书馆	湖北省广水市东岳街 151 号	432700	6232016
洪湖市图书馆	湖北省洪湖市新洪路 111 号	433200	8422198
黄石市图书馆	湖北省黄石市黄石大道 722 号	435000	6222162
黄冈市图书馆	湖北省黄冈市西湖一路	438000	8353769
荆门市图书馆	湖北省荆门市象山大道 34 号	448000	2332209
老河口市图书馆	湖北省老河口市公园南路	441800	8223015
利川市图书馆	湖北省利川市解放路 210 号	445400	7285086
麻城市图书馆	湖北省麻城市陵园路	438300	2912335
蒲圻市图书馆	湖北省蒲圻市西湖路 33 号	437300	5222541
潜江市图书馆	湖北省潜江市园林镇东风路 60 号	433100	6242682
荆州市少年儿童图书馆	湖北省荆州市沙市区北京路 91 号	434000	8213543
荆州市图书馆	湖北省荆州市沙市区园林路北段	434000	8217191
十堰市少年儿童图书馆	湖北省十堰市公园路 46 号	442000	8683810
十堰市图书馆	湖北省十堰市文化街 2 号	442000	8665693
石首市图书馆	湖北省石首市笔架山路 7 号	434400	7272886
随州市图书馆	湖北省随州市西城区沿河大道 133 号	441300	3222981
鹤峰县图书馆	湖北省鹤峰县沿河路 6 号	445800	5282727
咸丰县图书馆	湖北省咸丰县前胜街 33 号	445600	6822574

馆　名	通讯地址	邮政编码	电　话
天门市图书馆	湖北省天门市竞陵镇陆羽大道	431700	5223286
武汉市少年儿童图书馆	湖北省武汉市汉口保华街2号	430000	82844460
武汉图书馆	湖北省武汉市汉口南京路86号	430014	82815233
武穴市图书馆	湖北省武穴市栖贤路22号	435400	6222016
仙桃市图书馆	湖北省仙桃市勉阳大道62号	433000	3223945
咸宁市图书馆	湖北省咸宁市温泉办事处	437000	8256908
襄樊市少年儿童图书馆	湖北省襄樊市襄阳南街	441000	3511372
孝感市图书馆	湖北省孝感市城站路101号	432100	2823087
宜昌市图书馆	湖北省宜昌市光前街12号	443000	6742367
宜城市图书馆	湖北省宜城市城关北街续24号	441400	4212380
应城市图书馆	湖北省应城市东大街58号	432400	3223612
枣阳市图书馆	湖北省枣阳市城关镇光武路	441200	6318253
枝城市图书馆	湖北省枝城市陆城清江路29号	443300	4823176
保康县图书馆	湖北省保康县城关镇西街	441600	5812525
长阳土家族自治县图书馆	湖北省长阳县龙舟坪镇新建路	443500	5322417
崇阳县图书馆	湖北省蒲圻市崇阳县天城镇北门后街	437500	3395418
大悟县图书馆	湖北省大悟县城关镇河东长征路16号	432800	7222144
大冶市图书馆	湖北省大冶市大冶镇大桥门	435100	8712822
恩施自治州图书馆	湖北省恩施市舞阳大街74号	445000	8222580
房县图书馆	湖北省房县城关镇文化大院	442100	3224363
公安县图书馆	湖北省潜江市公安县斗湖堤镇	434300	5233101
谷城县图书馆	湖北省谷城县谷城镇县府街52号	441700	7232916
汉川市图书馆	湖北省汉川市西正街21号	431600	8382562
红安县图书馆	湖北省红安县城关镇南济街	438400	5245796
黄冈区图书馆	湖北省黄冈市体育路	436100	8386231
黄梅县图书馆	湖北省黄梅县黄梅镇	435500	3321184
黄陂县图书馆	湖北省黄陂县城关向阳新街	432200	5932273
嘉鱼县图书馆	湖北省嘉鱼县鱼岳镇文明路	437200	6322458
监利县图书馆	湖北省监利县容城镇红军路281号	433300	3263174
荆州区图书馆	湖北省荆州市北路254号	434100	8467884
京山县图书馆	湖北省京山县新市镇文峰路	431800	7221042
罗田县图书馆	湖北省罗田县风山镇	438600	5052923
南漳县图书馆	湖北省南漳县城关镇	441500	5232927
神农架林区图书馆	湖北省神农架林区松柏镇环山路6号	442400	3332601
松滋市图书馆	湖北省松滋市	434200	6222870
通城县图书馆	湖北省通城县隽水镇民主路251号	437400	4322159
宣恩县图书馆	湖北省宣恩县民族路25号	445500	5832909
襄樊市图书馆	湖北省襄樊市	441021	3511248
建始县图书馆	湖北省建始县奎星楼路23号	445300	3223134
武汉汉阳区图书馆	湖北省武汉市翠微路50号	430050	84842437
武汉江汉区图书馆	湖北省武汉市汉口新华下路9-1号	430015	85721623
武汉洪山区图书馆	湖北省武汉市武昌珞狮路33号	430070	87883430

馆　名	通讯地址	邮政编码	电　话
武汉武昌区图书馆	湖北省武汉市武昌三道街114号	430061	88871294
武汉蔡甸区图书馆	湖北省武汉市蔡甸区建新路	430000	84943820
宜都市图书馆	湖北省宜都市陆城清江路29号	443300	4823176
赤壁市图书馆	湖北省赤壁市西湖路33号	437300	5222541
巴东县图书馆	湖北省巴东县	444300	4222449
来凤县图书馆	湖北省来凤县环城路	445700	6282044
湖北三峡学院图书馆	湖北宜昌市体育场路11号	443000	6461224
湖北农学院图书馆	湖北省荆州市荆秘路88号	434000	8426805
湖北师范学院图书馆	湖北省黄石市沈家营	435002	6224624
湖北药检高等专科学校图书馆	湖北省武汉市武昌紫阳路275号	430064	88872131－210
湖北医科大学图书馆	湖北省武汉市东湖路39号	430071	87821495－430
湖北中医学院图书馆	湖北省武汉市武昌云架桥110号	430061	88841051
华中理工大学汉口分校图书馆	湖北省武汉市汉口工农兵路125号	430012	82901911
华中理工大学图书馆	湖北省武汉市武昌珞瑜路1037号	430074	87801152
华中农业大学图书馆	湖北省武汉市南湖狮子山	430070	87396736
华中师范大学图书馆	湖北省武汉市武昌珞瑜路100号	430070	87873952
黄冈高等师范专科学校图书馆	湖北省黄冈市	438000	8355391－136
江汉大学图书馆	湖北省武汉市汉口沿江大路18号	430010	82627132
江汉石油学院图书馆	湖北省荆州市南环路1号	434102	88430454
荆州师范高等专科学校图书馆	湖北省荆州市郢都路48号	434104	8466902－2367
沙市大学图书馆	湖北省荆州市沙市长港路	434000	8213805
十堰大学图书馆	湖北省十堰市三堰	442000	8666660
同济医科大学图书馆	湖北省武汉市航空路13号	430030	85865811－273
武汉测绘科技大学图书馆	湖北省武汉市武昌珞瑜路39号	430079	87885922－231
武汉城市建设学院图书馆	湖北省武汉市武昌马鞍山	430074	87801201
武汉大学图书馆	湖北省武汉市武昌珞珈山	430072	87822712
武汉纺织工学院图书馆	湖北省武汉市武昌关山纺织路10号	430074	87496727
武汉钢铁公司职工大学图书馆	湖北省武汉市青山区红钢城	430080	86896995
武汉钢铁学院图书馆	湖北省武汉市青山区红卫路	430081	86663212－2255
武汉工学院图书馆	湖北省武汉市珞狮路75号	430070	87814593
武汉工业大学图书馆	湖北省武汉市武昌珞狮路14号	430070	87880048
武汉河运专科学校图书馆	湖北省武汉市武昌临江大道333号	430062	88214058
武汉化工学院图书馆	湖北省武汉市武昌鲁巷	430074	87801369
武汉建筑高等专科学校图书馆	湖北省武汉市洪山牌岭310号	430070	87882851
武汉交通科技大学图书馆	湖北省武汉市武昌和平大道1040号	430063	86551693－3302
武汉金融高等专科学校图书馆	湖北省武汉市武昌荆南街14号	430061	88842755
武汉食品工业学院图书馆	湖北省武汉市汉口顺道街129号	430022	5866971－245
武汉水利电力大学图书馆	湖北省武汉市武昌东湖南路8号	430072	7866751－2088
武汉体育学院图书馆	湖北省武汉市武昌卓刀泉	430070	7803391
武汉冶金医学高等专科学校图书馆	湖北省武汉市青山区红钢城冶金大道25号	430080	86862292－93
武汉音乐学院图书馆	湖北省武汉市武昌解放路255号	430060	88072572
武汉职工医学院图书馆	湖北省武汉市汉口球场路145号	430016	82831376－3005

馆　　名	通讯地址	邮政编码	电　　话
咸宁师范高等专科学校图书馆	湖北省咸宁市永安大道75号	437005	8325595－345
咸宁医学院图书馆	湖北省咸宁市温泉路桂花路3号	437100	8256224
襄樊大学图书馆	湖北省襄樊市建华路14号	441003	3220033
武汉军事经济学院图书馆	湖北省武汉市罗家墩122号	430035	83835672
鄂州大学图书馆	湖北省鄂州市百子西路	436000	3222608
恩施医学高等专科学校图书馆	湖北省恩施市午阳大街四巷61号	444500	8221300
葛洲坝水电工程学院图书馆	湖北省宜昌市云林路	443002	6331132
湖北大学图书馆	湖北省武汉市武昌宝积庵	430062	6811902
湖北工学院图书馆	湖北省武汉市武昌南湖李家墩	430068	88873865
湖北公安高等专科学校图书馆	湖北省武汉市解放大道86号	430034	83831275
湖北美术学院图书馆	湖北省武汉市武昌华中村70号	430060	88877201
湖北民族学院图书馆	湖北省恩施市土桥路113号	444500	8224883－224
湖北汽车工业学院图书馆	湖北省十堰市红卫教育口	442002	8239255
湖北商业专科学校图书馆	湖北省武汉市珞瑜路37号	430070	87870297
湖北省计划管理干部学院图书馆	湖北省武汉市武昌东亭二路3号	430077	86813913－281
湖北省经济管理干部学院图书馆	湖北省武汉市武昌卓刀泉108号	430073	87803607－311
荆门大学图书馆	湖北省荆门市象山大道40号	448000	2331592
襄阳师范专科学校图书馆	湖北省襄樊市隆中路7号	441053	3514115
孝感师范高等专科学校图书馆	湖北省孝感市北门外师专路	432141	2823906
宜昌师范专科学校图书馆	湖北省宜昌市胜利三路32号	443000	6448498
宜昌医学专科学校图书馆	湖北省宜昌市夷陵路159号	443003	6222256
宜昌大学图书馆	湖北省宜昌市胜利三路27号	443003	6448264
郧阳师范高等专科学校图书馆	湖北省丹江口市丹赵路	442700	5222638－2087
郧阳医学院图书馆	湖北省十堰市三堰	442000	8653165－59
中国农业银行武汉管理干部学院图书馆	湖北省武汉市武昌中北路122号	430077	86813470－2349
中南财经大学图书馆	湖北省武汉市武昌武珞路114号	430064	88044529
中南民族学院图书馆	湖北省武汉市武昌民院路5号	430074	7801122
中南政法学院图书馆	湖北省武汉市洪山区鲁巷政院路1号	430074	7803056
中国地质大学(武汉)图书馆	湖北省武汉市喻家山	430074	87482967
武汉市教育学院图书馆	湖北省武汉市汉口六合路1号	430010	82732904
武汉冶金管理干部学院图书馆	湖北省武汉市青山往家路	430081	86865756
恩施州教育学院图书馆	湖北省咸丰县高乐山镇	445600	6822443
咸宁地区教育学院图书馆	湖北省咸宁地区温泉镇教院巷6号	437100	8255518
湖北省司法干校图书馆	湖北省武汉市武昌卓刀泉小河83号	430024	8703135
湖北省武汉市司法干校图书馆	湖北省武昌区武舜园	480081	8871810
湖北省社会主义学院图书馆	湖北省武汉市武昌武珞路1号	430060	8843021
武汉市社会主义学院图书馆	湖北省武汉市汉口黄孝河路109号	430015	82625023
中华大学图书馆	湖北省武汉市武昌武珞路235号	430060	7813431
武汉市广播电视大学图书馆	湖北省武汉市汉口崇仁路82号	430033	3791876
湖北广播电视大学图书馆	湖北省武汉市鲁巷民院路82号	430071	7809510
湖北教育学院图书馆	湖北省武汉市武昌武珞路9号	430060	88841425
武汉交通管理干部学院图书馆	湖北省武汉市武昌喻家湖21号	430062	86827708

馆　名	通讯地址	邮政编码	电　话
襄樊教育学院图书馆	湖北省襄樊市中原路	441003	3224228
襄樊市广播电视大学图书馆	湖北省襄樊市襄城西门外	441022	3513755
湖北三峡学院师范学院图书馆	湖北省宜昌市胜利三路	443003	6465433
湖北三峡学院医学院图书馆	湖北省宜昌市夷陵路	443003	6457677
湖北三峡学院工学院图书馆	湖北省宜昌市胜利三路	443003	6461224
湖北三峡学院成人教育学院图书馆	湖北省宜昌市金家台	443000	6445431
宜昌市广播电视大学图书馆	湖北省宜昌市北山坡	443000	6445710
武汉纺织工学院荆沙分院图书馆	湖北省荆州市荆东路 48 号	434400	8468336
黄石高等专科学校图书馆	湖北省黄石市青龙山	435003	6352001
黄石教育学院图书馆	湖北省黄石市石科山花园村 102 号	435000	6224568
黄石市广播电视大学图书馆	湖北省黄石市沈下路 318 号	435002	6221412
湖北职工医学院图书馆	湖北省荆州市江汉北路 99 号	434000	8213613
黄石大学图书馆	湖北省黄石市青龙山	435003	6221412
荆州教育学院图书馆	湖北省荆州市安心桥路 2 号	434001	8465135
荆沙教育学院图书馆	湖北省荆州市江津东路	434000	8314121
荆州市广播电视大学图书馆	湖北省荆州市荆东路 11 号	434000	8466534
孝感教育学院图书馆	湖北省孝感市	432100	2823884
武汉经济管理干部学院图书馆	湖北省武汉市汉口詹家墩马场路 92 号	430015	85878832
武汉地质管理干部学院图书馆	湖北省武汉市汉口航空路 15 号	430030	85866891
中国农业银行武汉管理干部学院图书馆	湖北省武汉市武昌中北路 122 号	430077	86813470－2349
湖北经济管理大学图书馆	湖北省武汉市武昌传家坡一路 13 号	430000	87816030
解放军武汉空军雷达学院图书馆	湖北省武汉市汉口赵家系 69 号	430010	82891259－65145
解放军武汉海军工程学院图书馆	湖北省武汉市解放大道 339 号	430033	83646614－49918
解放军武汉通信指挥学院图书馆	湖北省武汉市解放公园 43 号	430010	82428678
解放军军事经济学院图书馆	湖北省武汉市罗家墩 122 号	430035	83835672－47221
时代大学图书馆	湖北省武汉市武昌卓刀泉 1 号	430070	87800016
中共恩施州委党校图书馆	湖北省恩施市土桥坝窑湾路 22 号	444500	8224911
中共湖北省委党校图书馆	湖北省武汉市万松园路 18 号	430022	85757291
中共荆州市委党校图书馆	湖北省荆州市荆东路 29 号	434001	8466325
中共十堰市委党校图书馆	湖北省十堰市人民路(彭家沟)	442000	8882696
中共襄樊市委党校图书馆	湖北省襄樊市襄城区利民街 20 号	441000	3513006－377
湖北省团校图书馆	湖北省武汉市卓刀泉路 18 号	430079	87803201
武汉市团校图书馆	湖北省武汉市汉口杨权湖小区党校西侧	430023	88587477
中共宜昌市委党校图书馆	湖北省宜昌市金家台路 13 号	443000	6445450
中共武汉市委党校图书馆	湖北省武汉市汉口杨叉湖小区西侧	430014	85618012
中共武汉钢铁公司党校图书资料室	湖北省武汉市青山罗家路	430081	86862731－2138
中共黄石市委党校图书资料室	湖北省黄石市盘龙门	435000	6223074
中共大冶市委党校图书资料室	湖北省大冶市	435100	8712878
中共丹江市委党校图书资料室	湖北省丹江口市丹赵路	442700	5223615
中共枝江市委党校图书资料室	湖北省枝江市胜利路 26 号	443200	4212346

馆　名	通讯地址	邮政编码	电　话
中共当阳市委党校图书资料室	湖北省当阳市北正街167号	444100	3223607
中共宜都市委党校图书资料室	湖北省宜都市	443300	4823117
中共宜城市委党校图书资料室	湖北省宜城市	441400	4212254
中共老河口市委党校图书馆	湖北省老河口市	441800	8223012
中共枣阳市委党校图书馆	湖北省枣阳市	441200	6317963
中共鄂州市委党校图书资料室	湖北省鄂州市莲花山	436000	3864318
中共荆门市委党校图书资料室	湖北省荆门市白龙山新村130号	448000	2331442
中共钟祥市委党校图书资料室	湖北省钟祥市仓库街附1号	431900	4222753
中共孝感市委党校图书资料室	湖北省孝感市	432100	2839024
中共汉川市委党校图书资料室	湖北省汉川市	431600	8282787
中共应城市委党校图书资料室	湖北省应城市	432400	3223723
中共安陆市委党校图书资料室	湖北省安陆市	432600	5222175
中共广水市委党校图书资料室	湖北省广水市	432700	6232329
中共黄冈市委党校图书资料室	湖北省黄冈市	438000	8365154
中共麻城市委党校图书资料室	湖北省麻城市	438300	2915305
中共武穴市委党校图书资料室	湖北省武穴市河街21号	435400	6222778
中共仙桃市委党校图书资料室	湖北省仙桃市	433000	3223563
中共天门市委党校图书资料室	湖北省天门市	431700	5222883
中共潜江市委党校图书资料室	湖北省潜江市章华南路15号	433100	6240126
中共随州市委党校图书资料室	湖北省随州市沿河大道159号	441300	3312282
中共咸宁市委党校图书资料室	湖北省咸宁市	437100	8256262
中共赤壁市委党校图书资料室	湖北省赤壁市	437300	5222376
中共石首市委党校图书资料室	湖北省石首市笔架山路43号	434400	7273635
中共洪湖市委党校图书资料室	湖北省洪湖市	433200	24222762
中共松滋市委党校图书资料室	湖北省松滋市陡坡城	434200	6223343
中共恩施市委党校图书资料室	湖北省恩施市航空路一巷	445000	8224914
中共利川市委党校图书资料室	湖北省利川市岩洞寺	445400	7282744
中国科学院武汉岩体土研究所情报室	湖北省武昌小洪山	430071	87869257
中国科学院测量与地球物理研究所图书情报研究室	湖北省武昌徐东路54号	430077	86783921
中国科学院武汉病毒研究所文献情报室	湖北省武昌小洪山中区44号	430071	87641157
中国科学院水生生物研究所图书情报室	湖北省武汉市珞珈山街水生村	430072	87647701
中国科学院武汉植物研究所图书情报室	湖北省武昌磨山	430074	87409248
湖北省林科所	湖北省武昌九峰	430075	86701435
石油地质综合大队图书馆	湖北省荆沙市荆州区	434100	88467090
湖北省地矿信息所图书馆	武汉市解放大道342号	430022	85833239
荆州市科技图书馆	湖北省荆州市荆东路26号	434100	8466012
中国科学院武汉文献情报中心	湖北省武昌小洪山西区25号	430071	87881202

馆 名	通讯地址	邮政编码	电 话
中国科学院武汉物理与数学研究所图书资料室	湖北省武昌小洪山西区30号	430071	87882543
湖北省社会科学院图书馆	湖北省武汉市武昌东湖路81号	430077	6813507
武汉市社会科学院图书馆	湖北省武汉市汉口江大路20号	430010	2873414.
长江科学院图书馆	湖北省武汉市汉口黄浦路23号	430000	82829780
湖北省水产科学研究所图书资料室	湖北省武汉市武昌东湖路96号	430071	87823882
湖北农业科学院图书馆	湖北省武汉市武昌南湖瑶苑	430064	88841808
湖北省医学情报研究所图书资料室	湖北省武汉市武昌卓刀泉	430070	87803572
武汉市医学情报中心	湖北省武汉市汉口黎黄坡路	430014	82835264
湖北省中医药研究院图书资料室	湖北省武汉市武昌珞瑜路	430074	87409639
湖北省标准信息研究所图书资料室	湖北省武汉市武昌中山路	430061	88873746
湖北省科技信息研究所图书资料室	湖北省武汉市武昌水果湖	430071	87860942
荆州市科技图书馆	湖北省荆州市荆东路26号	434100	8466012
同济医科大学附属协和医院图书馆	湖北省武汉市汉口解放大道1277号	430012	85866711
同济医科大学附属协和江汉二分院图书馆	湖北省武汉市汉口统一街315号	430021	85838528
同济医科大学附属同济医院图书馆	湖北省武汉市汉口解放大道1095号	430016	85868950
武汉市中医医院图书馆	湖北省武汉市汉口黎黄陂路49号	430014	82831403
湖北省人民医院图书馆	湖北省武汉市武昌解放路238号	430060	88841911
湖北中医学院附属医院图书馆	湖北省武汉市武昌花园山4号	430061	88844437
武汉市第五医院图书馆	湖北省武汉市汉阳显正街138号	430050	84842051

湖 南 省

馆 名	通讯地址	邮政编码	电 话
湖南省图书馆	湖南省长沙市韶山路38号	410011	4129413
益阳市图书馆	湖南省益阳市长坡路	413001	4222779
永州市图书馆	湖南省永州市黄古山路10号	425000	6222341
岳阳市图书馆	湖南省岳阳市南湖大道	414000	8843246
株州市图书馆	湖南省株州市北区贺家土中基洲上	412000	8352009
资兴市图书馆	湖南省资兴市	423400	3321720
沅江市图书馆	湖南省沅江市和平街52号	413100	2721108
汨罗市图书馆	湖南省汨罗市城关人民路12号	414400	5222652
浏阳市图书馆	湖南省浏阳市界寿塘	410300	3611451
醴陵市图书馆	湖南省醴陵市人民州	412200	3232578
祁东县图书馆	湖南省祁东县城沿江西路36号	421600	6264494
邵东县图书馆	湖南省邵东县两市镇	422800	2721056
武冈市图书馆	湖南省武冈市都梁路	422400	4221809
湘潭县图书馆	湖南省湘潭市城正街洗脚桥	411200	7824535
新化县图书馆	湖南省新化县城关镇井头街	417600	3522952
沅陵县图书馆	湖南省沅陵县武陵路	419600	4222217
华容县图书馆	湖南省华容县城乡路	414200	4222898
平江县图书馆	湖南省平江县南街	410400	6223635
嘉禾县图书馆	湖南省嘉禾县人民北路	424500	6622522

馆　名	通讯地址	邮政编码	电　话
临武县图书馆	湖南省临武县解放南路	424300	6323078
桂阳县图书馆	湖南省桂阳县蓉城路	424400	4422601
宜章县图书馆	湖南省宜章县民主东	424200	3721501
汉寿县图书馆	湖南省汉寿县城	415900	2862844
桃源县图书馆	湖南省桃源县文昌路	415700	6621430
安乡县图书馆	湖南省安乡县环城路	415600	4312920
临澧县图书馆	湖南省临澧县朝阳东街	415200	5824340
安化县图书馆	湖南省安化县建设路	413500	7224526
邵阳市少年儿童图书馆	湖南省邵阳市红旗路	422000	5362334
邵阳县图书馆	湖南省邵阳县沿河街	422100	6821442
洞口县图书馆	湖南省洞口县大正路	422300	7222080
湘西自治州图书馆	湖南省吉首市武陵西路	416000	8224456
保靖县图书馆	湖南省保靖县酉水南路 44 号	416500	7722936
芷江县图书馆	湖南省芷江县城	419100	6822166
道县图书馆	湖南省道县文化路 16 号	425300	5220050
新田县图书馆	湖南省新田县滨河西路	425700	4711505
东安县图书馆	湖南省东安县建设西路	425900	4212774
常德市图书馆	湖南省常德市武陵大道中段	415000	7226860
长沙市图书馆	湖南省长沙市浏正街定王台 37 号	410005	2227273
郴州市图书馆	湖南省郴州市七里大道 8 号	423000	2222341
衡阳市少年儿童图书馆	湖南省衡阳市先锋路 49 号	421001	8221946
衡阳市图书馆	湖南省衡阳市先锋路 49 号	421001	8225375
洪江市图书馆	湖南省洪江市幸福西路 2 号	418200	7212630
湖南省少年儿童图书馆	湖南省长沙市中山路 4 号	410005	4433646
怀化市少年儿童图书馆	湖南省怀化市人民南路	418000	2223411
怀化市图书馆	湖南省怀化市人民南路 59 号	418000	2232763
津市市图书馆	湖南省津市市北大路 366 号	415400	4224983
耒阳市图书馆	湖南省耒阳市大舞台	421800	4332742
冷水江市图书馆	湖南省冷水江市锑都中路 28 号	417500	5212840
韶山毛泽东图书馆	湖南省韶山市清溪镇	411301	5685031
临湘市图书馆	湖南省临湘市中北路	414300	3723691
娄底市图书馆	湖南省娄底市氐星路 29 号	417000	8313157
韶山市图书馆	湖南省韶山市火车站	411350	5682448
邵阳市松坡图书馆	湖南省邵阳市红旗路中山公园	422000	5325874
湘潭市少年儿童图书馆	湖南省湘潭市雨湖路 264 号	411100	8261540
湘潭市图书馆	湖南省湘潭市湖园路 38 号	411100	8261238
湘乡市图书馆	湖南省湘乡市东风路 26 号	411400	6771297
宁乡县图书馆	湖南省宁乡县尤溪北路 15 号	410600	7882165
湘阴县图书馆	湖南省湘阴县东湖路	410500	2223397
涟源市图书馆	湖南省涟源市兰田镇中山街	417101	4423257
永州市芝山区图书馆	湖南省永州市芝山区	425000	6222341
龙山县图书馆	湖南省龙山县新建北路	416800	6222476
常德高等专科学校图书馆	湖南省常德市东郊楠竹山	415003	7726795

馆　名	通讯地址	邮政编码	电　话
常德师范专科学校图书馆	湖南省常德市洞庭大道西段	415000	7286716
长沙大学图书馆	湖南省长沙市熙宁街 43 号	410008	4486680
解放军长沙工程兵学院图书馆	湖南省长沙市济阳河畔洪山庙	410072	4221280
长沙工业高等专科学校图书馆	湖南省长沙市麓山南路 105 号	410012	8859553
长沙交通学院图书馆	湖南省长沙市赤岭路 45 号	410076	5219365
长沙电力学院图书馆	湖南省长沙市赤岭路 9 号	410077	5214433－8191
长沙铁道学院图书馆	湖南省长沙市韶山路 154 号	410075	5585211
解放军长沙政治学院图书馆	湖南省长沙市黄土岭正街 2 号	410074	5557901
长沙职业技术师范专科学校图书馆	湖南省长沙市北郊洪山庙	410003	4492517
郴州师范专科学校图书馆	湖南省郴州市苏仙岭北路 39 号	423000	2885104－271
解放军国防科技大学图书馆	湖南省长沙市砚瓦池正街 47 号	410073	4505601
衡阳师范专科学校图书馆	湖南省衡阳市小塘村 1 号	421008	8411971
衡阳医学院图书馆	湖南省衡阳市医学院路 1 号	421001	8285661
湖南财经学院图书馆	湖南省长沙市河西石佳冲	410006	8883101－517
湖南财经高等专科学校图书馆	湖南省长沙市枫林一路 519 号	410205	8883046
湖南大学衡阳分校图书馆	湖南省衡阳市衡祁路 228 号	421101	8722354
湖南大学图书馆	湖南省长沙市岳麓山	410082	8883171
湖南纺织高等专科学校图书馆	湖南省湘潭市东湖路 18 号	411104	8522984
湖南公安专科学校图书馆	湖南省长沙市河西石佳冲	410006	8882016
湖南建材工业专科学校图书馆	湖南省衡阳市郊雷公塘 14 号	421008	8411541
湖南教育学院图书馆	湖南省长沙市左家垅桃花坪 1 号	410012	8826699
湖南经济管理干部学院图书馆	湖南省长沙市青园路 15 号	410004	5584655
湖南林业专科学校图书馆	湖南省衡阳市望城路 165 号	421005	8512976
湖南农业大学图书馆	湖南省长沙市东郊马坡岭	410128	4612770－2146
湖南轻工业专科学校图书馆	湖南省长沙市天剑路 66 号	410007	5131019
湖南商学院图书馆	湖南省长沙市岳麓区望城坡	410205	8869117
湖南城市建设专科学校图书馆	湖南省益阳市朝阳路	413000	4224092
湖南省计算机专科学校图书馆	湖南省长沙市麓山南路 327 号	410012	8882025
湖南省政法管理干部学院图书馆	湖南省长沙市东郊张公岭	410126	4448078
湖南师范大学图书馆	湖南省长沙市岳麓山路 36 号	410081	8883131
湖南税务专科学校图书馆	湖南省长沙市桐井铺黄木桥	410116	5583049
湖南医科大学图书馆	湖南省长沙市湘雅路 22 号	410078	4470122
湖南医学专科学校图书馆	湖南省长沙市咸嘉湖	410006	8809102－212
湖南中医学院图书馆	湖南省长沙市韶山路 107 号	410007	5556660－6470
怀化师范专科学校图书馆	湖南省怀化市石门	418008	2833793
吉首大学图书馆	湖南省吉首市沙子坳	416000	8223085
零陵师范专科学校图书馆	湖南省永州市杨梓塘路 14 号	425000	6381444
娄底师范专科学校图书馆	湖南省娄底市育才路	417000	8313410
邵阳高等专科学校图书馆	湖南省邵阳市七里坪	422004	5322663
邵阳师范专科学校图书馆	湖南省邵阳市西区李子园	422000	5353920－3074
湘潭大学图书馆	湖南省湘潭市西郊羊牯塘	411105	8292135
湘潭机电专科学校图书馆	湖南省湘潭市书院路 17 号	411100	8667517
湘潭矿业学院图书馆	湖南省湘潭市石码头	411101	8290024

馆　名	通讯地址	邮政编码	电　话
湘潭师范学院图书馆	湖南省湘潭市桃源路桐子坳	411201	8291451
益阳师范专科学校图书馆	湖南省益阳市郊迎丰桥新塘村	413049	4621892
岳阳大学图书馆	湖南省岳阳市南湖大道	414000	8843731－207
中南工学院图书馆	湖南省衡阳市学院路1号	421001	8282434
中南工业大学图书馆	湖南省长沙市岳麓山南路	410083	8826911－2510
中南林学院图书馆	湖南省株州市樟树下	412006	8703329
益阳教育学院图书馆	湖南省益阳市康富南路1号	413000	4240920
湖南行政学院图书馆	湖南省长沙市香樟路57号	410004	5580473
湖南社会主义学院图书馆	湖南省长沙市马王堆新桥村	410001	4726400
长沙广播电视大学图书馆	湖南省长沙市浏正街59号	410005	2227809
湖南广播电视大学图书馆	湖南省长沙市青园路12号	410004	5581490
解放军炮兵学院图书馆	湖南省长沙市黑石铺	410100	5413979
长沙教育学院图书馆	湖南省长沙市上黎家坡45号	410002	5821526
湖南省金融管理学院图书馆	湖南省望城县高塘岭镇	410200	8062814
株州工学院图书馆	湖南省株州市石子头	412008	8101936
株州教育学院图书馆	湖南省株州市河西天台山	412007	8811103
衡阳教育学院图书馆	湖南省衡阳市黄茶路283号	421008	8418332
郴州医学高等专科学校图书馆	湖南省彬州市人民西路25号	423000	2224561
常德教育学院图书馆	湖南省常德市新三岔路	415000	7285450
邵阳教育学院图书馆	湖南省邵阳市西湖路	422000	8326104
中共永州市委党校图书馆	湖南省永州市芝麻坪3号	425000	6222256
湘潭工学院图书馆	湖南省湘潭市	411201	8291451
株州师范专科学校图书馆	湖南省株州市河西泰山路7号	412007	8821160
湖南华侨经贸专修学院图书馆	湖南省长沙市麓山南路渔湾市	410012	8829494
长沙中山外国语学院图书馆	湖南省长沙市雨花亭5号	410007	5503256
长沙文法学院图书馆	湖南省长沙市上碧湘街59号	410002	5127657
长沙文理专修学院图书馆	湖南省长沙市岳麓山阜埠河路	410012	8825644
湘潭教育学院图书馆	湖南省湘潭市西路路文化街	411100	8262028
湖南医学高等专科学校图书馆	湖南省衡阳市红湘路	421001	8221706
岳阳师范专科学校图书馆	湖南省岳阳市奇家岭	414000	8222611
岳阳职工高等专科学校图书馆	湖南省岳阳市土桥新村	414000	8225363
张家界市武陵高等专科学校图书馆	湖南省张家界市三角坪	427000	8222698
湘西民族教育学院图书馆	湖南省吉首市新桥路	416000	8223204
中共长沙市委党校图书馆	湖南省长沙市南郊井弯子韶山路174号	410004	5585271－5408
中共湖南省委党校图书馆	湖南省长沙市河西石佳冲1号	410006	8883161－2271
中共株州市委党校图书馆	湖南省株州市文化路118号	412008	8100510
中共醴陵市委党校图书室	湖南省醴陵市西山	412200	3233969
中共岳阳市委党校图书馆	湖南省岳阳市湖滨	414004	8381342
中共衡阳市委党校图书馆	湖南省衡阳市丁家版楼43号	421002	8416253
中共郴州市委党校图书馆	湖南省郴州市苏仙北路43号	423000	2885400
中共娄底地区党校图书馆	湖南省娄底市长青中街	417000	8313407
中共邵阳市委党校图书馆	湖南省邵阳市戴家坪	422000	5354758

馆　名	通讯地址	邮政编码	电　话
中共怀化市委党校图书馆	湖南省怀化市石门	418008	2852071
中国保险管理干部学院图书馆	湖南省长沙市南郊冈洞井铺	410114	5584641－3077
湖南省团校图书馆	湖南省长沙市河西石佳冲	410006	8883161
中共浏阳市委党校图书馆	湖南省浏阳市劳动路	410300	3612545
中共湘潭市委党校图书馆	湖南省湘潭市解放北路马坡里6号	411100	8265324
中共湘乡市委党校图书馆	湖南省湘乡市红仑	411400	6771546
中共湖南省委直属机关党校图书馆	湖南省韶山市竹鸡段	411300	5687410
中共常宁市委党校图书馆	湖南省常宁市东正街115号	421500	7221893
中共耒阳市委党校图书馆	湖南省耒阳市金杯路	421800	4333638
中共武冈市委党校图书资料室	湖南省武冈市都梁路	422400	4221269
中共临湘市委党校图书馆	湖南省临湘市向阳路	414300	3802594
中共常德市委党校图书资料室	湖南省常德市河伏	415104	7292393
中共津市市委党校图书资料室	湖南省津市市北大东路	415400	4223625
中共张家界市委党校图书资料室	湖南省张家界市五子坡	427000	8223212
中共益阳市委党校图书资料室	湖南省益阳市康富南路	413000	4222149
中共沅江市委党校图书资料室	湖南省沅江市韩家汊路	413100	2721145
中共娄底市委党校图书资料室	湖南省娄底市	417000	8316544
中共冷水江市委党校图书资料室	湖南省冷水江市教育路	417500	5212830
中共涟源市委党校图书资料室	湖南省涟源市民主街	417100	4423253
中共永州市委党校图书馆	湖南省永州市芝麻坪3号	425000	6222256
中共洪江市委党校图书资料室	湖南省洪江市二凉亭	418200	7622848
中共湘西州委党校图书资料室	湖南省吉首市桐油坪	416000	8222884
中共吉首市委党校图书资料室	湖南省吉首市东环路	416000	8222835
中国科学院湖南省科技信息研究所文献馆	湖南省长沙市八一路135号	410001	4463331
中国科学院湖南社会科学院文献信息中心	湖南省长沙市德雅村	410003	4492830
中国科学院长沙大地构造研究所科技信息服务中心	湖南省长沙市河西桐梓坡	410013	8912650
中国科学院长沙农业现代化研究所文献情报室	湖南省长沙市东郊马坡岭	410125	4615211
中国科学院湖南省林业厅科技情报中心	湖南省长沙市韶山路164号	410004	5554261－4023
中国科学院湖南省地矿信息中心图书馆	湖南省长沙市胜利路200号	410007	5531864
湖南省中医药研究院图书资料室	湖南省长沙市麓山路273号	410006	8883684
湖南省医学信息研究所图书资料室	湖南省长沙市湘雅路38号	410008	4499309
湖南省计划生育研究所图书资料室	湖南省长沙市鲇鱼套6号	410001	4146042
长沙市环境保护研究所图书资料室	湖南省长沙市解放东路6号	410000	4146042
湖南省气象科学研究所图书资料室	湖南省长沙市雨花路	410009	5531541
长沙市科学信息研究所图书资料室	湖南省长沙市人民路53号	410011	4124973
株洲市科技情报研究所图书资料室	湖南省株洲市新华西路5号	412000	8249911
湘潭市科技信息研究所图书资料室	湖南省湘潭市建设北路22号	411100	8239472

馆　名	通讯地址	邮政编码	电　话
邵阳市科学技术情报研究所图书资料室	湖南省邵阳市双坡岭	422001	5225410
常德市科技情报研究所图书资料室	湖南省常德市洞庭大道东段	415000	7796247
益阳市科技信息研究所图书资料室	湖南省益阳市康富南路 31 号	413000	4225057
娄底地区科技情报所图书资料室	湖南省娄底市长青中街	417000	8313123
湘西自治州科技信息研究所图书资料室	湖南省吉首市	416000	8222889
湖南医科大学第二附属医院图书馆	湖南省长沙市人民中路 86 号	410011	5550331
湖南省结核病防治所图书馆	湖南省长沙市咸家湖 15 号	410006	8809963
湖南省妇幼保健院图书馆	湖南省长沙市湘春路 23 号	410008	4313590
湖南省脑科医院图书馆	湖南省长沙市雨花亭	410007	5214774
湖南省肿瘤医院图书馆	湖南省长沙市咸家湖	410006	8809143—225
湖南中医学院第一附属医院图书馆	湖南省长沙市韶山路	410007	5600560
湖南中医学院第二附属医院图书馆	湖南省长沙市蔡锷北路	410005	2223552
湖南省儿童医院图书馆	湖南省长沙市候家塘	410007	5600921
湖南省人民医院图书馆	湖南省长沙市解放路	410002	2224611—2244
湖南长沙市妇幼保健院图书馆	湖南省长沙市左家塘	410007	4166602
湖南长沙市第一医院图书馆	湖南省长沙市三公里	410005	2225242—276
湖南长沙市中医院图书馆	湖南省长沙市书院路 542 号	410002	5123831
湖南长沙市传染病院图书馆	湖南省长沙市水絮塘	410011	2223156
湖南长沙市结核病防治所图书馆	湖南省长沙市咸家湖 15 号	410004	8809748
湖南省武警总队医院图书资料室	湖南省长沙县荣湾路 94 号	410006	8882951

广　东　省

馆　名	通讯地址	邮政编码	电　话
广东中山图书馆	广东省广州市文明路 213 号	510110	83830676
潮阳市图书馆	广东省潮阳市棉城镇中华路 87 号	515100	8822665
潮州市谢慧如图书馆	广东省潮州市西马路 191 号	521021	2231534
澄海市图书馆	广东省澄海市澄城镇新区府西路	515800	5875167
从化市图书馆	广东省从化市街口镇河滨公园 11 号	510900	87922479
东莞市图书馆	广东省东莞市新芬路	523007	2212961
番禺市图书馆	广东省番禺市桥镇清河西路 56 号	511400	84836453
佛山市图书馆	广东省佛山市祖庙路 19 号	528000	2220987
高明市图书馆	广东省高明市高明镇文昌路 82 号	528500	8823357
高要市黎汉光图书馆	广东省高要市南安镇南兴路	526100	8392007
高州市秀川图书馆	广东省高州市文明路 6 号	525200	6664260
广州图书馆	广东省广州市中山四路 42 号	510055	83344408
河源市图书馆	广东省河源市源城区公园路 40 号	517000	3322440
梅县剑英图书馆	广东省梅州市江南学艺路 27 号	514000	2242767
鹤山市图书馆	广东省鹤山市沙坪镇中山路 32 号	529700	8883591
花都市图书馆	广东省花都市新华镇茶园南路	510800	86837727
化州市图书馆	广东省化州市民主路 74 号	525100	7227548
惠阳市图书馆	广东省惠阳市中山东路 21 号	516200	2224951

馆　名	通讯地址	邮政编码	电　话
惠州市图书馆	广东省惠州市中山公园内2号	516001	2233835
江门市五邑图书馆	广东省江门市港口路102号	529000	3398869
开平市伟伦图书馆	广东省开平市三埠镇祥龙沿江北路	529300	2323105
乐昌市图书馆	广东省乐昌市城西竹林公园内	512200	5551071
雷州市李纪妙图书馆	广东省雷州市雷城曲街01号	524200	8818277
连州市图书馆	广东省连州市连州镇东门中路24号	513400	6625038
廉江市图书馆	广东省廉江市文化路8号	524400	6623834
罗定市图书馆	广东省罗定市罗城镇园前路85号	527200	3723469
茂名市图书馆	广东省茂名市红旗中路51号	525011	2262739
南海市图书馆	广东省南海市桂城镇南兴三路	528200	6226581
普宁市图书馆	广东省普宁市流沙广场北侧	515300	2222556
清远市图书馆	广东省清远市学宫街6号4座	511500	3332827
三水市图书馆	广东省三水市西南镇文锋东路21巷	528100	7732285
汕头市图书馆	广东省汕头市外马路125号	515031	8275534
韶关市图书馆	广东省韶关市东堤南路57号	512000	8885975
深圳图书馆	广东省深圳市红荔路6号	518027	2242209
四会市图书馆	广东省四会市朝阳街5号	526200	3322464
台山市图书馆	广东省台山市环北大道142号	529200	5525793
吴川市图书馆	广东省吴川市梅菉镇沿塘路34号	524500	5562207
新会市景堂图书馆	广东省新会市仁寿路16号	529100	6662257
兴宁市图书馆	广东省兴宁市兴城镇公园路侨港街	514500	3333563
阳春市图书馆	广东省阳春市县前路299号	529600	7736174
阳江市图书馆	广东省阳江市东风一路16号	525900	3223733
英德市图书馆	广东省英德市和平中路65号	513000	2223764
信宜市图书馆	广东省信宜市迎宾大道	525300	8882956
电白县图书馆	广东省电白县水东镇海滨公园内	525400	5526726
广宁县图书馆	广东省广宁县南街镇中华中路25号	526300	8632848
德庆县图书馆	广东省德庆县朝阳中路57号	526600	7763314
封开县图书馆	广东省封开县江口镇河堤路81—2号	526500	6663277
怀集县图书馆	广东省怀集县工业大道一路19号	526400	5522512
中山市少年儿童图书馆	广东省中山市孙文中路240号	528400	8823313
恩平市图书馆	广东省恩平市恩城镇沿江路8号	529400	7723960
顺德市梁球琚图书馆	广东省顺德市大良镇文秀路	528300	2222940
广州少年儿童图书馆	广东省广州市沿江西路149号	510120	83192980
增城市图书馆	广东省增城市荔城镇中山路37号	511300	82752584
湛江市少年儿童图书馆	广东省湛江市霞山区延安路57号	524006	2227643
湛江市图书馆	广东省湛江市人民北路12号	524037	3336257
肇庆市端州区图书馆	广东省肇庆市宝月路30号	526040	2233493
中山市中山图书馆	广东省中山市兴中大道6号	528403	8337776
珠海市图书馆	广东省珠海市香州区香州迎宾北路	519000	2227674
深圳市南山区图书馆	广东省深圳市南山区常兴路176号	518052	6561327
丰顺县图书馆	广东省丰顺县汤坑镇东山路157号	514300	6623467
阳西县图书馆	广东省阳西县向阳路	529800	5553347

馆　名	通讯地址	邮政编码	电　话
和平县图书馆	广东省和平县阳明镇中山二路 8 号	517200	5633850
龙川县图书馆	广东省龙川县老隆镇文明路 4 号	517300	6752610
紫金县图书馆	广东省紫金县城东风路 23 号	517400	7821379
连平县图书馆	广东省连平县城西公园 5 号	517100	4332358
蕉岭县图书馆	广东省蕉岭县城镇山路	514100	7873453
大埔县图书馆	广东省大埔县湖寮镇虎中路 4 号	514200	5528805
五华县图书馆	广东省五华县水寨镇文化路 25 号	514400	4462627
平远县图书馆	广东省平远县平城中路三巷 5 号	514600	8824483
惠东县图书馆	广东省惠东县平山镇广场边	516300	8838456
博罗县图书馆	广东省博罗县城大操场东侧	516100	6626546
龙门县图书馆	广东省龙门县城文化路 8 号	516800	7780362
海丰县图书馆	广东省海丰县城人民南路 1 号	516400	6622200
陆丰市图书馆	广东省陆丰市城马街尾 329 号	516500	8828148
斗门县图书馆	广东省斗门县井岸镇霞山北 11 号	519100	5522492
南澳县图书馆	广东省南澳县后宅镇	515900	6802293
仁化县图书馆	广东省仁化县仁桥北路	512300	6352775
南雄市图书馆	广东省南雄市雄州镇永康路 38 号	512400	3822154
翁源县图书馆	广东省翁源县农贸市场 7 号	512600	2872626
新丰县图书馆	广东省新丰县丰城镇东大街 63 号	511100	2253202
曲江县图书馆	广东省曲江县马坝镇府前路	512100	6666154
乳源县图书馆	广东省乳源县乳城镇鹰峰西路	512700	5384497
始兴县图书馆	广东省始兴县太平镇公教路	512500	3333447
佛冈县图书馆	广东省佛冈县石角镇公园北街 11 号	511600	4283697
连山县图书馆	广东省连山县吉田镇勤政路 1 号	513200	8732597
连南县图书馆	广东省连南县三江镇朝阳路 115 号	513300	8662535
阳山县图书馆	广东省阳山县阳城大街 7 号	513100	7884246
饶平县图书馆	广东省饶平县黄冈镇小公园内	515700	8886543
惠来县图书馆	广东省惠来县惠城镇	515200	6683553
揭西县图书馆	广东省揭西县河婆镇	515400	5583813
云浮市图书馆	广东省云浮市云城星岩路	527300	8822059
新兴县图书馆	广东省新兴县城镇中山路 72 号	527400	2884505
郁南县图书馆	广东省郁南县都城镇河堤东 20 号	527100	7595446
徐闻县图书馆	广东省徐闻县城红旗一路 120 号	524100	4854439
遂溪县图书馆	广东省遂溪县城府前路 2 号	524300	7762641
东莞市少年儿童图书馆	广东省东莞市向阳路 12 号	523007	2224400
深圳少年儿童图书馆	广东省深圳市红荔路	518027	2405960
深圳市南山区图书馆	广东省深圳市南山区常青路	518059	6561384
东源县图书馆	广东省东源县仙塘镇	517000	8812377
阳东县图书馆	广东省阳东县东城镇德政路	529931	6616111
清新县图书馆	广东省清新县太和镇府前路	511800	5814998
揭阳市图书馆	广东省揭阳市沿江路市府大院内	522010	8768986
揭东县图书馆	广东省揭东县城西文化大厦内	515500	3266600
云安县图书馆	广东省云安县六都镇港口路 26 号	527500	8623281

馆　名	通讯地址	邮政编码	电　话
广州市儿童活动中心图书馆	广东省广州市环市中童心路1号	510091	83500725—209
广州市黄浦区图书馆	广东省广州市港湾路42号	510700	82274824
广州市黄浦经济开发区图书馆	广东省广州市青年路东园街	510730	82212175
广州市芳村区图书馆	广东省广州市塞坝路口文化大楼	510360	81595655
广州市白云区图书馆	广东省广州市先烈东二横路3号	510500	87707196
广州市天河区图书馆	广东省广州市天河区政府内	510630	85515239—2427
广州市荔湾区图书馆	广东省广州市中山八路周门街23号	510176	81726319
广州市海珠区图书馆	广东省广州市江南大道188号	510240	84474227
广州市东山区图书馆	广东省广州市执信南路30号二楼	510080	87667616
广州市越秀区图书馆	广东省广州市盘福路11号	510180	83396895
深圳市宝安区图书馆	广东省深圳市宝安区新城新安路	518100	7785436
深圳市罗湖区图书馆	广东省深圳市怡景路1014号	518021	5403654
深圳市蛇口工业区图书馆	广东省深圳市蛇口育才路培训中心大楼	518066	6692207
深圳市盐田区沙头角镇图书馆	广东省深圳市沙头角东和路42号	518081	5551884
深圳市福田区图书馆	广东省深圳市福华路103号	518033	2718333
汕头市龙湖区图书馆	广东省汕头市龙湖大北山路翰苑二楼	515041	8468854
汕头市金园区图书馆	广东省汕头市东厦北路金区区体育文化中心三楼	515000	8620853
汕头市升平区图书馆	广东省汕头市镇平路81号三楼	515011	8271591
汕头市达濠区图书馆	广东省汕头市达濠区城内	515071	7380282
佛山市石湾区苏李秀英图书馆	广东省佛山市石湾区榴苑四街4号	528031	2278883
梅县松口镇图书馆	广东省梅县松口镇公园侧	514700	2762551
揭阳市榕城区图书馆	广东省揭阳市榕城镇韩祠路	522000	8623493
东莞理工学院图书馆	广东省东莞市步步高	523000	2262246—8208
佛山大学图书馆	广东省佛江市江湾一路18号	528000	2272105—3085
佛山农牧高等专科学校图书馆	广东省南海市大沥镇	528231	5551337—2052
广东工业大学图书馆	广东省广州市东风东路729号	510090	87766069—6630
广东公安高等专科学校图书馆	广东省广州市滨江东路500号	510232	84420931—345
广东广播电视大学图书馆	广东省广州市下塘西路1号	510091	83573951
广东机械学院图书馆	广东省广州市五山	510643	85516320—213
广东教育学院图书馆	广东省广州市新港中路351号	510303	84293703
广东民族学院图书馆	广东省广州市石牌岗顶	510633	85515722—365
广东青年干部学院图书馆	广东省广州市沙河天平架马蹄岗	510507	87226953
广东商学院图书馆	广东省广州市仑头路21号	510320	84200188—3366
广东省电力专科学校图书馆	广东省广州市沙河龙眼洞	510520	87705272—28
广东省经济管理干部学院图书馆	广东省广州市珠海区怡乐路71号	510262	84446991—2003
广东省农业管理干部学院图书馆	广东省广州市五山路	510640	85513967
广东石油化工专科学校图书馆	广东省茂名市官渡路273号	525000	2288196—2259
广东药学院图书馆	广东省广州市河南宝岗光汉直街40号	510224	84429040—504
广东医学院图书馆	广东省湛江市霞山文明东路2号	524023	2388562
广州大学图书馆	广东省广州市麓景路	510091	83505751

馆　名	通讯地址	邮政编码	电　话
广州对外贸易学院图书馆	广东省广州市大朗	510450	86621819
广州航海高等专科学校图书馆	广东省广州市黄埔文冲红山路28号	510725	82270936—2143
广州金融专科学校图书馆	广东省广州市沙河龙眼洞	510521	87706345—3061
广州美术学院图书馆	广东省广州市河南昌岗东路257号	510261	84428462
广州师范学院图书馆	广东省广州市桂花岗东1号	510400	86235804—1423
广州高等师范专科学校图书馆	广东省广州市天河区龙眼洞	510030	87795466
广州体育学院图书馆	广东省广州市沙河广州大道北458号	510503	87551070—441
广州外语外贸大学图书馆	广东省广州市黄石东路	510420	86627595—2320
广州医学院曾宪梓图书馆	广东省广州市东风西路195号	510182	81340056
广州中医药大学图书馆	广东省广州市机场路10号	510407	86661233—2571
解放军海军广州舰艇学院图书馆	广东省广州市石井北园514	510431	86628501—38471
韩山师范学院图书馆	广东省湖州市湘子桥东	521041	2304796
华南建设学院图书馆	广东省广州市广园中路	510405	86579640
华南理工大学图书馆	广东省广州市五山路	510641	87111441
华南农业大学图书馆	广东省广州市五山	510642	87579845
华南师范大学图书馆	广东省广州市石牌	510631	85211399
惠州大学图书馆	广东省惠州市西湖丰湖书院	516015	2124960
广东女子中专学校图书馆	广东省广州市新港西路大江冲29号	510310	84227439—60204
广东中山学院图书馆	广东省中山市石岐286信箱	528403	8313460
广东职业技术师范学院图书馆	广东省广州市石牌	510633	85549722—541
广州中医药大学图书馆	广东省广州市三元里	510402	86591233—2572
江门教育学院图书馆	广东省江门市环市二路14号	529000	3559070
韶关教育学院图书馆	广东省韶关市西河惠民路	512026	8772077
佛山科技大学图书馆	广东省佛山市江湾一路18号	528000	2271352
佛山教育学院图书馆	广东省佛山市同济西路5号	528000	3324079
湛江教育学院图书馆	广东省湛江市赤坎寸金路	524037	3341334
解放军第一军医大学图书馆	广东省广州市沙河麒麟岗	510516	85148053
广东社会主义学院图书馆	广东省广州市三元里广花一路119号	510400	86593430—2383
广州军区医学高等专科学校图书馆	广东省广州市赤岗	510315	84219935—8642
广州市社会主义学院图书馆	广东省广州市海印桥南海联路19号	510230	84489353
深圳市社会主义学院图书馆	广东省深圳市罗湖区爱国路41号	518021	5169129
深圳教育学院图书馆	广东省深圳市泥岗西路	518029	5621371
嘉应大学图书馆	广东省梅州市梅子岗	514015	2352539—2196
解放军体育学院图书馆	广东省广州市沙河禺东西路38号	510512	87707707—57327
华南工商学院图书馆	广东省广州市沙河天平架	510507	87704965
汕头大学图书馆	广东省汕头市鮑浦	515063	2902953
韶关大学图书馆	广东省韶关市大塘路	512005	8885707—3092
暨南大学图书馆	广东省广州市石牌	510632	85220285
深圳大学图书馆	广东省深圳市南山区粤海门	518060	6535076
深圳广播电视大学图书馆	广东省深圳市桂圆路红围3巷	518001	5588874
深圳师范专科学校图书馆	广东省深圳市泥岗西路	518029	2263881—253
石油大学(广州)图书馆	广东省广州市沙河沙太路	510510	87708421
孙文学院图书馆	广东省中山市石岐	528403	8323460

馆名	通讯地址	邮政编码	电话
五邑大学伟伦图书馆	广东省江门市高成村	529042	3352112—5610
西江大学图书馆	广东省肇庆市东岗	526061	2740924
星海音乐学院图书馆	广东省广州市先烈东横路48号	510500	87714808—317
湛江农业专科学校图书馆	广东省湛江市湖光岩北	524088	3940430
湛江师范学院图书馆	广东省湛江市赤坎区寸金路29号	524048	3314555—3276
湛江海洋大学图书馆	广东省湛江市湖光岩东	524088	2383269
肇庆教育学院图书馆	广东省肇庆市星湖	526062	2711004
中国海关管理干部学院图书馆	广东省广州市新港西路葫芦岗	510300	84429716
中山大学图书馆	广东省广州市河南新港西路135号	510275	84111992
中山医科大学图书馆	广东省广州市中山二路74号	510089	87330478
仲恺农业技术学院图书馆	广东省广州市河南纺织路东沙街	510225	84420715—311
广东工业大学(五山校区)图书馆	广东省广州市五山南秀村	510643	87590019
中山大学岭南学院图书馆	广东省广州市新港西路135号	510275	84113857
广东行政学院图书馆	广东省广州市石牌	510630	85516764
解放军空军高炮学院图书馆	广东省广州市机场东横路5号	510115	86598400
解放军通信指挥学院图书馆	广东省广州市禺东西路38号	510055	87790546
解放军第一军医大学分校图书馆	广东省广州市赤岗石榴岗13号小院	510315	84219935—50275
汕头大学医学院图书馆	广东省汕头市新陵路	515031	8551151—2026
中共广东省委党校图书情报中心	广东省广州市黄华路4号	510053	83122541
中共广州市委党校文献信息研究所	广东省广州市先烈中路99号	510070	87776264—3017
中共韶关市委党校图书资料研究室	广东省韶关市惠民路	512026	8774781
中共深圳市委党校图书电教信息中心	广东省深圳市爱国路44号	518021	5169124
中共肇庆市委党校图书馆	广东省肇庆市北岭山	526020	2232010
中共珠海市委党校理论信息中心	广东省珠海市香州南华路山边街9号	519000	2263265
中共汕头市委党校图书馆	广东省汕头市东山湖	515000	8221078
广州市团校图书馆	广州市天河区石牌岗顶五山路	510630	87577763
中共惠州市委党校图书馆	广东省惠州市鹅岭南	516001	2260107
中共从化市委党校图书资料室	广东省从化市环城路	510900	87912115
中共增城市委党校图书资料室	广东省增城市东湖路	511300	82752605
中共南雄市委党校图书资料室	广东省南雄市雄中路	512400	3822572
中共乐昌市委党校图书资料室	广东省乐昌市西石岩	512200	5551019
中共佛山市委党校图书资料室	广东省佛山市新风路49号	528000	3377914
中共三水市委党校图书资料室	广东省三水市文锋西路	528100	7724603
中共高明市委党校图书资料室	广东省高明市竹园路1号	528500	8822274
中共新会市委党校图书资料室	广东省新会市圭峰西路	529100	6633015
中共鹤山市委党校图书资料室	广东省鹤山市人民东路	529700	8882402
中共湛江市委党校图书资料室	广东省湛江市南桥北路	524032	3339221
中共雷州市委党校图书资料室	广东省雷州市内	524200	8812882
中共茂名市委党校图书资料室	广东省茂名市油城五路28号	525000	2271720
中共信宜市委党校图书资料室	广东省信宜市内	525300	8812636
中共高州市委党校图书资料室	广东省高州市环城北路	525200	6664232
中共化州市委党校图书资料室	广东省化州市中山路	525100	7222396

馆　　名	通讯地址	邮政编码	电　　话
中共肇庆市委党校图书馆	广东省肇庆市北岭山	526020	2232010
中共四会市委党校图书资料室	广东省四会市汇源路	526200	3324567
中共惠阳市委党校图书资料室	广东省惠阳市石坑仔	516200	3358506
中共阳江市委党校图书资料室	广东省阳江市五里	529500	3310784
中共阳春市委党校图书资料室	广东省阳春市县前路	529600	7734491
中共清远市委党校图书资料室	广东省清远市七星岗	511500	3362835
中共连州市委党校图书资料室	广东省连州市城西	513400	6623255
中共东莞市委党校图书资料室	广东省东莞市旗峰路	523000	2472705
中共中山市委党校图书资料室	广东省中山市良明里	528402	8837783
中共揭阳市委党校图书资料室	广东省揭阳市北窑路	522000	8619541
中共普宁市委党校图书资料室	广东省普宁市内	515300	2222534
中共云浮市委党校图书资料室	广东省云浮市湖边路	527300	8832715
中国科学院广州化学研究所图书馆	广东省广州乐意居	510650	85231270
中国科学院广州人造卫星观测站图书资料室	广东省广州市五山	510640	87707002
中国科学院广州南海海洋研究所图书馆	广东省广州市新港西路 164 号	510301	84451335—503 84451947
中国科学院华南植物研究所文献情报室	广东省广州市五山	510650	87705626—214
中国科学院广州分院科技处图书馆	广东省广州市先烈中路 100 号	510070	87775600—227 87775600—228
中国科学院广州能源研究所文献情报室	广东省广州市先烈中路 81 号	510070	87775600—364 87787146
广州地球新技术研究所图书情报室	广东省广州市五山	510640	85519755
广州海洋地调局图书馆	广东省广州市 1180 信箱	510760	82231391—2052
珠江水产研究所图书馆	广东省白鹤洞西朗	510380	81502180
广东省社会科学院图书馆	广东省广州市天河路 369 号	510620	87509443
广州市社会科学院图书馆	广东省广州市东风中路 501—507 号东建大厦 11、12 楼	510030	83552353
广东省科技图书馆	广东省广州市先烈中路 100 号	510070	87775600—3405
广东省体育科学研究所图书资料室	广东省广州市二沙头	510100	83342743
广东省计划生育科学技术研究所图书资料室	广东省广州市东风东路	510080	87777331
中国科学院广州电子技术研究所图书资料室	广东省广州市先烈中路 100 号	510070	87753245
中国科学院广州地质新技术研究所图书馆	广东省广州市五山	510640	85519755
广东省电力试验研究所图书馆	广东省广州市梅花路	510600	87767888
广东省精神卫生研究所图书馆	广东省广州市海珠中路	510180	88867552
广东省科技情报所图书资料室	广东省广州市连新路	510033	83340580
中国水产科学院南海水产研究所图书资料室	广东省广州市新港西路	510300	84451320
深圳市医学信息所图书资料室	广东省深圳市东门北路	518020	5534461

馆名	通讯地址	邮政编码	电话
中华人民共和国拱北动植物检疫局图书馆	广东省珠海市拱北昌盛路	519020	8884250
广东省人民医院图书馆	广东省广州市中山二路106号	510080	83827812－2502
广东省中医院图书馆	广东省广州市大德路111号	510120	81887233－268
广州市第一人民医院图书馆	广东省广州市人民北路62号	510180	83333090－1405
广州市中医院图书馆	广东省广州市珠玑路16号	510130	81886504－6003
广州市红十字会医院图书馆	广东省广州市同福中路396号	510300	84412233
中山医科大学附属第一医院图书馆	广东省广州市中山二路58号	510080	87766335
中山医科大学孙逸仙纪念医院图书馆	广东省广州市沿江路107号	510120	81882012－211
中山医科大学附属第三医院图书馆	广东省广州市石牌岗顶	510630	85516867
中山医科大学肿瘤防治中心图书馆	广东省广州市东风东路651号	510080	87765363
中山医科大学眼科中心医院图书馆	广东省广州市先烈南路54号	510060	87778223－3375
广州医科大学附属第一医院图书馆	广东省广州市沿江西路151号	510120	83337750－349
广州医科大学附属第二医院图书馆	广东省广州市昌岗东路250号	510260	84411511－332
广州中医药大学第一附属医院图书馆	广东省广州市三元里机场路12路	510405	86591912
暨南医学院附属一医院(广州华侨医院)图书馆	广东省广州市石牌	510630	85516882－124
广州市妇婴医院图书馆	广东省广州市人民中路402号	510180	81883711－4141
广州市精神病医院图书馆	广东省广州市芳村明心路36号	510370	81891425－253
广东省妇幼保健院图书馆	广东省广州市站西路43号	510010	86506280
广东省卫生防疫站图书馆	广东省广州市新港西路176号	510300	84451366－215
广州市胸科医院图书资料室	广东省广州市横枝岗路62号	510060	83331977
广州市肿瘤医院图书资料室	广东省广州市麓湖路横枝岗路78号	510095	83325032－3047
广州市结核病肺部肿瘤防治所图书室	广东省广州市东风西路180号	510180	83331809
广州市儿童医院图书资料室	广东省广州市人民中路318号	510120	81886332－4202
中国人民解放军广州军区总医院图书馆	广东省广州市流花路111号	510000	86662205－9796
中国人民解放军第一军医大学第一附属医院(南方医院)图书馆	广东省广州市同和镇麒麟岗	510515	87705577－3251
中国人民解放军第一军医大学第二附属医院(珠江医院)图书馆	广东省广州市工业大道庄头	510282	84447061－88359
中国人民解放军广州军区第一五七医院图书资料室	广东省广州市白灰场	510510	87711217－221
中国人民武警部队广东总队中心医院图书馆	广东省广州市新港西路114号	510260	84190722

广西壮族自治区

馆名	通讯地址	邮政编码	电话
广西壮族自治区图书馆	广西南宁市民族大道22号	530022	5868285

馆　名	通讯地址	邮政编码	电　话
北海市图书馆	广西北海市体育路	536000	2022796
广西少年儿童图书馆	广西南宁市人民公园内	530012	2810927
南宁市少年儿童图书馆	广西南宁市教育路	530022	5327259
北海市少年儿童图书馆	广西北海市北京路	536000	3051383
桂林图书馆	广西桂林市安新小区	541002	3844042
南宁市图书馆	广西南宁市福建路口	530000	4826085
玉林市图书馆	广西玉林市西路 51 号	537000	2828991
柳州市图书馆	广西柳州市三中路	545000	2829084
钦州市图书馆	广西钦州市二马路 117 号	535000	2822084
梧州市图书馆	广西梧州市建设路法院里 41 号	543000	2823195
贵港市图书馆	广西贵港市贵城镇榕兴街	537100	4214274
天等县图书馆	广西天等县太平街 109 号	532800	3521235
宁明县图书馆	广西宁明县中华街	532500	8620762
龙州县图书馆	广西龙州县兴龙路 7 号	532400	8812627
扶绥县图书馆	广西扶绥县新华街 3 号	532100	7530217
凭祥市图书馆	广西凭祥市北大路 27 号	532600	8520558
宾阳县图书馆	广西宾阳县临浦街	530400	8222488
崇左县图书馆	广西崇左县新华路	532200	7820947
隆安县图书馆	广西隆安县城厢镇	532700	6521099
横县图书馆	广西横县横州镇	530300	7222137
上思县图书馆	广西上思县更生路	535500	8512545
防城区图书馆	广西防城港市防城区	538000	2827013
合浦县图书馆	广西合浦县中山公园内	536100	7284682
浦北县图书馆	广西浦北县解放北路	535300	8212478
灵山县图书馆	广西灵山县六峰路	535400	6523620
北流市图书馆	广西北流市田螺岭清湖路 1 号	537400	6222300
容县图书馆	广西容县东外街 37 号	537500	5324656
博白县图书馆	广西博白县公园路 20 号	537600	8222367
陆川县图书馆	广西陆川县城南路	537700	7222592
岑溪市图书馆	广西岑溪市工农路 73 号	543200	8222544
苍梧县图书馆	广西苍梧县龙圩镇	543100	2682386
藤县图书馆	广西藤县大东街	543300	7282736
蒙山县图书馆	广西蒙山县永安新街	546700	6281163
昭平县图书馆	广西昭平县南华街 16 号	546800	6682367
贺州市县图书馆	广西贺州市县八步镇体育路 51 号	542800	5283895
富川县图书馆	广西富川县阳寿街 248 号	542700	7882354
钟山县图书馆	广西钟山县钟山镇南路 14 号	542600	8982260
临桂县图书馆	广西桂林市民主路万寿巷 2 号	541100	5595615
阳朔县图书馆	广西阳朔县城北路	541900	8820562
恭城县图书馆	广西恭城县拱辰街 312 号	542500	8212274
荔浦县图书馆	广西荔浦县公园内	546600	7213427
平乐县图书馆	广西平乐县平乐镇大街 55 号	542400	7882562
灌阳县图书馆	广西灌阳县城	541600	4212110

馆　　名	通讯地址	邮政编码	电　　话
全州县图书馆	广西全州县桂黄路	541500	4817545
兴安县图书馆	广西兴安县三台路 13 号	541300	6222261
灵川县图书馆	广西灵川县灵北路 5 号	541200	6813822
资源县图书馆	广西资源县大合镇中路	541400	4311881
龙胜县图书馆	广西龙胜县中心街	541700	7512216
永福县图书馆	广西永福县城	541800	8152137
鹿寨县图书馆	广西鹿寨县广场路 1 号	545600	6812421
金秀县图书馆	广西金秀县城	545700	6212773
象州县图书馆	广西象州县烈士陵园内	545800	4362306
武宣县图书馆	广西武宣县镇东街 44 号	545900	5212419
来宾县图书馆	广西来宾县来柳路 1 号	546100	4214757
合山市图书馆	广西合山市人民路中段	546500	8913465
平南县图书馆	广西平南县城东街 347 号	537300	7822908
桂平市图书馆	广西桂平市西山路	537200	3383865
忻城县图书馆	广西忻城县翠屏北路	546200	5512416
融安县图书馆	广西融安县和平街	545400	8112247
融水县图书馆	广西融水县寿星中路 14 号	545300	5122681
三江县图书馆	广西三江县江峰街 9 号	545500	8612309
柳城县图书馆	广西柳城县向阳路	545200	7612496
柳江县图书馆	广西柳江县拉堡镇	545100	7212336
河池市图书馆	广西河池市新建街 64 号	547000	2282851
宜州市图书馆	广西宜州市城中中路 195 号	546300	3212411
罗城县图书馆	广西罗城县朝阳镇 174 号	546400	8216646
环江县图书馆	广西环江县思恩镇	547100	8825695
南丹县图书馆	广西南丹县城关镇	547200	7232875
天峨县图书馆	广西天峨县新民路 13 号	547300	7821070
凤山县图书馆	广西凤山县凤阳街 27 号	547600	6812541
东兰县图书馆	广西东兰县曲江路 44 号	547400	6322506
巴马县图书馆	广西巴马县前进街 100 号	547500	6219239
都安县图书馆	广西都安县大桥街	530700	5212478
大化县图书馆	广西大化县城	530800	5813037
百色市图书馆	广西百色市中山二路	533000	2824138
凌云县图书馆	广西凌云县胜利街 2 号	533100	7612147
乐业县图书馆	广西乐业县三乐街 16 号	533200	7923032
隆林县图书馆	广西隆林县民生街 225 号	533400	8201290
西林县图书馆	广西西林县城	533500	8682427
田林县图书馆	广西田林县城	533300	7212072
田东县图书馆	广西田东县庆平街 603 号	531500	5222697
田阳县图书馆	广西田阳县城	533600	3212369
平果县图书馆	广西平果县城	531400	5822109
德保县图书馆	广西德保县乐安街	533700	3822452
靖西县图书馆	广西靖西县城	533800	6212233
那坡县图书馆	广西那坡县城东街 347 号	533900	7822908

馆 名	通讯地址	邮政编码	电 话
广西民族学院图书馆	广西南宁市西乡塘路74号	530006	3834141－2125
广西艺术学院图书馆	广西南宁市教育路7号	530022	5852571－2167
广西师范学院图书馆	广西南宁市明秀东路19号	530001	3132288
广西体育高等专科学院图书馆	广西南宁市公园路2号	530021	2804721
广西商业高等专科学校图书馆	广西南宁市农院路8号	530003	3835031
广西财政高等专科学校图书馆	广西南宁市明秀西路100号	530003	3820691－3715
南宁师范专科学校图书馆	广西龙川县城白沙街	532400	2814872
南宁职业大学图书馆	广西南宁市明秀西路113号	530003	3839654
邕江大学图书馆	广西南宁市北湖路石头岭	530001	3133644
广西工学院图书馆	广西柳州市东环路260号	545005	2612058
柳州师范专科学校图书馆	广西柳州市沙塘镇鹧鸪江路	545003	2514223
广西师范大学图书馆	广西桂林市王城内(本部)	541001	2822288－3137(本)
	桂林市三里店(分部)	541004	5812982－2176(分)
桂林工学院图书馆	广西桂林市建干路12号	541004	5815621
桂林医学院图书馆	广西桂林市乐群路56号	541001	2822516－2038
桂林电子工业学院图书馆	广西桂林市七星区金鸡路1号	541004	5813642
桂林航天工业高等专科学校图书馆	广西桂林市金鸡路2号	541004	5812351－3324
桂林旅游专科学校图书馆	广西桂林市三里店骖鸾路5号	541004	5815221
梧州师范专科学校图书馆	广西梧州市八步镇西约街	543000	3827517
广西大学梧州分校图书馆	广西梧州市富民三路82号	543002	5828752
玉林高等师范专科学校图书馆	广西玉林市东校路117号	537000	2822937
钦州师范专科学校图书馆	广西钦州市傍钦	535000	2833050
右江民族医学院图书馆	广西百色市城乡路98号	533000	2822066
右江民族师范专科学校图书馆	广西百色市中山二路21号	533000	2825141－2161
河池师范专科学校图书馆	广西宜州市庆远镇龙江路42号	546300	3141862
广西广播电视大学图书馆	广西南宁市园湖南路22号	530022	5854851
广西教育学院图书馆	广西南宁市建政路37号	530023	5621371
广西经济管理干部学院图书馆	广西南宁市西乡塘路55－2号	530007	3833531－2083
广西公安管理干部学院图书馆	广西南宁市长岗路六里6号	530023	5625000－3035
广西卫生管理干部学院图书馆	广西南宁市桃源路37号	530021	2809005
广西桂林市教育学院图书馆	广西桂林市文彩路	541002	2822130
广西职业技术学院图书馆	广西邕宁县明阳镇	530227	4217672
柳州职业技术学院图书馆	广西柳州市东环路	545005	2824813
广西区直机关业余大学图书馆	广西南宁市共和路75号	530012	2827272
广西建筑职工大学图书馆	广西南宁市秀灵路	530003	3834397－3103
广西机电职工大学图书馆	广西南宁市西乡塘路55号	530006	3218635
桂林市职工大学图书馆	广西桂林市西环二路48号	541002	3859493
广西政法管理干部学院图书馆	广西南宁市长岗岭六里2号	530023	5725739－3058
梧州市教育学院图书馆	广西梧州市东正路40号	543000	2825514
桂林地区教育学院图书馆	广西桂林市信义路45号	541001	2822672－2552
南宁地区教育学院图书馆	广西南宁市北湖路50号	530001	3137227
玉林市教育学院图书馆	广西玉林市县西路	537000	2820442
广西农业大学图书馆	广西南宁市秀灵路13号	530005	3833381－383

馆　　名	通讯地址	邮政编码	电　话
桂林冶金地质学院图书馆	广西桂林市建干路屏风山	541004	
广西大学图书馆	广西南宁市西乡塘路10号	530004	3236668
广西医科大学图书馆	广西南宁市滨湖6号	530021	5311477－8986
广西中医学院图书馆	广西南宁市明秀东路21号	530001	3137561
广西农业大学林学院图书馆	广西南宁市邕武路16号	530001	5626713－3024
柳州市教育学院图书馆	广西柳州市文惠路	545001	3126940
广西社会主义学院图书馆	广西南宁市西塘乡	530007	3214010
南宁市行政学院图书馆	广西南宁市望州南路	530001	5624041
南宁市教育学院图书馆	广西南宁市民乐路2号	530012	2801382
桂林陆军学院图书馆	广西桂林市崇信路	541002	2083269
桂林空军高炮学院图书馆	广西桂林市凯风路	541003	3603305
梧州市行政学院图书馆	广西梧州市西环路	543002	3828395
北海大学图书馆	广西北海市海南路	536006	2033848
广西大学工程技术学院图书馆	广西玉林市十里长街	537000	2085594
中共广西壮族自治区委党校图书馆	广西南宁市古城路22号	530023	5860049－3166
中共桂林市委党校图书馆	广西桂林市南郊万福路	541003	3604652
中共柳州市委党校图书馆	广西柳州市东环路	545005	4614495
广西青年干部学院图书馆	广西南宁市思贤路	530023	5621860
中共百色地区党校图书馆	广西百色市中山二路	533000	2825133
中共凭祥市委党校图书馆	广西凭祥市狮子山路	532600	8520025
中共梧州市委党校图书馆	广西梧州市西环路98号	543003	3828314
中共岑溪市委党校图书馆	广西岑溪市玉梧路西	543200	8222305
中共玉林市委党校图书馆	广西玉林市仁东镇	537012	2823681
中共贵港市委党校图书馆	广西贵港市南梧公路	537100	4214562
中共钦州市委党校图书馆	广西钦州市河东	535000	2391945
中共河池地区党校图书馆	广西河池市虎山路	547000	2282779
中共河池市党校图书馆	广西河池市金城西路	547000	2282514
中共南宁市委党校图书馆	广西南宁市望州南路10号	530001	5625226
中共北海市委党校图书资料室	广西北海市向虎头路	536002	3208036
中共防城港市委党校图书资料室	广西防城港市中心区大道	538001	2822815
中共合山市委党校图书资料室	广西合山市市府院内	546500	8911715
中共贺州市委党校图书资料室	广西贺州市建设东路	542800	5283397
中共北流市委党校图书资料室	广西北流市桂塘路	537400	6223381
中共宜州市委党校图书资料室	广西宜州市沙岭	546300	3212515
广西科技图书馆	广西南宁市星湖路24号	530022	5320804－3426
广西科学院图书馆	广西南宁市大岭路2号	530003	4833840
广西社会科学院图书馆	广西南宁市新竹路5号	530022	5860681
广西地矿信息中心图书馆	广西南宁市建设路1号	530023	5623080－2143
广西科学院应用物理研究所图书资料室	广西南宁市大岭路2号	530003	3212361
广西科学院生物研究所图书资料室	广西南宁市大岭路2号	530003	3212553
广西科学技术情报研究所图书资料室	广西南宁市星湖路	530022	5320804

馆　名	通讯地址	邮政编码	电　话
广西医学科学情报研究所图书资料室	广西南宁市古城路	530000	5864744
柳州科技情报研究所图书资料室	广西柳州市五一路	545001	2811221
桂林市科技情报研究所图书资料室	广西桂林市文明路	541002	2822618
中国科学院广西植物研究所图书资料室	广西桂林市雁山镇	541006	3550074
梧州地区科技情报研究所图书资料室	广西梧州市西江三路	543001	2026014
北海市科技情报研究所图书资料室	广西北海市体育路	536000	2023001
玉林市科技情报研究所图书资料室	广西玉林市东门路	537000	2825435
百色地区科技情报研究所图书资料室	广西百色市新兴路	533000	2824370
钦州市科技情报研究所图书资料室	广西钦州市建设路	535000	2824737
南宁地区人民医院图书馆	广西南宁市明秀东路 34 号	530001	3132491
南宁市第一人民医院图书馆	广西南宁市七星路 89 号	530022	2804288
南宁市第二人民医院图书馆	广西南宁市淡村路 13 号	530031	4839795
南宁市中医医院图书馆	广西南宁市新华街 28 号	530012	2833742
广西中医医院图书馆	广西南宁市园湖路 2 号	530023	5861813
广西医科大学第一附属医院图书馆	广西南宁市滨湖路 6-1 号	530021	5315895
广西医科大学第二附属医院图书馆	广西南宁市西乡塘西路	530007	3211943
广西民族医院图书馆	广西南宁市明秀东路 34 号	530001	3133128
广西中医学院第一附属医院图书馆	广西南宁市园湖路 2 号	530023	5861813
广西中医学院第二附属医院图书馆	广西南宁市南京路 39 号	530011	2431003

海　南　省

馆　名	通讯地址	邮政编码	电　话
海口市图书馆	海南省海口市新华南路 16 号	570100	6225646
琼海市华侨图书馆	海南省琼海市富海路	571400	2822737
琼山市图书馆	海南省琼山市府城镇中山路 16 号	571100	5890927
三亚市图书馆	海南省三亚市河西一路 1 号	572000	8274779
通什市图书馆	海南省通什市新华路	522200	6622334
儋州市图书馆	海南省儋州市人民中路	571700	3322104
琼中县图书馆	海南省琼中县	572900	6222078
保亭县图书馆	海南省保亭县新民街	572300	3668424
乐东县图书馆	海南省乐东县乐城大路 28 号	572500	5523232
东方市图书馆	海南省东方市解放路	572600	5522146
昌江县图书馆	海南省昌江县东风路	572700	6622353
临高县图书馆	海南省临高县长堤路	571800	8284232
白沙县图书馆	海南省白沙县牙叉中路	572800	7722659
定安县图书馆	海南省定安县人民南路	571200	3822452
文昌市图书馆	海南省文昌市文中路	571300	3224511
屯昌县图书馆	海南省屯昌县文化路	571600	7811200
海南大学图书馆	海南省海口市海甸区三西路 13 号	570228	6263061

馆　　名	通讯地址	邮政编码	电　　话
海南广播电视大学图书馆	海南省海口市龙华二横路 13 号	570005	6224648
海南医学院图书馆	海南省海口市龙华路 33 号	570102	6760575
华南热带农业大学图书馆	海南省儋州市宝岛新村	571737	3300204
琼州大学图书馆	海南省通什市海榆北路	572200	6623174
通什师范专科学校图书馆	海南省通什市海榆北路	572200	6622710
海南教育学院图书馆	海南省海口市沿江三西路 14 号	570208	6275421
海南实验外国语学院图书馆	海南省海口市龙昆南路	570005	6709139
海口职业大学图书馆	海南省海口市西门外 27 号	570001	6212508
海南师范学院图书馆	海南省琼山市板桥路	571158	5882296
海南省社会主义学院图书馆	海南省海口市海府大道	571100	6255617
北京外国语大学海南分院图书馆	海南省海口市龙华二横路	570005	6222347
海南国际经济与工商管理函授学院图书馆	海南省海口市盐火士路	570000	6225086
三亚市语言文化学院图书馆	海南省三亚市红沙镇	572000	8212837
海南经济文化学校(大专部)图书馆	海南省琼山市勋亭路	571100	5897679
中共海南省委党校图书馆	海南省琼山市府城镇海府路	571100	5884113
中共琼山市委党校图书馆	海南省琼山市北官	571100	5883346
中共文昌市委党校图书馆	海南省文昌市文中路 15 号	571300	3222173
中共通什市委党校图书馆	海南省通什市河北西路	572200	6626397
中共海口市委党校图书资料室	海南省海口市沿江二东路	570001	6255617
中共三亚市委党校图书资料室	海南省三亚市河东一路	572000	8271530
中共万宁市委党校图书资料室	海南省万宁市	571500	2223329
中共东方市委党校图书资料室	海南省东方市东海路	572600	5522764
海南省科技情报研究所图书资料室	海南省海口市海府路	570003	5339793
海口市科技情报研究所图书资料室	海南省海口市新华南路	570001	6222396
海南省农业科学院图书资料室	海南省海口市海府路	570000	5372423
海南省教育科学研究所图书资料室	海南省海口市海府路	570000	5332817
中国科学院南海研究站图书资料室	海南省海口市滨海大道	570005	8511642
海南省热带病防治研究所图书资料室	海南省海口市海府路	571100	5340476
三亚市科技情报研究所图书资料室	海南省三亚市河东一路	572000	8275247
海南省民族研究所图书资料室	海南省通什市海榆北路	572200	6622711
海南省粮油科学研究所图书资料室	海南省琼海市内环街	571400	2826244
海南省林业科学研究院图书资料室	海南省琼山市龙昆南路	571100	5870924
海南省人民医院图书馆	海南省海口市先烈路	570005	8662330
海南省中医院图书馆	海南省海口市和平北路	570003	6232985
海南省心血管病医院图书馆	海南省海口市海康路	570000	6268859
海南省骨科医院图书馆	海南省海口市秀英区	570000	6773557
海南省工人医院图书馆	海南省海口市草坡	570001	6772531
海口市人民医院图书馆	海南省海口市人民路	570000	6256555
海口市中医院图书馆	海南省海口市文明东路	570000	6224524
海南省妇幼保健医院图书馆	海南省海口市得胜沙路	570000	6224544
海南医学院附属医院图书馆	海南省海口市龙华路	570005	6772248

馆　名	通讯地址	邮政编码	电　话
武警海南总队医院图书馆	海南省海口市文明东路	570001	5346514
海南省卫生防疫站图书馆	海南省海口市海府路	570003	5349012

重　庆　市

馆　名	通讯地址	邮政编码	电　话
涪陵图书馆	重庆市涪陵市南门山	408000	2224545
江津市图书馆	重庆市江津市几江镇南安街 120 号	402260	47521021
万县市图书馆	重庆市万县市青年宫 10 号	404000	8224884
黔江县图书馆	重庆市黔江县解放路	409000	222438
重庆图书馆	重庆市长江一路 11 号	400014	63851474
重庆市少年儿童图书馆	重庆市渝中区较场 21 号	400010	63825524
重庆市渝中区图书馆	重庆市望龙门	400012	63841681
重庆市江北区图书馆	重庆市建新北路	400024	67850358
重庆市沙坪区图书馆	重庆市沙扬路	400030	65314348
重庆市南岸区图书馆	重庆市上新街桂花新村	400064	62871754
重庆市九龙坡图书馆	重庆市李家沱正街	400054	62850346
重庆市大渡口区图书馆	重庆市月光村	400080	68832984
重庆市北碚区图书馆	重庆市中山路 26 号	400700	68863478
重庆市万盛区图书馆	重庆市矿山路	400800	48271757
重庆市渝北区图书馆	重庆市双凤路	400024	67822204
合川市图书馆	重庆市合川市交通街	401520	42824826
永川市图书馆	重庆市永川市木货街 42 号	402160	49863406
长寿县图书馆	重庆市长寿县望江路	401220	4024493
綦江县图书馆	重庆市綦江县北街	401420	48662862
铜梁县图书馆	重庆市铜梁县公园内	402560	45632739
荣昌县图书馆	重庆市荣昌县	402460	46732198
璧山县图书馆	重庆市璧山县	402760	41427274
奉节县图书馆	重庆市奉节县广场	404600	56522814
开县图书馆	重庆市开县内西街	405400	52222624
梁平县图书馆	重庆市梁平县梁山路	405200	53222563
涪陵市图书馆	重庆市涪陵市中山西路	408000	62227945
垫江县图书馆	重庆市垫江县凤山路	408300	53864927
南川市图书馆	重庆市南川市文化路	408400	71422395
武隆县图书馆	重庆市武隆县冯家坡	408500	777223128
石柱土家族自治县图书馆	重庆市石柱县正街	409100	73361364
彭水县图书馆	重庆市彭水县古楼	409600	78442736
潼南县图书馆	重庆市潼南县大同街	402600	44551550
大足县图书馆	重庆市大足县北环路	402360	43722302
忠县图书馆	重庆市忠县东坡路	404300	54222870
解放军第三军医大学图书馆	重庆市高滩岩	400038	65330810
涪陵师范高等专科学校图书馆	重庆市涪陵市江东团结路 35 号	408005	62222015
四川美术学院图书馆	重庆市九龙坡区黄桷枰正街 108 号	400053	68430457
四川三峡学院图书馆	重庆市万县市吊岩坪	404000	58228140—6318

馆名	通讯地址	邮政编码	电话
西南农业大学图书馆	重庆市北碚区天生桥136号	400716	68865263
西南师范大学图书馆	重庆市北碚区天生路2号	400715	68252380
西南政法大学图书馆	重庆市沙坪坝烈士墓	400031	65342421
四川外语学院图书馆	重庆市沙坪坝烈士墓壮志路33号	400031	65345241
解放军后勤工程学院图书馆	重庆市长江二路174号	400042	68810845
重庆大学图书馆	重庆市沙坪坝正街174号	400044	65106389
重庆工业管理学院图书馆	重庆市杨家坪兴胜路4号	400050	68824278
重庆建筑大学图书馆	重庆市沙坪坝区北街83号	400045	65120910
重庆交通学院图书馆	重庆市南岸七公里	400074	62802650
重庆商学院图书馆	重庆市南岸区五公里	400067	62801029
重庆师范高等专科学校图书馆	重庆市永川市双竹镇	402168	6968101
重庆师范学院图书馆	重庆市沙坪坝区天陈路12号	460047	65311155
重庆医科大学图书馆	重庆市大坪医学院路1号	400046	68812981
重庆邮电学院图书馆	重庆市南岸区黄桷垭堡上园1号	400065	64260397
重庆通信学院图书馆	重庆市歌乐山林园	400035	65215060
渝州大学图书馆	重庆市建新东路63号	400020	67704665
渝州大学理工分部图书馆	重庆市沙坪坝区先锋街	400033	65307903
重庆社会主义学院图书馆	重庆市涂山路140号	400064	62872204
重庆市经济管理干部学院图书馆	重庆市袁家岗161号	400050	68824531
重庆青年管理干部学院图书馆	重庆市华福巷53号	400013	63852448
重庆电力高等专科学校图书馆	重庆市九龙玻王龙庙	400053	68431490
重庆石油学校图书馆	重庆市大坪石油路1号	400042	68811198
重庆建筑高等专科学校图书馆	重庆市沙平坝区渝碚路131号	400030	65309012
重庆钢铁高等学校图书馆	重庆市杨家坪西郊支路19号	400050	68828155
重庆广播电视大学图书馆	重庆市石桥铺韩家湾1号	400039	68600451
重庆市职工大学图书馆	重庆市渝中区中山二路91号	400014	63523891
重庆市联合职业大学图书馆	重庆市桂花园86—3号	400015	63853147
三峡联合职业大学图书馆	重庆市渝州路132号	400041	68804771
重庆社会大学图书馆	重庆市松树桥	401147	67613000
重庆职工医学院图书馆	重庆市谢家湾文化七村50号	400050	68823285
重庆城建职工学院图书馆	重庆市白乌凼8号	400039	68614490
西南航天职工大学图书馆	重庆市大石坝	400021	67613015
重庆市纺织局职工大学图书馆	重庆市石小路177号	400039	68610051
重庆化工职工大学图书馆	重庆市嘉陵四村120号	400020	67854051
重庆电力职工大学图书馆	重庆市沙南街60号	400030	65313671
重庆市机械职工大学图书馆	重庆市石桥铺长石村7号	400039	68611642
重庆商业职工大学图书馆	重庆市五里店23号	400023	67852342
重庆职工会计专科学校图书馆	重庆市黄沙溪平安街160号	400014	68814215
重庆青年自修学院图书馆	重庆市中山四路81号	400015	63864610
重庆教育学院图书馆	重庆市南岸区四公里街	400067	62805522
渝州教育学院图书馆	重庆市永川市同文里51号	402160	49861134
四川畜牧兽医学院图书馆	重庆市荣昌县学院路	402460	46732089
涪陵教育学院图书馆	重庆市涪陵市兴华中路	408000	62223807

馆 名	通讯地址	邮政编码	电 话
四川省工业学院涪陵分院图书馆	重庆市涪陵市北斗路	408000	62225575
涪陵市电视大学图书馆	重庆市涪陵市黎明路	408000	62224852
中共重庆市委党校图书馆	重庆市渝州路 132 号	400041	68893002
中共重庆行政学院图书馆	重庆市永川市文曲路 26 号	402160	49864321
中共万县市委党校图书馆	重庆市万县市孙家书房上街	404000	8222639
中共永川市委党校图书馆	重庆市永川市枣园路	402160	49862281
中共涪陵市委党校图书馆	重庆市涪陵市建涪路 38 号	408000	62225136
中共重庆市委图书资科室	重庆市中山西路 36 号	400005	63864707
中共黔江地委党校图书资料室	重庆市黔江县新华西路	409000	79223370
中共江津市委党校图书资料室	重庆市江津市大同路	402260	47522781
中共合川市委党校图书资料室	重庆市合川市苏家街	401520	42822406
中共南川市委党校图书资料室	重庆市南川市西大街	408400	71422590
重庆社会科学院图书馆	重庆市江北区桥北村 270 号	400020	67854445
重庆市中医研究所图书馆	重庆市大坪正街 162 号	400042	68816120
重庆市科学技术信息中心图书馆	重庆市人民路 236 号	400015	63600805
重庆市医学情报研究所图书馆	重庆市青年路 44 号	400010	63714697
中国农业科学院柑桔研究所图书资料室	重庆市北碚歇马	400712	68212360
解放军第三军医大学野战外科研究所图书馆	重庆市大坪区	400042	68757430
永川市科技情报所图书资料室	重庆市永川市玉屏路 125 号	402160	49862778
重庆市第一人民医院图书馆	重庆市道门口	400011	63841324
重庆市第三人民医院图书馆	重庆市枇杷山正街	400000	63841324
重庆市第四人民医院图书馆	重庆市健康路	400000	63862361
重庆市第五人民医院图书馆	重庆市玄坛庙友于里	400062	62871534
红十字会医院图书馆	重庆市江北城红会路	400024	67852944

四 川 省

馆 名	通讯地址	邮政编码	电 话
四川省图书馆	四川省成都市总府街 6 号	610016	6659655
成都市图书馆	四川省成都市半边桥北街 31 号	610015	6630651
德阳市图书馆	四川省德阳市文庙街 123 号	618000	2222172
都江堰市图书馆	四川省都江堰市离堆公园内	611830	7283557
峨嵋山市图书馆	四川省峨嵋山市绥山镇文庙街 79 号	614200	5522641
广汉市图书馆	四川省广汉市外南顺城路	618300	5222648
广元市图书馆	四川省广元市东环路北段 5 号	628017	3223489
华蓥市图书馆	四川省华蓥市明光路 2 号	638650	4823530
简阳市图书馆	四川省简阳市政府街 88 号	641400	7222213
江油市图书馆	四川省江油市文风新村	621700	3222070
乐山市图书馆	四川省乐山市南安路 10 号	614000	2440321
绵阳市图书馆	四川省绵阳市长虹大道中段 47 号	621000	2336395
南充市图书馆	四川省南充市大北街 138 号	637000	2222146
内江市图书馆	四川省内江市人民公园内	641000	2023740

馆　名	通讯地址	邮政编码	电　话
攀枝花市图书馆	四川省攀枝花市炳草岗人民街 2 号	617000	3332461
遂宁市图书馆	四川省遂宁市小北街 33 号	629000	2224907
西昌市图书馆	四川省西昌市滨河路 40 号	615000	3222085
雅安市图书馆	四川省雅安市朝阳街 6 号	625000	2222556
宜宾市图书馆	四川省宜宾市大观楼路	644000	8226648
自贡市图书馆	四川省自贡市汇东路东段	643000	8100876
阆中市图书馆	四川省阆中市保宁镇太平寺街 33 号	637400	6222873
泸州市图书馆	四川省泸州市公园路 7 号	646000	2292257
成都青羊区图书馆	四川省成都市鼓楼北街	610016	6743807
双流县图书馆	四川省成都市双流县藏卫路 92 号	610200	5832322
新都县图书馆	四川省成都市新都县公园路	610500	3971304
彭州市图书馆	四川省成都市彭州市东街 77 号	611930	3872365
大邑县图书馆	四川省成都市大邑县南街	611330	8224715
富顺县图书馆	四川省自贡市富顺县少年宫	643200	7101803
中江县图书馆	四川省德阳市中江县下南街	618100	7203725
安县图书馆	四川省绵阳市安县西河	622650	4222060
梓潼县图书馆	四川省梓潼县东操场	622150	8212956
蓬溪县图书馆	四川省蓬溪县广场	629100	5428098
射洪县图书馆	四川省射洪县人民公园	629200	6624067
荥经县图书馆	四川省荥经县同心街	625200	7625263
广安市图书馆	四川省广安市浓泗镇	638550	2222336
隆昌县图书馆	四川省内江市隆昌县隆桥路	642150	3922792
犍为县图书馆	四川省乐山市犍为县书田街	614400	4222055
夹江县图书馆	四川省乐山市夹江县围城路	614100	5662135
长宁县图书馆	四川省长宁县长宁镇安宁路一段 18 号	644300	4624878
米易县图书馆	四川省米易县攀莲镇	617200	8172330
达川地区图书馆	四川省达川市朝阳东路文化巷 6 号	635000	2374121
并江县图书馆	四川省并江县新宁镇新南街 24 号	636250	8222508
盐亭县图书馆	四川省盐亭县云溪镇文化街	621600	7223850
成都市青白江区图书馆	四川省成都市青白江区文化巷 8 号	610300	3303574
天全县图书馆	四川省天全县文化巷	625500	7223583
井研县图书馆	四川省井研县建设路 50 号	613100	3712560
渠县图书馆	四川省渠县和平街	635200	7322495
旺苍县图书馆	四川省旺苍县商业街 22 号	628200	4203551
通江县图书馆	四川省通江县列宁公园	636700	7220998
郫县图书馆	四川省成都市郫县望丛街 154 号	611730	7862251
会理县图书馆	四川省凉山州会理县西街 45 号	615100	5622143
甘孜藏族自治州图书馆	四川省康定县西大街 106 号	626000	2832074
三台县图书馆	四川省三台县梓州公园内	621100	5221553
阿坝州图书馆	四川省马尔康县崇列上街	624000	2822283
凉山州图书馆	四川省西昌市三岔口东路	615000	2164968
万源市图书馆	四川省达川地区万源市红卫路	636300	8626023

馆　名	通讯地址	邮政编码	电　话
什邡市图书馆	四川省什邡市方亭镇利民路	618400	8202740
绵竹市图书馆	四川省绵竹市	618200	6202076
邛崃市图书馆	四川省邛崃市临邛镇东星小区	611530	8790793
宜宾县图书馆	四川省宜宾县柏溪镇桂花路	644600	6610133
屏山县图书馆	四川省屏山县屏山镇五桂街 132 号	645350	5720566
大英县图书馆	四川省遂宁市大英县蓬莱镇江南路 290 号	629300	5544896
达县图书馆	四川省达川市达县通川中路	635000	2377594
宣汉县图书馆	四川省宣汉县项山	636150	5223073
大竹县图书馆	四川省大竹县胜利街	635100	6221779
甘孜县图书馆	四川省甘孜县清河街	626700	22219
西充县图书馆	四川省南充市西充县北街	637200	4222600
汶川县图书馆	四川省汶川县	623000	223117
巴中地区图书馆	四川省巴中市江北新区郑家街 1 号	636000	5263032
资阳市图书馆	四川省资阳市大东街	641300	6222768
营山县图书馆	四川省营山县朗池镇东大街	637700	8222490
仪陇县图书馆	四川省仪陇县金城镇文化路 1 号	637600	7222581
苍溪县图书馆	四川省苍溪县	628400	5222452
温江县图书馆	四川省成都市温江县文化路	611130	2723949
资中县图书馆	四川省资中县鼓楼街	641200	5520500
岳池县图书馆	四川省岳池县九龙镇大东街 55 号	638350	5222310
剑阁县图书馆	四川省剑阁县闻溪路	628300	6621565
南部县图书馆	四川省南部县南部东街 42 号	637300	5522454
眉山县图书馆	四川省眉山县三苏大道	620000	8101760
合江县图书馆	四川省合江县少岷路	646200	5222152
珙县图书馆	四川省珙县珙泉镇南城街祥风洞 24 号	644500	4322571
雷波县图书馆	四川省雷波县	616550	222453
泸州市纳溪区图书馆	四川省泸州市广场	646100	4292027
叙永县图书馆	四川省叙永县西大街	646400	6222346
南充市高坪区图书馆	四川省南充市鹤鸣东路	637000	3332686
成都大学图书馆	四川省成都市火车北站东路 22 号	610081	3331313
成都理工大学图书馆	四川省成都市二仙桥东三路 1 号	610059	4078705
成都电子科技大学图书馆	四川省成都市建设北路三段 4 号	610054	3202350
成都纺织高等专科学校图书馆	四川省成都市三瓦窑	610063	5221395
四川大学图书馆(西校区)	四川省成都市一环路南一段 24 号	610065	5581554
成都气象学院图书馆	四川省成都市人民南路三段 3 号	610041	5533405
成都师范高等专科学校图书馆	四川省成都市彭州市南街 284 号	611930	3870742
成都体育学院图书馆	四川省成都市体院路 3 号	610041	5589811
成都冶金管理干部学院图书馆	四川省成都市九里堤北路	610081	7604462
成都中医药大学图书馆	四川省成都市十二桥街 15 号	610075	7716140
川北医学院图书馆	四川省南充市涪江路	637007	2226611
达川师范高等专科学校图书馆	四川省达川市南坝	635000	2123540

馆　　名	通讯地址	邮政编码	电　　话
四川农业大学图书馆	四川省雅安市新康路	625014	2242200
四川烹饪专科学校图书馆	四川省成都市外西罗家碾	610072	7769798
四川轻化工学院图书馆	四川省自贡市邓关镇学院路	643033	3900097—250
华西医科大学图书馆	四川省成都市人民南路三段17号	610041	5501148
康定民族师范专科学校图书馆	四川省康定县姑咱镇	626000	2822373
乐山高等师范专科学校图书馆	四川省乐山市斑竹湾118号	614004	2120791
乐山教育学院图书馆	四川省乐山市柏杨路	614000	2133884
凉山大学图书馆	四川省西昌市川兴镇	615000	3792201
绵阳农业高等专科学校图书馆	四川省绵阳市西山南路2号	621000	2332862
绵阳师范高等专科学校图书馆	四川省绵阳市仙人路一段30号	621000	2273871
内江师范高等专科学校图书馆	四川省内江市桐梓坝	641002	2024206
攀枝花大学图书馆	四川省攀枝花市炳草岗学院路	617000	3332375
四川工业学院图书馆	四川省成都市西郊	611744	7513874
四川广播电视大学图书馆	四川省成都市一环路西三段3号	610073	7768744
四川教育学院图书馆	四川省成都市人民南路三段24号	610041	5568542
四川大学图书馆(东校区)	四川省成都市望江路29号	610064	5585412
四川商业高等专科学校图书馆	四川省成都市仙桥东二路3号	610051	4115563
四川省公安管理干部学院图书馆	四川省泸州市花园路10号	646000	2296320
四川省农业管理干部学院图书馆	四川省成都市一环路西二段25号	610072	7769702
四川省卫生管理干部学院图书馆	四川省成都市汪家拐下街16号	610041	6644480
四川师范大学图书馆	四川省成都市狮子山路3号	610068	4760752
四川师范学院图书馆	四川省南充市人民西路44号	637002	2220244
四川行政财贸管理干部学院图书馆	四川省成都市光华村街56号	610073	7301324
四川音乐学院图书馆	四川省成都市新生路6号	610021	5581380
西昌农业专科学校图书馆	四川省西昌市马坪坝	615000	3223334
西昌师范高等专科学校图书馆	四川省西昌市滨河路	615022	3952380—3082
西南财经大学图书馆	四川省成都市光华村	610074	7300228
西南工学院图书馆	四川省绵阳市青义镇	621002	2223323
西南交通大学图书馆	四川省成都市二环路北一段111号	610031	7600530
西南民族学院图书馆	四川省成都市一环路南四段	610041	5589294
泸州医学院图书馆	四川省泸州市忠山	646000	2394412—267
中国民用航空飞行学院图书馆	四川省广汉市广金公路	618307	5223601—2601
阿坝师范高等专科学校图书馆	四川省汶川县威州镇	623000	2822454
绵阳经济技术高等专科学校图书馆	四川省绵阳市西山观	621000	2223053
中国民用航空飞行学院二分院图书馆	四川省遂宁市龙坪乡	629000	2224797
西南石油学院图书馆	四川省南充市石油东路30号	637001	2234410
南充广播电视大学图书馆	四川省南充市西河路	637000	2236349
成都广播电视大学图书馆	四川省成都市建设北路一段7号	610051	3336959
成都电力职工大学图书馆	四川省成都市清江路26号	610072	7318965
南充市教育学院图书馆	四川省南充市小西门	637000	2222684
四川省干部函授学院图书馆	四川省成都市仁厚街7号	610031	6635258
四川省文化管理干部学院图书馆	四川省成都市西安路62号	610072	7766982

馆　名	通讯地址	邮政编码	电　话
四川省计划生育管理干部学院图书馆	四川省成都市人民南路四段17号	610041	5222708
南充市职工大学图书馆	四川省南充市果山街	637000	2223935
四川省运动技术学院图书馆	四川省成都市一环路南三段16号	610041	5554106
四川省社会主义学院图书馆	四川省成都市青羊东一路2号	610072	7742824
四川省建筑技术进修学院图书馆	四川省成都市外北田家巷方子桥	610081	3331013
四川省经济管理干部学院图书馆	四川省成都市人民南路三段37号	610041	5581339
四川省政法管理干部学院图书馆	四川省成都市青龙场海滨村	610015	3516667
四川省科学技术管理干部学院图书馆	四川省成都市大面铺	610101	4853974
四川神学院图书馆	四川省成都市四圣祠北街19号	610015	6747930
成都教育学院图书馆	四川省成都市白果林小区百寿路	610031	7784491
成都煤炭管理干部学院图书馆	四川省成都市青华路34号	610073	7322507
成都市行政学院图书馆	四川省成都市温江县南门外	611130	2723194
自贡市广播电视大学图书馆	四川省自贡市龙井街	643000	2203943
自贡市兴华高等职业专科学院图书馆	四川省自贡市天花井	643000	2204929
自贡师范高等专科学校图书馆	四川省自贡市尚义号二支路112号	643000	2203008
自贡高等专科学校图书馆	四川省自贡市一对山	643000	8100056
自贡教育学院图书馆	四川省自贡市高山井路175号	643000	2202815
泸州广播电视大学图书馆	四川省泸州市前进中路	646000	3197904
泸州大学图书馆	四川省泸州市瓦窖坝	646005	3191298
德阳市教育学院图书馆	四川省德阳市湘江街32号	618000	2203935
四川教育学院绵阳分院图书馆	四川省绵阳市花园路	621000	2363953
绵阳广播电视大学图书馆	四川省绵阳市小浮桥	621000	2391644
广元大学图书馆	四川省广元市文化路23号	628000	3225876
川北教育学院图书馆	四川省遂宁市遂州南路	629000	2223221
达川广播电视大学图书馆	四川省达川市彭家湾	635000	2375345
达县地区教育学院图书馆	四川省达川市荷叶街	635000	2123419
雅安教育学院图书馆	四川省雅安市上坝路	625014	2223851
内江师范专科学校图书馆	四川省内江市桐梓坝	641002	2024206
内江教育学院图书馆	四川省内江市桐梓坝	641002	2023943
四川生殖卫生学院图书馆	四川省成都市人民南路西段15号	610041	5229475
中共攀枝花市委党校图书馆	四川省攀枝花市临江路	617000	3338475
中共什邡市委党校图书馆	四川省什邡市正北街	618400	8202384
中共成都市委党校图书馆	四川省成都市一环路北四段106号	610081	3337525
中共内江市委党校图书馆	四川省成都市内江市新华路8号	641000	2023933
中共四川省委党校图书馆	四川省成都市光华村	610072	7769791—2372
中共四川省委省级机关党校图书馆	四川省成都市新华东路213号	610017	6923514
中共自贡市委党校图书馆	四川省自贡市交通路	643000	2206515
中共甘孜州委党校图书馆	四川省康定县子耳路	626000	2822304
中共德阳市委党校图书馆	四川省德阳市泰山北路	618000	2202280
中共绵阳市委党校图书馆	四川省绵阳市临园路东段	621000	2223382

馆　　名	通讯地址	邮政编码	电　　话
中共资阳市委党校图书馆	四川省资阳市正东街	641300	6222020
中共简阳市委党校图书馆	四川省简阳市龙王沟	641400	7222219
中共峨嵋山市委党校图书馆	四川省峨嵋山市	614200	5522221
中共达川市委党校图书馆	四川省达川市永丰街	635000	2123455
中共达川地区委员会党校图书馆	四川省达川市二马路	635000	2377116
中共万源市委党校图书馆	四川省万源市红卫路	636350	8622358
中共雅安市委党校图书馆	四川省雅安市建设街	625000	2223660
中共阿坝藏羌族自治州委党校图书馆	四川省马尔康县大水沟	624000	2822357
四川省团校图书馆	四川省成都市龙泉镇	610100	6646157
成都市团校图书馆	四川省成都市金河街 57 号	610015	6648929
中共邛崃市委党校图书馆	四川省邛崃市南街	611530	8791809
中共都江堰市委党校图书馆	四川省都江堰市	611830	7282428
中共彭州市委党校图书馆	四川省彭州市小南街	611930	3871434
中共泸州市委党校图书馆	四川省泸州市大营路	646000	2393539
中共绵竹市委党校图书馆	四川省绵竹市	618200	6202368
中共广汉市委党校图书馆	四川省广汉市房湖路	618300	5222041
中共江油市委党校图书馆	四川省江油市金轮干道	621700	3261616
中共广元市委党校图书馆	四川省广元市进修路	628000	3222520
中共遂宁市委党校图书馆	四川省遂宁市城河北巷	629000	2224281
中共南充市委党校图书馆	四川省南充市北湖路	637000	2221472
中共阆中市委党校图书馆	四川省阆中市内东街	637400	6222748
中共宜宾市委党校图书馆	四川省宜宾市安阜	644000	3551081
中共凉山州委党校图书馆	四川省西昌市胜利路	615000	3225934
中共西昌市铁路分局党校图书馆	四川省西昌市新村	615000	3952087
中共西昌市委党校图书馆	四川省西昌市老西门街	615000	3223118
中共华蓥市委党校图书馆	四川省华蓥市明光路	638650	4821242
中共广安市委党校图书馆	四川省广安市浓洄镇北巷路	638550	2222980
中共巴中地委党校图书馆	四川省巴中市江北	636000	5221323
四川省林业科学研究院图书馆	四川省成都市金华街 344 号	610081	4441318
四川省社会科学院文献情报中心	四川省成都市百花东路 1 号	610072	7746976
中国工程物理研究院图书馆	四川省绵阳市绵山路	621000	2272575
四川省医学科学院图书馆	四川省简阳市	641400	7222034
中国科学院成都文献情报中心	四川省成都市人民南路四段 9 号	610041	5220459 5210304
中国科学院成都有机化学研究所图书情报室	四川省成都市人民南路四段 9 号	610041	5581317－2374
中国科学院水利部成都山地灾害与环境研究所图书情报室	四川省成都市人民南路四段 9 号	610041	5224261－534
中国科学院成都生物研究所图书情报资料室	四川省成都市人民南路四段 9 号	610041	5229784
中国科学院光电技术研究所情报研究室	四川省成都市双流县文星镇	610209	5180032－569

馆 名	通讯地址	邮政编码	电 话
中国科学院成都计算机应用研究所图书资料室	四川省成都市人民南路四段 9 号	610041	5224285
四川省教育科研所图书资料室	四川省成都市华西坝玉华村 8 号	610000	5554647
四川省医学情报研究所图书资料室	四川省成都市上汪家拐街 34 号	610000	6638790
四川省中医研究院图书资料室	四川省成都市四道街 16 号	610031	6635874
成都市医学情报研究所图书资料室	四川省成都市提督街 54 号	610016	6753735
四川省社会科学院哲学与文化研究所图书资料室	四川省成都市百花东路 1 号	610072	7748734
四川省社会科学院社会学研究所图书资料室	四川省成都市百花东路 1 号	610072	7747620
四川省社会科学院历史研究所图书资料室	四川省成都市百花东路 1 号	610072	7747447
四川省科学技术情报研究所图书资料室	四川省成都市大慈寺路 32 号	610016	6759735
成都市科技情报研究所图书资料室	四川省成都市人民中路三段 12 号	610015	6643862
成都市中医药研究所图书资料室	四川省成都市春熙路东段 2 号	610000	6676084
自贡市科技情报研究所图书资料室	四川省自贡市檀木林	643000	2201313
泸州市科学技术情报研究所图书资料室	四川省泸州市忠山路二段	646000	3195245
绵阳市科技情报研究所图书资料室	四川省绵阳市绵遂路	621000	2333535
南充市科技情报研究所图书资料室	四川省南充市文化路	637000	2231254
雅安地区科学技术情报研究所图书资料室	四川省雅安市羌江南路	625000	2223142
甘孜州科技情报研究所图书资料室	四川省康定县新市前街	626000	2822794
四川省人民医院图书馆	四川省成都市一环路西二段	610072	7769982
四川华西中西医结合医院图书馆	四川省成都市成华街	610081	3338757
四川省中医研究院附属医院图书馆	四川省成都市人民南路四段	610041	5211797
成都中西医结合医院图书馆	四川省成都市酱园公所街	610011	6740878
成都市中医医院图书馆	四川省成都市红星中路一段	610017	6755617
成都市第一医院图书馆	四川省成都市春熙路东段	610016	6667223
成都市第二医院图书馆	四川省成都市庆云南街	610017	6621522
成都市华西协和人民医院图书馆	四川省成都市小天竺街	610041	5590221
华西医科大学附属第一医院图书馆	四川省成都市国学巷	610000	5553932
华西医科大学附属第二医院图书馆	四川省成都市人南三段	610000	5559065
华西医科大学附属第四医院图书馆	四川省成都市人民南路三段	610000	5589064

贵 州 省

馆 名	通讯地址	邮政编码	电 话
纳雍县图书馆	贵州省纳雍县县府街	553300	3521341
大方县图书馆	贵州省大方县慈善街	551600	5221696
金沙县图书馆	贵州省金沙县成子路	551800	7221170
织金县图书馆	贵州省织金县城关镇	552100	7622551
赫章县图书馆	贵州省赫章县新街	553200	3222773

馆　名	通讯地址	邮政编码	电　话
毕节市图书馆	贵州省毕节市清毕南路	551700	8223846
贵州省图书馆	贵州省贵阳市北京路 31 号	550001	6831602
贵阳市图书馆	贵州省贵阳市青云路	550002	5813245
遵义市图书馆	贵州省遵义市子尹路 7 号	563000	8224764
遵义县图书馆	贵州省遵义县南白镇	563100	7222460
安顺市图书馆	贵州省安顺市南街 26 号	561000	3222129
黔南布依族苗族自治州图书馆	贵州省都匀市工人路 2 号	558000	8223817
都匀市图书馆	贵州省都匀市普安路 123 号	558000	8223369
黔东南苗族侗族自治州图书馆	贵州省凯里市北京东路 50 号	556000	8222098
凯里市图书馆	贵州省凯里市营盘西路 33 号	556000	8221632
毕节地区图书馆	贵州省毕节市桂花路	551700	8223243
铜仁市图书馆	贵州省铜仁市前进路	554300	5223130
六盘水市图书馆	贵州省六盘水市中山西路 54 号	553001	8224379
兴义市图书馆	贵州省兴义市城关镇沙井南路 8 号	562400	3223005
息烽县图书馆	贵州省息烽县	551100	7725823
赤水市图书馆	贵州省赤水市延安路	564700	2821075
习水县图书馆	贵州省习水县府西路	564600	2520513
桐梓县图书馆	贵州省桐梓县城关镇	563200	6622521
正安县图书馆	贵州省正安县下坝	563400	6421894
湄潭县图书馆	贵州省湄潭县中山北路	564100	4221267
平坝县图书馆	贵州省平坝县复兴路	561100	4224550
镇宁县图书馆	贵州省镇宁县犀牛路	561200	6222890
福泉市图书馆	贵州省福泉市新华路	550500	2222283
独山县图书馆	贵州省独山县和平街	558200	3221217
惠水县图书馆	贵州省惠水县文化北路	550600	6221332
龙里县图书馆	贵州省龙里县冠山上	551200	5631542
榕江县图书馆	贵州省榕江县古州南路	557200	6622109
镇远县图书馆	贵州省镇远县兴隆街	557700	5722240
黎平县图书馆	贵州省黎平县福寿街	557300	6221262
玉屏县图书馆	贵州省玉屏县中华路	554000	3221401
贵阳市白云区图书馆	贵州省贵阳市大山洞	550000	4832378
贵阳市花溪区图书馆	贵州省贵阳市花溪公园内	550000	3860294
清镇市图书馆	贵州省清镇市青龙路	551400	
开阳县图书馆	贵州省开阳县北街	550300	7221303
修文县图书馆	贵州省修文县城关镇	550200	2325173
六盘水市六枝特区图书馆	贵州省六盘水市六枝特区那克路	553400	5322006
盘县特区思源图书馆	贵州省六盘水市盘县特区陵园路	561600	3223344
绥阳县图书馆	贵州省绥阳县北环中路	563300	6221163
凤冈县图书馆	贵州省凤冈县龙泉镇	564200	5221087
余庆县图书馆	贵州省余庆县白泥镇	564400	4620554
仁怀市图书馆	贵州省仁怀市中枢镇	564500	2223331
江口县图书馆	贵州省江口县三星路	554400	6621210
石阡县图书馆	贵州省石阡县汤山镇	555100	7622045

馆 名	通讯地址	邮政编码	电 话
思南县图书馆	贵州省思南县府后街	565100	7222646
印江县图书馆	贵州省印江县城关镇	555200	6222456
德江县图书馆	贵州省德江县大市坝	565200	8521237
沿河县图书馆	贵州省沿河县解放北路	565300	
松桃县图书馆	贵州省松桃县人民路	554100	2830345
黔西南布依族苗族自治州图书馆	贵州省兴义市向阳路	562400	3223876
兴仁县图书馆	贵州省兴仁县民主路	562300	6212052
普安县图书馆	贵州省普安县盘水镇	561500	7232084
晴隆县图书馆	贵州省晴隆县莲城镇北街	561400	7610705
贞丰县图书馆	贵州省贞丰县城关镇	562200	6610301
望谟县图书馆	贵州省望谟县复兴镇	552300	4610147
册亨县图书馆	贵州省册亨县者楼镇	552200	4210246
安龙县图书馆	贵州省安龙县	552400	5210364
黔西县图书馆	贵州省黔西县文化巷	551500	4222843
紫云县图书馆	贵州省紫云县松山镇	550800	5233916
黄平县图书馆	贵州省黄平县新州镇	556100	2432865
施秉县图书馆	贵州省施秉县环城南路	556200	4221352
三穗县图书馆	贵州省三穗县东门东路	556500	
岑巩县图书馆	贵州省岑巩县人民路	557800	3512324
天柱县图书馆	贵州省天柱县水东街	556600	7522427
锦屏县图书馆	贵州省锦屏县城关	556700	7221766
剑河县图书馆	贵州省剑河县	556400	5221323
台江县图书馆	贵州省台江县城关镇	556300	
从江县图书馆	贵州省从江县丙妹镇	557400	6412124
麻江县图书馆	贵州省麻江县	557600	2622129
丹寨县图书馆	贵州省丹寨县龙泉路	557500	3611199
平塘县图书馆	贵州省平塘县新平路	558300	7221670
罗甸县图书馆	贵州省罗甸县龙坪镇	550100	7611210
长顺县图书馆	贵州省长顺县城关	550700	6821433
瓮安县图书馆	贵州省瓮安县雍阳镇	550400	2621166
荔波县图书馆	贵州省荔波县玉屏镇	558400	3612179
贵定县图书馆	贵州省贵定县	551300	5210084
三都县图书馆	贵州省三都县建设路	558100	3922803
六盘水师范专科学校图书馆	贵州省六盘水市明湖路	553004	8223443
贵阳师范专科学校图书馆	贵州省贵阳市三桥马王庙	550008	4846385
贵阳医学院图书馆	贵州省贵阳市北京路4号	550004	6782684
贵阳中医学院图书馆	贵州省贵阳市市东路1号	550002	5929804
贵州大学图书馆	贵州省贵阳市花溪区	550025	3858518(北区) 3854468(南区)
贵州工业大学图书馆	贵州省贵阳市蔡家关	550003	4818067
贵州广播电视大学图书馆	贵州省贵阳市八鸽岩路47号	550004	6857539
贵州教育学院图书馆	贵州省贵阳市瑞金南路48号	550003	5816549
贵州民族学院图书馆	贵州省贵阳市花溪	550025	3611053

馆名	通讯地址	邮政编码	电话
贵州人民大学图书馆	贵州省贵阳市香狮路200号	550002	4842234
贵州商业专科学校图书馆	贵州省贵阳市盐务街35号	550001	6827946
贵州省公安干部管理学院图书馆	贵州省贵阳市龙洞堡	550012	5400249－224
黔东南民族师范专科学校图书馆	贵州省凯里市文化北街22号	556000	8223741
安顺师范专科学校图书馆	贵州省安顺市西郊娄家坡	561000	3223086
贵州师范大学图书馆	贵州省贵阳市外环东路270号	550001	6897491
毕节师范高等专科学校图书馆	贵州省毕节市杨家塘	551700	8211262
铜仁师范专科学校图书馆	贵州省铜仁市北关路	554300	5230942
黔西南民族师范专科学校图书馆	贵州省兴义市湖南路60号	562400	3224145
遵义师范专科学校图书馆	贵州省遵义市上海路120号	563002	8224891
遵义医学院图书馆	贵州省遵义市外环路	563003	8824963
贵州航天职工大学图书馆	贵州省遵义市延安路314号	563003	8826507
贵州财经学院图书馆	贵州省贵阳市瑞金南路33号	550003	5965667
贵州省社会主义学院图书馆	贵州省贵阳市见龙洞路187号	550012	5400493
贵阳职工大学图书馆	贵州省贵阳市瑞金南路124号	550003	5815236
贵州艺术专科学校图书馆	贵州省贵阳市花溪大道北段257号	550003	5794951
贵州建筑专科学校图书馆	贵州省贵阳市花果园	550003	5950287
贵州省计划管理干部学院图书馆	贵州省贵阳市吉祥路8号	550001	6824274
贵州省经济管理干部学院图书馆	贵州省贵阳市罗汉营路	550003	5952915
贵州省农业管理干部学院图书馆	贵州省贵阳市南垭路23号	550001	6822544
贵州省行政管理干部学院图书馆	贵州省贵阳市黔灵西路62号	550001	6824747
贵州省政法管理干部学院图书馆	贵州省贵阳市见龙洞路199号	550005	5801035
贵阳市建筑大学图书馆	贵州省贵阳市文化路8号	550003	5817771
贵州农学院图书馆	贵州省贵阳市花溪区霞辉路	550025	3851446
黔南州教育学院图书馆	贵州省都匀市环东北路	558000	8222793
黔南州民族师范专科学校图书馆	贵州省都匀市剑江北路	558000	8222294
黔南民族医学高等专科学校图书馆	贵州省都匀市黔医路	558000	8222496
黔东南州教育学院图书馆	贵州省凯里市土石城东路	556000	8222364
毕节市教育学院图书馆	贵州省毕节市郭家湾	551700	8221543
都匀市民族师范专科学校图书馆	贵州省都匀市沙包堡镇	558004	8320403
中共贵阳市委党校图书馆	贵州省贵阳市园林路4号	550005	5828084
中共贵州省委党校图书馆	贵州省贵阳市桐木岭	550025	3851961－8044
中共黔南布依族苗族自治州委党校图书馆	贵州省都匀市甘塘镇	558022	8225417
中共遵义地委党校图书馆	贵州省遵义市高桥路	563000	8222678
中共遵义市委党校图书馆	贵州省遵义市白沙路	563000	8222533
中共赤水市委党校图书馆	贵州省赤水市公园路	564700	2821567
中共安顺地委党校图书馆	贵州省安顺市盔甲山	561000	3222060
中共都匀市委党校图书馆	贵州省都匀市渡船堡	558000	8223371
中共黔东南州委党校图书馆	贵州省凯里市永乐路	556000	8221344
中共凯里市委党校图书馆	贵州省凯里市龙头河	556000	8222849
中共铜仁地区党校图书馆	贵州省铜仁市水晶阁	554300	5223396
中共铜仁市委党校图书馆	贵州省铜仁市北关路	554300	5223122

馆　名	通讯地址	邮政编码	电　话
中共毕节地委党校图书馆	贵州省毕节市郭家湾	551700	8223594
中共毕节市委党校图书馆	贵州省毕节市天河路	551700	8223157
中共六盘水市委党校图书馆	贵州省六盘水市窑上	553001	8222472
中共黔西南州委党校图书馆	贵州省兴义市凤仪路	562400	3223391
中共兴义市委党校图书馆	贵州省兴义市双凤村	562400	3222281
贵州省团校图书馆	贵州省贵阳市油榨街 26 号	550000	5874377
铜仁地区团校图书馆	贵州省铜仁市沙龙路	554300	5224237
中共万山特区区委党校图书馆	贵州省万山特区	554200	3521144
中共清镇市委党校图书馆	贵州省清镇市条子场	551400	2522423
贵州省科学院图书馆	贵州省贵阳市延安东路 40 号	550001	6824098
贵州省农业科学院图书馆	贵州省贵阳市金竹镇	550006	3851100
贵州省社会科学院图书馆	贵州省贵阳市梭石巷 95 号	550002	5931597
贵阳市科学技术情报研究所图书馆	贵州省贵阳市青云路 23 号	550002	5867370
贵州省林业科技情报中心图书馆	贵州省贵阳市官源南路 287 号	550011	3826057－202
中国科学院地球化学研究所图书情报室	贵州省贵阳市观水路 73 号	550002	5824912
贵州省林业科学研究所图书馆	贵州省贵阳市富源路 287 号	550005	3922502
贵州省科学技术情报所图书室	贵州省贵阳市北京路	550001	6850584
贵州省六盘水市科技情报所图书资料室	贵州省六盘水市中山西路	553000	8224072
遵义地区科技情报研究所图书资料室	贵州省遵义市	563000	8225484
贵州省铜仁地区科技情报所图书资料室	贵州省铜仁市民主路	554300	5222513
铜仁地区科技情报研究所图书资料室	贵州省铜仁市民主路	554300	5222513
黔西州科技情报研究所图书资料室	贵州省兴义市笔山路	562400	3223805
贵州省亚热带作物科学研究所图书资料室	贵州省贞丰县建设路	562200	6610189
毕节地区科技情报研究所图书资料室	贵州省毕节市桂花路	551700	8223054
安顺地区科技情报研究所图书资料室	贵州省安顺市	561000	3225613
黔东南州科技情报所图书资料室	贵州省凯里市	556000	8221751
黔南州科技情报研究所图书资料室	贵州省都匀市文辉路	558000	8222050
都匀市科技情报研究所图书资料室	贵州省都匀市剑江中路	558000	8223377
贵州省人民医院图书馆	贵州省贵阳市市东村 107 号	550006	5937194
贵阳中医院第一附属医院图书馆	贵州省贵阳市东兴路	550001	5924915
贵阳中医院第二附属医院图书馆	贵州省贵阳市飞山街	550003	5824687
贵阳医学院附属医院图书馆	贵州省贵阳市北京街	550004	6855119
贵阳市第一医院图书馆	贵州省贵阳市博爱路	550002	5813741
贵阳市第二医院图书馆	贵州省贵阳市市南路	550005	5506137
贵州省邮电医院图书馆	贵州省贵阳市电台街 91 号	550001	5825535

馆　名	通讯地址	邮政编码	电　话
贵州省中医研究院附属医院图书馆	贵州省贵阳市三桥	550008	4842257
贵州省劳动卫生职业病防治所图书馆	贵州省贵阳市大水沟	550000	3851238
贵州省交通医院图书馆	贵州省贵阳市延安西路	550003	5815716
贵州省建筑职工医院图书馆	贵州省贵阳市花果园	550000	5815334
贵阳市结核病防治院图书馆	贵州省贵阳市大水沟	550000	3851657
贵阳市口腔医院图书馆	贵州省贵阳市瑞金中路	550003	5842669

云南省

馆　名	通讯地址	邮政编码	电　话
云南省图书馆	云南省昆明市翠湖南路 141 号	650031	5323851
东川市图书馆	云南省东川市白云街	654100	2121654
个旧市图书馆	云南省个旧市五一路	661000	2123569
开远市图书馆	云南省开远市灵泉东路	661600	7223519
昆明图书馆	云南省昆明市东华小区知春街 37 号	650000	3313960
临沧地区图书馆	云南省临沧县西大街	677000	2122222
怒江傈僳族自治州图书馆	云南省怒江州人民南路	673100	3622268
红河州图书馆	云南省个旧市中山路	661000	2132722
曲靖市图书馆	云南省曲靖市文昌路 90 号	655000	3122551
大理州图书馆	云南省大理市苍山路 296 号	671000	2123652
安宁市图书馆	云南省安宁市连然镇湖宾路	650300	8699305
瑞丽市图书馆	云南省瑞丽市兴市街	678600	4141792
思茅地区图书馆	云南省思茅市凤凰路 53 号	665000	2122332
昭通地区图书馆	云南省昭通市清官亭公园	657000	2132297
元江哈尼族彝族傣族自治县图书馆	云南省元江县澧江镇凤凰路	653300	6011868
玉溪市图书馆	云南省玉溪市文化路 10 号	653100	2026908
玉溪市红塔区图书馆	云南省玉溪市东风路	653100	2051664
文山壮族苗族自治州图书馆	云南省文山县城东风路	663000	2122043
西双版纳州图书馆	云南省西双版纳州景洪南路	666100	2122142
晋宁县图书馆	云南省晋宁县昆阳镇昆阳街	650600	7892542
宜良县图书馆	云南省宜良县匡远镇匡山街 17 号	652100	7594779
路南县图书馆	云南省路南县鹿镇环城东路 1 号	652200	7796775
嵩明县图书馆	云南省嵩明县嵩明镇北街下巷 21 号	651700	7911169
禄劝县图书馆	云南省禄劝县平山镇南街道 25 号	651500	8911261
寻甸县图书馆	云南省寻甸县仁德镇新大街头 13 号	655200	4121264
富民县图书馆	云南省富民县永定镇文化路 24 号	650400	8811166
呈贡县图书馆	云南省呈贡县城关镇运动场	650500	7478104
巧家县图书馆	云南省巧家县新华镇	654600	7120555
盐津县图书馆	云南省盐津县文兴街 62 号	657500	6620077
大关县图书馆	云南省大关县园门街	657400	5621870
彝良县图书馆	云南省彝良县角奎镇	657600	5717839
会泽县图书馆	云南省会泽县米市街	654200	5122814
华宁县图书馆	云南省华宁县城中街 86 号	652800	5011852

馆　名	通讯地址	邮政编码	电　话
峨山县图书馆	云南省峨山县双江镇	653200	4011356
屏边县图书馆	云南省屏边县建设路 78 号	661200	3221204
大姚县图书馆	云南省大姚县新大街	675400	6221507
永仁县图书馆	云南省永仁县建设路	651400	
元谋县图书馆	云南省元谋县龙川街 70 号	651300	8212511
武定县图书馆	云南省武定县文化路 5 号	651600	8712575
禄丰县图书馆	云南省禄丰县北晨街	651200	4122987
江川县图书馆	云南省江川县湖滨路	652600	8011227
澄江县图书馆	云南省澄江县凤山公园	652500	6911578
通海县图书馆	云南省通海县秀山脚	652700	3012192
保山市图书馆	云南省保山市隆阳路	678000	2160001
保山地区图书馆	云南省保山市隆阳路	678000	2120931
楚雄市图书馆	云南省楚雄市中大街 134 号	675000	3126805
大理图书馆	云南省大理市大理城复兴路 281 号	671003	2670405
德宏傣族景颇族自治州图书馆	云南省德宏州潞西市东风路	678400	2121307
易门县图书馆	云南省易门县新建街	651100	4961864
新平县图书馆	云南省新平县小花园	653400	7011858
蒙自县图书馆	云南省蒙自县环城南路	661100	3642624
建水县图书馆	云南省建水县小西庄	654300	7652506
石屏县图书馆	云南省石屏县北正街	662200	4857885
弥勒县图书馆	云南省弥勒县冉翁西路	652300	6122588
金平县图书馆	云南省金平县金河镇	661500	5221523
河口县图书馆	云南省河口县人民路 91 号	661300	3422652
文山县图书馆	云南省文山县	663000	2123804
砚山县图书馆	云南省砚山县江那镇	663100	3122701
西畴县图书馆	云南省西畴县西洒镇	663500	7622253
麻栗坡县图书馆	云南省麻栗坡县魁角路	663600	6622568
马关县图书馆	云南省马关县马白镇	663700	7122365
邱北县图书馆	云南省邱北县锦屏镇	663200	4122029
富宁县图书馆	云南省富宁县新华镇	663400	6122542
广南县图书馆	云南省广南县西门外	663300	5150397
普洱县中山图书馆	云南省普洱县中山公园	665100	3232423
元阳县图书馆	云南省元阳县新街镇	662400	
泸西县图书馆	云南省泸西县中枢镇	652400	6622936
红河县图书馆	云南省红河县迤萨镇	654400	4621450
澜沧县图书馆	云南省澜沧县勐朗街	665600	7225405
勐海县图书馆	云南省勐海县象山镇	666200	5122266
漾鼻县图书馆	云南省漾鼻县上街镇	672500	7520029
鹤庆县图书馆	云南省鹤庆县云鹤镇	671500	4122045
盈江县图书馆	云南省盈江县平原镇	679300	8977056
中甸县图书馆	云南省中甸县长征路	674400	8222182
鲁甸县图书馆	云南省鲁甸县文屏镇	657100	8121618
永善县图书馆	云南省永善县广场	657300	4124721

馆　　名	通讯地址	邮政编码	电　话
绥江县图书馆	云南省绥江县中城镇	657700	7621714
镇雄县图书馆	云南省镇雄县人民巷	657200	
咸信县图书馆	云南省咸信县扎西镇	657900	
水富县图书馆	云南省水富县云富镇	657800	
宣威市图书馆	云南省宣威市北门新上街	655400	7123154
马龙县图书馆	云南省马龙县通泉镇	655100	8880914
富源县图书馆	云南省富源县平街	655500	4612206
罗平县图书馆	云南省罗平县一号街	655800	8212768
师宗县图书馆	云南省师宗县漾月路	655700	5056009
陆良县图书馆	云南省陆良县北门外	655600	
双柏县图书馆	云南省双柏县人民路	675100	7711844
牟定县图书馆	云南省牟定县西街 61 号	675500	5223291
南华县图书馆	云南省南华县西街	675200	7221631
姚安县图书馆	云南省姚安县宝成路	675300	
绿春县图书馆	云南省绿春县大兴镇	662500	4222270
墨江县图书馆	云南省墨江县武庙街 83 号	654800	4232473
景东县图书馆	云南省景东县玉屏路	676200	6221841
景谷县图书馆	云南省景谷县文明路	666400	5222440
镇源县图书馆	云南省镇源县下关音一街	666500	
江城县图书馆	云南省江城县勐烈大街	665900	3721520
孟连县图书馆	云南省孟连县孟连镇	665800	8722220
西盟县图书馆	云南省西盟县民胜街	665700	8223624
景洪市图书馆	云南省景洪市嘎兰中路	666100	2123035
祥云县图书馆	云南省祥云县西街 26 号	672100	3120019
宾川县图书馆	云南省宾川县牛井镇	671600	7141550
弥渡县图书馆	云南省弥渡县东寺坡	675600	8162563
南涧县图书馆	云南省南涧县南涧镇	675700	8521145
巍山县图书馆	云南省巍山县大水沟街	672400	6122515
永平县图书馆	云南省永平县新光街	672600	6524999
云龙县图书馆	云南省云龙县石门四街	672700	5520611
洱源县图书馆	云南省洱源县	671200	5122368
剑川县图书馆	云南省剑川县影剧院	671300	4521903
施甸县图书馆	云南省施甸县甸阳北路	678200	8121832
腾冲县图书馆	云南省腾冲县三街凤山南路	679100	5123433
龙陵县图书馆	云南省龙陵县龙山镇	678300	6121532
昌宁县图书馆	云南省昌宁县西园路	678100	7130159
潞西市图书馆	云南省潞西市人民路	678400	2122069
梁河县图书馆	云南省梁河县遮岛镇	679200	6161294
陇川县图书馆	云南省陇川县陇川城子	678700	7181113
永胜县图书馆	云南省永胜县永北镇	674200	6525872
华坪县图书馆	云南省华坪县中心镇	674800	
宁蒗县图书馆	云南省宁蒗县大兴镇	674300	5521219
泸水县图书馆	云南省泸水县鲁掌镇	673100	3812725

馆　名	通讯地址	邮政编码	电　话
福贡县图书馆	云南省福贡县上帕镇	673400	
贡山县图书馆	云南省贡山县拉开镇	673500	
兰坪县图书馆	云南省兰坪县文化路	671400	3212071
德钦县图书馆	云南省德钦县升平镇	674500	8412213
维西县图书馆	云南省维西县保和镇	674600	8626714
凤庆县图书馆	云南省凤庆县新市场	675900	4212203
云县图书馆	云南省云县三角地	675800	3211639
永德县图书馆	云南省永德县德党镇	677600	5211254
镇康县图书馆	云南省镇康县凤尾镇	677700	6623848
耿马县图书馆	云南省耿马县勐勐镇	677500	
沧源县图书馆	云南省沧源县勐董镇	677400	7121071
勐腊县图书馆	云南省勐腊县勐腊镇	666300	8122302
畹町市图书馆	云南省畹町市	678500	5151201
双江县图书馆	云南省双江县勐勐镇	677300	7622088
丽江县图书馆	云南省丽江县光碧巷	674100	5128614
丽江地区图书馆	云南省丽江县新大街	674100	5123611
昆明市官渡区图书馆	云南省昆明市关上南路 108 号	650200	7171975
昆明市盘龙区图书馆	云南省昆明市云端东路 16 号	650021	3624240
昆明市五华区图书馆	云南省昆明市东寺街 104 号	650034	4145604
昆明市西山区图书馆	云南省昆明市马街	650100	8181017
昆明大学图书馆	云南省昆明市人民西路 79 号	650118	5319344
昆明理工大学图书馆	云南省昆明市 121 大街文昌巷 1 号	650093	5146512
云南省工青妇干校图书馆	云南省昆明市黄土坡前街 137 号	650101	5347395
昆明陆军学院图书馆	云南省昆明市东郊八公里	650207	4145739－46756
昆明师范高等专科学校图书馆	云南省昆明市昆师路 2 号	650031	5322384
昆明冶金高等专科学校图书馆	云南省昆明市学府路 316 号	650033	5323509
昆明医学院图书馆	云南省昆明市人民西路 84 号	650031	5339384
蒙自师范高等专科学校图书馆	云南省蒙自市东郊	661100	3648237
曲靖教育学院图书馆	云南省曲靖市麒麟西路	655000	3311745
曲靖师范高等专科学校图书馆	云南省曲靖市内环东路 40 号	655000	3125167
思茅师范高等专科学校图书馆	云南省思茅市环城西路 242 号	665000	2121764
文山师范高等专科学校图书馆	云南省文山县城西郊禾木坎	663000	2124992
西南林学院图书馆	云南省昆明市小坝白龙寺	650224	3863011
玉溪师范高等专科学校图书馆	云南省玉溪市玉江路	653100	2057038
云南财贸学院图书馆	云南省昆明市北郊上马村	650221	5176526
云南大学图书馆	云南省昆明市翠湖北路 52 号	650091	5033200
云南工业大学图书馆	云南省昆明市环城东路 255 号	650051	3314031－4106
云南公安高等专科学校图书馆	云南省昆明市教场中路 11 号	650223	5177496
云南广播电视大学图书馆	云南省昆明市学府路 113 号	650223	5152738
云南化工专科学校图书馆	云南省昆明市东郊白龙寺	650216	5155737－8012
云南教育学院图书馆	云南省昆明市学府路	650223	5152358
云南民族学院图书馆	云南省昆明市一二一大街 134 号	650031	5154458－268
云南农业大学图书馆	云南省昆明市北郊黑龙潭	650201	5211168－558

馆　　名	通讯地址	邮政编码	电　　话
云南师范大学图书馆	云南省昆明市一二一大街158号	650092	5322930－6085
云南艺术学院图书馆	云南省昆明市麻园9号	650101	5360426
云南政法高等专科学校图书馆	云南省昆明市教场中路13号	650223	5153947
云南中医学院图书馆	云南省昆明市关上双桥路	650011	7184109
昭通师范高等专科学校图书馆	云南省昭通市东门外	657000	2125253
重庆建筑大学昆明分院图书馆	云南省昆明市东郊白龙寺	650216	5155740－8017
云南省社会主义学院图书馆	云南省昆明市五一路158号	650031	3638532
昆明教育学院图书馆	云南省昆明市海埂	650034	4575440
昆明广播电视大学图书馆	云南省昆明市文艺路	650031	3364374
西双版纳教育学院图书馆	云南省景洪市景洪西路	666100	2122532
临沧教育学院图书馆	云南省临沧县下忙角	677000	2122467
保山师范专科学校图书馆	云南省保山市龙泉路	678000	2122691
楚雄师范高等专科学校图书馆	云南省楚雄市鹿城南路雁塔山	675000	3120012
大理师范高等专科学校图书馆	云南省大理市下关北郊新桥北	671000	2125669
大理医学院图书馆	云南省大理市下关人民南路	671000	2127733
云南经济管理干部学院图书馆	云南省昆明市黄土坡前街138号	650000	5349563
昭通地区教育学院图书馆	云南省昭通市区	657000	2223312
德宏州教育学院图书馆	云南省潞西市消防路	678400	2121867
丽江教育学院图书馆	云南省丽江县(玉泉)	674100	5125020
中共昆明市委党校图书馆	云南省昆明市东白沙河书村街124号	650215	3196525
中共云南省委党校图书馆	云南省昆明市西山杨家村9号	650111	8411915－6372
中共云南省直属机关党校图书馆	云南省昆明市弥勒寺	650032	4144550
中共安宁市委党校图书馆	云南省安宁市昆畹34公里	650300	8699006
中共昆钢党校图书馆	云南省安宁市骡子山	650300	8699912
中共昭通地委党校图书馆	云南省昭通市	657000	2122669
中共昭通市委党校图书馆	云南省昭通市	657000	2123024
中共曲靖地委党校图书馆	云南省曲靖市文昌街	655000	3122583
中共曲靖市委党校图书馆	云南省曲靖市西正街	655031	3162603
中共宣威市委党校图书馆	云南省宣威市黄家山	655400	7122642
中共楚雄州委党校图书馆	云南省楚雄市警校路	675000	3127370
中共楚雄市委党校图书馆	云南省楚雄市新营盘	675000	3122379
中共玉溪地委党校图书馆	云南省玉溪市九龙池	653100	2041161
中共玉溪市委党校图书馆	云南省玉溪市红塔路	653100	2056320
中共开远市委党校图书馆	云南省开远市南洞路	661600	7122450
中共红河州委党校图书馆	云南省蒙自县	661100	3642157
中共文山州委党校图书馆	云南省文山县大石洞	663000	2122779
中共思茅地委党校图书馆	云南省思茅市三家村	665000	2122669
中共思茅市委党校图书馆	云南省思茅市思亭路	665000	2122365
中共西双版纳州委党校图书馆	云南省景洪市沧江南路	666100	2122684
中共景洪市委党校图书馆	云南省景洪市江北南路	666100	2122644
中共大理市委党校图书馆	云南省大理市博爱路	671000	2670343
中共保山市委党校图书馆	云南省保山市永昌路	678000	2122669

馆　名	通讯地址	邮政编码	电　话
中共瑞丽市委党校图书馆	云南省瑞丽市	678600	4141413
中共德宏州委党校图书馆	云南省潞西市	678400	2126624
中共潞西市委党校图书馆	云南省潞西市	678400	2121695
中共丽江地委党校图书馆	云南省丽江县	674100	5121821
中共怒江州委党校图书馆	云南省泸水县气象站	673100	3622630
中共迪庆州委党校图书馆	云南省中甸县老州路	674400	8222331
中共临沧地委党校图书馆	云南省临沧县文德村	677000	2122318
中国科学院西双版纳热带植物园昆明分部图书资料室	云南省昆明市学府路 50 号	650223	5154131
中国科学院云南天文台图书情报室	云南省昆明市凤凰山	650011	7187153
中国科学院昆明植物研究所图书资料室	云南省昆明市黑龙谭	650204	5150660－2110 5150660－2111
中国科学院昆明动物研究所图书情报室	云南省昆明市教场东路 32 号	650223	5172477
云南省林业科学院情报资料室	云南省昆明市黑龙潭	650204	5150418
中国林科院资源昆虫研究所图书情报室	云南省昆明市人民东路王大桥	650216	7172018
云南省社会科学院图书馆	云南省昆明市环城西路 577 号	650032	4141150
云南省医学信息研究所图书资料室	云南省昆明市人民西路 86 号	650118	5342604
云南省气象科学研究所图书资料室	云南省昆明市西昌路 73 号	650034	4160394
中国科学院昆明生态研究所图书资料室	云南省昆明市教场东路	650223	5154135
云南省科学技术情报研究所图书资料室	云南省昆明市人民东路 36 号	650051	3162664
中国科学院昆明分院图书馆	云南省昆明市护国路	650021	3324837
云南省农业科学院科技情报研究所图书资料室	云南省昆明市龙头街	650205	5150408
昆明市科学技术情报研究所图书资料室	云南省昆明市青年路 218 号	650021	3140897
云南中医学院附属医院图书馆	云南省昆明市光华街 104 号	650021	3130718
云南省人民医院图书馆	云南省昆明市金碧路 173 号	650032	3161030
云南省红十字会医院图书馆	云南省昆明市青年路	650021	5156650
昆明医学院第一附属医院图书馆	云南省昆明市潘家湾 1 号	650031	5324888
昆明医学院第二附属医院图书馆	云南省昆明市麻园	650000	8181281
昆明市第一人民医院图书馆	云南省昆明市巡津街	650011	3188176
昆明市第二人民医院图书馆	云南省昆明市黑龙潭	650204	5150358
昆明市中医医院图书馆	云南省昆明市东风东路 27 号	650051	3139028
昆明友谊医院图书资料室	云南省昆明市董家湾	650041	3316195

西　藏　自　治　区

馆　名	通讯地址	邮政编码	电　话
西藏自治区图书馆	西藏拉萨市罗布林卡路	850000	6837513

馆名	通讯地址	邮政编码	电话
拉萨市图书馆	西藏拉萨市罗布林卡路	850000	6832954
西藏藏医学院图书馆	西藏拉萨市娘热路14号	850003	6325833
西藏大学图书馆	西藏拉萨市金珠东路5号	850000	6323798
西藏民族学院图书馆	西藏咸阳市渭阳中路	712082	3763078
西藏农牧学院图书馆	西藏林芝县八一新村	860100	5822144
西藏佛教学院图书馆	西藏拉萨市北京西路	850001	6324261
中共西藏自治区委党校图书馆	西藏拉萨市吉拜路9号	850000	6322330
中共拉萨市委党校图书室	西藏拉萨市林廓东路大门46号	850000	6323386
中共昌都地委党校图书馆	西藏昌都县	854000	4822922
中共山南地委党校图书馆	西藏乃东县赞堂路5号	856100	7820329
中共日喀则地委党校图书馆	西藏日喀则市吉儿朗卡路5号	857000	8822230
中共那曲地委党校图书馆	西藏那曲县文化东路43号	852000	3822457
西藏社会科学院图书馆	西藏拉萨市色拉路21号	850000	6332103
西藏科学技术情报所文献馆	西藏拉萨市北京西路230号	850001	6834775
西藏太阳能研究所图书资料室	西藏拉萨市北京西路	850000	6822642
日喀则地区农业科学研究所图书馆	西藏日喀则市南部	857000	8822440
自治区人民医院图书资料室	西藏拉萨市林廓北路7号	850000	6322021
自治区第二人民医院图书资料室	西藏拉萨市罗林卡南路23号	850001	6823009
自治区卫生防疫站图书资料室	西藏拉萨市林廓北路18号	850000	6322089
拉萨市人民医院图书资料室	西藏拉萨市北京东路4号	850000	6323302
拉萨工人疗养院图书资料室	西藏拉萨市北京西路215号	850002	6322611
山南地区人民医院图书资料室	西藏乃东县格桑路4号	856100	7820289
日喀则地区人民医院图书资料室	西藏日喀则市解放中路5号	857000	8822652

陕西省

馆名	通讯地址	邮政编码	电话
陕西省图书馆	陕西省西安市西大街146号	710002	7210071
安康地区图书馆	陕西省安康市城关镇教场坝	725000	3213028
安康市少年儿童图书馆	陕西省安康市金州南路45号	725000	3212063
汉中市图书馆	陕西省汉中市北大街莲花池公园内	723000	2213750
宝鸡市图书馆	陕西省宝鸡市滨河路1号	721000	3215988
咸阳市图书馆	陕西省咸阳市渭阳西路53号	712000	3574895
商洛地区图书馆	陕西省商州市迎宾路5号	726000	2314159
商州市图书馆	陕西省商州市中心街	726000	2312634
铜川市图书馆	陕西省铜川市五一路	727000	2182906
渭南市临渭区图书馆	陕西省渭南市东风街130号	714000	2019622
华阴市图书馆	陕西省华阴县岳庙街	714200	4612777
延安市图书馆	陕西省延安市南关街94号	716000	2112146
榆林星元图书馆	陕西省榆林市榆林镇牌楼下巷13号	719000	3283010
户县图书馆	陕西省户县东大街6号	710300	4814644
勉县图书馆	陕西省勉县城关镇人民东路	724200	3212545
黄陵县轩辕图书馆	陕西省黄陵县中心街006号	727300	5212373
华县图书馆	陕西省华县城关镇	714100	4711543

馆　名	通讯地址	邮政编码	电　话
甘泉县图书馆	陕西省甘泉县城关镇	716100	4223257
澄城县图书馆	陕西省澄城县中心街	715200	6712874
绥德县子洲图书馆	陕西省绥德县小街	718000	5626136
凤翔县图书馆	陕西省凤翔县东关	721400	7212202
略阳县图书馆	陕西省略阳县东关	724300	4825947
彬县图书馆	陕西省彬县西大街	713500	4922082
安塞县图书馆	陕西省安塞县真武洞镇	717400	6212752
佳县圆桢图书馆	陕西省佳县西郊3号	719200	6721046
府谷县图书馆	陕西省府谷县永安镇	719400	8713719
佛坪县图书馆	陕西省佛坪县	723400	8912187
镇巴县图书馆	陕西省镇巴县河西路	723600	6712603
南郑县图书馆	陕西省南郑县南大街	723100	5513075
宝鸡县图书馆	陕西省宝鸡县虢镇西街	721300	6212657
岐山县博图馆	陕西省岐山县	722400	8212288
陇县图书博物馆	陕西省陇县西大街	721200	4601850
渭南市司马迁图书馆	陕西省渭南市太史街	714000	5212242
汉阴县图书馆	陕西省汉阴县健康巷	725100	5212674
旬阳县图书馆	陕西省旬阳县城关镇	725700	7212064
洛南县图书馆	陕西省洛南县过经路	726100	7322253
商南县图书馆	陕西省商南县文化路	726300	6323300
西安市雁塔区图书馆	陕西省西安市长安中路	710032	5235815
宝鸡市金台区图书馆	陕西省宝鸡市宏文路	721004	3412557
咸阳市秦都区图书馆	陕西省咸阳市人民路中段	712000	3214185
洋县图书馆	陕西省洋县新北街	723300	8212751
山阳县图书馆	陕西省山阳县城关镇	726400	8321533
西安工程学院图书馆	陕西省西安市雁塔路6号	710054	5257971
西安电子科技大学图书馆	陕西省西安市太白路2号	710071	8202442
西安工业学院图书馆	陕西省西安市金花北路4号	710032	3235067
西安公路交通大学图书馆	陕西省西安市翠华路3号	710064	5268346
西安广播电视大学图书馆	陕西省西安市文艺路长胜街29号	710045	7271122
西安航空技术高等专科学校图书馆	陕西省西安市土门沣惠路	710077	4243991－373
西安建筑科技大学图书馆	陕西省西安市雁塔路13号	710055	2202904
西安交通大学图书馆	陕西省西安市咸宁西路28号	710049	2668102
西安矿业学院图书馆	陕西省西安市雁塔路4号	710054	5262056
西安理工大学图书馆	陕西省西安市金花南路	710048	3239700－2345
西安联合大学师范学院图书馆	陕西省西安市市翠华路133号	710061	5521834
西安联合大学职业技术学院图书馆	陕西省西安市友谊西路222号	710068	5265197
解放军西安陆军学院图书馆	陕西省长安县	710108	5252401
西安美术学院图书馆	陕西省西安市含光路	710100	5252401
西安石油学院图书馆	陕西省西安市电子二路	710061	8237381－2361
解放军西安政治学院图书馆	陕西省西安市朱雀路中段	710068	5265666－38152
西安三桥武警技术学院图书馆	陕西省西安市三桥镇	710086	4512418－3136

馆　名	通讯地址	邮政编码	电　话
解放军西安空军电讯工程学院图书馆	陕西省西安市沣镐路1号	710077	4398417
西安铁路工程大学图书馆	陕西省西安市太白南路13号	710061	5255422
西安统计学院图书馆	陕西省西安市小寨东路4号	710061	5253850
西安外国语学院图书馆	陕西省西安市南郊吴家坟	710061	5309542
西北建筑工程学院图书馆	陕西省西安市小寨长安中路7号	710061	5253241－2209
西安医科大学图书馆	陕西省西安市朱子午路	710061	5261609－22062
西安邮电学院图书馆	陕西省西安市长安南路八里村	710061	5253302－2149
西北大学图书馆	陕西省西安市太白北路	710069	8302544
西安音乐学院图书馆	陕西省西安市长安中路2号	710061	5251054－2232
西北纺织工学院图书馆	陕西省西安市金花南路19号	710048	3235561－3292
西北工业大学图书馆	陕西省西安市友谊西路127号	710072	8492926
西北林学院图书馆	陕西省咸阳市杨凌区邰城路3号	712000	7082441
西北农业大学图书馆	陕西省咸阳市杨凌区	712000	7092366
西北轻工业学院图书馆	陕西省咸阳市渭阳西路	712081	3579707
西北政法大学图书馆	陕西省西安市长安南路88号	710061	5385263
咸阳师范专科学校图书馆	陕西省咸阳市文林路	712000	3765637
延安大学图书馆	陕西省延安市杨家岭	716000	2113011－2065
延安医学院图书馆	陕西省延安市马家湾	716000	2115375
榆林师范高等专科学校图书馆	陕西省榆林市新城区文化路	719000	3764050
陕西省水利学校图书馆	陕西省咸阳市杨凌区	712100	7083992
陕西省经济干部管理学院图书馆	陕西省西安市翠华路101号	710061	5253341－151
陕西省教育学院图书馆	陕西省西安市兴善寺东街15号	710061	5244320
西安铁路运输学校图书馆	陕西省西安市自路西路37号	710014	6252517－50223
陕西省供销商校图书馆	陕西省西安市含光路南段8号	710061	8233304
西安通信学院图书馆	陕西省长安县王曲镇	710106	5431463
安康师范专科学校图书馆	陕西省安康育才路1号	725000	3212214
宝鸡文理学院图书馆	陕西省宝鸡市西宝路44号	721007	3364289
中国人民解放军第四军医大学图书馆	陕西省西安市长乐西路17号	710032	3374751
汉中师范学院图书馆	陕西省汉中市东关外小关子	723000	2212866
陕西财经学院图书馆	陕西省西安市翠华南路105号	710061	5251941
陕西经贸学院图书馆	陕西省西安市咸宁中路59号	710043	3295407
陕西工学院图书馆	陕西省汉中市河东店	723003	2296374－2371
陕西广播电视大学图书馆	陕西省西安市含光路中段33号	710068	5263231
陕西师范大学图书馆	陕西省西安市长安南路	710062	5308717
陕西中医学院图书馆	陕西省咸阳市渭阳路1号	712083	3229360
西藏民族学院图书馆	陕西省咸阳市文汇东路6号	712081	3763078－6318
商洛师范专科学校图书馆	陕西省商州市东店子	726000	2312606
渭南师范专科学校图书馆	陕西省渭南市渭兰路	714000	2055264
中国人民解放军西安第二炮兵学院图书馆	陕西省西安市东郊洪庆镇	710025	3344054
陕西财贸学院图书馆	陕西省西安市小寨东路81号	710061	5251566

馆 名	通讯地址	邮政编码	电 话
西安体育学院图书馆	陕西省西安市含光街	710000	5252392
西安地质学院图书馆	陕西省西安市雁塔路	710000	5527978
陕西工运学院图书馆	陕西省西安市西北一路 40 号	710003	7257184
西安乡镇企业大学图书馆	陕西省西安市翠华路南路	710061	5237574
陕西工商学院图书馆	陕西省西安市咸宁中路 59 号	710043	3231096
陕西省政法管理干部学院图书馆	陕西省西安市建工路 24 号	710000	3232649
西安教育学院图书馆	陕西省西安市西大街	710002	7288481
中国人民解放军空军工程大学图书馆	陕西省西安市灞桥区	710038	4397114
西京大学图书馆	陕西省西安市交大商场街	710048	3216630
陕西省西安外国语师范专科学校图书馆	陕西省西安市振华路	710014	6261067
陕西银行学院图书馆	陕西省西安市电子路	710000	8217570
陕西商业专科学校图书馆	陕西省西安市小寨东路	710061	5252216
陕西省财贸管理干部学院图书馆	陕西省西安市友谊西路	710072	5253866
陕西省社会主义学院图书馆	陕西省西安市建国路	710001	7426853
西安电力高等专科学校图书馆	陕西省西安市长乐西路	710032	3231944
陕西医学高等专科学校图书馆	陕西省西安市含光路	710000	5246178
铜川市教育学院图书馆	陕西省铜川市虎头山	727000	2183480
宝鸡教育学院图书馆	陕西省宝鸡市宝福路	721001	3281087
咸阳教育学院图书馆	陕西省咸阳市文林东路	712000	3212224
铁道部咸阳管理干部学院图书馆	陕西省咸阳市西兰路南段	712000	3215335
咸阳财经培训学院图书馆	陕西省咸阳市陈老虎寨	712000	3219215
中国人民解放军空军导弹学院图书馆	陕西省三原县	713800	2511465
渭南市教育学院图书馆	陕西省渭南市西一路南	714000	2014238
汉中教育学院图书馆	陕西省汉中市东塔北路	723000	2213161
安康教育学院图书馆	陕西省安康市教院路	725000	3214252
安康经贸管理培训学院图书馆	陕西省安康市鼓楼东街 9 号	725000	3214282
延安教育学院图书馆	陕西省延安市延师路	716000	2112758
中共陕西省委党校图书馆	陕西省西安市小寨西路 69 号	710061	5253341－2209
中共榆林市委党校图书馆	陕西省榆林市红山	719000	3282205
中共宝鸡市委党校图书馆	陕西省宝鸡市宝中路	721001	3651655
中共渭南市委党校图书馆	陕西省渭南市太史街	714000	5211540
中共安康地委党校图书馆	陕西省安康市新城新铺子 12 号	725000	3113505
中共安康市委党校图书馆	陕西省安康市兴家包	725000	3212013
中共商洛地委党校图书馆	陕西省商州市北新街西段	726000	2313904
中共商洛市委党校图书馆	陕西省商州市李家源	726000	2312483
中共铜川市委党校图书馆	陕西省铜川市翠溪路	727000	2183035
中共西安市委党校图书馆	陕西西安市西影路 74 号	710054	5524726
中共延安市委党校图书馆	陕西延安市王家坪	716000	2112431
中共榆林地区党校图书馆	陕西省榆林市瓦窑沟上巷	719000	3260453
陕西省青年干部学院图书馆	陕西省西安市含光路 14 号	710068	8415440

馆　名	通讯地址	邮政编码	电　话
中共咸阳市委党校图书馆	陕西省咸阳市西兰路	712000	3213002
中共韩城市委党校图书馆	陕西省韩城市太史街	715400	5211540
中共汉中市委党校图书馆	陕西省汉中市中子巷 14 号	723000	2210476
陕西省社会科学院图书馆	陕西省西安市含光路 7 号	710065	5249490
陕西省农业科学研究院图书馆	陕西省咸阳市杨凌区	712100	7088401—3046
陕西省科学技术信息研究所文献馆	陕西省西安市雁塔路 11 路	710054	5251473
西北有色金属研究所图书馆	陕西省西安市 51 号信箱	710016	6231083
航天工业总公司 618 所图书馆	陕西省西安市电子城绿阳路 1 号	710065	8218600—5167
陕西省林业勘察设计院图书馆	陕西省西安市西关正街 233 号	710082	4243618
陕西省人口情报中心图书馆	陕西省西安市崇新里	710068	7223273
中国科学院西安光学精密机械研究所图书资料室	陕西省西安市友谊西路 234 号	710072	5261376
中国科学院西安黄土与第四纪地质室图书资料室	陕西省西安市小寨东路 3 号	710061	5263687
咸阳科学技术信息研究所文献馆	陕西省西安市西兰路 6 号	710000	3215460
陕西省科学院图书馆	陕西省西安市小寨东路 3 号	710061	5218154
陕西省文史研究馆图书资料室	陕西省西安市新城大楼	710002	7292420
中国飞行实验研究院图书资料室	陕西省西安市 73 信箱 22 分箱	710089	6848915
中国科学院陕西天文台图书资料室	陕西省临潼县 18 号信箱	710600	3232255—279
陕西省天文台图书资料室	陕西省临潼县书院东路	710600	3890465
宝鸡市科技情报研究所文献馆	陕西省宝鸡市胜利桥北	721000	3213974
渭南市科学技术情报研究所文献馆	陕西省渭南市老城街	714000	2012988
汉中市科技信息研究所文献馆	陕西省汉中市将坛西路	723000	2213943
安康地区科学技术情报研究所文献馆	陕西省安康市金州南路	725000	3212406
商洛地区科技情报研究所文献馆	陕西省商州市北新街	726000	2312179
榆林地区科学技术信息研究所文献馆	陕西省榆林市西人民路	719000	3282505
陕西省人民医院图书馆	陕西省西安市黄雁村	710000	5253261
西安市安康医院图书馆	陕西省西安市南郊曲江池	710062	5251868
西安市第一医院图书馆	陕西省西安市粉巷 114 号	710002	7217170
西安市第二医院图书馆	陕西省西安市糖坊街 27 号	710003	7278936
西安市红十字会医院图书馆	陕西省西安市南稍门红会路 3 号	710054	7219390
西安市中心医院图书馆	陕西省西安市后宰门 2 号	710003	7218916
西安市华山中心医院图书馆	陕西省西安市东郊韩森寨康乐路副 31 号	710043	3231567
西安医科大学第二附属医院图书馆	陕西省西安市西五路 36 号	710004	7276936
西安协和医院图书馆	陕西省西安市昆明路 2 号	710077	4290762
第四军医大学西京医院图书馆	陕西省西安市长乐西路 15 号	710032	3375041
西安医科大学一附院图书馆	陕西省西安市健康路 1 号	710061	5252911—3220
陕西省肿瘤医院图书馆	陕西省西安市健康西路 27 号	710000	5254086

馆　名	通讯地址	邮政编码	电　话

甘肃省

馆名	通讯地址	邮政编码	电话
甘肃省图书馆	甘肃省兰州市滨河东路250号	730000	8828982
敦煌市图书馆	甘肃省敦煌市阳关东路4号	736200	8822961
甘南藏族自治州图书馆	甘肃省夏河县合作镇沿河路	747000	8213726
嘉峪关市图书馆	甘肃省嘉峪关市雄关东路5号	735100	6227247
酒泉市图书馆	甘肃省酒泉市卫生街	735000	2612843
兰州市图书馆	甘肃省兰州市庆阳路	730000	8838847
临夏州图书馆	甘肃省临夏市红园体育场	731100	6218791
临夏市图书馆	甘肃省临夏市红园路群艺馆北2楼	731100	6212548
金昌市图书馆	甘肃省金昌市	737100	8216144
白银市图书馆	甘肃省白银市玉岘东路13号	730900	8224826
平凉市图书馆	甘肃省平凉市东大街106号	744000	8213061
庆阳地区图书馆	甘肃省西峰市北大街西峰巷7号	745000	8212325
天水市图书馆	甘肃省天水市秦城区环城西路	741000	8213720
武威市图书馆	甘肃省武威市西大街6号	733000	2214200
西峰市图书馆	甘肃省西峰市商业街北段	745000	8217671
玉门市图书馆	甘肃省玉门市文化中心大楼1楼	735200	3241934
张掖市图书馆	甘肃省张掖市民主西街83号	734000	8215789
定西县图书馆	甘肃省定西县解放路63号	743000	8212918
武都县图书馆	甘肃省武都县城关镇人民路459号	746000	8212070
永登县图书馆	甘肃省永登县城关镇和平街4号	730300	6422236
榆中县图书馆	甘肃省榆中县兴隆路148号	730100	5221650
皋兰县图书馆	甘肃省皋兰县兰泉路4号	730200	5721017
靖远县图书馆	甘肃省靖远县东大街	730600	6121905
会宁县图书馆	甘肃省会宁县会师镇北大街4号	730700	3221842
清水县图书馆	甘肃省清水县滨河路	741400	7151659
泰安县图书馆	甘肃省泰安县新华街	741600	6521418
安西县图书馆	甘肃省安西县东大街4号	736100	5521916
民乐县图书馆	甘肃省民乐县县府东街	734500	4421227
临泽县图书馆	甘肃省临泽县城关镇东关街	734200	5522183
临洮县图书馆	甘肃省临洮县椒山街21号	740500	2242286
成县图书馆	甘肃省成县西大街	742500	3218953
康县图书馆	甘肃省康县城关南街23号	746500	5121370
礼县图书馆	甘肃省礼县城关镇	742200	4421407
舟曲县图书馆	甘肃省舟曲县城关北街10号	746300	5122385
肃南县图书馆	甘肃省肃南县红湾寺镇祁丰路9号	734400	6122952
山丹培黎图书馆	甘肃省山丹县文化街3号	734100	2721534
徽县图书馆	甘肃省徽县城关西大街6号	742300	7521839
华亭县图书馆	甘肃省华亭县正街7号	744100	7721833
环县图书馆	甘肃省环县南关中街270号	745700	4421460
华池县图书馆	甘肃省华池县中街1号	745600	5122240

馆　　名	通讯地址	邮政编码	电　　话
兰州市安宁区图书馆	甘肃省兰州市安宁区东路	730070	7666742
白银市平川图书馆	甘肃省白银市平川东路108号	730913	6625173
白银市白银区图书馆	甘肃省白银市文化路40号	730900	8222865
白银区少儿图书馆	甘肃省白银市文化路40号	730900	8222865
永靖县图书馆	甘肃省永靖县小川川北路15号	731600	8832993
临潭县图书馆	甘肃省临潭县城关北街55号	747500	3121367
甘谷县图书馆	甘肃省甘谷县北大街28号	741200	5621707
武山县图书馆	甘肃省武山县民主路33号	741300	3422008
张家川县图书馆	甘肃省张家川县人民东路8号	741500	7882560
景泰县图书馆	甘肃省景泰县一条山街	730400	5523040
永昌县图书馆	甘肃省永昌县城东大街	737200	7522050
庆阳县图书馆	甘肃省庆阳县庆阳镇北大街19号	745100	3222314
宁县图书馆	甘肃省宁县辑宁路10号	745200	6622642
正宁县图书馆	甘肃省正宁县城南街26号	745300	6121474
合水县图书馆	甘肃省合水县西华北街1号	745400	5521355
崇信县图书馆	甘肃省崇信县团结路11号	744200	6121891
文县图书馆	甘肃省文县东街289号	746400	5522989
宕昌县图书馆	甘肃省宕昌县牛王寺庙内	748500	6121707
西河县图书馆	甘肃省西河县汉源镇南大街6号	742100	6621753
通渭县图书馆	甘肃省通渭县西街2号	743300	5552884
渭源县图书馆	甘肃省渭源县清源镇新民街	748200	4133325
漳县图书馆	甘肃省漳县	748300	4861968
岷县图书馆	甘肃省岷县新民街19号	748400	7722284
古浪县图书馆	甘肃省古浪县古浪镇新街	733100	5121376
天祝县图书馆	甘肃省天祝县	733200	3121416
民勤县图书馆	甘肃省民勤县南大街	733300	4122421
高台县图书馆	甘肃省高台县解放南路47号	734300	6621007
金塔县图书馆	甘肃省金塔县解放路	735300	4421307
和政县图书馆	甘肃省和政县南关街17号	731200	5521076
广河县图书馆	甘肃省广河县城关西街16号	731300	5622177
东乡县图书馆	甘肃省东乡县锁南镇	731400	7121785
积石山县图书馆	甘肃省积石山县吹麻滩镇	731700	7721437
甘南州图书馆	甘肃省甘南州合作镇沿河路	747000	8213726
卓尼县图书馆	甘肃省卓尼县滨河西路	747600	3621381
玛曲县图书馆	甘肃省玛曲县尼玛乡路	747300	6121730
夏河县图书馆	甘肃省夏河县河南西村	747100	7121076
静宁县图书馆	甘肃省静宁县文化城	743400	2524170
康乐县图书馆	甘肃省康乐县西街45号	731500	4421176
甘肃工业大学图书馆	甘肃省兰州市兰工坪	730050	2335951
甘肃广播电视大学图书馆	甘肃省兰州市滨河东路281号	730030	8883511
甘肃教育学院图书馆	甘肃省兰州市雁滩北面滩253号	730020	8497165
甘肃联合大学图书馆	甘肃省兰州市牟家庄199号	730000	8821807
甘肃农业大学图书馆	甘肃省兰州市安宁区迎门村1号	730070	7668010

馆　　名	通讯地址	邮政编码	电　　话
甘肃省经济管理干部学院图书馆	甘肃省兰州市安宁东路 538 号	730070	7672148
甘肃政法学院图书馆	甘肃省兰州市安宁西路 2 号	730070	7666843
甘肃中医学院图书馆	甘肃省兰州市定西东路 10 号	730000	8827121
甘南合作师范专科学校图书馆	甘肃省甘南藏族自治州合作市兰郎公路	747000	8213085
兰州大学图书馆	甘肃省兰州市天水路 216 号	730000	8972460
兰州工业高等专科学校图书馆	甘肃省兰州市兰工坪 1 号	730050	2346723
兰州商学院图书馆	甘肃省兰州市段家滩 200 号	730020	8497901
兰州师范高等专科学校图书馆	甘肃省兰州市安宁区赵家庄 10 号	730070	7668711
兰州铁道学院图书馆	甘肃省兰州市安宁区安宁西路 22 号	730070	7666211
兰州医学院图书馆	甘肃省兰州市东岗西路 85 号	730000	8827726
庆阳师范专科学校图书馆	甘肃省庆阳市南大街 41 号	745100	8213442
天水师范专科学校图书馆	甘肃省天水市滨河西路	741001	8214147
西北民族学院图书馆	甘肃省兰州市西北新村 1 号	730030	8464011
西北师范大学图书馆	甘肃省兰州市安宁东路 95 号	730000	7971490
张掖师范专科学校图书馆	甘肃省张掖市北郊环城路 87 号	734000	8215718
金城联合大学图书馆	甘肃省兰州市榆中街	730000	8827495
甘肃省社会主义学院图书馆	甘肃省兰州市黄河大桥北路 29 号	730046	8513376
甘肃省体育专科学校图书馆	甘肃省兰州市蒋家坪	730050	2335467
甘肃省行政图书馆	甘肃省兰州市草场街	730000	8497479
兰州教育学院图书馆	甘肃省兰州市一只船	730000	8498121
酒泉教育学院图书馆	甘肃省酒泉市解放路	735000	2612103
武威教育学院图书馆	甘肃省武威市西关西路	733000	2213908
武威地区行政学院图书馆	甘肃省武威市	733000	2224040
定西教育学院图书馆	甘肃省定西县定临路	743000	8219005
陇南教育学院图书馆	甘肃省武都县北山	746000	8212509
平凉教育学院图书馆	甘肃省平凉市地毯厂北	744000	8225095
甘肃民族师范专科学校图书馆	甘肃省合作市兰郎公路	747000	8213085
中共甘肃省委党校图书馆	甘肃省兰州市安宁区健康路 6 号	730070	7666721
中共兰州市委党校图书馆	甘肃省兰州市城关区邸家庄 50 号	730000	8459704
甘肃省团校图书馆	甘肃省兰州市民主西路 90 号	730000	8466274
甘肃省煤炭工业总公司党校图书馆	甘肃省兰州市焦家湾	730000	8495964
兰州铁路局党校图书馆	甘肃省兰州市第一新村	730030	8489877
中共嘉峪关市委党校图书资料室	甘肃省嘉峪关市雄关西路	735100	6226709
中共金昌市委党校图书资料室	甘肃省金昌市延安路	737100	8212643
中共白银市委党校图书资料室	甘肃省白银市西区	730900	8239974
中共天水市委党校图书资料室	甘肃省天水市岷山路	741000	8284728
中共玉门市委党校图书资料室	甘肃省玉门市	735200	3244556
中共酒泉地委党校图书资料室	甘肃省酒泉市南环路	735000	2613220
中共酒泉市委党校图书资料室	甘肃省酒泉市南环路	735000	2659210
中共敦煌市委党校图书资料室	甘肃省敦煌市沙州北路	736200	8822131
中共张掖地委党校图书资料室	甘肃省张掖市环城南路	734000	8211643
中共张掖市委党校图书资料室	甘肃省张掖市马神庙街	734000	8213985

馆　　名	通讯地址	邮政编码	电　　话
中共武威地委党校图书资料室	甘肃省武威市	733000	2213815
中共武威市委党校图书资料室	甘肃省武威市	733000	2214887
中共定西地委党校图书资料室	甘肃省定西县大同巷	743000	8222543
中共定西市委党校图书资料室	甘肃省定西县西岩寺山根	743000	8213044
中共平凉地委党校图书资料室	甘肃省平凉市西郊路	744000	8212138
中共平凉市委党校图书资料室	甘肃省平凉市	744000	8212851
中共庆阳地委党校图书资料室	甘肃省西峰市长庆南路	745000	8212170
中共西峰市委党校图书资料室	甘肃省西峰市长庆南路	745000	8213202
中共临夏州委党校图书资料室	甘肃省临夏市	731100	6212908
中共临夏市委党校图书资料室	甘肃省临夏市	731100	6214689
中共甘南藏族自治州委党校图书资料室	甘肃省合作市人民街	747000	8213734
中国科学院兰州文献情报中心	甘肃省兰州市天水342号	730000	8843542
甘肃省社会科学院图书馆	甘肃省兰州市安宁区十里店健康路9号	730070	7671084
中国科学院资源环境信息中心	甘肃省兰州市天水路342号	730000	8825743
中国科学院近代物理研究所图书情报室	甘肃省兰州市南昌路363号	730000	8828965 8828960
中国科学院兰州化学物理研究所图书情报室	甘肃省兰州市天水路236号	730000	8827971—3002
中国科学院兰州高原大气物理研究所图书情报室	甘肃省兰州市东岗西路316号	730000	8825311
中国科学院兰州地质研究所科技处	甘肃省兰州市东岗西路324号	730000	8882381
中国科学院兰州沙漠研究所文献情报室	甘肃省兰州市东岗西路260号	730000	8847647
中国科学院甘肃地矿局图书馆	甘肃省兰州市红星巷170号	730000	8616617—446
甘肃省博物馆图书信息资料中心	甘肃省兰州市七里河西津西路	730050	2325051
中国农业科学院兰州动物与兽药研究所图书资料室	甘肃省兰州市硷沟沿211号	730000	2346117
中国科学院兰州冰川冻土研究所图书资料室	甘肃省兰州市东岗西路260号	730000	8826725
甘肃省科学院图书资料室	甘肃省兰州市定西南路177号	730000	8625211
甘肃省科学院自然能源研究所图书资料室	甘肃省兰州市定西南路177号	730000	8611444
甘肃省科学院自动化研究所图书资料室	甘肃省兰州市定西南路177号	730000	8616419
甘肃省科学院生物研究所图书资料室	甘肃省兰州市定西南路177号	730000	8619804
甘肃省科学院地质自然灾害防治研究所图书资料室	甘肃省兰州市定西南路177号	730000	8618532
甘肃省科技情报所文献馆	甘肃省兰州市平凉路	730000	8849103
兰州市科技情报所图书资料室	甘肃省兰州市詹家拐子	730030	8825906
甘肃省文物考古研究所图书资料室	甘肃省兰州市西津西路	730050	2336763

馆　名	通讯地址	邮政编码	电　话
天水市科技情报研究所图书资料室	甘肃省天水市环城中路	741000	8212555
敦煌研究院资料中心	甘肃省敦煌市	736200	8869024
张掖地区科技情报所	甘肃省张掖市大衙街 47 号	734000	8217862
平凉地区科技情报研究所图书资料室	甘肃省平凉市西大街	744000	8219449
甘肃省医院图书馆	甘肃省兰州市滨河东路 250 号	730000	8828982
中国人民解放军第一医院图书馆	甘肃省兰州市小稍门外	730030	8461375
兰州军工医院图书馆	甘肃省兰州市东岗东路	730020	8658277
兰州空军医院图书馆	甘肃省兰州市安宁东路 818 号	730070	7667521
中国人民武装警察部队甘肃省总队医院图书馆	甘肃省兰州市龚家湾	730050	2333901
甘肃省人民医院图书馆	甘肃省兰州市东岗西路 160 号	730000	8416801
甘肃省中医院图书馆	甘肃省兰州市一家堡 27 号	730050	2336521
兰州市第一人民医院图书馆	甘肃省兰州市火星街	730000	2335411
兰州市第二人民医院图书馆	甘肃省兰州市靖远路	730046	8463216
兰州法医院图书馆	甘肃省兰州市火车站东路	730000	8612040
兰州军区总医院图书馆	甘肃省兰州市小西湖西街	730050	2338319
兰州医学院第一附属医院图书资料室	甘肃省兰州市东岗西路	730000	8414480
兰州医学院第二附属医院图书资料室	甘肃省兰州市萃英门 80 号	730030	8463116
甘肃省肿瘤医院图书馆	甘肃省兰州市小西湖东街 2 号	730050	2335411
甘肃省妇幼保健院图书馆	甘肃省兰州市七里河北街	730030	2340994
兰州邮电医院图书馆	甘肃省兰州市武都路 201 号	730000	8466817
兰州市肺科医院图书馆	甘肃省兰州市徐家湾 3 号	730046	7666616
甘肃省卫生防疫站图书资料室	甘肃省兰州市东岗西路 230 号	730000	8413459

青海省

馆　名	通讯地址	邮政编码	电　话
青海省图书馆	青海省西宁市西关大街 66 号	810008	6134773
海北藏族自治州图书馆	青海省海北州西海镇	812200	642810
海南藏族自治州图书馆	青海省海南州共和县恰卜恰镇	813000	512052
海西蒙古族藏族自治州图书馆	青海省德令哈市	817000	223650
黄南藏族自治州图书馆	青海省同仁中山路 3 号	811300	722663
玉树藏族自治州图书馆	青海省玉树县胜利路 2 号	815000	822144
果洛藏族自治州图书馆	青海省玛沁大武镇	814000	382728
西宁市图书馆	青海省西宁市北大街 51 号	810000	6248174
大通回族土族自治县图书馆	青海省大通县桥头镇	810100	2722745
民和回族自治县图书馆	青海省民和县川口镇	810800	522122
乐都县图书馆	青海省乐都县碾伯镇	810700	622481
平安县图书馆	青海省平安县平安镇	810600	613320
循化撒拉族自治县图书馆	青海省循化县积石镇	811100	
化隆回族自治县图书馆	青海省化隆县群科镇	810905	712115

馆　　名	通讯地址	邮政编码	电　　话
互助土族自治县图书馆	青海省互助县威远镇	810500	
海东湟中县图书馆	青海省湟中县和平路110号	811600	232133
贵德县图书馆	青海省贵德县	811700	553240
格尔木市图书馆	青海省格尔木市柴达木路	816000	412370
德令哈市图书馆	青海省德令哈市团结路	817000	223560
青海大学图书馆	青海省西宁市宁张路40号	810003	5310416
青海广播电视大学图书馆	青海省西宁市五四西路7号	810008	6135853
青海省教育学院图书馆	青海省西宁市西关大街83号	810008	6309121
青海民族师范专科学校图书馆	青海省海南州共和县恰卜恰镇	813000	512870
青海民族学院图书馆	青海省西宁市八一中路3号	810007	8124612
青海师范大学图书馆	青海省西宁市五四西路36号	810008	6306203
青海师范专科学校图书馆	青海省西宁市八一中路72号	810007	8176610
青海大学农牧学院图书馆	青海省西宁市宁张路39号	810003	5318031
青海医学院图书馆	青海省西宁市昆仑路16号	810008	6104083
青海省政法干部学校图书馆	青海省西宁市共和南路42号	810007	8175656
青海省社会主义学院图书馆	青海省西宁市黄河路2号	810001	6116300－520
青海省藏医学院图书馆	青海省西宁市南川西路76号	810012	8247995
青海社会大学图书馆	青海省西宁市胜利路112号	810001	6155217
青海联合职工大学图书馆	青海省西宁市胜利路112号	810000	6155223
中共青海省委党校图书馆	青海省西宁市黄河路1号	810000	6145613
中共西宁市委党校图书馆	青海省西宁市同仁路9号	810001	6145063
青海省团校图书馆	南海省西宁市南川西路185号	810012	6259230
中共海北州委党校图书室	青海省海晏县西海镇	812200	642806
中共黄南州委党校图书室	青海省同仁县	811300	723769
中共果洛州委党校图书室	青海省玛沁县大武街	814000	382447
中共玉树州委党校图书室	青海省玉树县红卫路173号	815000	822683
中共格尔木市委党校图书室	青海省格尔木市柴达木路6号	816000	418327
中共海西州委党校图书室	青海省德令哈市民主路	817000	222035
青海省社会科学院图书馆	青海省西宁市上滨河路副1号	810000	8226341
中国科学院青海盐湖研究所图书情报室	青海省西宁市新宁路7号	810008	6155400－215
中国科学院西北高原生物研究所图书情报室	青海省西宁市西关大街59号	810001	6143617
青海省农林科学院林业研究所图书馆	青海省西宁市北郊莫泉湾	810016	8240339－5456
青海省科技信息研究所图书资料室	青海省西宁市五四大街2号	810000	6145501
青海红十字医院图书资料室	青海省西宁市南大街	810000	8247175
青海省第一人民医院图书资料室	青海省西宁市北关街2号	810000	8177911
青海省中医院图书资料室	青海省西宁市七一路220号	810000	8235506
青海省医学院附属医院图书资料室	青海省西宁市同仁路13号	810001	6143314
青海省武警医院图书资料室	青海省西宁市七一路241号	810000	8175178
中国人民解放军第四陆军医院	青海省西宁市八一路	810007	8175225
青海省妇幼保健医院图书资料室	青海省西宁市南山路10号	810000	8248830

馆　名	通讯地址	邮政编码	电　话
西宁市第一人民医院图书资料室	青海市西宁市互助巷	810006	8233038
西宁市第二人民医院图书资料室	青海省西宁市祁连路3号	810000	5130018
青海省儿童医院图书资料室	青海省西宁市共和路257号	810007	8177969

宁夏回族自治区

馆　名	通讯地址	邮政编码	电　话
宁夏回族自治区图书馆	宁夏银川市新市区同心北路	750021	2021053
青铜峡市图书馆	宁夏青铜峡市	751600	3055404
石嘴山市图书馆	宁夏石嘴山市贺兰山南路	753000	2013163
吴忠市图书馆	宁夏吴忠市朝阳东街37号	751100	2013688
银川市图书馆	宁夏银川市玉皇阁南街67号	750004	6024180
永宁县图书馆	宁夏永宁县杨和镇	750100	8011474
贺兰县图书馆	宁夏贺兰县西街	750200	8061459
平罗县图书馆	宁夏平罗县西大街	753400	6012610
惠农县图书馆	宁夏惠农县	753600	7011946
中卫县图书馆	宁夏中卫县北大街	751700	7012028
中宁县图书馆	宁夏中宁县北街	751200	5021253
灵武市图书馆	宁夏灵武市东街	751400	4021201
同心县图书馆	宁夏同心县	751300	8022089
盐池县图书馆	宁夏盐池县西街	751500	6012376
固原县图书馆	宁夏固原县人民街120号	756000	2031062
海原县图书馆	宁夏海原县南街	756100	4011540
西吉县图书馆	宁夏西吉县中街	756200	3012990
隆德县图书馆	宁夏隆德县人民街	756300	6011315
泾源县图书馆	宁夏泾源县北街	756400	5011807
彭阳县图书馆	宁夏彭阳县兴彭路	756500	7012919
中卫县马克图书馆	宁夏中卫县	751700	7018451
固原师范高等专科学校图书馆	宁夏银川市文化街文化巷161号	750000	2032506
宁夏地矿厅图书馆	银川市新市区北京西路17号	750021	2021148—498
宁夏大学图书馆(本部)	宁夏银川市新市区文萃北路21号	750021	2061086
宁夏工学院图书馆	宁夏银川市新市区	750021	2074929
宁夏广播电视大学图书馆	宁夏银川市银新南路	750002	5044202
宁夏农学院图书馆	宁夏永宁县王太堡	750105	8400150
宁夏医学院图书馆	宁夏银川市胜利南街	750004	4091014
银川师范专科学校图书馆	宁夏贺兰县城北	750200	8624270
宁夏伊斯兰教经学院图书馆	宁夏银川市银新南路	750002	5044962
宁夏教育学院图书馆	宁夏银川市罗家庄	750001	5044476
宁夏职工科学技术学院图书馆	宁夏银川市东环南路	750011	4091894
宁夏重工业职工大学图书馆	宁夏银川市庆安南路	750001	5064864
西北第二民族学院图书馆	宁夏银川市新市区文昌路	750021	2015167
宁夏社会主义学院图书馆	宁夏银川市保伏桥	750002	5045477
宁夏大学(南校区)图书馆	宁夏银川市罗家庄	750000	5063031
宁夏大学(北校区)图书馆	宁夏银川市	750021	2062035

馆　名	通讯地址	邮政编码	电　话
中共宁夏回族自治区党校图书馆	宁夏银川市新市区怀远西路	750021	2077624
中共银川市委党校图书馆	宁夏银川市西郊银新南路	750002	5016204
中共石嘴山市党校图书资料室	宁夏石嘴山市贺兰山南路	753000	2013843
中共吴忠市委党校图书资料室	宁夏吴忠市朝阳东街	751100	2012678
中共银南地区党校图书资料室	宁夏吴忠市朝阳东街	751100	2012220
中共青铜峡市党校图书资料室	宁夏青铜峡市	751600	3051243
中共灵武市党校图书资料室	宁夏灵武市	751400	4023676
中共固原地委党校图书资料室	宁夏固原县彭阳路 79 号	756000	2062517
宁夏社会科学院图书情报所	宁夏银川市新市区凤华巷	750021	2077697
宁夏科学技术信息研究所图书资料室	宁夏银川市公园街 8 号	750001	5032570
宁夏医学科学研究所图书资料室	宁夏银川市自强巷	750004	4083014
宁夏文史研究馆图书资料室	宁夏银川市文化东街	750000	6026704
宁夏文物考古研究所图书资料室	宁夏银川市利民街	750004	5014787
宁夏回族自治区人民医院图书馆	宁夏银川市新市区	750021	2024640
宁夏医学院附属医院图书馆	宁夏银川市南郊	750004	4082981
中国人民解放军第五医院图书馆	宁夏银川市南郊	750000	4081474
银川市第一人民医院图书馆	宁夏银川市利群西街	750000	6025408
银川市第二人民医院图书馆	宁夏银川市新城西街	750011	3066041
宁夏回族自治区中医院图书馆	宁夏银川市西夏东路	750021	2024734
银川市中医院图书馆	宁夏银川市解放西街	750001	5045191

新疆维吾尔自治区

馆　名	通讯地址	邮政编码	电　话
新疆维吾尔自治区图书馆	新疆乌鲁木齐市北京南路 4 号	830011	3817171
巴音郭楞蒙古自治州图书馆	新疆库尔勒市巴音东路	841000	2023347
博尔塔拉蒙古自治州图书馆	新疆博乐市青得里大街 109 号	833400	2222175
昌吉回族自治州图书馆	新疆昌吉州昌吉市延安北路	831100	2344583
昌吉市图书馆	新疆昌吉市宁边东路 1 号	831100	2345391
阜康市图书馆	新疆阜康市天池街 96 号	831500	3222478
哈密地区图书馆	新疆哈密市天山东路	839000	2232439
和田地区图书馆	新疆和田市塔纳依南路	848000	2022450
喀什地区图书馆	新疆喀什市人民东路	844000	2823559
喀什市图书馆	新疆喀什市解放北路 35 号	844000	2822886
克拉玛依市图书馆	新疆克拉玛依市友谊路	834000	2822843
克孜勒苏自治州图书馆	新疆阿图什市帕米路西	845350	4222753
库尔勒市图书馆	新疆库尔勒市团结南路	841000	2023967
奎屯市图书馆	新疆奎屯市团结东路	833200	3223039
石河子市图书馆	新疆石河子市	832001	2015547
塔城市图书馆	新疆塔城市和平路 87 号	834700	6222286
吐鲁番地区图书馆	新疆吐鲁番市青年路	838000	8523118
乌鲁木齐市图书馆	新疆乌鲁木齐市建设路 6 号	830000	2818978
伊犁地区图书馆	新疆伊宁市斯大林街 108 号	835000	8022041

馆　名	通讯地址	邮政编码	电　话
伊宁市图书馆	新疆伊宁市红旗路26号	835000	8023689
阿克苏地区图书馆	新疆阿克苏市新华西路81号	843000	2122273
阿克苏市图书馆	新疆阿克苏市北大街13号	843000	2128042
阿勒泰地区图书馆	新疆阿勒泰市解放路	836500	2122875
鄯善县图书馆	新疆鄯善县鄯善镇	838200	221306
托克逊县图书馆	新疆托克逊县十字街	838100	822230
伊吾县图书馆	新疆伊吾县振兴路	839300	5721241
米泉市图书馆	新疆米泉市古牧地中路95号	831400	5302824
呼图壁县图书馆	新疆呼图壁县东风路21号	831200	4502325
玛纳斯县图书馆	新疆玛纳斯县文化路	832200	6662454
奇台县图书馆	新疆奇台县东大街	831800	7211980
吉木萨尔县图书馆	新疆吉木萨尔县吉木萨尔镇	831700	6912084
木垒县图书馆	新疆木垒县	831900	4823245
温泉县图书馆	新疆温泉县温泉镇	833500	8222411
轮台县图书馆	新疆轮台县	841600	4690239
焉耆回族自治县图书馆	新疆焉耆县	841100	6022367
和硕县图书馆	新疆和硕县和硕镇	841200	
博湖县图书馆	新疆博湖县	841400	6622345
温宿县图书馆	新疆温宿县艾西曼布拉克街	843100	4533141
库车县图书馆	新疆库车县文化路	842000	7122523
沙雅县图书馆	新疆沙雅县协海尔吾斯塘街	842200	
拜城县图书馆	新疆拜城县红旗路	842300	8623634
乌什县图书馆	新疆乌什县热斯太大街	843400	5325337
阿瓦提县图书馆	新疆阿瓦提县光明路	843200	5122514
疏附县图书馆	新疆疏附县疏附镇	844100	3252582
疏勒县图书馆	新疆疏勒县疏勒镇	844200	6572454
莎车县图书馆	新疆莎车县莎车镇	844700	8512311
叶城县图书馆	新疆叶城县叶城镇	844900	7282998
麦盖提县图书馆	新疆麦盖提县英买里西路17号	844600	7842250
伽师县图书馆	新疆伽师县伽师镇	844300	6722390
巴楚县图书馆	新疆巴楚县人民东路	843800	6212157
墨玉县图书馆	新疆墨玉县墨玉镇	848100	6512413
皮山县图书馆	新疆皮山县皮山镇	845100	6422604
洛浦县图书馆	新疆洛浦县文化路12号	848200	6622936
策勒县图书馆	新疆策勒县策勒镇	848300	6712235
于田县图书馆	新疆于田县木哈拉镇	848400	6811241
伊犁州图书馆	新疆伊宁市	835000	8022041
伊宁县图书馆	新疆伊宁县文化路	835100	4022703
察布察查尔锡伯自治县图书馆	新疆察布查尔县	835300	3622579
霍城县图书馆	新疆霍城县永定镇	835200	3022358
巩留县图书馆	新疆巩留县团结路	835400	5622694
新源县图书馆	新疆新源县新源镇	835800	5022601
昭苏县图书馆	新疆昭苏县昭苏镇	835600	

馆　名	通讯地址	邮政编码	电　话
特克斯图书馆	新疆特克斯县中心公园	835500	
尼勒克县图书馆	新疆尼勒克县团结路	835700	4622374
塔城地区图书馆	新疆塔城市和路 87 号	834700	6222320
额敏县图书馆	新疆额敏县额敏镇	834600	3342349
乌苏市图书馆	新疆乌苏市北大街	833000	501759
沙湾县图书馆	新疆沙湾县沙城南路	832100	6011578
托里县图书馆	新疆托里县喀拉盖巴斯陶路	834500	3682373
吉木乃县图书馆	新疆吉木乃县托普铁热克镇	836800	6182545
昌吉师范专科学校图书馆	新疆昌吉市北京北路	831100	2343301
和田师范专科学校图书馆	新疆和田市努尔巴格西路 41 号	848000	2023505
喀什师范学院图书馆	新疆喀什市阔纳乃则尔巴格路	844000	2822302
石河子大学图书馆	新疆石河子市北四路	832001	2057019
塔里木农垦大学图书馆	新疆阿克苏市托喀依乡	843000	4611289
乌鲁木齐职业大学图书馆	新疆乌鲁木齐市幸福路	830002	2638909
新疆农业大学图书馆	新疆乌鲁木齐市南昌路 42 号	830052	4523001－2341
新疆财经学院图书馆	新疆乌鲁木齐市北京路	830012	3716811－2240
新疆大学图书馆	新疆乌鲁木齐市胜利路 14 号	830046	2862753－2531
新疆工学院图书馆	新疆乌鲁木齐市友好路 21 号	830008	4843401－6239
新疆工业高等专科学校图书馆	新疆乌鲁木齐市南昌路 17 号	830000	4514344
新疆公安司法管理干部学院图书馆	新疆乌鲁木齐市天津北路 2 号	830011	3838836－2107
新疆广播电视大学图书馆	新疆乌鲁木齐市新华南路 41 号	830001	2630349
新疆教育学院图书馆	新疆乌鲁木齐市光明路 8 号	830043	2810470－8441
新疆克拉玛依石油教育学院图书馆	新疆克拉玛依西北路 2 号	834000	6222976
新疆生产建设兵团经济专科学校图书馆	新疆五家渠建兴路	831300	5804315
新疆生产建设兵团师范专科学校图书馆	新疆奎屯市准噶尔路	833200	3222572
新疆师范大学图书馆	新疆乌鲁木齐市昆仑路 19 号	830053	4841601－2278
新疆石油学院图书馆	新疆乌鲁木齐市友好南路 189 号	830000	4841704
新疆医学院图书馆	新疆乌鲁木齐市新医路 8 号	830054	4841491－2332
新疆艺术学院图书馆	新疆乌鲁木齐市团结路 78 号	830001	2558933
新疆职工大学图书馆	新疆乌鲁木齐市友好南路 107 号	830000	4523714
新疆中医学院图书馆	新疆乌鲁木齐市新医路 10 号	830054	2412025
伊犁师范学院图书馆	新疆伊宁市解放西路 298 号	835000	8120449
新疆经济干部管理学院图书馆	新疆乌鲁木齐市北京路	830011	3835444
新疆社会主义学院图书馆	新疆乌鲁木齐市新华北路 45 号	830002	2826018
新疆煤炭专科学校图书馆	新疆乌鲁木齐市南昌路	830000	4842764
新疆伊斯兰教经学院图书馆	新疆乌鲁木齐市延安路	830001	2861323
乌鲁木齐市教育学院图书馆	新疆乌鲁木齐市幸福路	830002	2816234
新疆昆仑大学图书馆	新疆乌鲁木齐市北京路	830000	3836128
解放军乌鲁木齐市陆军学校图书馆	新疆乌鲁木齐市碱泉街	830002	2824994
乌鲁木齐市铁路局教育学院图书馆	新疆乌鲁木齐市	830011	3422010
新疆克拉玛依市教育学院图书馆	新疆克拉玛依市西北路 8 号	834000	884025

馆　名	通讯地址	邮政编码	电　话
哈密地区教育学院图书馆	新疆哈密市天山北路 35 号	839001	2233131
阿克苏地区教育学院图书馆	新疆阿克苏市教育路 5 号	843000	2124109
喀什教育学院图书馆	新疆喀什市文化路 95 号	844000	2822672
和田地区医学专科学校图书馆	新疆和田市奴尔巴格西路 98 号	848000	2023236
伊犁州教育学院图书馆	新疆奎屯市北京西路	833200	3235549
兵团教育学院图书馆	新疆奎屯市准噶尔路	833200	3223701
中共新疆维吾尔自治区委党校图书资料中心	新疆乌鲁木齐市西后街 22 号	830002	2631094－2067
中共新疆生产建设兵团党校图书馆	新疆五家渠青湖路	831300	5801485
新疆自治区总工会工运干校图书馆	新疆乌鲁木齐市新民路	830002	2626362
新疆自治区团校图书馆	新疆乌鲁木齐市幸福路 78 号	830002	2619532
中共乌鲁木齐市委党校图书馆	新疆乌鲁木齐市太原路 32 号	830000	3837891
中共乌鲁木齐市铁路局党校图书室	新疆乌鲁木齐市铁路局七街	830011	3423669
中共新疆钢铁公司党校图书室	新疆乌鲁木齐市头屯河区	830022	3871420
中共克拉玛依市新疆石油管理局党校图书室	新疆克拉玛依市友谊路 251 号	834000	222276
中共独山子党校图书室	新疆克拉玛依市独山子	834000	683857
中共吐鲁番地委党校图书室	新疆吐鲁番市新站	838000	522545
中共吐鲁番市委党校图书室	新疆吐鲁番市老城路	838000	522700
中共哈密地委党校图书室	新疆哈密市爱国北路	839000	2233684
中共哈密市委党校图书室	新疆哈密市中山南路 151 号	839000	2232709
中共昌吉州党校图书馆	新疆昌吉市北京北路	831100	2342228
中共昌吉市委党校图书馆	新疆昌吉市北京北路	831100	2346367
中共博尔塔拉蒙古自治州委党校图书资料室	新疆博乐市天山路	833400	2222164
中共博乐市委党校图书资料室	新疆博乐市延河路	833400	2222858
中共巴青郭楞蒙古自治州委党校图书室	新疆库尔勒市文化路	841000	2024118
中共库尔勒市委党校图书室	新疆库尔勒市小区路	841000	2022545
中共阿克苏地区党校图书室	新疆阿克苏市栏杆街 18 号	843000	2122703
中共阿克苏市委党校图书室	新疆阿克苏市南市场河边路 2 号	843000	2122240
中共克孜勒苏克尔孜自治州党校图书室	新疆阿图什市天山路东	845350	4222257
中共阿图什市委党校图书室	新疆阿图什市松他克路南 18 号	845350	4222219
中共喀什地区党校图书室	新疆喀什市艾孜来提路	844000	2823106
中共喀什市委党校图书室	新疆喀什市帕依那普路	844000	2823731
中共和田地区党校图书室	新疆和田市阿克它什村	848011	2026021
中共和田市委党校图书室	新疆和田市	848000	2026503
中共奎屯市委党校图书资料室	新疆奎屯市阿克苏路	833200	3222147
中共伊犁州委党校图书馆	新疆伊宁市新阜西街	835000	8324726
中共伊犁地委党校图书室	新疆伊宁市天山后街	835000	8225474
中共伊宁市委党校图书室	新疆伊宁市伊犁河路 48 号	835000	8323071
中共塔城地区党校图书馆	新疆塔城市伊宁路	834700	6222047

馆　名	通讯地址	邮政编码	电　话
中共塔城市委党校图书馆	新疆塔城市群众街	834700	6223550
中共乌苏市委党校图书馆	新疆乌苏市五六零路	833000	501905
中共阿勒泰地区党校图书馆	新疆阿勒泰市公园路	836500	2122980
中共阿勒泰市委党校图书馆	新疆阿勒泰市红墩路	836500	2121910
中共石河子市委党校图书资料室	新疆石河子市东一路	832000	2018824
中国科学院新疆分院文献信息中心	新疆乌鲁木齐市北京南路 40 号	830011	3835559
中国科学院新疆物理研究所图书情报室	新疆乌鲁木齐市北京南路 40 号	830011	3838931
中国科学院乌鲁木齐人造卫星观测站资料室	新疆乌鲁木齐市北京南路 40 号	830011	3838007
中国科学院新疆化学研究所图书情报室	新疆乌鲁木齐市北京南路 40 号副 2 号	830011	3838213
中国科学院新疆生物土壤沙漠研究所图书情报室	新疆乌鲁木齐市北京南路 40 号	830011	3837357
中国科学院新疆农业科学院图书馆	新疆乌鲁木齐市	830000	4520311
中国科学院新疆地理研究所图书情报室	新疆乌鲁木齐市北京南路 40 号	830011	3837357
中国科学院西北石油地质局图书馆	新疆乌鲁木齐北京路 2 号	830011	3839414
新疆林业科技情报中心	新疆乌鲁木齐市河滩北路副 60 号	830002	2411769
新疆社会科学院图书馆	新疆乌鲁木齐市北京南路 16 号	830011	3837287
新疆社会科学院中亚研究所图书室	新疆乌鲁木齐市北京南路 16 号	830011	3837282
新疆社会科学院宗教研究所图书室	新疆乌鲁木齐市北京南路 16 号	830011	3837045
新疆社会科学院民族研究所图书室	新疆乌鲁木齐市北京南路 16 号	830011	3836404
新疆自治区文物考古研究所图书室	新疆乌鲁木齐市北京南路附 4 号	830011	3837284
新疆钢铁研究所图书室	新疆乌鲁木齐市头屯河区	830022	3876711－2056
新疆自治区中医研究所图书室	新疆乌鲁木齐市解放北路 29 号	830001	2823577
新疆自治区卫生防疫研究所图书室	新疆乌鲁木齐市北京南路 48 号	830011	3836950
中国科学院乌鲁木齐天文站图书室	新疆乌鲁木齐市第 141 信箱	830031	3838007
新疆地方病防治研究所图书室	新疆乌鲁木齐市碱泉一街	830002	2622892
新疆农业科学院图书馆	新疆乌鲁木齐市南昌路 38 号	830000	4520311
新疆自治区科学技术情报研究所	新疆乌鲁木齐市北京南路 40 号	830011	3837885
乌鲁木齐市科技情报研究所	新疆乌鲁木齐市新华南路 16 号	830002	2302211
新疆自治区经济技术信息情报研究所	新疆乌鲁木齐市友好南路 179 号	830000	4520470
新疆农业科学院科技情报研究所	新疆乌鲁木齐南昌路 38 号	830052	4514024
新疆铁路局科技情报研究所	新疆乌鲁木齐市新市区二宫	830011	3423083
新疆自治区博物馆图书资料室	新疆乌鲁木齐市	830000	4811330
新疆自治区艺术研究所	新疆乌鲁木齐市胜利路 193 号	830046	2865131
吐鲁番地区科技情报研究所	新疆吐鲁番市青年路	838000	526630
哈密地区科技情报研究所	新疆哈密市建国南路 25 号	839000	2232476
昌吉州科技情报研究所	新疆昌吉市延安北路	831100	2342798
博尔塔拉州科技情报研究所	新疆博乐市	833400	2227735
巴音郭楞州科技情报研究所	新疆库尔勒市建设路	841000	2023261

馆　名	通讯地址	邮政编码	电　话
阿克苏地区科技情报研究所	新疆阿克苏市西大街	843000	2123913
克孜勒苏柯尔克孜州科技情报研究所	新疆阿图什市团结路	845350	4222640
喀什地区科技情报研究所	新疆喀什市解放南路 60 号	844000	2822627
和田地区科技情报研究所	新疆和田市	848000	2022431
伊犁地区科技情报研究所	新疆伊宁市斯大林大街	835000	8024506
石河子市科技情报研究所	新疆石河子市北三路	832000	2012139
新疆医科大学第一附属医院图书馆	新疆乌鲁木齐市鲤鱼山路	830054	4841491
新疆维吾尔自治区人民医院图书馆	新疆乌鲁木齐市天池路 91 号	830001	2822927—4493
新疆医科大学附属肿瘤医院图书馆	新疆乌鲁木齐市北京南路 32 号副 1 号	830011	3835216
新疆医科大学第二附属医院图书馆	新疆乌鲁木齐市七道湾路 50 号	830028	4641585—135
兰州军区乌鲁木齐总医院图书馆	新疆乌鲁木齐市友好北路 41 号	830000	4992101—447
新疆维吾尔自治区邮电医院图书馆	新疆乌鲁木齐市黄河路 12 号	830000	5850577
新疆维吾尔自治区兵团医院图书馆	新疆乌鲁木齐市五星路 15 号	830002	2622728—3183
民航乌鲁木齐管理局医院图书室	新疆乌鲁木齐市迎宾路 46 号	830016	3801729
新疆钢铁集团公司职工医院图书室	新疆乌鲁木齐市头屯河区	830022	3893556
新疆乌鲁木齐铁路局中心医院图书室	新疆乌鲁木齐市河南西路 9 号	830011	3423877
新疆煤矿总医院图书室	新疆乌鲁木齐市南昌路 9 号	830091	4521186—249
乌鲁木齐市石油医院图书馆	新疆乌鲁木齐市友好北路 9 号	830000	4842581
兵团医院图书室	新疆乌鲁木齐市五星路	830002	2822728
武警新疆总队医院图书室	新疆乌鲁木齐市南昌路 3 号	830091	4521760
新疆乌鲁木齐市中医医院图书室	新疆乌鲁木齐市友好南路 60 号	830000	4520963—8269
新疆乌鲁木齐市友谊医院图书室	新疆乌鲁木齐市胜利路 22 号	830049	2860270—6212
新疆乌鲁木齐市口腔医院图书室	新疆乌鲁木齐市中山路 147 号	830002	2824958
空军乌鲁木齐市医院图书室	新疆乌鲁木齐市北京北路 26 号	830011	6625448
新疆乌鲁木齐市儿童医院图书室	新疆乌鲁木齐市健康路 91 号	830002	2330134
新疆乌鲁木齐市妇幼保键医院图书室	新疆乌鲁木齐市解放南路 138 号	830001	2866034
新疆维吾尔自治区第一工人疗养院图书室	新疆乌鲁木齐市燕子窝路 76 号	830049	2864263
新疆维吾尔医院图书馆	新疆乌鲁木齐市延安路 36 号	830001	2866307
新疆结核病医院图书馆	新疆乌鲁木齐市延安路	830001	2869254

附　录

附录1　文化部关于命名一、二、三级图书馆的决定及名单

各省、自治区、直辖市文化厅(局),国家图书馆:

为贯彻落实党中央关于加强社会主义精神文明建设的精神,进一步加强对图书馆事业的管理,提高图书馆工作的质量和服务水平,促进图书馆事业的改革与发展,我部于1997～1998年在全国开展了第二次县以上公共图书馆的评估定级工作。在各级文化主管部门、图书馆和广大图书馆工作者的共同努力下,评估工作圆满完成,并取得了显著成效。

依据图书馆定级标准,经审查,确定全国1551个图书馆达到三级以上图书馆标准。为了肯定这些图书馆的成绩,鼓励广大图书馆工作者更加努力工作,为社会主义物质文明和精神文明建设做出更大贡献,现决定:

命名上海图书馆等215个图书馆为“一级图书馆”称号,颁发“一级图书馆”标牌和证书;

命名山西省图书馆等581个图书馆为“二级图书馆”称号,颁发“二级图书馆”标牌和证书;

命名天津市大港区图书馆等755个图书馆为“三级图书馆”称号,颁发“三级图书馆”标牌和证书;

希望荣获三级以上称号的图书馆继续努力,更上一层楼;尚未达到三级图书馆标准的,要按照评估标准的要求,积极采取措施尽早达标。各级文化主管部门、图书馆和图书馆工作者要努力学习邓小平理论,在党的十五大精神指引下深化改革,开拓进取,不断开创图书馆工作的新局面,为两个文明建设做出更大的贡献。

一九九九年八月三十一日

一级图书馆名单

上海图书馆
天津图书馆
辽宁省图书馆
广东省中山图书馆
湖南图书馆
河北省图书馆
福建省图书馆
南京图书馆
甘肃省图书馆
大连图书馆
深圳图书馆
广州图书馆
沈阳市图书馆
长春图书馆
哈尔滨市图书馆

上海少年儿童图书馆
湖南省少年儿童图书馆
大连市少年儿童图书馆
沈阳市少年儿童图书馆
武汉市少年儿童图书馆
广州市少年儿童图书馆
天津市少年儿童图书馆

北　京　市

东城区图书馆
崇文区图书馆
朝阳区图书馆
海淀区图书馆
石景山区图书馆
宣武区图书馆
石景山区少年儿童图书馆
昌平县图书馆
顺义区图书馆

通州区图书馆
密云县图书馆
平谷县图书馆

天　津　市

河东区图书馆
塘沽区图书馆
河西区图书馆
宝坻县图书馆
静海县图书馆

河　北　省

石家庄市图书馆
唐山市图书馆
秦皇岛市图书馆
邯郸市图书馆
武安市图书馆

山　西　省

曲沃县图书馆

内蒙古自治区

通辽市图书馆
赤峰市红山区少年儿童图书馆

辽　宁　省

鞍山市图书馆
本溪市图书馆
丹东市图书馆
沈阳市和平区图书馆
瓦房店市图书馆
大连市甘井子区图书馆
大连市沙河口区图书馆
沈阳市沈河区图书馆
沈阳市铁西区图书馆
沈阳市大东区图书馆
沈阳市皇姑区图书馆
大连市西岗区图书馆

吉　林　省

延边朝鲜族自治州图书馆
长春市宽城区图书馆
延吉市少年儿童图书馆

黑龙江省

齐齐哈尔市图书馆
海伦市图书馆

上　海　市

静安区图书馆
杨浦区图书馆
闸北区图书馆
南市区图书馆
长宁区图书馆
卢湾区图书馆
黄浦区图书馆
徐汇区图书馆
普陀区图书馆
虹口区图书馆
宝山区图书馆
长宁区少年儿童图书馆
闸北区少年儿童图书馆
南汇县图书馆
虹口区曲阳图书馆
浦东新区第二图书馆
奉贤县图书馆
松江县图书馆
青浦县图书馆
崇明县图书馆
浦东新区第一图书馆
杨浦区延吉图书馆
浦东新区川沙图书馆
闵行区第一图书馆
浦东新区川沙少年儿童图书馆

江　苏　省

常州市图书馆
镇江市图书馆
苏州市图书馆
盐城市图书馆
常熟市图书馆
张家港市图书馆
江阴市图书馆
昆山市图书馆
泰兴市图书馆
吴县市图书馆

如皋市图书馆
宜兴市图书馆
海门市图书馆
江都市图书馆
东台市图书馆
启东市图书馆
海安县图书馆
扬中市图书馆
丹阳市图书馆
武进市图书馆
通州市图书馆
泗阳县图书馆
南京市白下区图书馆
南京市秦淮区图书馆
南京市玄武区少年儿童图书馆
溧水县少年儿童图书馆

浙 江 省

温州市图书馆
湖州市图书馆
金华严济慈图书馆
余姚市图书馆
上虞市图书馆
诸暨市图书馆
东阳市图书馆
余杭市图书馆
海宁市图书馆
慈溪市图书馆
浦江县图书馆
宁海县图书馆

安 徽 省

铜陵市图书馆

福 建 省

泉州市图书馆
晋江市图书馆
南安市图书馆
建瓯市图书馆
建阳市图书馆

江 西 省

吉安市图书馆
庐山图书馆
于都县图书馆

山 东 省

潍坊市图书馆
烟台图书馆
济宁市图书馆
平度市图书馆
胶州市图书馆
青州市图书馆
文登市图书馆
莱州市图书馆
邹城市图书馆
滕州市图书馆
青岛市四方区图书馆
淄博市博山区图书馆
平原县图书馆
诸城市图书馆

河 南 省

郑州市图书馆
洛阳市图书馆
三门峡市图书馆
偃师市图书馆
陕县图书馆

湖 北 省

十堰市图书馆
黄石市图书馆
荆州市图书馆
武汉市东西湖区图书馆
蕲春县图书馆
崇阳县图书馆
武汉市江汉区图书馆
宜昌县图书馆

湖 南 省

株洲市图书馆
常德市图书馆
衡阳市图书馆
永州市芝山区图书馆
临湘市图书馆
双峰县图书馆

宁乡县图书馆
邵东县图书馆
炎陵县图书馆
汨罗市图书馆
华容县图书馆

广 东 省

佛山市图书馆
江门市五邑图书馆
东莞市图书馆
湛江市少年儿童图书馆
南海市图书馆
番禺市图书馆
新会市景堂图书馆
广州市荔湾区图书馆
佛山市石湾区图书馆
三水市图书馆
广州市海珠区图书馆
顺德市图书馆
揭阳市榕城区图书馆
深圳市宝安区图书馆
深圳南山图书馆
深圳市罗湖区图书馆
台山市图书馆
广州市黄埔区图书馆
梅县剑英图书馆
普宁市图书馆
肇庆市端州图书馆
广州市芳村区图书馆
开平市伟伦图书馆
罗定市图书馆

广西壮族自治区

柳州市图书馆
南宁市少年儿童图书馆

海 南 省

琼海市图书馆

重 庆 市

重庆市渝中区图书馆
重庆市沙坪坝区图书馆

四 川 省

新都县图书馆
邛崃市图书馆

贵 州 省

贵阳市图书馆
遵义县图书馆

云 南 省

大理白族自治州图书馆
昆明市官渡区图书馆
个旧市图书馆
安宁市图书馆

宁夏回族自治区

吴忠市图书馆
固原县图书馆

新疆维吾尔自治区

克拉玛依市图书馆
伊宁市图书馆

二级图书馆名单

山西省图书馆
广西壮族自治区图书馆
河南省图书馆
广西壮族自治区桂林图书馆
重庆市少年儿童图书馆

北 京 市

房山区图书馆
丰台区图书馆
门头沟区图书馆
怀柔县图书馆

房山区燕山图书馆
大兴县图书馆
延庆县图书馆

天 津 市

和平区图书馆
南开区图书馆
红桥区图书馆
河北区图书馆
汉沽区图书馆
河西区少年儿童图书馆
塘沽区少年儿童图书馆
南开区少年儿童图书馆
河北区少年儿童图书馆
红桥区少年儿童图书馆

河 北 省

张家口市图书馆
承德市图书馆
廊坊市图书馆
泊头市图书馆
易县图书馆
丰南市图书馆
南宫市图书馆
满城县图书馆
昌黎县图书馆
宁晋县图书馆
唐海县图书馆
玉田县图书馆
唐山市古冶区图书馆
辛集市图书馆
鹿泉市图书馆
涉县图书馆
新乐市图书馆
涿州市图书馆
平山县图书馆
磁县图书馆
宽城满族自治县图书馆
抚宁县图书馆
正定县图书馆
张家口市宣化区图书馆
涞水县图书馆
晋州市图书馆
定州市图书馆
承德县图书馆
平泉县图书馆
乐亭县图书馆
青县图书馆
藁城市图书馆
赵县图书馆
清苑县图书馆
沙河市图书馆
卢龙县图书馆

山 西 省

榆次市图书馆
忻州市图书馆
祁县图书馆
孝义市图书馆
运城市图书馆
昔阳县图书馆

内蒙古自治区

哲里木盟图书馆
赤峰市图书馆
呼和浩特市图书馆
包头市图书馆
伊克昭盟图书馆
开鲁县图书馆
科尔沁左翼后旗图书馆
牙克石市图书馆
包头市青山区图书馆
包头市昆都伦区图书馆
赤峰市红山区图书馆
敖汉旗图书馆
林西县图书馆
赤峰市元宝山区图书馆
奈曼旗图书馆

辽 宁 省

锦州市图书馆
营口市图书馆
朝阳市图书馆
辽阳市图书馆
鞍山市少年儿童图书馆
营口市少年儿童图书馆

沈阳市苏家屯区图书馆
大连市中山区图书馆
大连市旅顺口区图书馆
庄河市图书馆
东港市图书馆
朝阳县图书馆
沈阳市于洪区图书馆
鞍山市铁东区图书馆
大连市金州区图书馆
普兰店市图书馆
北宁市图书馆
宽甸县图书馆
凤城市图书馆
海城市图书馆
葫芦岛市连山区图书馆
沈阳市新城子区图书馆
新民市图书馆
盖州市图书馆
凌海市图书馆
凌源市图书馆
大石桥市图书馆
营口市老边区图书馆
义县图书馆
北票市图书馆
岫岩满族自治县图书馆
沈阳市铁西区少年儿童图书馆
沈阳市皇姑区少年儿童图书馆
沈阳市大东区少年儿童图书馆

吉 林 省

长春市少年儿童图书馆
德惠市图书馆
农安县图书馆
前郭尔罗斯蒙古族自治县图书馆
桦甸市图书馆
长岭县图书馆
通化县图书馆
抚松县图书馆
敦化市图书馆
汪清县图书馆
长春市双阳区图书馆
蛟河市图书馆

黑 龙 江 省

牡丹江市图书馆
佳木斯市图书馆
大庆市图书馆
伊春市图书馆
绥化市图书馆
安达市图书馆
阿城市图书馆
讷河市图书馆
巴彦县图书馆
拜泉县图书馆
双城市图书馆
桦南县图书馆
海林市图书馆
林口县图书馆
绥化市少年儿童图书馆

上 海 市

嘉定区图书馆
杨浦区少年儿童图书馆
金山区图书馆
闵行区第二图书馆

江 苏 省

徐州市图书馆
连云港市图书馆
南通市图书馆
淮阴市图书馆
吴江市图书馆
太仓市图书馆
靖江市图书馆
大丰市图书馆
沛县图书馆
高邮市图书馆
溧阳市图书馆
金坛市图书馆
洪泽县图书馆
金湖县图书馆
宿迁市宿城区图书馆
邗江县图书馆
淮安市图书馆
兴化市图书馆

新沂市图书馆
东海县图书馆
丰县图书馆
铜山县图书馆
建湖县图书馆
无锡市郊区图书馆
赣榆县图书馆
南京市大厂区图书馆
淮阴县图书馆
邳州市图书馆
睢宁县图书馆
如东县图书馆
射阳县图书馆
姜堰市图书馆
江宁县图书馆
南京市建邺区图书馆
高淳县图书馆

浙 江 省

嘉兴市图书馆
温州市少年儿童图书馆
温岭市图书馆
海盐县张元济图书馆
嘉善县图书馆
萧山市图书馆
象山县图书馆
鄞县图书馆
临安市图书馆
淳安县图书馆
舟山市普陀区图书馆
桐庐县图书馆
台州市黄岩区图书馆
丽水市图书馆
永康市图书馆
永嘉县图书馆
桐乡市图书馆
平湖市图书馆
瑞安市图书馆
天台县图书馆
德清县图书馆
苍南县图书馆
嵊州市图书馆
安吉县图书馆
乐清市图书馆
岱山县图书馆
宁波市镇海区图书馆
玉环县图书馆
长兴县图书馆
义乌市图书馆
云和县图书馆
缙云县图书馆
嵊泗县图书馆
仙居县图书馆
宁波市北仑区宗瑞图书馆

安 徽 省

芜湖市图书馆
合肥市图书馆
阜阳市图书馆
无为县图书馆
巢湖市图书馆
歙县图书馆
太湖县图书馆
宣州市图书馆
界首市图书馆
蒙城县图书馆

福 建 省

福州市图书馆
漳州市图书馆
三明市图书馆
南平市图书馆
福州市少年儿童图书馆
连江县图书馆
龙海市图书馆
南安市李成智公众图书馆
尤溪县图书馆
上杭县图书馆
惠安县图书馆
福清市图书馆
闽侯县图书馆
厦门市同安区图书馆
永春县图书馆
漳浦县图书馆
龙岩市新罗区图书馆
东山县图书馆

福鼎市图书馆
漳平市图书馆
邵武市图书馆
福州市台江区图书馆
浦城县图书馆
武平县图书馆
福州市仓山区图书馆
武夷山市图书馆
安溪县沼涛图书馆
南靖县图书馆
莆田县图书馆

江　西　省

新余市图书馆
丰城市图书馆
赣州市图书馆
上犹县图书馆
万载县图书馆
遂川县图书馆
安福县图书馆
南城县图书馆
靖安县图书馆
宜丰县图书馆
南昌县图书馆
贵溪市图书馆
临川市第一图书馆
宜春市图书馆
永丰县图书馆
分宜县图书馆
进贤县图书馆
弋阳县图书馆
兴国县图书馆
南昌市东湖区图书馆
井冈山市图书馆
泰和县图书馆
吉安县图书馆
宁都县图书馆
德兴市图书馆
高安市图书馆
南康市图书馆
武宁县图书馆
上高县图书馆
崇义县图书馆
鹰潭市月湖区图书馆
波阳县图书馆

山　东　省

淄博市图书馆
胶南市图书馆
曲阜市图书馆
淄博市临淄区图书馆
兖州市图书馆
临沂市兰山区图书馆
新泰市图书馆
菏泽市图书馆
桓台县图书馆
广饶县图书馆
蒙阴县图书馆
莒县图书馆
沂水县图书馆
临沭县图书馆
龙口市图书馆
安丘市图书馆
临朐县图书馆
枣庄市薛城区图书馆
茌平县图书馆
招远市图书馆
烟台市牟平区图书馆
冠县图书馆
昌邑市图书馆
寿光市图书馆
肥城市图书馆
荣成市图书馆
章丘市图书馆
青岛市李沧区图书馆
垦利县图书馆
利津县图书馆
邹平县图书馆
阳信县图书馆
乳山市图书馆
费县图书馆
高密市图书馆
海阳市图书馆
梁山县图书馆
莒南县图书馆
郓城县图书馆

莱西市图书馆
蓬莱市图书馆
五莲县图书馆
淄博市周村区图书馆
淄博市张店区少年儿童图书馆

河 南 省

开封市图书馆
焦作市图书馆
南阳市图书馆
卢氏县图书馆
唐河县图书馆
灵宝市图书馆
商丘市睢阳区图书馆
邓州市图书馆
新密市图书馆
栾川县图书馆
新安县图书馆
林州市图书馆
辉县市图书馆
原阳县图书馆
禹州市图书馆

湖 北 省

宜昌市图书馆
襄樊市图书馆
鄂州市图书馆
黄冈市图书馆
荆州市少年儿童图书馆
武汉市江夏区图书馆
麻城市图书馆
武汉市江岸区图书馆
武汉市硚口区图书馆
老河口市图书馆
钟祥市图书馆
武汉市青山区图书馆
当阳市图书馆
红安县图书馆
武汉市汉阳区图书馆
汉川市图书馆
孝感市孝南区图书馆
武汉市洪山区图书馆
武汉市武昌区图书馆
英山县图书馆
枣阳市图书馆
武穴市图书馆
松滋市图书馆
兴山县图书馆
浠水县图书馆
荆州市荆州区图书馆
黄冈市黄州区图书馆
宜城市图书馆
南漳县图书馆
京山县图书馆
武汉市黄陂区图书馆
枝江市图书馆
大冶市图书馆
仙桃市图书馆
洪湖市图书馆
石首市图书馆
谷城县图书馆
武汉市蔡甸区图书馆
丹江口市图书馆
武汉市汉南区图书馆
应城市图书馆
公安县图书馆
襄阳县图书馆
五峰土家族自治县图书馆
来凤县图书馆
秭归县图书馆
黄梅县图书馆
武汉市新洲区图书馆
罗田县图书馆
随州市图书馆
广水市图书馆
长阳土家族自治县图书馆
郧县图书馆
安陆市图书馆
恩施市图书馆
赤壁市图书馆
咸宁市咸安区图书馆
武汉市江岸区少年儿童图书馆

湖 南 省

长沙市图书馆
湘潭市图书馆

邵阳市松坡图书馆
岳阳市图书馆
湘西土家族苗族自治州图书馆
益阳市图书馆
湘潭市少年儿童图书馆
娄底市图书馆
澧县图书馆
隆回县魏源图书馆
益阳市资阳区图书馆
永顺县图书馆
衡东县图书馆
龙山县图书馆
祁东县图书馆
沅陵县图书馆
沅江市图书馆
攸县图书馆
洞口县图书馆
溆浦县图书馆
临澧县图书馆
常宁市图书馆
绥宁县图书馆
冷水江市图书馆
涟源市图书馆
洪江市图书馆
怀化市鹤城区图书馆
平江县图书馆
衡阳县图书馆
醴陵市图书馆
新邵县图书馆
祁阳县图书馆
益阳市赫山区图书馆
桃江县图书馆
望城县雷锋图书馆
浏阳市图书馆
邵阳县图书馆
道县图书馆
石门县图书馆
安化县图书馆
津市市图书馆
芷江侗族自治县图书馆
靖州苗族侗族自治县图书馆
常德市鼎城区图书馆
湘乡市图书馆
茶陵县图书馆
吉首市民族少年儿童图书馆

广 东 省

汕头市图书馆
潮州市谢慧如图书馆
珠海市图书馆
中山市图书馆
韶关市图书馆
广州市越秀区图书馆
从化市图书馆
鹤山市图书馆
四会市图书馆
增城市图书馆
花都市图书馆
广州市东山区图书馆
高明市图书馆
深圳市蛇口工业区图书馆
雷州市李纪妙图书馆
恩平市图书馆
郁南县图书馆
遂溪县图书馆
广宁县图书馆
新兴县图书馆
兴宁市图书馆
汕头市龙湖区图书馆
高要市黎汉光图书馆
封开县图书馆

广西壮族自治区

梧州市图书馆
苍梧县图书馆
宾阳县图书馆
崇左县图书馆
象州县图书馆
来宾县图书馆
昭平县图书馆
容县图书馆
北流市图书馆
博白县图书馆
百色市图书馆
灵山县图书馆
贺州市图书馆

海 南 省

昌江黎族自治县图书馆
通什布图书馆
万宁市图书馆
文昌市图书馆
定安县图书馆

重 庆 市

重庆市江北区图书馆
荣昌县图书馆
重庆市渝北区图书馆
重庆市巴南区图书馆
长寿县图书馆
合川市图书馆

四 川 省

攀枝花市图书馆
绵阳市图书馆
泸州市图书馆
成都市金牛区图书馆
成都市锦江区图书馆
成都市青羊区图书馆
都江堰市图书馆
双流县图书馆
大邑县图书馆
彭州市图书馆
盐亭县图书馆
绵竹市图书馆
广汉市图书馆
旺苍县图书馆
苍溪县图书馆
剑阁县图书馆
青川县图书馆
射洪县图书馆
阆中市图书馆
广安县图书馆
邻水县图书馆
武胜县图书馆
犍为县图书馆
雅安市图书馆
简阳市图书馆
巴中市图书馆
平昌县图书馆
达县图书馆
渠县图书馆
什邡市图书馆
长宁县图书馆

贵 州

遵义市图书馆
黔南布依族苗族自治州图书馆
六盘水市图书馆
大方县图书馆
贵阳市白云区图书馆

云 南

昆明市图书馆
楚雄彝族自治州图书馆
玉溪市图书馆
路南彝族自治县图书馆
元谋县图书馆
开远市图书馆
玉溪市红塔区图书馆
弥勒县图书馆
昆明市盘龙区图书馆
富源县图书馆
楚雄市图书馆
陆良县图书馆
罗平县图书馆
寻甸回族自治县图书馆
大姚县图书馆
江川县图书馆
蒙自县图书馆
晋宁县图书馆
建水县图书馆

陕 西 省

宝鸡市图书馆
铜川市图书馆
汉中市汉台区图书馆
韩城市图书馆
安康市少年儿童图书馆

甘 肃 省

兰州市图书馆

天水市图书馆
白银市图书馆
嘉峪关市图书馆
张掖市图书馆
武威市图书馆
敦煌市图书馆
武都县图书馆
酒泉市图书馆
定西县图书馆
天水市北道区图书馆

宁夏回族自治区

银川市图书馆
石嘴山市图书馆
贺兰县图书馆
青铜峡市图书馆
中卫县图书馆
中宁县图书馆
灵武县图书馆
西吉县图书馆

新疆维吾尔自治区

塔城地区图书馆
昌吉回族自治州图书馆
阜康市图书馆
呼图壁县图书馆
博乐市图书馆

三级图书馆名单

天　津　市

大港区图书馆
西青区图书馆
北辰区图书馆
和平区少年儿童图书馆
汉沽区少年儿童图书馆
西青区少年儿童图书馆
武清县图书馆
宁河县图书馆

河　北　省

邢台市图书馆
沧州市图书馆
河间市图书馆
东光县图书馆
景县图书馆
黄骅市图书馆
丰润县图书馆
孟村回族自治县图书馆
望都县图书馆
定兴县图书馆
徐水县图书馆
枣强县图书馆
高碑店市图书馆
高阳县图书馆
迁西县图书馆
迁安市图书馆
滦南县图书馆
湾县图书馆
唐山市新区图书馆
大厂回族自治县图书馆
丰宁满族自治县图书馆
邯郸市峰峰矿区图书馆
内丘县图书馆
灵寿县图书馆
滦平县图书馆
怀来县图书馆
行唐县图书馆
尚义县图书馆
兴隆县图书馆
容城县图书馆
三河市图书馆
文安县图书馆

山　西　省

阳泉市图书馆
太原市图书馆
大同市少年儿童图书馆
绛县图书馆
临猗县图书馆
平定县图书馆

沁源县图书馆
孟县图书馆
太谷县图书馆
壶关县图书馆
芮城县图书馆
沁县图书馆
阳城县图书馆
平顺县图书馆
临汾市图书馆
潞城市图书馆
原平市图书馆
文水县图书馆
襄垣县图书馆
朔州市朔城区图书馆
蒲县图书馆
长子县图书馆
山阴县图书馆
兴县关向应图书馆
汾阳市图书馆
灵石县图书馆

内蒙古自治区

呼伦贝尔盟图书馆
乌海市图书馆
兴安盟图书馆
巴彦淖尔盟图书馆
乌兰察布盟图书馆
包头市东河区图书馆
巴林左旗图书馆
鄂托克旗图书馆
土默特右旗图书馆
呼和浩特市新城区图书馆
包头市石拐矿区图书馆
根河市图书馆
突泉县图书馆
巴林右旗图书馆
海拉尔市图书馆
包头市郊区图书馆
宁城县图书馆
阿鲁科尔沁旗图书馆
扎鲁特旗图书馆
喀喇沁旗图书馆
托克托县图书馆
莫力达瓦达斡尔族自治旗图书馆
阿荣旗图书馆
准格尔旗图书馆
阿拉善左旗图书馆
陈巴尔虎旗图书馆
伊金霍洛旗图书馆
杭锦后旗图书馆
卓资县图书馆
察哈尔右翼中旗图书馆
额尔古纳市图书馆
五原县图书馆
满洲里市图书馆
鄂伦春自治旗图书馆
克什克腾旗图书馆
临河市图书馆
武川县图书馆
翁牛特旗图书馆
乌审旗图书馆
乌兰浩特市图书馆
东胜市少年儿童图书馆

辽 宁 省

阜新市图书馆
盘锦市图书馆
铁岭市图书馆
丹东市少年儿童图书馆
本溪市少年儿童图书馆
辽阳市少年儿童图书馆
丹东市振安区图书馆
沈阳市东陵区图书馆
西丰县图书馆
昌图县图书馆
阜新蒙古族自治县图书馆
康平县图书馆
辽中县图书馆
丹东市元宝区图书馆
喀喇沁左翼蒙古族自治县图书馆
建平县图书馆
彰武县图书馆
鞍山市铁西区图书馆
盘山县图书馆
营口市鲅鱼圈区图书馆
鞍山市立山区图书馆

鞍山市千山区图书馆
台安县图书馆
营口市西市区图书馆
辽阳市白塔区图书馆
抚顺市露天区图书馆
新宾满族自治县图书馆
抚顺市新抚区图书馆
本溪市溪湖区图书馆
绥中县图书馆
桓仁满族自治县图书馆
辽阳县图书馆
建昌县图书馆
清原满族自治县图书馆
兴城市图书馆
朝阳市双塔区少年儿童图书馆

吉 林 省

辽源市图书馆
四平市图书馆
松原市图书馆
榆树市图书馆
永吉县图书馆
磐石市图书馆
洮南市图书馆
柳河县图书馆
乾安县图书馆
舒兰市图书馆
集安市图书馆
珲春市图书馆
九台市图书馆
图们市图书馆
梅河口市图书馆
辉南县图书馆
东丰县图书馆
梨树县图书馆
公主岭市图书馆
大安市图书馆
和龙市图书馆
长白朝鲜族自治县图书馆
白城市洮北区少年儿童图书馆

黑 龙 江 省

鸡西市图书馆
大兴安岭地区图书馆
肇东市图书馆
明水县图书馆
林甸县图书馆
尚志市图书馆
呼兰县图书馆
哈尔滨市道里区图书馆
哈尔滨市南岗区图书馆
望奎县图书馆
饶河县图书馆
依兰县图书馆
克东县图书馆
兰西县图书馆
鸡东县图书馆
龙江县图书馆
克山县图书馆
泰来县图书馆
青冈县图书馆
穆棱市图书馆
富裕县图书馆
甘南县图书馆
绥棱县图书馆
牡丹江市朝鲜族图书馆
汤原县图书馆
呼玛县图书馆
绥滨县图书馆
富锦市图书馆
肇源县图书馆
虎林市图书馆
漠河县图书馆
肇州县图书馆
勃利县图书馆
同江市图书馆
嘉荫县图书馆
孙吴县图书馆
齐齐哈尔市富拉尔基区图书馆
杜尔伯特蒙古族自治县图书馆

江 苏 省

扬州市图书馆
泰州市图书馆
宝应县图书馆
阜宁县图书馆

六合县图书馆
锡山市图书馆
南京市雨花台区图书馆
江浦县图书馆
泗洪县图书馆
南京市栖霞区图书馆
南京市鼓楼区图书馆
句容市图书馆
盱眙县图书馆
灌南县图书馆
灌云县图书馆
南京市浦口区图书馆
无锡市南长区图书馆
无锡市北塘区图书馆
涟水县图书馆

浙 江 省

舟山市图书馆
绍兴市鲁迅图书馆
衢州市图书馆
武义县图书馆
平阳县图书馆
奉化市图书馆
新昌县图书馆
兰溪市图书馆
常山县图书馆
洞头县图书馆
金华县图书馆
开化县图书馆
江山市图书馆
遂昌县图书馆
温州市瓯海区图书馆
建德市图书馆
文成县图书馆
龙游县图书馆
青田县图书馆
泰顺县图书馆
龙泉市图书馆

安 徽 省

安庆市图书馆
马鞍山市图书馆
淮北市图书馆
蚌埠市图书馆
淮南市图书馆
繁昌县图书馆
濉溪县图书馆
宁国市图书馆
五河县图书馆
六安市图书馆
东至县图书馆
郎溪县图书馆
贵池市图书馆
旌德县图书馆
涡阳县图书馆
泾县图书馆
绩溪县图书馆
黄山市屯溪区图书馆
岳西县图书馆
金寨县图书馆
临泉县图书馆
当涂县图书馆
桐城市图书馆
望江县图书馆
萧县图书馆
和县图书馆
青阳县图书馆
长丰县图书馆
铜陵县图书馆

福 建 省

三明市少年儿童图书馆
古田县图书馆
光泽县图书馆
泰宁县图书馆
永定县图书馆
连城县图书馆
永安市图书馆
仙游县图书馆
宁德市图书馆
闽清县图书馆
宁化县图书馆
明溪县图书馆
建宁县图书馆
长乐市图书馆
长泰县图书馆

平潭县图书馆
云霄县图书馆
政和县图书馆
沙县图书馆
顺昌县图书馆
松溪县图书馆

江　西　省

萍乡市图书馆
安义县图书馆
信丰县图书馆
南昌市西湖区图书馆
石城县图书馆
樟树市图书馆
新余市渝水区图书馆
龙南县图书馆
万安县图书馆
南昌市青云谱区图书馆
德安县图书馆
安远县图书馆
宜黄县图书馆
莲花县图书馆
铅山县图书馆
奉新县图书馆
全南县图书馆
余干县图书馆
永修县图书馆
南丰县图书馆
新干县图书馆
都昌县图书馆
临川市第二图书馆
彭泽县图书馆
定南县图书馆
吉水县图书馆
峡江县图书馆
万年县图书馆
瑞金市图书馆
铜鼓县图书馆
资溪县图书馆
南昌市郊区图书馆
赣县图书馆
黎川县图书馆
会昌县图书馆
修水县图书馆
永新县图书馆

山　东　省

威海市图书馆
莱芜市图书馆
聊城海源阁图书馆
泰安市图书馆
枣庄市台儿庄区图书馆
沾化县图书馆
青岛市市北区图书馆
济南市历城区图书馆
平邑县图书馆
即墨市图书馆
昌乐县图书馆
淄博市淄川区图书馆
长清县图书馆
济南市历下区图书馆
潍坊市寒亭区图书馆
栖霞市图书馆
沂源县图书馆
德州市德城区图书馆
长岛县图书馆
齐河县图书馆
单县图书馆
烟台市福山区图书馆
曹县图书馆
枣庄市峄城区图书馆
金乡县图书馆
济南市天桥区图书馆
济阳县图书馆
鱼台县图书馆
郯城县图书馆
惠民县图书馆
烟台市芝罘区少年儿童图书馆

河　南　省

安阳市图书馆
新乡市图书馆
平顶山市图书馆
济源市图书馆
罗山县图书馆
商丘市梁园区图书馆

获嘉县图书馆
博爱县图书馆
孟津县图书馆
睢县图书馆
通许县图书馆
武陟县图书馆
开封县图书馆
修武县图书馆
淅川县图书馆
驻马店市图书馆
周口市图书馆
西平县图书馆
沁阳市图书馆
鹿邑县图书馆
淮滨县图书馆
舞阳县图书馆
方城县图书馆
固始县图书馆
舞钢市图书馆
汝州市图书馆
南召县图书馆
郾城县图书馆
西峡县图书馆
滑县图书馆
淇县图书馆
确山县图书馆
鄢陵县图书馆
内黄县图书馆
郸城县图书馆
安阳县图书馆
柘城县图书馆
郏县图书馆
平舆县图书馆
信阳县图书馆
正阳县图书馆
尉氏县图书馆
巩义市图书馆
杞县图书馆
新乡县图书馆
西华县图书馆
光山县图书馆
民权县图书馆
新县图书馆
清丰县图书馆
温县图书馆
潢川县图书馆
台前县图书馆
新乡市郊区图书馆
商水县图书馆
镇平县图书馆

湖 北 省

咸宁市图书馆
孝感市图书馆
襄樊市少年儿童图书馆
潜江市图书馆
宜都市图书馆
咸丰县图书馆
巴东县图书馆
利川市图书馆
监利县图书馆
保康县图书馆
大悟县图书馆
鹤峰县图书馆
郧西县图书馆
建始县图书馆
宣恩县图书馆
竹山县图书馆
竹溪县图书馆
神农架林区图书馆
云梦县图书馆

湖 南 省

新化县图书馆
桃源县图书馆
宁远县图书馆
耒阳市图书馆
衡南县图书馆
汉寿县图书馆
株州县图书馆
南县图书馆
慈利县图书馆
保靖县图书馆
古丈县图书馆
武冈市图书馆
郴州市北湖区图书馆

新晃侗族自治县图书馆
嘉禾县图书馆
安乡县图书馆
湘阴县图书馆
麻阳苗族自治县图书馆
辰溪县图书馆
新田县图书馆
双牌县图书馆
花垣县图书馆
张家界市永定区图书馆
城步苗族自治县图书馆
江华瑶族自治县图书馆
韶山市图书馆
通道侗族自治县图书馆
会同县图书馆
永州市冷水滩区图书馆
江永县图书馆
桂阳县图书馆
岳阳县图书馆
衡阳市南岳区图书馆
宜章县图书馆
衡阳市少年儿童图书馆

广　东　省

湛江市图书馆
清远市图书馆
中山市少年儿童图书馆
广州市白云区图书馆
丰顺县图书馆
徐闻县图书馆
曲江县图书馆
翁源市图书馆
潮阳市图书馆
怀集县图书馆
五华县图书馆
连平县图书馆
广州市天河区图书馆
龙门县图书馆
澄海市图书馆
惠来县图书馆
廉江市图书馆
紫金县图书馆
吴川市图书馆
平远县图书馆
汕头市升平区图书馆
连山壮族瑶族自治县图书馆
连州市图书馆
饶平县图书馆
南雄市图书馆
大埔县图书馆
德庆县图书馆
英德市图书馆
连南瑶族自治县图书馆
佛冈县图书馆
惠东县图书馆
阳山县图书馆
惠阳市图书馆
蕉岭县图书馆
化州市图书馆
乐昌市图书馆
斗门县图书馆
博罗县图书馆
新丰县图书馆
汕头市金园区图书馆

广西壮族自治区

玉林市图书馆
北海市少年儿童图书馆
邕宁县图书馆
武鸣县图书馆
柳城县图书馆
藤县图书馆
蒙山县图书馆
岑溪市图书馆
合浦县图书馆
防城港市防城区图书馆
上思县图书馆
凭祥市图书馆
横县图书馆
上林县图书馆
扶绥县图书馆
大新县图书馆
武宣县图书馆
融安县图书馆
三江侗族自治县图书馆
融水苗族自治县图书馆

金秀瑶族自治县图书馆
忻城县图书馆
灵川县图书馆
全州县图书馆
平乐县图书馆
荔浦县图书馆
钟山县图书馆
富川瑶族自治县图书馆
桂平市图书馆
平南县图书馆
陆川县图书馆
田阳县图书馆
田东县图书馆
靖西县图书馆
那坡县图书馆
凌云县图书馆
田林县图书馆
隆林各族自治县图书馆
河池市图书馆
宜州市图书馆
罗城仫佬族自治县图书馆
南丹县图书馆
浦北县图书馆

海 南 省

海口市图书馆
琼山市图书馆
保亭黎族苗族自治县图书馆
东方市图书馆
白沙黎族自治县图书馆

重 庆 市

重庆市涪陵区图书馆
潼南县图书馆
开县图书馆
江津市图书馆
璧山县图书馆
重庆市万盛区图书馆
大足县图书馆
南川市图书馆
永川市图书馆

四 川 省

自贡市图书馆
达川地区图书馆
广元市图书馆
乐山市图书馆
遂宁市图书馆
南充市图书馆
宜宾市图书馆
甘孜藏族自治州图书馆
凉山彝族自治州图书馆
资阳市图书馆
江油市图书馆
安县图书馆
岳池县图书馆
通江县图书馆
资中县图书馆
郫县图书馆
三台县图书馆
梓潼县图书馆
中江县图书馆
温江县图书馆
南充市高坪区图书馆
营山县图书馆
安岳县图书馆
华蓥市图书馆
天全县图书馆
南江县图书馆
峨眉山市图书馆
大竹县图书馆
万源县图书馆
开江县图书馆
隆昌县图书馆
泸定县图书馆
西昌市图书馆
会理县图书馆
德昌县图书馆
仁寿县图书馆
宜宾县图书馆
珙县图书馆
高县图书馆

贵 州 省

毕节地区图书馆
榕江县图书馆
贵阳市花溪区图书馆

黎平县图书馆
兴义市图书馆
玉屏侗族自治县图书馆
金沙县图书馆
独山县图书馆
威宁彝族回族苗族自治县图书馆
贵阳市乌当区图书馆
仁怀县图书馆
麻江县图书馆
盘县思源图书馆
湄潭县图书馆
开阳县图书馆
镇远县图书馆
兴仁县图书馆
晴隆县图书馆
贵定县图书馆
铜仁市图书馆
赤水市图书馆
镇宁宋庆龄基金会少年儿童图书馆

云　南　省

曲靖市图书馆
昭通地区图书馆
东川市图书馆
嵩明县图书馆
大理市图书馆
马龙县图书馆
祥云县图书馆
昆明市五华区图书馆
弥渡县图书馆
景东彝族自治县图书馆
鹤庆县图书馆
南涧彝族自治县图书馆
通海县图书馆
峨山彝族自治县图书馆
云县图书馆
潞西市图书馆
呈贡县图书馆
永善县图书馆
剑川县图书馆
瑞丽市图书馆
师宗县图书馆
禄丰县图书馆
新平彝族傣族自治县图书馆
兰坪白族普米族自治县图书馆
砚山县图书馆
昌宁县图书馆
澄江县图书馆
双柏县图书馆
永德县图书馆
姚安县图书馆
沧源佤族自治县图书馆
凤庆县图书馆
宾川县图书馆
广南县图书馆
腾冲县图书馆
镇康县图书馆
西畴县图书馆
宣威县图书馆
龙陵县图书馆
南华县图书馆
巧家县图书馆
会泽县图书馆
泸西县图书馆
牟定县图书馆
武定县图书馆
永仁县图书馆
彝良县图书馆
福贡县图书馆
大关县图书馆
易门县图书馆
麻栗坡县图书馆
施甸县图书馆
昆明市西山区图书馆
云龙县图书馆
河口瑶族自治县图书馆
红河县图书馆
中甸县图书馆
泸水县图书馆
梁河县图书馆
临沧县图书馆
威信县图书馆
陇川县图书馆
盐津县图书馆
水富县图书馆
石屏县图书馆

华宁县图书馆

陕 西 省

咸阳市图书馆
榆林市图书馆
米脂县图书馆
渭南市临渭区图书馆
扶风县图书馆
宝鸡县图书馆
凤翔县图书馆
周至县图书馆
勉县图书馆
岐山县图书馆
洋县图书馆
绥德县图书馆
佛坪县图书馆
镇巴县图书馆
岚皋县图书馆
旬阳县图书馆
三原县图书馆
华县图书馆
南郑县图书馆
略阳县图书馆
乾县图书馆

甘 肃 省

庆阳地区图书馆
临洮县图书馆
合水县图书馆
通渭县图书馆
清水县图书馆
庆阳县图书馆
康县图书馆
会宁县图书馆
徽县图书馆
山丹县图书馆
宁县图书馆
高台县图书馆
临夏市图书馆
白银市白银区少年儿童图书馆

青 海 省

大通回族土族自治县图书馆
乌兰县图书馆
门源回族自治县图书馆
互助土族自治县图书馆

宁夏回族自治区

海原县图书馆
平罗县图书馆
隆德县图书馆
盐池县图书馆
同心县图书馆

新疆维吾尔自治区

喀什地区图书馆
阿勒泰地区图书馆
石河子市图书馆
奇台县图书馆
乌苏市图书馆
塔城市图书馆
玛纳斯县图书馆
吉木萨尔县图书馆
木垒哈萨克自治县图书馆
米泉市图书馆
洛浦县图书馆
沙湾县图书馆
新源县图书馆
裕民县图书馆
额敏县图书馆

附录2 公共图书馆宣言

自由、繁荣与社会和个人的发展是基本的人类价值的体现。这些价值只有通过知识广博的公民运用其民主权利以及在社会中发挥积极作用的能力而获得。建设性的参与和民主的发展既取决于良好的教育又依赖于自由地、不受限制地获取知识、思想、文化和信息。

公共图书馆作为当地获取知识的门径,应为个人及社会团体的终生学习、独立决策和文化的发展提供基本的条件。

本宣言正式宣布,联合国教科文组织坚信公共图书馆对于教育、文化和信息是一支有生力量,并且是一个通过人类的智慧培育和平与精神文明的重要部门。

因此,联合国教科文组织鼓励各国和地方政府支持并积极推动公共图书馆的发展。

公共图书馆

公共图书馆是地方的信息中心,随时准备为它的用户提供各种知识和信息。

公共图书馆在人人平等的基础上提供服务,而不论人们在年龄、种族、性别、宗教、国籍、语言或社会地位上的差异。必须向那些因任何原故不能获得正常服务和资料的用户提供特别服务,例如向讲少数民族语言的用户、残疾人、住院病人或狱中囚犯提供特别的服务和资料。

不同年龄的群体必须能找到适合于他们需要的资料。馆藏和服务须包括各种形式的合适载体、现代技术以及传统资料。高质量并且与当地的需要和条件相适应是十分重要的。资料必须既反映当前社会的潮流和进步又记载人类努力和想像力的往事。

馆藏和图书馆服务不应屈从于任何意识形态的、政治的、宗教审查制度的或商业的压力。

公共图书馆的使命

下列关于信息、扫盲、教育及文化方面的关键使命应该是公共图书馆服务的核心:

1. 使儿童从小养成和增强阅读习惯;

2. 向各种层次的个人教育、自学教育及正规教育提供帮助;

3. 为个为创造力的发展提供机会;

4. 激发儿童和青年人的想像力和创造力;

5. 促进对文化传统的了解,提供对艺术、科学成就与发明的理解水平;

6. 提供接近所有表演艺术的文化表达方式的机会;

7. 鼓励不同文化背景人们之间的对话并支持文化的多元化;

8. 支持口述传统文化的保存和传播;

9. 确保公民获取各种社区信息;

10. 为地方企业、社团和事业团体提供足够的信息;

11. 促进信息和计算机扫盲技术的发展;

12. 支持并参加为各种年龄的人群所开展的扫盲活动和计划,并且如果需要,发起这样的活动。

拨款、立法和网络

1. 公共图书馆应坚持免费原则。

地方和国家当局应对公共图书馆负责。公共图书馆须由特别的立法支持并由国家和地方政府财政拨款。它必须成为任何文化、信息、规划、扫盲和教育的长期战略的一个基本组成部分。

2. 为保证全国范围内图书馆的协调与合作,也必须在立法、战略计划中规定和推广全国图书馆联网,这种联网建立在一致的服务标准基础上。

3. 公共图书馆网络的设计须考虑到国家馆、地区馆、科研图书馆、专业图书馆以及学校、学院和大学中的图书馆之间的关系。

运作与管理

1. 必须制定一项明确的政策,明确与当地社区需要相适应的目标、优先项目和需要提供的服务。公共图书馆必须有效地组织起来并且必须按专业标准运作。

2. 必须确保与适当的伙伴合作,例如与当地的、地区的和全国的乃至国际上的用户群体及其他专业人员合作。

3. 对社区所有成员的服务必须切实可行。这就要求图书馆馆址适中,拥有良好的阅读和学习条件以及相应的技术和充分的开放时间以方便用户,同时应为那些不能亲临图书馆的读者提供延伸服务。

4. 图书馆提供的服务必须适应乡村和城市社区的不同需求。

5. 图书馆员是用户与信息资源的积极中介。为保证服务质量,图书馆员的专业教育和继续教育是不可缺少的。

6. 必须制定延伸教育和用户教育计划以帮助用户从所有的信息资源中受益。

本宣言的贯彻实施

特此强烈要求全世界国家的、地方的决策者和整个图书馆界贯彻执行宣言中的各项原则。

本宣言由国际图联公共图书馆组主持起草，并于1994年11月29日在法国巴黎举行的信息管理会议上获准通过。

附录3　学校图书馆宣言

当今社会，信息和知识日新月异。学校图书馆在使人们获得知识和更新观念方面，取得了令人瞩目的成就。学生们在学校图书馆掌握了终生享用的学习技能，极大地激发了他们的想像力，使他们成为有责任心的公民。

一　学校图书馆的使命

根据联合国教科文组织公共图书馆宣言的宗旨，学校图书馆连接更广泛的图书馆和信息网，向学校所有成员提供学习服务、图书和其他文献资源的服务，使他们成为有见地的思考者和各种载体信息的真正用户。

图书馆工作人员帮助人们使用图书和其他信息资源，这些资源内容涉猎广泛，形式多样，从小说到公文，从印刷出版物到电子出版物，近在当地和远在异地，极大丰富了教材内容，成为教学材料和教学方法的有机补充。

实践证明，当图书馆员和教师一同工作时，学生们的文字能力、阅读能力、学习能力、解决问题能力、获取知识和交流技术的技能都将得到更进一步的提高。

学校图书馆必须向学校辖区所有成员提供平等的服务，而不论他们在年龄、种族、性别、宗教、国别、语言、专业和社会地位上的差异。必须向那些不能获得图书馆正常服务和资料的用户提供特殊服务。

获得服务和馆藏资料应以联合国世界人权和自由宣言为基础，不应屈从于任何意识形态的、政治的、宗教的或商业的压力。

二　基金、立法和网络

学校图书馆是文学、教育、信息提供、经济、社会和文化发展的一项长期的基本战略，因此地方和国家当局应对图书馆负责，必须为之制定特殊的法律法规和方针政策，确保他们拥有足够的资金，以保证工作人员的培训、文献资源的获得、技术和设备的引进，并且应坚持免费原则。

学校图书馆应当加入本地区和本国图书馆及信息网。

当学校图书馆与其他类型的图书馆，如公共图书馆一同共享设备和文献资源时，它一流的目标必将得以保持下去。

三　学校图书馆的目标

学校图书馆是教育过程中不可或缺的组成部分。

以下几点对于文学、信息学、教育、学习和文化的发展至关重要，是学校图书馆服务内容的核心。

1.按照办学宗旨和学校课程设置，帮助和强化教育目标的实现；

2.培养和爱护孩子们把阅读和学习当成乐趣这一良好的习惯，并让他们终生享用图书馆；

3.提供机会，体验通过创造和利用信息获取知识的经验，增强理解力，丰富想像力，提高鉴赏力；

4.帮助所有的学生学会评价和应用各种信息来学习和实践的技巧，并感受在学校辖区内的文化表达方式；

5. 提供获取本地区、本国和全球文献资源的机会，向学习者提示不同的观念、不同的经验、不同的意见；

6.组织活动，鼓励不同文化和社会背景的人们之间的对话；

7.与学生、教师、行政官员和学生父母合作，完成学校的任务；

8.声明如下观点：学术自由，每一位合法的有责任心的公民拥有获取或使用信息的权利以及在民主政治中的参与权；

9.校内外，倡导阅读，提倡利用文献资源，获得学校图书馆提供的服务；

学校图书馆实现上述目标，要有不断完善的方针政策和不断变化的服务方式，要有选择地获取文献资源，要在硬件和软件方面提供更适合的信息来源，要提供教学设备，要聘用受过培训的工作人员。

四　图书馆员

学校图书馆员是合格的专业技术人员，他们负责图书馆的计划和管理，因此合格的工作人员是图书馆工作的强有力的支柱。他们与学校辖区所有成员一起工作，并且与公共图书馆及其他馆馆员保持联系。

学校图书馆员的任务，在财政状况允许的国家法律框架之内，根据财政目标、学校的课程安排和教学方法的不同而不同。在先前的场合里，如果学校图书馆没要开展有效的服务：文献资源、图书馆、信息管理和教学，常识性的知识是必不可少的。

在不断变化的网络环境下，学校图书馆员在掌握信息技能的计划和教学方面要不同于教师和学生。因此，他们要继续接受专业教育以获得进一步发展。

五　运作和管理

为保证有效、职责分明的工作顺利进行：

1. 学校图书馆服务的方针必须目标明确，把与学校课程有关的服务摆在首位；

2. 学校图书馆必须根据专业标准来组织管理并保持下去；

3. 服务必须深入到学校辖区所有成员，并且如何运作要视当地具体情况而定；

4. 必须鼓励与教师、高级学校管理人员、行政官员、学生父母、其他馆员、信息专业技术人员和社会团体成员的合作。

六　宣言的贯彻实施

1. 政府通过负责教育的机构，敦促落实对本宣言贯彻战略方针和计划。

2. 计划应包括宣言的普及以及对图书馆员和教师进行的早期和继续培训。

3. 鼓励全世界国家的、地方的和全体图书馆界的决策者们，贯彻执行宣言中的各项原则。

学校图书馆宣言系国际图联起草，在联合国教科文组织 1999 年 11 月全体会议上获准通过。

附录 4　国际图联章程

一、历史

章程是政党、社会团体规定本组织内部事务的一种共同遵守的文件。内容一般包括本组织的性质、纲领、任务、组织原则、机构和成员义务等。

国际图联第一部章程于 1929 年在意大利罗马、佛罗伦萨和威尼斯召开的第 2 届国际图联大会上正式通过。章程共有 12 条，明确指出其宗旨是“为了发展国际图书馆之间的合作事业”，任务是“定期组织国际会议“。章程还规定了国际图联执行委员会由 1 名主席、2 名副主席、1 名秘书以及 4 名其他成员组成，均须由代表大会选举产生。任期 5 年等。

第五任国际图联主席 P・布儒瓦（P・Bourgeois）上任以后立即开始对章程进行修改，并于 1952 年在丹麦哥本哈根召开的第 18 届国际图联大会上经过讨论并获得通过。1953 年起正式生效。修改的章程将原来的国际图书馆委员会改为国际图联理事会，各分委员会改为委员会。章程特别强调了具有相关领域的国际或全国性协会都可以申请加入国际图联，成为会员；新章程规定了执行委员会应至少设 2 名副主席、1 名司库，选举产生的执行委员会委员的任期为 5 年，除主席外，可以连选连任。第二部章程还对设立专业和区域小组作出了某些规定。这次章程的修改为国际图联以后的各项活动奠定了基础。

第六任国际图联主席 G. 霍夫曼（G. Hofman）在国际图联常设秘书处建立以后，力促再次修改章程以保持日后的稳定和延续性。他于 1963 年在保加利亚索菲亚召开的第 29 届国际图联大会上，较为详细地解释了修改章程的原则，主要是：缩小执行委员会的规模、扩大各个组和委员会主席参加的咨询委员会职责、缩短官员任期和实行官员轮换、分清机构职责；除了具有选举权的正式会员，还设有无选举权的非正式会员，执行委员会由主席、4位副主席、司库和秘书长组成，主席和副主席应具有地区、图书馆系统和图书馆类型的代表性，全体会议改称为全体理事会。霍夫曼主席特别强调了任何人不得凌驾于组织、全体理事会的表决权和选举权的均衡分配，建立国际图联地区团体、防止任何国家和专业过分要求，杜绝代表追名逐利，减少空洞呼吁，加强与主管当局财政部门联系、多种方式来维护国际图联的统一性。修改的章程于1964年在意大利罗马召开的第30届国际图联大会上正式通过。第3部章程使国际图联的结构更具灵活性，便于承担它的全球性任务，在20世纪60年代后期促进了国际图联进一步发展。

1975年在挪威奥斯陆召开的第41届国际图联大会上，第九任国际图联主席P.柯科加德(P.Kirkegaad)亲自主持重点讨论了修改章程。修改的章程在瑞士洛桑召开的第42届国际图联大会上正式通过，历经第49届(1983年8月21～26日，德国，慕尼黑市)、第51届(1985年8月18日，美国，伊利诺伊州，芝加哥市)、第53届(1987年8月16日，英国，布莱敦市)以及第55届(1989年8月26日，法国，巴黎市)等理事会会议修正。最后按荷兰法律规定予以校准，提交荷兰当局登记注册，修改后的章程共有26条。此外，1979年8月27日，在丹麦哥本哈根召开的第45届理事会上还通过了议事规则并分别于1983年、1985年、1987年和1989年修订。

决定再一次修改章程是在1999年第65届国际图联理事会上宣布的。由华伦·霍顿先生领导的国际图联章程修改工作小组积极努力工作，在大会召开之前完成了修改草案并送理事会讨论。章程修改工作小组提出了13条修改建议，主要修改之处是：成立管理委员会，成为国际图联的最高决策机构，由主席、当选主席、10名委员和9名专业委员会委员组成，而执行委员会的职责只是监督指导国际图联的发展，主席要担任当选主席两年，接着再任主席两年，但只能任一届，不能连任，以便有更多的人竞选这个职位；增加了电子投票的程序，使一些不能参加理事会会议的会员也可以参加投票；增加信息自由条款以及取消专业委员会第8专业部。

第8专业部是区域活动部，该部旨在鼓励和促进发展中国家各个区域图书馆和情报服务合适计划的发展，这些计划已成为国际图联总体专业计划的一部分；协调和推荐为整个第三世界国家图书馆服务总发展作出贡献的合适计划，它担任国际图联专业委员会有关所有参加国际图联第三世界成员国事务的顾问团体；与各个不同的专业机构互相联系，确保第三世界国家存在的问题能恰当地在各自的努力和计划中体现和反映出来。章程修改委员会认为第8专业部的使命已经结束，今后不应再强调区域发展问题，该部原有的活动可以分散到其他7个专业部中去，因此，提出要求取消。这个建议遭到了包括中国代表在内的第三世界代表为主的与会代表的强烈反对。结果此条建议在表决前撤了下来。2000年2月7日，该修改草案寄给国际图联所有会员，广泛征求意见；2000年4月，国际图联秘书长罗斯·西蒙以“就国际图联章程修改草案进行投票”为题致函全体会员，要求在8月1日前寄回选票。与此同时，经理事会同意，由执行委员会设立了一个以马杰里·布洛斯为首的7人新顾问小组(上海图书馆副馆长吴建中博士是小组成员之一)，代表广大会员研究和处理对章程的反馈意见。终于在2000年8月在以色列耶路撒冷召开的第66届国际图联理事会上以零票反对的记录通过了这个21世纪新的章程。一经荷兰当局批准，立即生效执行。新的章程共有31条。

二、新章程

(2000年8月13日在耶路撒冷召开的67届国际图联理事会议上通过)

联合会

第1条

联合会代表全世界图书馆协会、情报协会、图书馆和情报服务机构的利益。联合会的全称是“国际图书馆协会和机构联合会”。章程中称“联合会”。

首字母缩写

第2条

联合会首字母缩写以国际图联“IFLA”标示。联合会在实现其宗旨时，从事被确定为合适而重要的各项任务和计划。

总部

第3条

联合会总部设在荷兰海牙。

社团组成

第4条

联合会根据荷兰法律组成社团。

使命

第5条

5.1 联合会是独立的非赢利性非政府国际组织。联合会会员组成:图书馆、图书馆员和情报服务协会以及图书馆和情报机构。

5.2 联合会的宗旨是:促进提供高标准图书馆和情报服务;鼓励私有、公立和民营机构广泛了解优质图书馆和情报服务的价值和重要性;代表全世界会员的利益。

5.3 为实现上述宗旨,联合会开展有关活动和计划,并建立相应的组织机构。适用于建立这样的组织机构的条款在程序规则中作出规定。联合会的中期计划定期由管理委员会协同国际图联相关专业机构制定并发布。

基本价值

第6条

联合会在实现章程中陈述的宗旨时,将在以下基本价值的基础上作出努力:

(a)赞同世界人权宣言第19条关于自由获取形象思维的信息、思想、著作和阐明观点自由的原则。

(b)人们、社区和机构为实现社会、教育、文化、民主和经济的繁荣,需要自由获取形象思维的信息、思想和著作。

(c)提供优质图书馆情报服务,有助于自由获取信息。

(d)联合会所有成员,不分国籍、种族、性别、语种、政治意识、人种肤色或宗教信仰,都可以参加联合会的活动,并从中受益。

会员和准会员

第7条

7.1　联合会的组成:会员和准会员

7.2　会员

联合会的会员由下列类型组成:

7.2.1　国家协会会员:国书馆员和情报专业人员协会以及其他与提供信息服务有关的机构和实现联合会宗旨的机构的协会可以被吸收为国家协会会员。在无图书馆协会但有一单独团体代表图书馆情报界的国家中,该团体可被接纳为协会会员。

7.2.2　国际协会会员:实现联合会宗旨的图书馆员、图书馆和图书馆情报服务的国际协会均可接纳为国际协会会员。

7.2.3　机构会员:私有、公立和民营机构图书馆情报服务部门、图书馆学情报学系成为联合会会员的图书馆情报协会的分支机构,以及其他实现联合会宗旨的机构团体可以接收为机构会员。

7.2.4　名誉会员:管理委员会有权认可个人,包括在图书馆情报服务领域出色工作或对联合会作出杰出贡献的前联合会主席,并授予他们名誉会员的称号。(参见过渡条款)

7.3　准会员

联合会的准会员由下列成员组成:

7.3.1　企业团体会员:对图书馆情报服务感兴趣的公司和机构团体,可以被承认为联合会的企业团体会员。

7.3.2　个人会员:支持实现联合会宗旨的个人可以被接纳为个人会员。

顾问资格

第8条

由管理委员会授予下列机构的顾问资格:

8.1　与一种或多种类型图书馆情报服务有联系的国际和多国协会。

8.2　为进一步实现联合会宗旨,联合会愿与之建立关系的其他国际组织或团体。

权利与义务

第9条

9.1　依据章程规定,会员、准会员和具有顾问资格机构的权利是参加联合会的各项活动,并从中受益。

9.2　联合会的会员和准会员要遵守下列规定:

(a)遵守联合会章程的各项规定

(b)按照章程规定交纳会费的和其他费用

(c)积极促进联合会宗旨的实现

入会

第10条

10.1　会员、准会员的入会和顾问资格授予均应依照管理委员会的决定实行,并向理事会报告。

10.2　入会申请被管理委员会拒绝后,申请者可向理事会提出申诉。

退会

第11条

会员或准会员或顾问资格机构可随时向总执行官提出书面退会通知。

除名

第12条

会员和准会员

12.1 如果会员违反联合会章程或宗旨，管理委员会可以决定开除该会员或准会员或国际图联管理委员会或专业委员会成员的会籍，此项决议要经过获三分之二多数投票后定。

顾问资格机构

12.2 如果具有顾问资格的机构违反联合会章程或宗旨，管理委员会可以取消该机构的顾问资格，此项决议要经过获三分之二多数投票后定。

申诉

12.3 由管理委员会决定开除的会员或准会员或具有顾问资格的机构会收到通过邮寄的总执行官发出的通知。该通知要详细说明作出这一决定的理由。会员、准会员或具有顾问资格的机构在收到除名通知三个月之内，针对这个决定提出申诉。对象可以是总执行官。然后由总执行官把该申诉转递给理事会设立的常务申诉仲裁委员会。由该委员会作出最后裁决。

拖欠会费

12.4 会员或准会员拖欠会费，按照程序规则中规定的，他们将丧失行使其权利或接受联合会任何服务的资格，除非管理委员会作出另外的决定。管理委员会可以建议理事会决定对这样的会员或准会员除名

资产

第13条

13.1 退会或被除名的会员或准会员将丧失对联合会任何部分资产的权利。

理事会

第14条

14.1 理事会由具有选举权利、正式会员组成，是联合会的最高权力机构。根据章程和程序规则，理事会在大会期间或在邮寄和/或电子投票时行使其职权。

会议召开的频率

14.2 理事会每年召开一次会议，一般在联合会年会期间举行。

14.3 理事会会议间隔不得超过15个月。

14.4 理事会会议的时间和地点由管理委员会决定。

会议通告和议事日程

14.5 会议通告连同议事日程由秘书处至少在会议召开前4个月寄送给所有的会员、准会员、具有顾问资格机构，以及被邀请的观察员、管理委员会成员和联合会各部门的官员。

14.6 希望自己所提的建议被列入议事日程的会员必须在会议召开前5个月将它送至秘书处。

14.7 会议的内容将限于列入议事日程的事项。会议的议程和通告一起发布。特殊、紧急附加提议可由主席或会议主席拍板列入议程，并获到会会员的多数同意。

理事会特别会议

14.8 管理委员会有权召开理事会特别会议，对紧急和重大事项作出决定，并在下届理事会会上作出决议。

14.9 在接受代表了至少十分之一会员的书面请求下，管理委员会将召开一次理事会特别会议。此种会议的召开日期应在不迟于秘书处收到请求之后的3个月之内。秘书处应在会议召开之日至少两个月前将会议通知连同议程一并寄给所有有资格出席会议的会员。

14.10 理事会特别会议作出的决定须经联合会会员三分之二多数邮寄和/或电子投票批准通过，方能执行。

出席理事会会议

第15条

15.1 每一位会员有权派一至多名代表出席理事会会议，其中一名被指定行使投票权。

观察员

15.2 每一位准会员将应邀派出观察员出席理事会会议。

15.3 每一个顾问资格机构应邀派出一至多名观察员出席理事会会议。

15.4 每位管理委员会成员若无权参加理事会会议，则有权作为观察员出席。

15.5 总执行官和联合会各部门的官员若无权参加理事会会议，则有权作为观察员出席。此条款所提及的“部门”的定义由管理委员会确定，并在程序规则中阐明。

15.6 总执行官可以邀请其他个人、协会、组织机构作为观察员参加理事会会议，或者按照管理委员会发布的指导原则出席。

会议主席

15.7　联合会主席担任理事会会议主席，在其缺席的情况下，由当选主席出任；当选主席缺席由司库或管理委员会另一成员担任主席之职。

召开会议

15.8　所有会员或会员代表有权在理事会会议上发言，观察员可以应会议主席之邀或得到允许发言。所有发言人须遵守程序规则中有关理事会会议的规定。

代理投票

15.8.1　每一位会员可以由另一位会员代表参加理事会会议，他可以代替所代表的会员行使代理投票权。

法定人数

15.8.2　出席或代理出席理事会会议的合格协会会员的简单多数构成法定人数，除非章程中另有规定。

投票权

第16条

会员拥有的权利

16.1　正式会员拥有投票权，并有权在理事会所有会议行使投票权，或用邮寄和/或电子方式投票。投票将按程序规定的规定进行。

投票权分配

16.2　除理事会会议外，每一位会员在所有会议上均有一次投票权。

16.3　会员在理事会会议上或在邮寄和/或电子投票所分配的票数规定如下：

国家协会会员

16.4　每一个国家协会会员由管理委员会按照确定的方案分配到若干选票。选票分配方案和票数应在程序规则中阐述。

国际协会会员

16.5　每一个国际协会会员由管理委员会按照确定的方案分配至少一张选票。在程序规则中阐述了选票分配方案和票数。

机构会员

16.6　每一个机构会员由管理委员会按照确定的方案分配至少一张选票。应在程序规则中阐述选票方案和票数。

名誉会员

16.7　每一位名誉会员分配一张选票。

个人准会员

16.8　个人准会员没有投票的权利，除非程序规则中另有规定。

投票程序

第17条

多数

17.1　各项决定的实施要由简单多数票经投票表决通过，除非章程另有规定。

决定性一票

17.2　如果一项决议经表决后票数相等，担任会议主席者将投决定性的一票。

选举

17.3　选举管理委员会主席和成员将通过邮寄和/或电子投票进行。

其他事宜

17.4　管理委员会可通过邮寄和/或电子投票来决定会员对重要问题的看法，包括不同类别的会员和准会员交费增减变化的建议。投票结果要在理事会会议上或通过邮寄或用电子方式向理事会报告。

管理委员会

第18条

18.1　管理委员会在理事会批准的准则里对联合会的管理和专业方向负责。

管理委员会成员

18.2　管理委员会成员组成如下：

主席

根据第19条规定选举的当选主席；

会员以邮寄和/或电子投票方式选举的10名管理委员会成员；

根据第22条规定选举的专业委员会成员；

由管理委员会增选3名成员，以代表管理委员会决定的利益。（参见过渡条款）

任期

18.3　当选管理委员会成员的第一个任期为两年，可连任第二任期两年。增选管理委员会成员任期仅为两年。

临时空缺

18.4　当选管理委员会成员位置有了空缺，其剩余的任期将由上次管理委员会选举中得票最多而未当选的候选人来填补。

司库

18.5　管理委员会从成员中挑选国际图联的司库，负责向理事会呈报年度帐目，并提出收费变化的建议,并和总执行官进行协商,制定年度预算。

会议召开频率

18.6 管理委员会每年至少召开两次会议,其中一次会议和联合会年会同期同地举行。

18.7 总执行官一般提前两个月发出关于召开管理委员会会议的通知。

法定人数

18.8 管理委员会成员的简单多数构成法定人数。

多数

18.9 管理委员会的决定由所投票的简单多数通过执行。如遇票数相等的情况,主席或会议主席应投决定性的一票,投票按程序规则中的规定进行。

邀请参加会议

18.10 管理委员会可以邀请其他机构团体的个人或代表作为顾问参加会议,如果管理委员会认定这样的邀请有利于尽其职的话。

报告

18.11 管理委员会要正式向理事会报告工作。

合同

18.12 管理委员会有权根据总执行官的旨意代表联合会签订合同。

授权

18.13 管理委员会可以将一些权力授予一个或几个会员。被授权的会员应向管理委员会汇报工作。

18.14 管理委员会有权建立小组、委员会、办公室或其他机构团体,如果这将有利于履行其职责的话。管理委员会要确定授权范围、日期以及机构团体。这些机构团体要向管理委员会汇报工作。

法律程序

18.15 代表联合会的法律上及其他诉讼权属主席和司库共同执行,不属于管理委员会。

18.16 法律上及其他诉讼权的代表权亦由主席或司库与总执行官共同执行。

主席

第19条

选举

19.1 主席是联合会的总代表,是联合会专业活动的领导人,由会员通过邮寄和/或电子投票选举产生。

任期

19.2 主席担任当选主席两年,接着再任主席两年。

19.3 主席只能任一届,不能连任。(参见过渡条款)

第20条

临时空缺

20.1 执政的主席出现临时空缺时,由当选主席立即替补,直到任期届满,然后再继续完成当选主席的任期。

20.2 当选主席出现临时空缺时,由司库暂时履行当选主席的职责。当管理委员会宣布当选主席的职位空缺时,要进行邮寄和/或电子投票。

执行委员会

第21条

21.1 管理委员会的执行委员会根据管理委员会制定的方针规定,在管理委员会召开的会议之间,有责任监督指导联合会发展方向。

执行委员会成员

21.2 执行委员会由主席、当选主席、司库、专业委员会主席和两名管理委员会成员组成。每隔两年,由管理委员会成员从其当选成员、总执行官和当选委员中选举产生。

法定人数

21.3 执行委员会成员的简单多数构成法定人数。

专业委员会

第22条

目的

22.1 专业委员会确保联合会内各部门工作的协调,并对专业活动、方针和规划负责。

专业委员会委员

22.2 专业委员会由根据第22.3条选举产生的主席和联合会各个专业部官员,最好是专业部的主席,以及从管理委员会成员中选举产生的三名委员组成。

主席和副主席

22.3 专业委员会主席由该委员会从各专业部即将离任的委员代表中选举产生。(参见过渡条款)

22.4 副主席由专业委员会委员中选举产生。

任期

22.5 主席和副主席任期为两年,不能连任。

会议

22.6 专业委员会每年至少召开两次会议,时间和地点由专业委员会决定,其中一次和联合会同期同地举行。

法定人数

22.7 专业委员会的简单多数构成法定人数。

多数

22.8 专业委员会的各项决定要由所投票的简单多数通过执行。对某项提议若遇票数相等时,会议主席应投决定性的一票,投票应按程序规则中的规定进行。

专业部门

第23条

专业组

23.1 专业委员会可自行决定批准建议设立专业组。专业组是设在一个专门单位联合会的工作或信息活动以及其他方面的主要活动中心。

23.2 管理委员会确定专业组成员的注册费,在程序规则中作出规定。

23.3 每一专业组应根据程序规则规定提名和推选一个常务委员会,制定专业组计划,并确保计划的付诸实施。

23.4 每一专业组常务委员会应从其成员中选出主席、秘书各一名,任期两年,并可组成该组的执行委员会,在相同的职位上可连选连任两年。

23.5 专业委员会可终止专业组的活动。

专业部

第24条

24.1 管理委员会应设立若干专业部,目的在于促进和协调广泛领域内代表联合会利益的专业工作。

24.2 专业委员会应向管理委员会建议专业部的数量、名称及业务范围。

24.3 每一专业部应设立一个协调委员会,该委员会由分派到该专业部的各专业组的主席和秘书组成。该委员会至少有5名成员,若不足5人的,可以增补,以确保最低限数。

24.4 每一协调委员会应从其成员中选出主席、秘书和财务主管,每一职位任期两年,相同职位上可连选连任两年。财务主管通常由主席或秘书兼任。

24.5 每一专业组的业务范围由专业部与专业委员会协商后确定。

专业委员会

第25条

核心活动

25.1 为开展联合会的核心活动,专业委员会可向管理委员会建议批准设立专门办公室和制定专门的计划。这些核心活动应按程序规则中的规定进行管理。

25.2 根据章程规定,这些核心活动的代表可以增补为管理委员会成员,作为专业委员会的当选委员。

25.3 这些核心活动的代表应成为与其使命有关的专业部协调委员会和专业组常务委员会的当然委员。

特殊兴趣小组

第26条

26.1 特殊兴趣小组可由专业委员会批准设立,以满足会员和准会员特殊兴趣的需要,因为已设立的专业组中没有一个是合适的组。

26.2 设立这样的兴趣小组的建议可由专业部、专业组或专业部和专业组联合,或一名或数名会员提出。

26.3 假若一专业组建议在所在的专业部下设立一个兴趣小组,专业委员会必须要与该专业组所属专业部进行协商。

26.4 经管理委员会批准,并程序规则中作出规定,专业委员会应为设立这样的兴趣小组制定标准。

26.5 在专业部下设立的兴趣小组应向专业委员会分派的专业部或专业组汇报工作。

26.6 专业委员会可因所属专业部或专业组的建议或者是专业工作重组的结果,批准撤消兴趣小组。

26.7 管理委员会对特别兴趣小组的管理应在程序规则中作出规定。

秘书处

第27条

总执行官

27.1 联合会的秘书处由管理委员会任命的总执行官领导。

27.2 总执行官根据理事会和管理委员会制定的方针政策,对联合会的战略发展方向和财务管理负责。

27.3 如果总执行官的职位不在讨论范围之

内的话,他有权以顾问身份出席理事会、管理委员会和专业委员会的任何会议,但在会上没有投票权。

工作人员

27.4 出于秘书处需要卓有成效的运作,总执行官应任命必要的工作人员,这要在财政预算许可的范围内任命其工作人员。

27.5 管理委员会根据总执行官的建议确定联合会工作人员的一般工作条件。

财务

第28条

28.1 联合会的经费来自:

会员和准会员会费

产品销售和服务的收入

与联合会宗旨一致的馈赠、拨款、遗赠及其他资金来源

28.2 出于图书馆、情报协会和服务机构的共同利益,联合会应把经费分配给专门项目,这笔资金可称为“重点资金”。

28.3 联合会应为“重点资金”增加财政收入。

财政年度

28.4 联合会的财政年度为历年。

帐目与预算

28.5 管理委员会每年应向理事会提交前一年批准的帐目,并要经过注册会计师的审计。

28.6 管理委员会应为联合会批准年度预算。

程序规则

第29条

管理委员会根据章程规定来批准程序规则,以规定联合会的具体操作办法。

章程修改

第30条

修改建议

30.1 管理委员会可以自己提出,也可以根据会员的建议进行修改章程。

30.2 修改章程的建议须由联合会不少于四分之一的会员签字,并提交给按管理委员会指示行事的总执行官。

投票修改章程

30.3 任何修改章程的建议应经联合会全体会员邮寄和/或电子投票。在投票结束之前,至少要提前4个月将修改建议分发到联合会会员手中。

30.4 修改章程提案的实施应以简单多数投票通过。这样的提案要到下届理事会上获得最后批准,而且需要三分之二会员的多数经投票表决。

联合会的解散

第31条

解散建议

31.1 管理委员会可以提出也可以根据会员意见提出解散联合会的建议。

31.2 解散联合会的建议要由不少于四分之一联合会会员签字,并提交给按管理委员会指示行事的总执行官。

31.3 任何解散联合会的建议应经联合会全体会员邮寄和/或电子投票。在投票结束之前,至少要提前4个月将解散建议分发到联合会会员手中。

投票解散联合会

31.4 解散联合会提案的实施应以简单多数投票通过。这样的提案要到下届理事会会上获得最后批准,而且需要经三分之二会员的多数投票表决。

31.5 如遇解散事宜,理事会应就联合会停止活动、清偿债务问题作出决定。

31.6 为了图书馆、情报协会和服务机构的共同利益应使用在清偿债务后剩余的经费。

过渡条款

第1条

选举主席

联合会会员的代表或个人准会员,包括依据1993年生效的章程以前担任过联合会主席的会员,在本章程生效时,可以被提名为任期仅为两年的主席。在选举中,主席和当选主席不可以由一个人兼任。

第2条

选举专业委员会主席

根据章程规定,原先的专业委员会委员可以在首次选举中,但不可以在后来的选举中作为专业委员会主席的候选人。

第3条

现任执行委员会委员

根据1993年生效的章程规定,现任执行委员会委员可以参加最后两年任期的竞选,可以竞选任期仅为两年的管理委员会成员。1999～2003年四年任期中的执行委员会委员将作为管理委员会成员完成他们的任期,而且可以参加2003年他们最后两年任期的竞选。

第4条

名誉主席

根据联合会以前的章程产生的名誉主席继续拥有名誉主席的称号并享有相应的特权。

若干定义

"增选委员"是指由委员会请来工作、一般为学有专长委员。因此,增选委员是不通过选举而产生的。他们拥有投票权,除非另有规定。

"正式会员"是指交清最近财政年度会费,又不拖欠以往会费的会员。

"投票简单多数"是指一次投票时票数至少超过半数的投票。没有参加投票的会员不计算在内。

附录5　中国图书馆专家在国际图联专业组任职名单

姓　名	单　位	专业机构名称
孙蓓欣	国家图书馆	一部　国家图书馆组　常务委员会委员(1999－2003)
许鸿英	中国科学院文献情报中心	二部　科学与技术图书馆组　通信成员
程焕文	中山大学图书馆	四部　书目组　通信成员
阎立中	中国科学院文献情报中心	四部　编目组　通信成员
翟宗淑	中国科学院文献情报中心	五部　采访与馆藏建设组　通信成员
林祖藻	浙江图书馆	五部　珍善本及手稿组　常务委员会委员(1997－2001)
董须广	中国科学院文献情报中心	六部　图书馆建筑与设备组　通信成员
李明华	杭州图书馆	六部　图书馆建设与设备组　通信成员
王　芊	国家图书馆	六部　视听与多媒体组　常务委员会委员
彭桂源	中国科学院文献情报中心	七部　图书馆理论与研究组　通信成员
孟广均	中国科学院文献情报中心	七部　图书馆杂志编辑圆桌会议　执行委员会委员
况能富	华中师范大学信息管理系	七部　图书馆史圆桌会议　执行委员会委员
程焕文	中山大学图书馆	七部　图书馆史圆桌会议　执行委员会委员
孙蓓欣	国家图书馆	八部　区域活动:亚太组　常务委员会委员(1997－2001)
孙利平	国家图书馆	八部　区域活动:亚太组　常务委员会委员(1999－2003)
朱　强	北京大学图书馆	八部　区域活动:亚太组　常务委员会委员(1999－2003)

附录 6 中国机构会员在国际图联各专业组注册情况简表

序列	专业组代号 / 机构名称	01	02	03	04	05	07	08	09	10	11	12	13	14	15	16	17	18	19	20	21	23	24	26	29	30	31	32	34
1000	北京大学信息管理系																					☆	☆	☆					
1001	中国科学院文献情报中心						☆							☆							☆			☆					
1002	清华大学图书馆		☆																		☆			☆					
1003	国家图书馆	☆													☆									☆					
1005	南京大学图书馆		☆																		☆			☆					
1007	复旦大学图书馆		☆											☆							☆			☆					
1008	上海图书馆							☆					☆	☆				☆			☆			☆					
1009	农业科学信息中心(台湾)						☆														☆			☆					
1010	国际出版物交换局(台湾)	☆												☆	☆		☆	☆	☆		☆			☆					
1011	台湾大学图书馆系暨研究所																					☆		☆					
1012	台湾师范大学图书馆		☆																		☆	☆		☆		☆	☆		
1014	南京图书馆							☆							☆					☆				☆					
1015	上海交通大学图书馆		☆																		☆			☆					
1016	故宫博物院图书馆(台湾)																	☆	☆					☆		☆			
1018	台湾图书馆协会																							☆					
1019	台湾立法院图书馆			☆																				☆					
1020	华东师范大学图书馆		☆																					☆					
1022	上海同济大学图书馆															☆					☆			☆					
1023	四川省图书馆							☆						☆		☆		☆						☆	☆				
1024	中国人民大学图书馆		☆											☆										☆					
1025	文化中心表演艺术图书馆(台湾)																							☆					
1026	浙江图书馆				☆													☆						☆					
1027	北京大学图书馆														☆									☆					☆
1028	中共中央党校图书馆					☆					☆			☆									☆	☆					
1030	上海大学图书馆		☆																	☆				☆					
1031	中山大学信息管理系																							☆					
1032	香港理工大学包玉刚图书馆															☆					☆			☆					
1033	区域市政局公共图书馆(香港)							☆												☆	☆			☆					
1034	香港人学图书馆		☆																					☆					
1035	市政局公共图书馆(香港)	☆						☆	☆	☆			☆	☆		☆			☆	☆	☆	☆		☆	☆	☆	☆		
1036	香港议会图书馆			☆															☆		☆			☆					
1037	北京市西城区图书馆																							☆					
1039	石油大学(华东)图书馆		☆																			☆		☆					
1040	上海行政学院图书馆																												
1041	澳门中央图书馆	☆						☆													☆			☆					
1042	澳门大学国际图书馆		☆									☆	☆	☆	☆									☆	☆				
1043	澳门理工学院图书馆		☆																					☆					

附录 7　国内部分图书馆网址

北　京

・中国国家图书馆

http://www.nlc.gov.cn/

webmaster@publicf.nlc.gov.cn

公共图书馆、少儿图书馆

・首都图书馆

http://www.clcn.cn.net/index.html

E-mail:clcn@ns.bcbnet.org

・东城区图书馆

http://www.clcn.cn.net/bj_lib/library03.html

E-mail:dtdnsqhl@public3.bta.net.cn.

・西城区图书馆

http://www.clcn.cn.net/bj_lib/library12.html

・西城区青少年儿童图书馆

http://www.clcn.cn.net/bj_lib/library17.html

・崇文区图书馆

http://www.clcn.cn.net/bj_lib/library17.html

E-mail: ctxxd@mx.cei.gov.cn

・宣武区图书馆

http://www.clcn.cn.net/bj_lib/library19.html

・石景山区图书馆

http://www.clcn.cn.net/bj_lib/library21.html

・石景山区少年儿童图书馆

http://www.clcn.cn.net/bj_lib/library11.html

・燕山图书馆

http://www.clcn.cn.net/bj_lib/library04.html

・房山图书馆

http://www.clcn.cn.net/bj_lib/library07.html

・朝阳区图书馆

http://www.clcn.cn.net/bj_lib/library13.html

E-mail:chaoyang@homeway.com.cn

・海淀区图书馆

http://www.clcn.cn.net/bj_lib/library18.html

E-mail:HD@public.east.cn.net

・丰台区图书馆

http://www.clcn.cn.net/bj_lib/library22.html

・门头沟区图书馆

http://www.clcn.cn.net/bj_lib/library06.html

・通州区图书馆

http://www.clcn.cn.net/bj_lib/library16.html

・昌平县图书馆

http://www.clcn.cn.net/bj_lib/library20.html

・大兴县图书馆

http://www.clcn.cn.net/bj_lib/library01.html

・顺义图书馆

http://www.clcn.cn.net/bj_lib/library05.html

・怀柔县图书馆

http://www.clcn.cn.net/bj_lib/library09.html

・平谷县图书馆

http://www.clcn.cn.net/bj_lib/library14.html

・密云县图书馆

http://www.clcn.cn.net/bj_lib/library02.html

・延庆县图书馆

http://www.clcn.cn.net/bj_lib/library15.html

研究图书馆及专业图书馆

・中国科学院图书馆(文献情报中心)

http://www.las.ac.cn/

http://bib11.las.ac.cn/

・中国科学院书目数据库查询

http://www.las.ac.cn/casopac/casopac.html

・全国地质图书馆

http://www.ngl.org.cn/

E-mail:ngl@mail.ngl.org.cn

・中国社会科学院文献中心

http://www.cass.net.cn/y_03/y_03_11wxzx.html

E-mail: xf@cass.net.cn

・中国标准研究中心标准馆

http://202.99.62.139/cqi/bzxx-index.htm

院校图书馆

・北京大学图书馆

http://www.lib.pku.edu.cn

webmaster@lib.pku.edu.cn

・清华大学图书馆

http://www.lib.tsinghua.edu.cn

webmaster：web-info@mail.lib.tsinghua.edu.cn

·北京师范大学图书馆

http://202.112.82.24

E-mail：libadm@bnu.edu.cn

·北京协和医科大学图书馆

http://www.pumc.edu.cn

http://www.imicams.ac.cn/chinese/library.html

webmaster@web.imicams.ac.cn

·北京大学医学部(北京医科大学)图书馆

http://library.bjmu.edu.cn

E-mail：gaosh@mail.bjmu.edu.cn

·中国人民大学图书馆

http://www.lib.ruc.edu.cn

http://202.112.118.40

E-mail：yangpj@sun.ihep.ac.cn

·中国人民大学书报资料中心

http://www.confucius.cn.net

E-mail：guoxihua@china.com

cmktg@public3.bta.net.cn

·中国政法大学图书馆

http://www.cpul.edu.cn

·首都医科大学图书馆

http://202.204.190.1

E-mail：chenjin@cpums.edu.cn

·中国地质大学图书馆

http://www.cugp.edu.cn

http://www.ngl.org.cn/nsdefault.htm

·石油大学图书馆

http://www.bjpeu.edu.cn/~library/web.htm

E-mail：wtsjs@www.bjpeu.edu.cn

·北京石油化工学院图书馆

http://www.bipt.sinopec.com.cn

E-mail：tsg@bipt.sinopec.com.cn

·北京林业大学图书馆

http://www.lib.bjfu.edu.cn

http://202.204.114.12

E-mail：bltzdh@ss2.bjfu.edu.cn

·北京农业大学图书馆

http://www.lib.cau.edu.cn

E-mail：zhangq@mail.cau.edu.cn

·北京农业大学东校区图书馆

http://www.lib.bjaeu.edu.cn

http://202.205.86.2

·北京化工大学图书馆

http://www.lib.buct.edu.cn

http://202.4.139.2

E-mail：buctlib@mailserv.wsroom.buct.edu.cn

·北京邮电大学图书馆

http://202.112.99.39

E-mail：cghong@bupt.edu.cn

·北京理工大学图书馆

http://202.204.80.70

E-mail：huangyp@bit.edu.cn

·北京工业大学图书馆

http://www.bjpu.edu.cn/library/clibrary.htm

http://202.112.71.25

webadmin@bjpu,edu.cn

E-mail：zb@bjpu.edu.cn

·北方工业大学图书馆

http://202.204.27.242

E-mail：library@ncut.edu.cn

·首都师范大学图书馆

http://202.204.214.131

·首都医科大学图书馆

http://202.204.190.1/default.htm

http://202.204.190.1/sydtsgjj.htm

E-mail：chenjin@cpums.edu.cn

·北京中医药大学图书馆

http://www.bjucmp.edu.cn

http://202.204.32.111

E-mail：songyl@bjcmp.edu.cn

·中国矿业大学北京分校图书馆

http://lib.cumtb.edu.cn：8000/gdweb./gdmain.htm

·北方交通大学图书馆

http://202.112.150.129

E-mail：bftsgrzj@center.njtu.edu.cn

·北京航天航空大学图书馆

http://lib.buaa.edu.cn

·北京科技大学图书馆

http://lib.ustb.edu.cn

E-mail：libh116@ustb.edu.cn

·外交学院图书馆

http://www.fac.edu.cn/cindex/libraryhtm

·对外经济贸易大学图书馆

http://lib.uibe.edu.cn

· 北京外国语大学图书馆

http://www.bfsu.edu.cn/enet/lib/tsg.htm

· 北京广播学院图书馆

http://www.bbi.edu.cn

· 中央音乐学院图书馆

http://www.ccom.edu.cn/library.htm

· 北京体育大学图书馆

http://www.bupe.edu.cn/jj/index3.htm

· 北京语言文化大学图书馆

http://www.lib.blcu.edu.cn

http://202.112.206.2

E-mail:lib@blcu.edu.cn

· 中国青年政治学院图书馆

http://www.cyc.edu.cn/subl_library.htm

E-mail:zytx@moon.bjnet.edu.cn

· 北京联合大学应用文理学院图书馆

http://www-lib.ygi.edu.cn

http://202.112.217.130

E-mail:libral@china2.ygi.edu.cn

其他图书馆

· 瑞得超星在线图书馆

http://www.rol.cn.net/library/

天　津

公共图书馆、少儿图书馆

· 天津图书馆

http://tjl.online.tj.cn/

E-Mail:office@tjl.tj.cn

· 天津市少年儿童图书馆

http://tjl.online.tj.cn/jgdh/public/tjs.htm

· 和平区图书馆

http://tjl.online.tj.cn/jgdh/public/hep.htm

· 河东区图书馆

http://tjl.online.tj.cn/jgdh/public/hed.htm

· 河西区图书馆

http://tjl.online.tj.cn/jgdh/public/hex.htm

· 南开区图书馆

http://tjl.online.tj.cn/jgdh/public/nank.htm

· 河北区图书馆

http://tjl.online.tj.cn/jgdh/public/heb.htm

· 红桥区图书馆

http://tjl.online.tj.cn/jgdh/public/hongq.htm

· 塘沽区图书馆

http://tjl.online.tj.cn/jgdh/public/tangg.htm

· 汉沽区图书馆

http://tjl.online.tj.cn/jgdh/public/hang.htm

· 大港区图书馆

http://tjl.online.tj.cn/jgdh/public/dag.htm

· 东丽区图书馆

http://tjl.online.tj.cn/jgdh/public/dongl.htm

· 津南区图书馆

http://tjl.online.tj.cn/jgdh/public/jinn.htm

· 西青区图书馆

http://tjl.online.tj.cn/jgdh/public/xiq.htm

· 北辰区图书馆

http://tjl.online.tj.cn/jgdh/public/beic.htm

· 宁河县图书馆

http://tjl.online.tj.cn/jgdh/public/ningh.htm

· 武清县图书馆

http://tjl.online.tj.cn/jgdh/public/wuq.htm

· 静海县图书馆

http://tjl.online.tj.cn/jgdh/public/jingh.htm

· 宝坻县图书馆

http://tjl.online.tj.cn/jgdh/public/baod.htm

· 蓟县图书馆

http://tjl.online.tj.cn/jgdh/public/jix.htm

· 和平区少年儿童图书馆

http://tjl.online.tj.cn/jgdh/public/hps.htm

· 河东区少年儿童图书馆

http://tjl.online.tj.cn/jgdh/public/hds.htm

· 河西区少年儿童图书馆

http://tjl.online.tj.cn/jgdh/public/hxs.htm

· 南开区少年儿童图书馆

http://tjl.online.tj.cn/jgdh/public/nks.htm

· 河北区少年儿童图书馆

http://tjl.online.tj.cn/jgdh/public/hbs.htm

· 红桥区少年儿童图书馆

http://tjl.online.tj.cn/jgdh/public/hqs.htm

· 塘沽区少年儿童图书馆

http://tjl.online.tj.cn/jgdh/public/tgs.htm

· 汉沽区少年儿童图书馆

http://tjl.online.tj.cn/jgdh/public/hgs.htm

· 西青区少年儿童图书馆

http://tjl.online.tj.cn/jgdh/public/xqs.htm

· 北辰区少年儿童图书馆

http://tjl.online.tj.cn/jgdh/public/bcs.htm

·静海县少年儿童图书馆

http://tjl.online.tj.cn/jgdh/public/jhs.htm

院校图书馆

·南开大学图书馆

http://www.lib.nankai.edu.cn

http://202.113.20.160/

E-mail:dot@sun.nankai.edu.cn

·天津大学图书馆

http://www.lib.tju.edu.cn/

E-mail:lib@tju.edu.cn

·天津师范大学图书馆

http://202.113.99.90/

·河北工业大学图书馆

http://www.hebut.edu.cn/lib/indexlib.htm

E-mail:libpub@hebut.edu.cn

·天津理工学院图书馆

http://202.113.68.3/

http://tjl.online.tj.cn/jgdh/school/ligong.htm

webmaster-lib@mail.tjut.edu.cn

·天津理工学院一分院图书馆

http://tjl.online.tj.cn/jgdh/school/ligong1.htm

·天津理工学院二分院图书馆

http://tjl.online.tj.cn/jgdh/school/ligong2.htm

·天津商学院图书馆

http://202.99.125.3

http://tjl.online.tj.cn/jgdh/school/shangy.htm

·中国民用航空学院图书馆

http://www.caia.edu.cn

http://159.226.177.1/

·中国旅游管理干部学院图书馆

http://www.ctmi.edu.cn/ch/centers.htm

E-mail:ctmiic@public.tjuc.com.cn

·天津轻工业学院图书馆

http://tjl.online.tj.cn/jgdh/school/qingy.htm

·天津纺织工学院图书馆

http://tjl.online.tj.cn/jgdh/school/fangy.htm

·天津城市建设学院图书馆

http://tjl.online.tj.cn/jgdh/school/chengj.htm

·天津农学院图书馆

http://tjl.online.tj.cn/jgdh/school/nongxy.htm

·天津医科大学图书馆

http://tjl.online.tj.cn/jgdh/school/yida.htm

http://www.tijmu.edu.cn/TSHG/index.htm

·天津中医学院图书馆

http://tjl.online.tj.cn/jgdh/school/zhongy.htm

·天津职业技术师范学院图书馆

http://tjl.online.tj.cn/jgdh/school/jiyuan.htm

·天津师范专科学校图书馆

http://tjl.online.tj.cn/jgdh/school/xfzk.htm

·天津外国语学院图书馆

http://tjl.online.tj.cn/jgdh/school/wyxy.htm

·天津财经学院图书馆

http://tjl.online.tj.cn/jgdh/school/cjxy.html

·天津体育学院图书馆

http://tjl.online.tj.cn/jgdh/school/tyxy.html

·天津音乐学院图书馆

http://tjl.online.tj.cn/jgdh/school/yyxy.html

·天津美术学院图书馆

http://tjl.online.tj.cn/jgdh/school/msxy.htm

·天津职业大学图书馆

http://tjl.online.tj.cn/jgdh/school/zydx.htm

河　北

公共图书馆

·河北省图书馆

http://www.library.he.cninfo.net/

E-mail: tsgdzyls@library.he.cninfo.net

院校图书馆

·河北师范大学图书馆

http://www.hebtu.edu.cn/library/

tshg@ms.hebtu.edu.cn

·河北大学图书馆

http://202.206.5.126

E-mail:zca@mail.hbu.edu.cn

·石家庄铁道学院图书馆

http://202.206.39.206/tsg.htm

E-mail: tsg@sjzri.edu.cn

·燕山大学图书馆

http://www.ysu.edu.cn/002/library/index.htm

E-mail:sincere@ysu.edu.cn

·石家庄邮政高等专科学校图书馆

http://www.sjzpc.edu.cn/~library/index.htm

E-mail:lib@green.sjzpc.edu.cn

·河北科技大学图书馆

http://www.lib.hebust.edu.cn/library2

·邢台职业技术学院

http://www.xtvtc.edu.cn/
E-mail:fjdkj@xtvtc.edu.cn
·东北大学秦皇岛分校
http://202.206.16.4
http://neuqedu.cn

山 西

公共图书馆
·山西省图书馆
http://lib.sx.cn/
E-mail：violetyang@263.net
院校图书馆
·山西大学图书馆
http://www.lib.sxu.edu.cn
·太原理工大学图书馆
http://www.lib.tyut.edu.cn/
lib@tyut.edu.cn
·山西师范大学图书馆
http://www.sxtu.edu.cn/sxtu/labrary.htm
master@dns.sxtu.edu.cn
·山西师专图书馆
http://www.tytc.tyut.edu.cn/html/校图书馆.htm
·长治医学院图书馆
http://www.lib.czmc.edu.cn

内 蒙 古

公共图书馆
·内蒙古自治区图书馆
http://www.nmglib.com.cn/
院校图书馆
·内蒙古大学图书馆
http://libhp.imu.edu.cn/
E-mail：library@nmg2.imu.edu.cn
·内蒙古工业大学图书馆
http://www.impu.edu.cn/Introduction/library/index.html

辽 宁

公共图书馆
·辽宁省图书馆
http://www.lnlib.com/
E-mail：YMWU@MAIL.LIBRARY.LN.CNINFO.NET
·大连图书馆
http://202.96.65.17/
E-mail：dl-lib@263.net
院校图书馆
·辽宁大学图书馆
http://www.lnu.edu.cn/lnulib/lnulib.html
·东北大学图书馆
http://202.118.8.1/index0.html
·大连理工学院伯川图书馆
http://www2.lib.dlut.edu.cn/new/index.shtml
http://www.lib.dlut.edu.cn/
E-Mail：libweb@dlut.edu.cn
·抚顺石油学院图书馆
http://frat.fspu.edu.cn/yu/booke.html
·沈阳航空工业学院图书馆
http://www.syiae.edu.cn/library.htm
·沈阳电力高等专科学校图书馆
http://www.syepi.edu.cn/sepi/sepi-1.html
·沈阳工业大学图书馆
http://www.sypu.edu.cn/xuexiaogaikuan/tsg.htm
E-mail:jishubu@sypu.edu.cn
·中国医科大学图书馆
http://www.cmu.edu.cn/library/tsg.htm
·大连铁道学院图书馆
http://202.119.137.3
·沈阳大学图书馆
http://www.syu.edu.cn/cindex06.html
·大连医科大学图书馆
http:// http://www.dlmedu.edu.cn/library/index.htm
E-mail:admin@dlmedu.edu.cn
·辽宁省交通高等专科学校图书馆
http://www.lncc.edu.cn/jtpt/tsg.html
E-mail:ztgly1@lncc.edu.cn

吉 林

公共图书馆
·长春图书馆
http://www.lib.cc.jl.cn/
院校图书馆
·吉林大学图书馆

http://www.lib.jlu.edu.cn/
E-mail:tsg@mail.jlu.edu.cn
·吉林工业大学图书馆
http://library.jut.edu.cn/
E-mail:library@jut.edu.cn
·长春邮电学院图书馆
http://202.198.168.110/
E-mail:lib@ccipt.edu.cn
·东北师范大学图书馆
http://library.nenu.edu.cn
·延边大学图书馆
http://www.ybu.edu.cn/ch/setup/library.html
·东北电力学院图书馆
http://www.neiep.edu.cn/mmm/tushuguan.htm
·白求恩医科大学图书馆
http://www.nbums.cc.jl.cn/tsg/index.htm
·长春科技大学图书馆
http://lib.cust.jl.cn.8080

黑　龙　江

院校图书馆

·黑龙江大学图书馆
http://www.hlju.edu.cn/library/index.htm
·哈尔滨工业大学图书馆
http://hitlas2.hit.edu.cn/
E-mail:hyw@hitlas2.hit.edu.cn
·哈尔滨工程大学图书馆
http://lib.hrbeu.edu.cn
·东北农业大学图书馆
http://lbr.neau.edu.cn
·东北林业大学图书馆
http://www.ss20.nefu.edu.cn
·大庆石油学院图书馆
http://202.46.136.32
·哈尔滨医科大学图书馆
http://www.hrbmu.edu.cn/menu/library/index.htm

上　海

公共图书馆、少儿图书馆

·上海图书馆
http://www.libnet.sh.cn/
·上海科技情报研究所
E-mail:www@libnet.sh.cn
·上海少年儿童图书馆
http://childlib.online.sh.cn/
E-mail:shaoer@childlib.online.sh.cn
·南市区图书馆
http://www.library.sh.cn/newsirn/member/qxtsg/1.htm
http://www.nsinf.online.sh.cn
·徐汇区图书馆
http://www.library.sh.cn/newsirn/member/qxtsg/2.htm
·徐汇区浩清图书馆
http://www.library.sh.cn/newsirn/member/qxtsg/3.htm
·长宁区图书馆
http://www.library.sh.cn/newsirn/member/qxtsg/4.htm
·长宁区少年儿童图书馆
http://www.library.sh.cn/newsirn/member/qxtsg/5.htm
·闸北区图书馆
http://www.zblib.online.sh.cn
·闸北区少儿图书馆
http://www.library.sh.cn/newsirn/member/qxtsg/33.htm
·虹口区图书馆
http://www.sonic.net.cn
·虹口区曲阳图书馆
http://www.library.sh.cn/newsirn/member/qxtsg/9.htm
·杨浦区延吉图书馆
http://www.library.sh.cn/newsirn/member/qxtsg/11.htm
·杨浦区少儿图书馆
http://www.library.sh.cn/newsirn/member/qxtsg/12.htm
·普陀区图书馆
http://www.ptlib.online.sh.cn
·普陀区少年儿童图书馆
http://www.library.sh.cn/newsirn/member/qxtsg/14.htm
·宝山区图书馆
http://www.bslib.online.sh.cn

·静安区图书馆

http://www. library. sh. cn/newsirn/member/qxtsg/6. htm

·杨浦区图书馆

http://www. yplib. online. sh. cn

·闵行区图书馆

http://www. mhlib. online. sh. cn

·黄浦区图书馆

http://www. hpl. online. sh. cn

·嘉定区图书馆

http://www. library. sh. cn/newsirn/member/qxtsg/18. htm

·浦东新区第一图书馆

http://www. library. sh. cn/newsirn/member/qxtsg/19. htm

·浦东新区浦东第二图书馆

http://www. library. sh. cn/newsirn/member/qxtsg/30. htm

·浦东新区川沙图书馆

http://www. library. sh. cn/newsirn/member/qxtsg/20. htm

·浦东新区杨思图书馆

http://www. library. sh. cn/newsirn/member/qxtsg/31. htm

·浦东新区川沙少年儿童图书馆

http://www. library. sh. cn/newsirn/member/qxtsg/21. htm

·青浦区图书馆

http://www. library. sh. cn/newsirn/member/qxtsg/22. htm

·青杏科学技术图书馆

http://www. library. sh. cn/newsirn/member/qxtsg/23. htm

·南汇县图书馆

http://www. library. sh. cn/newsirn/member/qxtsg/24. htm

·松江区图书馆

http://www. library. sh. cn/newsirn/member/qxtsg/25. htm

·奉贤县图书馆

http://www. library. sh. cn/newsirn/member/qxtsg/26. htm

·金山区图书馆

http://www. library. sh. cn/newsirn/member/qxtsg/27. htm

·崇明县图书馆

http://www. library. sh. cn/newsirn/member/qxtsg/28. htm

·卢湾区图书馆

http://www. library. sh. cn/newsirn/member/qxtsg/29. htm

研究图书馆及专业图书馆

·中国科学院上海文献情报中心

http://www. slas. ac. cn

E-mial:service@mail. slas. ac. cn

·上海光学精密机械研究所图书馆

http://lib. siom. ac. cn/

·宝山钢铁(集团)公司科技图书馆

http://www. baosteel. com

·中华医学会上海分会图书馆

http://cmasb. online. sh. cn

E-mail: Cma-sb@online. sh. cn

院校图书馆

·复旦大学图书馆

http://www. library. fudan. edu. cn/

E-mail: libref@fudan. edu. cn

·上海交通大学图书馆

http://www. lib. sjtu. edu. cn/

E-mail: refdesk@mail. lib. sjtu. edu. cn

·同济大学图书馆

http://www. lib. tongji. edu. cn/

E-mail: webmaster@lib. tongji. edu. cn

·华东理工大学图书馆

http://www. lib. ecust. edu. cn/

E-mail:service@libweb. lib. ecust. edu. cn

wxf@libweb. lib. ecust. edu. cn

·上海理工大学图书馆

http://202. 120. 215. 4

·华东师范大学图书馆

http://www. lib. ecnu. edu. cn/

E-mail: ecnulib@libserver. lib. ecnu. edu. cn

·上海医科大学图书馆

http://www. shmu. edu. cn/library/index. html

E-mail:jfgu@shmu. edu. cn

·上海第二医科大学图书馆

http://www. shsmu. edu. cn/chindex. htm

·上海大学图书馆
http://202.120.116.35/
E-mail:whisc@public.sta.net.cn
·上海铁道大学图书馆
http://www.shtdu.edu.cn/library/default.html
E-mail:xmqian@shtdu.edu.cn
·中国纺织大学图书馆
http://library.ctu.edu.cn/
·(东华大学图书馆)
E-mail:libinf@dhu.edu.cn
·上海外国语大学图书馆
http://202.121.99.107
·上海师范大学图书馆
http://202.121.53.31
E-mail:qinjian@shtu.edu.cn
·上海财经大学图书馆
http://www.lib.shufe.edu.cn
http://202.121.129.65
·上海电视大学网上图书馆
http://202.121.80.4/lib/default.html
E-mail:hmy@shtvu.edu.cn
·上海中医药大学图书馆
http://202.121.40.2
·上海水产大学图书馆
http://www.shfu.edu.cn/07-xxzx/01-tsg/IlaswebBib.htm
·中欧国际工商学院图书馆
http://www.ceibs.edu
E-mial:wlaura@mail.ceibs.online.sh.cn
·上海海运学院图书馆
http://www.shmtu.edu.cn

江　苏

公共图书馆

·南京图书馆
http://njlib.jlonline.com/
E-mail:njlib@990.net
·金陵图书馆
http://jllib.jlonline.com/
E-mail:administrator@jllib.jlonline.com
·苏州图书馆
http://www.lib.sz.js.cninfo.net/
·常熟图书馆
http://www.cslib.js.cninfo.net/
E-mail:cslib@990.net
·徐州市图书馆
http://xzlib.jsinfo.net/
E-mail:xzlib@pub.xz.jsinfo.net
·江阴图书馆
http://jylib.jy.js.cn/
·吴江图书馆
http://www.wjlib.jsinfo.net/
Email:webmaster@public.wjlib.cn
·太仓图书馆
http://www.lib.sz.jsinfo.net/tctsg.htm
·吴县图书馆
http://www.lib.sz.jsinfo.net/tctsg.htm

院校图书馆

·南京大学图书馆
http://lib.nju.edu.cn/
·南京农业大学图书馆
http://libwww.njau.edu.cn
·中国矿业大学图书馆
http://www.cumt.edu.cn/tszl.htm
·河海大学图书馆
http://lib.hhu.edu.cn
·河海大学常州分校图书馆
http://210.29.99.10/
·南京医科大学图书馆
http://www.lib.njmu.edu.cn/
E-mail:zhzhang@dns.njmu.edu.cn
·中国药科大学图书馆
http://202.119.185.11/
·南京林业大学图书馆
http://202.119.210.4/
E-mail:nllib@njfu.edu.cn
·石油大学(华东)图书馆
http://library.hdpu.edu.cn/
E-mail:lib@hdpu.edu.cn
·江苏石油化工学院图书馆
http://www.jsipt.edu.cn/lib/lib.html
E-mail:nic@jsipt.edu.cn
·无锡轻工大学图书馆
http://www.wxuli.edu.cn/libpage.htm
·扬州大学图书馆
http://lib.yzu.edu.cn/

E-mail：antique@yzu.edu.cn

·苏州大学图书馆

http://library.suda.edu.cn/

E-mail：gzs@suda.edu.cn

·东南大学图书馆

http://www.lib.seu.edu.cn/new/default.asp

E-mail：library@seu.edu.cn

·南京化工大学图书馆

http://lib.njuct.edu.cn/

E-mail：david@njuct.edu.cn

·南京理工大学图书馆

http://njust.edu.cn/lib/index.htm

·南京邮电学院图书馆

http://stl.lib.njupt.edu.cn

·南通师范学院图书馆

http://210.29.64.19/

·南京航空航天大学图书馆

http://lib.nuaa.edu.cn/

·徐州师范大学图书馆

http://www.xznu.edu.cn/chinese/xxgm/tsg.htm

浙　江

公共图书馆

·杭州图书馆

http://zgb.co.cn/library/

http://203.92.4.30/library/hangzhou

·温州图书馆

http://www.wzlib.net.cn/

·上虞图书馆

http://personal.gz168.net/vbfan/sylib/sylib.htm

院校图书馆

·浙江大学图书馆

http://lib.zju.edu.cn/

webmaster:yye@lib.zju.edu.cn

·浙江医科大学图书馆

http://210.32.1.197/

·浙江工业大学图书馆

http://www.lib.zjut.edu.cn/

E-mail：tsg@zjut.edu.cn

liuyun@zjut.edu.cn

·浙江农业大学图书馆

http://www.zjau.edu.cn/tshg/chinese.htm

浙江广播电视大学图书馆

http://www.zjtvu.edu.cn/

master@zjtvu.edu.cn

·杭州大学图书馆

http://www.hzuniv.edu.cn/vendor/html/hdwj09.html

·杭州商学院图书馆

http://www.hzic.edu.cn/lib/index.html

安　徽

公共图书馆

·合肥市图书馆

http://www.online.ah.cn/hflib/

http://www.library.hf.ah.cn

http://www.hfic.gov.cn/hflib

E-mail:cnhflib@mail.hf.ah.cn

院校图书馆

·中国科技大学图书馆

http://202.38.74.4/

·安徽大学图书馆

http://lib.ahu.edu.cn/

E-mail：caj-cd@tsinghua.edu.cn

·合肥工业大学图书馆

http://www.hfut.edu.cn/en/library.htm

·安徽师范大学图书馆

http://www.ahnu.edu.cn/tshg/tushu.htm

E-mail:webmaster@ahnu.edu.cn

福　建

公共图书馆

·福建省图书馆

http://www.fjlib.fz.fj.cn/

E-mail：mtzdh@public.fz.fj.cn

·漳州市图书馆

http://202.101.112.203/

E-mail：zzstsg@public.zzptt.fj.cn

院校图书馆

·福州大学图书馆

http://www.lib.fzu.edu.cn/

·厦门大学图书馆

http://210.34.4.20/

·福建中医学院图书馆

http://www.fjtcm.edu.cn/

·集美大学图书馆
http://www.jmu.edu.cn/lib/
·国立华侨大学图书馆
http://lib.hqu.edu.cn/
·福建师范大学图书馆
http://www.fjtu.edu.cn/TSG/Fjsdtsg.htm
E-mail:cylin@fjtu.edu.cn
·福建省邮电学校图书馆
http://www.lib.fjttc.fj.cn.net/
webmaster@lib.fjttc.fj.cn.net

江 西

公共图书馆

·江西省图书馆
http://www.nc968.nc.jx.cn/jxtsg/tsg.htm
E-mail:jxtsg@nc1.nc968.nc.jx.cn

院校图书馆

·南昌大学图书馆
http://www.ncu.edu.cn/text/clibrary.html
·江西财经大学图书馆
http://www.jxufe.edu.cn/nr/tsg/tsgindex.htm
·南昌航空工业学院图书馆
http://library.niat.jx.cn/
·江西师范大学图书馆
http://www.jxnu.edu.cn/jxky/tsg.htm

山 东

公共图书馆

·山东省图书馆
http://www.online.jn.sd.cn/third_party/lib/
·山东省烟台图书馆
http://www.ytlib.sd.cn
E-mail:htsu@ytlib.sd.cn

院校图书馆

·山东大学图书馆
http://www.sdu.edu.cn/csdu/clib.html
·烟台大学图书馆
http://www.lib.ytu.edu.cn/indexc.html
E-mail:tech@lib.ytu.edu.cn
·石油大学图书馆
http://library.hdpu.edu.cn/
E-mail:lib@hdpu.edu.cn
·山东建材学院图书馆
http://library.sdibm.edu.cn/
E-mail:library@sdibm.edu.cn
·山东农业大学图书馆
http://202.194.143.1/
·山东矿院图书馆
http://sdma.sdimt.edu.cn/tsgweb/index.htm
E-mail tsg@sdimt.edu.cn
·山东建筑工程学院图书馆
http://www.sdai.edu.cn/bumen/图书馆/index.htm
·青岛海洋大学图书馆
http://library.ouqd.edu.cn/
E-mail:library@mail.ouqd.edu.cn
·青岛大学图书馆
http://201.44.23.120/
·山东工业大学图书馆
http://lib.sdut.edu.cn/
E-mail:zghuo@dms.sdut.edu.cn
·山东师范大学图书馆
http://lib.sdnu.edu.cn/
·泰安医学院图书馆
http://www.tsmc.edu.cn/tsg.html
·山东水利专科学校图书馆
http://210.44.32.202/
·聊城师范学院图书馆
http://210.44.126.22/
·曲阜师范大学图书馆
http://lib.qfnu.edu.cn/
·山东工程学院图书馆
http://www.lib.sdit.edu.cn/
·山东中医药大学图书馆
http://www.sdutcm.edu.cn/tsg/index.htm
·潍坊高等专科学校图书馆
http://210.44.64.83/netlib/index.cfm
E-mail:wfhh@wfaa.edu.cn
·山东财政学院图书馆
http://210.44.135.30:8080/opac/opacmain.htm

河 南

公共图书馆

·郑州市图书馆
http://www.zztsg.net/

院校图书馆

·河南大学图书馆

http://www.henu.edu.cn/tsg.htm

·河南师范大学图书馆

http://www.henannu.edu.cn/jxky/tsg.htm

·郑州工业大学图书馆

http://lib.zzut.edu.cn/

·郑州轻工业学院图书馆

http://www.zzili.edu.cn/zwb/ztsg.html

·郑州纺织工学院图书馆

http://www.jzit.edu.cn/chinese/tsg/library.htm

·洛阳工学院图书馆

http://210.43.0.1/lib1/tsg.htm

·焦作工学院图书馆

http://www.jzit.edu.cn/chinese/tsg/library.htm

·河南农业大学图书馆

http://lib.henau.edu.cn/

·华北水利水电学院图书馆

http://www.ncwu.edu.cn/LIBONE.HTM

·郑州粮食学院图书馆

http://www.zzgc.edu.cn/a/_private/library/library_index.htm

·郑州牧专图书馆

http://www.zzcah.edu.cn/chinese-index.htm

湖 北

公共图书馆

·湖北省图书馆

http://hblibrary.wh.hb.cn/

E-mail:hbstsg@public.wh.hb.cn

·武汉图书馆

http://www.wuhan.net.cn/wuhan/liberary/index.htm

研究图书馆及专业图书馆

·中国科学院武汉图书馆

http://www.whlib.ac.cn/

E-mail:opac@mail.whlib.ac.cn

院校图书馆

·湖北大学图书馆

http://www.hubu.edu.cn/guanli/b_27.htm

·武汉大学图书馆

http://www.lib.whu.edu.cn/

E-mail:lulin@lib.whu.edu.cn

·华中理工大学图书馆

http://www.hust.edu.cn/hust00/liball.htm

hlzdh@mail.hust.edu.cn

·华中师范大学图书馆

http://lib.ccnu.edu.cn

同济医科大学图书馆

http://202.114.128.59/tsg/indexl.asp

·中南财经大学图书馆

http://www.znufe.edu.cn/Department/tsg/index.html

E-mail:tsg0@znufe.edu.cn

·中国地质大学图书馆

http://www.lib.cug.edu.cn

·中南工业大学图书馆

http://lib.csut.edu.cn/libpage.htm

E-mail:zjz@csut.edu.cn

·武汉工业大学图书馆

http://lib.whut.edu.cn

·武汉水利电力大学图书馆

http://library.wuhee.edu.cn/

E-mail:Tsgdnb@wuhee.edu.cn

武汉水利电力大学(宜昌)图书馆

http://210.42.39.206/

(三峡大学)

·武汉测绘科技大学图书馆

http://lib.wtusn.edu.cn

·武汉城市建设学院图书馆

http://www.whuci.edu.cn/lib/index.htm

·武汉汽车工业大学网络中心

http://www.whapu.edu.cn/Web123/wlzx/ml.htm

·武汉交通科技大学图书馆

http://www.whtu.edu.cn/tsg.html

·武汉化工学院图书馆

http://210.42.26.150/

·湖北教育学院图书馆

http://library.hubce.edu.cn

·荆州师范学院图书馆

http;//lib.jztc,edu,cn

湖 南

公共图书馆

·湖南图书馆

http;//202.103.111.207/

院校图书馆

・湖南大学图书馆

http://www. hunu. edu. cn/htm/library/home. html

・中南工业大学图书馆

http://lib. csut. edu. cn/libpage. htm

E-mail:zjz@csut. edu. cn

・国防科技大学图书馆

http://libww. nudu. edu. cn

・湘潭大学图书馆

http://lib. xtu. edu. cn

・湖南师范大学图书馆

http://www. hunnu. edu. cn/c/library/index. html

E-mail:lib@hunnu. whnet. edu. cn

・中南林学院图书馆

http://210. 43. 241. 222/

・中南工学院图书馆

http://www. zhnut. edu. cn/tsgjj. htm

・长沙铁道学院图书馆

http://202,197. 34. 114

・长沙交通学院图书馆

http://210. 43. 194. 110

广　东

公共图书馆

・广东省中山图书馆

http://61. 140. 225. 11/

E-mail: gdzslib\@163. net

zslib\@email. tekson. gnet. gd. cn

・广州图书馆

http://fjnet. net. cn/04/searchgt/gt. htm

・佛山市图书馆

http://www. fslib. com. cn/fsbook/menu. htm

E-mail: sunwl@cmmail. com

・深圳图书馆

http://szlib. szptt. net. cn/

E-mail: comment@szlib. szptt. net. cn

・深圳罗湖区图书馆

http://www. szlhlib. com. cn/

・深圳南山图书馆

http://203. 93. 19. 172/

・顺德市图书馆

http://www. shunde. gd. cn/org/library/INDEX. HTM

E-mail: library@shunde. gd. cn

・南海图书馆

http://lib. nanhai. gd. cn/

研究图书馆及专业图书馆

・广东省科技图书馆

http://168. 160. 183. 136/danwei/tsg/tsg. htm

院校图书馆

・广州大学图书馆

http://202. 192. 16. 230/

・中山大学图书馆

http://library. zsu. edu. cn/

E-mail: puul04@zsu. edu. cn

・华南理工大学图书馆

http://www. lib. scut. edu. cn/

E-mail:scut201@scut. edu. cn

・华南师范大学图书馆

http://lib. scnu. edu. cn/

E-mail:xmyang@scnu. edu. cn

・暨南大学图书馆

http://libgp. jnu. edu. cn/

E-mail:trjh@jnu. edu. cn

・广东工业大学图书馆

http://lib. gdut. edu. cn/

・深圳大学图书馆

http://wwwlib. szu. edu. cn

・汕头大学图书馆

http://www. lib. stu. edu. cn/

E-mail:zqli@mailserv. stu. edu. cn

・中山医科大学图书馆

http://library. gzsums. edu. cn/

E-mail:luogf@gzsums. edu. cn

・广东医学院图书馆

http://www. gdmc. edu. cn/chome/library/index. htm

E-mail: gdmctsg@gdmc. edu. cn

・第一军医大学图书馆

http://202. 192. 0. 6/

E-mail:library@fimmu. edu. cn

・广东商学院图书馆

http://202. 116. 50. 5

http://lib. gdcc. edu. cn

・广东广播电视大学图书馆

http://www.gdrtvu.edu.cn/library.htm

・华南农业大学图书馆

http://www.scau.edu.cn/library.html

・广东师范学院图书馆

http://www. guangztc. edu. cn/chinese/library/index.html

・广州市教育学院图书馆

http://www.guangzec.edu.cn/libary.htm

・西江大学图书馆

http://www.xiju.edu.cn/tsg/index.html

http://lib.xiju.edu.cn/

E-mail:lib0@xiju.edu.cn

・五邑大学图书馆

http://lib.wyu.edu.cn/

・佛山科学技术学院图书馆

http://www.fosu.edu.cn/schools/tsg.html

E-mail: library@fosu.edu.cn

・东莞理工学院图书馆

http://lib.dgit.edu.cn

・广东外语外贸大学图书馆

http://202.116.197.6/gplib.htm

http://lib1.gdufs.edu.cn

E-mail:gplib@gdufs.edu.cn

・惠州大学图书馆

http://hzu.edu.cn

・深圳职业技术学院图书馆

http://www.szpt.edu.cn/info/tushuhome.htm

・湛江海洋大学图书馆

http://www.zjou.edu.cn/zjou_htm/hd_jg5.htm

・湛江师范学院图书馆

http://lib.zhjnc.edu.cn

・韩山师范学院图书馆

http://210.38.213.5/

・韶关大学图书馆

http://www.sgu.edu.cn/tsg/index.htm

E-mail: chenbir@163.net

・广东石油化工高等专科学校图书馆

http://www.gdpa.edu.cn/tsqb/tsqb.html

其他图书馆・广东视聆通网上图书馆

http://172. 18. 28. 38/menu01/html/tushugan.html

广　西

公共图书馆、少儿图书馆

・广西壮族自治区图书馆

http://www.gxlib.org.cn/

E-mail: wxg@mail.nn.gx.cn

・广西壮族自治区桂林图书馆

http://www.gll-gx.org.cn/

E-mail: webmaster@mail.gll-gx.org.cn

・南宁市少年儿童图书馆

http://nset.nn.gx.cn/

E-mail:nset@public.nn.gx.cn

院校图书馆

・广西大学图书馆

http://www.gxu.edu.cn/lib/

E-mail: tsg@gxu.edu.cn

・广西师范大学图书馆

http://www.gxnu.edu.cn/LIBRARY/

E-mail:webmaster@mailbox.gxnu.edu.cn

・广西师范学院图书馆

http://www. gxtc. edu. cn/homepage/tsg/tsg.htm

・桂林电子工业学院图书馆

http://www.gliet.edu.cn/lib_new.htm

・广西民族大学图书馆

http://www.gxun.edu.cn/liberary.htm

・桂林工学院图书馆

http;//www.glite.edu.cn/gitlib/lib.htm

海　南

院校图书馆

・海南大学图书馆

http://210.37.32.28/

E-mail: libsys@hainu.edu.cn

・海南师范学院图书馆

http://210.37.0.46/

重　庆

院校图书馆

・重庆大学图书馆

http://202.202.11.67/

・西南农业大学图书馆

http://www.swau.edu.cn/chinese/tsg.htm

・西南师范大学图书馆

http://www.lib.swnu.edu.cn/home.htm

・重庆大学 B 区图书馆

http://202.202.73.145/
·(原重庆建筑大学)
E-mail:lib@cqjzu.edu.cn
·重庆邮电大学图书馆
http://www.cqupt.edu.cn/textonly/tushug/y01.html
·重庆交通学院图书馆
http://www.cquc.edu.cn/cn/shsb/tsg.htm
·后勤工程学院图书馆
http://202.202.51.201/

四　川

研究图书馆及专业图书馆
·中国科学院成都文献情报中心
http://www.clas.ac.cn/

院校图书馆
·四川大学图书馆
http://202.115.40.7/
·四川大学图书馆文理分馆
http://202.115.40.7/index.htm
E-mail:libdauto@scu.edu.cn
·四川大学图书馆工学分馆
http://202.115.61.21/
·西南交通大学图书馆
http://libserver.swjtu.edu.cn/
·四川工业学院图书馆
http://www.scit.edu.cn/图书馆.htm
·电子科技大学图书馆
http://202.115.24.8/
·成都理工学院图书馆
http://www.cdit.edu.cn/cdit_htm/services/lib/lib.htm
·华西医科大学图书馆
http://202.115.96.40/
E-mail:lby@wcums.edu.cn
·四川农业大学图书馆
http://www.sicau.edu.cn/
·西南工学院图书馆
http://cdserver.swit.edu.cn/
·西南财经大学图书馆
http://www.lib.swufe.edu.cn/
·成都中医药大学图书馆
http://www.cdutcm.edu.cn/library/index.htm
E-maIl:tsg1@cdutcm.edu.cn
·成都气象学院图书馆
http://www.cdim.edu.cn/xkzs/cdqxxytsgdzzn.htm
·内江师范学院图书馆
http://210.41.178.108/

贵　州

院校图书馆
·贵州大学图书馆
http://202.203.1.1/

云　南

院校图书馆
·云南大学图书馆
http://www.lib.ynu.edu.cn/
·云南民族学院图书馆
http://www.ynni.edu.cn/tsgjjh.htm
·昆明医学院图书馆
http://www.kmmc.edu.cn/lib.htm
·云南财贸学院图书馆
http://202.203.192.33/cgi-bin/
·云南工业大学图书馆
http://lib.ynpu.edu.cn
昆明理工大学图书馆
·云南师范大学
http://www.ynnu.edu.cn

西　藏

院校图书馆
·西藏大学图书馆
http://www.utibet.edu.cn/tsg.htm

陕　西

院校图书馆
·西安交通大学图书馆
http://202.117.24.24/
E-mail:xyzhang@library.xjtu.edu.cn
·西北大学图书馆
http://www.nwu.edu.cn/chinese/library/
E-mail:webmastre@nwu.edu.cn
·第四军医大学图书馆
http://www.fmmu.edu.cn/web/tsgweb/default.

htm

·陕西师范大学图书馆

http://www.lib.snnu.edu.cn/

·西北工业大学图书馆

http://202.117.88.4/

http://www.nwpu.edu.cn/

E-mail:zhou-qyy@263.net

·西安工业学院图书馆

http://202.200.111.13/

·西安理工大学图书馆

http://www.xaut.edu.cn/w22/lib-c.htm

·西安建筑科技大学图书馆

http://www.xauat.edu.cn/xauat/COM-3/myweb/图书馆/tsggk.htm

·西安邮电学院图书馆

http://202.117.128.8/

·西安电子科技大学图书馆

http://lib.xidian.edu.cn/

·西安石油学院图书馆

http://202.200.87.11/

·西安公路交通大学图书馆

http://www.xahu.edu.cn/tsg.html

·陕西财经学院图书馆

http://lib.snife.edu.cn/

甘　肃

公共图书馆

·甘肃省图书馆

http://www.gslib.org/

研究图书馆及专业图书馆

·中国科学院兰州图书馆

http://159.226.136.229/

·(中国科学院资源环境科学信息中心)

E-mail:zzm@ns.lzb.ac.cn

gtw@ns.lzb.ac.cn

院校图书馆

·兰州大学图书馆

http://www.lzu.edu.cn/landa-Chinese/library/index.htm

·西北师范大学图书馆

http://www.nwnu.edu.cn/html/ch3.htm

·甘肃农业大学图书馆

http://www.gsau.edu.cn/common/lib.htm

·兰州铁道学院图书馆

http://202.201.24.2/

·甘肃工业大学图书馆

http://www.gsut.edu.cn/tushug/htm/libhome.htm

E-mail:fudy@gsut.edu.cn

·西北民族学院图书馆

http://www.xanet.edu.cn/xjtu/newxjtu/xbu/chn/gs/xbmz.html

·兰州商学院图书馆

http://www.lzcc.edu.cn/library/library.htm

·天水师范学院图书馆

http://www.tsnc.edu.cn/wssy/tsgzy.htm

青　海

院校图书馆

·青海大学图书馆

http://www.xanet.edu.cn/xjtu/newxjtu/xbu/chn/qh/qd.html

·青海师范大学图书馆

http://www.qhnu.edu.cn/xxts/tsg001.htm

宁　夏

院校图书馆

·宁夏大学图书馆

http://nxusun.nxu.edu.cn/nxdx.html

新　疆

院校图书馆

·新疆大学图书馆

http://www.xanet.edu.cn/xjtu/newxjtu/xbu/chn/xj/xd.html

http://www.lib.xju.edu.cn

·新疆农业大学图书馆

http://www.xanet.edu.cn/xjtu/newxjtu/xbu/chn/xj/xn.html

·新疆工学院图书馆

http://www.xanet.edu.cn/xjtu/newxjtu/xbu/chn/xj/xg.html

http://202.201.217.62/

·新疆财经学院图书馆

http://202.201.208.4/

·新疆石油学院图书馆

http://lib.xjpi.edu.cn/

香　港

公共图书馆

·香港临时市政局公共图书馆
http://www.usd.gov.hk/CE/Library/c_index.htm

·临时区域市政局公共图书馆
http://www.rcpl.rc.gov.hk/chi_homepage.htm

院校图书馆

·香港大学图书馆
http://www.hku.hk/lib/
E-mail:webmaster@lib.hku.hk

·香港中文大学图书馆
http://www.cuhk.hk/content/lib.shtml

·香港城市大学邵逸夫图书馆
http://www.cityu.edu.hk/lib/
E-mail:lbinf@cityu.edu.hk

·香港浸会大学图书馆
http://arts.hkbu.edu.hk/lib

·香港岭南学院图书馆
http://www.library.ln.edu.hk/

·香港公开大学图书馆
http://www.lib.ouhk.edu.hk/chome.htm

·香港歌德学院图书馆
http://www.goethe.de/os/hon/chibib.htm

·香港科技大学图书馆
http://library.ust.hk/
E-mail:library@ust.hk

澳　门

公共图书馆

·澳门图书馆暨资讯管理协会
http://www.mlima.ctm.net/

院校图书馆

·澳门大学图书馆
http://www.umac.mo/lib/LIB.html

台　湾

公共图书馆

·台湾中央图书馆
http://www.ncl.edu.tw/
E-mail:webadm@ncl.edu.tw

研究图书馆及专业图书馆

·台湾科学技术资料中心
http://www.stic.gov.tw/

院校图书馆

·台湾大学图书馆
http://www.lib.ntu.edu.tw/

·台湾清华大学图书馆
http://www.lib.nthu.edu.tw/

·台湾交大图书馆
http://www.lib.nctu.edu.tw/

·台湾中兴大学图书馆
http://mainlib.nchu.edu.tw/

·台湾中央大学图书馆
http://www.lib.ncu.edu.tw/

·台湾辅仁大学图书馆
http://140.136.241.241/

·台湾成功大学图书馆
http://www.lib.ncku.edu.tw/

·台湾淡江大学图书馆
http://www.lib.tku.edu.tw/

·台湾逢甲大学图书馆
http://www.lib.fcu.edu.tw/

·台湾海洋大学图书馆
http://www.lib.ntou.edu.tw/

·台湾中山大学图书馆
http://www.lib.nsysu.edu.tw/

·台湾台南艺术学院图书馆
http://www.lib.tnca.edu.tw/

·台湾中正大学图书馆
http://www.lib.ccu.edu.tw/

·台湾政治大学图书馆
http://www.lib.nccu.edu.tw/

·台湾阳明大学图书馆
http://www.ym.edu.tw/lib/

·台湾暨南国际大学图书馆
http://www.library.ncnu.edu.tw/

·台湾科技大学图书馆
http://www.lib.ntust.edu.tw/

·台湾明新技术学院图书馆
http://www.lib.mhit.edu.tw/

·台湾高雄海洋技术学院图书馆
http://www.lib.nkimt.edu.tw/

·台湾台中师范学院图书馆

http://lib.ntctc.edu.tw/

· 台湾台东师院图书馆

http://www.lib.nttc.edu.tw/

· 台湾台南师院图书馆

http://www.ntntc.edu.tw/~gac250/index.html

其他图书馆

· 远距图书服务系统

http://www.read.com.tw/

附录8　国外部分图书馆网址

· 国际图联

http://www.ifla.org/

· 美国国会图书馆

http://www.loc.gov/

· 美国白宫图书馆

http://www.whitehouse.gov/WH/Welcome.html

· 美国国家医学图书馆

http://www.nlm.nih.gov/

· 美国全国医学图书馆

http://www.nnlm.nlm.nih.gov/

· 美国加州法律中心图书馆

http://www.usc.edu/dept/law-lib/libadmin/law-lib.html

· 南加州法律图书馆

http://www.usc.edu/dept/law-lib/

· 美国农业图书馆

http://www.nal.usda.gov/isis/

· 普林斯顿大学图书馆

http://www.princeton.edu/~pressman/jewish.html

· 美国印第安那大学图书馆

http://www.music.indiana.edu/muslib.html

· 康奈尔大学图书馆

http://www.mannlib.cornell.edu/

· 耶鲁大学图书馆

http://www.library.yale.edu/exhibition/judaica/

· 俄亥俄州大学图书馆

http://www.library.ohiou.edu/

· 美国维吉尼亚大学图书馆

http://www.lib.virginia.edu/

· 美国芝加哥大学图书馆

http://www.lib.uchicago.edu/

· 美国芝加哥公共图书馆

http://cpl.lib.uic.edu/CPL.html

· 德克萨斯图书馆

http://www.txla.org/

· 西雅图图书馆

http://www.spl.lib.wa.us/

· 纽约公共图书馆

http://www.nypl.org/

· 纽约中华文化中心图书馆

http://www.taipei.org/worldpac/eng/wphome.htm

· 美国华人图书馆员协会

(CALA) http://library.fgcu.edu/cala/

· 中国文学电子图书馆计划(BIG5)

http://cell.cs.uh.edu

E-mail:cell@bayou.uh.edu

· 加拿大国家图书馆

http://www.nlc-bnc.ca/

· 安大略公共图书馆

http://www.sols.on.ca/lcib/oplweb.html

· 渥太华公共图书馆

http://www.ncf.carleton.ca/freeport/libraries/opl/english.mnu

· 不列颠图书馆

http://portico.bl.uk/

· 威尔士国家图书馆

http://www.ligc.org.uk/

· 苏格兰图书馆

http://www.natlib.govt.ns/

· 法国国家图书馆

http://www.bnf.fr/bnfgb.htm

· 挪威国家图书馆

http://mack.nbr,no/

·挪威艺术历史博物馆

http://www.ub.uio.no/uhf/generelt/art.html

·西班牙国家图书馆

http://www.bne.es/

·荷兰国家图书馆

http://www.konbib.nl/

·瑞士图书馆

http://www.snl.ch/

·爱沙尼亚国家图书馆

http://www.nlib.ee/

·澳大利亚图书馆

http://www.nla.gov.au/

·新南威尔士公共图书馆

http://www.slnsw.gov.au/plb/

·新西兰图书馆

http://www.natlib.govt.nz/

亚洲图书馆论坛

http://www.mcb.co.uk/apmforum/alf/alf.htm

·日本国家图书馆

http://www.ndl.go.jp/

·日本明治大学图书馆

http://www.meiji.ac.jp/

·日本 Itoshima 图书馆

http://www.coara.or.jp/%7Eitoshima/

E-mail：itoshima@fat.coara.or.jp

·新加坡图书馆

http://www.livewire.ncb.gov.sg/library/main.html

·马来西亚国家图书馆

http://www.pnm.my/

·全球图书馆连网

http://www.lucian.com/museume.htm

·国际网路万用图书馆

http://www.w3.org/pub/DataSources/bySubject/

电子图书馆

http://www.elibrary.com/id/75/154/search.cgi

索 引

使用说明

1. 本索引采用主题索引法编制。除"大事记"外,年鉴内容均在索引的标引和检索范围之内。

2. 本索引基本上按汉语拼音音序排列。具体如下:以数字开头的,排在最前面;以英文字母打头的,列于其次;汉字标目则按首字的音序、音调依次排列,首字相同时,则以第二个字排序,并依此类推。

3. 索引款目中的数字,表示主题内容所在的正文页码,英文字母 a、b,表示左右两个栏别。

4. 为反映索引款目间的逻辑关系,对于二级标目,采取在上一级标目下缩二格的编排形式予以体现,之下的索引款目仍按上述排序方法依次排列。

H

J

K

L

W

X

Y